JN441648

하나님 나라를 위한 성경신학

하나님 나라를 위한 성경신학
황창기 박사 정년퇴임 기념 논문집

2007년 11월 20일 인쇄
2007년 11월 25일 발행
편 집 | 류 호 준
펴낸이 | 이 찬 규
펴낸곳 | 선 학 사
등록번호 | 제10-1519호
주소 | 121-802 서울시 마포구 공덕동 173-51
전화 | (02)704-7840
팩스 | (02)704-7848
이메일 | sunhaksa@korea.com
홈페이지 | www.sunhaksa.com
값 30,000원
ISBN 978-89-8072-210-5 (93100)

황 창 기 박사

정년퇴임기념 논문집

하나님 나라를 위한 성경신학

류호준 편집

선학사

서 문

“책을 많이 저술하는 일에는 끝이 없고 연구를 많이 하면 건강을 해친다”(전 12:12)는 전도자의 말은 대부분의 학자들이 가장 좋아하는 성경구절중의 하나일 것입니다. 그러나 전도서는 이 말로 끝을 맺지 않습니다. “인생만사의 자초지종을 다 들었으니, 여호와를 경외하고 그분이 주신 계명을 지켜라. 이것이 사람이 해야 할 마땅한 본분이다”라고 지혜의 핵심을 선언함으로 끝을 맺습니다. 이 말씀보다 황창기 박사님의 신학적 삶을 잘 드러내는 말이 어디 있을까 생각됩니다. 평소에 신학을 단순히 상아탑에서 하는 이성적 작업이 아니라 삶과 신앙 안에 녹아 스며들게 하는 것이 개혁주의적 신앙과 신앙이라고 말씀하신 일들이 새삼스럽게 기억됩니다.

개혁주의 목사로서, 신실한 신약신학자로서, 또한 기독교대학의 총장으로서 황창기 박사님은 지난 이십 수년의 세월을 한결같은 걸음으로 걸어오셨습니다. 이제 세월이 흘러 그가 그토록 헌신하였던 신학교수직에서 은퇴하게 되었습니다. 지금 이 세상 속으로 들어오시는 주님의 왕적 다스리심을 노래하는 것을 기뻐하셨고, 장차 올 하나님의 나라에 대한 강렬한 소망을 외치시던 주님의 신실한 종이 그간의 수고를 뒤로하고 명예롭게 은퇴하시게 된 것입니다.

황 박사님은 여러 위치에서 한국의 복음주의 신학 발전과 성경 신학 운동의 부활에 많은 노력을 하셨습니다. 특별히 고신대 총장으로 재직하면서 학교 행정 개혁에 기폭제 역할을 하셨으며 한국성경학회장으로 수고하시면서 구속사적 성경해석과 개혁주의 성경신학 발전에 많은 자극과 지도력을 보여주셨습니다. 특별히 후자의 경우, 그가 저술한 대표적 저서의 제목들은 그의 평생 관심이 어디에 있었는지를 잘 보여줍니다. 『성경신학이란 무엇인가』(기독교문서선교회, 1988), 『그리스도 중심의 성경이해』(이레서원, 2000), 『예수님, 교회 그리고 나: 예수님의 인격에 비춰 본 신약의 구속사적 해석과 설교』(성광문화사, 2005).

그분의 올곧은 인품과 자애로운 덕성 그리고 하나님 나라에 대한 지극한 애정은 많은 후학들의 본이 되었으며, 그를 가까이서 혹은 멀리서 바라본 그의 여러 제자들과 동료들이 이를 기려 기쁜 마음으로 그를 위해 기념 논문집을 만들게 되었습니다. 옥고를 보내어 축하해 주신 여러 교수님들과 학자들께 지면을 빌어 심심한 감사의 말씀을 드립니다.

마지막으로, 본 기념논문집의 출간은 고신의 여러 교회들과 이름을 밝히지 않은 제자들의 너그러운 재정적 후원 때문에 가능하게 되었습니다. 지면을 빌어 고신대학교회(송영목 목사), 울산교회(정근두 목사) 창원 한빛교회(윤희구 목사), 대구 명덕교회(장희종 목사), 새순교회(박현석목사) 등에 고개 숙여 고마움을 표합니다.

존경하는 황 교수님께 삼가 이 기념논문집을 헌정합니다.

2007년 12월에 들어서면서

황창기 박사 은퇴기념논문집 출판위원회

류호준, 이성구, 이승구, 김성봉, 송영목, 이동수

글싣는 차례

:: 서문 / 5

제1부

이동수 옛 세상에 대한 심판과 새 세상의 도래
-마태복음 21:18-22의 연계본문적 읽기를 중심으로- ………………………… 11

신현우 예수와 이혼법
-마가복음 10:1-12를 중심으로- ……………………………………………… 31

서영환 바디메오의 믿음에 대한 군중들의 꾸짖음
-마가복음 10:46-52에 대한 구조 분석- …………………………………… 51

조석민 예수의 오병이어 표적 사건의 의미
-요한복음을 중심으로- ……………………………………………………… 71

정연해 오순절 성령 강림 사건 새롭게 이해하기 ………………………………… 91

권영경 부활의 생명으로서 성령
-로마서를 중심으로- ……………………………………………………… 133

최갑종 초대교회의 두 지도자 바울과 베드로
-갈라디아서 2:11-21절에 대한 연구- …………………………………… 153

오성종 율법과 복음
-갈라디아서와 로마서를 중심으로 한 주석적 연구- ……………………… 175

이진섭 빌 1:15의 '투기와 분쟁으로' 그리스도를 전파하는 자들에 대한 재고 ‥ 247

이기흔 데살로니가후서에 나타난 바울 종말론의 기원 ……………………… 279

송영목 이사야서와 계시록 12장의 간본문성 ……………………………… 301

이필찬 아마겟돈 전쟁, 과연 제 3차 세계 대전인가?
-계 16:12-16을 중심으로 한 고찰- ········· 323

최종태 창조 그리고 혼돈과의 전쟁 ········· 349

류호준 노아 홍수 이야기의 신학적 의미
-창세기 6:5-9:17을 중심으로- ········· 387

성주진 '보응신학'의 지평을 넘어서
-신명기를 중심으로- ········· 411

이학재 기도의 매뉴얼로서 시편 1권에 나타난 개인적 부흥의 신학적 접근 ········· 441

김남일 동학의 후천개벽사상과 아모스의 종말론 비교 연구 ········· 469

제2부

김근수 한국교회와 성경영감과 무오 ········· 503

유영기 정암 박윤선의 계시의존사색에 대한 고찰 ········· 531

이성구 그리스도는 지옥에 내려가셨는가?
-'지옥강하' 고백의 성경적 배경에 관한 소고- ········· 541

김성봉 불변의 하나님, 변화의 하나님
-성경적 조직신학의 제언- ········· 569

허 주 기도에 대한 에드먼드 클라우니의 성경신학적 이해와 평가 ········· 587

이승구 그레엄 골즈워디의 성경신학적 설교에의 요청 ········· 619

김은홍 선교신학의 유형들과 개혁주의 선교사상 ········· 651

강영안 한국교회의 목회 윤리 ········· 675

:: 약어표 ········· 694

황 창 기 박 사
정년퇴임 기념 논문집

제1부

이동수 · 신현우
서영환 · 조석민
정연해 · 권영경
최갑종 · 오성종
이진섭 · 이기흔
송영목 · 이필찬
최종태 · 류호준
성주진 · 이학재
김남일

옛 세상에 대한 심판과 새 세상의 도래

-마태복음 21:18-22의 연계본문적 읽기를 중심으로-

이 동 수
(백석대학교, 신약학)

Ⅰ. 서론

1960년대 이후 무화과나무의 마름에 대한 연구는 꾸준히 있어왔다.[1] 그러나 그 대부분은 마가복음 11장의 무화과나무의 마름에 대한 연구이고, 마가복음 11장과 마태복음 21장을 비교 연구한 것이 2개 정도 나타난다. 그러나 순수하게 마태복음 21장의 무화과나무의 마름에 대한 연구는 겨우 하나뿐이다.[2] 게다가 본문을 연계본문적 읽기(intertextual reading)에 입각해서 연구한 것은 전무하다.

연계본문적 읽기라는 것은 Julia Kristeva가 1969년 처음으로 문학적 토론에 도입한 것이다. 그녀에 의해 연계본문성(intertextuality, 상호텍스트성 혹은 간본문성)이란 용어가 보편화되었는데, 그녀는 어떤 분문은 미래에 쓰여질 것들을 포함하여 셀 수

---

* 이 논문은 학교법인 백석대학교 30주년 기념 논문집(2006년)에 실었던 것을 일부 수정한 것임을 밝힌다.

1) 미국신학도서관협의회(ATLA)의 자료에 의하면, Barren Fig Tree 항목은 1818년 것을 처음으로 하여 1999년까지 모두 36개가 검색된다. 논문이 발표된 연도와 논문의 숫자를 표시하면 다음과 같다. 1818년(1개), 1954년(1개), 1968년(1개), 1971년(3개), 1976년(1개), 1980년(1개), 1984년(1개), 1985년(2개), 1986년(3개), 1987년(2개), 1988년(1개), 1990년(1개), 1991년(3개), 1992년(2개), 1993년(2개), 1994년(2개), 1995년(3개), 1997년(3개), 1998년(1개), 1999년(2개).

2) Moulton, Mark, Jesus' Goal for Temple and Tree : A Thematic Revisit of Matt 21:12-22 (*Journal of the Evangelical Theological Society 41*, 1998), pp.561-572.

없이 많은 다른 본문들과 교차되어지는 연계본문(intertext)들이며, 그 연계본문들 사이의 대화적인 관계를 제안한다.[3)]

이 글은 무화과나무의 마름과 산이 바다에 던져짐의 두 은유가 이스라엘에 대한 심판을 상징하는 것임을 밝히기 위해 쓰였다. 이러한 내용들은 연계본문적 읽기에 의해 잘 드러나게 될 것이다. 우리는 이러한 목적을 위하여 마태복음 전체의 구조분석에서 시작하여 본문인 마태복음 21:18-22의 구조분석을 중심으로 연계본문이 되는 병행구절과 유사구절에 대한 연구를 할 것이다. 이러한 방법에 의해 특히 문맥이 되는 마태복음 21:1-22:46의 중요 내용들은 모두 변질된 옛 언약 백성들인 유대주의에 대한 심판과 새 언약 백성인 신약교회의 시작을 잘 보여주고 있음을 알 수 있을 것이다. 즉 옛 세상에 대한 심판과 새 세상의 도래를 선언하는 것임을 알 수 있다. 이것은 또한 신약성경 전체의 주제이기도 하다.

Ⅱ. 본문의 위치

1. 마태복음의 구조

마태복음은 여러 가지 문학적 기법을 사용하여 쓰여진 복음서이다. 이는 저자의 매우 세심하고 정성어린 배려가 조직적으로 표현되었다는 뜻이다.[4)] 그러므로 본문의 구조를 살피는 일은 저자의 의도를 드러내는데 많은 도움을 주게 된다.

그러면 마태복음은 어떤 구조로 되어 있는가? 그 구조에 대한 가장 영향력 있는 대답 중의 하나는 Benjamin Bacon의 소위 "오경적 구조이론"(pentateuchal theory)일 것이다.[5)] 그의 견해는 T.J. Keegan이 마태복음에서 나오는 5대 강화의 "도입문

3) M.H. Abrams, *A Glossary of Literary Terms*(ed. Fortworth et al: Harcourt Brace College, 1993), p.285. 이러한 방법이 성경연구 도입된 것은 1989년 폴스트(Vorster)에 의한 것일 것이다. 이것에 대해서 자세한 것을 알기 원하면 Steve Moyise, "Intertextuality and biblical studies: areview" *Verbum et Ecclesia*, 23, pp.418-431을 보라.

4) 황창기, "마태복음의 구조적 특징", 「고려신학보 12집」(부산: 고신대학 신학대학원, 1986), p.80.

5) 그는 마태복음에서 다섯 번이나 어느 정도 고정된 진술이 나타나는 것에 주목한다(7:28, 11:1,

구”(introductory formula)를 연구해 냄으로써 그 입장이 강화되기도 하지만[6], 대체로 W.D. Davies나 J.D. Kingsbury 등 수많은 학자들의 강한 반론에 부딪히고 있다.[7] 우리는 “베이콘의 입장이 많은 학자들로 하여금 마태복음과 구약과의 사이의 연관성을 볼 수 있게 하며 또 새롭게 자극하였다”[8]는 점은 인정하지만 근본적으로 그의 입장들을 받아들일 수는 없다.

Bacon 이후 마태복음의 구조에 대한 유익한 관찰을 한 사람은 N.B. Stonehouse일 것이다. 그는 마태복음 4:17, 16:21을 예수님의 공사역을 두 단계로 나눈 것으로 보았다.[9] 그리고 Kingsbury도 이 구절들이 마태복음의 중요한 문단구분의 경계를 나타낸다고 믿는다.[10] 그러나 이것은 마태복음을 너무나 광범위하게 나눈 것으로 여겨진다.

다음으로 마태복음의 구조에서 빠뜨릴 수 없는 특징 한 가지는 교차대칭구조(chiastic structure)일 것이다. 이 구조는 신구약 성경 전체에 걸쳐 빈번히 사용된 문학적 기법이며 오래 전부터 학계에 인정을 받아 왔었다. 그러나 마태복음서 전체가 하나의 커다란 대칭구조라고 지적한 것은 C.H. Lohr이다. 비록 F.C. Fenton이 인클루시오(inclusio)와 교차대칭구조가 마태복음의 독특한 문학기법이란 것을 먼저 지적하였고, N.W. Lund도 마태복음의 구조가 교차대칭구조의 영향을 받았음을 지적했지만, 우리는 로우의 공헌을 가장 크게 인정해야 할 것이다.[11] 그리고 가장 최

13:53, 19:1, 26:1). 이 진술의 각각은 비슷한 양식으로 시작하며(예를 들면, 마7:28 “그리고 예수께서 이 말씀을 마치시매”), 그 각각은 복음서의 강화부분과 서술부분 사이의 경계를 표시한다. 이러한 현상은 베이콘으로 하여금 마태복음의 구조가 모세오경을 모델로 했다는 견해를 갖도록 하였다. cf. 도날드 시니어, 『최근 마태신학의 동향』, 홍찬혁 역, (서울: 기독교문서선교회, 1992), pp.40~41.

6) T.J. Keegan, "Introductory Formulae for Matthean Discourses" *Catholic Biblical Quarterly* 44(1982), pp.415-430. 그리고, 베이콘의 영향으로 예수님을 “새로운 모세”로 보는 마태의 모형론이 엘리슨(D.C. Allison)을 통해서 최근에 출판되었다. cf. Dale C. Allison, *The New Moses*(Minneapolis: Fortress, 1993)를 참고하라.

7) 김득중, 『복음서 신학』 (서울: 컨콜디아사, 1985), pp.24-28.

8) 황창기, 전게서, p.83.

9) N.B. Stonehouse, *The Witness of the Synoptic Gospels to Christ*(London: Tyndale press, 1944), p.129ff.

10) J.D. Kingsbury, Matthew: Structure, Christology, kingdom(Philadelphia: Fortress, 1975), p.45.

근에는 H.J.B. Combrink가 이 모든 특징들을 수렴하여 마태복음의 구조를 이렇게 설명하고 있다.[12]

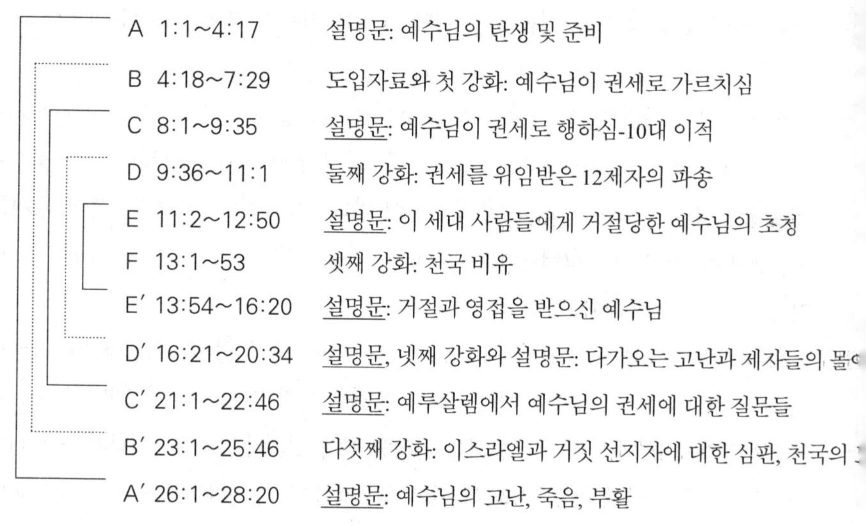

이상에서 살펴 본 바 마태복음의 구조적 특징은 5대 강화가 있다는 것과 4:17과 16:21이 뚜렷한 역사적 분기점이 된다는 것과 설명문(narrative)과 강화(discourse)가 일정한 관계 하에서 배열되어 있다는 것과 교차대칭구조로 되어 있다는 점이다.

2. 본문의 위치

이제 이 글에서 논의되고 있는 마태복음 21:18-22가 마태복음의 전체 구조 가운데서 차지하고 있는 위치가 시사하는 바는 무엇인가를 살펴보자. 첫째, 위 도표 C'(21:1~22:46)에 해당하는 본문은 D'(16:21–20:34)와 B'(23:1–25:46) 사이에 주어졌다는 점이 중요하다. 넷째 강화인 D'는 다가오는 고난과 제자들의 몰이해를 다룬 것이고, 다섯째 강화인 B'는 이스라엘과 거짓 선지자에 대한 심판, 천국의 도래를

---

11) 황창기, 전게서, pp.86-87.

12) H.J.B. Combrink, "The Macrostructure of the Gospel of Matthew" *Neotestamentica 16* (1982), p.16.

다룬 것이다. 그러므로 문맥상으로 예수님은 제자들의 몰이해를 해결하는 동시에 이스라엘과 거짓 선지자에 대한 심판을 경고하실 필요가 있었다. 이것이 설명문의 형태 속에서 주어진 것이다. 이는 C'와 대칭을 이루고 있는 C의 상황과 유사한데, C(8:1-9:35)는 B(4:18-7:29)와 D(9:36-11:1) 사이의 교량 역할을 해야 했다. 즉 B의 예수님이 권세로 가르치심의 첫째 강화와 D의 권세를 위임받은 12제자의 파송하는 둘째 강화 사이에 C의 예수님께서 권세로 행하심의 설명문이 필요했던 것이다. 그러므로 거시문맥 구조상으로 넷째 강화와 다섯째 강화 사이에 예수님은 제자들의 몰이해를 해결하는 동시에 이스라엘과 거짓 선지자에 대한 심판을 경고하실 필요가 있었고, 이것이 설명문의 형태 속에서 주어진 것이 마태복음에서 본문의 위치이다.

둘째, C와 C'는 비슷한 내용을 담고 있다. 마태복음 8:11과 22:32에서 아브라함, 이삭, 야곱의 이름이 같이 나타나며, 또 8:12과 22:13에서 "바깥 어두움에"(εἰς τὸ σκότος τὸ ἐξώτερον·)를 각각 발견한다. "많은 세리와 죄인들"(πολλοὶ τελῶναι καὶ ἁμαρτωλοὶ, 9:10)이 "세리와 창기들"(οἱ τελῶναι καὶ αἱ πόρναι, 21:31)로 표시되어 어의론적으로 비슷하다고 하겠다. 놀라운 것은 두 소경이 예수께 간절히 구하여 광명을 찾는 기사가 C(9:27-31)와 C'(20:29-34)에 각각 나타남으로 이 두 설명문이 서로 상호 일치되고 있음을 보여준다. 또 가장 중요한 접촉점 중의 하나라고 볼 수 있는 것은 "권세"(ἐξουσία)가 C의 8:9, 9:6, 8과 C'의 21:23, 24, 27 등에 산재해 있는 것이다. 여기에서 한 가지 더 명심해야 할 것은 B의 강화와 C의 설명문을 하나로 묶는 부분이 역시 B'와 C'를 묶는 부분과도 관련성이 있다는 것이다. 즉 B와 C는 예수님의 말씀과 행위를 나타내는데, 이는 C'와 B'도 똑같이 설명될 수 있다. 즉 C'와 B'는 예수님의 고난과 죽으심을 앞두고 예루살렘에서의 사역의 마지막을 기술하는데, 중요한 주제는 권세와 심판이다.[13] 그러므로 본문은 문맥상 권세와 심판이란 면이 강조되어 있다.

셋째, C'(21:1~22:46)의 중요 내용들은 다음과 같다. 마태복음 21:1-11은 예수님께서 나귀를 타시고 예루살렘에 입성하시는 기사이다. 여기에서 예수님은 주(the Lord)로서(3절), 또 왕으로서, 스가랴 9:9의 예언 성취로서 오신 메시아이심을

---

13) 황창기, 『그리스도 중심의 성경이해』 (서울: 이레서원, 2000), pp.234-235.

보여준다. 그리고 예루살렘에서는 큰 무리가 예수님을 메시아로 환호하는 것을 보여주고 있다. 예수님의 권세의 극치를 보여줌으로 새 시대의 도래를 선포하는 것이다.[14] 그리고 21:12-17은 소위 성전 청결 사건이다. 이는 단순히 성전을 깨끗하게 해야 한다는 식의 도덕적 해석을 허락하지 않는다. 성전과 예수님의 관계는 모형(type)과 원형(antitype)의 관계이다. 성전을 깨끗하게 하신 사건은 주께서 이스라엘을 심판하실 것을 의미하는 것이다.[15] 그리고 본문 바로 뒤에 위치하고 있는 마 21:23-27은 예수님의 권세가 하늘로부터 온 것임을 암시하고 있다. 그리고 마 21:28-32의 소위 "두 아들 비유"는 맏아들에 해당하는 믿지 않는 이스라엘의 지도자들은 하나님의 뜻을 저버리나, 둘째 아들에 해당하는 세리와 창기들은 믿어 하나님 나라에 먼저 갈 것을 예수님께서 친히 말씀하신다. 그리고 21:33-46의 소위 "악한 농부 비유"도 마찬가지이다. 즉 머릿돌로 오신 예수님으로 하나님 나라가 임하였고, 이스라엘은 전부터 누리던 특권을 빼앗길 뿐 아니라(43절), 진멸 당할 것을 선언하고 있다(41절).[16] 그리고 22:1-14의 소위 "혼인잔치 비유"도 심판과 구원이라는 이러한 대조를 분명하게 나타내고 있다. 그리고 여기에서 그리스도께서 대조시키고자 한 특정집단은 누구인가? 단지 세리와 바리새인이었을까? 우리는 예수님께서 이방인과 유대인을 염두에 두신 것을 쉽게 알 수 있다. 실제로 이스라엘의 이러한 태도 때문에 하나님의 저주가 심판으로 나타나서 그들은 쫓겨나고 예루살렘은 멸망당하였다.[17] 22:15-46까지의 내용들도 모두 동일하게 예수님의 권세에 대한 질문들과 거기에 대한 답들로 구성되어 있다. 그러므로 우리는 마태복음 21:1-22:46의 중요 내용들이 옛 세상에 대한 심판과 새 세상의 도래를 선언하는 것으로 이루어져 있음을 볼 수 있다. 그리고 본문은 이러한 심판과 구원의 맥락 가운데 주어져 있는 것이다.

---

14) 황창기, 『예수님, 교회 그리고 나』 (서울: 성광문화사, 1998), pp.35-36.

15) 상게서, pp.40-41.

16) 상게서, p.36.

17) S.G. De 그라아프, 『약속 그리고 구원 Ⅳ』, 박권섭 역(서울: 크리스챤서적, 1993), pp.149-152.

Ⅲ. 본문의 내적연계본문(Intratextuality)

1. 병행구절과의 문제

마태복음 21:18-22의 병행구절은 마가복음 11:12-25이다. 그러나 이를 세분할 필요가 있는데, 마태복음 21:18-19의 병행구절은 마가복음 11:12-14이고[18], 마태복음 21:20-22의 병행구절은 마가복음 11:20-25이기 때문이다. 즉 마가복음 11:15-19는 마태복음 21:18-22의 병행에서 빠진다. 이는 마태복음 21:12-13의 소위 '성전청결 사건'의 병행구절인 것이다.[19]

그런데 왜 마가복음에서는 성전청결 사건을 중심으로 무화과나무 저주 사건을 앞뒤에 놓았을까? 이는 마가가 시간의 흐름과 장소의 이동이라는 자연스러운 순서대로 예루살렘에서의 예수님의 행동을 기록했기 때문이리라 생각되어진다. 즉 예수님은 나귀 새끼를 타고 예루살렘에 입성하셨다(막 11:1-10). 그리고 예수님은 성전에 들어가셨다가 때가 저물어 베다니로 가셨다(막 11:11). 이튿날 예수님은 베다니에서 나오셔서 열매 없는 무화과나무를 저주하셨다(막 11:12-14). 예수님은 성전에 들어가셔서 성전을 청결하게 하신 후 성 밖으로 나오셨다(막 11:15-19). 이 때 제자들이 무화과나무가 마른 것을 보고 놀라자, 예수님은 산이 바다에 던져질 것도 말씀하셨다(막 11:20-25). 그리고 다음 날 예수님은 바리새인들과 권세에 대한 논쟁을 하게 된다(막 11:27-33). 그러나 마태복음은 독특한 신학적 의도를 가지고 기록되어졌다. 이

18) 그러나 Kurt Aland는 누가복음 13:6-9를 병행구절로 보며 마태복음, 마가복음, 누가복음을 도식화하는데, 주석 작업 시에 이러한 소위 조화적인 방법(harmonic approach)은 각 복음서의 특성을 가리게 된다. cf. Kurt Aland, *Synopsis Quattuor Evangeliorum*(Biblia-Druck Stuttgart: Deutsche Bibelgesellschaft Stuttgart, 1977) p.371.

19) 지난 20세기 편집비평 학자들의 주석의 총아는 단연 WBC 시리즈일 것이다. 그 가운데 마태복음을 저술한 헤그너는 다음과 같이 본문이 마가복음(11:12-14, 20-24)을 의존하고 있다고 주장한다. "이 단락에서도 마태는 마가복음에 의존하고 있다. 그러나 마태는 성전 정화 사건을 따로 떼어 이 단락 직전에 위치시킴으로서 무화과나무 저주와 무화과나무 마름에 이어지는 토론을 함께 말한다. 마태는 분명히 마가복음에 의존하지만 마가복음의 어휘를 상당히 자유롭게 다룬다." 그러나 바로 이점 즉 "마태가 마가복음의 어휘를 상당히 자유롭게 다룬다"는 것은 마태복음이 마가복음에 의존하지 않았고 마태 나름대로의 자료를 가지고 본문을 기록했음을 알게 한다. cf. Donald A. Hagner *WBC vol.33b : Matthew 14-28*(Waco, Texas: Word Books, Publisher, 1987), p.947.

는 기록목적에 대한 것만 의미하지 않는다. 마태복음의 기록방식까지도 포함하는 말이다. 우리는 이미 이러한 것을 마태복음의 구조에서 살펴 본 바 있다. 이렇듯 마태에 비해서 마가는 상대적으로 덜 신학적이다.[20] 그래서 마태는 성전청결 사건 후에 무화과나무를 저주하신 것을 기록하고 있는 것이다.[21]

이제 우리는 병행구절인 마가복음 11:12-14, 20-25와의 차이점을 살펴보자. 마태복음 21:18-22와 비교하면서 그 차이를 살펴보도록 하겠다. 마태복음 21:18 Πρωΐ δὲ ἐπανάγων εἰς τὴν πόλιν ἐπείνασεν. 마가복음 11:12 Καὶ τῇ ἐπαύριον ἐξελθόντων αὐτῶν ἀπὸ Βηθανίας ἐπείνασεν. 마태복음에서는 ἐπανάγων이 3인칭 남성 단수 주격 현재 능동태 분사형으로 예수님께서 성으로 들어가시고 시장하셨다는 것이 강조되고, 마가복음에서는 제자들이 베다니에서 나올 때 예수님도 함께 나오셨으며 예수님께서 시장하셨음이 드러나고 있다. 마가복음은 장소와 시간이 분명하게 나타나고 있다.

---

20) 도널드 거스리(Donald Guthrie)는 마가복음의 특징을 이렇게 설명한다. "마가복음은 본질적으로 예수님의 생애에 대한 사실적인 설명이다. 그것은 이상하리만치 '객관적인 틀' 속에서 이야기한다. 거기에 감정적인 내용은 거의 없으며, 다른 공관복음서 기자들보다 예수님의 가르침을 훨씬 덜 다룬다. 어떤 가르침이든지 거의 모두가 격리된 말씀 가운데 들어 있으며, 많은 수가 짧은 기사와 연결되어 있다. 그러나 가르침을 기록한 곳에 상당수에 이른다하더라도, 마가의 중요 관심사는 예수님의 가르침보다 활동에 있었던 것으로 나타난다. 결과적으로 마가에게서는 신학적 암시들이 다른 복음서들보다 적게 일어난다." cf. 도널드 거스리, 『신약서론(상)』, 김병국, 정광욱 역(서울: 크리스찬 다이제스트사, 1995) p.50.

21) 이 문제에 대하여 헨드릭슨은 마가는 연대기적 방법을 사용하고 마태는 주제적 방법을 사용하고 있다고 한다. 그래서 마가는 마가복음 11:12-14에 기록된 무화과나무 사건이 월요일 아침에 생긴 것으로서 기록하였고, 그 날 마가복음 11:15-19에 기록된 대로 성전을 깨끗케 하시고, 그 이튿날 마가복음 11:20-24에 사건이 있는 것으로 기록하였다. 그러나 마태는 전 사건을 하나의 연속적 사건으로 다루고 있다. 그럼에도 마가와 상충하지 않는데, 마태는 "이른 아침에"라고만 하는데, 이는 "이튿날"과는 다른 표현이다. 이러한 것은 나름대로의 장점이 있다. cf. 윌리엄 헨드릭슨, 『마태복음(하)』, 김경래 역(서울: 아가페출판사, 1984), p.136. 한편 마태와 마가가 다른 편집 의도를 가지고 있다고 보기도 한다. 즉 마가는 성전정화 사건을 무화과나무 이야기 한 가운데 삽입함으로 유대교와 그 나무를 비교하려고 했고, 마태는 입성의 소란한 장면과 조용한 장면을 대조하여 신앙의 필요성과 기도의 효과를 가르치려 했다는 것이다. cf. 문세화(Domom Piẽrre), 『하느님의 자녀(마태오복음 해설서)』 (광주: 천주교광주대교구 성서부, 1989), p.253.

1) 마태복음 21:19와 마가복음 11:13-14

전체적으로 마태복음 21:19와 마가복음 11:13-14는 유사한 내용을 담고 있다. 그러나 마가복음 11:13의 하반절에 있는 ὁ γὰρ καιρός οὐκ ἦν σύκων는 문제가 되는 구절이다. 마가복음 저자는 무화과나무의 열매가 없음을 당연시하고 있기 때문이다. 즉 "왜냐하면 이(무화과 열매를 얻지 못하신 것)는 무화과의 때가 아니기 때문이다"라고 한다. 이것은 우리에게 심각한 의문에 빠지게 한다. 예수님께서 무화과의 때가 아닌데 왜 무화과 열매를 찾으셨을까? 그리고 무화과의 때가 아니어서 열매가 없는 것인데 예수님께서는 왜 저주까지 하셨을까? C.H. Bird는 마가복음에서 이 삽입구절이 전치사 γὰρ로 시작한다는 것을 주목해야 한다고 한다. 그는 주장하기를 예수님께서 명확한 인용 구절이 없이 성경을 암시하실 때에, 종종 γὰρ로 시작되는 구절은 성경구절, 말씀 혹은 사상이 떠올리게 되어지는 것을 지시한다는 것이다. 이 비유는 아마도 미가 7:1-6을 암시하는 것으로 추측되어진다.[22] 그러나 예수님께서 문제를 삼으신 것은 단지 무화과 열매가 없다는 것이 아닌 것이다. 예수님은 개인적인 배고픔 때문에 무화과나무를 저주하신 것이 아니다. 우리는 본문을 상징적으로 이해하지 않고서는 무화과나무를 저주하신 사건을 이해하지 못하게 된다.

그렇다면 우리는 무화과나무 저주 사건을 어떻게 이해해야 하는가? 먼저 우리는 무화과나무 책망(12-14)과 성전심판(15-19), 무화과나무의 마름(20-21)은 소위 "샌드위치 구조"로 되어 있음을 알 수 있다.[23] 구조상 이 두 이야기는 같은 성질의 것이다. 그러나 중요한 것은 무화과나무가 아니라 가운데 있는 성전심판이다. 무화과나무 사건은 성전 심판에 대한 전조(前兆)적인 기능을 하기 때문이다.[24] 여기에 대해

---

22) William Lane, *NICNT; The Gospel of Mark*(Grand Rapids: W.B. Eerdmans Publishing Company, 1974), p.401.

23) 마가여의 소위 "샌드위치 구조"에 대한 다른 예들은 다음과 같다. 마가복음 9:19-21과 31-35 사이에 마가복음 3:22-30이 있고, 마가복음 5:21-24와 35-43 사이에 마가복음 5:25-34이 있다. 그리고 마가복음 6:6-13과 30이하 사이에 마가복음 6:14-29가 있고, 마가복음 14:1-2와 10-11 사이에 마가복음 14:3-9가 있다. 이는 마가의 습관적인 문학적 기교로서 한 이야기 사이에 다른 이야기를 삽입함으로 두 이야기가 같은 종류임을 나타내는 방법이다. cf. 로버트 H. 스타인, 『예수님께서는 무엇을 어떻게 가르치셨는가』(서울: 여수룬, 1992), pp.147-148.

24) 이 세 가지 narrative를 마태복음 21:28-22:14에 있는 세 가지 심판에 관한 비유의 전조로 보기도 한다. 즉 이 세 가지 심판에 관한 narrative는 모두 이스라엘에 대한 심판에 관한 것이다. cf. Richard N. Longnecker(ed.), *The Challenge of Jesus' Parables*(Grand Rapids: Eerdmans,

서 허주는 다음과 같이 예리한 통찰을 제공한다.

> 무화과나무(하나님의 언약의 백성인 이스라엘)에 무엇이 있을까 하여 다가가신(예루살렘과 성전 입성) 예수님께서 이 나무를 보신즉(발견한 것은), 달려있는 것이 열매 없는 잎사귀뿐(성전에 출입하는 이스라엘 종교 지도자들과 백성들의 형식적이고 외식적인 삶)이었다는 사실이다. 이런 점에서 예수살렘에 입성하여 성전에서 행하신 예수님의 의도적 행위는 무화과나무 저주 사건의 앞뒤와의 깊은 상호 관련성 속에서 서로가 서로를 이해하는 데 있어 일종의 의미론적/해석학적 거울 역할을 더욱 극적으로 보여주는 경우다. 즉 잎만 무성하고 정작 있어야 할 열매를 갖추지 못한 무화과나무 같은 이스라엘의 열매 없는 외식적 삶과 이런 삶의 종교-형식적 중심 처소가 된 성전이 무화과나무가 저주받은 것처럼 멀지 않아 곧 몰락할 것임을 더욱 효과 있게 제시해 주고 있는 상징적 메시지인 것이다(13:1-2참조).[25]

그러므로 우리는 예수님께서 무화과나무를 저주하신 것이 개인적인 이유에서가 아니라 하나님의 공의로서 옛 이스라엘을 심판하시는 것임을 알 수 있다. Cole도 이러한 점을 지지하는데, 그는 무화과나무와 포도원이 모두 이스라엘에 대한 상징이라고 본다. 그는 하나님의 아들이 오셔서 열매를 찾았는데 없었다. 그래서 심판을 받게 되었다고 주장한다.[26]

2) 마태복음 21:20과 마가복음 11:20-21

마태복음은 무화과나무가 곧 마른 것으로 되어 있고, 마가복음은 예루살렘 성전 청결 사건 이후에 예수님과 제자들이 성밖으로 나갔다가 다음날 다시 들어와서 보니 무화과나무가 마른 것으로 되어있다(참고, 막 11:15-19). 이것은 위에서 설명한 바, 성전심판에 대한 메시지를 강조하기 위하여 마가가 무화과나무가 마른 사건을 성전

2000), pp.152-153.

25) 허주, "예수님에 대해 점증하는 오해와 갈등", 「그 말씀」2002-11월호(서울: 두란노, 2002), p.25.

26) R.A. Cole, *The Gospel According to St. Mark*(Grand Rapids: W.B. Eerdmans Publishing Company, 1980), p.176.

심판 앞뒤에 배치한 것이다. 그런데 마가복음에서 특이한 것은 베드로가 예수님께서 저주하신 무화과나무가 마른 것을 상기시키고 있다는 것이다. 이는 아마 마가와 베드로의 관계에서 이해 할 수 있는 문제일 것으로 여겨진다. 많은 사람들이 마가가 일정한 사도 베드로의 전승을 가지고 있었으며, 그 범위 내에서 베드로의 해석자라고 주장한다.[27] 그러므로 마가는 베드로의 행동을 중시하고 기록한 것으로 여겨진다.

3) 마태복음 21:21-22와 마가복음 11:22-25

제자들이 무화과나무가 마른 이유를 묻자, 예수님은 간접적으로 설명하신다. 예수님은 마태복음에서는 무화과나무가 마른 이유를 의심 없는 믿음(21절)과 기도(22절)로 연결하여 설명한다. 그런데 마가복음에서는 믿음(22-23절)과 기도(24절)와 용서(25절)로 연결하여 설명한다. 여기에서 우리는 다음과 같은 의문들을 제기하게 된다. 왜 예수님은 무화과나무가 마른 것을 설명하시면서 믿음과 기도라는 측면에서 설명하셨을까? 그리고 마태복음에는 없는 용서에 대한 가르침이 마가복음에는 존재할까? 왜 이러한 차이가 발생했을까? 그리고 우리가 이러한 차이에 주목하는 것은 과연 의미 있는 것일까?

먼저, 예수님께서 무화과나무가 마른 것을 설명하면서 믿음과 기도를 연결하신 이유는 단순히 예수님께서 무화과나무를 마르게 하신 능력 있는 믿음을 보이셨다는 것이 아니다. 그래서 우리도 의심 없이 기도하면 응답 받는다는 것을 가르쳐 주시기 위한 것이 아니다. 이는 성전청결 사건과 연결해서 이해해야 한다. 유대인들은 성전을 기도하는 집이라고 생각했다(마 21:13, 막 11:17). 그러나 그들은 성전을 강도의 굴혈로 만들어 버렸다(마 21:13, 막 11:17). 그러므로 그들은 이제 기도할 곳이 없어졌다. 예수님은 성전을 청결케 하신 사건을 통해 성전을 심판하신 것이다.[28] 더

27) 거스리, 전게서, p.65.

28) 황창기는 예수님의 오심으로 메시아 시대가 도래했는데, 이러한 맥락에서 예수님께서 성전에 오심의 의미를 옛 성전에 오신 새 성전으로 본다. 그는 예수님께서 옛 성전에 오심의 사건의 장치들이 이미 옛 성전의 파괴를 나타낸다고 한다. 그 이유는 다음과 같다. 첫째, 예수님께서 성전에서 상인들을 쫓아내신 것(마 21:12, 막 11:15)은 스가랴 14:21 마지막에 있는 주의 날에 대한 예언의 성취라고 본다. "그 날에는 만군의 여호와의 전에 가나안 사람이 다시 있지 아니하리라"라고 되어있는데, 가나안 사람으로 번역된 히브리어(כנעני)는 "못된 상인"이란

이상 성전은 이전의 성전이 아니다. 성전에서 기도한다는 것이 유대인들에게 기도 응답의 조건이 되었다면, 이제는 더 이상 성전에서 기도하는 것은 의미가 없게 되어 버렸다. 사람들은 이제 성전이란 장소에서가 아닌 믿음으로 기도하는 새로운 시대를 살게 된 것이다.

다음으로, "용서"라는 것에 주목해보자. 예수님은 "믿음과 기도" 혹은 "믿음과 기도와 용서"라는 장치를 가지고 무화과나무가 마른 시대, 옛 성전이 심판을 받은 시대, 즉 새로운 시대가 도래했음을 설명하셨다. 그러면서 예수님은 제자들이 기도할 때 남을 용서해야 하나님께서 제자들의 허물을 사하여 주실 것이라는 말씀을 하셨다. 이는 성전이 기도의 장소일 뿐 아니라, 용서를 받는 곳이기도 하기 때문임이 분명하다.[29] 그런 한편 마가복음의 독자들은 이미 옛 유대주의자들의 핍박을 받은 공동체임을 생각할 때[30], 마가는 자신의 독자들에게 그들을 용서라는 메시지를 강조했을 것이라는 사실도 배제할 수 없을 것이다.

2. 유사구절들과의 문제

먼저, 마태복음 21:18-20의 무화과나무가 마른 사건에 대한 대표적인 유사구절은

말이다. 둘째, 성전에 소경과 저는 자들이 나아오는 것(마 21:14)도 이미 옛 성전의 시대가 지나갔다 것이다. 구약에서는 성전에 장애자들이 들어 올 수 없었다. 즉 "신낭이 상한 자나 신을 베인 자는 여호와의 총회에 들어오지 못하리라"(신 23:1). 그리고 육체에 흠이 있는 자는 하나님께 식물을 드리려고 가까이 오지 못하게 되어 있었다(레 21:16-24). 그러나 메시아 시대가 되면 고자도 하나님의 새로운 백성이 될 것을 예언하였다(사 56:3-5). 셋째, 어린아이가 성전에 나아오는 것(마 21:15)도 메시아 시대가 도래했음을 보여주는 것이다. cf. 황창기, 『예수님, 교회 그리고 나』, pp.37-38.

29) 허주, 전게서, p.29.

30) 랄프 마틴은 마가복음의 기원과 목적을 다루면서 마가가 로마에서 이방인 신자들을 위해 기록했음을 밝힌다. 그는 이레니우스가 마가복음이 만들어질 때 마가가 로마에 있었음을 인용하고, 클레멘트도 이를 지지한다고 한다. 그리고 반말시온 문서의 서문에서 "베드로가 떠난 후에 마가가 이탈리아의 그 지역에서 이 복음서를 기록했다"라고 한 것을 인용한다." 이는 또한 마가가 베드로의 통역자였다고 하는 파피아스의 증언과 부합된다고 한다. 또한 베드로는 로마에서 순교했다고 한다. 만일 베드로전서 5:13의 바벨론이 로마에 대한 암호였다고 하는 사실을 받아들인다면, 디모데후서 4:1과 베드로전서 5:13은 마가를 로마에 위치시킨다고 한다. 우리는 여기에서 마가가 유대인들에게 핍박받는 이방인 교회를 위해 복음서를 기록했고, 그래서 유대인들을 용서라는 주제를 언급했을 것이라고 추론할 수 있다. cf. 랄프 마틴, 『신약의 초석 I』(서울: 크리스찬 다이제스트, 1996), p.279.

누가복음 13:6-9일 것이다.[31] 이를 한글개역성경은 다음과 같이 번역한다. "이에 비유로 말씀하시되 한 사람이 포도원에 무화과나무를 심은 것이 있더니 와서 그 열매를 구하였으나 얻지 못한지라. 과원지기에게 이르되 내가 삼 년을 와서 이 무화과나무에 실과를 구하되 얻지 못하니 찍어 버리라 어찌 땅만 버리느냐 대답하여 가로되 주인이여 금년에도 그대로 두소서 내가 두루 파고 거름을 주리니 이후에 만일 실과가 열면 이어니와 그렇지 않으면 찍어 버리소서 하였다 하시니라." 이 비유의 의미는 자명하다. 농부가 무화과나무가 열매를 맺을 때까지 한 번 더 기회를 주듯이, 유대백성에게도 회개할 수 있는 은혜의 기간이 주어졌으니 마지막 심판의 때가 이르기 전까지 회개하고 열매를 맺으라는 것이 예수님의 메시지이다.[32] 이러한 것은 누가복음 13:6-9의 문맥을 살펴보면 더욱 분명해지는데, 누가복음 13:1-5는 빌라도가 어떤 갈릴리 사람들의 피를 제물에 섞은 것과 실로암 망대가 무너져 열여덟 사람이 죽은 것을 예를 들면서, "너희도 만일 회개치 아니하면 다 이와 같이 망하리라"라고 하는 경고의 말로 끝맺고 있다(3, 5절). 그러므로 회개를 촉구하는 문맥 속에서 누가복음 13:6-9는 주어져 있는 것이다.

또한, 마태복음 21:18-22와 가장 유사한 구약 본문은 미가 7:1이하일 것이다. 이는 한글 개역성경에서 다음과 같이 번역된다. "재앙이로다 나여 나는 여름 실과를 딴 후와 포도를 거둔 후 같아서 먹을 송이가 없으며 내 마음에 사모하는 처음 익은

---

31) 누가복음 13:6-9의 비유는 누가복음에만 나오는 반면, 저주받은 무화과나무 사건(마 21:18-22, 막 11:12-25)은 공관복음에서 누가복음에만 나오지 않는다. 그런데 상당한 형식상의 유사성 때문에 많은 학자들은 이 두 이야기 간에 밀접한 관계가 있는 것으로, 혹은 평행본문으로 보기도 한다. 또 학자들 중에는 마가와 마태에 나오는 저주받은 무화과나무 이야기가 실제의 역사적 사건이기보다는 본래는 비유였던 것이 전승과정에서 예수의 실제 행위로 변형된 이야기라고 생각하는 사람도 많다. 따라서 누가도 이것을 똑같은 평행본문으로 생각하여 다른 문맥에서 다른 형태로 이 비유를 소개한 것이라고 생각되기도 한다. 그러나 두 이야기가 내용과 형태에 있어 서로 너무나도 다르기 때문에 두 이야기를 평행본문으로 보는 것은 불가능하다. 왜냐하면 두 이야기 간에는 근본적으로 다음과 같은 차이가 있기 때문이다. 첫째로, 마가 본문이 비유적 의미로 해석될 여지가 있기는 하지만 분명히 비유는 아니다. 둘째로, 두 이야기 가운데 비슷한 것이라곤 오직 "무화과나무" "열매" "그가 와서" "하나도 찾지 못했다"는 단어나 문구들뿐이다. 더구나 마가 본문에서는 무화과나무가 열매가 없어서 저주를 받았고, 누가 본문에서는 저주를 받았거나 찍히지 않고 오히려 한 번 더 기회를 얻고 있다. cf. 김득중, 『복음서의 비유들』 (서울: 컨콜디아사, 1992), pp.303-304.

32) 상게서, p.304.

무화과가 없도다." 그 의미는 이스라엘을 무화과나무에 비기면서 선지자가 탄식하는 것이다. 선지자의 탄식의 이유는 경건한 자들과 성실한 자들이 사라지고 모든 인간들이 악행을 저질렀기 때문이다.[33] 이렇듯 무화과나무는 자연스럽게 이스라엘을 상징하고 있음을 보게 된다.

다음으로, 마태복음 21:21-22의 산이 바다에 던져질 것이란 말씀의 유사구절은 마태복음 17:20과 누가복음 17:6이다. 먼저 마태복음 17:20을 보면 다음과 같이 되어 있다: "가라사대 너희 믿음이 적은 연고니라 진실로 너희에게 이르노니 너희가 만일 믿음이 한 겨자씨만큼만 있으면 이 산을 명하여 여기서 저기로 옮기라 하여도 옮길 것이요 또 너희가 못할 것이 없으리라." 그러나 누가복음 17:6은 산이 옮겨지는 것이 아니라 뽕나무가 던져진다: "너희에게 겨자씨 한 알만한 믿음의 있었다면 이 뽕나무더러 뿌리가 뽑혀 바다에 심기우라 하였을 것이다." 보다시피 마태복음에서는 단지 산이 옮겨질 것을 말하고 있지만, 누가복음에서는 뽕나무가 바다에 던져질 것을 말한다. 그러므로 마태복음 17:20과 누가복음 17:6은 마태복음 21:21-22의 완전한 병행으로 볼 수는 없다. 그러나 유사구절로는 볼 수가 있는 것이다. 그런데 마태복음 17:20도 산을 옮기는 믿음에 강조가 있고, 누가복음 17:6도 역시 뽕나무가 옮겨지는 믿음에 대한 강조가 나타난다. 이는 마태복음 21:21의 산이 바다에 던져지는 믿음과 마찬가지로 믿음에 대한 강조가 나타나는 것이다. 마태복음 17:20의 산이 옮겨지는 믿음도, 마태복음 21:21의 산이 바다에 던져지는 믿음도 모두 믿음에 대한 강조가 나타날 뿐이다. 그런데 누가복음 17:6의 믿음의 실체는 자기에게 죄를 지은 형제를 용서하는 믿음이다. 이는 누가복음 17:6의 믿음에 대한 논의의 발단이 된 것이 예수님께서 범죄한 형제를 용서하라는 용서에 대한 명령 때문이다. 그리고 이러한 용서에 대한 명령을 받은 것을 다 행한 후에도 하여야 할 것을 한 것뿐이라고 말해야 하는 것이다(10절). 그러므로 누가복음 17:6의 믿음은 용서하는 믿음이고, 이는 마태복음 21:21의 믿음과 본질상 같은 믿음을 말하는 것이다.

이상과 같이 유사구절들을 살피는 것을 통하여 우리는 유사구절이 갖는 유사성과 비유사성이란 두 특징들을 모두 만나게 된다. 우리가 유사구절을 연구하는 목적

---

33) J. 그닐카, 『국제성서주석: 마르코복음(II)』, 한국신학연구소 번역실 역(천안: 한국신학연구소, 1996), p.168.

은 유사성을 찾기 위함일 것이다. 무화과나무에 대한 유사구절들이 갖고 있는 유사성은 무화과나무라는 것이 항상 이스라엘을 상징한다는 것이다. 그리고 산이 바다에 던져지는 것의 유사구절들이 갖고 있는 유사성은 그것이 믿음과 관련을 지닌다는 것이다. 그래서 성경은 다시 산과 관련하여 "산을 옮길 만한 모든 믿음"라고 말한다(고전 13:2). 그러나 산이 무엇을 상징하는지는 더욱 논의가 필요할 것이다.

Ⅳ. 본문의 성경내적간본문(Inner-biblical Intertextuality)

1. 본문의 배경과 상황

마태복음 21:17-21의 배경이 되는 절기는 유월절이었다. 그 당시 예루살렘은 유월절 방문자들로 붐볐을 것이다.[34] 그래서 그들 대부분은 잠자리를 예루살렘 성(城) 안에서 얻지 못하고 성밖의 마을로 가거나 거리에서 노숙을 했을 것이다. 그래서 예수님과 제자들도 "성밖으로 베다니에 가서 거기서 유하셨다"(마 21:17). 이 베다니는 예수님의 사랑을 받은 마리아와 마르다와 나사로가 사는 마을이기도 했다(눅 10:38-42, 요 11:11-45, 12:1-8). 그러나 그들이 가난한 사람들이었음을 생각한다면 예수님과 제자들이 그들의 집에서 묵었을 가능성은 희박하다. 아마 예수님은 노숙을 하셨을 것이고, 그래서 아침식사 대접을 받지 못하고 이른 시간임에도 불구하고 시장기를 느끼셨을 것이다.[35] "Πρωΐ(일찍이)"는 오전 6시보다도 이른 시간을 뜻한다.[36] 그러나 그 때 어느 무화과나무에 잎이 무성했다. 이는 조생종 무화과나무로서 이 나무의 열매는 봄에 잎이 나기 전에 자라기 시작하여 잎이 진 후에까지 자란다. 무화과의 수확기는 초가을이다(막 11:14). 무화과나무에는 잎들과 함께 열매들이

34) Keener는 당시에 대략 500,000명 이상의 사람들이 예루살렘을 방문했을 것으로 본다. cf. Craig S. Keener, *The IVP Bible Background Commentary: New Testament*(Downers Grove, Illinois: Inter Varsity Press, 1993), p.102.

35) A.T. Robertson, *op. cit.*

36) Keener, *op. cit.* 그러나 Grosheide는 약 6시라고도 한다. cf. F.W. Grosheide, *Het Heilig Evangelie Volgens Mattheus*(Amsterdam: H.A. Van Bottenburg, 1922), p.251.

달려 있어야 했다.[37] 예루살렘에서 무화과나무는 3월과 4월에 잎이 나지만, 6월 전에는 무화과가 달리지 않는다. 그러나 이 나무는 예외적인 것이었다. 마가가 말한 바와 같이 아직 무화과의 때가 아니었지만(막 11:13), 적어도 이 나무는 잎이 무성했다. 그러므로 예수님께서는 열매를 기대할 수 있었던 것이다.[38] 그러나 무화과나무에서 아무 것도 얻을 수 없었다. 그래서 예수님은 무화과나무를 저주하신 것이다.

또한, 예수님과 제자들은 아마 사해 바다가 바라다 보이는 감람산 언덕에 서 있었을 것이다. 그러므로 예수님은 제자들에게 "이 산더러 들려 바다에 던지우라 하여도 될 것이요"(마 21:21)라는 생동감 넘치는 비유를 드셨을 것이다.[39] 여기에서 중성 단수 여격 명사형인 산(mountain, τῷ ὄρει)은 중성 단수 여격 지시형용사(this, τούτῳ)가 붙는다. 그러므로 "이" 산은 화자와 청자들의 눈앞에 존재하는 산인 감람산인 것이다. 그리고 바다(θάλασσαν)라는 여성 단수 목적격 명사 앞에도, 여성 단수 목적격 정관사(τὴν)가 있는 것으로 보아, 막연한 바다가 아니라 "그 바다", 즉 적어도 누구나 "바다"라고 말하면 떠올릴 수 있는 그런 바다를 의미하는 것이다.

2. 두 상징적 은유간의 연관성 문제

우리는 무화과나무와 산이 다른 것이 아님을 알아야 한다. 물론 마태복음 21장의 무화과나무는 그 감람산에 있는 것이었다. 그러나 무화과나무가 마름과 산이 바다에 던져짐이란 이 두 상징적 은유 간에는 더 깊은 연관성이 있다. 만약 그렇지 않으면 예수님께서는 무화과나무의 마름에 대한 제자들의 질문에 대하여 다른 은유를 주심으로 믿음의 확신을 주었을 것이다. 예수님께서는 베드로에게는 "반석"이란 이름을 주심으로 흔들림 없는 믿음을 가지도록 권고하셨다. 그런데 굳지 산이 바다에 던져짐의 은유를 사용한 것은 나름대로 중요한 의미를 지닌 일이라고 하겠다.

37) A.T. Robertson, *op. cit.*, p.169.

38) Walter W. Wessell, *The Expositor's Bible Commentary vol.8-2: Mark*, (ed.) Frank E. Gaebelein(Grand Rapids: Zondervan Publishing Company), p.726.

39) Keener, *op. cit.*

3. 두 상징적 은유와 본문 전체 내용과의 연관성 문제

본문은 이스라엘의 심판이란 주제를 가지고 있는 것이다. 예수님께서 성전을 청결케 하신 사건과 마찬가지로, 무화과나무가 마르도록 저주하신 것은 개인적인 차원이 아니다. 이는 심판의 연속성에서만 이해될 수 있는 사건이다. 그렇지 않고서는 배고픔에 대한 분풀이로만 오해될 소지가 있는 사건이기 때문이다. 예수님은 가깝게는 성전청결 사건의 전조(前兆)로서, 멀게는 예루살렘 성전의 파괴의 전조로서 무화과나무를 저주하신 것이다.

그렇다면 "산이 바다에 던져짐"도 단지 믿음이란 측면에서만 이해할 수는 없는 것이다. 이는 이스라엘에 대한 심판과 관련을 지어서 생각해야 한다. 이러한 점은 마가복음 11:25에서 기도와 용서를 연결해서 이야기하는 것을 통하여 더욱 분명해진다. 마태복음의 독자들은 유대인들이었다. 그러나 마가복음의 독자들은 이방인들이 주류를 이루었다. 그들은 유대주의자들의 박해를 받았던 사람들이었다. 그러므로 그들에게는 이스라엘의 심판과 함께 용서라는 주제가 자연스럽게 요구되었던 것이다.

V. 결론

이상에서 우리는 마태복음 21:18-22가 마태복음 전체에서 차지하는 위치와 문맥을 살펴보았다. 본문이 속해 있는 C'(21:1~22:46)에서, 특히 21:1-11은 예수님께서 주(the Lord)와 왕으로 나귀를 타시고 예루살렘에 입성하신다. 이는 새 시대의 도래를 선포하는 것이다. 그리고 21:12-17은 소위 "성전 청결사건"이다. 이는 예수님께서 이스라엘을 심판하실 것을 의미하는 것이다. 본문인 21:18-22는 무화과나무의 마름과 산이 바다에 던져짐의 두 은유를 통해서 이스라엘을 심판하심을 상징하는 것이다.

본문에 대한 연계본문적 읽기는 이러한 점을 가장 잘 드러내는 방법으로 생각된다. 본문의 뒤에 있는 마태복음 21:23-27은 이러한 심판의 권세가 하늘로부터 온 것임을 암시하고 있다. 그리고 21:28-32의 소위 "두 아들 비유"를 통하여 하나님의 나라가 이스라엘에게서 이방인들에게 옮겨짐을 보여주는 것이다. 그리고 이러한 것은 21:33-46의 소위 "악한 농부 비유"를 통해서 다시 한 번 확증되어진다. 그리고 22:1-14의 소위 "혼인잔치 비유"도 심판과 구원이라는 이러한 대조를 분명하게 나타내고 있다. 이어지는 22:15-46까지의 내용들도 이러한 점들을 이루어져 있다. 그러므로 우리는 마태복음 21:1-22:46의 중요 내용들이 옛 세상에 대한 심판과 새 세상의 도래를 선언하는 것으로 이루어져 있음을 볼 수 있다. 이러한 옛 세상에 대한 심판과 새 세상의 도래라는 주제는 본문의 연계본문인 병행구절들과 유사구절들에서도 여전히 보여지는 주제이다. 본 논자의 생각으로 이는 신약성경 전체의 주제이기도 하다. 그리고 본문 마태복음 21:18-22에 나타난 두 은유들은 이러한 신약성경의 주제를 가장 잘 담고 있는 은유라고 여겨진다.

참고문헌

도널드 거스리, 『신약서론(상)』 김병국, 정광욱 역. 서울: 크리스찬다이제스트사, 1995.
그닐카 J., 『국제성서주석: 마르코복음(Ⅱ)』, 한국신학연구소. 천안: 한국신학연구소, 1996.
그라아프 S.G. De, 『약속 그리고 구원 Ⅳ』 박권섭 역. 서울: 크리스챤서적, 1993.
김득중, 『복음서 신학』 서울: 컨콜디아사, 1985.
김득중, 『복음서의 비유들』 서울: 컨콜디아사, 1992.
어네스트 버튼, 『신약성경 헬라어 구문론』 권성수 역. 서울: 기독지혜사, 1988.
랄프 마틴, 『신약의 초석Ⅰ』 서울: 크리스찬다이제스트, 1996.
문세화, 『하느님의 자녀(마태오복음 해설서)』 광주: 천주교광주대교구 성서부, 1989.
도날드 시니어, 『최근 마태신학의 동향』, 홍찬혁 역. 서울: 기독교문서선교회, 1992.
로버트 H. 스타인, 『예수님께서는 무엇을 어떻게 가르치셨는가』 서울: 여수룬, 1992.
허주, "예수님에 대해 점증하는 오해와 갈등", 『그 말씀』 (2002) 11월호. 서울: 두란노, 2002.
윌리엄 헨드릭슨, 『마태복음(하)』, 김경래 역. 서울: 아가페출판사, 1984.
황창기, "마태복음의 구조적 특징", 『고려신학보 12집』 부산: 고신대학 신학대학원, 1986.
______, 『그리스도 중심의 성경이해』 서울: 이레서원, 2000.
______, 『예수님, 교회 그리고 나』 서울: 성광문화사, 1998.
Abrams, M. H., *A Glossary of Literary Terms*. (Ed.) Fortworth. Harcourt Brace College, 1993.
Aland, Kurt, *Synopsis Quattuor Evangeliorum*. Stuttgart: Deutsche Bibelgesellschaft, 1977.

Allison, Dale C., *The New Moses, Minneapolis*: Fortress, 1993.

Cole, R. A., *The Gospel According to St. Mark*. Grand Rapids: Eerdmans, 1980.

Combrink, H. J. B., "The Macrostructure of the Gospel of Matthew." *Neotestamentica* 16 (1982).

Grosheide, F. W., *Het Heilig Evangelie Volgens Mattheus*, Amsterdam: Van Bottenburg, 1922.

Hagner, Donald A., Matthew 14-28. WBC. Waco: Word Books, 1987.

Keegan, T. J., "Introductory Formulae for Matthean Discourses" *Catholic Biblical Quarterly* 44(1982).

Keener, Craig S., "Matthew," in *The IVP Bible Background Commentary: New Testament*. Downers Grove: Inter-Varsity Press, 1993.

Kingsbury, J. D., *Matthew: Structure, Christology, Kingdom*. Philadelphia: Fortress, 1975.

Lane, William, *The Gospel of Mark*. NICNT. Grand Rapids: Eerdmans, 1974.

Longnecker, Richard N.(ed.), *The Challenge of Jesus' Parables*. Grand Rapids: Eerdmans, 2000.

Stonehouse, N. B., *The Witness of the Synoptic Gospels to Christ*. London: Tyndale Press, 1944.

Wessell, Walter W., “Mark" in *The Expositor's Bible Commentary*. (Ed.) Frank E. Gaebelein, Grand Rapids: Zondervan Publishing Company, 1983.

예수와 이혼법
-마가복음 10:1-12를 중심으로-

신 현 우
(웨스트민스터신학대학원대학교, 신약학)

Ⅰ. 서 론

오늘날 이혼이 급격히 늘어나면서 이혼은 단지 사회문제가 아니라 교회의 문제가 되고 있다. 이러한 상황에서 이혼에 관한 성경의 가르침 특히 예수님의 가르침을 연구하는 것은 교회가 이혼 문제를 어떻게 다루어야 할지 지침을 얻기 위해 필요하다. 이 논문의 목적은 마가복음 10:1-12을 주해하여 마가복음에 나타난 예수님의 이혼관을 연구하고, 나아가 이를 현대교회에 적용하는 것이다.

Ⅱ. 마가복음 10:1-12 구조 분석

1-9절	예수와 무리들의 문답	
1-4절	사람들의 질문	A
5-9절	예수의 대답	B
10-12절	예수와 제자들의 문답	
10절	제자들의 질문	A'
11-12절	예수의 답변	B'

마가복음 10:1-9은 예수님과 무리들과의 대화이며,[1] 10:10-12절은 예수님과 제자들과의 대화이다. 대화는 사람들/제자들의 질문과 예수님의 답변으로 진행된다. 사람들의 질문에 대한 예수님의 답변(5-9절)은 제자들의 질문에 대한 예수님의 답변(11-12절)과 평행이 되며, 11-12절(B')는 5-9절(B)을 해석하는 역할을 한다. 11-12절은 사람들의 질문(1-4절)에 대한 궁극적인 답변으로서 질문자들의 함정에 빠지지 않기 위하여 오직 제자들에게만 은밀하게 주어진다.

마가복음 10:1-12 앞에는 놓여진 마가 9:33-50은 제자들의 집단 내의 권력다툼(33-37절)과 집단 밖의 사람들에 대한 배타성(38-50절)을 다룬다. 제자들의 권력추구에 대하여 예수님은 어린 아이와 같은 자 즉 권력이 없는 사람을[2] 존중하고 받아들이라고 가르친다(37절). 제자들의 배타주의적인 행동에 대하여 예수님은 이러한 배타적인 행동으로 소자 하나라도 실족하게 하지 말라고 가르친다(42절).

마가복음 10:1-12 뒤에 놓여진 마가복음 10:13-16에서 예수님은 당시 사회적 지위가 전혀 없는 어린 아이들을 영접하며 어린 아이를 받아들이는 본을 보이셨다. 또한 어린 아이와 같이 하나님의 통치를 받아들여야 한다고 가르치신다.

이처럼 본문 앞뒤의 구절은 집단 내에서 권력을 추구하며 권력이 없는 자를 무시하고 집단 밖의 사람들을 멸시하는 제자들에게 아무 사회적 지위가 없는 자들이나 집단 밖의 소자들을 존중할 것을 가르친다. 이러한 맥락에서 여자를 내어보내는(이혼시키는) 것을 허용하는 당시 사회적 관습을 부정하시는 예수님의 가르침을 본문은 담고 있다. 여인들은 당시에 매우 낮은 사회적 지위를 가지고 있었으므로, 다른 여인과 결혼하고자 아내를 내어보내는 것을 금지하시는 예수님의 가르침은 사회적 약자를 보호하시는 맥락에서 앞 뒤 단락들의 강조점과 일치한다.

12절에서 아내가 남편을 내어보내는 것도 금지되는 것은 아내가 남편을 감히 내어보낼 수 없는 당시 상황에서 불필요한 말씀이지만, 전 남편과 이혼하고 헤롯과 결혼한 헤로디아를 염두에 둔 지적일 수 있다. 또한 이것은 남자와 여자, 강자와

---

1) 질문자들은 바리새인들일 수도 있지만, 서방사본들에 담긴 읽기처럼 익명의 사람들일 수도 있다. 자세한 사본학적 논증을 위해서는 졸저, 『마가복음의 원문을 찾아서』 (서울: 웨스트민스터출판부, 2006) 120-123 참조.

2) J. R. Donahue & D. J. Harrington, *The Gospel of Mark*, Sacra Pagina Seres 2 (Collegeville, Minnesota: The Liturgical Press, 2002) 301.

약자의 구분을 막론하고 자신의 유익을 위하여 타인을 희생시키는 것을 금지하는 말씀으로 볼 수 있다.

Ⅲ. 1 세기 유대교 속에서의 이혼

1. 이혼의 가능성

당시 유대교 사회 속에서 이혼은 가능하였다. 필로도 요세푸스도 그 어떤 랍비도 이혼을 금하지는 않는다.[3] 마이어의 관찰에 의하면 쿰란 문헌도 이혼을 완전히 금하지는 않는다.[4] 이것은 구약에 위배되는 것은 아니었다. 신명기 24:1-4은 이혼이 가능한 현실을 토대로 주어진 법이다. 말라기 2:16도 이혼을 금하는 것이 아니라 "그가 내어 보내기를 싫어하신다면"이라는 표현이다(כִּי־שָׂנֵא שַׁלַּח).[5] 시락서(Sirach) 7:26은 이혼을 하지 말 것을 권한다.

> γυνή σοί ἐστιν κατὰ ψυχήν μὴ ἐκβάλῃς αὐτήν καὶ μισουμένῃ μὴ ἐμπιστεύσῃς σεαυτόν
> 너에게 미운 아내가 있어도 이혼시키지 말라. 그러나 네가 미워하는 여인에게 너 자신을 의탁하지도 말라.

그러나 시락서도 이혼을 금하지는 아니다. 시락서 25:26은 불순종하는 아내를 이혼시키라고 권하고 있기 때문이다.

> εἰ μὴ πορεύεται κατὰ χεῖράς σου ἀπὸ τῶν σαρκῶν σου ἀπότεμε αὐτήν
> 만일 그녀가 너의 지도를 따라 행하지 않으면, 그녀를 너희 육체로부터 분리시켜라.

---

3) C. A. Evans, *Mark 8:27-16:20*, WBC 34B (Nashville: Thomas Nelson, 2001) 81

4) J. P. Meier, "The Historical Jesus and the Historical Law: Some Problems within the Problem," in *CBQ* 65 (2003) 75.

5) Meier, "The Historical Jesus," 76.

2. 이혼의 조건

샴마이(Shammai) 학파는 신명기 24:1에서 이혼의 조건으로 제시된 עֶרְוַת דָּבָר(합당하지 않은 것)를 "행실이 나쁨"(신실하지 못함, 즉, 성적인 부정)이라 해석하지만, 힐렐(Hillel) 학파는 단지 요리를 망치는 것도 이에 해당한다고 해석했다(*m. Gittin* 9:10). 필로(Philo)의 입장도 힐렐 학파의 견해와 일치한다(Philo, *Sepc. Leg.* Ⅲ. 30).[6] 이혼에 관한 한 힐렐 학파의 입장이 다수 입장이었다.[7] 그리하여, 팔레스타인에서 유대인 남편들은 사실상 어떤 사유로든지 간에 이혼을 할 수 있었다(Josephus, *Antiquity* 4. § 253). 그리하여, 불순종(Sirach 25:26; cf. Josephus, *Life*, § 426)만이 아니라, 힐렐 학파의 경우에서처럼 빵을 태우는 것(*Sifre Deut*. 269.1.1, *m*. *Gittin* 9:10)도 이혼 사유가 되었다.[8]

미쉬나 케투봇(*m. Ketuboth*) 7:6에 의하면 다른 남자와 이야기하는 것, 부모를 면전에서 저주하는 것, 길거리를 배회하는 것 등도 이혼시킬 수 있는 사유가 되었다.

3. 이혼의 권리

남편은 아내에게 이혼 증서를 써 주고 이혼시킬 수 있었다. 이 경우 이혼 증서는 반드시 법정에서 쓰일 필요가 없었다.[9] 그런데, 유대법에는 아내가 남편을 이혼시키는 개념이 없었다.[10] 다만 남편이 결혼의 의무를[11] 다하지 않거나 몹시 싫을 때

6) S. Safrai, 'Home and Family,' in *The Jewish People in the First Century*, ed. by S. Safrai and M. Stern, vol.2, Compendia Rerum Iudaicarum ad Novum Testamentum, Section 1 (Assen/Amsterdam: Van Gorcum, 1976) 790.

7) Safrai, 'Home and Family,' 6.

8) C. S. Keener, "Adultery, Divorce," in *Dictionary of New Testament Background*, ed. by C. A. Evans & S. E. Porter (Leicester: IVP, 2000) 6.

9) Safrai, 'Home and Family,' 790. *m. Gittin* 9:4에 의하면 남편이 직접 쓰고, 날짜를 적고, 두 증인이 서명하기만 하면 이혼 증서는 효력이 있었다.

10) R. T. France, *The Gospel of Mark* (Grand Rapids, Michigan: Eerdmans, 2002) 390. 유대법에 의하면 여인들이 남편을 이혼시킬 수 없었다(Josephus, *Antiquity* 15. § 259).

11) 결혼의 의무에 관하여는 *m. Ketuboth* 5:6 참조.

에는, 아내가 이혼을 원할 수 있었고, 이 경우 남편에게 이혼을 허락해달라고 요청하거나, 법정에 요청하여 남편이 허락을 득하여야 하였다.[12] 미쉬나 아라킨(*m. Arakhin*) 5:6은 남편의 허락이 있어야만 이혼이 가능하였음을 암시한다. 그런데, 요세푸스(Josephus, *Antiquity* 15. § 259)에 의하면, 살로메(헤로디아)는 이러한 유대법을 어기고 남편에게 이혼 증서를 써주어 이혼시킨다.

> Χρόνου δὲ διελθόντος ἐπισυνέβη τὴν Σαλώμην στασιάσαι πρὸς τὸν Κοστόβαρον καὶ πέμπει μὲν εὐθὺς αὐτῷ γραμμάτιον ἀπολυομένη τὸν γάμον οὐ κατὰ τοὺς Ἰουδαίων νόμους ἀνδρὶ μὲν γὰρ ἔξεστιν παρ' ἡμῖν τοῦτο ποιεῖν γυναικὶ δὲ οὐδὲ διαχωρισθείσῃ καθ' αὑτὴν γαμηθῆναι μὴ τοῦ πρότερον ἀνδρὸς ἐφιέντος (Josephus, Antiquity 15. § 259)
>
> 그런데 시간이 흐른 후 살로메는 코스토바로스와 싸우게 되었다. 그리하여 그녀는 즉시 그에게 이혼 증서를 보냈다. 이러한 행위는 유대법을 어기는 행위였다. 왜냐하면 우리(유대인들)에게는 남편이 이러한 일(이혼 증서를 써서 배우자를 이혼시키는 행위)을 행하도록 허용되며, [남편을] 떠난 아내는 전남편의 허락(이혼 증서) 없이 스스로 [다른 남자와] 결혼할 수도 없기 때문이다. (사역)

Ⅳ. 단어 연구

1. '이혼시키다'(ἀπολύω)

마태복음에서 요셉이 정혼한 마리아를 데려오지 않으려고 하는 것은 '그녀를 이혼시키는 것'(ἀπολῦσαι αὐτήν)으로 표현한 것(마 1:19)은 ἀπολύω가 정혼하고 데려오지 않는 것을 포함한 넓은 개념을 가짐을 보여준다. 만일 마가복음에서도 ἀπολύω가 이러한 넓은 의미로 쓰였다면, 예수님의 이혼 금지는 정혼자와의 파혼 금지를 포함하게 된다. 그러나 마태복음의 개념을 마가복음에 적용할 수는 없다. 마태복음

12) Safrai, 'Home and Family,' 791.

은 ἀπολύω를 넓은 의미로 사용하기 때문에 "음행"을 예외 조항으로 두었다고 볼 수 있다(마 19:9). 이러한 경우 정혼자가 음행을 하였을 경우에는 요셉의 경우처럼 파혼하고자 할 수 있는 것은 당연하므로 허용하는 것이다.

2. '나누다'(χωρίζω)

고린도전서 7:10에서 바울은 예수님의 명령을 인용하며 아내는 남편에게서 나누이지 말라고(μὴ χωρισθῆναι) 권한다. 이것은 이혼하지 말라는 명령으로 볼 수 있지만 아내에게 이혼을 할 권한이 없는 당시 배경으로 볼 때, 이혼 증서를 받지 않은 상태에서 남편을 떠나지 말라는 명령으로 볼 수 있다. 요세푸스는 이혼 증서를 통한 법적 이혼과 결별을 통한 사실상의 이혼을 구분한다. 이때, 요세푸스는 이혼 증서 없이 아내가 남편을 결별하는 것을 바울이 사용한 χωρίζω 동사와 유사한 διαχωρίζω로 동사로 표현한다.

> μὲν γὰρ ἔξεστιν παρ' ἡμῖν τοῦτο ποιεῖν γυναικὶ δὲ οὐδὲ διαχωρισθείσῃ καθ' αὑτὴν γαμηθῆναι μὴ τοῦ πρότερον ἀνδρὸς ἐφιέντος (Josephus, Antiquity 15. § 259)
> 왜냐하면 우리(유대인들)에게는 남편이 이러한 일(이혼 증서를 써서 배우자를 이혼시키는 행위)을 행하도록 허용되며, [남편을] 떠난 아내는 전남편의 허락(이혼 증서) 없이 스스로 [다른 남자와] 결혼할 수도 없기 때문이다. (사역)

고린도전서 7:3-5은 부부가 상대방의 성적 요구를 들어주어야 하며 거절하지 말아야 한다고 하는데, 이것은 바울이 "나누이지 말라"는 주의 명령을 적용한 것으로 볼 수 있다. 즉, "하나님이 합하신 것을 사람이 나누지 않게 하라"는 예수님의 명령을 이혼만을 금지하신 것이 아니라, 기도하기 위하여 서로 합의하여 일정기간 동안 별거하는 것이 아니라 합의함 없이 또는 일방적으로 장기간 별거하는 것도 금한 것으로 해석하여 적용한 것이다.

마가복음 10:9의 "하나님께서 합하신 것을 사람이 나누지 못하게 하라(μὴ χωριζέτω)"는 말씀은, 만일 χωρίζω 동사가 고린도전서에서와 동일한 의미를 가진다면, 법적 이혼만 아니라 결별을 통한 사실상의 이혼도 금한 것으로 해석할 수 있다.

3. '간음'(μοιχεία), '간음하다'(μοιχάομαί μοιχάομαι)

레위기 20:10(LXX)에 의하면 간음이란 (어떤 남자가) 다른 남자의 아내와 행하는 것이다. 예레미야 36:23(LXX) 문맥도 간음이 (남자들이) 이웃의 아내들과 행하는 것으로 묘사한다(ἐμοιχῶντο τὰς γυναῖκας τῶν πολιτῶν αὐτῶν). 에스겔 31:32은 간음을 결혼한 여자가 자기 남편대신 다른 남자를 취하는 것으로 묘사한다: תִּקַּח אֶת־זָרִים הָאִשָּׁה הַמְּנָאֶפֶת תַּחַת אִישָׁהּ (자기 남편대신 다른 남자들을 취하는 간음하는 여인). 그러므로 간음이란 결혼한 여인과 (결혼한 남자 혹은 미혼의) 다른 남자 사이에 발생하는 것이다.[13)]

레위기 20:10은 간음을 행한 남자와 여자 둘 다 죽이라고 명한다.

> ἄνθρωπος ὃς ἂν **μοιχεύσηται** γυναῖκα ἀνδρὸς ἢ ὃς ἂν **μοιχεύσηται** γυναῖκα τοῦ πλησίον θανάτῳ θανατούσθωσαν ὁ **μοιχεύων** καὶ ἡ **μοιχευομένη**
> 어떤 남자가 다른 남자의 아내와 간음하거나 그가 이웃의 아내와 간음하면, 그 간음한 남자와 그 간음한 여자를 사형시켜라. (사역)[14)]

신명기 22:22도 동일한 명령을 한다. 다만 강간의 경우에는 남자만 죽여야 한다고 신명기 22:25-27은 명한다.

시락서 23:23은 여인이 간음의 결과 다른 남자의 자녀들을 출산할 가능성을 언급한다. 이것은 간음이 출산과 관련된 성적 관계임을 암시한다: ἐν πορνείᾳ ἐμοιχεύθη καὶ ἐξ ἀλλοτρίου ἀνδρὸς τέκνα παρέστησεν ("그녀는 음행을 통하여 간음하였으며 다른 남자로부터 자녀들을 출산하였다." 사역). 요세푸스(*Antiquity*, 3. § 274)는 모세가 간음을 금하였음을 언급하며, "자녀들이 진짜라는 것은 도시들과 가

---

13) 여자가 결혼을 하지 않은 경우에는 간음으로 간주되지 않고 남자가 값을 지불하고 (그 여인의 아버지가 거부하지 않는 경우) 그 여인을 아내로 맞이하여야 하였다(출 22:16-17; 신 22:28-29).

14) 요세푸스(*Against Apion*, 2. § 215)도 간음죄가 사형에 해당한다고 한다.

정들에 유익하다"고 한다(ταῖς τε πόλεσι καὶ τοῖς οἴκοις συμφέρειν τὸ τοὺς παῖδας εἶναι γνησίους). 이 역시 간음이 출산과 관련된 행위임을 암시한다.

간음이 나쁜 신학적 이유는 배우자와 이웃의 신뢰를 저버리는 행위일 뿐 아니라 하나님과의 언약관계의 파괴이기 때문이다.[15)]

V. 마가 10:1-12 주해

[2절] 예수께서 무리들을 가르치실 때(1절), 그들 중에 어떤 사람들이 예수를 시험하고자 하는 의도로 질문하였다. 마가복음에서 '시험하다'(πειράζω) 동사는 다른 곳에서 3 번 사용되었다. 마가복음 1:13에서는 사단이 예수를 시험하며, 8:11에서는 바리새인들이 예수를 시험하여 하늘로부터 오는 표징을 구한다. 12:15에서는 바리새인들과 헤롯당들이 예수를 시험하며 가이사에게 세금을 내는 것이 율법에 의하여 허용되는지 물었다. 12:15에서와 같이 본문은 '시험하다' 동사가 질문과 관계되어 사용된다. 이때 질문의 의도는 순수하게 모르는 것을 깨닫기 위한 것이 아니라 대답을 어떻게 하려는지 보려고 하는 것이다. 대답을 어떻게 하는지 보려고 대답하기 어려운 질문, 또는 함정을 가진 질문을 던지는 것이다.

이혼이 (구약에 의하여) 허용되는지 묻는 간단한 질문이 시험이 되는 이유는 이 간단한 질문에 상식적인 답변인 "그렇다"가 헤롯의 (이혼 및) 재혼을 반대하고 죽임을 당한 세례 요한을 부정하는 정치적 함축을 가지기 때문이다. 한편, 이를 피하려고 "그렇지 않다"고 답하면, 구약을 반대하는 입장을 가진 것으로 몰리거나 헤롯의 (이혼 및) 재혼을 반대한 세례 요한과 동일한 입장을 가지고 있다고 몰릴 수 있었다.

[3절] 예수께서는 "모세가 너희에게 무엇을 명하였느냐?"고 역질문을 던지심으로 질문자들이 숨겨놓은 올무를 피하신다. 질문자들 스스로 답을 하도록 유도하시고 바로 답하시기를 피하신다. '명하였느냐'(ἐνετείλατο)는 단어는 이혼

---

15) E. Plümacher, μοιχεύω, in *Exegetical Dictionary of the New Testament*, vol.2, ed. H. Balz & G. Schneider (Grand Rapids: Eerdmans, 1991) 437.

이 명령된 적은 없다는 것을 지적하게 위하여 선택된 단어일 수 있다.

[4절] 그들은 "모세는 이혼 증서를 써주고 이혼하는 것을 허용하였습니다"라고 대답한다. 그들은 구약에 의하여 이혼이 허용됨을 인정한다. 이혼이 구약에 의하여 명령된 곳은 없으며 단지 허용되고 있다는 것을 그들은 알고 있었다.

[5절] 이제 예수께는 더 이상 답할 의무가 없다. 질문자들이 이미 자기들의 질문의 답을 알고 있기 때문이다. 그러나 예수님은 질문자들을 비판하는 말씀을 덧붙이시며 말씀을 시작하신다. 모세가 이혼이 발생하는 것을 전제한 계명(신 24:1)을 기록한 이유는 "너희"(질문자와 같은 사람들)의 "완악함" 때문에 그렇게 한 것이다. 질문자들은 이혼이 허용된다는 것을 알면서 예수께 이혼이 허용되는지 물으며 이혼이 허용된다고 할 때 예수를 헤롯을 인정하는 자로 몰려고 한 사람들이다. 그러면서도 그들 자신은 아내를 이혼을 시키는 권리를 누리고 자하는 자들이다. 이것은 여자들을 억누르고 특권을 향유하려는 완악함이며, 타인(예수)에게는 잔혹하고 자신에게는 너그러운 완악함이다. 이러한 완악함은 단지 사람에 대한 완악함이 아니라 이웃을 사랑하라고 명한 하나님의 뜻에 대한 반항이다.[16] 이러한 완악함 때문에 율법(신 24:1-4)은 이혼 현상을 전제한 상태에서 출발한다. 그리하여, 다만 이혼당한 아내가 재혼한 후 다시 이혼 당했을 때 다시 데려오는 것만은 금하고 있다. "모세법의 목적은 이혼을 권장하는 것이 아니라 점검하고 (상대적으로 방어력이 없는 여인들을 보호하기) 위한 것이었다."[17]

구약에서 "완악함"은 주로 하나님에 대한 태도에 대하여 사용되었다.[18] 따라서 본문에서 이것은 아내에 대한 잔인함이 아니라 하나님에 뜻에 대한 반항을 가리킨다.[19]

---

16) France, *Mark*, 391 참조.
17) Evans, *Mark*, 84.
18) France, *Mark*, 391; 신 10:16; 렘 4:4; 겔 3:7 참조.
19) France, *Mark*, 391.

[6-8절] 예수께서는 인간의 완악함으로 인해 이혼을 허용하며 범하지 말아야 하는 최소한을 언급한 모세의 율법이 우리가 만족하며 추구하여야 할 이상적인 인간상을 담고 있지 않음을 지적하시기 위하여 창조질서를 언급하신다. 창조질서는 모세법보다 시간적으로 우선하는 법으로서 모세법보다 상위법이다.[20] 창조 때 하나님은 남녀를 만드셨고 창세기 2:24에 의하면 남자가 그의 아내와 결합하여 하나의 육체가 되는 것이다. 예수께서는 이를 해석하여 이제 부부는 둘이 아니라 한 육체라고 하신다(οὐκέτι εἰσὶν δύο ἀλλὰ μία σάρξ).

[9절] 예수께서는 창세기 2:24에 내포된 모세법보다 더 오래된 원칙을 이끌어 낸다. 그것은 부부를 하나로 만드시는 분은 하나님이시라는 원리이다.

1. 하나님께서 남자와 여자를 만드셨다. (창 1:27)
2. 남자와 여자가 결합하면 한 육체가 된다. (창 2:24)
3. 둘을 하나로 결합시키시는 분은 하나님이다. (1, 2로부터의 추론)

하나님께서 남자와 여자를 따로 만드셨는데, 그 둘이 결합하여 한 육체가 된다는 것은 신비이다. 일상적 경험 속에서 볼 때에는 남녀는 결혼하여도 여전히 두 개의 다른 육체이기 때문이다. 그러나 창세기 2:24은 둘이 하나의 육체가 된다고 선언한다. 그러므로 이것은 오로지 하나님께서 이루시는 기적이다. 그러므로 부부를 하나로 결합시키시는 분은 하나님이시라고 추론할 수 있다.

이러한 추론에 토대하여 예수께서는 사람들이 하나님께서 만드신 신성한 결합, 오직 하나님께서만 이루실 수 있는 기적적인 일치를 이러한 결합을 애당초 가능하게 할 수 없었던 인간이 파괴할 능력이 없다는 것을 지적하신다. 그러한 결합이 인간적으로 가능한 일이었으면 얼마든지 인간이 분리할 수 있다. 그러나 인간이 결합시킬 수 없었던 것은 분리시킬 수도 없다. 그리하여 예수께서는 완전한 이혼이 원칙적으로 불가능함을 지적한다. 사람들이 법적으로 이혼하여도 하나님께서 만드

20) France, *Mark*, 392 참조.

신 결합까지 해체시킬 수 없으며 하나님 편에서 볼 때 이혼은 무효라는 것이다.

한편, 하나님께서 둘을 하나로 만드셨다면 그들이 분리되는 것은 하나님의 뜻이라고 할 수 없다.[21] 그러므로 이혼은 하나님의 뜻이 아니다.

[10-11절] 제자들이 예수님의 비유(9절)에 관하여 질문하였을 때, 예수께서는 비유를 풀어주신다. "누구든지 자기 아내를 이혼시키고 다른 여자와 결혼하면 그녀에게 간음하는 것이다."[22] 첫 아내를 이혼시켜도 하나님 편에서 볼 때에는 둘이 아직 하나이므로 다른 여자와 결혼하여 관계를 맺는 것은 간음이다. (물론 이혼하고 혼자 살면 간음죄를 범하는 것은 아니다.) 이것은 이혼시킬 권리와 재혼할 권리를 가진 당시 남편들에게 그러한 권리가 존재하지 않음을 선언하시며, 당시에 이혼을 당하기 쉬웠던 여인들을 보호하시는 말씀이다(위의 II.나 참조).

아내가 남편에게 생계를 의존해야 하는 당시 사회 속에서 보면 아내를 버리는 것을 금하는 것은 여인을 보호하는 의도를 더욱 철저화한 것이며 율법을 폐하는 것이 아니다. 마가는 여기서 율법을 폐하는 예수가 아니라, 완성하는 예수를 그린다.[23]

[12절] "그녀"(αὐτή)가 남편을 이혼시키고 다른 남자와 결혼하는 것도 간음하는 것이다. 여기서 "그녀"는 그러한 일을 하는 여인의 대표로서 헤로디아를 염두에 둔 표현으로 볼 수 있다.[24] 이것이 '여인'이라는 자연스런 단어대신 '그녀'라는 단어를 사용한 이유일 것이다. 또한 당시 유대 여인들이 남편을 이혼시킬 권리가 없었던 상황 속에서(위의 II.다 참조), 12절은 헤로디아를 염두에 두지 않았다면 불필요한 구절이었을 것이다. 예수께서 보실 때, 남편에게 이혼증서를 보내어 이혼시키고 헤롯과 재혼한 헤로디아는 분명히 간음죄를 범한 여인이다.

---

21) Evans, *Mark*, 84.

22) 막 3:24-26; 13:8, 12에 나오는 ἐπί + 목적격(the accusative) 용법을 고려할 때, ἐπ' αὐτήν은 "그녀와"보다는 "그녀(전처)에게"로 번역할 수 있다(France, *Mark*, 394).

23) M. D. Hooker, *The Gospel According to Saint Mark* (London: A. & C. Black, 1991) 235 참조.

24) Hooker, *Mark*, 236 참조.

이처럼 이혼 후의 재혼을 금하는 것은 율법이 허용한 것을 금하는 것으로서 율법과 모순되는 것이 아니다. 허용이 곧 명령인 것은 아니기 때문이다. 오히려 창세기 2:24에 담긴 구약의 정신을 더 철저화시키며 구약에 담긴 약자 보호법을 철저화시켜 적용하고 계신 것으로 볼 수 있다.

예수께서 이러한 이상적인 가르침을 주신 이유는 모세의 율법이 제시하는 하한선을 넘는 것으로 자신이 의롭다고 여기거나 이혼 또는 재혼을 위한 이혼을 권리로 간주하는 태도를 가진 사람들에게 이혼이 결코 정상적인 것이 아님을 가르치시기 위함이었을 것이다.[25] 율법이라는 하한선을 넘은 사람들도 예수께서 제시하시는 완전한 기준 앞에서 겸허하여야 한다.

Ⅵ. 마가복음 10:9의 역사적 진정성 연구

마가복음 10:1-12 특히 10:9의 역사적 진정성을 믿을 만한 충분한 근거가 있다. 이 구절의 진정성은 고린도전서 7:10-11, 이른 바 Q 자료(마태복음-누가복음 공통 자료)의 외적 증거와 함께, 일관성, 설명 가능성, 비유사성, 역사적 배경에의 부합 등의 내적 증거에 의하여 다음과 같이 확증될 수 있다.

1. 고린도전서 7:10-11의 증거

마가복음 10:11-12은 남편이나 아내가 그 배우자를 이혼시키고 다른 사람과 결혼하는 행위를 간음이라고 규정한다. 이 말씀의 진정성은 고린도전서 7:10-11에 의하여 지원받는다. 여기서 바울은 예수님의 가르침을 다음과 같이 인용한다: γυναῖκα ἀπὸ ἀνδρὸς μὴ χωρισθῆναι, -ἐὰν δὲ καὶ χωρισθῇ, μενέτω ἄγαμος ἢ τῷ ἀνδρὶ καταλλαγήτω,- καὶ ἄνδρα γυναῖκα μὴ ἀφιέναι. ("아내는 남편으로부터 나누이지 말고, -나누일지라도 재혼하지 않고 지내거나 남편과 재결합하라,- 남편은 아내를 이혼시키지 말라.") 이 말씀은 이혼을 금하는 점에서 이혼(법적 이혼) 내지 별거(사

25) Hooker, *Mark*, 237 참조.

실상의 이혼)를 금하는 마가복음 10:9("하나님께서 합하신 것을 사람이 나누지 못하게 하라")의 말씀의 내용과 일치한다. 또한 이 말씀은 이혼을 하고 재혼을 하는 것을 부정적으로 (즉 간음이라고) 평가하는 마가복음 10:11-12의 말씀과도 일치한다. 여기서 각 구절에 특징적인 부분을 정리하면 다음과 같다.

마가복음 10:11-12	1. 이혼을 시키고 재혼하는 것이 금지되었다. (그러므로, 이혼을 시키는 것 자체는 가능할 수도 있다.)
고린도전서 7:10-11	1. [아내가] 버림을 당한 후 재혼하는 것이 금지되었다. 2. [남편이 아내를] 이혼시키는 것이 금지되었다.

그러나 마가복음 10:9("나누지 못하게 하라")의 내용을 10:11-12에 추가하면 마가복음도 이혼을 시키는 것을 금하고 있다는 것을 알 수 있다. 이혼하는 것은 10:9의 말씀을 어기는 것이며 (이혼 후에) 재혼하는 것은 10:11-12의 말씀을 어기며 간음죄를 짓는 것이다. 고린도전서 7:10-11은 이혼 금지와 함께 재혼 금지를 언급하는 점에서 마가복음 10:11-12와 동일하다. 다만, 이혼을 당한 여인도 [다른 남자와] 재혼을 하지 말고 재결합을 추구하라고 권면하는 점이 독특하다.[26] 그러므로 고린도전서 7:10-11은 마가복음 10:9-12과 내용적으로 일치한다. 바울이 고린도전서를 쓸 때에는 마가복음이 기록되기 전이었을 것이므로 고린도전서의 증거는 마가복음 10:9-12의 진정성을 지지한다.

2. 마태복음 5:32b//누가복음 16:18b의 증거

마태복음 5:32b와 누가복음 16:18b는 서로 일치하므로 공통 자료에서 온 것이라고 볼 수 있다. 이 부분은 마가복음에는 없는 것이므로 그 공통 자료는 마가복음이 아닌 고대 자료일 것이다.

---

26) 이것은 하나님께서 한 번 합하신 것을 이혼이나 별거가 무효화시킬 수 없다는 것을 가정한다면 이혼을 당한 경우에도 재혼은 간음이라 할 수 있다. 물론 이 때 이혼을 시킨 자가 이미 재혼하였을 경우에는 재결합이 불가능하므로 상황이 다르다고 할 수 있다.

마태 5:32b　ὃς ἐὰν ἀπολελυμένην γαμήσῃ, μοιχᾶται.
누가 16:18b　ὁ ἀπολελυμένην ἀπὸ ἀνδρὸς γαμῶν μοιχεύει.

두 구절의 표현마저도 흡사한데, 내용은 이혼당한 여인과 결혼하는 것도 간음이라는 것이다. 이것은 이혼 당한 여인의 재혼을 금하는 고린도전서 7:11과 짝이 맞는 구절이며, 하나님의 편에서 볼 때 이혼이 불가능하다는 것을 전제하는 마가복음 10:9과도 일맥상통한다. 이혼을 통해 부부의 하나됨이 결코 깨어질 수 없다면 이혼을 당하고 결혼하는 것 뿐 아니라 이혼 당한 사람과 결혼하는 것도 간음이라고 할 수 밖에 없는 것이다.[27] 마가복음은 마태복음이나 누가복음보다 먼저 기록된 복음이므로 마가복음 10:9의 내용은 마태복음이나 누가복음에서 왔을 리 없다. 그러므로 마가복음 10:9와 마태복음 5:32b//누가복음 16:18b의 일치는 마가복음 10:9의 진정성에 대한 또 하나의 외적 증거이다.

3. 일관성의 증거

고린도전서 7:10-11은 마가복음 10:11-12의 법적인 효력을 정당화시킨다. 만일 이혼을 당하고 재혼하는 것마저 금지된다면(고전 7:11) 이혼을 시키고 재혼하는 것은 더더구나 금지된다(막 10:11-12). 그러므로 고린도전서 7:10-11은 마가복음 10:9의 적용일 수 있을 뿐 아니라 마가복음 10:11-12을 마가복음 10:9의 정신에 따라 철저화한 것일 수도 있다. 이러한 일관성은 이혼을 금한 예수님의 말씀의 진정성의 증거로 작용한다.

4. 설명가능성의 원리를 통한 증거

마가복음 10:9("하나님께서 합하신 것을 사람이 나누지 못하게 하라")은 위에서 살펴 본 바와 같이 이혼 당한 여인과의 결혼을 금하는 말씀(마 5:32b//눅 16:18b)과 이혼당한 여인의 재혼을 금하는 말씀(고전 7:10-11)의 기원을 설명할 수 있는 말씀이므로 진정

27) 물론 이 때 이혼 당한 여인은 음행으로 인하여 이혼 당한 여인을 가리킬 수 있다.

성이 매우 높다고 볼 수 있다. 또한 마가복음 10:9은 마가복음 10:6-8에서 보는 바와 같이 창세기 2:24에 토대하여 발생할 수 있으므로 구약에 연속된다. 따라서 구약에서 기원할 수 있고, 다른 예수 전통들의 기원을 설명할 수 있는 마가복음 10:9의 말씀의 진정성의 가능성은 매우 높다.

5. 비유사성의 원리를 통한 증거

예수 당시 유대교에 이혼을 완전히 금한 흔적은 없다(위의 II장 참조). 그러므로 이혼을 금하는 마가복음 10:9의 말씀은 당시 유대교에 의하여 쉽게 용납될 수 없었을 것이며 이것은 예수께서 미움을 받아 박해를 당할 수 있게 된 하나의 이유로 작용하였을 것이다.

고리도전서 7:15은 믿지 않는 자가 이혼하고자 하면 이혼하라고 권하는데, 이것은 이방 기독교인의 경우에 배우자가 불신자일 경우 이혼이 가능함을 전제하고 있다. 이러한 이방 기독교를 배경으로 마가복음 10:9의 말씀이 발생할 수는 없다. 그러므로 마가복음 10:9은 초기의 이방 기독교의 산물일 수 없다. 그런데, 마가복음은 이방 기독교를 배경으로 하므로 마가복음 10:9은 마가의 창작이 아닐 것이다.

마태복음 19:9은 마가복음 10:11에 "음행으로 인하지 않고는"이라는 예외 조항을 추가한다. 이것은 마가복음 10:11이 너무 엄격한 것으로 받아들여졌기 때문이었을 수 있다. 배우자가 간음하거나 음행을 행하는 상황에서도 이혼을 시킬 수 없다면 그것은 너무한 것이다. 그러므로 마태복음 저자는 이러한 예외 조항을 추가하였을 것이다. 이처럼 매우 철저한 유대 기독교회를 배경으로 한 마태복음에서도 있는 그대로 받아들여질 수 없었던 마가복음 10:11이 마가나 초대 교회에 창작되었을 가능성은 거의 없다.[28]

6. 당시 역사적 배경에의 부합

마가복음 10:9은 배우자를 이혼시키고 재혼한 헤롯과 헤로디아의 결합이라는 역

28) France, *Mark*, 80 참조.

사적 배경에 부합한다.[29] 세례 요한이 이러한 결합을 비판하고 죽임을 당한 상황 속에서 세례 요한의 세례를 받은 예수께서 세례 요한과 유사한 입장을 취하셨을 개연성은 매우 높다.[30] 마가복음 10:9은 당시의 역사적 배경 속에서 헤롯과 헤로디아를 비판하는 맥락에서 주어질 수 있는 말씀이다.[31] 또한, 마가복음 10:9은 남편이 아내를 마음껏 이혼시킬 수 있었던 (불공평한) 당시 상황 속에서 주어질 수 있었던 말씀이다. 그러므로 당시 역사적 배경도 이 말씀의 진정성을 지원한다.

Ⅶ. 예수의 이혼법의 적용

역사적 예수께서 이혼을 금지하시는 가르침을 주셨음은 거의 의심의 여지가 없다. 그것은 교회가 지키기에는 너무도 과격하며 심지어 율법에 철저한 유대 교회도 그것을 창작하였을 가능성이 거의 없다. 이 말씀의 과격성은 이 말씀의 진정성을 증명하기에 매우 유리하게 작용한다. 그러나 이 과격성은 이 말씀의 적용을 매우 어렵게 한다. 초대 교회마저 적용하기 어려워하였던 이 말씀을 어떻게 현대 교회에 적용할 수 있을 것인가? 법적 이혼의 효력마저도 철저히 부정하는 원리에 토대하여 이혼 후의 재혼이나 이혼 당한 사람과의 결혼을 간음과 동일한 것으로 간주하는 적용을 오늘날 교회에 적용할 수 있을 것인가?

이혼을 당연시하는 현대 사회 속의 교회는 예수의 이혼법을 적용하는데 어려움을 겪지 않을 수 없다. 그러나 우리는 초대 교회가 더 쉬운 상황 속에 있었다고 착각해서는 안 된다. 초대교회 역시 이혼이 얼마든지 가능하였던 유대 사회나 로마 사회를 배경으로 하였을 것이기 때문이다. 다만 당시보다 좀더 좋은 환경에 있는 것은 여인들일 뿐이다.

예수님의 가르침을 적용하기 쉬운 것부터 나열해 보면 다음과 같다. 오늘날 결혼

---

29) 이러한 역사적 배경은 막 6:18과 Josephus, *Antiquity*, 18. §136의 다중 증언에 의하여 지원받는다.

30) France, *Mark*, 80 참조.

31) Evans, *Mark*, 85 참조.

에 관한 한 남녀의 권리가 동등하므로 남녀 구분은 무의미하며 따라서 다음의 적용에는 남녀 구분을 피한다. 즉, 성경에서 남자에게 명령되었든, 여자에게 명령되었든 남녀 모두에게 적용한다.

1. 이혼 당한 사람과 결혼하지 않는다(마 5:32b//눅 16:18b).
2. 배우자가 음행을 하지 않는 한 이혼시키지 않는다(마 19:9).
3. 배우자를 이혼시킨 사람은 독신으로 지낸다(막 10:11-12).
4. 이혼을 당한 사람은 독신으로 지내거나 다시 결합한다(고전 7:11).
5. 이혼하지 않는다(막 10:9; 고전 7:11).

이혼 당한 사람과 결혼을 하지 않는 것(1)은 크게 어려운 일은 아니다. 그러나 이혼 당하고 독신으로 지내는 것(4)은 쉽지 않은 일이다. 배우자가 이혼하지 않는 한 이혼 시키지 않는 것(2)은 크게 어렵지 않을 것이다. 이혼을 시킨 사람이 독신으로 지내는 법(3)을 집행하는 것은 이혼을 당해도 독신으로 지내라는 법(4)을 집행하는 것보다 더 쉽다. 그러고, 어떤 일이 있어도 이혼하지 않는 것은 가장 어려운 것이다(5).

우리는 위에서 2 단계를 교회에 적용할 수 있을 것이다. 그러나 1 단계와 4 단계는 억울하게 이혼 당한 사람에게는 가혹하게 여겨질 것이며, 3 단계도 음행을 한 사유로 배우자를 이혼시킨 사람의 경우에는 불합리하게 여겨질 것이다. 물론 5 단계는 목표로 제시될 수 있을 뿐 문자 그대로 모든 상황 속에 적용하기 어렵다.

그런데, 1 단계와 4 단계가 가지는 가혹성의 문제는 2, 3 단계를 적용할 경우에 자연히 해결되는 문제이다. 억울하게 이혼을 당하는 사람이 없어질 것이며 이러한 법체계 속에서 이혼을 당한 사람은 음행을 한 자일 것이므로 재혼의 가능성을 없애야 할 것이기 때문이다. 이러한 고려는 음행의 이유 없이 억울하게 이혼을 당한 사람의 경우에는 재혼이 허용될 가능성을 암시한다.

상대방이 간음을 행하였을 경우에도 이혼하지 말고 이혼하여도 독신으로 살아야 하는가? 구약을 배경으로 하면 간음한 자는 사형을 당하게 되어 있다(레 20:10). 또한 고린도전서에 의하면 상대방이 죽은 경우에 재혼할 수 있다(고전 7:39). 이러한 계명을 배경으로 하면 상대방이 간음을 할 경우에 이혼과 재혼은 허락된다고 볼 수 있다. 마가복음 10:9은 율법이 집행되는 유대 사회를 배경으로 주신 법이기 때문에 상대방이 간음한 경우에는 그가 이미 죽은 것으로 간주할 수 있는 것이다. 그러므로 그에게 이혼과 재혼이 허용될 수 있는 것이다.

또 하나의 예외는 불신자가 이혼을 요구할 때, 이혼 당해 주는 것이다. 바울(고전 7:15)에 의하면, 이 경우에는 5 단계를 고집할 필요가 없다. 그는 4 단계를 실행할 수 있다. 그런데, 불신자와의 이혼이 허락되는 것은 불신자와 신자 사이의 결혼은 진정한 한 육체됨을 이루지 못한 것이므로 이혼이 가능하다고 해석할 수 있다. 그러므로 불신자의 요구에 의해 이혼을 당한 사람은 신자와 재혼을 할 수 있는 가능성이 열려 있다고 볼 수 있다. 그러므로 위의 원리는 다음과 같은 예외를 가질 수 있게 된다.

1. 불신자에 의해 이혼 당한 사람과는 결혼할 수 있다.
3. 불신자에게 이혼을 당한 사람은 재혼할 수 있다.
5. 불신자에게 이혼을 당할 수는 있다(고전 7:15).

위에서 1 단계와 3 단계는 5 단계의 적용이다. 단 이 때 재혼은 신자와만 할 수 있다(고전 7:39).

위에서 살펴본 바와 같이 음행의 연고 없이 이혼을 당한 경우에는 재혼이 허용될 가능성이 있을 것이며, 또는 상대방이 간음을 범한 경우나 배우자가 불신자로서 (내가 음행을 범하지 않았는데도 예수를 믿는다는 이유로) 이혼을 요구할 경우에는 이혼이 가능하고 (신자와의) 재혼도 가능하다고 볼 수 있다. 이러한 예외를 제외하면 이혼이 정당화될 수 있는 방법이 없다.

이러한 예외적인 경우 외에도 이혼은 불가피하게 발생할 것이다. 어떠한 경우에 그 이유는 적절할 것이다. 그러나 어떤 이혼 사유든지 그것은 정상 참작의 조건이 될 뿐 성경에 의하여 정당화의 조건이 될 수는 없을 것이다. 이혼의 현상은 인간의 연약함과 잘못을 보여주는 것이며 결코 예수의 가르침이 잘못되었다는 것을 보여주지 않는다. 예수의 도를 따르는 기독교인이라고 하면서도 (위에서 제시한 이유 없이)

이혼을 쉽게 행하는 것은 자기 십자가를 거부하고 자기를 부인하기를 거부하는 행위이며 예수의 가르침을 무시하며 나아가 예수를 무시하는 행위이다.

위에서 제시한 예외에 해당한 경우라 할지라도 우리는 예수께서 제시하는 원칙을 존중하여야 할 것이다. 음행한 상대방을 이혼시키지 않고 용서할 때, 그가 자신에게 죄지은 자를 용서한 것처럼 하나님께서도 그의 죄를 용서하실 것이다(막 11:25). 이것은 고통스러운 순간이지만 우리가 하나님께 죄용서를 받는 기회이다. 우리가 어떤 선행으로 하나님의 죄사함을 받을 길은 없지만, 남의 죄를 용서함으로써 죄사함을 받을 길이 열려 있는 것이다. 이것은 하나님을 떠나 여러 가지 우상을 숭배하며 영적 간음죄를 범한 인간이 그러한 죄를 사함 받을 수 있는 기회이다.

억울하게 이혼을 당하거나 불신자에게 이혼을 당하는 경우에 재혼이 허용된다고 하여도 예수님의 원리와 바울의 권면(고전 7:8)에 따르면 재혼보다 독신이 더 권장되는 것이 분명하다. 그러므로 이혼을 당할 경우 이것을 인생을 더욱 값지게 살 수 있는 기회로 활용하는 것도 좋을 것이다. 이혼을 당하는 것은 분명히 고통스러운 일이다. 그러나 이것은 하나님을 위해 전심전력하는 삶을 살 수 있는 좋은 기회이기도 하다. 먼저 하나님의 나라와 의를 구하며 그러한 삶을 살 때 하나님께서 다른 필요도 채워주실 것이다.

Ⅷ. 맺음말

이혼을 금한 예수님의 가르침은 모세 율법보다 더 철저한 것이므로 모세 율법을 폐하는 것이 아니라 약자를 보호하는 구약의 정신을 잘 구현한 것이다. 이혼 당하면 생계를 꾸려갈 수 없는 당시 사회 속에서 이혼 금지는 여성의 인권을 보호하는 역할을 할 수 있었기 때문이다. 오늘날 많은 어린이들이 이혼으로 인하여 고통을 겪는 것을 고려한다면 또한 이들을 보호하기 위해서 이혼은 바람직하지 않다고 볼 수 있다. 물론 이혼을 함으로써 약자들이 보호가 되는 상황이 있을 수 있다. 그러나 강자의 특권을 위하여 행하여지는 이혼은 결코 정당화될 수 없을 것이다.

한편, 예수께서는 이혼의 희생자들을 정죄하시지는 않는다. 따라서 부당하게 이혼을 당하는 사람들이나 이혼된 가정의 자녀들은 우리가 긍휼히 여겨야 할 대상이며 정죄해야 할 대상이 아니다. 단지 이혼 당하였다는 사실로 인하여 정죄하는 것은 예수님의 말씀을 잘못 적용한 결과이며 한 번 피해를 당한 약자를 두 번 죽이는 일이다. 자신의 특권을 향유하기 위해 배우자를 이혼을 시키고 재혼하면 간음으로 여겨지지만(막 10:11-12) 이혼을 당하는 것 자체는 (특히 상대방이 불신자일 때) 죄로 여겨지지 않기 때문이다(고전 7:15 참조).

참고문헌

신현우, 『마가복음의 원문을 찾아서』, 서울: 웨스트민스터출판부, 2006.

Evans, C. A., *Mark 8:27-16:20*, WBC 34B, Nashville: Thomas Nelson, 2001.

Donahue, J. R. & D. J. Harrington, *The Gospel of Mark*, Sacra Pagina Seres 2, Collegeville, Minnesota: The Liturgical Press, 2002.

France, R. T., *The Gospel of Mark*, Grand Rapids, Michigan: Eerdmans, 2002.

Hooker, M. D., *The Gospel According to Saint Mark*, London: A. & C. Black, 1991.

Keener, C. S., "Adultery, Divorce," *Dictionary of New Testament Background*, ed. by C. A. Evans & S. E. Porter, Leicester: IVP, 2000,

Meier, J. P., "The Historical Jesus and the Historical Law: Some Problems within the Problem," *CBQ* 65, 2003.

Plümacher, E., μοιχεύω, in *Exegetical Dictionary of the New Testament*, vol.2, ed. H. Balz & G. Schneider, Grand Rapids: Eerdmans, 1991.

Safrai, S., 'Home and Family,' in *The Jewish People in the First Century*, ed. by S. Safrai and M. Stern, vol.2, Compendia Rerum Iudaicarum ad Novum Testamentum, Section 1, Assen/Amsterdam: Van Gorcum, 1976.

바디메오의 믿음에 대한 군중들의 꾸짖음

-마가복음 10:46-52에 대한 구조 분석-

서 영 환
(고려신학교, 신약학)

I. 개 설

마가복음에서 나타나고 있는 마가의 문체는 다른 복음서 기자들의 문체와는 확연히 구별되는 독특한 문체를 가지고 있다. 그의 문체는 간결하며[1] 이야기의 진행 속도 또한 빠르다.[2] 그래서 우리들은 본서를 읽을 때, "그리고"라는 말과 "즉시"라는 말을 빈번히 만나게 된다. 따라서 본서는 군더더기가 없는 빠른 진행으로 흘러가고 있기 때문에 그 주제의 명확함이라든지 그 주는 메시지는 아주 분명하다 하겠다.

그러나 이것은 본서와 성경 기록자 마가의 문체에 대한 표면적인 고찰의 결과에 불과하다. 마가의 글은 겉으로는 쉽고 간결한, 그래서 속도 있는 흐름으로 끝나는 것처럼 보이지만 그 구조적 흐름이 가지고 있는 숨겨놓은 의미는 참으로 놀랄 만하다. 여기에 진정한 마가의 의도하는 바가 있고, 그의 문학적 표현의 탁월함이 있다.

---

1) 본서는 그 분량 면에서도 그의 간결성을 보여 준다. 마태복음은 28장, 1,071절, 23,684개의 낱말로, 누가복은 24장, 1151절, 25 944개의 낱말로, 요한복음은21장, 878절, 19, 099개의 낱말로 구성되어 있지만, 본서는 16장, 678절, 15, 171개의 낱말로 구성되어 있어, 그 분량의 차이를 드러내고 있다.

2) 마태와 누가의 글은 그 설명이 많아 마가의 글과 확연히 구별되며, 그의 문체는 오히려 요한의 문체와 그 간결성에 있어서는 비슷하다. 그러나 짧은 문장 안에 내포되어 있는 의미에 있어서는 그 정도가 또한 다르다.

이는 본서를 구조적으로 고찰할 때만이 그 숨겨진 의미에 접근할 수 있다. 이는 더 나아가서 복음서에서 나타나고 있는 전체 기적 사건의 수가 36 가지임에도 불구하고, 가장 짧은 복음서인 본서에 무려 16 가지의 기적이 기록되어 있다는 사실은 본서가 의도하고 있는 바를 드러내게 하고 있다.

본서는 본서 1:1에서 선언하고 있는 바와 같이 예수님의 복음, 즉 그의 그리스도이심과 하나님의 아들이심에 그 주제적 초점을 맞추고 있다. 이렇게, 연역적으로 선언된 예수 그리스도의 복음은 그의 지상에서의 삶과 교훈의 말씀, 그리고 그의 역사하심을 통하여 그의 하나님 본체이심, 그리고 그의 구속사의 과정과 그 완성을 설명하며, 증거하고 있다.

본서는 이러한 대 주제의 선언을 뒷받침하기 위하여 각각의 구조들이 서로 상관성을 맺으면서 질서 정연한 논리를 전개하고 있다. 이들 구조들이 각기 가지고 있는 작은 주제들의 상관성을 통해 본서가 의도하고 보여 주고자하는 깊은 뜻을 우리들에게 전하고 있다.

따라서 우리들은 본서를 구성하고 있는 큰 구조들이 가지고 있는 의미를 바르게 이해함으로써 마가가 의도하고, 성령님께서 드러내어 주시는 본서의 주제와 그 궁극적인 강조점, 그리고 이와 연관된 여러 가지 의미들을 바르게 이해할 수 있을 것이다.

마가복음은 모두 다섯 개의 "큰 구조"로 구성되어 있다.[3] 이들 "큰 구조"는 그 안에 각 각 다섯 개의 "작은 구조들"로 서로 상관관계를 맺고 있으며, 이들 "작은 구조들"은 또 다시 그 안에 다섯 개 내지는 일곱 개의 "단위 구조들"을 가지고 있어, 본서는 "삼중적" 구조로 짜여 있으며, 대칭 병행 순환 구조(The Structure of the Chiastic Parallelism)의 흐름으로 논증되고 있다.

---

3) 본서의 첫 번째 큰 구조(1:2-4:34)는 안식일의 주인이신 예수님, 두 번째 큰 구조(4:35-7:37)는 예수에 대한 배척, 세 번째 큰 구조(7:38-10:45)는 예수님의 기적 행하심, 네 번째 큰 구조(10:46-13:37)는 건축자의 버린 돌과 도통이 돌로서의 예수님, 그리고 마지막 다섯 번째 큰 구조(14:1-16:20)는 재림 주 예수에 대한 정죄를 그 작은 주제로 담고 있어, 첫 번째의 안식일의 주인이신 예수님과 다섯 번째 재림 주 예수에 대한 정죄가 대칭 병행되고 있으며, 두 번째 예수에 대한 배척과 네 번째 건축자의 버린 돌과 모퉁이 돌이 대칭 병행되고 있으며 본서의 가장 핵심적 주제의 자리에 있는 세 번째 큰 구조는 예수님의 기적 행하심으로 그의 그리스도이심과 하나님의 아들이심을 분명하게 선포하고 있다.

따라서 우리들이 본문의 의미를 보다 더 확실히 하기 위해서는 본문 안에 있는 각각의 단위들이 가지고 있는 의미들의 상관관계를 살펴봄으로써 각 문단들이 가지고 있는 바른 의미에 접근할 수 있다.

본 논문은 본문이 가지고 있는 내용들을 먼저 구조적으로 분석하고, 각 구조 속의 부분으로 작용하고 있는 각각의 "단위들"의 상관성과 그 자리를 살펴봄으로서 본문이 보여 주고자하는 참 의미가 무엇인지를 이해하고, 이를 토대로 해서 우리들은 무엇을 깨달아야 하는 지에 접근하고자 한다.

Ⅱ. 본문 구조

1. 구 조

본문의 기적 사건은 본서의 기적 중 15번째 기적 사건으로 등장하고 잇는데, 이 사건은 다른 복음서에서도 같은 내용으로, 또는 유사한 내용으로 언급하고 있으나,[4] 그 구조의 짜임새는 각각 다르다.[5] 본서는 다섯 개의 "큰 구조"로 구성되어 있다.[6] 이 큰 구조 중 네 번째 "큰 구조"(10:46- 13:37)는 다섯 개의 "작은 구조들"(10:46- 11:11, 11;12- 33, 12;1-17, 12;18-44, 13;1-37)을 가지고 있는데, 이들의 상관관계를 요약하면 다음과 같다.

---

4) 마 20:30-34, 눅 18:35-43.

5) 본문은 두 개의 단위 구조로 짜여 있으나, 마태복음과 누가복음의 경우는 한 개의 단위 구조로 짜여 있는 것이 다르며, 또한 마태복음의 경우는 20:33의 예수님의 말씀인 "너희에게 무엇을 하여 주기를 원하느냐"라는 점에 그 강조점이 있으며, 누가복음의 경우는 18:39b의 "다윗의 자손이여 나를 불쌍히 여기소서"에 그 강조가 있다.

6) 본서에 대한 전체적인 구조는 사람들에 따라 그 주장을 달리하고 있는데, Neal M Flanaga의 경우는 두 개의 큰 구획(1:1-8:29과 8:30-16:8)으로 나누고 있으며(*A Guide to the Gospel Parallels* [Collegeville: The Liturgical Press, 1982], p.38), John G. Cook도 "메시야의 비밀"에 조점을 맞추면서 Rudolf Bultmann의 주장을 들어 8:27을 큰 분수령으로 보고 있다(The Structure and Persuasive Power of Mark, A Linguistic Approach [Atlanta: Scholars Press, 1995], p.16).

[A-SECTION](10:46-11:11) : 예수님의 예루살렘 입성 준비(나귀 새끼를 끌고 오라 하심)
[B-SECTION](11;12-33) : 무화과나무의 마름
[C-SECTION](12:1-17) : 건축자의 버린 돌
[B'-SECTION](12:18-44) : 모든 계명의 첫 째 되는 계명
[A'-SECTION](13:1-37) : 종말의 때(하늘에 있는 권능이 흔들림)

1) 구조간의 상관관계 설명

이곳의 이야기는 예수님께서 그의 십자가를 지기 위하여 예루살렘으로 올라가시는 도중에 생긴 사간들 중의 한 가지 사건이다. 이때는 예수님과 그를 따르는 제자들과 군중들 그리고 유대의 종교 지도자들 간의 대립이 심각한 지경에까지 고조되고 있는 상황이었다.[7)]

첫 번째(10:46-11:11)와 다섯 번째 작은 구조(13:1-37)는 예수님의 예루살렘 입성 준비의 과정과 종말의 때를 설명하는 내용이 서로 대칭 병행되고 있다. 이 둘은 예수님의 예루살렘 입성과 역사적 종말의 때가 밀접한 상관관계를 맺고 있다. 즉 예수님의 예루살렘 입성은 주권자로서, 심판주로서, 그리고 하나님 나라에서의 왕으로 입성하고 있음을 보여 주고 있는데, 이는 더 나아가서 그의 궁극적인 사역이 바로 믿는 자와 믿지 않는 자의 구분에 있으며, 이 경우의 예루살렘은 우리들의 영원한 본향인 하나님 나라의 도성에 대한 그림자로서 그 역할을 담당하고 있다. 그렇다면 예수님의 예루살렘 입성은 종말의 때에 완성될 하나님 나라의 완전한 도래의 시작임을 보여주고 있다.

두 번째(11:12-33)와 네 번째 작은 구조(12:18-44)는 무화과나무를 마르게 하시는 예수님의 기적 베푸심과 하나님께서 주신 바른 계명의 의미기 서로 대칭 병행되고 있다. 이 둘은 하나님의 바른 뜻에 거역되는 사고와 그 결과를 저주하는 것에 그 초점이 맞추어져 있다. 즉 예수님께서 시장하시어 과실 취하기를 원하신 이 무화과나무는 당연히 과실을 맺고 있어야 함에도 불구하고, 그 잎사귀만 무성하였을 뿐이

---

7) Gordon D. Fee & Douglas Stuart, *How to Read the Bible* (Grand Rapids: Zondervan, 2002), p.283.

었음과 이와 비유되는 외식하는 서기관과 바리새인들의 겉치레 믿음은 하나님의 바른 계명의 의미를 왜곡시키고 있어 이 점에 그 주제적 초점을 맞추고 있다.

세 번째 작은 구조(12:1-17)는 그래서 예수님의 주권자이심과 심판자이심에도 불구하고 피조물들은 그의 참 신분을 깨닫지 못하고, 건축자의 버린 돌로 그를 십자가에 달아 죽이는 무지함과 우맹 함, 그리고 그 범죄 함을 우리들에게 보여 주고 있다. 그러나 이러한 저들의 범죄 함에도 불구하고, 이 십자가는 모퉁이 돌로서 우리들 믿는 자들이 세상으로부터 빼내심을 받는 그 기초가 되었으며, 그의 십자가로 우리들은 영원한 생명의 구원을 얻게 되었음을 인식케 하고 있다. 여기에 하나님의 선택받은 자 구원의 위대한 뜻과 계획이 있음과 그의 영원하신 아가페 사랑을 우리들은 다시 한번 인식하여야 한다.

2. 작은 구조 요약

1) 구 조

본문[8]은 본서의 네 번째 큰 구조 중, 그 첫 번째 작은 구조(10:46-11:11)가 가지고 있는 다섯 개의 "단위 구조들"(10:46-50, 10:51-52, 11:1-3, 11:4-7, 11:8-11) 중에서 처음에 나타나는 두개의 단위 구조들(10:46-50 및 10:51-52)이다. 이를 도표로 요약하면 다음과 같다.

<A-Segment>(10:46-50) : 소경 거지의 부르짖음에 대한 저들의 꾸짖음(다윗의 자손)
<B-Segment>(10:51-52) : 네 믿음이 너를 구원함
<C-Segment>(11:1-3) : 예수님, 나귀 새끼를 끌고 오라 하심(예루살렘 입성 준비)
<B'-Segment>(11:4-7) : 예수님, 나귀 새끼에 타심(예루살렘 입성)
<A'-Segment>(11:8-11) : 백성들의 호산나 찬송(다윗의 나라)

---

8) Irving Jensen은 이곳을 한 문단으로 취급하면서 긍휼(10:46-48), 부르심(10:49-50), 그리고 믿음(10:51-52)의 내용으로 보고 있다. *Mark* (San Bernardino: Here's Life Publishers, 1988), p.78.

2) 구조간의 상관관계 설명

첫 번째(10:46-50)와 다섯 번째 단위 구조(11:8-11)는 바디메오의 "다윗의 자손 예수여"라고 부르짖고 있음을 꾸짖는 저희들, 즉 제자들과 군중들, 그리고 예루살렘 군중들의 "다윗의 나라여"라고 예수님을 부르는 호산나 찬송이 다윗의 자손, 다윗의 나라, 다시 말하면 메시아로서 입성하시는 예수님을 가리킴으로[9] 두 단위가 서로 대칭 병행되고 있다.

두 번째(10:51-52)와 네 번째 단위 구조(11:4-7)는 소경 거지의 믿음이 너를 구원하였다고 말씀하시는 예수님의 선언과 나귀 새끼를 타고 예루살렘으로 입성하시는 왕 중 왕으로서의 예수님에 그 초점을 맞추고 있다. 따라서 이 두 곳은 예수님의 창조주, 주권자, 구원자로서의 하나님이심을 보여 주고 있다.

그리고 이곳 작은 구조의 핵심적 주제 자리에 놓여있는 세 번째 단위 구조(11:1-3)는 예수님의 예루살렘 입성을 준비하시면서 나귀 새끼를 타심에 그 초점을 맞추고 있다. 이 나귀 새끼를 타시고 예루살렘으로 입성하시는 사건은 구약에서 이미 언급된 예언의 성취를 나타내고 있다. 그렇다면 이곳 작은 구조는 예루살렘으로 입성하시는 예수님의 신분에 그 주제적 초점을 맞추면서, 이 분이 바로 오시기로 예언된 다윗의 자손으로서의 메시야이심을 나타내고 있다.

3. 첫 번째와 두 번째 단위 구조의 구체적 내용

본문에 대한 구조의 나눔은 대체로 본 이야기가 일단락되는 내용을 한 개의 문단으로 보아 구획한다. 이는 부링거(E. W. Bullinger)의 구조 구획에서도 그대로 나타나고 있으며,[10] 대부분의 사람들은 이에 동조하고 이 구획을 따르고 있다.

그러나 본인은 본문을 두개의 단위 구조들로 구획한다. 이렇게 구획하는 것은

---

9) F. F. Bruce, *The International Bible Commentary* (Camel: Guideposts, 1979), p.1171.

10) Bullinger의 이곳 구조는 (a) 길에 앉아 있는 소경(46절), (b) 고쳐주심을 간구함(47-48절), (c) 명령하심(49a절), (d) 주님의 격려하심, (d') 군중들의 격려(49b절), (c') 순종함(50절), (b') 예수님의 고쳐주심(51절), (a'') 소경이 길에서 예수를 좇음(52절)으로 대칭 병행 순환되고 있음을 보여주고 있다(E. W. Bullinger, *The Companion Bible* [Grand Rapids: Kregel Publications, 1990], pp.1408-1409).

본문 안에 있는 개개의 의미들을 각각의 단위 의미들로 보고 구조 분석함으로써 내리는 결론이기 때문이다. 이를 단위 구조별로 살펴보면 다음과 같다.

1) 첫 번째 단위 구조

이곳 첫 번째 단위 구조는 아홉 개의 최소 의미들이 각각의 단위를 형성하면서 단위들 간의 상관성을 분명히 하고 있다.

(1) **단위 구조.**

10:46a <A> 저희가 여리고에 이르고,
제자들과 허다한 무리와 함께
여리고에서 나가실 때에,
:46b <B> 디메오의 아들인 소경이,
길가에 앉아,
구걸하면서,
10:47a <C> 나사렛 예수시란 말을 듣고,
:47b <D'> 소리 질려 가로되,
다윗의 자손, 예수여,
나를 불쌍히 여기소서.
10:48a <E> 많은 사람이 꾸짖어 잠잠하라 하되,
:48b <D'> 그가 더욱 심히 소리 질러 가로되,
다윗의 자손이여,
나를 불쌍히 여기소서,
10:49a <C'> 머물러 서서,
예수께서 저를 부르시라 하시니
:49b <B'> 저희가 소경을 부르며,
이르되,
안심하고 일어나라,
너를 부르신다.
10:50 <A'> 소경이 겉옷을 내어버리고,
일어나 예수께 나아오거늘,

(2) 단위 구조간의 상관 관계

첫 번째 단위(10:46a)는 예수님께서 제자들과 허다한 무리와 함께 여리고를 나가시는 장면을 보여 주고 있으며, 아홉 번째 단위(10:50)는 소경이 겉옷을 내어버리고 일어나 예수께 나아옴을 그 내용으로 하고 있다. 이 두 곳은 제자들과 허다한 무리를 동반하고 계시는 예수님과 오직 자기뿐인 소경이 반대적 의미로 대칭되고 있다.

두 번째 단위(10:46b)는 소경 거지인 바디메모가 구걸하면서 길가에 앉아 있음과 여덟 번째 단위(10:49)는 예수님의 제자들이 그 소경을 부르며 예수님께서 부르시는 장면인데, 이 두 단위는 구걸하는 소경과 이를 부르시는 예수님이 이곳 의미의 주체로서 서로 대칭되고 있다.

세 번째 단위(10:47a)는 나사렛 예수시란 말을 들음이, 그리고 일곱 번째 단위(10:49a)는 예수께서 저를 부르라 하시는 장면이다. 이 두 단위는 나사렛 예수에 그 초점이 맞추어져 있는데 소경 거지를 부르시는 이는 바로 나사렛 예수임에 그 초점을 맞추어 서로 병행되고 있다.

네 번째 단위(10:47b)는 소경 거지가 소리 질러 "다윗의 자손 예수여"라고 부르면서 "나를 불쌍히 여기소서"라고 간청하는 장면이며, 여섯 번째 단위(10:48b)는 이 소경 거지가 더욱 더 소리 질러 "다윗의 자손 예수여, 나를 불쌍히 여기소서"라고 절규하고 있는 장면이다. 그래서 이곳 두 곳은 같은 의미가 다시 한번 더 강조하여 반복되고 있어 이곳 분문에서 특별히 강조하고 있는 의미이기도 하다.

그리고 본문의 중심적인 자리에 놓여 있는 다섯 번째 단위(10:48a)는 많은 사람이 꾸짖어 잠잠하라 하는 장면인데, 이렇게 소경 거지에게 꾸짖을 수 있는 존재가 바로 우리들인 것을 인식케 하고 있다.

2) 두 번째 단위 구조

본문의 두 번째 단위 구조는 다섯 개의 단위들로 구성되어 있는데, 단위들 간의 상관성을 살펴보면 다음과 같다.

(1) **단위 구조**

10:51a <A'> 예수께서 일러 가라사대,
네게 무엇을 하여주기를 원하느냐?
:51b <B'> 소경이 가로되.
선생님이여, 보기를 원하나이다.
10:52a <C'> 예수께서 이르시되,
가라, 네 믿음이 너를 구원하였느니라.
:52b <B'> 저가 곧 보게 되어,
:52c <A'> 예수를 길에서 좇으니라

(2) **단위 구조간의 상관 관계**

첫 번째 단위 구조(10:51a)는 예수님의 "무엇을 하여 주기를 원하느냐"라고 물으시는 장면이며, 다섯 번째 단위 구조(10:52b)는 저가 보게 되어 예수를 길에서 좇음을 그 내용으로 하고 있다. 이 두 곳은 예수님의 물으심과 예수를 좇음이 예수님과 소경 거지가 각가 주체가 되어 서로 대칭되고 있으며, 무엇을 하여 주기를 원하느냐고 물으시는 장면과 그의 원함이 성취되어 예수님을 좇는 것이 원인과 결과라는 의미로 병행되고 있다.

두 번째 단위 구조(10:51b)는 예수님의 물으심에 대한 소경의 "선생님이여, 보기를 원하나이다"라는 대답이다. 네 번째 단위 구조(10:52b)는 저가 곧 보게 되었음의 짧은 의미이다. 이 두 곳은 그래서 소경 거지가 "보기를 원하였음"과 "보게 되었음"이 서로 병행되고 있다.

그리고 세 번째 단위 구조(10:51a)는 예수님의 선언의 말씀으로 "가라, 네 믿음이 너를 구원 하였느니라" 라는 말씀을 그 내용으로 하고 있다.

3) 두 단위 구조간의 상관관계

(1) **첫 번째 단위 구조가 보여 주는 의미**

첫 번째 단위 구조(10:46-50)에서는 예수님과 그의 제자 및 허다한 무리, 그리고 소경 거지 바디메오의 세 부류의 사람이 등장한다. 이곳의 주체는 예수님, 그 객체는 바디메오, 그리고 보조자들은 예수님의 제자와 허다한 사람들이다. 소경 거지 바디메오는 나사렛 예수께서 오시는 소식을 듣고 "다윗의 자손 예수여, 나를 긍휼히 여기소서" 라고 부르짖는다.[11] 그러나 제자들과 허다한 무리들은 이 바디메오에게 잠잠하도록 꾸짖는다. 그러나 예수님께서는 이 바디메오를 부르시도록 명하시는 장면이다.

이곳에서는 세 가지의 의미를 살펴 볼 필요가 있다. 첫 번째는 예수님에 대한 호칭이며 두 번째는 바디메오의 부르짖음, 그리고 그 세 번째는 제자들과 허다한 무리의 잠잠하라는 꾸짖음이다.

먼저 첫째로 바디메오의 예수님에 대한 호칭은 참으로 그 의미가 심각하다. 여기서의 "다윗의 자손 예수"라는 호칭은 예수님 그가 바로 구약에서 예언된 오실 메시아이심을 나타내는 표현이다. 이 표현은 본서 11:9에서 나타나고 있는 예루살렘 군중들의 호산나 찬송과 함께 환호하는 "주의 이름으로 오시는 이", "오는 우리 조상 다윗의 나라여"라는 표현과 그 맥을 전적으로 같이 하고 있다. 그래서 이곳 구조는 바디메오가 나사렛 예수를 오실 메시아로 믿고 있었음을 증거한다. 이 증거는 이곳 한번으로 끝나는 것이 아니라, 그 다음 10장 48절에서 다시 한번 더 나타나고 있다. 이렇게 다시 같은 낱말을 사용하여 두 번씩이나 표현되고 있는 것은 바로 예수님의 메시아이심을 강조하기 위한 마가의 놀라운 문체상의 특징이다.

당시의 유대인들은 로마의 억압 속에서 신음하고 있는 하나님의 백성을 구원하기 위하여 메시야가 오실 것을 믿고 있었다. 저들의 구약의 성경에서 이 메시아의 오심에 대한 예언을 익혀 알고 있었으며 이 메시야의 오심을 절실하게 고대하고 있었다. 저들은 저들의 메시야가 다윗의 자손에서 나실 것을 믿었으며, 이 메시야는 다윗이 이룩했던 하나님의 영광을 다시금 재건할 것을, 그래서 저들은 다시 한 번 이 파레스타인을 지배하면서 하나님께 찬송드릴 그 날을 고대하고 있었다. 이 메시아가 바로 나사렛 예수이심을 소경 거지 바디메오는 믿었었다. 그래서 그는 그

11) 이 부르짖음은 거지의 통상적인 구걸을 위한 부르짖음이 아니라 눈을 보게 해 다라는 강력한 바람에 그 초점이 있다(Bas M. F. van Iersel, *Mark* [Mansion House: Sheffield Academic Press, 1998], p.343).

가 앉아 있는 길을 지나가시는 예수님을 부르면서 그를 불쌍히 여겨달라고 소리치고 있는 것이다.

두 번째로 우리들은 여기서 "불쌍히 여겨 달라"는 바디메오의 절규를 듣는다. 이 절규는 그의 육신적 고통을 해결해 달라는 단순한 간청이지만 여기에는 육신적인 치유뿐만 아니라 우리들 죄인들의 영혼의 구원까지도 포함되는 의미를 함축하고 있다. 왜냐하면 우리 주 예수 그리스도는 우리들의 육신적인 필요를 충족하실 뿐만 아니라 영혼의 구원을 위하여 이 세상에 오셨기 때문이다. 다시 말하면 우리 주 예수 그리스도의 성육신은 만세전에 예정된 섭리에 따라 죄인들을 구속하기 위하여 이 세상에 오셨으며, 그의 십자가에서의 죽으심으로 믿는 자의 모든 죄를 다 대속하여 주심으로 그의 위대한 구속사역을 완성하셨기 때문이다.

셋째로 이럼에도 불구하고 제자들과 허다한 무리들은 예수님의 이 위대한 구속역사를 바로 이해할 수가 없었다. 저들은 세상적인 사고에 기준하여 저들의 편의만을 위하여 행동하였다. 이것이 이곳 본문 10:48에서 나타나고 있는 "많은 사람이 꾸짖어 잠잠하라"하는 표현이다. 이 짧은 표현은 이곳 단위 구조의 핵심적인 주제 자리에 위치하고 있음으로 해서 우리들 세상 사람들의 사고를 대표하고 있으며, 이런 육신적인 생각은 항상 하나님 나라에서의 사고의 기존과는 정반대되고 있음을 깨닫게 한다.

불쌍히 여기야 하고 불쌍히 여기시는 예수님의 마음과 하잘 것 없는 소경 거지의 낮은 신분이 예수님의 부르는 이 무례함을 탓하는 제자들과 허다한 무리들의 사고는 이렇게 정반대적인 면을 보여 주면서 어떠한 사고가 참 진리로 나아가는 길인지를 깨닫게 하고 있다. 저들 제자들과 허다한 무리들은 바로 이 세상적인 사고를 대표하고 이 사고를 보여주기 위하여 이곳 무대에 등장하고 있다. 이들의 사고는 예수님과 바디메오의 사고와는 완전히 정반대적 사고에 사로잡혀 있고, 그래서 저들은 예수님의 의도와는 정반대적인 행동을 보이고 있는 것이다. 이 사고는 바로 오늘을 살고 있는 세상 사람들의 사고를 대변하고 있다. 저들의 마음은 왕 중 왕으로 입성하실 왕을 호위하는 힘 있는 직분을 맡아 예수님께서 새로운 다윗의 왕국을 세울 때 높은 관직을 하사받고, 이에 걸 맞는 세상적인 권력과 부를 누릴 것을 염두에 두고 행한 세상적인 사고의 극치를 이룬 행동들이다. 그래서 저들은 힘없고 아무런 도움도 될 수 없을 뿐 아니라 오히려 귀찮게만 하는 소경 거지 바디메오를 괄시하고 있는 것이며, 그래서 저들은 예수님께로 닥아 오는 그를 제지하고 꾸짖게 되는 것이다. 성경기록자 마가는 바로 이 간단한 의미를 본문의 가장 중심적인 자리에 놓고, 이를 부각시킴으로서 우리들에게 깨우침을 주고 있다.

예수님께서는 저들의 생각을 꺾고 이 힘없고 불쌍한 소경 거지를 부르게 하신다. 이에 바디메오는 그의 꿈이 이루어지는 것을 믿고 그가 할 수 있는 최고의 방법을 다하여 예수님께 나아온다. 오늘의 본문은 이를 보다 더 실감 있게 표현하기 위하여 겉옷을 던져 버리고 뛰어 일어났다고 말하고 있다. 이 삶의 자세가 바디메오의 예수님을 향한 마음이며, 예수님께서는 이 마음을 기뻐 받으셨다. 이곳의 단위 구조는 바로 이 점을 우리들에게 분명하게 각인시키고 있다.

(2) 두 번째 단위 구조가 보여 주는 의미

두 번째 단위 구조는 앞의 단위 부분과 비해 다섯 개의 단위로 구성되어 있어 보다 더 확실한 주제를 보여 주고 있다. 예수님께서는 "네게 무엇을 하여 주기를 원하는지"를 물으시며, 이에 바디메오는 "보기를 원하나이다"라고 대답한다.

이 물음과 대답은 짧은 물음과 대답이지만, 그 의미는 참으로 심각하다. 이곳은 창조주 하나님, 피조물의 생사화복을 주관하시는 주권자 하나님과 그의 처분만을 기다리는 연약한 피조물 죄인과의 단답식 대화이다. 이 두 주체와 개체의 관계는 진실로 정상적이다. 창조주와 피조물의 관계는 바로 이런 관계이어야만 하고, 이런 관계가 항상 유지되어야 한다.

그러나 타락하여 하나님을 배반한 인간들은 이런 하나님과의 관계가 단절되어 버린 지 오래 되었다. 우리들이 회복해야할 하나님과의 관계는 바로 예수님과 바디메오와의 이런 관계이다. 이런 관계를 유지할 때만이 우리들은 우리들이 원하는 모든 것을 이룰 수 있다.

우리들이 원하는 모든 것이 육신적인 충족과 영적인 구원이라면 이 두 가지는 오직 예수님과 바디메오와의 관계를 유지할 때만이 가능하다 하겠다. 여기서 우리들이 또 다시 깨달아야 할 것은 예수님의 바디메오의 육신적인 불구에 대한 구원은 우리들의 영혼의 구원에 까지 그 효력이 확대되고 있음을 인식하여야 한다는 점이다. 이는 그가 예수 그리스도의 그리스도이심을 믿었기 때문에 당연히 얻게 되는 그 결과인 것이다. 예수 그리스도의 은혜를 입으면 따라서 우리들은 우리들의 육신적인 필요뿐만이 아니라, 영혼의 구원까지도 얻게 된다는 구원의 포괄적인 의미를 인식하여야 한다. 본문은 바로 이 점을 깨닫게 하고 있다.

우리 주 예수 그리스도께서는 이 소경 거지의 순전한 마음을 읽으셨다. 이 마음은 나사렛 예수님이 그의 소경된 눈을 회복시켜 줄 수 있는 유일한 분이심을 믿는 믿음이었다. 그는 이에 더 나아가서 이분이 바로 오실 메시야로 믿는 믿음이었다. 이 믿음은 이성적이고, 이론적이며, 지식적인 믿음이 아니었다. 이 믿음은 아브라함이 믿었듯이 그리고 그 많은 선지자들이 맹목적이고 무조건적으로 믿었던 바로 그 믿음이었다. 이 믿음은 오늘날 세상 사람들이 믿지 못하는 믿음과는 완전히 다른 믿음인 것이다. 창조주 하나님, 구속 주 하나님을 믿는 것에는 논리와 이론이 필요 없다. 아니, 이 논리와 이론으로서는 결코 우리 주 예수 그리스도의 구속 주이심을 결코 믿은 수는 없는 것이다. 여기에 믿음의 살아있는 실재가 있는 것이다. 믿음은 보이지는 않아 없는 것처럼 세상 사람들에게는 보이지만, 이 믿음을 가지면 모든 것이 확연히 실재하고 있음을 체험할 수 있게 되고 그래서 이 믿음을 고백할 수 있다. 여기에 믿음의 살아있 는 힘과 능력이 있고, 구원에 이르는 진리가 있는 것이다.

주님께서는 바디메오에게 말씀하신다. "가라, 네 믿음이 너를 구원하였느니라." 이 말씀이 이곳 두 단위 구조의 핵심적인 주제의 선언이며. 우리들에게 주는 깨달음의 전부이다.[12] 이곳 단위의 이 짧고 간단한 의미의 표현은 믿음이 모든 것을 구원하였고 해결하였음을 말한다. 믿음은 구원을 이룩한다는 말이며, 구원은 오직 믿음으로서만 가능하다는 것을 선언하고 있다. 이 말은 그래서 이신칭의의 믿음을 고백하는 말이다. 믿음으로 의인은 살 것이라는 의미의 또 다른 표현이며, 그 좋은 실례가 된다. 그렇다면 이곳 바디메오의 믿음은 예수님께로 나아올 많은 사람들의 상징적 대표로 나타나고 있음[13]도 깨달아야 한다.

---

12) Christopher D. Marshall도 여기에 동의하면서 이곳이 본문의 가장 절정적 주제 자리에 있다고 하였다. *Faith as a Theme in Mark's Narrative* (Cambridge: Cambridge University Press, 1989), p.125.

(3) 두 단위 구조간의 상관관계

그렇다면, 이곳 두 단위 구조는 바디메오의 믿음과 예수님의 구원하여 주심의 상관관계를 우리들에게 보여 주고 있다. 이 믿음은 예수님께서는 피조물 인간들의 육신적인 질병을 치유할 수 있는 전능하신 힘을 가지신 분이심과 이는 더 나아가서 구세주이며, 하나님의 아들이심을 믿은 믿음, 다시 말하면 나사렛 예수는 바로 하나님의 본체이심을 깨닫게 하고 있다.

이렇게 이곳 단위 구조들은 예수님의 바디메오의 눈을 보게 하시는 기적의 이야기를 보여 주면서 우리들의 육신적인 필요를 해결해주실 분은 오직 우리 주 예수 그리스도 한 분 뿐이라는 점을 분명히 하면서, 이 구원은 우리들의 영적인 구원으로까지 확대되고 가고 있음을 깨닫게 한다.

우리들 인생들의 최고 절정적 축복은 우리들의 영혼의 구원에 있다. 그 많은 역사를 통과하면서 그렇게 갈구했던 이 영원한 생명은 인간적인 방법으로서는 결코 해결될 수 없었음을 우리들은 뼈저리게 체험해 왔다. 그러나 이 영혼의 구원은 우리 주 예수 그리스도를 믿는 단순하고 순전한 믿음으로 가능하다는 것을 깨닫게 하고 있다. 만일 우리들이 이 간단하고 참으로 쉬운 이 진리를 깨닫는다면 우리들의 영혼은 영원히 죽지 않는 영생의 축복된 삶을 살 것이다. 그러나 이 진리를 믿지 못하는 많은 불신자들은 그 어떠한 방법으로서도 이 길에 들어 설 수는 없다. 왜냐하면 하나님께서는 만세전에 이 축복에 길에 들어갈 믿음의 택자들을 예정하여 놓으시고, 성령님의 역사하심으로 새로운 피조물로 거듭나게 하시어, 우리 주 예수 그리스도를 인식할 수 있게 하셨기 때문이다. 여기에 우리들 믿는 자들의 하나님과 예수 그리스도를 향한 감사와 찬송과 영광돌림이 있는 것이다.

Ⅲ. 주 제

본문은 예수님께서 예루살렘에 입상하기 직전에 일어난 사건이다. 이는 예수님

13) Raymond E. Brown, *An Introduction to the New Testament* (New York: Doubleday, 1997).

의 예루살렘 입성의 의미와 밀접한 관계를 가진다. 그의 입성은 그의 메시야로서의 입성을 의미한다. 그렇다면 예루살렘 입성 전에 일어난 사건은 바로 그의 메시야이심을 나타내는 한 방편으로서의 사건임을 선포함으로서, 기적을 행하시고, 예루살렘으로 입성하시는 예수는 바로 당시의 유대인들이 그렇게 기다려 왔던 그리스도이시며, 하나님의 아들이심을 우리들로 하여금 인식케 하고 있다. 여기에 본문의 핵심적인 주제의 선언이 있다.

복음서는 예수 그리스도의 성육신과 그의 사생애, 그리고 그의 공생애를 기록하고 있는데, 이들 복음서 전부는 예수님의 그리스도이심과 하나님의 아들이심, 그리고 하나님의 본체이심에 그 주제적 초점을 맞추고 있다. 따라서 복음서는 우리들이 이 진리 안에 있을 때 우리들은 구원의 길에 있다는 사실을 선언하고 증거하고 있다.

그렇다면 이곳 본문은 복음서가 선언하고 있는 대 주제의 의미를 뒷받침하는 실제적 증거의 실례로서 역할하고 있다. 예수님께서는 바디메오가 눈을 뜨게 되는 초자연적인 기적을 행하심으로 그의 그리스도이심, 하나님의 아들이심과 하나님의 본체이심을 선언하고 있다.

Ⅳ. 특 징

본문에서 나타나고 있는 특징 중의 하나는 마가의 독특한 문체상의 특징을 들 수 있다. 앞에서도 언급하였듯이, 그의 문체상의 특징은 살아 숨쉬는 언어적 표현을 구사함으로서 분문의 이야기를 더욱 더 생생하게 기록하고 있다. 마가의 영특한 필체는 그의 성격을 잘 드러내고 있다. 사도 바울은 이러한 마가의 성품과 예수 그리스도의 복음에 대한 열정을 읽고 그를 중용하였음에 틀림없다.

특별히 그의 문체상의 특성은 이곳 바디메오의 이야기에서 아주 잘 나타나고 있다. 바디메오의 “나사렛 예수”라는 표현, “다윗의 자손, 예수”라는 표현의 이중적 강조, 저들, 제자들과 허다한 군중들의 꾸짖음, 바디메오의 “보기를 원한다”는 간절함의 표현, 그리고 예수님의 “가라”는 가장 간결하면서도 엄숙한 권위가 숨겨져 있는 거역할 수 없는 명령, “네 믿음이 너를 구원하였다”는 핵심적 주제의 선언, 등의 표현들은 마가만이 보여 줄 수 있는 그의 독특한 문체상의 표현이다. 특별히 주체적 주인공인 예수님 객체적 주인공인 바디메오의 역할을 보조하고 있는 제자들과 허다한 무리들에 대한 표현은 바디메오의 믿음에 대한 꾸지람이라는 아이러니칼한 표현을 그 중심적 자리에 놓음으로 그 효과를 극대화시키고 있다. 영원한 구원을 주시는 예수 그리스도, 그의 긍휼과 사랑의 대상이 되고 있는 소경 거지, 그리고 이 둘의 사이에서 세상적인 삶을 대표하고 있는 저들의 꾸지람, 참으로 격에 맞지 않으면서도 무엇인가 강한 깨달음을 주고 있는 이런 표현은 참으로 본문의 이야기를 더욱 더 값있는 것으로 승화시키고 있다.

그리고 아울러 본문은 예수님의 초자연적인 기적 사건을 통하여, 그의 그리스도이심과 하나님의 아들이심, 그리고 하나님의 본체이심을 깨닫게 하고 있으며, 이는 구체적으로 그가 육신적인 연약을 치유하시는 긍휼과 사랑의 주님이심과 더 나아가서 우리들 죄인들의 영혼까지도 구원하시는 영원한 생명의 원천이심을 깨닫게 하고 있다. 따라서 이곳은 예수님의 신성과 구원론에 언급하고 있으며, 예루살렘에 입성하시는 예수님은 바로 우리들 만유의 주인으로서의 입성인 것을 깨닫게 하고 있다.

따라서 본문은 바디메오가 새로운 삶을 살게 하시는 주권자이심을 보여 줌으로써, 그는 그리스도이심과 하나님의 아들이심, 이는 더 나아가서 하나님 본체이심까지 그 의미를 확대하고 있음을 깨닫게 하고 있다.

V. 신 학

본문의 신학은 너무나 분명하다. 이는 예수님께서는 신성을 가지신 신분임을, 그래서 그는 그리스도이시고, 하나남의 아들이시고 하나님 본체이심을 깨닫게 한다. 이는 또 다른 말로 그는 치유의 하나님이시며, 이는 더 나아가서 우리들의 근원적인 죄라는 병을 고쳐주시는 하나님이심, 그리고 총체적 의미의 구원을 주시는 주권자 하나님이심에 그 초점을 맞추고 있다. 그래서 본서는 16개의 기적 사건을 다루고 있다.[14] 그는 결코 선한 것이 일어날 수 없는 나사렛 사람으로 인식되었지만, 그럼에도 불구하고 그는 참 그리스도이심을 선언하고 있다.

아울러 본문은 바디메오의 믿음에 그 초점을 맞추고 있다. 그의 믿음은 참으로 오염되지 않는 순전한 믿음이라고 말할 수 있다. 이 믿음은 조금도 의심이 없는 믿음, 전적으로 예수님께 그의 삶을 의뢰하는 믿음, 그래서 순종하는 믿음이라고 말할 수 있다. 이 믿음으로 그는 육신의 구원을 얻었다. 그렇다면 우리들은 바로 이 믿음을 우리들의 것으로 만들 때 우리들은 바디메오가 받았던 모든 축복을 우리들의 것으로 만들 수 있다. 여기에 우리들의 깨달음이 있어야 한다.

Ⅵ. 메시지

성경 말씀은 정확무오한 하나님의 영감된 말씀이다. 이 말씀을 믿을 때, 우리들은 하나님의 자녀가 되는 축복을 누리게 되며, 구원의 반열에 들어서게 된다. 이 구원은 하나님의 주권적인 역사에 의하여 이룩된다. 그래서 우리들은 이신칭의의 믿음 안에 있을 때, 영원한 하나님 나라의 시민으로서 영생을 누리게 되는 것이다.

본문은 바로 이 믿음을 우리들에게 요구하고 있다. 이 믿음은 인간들의 얄팍한 지식에 의하는 이성적인 믿음이 아니라, 무조건적으로 온 인격으로 믿는 믿음을 의미한다. 이 믿음은 미리로서 생각만하는 믿음이 아니라, 적극적으로 행동하는 믿음을 의미한다. 이 믿음은 그래서 성경의 그 많은 선지자들이 보여 주었던 믿음이며 우리들이 반드시 행해야할 믿음이다. 본문은 바로 이 믿음을 우리들에게 요구하고 있다. 여기에 우리들의 깨달음이 있어야 한다.

Ⅶ. 결 어

본서는 복음서 중에서 제일 먼저 기록된 말씀으로 이해한다. 그래서 마가는 예수님의 그리스도이심과 하나님의 아들이심을 선언하면서, 역사의 중심으로서의 구속

14) Harold L. Willmington, *Willmington's Complete Guide to Bible Knowledge* (Wheaton: Tyndale House Publications, 1991), p.12.

사의 전개와 그 중심에 있는 예수와 그의 교회 운동을 보여 주고 있다.[15)]

본서는 다른 복음서와 비교하여 그 서술 표현이 참으로 단순하며,[16)] 명료하여 그 당시의 상황을 잘 나타내고 있다.[17)] 그래서 본서는 마치 한편의 드라마로 같은 느낌을 받게 된다.[18)] 이는 마가가 사도 바울의 해석자로서 사도 바울이 눈으로 직접 본 상황을 목격자로서 그대로 전달하고 있기 때문이다.[19)]

본문은 본서가 비밀스럽게 보여 주려고 하는[20)] 위대한 선언,[21)] 즉 예수님의 그리스도이심과 하나님의 아들이심을 증거하는 초자연적인 기적 중의 하나로 등장하고 있다. 이 기적 사건은 첫째로 우리 주 예수 그리스도의 죄인들에 대한 긍휼과 사랑하심, 두 번째는 바디메오의 예수님을 향한 의뢰하는 믿음을 보여주고 있으며, 세 번째는 육신적인 구원이 영적인 구원으로까지 그 의미가 확대되고 있음을 깨닫게 하고 있다. 그리고 네 번째는 이곳의 기적은 예수님의 예루살렘 입성으로 가는 도중에서 일어난 사건으로[22)] 예루살렘에서의 십자가와 부활의 원형적인 표적을 더욱 더 확실하게 증거하기 위한 방편으로 그 맥을 같이 하고 있다는 점, 다섯 번째는 이 육신적인 치유는 우리들 인간들의 바람에 의하여 이룩되는 것이 아니라 하나님의 주권적인 역사하심, 즉 그의 기뻐하는 뜻에 따른 일방통행적인 축복이라는 점을 깨닫게 한다. 이를 위하여 마가는 본서를 통해서 예수님의 사역에 대한 그 해석자로서 역할하고 있다.[23)]

---

15) 석 원태, 『구속사적 설교신학 원론』(서울: 경향문화사, 1991), pp.116-217.

16) A.B. Du Toit, *Guide to the New Testament,* Vol. Ⅳ. (Halfway House, 1983), p.105.

17) Norna D. Hooker, *Beginnings, Keys That Open the Gospels* (Harrisburg: Trinity Press International, 1997), p.2.

18) Norna D. Hooker, ibid, 2-4.

19) John F. Walvoord, *The Bible Knowledge Commentary* (Victor Books, 1983), pp.154-155.

20) 본서가 비밀스럽게 보여 주려고 하는 주제는 바로 예수 그리스도의 그리스도이심과 하나님의 아들이다(Jack Dean Kingsbury, *Gospel Interpretation* [Harrisburg: Trinity Press International, 1997], pp.66-67). 이는 본서 곳곳에서 나타나고 있는데, 1:25, 1:34, 3:12, 8:30, 9:9, 1:43-45, 5:43, 7:36, 8:26, 4:10-13 등등을 들 수 있다.

21) 이 비밀스러운 주제를 학자들은 메시야 비밀(Messianic Secret)이라고 부른다(Craig S. Keener, T*he IVP Bible Background Commentary* [Downers Grove: InterVarsity Press, 1993], p.133; A. B. Toit, ibid., p.140).

22) James Luther Mays, *Interpreting the Gospels* (Philadelphia: Fortress Press, 1981), p.174.

23) James Luther Mays, ibid., p.115.

또한 여기서 우리들이 깨달아야 할 것은 이곳의 바디메오가 눈을 뜨게 되는 기적의 사건은 소경인 바디메오의 눈뜸과 다윗의 자손이라는 의미가 멋있게 연관되어 있다는 점이다. 그래서 본 사건은 소경이므로 예수님을 볼 수 없음과 믿음으로 보게 되었음의 두 개념을 연결하는 다리역할을 하고 있다.[24] 보지 못하는 소경과 같은 이 세상과 이 보지 못하는 세상을 보게 하여 영원한 하나님 나라를 보고 들어가게 하기 위하여 이 세상에 오신 다윗의 자손, 우리 주 예수 그리스도가 이렇게 정반대적인 의미로 대비되고 있는 것이다.

또한 이러한 두 개념의 정반대적인 대립은 바디메오의 불쌍히 여겨 달라는 부르짖음과 많은 사람들의 잠잠하라는 꾸짖음에서 잘 나타나고 있다.[25] 이 바디메오는 예수 그리스도께로 나아와 구원을 얻을 택자들을 의미하며, 이와는 반대로 많은 군중들은 저들의 세상적인 사고의 틀을 깨치지 못하고 있는 어리석음을 아울러 보여주고 있다. 따라서 본문은 이스라엘의 예수 그리스도에 대한 배척에도 불구하고 하나님께서는 그가 만세전에 택해 놓으신 약속과 언약의 백성을 구원으로 인도하고 계심을 깨달을 수 있게 한다.[26]

그렇다면 우리들은 바디메오의 믿음, 즉 모든 것을 의뢰하는 무조건적이며 순전한 믿음을 본받아야 한다. 오늘의 믿음은 하나님께 드리면 열배 백배로 갚아 주신다는 조건적인 믿음이 팽배해 있다. 이는 하나님의 주권적인 역사하심을 우리들 인간들의 머리로 제한하는 것이며, 따라서 이 사고는 피조물이 창조주와 동등한 자리를 차지하려는 자기 교만에서 비롯되고 있다.

그래서 당시의 군중들이나 오늘을 살고 있는 세상 사람들은 바디메오의 믿음은 보지 않고 그의 돌출행동을 꾸짖는다. 이런 태도가 세상 사람들의 일반적인 태도이다. 우리 주님께서는 이런 세상적인 태도를 혐오하시고, 그 마음 깊은 곳에서 나오는 믿음을 보시고, 소경을 눈뜨게 하셨다.

우리들은 주님의 기적행하심의 근원적긴 이유를 깨달아야한다. 그리고 이러한 바른 믿음의 고백이 요구된다. 주님께서는 겉으로만 보는 사고, 외형과 외식에 싸

---

24) Gordon D. Fee & Douglas Stuart, op. cit., p.284.

25) Raymond E. Brown, op. cit., p.142.

26) Pheme Perkins, *Reading the New Testament* (New York: Paulist Press, 1978), p.171.

여 있는 바리새적 사고를 질타하시고 계신다. 따라서 우리들에게는 다시 한번 이 바디메오의 예수 그리스도를 향한 믿음이 참으로 귀하며, 그래서 이 믿음의 중요성이 있는 것이다. 주여! 저희들에게 바디메오의 믿음을 주시옵소서!

참고문헌

A. B. Du Toit, *Guide to the New Testament,* Vol. Ⅳ., Halfway House, 1983.

Bas M. F. van Iersel, *Mark.* Mansion House: Sheffield Academic Press, 1998.

Craig S. Keener, *The IVP Bible Background Commentary.* Downers Grove: InterVarsity Press, 1993.

E. W. Bullinger, *The Companion Bible.* Grand Rapids: Kregel Publications, 1990,

F.F. Bruce, *The International Bible Commentary.* Camel: Guideposts, 1979,

Gordon D. Fee & Douglas Stuart, *How to Read the Bible.* Grand Rapids: Zondervan, 2002.

Harold L. Willmington, *Willmington's Complete Guide to Bible Knowledge.* Wheaton: Tyndale House Publications, 1991,

Jack Dean Kingsbury, *Gospel Interpretation*, Harrisburg: Trinity Press International, 1997.

James Luther Mays, *Interpreting the Gospels,* Philadelphia: Fortress Press, 1981.

John F. Walvoord, *The Bible Knowledge Commentary*, Victor Books, 1983,

John G. Cook, *The Structure and Persuasive Power of Mark: A Linguistic Approach.* Atlanta: Scholars Press, 1995,

Norna D. Hooker, Beginnings, *Keys that open the Gospels.* Harrisburg: Trinity Press International, 1997.

Pheme Perkins, *Reading the New Testament.* New York: Paulist Press, 1978.

Raymond E. Brown, *An Introduction to the New Testament.* New York: Doubleday, 1997.

석원태, 『구속사적 설교신학 원론』 서울: 경향문화사, 1991.

예수의 오병이어 표적 사건의 의미

-요한복음을 중심으로-

조 석 민
(에스라성경대학원대학교, 신약학)

I. 들어가는 말

요한복음에 기록된 예수의 표적 사건들은 요한복음을 연구하는 학자들에게 오랫동안 연구의 대상이 되어왔다.[1] 그 중에서도 요한복음에 기록된 예수의 오병이어 표적 사건은 지금까지도 학자들의 관심의 대상이 되고 있다. 그 이유는 전체 복음서 가운데 이 표적 사건이 유일하게 네 복음서에 모두 등장하는 사건이기 때문이라고 생각된다. 이 논문의 목적은 요한복음의 여러 표적들 가운데 오병이어 표적 사건의 의미를 고찰하는 데 있다. 요한[2]은 자신의 복음서에서 예수께서 행하신 기적 사건들을 간추려 소개하고 있다(참조. 요 20:30-31).[3] 특히, 요한은 예수의 기적 사건

---

1) R. T. Fortna, *The Gospel of Signs: A Reconstruction of the Narrative Source Underlying the Fourth Gospel* (SNTSMS, 11; Cambridge: Cambridge University Press, 1970); *idem*, *The Fourth Gospel and Its Predecessor: From Narrative Source to Present Gospel* (Philadelphia: Fortress Press, 1988); G. van Belle, *The Signs Source in the Fourth Gospel: Historical Survey and Critical Evaluation of the Semeia Hypothesis* (Leuven: Leuven University Press, 1994); C. Welck, *Erzählte Zeichen: Die Wundergeschichten des Johannesevangeliums literarisch untersucht. Mit einem Ausblick auf Joh 21* (WUNT, 2.69; Tübingen: J .C. B. Mohr[Paul Siebeck], 1994); Sukmin Cho, *Jesus as Prophet in the Fourth Gospel* (NTM, 15; Sheffield: Sheffield Phoenix Press, 2006)을 보라.

2) 이 글에서 '요한'은 요한복음 본문 안에서 암시적으로 언급되고 있는 요한복음의 저자를 의미한다.

들을 표적(表蹟)이라고 표현하면서 예수께서 행하신 기적 사건들을 소개하고 있다. 요한복음에서 예수의 기적 사건들을 소개하면서 사용된 '표적'이라고 번역된 헬라어 σημεῖον은 공관복음서 기자들이 소개하는 예수의 기적 사건들과 비교해 볼 때 어떤 의도가 있는 것처럼 보인다. 이런 점에서 요한복음에 소개된 예수께서 행하신 오병이어 표적 사건은 공관복음서와 다른 특별한 목적이 있는 것처럼 보인다.

요한이 예수의 표적들을 기록하면서 공관복음서처럼 '기적'(δύναμις)이 아니라 '표적'(σημεῖον)이란 단어를 사용한 이유는 무엇인가? 요한복음에 기록된 예수의 오병이어 표적 사건이 의미하는 것은 무엇인가? 이런 질문들에 적절히 대답하기 위하여 역사-문예적 분석(Historical Narrative Analysis)[4] 방법을 사용할 것이다. 첫째, 요한이 예수께서 행하신 기적 사건을 표현할 때 사용한 헬라어 σημεῖον의 의미를 간략하게 고찰할 것이다. 둘째, 요한복음에 기록된 예수의 표적 사건들은 모두 몇 개인가를 조사할 것이다. 셋째, 요한복음에 기록된 오병이어 사건의 의미를 살펴볼 것이다. 마지막으로 넷째, 요한복음에 기록된 예수의 오병이어 표적 사건이 암시하고 있는 예수의 신분을 살펴보며, 그 의미를 고찰해 볼 것이다.

이 논문은 요한복음에 나타난 표적 사건을 다루는 것이지만, 요한의 표적 사건들 중에서 한 가지 사건만을 취급하기 때문에 그 한계가 있음을 밝혀둔다. 또한 공관복음서에 기록된 오병이어 기적 사건은 본문 석의에 필요할 경우에만 부분적으로 언급할 것이기에 오병이어 사건이 기록된 네 복음서의 전체적인 시각을 갖기에는

---

3) 요 20:30-31에서 저자는 예수께서 행하신 표적이 요한복음에 기록된 것보다 더 많음을 암시하면서 목적을 가지고 의도적으로 예수께서 행하신 표적을 선택하여 이 복음서에 소개하고 있음을 밝히고 있다. S.S. Smalley, *John: Evangelist and Interpreter* (Carlisle: Paternoster Press, 2nd edn, 1998), p.129.

4) 역사-문예적 분석(Historical Narrative Analysis)방법은 본문을 해석함에 있어서 문예적 분석 방법을 사용하되 역사 비평적 분석 방법을 무시하지 않으면서 본문의 의미를 해석하는 것이다. 이런 방법론에 대하여 다음을 참조하라. M.W.G. Stibbe, *John as Storyteller: Narrative Criticism and the Fourth Gospel* (SNTSMS, 73; Cambridge: Cambridge University Press, 1992), pp.67-92; R.A. Culpepper, *Anatomy of the Fourth Gospel: A Study in Literary Design* (Philadelphia: Fortress Press, 1983), pp.3-11; S. Motyer, *Your Father the Devil? A New Approach to John and 'the Jews'*(Carlisle: Paternoster Press, 1997), pp.8-34; Cho, *Jesus as Prophet*, pp.53-67.

한계가 있음을 미리 밝혀둔다.[5)]

Ⅱ. 요한복음의 기적 사건에 사용된 σημεῖον(표적)의 의미는 무엇인가?

요한복음에서 예수의 기적 사건을 묘사하는데 σημεῖον이라는 헬라어가 17회 사용되고 있는데, 한글 번역 성경에서는 이 단어를 모두 '표적'이라고 번역하였다.[6)] 요한복음에서 요한은 예수의 많은 기적 사건 중에서 몇 개를 선택하여 편집하면서, 그 기적 사건을 표현하기 위하여 σημεῖον(표적, sign)라는 단어를 사용한다(요 20:30-31). 이것은 공관복음과 큰 대조를 보이는 것으로 공관복음에서는 일반적으로 예수께서 행하신 기적 사건들을 묘사하면서 δύναμις(이적, miracle)라는 단어를 사용하고 있다.[7)] 그러므로 요한복음에 사용된 σημεῖον이라는 단어는 요한의 특별한 의도가 있는 것처럼 보인다. 즉, 요한에게 있어서 예수의 기적 사건은 단순히 예수의 놀랍고 신비한 능력을 보여주는 정도가 아니라, 또 다른 의도가 있는 것처럼 암시되고 있다. 그러면, 요한이 자신의 복음서에서 예수의 기적 사건들을 묘사하면서 σημεῖον이라는 단어를 사용한 의도는 무엇인가?

요한이 예수의 기적 사건들과 관련하여 사용한 헬라어 σημεῖον의 사전적 의미는 ①'표적' 또는 '어떤 것을 알리기 위한 특별한 표시, 암시, 표'이고, (2)'놀라운 능력이나 기적, 예언을 통해서 암시하는 어떤 사건'이다.[8)] 이런 사전적 의미에 의하면 σημεῖον으로 묘사된 기적 사건들은 그 기적 사건들 자체가 목적이 아니라, 그 기적 사건들을 통하여 암시하고, 지시하는 어떤 것에 더 큰 비중과 의미를 두고 있는 것이 분명하다. 그렇다면 첫째, 요한이 예수께서 행하신 기적 사건들을 δύναμις라는

5) 오병이어 기적 사건에 대한 네 복음서의 관점에 대해서는 최근의 연구 논문을 참조하라. 유상섭, '오병이어 기적에 대한 네 복음서의 관점', 『신약연구』 6권 1호(2007), pp.1-49.

6) 요 2:11, 18, 23; 3:2; 4:48, 54; 6:2, 14, 26, 30; 7:31; 9:16; 10:41; 11:47; 12:18, 37; 20:30.

7) 예를 들면, 막 5:30; 6:5; 눅 5:17; 6:19; 8:46; 9:1을 보라.

8) BDAG, pp.920-921; *TDNT*, Ⅶ, pp.200-261을 참조하라.

단어를 사용하지 않고, σημεῖον이라는 어휘를 사용한 것은 분명히 예수의 기적 사건들이 암시하는 어떤 '상징적인 의미'를 위하여 이 단어를 선택한 것으로 보인다.[9] 다시 말해서 요한이 사용한 '표적'이란 단어의 상징적인 의미는 기적을 행하신 예수의 정체를 드러내려는 저자의 의도처럼 보인다.[10]

둘째, 요한복음에서 예수의 기적 사건을 묘사하면서 σημεῖον을 사용한 것은 그 기적 사건 자체를 묘사하는데 목적이 있기 보다는 이 기적 사건에 뒤이어 따라오는 예수의 담화(Jesus' discourse)를 소개하기 위한 일종의 도입처럼 보인다. 왜냐하면 요한복음에서 예수의 기적이 행해진 뒤에는 거의 대부분 예수의 담화 설교가 뒤따라 나오고 있기 때문이다.[11] 갈릴리 가나에서 행하신 두 번의 기적 사건(요 2:1-11; 4:46-54)을 제외하고는 모든 기적 사건 뒤에 예수의 담화가 설교처럼 뒤따라 나오고 있다. 중풍병자를 고쳐주신 사건(요 5:1-47) 뒤에는 심판과 영생에 대한 예수의 담화가 나온다. 오병이어의 기적 사건(요 6:1-15) 뒤에는 하늘로부터 내려온 생명의 떡에 관한 예수의 담화가 계속 된다. 태어나면서 눈먼 사람을 눈 뜨게 한 사건(요 9:1-10:21) 다음에는 목자의 비유에 대한 예수의 담화가 계속 된다. 그리고 죽은 나사로를 살리신 사건(요 11:1-44) 뒤에는 예수의 죽음에 대한 긴 담화가 요한복음 후반에 계속되고 있다.[12]

요한이 자신의 복음서에서 예수의 기적 사건들을 '표적'(σημεῖον)으로 묘사하고 있는 이유는 예수의 기적 사건이 공관복음과는 달리 그 기적 자체에 목적이 있지 않고,[13] 그 기적을 행하신 예수의 정체에 초점이 맞추어져 있음을 암시하려는 의도가 있다. 또한 요한복음의 예수의 표적 사건들은 예수의 신분을 드러낼 뿐 만 아니

9) R. Bultmann, *The Gospel of John: A Commentary* (trans. G. R. Beasley-Murray; Philadelphia: Westminster Press, 1971[1964]), p.114에서 'σημεῖον is not a mere demonstration, but a spoken directive, a symbol' 이라고 한다.

10) 이런 논의와 관련해서 Cho, *Jesus as Prophet*, pp.96-120, 187-202, 212-220을 보라.

11) L. Morris, *Jesus is the Christ: Studies in the Theology of John* (Grand Rapids: Eerdmans, 1989), pp.20-42의 'the Relation between the Signs and the Discourse'를 참조하라.

12) 요한복음의 표적 연구에 대해서는 다음을 참조하라. Fortna, *Gospel of Signs*; idem, *Fourth Gospel and Its Predecessor*; Belle, *Signs Source*; Welck, *Erzählte Zeichen*.

13) 공관복음서에 기록된 예수의 기적 사건들은 대부분 사탄의 세력과 대비되는 하나님 나라의 실체를 드러내는데 사용되고 있다. 이와 같은 논의에 대해서 J. Kallas, 『공관복음서 기적의 의미』 (서울: 대한기독교출판사, 1985), pp.165-181을 보라.

라, 예수의 가르침을 베풀기 위한 목적으로도 사용되었다고 말할 수 있다.

Ⅲ. 요한복음에 기록된 예수의 표적 사건들은 모두 몇 개인가?

요한복음에 기록된 예수께서 행하신 기적 사건들이 모두 몇 개인가는 계속 논란이 되고 있다. 예를 들면, S.S. Smalley는 요한복음에서 예수의 표적 사건을 여섯이라고 주장하고 있고,[14] C.H. Dodd는 일곱 표적을 주장하고 있다.[15] 그런가 하면 요한복음 21:1-14에 기록된 사건을 표적으로 간주하기도 한다.[16] 이런 견해 차이가 있지만, 요한복음에 소개되고 있는 기적 사건 중에서 ①물이 변하여 포도주가 된 표적 사건(요 2:1-11), (2)왕의 신하의 아들을 고쳐주신 표적 사건(요 4:46-54), (3)38년 된 병자를 고쳐주신 표적 사건(요 5:1-47), (4)오병이어(五餠二魚)의 표적 사건(요 6:1-15), (5)태어나면서 눈먼 사람을 고쳐주신 표적 사건(요 9:1-10:21), 그리고 (6)죽은 나사로를 다시 살리신 표적 사건(요 11:1-44)에 대해서는 요한복음의 표적 사건으로 대부분의 학자들이 동의하고 있다.

다만, 요한복음 6:16-21에 기록된 예수께서 물 위를 걸으신 사건과 21:1-14에 기록된 예수의 일곱 제자들이 디베랴 바다에서 153마리의 물고기를 잡은 사건에 대해서 학자들 사이에 이견(異見)이 있다. 즉, 이 두 기적 사건을 요한복음의 표적 사건으로 앞에서 열거한 여섯 표적 사건과 동일하게 취급할 수 있는지에 대한 문

---

14) Smalley, *John: Evangelist and Interpreter*, pp.129-132. 요한복음의 여섯 표적 사건은 (1)물이 변하여 포도주가 된 표적(요 2:1-11), (2)왕의 신하의 아들을 고쳐주신 표적(요 4:46-54), (3)38년 된 병자를 고쳐주신 표적(요 5:1-47), (4)오병이어(五餠二魚)의 표적(요 6:1-15), (5)태어나면서 눈먼 사람을 고쳐주신 표적(요 9:1-10:21), 그리고 (6)죽은 나사로를 다시 살리신 표적(요 11:1-44)을 의미한다. 그러나 Smalley가 일곱 표적을 언급할 때는 요 21:1-14에 기록된 153 마리의 물고기를 잡은 사건을 포함시킨다.

15) C. H. Dodd, *The Interpretation of the Fourth Gospel* (Cambridge: Cambridge University Press, 1953), pp.297-389; Morris, *Jesus is the Christ*, p.23을 보라. 일곱 표적은 Smalley가 주장하는 여섯 표적에 요 6:16-21의 사건을 추가한 것을 의미한다. 그러나 Koenstenberger는 요 6:16-21의 사건 대신에 요 2:13-22에 기록된 예수의 성전 사건을 표적으로 으로 간주한다. A.J. Koestenberger, *John* (BECNT; Grand Rapids: Baker Academic, 2004), pp.89-90을 보라.

16) Smalley, *John: Evangelist and Interpreter*, pp.131-132.

제를 제기하고 있는 것이다. 예수께서 물위를 걸으신 사건과 디베랴 바다에서 예수의 일곱 제자들이 물고기 153 마리를 잡은 사건은 다른 여섯 표적과 같이 동일하게 예수께서 행하신 표적으로 간주할 수 있는가? 이 질문에 대답하기 위하여 먼저, 예수께서 물위를 걸으신 사건(요 6:16-21)을 살펴 본 후, 이어서 디베랴 바다에서 예수의 제자들이 물고기 153마리를 잡은 사건을 표적으로 이해할 수 있는지 고찰할 것이다.

1. 예수께서 물 위를 걸으신 사건(요 6:16-21)

예수께서 물위를 걸으신 사건은 오병이어의 표적 사건 다음에 뒤이어서 나오는 사건이다. 이 사건에 대하여 Smalley는 요한복음 6:19에 묘사된 예수께서 '바다 위를 걸으신' (ἐπὶ τῆς θαλάσσης) 사건은 요한복음에 묘사된 다른 표적 사건과 다르기 때문에 함께 표적으로 취급할 수 없다고 주장한다. 특히 Smalley는 요한복음 6:19에 묘사된 ἐπὶ τῆς θαλάσσης의 의미가 모호하다고 하며, ἐπι의 의미는 바다의 '표면 위'(on)가 아니라 '바닷가' 또는 바다의 '가장자리'(beside)를 의미할 수 있기 때문에 요한이 묘사하고 있는 표적의 범주에 포함할 수 없다고 주장한다. 물론, 요한복음 6:19에 사용된 헬라어 전치사 ἐπί의 의미가 '가장자리'를 의미할 수 있는 것이 사실이다. 예를 들면, 요한복음 21:1에서 ἐπὶ τῆς θαλάσσης τῆς Τιβεριάδος는 '디베랴 바다 곁에서' 또는 '디베랴 바닷가에서'라고 번역할 수 있다.

그렇지만 요한복음 6:19에 사용된 헬라어 전치사 ἐπι,의 의미는 문맥에 의해서 결정되어야 한다. 첫째, 19절에 사용된 ἐπί의 의미는 '가장자리'(beside) 보다는 '위에'(on)라는 의미가 문맥적으로 적합한 것으로 보인다. 왜냐하면, 예수의 제자들은 이미 '노를 저어 십 여리 쯤 간(ἐληλακότες οὖν ὡς σταδίους εἴκοσι πέντε ἢ τριάκοντα) 상태이다. 제자들이 배를 타고 노를 저어간 거리는 약 이십오에서 삼십 스타디온이다. 이 거리를 오늘날의 단위로 계산하면 약 5-6 킬로미터 정도의 거리를 노를 저어간 상태이다. 그렇다면 제자들이 탄 배가 거의 갈릴리 바다의 가운데 부근에 떠있는 상황을 암시한다.[17]

---

17) R. E. Brown, *The Gospel According to John* (2 vols.; New York: Doubleday, 1966-70), Ⅰ,

둘째, 19절에 의하면 예수의 제자들이 배를 타고 노를 저어 이미 십 여리 쯤 간 상태에서 그들이 타고 있는 '배 가까이로 예수께서 다가오고 있는 중 이었다'(Ἰησοῦν περιπατοῦντα ἐπὶ τῆς θαλάσσης καὶ ἐγγὺς τοῦ πλοίου). 그러므로 제자들은 그들이 탄 배 가까이에서 예수가 다가오는 것을 알고 두려워했다(ἐφοβήθησαν). 이것은 예수께서 바다의 가장자리, 즉 해변을 걸어가다가 제자들에게 나타나신 것이 아님을 암시한다. 예수의 제자들이 탄 배는 바다의 한 가운데로 이미 향하고 있었고, 바로 바다의 한 가운데에 있었을 때 예수께서 그들에게 다가오신 것이기에 그들은 두려워 한 것이다.

셋째, 같은 문맥인 요한복음 6:21에 사용된 ἐπὶ τῆς γῆς는 '땅위에 이르렀다'로 번역할 수 있는 것으로 앞에서 사용된 동일한 전치사가 사용되고 있다. 이런 점에서 요한복음 6:19에 사용된 ἐπί의 의미를 '가장자리'(beside)로 해석할 이유가 없다. 또한 요한복음 17:4의 ἐπὶ τῆς γῆς('땅 위에서')와 20:7에 사용된 ἐπὶ τῆς κεφαλῆς αὐτου/(그의 머리 위에) 모두 ἐπι의 의미를 '곁에서'(beside)가 아닌 '위에'(on)의 의미로 사용하고 있다.[18] 이런 점에서 요한복음 6:16-21의 사건은 분명히 기적적인 예수의 사건이 분명하다.[19]

그러나 예수께서 물위를 걸으신 사건은 다른 표적 사건과 비교할 때 적어도 두 가지 점에서 차이가 있다. ①이 기적 사건은 예수께서 자신의 행위를 제자들에게 자연스럽게 나타낸 사건이다. 즉, 예수께서 어떤 특별한 의도를 가지고 물 위를 걸어가신 것이 아닌 것처럼 보인다. 독자는 이 사건에 의미를 부여하고 그것을 연구할 수 있겠지만, 예수께서 어떤 특별한 의도를 가지고 물위를 걸어서 제자들에게 가까이 닥아 간 것이라고 보기에는 무리가 있다. 오히려 제자들이 갈릴리 바다 한 가운데 있을 때 그들에게 나타나신 예수를 보고 놀란 가운데 벌어진 상황 속에서 이 기적 사건의 의미를 찾을 수 있을 것이다. (2)이 기적 사건에서 σημεῖον이라는 단어가 사용되지 않았다. 이것은 요한이 예수의 다른 표적 사건들과 차이를 의도하

---

pp.251-252.

18) G. R. Beasley-Murray, *John* (WBC; Nashville: Thomas Nelson, 2nd ed, 1999), pp.89-90을 보라.

19) 요 6:16-21의 보다 자세한 연구에 관해서는 필자의 '예수께서 갈릴리 바다 위를 걸으셨는가? 요한복음 6:16-21의 석의적 연구', 『성경과 교회』 3권 1호 (2005), pp.150-171을 보라.

고 있는 것처럼 보인다. 요한은 예수께서 물 위를 걸으신 사건을 앞에서 언급한 다른 표적 사건들과 동일하게 취급하지 않았음을 암시한다. 이런 점에서 예수께서 물위를 걸으신 사건은 요한이 앞에서 언급한 다른 표적들과 함께 동일한 표적으로 간주하기 어렵다.[20]

2. 디베랴 바다에서 153마리의 물고기를 잡은 사건(요 21:1-14)

요한복음 21:1-14의 사건은 분명히 예수께서 행하신 기적 사건임이 틀림없다.[21] 그러나 이 기적 사건을 앞에서 언급한 예수의 다른 표적 사건들과 비교해 볼 때 다음과 같은 차이가 발견된다. 첫째, 이 사건은 예수께서 부활하신 이후의 사건으로 분명히 앞에서 열거한 표적 사건과 시간적으로 차이가 있고, 그 의미도 차이가 있는 것이 분명하다. 둘째, 이 기적 사건 역시 요한복음 6:16-21에 기록된 기적 사건과 같이 σημεῖον이라는 단어를 사용하지 않고 기적 사건을 기록하고 있다. 이것은 저자가 이 사건 자체를 앞에서 열거한 예수의 표적 사건과 구별하려는 의도가 있다고 판단할 수 있다. 셋째, 더욱이 요한복음 21장은 많은 학자들이 요한복음의 본래의 한 부분이 아니라고 주장하며, 여기에 언급된 기적 사건은 앞에서 언급된 다른 표적들과 차이가 있다고 주장한다.[22] 물론 이런 주장에 대하여 논박할 여지가 없지 않은 것은 사실이다.[23] 그러나 앞에서 열거한 이유로 디베랴 바다에서 153마리의 물고기를 잡은 기적 사건은 요한복음에 기록된 다른 표적 사건들과 구별하여 취급되어야 하며, 요한복음의 표적 사건에 포함 시키지 않아야 할 것이다. 그러므로 이 사건은 앞에서 언급한 요한복음의 다른 표적 사건들과 동일한 의미를 내포하

---

20) 그러나 Dodd는 이 사건을 분명하게 하나의 표적으로 간주하고 다른 표적과 함께 예수께서 행하신 요한복음의 일곱 표적으로 간주하고 있다. Dodd, *Interpretation*, pp.297-389를 보라.

21) D. A. Carson, *The Gospel according to John* (Leicester: Inter-Varsity Press, 1991), pp.668-675; L. Morris, *The Gospel according to John* (Grand Rapids: Eerdmans, 2nd ed, 1995), pp.758-766; F. J. Moloney, *The Gospel of John* (Sacra Pagina, 4; Collegeville, Liturgical Press, 1998), pp.548-553을 보라.

22) R. Schnackenburg, *The Gospel according to St John* (3 vols.; Tunbridge Wells: Burns & Oates, 1968-1982), III, pp.341-374; Carson, *John*, pp.665-668; Morris, *John*, pp.757-758; Moloney, *Gospel of John*, pp.545-547을 보라.

23) Carson, *John*, pp.665-668; Morris, *John*, pp.757-758을 보라.

고 있는 예수의 표적 사건으로 포함시킬 수 없다.

요약하면, 요한복음에 기록된 예수의 기적 사건은 학자들이 일반적으로 동의하고 있는 여섯 표적과 함께 요한복음 6:16-21의 예수께서 물 위를 걸으신 사건, 그리고 요한복음 21:1-14의 153마리의 물고기를 잡은 사건을 합해서 모두 8개이다.[24) 그러나 요한복음에서 예수의 표적으로 간주할 수 있는 기적 사건은 모두 여섯이라고 할 수 있다. 이 여섯 표적 사건들은 이미 요한복음의 학자들 대부분이 동의하는 것으로 요한복음 6:16-21과 21:1-14에 기록된 사건을 제외한 것이다.

Ⅳ. 오병이어(五餠二魚) 표적 사건의 의미는 무엇인가?

요한복음에 기록된 오병이어의 기적 사건(요 6:1-15)은 어느 정도 미세한 차이가 발견되지만 공관복음에도 모두 나타나는 유일한 사건이다(마 14:13-21; 막 6:32-44; 눅 9:10b-17). 각 복음서가 기록하고 있는 오병이어 기적 사건은 차이가 있지만, 사건의 내용을 구성하고 있는 핵심 요소들은 모두 일치한다. 그 핵심 요소들은 ① 기적의 원천 재료인 보리떡 다섯 개와 물고기 두 마리, (2)예수께서 축사하시고 떡을 나누어 주심, (3)떡을 먹은 사람의 숫자가 5,000명이라는 것, (4)먹고 남은 음식이 12 광주리라는 것은 동일하다. 이런 핵심 요소들은 오병이어 사건을 구성하고 있는 매우 중요한 내용들로 네 복음서가 모두 일치한다.[25)]

24) 물론 요한복음에서 예수의 부활 사건은 또 다른 기적 사건이다. 그러므로 어떤 학자는 이것을 표적으로 분류하기도 한다(참조. 요 2:18-21). R. Bultmann, *Theology of the New Testament* (2 vols.; trans. K. Grobel; London: SCM Press, 1955), p.56을 보라. 그러나 예수의 기적 사건들이 예수의 정체와 관련된 표적들이라면 예수의 부활 사건은 표적으로 분류할 필요가 없을 것이며, 이 기적에 '표적'(σημεῖον)이란 단어가 사용되지도 않았다. Smalley, *John: Evangelist and Interpreter*, pp.21-23을 보라.

25) 요한복음의 오병이어 기적 사건이 공관복음과는 다른 독립된 전승을 사용하고 있는지, 아니면 동일한 자료를 사용하고 있는지에 대한 문제 및 기타 주제에 대한 자세한 연구를 위하여 다음을 참조하라. P. N. Anderson, *Christology of the Fourth Gospel: Its Unity and Disunity in the Light of John 6* (Valley Forge, PA: Trinity Press International, 1996), pp.170-179; P. Borgen, *Bread from Heaven: An Exegetical Study of the Concept of Manna in the Gospel of John and the Writings of Philo* (NovTSup, 11; Leiden: E. J. Brill, 1965); R. A. Culpepper (ed.),

먼저 요한복음에 기록된 오병이어 기적 사건의 의미를 살펴보기 위하여 본문을 석의할 것이다. 본문의 구조는 세 단락으로 구분 될 수 있다. 첫째 단락은 1-4절로 오병이어 기적 사건의 서론이다. 이 단락에서 전체 사건의 배경을 제공한다. 둘째 단락은 5-13절로 오병이어 사건의 내용을 기술하고 있다. 마지막으로 세 번째 단락은 14-15절로 공관복음에서 찾아볼 수 없는 요한복음에만 나타나는 오병이어 기적 사건에 대한 군중들의 반응을 기록하고 있다.[26] 각 단락 별로 본문을 살펴보면 다음과 같다.

1. 오병이어 기적 사건의 서론(1-4절)

요한은 오병이어 기적 사건을 기술하기에 앞서 누가, 언제, 어디서, 무엇을, 왜라는 질문들에 답변하고 있다. 1절은 오병이어 기적 사건의 핵심 등장인물로 예수를 가장 먼저 언급한다. 그리고 예수 곁에 그의 제자들이 함께 있었다고 3절에 기록하고 있다. 또한 2절은 예수를 따르는 많은 군중들을 소개한다. 이 군중들은 예수의 오병이어 기적의 음식을 먹게 될 사람들이다. 이 사건의 시기는 4절에 '유대인의 유월절이 가까운 때'(ἐγγὺς τὸ πάσχα)라고 명시된다. 오병이어 기적 사건의 장소에

Critical Readings of John 6 (BIS, 22; Leiden: E. J. Brill, 1997); E. D. Johnstone, 'The Johannine Version of the Feeding of the Five Thousand: An Independent Tradition?', *NTS* 8 (1962), pp.151-154.

26) 요한복음 6장의 위치에 대한 비평적인 견해에 대한 자세한 논의는 본 논문의 목적과 직접적으로 관련이 없기에 생략하고 간략하게 언급한다. 요한복음을 연구하는 학자들 가운데 예를 들면, Bultmann, Schnackenburg, Becker, 등은 생각하기를 현재 요한복음 6장의 위치가 지리적인 면에서 이해하기 어려운 점이 있다고 주장한다. 왜냐하면, 4장은 예수께서 갈릴리에 계신 것으로 기록하고 있고, 5장은 예루살렘에 계신 것으로 기록하고 있는 반면, 6:1은 다시 예수의 사역 장소가 갈릴리로 옮겨지기 때문이다. 만일 6:1-71이 4:43-54 뒤에 곧 바로 연결된다면 갈릴리에 계신 예수는 자연스럽게 설명되어 질 수 있다고 생각한다. 즉, 요한복음의 순서를 현재에서 4, 6, 5, 7장으로 변경하는 것이다. 요한복음 5, 7, 9장 그리고 10장은 모두 예루살렘에서 일어난 사건들이다. 그러나 이런 제안을 수용하기 어려운 이유는 다음과 같다. (1)사본의 증거가 없다. (2)예수의 여행(갈릴리에서 예루살렘, 그리고 예루살렘에서 갈릴리)이 현대인이 생각하는 것보다 쉽고 빠르게 진행되었다. (3)복음서 저자는 예수의 여행 과정을 생략하고 기록했을 가능성이 있다(참조. 요 20:30). C. K. Barrett, *The Gospel according to St. John* (London: SPCK, 2nd edn, 1978), pp.21-26, 특히 p.24를 보라. Brown, *John*, Ⅰ, pp.235-236; E. Haenchen, *A Commentary on the Gospel of John* (2 vols.; trans. R. W. Funk; Philadelphia: Fortress Press, 1984), Ⅰ, p.270을 보라.

대해서는 1절에 '디베랴의 갈릴리 바다 건너편'(πέραν τῆς θαλάσσης τῆς Γαλιλαίας τῆς Τιβεριάδος)이라고 밝힌다. 요한은 오병이어 기적 사건의 장소에 대하여 보다 구체적으로 3절에 '예수께서 그 산(τὸ ὄρος)에 올라가서 제자들과 함께 앉으셨다.'고 기록하고 있다. 예수께서 올라가신 '그 산'은 모세가 율법을 받기 위하여 산 위에 오른 산과 평행이 된다는 것을 암시하고 있다(출 19:20; 14:1-2; 사 34:2-4). 모세가 여호수아와 함께 시내산에 올라갔다면(출 24:12-13), 예수는 그의 제자들과 함께 산에 올라가신 것이다.

요한이 1절에서 '디베랴'라는 명칭을 사용한 것은 역사적 정황에 대한 정보를 언급한 것으로 헤롯 안티파스(Herod Antipas)가 기원후 17-18년경에 갈릴리 호수 남서쪽 물가에 마을을 설립하여 당시 로마 황제 티베리우스(Tiberius, A.D. 14-37)에게 봉헌한 사실을 암시한다(참조. 요 6:23; 21:1).[27] 지역 명칭을 사용함에 있어서 요한이 '디베랴'라는 이름을 언급한 것은 '갈릴리 바다'에 대하여 잘 알지 못하는 사람들을 배려한 것으로 짐작할 수 있다. 독자를 배려한 이런 유사한 표현은 4절에서도 나타난다. 요한은 4절에서 유월절을 언급하면서 '유대인의 명절'이라고 친절하게 설명한다. 이것은 유월절이 유대인의 명절인줄 전혀 모르는 사람들을 고려한 표현이라고 볼 수 있다. 큰 무리가 예수를 따르는 이유는 '예수께서 병자들에게 행하시는 표적을 보았기 때문'이라고 2절에서 설명한다. 예수께서 병자들에게 행하신 표적은 안식일에 38년 된 병자를 고치신 사건(요 5:13)과 왕의 신하의 아들을 살리신 사건(요 4:46-54)을 암시한다.

2. 오병이어 기적 사건의 내용(5-13절)

이 단락은 오병이어 기적 사건을 직접적으로 기술하고 있다. 이 기적 사건의 발단은 5절에 나타난다. 예수께서 많은 군중들이 자기에게로 오는 것을 보았기 때문에 빌립에게 말씀하시기를 '우리가 어디서 떡을 사서 이 사람들을 먹이겠느냐?'고 묻는 질문으로 오병이어의 기적은 시작된다. 이것은 예수께서 백성들을 불쌍히 여기셨다는 의미를 내포하고 있다(참조. 마 14:14; 막 6:34). 요한은 6절에서 예수가 빌립

27) Koestenberger, *John*, p.199.

에게 질문한 것에 대하여 '예수께서 이렇게 말씀하신 것은 빌립을 시험해 보려는 것'이라고 설명한다. 예수는 빌립이 어떻게 반응할지를 이미 알고 계셨고, 자신이 무엇을 하실 것인지 이미 알고 있다고 말한다.

예수의 질문에 대한 빌립의 대답을 통해서 오병이어 기적 사건이 수량적으로 구체화된다. 빌립은 7절에서 예수께 대답하면서 군중의 수가 대략 이백 데나리온의 떡이 부족할 정도라고 말한다. 요한복음에만 군중들에게 필요한 양식이 200 데나리온 정도라고 계산하여 제시한다. 한 데나리온이 대략 당시 노동자의 하루 품삯이라는 계산을 인정한다면, 전체 군중들에게 떡을 사서 먹이려고 할 때 대략 한 사람이 육 개월 이상 일한 품삯에 해당하는 비용이 필요하다는 설명이다.[28] 이것은 군중의 숫자가 그만큼 많다는 사실을 보여준다. 빌립의 등장은 무리에게 필요한 양식이 200 데나리온이나 필요하다는 사실을 언급하므로 대단히 많은 양식이 필요함을 강조하는 역할을 한다. 빌립의 등장과는 반대로 8-9절에서 안드레의 등장은 물고기 두 마리와 보리떡 다섯 개가 있음을 알리므로 현재 심히 적은 양식만 있기에 모든 사람이 먹기에는 턱없이 부족함을 강조하는 역할을 한다.[29] 9절에 등장하는 보리떡은 열왕기하 4:42-44에 기록된 선지자 엘리사의 기적 사건을 연상하도록 한다. 구약성경의 내용은 선지자 엘리사가 바알 살리사(Baal-shalishah)에서부터 온 사람이 보리떡 이십 개와 자루에 담은 채소를 가져왔을 때, 그것으로 100명에게 나누어 먹게 한 후 양식이 남았다는 기록이다.

10-13절에서 요한은 기적 사건을 직접 묘사한다. 10절에서 예수는 제자들에게 사람들을 앉게 하라고 말씀하신다. 예수는 제자들에게 마치 모인 무리들을 위한 음식이 모두 준비되었으니 음식 먹을 준비를 하라는 의미로 말씀하신 것이다. 이것은 사람들이 준비된 음식을 먹기 직전의 상황을 암시하고 있다. 예수의 말씀을 듣고 군중들이 앉은 장소는 잔디가 많은 지역이며(참조. 마 14:19; 막 6:39), 앉은 사람들의 숫자가 오천 명 정도였다. 11절은 예수께서 보리떡을 가지고 감사의 기도를 한 후, 앉은 사람들에게 나누어 주었고, 물고기도 그들이 원하는 대로 나누어 주었다고 기록하고 있다. 많은 군중들이 배부르게 먹은 후에 예수는 제자들에게 남은 음식들을

28) Koestenberger, *John*, p.201.

29) Molonry, *Gospel of John*, p.197.

모으라고 말씀하신다(12절). 오병이어의 적은 량으로 많은 군중들이 배불리 먹고 남았다는 기적 사건이 이미 발생했음을 전제하고 있다. 13절은 많은 군중들이 배부르게 먹고 남은 음식이 열두 바구니에 가득했다고 기록하고 있다.[30)]

3. 오병이어 기적 사건의 반응(14-15절)

이 단락은 요한복음에만 기록되어 있는 오병이어 기적 사건에 대한 군중의 반응이다. 요한은 14절에서 이 기적 사건을 '표적'이라고 해석하면서, 이 기적 사건을 통해서 암시하는 것이 있음을 말한다. 그것은 '예수는 누구인가?'라는 질문에 대한 대답이다. 예수의 기적을 체험한 군중들의 반응은 즉각적이다. 군중들은 예수를 '참으로 세상에 오실 그 선지자'(ἀληθῶς ὁ προφήτης ὁ ἐρχόμενος εἰς τὸν κόσμον)로 이해하게 된다. 여기에 등장하는 '오실 자'(ὁ ἐρχόμενος)와 '그 선지자'(ὁ προφήτης)는 이 땅에 오실 메시야의 별칭이라고 할 수 있다.[31)] 세상에 '오실 자'라는 표현은 이미 요한복음 1:15에서 세례요한의 역할을 설명하면서 사용되었고,[32)] '그 선지자'는 1:21, 23에서 세례요한의 정체를 묻는 질문과 함께 언급되었다. 예수께서 베푸신 기적의 떡을 먹은 군중들은 예수를 신명기 18:15, 18에 약속된 '그 선지자'와 일치시켜서 생각하고 있는 것이다. 군중들의 반응은 여기서 멈추지 않고 예수를 '억지로 정치적 왕'으로 삼으려고 한다(15절). 예수께서 군중들의 생각을 이미 아시고 혼자 산으로 떠나신다. 기적의 떡을 먹은 군중들은 예수를 모세와 같은 선지자로 또는 엘리야와 같은 선지자로 인식하고 있음을 암시하고 있다.

요한은 오병이어의 기적 사건을 통해서 독자가 예수의 신분을 인식할 수 있도록

---

30) 예수께서 오병이어로 오천 명을 먹이신 기적 사건 후에 남겨진 음식이 열 두 바구니에 가득한 것에 대한 의미를 예수께서 열 두 제자들을 통해서 이스라엘의 열 두 지파를 회복시키는 예수의 새로운 메시야 공동체의 핵심을 형성하는 것(to form the core of his new messianic community)이라고 해석하는 학자들이 있다. 그러나 이런 해석은 12라는 숫자를 지나치게 상징적으로 적용한 상상력의 산물이라고 할 수 있다. Carson, *John*, p.271; G. L. Borchert, *John* (2 vols.; NAC; Nashville: Broadman & Holman, 1996-2002), Ⅰ, p.254를 보라.

31) *TDNT*, Ⅱ, pp.666-684를 참조하라.

32) 요한복음에 언급된 '오실 자'라는 표현이 공관복음에서는 메시야의 오심(the Coming of the Messiah)이라는 표현과 함께 엘리야의 귀환(the return of Elijah)과 관련되어 있다(참조. 마 11:14; 17:10, 12; 27:49; 막 9:12-13; 15:35).

이 사건을 '표적'이라고 묘사하고 있다. 앞에서 언급한 것처럼 표적은 그 자체에 의미가 있기 보다는 표적이 지향하고 암시하는 목적에 더 큰 의미가 있다. 그러므로 예수의 오병이어 기적 사건은 요한복음 안에 기록된 여러 표적들 가운데 하나로 그 의미는 요한복음 전체가 지향하고 있는 '예수는 누구인가?'라는 질문에 초점을 맞추어 예수의 신분과 깊이 관련되어 있음을 알 수 있다.

V. 오병이어 표적 사건이 암시하는 예수의 신분은 무엇인가?

요한복음에 기록된 오병이어 표적 사건에 암시되고 있는 예수의 신분은 무엇인가? 요한은 오병이어의 표적 사건을 통해서 예수의 신분을 드러내고자 하는 의도를 가진 것으로 생각된다.[33] 그 이유는 다음과 같다. 첫째, 3절에 언급된 예수께서 올라가신 산을 언급하면서 '그 산'이라고 관사를 사용하여 표현한 것은 모세가 율법을 받을 때 올라갔던 산을 회상할 수 있도록 만든다(출 19:20; 14:1-2; 사 34:2-4). 요한이 '그 산'이라고 관사를 사용할 이유가 전혀 없다. 요한은 단순히 '예수께서 산으로 올라가셨다.'라고 묘사할 수 있었음에도 불구하고 관사를 사용하여 특정한 산을 언급하고 있는 것은 독자가 모세의 사건을 연상하도록 하려는 의도가 있음을 짐작할 수 있다.[34] 모세의 사건을 회상하여 모세가 광야에서 이스라엘 백성들에게 만나를 준 것처럼 예수께서 갈릴리 건너편 광야에서 보리떡 다섯 개와 물고기 두 마리로 5,000명의 군중을 기적으로 먹이신 사건을 통해서 모세와 같은 선지자가 그들에게 나타났음을 암시하려는 의도가 있음을 알 수 있다.[35]

둘째, 4절에서 유대인의 명절인 '유월절'을 언급한 것은 예수께서 모세와 같은 종말론적 선지자(the Mosaic eschatological prophet)의 신분임을 암시하려는 의도가 있

33) 오병이어 기적 사건과 관련된 예수의 신분에 대한 자세한 논의는 Cho, *Jesus as Prophet*, pp.212-220을 참조하라.

34) Moloney, *Gospel of John*, p.195; Schnackenburg, *John*, II, p.14; Brown, *John.*, I, p. 232; J. M. Perry, 'The Evolution of the Johannine Eucharist', *NTS* 39 (1993), pp.22-35, 특히 pp.23-25를 보라.

35) 떡과 물고기를 먹은 군중들은 실제로 예수를 '그 선지자'로 인식하고 있다(14절).

는 것처럼 보인다. 공관복음에서는 오병이어 사건에 대한 시간의 언급이 구체적으로 나타나지 않는다(마 14:15; 막 6:35; 눅 9:12). 이런 점에서 요한은 의도적으로 '유월절'을 밝힌 것이라고 생각된다. 그 이유는 이 사건을 통해서 예수의 신분을 모세와 같은 선지자로 보이고자 하는 의도가 있었던 것으로 보인다.[36] 왜냐하면 유월절은 이스라엘 백성들이 애굽에서 모세의 인도를 통해서 구원받은 사실을 기념하는 날로 모세를 회상할 수 있는 유대인의 명절이기 때문이다. 특히 저자가 유월절을 언급하면서 '유대인의 명절'이라는 수식어를 사용하고 있는 것은 요한복음의 독자가 유대인뿐만 아니라, 이방인들 그 중에는 헬라인(참조. 요 12:20; 10:16)이나 유대인일지라도 유대의 풍습을 전혀 모르는 사람들을 염두에 두고 있음을 암시하고 있다.[37] 이런 수식어는 유대인들과 특히 유대 풍습에 익숙한 사람들에게는 불필요한 부분으로 저자는 이런 표현을 사용하여 독자가 예수의 신분을 파악하는데 모세를 회상하여 비교할 수 있도록 격려하려는 의도가 있음을 알 수 있다. 요한은 이미 복음서를 시작하면서 예수를 모세와 비교하고 있다(요 1:17).

셋째, 요한복음의 오병이어 기적은 열왕기하 4:42-44에 기록된 선지자 엘리사의 기적과 흡사한 부분이 많다. 저자는 독자가 선지자 엘리야의 사건을 회상하도록 하면서 예수의 신분이 엘리야 선지자와 유사한 부분이 있음을 알도록 암시하는 것처럼 보인다.[38] 두 사건에서 유사한 부분은 ①두 기적 사건 모두 기적의 자료로 보리떡이 사용되었다. 예수는 보리떡 다섯 개로 기적을 일으켰다. 엘리야는 보리떡 20개로 기적을 베풀었다. ②두 기적 사건 모두 음식을 먹은 사람들의 수를 기록하고 있다. 예수가 행한 기적의 떡을 먹은 사람은 5,000명이었고, 엘리야가 행한 기적의 떡을 먹은 사람은 100명이었다. ③두 기적 사건에서 사람들이 음식을 배부르게 먹고 남은 음식이 있었다. 예수가 행한 기적의 떡을 먹고 남은 것은 12 광주리가 되었다. 엘리야의 기적은 100명이 먹고 남은 음식이 있음을 기록하고 있다. 이 내용

36) Schnackenburg, *John*, II, p.14; Moloney, *Gospel of John*, p.196.

37) Culpepper, *Anatomy of the Fourth Gospel*, pp.216-223을 보라.

38) Brown, *John*, I. p.235; B. Lindars, *The Gospel of John* (NCBC; London: Marshall, Morgan & Scott, 1972), p.243; idem, 'Elijah, Elisha and the Gospel Miracles' in C. F. D. Moule (ed.), *Miracles: Cambridge Studies in their Philosophy and History* (London: A. R. Mowbray, 1965), pp.61-79.

을 도표로 비교하여 정리하면 다음과 같다.

요한복음 6:1-15	열왕기하 4:42-44
기적을 위한 재료: 보리떡 5개와 물고기 2 마리를 한 소년으로부터 제공 받음(9절)	기적을 위한 재료: 20개의 보리떡과 자루에 담은 채소를 바알살리사(Baal-shalishah)에서 온 사람으로부터 제공 받음(42절)
5,000명이 음식을 배부르게 먹음(10절)	100명이 음식을 먹음(43-44절)
먹고 남은 음식이 12 광주리가 됨(13절)	먹고 남은 음식이 있음(43-44절)

넷째, 예수께서 베풀어주신 기적의 떡과 생선을 먹은 많은 사람들은 아무런 망설임 없이 곧 바로 예수를 '참으로 세상에 오실 그 선지자'(14절)라고 인식하였음을 알 수 있다. 이것은 요한복음 안에서 가장 명시적으로 많은 사람들이 동시에 예수를 선지자로 인식하고 있는 객관적인 증거이다. 예수의 오병이어 기적 사건에서 이 부분(14-15절)은 공관복음에는 없는 부분으로 요한은 오병이어 표적 사건의 결과와 군중들의 반응을 분명하게 기록하고 있다. 요한복음에서 공관복음과는 전혀 대조적으로 기적의 보리떡을 먹은 군중들이 예수의 신분을 '그 선지자'로 인식하고 있다. 요한복음의 '그 선지자'는 신명기 18:15-18에 약속된 '모세와 같은 선지자'를 의미한다.[39] 당시 군중들이 예수를 모세와 같은 선지자로 인식하였음을 보여주는 증거이다. 이 군중들은 예수를 신명기에서 약속한 종말의 선지자인 '그 선지자'로 인식하면서 예수의 선지자적 신분을 확인한 것이다. 그러므로 요한복음에서 예수께서 행하신 오병이어 기적 사건을 '표적'(σημεîον)으로 묘사하고 있는 것과 기적의 떡을 먹은 군중들이 명시적으로 예수에 대하여 '그 선지자'라는 호칭을 사용한 사실은 선지자로서의 예수의 신분을 묘사하기 위한 요한의 의도라고 결론지을 수 있다.

그렇다면 요한은 예수를 왜 선지자로 인식하도록 의도했을까? 이 질문에 답하기 위해서는 요한복음 전체를 대상으로 하는 전문적인 연구가 또 다시 필요하며, 이것을 위하여 상당한 분량의 또 다른 논문이 필요하다.[40] 이곳에서 간략하게 언급한다

39) T. F. Glasson, *Moses in the Fourth Gospel* (SBT, 40; London: SCM Press, 1963), pp.45-47을 보라.

면, 요한은 예수가 구약의 선지자 정도가 아니라 그 이상임을 알고 있음에도 불구하고 예수를 선지자로 인식하도록 의도했다. 그 이유는 독자로 하여금 예수를 하나님의 아들, 그리스도로 인식하고 고백하도록 하기 위한 교량적 역할 때문이라고 생각된다.[41] 다시 말하면, 유대인들이 예수를 하나님의 아들, 메시야로 곧 바로 이해하기에는 너무도 큰 인식의 차이가 있다. 왜냐하면 유대인들은 예수가 요셉의 아들이요, 나사렛에서 출생한 사실을 이미 알고 있기에(요 1:45; 6:42) 그를 하나님의 아들로 인식하기에는 너무나 큰 간격이 있기 때문이다. 그러므로 요한은 예수를 하나님의 아들로 인식하기 위한 중간 단계로서 유대인들에게 친숙한 선지자 개념과 직분을 통하여 예수를 하나님의 아들 그리스도로 인식하도록하려는 의도가 있었던 것으로 보인다.

Ⅵ. 나가는 말

지금까지 이 논문은 요한복음에 기록된 예수의 오병이어 기적 사건의 의미에 초점을 맞추어 본문(요 6:1–15)을 관찰하였다. 첫째, 요한복음의 기적 사건들이 '표적'으로 묘사된 이유는 기적 사건을 통해서 예수의 신분을 드러내고, 또한 예수의 가르침을 베풀기 위한 목적이 있음을 확인했다. 둘째, 요한복음의 표적은 모두 여섯으로 ① 물이 변하여 포도주가 된 기적 사건(요 2:1–11), ② 왕의 신하의 아들을 고쳐주신 기적 사건(요 4:46–54), ③ 38년 된 병자를 고쳐주신 기적 사건(요 5:1–47), ④ 오병이어의 기적 사건(요 6:1–15), ⑤ 태어나면서 눈먼 사람을 고쳐주신 기적 사건(요 9:1–10:21), 그리고 ⑥ 죽은 나사로를 다시 살리신 기적 사건(요 11:1–44)이다. 셋째, 요한복음에 기록된 예수의 오병이어 기적 사건의 의미는 예수의 신분을 드러내려는 저자의 의도가 있음을 알 수 있다. 그러므로 요한은 예수의 오병이어 기적

---

40) Cho, *Jesus as Prophet*, pp.254-284를 참조하라.

41) J.F. McGrath, *John's Apologetic Christology: Legitimation and Development in Johannine Christology* (SNTSMS, 111; Cambridge: Cambridge University Press, 2001), pp.230-235를 보라.

사건을 독특하게 '표적'이라고 묘사하면서 자신의 의도를 간접적으로 표출하였다. 마지막으로 넷째, 요한이 자신의 복음서에서 오병이어 기적 사건을 '표적'이라고 이해한 것은 예수가 선지자로서의 모습을 지니고 있음을 간접적으로 암시하는 표시이다. 또한 오병이어 기적 사건에서 기적의 떡을 먹은 군중들이 예수를 '그 선지자'로 인식했다는 요한의 기록은 공관복음에서는 찾아볼 수 없는 것이다. 이것은 독자로 하여금 요한복음에서 가장 명시적으로 예수의 신분을 구약의 선지자 중의 하나로 인식하도록 하려는 요한의 의도가 있음을 알 수 있다.

참고문헌

유상섭, '오병이어 기적에 대한 네 복음서의 관점', 『신약연구』 6권 1호(2007), pp.1-49.

조석민, '예수께서 갈릴리 바다 위를 걸으셨는가? 요한복음 6:16-21의 석의적 연구', 『성경과 교회』 3권 1호 (2005), pp.150-171.

J. Kallas, 『공관복음서 기적의 의미』 서울: 대한기독교출판사, 1985.

Anderson, P. N., *Christology of the Fourth Gospel: Its Unity and Disunity in the Light of John 6.* Valley Forge, PA: Trinity Press International, 1996.

Barrett, C. K., *The Gospel according to St. John.* London: SPCK, 2nd edn, 1978.

Beasley-Murray, G. R., *John. WBC.* Nashville: Thomas Nelson, 2nd edn, 1999.

Belle, van G., *The Signs Source in the Fourth Gospel: Historical Survey and Critical Evaluation of the Semeia Hypothesis.* Leuven: Leuven University Press, 1994.

Borchert, G. L., *John.* 2 vols. NAC. Nashville: Broadman & Holman, 1996-2002.

Borgen, P., *Bread from Heaven: An Exegetical Study of the Concept of Manna in the Gospel of John and the Writings of Philo.* NovTSup, 11. Leiden: E. J. Brill, 1965.

Brown, R. E., *The Gospel according to John.* 2 vols. New York: Doubleday, 1966-70.

Bultmann, R., *Theology of the New Testament.* 2 vols. trans. K. Grobel. London: SCM Press, 1955.

_______, *The Gospel of John: A Commentary.* trans. G. R. Beasley-Murray. Philadelphia: Westminster Press, 1971(1964).

Carson, D. A., *The Gospel according to John.* Leicester: Inter-Varsity Press, 1991.

Cho, Sukmin, *Jesus as Prophet in the Fourth Gospel.* NTM 15. Sheffield: Sheffield Phoenix Press, 2006.

Culpepper, R. A., *Anatomy of the Fourth Gospel: A Study in Literary Design.* Philadelphia: Fortress Press, 1983.

Culpepper, R. A. (ed.), *Critical Readings of John 6.* BIS, 22. Leiden: E. J. Brill, 1997.

Dodd, C .H., *The Interpretation of the Fourth Gospel.* Cambridge: Cambridge University Press, 1953.

Fortna, R. T., *The Gospel of Signs: A Reconstruction of the Narrative Source Underlying the Fourth Gospel.* SNTSMS 11. Cambridge: Cambridge University Press, 1970.

_______, *The Fourth Gospel and Its Predecessor: From Narrative Source to Present Gospel.* Philadelphia: Fortress Press, 1988.

Glasson, T. F., *Moses in the Fourth Gospel.* SBT 40. London: SCM Press, 1963.

Haenchen, E., *A Commentary on the Gospel of John*. 2 vols. trans. R. W. Funk. Philadelphia: Fortress Press, 1984.

Johnstone, E .D., 'The Johannine Version of the Feeding of the Five Thousand: An Independent Tradition?', *NTS 8* (1962), pp.151-154.

Koestenberger, A. J., *John*. BECNT. Grand Rapids: Baker Academic, 2004.

Lindars, B., *The Gospel of John*. NCBC. London: Marshall, Morgan & Scott, 1972.

- , 'Elijah, Elisha and the Gospel Miracles' in C. F. D. Moule (ed.), *Miracles: Cambridge Studies in their Philosophy and History*. London: A. R. Mowbray, 1965.

McGrath, J. F., *John's Apologetic Christology: Legitimation and Development in Johannine Christology*. SNTSMS 111. Cambridge: Cambridge University Press, 2001.

Moloney, F. J., *The Gospel of John,* Sacra Pagina 4. Collegeville, Liturgical Press, 1998.

Morris, L., *Jesus is the Christ: Studies in the Theology of John*. Grand Rapids: Eerdmans, 1989.

_______, *The Gospel according to John*. Grand Rapids: Eerdmans, 2nd ed., 1995.

Motyer, S., *Your Father the Devil? A New Approach to John and 'the Jews'*. Carlisle: Paternoster Press, 1997.

Perry, J .M., 'The Evolution of the Johannine Eucharist', *NTS 39* (1993), pp.22-35.

Schnackenburg, R., *The Gospel according to St John*. 3 vols. Tunbridge Wells: Burns & Oates, 1968-1982.

Smalley, S. S., *John: Evangelist and Interpreter*. Carlisle: Paternoster Press, 2nd ed,, 1998.

Stibbe, M. W. G., *John as Storyteller: Narrative Criticism and the Fourth Gospel*. SNTSMS 73. Cambridge: Cambridge University Press, 1992.

Welck, C., *Erzählte Zeichen: Die Wundergeschichten des Johannesevangeliums literarisch untersucht. Mit einem Ausblick auf Joh 21*. WUNT 2.69. Tübingen: Mohr[Paul Siebeck], 1994.

오순절 성령 강림 사건 새롭게 이해하기

정 연 해
(브니엘 신학교, 신약학)

I. 들어가는 말

사도행전 2장에 언급되고 있는 오순절 성령 강림 사건에 대한 특별한 관심은 19세기 말엽부터 오순절주의가 등장하면서부터이다. 오순절주의자들은 중생과 성령세례를 구별하면서 오순절 성령 강림 사건을 중생 후에 두 번째로 받는 축복으로서 성령세례를 받는 사건으로 규정한다. 그러나 이러한 주장에 대하여 개혁주의자들은 오순절 성령 강림 사건을 행 1:5의 예수님의 예언이 성취된 것으로서 성령세례를 받는 사건으로 보면서도 오순절주의자들이 말하는 것처럼 성령세례를 중생과 구별하여 두 번째 받는 축복으로는 보지 아니한다. 개혁주의자들은 중생과 성령세례를 동전의 양면과 같은 것으로서 관점의 차이일 뿐 같은 사건으로 본다.[1] 이러한 주장들, 특히 오순절주의자들의 주장은 오순절 성령 강림 사건을 구속사적인 측면에서 보지 않은 결과이다. 오순절 성령 강림 사건은 두 가지 측면에서 이해될 필요가 있다. 하나는 "성령께서 오셨다"는 것이고 다른 하나는 "성령을 받았다"는 것이다. 전자는 성령을 주시는 하나님의 관점, 다시 말하면, 하나님의 구속사적인 관점에서 보는 것이고 후자는 제자들의 관점에서 보는 것이다. 사도행전 2:1-4의 사건을 설명할 때, "오순절 성령 강림 사건"이란 용어를 사용하는 것은 그 사건을 하나님의 구속사적인 측면에서 보는 명칭이고 "성령세례"라는 용어를 사용하는 것은 그 사건을

---

1) 변종길, 『우리 안에 계신 성령』 (서울: 생명의 말씀사, 2003), 186-99.

제자들의 관점에서 보는 명칭이다. 전통적인 개혁주의자들은 오순절주의자들과는 달리 오순절 성령 강림 사건을 주로 하나님의 구속사적인 관점에서 이해하였다. 그럼에도 불구하고 그들은 오순절 성령 강림 사건을 요엘(욜 2:28-32)과 세례 요한(눅 3:16) 또는 예수님(눅 24:49; 행 1:5)의 예언이 성취된 것으로서 신약의 교회가 탄생하여 교회 시대를 여는 사건 정도로 이해하고 있을 뿐이다.[2)]

에스겔 39:25-29은 1-39장 전체 내용에 대한 결론적인 부분으로서 40장부터 바벨론 포로에서 이스라엘의 고토 귀환과 회복을 전제로 전개되는 새 성전 건립을 위한 예비적인 부분이다. 다시 말하면, 에스겔 39:25-29은 먼저 이스라엘이 회복되고 뒤이어 성령이 강림하실 것이며[3)] 그 결과로 새 성전이 확립될 것을 보여준다. 누가는 예수님이 이 땅에 오신 것은 야곱의 집에 왕 노릇하시기 위함이라고 말한다(눅 1:33). 동시에 예수님은 그의 제자들을 이스라엘의 보좌에 앉혀 이스라엘 열 두 지파를 통치하도록 하실 것이다(눅 22:30). 제자들이 이스라엘의 보좌에 앉혀질 것이라는 것은 이스라엘의 회복을 전제하는 것이다. 에스겔의 예언과 예수님의 말씀을 종합하여 볼 때에 야곱의 집, 즉 이스라엘이 회복되면 성령께서 강림하실 것이며, 그 결과로 새 성전이 확립되어질 것이다. 누가는 이러한 사실이 실제로 일어났음을 사도행전 1-2장에서 자세히 설명하고 있는 것이다. 따라서 본 논문에서는 하나님의 구속사적인 관점에서 오순절 성령 강림 사건을 사도행전 1-2장의 문맥을 서사비평적인 방법으로 주석적 관찰을 함으로 지금까지의 개혁주의자들의 오순절 성령 강림 사건에 대한 이해의 지평을 넓히고자 한다.

누가는 사도행전 서두(1-2장)에서 이스라엘의 회복과 오순절 날에 성령께서 그곳에 모인 120여명의 사람들 위에 강림하심으로서 새 성전이 확립되었음을 설명하기 위하여 그의 이야기를 "분리"(1:3-11)-"준비"(1:12-26)-"변혁"(2:1-47)이라는 세 단계로 나누어서 설명한다. 본 논문은 사도행전 1-2장을 주석적으로 관찰을 하되 앞에서 언급한 세 단계를 따라 관찰을 하면서 오순절 성령 강림 사건을 새롭게 조명할 것이다.

---

2) 변종길, 『우리 안에 계신 성령』 200-205.

3) Rebecca Ⅰ. Denova, *The Things Accomplished Among Us: prophetic Tradition in the Structural Pattern of Luke-Acts*, JSNTSup 141 (Sheffield, England: Sheffield Academic Press, 1997), 70.

Ⅱ. 분리(행 1:3-11)

누가는 사도행전 1-2장에서 그의 이야기의 세 단계 가운데 첫 번째 단계인 분리에 관한 이야기로부터 그의 이야기를 시작한다. 그는 부활하신 예수님께서 사도들과 지상에서 마지막 40일간 생활하시면서 확실한 많은 증거로 자신의 부활을 증명해 보이시고 하나님 나라의 일들을 집중적으로 가르치셨다고 말한다(행 1:3). 사도들에게 있어서 예수님과 함께 하였던 지상에서의 마지막 40일은 부활하신 예수님을 경험하고 그들이 배운 하나님 나라의 일들은 그들로 하여금 유대 전통적인 성전 종교로부터 분리를 요청받는 기간이다.

1. 예루살렘으로부터 분리: 유대 전통 성전 종교로부터 분리(행 1:3-5)

예수님은 십자가에서 죽으시고 부활하신 후 사도들과 40일을 함께 지나시면서 하나님 나라의 일들을 그들에게 가르치셨다. 여기서 40일이라는 숫자는 실제로 40일 동안[4] 예수님께서 사도들과 함께 하신 날이기도 하지만 하나의 상징이다.[5] 구약에서는 40일/40년이라는 날은 상징성을 가지고 있다. 노아 홍수 40일(창 7:17)은 당시 죄악이 관영하였던 세상이 하나님의 심판의 과정을 거쳐 새롭게 변혁되기 위한 분리의 기간이었다. 이스라엘이 이집트를 떠나 40년 광야 생활을 거친 다음 약속의 땅, 가나안에 들어갔다는 사실에서도 광야 40년은 그들의 삶의 터전이 변혁을 이루기 위한 분리의 기간이었다. 예수님께서 당시 사회에서 격리된 광야에서 40일 동안 금식하시고 시험을 받으신 기간(눅 4:1-13)은 그의 사적인 삶을 청산하시고, 메시아로서의 공적인 삶의 길, 그의 사역의 변혁을 위한 분리의 기간이었던 것처럼, 지금 사도들도 유대 사회에서 분리된 채, 예수님과 함께하는 지상에서의 마지막 40

---

4) 누가가 “40일 동안 저희에게 보이시며”(행 1:3)라고 말할 때 40일 동안 하루도 빠짐없이 날마다 사도들과 함께 계셨다고 볼 필요는 없다. 엠마오로 가던 두 제자들에게 떡을 떼어 주신 후, 그들 앞에서 사라지신 적이 있었던 것처럼(눅 24:31), 사도들에게도 나타나셨다가 사라지셨던 날도 있었다고 추측할 수가 있기 때문이다.

5) Nelson P. Estrada, *From Followers to Leaders: The Apostles in the Ritual of Status Transformation in Acts 1-2*, JSNTSup 255 (London/New York: T & T Clark International, 2004) 67-68.

일은 사도로서의 예루살렘에서부터 땅 끝까지 회개의 복음을 전하여야 하는(눅 24:47; cf. 행 1:8) 새로운 사역이 시작되기 위한 분리의 기간이다. 예수님은 광야 40일 동안 마귀의 모든 시험을 하나님의 말씀으로 승리하시고 공적인 생애로 출발하셨던 것처럼, 예수님께서 죽으신 다음 두려움에 사로잡혀 예수님을 대적하던 종교 지도자들의 눈을 피해 숨어 있던 사도들은 부활하신 예수님과 함께 40일을 지나면서 하나님 나라의 일들을 가르치시는 예수님의 말씀으로 부활에 대한 의구심(눅 24:38)을 극복하며[6] 새로운 사역을 준비하는 분리의 기간을 경험한다. 사도들에게 있어서 분리란 특히 그들에게 익숙하였던 전통적인 유대 종교의 중심지였던 성전 생활로부터의 분리였음에 틀림없다.

부활하신 예수님은 지상에서 제자들과 마지막으로 40일을 보내신 다음, 제자들에게 예루살렘을 떠나지 말고 그가 말씀하신 아버지의 약속을 기다릴 것을 말씀하신다(행 1:4; cf. 눅 24:49). 누가는 예루살렘을 언급할 때, 헬라적 표기 형태인 Hierosoluma(Ἱεροσολύμα)와 히브리적인 표기 형태인 Ierousalem (Ἰερουσαλήμ)이라는 서로 다른 두 가지 표기 형태를 사용한다. 그는 이 두 가지 표기 형태를 구별하여 서로 다른 의미로 사용한다. 그는 지리적 장소로서의 예루살렘을 언급할 때는 언제나 헬라적 표기 형태인 Hierosoluma라는 단어로 표기하지만, 성전과 유대 당국의 종교적인 제도와 관련하여 예루살렘을 언급할 때는 히브리적인 표기 형태인

6) 요한복음 20:19에서는 예수님이 죽으신 후, 제자들이 유대인들을 두려워하여 한 곳에 모여 문들을 닫고 숨어 있었던 것으로 말하지만, 누가(눅 24:33)는 사도들(과 그들과 함께 한 자들)이 두려워하여 문들을 닫고 숨어 있었던 것처럼 말하지 않는다. 요한은 한 곳에 모인 사람들을 "제자들"이라고 표현하면서 그들이 그 곳에 모인 이유를 분명하게 유대인들을 두려워하였기 때문이라고 말하지만, 누가는 그들을 "제자들"로 표현하지 않고 "열 한명[한글 개역 성경은 '열 한 사도'로 번역함]과 그들과 함께 한 자들"로 표현하면서 그들이 한 곳에 모인 이유를 분명하게 말하고 있지는 않지만, 눅 24:34, 37-43에 의하면 그들은 예수님의 죽음에 대한 놀라운 사건과 부활에 대하여 의구심을 가지고 토론을 하고 있었을 것으로 추측이 된다. 눅 24:33에 언급된 그들의 모임이 요한의 보도와 같이 유대인들을 두려워하였다는 암시가 있다 하더라도, 부활하신 예수님을 만난 다음에 그 두려움을 완전히 극복된 것으로 보인다. 실제로 사도들이 예수님의 대적들인 유대인들 앞에서 두려움을 완전히 극복하고 담대하게 그들에게 복음을 전하는 것은 그들이 성령의 능력을 체험한 다음에 나타나지만, 예수님이 승천 하신 후, 아직 오순절에 강림하신 성령의 능력을 덧입기 전에 이미 그들이 예수님을 대적하던 종교 지도자들이 있는 예루살렘 성전으로 기쁨으로 돌아와 그곳에서 날마다 하나님을 찬송하는 생활을 하기 시작하였다(눅 24:52-53)는 것은 40일 동안 예수님과 함께 있는 동안에 유대인들에 대한 두려움이 극복되었음을 보여준다.

Ierousalem이라는 단어를 사용한다.[7)] 누가는 행 1:4에서 예수님께서 제자들에게 예루살렘을 떠나지 말 것을 당부하시는 말씀에서 언급된 예루살렘을 헬라적 표기 형태인 Hierosoluma로 표기하고 있다.[8)]

예수님은 예루살렘 성전에서 하나님의 말씀을 가르치시다가 십자가에 죽으시고 부활하신 다음, 예루살렘에 머물러 있던 사도들을 성전과 유대 종교의 중심지 Ierousalem에서 이끌어 내시고(Ἐξήγαγεν αὐτούς) 그들에게 복을 주셨다(눅 24:50; cf. 24:33).[9)] 이것은 누가가 말하는 Ierousalem에서 성취하신 예수님의 엑소도스(ἔξοδος, 탈출, 출발, 떠남 눅 9:31)가 구체적으로 무엇을 의미하는지를 상징적으로 보여주는 것이다.[10)] Ierousalem에서 성취하신 예수님의 엑소도스는 이제 예수님께서 승천하시기 직전에 사도들에게 유대 전통 성전 종교로부터 분리를 천명하셨다.

2. 이스라엘 회복에 대한 유대 전통 종교적 사고에 대한 교정(행 1:6-8)

"너희는 몇 날이 못 되어 성령으로 세례를 받으리라"(행 1:5)는 예수님의 말씀을

---

7) Josep Rius-Camps and Jenny Read-Heimerdinger, *After the Death of Judas: A Reconsideration of the Status of the Twelve Apostles,* Revista catalana de teologia vol. 29/2(2004) 312. 특히 예루살렘을 표기하는 서로 다른 두 용어의 구별에 대하여 자세한 것은 Jenny Read-Heimerdinger, *The Bezan Text of Acts: A Contribution of Discourse analysis to Textual Criticism,* JSNTSup 236 (London, England: Sheffield Academic Press, 2002) 318-44를 보라. Codex Bezae에 따르면 누가복음과 사도행전에 표기된 예루살렘에 대한 두 가지 서로 다른 표기는 분명하게 구별된다. 그러나 Alexandrian text에 따라 읽더라도 Codex Bezae에 따른 본문만큼 그 구별이 분명하지는 않지만 그럼에도 불구하고 예루살렘에 대한 표기를 대체적으로 구별하고 있는 것처럼 보인다.

8) 누가는 예수님께서 회개의 복음이 Ierousalem에서부터 시작될 것이라고 말씀하신 것(눅 24:47)으로 언급하신 뒤, 49절에서 그는 예수님께서 제자들에게 "위로부터 능력을 입히울 때까지 이 성에(ἐν τῇ πόλει) 유하라"고 말씀하신 것으로 설명한다. 문맥적으로 보면 49절에 언급된 "이 성"은 47절에 언급된 Ierousalem이다. 그러나 49절에서 그가 Ierousalem을 다시 언급하지 아니하고 단지 "이 성"(τῇ πόλει)이라고만 표현하는 것은 예수님께서 제자들이 유대 종교에 머물지 말고 단지 그 성을 떠나지 말 것만을 언급하신 것으로 표현하기 위함이다. 이 사실을 그는 행 1:4에서는 예수님께서 제자들이 Hierosoluma를 떠나지 말라고 말씀하신 것으로 분명하게 표현한다(Read-Heimerdinger, *The Bezan Text of Acts*, 328).

9) Rius-Camps and Read-Heimerdinger, *After the Death of Judas*, 312.

10) 정연해, 『누가-행전에 나타난 "성전" 이해』 (부산: 고신대학교 대학원 Th. D. 학위 논문, 2006) 145; cf. Read-Heimerdinger, *The Bezan Text of Acts*, 328, n14.

들었던 열 한명의 사도들은 예루살렘 동편 감람산(cf. 행 1:12)에 모였을 때, 예수님께 이스라엘 나라를 이제 회복하시는 때가 되었는지에 대하여 질문을 한다(행 1:6). 이스라엘 나라가 회복된다는 것은 예수님의 제자들을 포함하여 예수님 당시 유대인들이 가졌던 가장 일반적인 종말관이다. 그 종말관에 따르면, 이스라엘 나라의 회복은 이방인들은 멸망을 당하고 이방 가운데 흩어져 있는 이스라엘 열 두 지파 모두는 그들로부터 해방되어 예루살렘으로 돌아와 가장 이상적인 성전을 중심으로 하는 이스라엘 중심의 하나님 나라가 건설되는 것을 의미한다.[11] 사도들로부터 이스라엘 나라의 회복에 대한 때에 관한 질문을 받으셨던 예수님도 이스라엘 나라의 회복 그 자체를 부정하시지는 않으셨다. 다만 사도들이 관심 가졌던 이스라엘 나라의 회복의 때와 시기 그리고 이방인들의 운명에 관하여는 사도들과 생각을 달리하셨다. 그래서 예수님은 οὐχ(not) … ἀλλα,(but) 구문으로 제자들의 생각을 교정시켜 주신다. 이스라엘 나라가 회복되기는 하겠지만 회복의 때와 시기는 전적으로 하나님께 속한 것으로서 그것은 사도들의 관심사가 아니다. 한편 사도들은 혈통적인 이스라엘 백성만의 회복이 아니라 이방인들을 포함하는 회복에 관심을 가져야 하는 것이다. 다시 말하면, 이스라엘 나라가 회복될 때 혈통적인 이스라엘 백성은 회복되고 이방인들은 저주를 받아 멸망을 당하여야 한다는 그들의 생각을 버려야 한다는 것이다. 사도들의 질문에 대한 예수님의 답변은 혈통적인 이스라엘 백성과 이방인들의 운명은 모두 예수님 안에서 동등함을 보여주고 있다. 성령께서 사도들 (또는 사도적 공동체 모든 구성원들) 위에 오시면 그의 권능으로 그들을 통해서 이스라엘과 이방인을 모두 예수님 안에서 하나로 회복시키실 것이다: "성령이 너희에게 임하시면 너희가 권능을 받고 예루살렘과 온 유대와 사마리아와 땅 끝까지 이르러 내 증인이 되리라"(행 1:8). 성령께서 강림하시는 목적은 종말에 그의 능력으로 예수님 안에서 이스라엘을 회복하시기 위함이다. 이 때 회복되는 이스라엘은 과거 혈통적인 이스라엘과는 전혀 다른 새로운 공동체로서 이스라엘과 이방인이 예수님 안에서 하나가 되는 공동체이다.

사도들의 질문과 예수님의 답변을 종합할 때, 이스라엘 나라의 회복, 즉 종말의

---

11) 이진희, 『유대적 배경에서 본 복음서』 (서울: 컨콜디아, 1997), 443-52.

때와 시기는 하나님께 속한 것이기에 우리가 알 수는 없지만, 예수님께서 의미하신 이스라엘 나라의 회복이란 사도들이나 그 당대의 유대인들이 생각하였던 혈통적인 이스라엘 백성만의 회복이 아니라 혈통적인 이스라엘 백성과 이방인들이 예수님 안에서 하나가 되어 전혀 새로운 이스라엘로서의 회복을 말씀하신 것(행 1:8)으로 생각되어진다. 그렇다면 회복될 새로운 이스라엘 나라는 예루살렘에 있는 건물 성전을 중심으로 회복되는 것이 아니라 사람의 손으로 건축되지 않은(cf. 행 7:48) 새 성전을 중심으로 회복될 것이다.[12)]

3. 예수님과 분리: 변혁되어야 할 예루살렘 성전을 향하여(행 1:9-11)

부활하신 예수님께서는 지상에서 사도들과의 마지막 40일이 되는 날 제자들에게 많은 증거로 자신이 부활하셨음을 보여주시며 동시에 하나님 나라의 일들을 가르치기를 마감하시고 감람산(행 1:12)에서 마지막 작별을 하신다. 예수님의 지상 사역이 마감되는 순간이다. 이렇게 하여 사도들은 지상에서 그들의 스승인 예수님과 분리된다. 마치 승천하는 엘리야와 그의 제자 엘리사가 분리되는 것처럼, 승천하시는 예수님과 그의 제자들인 사도들과 분리된다. 엘리사는 승천하는 엘리야로부터 떨어지는 겉옷/망토를 주워 그것으로 능력의 사역을 하였던 것처럼(왕하 2:13-14), 사도들은 승천하시는 예수님께로부터 성령을 받아 그의 권능으로 Ierousalem에서부터 세상을 변혁시킬 증인의 삶을 살 것이다(행 1:8).[13)] 특히 행 1:11에서 흰 옷 입은 두 사람의 "너희 가운데서 하늘로 올리신 이 예수는 하늘로 가심을 본 그대로 오시리라"는 말은 예수님께서 이전처럼 사라졌다가 다시 나타나는 일이 없을 것을 언급하는 것으로서 사도들이 이제 예수님과의 분리가 되었음을 보여주면서 그들의 분리의 아픔에 대하여 예수님께서 언젠가는 그들 곁으로 다시 오실 것에 대한 확신을 말함으로서 위로를 하며 이제 가장 먼저 변혁되어져야 할 Ierousalem을 향하여 가도록 그들의 발걸음을 재촉하는 기능을 한다.

---

12) 이진희, 『유대적 배경에서 본 복음서』 448. 이스라엘의 회복은 예루살렘의 회복이며 그것은 곧 예루살렘 성전의 회복을 말한다.

13) Estrada, *From Followers to Leaders*, 96, 98.

예수님께서는 성령의 능력으로 제자들이 예루살렘에서부터 시작하여 온 유대와 사마리아와 땅 끝까지 자신의 증인이 될 것(행 1:8)을 말씀하신 다음에, 그들이 보는 가운데 하늘로 올려 가신다(행 1:9). 예수님의 승천은 예수님께서 하늘 보좌에 앉으시는 높아지시는 것으로서[14] 하나님 나라의 통치 영역이 예루살렘에서부터 이방 세계로 확대되는 전환점을 만든다. 구약 시대부터 이어져 온 예루살렘 성전을 중심으로 형성된 민족적 이스라엘로서의 하나님 나라는 예수님의 승천으로 말미암아 성령이 사도들에게 임하시고 예수님이 사도들에 의해서 예루살렘과 온 유대와 사마리아와 땅 끝까지 증거 되어 예수님 중심의 새로운 이스라엘(신약의 교회 공동체)[15]로서의 하나님 나라, 즉 새(참) 성전으로 변혁이 될 것이다. 따라서 누가가 사도들이 생각하는 민족적 이스라엘의 회복이 아니라 예루살렘에서부터 땅 끝에 이르는 예수님을 중심으로 회복될 새로운 이스라엘을 언급하는 문맥 다음에 승천 이야기를 하는 것은 승천은 증거 되는 예수님을 중심으로 하나님께 순종하는 백성으로 형성될 새 이스라엘이 예루살렘에서 시작되기는 하지만, 하나님의 방문을 거부하며(cf. 눅 19:44) 불순종하는 옛 이스라엘의 한계를 뛰어넘는 새 이스라엘의 출발점임을 암시하는 것이다.

Ⅲ. 아버지의 약속을 기다림: 변혁을 위한 준비(행 1:12-26)

분리에는 시간과 공간/장소와의 분리, 제도와의 분리 그리고 사람과의 분리 등이 있다. 사도들은 예수님과 함께 하는 40일 동안 40일이라는 시간의 분리와 예루살렘과의 분리요 건물 성전을 중심으로 하는 유대 전통 종교와의 분리요 마지막으로

---

14) Eric Franklin, *Christ the Lord: A Study in the Purpose and Theology of Luke-Acts* (Philadelphia, PA: Westminster Press, 1975), 29-47.

15) 새로운 이스라엘 또는 참 이스라엘은 하나님의 옛 백성인 옛 이스라엘과는 단절되지만, 하나님의 구속사는 연속된다. 하나님의 옛 백성은 역사에서 그의 역할을 완성하였으며, 이제 교회에 의해서 대치된다(Jacob Jervell, "The Twelve on Israel's Thrones," in *Luke and the People of God: A New Look at Luke-Acts*, [Minneapolis, MN: Augsburg Publishing House, 1972], 75).

예수님과의 분리를 경험하였다. 분리의 기간 동안 예수님께로부터 받았던 사명을 이행의 때를 얻기 위하여 예수님이 말씀하신 아버지의 약속 성취를 기다리는 기간을 가진다. 기다림의 시간은 막연히 기다리는 시간이 아니라 건물 성전과 유대 전통 종교의 변혁을 위한 준비하는 기간으로서 분리에서 변혁으로 가는 전이의 과정으로 주어진 것이다. 전이는 다음과 같은 두 단계를 거친다. 하나는 기도요(행 1:12-14), 다른 하나는 이스라엘 열 두 지파의 회복을 위한 준비이다(행 1:15-26). 전이의 두 단계는 Ierousalem의 다락방에서 일어난다.

1. 예루살렘의 다락방: 아버지의 약속을 기다리는 장소(행 1:12-14)

예수님께서 광야 40일을 마치시고 성령의 권능으로 그가 변혁시켜야 할 사역의 현장으로 돌아가신 것처럼, 사도들도 Ierousalem과 분리하여 예수님과 함께 하는 40일이 다 지나면서 이제 그들의 사역의 현장이 될, 그리고 변혁되어야 할 Ierousalem을 향하여야(행 1:12) 하는 순간을 맞이한다. 그러나 사도들이 예수님께서 말씀하신 아버지의 약속을 기다려야 하는 장소는 Ierousalem이 아니라 Hierosoluma이다(행 1:4; cf. 눅 24:49). 그렇다면 사도들이 예수님의 말씀에 불순종하고 있는가? 아니다. 누가는 사도들이 자신들을 포함하여 약 120명이나 되는 많은 사람들(사도적 그룹)과 함께 Ierousalem에 있는 "다락(τὸ ὑπερῷον)"에 모였다고 언급한다(행 1:12-13). 누가가 그들이 아버지의 약속을 기다리는 장소로서 예수님이 말씀하신 것처럼 Hierosoluma가 아니라 Ierousalem으로 표현한 것은 그들이 "다락"(τὸ ὑπερῷον)에 모였기 때문이다. 누가가 Ierousalem에 있는 "다락"으로 표현한 것은 이 "다락"이 분명히 성전과 관련된 다락임을 보여준다. 어쩌면 사도적 그룹이 모인 이 다락은 성전 안의 다락일 것이다.[16] 그럼에도 불구하고 다락이란 표현은 누가복

---

16) 행 1:12의 Τότε(한글 개역 성경은 번역을 생략하지만, 대부분의 영어성경은 Then으로 번역을 한다)는 예수님의 승천 이야기의 결론을 이끄는 접속사로서(Jenny Read-Heimerdinger, *The Bezan Text of Acts: A Contribution of Discourse Analysis to Textual Criticism*, JSNTSup 236 [London: Sheffield Academic Press, 2002], 212-13) 제자들이 예수님께서 승천하신 후, 예루살렘(Ierousalem) 성전으로 돌아옴을 보여준다(cf. 눅 24:52-53). 누가는 성전의 도시 예루살렘을 행 1:12에서 두 번이나 언급을 하면서 예루살렘은 감람산에서 안식일에 가기가 알맞은 길이라고 설명을 하면서 제자들이 유대 율법을 잘 지키는 자들임을 보여준다. 한편, 누가는 예수

음에서 사도적 그룹이 모였다고 말하는 성전이라는 표현(눅 24:53)[17]보다는 전통 유

님께서 제자들과 함께 유월절 만찬을 먹기 위하여 예비한 다락방(ἀνάγαιον)(눅 22:12)과는 구별하기 위하여 행 1:13에서는 다른 단어("다락(ὑπερῷον)")를 사용한다. 특히 ὑπερῷον 앞에 이미 잘 알려져 있는 모임의 장소라는 의미로 정관사 τό를 사용하지만, 지금까지 사도행전이나 누가복음에서 이 단어를 언급한 적이 없다. 오히려 "다락(ὑπερῷον)"이라는 단어는 LXX에서 종종 성전에 있는 방(chamber)을 언급할 때 사용되었던 단어이다(대상 28:11; 대하 3:9; 렘 20:2; 겔 41:7). 따라서 "그 다락"(τὸ ὑπερῷον)은 공동체를 위한 모임의 장소로서 성전(여자들의 뜰)에 있는 어떤 방을 언급한다고 이해되어 질 수 있다. 누가는 같은 장소를 언급하기 위하여 상호 보충되는 단어들을 사용하고 있다. 하나는 그 장소의 거룩성을 강조하는 "성전"이고 다른 하나는 높은 곳이라는 의미로 높음을 강조하는 다락(ὑπερῷον = ὑπέρ + -ωῖος [πατρῷος와 μητρῷος같은 소속을 나타내는 어미])이다. 특히 "그 다락"이 오순절에 제자들과 여자들을 포함하여 120여명의 사람들이 모였던 바로 그 장소였다면, 명절에 예루살렘에서 기도의 장소로서 성전을 제쳐두고 회당도 아닌 개인의 가정집에 모였다는 것은 앞에서 누가가 언급한 대로 제자들이 유대의 율법을 잘 지키는 사람들임을 보여준 것과는 모순되는 행위이다. 따라서 "그 다락"이란 오순절에 그들이 모였던 장소(행 2:1-2)와 같은 장소라면, 그들이 모였던 그 장소가 유대 율법을 잘 지키는 사람들로서 성전 문이 활짝 열려 있는 오순절이라는 명절에 성전이 아닌 개인의 집일 수는 더더욱 없다(B. B. Thurston, "τὸ ὑπερῷον on in Acts i.13," *ExpT* 80[1968-69], 21-22; Josep Rius-Camps and Jenny Read-Heimerdinger, *The Message of Acts in Codex Bezae: A Comparison with the Alexandrian tradition, vol. 1: Acts 1.1-5.42: Jerusalem* [London/New York: T & T Clark International, 2004], 101). 한편, Witherington은 그들이 오순절에 모였던 장소가 행 1:13에서 언급된 그 다락방과 같은 장소인지는 불확실하지만, 누가가 120명을 수용할 수 있는 그리스도인 가정집을 생각하고 있지는 않는 것 같다고 말한다. 그는 계속하여 그들은 그리스도의 최후 만찬실(the Cenacle)이라고 알려진 Mount Zion(감람산?)에 있는 어떤 장소에서 예배를 드려왔다는 증거가 있다고 말한다. 그들은 그곳에서 언젠가 그들이 모일 수 있는 유일한 곳인 성전 구역 안으로 옮긴다고 말한다. 그는 누가는 그들의 예배 장소를 옮기는 순서는 생략하고 그들의 계속된 예배들만을 설명한다고 말한다(Ben Witherington III, *The Acts of Apostles: A Socio-Rhetorical Commentary* [Grand Rapids: Eerdmans, 1998], 131-32; cf. Joseph A. Fitzmyer, *The Acts of the Apostles: A New Translation with Introduction and Commentary*, Anchor Bible [New York: Doubleday, 1998], 213, 238). 그러나 Barrett은 R. J. Knowling의 말을 인용하여 행 1:14에서 여자들도 함께 있었다는 것은 "다락"이 성전에 있는 방이 아니라 예루살렘 시내에 있는 어떤 개인 집의 "다락"을 가리키는 증거라고 말하지만(C. K. Barrett, *A Critical and Exegetical Commentary on The Acts of the Apostles*. vol. 1(1-14) [Edinburgh: T & T Clark, 1994], 87), 눅 2:37과 행 2:46과 5:42은 여자들도 성전에서 기도할 수 있음을 보여준다. 그는 계속하여 여기 언급된 120여명 모두가 한 방에 거주하였다고는 생각할 수 없다고 말한다(Barrett, *Acts 1-14*, 87). 그는 나중에 행 2:2을 주석하면서 행 1:13에서 언급된 다락은 어떤 그리스도인의 개인 집에 속한 것으로서 공동체에 의해서 사용되어졌던 방이거나 또는 성전에 속한 방일 수 있다고 말한다(Barrett, *Acts 1-14*, 114). 또한 그는 요세푸스(*Ant*. 8.65)는 성전 그 자체와 성전 안에 포함된 방들(chambers)을 가리킬 때 οἶκος(cf. 행 2:2)라는 단어를 사용하였다고 말한다(Barrett, *Acts 1-14*, 114). 일반적으로 후기 전승에 따라 행 1:13에 언급된 다락이 마가 요한의 어머니 마리아의 집(행 12:12)이라고 알려져 있지만, 어떠한 증거도 없다.

대 종교 제도와는 훨씬 더 격리되고 그들 사이에 친밀감을 느낄 수 있는 사적인 공간임을 상징적으로 보여준다.[18] "다락"이라는 이러한 상징적인 의미를 생각할 때 사도적 그룹은 유대 종교의 전통적인 제도 안에 들어가지 않고 여전히 분리된 채 거리를 두고 있기에 그들은 여전히 Hierosoluma에서 아버지의 약속을 기다리고 있다고 할 수 있는 것이다. 다시 말하면, 사도적 그룹이 아버지의 약속을 기다리는 장소는 비록 건물 성전 안의 다락이라 하더라도 아버지의 약속이 성취될 때 그곳이 변혁되도록 하기 위하여 건물 성전을 중심으로 하는 유대 전통 종교와는 상관없이 그곳에 모였기에 Hierosoluma에서 아버지의 약속을 기다리라는 예수님의 말씀을 오히려 적극적으로 순종하고 있는 것이다.

2. 마음을 같이 하는 기도(행 1:12-14)

사도적 그룹은 예수님께서 승천 하신 후, 성전 다락에 모여 예수님께서 말씀하신 대로 아버지의 약속을 기다린다. 누가는 다락에 모인 사도적 그룹의 구성원들이 열한명의 사도들과 여자들과 예수님의 어머니와 형제들이라고 언급하면서 그들이 모두 경건한 사람들임을 암시한다. 따라서 그들은 막연히 잡담을 하면서 기다리는 것이 아니라 기도하면서 아버지의 약속을 기다린다. 그들의 기도는 사도행전에서 처음으로 언급되는 기도로서 그들 모두가 마음을 같이하여 전심으로 하는 기도이다. 특별히 약 120명이 모여서 각자가 입을 열어 기도를 하였지만 누가는 그들의 기도를 표현함에 있어서 "그 기도"(τῇ προσευχῇ)라는 정관사를 가진 단수 명사를 사용한다. 이것은 그들이 공통의 기도 제목을 놓고 한 마음으로 기도하였음을 보여준다. 그렇다면 그들의 공통의 기도 제목은 무엇이었을까? 그들의 기도 제목은 예수님께서 말씀하신 아버지의 약속이 속히 성취되기를 기도하는 것일 수 있다. 그렇다면, 지금 이 시점에서는 그들이 마음을 같이하여(ὁμοθυμαδόν) 전심으로 아버지의 약속

17) 누가는 그의 복음서에서 사도들 이외에도 많은 사람들이 예수님과 함께 식사도 하며 예수님께로부터 가르침을 받았고 베다니에서 예수님께로부터 축복을 받았으며 승천을 지켜본 후 그들 모두가 사도들과 함께 성전으로 돌아가 늘 하나님을 찬양한 것으로 말한다(눅 24:33-53).

18) Cf. Estrada, *From Followers to Leaders*, 109.

을 위하여 기도를 하였다면(행 1:14), 오순절 날이 이르렀을 때, 다시 말하면, 성령께서 강림하시기 직전에는 그들이 한 곳(ὁμοῦ)에 모여 있기만 하였을 뿐(행 2:1) 왜 합심하여 기도를 하였다고 언급하지 않았을까? 이 시점에서 사도적 그룹이 기도한 그들의 공통의 기도 제목이 아버지의 약속이 속히 성취되는 것이라고 한다면, 위의 질문에 대답을 할 수가 없다. 그렇다면, 그들이 기도한 내용은 아버지의 약속, 즉 성령의 강림을 위하여 기도를 했을 것이다. 그럼에도 불구하고 성령의 강림을 준비하는 보다 구체적인 무엇인가를 위한 기도 제목이 있었을 것이다.[19)]

여기 모인 사람들은 열 한명의 사도들과 여자들 그리고 예수님의 어머니 마리아와 형제들이다. 여기 언급된 여자들은 예수님을 따라 다니며 예수님을 섬겼던 여자들이라고 생각할 수 있지만(눅 8:3), 누가는 예수님의 형제들은 예수님의 지상 사역 기간에 예수님을 메시아로 믿었거나 또는 메시아 사역에 협력하였다고 그 어느 곳에서도 언급하지 않는다.[20)] 그럼에도 불구하고 이 그룹의 사람들이 어떻게 모두가 마음을 같이하여 기도를 할 수 있었을까? 행 1:3-11에서는 사도들만이 예수님과 마지막 40일 동안 함께 하였던 것처럼 표현되어 있어서 예수님의 유언과도 같은 그 말씀들(행 1:4, 8)을 실제로 직접 들었던 사람들은 사도들뿐으로 생각하기 쉽다. 그러나 누가는 행 1:21에서 승천하시기 직전 마지막 40일 동안 예수님과 함께 했던 사람들 가운데 예수님의 형제들도 함께 있었는지는 분명하지 않지만, 사도들 이외에도 많은 사람들이 있었음을 말하고 있다(cf. 눅 24:33-53). 그러나 예수님의 형제들이 다락에 합류한 것을 보면, 부활하신 예수님을 만나고 말씀도 들었을 것으로 추측이 된다. 그렇다면, 예수님의 형제들이 예수님의 마지막 유언과도 같은 말씀들을 들었을 것이며 그래서 사도들의 인도(cf. 행 1:15)에 적극적으로 협력하며 따랐을 수 있었을 것이다.

한편, 누가는 지금까지 사도들이 예수님과 늘 함께 있었던 것으로 보도하면서도

19) Cf. Graham H. Twelftree, "Prayer and the Coming of the Spirit in Acts," *The Expository Times* vol. 117(No. 7), 271-76. Twelftree는 성령의 강림 사건은 아버지의 약속으로 오시는 것이지 성도들의 기도의 응답으로 주어지는 것이 아니라고 사도행전에 나타난 기도와 관련된 본문들을 가지고 논증한다. 그러나 성령 강림 사건 자체는 아버지의 약속의 성취로 오신 것이기는 하지만 성령의 오심을 영접하기 위한 구체적인 준비를 위한 기도는 여전히 필요하였을 것이다.

20) 요한복음은 예수님의 형제들은 예수님을 믿지 않았다고 말한다(요 7:5).

변혁으로 나아가는 전이의 첫 번째 단계를 언급하는 여기에서(행 1:13) 열 한명의 사도들의 이름들을 새삼스럽게 나열하고 있다. 그는 사도들의 이름을 열거한 다음에 사도적 그룹이 마음을 같이하여 기도에 전혀 힘썼다고 말한다(행 1:14). 사도들의 이름들이 이미 눅 6:14-16에 나열되어 있음에도 불구하고 여기서 누가가 다시 열거하는 것은 사도들의 이름들을 또는 그들의 서열을[21] 독자들에게 알리고자 함이 아니라 열 두 사도들 가운데 이제는 누가 더 이상 사도가 아닌지에 대하여 독자들이 주목하도록 하기 위함일 것이다. 다시 말하면, 열 한 사도들의 이름들을 열거하는 누가의 의도는 독자들로 하여금 사도들의 명단에 이름이 빠져있는 가룟 유다에 주목하도록 하는 것이다.[22] 가룟 유다가 사도직을 버리고 제 갈 길로 간 그 자리를 대신할 사람을 찾기 위하여 사도적 그룹은 사도들의 인도를 따라(cf. 행 1:15) 마음을 같이하여 전심으로 기도를 하였을 것이다. 사도적 그룹은 아버지의 약속의 성취를 기다리기 위하여 평소에 예수님을 따르지 않았던 그의 형제들과 같이 단순히 함께 모인 이질적인 그룹이었지만, 이렇게 예수님의 유언적 말씀에 순종하기 위하여 사도들의 인도를 따라 아버지의 약속의 성취로 오실 성령님을 영접하기 위한 구체적인 공통의 기도 제목을 가지고 마음을 같이하여(ὁμοθυμαδόν) 전심으로 기도할 때, 이 그룹이 이제는 더 이상 이질적인 그룹이 아니라 생사를 함께하는 사도적 공동체로 거듭 태어나게 된다. 특별히 "마음을 같이하여(ὁμοθυμαδόν)"(행 1:14; cf. 2:46)라는 표현이 이 그룹이 더 이상 이질적인 그룹이 아니라 "믿는 자들의 영적인 통일체"(the spiritual unity of the believers)임을 보여준다.[23] 그리하여 누가는 그 자신의 말로 그리고 베드로의 입을 빌려 지금까지 전혀 사용하지 않았던 용어인 "형제"라는 말로 그곳에 모인 사람들을 호칭한다(행 1:15-16). 마음을 같이하여 전심으로 기도한 이 그룹은 이제 유대 종교적 전통의 중심지인 건물 성전이 새 성전으로 변혁시켜 나갈 신분의 변화의 단계에 들어서게 된 것이다.

21) 누가는 그의 복음서(눅 6:14-16)와 사도행전(1:13)에서 사도들의 이름의 순서를 달리한다. 이러한 사실은 누가는 사도들의 서열에 관심이 없음을 보여준다.

22) Estrada, *From Followers to Leaders*, 122.

23) Luke Timothy Johnson, *The Acts of the Apostles*, Sacra Pagina Series vol. 5 (Collegeville, MN: The Liturgical Press, 1992), 34.

3. 새 이스라엘 회복을 위한 준비: 열 두 번 째 사도 선택(행 1:15-26)

누가는 다락에 모인 이 공동체의 성격을 "ἐπὶ τὸ αὐτό(한 곳/같은 곳)"(행 1:15)라는 표현으로서 그 공동체가 가지고 있는 조망(outlook)을 공유하지 않는 유대 공동체와는 구별된 예수님을 구주로 믿는 믿음의 공동체임을 말한다.[24] 그래서 누가는 그 공동체의 구성원을 교회의 구성원을 지칭하는 "형제들"(행 1:15; cf. 6:3; 7:2; 13:15, 26, 38; 15:7, 13)이라고 최초로 말하고 베드로가 그들을 향하여 "형제들"이라고 불렀다(행 1:16)고 말한다. 여기에 모인 일백 이십 여명은 예수님의 증인으로서 예수님의 엑소도스로서 세워진 하나님 나라를 성령의 능력으로 흥왕시켜 나갈 최초의 새로운 교회 공동체가 될 것이다.[25]

사도적 공동체는 성령의 능력을 덧입기 위하여 그때까지 막연하게 기다리기만 한 것이 아니라 이스라엘 열 두 지파를 다스릴 열 두 사도들 가운데 결원이 된 사도, 즉 가룟 유다의 후임자를 선택하는 일을 위하여 마음을 같이하여 전심으로 기도를 하였다. 사도적 공동체가 기도하기 위하여 다락에 모여 마음을 같이하여 전심으로 기도한 지 여러 날 만에(ἐν ταῖς ἡμέραις ταύταις)[26] 베드로는 예수님의 말씀에 따라(눅 22:32b) 거기 모인 일백 이십 여명의 형제들 가운데 일어나(행 1:15) 서론적 언급도 없이 사도로서 자기의 직무를 버리고 배교(背敎)를 한 가룟 사람 유다(눅 22:3-6, 21-22, 47-48)의 직무를 대신할 사도를 선출하는 일에 주도적인 역할을 하여 성전에서 이스라엘의 회복을 상징하는 증거 공동체로서의 전열을 가다듬는다(행 1:21-26). 베드로는 본래 사도단(使徒團)의 한 사람으로서 사도의 직무의 한 부분을 맡았던(행 1:17) 유다의 배반이 성령께서 다윗의 입을 통하여 하신 말씀이 성취된 것이라고 말한다(행 1:16; cf. 시 41:9[LXX 40:10]). 예수님이 체포되어 재판 받으실 때

---

24) Rius-Camps and Read-Heimerdinger, *The Message of Acts*, 119.

25) 열 한 제자들의 수만으로도 한 공동체를 형성할 수 있지만, 유대법의 규례에 따르면, 자체 내에 공회(council)를 갖춘 한 공동체를 설립하는데 필요한 최소 인원수를 120명으로 규정하고 있다(I. Howard Marshall, *Acts,* TNTC [Grand Rapids: Eerdmans / Leicester: Inter-Vasity Press, 1996], 64).

26) Estrada, *From Followers to Leaders*, 179, n48. "ἐν ταῖς ἡμέραις ταύταις"는 마음을 같이하여 전심으로 기도한 사건을 가룟 유다를 대신할 맛디아를 선택하는 사건과 연결시키는 역할을 한다.

한 비자(婢子)와 다른 두 사람 앞에서 세 번씩이나 예수님을 모른다고 부인한 베드로(눅 22:54-60)가 유다의 배반을 언급하면서 그의 직무를 대신할 사도를 선출하는 일에 주도적인 역할을 한다는 것은 아이러니이다.[27] 베드로는 사도의 직무를 예수님의 (죽음과) 부활을 증거 하는 것으로 한정하여 말한다(행 1:22). 예수님의 죽음과 부활을 증거 하는 증인은 예수님의 모든 사건을 실제로 목격한 자라야 하기 때문에 (cf. 행 5:32) 베드로는 유다를 대신할 사도를 선출하는 기준을 예수님께서 요한에게 세례를 받으시는 날부터 승천하신 날까지 베드로를 중심으로 하는 예수님의 제자단(弟子團)과 항상 함께 하였던 사람들(남자들, ἀνδρῶν)로 한정한다(행 1:21-22). 그것은 또한 사도적 사역으로서 예수님의 부활 선포는 부활의 관점에서 이해되어져야 할 필요가 있는 예수님께서 행하시며 가르치시며 승천하신 날까지의 일(행 1:1-2)을 포함하는 그의 전체 사역과 관계가 되기 때문이다(행 10:38-39). 누가는 그의 복음서 마지막 부분(눅 24: 9-10, 33-34, 36-49)과 사도행전 시작 부분(행 1:1-3, 22; cf. 10:41; 13:31)에서 사도들을 예수님의 부활과 밀접하게 관련을 시키고 있다. 따라서 누가가 여기서 (열 두)[28] 사도들을 부활과 관련하여 언급하는 것은 회복될 이스라엘의 열 두 지파를 상징하기 위함이다.[29] 예수님께서는 사도를 선택하실 때, 밤 새 기도하신 다음에 많은 제자들 가운데 성령으로 열둘을 선택하신 것처럼(눅 6:12-13; cf. 행 1:2), 베드로의 지도 아래에서 사도적 공동체가 제 갈 길로 간 유다의 직무를 대신할 사도를 선출할 때도, 이와 유사하게, 사도적 공동체가 이 일을 위하여 마음을 같이하여 전심으로 기도한(행 1:14) 후에 사도의 자격 기준에 합당한 두 사람을 천거하고 높임 받은 주님께 그의 뜻을 구하는 기도를 한 다음 제비를 뽑아 한 사람을 선택한다(행 1:21-26). 높임 받은 주님의 뜻에 따라 맛디아가 선택되어 "이스라엘의 열 두 지파를 다스리게 될" 열 두 사도의 수로 다시 확립하게 된 것은 열 두 사도들

---

27) F. Scott Spencer, *Acts* (Sheffield, England: Sheffield Academic Press, 1997), 30.

28) "열 둘"은 이스라엘에게 있어서 매우 중요하다. 그것은 열 두 지파의 회복을 상징하는 것이다. 바울은 고전 15:5에서 부활하신 예수님은 자신을 열 둘 (열 두 제자들)에게 보이셨다고 말한다. 사실은 가롯 유다를 제외한 열 한 명의 제자라고 하여야 정확하나, 바울은 숫자적인 정확성보다 열둘이 가리키는 상징성에 더 큰 의미를 두고 언급한다.

29) Jacob Jervell, "The Twelve on Israel's Thrones," in *Luke and the People of God: A New Look at Luke-Acts* (Minneapolis, MN: Augsburg Publishing House, 1972), 80-82.

로 성취하게 될 새로운 이스라엘의 회복을 상징적으로 보여준다(눅 22:28-30).[30] 이렇게 하여 열 두 사도들의 구성에 있어서 그 때까지 공식적으로 사도의 직을 가지고 있었던(행 1:17) 가룟 유다가 사도단(使徒團)의 구성에서 제외되고 맛디아가 그 자리를 차지한다(행 1:26). 이것은 배반자 가룟 유다로 말미암아 부끄럽게 훼손된 사도들에 대한 명예가 맛디아가 가룟 유다의 자리에 채워짐으로 말미암아 다시금 회복되어진 것을 의미한다.

예수님께서 이스라엘 나라의 회복의 때와 시기는 아버지의 권한임을 강조하시면서 그것이 제자들의 관심사가 아님을 분명히 하셨음에도 불구하고(행 1:6-8), 아버지의 약속을 기다리기 위하여 사도들을 중심으로 모였던 이질적 그룹이 공통의 기도 제목을 가지고 마음을 같이하여 전심으로 기도에 힘씀으로 그 그룹이 생사를 같이하는 사도적 공동체가 될 때, 이스라엘의 열 두 지파의 회복을 위한 준비로서 열두 번째 사도의 회복에 관한 누가의 적극적인 이야기에는 무엇인가 중요성이 있음에 틀림없다. 예수님께서는 그 당시 열 두 지파의 회복에 대한 강렬한 기대를 갖고 있는 유대인들에게,[31] 열 두 지파를 상징하는 열 두 제자들을 택하심으로(눅 6:12-16; 22:30[32])), 하나님의 나라가 그들 가운데 이미 임하였음을 보여주신 것이다(cf. 눅 6:17-49). 다시 말하면, 예수님이 선택하신 열 두 제자들은 예수님의 메시지의 핵심이었던 "하나님의 나라의 도래"에 대한 "가시적인 선포"였던 것이다. 예수님께서는 열 두 사람을 사도들로 택하심으로서, 자신의 메시야성과 하나님 나라의 임재, 그리고 종말의 도래를 상징적으로 선포하신 것이다. 따라서 누가는 예수님이 떠나신 다음, 사도적 공동체가 가장 먼저 한 것은 이스라엘 나라의 중심지였던 건물 성전에서, 회복될 새 이스라엘의 열 두 지파를 다스릴 열 둘(눅 22:29-30; cf. 마 19:28) 가운데 빠져나간 하나를 채우는 일이었음을 중요하게 보도하는 것이다(행

---

30) Beverly Roberts Gaventa, *The Acts of the Apostles*, Abingdon New Testament Commentaries (Nashville: Abingdon Press, 2003), 72; Cf. Estrada, *From Followers to Leaders*, 170-71, 176-78. 제 갈 길로 간 가룟 유다를 대신할 사람을 선택한다는 것은 가룟 유다가 이제 더 이상 사도가 아닐 뿐만 아니라 예수님의 공동체의 한 구성원이 아니기 때문이다. 그러나 야고보(행 12:1-2)가 순교한 다음에 다시 새로운 사도를 선택하지 않은 것은 야고보는 비록 순교를 하였다 하더라도 여전히 그는 사도의 직을 가지고 있기 때문이다.

31) E. P. Sanders, 『예수와 유대교』 황종구 옮김 (서울: 크리스찬 다이제스트, 1998) 140-44.

32) Bezae 사본에는 열 두 지파를 다스릴 열 두 보좌(δώδεκα θρόνων)를 말하고 있다.

1:15-26). 이것은 이제 곧 이스라엘의 회복의 역사가 시작될 것임을 암시한다. 이스라엘의 회복은 제자들이 생각했던 것처럼 정치적인 독립을 의미하는 것이 아니라, 하나님과의 맺은 언약의 회복이요(cf. 눅 22:20; 렘 31:31-34; 출 24:8), 하나님께서 그의 이름을 두실 진정한 성전의 회복인 것이다.

예수님께서 지상 사역을 시작하시면서 열 두 제자들을 선택하시고 그들을 열 두 사도들이라고 부르셨다(눅 6:13). 예수님께서 그들을 사도들이라고 부르신 것은 역사에 있어서 옛 이스라엘을 회복하여 새 이스라엘(신약의 교회)을 체현(體現)할 사람들로 삼기 위함이었다. 그런데 새 이스라엘을 체현할 사람들 가운데 한 사람이 그의 역할을 포기하고 제 갈 길로 갔기 때문에, 높임 받은 주님께서 다른 열 한명의 사도들의 손을 빌려 맛디아를 새로운 사도로 임명하셨다. 이렇게 새 이스라엘을 체현하기 위하여 주님에 의해서 다시 확립된 열 두 사도들은 종말에 성령께서 임할(행 2:17) 장소가 된다.[33] 하나님께서 그의 이름을 두실 종말의 새(참) 성전은 옛 이스라엘에서 변혁된 새 이스라엘로서 살아 역사(役事)하는 하나님의 백성이다. 하나님께서 그의 백성을 성전으로 삼고, 그들 가운데 계실 것이다. 에스겔(겔 37:26-28)을 통하여 약속하신 대로, 하나님께서 그의 백성 가운데 거하시도록 성전을 건축하는 것이 예수님의 사명이었다. 이제 예수님은 하늘에서 땅에 남겨두신 그의 제자들을 통해서 이 사역을 계속하실 것이다.[34] 새 이스라엘을 체현하기 위한 준비가 완료됨과 동시에 성령께서 아버지께로부터 예수님에 의해서 보냄을 받아 사도적 공동체 위에 강림하신다(행 2:1-4, 33). 성령께서 사도적 공동체 위에 강림하신다는 것은 이스라엘의 회복, 다시 말하면, 새 이스라엘이 체현됨을 의미한다(cf. 겔 39:25-29).

---

33) Helmut Flender, *St. Luke: Theologian of Redemptive History*, translated by Reginald H. and Ilse Fuller, (Philadelphia: Fortress Press, 1967), 121.

34) Ben F. Meyer, "The Temple: Symbol Central to Biblical Theology," *Gregorianum*, vol 74(No. 2, 1993), 236-37.

Ⅳ. 옛 성전에서 새 성전으로의 변혁(행 2:1-47)

예수님께서 십자가에서 죽으시고 부활하신 후, 40일 동안 사도들에게 자신이 다시 사신 몸을 보이시고 하나님 나라에 관한 일들을 가르치신 다음 승천하셨다. 열두 사도의 그룹이 다시 구성되어지고 사도적 그룹이 생사를 같이하는 영적인 사도적 공동체로서 확립되고 곧 이어서(행 2:1, καί) 오순절이 되었고 그날 예수님께서 말씀하신 아버지의 약속에 따라 성령께서 하늘로부터 그들 위에 강림하셨다. 사도적 공동체 위에 임하신 성령께서는 그 공동체를 이전의 공동체와는 전혀 성격을 달리하는 새로운 공동체로 변혁을 하셨다. 변혁이 된 공동체의 모습이 행 2:1-4에 언급되고 변혁된 그 공동체에 대한 반응으로 놀라는 사람들(행 2:5-13)에게 공동체가 새롭게 변혁된 것이 어떻게 그렇게 되었으며 그것이 무엇을 의미하는지 베드로는 열 한 사도들과 함께 길게 설명한다(행 2:14-41). 누가는 마지막으로 변혁된 그 공동체의 일상적인 모습(행 2:42-47)을 설명한다. 누가가 이렇게 설명하는 의도는 무엇이며 누가 자신은 성령 강림 사건을 어떻게 이해하고 있는가?

마가는 예수님께서 건물 성전을 허시고 손으로 짓지 아니한 새로운 성전을 지을 것이라고 거짓 증인들의 말을 인용하여 말한다(막 14:58). 여기서 손으로 짓지 아니한 새로운 성전이란 일반적으로 예수님 자신의 부활의 몸으로 이해되고 있다. 요한은 예수님께서 친히 하신 말씀 -"너희가 이 성전을 헐라 내가 사흘 동안에 일으키리라"(요 2:19)- 을 주석하는 가운데 건물 성전을 대치할 새로운 성전은 예수님 자신의 부활의 몸임을 보다 더 분명하게 말한다(요 2:21). 그러나 바울은 예수님을 구주로 믿는 사람 개인(고전 3:16; 6:19) 또는 그리스도의 몸을 이루고 있는 교회(엡 1:23; 4:12; 5:30; cf. 고전 12:27) 곧 믿음의 공동체(엡 2:21)가 또한 성전이라고 말한다. 그러나 누가는 누가(who) 또는 무엇(what)이 성전을 대치할 것인지에 대하여 분명하게 독자들에게 말하지 않는다. 그러나 그는 건물 성전에서 이질적 사도적 그룹[35] 위에 성령께서 강림하신 사건을 통해서 이질적 사도적 그룹이 예수님 안에서 성령을 중

35) 일백 이십 여명이 마음을 같이하여 전혀 기도에 힘쓰므로 생사를 같이할 사도적 공동체가 되었다 하더라도 그들은 여전히 성령을 중심으로 하는 공동체가 아니라 사도들을 중심하는 공동체였다.

심으로 생사를 함께 하는 사도적 공동체로 변혁되는 것을 독자들에게 보여줌으로서 사도적 공동체가 건물 성전을 대치할 새로운 성전임을 암시하고 있다.[36] 이것은 에스겔(39:25-29; 48:35)의 예언이 성취되고 있음을 보여준다.

1. 성령 강림 사건이 일어난 때는 오순절 날이었다.

행 2:1에 의하면, 성령 강림 사건은 오순절에 일어난 사건이다. 오순절은 구약의 칠칠절과 같은 절기이다(토빗 2:1; 마카비 2서 12:31-32). 칠칠절이란 또한 맥추절이라고도 불리는데 그것은 밀 추수의 첫 열매를 성전에서 제사장을 통해서 하나님께 드리는 절기이기 때문이다(출 23:16; 34:22). 칠칠절은 안식일 이튿날 밀 추수의 첫 열매를 제사장에게 가져다 드린 날부터 칠 주(seven weeks)에 하루를 더한 날인 오십 일째 되는 날이다(레 23:15-16). 여기서 첫 열매는 예수님의 부활을 상징한다(cf. 고전 15:20)고 볼 때에, 칠칠절 곧 오순절은 안식일 이튿날인 예수님께서 부활하신 날부터 계산하여 50일째 되는 날이다.[37] 따라서 오순절의 성령 강림 사건은 예수님이 죽음에서 부활하신 날인 "안식 후 첫날"(눅 24:1)과 같이 일요일, 즉 주일(主日)/주의 날에 일어난 것이다. 다시 말하면, 예수님께서 죽으셨다가 주일 이른 새벽에(눅 24:1) 부활하신 것처럼, 성령께서도 주일 이른 새벽에 강림하신 것이다(cf. 행 2:15).[38]

---

36) Cf. G. K. Beale, "The Descent of the Eschatological Temple in the Form of the Spirit at Pentecost: Part 1: The Clearest Evidence," *Tyndale Bulletin* 56 (1, 2005), 73-102.

37) D. Freeman, "Pentecost, Feast of," in *The New Bible Dictionary*, ed. J. D. Douglas (Grand Rapids: Eerdmans, 1979) 964; F. F. Bruce, *The Book of the Acts*, NICNT (Grand Rapids: Eerdmans, 1988), 49. 신구약 중간기 시대와 그 이후, 사두개인들은 오순절을 레 23:15에 언급된 "안식일 이튿날"을 유월절 후 첫 번째 일요일(sunday)로 보고 그 날부터 50일째 되는 날로 계산한다. 이러한 계산법은 성전이 서 있는 동안 공적으로 준수되었고 따라서 교회는 일요일(sunday), 즉 주일(主日)에 첫 번째 그리스도인의 오순절을 기념하는 것으로 정의되어 진다. 그러나 바리새인들은 레 23:15에 나오는 "안식일"을 무교절로 해석한다. 그들의 계산은 AD 70년 이후 유대교의 규범이 되었다. 그래서 오늘날 유대 달력의 오순절은 특정한 요일로 정하여지지 않는다. Everett Furguson, 『초대교회 배경사』 박경범 옮김 (서울: 은성, 1993), 538. Furguson에 의하면, 사두개인들과 쿰란(Jubilees 15:1; 44:1-4)의 오순절 날짜 계산법에 따르면 오순절은 언제나 일요일이라고 말한다.

38) 오순절은 토요일 해질 무렵인 저녁부터 시작되어 주일(主日) 아침을 지나 저녁까지 오순절이다(ἐν τῷ συμπληροῦσθαι τὴν ἡμέραν τῆς πεντηκοστῆς)(행 2:1). 행 2:15에서 베드로가 설교하는 시간(제 3시)은 현대의 시계로는 주일(主日) 오전 9시를 말한다.

한편, 구약 시대에 칠칠절은 밀 추수의 첫 열매를 성전으로 가져와(출 23:16; Mishnah Bikkurim 3:2-4) 하나님께 드리는 날인 동시에 조상들이 하나님과 맺은 언약을 갱신하는 날이기도 하다(대하 15:10-14). 뿐만 아니라 칠칠절에 언약을 갱신하는 것은 유대인들의 오랜 전통으로 전해지고 있다(Jubilees 6:15-18a). Jubilees 6장에 의하면, 노아와 그의 자녀들은 지상에 홍수가 다시는 없을 것이라는 하나님의 언약의 말씀을 해마다 칠칠절에 새롭게 하였다고 한다.[39] Jubilees는 계속하여 노아의 자녀들은 그 언약을 해마다 새롭게 하면서 언약을 잘 지켰지만, 그 이후 하나님께서 산에서 모세를 통해서 율법을 주시기까지 그 언약은 파기되었다(Jubilees 6:18b-19)고 한다. 쿰란 공동체의 한 종파도 오순절에 언약을 새롭게 하는 관습이 있었으며(1QS 1:8-2:16), 랍비 Eleazar(약 AD 270년)은 모세가 시내산에서 율법을 받은 날이 오순절이었다고 한다. 이러한 증거들은 신약 시대까지 오순절이 밀 추수의 첫 열매를 드리는 절기였을 뿐만 아니라 언약을 새롭게 갱신하는 것과 깊은 관련이 있음을 보여준다.[40] 예수님이 부활하신 날이 일요일/주일(主日)이었고 성령께서 사도적 공동체 위에 강림하신 날인 오순절도 일요일이었다. 첫 열매를 성전에서 하나님께 드리는 절기인 오순절에 성령께서 강림하셨다는 것은 예수님께서 죽은 자 가운데서 부활하심과 – 죽음에 대한 부활의 첫 열매로서의 – 성령 강림 사이에 상관관계를 만든다.[41] 예수님께서 첫 열매로 부활하신 날인 주일(主日)은 언약 갱신과 깊은 관련이 있는 오순절에 사도적 공동체 위에 성령께서 강림하심으로 구약의 안식일을 성취하여 신약의 사도적 공동체가 함께 모여 예배드리는 날(행 20:7)로 갱신된 종말론적인 안식일이 된다.[42]

---

39) I. Howard Marshall, "The Significance of Pentecost," *SJT* 30(1977) 348; Estrada, *From Followers to Leaders*, 193-94.

40) Marshall, "The Significance of Pentecost," 349; Estrada, *From Followers to Leaders*, 194-96; Beale, "Eschatological Temple at Pentecost," 79. Beale은 여기서 Jubilees와 DSS(Dead Sea Scrolls)에 근거하여 오순절은 성경의 언약을 만들며 기억할 뿐만 아니라 시내산 언약을 갱신한다고 말한다.

41) (첫 번째) 초실절 행사는 유월절이 지난 첫 안식일 다음날(곡식에 낫을 대는 첫날) 행해졌다(레 23:10-11; cf. 신 16:9). (첫 번째) 초실절은 맥추절과 연결되어 맥추절 또한 (두 번째) 초실절로 불려진다(출 34:22).

42) 누가는 예수님이 부활하신 후부터는 부활하신 예수님을 믿고 따르는 성도들이 하나님께 예배를 위한 모임으로서 안식일을 언급하지 않는다. 행 20:7에서 μιᾷ τῶν σαββάτων을 한글

2. 성령 강림 사건이 일어난 장소는 성전 다락이었다.

누가는 가룟 유다를 대신하여 사도의 직무를 감당할 맛디아를 선출하는 이야기로 그의 첫 번째 단락의 이야기를 마감하고 곧 이어(행 2:1, καί)성령께서 오순절 날에 강림하시는 새로운 장면(행 2:1-4)을 독자들에게 보여준다. 이 새로운 장면은 앞 단락에서 언급된 예수님의 반복된 약속과 예언(행 1:4-5; 눅 24:49)의 성취를 언급한다. 행 2:1의 접속사καί는 1장의 내용과 2장이 연속적인 이야기임을 보여준다. 또한 유대인들의 3대 명절 가운데 하나인 오순절이 되었을 때 다락에서 기도하던 일백 이십 여명(행 1:13-15a)이 한 곳(ἐπὶ τὸ αὐτό)에 모였다고 한다(행 2:1). 여기 "한 곳(in one place)"으로 번역된 ἐπὶ τὸ αὐτό는 "같은 곳(at the same place)"이라는 의미이다.[43] 그렇다면, 오순절에 사도적 공동체가 모인 곳은 다름 아닌 성전 다락이다. 누가는 그들이 처음 모였던 곳과 같은 장소를 "그 온 집(ὅλον τὸν οἶκον)"이라고 다시 표현한다(행 2:2). 여기 언급된 "집(οἶκος)"은 물론 개인 집을 언급할 수도 있지만, 그럴 경우, 120명이라는 많은 사람들이 여러 날(적어도 10일) 함께 공동체 생활을 할 수 있도록 수용하기에는 많은 문제가 있었을 뿐만 아니라 "그 집(τὸν οἶκον)"이라는 표현에도 맞지 않는다. 따라서 여기 언급된 "집"은 단순한 개인 집이 아니라 "그 온 집"으로서 앞에서 언급한 그들이 함께 앉아 있었던 그 다락으로서 성전의 다락을 말한다.[44] 따라서 사도적 공동체 모두가 함께 오순절에 모인 바로 그 장소(행 2:1-2)가 그들이 처음에 모여 기도한 바로 그 장소와 동일하다면(행 1:13-15, cf. 15절의 ἐπὶ τὸ αὐτό), 일백 이십 여명으로 구성된 사도적 그룹에 생명력을 불어넣는

개역은 "안식 후 첫날"이라고 번역하였지만 이것은 오역이며, 안식 후 첫날이 아니라 "그 주(週)의 첫날"(the first day of the week)이다. 또한 눅 24:1에서도 누가는 주님이 부활하신 날을 "안식 후 첫날"이 아니라 "그 주(週)의 첫날"(μιᾷ τῶν σαββάτων, the first day of the week)이라고 말하면서 이날의 특수성을 언급한다(Cf. Alan R. Kerr, *The Temple of Jesus' Body: The Temple Theme in the Gospel of John*, JSNTSup 220 [New York: Sheffield Academic Press, 2002], 265를 보라).

43) Cf. Fitzmyer, *The Acts of the Apostles*, 238.

44) Cf. Fitzmyer, *The Acts of the Apostles*, 238; Bruce, *The Book of the Acts*, 51. 일백 이십 여명이 앉아 있었다는 것이 여기 언급된 "집(οἶκος)"을 성전으로 보기에 걸림돌이 되는 것처럼 말한다. 그러나 그들은 지금 성전 예배에 참여하고 있는 것이 아니기에 성전 다락에 앉아서 성령의 강림을 기다릴 수 있다.

성령의 강림 사건도 성전 다락에서 일어난 것이 확실하다.[45)]

사도적 공동체가 성령께서 말하게 하심을 따라 다른 방언으로 말을 할 때 그들의 방언을 듣고 놀라기도 하며(행 2:6-8, 12) 조롱하기도 하였던(행 2:13) 사람들은 그들이 놀라고 조롱하던 그 순간 어디에서 그렇게 하였는가? 그들은 천하 각 국에서 예루살렘으로 모여든 경건한 유대인들이거나(행 2:5) 또는 유대교로 개종한 이방인들이다(행 2:10). 때는 유대의 명절인 오순절이기 때문에, 지금 천하 각 국, 즉 이방인 세계에 흩어져 살던 경건한 유대인들이 또는 유대교로 개종한 이방인들이 명절을 지키기 위하여 예루살렘 성전으로 순례 여행을 하던 중이었다. 그들 중에 어떤 사람들은 유월절 때에 와서 오순절 때까지 예루살렘에 머물러 있다가(κατοικοῦντες)[46)] 명절이 끝나면 고향으로 갈 사람들도 있었고, 또는 예루살렘에 정착하여 살 사람들도 있었던 것처럼 보인다(행 2:5; cf. 6:1). 한편, 성전 순례 객들 가운데 유월절 때 왔다가 고향으로 돌아간 다음, 다시 왔거나 아니면 유월절 때 오지 못했지만 오순절을 맞이하여 예루살렘에 올라온 사람들도 있었을 것이다. 당시, 예루살렘 시

---

45) G. K. Beale, *The Temple and the Church's Mission: A Biblical Theology of the Dwelling Place of God*, NSBT No. 17, (Downers Grove, IL: Inter-Varsity Press, 2004) 203; Rius-Camps and Read-Heimerdinger, *The Message of Acts*, 101, 147-48; William Neil, *The Acts of the Apostles*, NCBC (Greenwood, SC: The Attic Press, 1973) 72; Lloyd Gaston, *No Stone on Another: Studies in the Significance of the Fall of Jerusalem in the Synoptic Gospels*, (Leiden: E. J. Brill, 1970) 366. Gaston은 여기서 예루살렘 성전(ἱερόν)은 희생 제사를 위한 곳이 아니라 기도와 가르침을 위한 곳이라고 하면서 120여명이 모여 방언을 할 때 놀라서 모여든 사람들에게 베드로가 설교를 한 곳은 다름 아닌 성전이었다고 한다. 한편 우리는 유대 율법(랍비들의 규례)에 집착하여 살려는 베드로(행 1:12; 10:9-16, 28)가 명절(오순절)에 성전에 있지 아니하고 개인 집에 머물러 있었다는 것은 상상하기가 어렵다. 또한 오순절 날 120여명의 사도적 공동체 모든 구성원들이 다른 방언으로 말할 때(행 2:4) 천하 각 국에서 온 사람들이 모여들어 놀라며 조롱하는 사람들에게(행 2:12-13) 베드로가 열 한 사도들과 함께 일어서서 설교를 하였을 때(행 2:14-40) 거기 모여 그 날 베드로의 설교를 들었던 사람들은 최소한 3,000명 이상이 된다(행 2:41). 이들은 단순한 청중들일 뿐만 아니라 세례를 받은 사람들이다. 이 엄청나게 많은 사람들에게 세례를 줄 수 있는 공간은 어떤 개인의 집이거나 길거리일 수는 없다. 그렇다면 이렇게 수많은 사람들이 모여 설교를 듣고 세례를 받을 수 있는 곳은 분명히 성전 뜰일 것이다(cf. 행 4:4).

46) 행 2:5에 언급된 동사 κατοικέω는 글자 의미상으로는 "영구히 정착하여 살다"는 뜻이지만, 문맥적으로 볼 때 이 단어가 여기서 반드시 그러한 의미로 사용된 것은 아니다(Marshall, "The Significance of Pentecost," 357). 누가는 5절에서 언급한 "예루살렘에 거주하는 사람들(κατοικοῦντες)"을 10절에서 "나그네들(ἐπιδημοῦντες)"로 다시 설명한다.

내의 숙박 시설이 순례 객들이 많아서 그들을 다 수용하기에 부족할 때는, 예루살렘 근교인 벳바게나 베다니의 숙박 시설이 이용되기도 하였고, 때로는 성전 뜰에는 숙박이 허용되지 않았지만 성전의 부대 건물이 숙소로 허용되기도 하였다.[47] 오순절에 성령께서 강림하셨고, 사도적 공동체는 성령께서 말하게 하심을 따라 다른 방언으로 하나님의 큰일들을 말하고 있었으며(행 2:1-4, 11), 그들이 말하는 방언 소리 때문에 성전 안의 부대 건물을 숙소로 활용한 사람들이 놀라서 그 공동체가 거하고 있는 집(성전 다락) 주변에 모여들기 시작하였고, 또한 아침이 되면서 명절의 제사 의식[48]을 위하여 예루살렘 시내와 근교로부터 사람들이 성전으로 오면서 그 공동체의 방언 소리 때문에 성전 다락 주변으로 몰려들기 시작하였던 것처럼 보인다(cf. 행 2:15). 그 때 모인 사람들에게 베드로가 즉석에서 설교를 행하였고, 그 시간은 제 3시(행 2:15), 즉 오늘날 시간으로 아침 9시였으며 그 때 그의 설교를 듣고 회개하고 세례를 받은 사람들이 약 3,000명이었다(행 2:41)는 것은 그의 설교 장소가 분명하게 성전이었음을 보여준다.

성전에 모인 사도적 그룹 위에 성령께서 강림하심으로 그 그룹이 예수님 안에서 성령으로 하나가 되어 사도적 공동체로 변혁이 되었다는 것은 새 이스라엘은 옛 이스라엘과 전혀 관련이 없는 것이 아니라 하나님의 구속사적으로 연속선상에 있음을 보여 준다. 이것은 언약 갱신과 관련된 오순절 날 사도적 그룹이 모여 있는 성전 다락에 성령께서 강림하심으로 말미암아 구약시대의 건물 성전을 중심으로 하는 옛 이스라엘로서의 공동체가 신약시대의 손으로 짓지 아니한 새로운 성전인 사도적 예배 공동체(새 이스라엘, 즉 교회)로 변혁된 것임을 보여주는 것이다.

---

47) Joachim Jeremias, 『예수 시대의 예루살렘: 신약성서 시대의 사회 경제사 연구』 한국신학연구소 번역실, (서울: 한국신학연구소, 1988) 89.

48) 유대인들은 구약시대에 유대의 3대 명절(유월절/무교절, 칠칠절/오순절, 초막절)에는 성전에서 모세의 율법 규정에 따라 하나님께 번제와 감사제를 드렸다(대하 8:12-13; cf. 왕상 9:25). 신약 시대에도 명절에 흩어져 있던 유대인들이 성전으로 순례 여행을 하는 것을 보면 구약의 그러한 전통이 계속되어진 것처럼 보인다(눅 2:41; 행 2:5-11; 20:16).

3. 성령 강림 사건의 가시적 증거(행 2:1-4)

누가는 "오순절 날이 성취되어질 때(ἐν τῷ συμπληροῦσθαι τὴν ἡμέραν τῆς πεντηκοστῆς)"(행 2:1)라는 표현을 통해서 독자들로 하여금 오순절이 이미 성취되어진 것이 아니라 여전히 계속 성취되고 있는 생생한 현장의 모습을 상상하도록 한다.[49] 약 일백 이십 여명으로 구성된 사도적 공동체가 열 두 사도들의 지도를 따라 서로의 목적과 생각을 함께 나누면서 한 곳, 즉 성전 다락에 모여 있을 때, 오순절은 시작되었고 그 때까지 잠잠하던 다락 안은 갑자기 하늘로부터 강력한 바람을 일으키는 것과 같은 소리가 일어났고, 그 소리가 그들이 앉은 집안 전체를 구석구석이 철저하게 가득 채웠다(ἐπλήρωσεν ὅλον τὸν οἶκον). 그리고 혀가 불꽃처럼 갈라져(διαμεριζόμεναι) 거기 모인 각 사람들의 머리 위에 임하였다(행 2:2-3). 곧 이어(행 2:4, kai,) 그들 모두가 다 각각(ἕνα) 성령으로 충만해졌다(행 2:4a).[50] 성령께서 사도적 공동체 모든 구성원들 위에 강림한 결과 첫 번째 현상은 그들이 성령께서 말하게 하심을 따라 다른 방언으로 하나님의 큰일들을 말하기 시작하였다는 것이다(행 2:4b, 11).

신(神) 현현(顯現)의 모티브로서 강한 (또는 바람 같은) 소리와 불은 구약에서 발견된다(출 19:16-19; 20:18, 22). 하나님께서 시내산에 강림하실 때와 오순절에 성전 다락에 모여 있었던 사도적 공동체 위에 성령께서 강림하시는 장면은 몇 가지 점에서 매우 유사하다. 첫째로 하나님께서 시내산에 강림하실 때, 강한 소리가 하늘로부터 났다(출 20:22; cf. 신 4:36)는 것은 성령께서 강림하실 때 급하고 강한 바람 같은 소리가 하늘로부터 왔다(행 2:2)는 것과 일치한다. 둘째는 하나님께서 우레 같은 소리

49) 행 2:1의 "성취되어질 때(συμπληροῦσθαι)"라는 표현에서 사용된 συμπληρόω의 현재 부정사 수동태는 눅 9:51(συμπληροῦσθαι)에서와 마찬가지로 시간이 이미 성취되어진 기간을 말하는 것이 아니라 여전히 계속해서 완성되어지고 있는 기간을 말한다. 누가는 이미 성취되어진 시간의 기간을 표현할 때는 유사한 표현인 πίμπλημι의 부정과거형(aorist)을 사용한다(눅 1:23; 2:6, 21, 22)(Rius-Camps and Read-Heimerdinger, *The Message of Acts*, 144, n2).

50) 변종길, 『우리 안에 계신 성령』 217-18. 행 2:2-3은 성령의 강림(사도적 공동체의 입장에서는 성령세례, 즉 행 1:5b에 언급된 예수님의 예언 성취)을 말하며, 행 2:4a은 성령 충만을 말한다. 행 2:4의 맨 앞에 나오는 καί는 3절의 사건과 그 사건에 연이어 나오는 동작을 연결하는 접속사이다. 따라서 성령 충만은 성령세례에 연이어 일어난 사건이다.

와 불(cf. 출 24:17, "불같이[ὡσεὶ πῦρ]"[51])로서 시내산에 강림하신 것도 성령께서 하늘로부터 급하고 강한 바람 같은 소리 가운데 불같은(행 2:3, ὡσεὶ πυρός) 혀들이 갈라져 각 사람들 위에 강림하신 것과 매우 유사하다. 그 다음은 하나님께서 시내산에 강림하신 때(출 19:1, 출애굽 직후/유월절 후 3개월 째 되는 날)가 성령께서 다락에 모인 사도적 공동체 위에 강림하신 날인 오순절과 매우 비슷한 시기이다. 랍비 Jose ben Halafta(약 AD 150년)는 셋째 달 제 6일에 십계명이 이스라엘 백성에게 주어졌다고 말하며, 랍비 Eleazar(약 AD 270년)은 모세가 하나님께로부터 율법을 받은 날을 오순절이라고 말한다.[52] 마지막으로 하나님께서 강림한 시내산은 거룩한 산이다(출 19:12, 23; cf. 3:5). 마찬가지로 성령께서 강림한 곳도 사도적 공동체가 모여 있었던 성전 다락으로서 거룩한 곳이었다.[53] 이렇게 볼 때, 성령께서 성전 다락에 강림하신 것은 하나님께서 시내산에 강림하셨던 것을 재현하고 있는 것처럼 보인다.[54] 그렇다면, 하나님께서 시내산에서 모세를 통하여 율법을 주셔서 이스라엘 백성을 중심으로 광야 교회(성막/성전을 중심으로 하는 옛 이스라엘 공동체)를 조직하게 하셨던 것(cf. 행 7:38)처럼, 성령께서 사도적 공동체 위에 강림하심으로 광야 교회를 변혁하여 성령께서 친히 거하시는 사도적 공동체를 중심으로 하는 새로운 성전으로서 신약의 교회를 창설하신 것이다. 따라서 성령께서 창설하신 신약의 교회는 성령께서 하나님과 함께 거하셨던 하늘 성전이 지상으로 내려온 것이다.[55]

성전 다락에 모였던 사람들은 성령께서 그들 위에 강림하실 때 성령께서 말하게 하심을 따라 다른 방언으로 말하기 시작하였다. 그들이 말하였다고 하는 다른 방언

---

51) 출 24:17에 언급된 "불"은 시내산 꼭대기에 나타난 여호와의 영광의 이미지를 나타낸다. 이것은 출 19:16, 18과 매우 유사하다.

52) Estrada, *From Followers to Leaders*, 195.

53) Beale, "Eschatological Temple Pentecost," 79-82에서 그는 출 19장과 행 2:1-4을 여러 가지 각도에서 비교하고 더 많은 유사점들을 찾는다.

54) Beale은 하나님께서 시내산에 강림하신 사건은 구약에서 모세 이후에 신(神) 현현(顯現)의 모델이 될 뿐만 아니라 동시에 오순절 성령 강림 사건의 배경이라고 말한다(Beale, "Eschatological Temple at Pentecost," 76-77).

55) 성육신 하신 예수님이 이 땅으로 내려오신 하늘 성전이지만, 성령께서 강림하심으로 말미암아 시작된 신약의 교회는 그리스도의 몸이라는 측면에서 이 땅으로 내려온 하늘 성전이라고 부를 수 있다. Marshall은 신약의 교회를 하늘 성전의 반영인 영적 성전이라고 말한다(I. Howard Marshall, "Church and Temple in the New Testament," *Tyndale Bulletin* 40 [1989] 209).

은 외국어로서 몇 개 국어를 말하는 것일까? 누가는 그들이 말한 다른 방언을 들었던 사람들을 천하 각국에서 모여든 경건한 유대인들과 유대교로 개종한 사람들이라고 말하면서 천하 각국의 나라 이름들을 열거한다. 누가가 언급한 나라 이름들은 적어도 14개 또는 15개 나라이다(행 2:9-11). 그렇다면 성령의 충만을 받은 사람들이 말한 다른 방언은 적어도 14개 또는 15개 국어가 될 것이다. 다시 말하면, 성령의 충만을 받은 사람들은 열 두 사도들뿐만 아니라 그곳에 모였던 120여명 전체임이 분명하다. 그 중에서도 열 두 사도들은 예수님의 말씀(눅 22:30)에 따라 사도적 공동체의 지도자들로서 역할을 한다(행 2:14, 37, 42, 43).[56] 천하 각국에서 모여든 사람들의 나라들의 위치를 보면 예루살렘을 중심으로 동서남북에 위치한 나라들[57]로서 누가가 말한 대로 글자 그대로 천하 각국을 상징적으로 나타낸다. 다시 말하면, 성령께서 강림하심으로 회복된 새 성전은 세계의 중심이며 온 세계로 확장될(눅 24:47; 행 1:8) 것을 상징적으로 보여준다.[58]

4. 성령 강림 사건에 대한 베드로의 해석(행 2:14-21, 22-41)

성령께서 말하게 하심을 따라 다른 방언을 말하는 사람들을 향하여 그들이 새 술이 취하였다고 조롱하는 사람들에게 행한 베드로의 설교는 오순절 성령 강림 사

---

56) Cf. Estrada, *From Followers to Leaders*, 204-208. Estrada는 오순절 날 성령 충만을 받은 사람들은 열 두 사도들뿐이라고 주장한다. 그 증거로 행 2:1, 4에서 언급된 πάντες는 절대적인 의미에서 "모두(all)"를 의미하지 않는다고 말하면서(그러나 James D. G. Dunn, *Baptism in the Holy Spirit* [Philadelphia: Westminster Press, 1970], 40를 보라. 그는 "모두(all)"를 절대적인 의미로 이해한다)누가가 그 어디에도 120여명이 다 성령 충만을 받은 것으로 분명하게 말하거나 암시를 하는 곳이 없다고 한다. 누가는 행 2:14, 37, 42, 43에서 열 두 사도들만이 성령 충만을 받은 것으로 암시한다고 주장한다. 그리고 다른 방언을 말할 때 그 방언을 들었던 족속들도 12족속이라고 말하고 있다. 그러나 방언을 들었던 족속이 12족속이라는 것은 본문(행 2:9-11)과 맞지 않으며, 누가가 행 2:14, 37, 42, 43에서 열 두 사도들을 언급한 것은 사도들만이 성령 충만을 받았기 때문이 아니라 예수님의 말씀(눅 22:30)에 따라 새 이스라엘을 이끌어갈 지도자들로서 언급한 것뿐이다. 베드로가 설교할 때에 어떻게 120여명을 다 일어서게 한 후에 설교를 할 수 있었을까? 물론 그렇게 할 수 있을 수는 있을지 모르나 그렇게 한다면 그것은 매우 부자연스러운 것이다.

57) Spencer, *Acts*, 34. (도표참조)

58) Cf. Marshall, "The Significance of Pentecost," 357-58; Fitzmyer, *Acts of the Apostles*, 239.

건에 대한 공식적인 해석이다.[59] 성령 강림 사건에 대한 사도단(使徒團)을 대표하는 베드로의 공식적인 해석은 선지자 요엘의 예언 성취요 회개의 복음이 전파되기 시작하는 것임을 보여준다.

성령께서 다른 방언으로 말하게 하심을 따라 말하는 사람들의 말을 듣고 놀라며 서로에게 "이것이 무엇이냐?(What does this mean?)"라고 말하면서 당황하는 사람들과 그들이 새 술에 취하여 횡설수설한다고 조롱하는 사람들(행 2:12-13)에게 베드로는 이 사건(성령 강림 사건)은 선지자 요엘(욜 2:28-32[LXX 3:1-5])의 예언이 성취되고 있는 것이라고 설명한다. 선지자 요엘의 예언은 하나님께서 요엘에게 말씀하신 것(행 2:16-17a)으로서 하나님의 약속이다. 베드로의 요엘서 해석은 쿰란 사람들처럼 "이것이 그것이다"(this is that)라는 구로서 종종 표현되는 페쉐르 해석(pesher interpretation)법을 사용한다. 그러나 베드로는 쿰란 사람들처럼 해석하고자 하는 성경 본문을 일어나고 있는 사건에 적용하는 것이 아니라 현재 눈앞에서 일어나고 있는 사건을 성경본문에 적용하여 그 본문을 해석한다. 베드로의 이와 같은 페쉐르 해석 방식은 또한 그의 설교를 특징짓는다(행 3:11-26).[60] 지금 성전 다락에서 일어나고 있는 성령 강림 사건을 보면서, 베드로는 요엘의 예언을 종말론적인 사건으로 해석한다. 따라서 그는 요엘 2:28의 시작부분인 "그 후에"(μετὰ ταῦτα)를 "종말에"(ἐν ταῖς ἐσχάταις ἡμέραις)로 바꾸어 인용한다. 다시 말하면, 베드로는 요엘의 예언을 하나님께서 종말에 성취하실 것으로서 유대인뿐만 아니라 이방인을 포함하는 온 민족들에게 주시는 우주적인 말씀으로 이해한다(행 2:17-18).[61] 베드로에 의하면, 요엘에게 말씀하신 것으로서 하나님께서 종말에 행하실 사건은 모든 육체에게 그의 영, 즉 성령을 부으시는 것이다. 그래서 베드로는 오순절 날 성전 다락에 있던 사도적

59) 열 두 사도가 함께 일어선 다음, 그들의 대표로서 베드로가 행한 설교(행 2:14)이기에 베드로의 설교는 사도단(使徒團)의 설교이며 그것은 성령 강림 사건에 대한 공식적인 해석으로 볼 수 있다.

60) Daniel J. Treier, "The Fulfillment of Joel 2:28-32: A Multiple-Lens Approach," *JETS* 40/1 (March 1997), 19; Richard N. Longeneker, 『사도행전』 in 『엑스포지터스 성경 연구주석: 요한복음 · 사도행전』 Frank E. Gaebelein 편집, 기독교 학술 연구원 옮김 (서울: 기독 지혜사, 1982) 384-86.

61) 요엘 2:28에서 요엘이 말하는 "만민"이란 유대인들만을 말한다. 그러나 베드로가 인용할 때는 글자 그대로 유대인과 이방인을 포함한 "모든 육체"를 말한다(Raymond B. Dillard and Tremper Longman III, 『최신구약개론』 박철현 옮김 [서울: 크리스찬 다이제스트, 1997] 569).

공동체 구성원들에게 일어난 성령 강림 사건을 요엘의 예언으로 설명을 한다. 지금 베드로의 청중들이 보고 듣고 놀라는 이 사건은 다름 아닌 선지자 요엘의 예언의 성취로서 하나님께서 종말에 행하실 성령을 부으신 사건(행 2:16-17)이라는 것이다. 오순절 날 성전 다락에 모였던 갈릴리 사람들(행 1:11)로 구성된 사도적 공동체의 모든 사람들에게 성령이 부어졌다는 것은 하나님께서 모든 육체에게 그의 영을 부으실 것이라는 요엘의 예언이 온전히 성취되었다고 할 수는 없지만, 이제 그의 예언이 성취되기 시작한 것임을 암시한다.[62] 따라서 요엘의 예언 성취가 시작되었다는 것은 이제 종말이 시작되었고 오순절 날 유대인들로 구성된 사도적 공동체의 모든 사람들에게 성령이 부어진 사건으로서 이제부터 하나님께서 계속하여 모든 육체에게 성령을 부으심으로 요엘의 예언이 계속하여 성취되어 갈 것을 보여준다. 하나님께서 성령을 부으시는 것은 이제 유대인을 넘어서서 온 세계 민족들 가운데서도 하나님께서 얼마든지 부르시는 사람들에게로 확대되는 것이다(행 2:39). 베드로는 성령의 인도하심을 따라 이 사실을 분명하게 하기 위하여 시온 산과 예루살렘에 있는 자들 가운데 누구든지 주의 이름을 부를 때 구원을 얻는 다는 말씀(욜 2:32[LXX 3:5])에서 시온 산과 예루살렘이라는 장소의 제한성을 언급하는 부분은 생략한 채, 단지 "누구든지 주의 이름을 부르는 자는 구원을 얻으리라"(행 2:21)는 부분만 인용한다. 한편, 베드로는 하나님이 그의 영을 모든 육체에게 부어주시겠다는 말씀(행 2:17; 욜 2:28)을 글자 그대로 "모든 육체"를 언급하는 것으로 이해하는 것이 아니라 하나님께 순종하는 모든 사람들로 새롭게 해석한다. 그래서 그는 "그 때에 내가 또 내 신으로 남종(τοὺς δούλους)과 여종(τὰς δούλας)에게 부어 줄 것이며"(욜 2:29[LXX 3:2])라고 하는 요엘의 예언을 "그 때에 내가 내 영으로 내 남종(τοὺς δούλους μου)과 내 여종(τὰς δούλας μου)에게 부어 주리니"(행 2:18)로 수정하여 인용한다. 베드로가 요엘의 예언 가운데 있는 사회적인 신분으로서의 종들을 하나님의 종들로서 성령의 부음을 받을 것으로 해석하는 것은 획기적이고 놀라운 것이다.[63]

---

62) Bruce, *Acts*, 61.

63) Cf. Gaventa, *Acts*, 76-77. Gaventa는 "내 남종들과 내 여종들"(행 2:18)이라고 부르는 것은 이제 더 이상 사회 경제적인 측면에서 종들만을 언급하는 것이 아니라 하나님을 바라고 그에게 순종하는 사람들을 종으로 언급하는 것(눅 1:38; 2:29; 행 4:29; 16:17)이라고 말한다.

오순절 날에, 성령이 오심으로 계속되어질 요엘의 예언 —"모든 육체"가 성령의 부음을 받고 예언을 할 것(행 2:17-18)— 의 성취는 유대인과 이방인의 차별, 성별의 차별, 연령의 차별, 사회적 계층 간의 차별 등을 무너뜨린다.[64] 이러한 의미에서 오순절 날 성령 강림 사건은 하나님의 구속사에 있어서 과거의 역사와는 달리, 유대인과 이방인의 차별, 성별의 차별, 연령의 차별, 사회적 계층 간의 차별을 뛰어넘어 역사하는 새로운 시대를 여는 사건이다. 베드로는 요엘의 예언을 인용할 때, 하나님의 남녀종들에게 성령을 부으실 때, 그들 모두가 예언할 것(cf. 민 11:29)[65]이라는 말을 첨가함으로서, 성령을 받은 모든 사람들로 하여금 예언을 하게 하시는 성령의 예언(행 2:17-18에서 두 번이나 반복함)의 기능을 강조하고 있다. 요엘의 예언의 성취로서 오순절 날 일어난 성령 강림 사건을 해석하면서 언급된 성령의 주요한 기능으로서 예언은 성령의 충만을 받은 사람들이 성령이 말하게 하심을 따라 하나님의 큰일들[66]을 말하는 것 또는 하나님을 높이는 것을 의미한다(행 2:4, 11, 47; 10:46; 11:15). 이와 같이 성령이 말하게 하심을 따라 하나님을 높이고 찬양하는 것이 진정한 예배라면, 성령이 행하게 하심을 따라 하나님을 높이고 찬양하는 사도적 공동체(행 2:47)는 오순절 성령 강림 사건을 통해서 하나님께서 새롭게 여시는 그의 구속사에 있어서 새로운 성전의 기능을 온전히 성취하고 있는 것이다.

하나님께서 오순절 날 사도적 공동체 위에 성령을 부어 주심으로 말미암아 이 땅에 하나님의 임재 방식이 하나님께서 그의 이름으로 건물 성전에 임하셔서 그의 백성을 만나셨던(신 12:11, 21; 삼하 7:13; 왕상 8:16-48; 9:3, 7) 구약 시대의 그것과는 판이하게 다르다. 따라서 이제 하나님께 예배하는 방식도 달라져야 하는 것이다. 요엘은 "누구든지 여호와의 이름을 부르는 자는 구원을 얻으리니"(욜 2:32a)라고 말한다. 여기서 "여호와의 이름을 부른다"는 것은 여호와 하나님께 단순히 기도를 드린다는 의미가 아니라 여호와 하나님께, 특히 하나님께만 예배를 드린다는 의미이

64) Spencer, *Acts*, 37; Cf. Gaventa, *Acts*, 76-77.

65) 민 11:29 이후에 구약의 예언자들은 (남녀노소를 막론하고) 하나님의 백성에게 성령이 부어질 것을 예언한다(사 32:15; 44:2-3; 겔 36:25-27; 37:12-14; 39:28-29; 욜 2:28-32a; cf. 슥 12:10).

66) 하나님의 큰일들(행 2:11)은 하나님께서 예수님을 통해서 하신 일들로서 구체적으로 행 2:22-24에 나와 있다.

다(창 4:26; 12:8; 13:4; 왕상 18:24; 시 116:17; 습 3:9).[67] 요엘은 임박한 메뚜기 재난(욜 1:2-20; 2:18-27)과 종말에 있을 여호와의 날, 즉 재난의 날(욜 2:1-17)로부터 유대인들은 누구든지 만민에게 그의 신을 부으시는 여호와 하나님께만 예배를 드릴 때 구원을 얻을 것이라고 말한다(욜 2:28-32). 요엘은 예루살렘과 성전 예배에 관심을 기울이고 있는 선지자(욜 1:9, 13-16; 2:14-17, 32; 3:1, 6, 16-17)로서 "제의 선지자 혹은 성전 선지자"라고 알려져 있다.[68] 따라서 요엘에게 있어서 여호와의 이름을 부른다는 것, 다시 말하면, 여호와께 예배를 드린다는 것은 당연히 건물 성전에서 하나님께 드리는 예배, 즉 성전 제사를 의미한다. 그러나 베드로는 이 본문을 인용하면서 "주의 이름"(행 2:21)이라고 한 것은 요엘과 마찬가지로 여호와 하나님의 이름을 염두에 두었다고 볼 수도 있지만,[69] 오히려 그는 —"누구든지"(욜 2:32)를 유대인으로 한정하였던 요엘과는 달리, 그 "누구든지"(행 2:21)를 유대인들과 이방인들 모두를 포함하기 때문에(행 2:39)[70]— 예수님의 이름을 염두에 두었을 가능성이 더 크다(행 1:21; 2:36, 38). 그렇다면 하나님의 이름을 두었던 건물 성전에서의 제사는 이제 유대인이든 이방인이든 누구든지 예수님께 드리는 예배(cf. 눅 24:52)로 대체될 것이다. 누가에게 있어서 예수님께 예배를 드린다는 것은 곧 그를 보내신 자 하나님을 예배하는 것이다(눅 9:48; cf. 10:16).[71] 이것은 결국 예수님 안에서 하나님께 드리는 예배를 말한다(cf. 눅 24:53). 따라서 하나님께로부터 예수님에 의해서 성령을 부음 받은 사도적 공동체가 예수님 안에서 드리는 예배는 하나님의 이름으로 임하셨던 건물 성전에서 드리는 예배를 대체하는 것이다. 다시 말하면 구약 시대에 제사장들만이 건물 성전에서 드리는 예배[72]는 요엘의 예언(욜 2:28-32a)이 오순절

67) Douglas Stuart, *Hosea-Jonah*, WBC (Waco: Word Books, 1987), 261.

68) Dillard and Longman Ⅲ, 『최신구약개론』 569; William Sanford Lasor, David Allan Hubbard, and Frederic William Bush, 『구약개관』 박철현 옮김 (고양: 크리스찬 다이제스트, 1994), 650.

69) John Calvin, 『신약성경주석 5: 사도행전 Ⅰ』 한국기독교선교 100주년기념 존·칼빈 성경주석출판위원회 역편 (서울: 신교출판사, 1978) 84-85.

70) Calvin, 『신약성경주석 5: 사도행전 Ⅰ』113; Gerhard A. Krodel, *Acts: Augsburg Commentary on the New Testament* (Minneapolis: Augsburg Publishing House, 1986), 91; Barrett, *Acts 1-14*, 155.

71) 누가는 하나님과 이 땅에 보냄 받은 예수님을 구원자(σωτήρ)라고 말한다(눅 1:47; 2:11).

72) Shaye J. D. Cohen, *From the Maccabees to the Mishnah* (Philadelphia: Westminster Press,

날 성취되어 남녀노소와 사회적 신분의 구별을 철폐하고 성령의 충만을 받은 모든 사람들이 예수님 안에서 드리는 예배로 대체되어, 건물 성전에서 드려지는 그림자 예배가 성령의 충만을 받은 사람들이 예수님 안에서 드리는 참 예배로 성취되는 것이다(cf. 요 4:21-23). 예수님은 오순절에 성령을 아버지께로부터 받아 사도적 공동체 위에 부으심으로(행 2:33) 성전 예배가 변혁되어 성전의 기능을 완전히 성취하신다.

따라서 오순절 날에 사도적 공동체에 일어난 사건에 대한 사도단(使徒團)을 대표하는 베드로의 공식적 해석은 하나님의 최후 심판 직전에 있을 하나님의 구속 역사에 있어서 마지막 사건으로서 (이스라엘 사람들뿐만 아니라 이방인들을 포함하여) 누구든지 주의 이름을 불러 구원을 얻게 하기 위하여, 다시 말하면, 새 이스라엘을 회복하기 위하여 하나님께서 약속하신 성령을 모든 육체에게 부어주신 사건임을 말한다.[73] 베드로는 계속하여 행 2:22-40에서 성전의 기능을 성취하신 예수님의 이름으로 죄 사함을 받아 구원이 주어진다는 사실을 구약 성경을 들어 증명하고 있다. 따라서 오순절 사건은 아버지의 약속의 성취로 성령께서 오심으로 예수님의 이름으로 죄 사함을 받아 얻는 구원의 새 시대가 열리므로 하나님의 새로운 백성이 창조되어 이스라엘이 회복(행 1:6)되기 시작하였음을 보여준다.[74] 세례 요한이 요단강 부근에서 죄 사함을 얻게 하는 회개의 세례를 이스라엘에게 전파함으로 그의 사역을 시작함 같이(눅 3:3-18), 베드로는 성령께서 오순절에 사도적 공동체 위에 강림하신 날, 이스라엘(행 2:14, 22, 36)에게 예수님의 이름으로 죄 사함을 얻게 하는 회개(눅 24:47)를 요청함으로서 그의 사역을 시작한다(행 2:38).[75] 죄 용서함을 받아 구원 얻

1987), 22, 24, 63-64.. Cohen은 포로이전의 이스라엘은 성전에서만 예배를 드렸으며(cf. 신 12:5ff.), 대부분의 성전 예배는 제사장들만이 인도하였고 기도는 성전이 아닌 다른 곳에서도 언제나 드릴 수 있는 것이기에 성전 예배의 표준적인 한 부분이 아니었다고 말한다. 그는 또한 제 2성전 기간에도 성전에서만 예배를 드릴 수 있었지만, 많은 종파들과 회당이 나타남으로 성전 예배와 경쟁이 나타나게 되었다고 말한다.

73) John J. Kilgallen, "'With many other words'(Acts 2,40): Theological Assumptions in Peter's Pentecost Speech," *Biblica* 83 (2002), 74. 성령을 부으시는 궁극적인 목적은 주의 이름을 부르는 자들을 구원하는 것이다.

74) Cf. Donald Juel, *Luke-Acts: The Promise of History* (Atlanta: John Knox Press, 1983), 63.

75) David Ravens, *Luke and the Restoration of Israel*, JSNTSup 119 (Sheffield, England: Sheffield Academic Press, 1995), 151. 세례요한의 설교(눅 3:3-18)와 베드로의 설교(행 2:37-40)는 매

은 이스라엘 사람들로 구성된 이스라엘은 회복된 이스라엘로서 새 이스라엘 또는 참 이스라엘이며 이러한 명칭은 아직 죄 용서함을 받지 못한 이스라엘 사람들인 옛 이스라엘과 구별된 이름이다. 요한의 회개의 세례는 성령을 선물로 주는 것의 전조로서, 누가복음 처음부터 죄 사함을 얻게 하는 회개의 세례를 통한 이스라엘의 회복은 이미 예고되었고(눅 3:16), 이제 오순절에 성령께서 강림하시면서 예수님의 이름으로 죄 사함을 얻게 하는 회개의 복음이 전파되어(cf. 눅 24:47) 이스라엘의 회복의 역사는 시작된다(행 2:38, 41). 이스라엘의 회복은 다윗 왕국의 갱신이나 다름없는 성전의 회복이다. 또한 유대인들의 기도에 있어서 이것은 종말론적 기대의 중심적 표현이다.[76] 회복된 이스라엘인 새 이스라엘은 기독교회로 불릴 것이다(행 2:47).[77] 죄 용서함을 받은 사람들로 구성된 새 이스라엘, 즉 옛 이스라엘의 회복으로서의 탄생한 기독교회는 하나님의 은혜로서 하나님의 백성의 지위를 상속하는 하나님의 참된 상속자이다.[78]

5. 성령 강림 사건의 의미: 옛 성전의 새 성전으로의 변혁(행 2:42-47)

열 두 사도들을 핵심으로 하는 일백 이십 여명으로 시작된 사도적 공동체(행 1:15; cf. 2:1)는 하나님께서 예수님을 통하여 오순절 날 그 공동체 위에 성령을 부으심으로 말미암아 크게 성장한다(행 2:41, 47). 누가는 오순절 날 성전에서 베드로의 설교를 들은 사람들 가운데 그 말씀을 받아들이고(ἀποδεξάμενοι)/믿고(πιστεύσαντες)[79]

우 유사하게 병행되고 있다. 특히 눅 3:10, 12, 14(τί ποιήσωμεν;)과 행 2:37(τί ποιήσωμεν;) 그리고 눅 3:5(τὰ σκολιά)과 행 2:40(τῆς σκολιᾶς)을 비교하라. 또한 눅 3:3과 행 2:38, 눅 3:16과 행 2:38, 그리고 눅 3:18과 행 2:40도 비교하라.

76) Menahem Haran, "Temple and Community in Ancient Israel," in *Temple in Society*, ed. Michael V. Fox, (Winona Lake: Eisenbrauns, 1988), 20.

77) 행 2:47 의 E, Ψ, 33, Majority text와 KJV는 주께서 날마다 믿는 자들을 교회에 더하셨다고 말한다. 누가는 또한 행 5:11에서 "교회"를 언급한 다음, 사울/바울의 등장 이후부터 보다 더 자주 교회를 언급한다(행 8:1, 3; 9:31; 11:22, 26; 12:1, 5; 13:1 등).

78) Richard J. Dillon, "Easter Revelation and Mission Program in Luke 24:46-48," in *Sin, Salvation, and the Spirit: Commemorating the Fiftieth Year of The Liturgical Press*, ed. Daniel Durken (Collegeville: Liturgical Press, 1979), 252-53.

79) Codex Bezae에는 행 2:41에 ἀποδεξάμενοι 대신에 πιστεύσαντες라고 되어 있다.

회개하여 예수 그리스도의 이름으로 세례를 받고 성령을 받은 사람들이 약 삼 천 명이라고 말한다(행 2:38, 41). 이렇게 하여 성전에서 시작된 주의 이름을 부르는(행 2:21) 최초의 예배 공동체를 누가는 "교회(ἐκκλησία)"(행 2:47)[80]라고 부른다. 성령께서 강림하신 오순절인 바로 그 날에 약 삼천 명이 회개하고 세례를 받음으로 최초의 기독교회는 삼천 명 이상으로 구성된 대형 교회로부터 시작되었고(cf. 사 66:8) 그 교회는 예루살렘 성전에서 모이기 시작하였다(행 2:46-47; 3:1; 5:20-21,25,42). 예루살렘 성전에서 시작된 이 교회는 사도들로부터 가르침을 받으며 서로 교제하고 떡을 떼며 기도에 전념하였다(행 2:42).

예수님께서 지상에 계실 때, 제자들 공동체가 공동의 금궤/지갑을 사용한 것과 같이(cf. 요 13:29), 예루살렘 교회도 모든 물건을 서로 공동으로 사용하고, 재산과 소유를 팔아 각 사람들의 필요를 따라 나누어준다(행 2:44-45; 4:32, 34-37). 그럼에도 불구하고 자신의 집과 재산을 팔지 아니하고 여전히 그것들을 소유하고 있는 사람들이 있었고(행 2:46; 8:3; 12:12; cf. 20:33-35), 또한 그들의 집은 소그룹 모임으로 활용되고 있었다(행 2:46; 5:42). 따라서 그리스도인들이 자신들의 재산이나 집을 의무적으로 다 처분하여 사도들 앞에 바치고 집단적인 공동생활을 한 것이 아니라 은혜를 받고 그렇게 하기로 자원하는 사람들만 그들의 재산을 처분하고 물질적으로 궁핍한 사람들을 돕기 위하여 교회에 바친 것(cf. 행 4:36-37)이다. 이러한 예루살렘 교회의 모습은 과거 자신들이 이스라엘 전체를 대표하는 유일한 종말론적인 구원 공동체로 보았다는 쿰란 공동체의 모습과 매우 흡사하다.[81] 그러나 누가는 그 어디에서도 예루살렘 교회 성도들이 자신들의 집을 팔아 교회에 바친 다음, 집단적인 공동생활을 했다는 암시조차도 하지 않는다는 점에 있어서 쿰란 공동체와는 다른 모습을 보여준다. 따라서 누가가 소유 공동체를 강조하는 것처럼 보이는 표현들(행 2:44-45; 4:32, 34-35)을 사용한 것은 모든 그리스도인들에게 무조건 그들의 재산과 집을 포기하기를 강요하고 의무화하도록 하는 것이 아니라, 서로를 향한 믿는 자들의 강력한 헌신을 나타내는 것으로서,[82] 교회의 영성은 사회적인 책임, 특히 교회

80) 위의 각주 77번을 보라.

81) 김창선, 『쿰란문서와 유대교』(서울: 한국성서학 연구소, 2002), 74-75, 88.

82) Robert C. Tannehill, *The Narrative Unity of Luke-Acts: A Literary Interpretation, vol. 2: The*

안에 있는 가난한 자들(the needy)에 대한 책임과 분리하여 생각할 수 없음을 보여준다(cf. 행 6:1-6; 11:29; 20:35; 24:17; 눅 12:33; 14:33; 18:22; 19:8; 신 15:4-5).[83] 다시 말하면, 교회 공동체 구성원들의 상호 영적인 일치가 서로 필요한 물건을 공유하는 것으로 나타난 것이다. 한편, 고대 이스라엘이 출애굽 후에 광야에서 자신들의 귀한 보물들을 하나님께 드려 성막을 세우기도 하고(출 35:20-29; 36:1-6; cf. 11:2), 솔로몬이 가나안 땅에서 선왕(先王) 다윗이 망명 생활에서 모았던 금은보화로(대상 22:14-16; 29:1-5; cf. 삼하 8:11-12; 왕상 7:51; 9:28; 10:11) 그리고 백성들의 자원하여 드린 재물로(대상 29:6-9) 성전을 건축하기도 하였으며, 이스라엘 백성이 바벨론 포로에서 돌아와 성전을 건축할 때도 백성들이 귀한 보물을 하나님께 드려 성전을 건축하였던 것처럼(스 1:4; 2:68-69; 8:28; cf. 눅 21:5)처럼, 성령께서 지상에 강림하시던 날, 확장되고 있는(cf. 행 2:41, 47) 사도적 공동체가 자신들의 귀한 재산을 기쁨으로 자원하여 하나님께 드려 소유 공동체를 형성하였다는 것(행 2:44-45)은 신약 시대의 새로운 성전이 세워졌음을 보여주는 것이다. 하나님께서는 노예와 망명자와 포로 생활을 하던 자신의 백성 가운데 성전을 건축하기 위하여 언제나 필요한 재료를 부족함이 없이 친히 준비하시는 분이시다. 이스라엘이 이집트의 노예상태에서 출애굽 할 때나, 다윗이 망명지에서 돌아올 때, 그리고 바벨론의 포로 상태에서 예루살렘으로 귀환할 때에, 하나님께서 친히 준비하신 금은보화를 얻어 그곳에서 나오게 하시고 하나님의 성소를 건축하게 하셨던 것처럼, 예수님께서 사단의 나라에서 죄의 노예 상태에 있던 그의 백성을 사단의 나라에서 탈출시키기 위하여 영적인 출애굽(눅 9:31)을 하신 다음, 오순절에 하나님께서 보내시기로 약속하신 성령을 받아 사도적 공동체(그의 백성) 위에 부어주시므로 이 땅에 새로운 성전이 세워지게 된 것이다. 구약시대에는 하나님께서 금은보화를 가지고 사람의 손으로 하나님의 성소를 건축하도록 하셨지만, 종말에는 하나님께서 사람의 손이 아닌 그가 직접 성령으로 그의 성전을 지으신 것이다.[84]

오순절에 성령 강림 사건으로 예루살렘 성전에서 형성된 최초의 신약 교회는 소

Acts of the Apostles (Minneapolis: Fortress Press, 1990), 45.

83) Krodel, *Acts*, 94-95.

84) 이 부분에 대하여 자세한 토론은 정연해, 『누가-행전에 나타난 "성전" 이해』 378-83을 보라.

유 공동체로 시작되었다(행 2:44-45; 4:32-35). 그러나 누가는 예루살렘 교회 이외에 그 어떤 교회에 대하여도 소유 공동체에 대한 언급을 하지 아니한다. 이러한 사실은 소유 공동체로서 예루살렘 교회가 구약 시대의 성막이나 성전이 하나님의 백성이 바친 그들의 귀한 재산으로 건축되어진 것과 같이, 그러나 사람의 손으로 건축되어진 것과는 달리, 하나님께서 보내신 성령으로 지어진 소유 공동체로서의 새 성전임을 암시한다. 따라서 오순절 성령의 강림 사건은 성령께서 강림하심으로 말미암아 예루살렘의 옛 성전이 소유 공동체로서 새 성전으로 변혁이 되었다는 측면에서 단회적 사건임을 보여준다. 예루살렘 성전에 세워진 신약 최초의 예루살렘 교회는 신약 시대에 설립될 모든 교회의 초석을 놓는 모(母) 교회(Mother Church)로서 새 성전이다. 따라서 예루살렘 교회로부터 전파되기 시작한 죄 사함을 얻게 하는 회개의 복음으로 세워진/세워지게 될 신약 시대의 모든 교회 공동체(눅 24:47; 행 1:8)는 모(母) 교회인 예루살렘 교회가 새 성전이었던 것과 같이, 동일한 새 성전인 것이다.[85] 신약시대의 새 성전이 옛 성전 안에서 세워짐으로 새 성전은 옛 성전과 관계가 없이 세워지는 것이 아니라 옛 성전의 기능을 성취한다는 측면에서는 옛 성전과 연속적이며, 사람의 손이 아닌 하나님께서 성령으로 건축하셨다는 측면에서는 옛 성전과 불연속적임을 보여준다.

예수님을 믿는 사람들의 공동체인 새 성전으로서의 교회는 날마다 마음을 같이 하여 건물 성전에 모이기를 힘썼다(행 2:46). 여기 "날마다"(καθ' ἡμέραν)라는 전치사구는 46절에서 두 개의 현재분사로 이끄는 절 가운데 "그들이 마음을 같이하여 성전에 모이기를 힘쓰고"라는 절까지만 지배하고 "집에서 떡을 떼며 … "라는 절은 지배하지 않는다.[86] 이것은 교회가 성전에는 날마다 모이지만, 집에는 날마다는 아니지만 (부)정기적으로 모여 떡을 떼며 음식을 함께 나눈 것임을 보여준다. 특별히 여기 "집"은 지정된 어떤 집이 아니라 "집집마다"(κατ' οἶκον)라는 의미로서 성도들

85) 바울은 다메섹 도상에서 회심 후에 예루살렘 교회를 적어도 5번 방문한다(① 행 9:26; 22:17; ② 11:30; ③ 15:2; ④ 18:22; ⑤ 19:21; 21:17; cf. 롬 15:25-28). 이러한 사실은 바울이 그의 선교에 있어서 새 성전인 예루살렘 교회와의 관계를 매우 중요시한다는 증거일 뿐만 아니라 그의 선교로 세워지는 이방인의 교회가 새 성전인 예루살렘 교회와 같은 뿌리임을 보여주는 중요한 단서임을 암시한다.

86) Krodel, *Acts*, 93; KJV, NIV, NASB; Cf. Fitzmyer, *Acts of the Apostles*, 272.

의 집을 돌아가면서 떡을 떼기 위하여 모였다는 것이다. 이것은 새 성전은 이제 옛 성전을 떠나 가정 중심의 예배 형태로 가야함을 보여주는 것이다. 이처럼, 오순절 날 옛 성전 안에서 시작된 새 성전은 옛 성전의 연속성과 불연속성을 모두 가지고 있어서 적어도 믿는 유대인들에게는 당분간 두 성전 체제가 병행될 것임을 암시한다. 누가는 새 성전인 사도적 공동체 모든 구성원들이 한 마음으로 서로 강력하게 결속되어 있다(행 2:47, ἐπὶ τὸ αὐτο,)[87]고 언급하는 것은 건물 성전 안에서 시작된 새 성전의 사람들과 건물 성전 제도권의 사람들과의 갈등(행 4:1–21; 5:17–41; 6:8–8:4; 9:1–2)이 있을 것을 예고한다.

누가는 이제 막 갓 태어난 예루살렘 교회 공동체(행 2:47)는 "예수는 그 지혜와 그 키가 자라가며 하나님과 사람에게 더 사랑스러워 가시다"(눅 2:52)는 예수님에 대한 누가 자신의 설명과 같이[88] "온 백성(ὅλον τὸν λαόν)"에게 또는 "온 세상 사람들(ὅλον τὸν κόσμον)"(베자 사본)에게 칭찬을 받으며, 주께서 그 공동체에 구원받는 사람들을 날마다 더하신다고 말한다(행 2:47). 이것은 하나님의 교회는 외부로부터 오는 핍박 가운데서도 계속하여 이스라엘 백성뿐만 아니라 온 세상 사람들에게 칭찬을 받는 교회(행 5:13)로 날마다 성장할 것을 상징적으로 보여준다. 하나님의 교회는 하나님의 영의 부으심으로 이루어진 교회이기에 베드로나 다른 그 어떤 사람의 능력으로 그 교회가 성장하는 것이 아니라 주께서 그의 교회를 날마다 성장시켜 나가시는 것이다. 다시 말하면, 예루살렘 교회 성도들은 날마다 건물 성전에 모이고 (부)정기적으로 집에 모여 집회를 가졌지만(행 2:46; 3:1; 5:20, 21, 42), 그들의 힘으로 교회가 성장하는 것이 아니라, 주께서 그 교회에 구원받는 사람들을 날마다 더하시기에 그 교회는 성장하는 것이다(행 2:47). 여기에 언급된 "주"(행 2:47b)는 근접 문맥(행 2:47a)에서는 "하나님"으로, 먼 문맥(행 2:36)에서는 "예수님"으로 볼 수 있다. 따라서 하나님의 영의 부으심으로 건물 성전에서 출발한 새 성전으로서 하나님의 교회가 주께서 역사(役事)하시고 그의 백성을 만나는 곳이라는 의미에서 삼위 하나님이 함께 하시는 진정한 성전으로서 건물 성전을 대체한다. 다시 말하면, 건물 성전은 다윗의 아들 솔로몬이 건축한 이후(삼하 7:13), 하나님께서 그의 이름을

---

87) Codex Bezae에는 ἐπὶ τὸ αὐτό가 44절에 이어 47절뿐만 아니라 46절에도 언급되어 있다.
88) Paul W. Walaskay, *Acts* (Louisville: Westminster John Knox Press, 1998) 47.

그곳에 두시고 사람들을 만나시며 그들을 통치하시던 지상 궁전이었지만, 이제 오순절 날 사도적 공동체에 다윗의 자손으로 오신 예수님이(눅 1:27, 32) 아버지께 받아서 성령을 부어주심으로(행 2:33) 말미암아 하나님의 임재 장소에 새로운 변화가 일어났다는 것이다. 구약 시대에는 사람들이 하나님께 기도하고 말씀을 듣기도 하며 제사를 드리기 위하여 성전에 나아갔던 것처럼, 신약 시대에는 사람들이 하나님께 기도하고 예배하며 하나님을 만나 교제하고 섬기기 위하여 삼위 하나님이 임재하여 계시는 교회 공동체로 나아와야 한다는 것이다.[89] 그러나 옛 이스라엘 백성의 삶의 중심부인 건물 성전이 서있는 동안에는 예루살렘 교회가 그곳에 모임으로, 유대인 그리스도인들에게 있어서는 두 성전은 —사울 왕 시대에서 다윗 왕으로 넘어갈 때에 두 왕이 동시에 존재했던 시기가 있었던 것처럼— 일시적으로 서로 중첩되는 기간(cf. 행 21:24-26; 22:17)을 가질 것이다.[90] 사울 왕이 다윗 왕을 집요하게 핍박을 하다가 결국은 자신이 죽고 다윗의 시대가 열리게 된 것처럼, 건물 성전의 지도자들도 삼위 하나님의 임재의 장소인 새 성전으로서의 교회를 집요하게 핍박하다가 결국은 건물 성전의 기능은 점점 쇠퇴하다가 끝나게 되어(행 21:30) 건물 성전은 파괴되어져(AD 70년) 하나님의 은혜로(행 2:47) 새 성전으로서의 교회 시대가 열리게 될 것이다.

---

89) 물론 오늘날 새 성전이신 예수님 안에서 개인적으로 얼마든지 기도하고 찬양하며 하나님을 만날 수 있다. 또한 당연히 그렇게 하는 것이고 또한 그렇게 해야 하는 것이다. 그럼에도 불구하고 예수님은 자신의 이름으로 죄 사함을 받게 하는 회개의 복음을 증거 할 사도적 증거 공동체를 이 땅에 두셔서(눅 24:47-48; 행 1:8, 12-26, 등), 그 공동체를 통해서 하나님을 만나도록 하신다.

90) 하나님의 구속 역사에 있어서 "각 시대들은 각자의 독특성을 가지고 있으면서도 서로 유기적인 관계를 가지고 있다. 서로 독립된 별개의 시대가 아니라, 후 시대는 전 시대에, 전 시대는 그보다 더 전 시대에 근거하여 유기적이며 점진적인 하나님의 계시의 성격을 보여준다" (정규남, 『구약신학의 맥』 [서울: 두란노, 1996], 38). 또한 하나님께 드리는 예배에 있어서도 "제사의 예배"에서 선지자 시대 때로부터 "영적인 예배"가 강조되어 포로시대를 거쳐 AD 70년 성전이 파괴되어 완전히 대체되기까지 두 예배 형태가 병행되는 시기가 있었다(cf. 눅 2:24; 행 21:24-26; 22:17)(정규남, 『구약신학의 맥』, 395, 399-400).

V. 나오는 말

우리는 지금까지 사도행전 2장에 언급되어 있는 성령 강림 사건을 이해하기 위하여 사도행전 1-2장을 주석학적으로 자세히 살펴왔다. 이제 우리는 사도행전 1-2장 전체의 문맥을 통하여 성령 강림 사건의 이해에 대한 다음과 같은 몇 가지 결론을 얻는다. 성령께서 사도적 공동체 위에 강림 하셨다는 것은 이제 새 시대가 시작되고 있음을 보여준다. 성령께서 오순절에 임하셨다는 것 자체가 그 사실을 암시한다. 오순절은 역사적으로 밀 추수의 첫 열매를 성전으로 가져와 하나님께 바칠 뿐만 아니라 언약을 갱신하는 절기였다. 따라서 오순절에 성령께서 강림하셨다는 것은 옛 언약을 갱신하여 구속사의 새 시대를 여신다는 의미를 강하게 암시한다. 이것은 선지자 요엘의 예언(욜 2:28-32a)의 성취로서 시작되는 새 시대는 지금까지 건물 성전 중심이었던 혈통적인 이스라엘 나라가 열방으로 확장되어 예수님 안에서 하나님께 순종하는 사람들로 구성되는 새 성전의 시대를 말한다. 따라서 새 성전에서는 옛 성전에서와는 달리 유대인들과 이방인들의 차별과 남녀차별과 연령의 차별 그리고 사회적 신분의 차별이 없이 성령을 받아 성령이 말하게 하심을 따라 하나님께서 행하신 큰일들을 말하며 하나님을 찬양하며 높이는 영적인 예배를 드린다.

또한 성령께서 성전 다락에 모여 있던 사도적 공동체 위에 강림하셨다는 것도 옛 성전을 새 성전으로 변혁하시겠다는 강력한 메시지를 내포하고 있다. 옛 성전 안에서 옛 성전이 새 성전으로 변혁이 된다는 것은, 변혁되어진 새 성전이 옛 성전의 기능을 성취한다는 측면에서 연속선상에 있음을 보여주며 동시에 사람의 손으로 지어진 건물 성전이 사람의 손이 아니라 하나님의 성령으로 지어진 새 성전으로 변혁이 된다[91]는 의미에서 불연속적이다. 오순절에 성전 다락에 모여 있던 사도적

91) 구약시대에 하나님께서 값진 보화들로 성막을 세우시고 건물 성전을 두 차례(솔로몬의 성전과 바벨론 포로 후 스룹바벨 성전) 건축하게 하신 것은 하나님의 집이 모든 민족이 회개하고 영적인 성숙이 있을 때까지 완전하게 건축될 수 없음을 보여준다(James B. Jordan, 『새로운 시각으로 본 성경적 세계관』 이동수 · 정연해 옮김 [서울: 로고스, 2002], 223). 예수님께서 사단의 나라에서 죄의 노예 생활을 하던 자기 백성을 탈출시키는 영적인 "출애굽(ἔξοδος)"(눅 9:31)을 하심으로 완전한 성전이 세워지게 될 여건이 조성되어 하나님께서는 오순절에 성령을 보내시어 그 때까지 불완전하였던 건물 성전을 변혁시켜 영원하고도 완전한 성전을 건축하신 것이다.

공동체 위에 성령께서 강림하신 사건은 새 시대를 여는 사건으로서 옛 성전을 새 성전으로 변혁을 시키는 사건이라는 측면에서 구속사에서 반복될 수 없는 단회적인 사건이다. 그럼에도 불구하고 새 성전이 하나님께서 성령을 끊임없이 보내 주심으로 확장되고 성장한다는 측면에서 성령 강림 사건은 반복되어야 하는 사건으로서 최초의 사건이다. 성령께서 오순절에 지상에 강림하심으로 옛 성전이 새 성전으로 변혁이 되었다는 것은 예배를 드리는 날이 변혁되고 예배 방식도 변혁되었음을 보여준다. 매일 하나님께 예배를 드릴 수 있지만 그럼에도 불구하고 정기적이고 공식적으로 하나님께 예배드리는 날은 옛 성전 시대에서는 안식일(토요일)이었지만, 새 성전 시대에서는 일요일, 즉 주일(主日)[92]로 변혁되었다. 예배드리는 방식에서도 옛 성전 시대에서는 제사 의식에 따라 진행되는 제사 예배였지만, 새 성전 시대에서는 성령께서 말하게 하심을 따라 예수님 안에서 하나님께서 예수님을 통하여 행하신 놀랍고 큰일들을 말하는 것으로서 하나님을 찬양하고 높이는 영적인 예배(cf. 눅 24:53), 즉 하나님께서 찾으시는 참 예배로 변혁이 되었다(cf. 요 4:23-24).

새 성전 시대가 열렸음에도 불구하고 사도적 공동체는 여전히 옛 성전에서 모이기도 하면서 또한 (부)정기적으로 가정집에서도 모였다는 것은 믿는 유대인들에게 있어서 옛 성전과 새 성전이라는 두 시대가 당분간 중첩되어 병행하고 있음을 보여준다. 변혁되는 새 성전은 옛 성전과 일정한 기간 동안 갈등하면서 중첩하는 시기를 거쳐 자연스럽게 옛 성전은 점차 쇠퇴하다 사라져 마침내 옛 성전 시대는 마감되고(cf. 행 21:30) 새 성전 시대로 바뀔 것이다. 성령 강림 사건은 사도행전 3-28장의 내용을 함축적으로 내포하고 있어서 사도행전 전체를 여는 열쇠와도 같은 사건이다.

---

92) 주일(主日)은 예수님께서 부활하신 날이기 때문에 붙여진 명칭이며, 성령께서도 안식일이 아닌 주일(主日)에 강림하셨다.

참고문헌

김창선, 『쿰란문서와 유대교』, 서울: 한국성서학 연구소, 2002.

변종길, 『우리 안에 계신 성령』, 서울: 생명의 말씀사, 2003.

이진희, 『유대적 배경에서 본 복음서』, 서울: 컨콜디아사, 1997.

정연해, 『누가-행전에 나타난 "성전" 이해』, 부산: 고신대학교 대학원 Th. D. 학위 논문, 2006.

Calvin John, 『신약성경주석 5: 사도행전 Ⅰ』 한국기독교선교 100주년기념 존・칼빈 성경주석출판 위원회 역편, 서울: 신교출판사, 1978.

Dillard Raymond B. and Longman Ⅲ Tremper, 『최신구약개론』 박철현 옮김, 서울: 크리스챤 다이제스트, 1997.

Furguson Everett, 『초대교회 배경사』 박경범 옮김, 서울: 은성, 1993.

Jeremias Joachim, 『예수 시대의 예루살렘: 신약성서 시대의 사회 경제사 연구』 한국신학연구소 번역실, 서울: 한국신학연구소, 1988.

Lasor William Sanford, Hubbard David Allan, and Bush Frederic William, 『구약개관』 박철현 옮김, 고양: 크리스챤 다이제스트, 1994.

Longeneker Richard N., 『사도행전』 in 『엑스포지터스 성경 연구주석: 요한복음・사도행전』 Frank E. Gaebelein 편집, 기독교 학술 연구원 옮김, 서울: 기독 지혜사, 1982.

Sanders E. P., 『예수와 유대교』 황종구 옮김, 서울: 크리스챤 다이제스트, 1998.

Barrett C. K., *A Critical and Exegetical Commentary on The Acts of the Apostles*. vol. 1(1-14). Edinburgh: T & T Clark, 1994.

Beale G. K., *The Temple and the Church's Mission: A Biblical Theology of the Dwelling Place of God.* NSBT 17. Downers Grove: Inter-Varsity Press, 2004.

Bruce F. F., *The Book of the Acts.* NICNT. Grand Rapids: Eerdmans, 1988.

Cohen Shaye J. D., *From the Maccabees to the Mishnah*, Philadelphia: Westminster Press, 1987.

Denova Rebecca I., *The Things Accomplished Among Us: Prophetic Tradition in the Structural Pattern of Luke-Acts.* JSNTSup 141. Sheffield: Sheffield Academic Press, 1997.

Dillon Richard J., "Easter Revelation and Mission Program in Luke 24:46-48," in *Sin, Salvation, and the Spirit: Commemorating the Fiftieth Year of The Liturgical Press*, ed. Daniel Durken, Collegeville, MN: Liturgical Press, 1979.

Dunn James D. G., *Baptism in the Holy Spirit.* Philadelphia: Westminster Press, 1970.

Estrada Nelson P., *From Followers to Leaders: The Apostles in the Ritual of Status Transformation in Acts 1-2.* JSNTSup 255. London/New York: T & T Clark International, 2004.

Fitzmyer Joseph A., *The Acts of the Apostles: A New Translation with Introduction and Commentary.* Anchor Bible. New York: Doubleday, 1998.

Flender Helmut, *St. Luke: Theologian of Redemptive History*, translated by Reginald H. and Ilse Fuller, Philadelphia: Fortress Press, 1967.

Franklin Eric, *Christ the Lord: A Study in the Purpose and Theology of Luke-Acts.* Philadelphia: Westminster Press, 1975.

Freeman D., "Pentecost, Feast of," in *The New Bible Dictionary*, ed. J. D. Douglas, Grand Rapids: Eerdmans, 1979.

Gaston Lloyd, *No Stone on Another: Studies in the Significance of the Fall of Jerusalem in the Synoptic Gospels.* Leiden: E. J. Brill, 1970.

Gaventa Beverly Roberts, *The Acts of the Apostles*, Abingdon New Testament Commentaries, Nashville: Abingdon Press, 2003.

Haran Menahem, "Temple and Community in Ancient Israel," in *Temple in Society.* Ed. Michael V. Fox, Winona Lake, IN: Eisenbrauns, 1988.

Heimerdinger Jenny Read, *The Bezan Text of Acts: A Contribution of Discourse analysis to Textual Criticism.* JSNTSup 236. London: Sheffield Academic Press, 2002.

Howard Marshall I., *Acts.* TNTC. Grand Rapids: Eerdmans, 1996.

Jervell Jacob, "The Twelve on Israel's Thrones," in *Luke and the People of God: A New Look at Luke-Acts.* Minneapolis: Augsburg Publishing House, 1972.

Johnson Luke Timothy, *The Acts of the Apostles.* Sacra Pagina Series. Collegeville: Liturgical Press, 1992.

Juel Donald, *Luke-Acts: The Promise of History.* Atlanta: John Knox Press, 1983.

Kerr Alan R., *The Temple of Jesus' Body: The Temple Theme in the Gospel of John.* JSNTSup 220. New York: Sheffield Academic Press, 2002.

Krodel Gerhard A., *Acts.* Augsburg Commentary on the New Testament, Minneapolis: Augsburg Publishing House, 1986

Neil, William., *The Acts of the Apostles*, NCB. Greenwood: The Attic Press, 1973.

Ravens David, *Luke and the Restoration of Israel.* JSNTSup 119. Sheffield: Sheffield Academic Press, 1995.

Scott Spencer F., *Acts.* Sheffield: Sheffield Academic Press, 1997.

Stuart Douglas, *Hosea-Jonah.* WBC. Waco: Word Books, 1987.

Tannehill Robert C., *The Narrative Unity of Luke-Acts: A Literary Interpretation, vol. 2: The Acts of the Apostles.* Minneapolis: Fortress Press, 1990.

Walaskay Paul W., *Acts.* Louisville: Westminster John Knox Press, 1998.

Witherington III Ben, *The Acts of Apostles: A Socio-Rhetorical Commentary*, Grand Rapids: Eerdmans, 1998.

부활의 생명으로서 성령

- 로마서를 중심으로-

권 영 경
(안양대학교, 신약학)

Ⅰ. 서론

개혁신학의 전통에서 성령론은 일종의 아킬레스건에 해당한다. 성령론이 없는 것은 아니지만, 구원의 경륜에서 성령의 실제적 역할이 상대적으로 덜 강조되어 왔다는 점은 부인하기 어렵다.[1] 그럼에도 불구하고, 성령론은 바울 복음 중 하나의 요소라기보다는 오히려 바울 복음 전체를 통찰하게 해 주는 핵심에 가깝다.[2] 전직 바리새인이었다가 예수 그리스도의 사도로 돌변한 바울의 관점에서 볼 때, 율법에 기초를 둔 "유대교"(갈 1:13)의 한계를 넘어가면서 그리스도의 복음을 진정 "복된" 메시지로 만들어 주는 본질(proprium)은 다름 아닌 성령의 역사다. 율법에 기초한 시내산 언약은, 그 모든 영광에도 불구하고 성령의 역사가 빠져있다는 한계에 직면하

---

1) 비교적 최근의 저서로는, Sinclair B. Ferguson, 김재성 역, 『성령』(서울: IVP,1999)를 보라. 개혁주의의 경향을 다소 부정적으로 묘사한다면, 바울이 "그리스도의 영이 없는 사람은 그리스도의 사람이 아니다"라고 말하는데 반해(롬 8:9), 개혁주의적 전통에서는 "그리스도를 소유한 사람은 성령을 소유한 사람이다"라고 말한다는 것이다(106쪽). 물론 이 역시 정당한 진술이지만, 여기에는 성령론의 독자적 차원을 상대화하고 기독론이나 구원론 등의 색다른 표현 정도로 축소시키려는 위험이 늘 존재한다.

2) 바울 성령론에 관한 대표적 저서인 Gordon D. Fee, *God's Empowering Presence: The Holy Spirit in the Letters of Paul* (Carlisle: Paternoster Press, 1995), 1-13에 실린 서론을 참조하라.

며, 그러기에 이는 "정죄의 사역"으로 규정될 수밖에 없었다. 하지만 새 언약의 핵심인 예수 그리스도 복음은 하나님의 성령의 역사하심을 동반한 것이었고, 바로 이런 이유로 예수 그리스도의 복음은 "의로움의 사역"이 될 수 있었다. "의문은 죽이는 것이지만, 영은 살리는 것이다"(고후 3:6). 이 한 마디가 바울 복음의 핵심을 말해준다. 바울이 자신의 사도직의 실질적 증거로 다른 인간적인 자격이나 자질 대신 성령의 역사를 제시하고 있다는 사실 역시 이런 깨달음과 상통한다(롬 15:17-18; 고후 12:12). 다소 과장해서 말하자면, 바울의 복음을 이해하는 것은 성령의 역사에 대한 그의 생각을 이해하는 것과 같다. 본 논문의 목적은 바울의 서신들, 특별히 로마서의 논의를 따라가면서, 바울 복음의 "뇌관"으로서의 성령의 역할을 대략적으로나마 더듬어 보는 것이다.

Ⅱ. 능력, 성령, 그리고 부활

로마교회에 자신과 자신의 사역을 자세히 알리려는 실제적 목적으로 인해,[3] 로마서에는 바울이 자신을 소개하는 대목이 길게 확대되어 나타난다. 바울은 자신을 사도로 소개하는데, 이 사도직분은 "하나님의 복음"이라는 구체적 목적을 가진 것으로 제시된다. 그리고 그가 섬기는 이 하나님의 복음은 다름 아닌 "그 아들" 곧 하나님의 아들에 관한 것이다. 여기에 복음의 내용을 이루는 이 하나님의 아들에 관한 요약적 진술이 제시되고 있다. 성령에 대한 언급이 처음으로 등장하는 것이 바로 이 대목이다.

> 이 아들로 말하면, 육신으로는(κατὰ σάρκα) 다윗의 혈통에서 나셨고(γενομένου), 성결의 영으로는(κατὰ πνεῦμα ἁγιωσύνης) 죽은 가운데서 부활하여 능력으로(ἐν δυνάμει) 하나님의 아들로 인정되셨으니, 곧 우리 주 예수 그리스도시니라 (1:3-4).

3) 로마서의 저술 목적과 관련된 다양한 견해를 개관하려면 K. Donfried, *The Romans Debate* (Peabody, MA: Hendrickson, 1991)를 참조하라.

바울이 선포하는 하나님의 복음은 "하나님의 아들"을 그 내용으로 한다. 바울이 소개하는 사항은 출생 및 그의 부활인데, 바울은 이 두 사실을 특유의 육신-성령의 이분법적 틀 속에서 제시한다. 먼저 이 아들은 다윗의 혈통으로 나셨는데, 이는 "육신을 따라서"였다(9:5). 바울은 그리스도가 다윗의 혈통에서 났다는 사실 혹은 그가 이스라엘에게서 났다는 사실을 당연한 것으로 언급하지만, 이러한 육신적 혈통이 그의 복음 이해에 중요한 요소로 기능하지는 않는다(롬 9:5 참고).[4] 오히려 바울의 실질적 관심은 육신적 출생을 넘어서는 또 하나의 중요한 사실, 곧 그의 아들됨에 놓인다. 그는 육신을 따라 다윗의 아들이 되었을 뿐 아니라, 또한 하나님의 아들로 임명되기도 한 분이시다. 그의 다윗의 아들됨이 "육신을 따라" 이루어진 일이라면, 그의 하나님의 아들됨은 "성결의 영" 곧 "성령을 따라" 이루어진 사건이다.[5]

다윗의 아들됨이 그의 육신적 출생, 곧 그의 성육신을 통한 것이었던 것처럼, 그의 하나님의 아들됨은 그의 부활을 그 계기로 삼는다.[6] 그는 "죽은 자 가운데서의 부활을 통해"(ἐξ ἀναστάσεως νεκρῶν) 하나님의 아들로 인정되셨다. 물론 이 부활은 생명을 부여하는 창조주 하나님의 능력을 드러낸 사건이다(고전 6:14; 엡 1:19-23!). 바로 이런 이유에서 그의 아들되심은 "능력으로"(ἐν δυνάμει) 되어진 것으로 규정된다.[7] 복음의 핵심인 그리스도에 관한 이 진술에서 우리는 두 가지 사항을 주목할

---

4) Robert Jewett, *Romans*. Hermeneia (Minneapolis: Fortress, 2007), 106-107 참조. 대부분의 주석가들은 이 구절 전체에서 초대교회의 공통된 신앙고백이 인용되고 있다고 생각한다. 만약 그것이 사실이라면 이는 자신의 복음과 로마교회 성도들이 고백하는 신앙 사이에 공감대를 형성하기 위한 의도를 반영하는 것일 수 있다. 하지만 이 역시 바울 자신의 글의 일부임을 망각해서는 안 될 것이다. Fee, *Presence*, 478-79, n.15.

5) "성결의 영"은 구약적 느낌을 주는 표현하지만, 신구약에서 실제 용례가 발견되지는 않는다 (cf. *T. Lev.* 18.11). Jewett은 영적 체험이 도덕적 방종으로 이어지기 쉬웠던 헬라 기독교적 성향을 경고하기 위해 바울이 "거룩함"이라는 단어를 최종적으로 첨가했다고 생각한다 (*Romans*, 106-107). 하지만 인사말이라는 문맥에서 그런 의도를 읽어내려는 시도가 그리 자연스러워 보이지는 않는다.

6) 존재하지 않는 생명을 부여한다는 점에서 부활은 창조의 행위와 같다 (cf. 롬 4:17). 그렇다면 여기서 육신-성령의 대조는 생명을 부여하는 두 가지 방식을 나타내는 표현일 가능성이 많다. 이는 "육신을 따른" 이스마엘의 출생과 "성령/약속을 따른" 이삭의 출생을 대조하는 갈 4:21-31절의 용법과 상통한다.

7) 여기서 우리는 "능력으로"를 "하나님의 아들"이 아니라 "임명되셨다"와 연결되는 것으로 이해한다 (엡 1:19-23). Jewett, *Romans*, 107. 반대되는 견해로는 Dunn, *Romans 1-8*. WBC (Waco: Word, 1988), 14.

필요가 있다.

첫째, 바울은 예수의 부활을 통해 드러난 바 "생명을 창조하는 하나님의 능력"을 두고 성령의 언어를 적용하고 있다. 바로 이 확신이 바울 성령론의 핵심이다. 바울이 자신의 복음을 처음 언급하는 자리에서 그리스도의 부활과 성령의 창조적 능력을 언급하고 있다는 사실은 이것이 앞으로 그의 논의에 결정적인 중요성을 가질 것임을 예시한다. 바울이 그의 복음을 "하나님의 아들"에 관한 것으로 정의하고, 이 아들됨의 근거로 부활을 언급하고 있다는 사실은 다름 아닌 그의 부활이 그의 복음을 규정하는 가장 결정적인 요소가 될 것이라는 점을 강력하게 시사한다.

실제로 바울은 로마서의 "주제"라고 널리 인정되는 1:16절에서 복음이 모든 믿는 자를 미래의 구원에 이르게 하는 "하나님의 능력"이 된다고 천명한다.[8] 그리고 복음이 믿는 자를 미래의 구원에 이르게 할 수 있는 하나님의 능력이 되는 것은 바로 이 복음 속에 "하나님의 의"가 계시되기 때문이다.[9] 여기서 바울은 믿는 자를 구원에 이르게 하는 "하나님의 의의 계시"를 "하나님의 능력"이라는 개념과 엮고 있다. 물론 이 "구원에 이르게 하는 능력"은 1:4절의 "부활의 능력"과 나누어 생각하기 어렵다. 복음이 구원에 이르게 하는 능력이 된다는 선언의 배후에는 이 복음이 생명을 부여하는 성령의 능력이 된다는 생각을 담고 있다. 물론 이 능력은 예수의 부활에서 드러난 것이다. 여기서 우리는 하나님의 의의 계시가 예수 부활에 토대를 둔 것으로서[10] 생명을 부여하는 성령의 능력이 드러나는 사건으로 이해되고 있음을

---

8) 대부분의 주석가들은 여기서의 "구원" 개념을 포괄적으로 해석한다. 가령, Douglas Moo, *The Epistle to the Romans*. NICNT (Grand Rapids: Eerdmans, 1996) 67 및 가장 최근에 Jewett, *Romans*, 138-139.하지만 5:9-10; 13:11 등의 진술이 의미있는 것이 되려면, "구원" 개념은 분명 미래종말론적일 수밖에 없다. 8장 24절이 과거 시제인 것은 사실이지만, "소망으로"라는 수식어와 구원의 "아직"을 역설하는 전체 문맥은 역설적으로 그 미래성을 더욱 부각시킨다. Jürgen Becker, *Paulus: Der Apostel der Völker* (Tübingen: Mohr Siebeck, [1992] 1998), 371.

9) 한글번역에는 드러나지 않지만, 접속사 γάρ로 이끌리는 17절은 16절의 근거를 제시한다. "복음은 하나님의 능력이다. *왜냐하면* 이 복음에 하나님의 의가 나타나기 때문이다." 논리적 연결이 중요한 바울서신에서 한글 번역들의 잦은 접속사 생략은 바울의 논증을 파악하지 못하게 막는 가장 결정적인 실수라 할 수 있다.

10) 칭의와 부활의 관련성은 아브라함의 믿음을 다루는 로마서 4장에서 보다 분명히 드러난다 (특히 4:17, 24-25). 이는 "전가된 의" 개념만으로는 바울 칭의론을 충분히 설명할 수 없음을 의미한다. Cf. Mark A. Seifrid, *Christ, our Righteousness: Paul's Theology of Justification*

알게 된다. 결론을 미리 쓰자면, 바울 성령 이해의 핵심은 "부활의 능력"이며, 이것이 바로 바울 복음의 열쇠가 된다.

둘째, "성령-육체/육신"의 이분법이다. 바울의 서신들을 개관해 보면 우리는 바울의 사고에는 뚜렷한 이분법적 구조가 있음을 발견한다. 이는 궁극적으로 "사람이냐 하나님이냐"의 반제로 집약되는데, 이것이 상황에 따라 "율법-그리스도/믿음"(3:21 ff.; 빌 3장; 갈 3:2-5, 10-14; 5:2-6), "의문-성령"(2:28; 7:6; 고후 3장), 혹은 여기서와 같이 "육신-성령"(롬 8장; 빌 3장; 갈 3:3; 5:16-25; 6:7-9) 등 다양한 형태로 구체화된다. 3절에서 보듯, "육신적"인 것이 본래 부정적인 것은 아니지만, 인간적 지평에 제한된다는 점, 곧 하나님의 역사하심이 없어 죄의 전횡을 극복할 "능력"이 없다는 점에서 열등하다(8:3). 성령은 이렇게 "인간적 지평에 머무르는 것"과 대조를 이루어 "하나님의 능력있는 간섭"을 가리킨다.[11] 바로 여기에서 우리는 바울의 복음이 왜 "복된 소식"이 되는지 알게 된다. 8장에서 보듯, "구원에 이르게 하는 능력"이 되는 "하나님의 의"가 결국 성령론적 언어로 요약되고 있다는 사실은 전혀 이상한 일이 아니다.

Ⅲ. 의문의 묵은 것과 영의 새로운 것

1. 마음의 할례

왜냐하면 드러난 유대인이 유대인이 아니며 드러난 할례가 할례가 아니고, 오히려 숨겨진 유대인이 유대인이며, 영으로 되지 의문으로는 되지 않는 마음의 할례가 할례이기 때문이다. 이런 할례를 받은 사람은 사람에게서가 아니라 하나님에게서 칭찬을 받는다(롬 2:28-29).

(Downers Grove, IL: IVP, 2000) 37-47.

11) 아브라함의 경우 이 능력 있는 간섭은 "약속"이라는 말로 요약되며, 이 약속은 성령과 사실상 동의어로 사용된다(갈 4:21-31). 필자의 *Eschatology in Galatians: Rethinking Paul's Response to the Crisis in Galatia* (Tübingen: Mohr Siebeck, 2004), 111-115를 보라.

이 구절은 2장 전체의 결론이다. 2장은 전체적으로 마지막 심판-종말론적 칭의라는 전통적 사상을 바탕에 깔고 있는데, 그런 점에서 2장의 논의는 바울의 칭의 논의를 올바르게 이해하는데 대단히 중요하다. 여기서 바울이 말하는 핵심은 심판 때에는 율법의 소유가 아니라 그 율법의 실천만이 중요하다는 것이다(2:13). 심판 때에 하나님은 "각 사람에게 그 행위를 따라 보응하실 것이며"(ἀποδώσει κατὰ τὰ ἔργα αὐτοῦ)결코 "외모로 사람을 취하는 일(προσωποληψία)이 없기" 때문이다(2:6, 11).[12] 여기에 근거하여 바울은 율법을 소유하고 자랑하면서도 그것을 지키지는 않는 "할례자"들을 공박한다(2:1-5; 17-24). 하나님은 예수 그리스도를 통해 모든 사람의 "은밀한 것"(τὰ κρυπτὰ τῶν ἀνθρώπων)을 심판하실 것이다(2:16). 따라서 율법을 지키면 할례가 유익하지만, 율법을 어기면 할례는 무의미하다(2:25). 이는 언약적 책임에 둔감해진 잘못된 선민사상을 논박하는 것이다(지혜서 15:1-5를 보라). 반대로 할례받지 않은 이방인이라도 "그 마음에 새겨진 율법의 행위"(τὸ ἔργον τοῦ νόμου γραπτὸν ἐν ταῖς καρδίαις αὐτῶν)를 보이면(2:14; 렘 31/LXX38:38), 곧 "율법의 규정"(τὰ δικαιώματα τοῦ νόμου)을 지키면, 할례를 받은 것으로 "간주될" (λογισθήσεται) 것이다(2:26). 따라서 율법을 온전히 지키는 이방인들이 "율법조문/의문과 할례을 가졌음에도 불구하고"(διὰ γράμματος καὶ περιτομῆς)[13] 율법을 범하는 유대인들을 정죄하는 상황이 벌어질 것이다(2:27).[14]

28-29절은 이런 논의의 신학적 결론이다.[15] 하나님께 중요한 선민의 지표는 "드

---

12) 이는 하나님의 "공평함"을 나타내는 표현이다. Peter Stuhlmacher, trans. Scot Hafemann, *Paul's Letter to the Romans* (Louisville: Westminster/John Knox Press, 1994), 50. 시편 62:12을 중심으로 한 행위심판 사상의 구약/유대적 배경에 관해서는 KyongSik Kim, "God Will Judge Each According to His Works: the Investigation into the Use of Psalm 62:13 in Early Jewish Literature and the New Testament." (Ph. D. diss. University of Aberdeen, 2005) 69-147를 보라.

13) 전치사는 수단적 의미가 아니라 부대상황의 의미일 것이다. Ernst Käsemann, "The Spirit and the Letter" in trans. Margaret Kohl, *Perspectives on Paul* (London: SCM, 1971), 143.

14) 여기서 바울의 진술은 이스라엘이 이방인들을 심판하게 되리라는 전통적 사고를 뒤집는 것이다. Brendon Byrne, *Romans* (Collegeville: Liturgical Press, 1996), 103. 율법을 잘 지키는 이방인은 물론 "가정"된 "가능성"에 지나지 않지만, 이 원칙 자체는 유효한 것으로 남는다. Cf. Frank Thielman, *Paul and the Law* (Downers Grove, IL: IVP, 1994), 172.

15) Ernst Käsemann, *Commentary on Romans*. Trans. G. W. Bromiley. (Grand Rapids: Eerdmans, 1980) 144.

러난"(ἐν τῷ φανερῷ) 것이 아니라 "숨겨진"(ἐν τῷ κρυπτῷ) 것이며, 심판 때에 유효한 할례는 육신에다 행하여 드러나는 할례(ἡ ἐν τῷ φανερῷ ἐν σαρκὶ περιτομή)가 아니라 "마음의 할례"(περιτομὴ καρδίας)이다. "숨겨져 있다"는 표현은 분명 16절에 이미 언급된 "은밀한 것들"(τὰ κρυπτὰ)과 통한다. 이는 또한 참된 할례의 대상이 되고, "율법이 새겨질 수 있는"(2:15) 삶의 자리로서의 "마음"(καρδία)과 같은 의미를 갖는 것으로서, 이 마음에서 연유하는 삶의 모습, 곧 "행위"를 포괄하는 개념이다(2:6, 11).[16] 하나님이 예수 그리스도를 통해 세상을 심판하실 때에는 이것만이 유일한 기준이 될 것이다(1:18 ff.; 2:6–11). 마지막 심판 때에 유익한 할례란 마음의 할례뿐이다.

물론 "마음의 할례"는 잘 알려진 성경적 개념이다.[17] 구약에서 하나님은 자기 백성들의 "할례받지 못한 마음"을 꾸짖기도 하고(레 26:41), 마음에 할례를 행하겠다고 약속하기도 한다(신 30:6, 히브리어; LXX에서는 "깨끗게 하다"는 동사로 번역). 또한 예레미야는 유다와 예루살렘의 거민들에게 "너희 하나님을 위해 할례를 행하되, 너희 굳은 마음에다 할례를 행하라"고 촉구하였다(περιτμήθητε τῷ θεῷ ὑμῶν καὶ περιτέμεσθε τὴν σκληροκαρδίαν ὑμῶν, 4:4). 보다 의미심장하게 예레미야는 심판의 날이 이르면, "모든 할례자들의 무할례를 벌하겠다"(ἐπὶ πάντας περιτετμημένους ἀκροβυστίας αὐτῶν)고 선포한다. 이들은 주변의 이방들과 마찬가지로 벌을 받을 것인데, 이는 "모든 이방은 육체에 할례를 받지 못했고, 모든 이스라엘 집은 그들의 마음에 할례를 받지 못했기 때문이다"(ὅτι πάντα τὰ ἔθνη ἀπερίτμητα σαρκί καὶ πᾶς οἶκος Ισραηλ ἀπερίτμητοι καρδίας αὐτῶν, 9:24–25).

물론 "마음의 할례"가 가리키는 핵심은 순종이다.[18] "네 하나님 여호와께서 네 마음과 네 자손의 마음에 할례를 베푸사 너로 마음을 다하며 성품을 다하여 네 하

16) 주석가들은 종종 이 점을 분명히 인식하지 못하는 것으로 보인다. "은밀하다"는 것은 할례처럼 겉으로 드러나는 것과는 달리 사람의 "마음"에서 연유하는 것임을 나타낸다. 사람 속에서 나오는 것들이 사람을 더럽게 한다는 예수님의 말씀과 통한다 하겠다(막 7:18-23). 이 구절과 마태복음과의 관련에 대해서는 Jewett, *Romans*, 235를 보라.

17) 이에 대한 간략한 논의로는 전정진, "이스라엘의 회개와 갱신에서 마음의 할례의 역할과 종말론," 『회개와 갱신』 (평양대부흥운동 100주년 기념 성서학 학술 심포지엄 논문집. 서울: 한국신학정보연구원, 2007), 273-288을 보라.

18) Jewett, *Romans*, 236.

나님 여호와를 사랑하게 하사 너로 생명을 얻게 하실 것이며"(신 30:6; 또한 8-10절을 보라). 마음의 할례를 받았다는 것은 그 마음이 하나님께 순종하는 마음으로 변화했다는 것을 뜻한다. 이것은 바울이 기록된 율법을 갖지 않은 이방인이 "그 마음에 새긴 율법"을 행하게 되면 그것이 그에게 "할례로" 여겨진다고 할 때 말하고자 했던 바와 동일하다(15, 26). 육체에 행한 할례를 의지하며 그저 율법을 자랑하기만 하는 사람들과는 달리 율법의 요구를 실제로 만족시킨다는 점에서 이들은 외모를 보시지 않고 각 사람을 그 행위대로 갚으시는 하나님께 "칭찬을 받는다"(2:29; 6-11).

이러한 변화, 곧 마음의 할례는 성령의 몫이다. 하나님께 대한 순종으로 요약되는 마음의 할례는 "의문/문자로"(γράμματι) 되는 것이 아니라 "영으로"(ἐν πνεύματι) 되는 것이다.[19] "문자"란, 바로 앞 27절과 7:6절에서 보듯, 유대인들이 소유하고 자랑하는 "율법"을 가리키는 것으로서, 소유하고 자랑하기는 하면서도 실천하지 않는 하나의 "조항" 혹은 "조문"으로서의 율법을 지칭한다.[20] 육신의 할례는 율법의 조항을 따라 되지만, 정작 중요한 마음의 할례는 율법 조항을 소유하고 자랑하는 것으로는 이루어지지 않는다. 이것은 "영으로" 되는 일이다. 여기서의 "영"은, 7:6절, 그리고 고린도후서 3장에서 이미 분명해진 것처럼, "성령"을 가리킨다. 마음의 할례를 위해서는 성령이 필요하다는 것이다.[21]

2. 성령을 통한 섬김

여기서 처음으로 등장한 "성령과 의문"의 이분법은 7장에서 다시 한 번 나타난다. 7장이 2장과 다른 점은 기독론적 논증에 있다. 사실 2장에서 이루어진 논의의

---

19) 개역은 "영에 있다"거나 "의문에 있다"고 풀어 전치사 ἐν을 장소적 개념으로 번역하고 있지만, 여기서는 표준새번역에서처럼 "의문으로-영으로"와 같이 수단의 의미로 보는 것이 훨씬 자연스럽다.

20) Jewett, *Romans*, 439: "obsolete code"; Stuhlmacher, *Romans*, 50: "merely external obedience."

21) 이는 이스라엘 회복의 전제가 되는 순종이 사람의 노력으로 가능하지 않으며 하나님의 초자연적 간섭, 곧 그의 영을 주심으로써만 가능하다는 선지자적 깨달음과 상통한다. 또한 신명기의 마음의 할례 구절들과 관련하여 전정진은 이렇게 말한다. "10:16의 명령이 30:6에서 야웨의 약속으로 바뀐 것은 아마도 오직 야웨만이 내적 변화를 가져올 수 있으며, 이스라엘은 스스로 마음에 할례를 행할 능력이 없다는 사고를 반영하는 듯하다." 전게서, 281.

바탕에는 이미 바울의 기독교적 전제가 작용하고 있음에 틀림없지만(특히 "성령"), 엄밀히 말해 지금까지의 논의는 (구약)성경적 지평 내에서 이루어진 것이었다.[22] 이렇게 하나의 신학적 원칙으로 제시되었던 생각이 7장에서는 예수 그리스도의 죽음과 부활을 계기로 현실화되는 사건으로 설명되고 있다는 것이다.

7장의 논의는 "죄로부터 벗어남"이라는 6장의 주제를 율법과의 관련 하에서 다룬다. 6장에서 바울은 우리가 그리스도의 죽음과 부활에 연합하여 죄에 대해 죽었고, 이제는 "생명의 새로움으로" 살게 되었다고 말했다. 유대인들의 입장에서 이런 진술은 불가피하게 "그러면 율법은 무엇인가?" 하는 질문을 야기한다(cf. 갈 3:19). 바울의 대답은 우리 속에 있는 죄의 정욕이 율법을 그 교두보로 삼아 우리를 다스렸다는 것이다. 예전의 우리는 율법을 통해 우리의 지체를 다스리는 죄의 정욕에 휘둘림을 당하였고, 그 결과 (종말론적) "사망을 위해 열매를 맺었다"(7:5). "그러나 이제는"(νυνὶ δὲ; cf. 3:21; 6:22; 7:17) 우리가 그리스도의 몸으로 인해 율법에 대하여 죽음으로써 율법에서 벗어났다(7:4, 6). 이는 곧 율법을 이용하여 우리 지체를 다스리던 죄의 정욕에 대해 죽었음을 의미한다(7:5, 6). 하지만 이 죽음은 끝이 아니다. 이 죽음은 죄와 사망과의 관계를 소멸시키는 "벗어남"으로서(6:7, 18, 22; 7:4, 6; cf. 8:2!), 이 자유는 우리가 죄-사망이라는 파괴적 절망 대신 의-생명이라는 생산적 소망에로 들어가는 변화다(6:6, 11; 12-13). 우리가 이전의 "남편"에게서 벗어난 것은 이제 "다른 남편", 곧 "죽음에서 일으키심을 받은 이"를 남편으로 모심으로써 "하나님을 위해 열매를 맺기 위한" 것이었다(ἵνα καρποφορήσωμεν τῷ θεῳ, 7:4). 이처럼, 사망을 위해 열매 맺는 삶에서 벗어나 하나님을 위해 열매 맺는 삶을 살게 된 상황을 묘사하기 위해 바울은 앞서 2장에서 활용한 "영-의문"의 반제를 다시 활용하고 있는 것이다.

> 그리하여 우리는 영의 새로움으로 섬기며 의문/율법조항의 묵은 것으로 섬기지 않는다.

22) 물론 그렇다고 해서 유대인들이 바울의 "과격한" 주장에 동의하리라고 생각하는 것은 지나친 억측일 것이다.

6장에서 거듭 강조되었던 것처럼(6:16), 죄로부터의 해방은 주인 없는 독존(獨存)의 삶이 아니다. 인간적 삶의 본질은 "섬김"이다.[23] 문제는 누구를 섬기느냐 하는 것이다. 예전에 우리의 삶은 죄-사망을 위해 봉사하는 것이었다(6:6, 17-19). 하지만 이제 우리는 예수 그리스도의 십자가와 부활을 통해 하나님을 섬기는 삶으로 옮겨졌다(6:13, 18, 22; cf. 고후 5:17; 갈 2:20). 바울의 선포는 이런 섬김이 "율법 조항"으로 이루어지는 것이 아니라 "성령"으로만 가능하다는 것이다.

사실 "영의 새로움으로 섬긴다"는 생각 역시 유대인들에게 생소한 것이 아니다.[24] 에스겔 선지자는 이스라엘의 회복에 대한 하나님의 약속을 이렇게 표현하고 있다.

> 또 내 영을 너희 속에 두고 새 마음을 너희에게 주되 너희 육신에서 돌 같은 마음을 제하고 살 같은 마음을 줄 것이며 또 내 영을 너희 속에 두어 너희로 내 율례 안에 행하게 하리니 너희가 내 규례를 지켜 행할 것이다(36:26-27).

때가 되면 하나님이 "새 마음", 곧 돌처럼 굳은 마음 대신 살 같이 부드러워 순종하는 마음을 주고("마음의 할례"), "새 영", 곧 하나님 자신의 영을 백성들에게 주어 그들로 하나님께 순종하게 하겠다는 약속이다. 그리고 38장에서 계속되는 마른 뼈 환상에서 분명히 드러나는 것처럼, 하나님의 영을 주어 이스라엘을 회복하는 역사는 생명이 없는 마른 뼈들에게 하나님의 영을 주어 살아나게 하는 부활 사건으로 묘사된다(38:1-14).[25] 이러한 구약적 약속에 비추어 볼 때, "영의 새로움으로 섬긴다"는 표현을 통해 바울이 말하고자 하는 바는 불순종하는 마음을 순종하는 마음으로 변화시키겠다는 구약적 약속이 다름 아닌 예수 그리스도를 통해, 곧 그의 죽으심과 부활에 동참함으로써 현실이 되었다는 것이다. 우리에게 성령을 주셔서 순종

23) Jewett, *Romans*, 438은 "자유라 불리울 가치가 있는 유일한 것"으로서 "가장 고상하고 영광스러운 성격의 새로운 섬김"에 관해 언급한 Godet의 말을 인용하고 있다.

24) 여기서 바울이 "새로움"이라는 말을 사용한 것은 분명 성령을 통한 언약 회복을 "새로움"으로 묘사하는 구약의 예언들을 염두에 두고 있었기 때문일 것이다 (렘 31:31-33; 겔 36:26).

25) 이 환상에는 "내 영을 주리니 너희가 살리라"는 의미의 표현이 거듭 반복되고 있다(5, 6, 9, 10, 14절).

하는 자가 되게 하는 변화가 예수 그리스도를 통해 이루어지고 있다는 것이다.[26]

이것은 2장에서 바울이 진술한 바와 동일하다. 우리가 이제 성령이 결여된 "의문의 묵은 것"이 아니라 "영의 새로운 것"으로 섬긴다고 한 것은 곧 마음의 할례를 받지 못한 채 죄를 위해 열매 맺던 이전의 삶의 행태에서 벗어나 성령을 통해 마음의 할례를 받고서 하나님께 순종하며 하나님을 위해 열매 맺는 삶으로 변화하였음을 가리키는 것이다.[27] 따라서 우리는 사람에게서가 아니라 사람의 외모를 살피지 않으시며(2:11) 각 사람에게 그 행위대로 갚으시는(2:6) 하나님에게서 "칭찬을 받는다"(2:29). 왜냐하면 이제 우리는 더 이상 노와 분에 합당한 삶을 살지 않으며, 오히려 하나님께서 영생으로 갚으시기에 합당하다고 생각하는 그런 삶(2:7-10), 곧 "영광과 존귀와 썩지 아니함"을 추구하며 "율법의 요구를 이루는"(2:26; 8:4) 삶을 살기 때문이다. 바울은 이러한 변화를 성령의 역할로 묘사하는 것이며, 이것을 또한 구약 예언자들을 통해 주신 약속의 성취로 이해하고 있는 것이다.[28]

에스겔의 언약 회복이 부활 사건으로 묘사된 것과 마찬가지로, 바울 역시 이 과정을 예수 그리스도의 부활이 "재현되는" 것으로 묘사한다. "그리스도께서 아버지의 영광으로 일으키심을 받은 것처럼"(ὥσπερ), "우리 또한 그렇게"(οὕτως καὶ ἡμεῖς) 생명의 새로움으로 살아가게 된다는 것이다. 우리가 누리는 생명이 이처럼 그리스도의 부활에 비견될 수 있는 것은, 우리 속에 내재한 어떤 잠재력이 분출되기 때문이 아니다. 이어지는 5절에서 설명하는 것처럼, 우리가 누리는 생명의 새로움은 전적으로 예수의 부활에 근거한다. 예수의 부활에 작용하고 드러난 그 생명에 우리가 믿음을 통해 "참여"한다는 것이다. 우리는 그의 죽으심에 있어서 예수와 하나가 되었고(σύμφυτοι), 이를 통해 죄로부터 벗어나 의롭게 되었다(6:7). 이것은 우리 "옛"

---

26) 바울의 사도적 사명은 이방인들을 "믿음에서 나는 순종"(ὑπακοὴ πίστεως)에 이르게 하는 것이었다(1:5; 15:18;16:26). 필자의『행위없는 구원? - 새롭게 읽는 바울의 복음』(서울: SFC, 2006), 52-96을 보라.

27) 결국 "의문"이란 곧 성령과 분리된 율법을 가리킨다. C. E. B. Cranfield, *Romans I* (Edinburgh: E&T Clark, 1979), 339-340.

28) 하나님의 아들에 관한 자기의 복음이 율법과 "선지자들에게" 증거를 받은 것이라는 바울의 진술은(1:2) 이런 생각을 그 배후에 깔고 있다고 볼 수 있다.

사람이 그리스도와 함께 십자가에 못박힘으로써 죄의 지배를 받는 몸이 죽었다는 사실에 근거한다(6절). 하지만 예수는 아버지의 영광으로 살아나셨고, 따라서 우리는 그의 부활에 있어서도 역시 하나가 될 것이다(6:5). 곧 예수의 부활에서 드러나는 "새로운" 생명의 능력이 우리에게도 주어진다는 것이다. 우리는 이제 "죽은 가 가운데서 다시 살아나신 이"에게로 가서, 그 생명에 참여함으로써 하나님을 위해 열매 맺는다(7:5). 이런 부활의 온전한 실현은, 바울이 사용하고 있는 미래형 동사가 말해주듯, 아직 기다려야 할, 혹은 바라보며 추구해야 할 소망으로 남지만(6:8; 빌 3), 이 부활의 생명은 지금 현재에도 우리의 삶의 원동력으로 역사하여 우리가 "생명의 새로움으로 행할"(ἐν καινότητι ζωῆς περιπατήσωμεν) 수 있게 한다(6:4; cf. 골 3;1). 이런 변화를 두고 바울은 우리가 "영의 새로움으로 섬기게"(δουλεύειν ἡμᾶς ἐν καινότητι πνεύματος) 된 것이라고 표현하는 것이다(7:6; cf. 빌 3:3). 우리의 상황이 "새로운" 성취의 때가 되는 것은 부활의 "생명" 때문인데, 이는 바로 "성령"의 작용이라는 것이다. 따라서 이어지는 8장에서 바울이 "생명"과 "성령"을 아예 하나로 묶어 "생명의 성령"(τοῦ πνεύματος τῆς ζωῆς)이라고 부르는 것은 전혀 이상할 것이 없다(8:1). 이것은 또한 우리가 서신의 도입부에서 이미 확인했던 사실이기도 하다(1:4!). 곧 성령의 핵심은 부활의 생명을 부여하는 데 있다는 사실이다. 본 논문의 주제는 아니지만, 이것은 우리를 의롭게 하는 믿음 자체가 그리스도와 우리의 부활을 믿는 신앙이라는 사실과 깊은 관련을 갖다(4:17, 24-25; 10:9-10!).[29]

Ⅳ. 성령과 육신

우리가 성령의 새로움으로 섬기며 의문/율법 조항이라는 낡은 것으로 살지 않는다는 말은 율법 자체가 악하다는 말은 아니다. 분명 율법과 율법이 담고 있는 계명들은 "거룩하며 의로우며 선하다"(7:12절). 이렇게 선한 것이 내게 사망을 가져오는 원인이 되었다고도 말할 수 없다(7:13절). 문제의 핵심은 율법이 아니다.[30] 율법은

---

29) 믿음과 부활의 관계에 대해서는 졸저 『행위없는 구원?』, 257-285를 참조하라.

30) 많은 학자들은 7장의 논증을 율법에 대한 일종의 변호로 부르고 싶어한다. 가령, K.

신령하다(πνευματικός). 문제는 나 자신이 "육적"(σάρκινός)이어서 "죄 아래 팔린" (πεπραμένος ὑπὸ τὴν ἁμαρτίαν) 상태에 있다는 사실이다(7:14). 따라서 "성령-의문" 이라는 해석학적 반제는 구체적인 인간의 구원에 관한 이야기가 되면서 금방 "성령-육신/육체"라는 보다 인간론적 반제로 옮겨간다. 실제로 성령에 관한 바울의 논의가 대부분 "성령-육체"의 이분법적 틀 속에서 진행되고 있는 것이 바로 이 때문이다(갈 3:3; 5:16-26; 빌 3; 고전 15). 로마서에서도 역시 바울은 칭의를 핵심으로 전개해 온 구원론 논의를 성령-육체의 반제를 통해 요약하고 있다.

8:1-4절은 지금까지의 논의를 성령의 언어로 요약하고 있는 대목이다. 그리스도 예수 안에 있는 자들에게는 더 이상 "정죄함"(κατάκριμα, 2:12, 16; 5:16, 18)이 없다. 이는 의롭다 하심을 받았다는 말과 같은 의미로, 이 대목의 논의가 여전히 칭의론의 연장선 위에 있음을 말해 준다. 정죄함이 없는 이유는 "생명의 성령의 법이 죄와 사망의 법에서 너를 해방하였기" 때문이다. 여기서 "법"(νόμος)은 모세율법이라기보다는 성령 혹은 죄와 사망이 우리의 삶을 규제하는 원칙으로 작용하는 것임을 말하는 것 같다.[31] 그리스도 안에 있는 자에게 정죄함이 없다는 선언은 바로 이런 해방의 사건이 예수 그리스도 안에서 이루어진다는 것을 말한다. 이것은 바울이 로마서 6장과 7장에서 상세하게 설명한 바와 같이, 우리가 그리스도의 죽음에 동참하여 죄와 율법에 대해 죽었고 따라서 죄와 사망의 지배에서 벗어났다는 사실을 말한다. 3-4절은 이러한 해방의 과정을 묘사한다. 하나님은 그 아들을 육신의 모양으로 보내어 "속죄제물"(περὶ ἁμαρτίας)로 삼음으로써[32] 죄가 다스리는 근거였던 "육신에서"(ἐν τῇ σαρκι)(우리 아닌) "죄를 정죄하였다"(κατέκρινεν τὴν ἁμαρτίαν).[33] 이렇게 하여 우리는 죄의 지배에서 벗어나 새로운 삶으로 옮겨왔고, 따라서 이제는 우리들

Stendahl, *Paul Among Jews and Gentiles* (Philadelphia: Fortress, 1976), 92-94. 문제의 핵심이 죄라는 점에서 율법이 혐의를 벗는 것은 맞지만, 그 결과 율법은 또한 우리의 문제를 해결할 수 없는 "연약한" 것으로 드러난다. 이것을 두고 변호라고 말하기는 어려울 것이다.

31) Byrne, *Romans,* 215: "a new norm and possibility."

32) Cf. LXX 레위기 5:6, 15; 시 39:7; 사 53:10. "죄"라기보다는 "속죄제물"이라는 의미일 것이다. Jewett, *Romans*, 484. 물론 "죄와 관련하여"라고 해석하여도 의미상 무리가 없다. 물론 여기에는 죄의 다스림을 종식시켰다는 의미가 담겨있다(6:7-10).

33) "죄를 정죄하였다"는 역설적 표현은 1절에서 그리스도 안에 있는 자들에게는 더 이상 "정죄함이 없다"는 말을 염두에 둔 것이다. 그리스도의 십자가를 통해 하나님은 우리들이 아니라 죄를 정죄하셨다.

에게 "율법의 요구가 이루어지게"(τὸ δικαίωμα τοῦ νόμου πληρωθῇ ἐν ἡμῖν) 되었다는 것이다. 물론 우리들에게 율법의 요구가 이루어지는 것은, 우리가 "육신을 따라서"가 아니라 "성령을 따라서" 행한다는 사실에 있다. 죄/육신의 다스림에서 벗어나 이제 성령을 따라 율법의 요구를 이루게 되므로, 우리에게는 더 이상 정죄가 있을 수 없는 것이다(Cf. 1:32; 2:26).[34]

여기서 그리스도를 통해 하나님이 행하신 일은 "율법의 무능함"(το ἀδύνατον)과 극명한 대조를 이룬다. 율법은 그 자체로 선한 것이기는 하지만 "육신으로 말미암아 연약하다"(ἐν ᾧ ἠσθένει διὰ τῆς σαρκός). 약하고 무능하다는 것은 육신에 작용하는 죄를 다스리고 율법의 선한 요구를 이루도록 할 능력이 없다는 뜻이다. 이것은 바울이 율법을 "의문/문자"로 규정함으로써 전달하고자 했던 바로 그 점이다. 이와는 달리, 하나님은 자신의 아들을 속죄제물로 보냄으로써 죄 자체를 정죄하는 일을 하셨고, 그를 통해 우리들에게 율법의 요구가 이루어지도록 할 수 있었다. 바울은 이러한 하나님의 능력있는 행동을 두고 "생명의 성령"이 죄와 사망에서 우리를 해방한 것이라고 말한다. 성령이란 곧 율법/의문의 무력함과는 달리, 율법의 요구를 이루어지게 할 수 있는 하나님의 능력을 가리키는 것이다(1:16!).[35]

우리에게 율법의 요구가 이루어지는 것은 우리가 "육신을 따라서" 살지 않고 "성령을 따라서" 살기 때문이다. 이어지는 구절에서는 이 "성령-육신"의 반제 구도 속에서 현재 우리의 삶을 기술하면서, 왜 우리가 성령을 좇아 살아가야 하는지 말하고 있다. 먼저 5-8절은 뒤따라 올 권면에 대한 배경이다. 5절은 인간의 존재와 삶의 방식("생각") 사이이 필연적 관계를 밝힌다. 그 존재가 육신으로 결정되는 사람들(οἱ κατὰ σάρκα ὄντες)은 육신의 일을 생각할 것이며, 그 존재가 성령에 의해 결정되는 사람은 성령의 일을 생각할 것이다. 6절은 인간의 삶의 태도와 종말론적 운명

34) Stuhlmacher, *Romans*, 47; Cranfield, *Romans I*, 383-384.

35) 바울은 갈라디아서에서도 역시 성령의 선물이 "율법의 행위"를 통해서가 아니라 "듣고 믿음"으로 주어진 것임을 역설한다. 의의 소망을 기다리는 일은 성령으로 가능하다(5:5). 여기에 율법의 치명적 약점이 있다. 율법에서는 성령이 주어지지 않는 것이다(3:3, 5). 믿음이 칭의의 답이 되는 이유 또한 마찬가지다. 예수 그리스도의 십자가와 부활을 믿음으로 성령을 받기 때문이다(3:2, 5, 14; 4:5-6; 5:5). 졸저, *Eschatology*, 제 8장 및 『행위없는 구원?』, 134-176을 참조하라.

간의 필연적 관계를 묘사한다. "육신의 생각"(τὸ φρόνημα τῆς σαρκὸς), 곧 육신의 생각을 따라 사는 사람들은 필연 "죽음"에 이를 것이며, "성령의 생각"(τὸ φρόνημα τοῦ πνεύματος)을 따르는 이들은 "생명과 평안", 곧 종말론적 구원을 누릴 것이다.[36] 13절에서 다시 말하듯이 우리가 육신을 따라 살면 죽을 것이지만, 영으로써 몸의 행실을 죽이면 살게 될 것이다.

7-8절은 이런 필연성 배후의 근거를 설명한다. 이 대목에서 "육신-성령"의 반제는 "육신-하나님" 혹은 "육신-하나님의 법"이라는 반제로 발전한다. 육신의 생각은 하나님과 적대관계에 있다. 왜냐하면 육신의 생각은 하나님의 법에(τῷ νόμῳ τοῦ θεοῦ) 복종하지 않을 뿐 아니라 할 능력도 없기 때문이다(οὐδὲ δύναται). 따라서 육신에 속한 이들은 하나님을 기쁘시게 할 수 없다. 이를 뒤집으면, 성령의 생각은 하나님과 친화적 관계에 있는 것으로(8:27), 우리로 하여금 하나님의 법에 순종하도록 만들 능력이 있다는 말이 된다. 그래서 "영"은 우리 마음에 할례를 행할 수 있고(2:29), 우리는 "영으로써", 곧 "영의 새로움으로 섬김으로써"(7:6; cf. 6:4) "몸의 행실을 죽인다"(13절). 9절에서 바울은 이런 우주적 조건 속에서 신자들이 처한 상황을 묘사한다. 그들은 "육신 속에 있지 않고 반대로 성령 속에 있다"(ὑμεῖς δὲ οὐκ ἐστὲ ἐν σαρκὶ ἀλλὰ ἐν πνεύματι). 왜냐하면 그들 속에 하나님의 영이 거하기 때문이다(εἴπερ πνεῦμα θεοῦ οἰκεῖ ἐν ὑμῖν).

바울은 여기서 처음으로 "하나님의 영"에 관해서 말하는데, 이 하나님은 다름 아닌 부활의 하나님이다.

> 만일 **예수를 죽은 자 가운데서 일으키신 이**의 영이 너희 속에 거하시면 **그리스도를 죽은 가운데서 일으키신 이**가 너희 안에 거하시는 그의 영으로 말미암아 너희 죽을 몸도 살리실 것이다.

우리의 부활에는 하나님의 영의 임재가 결정적인데, 이 하나님은 이 한 구절에서 거푸 "예수/그리스도를 죽은 자 가운데서 일으키신" 부활의 하나님으로 묘사되고 있다.[37] 그렇다면 바울이 강조하고자 하는 바는 분명하다. 곧 부활의 하나님의 영

---

36) 2:7, 10절에서 "영생"과 "평안"은 종말론적 구원을 나타내는 개념으로 쓰이고 있다.

이 우리 속에 거한다는 것은 그리스도의 부활을 통해 역사하는 새로운 생명이 우리에게 주어진다는 것이다. 이런 의미에서 이 영은 또한 "그리스도의 영"이기도 하다. 하나님의 영/그리스도의 영이 우리 속에 거한다는 것은 그리스도께서 우리 속에 거하신다는 말과 사실상 같다(갈 2:20). 그리스도와의 연합을 통해 하나님의 부활의 능력, 부활의 생명이 우리에게 역사한다는 것이다.[38]

V. 성령과 미래

이미 언급한 것처럼, 11절의 동사가 미래시제로 되어있다는 사실에서 알 수 있는 바와 같이 바울의 사상에서 온전한 부활은 미래에 속한다(6:5, 8; 빌 3장; 고전 15장). 하지만 매우 실제적인 의미에서 이 부활의 생명은 이미 우리들 속에 역사하며, 따라서 우리는 현재에도 "생명의 새로움으로 행하게" 되었다(6:4). 우리는 우리 자신을 "죄에 대하여는 죽은 자요 그리스도 예수 안에서 하나님을 향하여 산 자로 여기도록" 요청받는다(6:11). 바로 이러한 "신학적 현실"에 근거하여 우리는 이 신학적 현실을 우리의 삶에서 드러나는 "구체적 현실"로 만들라는 하나님의 요구 아래 놓인다(6:12-23; 8:12-17). 곧 우리는 "빚진 자들"이다. 하지만 더 이상 "죄 아래 팔려 육신에 속한"(7:14) 사람들이 아니라 하나님께 빚을 진 자들이다. 죄의 댓가는 언제나 사망이며, 육신대로 살면 죽음에 이른다는 사실은 변하지 않는다(8:13; cf. 2:6-11; 6:23). 하지만 이제 우리는 "하나님의 종"이 되어, "영으로 몸의 행실을 죽이며", 부르심의 목표인 영생을 향해 나아간다(6:22-23; 8:13; 갈 5:16-26; 6:7-9). 이런 의미에서 현재 우리가 누리는 부활의 생명은 미래 우리가 누릴 미래의 생명과 "종말론적 필연"이라는 관계로 묶여있다.[39] 종말론적 필연의 관계에서 성령은, 우리 삶을 인

---

37) 아브라함의 믿음이 "죽은 자를 살리시며 없는 것을 있는 것같이 부르시는" 하나님을 믿는 것이었고, 우리의 믿음은 "예수 우리 주를 죽은 자 가운데서 살리신 이"를 믿는 믿음이다 (4:17, 24).

38) 바울은 고린도전서 15장에서 아담과는 달리 마지막 아담 그리스도는 부활을 통해 "생명을 주는 영"이 되셨다고 말한다(45절).

39) 갈라디아서 6:7-9과 고전 15장에서처럼 바울은 이를 종종 "씨뿌림과 거둠"의 이미지로 표현

도하는 길잡이요(8:3, 14), "몸의 행실을 죽이는" 능력(8:13), 곧 "새로운 섬김"의 방식으로서(7:6) 작용함으로써, 현재의 생명과 미래의 영생을 연결하는 고리가 된다.[40]

14절 이하에서는 구원의 이런 종말론적 구도가 "하나님의 아들"이라는 개념을 통해 설명된다. 하나님의 영이 우리를 인도한다는 것은 곧 우리가 하나님의 아들들이 되어 그를 "아바 아버지"(αββα ὁ πατήρ)로 부르게 되었다는 것이다(14절). 왜냐하면 우리가 받은 영은 "종의 영"(πνεῦμα δουλείας)이 아니라 "양자됨의 영"(πνεῦμα υἱοθεσίας)으로서, 우리가 하나님의 자녀됨을 우리 영과 더불어 증거하는 분이기 때문이다 (16절). 하지만 이 양자됨은 순간에 완성되는 변화는 아니다. 우리는 하나님의 아들들이 되도록 "부르심을 받은" 것이며(28-30; 엡 1:4-5!), 창세 전부터 예정된 이 부르심의 내용은 우리들이 "그 아들의 형상을 본받는"(συμμόρφους τῆς εἰκόνος τοῦ υἱοῦ αὐτου) 것이다(29절). 이 아들은 곧 첫 아담의 불순종을 극복하고 두 번째 아담, 곧 인류의 대표로서 참된 순종의 모습을 보이신 바로 그 아들을 말한다 (5:12-21). "순종"으로 집약되는 그리스도의 형상을 본받는 과정이라는 면에서 우리의 "양자됨"은 아직 "인내하며 기다려야 할" 소망에 속한다(23-25절; 이것이 6장의 내용이다). 우리는 바로 이 소망에로 부르심을 받았으며, 이것을 달리 표현하여 바울은 우리가 "양자의 영"을 받았다고 말하는 것이다. 어떤 면에서 하나님의 아들됨은 다소 "잠정적인" 개념이다. 이 잠정적 성격을 드러내는 것이 바로 "상속자" 개념이다. 아들됨이 중요한 것은, 오직 아들만이 "하나님의 상속자" 곧 하나님이 약속하신 미래의 상속자가 될 수 있기 때문이다(cf. 갈 3:29; 4:7, 21-31).[41] 우리가 양자의 영을 받아 아들들이 되었고, 그래서 우리는 "맏아들"(29절)이신 그리스도와 더불어 "공

한다.

40) 많은 주석가들은 영생을 현재의 "생명의 새로움"과 긴밀히 연결하면서 논증의 미래종말론적 흐름을 상대화시키고 있다. 가령, Jewett, *Romans*, 424-425, 487, 494-495. 현재의 삶과 그 종말론적 필연적 결과를 설명하는 대목에서 그 결과인 영생을 "현재 성도들이 누리는 것으로 미래에까지 계속되는 존재의 충만함"이라고 정의하는 것은 바울의 의도와 맞지 않는다. 바울이 말하는 종말론적 결과는 "영생"이지 현재 이미 누리는 영생의 충만함이 아니다. 위에서 언급한 것처럼, 뿌림과 거둠의 그림언어를 활용하는 갈라디아서 6:7-9절은 이를 잘 보여준다.

41) 본문에서 바울의 관심사가 "재산의 소유"가 아니라 "관계"라는 Jewett의 주장은 "구원"(1:16; 5:9-10; 8:17-18)에 대한 바울의 관심을 고려해 볼 때, 설득력이 떨어진다. *Romans*, 501.

동상속자들"(συγκληρονόμοι δὲ Χριστοῦ)이 되었다(17절). 이 미래는 아직 드러나지 않은 것이며(23-25절), 그래서 우리는 이 소망을 바라보고 현재 "고난"의 삶을 인내한다(17절; 5:3-5).

앞에서 우리는 그리스도가 하나님의 아들로 인정된 것이 부활의 능력, 곧 성령을 통한 것이었음을 보았다(1:4). 바울은 바로 이 부활의 능력을 나타내는 성령, 곧 "예수를 죽은 자 가운데서 일으키신 이의 영"이 바로 우리를 하나님의 자녀 되게 하는 "양자의 영"이라고 말한다. 성령은 어떻게 기도해야 할지 모르는 성도들을 위해 친히 "하나님의 뜻을 따라"(κατὰ θεὸν) 간구하신다. 왜냐하면 "마음을 살피시는 이"는 육신의 생각과는 원수가 되지만, 성령의 생각은 "아시기" 때문이다(27절; cf. 고전 2:6-16). 그러기에 우리는 성령으로 몸의 행실을 죽일 때, 하나님의 법에 순종할 수 있게 되는 것이다. 이렇게 하여 우리는 아담의 불순종을 극복하고 참된 순종의 모습을 보이신 하나님의 아들(5:12-21)의 형상을 본받게 된다. 이런 의미에서 성령은 우리 구원의 "첫 열매"가 된다(8:23). 이는 분명 성령 자체가 우리의 구원을 무조건적으로 보장해준다는 의미에서가 아니다. 오히려 이것은 성령이 우리에게 "마음의 할례"를 행하고(2:29), 우리로 하여금 "생명의 새로움으로 섬기도록"(7:6), 곧 "영으로써 몸의 행실을 죽이도록"(8:13) 역사한다는 의미에서이다. 곧 우리가 "하나님을 위해 열매 맺도록"(7:4) 함으로써 우리로 하여금 "그 아들의 형상을 본받는"(8:29) 자녀들이 되도록 인도하는 분이라는 의미에서이다. 성령은 우리로 하여금 하나님의 부르신 뜻을 알고, 거기에 우리의 삶을 "맞추도록"(갈 5:25) 하며, 바로 그런 의미에서 성령은 우리가 그 부르심의 목적에 도달할 수 있도록 하는 구원의 "보증", 곧 현재와 미래의 연결고리로 역사한다(고후 5:5; 엡 1:14). 다름 아닌 성령이 우리 소망의 근거가 되는 것이다(cf. 5:5).[42]

> 소망의 하나님이 모든 기쁨과 평강을 믿음 안에서 너희에게 충만케 하사 성령의 능력으로 소망이 넘치게 하시기를 원하노라(15:13).

---

42) 갈라디아서에서 바울은 우리가 "성령으로 의의 소망을 기다린다"고 말한다(5:5). 이 구절에 관해서는 졸저, *Eschatology*, 제8장을 참조하라.

참고문헌

권영경, 『행위없는 구원? - 새롭게 읽는 바울의 복음』, 서울: SFC, 2006.

전정진, "이스라엘의 회개와 갱신에서 마음의 할례의 역할과 종말론," 『회개와 갱신』, 평양대부흥 운동 100주년 기념 성서학 학술 심포지엄 논문집, 서울: 한국신학정보연구원, 2007.

Ferguson Sinclair B., 『성령』, 김재성 역, 서울: IVP, 1999.

Becker Jürgen, *Paulus: Der Apostel der Völker*3. Tübingen: Mohr Siebeck, 1998.

Byrne Brendon, *Romans*. Collegeville: Liturgical Press, 1996.

Cranfield C. E. B., *Romans I*. Edinburgh: E&T Clark, 1979.

Donfried K., *The Romans Debate*. Peabody, MA: Hendrickson, 1991.

Dunn James, *Romans 1-8*. WBC. Waco, TX: Word, 1988.

Fee Gordon D., *God's Empowering Presence: The Holy Spirit in the Letters of Paul*. Carlisle: Paternoster Press, 1995.

Jewett Robert, *Romans*. Hermeneia. Minneapolis: Fortress, 2007.

Käsemann Ernst, "The Spirit and the Letter" in trans. Margaret Kohl, *Perspectives on Paul*. London: SCM, 1971.

Käsemann Ernst, *Commentary on Romans*. Trans. Bromiley G. W., Grand Rapids: Eerdmans, 1980.

Kim KyongSik, "God Will Judge Each According to His Works: the Investigation into the Use of Psalm 62:13 in Early Jewish Literature and the New Testament.", Ph. D. diss. University of Aberdeen, 2005.

Moo Douglas, *The Epistle to the Romans*. NICNT., Grand Rapids: Eerdmans, 1996.

Seifrid Mark A., *Christ, our Righteousness: Paul's Theology of Justification*. Downers Grove, IL: IVP, 2000.

Stendahl K., *Paul Among Jews and Gentiles*. Philadelphia: Fortress, 1976.

Stuhlmacher Peter, *Paul's Letter to the Romans*. Trans. Scot Hafemann, Louisville: Westminster/John Knox Press, 1994.

Thielman Frank, *Paul and the Law*. Downers Grove, IL: IVP, 1994.

초대교회의 두 지도자 바울과 베드로

-갈라디아서 2:11-21절에 대한 연구-

최 갑 종
(백석대학교, 신약학)

I. 들어가는 말

오랫동안 고신대학교에서 신약학교수로, 총장으로 재임한 황창기 박사는 필자의 가까운 선배이다. 필자는 재학시절 황창기 박사와 함께 몇 년 동안 신학사전편집에 관여하면서 깊은 교분을 쌓았고, 미국 유학시절에도, 그리고 귀국한 이후에도 친분을 계속 유지하였다. 그의 정년 은퇴를 기념하는 논문에서 필자는 갈라디아서 2:11-21절의 본문을 중심으로 초대 교회의 대표자인 사도 베드로와 바울의 모습을 살펴보고, 오늘 우리교회에 필요한 참된 지도자는 어떤 사람인가에 관한 교훈을 얻고자 한다.

갈라디아서 2:11-21절에는 사도 바울이 안디옥교회에서 사도 베드로를 공개적으로 책망한 사건이 소개되어 있다. 소위 "안디옥 사건"으로 알려진 이 사건은 지난 2천년의 기독교 역사를 통하여 해석하기 어려운 난 문제 중의 하나로 알려져 왔고, 적지 않은 학자들의 관심의 대상이 되기도 했다.[1] 왜냐하면 이 사건은 신약성경에

---

1) 최갑종, "바울과 베드로 그리고 안디옥교회," [바울 연구 1] (서울: 기독교 문서 선교회, 1992), 42-54; "안디옥 사건 (갈 2:11-14)," [바울 연구 2) (서울: 기독교 문서 선교회, 1997), 261-283; 이한수, "안디옥 사건과 바울의 이신칭의의 복음," [바울신학 연구] (서울: 총신대학교 출판부, 1993), 99-149; James D.G. Dunn, "The Incident at Antioch (Gal. 2:11-18)," in *Jesus, Paul and the Law* (Louisville: Westminster, 1990), 129-182; John M. G. Barclay, "The

서 유일하게 후배 사도인 바울이 선배 사도인 베드로를, 그것이 사적인 자리에서가 아니라 모든 교회 회중이 있는 공적인 자리에서, 공개적으로 책망한 사건이기 때문이다. 어떤 사람들은 이 안디옥 사건을 두고 바울의 정당성을 옹호하기도 하고, 어떤 사람들은, 바울이 베드로에게 너무 지나친 행위를 하였다고 말하면서, 베드로를 옹호하기도 한다. 필자는 이 안디옥 사건과 관련해서, 누가 잘하고 못했느냐를 판가름하기보다, 첫째, 안디옥 사건의 역사적 배경을 살펴보고, 둘째, 안디옥 사건에 대한 바울의 반응을 살펴보고, 셋째, 왜 바울이 이 안디옥 사건을 갈라디아교회에 보낸 그의 편지 가운데 수록하게 되었는가를 살펴보고, 마지막 넷째, 이 안디옥 사건이 오늘 우리들에게 주는 메시지가 무엇인가를 살펴보고자 한다.

Ⅱ. 안디옥 사건의 역사적 배경

사도 베드로는 예수님의 12제자 중 대표적인 제자였고, 모든 기독교 교회의 어머니 교회라고 말할 수 있는 예루살렘교회를 세우는데 결정적인 역할을 한 대표적인 초대 기독교 지도자였다. 예루살렘교회는 사실상 오순절 성령 강림날 베드로의 설교를 통해서 회개한 삼천 명의 신자들을 중심으로 형성되었다(행 2:14-41). 기독교 역사상 최초의 교회로 볼 수 있는 이 예루살렘교회는 인종적으로 볼 때 유대인 신자들로 구성된 교회였다. 오순절 사건 이후 예루살렘교회가 계속 성장 발전해가면

Antioch Episode and Justification of Faith," in *Obeying the Truth* (Edinburgh: T. & T. Clark, 1988), 76-83; Peter J. Tomson, "The Antioch Incident," in *Paul and the Jewish Law* (Minneapolis: Fortress, 1990), 222-230; P.C. Böttger, "Paulus und Petrus in Antiochien: Zum Verständnis von Galater 2.11-21," *NTS* 37 (1991): 77-100; Sabbas Agourides, "Peter and Paul in Antioch (Galatians 2,11-21)," in *The Truth of the Gospel (Galatians 1:1-4:11)* (Rome: Benedictina, 1993), 59-90; Mark D. Nanos, "Peter's Hypocrisy in the Light of Paul's Anxiety," in *The Mystery of Romans* (Minneapolis: Fortress, 1996), 337-371; L. Ann Jervis, "Peter in the Middle: Galatians 2:11-21," in *Text and Artifact in the Religions of Mediterranean Antiquity: Essays in Honor of Peter Richardson,* ed. Michel R. Desjardins and S. G. Wilson (Waterloo: Wilfrid Laurier University, 2000), 45-62; David E. Garland, "Paul's Defense of the Truth of the Gospel Regarding Gentiles (Galatians 2:15-3:22)," *RevExp* 91 (1994): 165-81; Udo Schnelle, Trans. M. Eugene Boring, *Apostle Paul. His Life and Theology* (Grand Rapids: Baker Academics, 2005), 132-37.

서 유대교로부터 핍박을 받게 되었다. 왜냐하면 유대교에서 볼 때, 예루살렘교회를 중심한 기독교 운동은, 유대교의 양대 기둥인 율법과 성전보다 유대교가 거짓 메시야로 간주하여 십자가에 처형하였던 나사렛 예수를 유대인들이 오랫동안 기다려왔던 참된 메시야로 추종하는 운동이었기 때문이다.[2)]

예루살렘교회를 핍박하는데 앞장을 섰던 사람은 당시 유대교 보존에 가장 앞장을 서고 있던 바리새파 운동의 지도자인 사울/바울이었다(행 8:1-3; 갈 1:13-14).[3)] 사울의 핍박으로 예루살렘교회 교인들은 유대 전 지역으로 흩어지기 시작했고, 이들 흩어진 신자들 가운데 일부가, 특별히 디아스포라 유대인 출신 신자들이, 팔레스틴 서북쪽에 있는 안디옥 지역까지 올라가 그곳에 있는 디아스포라 유대인들에게 복음을 전파하기 시작하였다. 그러다가 나중에 그곳에 사는 주민들, 곧 유대인이 아닌 이방인들에게도 복음을 전파하기 시작하여, 기독교 역사상 유대인과 이방인으로 구성되는 최초의 교회인 안디옥교회가 탄생하였다(행 11:19-21).[4)] 예루살렘교회는 유대인과 이방인들로 구성된 이 안디옥교회에 큰 관심을 가졌고, 디아스포라 출신 유대인 바나바를 안디옥교회의 목회자로 파송하였다(행 11:22-24). 예루살렘교회로부터 파송 받은 바나바는, 당시 다메섹 사건을 통하여 이미 기독교 박해자에서 기독교 복음 전파자로 전환하여 열심히 선교 활동을 하고 있던 바울을 초청하여, 팀 목회를 하였다. 바울이 안디옥교회의 공동목회자로 초청된 이후 안디옥교회는 바울이 다메섹 사건을 통해서 받은 이신칭의(以信稱義)의 복음, 곧 구원문제에 있어서 유대인의 특권을 배제하고, 유대인이나 이방인의 구분 없이 누구든지 예수 그리스도를 믿음으로 그리스도 안에서 구원받은 하나님의 백성이 된다는 바울의 신학에 힘입어, 급속히 성장하게 되었고, 그 지역 사람들로부터 그리스도를 따르는 무리들을 가리키는 "그리스도인"이란 호칭도 얻게 되었다(행 11:25-26). 그러나 얼마안가 유대

2) 최갑종, "바울/사울의 역사적 자리," [바울연구 2], 28-41.

3) 흔히 사도 바울의 이름이 회심 전에는 사울이었는데 다메섹 사건 이후 바울이라는 이름으로 바뀌어졌다고 말해지고 있으나, 이것은 역사적으로나, 성경적으로나 전혀 근거가 없는 잘못된 생각이다. 바울은 다소에서 로마의 시민권자로 출생하였으므로 태어날 때부터 로마 이름인 바울과 유대 이름인 사울 두 이름을 가지고 있었다. 이방인 선교를 하면서 바울은 유대적 이름인 사울보다 로마 이름인 바울을 즐겨 쓴 것뿐이다. 자세한 것은 최갑종, "바울/사울의 역사적 자리," 18 n15을 보라.

4) 최갑종, "바울과 베드로 그리고 안디옥교회," 29-36.

인과 이방인 신자로 구성된 이 안디옥교회에 예루살렘교회 출신인 유대주의자들[5] 이 찾아오게 되어 교회 안에 혼란이 일어나게 되었다.

이 유대주의자들은 구원문제에 있어서 유대인과 이방인의 동등성을 강조하는 바울의 신학을 배제하고, 여전히 유대인의 특권을 고수하려는 자들이었다. 즉 이들은 모세의 율법과 할례, 성전 등을 중심으로 사는 유대인들만이 하나님의 선택된 백성이며, 예수님은 유대인들을 위해 오신 메시야이기 때문에, 이방인들이 구원받아 하나님의 백성이 되기 위해서는 예수를 믿는 것만으로는 부족하고, 반드시 할례와 율법을 지켜 유대인화되어야 함을 주장하는 자들이었다(행 15:1-2). 이 문제 때문에 급기야 안디옥교회 안에 바울의 복음과 신학이 옳은지, 아니면 예루살렘교회에서 온 유대주의자들의 신학이 옳은지, 큰 논쟁이 일어났다. 안디옥교회는 이 문제를 해결하기 위해 바울과 바나바를 대표로 선정하여 예루살렘교회에 파송하였고(행 15:2-3), 그래서 사도행전 15장과 갈라디아서 2장 1-10절에 나타나 있는 바대로 기독교 교회 역사의 첫 번째 총회인 예루살렘 회의가 개최되었다.[6]

예루살렘 회의에서 바울은 그가 안디옥교회에서 가르쳤고, 그리고 그의 제 일차 선교 여행을 통해 전파하였던 이신칭의의 복음을 제시하였다. 예루살렘 공회는 많은 논란 끝에 유대주의자들의 신학을 거부하고, 바울의 이신칭의의 신학을 공교회의 신학으로 채택하여, 예루살렘교회와 안디옥교회의 일치는 물론, 기독교가 인종과 국경을 넘어 전 세계적으로 전파될 수 있는 토대를 마련하였다.[7] 사도행전의

---

5) 일반적으로 "유대주의자들"은 예루살렘 교회의 구성원들 중에 이방인 크리스천들에게 하나님의 백성이 되는 필수적인 조건으로 유대인화를 요구한 극우파 그룹을 지칭하는 것으로 알려져 왔다. 사도행전 15:1-2절에서 볼 수 있는 것처럼, 이들은 안디옥교회의 이방인 신자들에게 할례와 모세의 율법을 지키지 않으면 구원을 받을 수 없다고 공공연하게 주장하였으며, 갈라디아 교회에 가서는 할례와 모세의 율법은 물론, 유대절기와 유대 음식법을 따를 것을 강요하였다. 이들의 주장은 하나님의 백성이 되는데 있어서 예수 그리스도에 대한 믿음만으로는 충분하지 않다고 보기 때문에, 결과적으로 구원의 결정적인 근거가 되는 예수 그리스도의 십자가의 죽음과 부활을 상대화 시키고 있다.

6) 총신대 교수 이한수는 필자와의 안디옥 사건 논쟁 가운데서, 갈라디아서 2:1-10절이 사도행전 15장에 나오는 예루살렘 공회를 가리키지 않고, 사도행전 11:30절과 12:25절에 간단히 언급된 바울의 예루살렘교회 부조 방문과 동일시하고 있다. 하지만 대다수의 신약학자들은 갈라디아서 2:1-10절에 나타나 있는 바울의 예루살렘교회 방문과 사도행전 15장의 예루살렘 방문을 동일시한다. 자세한 논의는 최갑종, "갈라디아서 2장 연구," [바울연구 2], 237-260; Udo Schnelle, Apostle Paul, 121-135을 보라.

기록에 따르면, 바울의 이신칭의의 신학을 공교회의 신학으로 채택하는데 있어서, 사도 베드로와 야고보가 결정적인 역할을 하였다(행 15:7-21).

예루살렘 회의 후 베드로가 안디옥교회에 찾아왔다.[8] 베드로가 안디옥교회에 왔을 때 그는 예루살렘 회의에서 확립된 이신칭의의 신학에 입각하여 유대인들의 특권을 찾지 않고 이방인 신자들을 유대인신자들과 동등하게 받아들였다. 그는 유대인이었음에도 불구하고, 안디옥에서 유대인들의 삶의 방식인 정결법과 음식법을 고수하지 않고 이방인 신자들의 삶의 방식을 따라 생활하는 전향적인 모범을 보여주었다.[9] 예루살렘교회의 대표적 지도자인 베드로가 안디옥교회에서 이방인 신자들과 함께 교제하며 음식을 나눈 일련의 행위는, 이신칭의의 신학을 교회에서 모범적으로 생활화하였다는 점 때문에, 목회자인 사도 바울에게는 물론, 안디옥교회의 이방인 신자들에게 큰 감명을 주었을 것이다.[10]

안디옥교회 안에 신학적 불일치가 있었을 때 교회가 혼란했다. 그러나 신학적 일치가 이루어졌을 때, 그리고 그 일치가 교회를 통해서 생활화되었을 때, 교회는 잃었던 평화를 되찾게 되었다. 그러나 신학이 교회를 통해서 계속해서 생활화하는 것이 중단이 되자 교회는 또다시 혼란에 빠지고 말았다.[11] 즉 베드로가 안디옥에 와서 처음에 예루살렘교회에서 합의된 신학, 이신칭의의 복음을 따라 이방인 신자

---

7) J. Lambrecht, "University and Diversity in Galatians 1-2," in *Pauline Studies* (Leuven: Leuven University Press, 1994), 177-192.

8) 우리는 베드로가 안디옥교회를 찾아 온 이유를 정확하게 알 수는 없다. 아마도 베드로가 고넬료 가정을 전도한 이후 이방인들에게 새로운 관심을 갖게 되어졌고, 그리고 최근의 예루살렘 교회 회의를 통하여 이방인들에게 할례없는 복음을 전할 수 있는 신학적 토대가 확립되었기 때문에, 미래의 이방인 선교를 염두에 두면서 이방인들과 유대인 신자들로 구성된 안디옥교회를 찾아오게 된 것 같다.

9) 주후 1세기 팔레스틴 유대인들에게 있어서, 하나님의 선민인 유대인과 죄인인 이방인의 삶을 구분하게 하는 정결법과 음식법은, 유대인들의 민족적, 종교적, 사회 문화적 정체성의 보류였다. 베드로가 처음에 고넬료가정에 가지 않으려고 했던 주된 이유도 바로 여기에 있었다(행 10:28; 11:3). 자세한 내용은 다음을 참고하라: E.P. Sanders, *Judaism: Practice & Belief. 63BCE-66CE* (London: SCM, 1992), 213-240.

10) Cf. R. Jewett, "Gospel and Commensality: Social and Theological Implications of Galatians 2.14," in *Gospel in Paul. Studies on Corinthians, Galatians and Romans for Richard N. Longenecker,* ed. L. A. Jervis and P. Richardson (JSNTS 108; Sheffield: Sheffield Academic Press, 1994), 240-253.

11) P. N. Tarazi, *Galatians* (Crestwood: St. Vladmir's Seminary Press, 1994), 76.

들을 차별하지 않고 그들과 함께 교제의 식탁을 가졌을 때 안디옥교회는 성도 상호 간에, 그리고 목회자와 성도 간에 평화와 사랑을 유지하였다. 그러나 예루살렘교회의 야고보로부터 사람들이 안디옥교회에 찾아오자마자 모든 것이 변하기 시작했다. 베드로는 그들을 두려워하여 음식 먹던 자리에서 일어났다. 베드로가 일어나자 그 자리에 있었던 유대인 신자들도 일어났고, 마침내 바울의 동역목회자인 바나바까지 일어나게 되었다.

베드로의 행동이 있기까지 안디옥교회는 이신칭의의 복음에 따라 유대인신자들과 이방인 신자들 사이에 어떠한 차별을 두지 않았다. 유대인신자들도 이방인 신자들과 아무런 거리낌 없이 음식을 같이 먹었고, 서로 교제를 나누었다. 그러나 베드로의 행동은 유대인신자들에게 자신들의 행동이 잘못된 것이라는 생각을 불러일으켰다. 베드로의 행동은 처음부터 하나님의 선택된 백성인 유대인신자들과, 할례와 율법을 지키지 않은 죄인인 이방인 신자들 사이에는, 엄연히 질적인 구분이 있을 수밖에 없다는 사실을 웅변적으로 보여주고 있기 때문이다.[12] 베드로의 행동은 무엇보다도 안디옥교회의 이방인 신자들에게 엄청난 충격을 불러 일으켰다. 베드로의 이와 같은 행동이 있기 전까지 이방인 신자들은 바울의 가르침을 따라 예수 그리스도 안에서 유대인과 이방인 사이의 장벽이 무너졌다고 생각해왔으며, 자신들이 유대인들과 동등한 하나님의 언약백성이라고 생각해 왔다. 그들은 지금까지 바울의 가르침을 따라 구원 받는 하나님의 언약백성이 되는데 있어서 예수 그리스도에 대한 믿음만으로 충분하다고 생각해 왔다. 그러나 베드로의 행동은, 언약백성인 유대인들 입장에서는 그들이 여전히 죄인이며, 예수 그리스도를 믿는 믿음만으로는 충분하지 못하다는 것을 보여주었기 때문이다.[13]

---

12) 보다 자세한 것은 최갑종, "바울과 베드로 그리고 안디옥교회," 42-7을 보라.

13) 우리는 야고보가 사람들을 안디옥에 보낸 것은 이방인 신자들의 행동 때문에가 아니라, 베드로와 다른 유대인 신자들이 음식과 정결에 관한 유대인들의 규례를 져버리는 위험 아래에 있었기 때문이었을 것이다. 당시 바리새파에 가까운 자로 평판을 받고 있는 야고보의 입장에서 볼 때(Josephus, *Ant.*, 20.199-203), 베드로의 행동은 너무 자유분방한 것으로 여긴 것 같다. 그러므로 야고보는 자기 사람들을 베드로에게 보내어, C. C. Hill, *Hellenists and Hebrews: Reappraising Division within the Earliest Church* (Minneapolis: Fortress, 1992), 141에서 지적한 "당신은 우리가 예루살렘에서 이러한 일에 관하여서는 동의하지 않았다는 사실을 상기하여야 할 것이요. 이방인들이 유대인들처럼 생활하지 않아도 된다고 해서, 그것이 결코 유대인들이 이방인처럼 자유롭게 살아야 한다는 것을 뜻한 것은 아니었소"라는 메시지를 전달하려한

다메섹 사건 이후 오직 바른 신학, 바른 복음을 전파하고 그 위에 바른 교회를 세우려고 노력해 왔던 바울의 입장에서 볼 때(갈 1:10-12), 베드로의 행동은 도무지 그냥 넘어갈 수 없는 사건이었다. 그것은 바울이 다메섹 사건을 통해서 받은 이신칭의의 복음, 예수 그리스도의 십자가 사건이 사느냐, 죽느냐하는 사건이며, 안디옥교회의 평화가 유지되느냐, 무너지느냐하는 사건이며, 유대인과 이방인 신자들이 예수 그리스도 안에서 하나가 될 수 있느냐, 없느냐하는 사건이기 때문이다.[14] 베드로는 그의 행동을 통해서, 예루살렘 총회에서 그가 동의했던 그 이신칭의의 복음을, 예루살렘교회와 안디옥교회를 하나 되게 함은 물론, 바울이 개척한 모든 이방인 교회를 하나로 묶게 하였던 그 신학을, 스스로 무너뜨리고 있기 때문이다.[15] 그래서 바울은 교회 현장에서 베드로를 공개적으로 책망하고, 그의 문제점을 지적하지 않을 수 없었다.

Ⅲ. 바울의 반응(2:13-21)

베드로의 행동에 대한 바울의 반응은 크게 두 가지이다. 하나는 2:11-14절에 나타나 있는 것처럼, 바울이 베드로의 행동의 부당성을 지적하고, 그를 직접 책망한 부분이다. 또 하나는 2:15-21절에 나타나 있는 것처럼, 바울이 베드로의 행동과 관련하여 현장에 있었던 모든 사람들을 향해 한 스피치부분이다. 2:11-14절의 책망 부분에서 바울은 직접 베드로를 향해 그가 "스스로 책망을 받을

것 같다. 예루살렘에 있는 대다수의 유대인 신자들은, 비록 그들이 메시아 예수 운동에는 동참하였다고 할지라도, 여전히 충실한 유대인으로서 살아야한다는 생각을 견지하고 있었으며, 주후 1세기 중엽의 사회-정치적 상황이 예수 운동에 참여한 유대인들에게 스스로 충성된 유대인임을 나타내도록 하는 외부적인 압력이 있었다는 점을 고려해 본다면, 베드로에 대한 야고보의 메시지나, 야고보에 대한 베드로의 응답은 충분히 이해될 수도 있다. 하지만 바울의 관점에서 볼 때, 베드로의 행동은, 바울의 복음과 사도직은 물론, 바울의 복음 위에 토대를 두고 있는 이방인 신자들의 새로운 정체성과 삶을 위협하는 것이었다.

14) John Barclay, *Obeying the Truth*, 77.

15) Paul E. Koptak, "Rhetorical Identification in Paul's Autobiographical Narrative. Galatians 1.13-2.14," *JSNT* 40 (1990), 107.

일을 한 것"(κατεγνωσμένοςνος ἦν[16])(2:11)으로, "남은 유대인 신자들과 바나바로 하여금 자신의 위선적인 행위에 동참하도록 한 것"(συνυπεκρίθησαν αὐτῷ [καὶ] οἱ λοιποὶ Ἰουδαῖοι, ὥστε καὶ Βαρναβᾶς συναπήχθη αὐτῶν τῇ ὑποκρίσει)(2:13)으로, "그와 다른 사람들이 복음의 진리를 따르지 않은 일을 한 것"(οὐκ ὀρθοποδοῦσιν πρὸς τὴν ἀλήθειαν τοῦ εὐαγγελίου)(2:14a),[17] "이방인 신자들을 억지로 유대인의 삶을 살도록 강요한 일"[18](2:14b)로 각각 규정한다.

2:15-21절의 스피치 부분에서는 한편으로 베드로에 대한 책망부분을 보다 더 자세하게 설명하고, 또 다른 한편으로 안디옥 사건에 대한 바울의 해결책을 제시한다. 전자는 직접 베드로를 향한 부분이라고 한다면, 후자는 베드로나 베드로와 함께 한 자들은 물론 그 밖의 청중들과, 그리고 갈라디아 교인들을 염두에 두고 말한 부분이다.[19] 전자는 안디옥교회에서 무엇이 일어났는가 하는 안디옥사건 그 자체에 대한 해명이라고 한다면, 후자는 전자에 대한 신학적 의미와 그 적용을 보여주고 있다. 2:15-21절의 스피치는 두 부분으로 나누어진다. 첫째, 바울이 주로 자신과 베드

---

16) 이 말은 요 1서 3:20-21절을 제외하고는 신약에서 오직 갈라디아서 2장에서만 사용되고 있다. 이 단어는 하나님 앞에서 그 자신의 불일치한 행동 때문에 스스로 정죄 받는 것을 뜻한다. 참고. J. B. Lightfoot, *Saint Paul's Epistle to the Galatians* (London: Macmillian, 1896), 111; E. De Witt Burton, *A Critical and Exegetical Commentary on the Epistle to the Galatians* (Edinburgh: T. & T. Clark, 1921), 103; F. F. Bruce, *The Epistle of Paul to the Galatians* (Grand Rapids: Eerdmans, 1982), 129; R. N. Longenecker, *Galatians* (Dallas: Word, 1990), 72; Ben Witherington Ⅲ, *Grace in Galatia. A Commentary on Paul's Letter to the Galatians* (Grand Rapids: Eerdmans, 1998), 151-52.

17) 동사 ὀρθοποδοῦσιν는 신약에서 오직 이곳에만 한번 나타나는 단어이다. 이 구절의 다른 적절한 번역은 "그들은 복음의 진리에 대한 바른 길을 걷고 있지 않고 있었다"(BAG)가 될 수도 있다. 참고. G. D. Kalpatrick, "Gal. 2.14. ὀρθοποδοῦσιν in *Neutestamentliche Studien*," BZNW 21 (Berlin: Töpelman, 1957), 269-274.

18) 동사 αναγκάζει"는 바울이 디도의 할례 문제를 말하는 3절에서도 사용되고 있다. 베드로는 디도가 예루살렘에 왔을 때 그를 할례 받도록 강요하지는 않았다. 그러나 이제 베드로는 자신의 행동을 통해서 이방인들이 유대적 음식법을 준수할 것을 강요하고 있다. 여기 단어 ἰουδαιζειν는 신약에서 여기에만 단 한번 나타나는 단어인데, 바울이 베드로를 책망한 것을 이해하는데 있어서 열쇠가 되는 중요한 단어이다.

19) Sam K. Williams(*Galatians*, 61)은 바르게 이점을 지적한다: "2:15-21절이 안디옥에 있는 게바에 대한 바울의 계속적인 응답이냐, 아니면 특별히 갈라디아 교인들을 위한 진술이냐 하고 묻는 것은 잘못된 택일을 강요하는 것이다. 본문은 확실히 갈라디아 교인들을 향해 말하고 있다. 하지만 본문에서 2:14절과 15절 사이에 여하한 단절에 대한 암시를 찾을 수 없다."

로를 포함시키는 복수 일인칭 주어("우리")를 사용하여 복음의 진리, 곧 율법의 행위가 아닌 믿음으로 의롭게 된다는 사실을 강조하는 2:15-17절과, 둘째, 바울이 의도적으로 베드로를 배제시키는 단수 일인칭 주어("나")를 사용하여 이신칭의의 진리에 대한 적용, 곧 그리스도와 성령 안에서의 삶을 말하고 있는 2:18-21절이다.[20]

바울은 베드로와 자신을 포함시키는 2:15-17절의 "우리"단락에서 복음의 진리, 곧 "율법의 행위로부터"(ἐξ ἔργων νόμου)[21]가 아닌, "예수 그리스도에 대한 믿음을 통해서"(διὰ πίστεως 'Ιησοῦ Χριστου)[22] 주어진 신자의 새로운 신분에 대하여 진술

---

20) 2:15-21절의 본문에 대한 보다 자세한 분석은 M. Bachmann, *Sünder order Übertreter. Studien zur Argumentation in Gal 2.15ff.* WUNT 59 (Tübingen, 1992), 25-54를 참조하라.

21) 바울은 "율법의 행위로부터"(ἐξ ἔργων νόμου)란 말을 갈라디아서에서 6번(2:16x3; 3:2,5,10), 로마서에서 두 번(3:20,28)사용하고 있다. 바울 서신에 나타나고 있는 "율법의 행위로부터"라는 말을 바울이 무슨 의미로 사용하고 있느냐를 추적하기 위한 적지 않은 학문적 연구가 있었음에도 불구하고 아직 합의에는 도달하지 않았다. 이 용어가 구약의 LXX역에는 나오지 않고 있으나, 최근에 쿰란 문헌에서 이와 병행되는 구절들이 확인되었다(J. A. Fitzmyer, "Paul's Jewish Background and the Debate of the Law," in *According to Paul: Studies in the Theology of the Apostle* [New York: Paulist, 1993], 18-35; M. Abegg, "Paul, 'Works of the Law' and MMT," *BARev* 20 [1994] 52-55). 4QMMT의 본문은 "율법의 행위"가 모세 율법의 규정들을 가리킨다. 전통적으로 "율법의 행위"는 일종의 공로적 행위를 통하여 자신의 의를 얻으려는 시도를 가리키는 것으로 이해되어 왔으나(참고. T.R. Schreiner, "'Works of Law' in Paul," *NovT* 33 [1991]: 217-244), James Dunn을 위시한 새로운 바울 전망가들은 "율법의 행위"를 할례, 음식법, 등 유대인들의 정체성의 표지를 가리키는 것으로 보려고 한다(Dunn, "Yet Once More-'The Works of the Law'," JSNT 46 [1992]: 99-117). 저자는 율법의 행위가 단지 유대인의 정체성에만 한정되는 것이 아니라, 모세의 율법이 요구하는 모든 규정들과 관련되어 있다고 본다(참조. Jan Lambrecht, "Paul's Reasoning in *Galatians* 2:11-21," 56). 이 문제에 대한 보다 자세한 논의는 5장을 참고하라.

22) 바울이 사람이 "예수 그리스도에 대한 믿음을 통해서"(διὰ πίστεως 'Ιησοῦ Χριστου)을 통해서 의롭게 된다고 말할 때, 그는 무슨 의미로 그렇게 말하고 있는가? 바울의 서신에서 διὰ πίστεως 'Ιησοῦ Χριστου는 모두 일곱 번 나타나고 있다(갈 2:16x2; 로마서 3:22,26; 에베소서 3:12; 빌립보서 3:9). 대다수의 학자들은 διὰ πίστεως 'Ιησοῦ Χριστου를 목적격 소유격으로, 즉 그리스도에 대한 우리 인간의 믿음으로 이해한다(예를 들면, Burton, *Galatians*, 121; Cranfield, *Romans* 1, 203; Betz, *Galatians,* 118; Bruce, *Galatians,* 139; Fung, *Galatians*, 115; George, *Galatians,* 195-6; Dunn, *Galatians,* 138-9; Debbie, "ΡΙΣΤΙΣ ΧΡΙΣΤΟΥ in Galatians 2:16," *Tyndale Bulletin* 57.1 [2006]: 23-33). 하지만 최근에 몇몇 학자들은, 전통적인 이해는 우리의 의와 구원을 예수 그리스도의 신실한 십자가 사건에 두기보다도 바울이 그토록 반대하는 인간의 행위에 강조점을 두는 위험이 있을 뿐만 아니라, 당대의 헬라-유대의 일반적 용법에도, 바울의 문맥적 흐름과도 맞지 않다고 하면서 이 구절은 마땅히 주격 속격으로, 즉 예수 그리스도 자신의 믿음 혹은 예수 그리스도의 신실성을 가리키는 것으로 이해하여야 한다고 주장하고 있다(예를 들면, R. B. Hays, *The Faith of Jesus Christ. An Investigation of the Narrative Structure*

한다. 바울이 이렇게 하는 이유는, 베드로가 하나님 앞에서 유대인과 이방인을 동등하게 세우는 이 복음의 진리를 몰랐기 때문에서가 아니라, 오히려 알았고 예루살렘 회의에서 바울과 일치를 이루었음에도 불구하고, 안디옥에서 율법의 행위의 필수성을 추구한 베드로의 불일치한 행동 때문에 위협을 받았기 때문이다. 그래서 바울은 "우리"라는 일인칭 복수 대명사를 주어로 하여, 인종과 종교와 관계없이 누구든지 오직 예수 그리스도에 대한 믿음에 의해서만이 의롭게 될 수 있다는 복음의 진리를 재확인한다(2:15-16). 이것은 유대인과 이방인이 하나님 앞에서 똑같이 죄인이며, 똑같은 방법으로만 구원을 얻을 수 있기 때문에, 구원문제 혹은 언약백성의 신분 문제에 있어서 유대인이 이방인에 대한 여하한 우월감이나 민족적 특권을 가질 수 없다는 사실을 재천명하는 것이다.[23] 바울이 볼 때, 율법의 행위는 물론 율법 그 자체도 사람을 의롭게 할 수 있는 능력을 가지고 있지 않다. 왜냐하면 그들은 처음부터 의의 수단으로 주어지지 않았으며(3:11,21),[24] 오직 예수 그리스도에 대한

---

of Galatians iii.1-iv.2 [Chico: Scholars, 1983], 139-224; M. D. Hooker, "ΡΙΣΤΙΣ ΧΡΙΣΤΟΥ," NTS 35 [1989]: 321-42; Longenecker, *Galatians*, 87-88; Matera, *Galatians*, 100-101; Martin, *Galatians,* 287-88; 김병국, "바울서신에 나타난 πίστις Ἰησοῦ Χριστου의 해석," [기독신학저널] 12 [2007]: 125-146). 문법적으로는 이 두 가지 번역이 다 가능하다. 하지만 우리는 이 술어에 대한 정확한 의미를 붙잡기 위해서는 이 서신은 물론 바울의 다른 서신의 용법, 특별히 전후 문맥에서 바울이 강조하고자 하는 신학적인 흐름 등을 폭넓게 살펴 보아야할 것이다. 필자는 다음과 같은 이유에 근거하여 주격 속격보다 목적 속격으로 보는 것이 더 바람직하다고 본다. (1)바울은 그의 서신에서 단 한 번도 예수 그리스도 자신의 믿는 행위를 언급한 적이 없다; (2)갈라디아서와 로마서에서 바울에 의해 제기되는 문제는 예수 그리스도가 어떻게 믿느냐하는 것이 아니고, 사람이 어떻게 의롭게 되느냐하는 문제이다. 예를 들면, 갈라디아서 3:6절에서 바울은 아브라함이 그의 믿음에 의해 의롭게 되었다고 분명히 말한다; (3)"율법의 행위"에 대한 대칭 언어로서, "그리스도에 대한 믿음"은 하나님의 선취적인 은혜에 대한 인간의 응답으로 보는 것이 가장 자연스럽다; (4)그리스도가 주절의 동사 믿는다의 목적어라는 사실은 그리스도가 주절 전후에 나오는 절에 있는 명사 믿음의 목적으로 간주되어야할 것을 보여준다; (5)바울이 칭의의 방편으로 인간의 믿음을 강조한다고 해서 그가 믿음을 칭의의 근거로 두는 것은 아니다. 칭의의 근거는 인간이 믿는 예수 그리스도와 그의 사역이다; (6)바울에게 있어서 믿음은 사람이 자랑할 수 있는 인간의 행위가 아니고 하나님의 은혜요, 성령의 역사이다. 그 밖에 보다 자세한 것은 Dunn, "Once More ΡΙΣΤΙΣ ΧΡΙΣΤΟΥ," in Society for Biblical Literature 1991 Seminar Paper, ed. K.H. Richards (Atlanta: Scholars, 1991), 124-146; Hansen, *Galatians,* 69; Barclay, *Obeying the Truth*, 78 n8; Thomas R. Schreiner, *Paul. Apostle of God's Glory in Christ* (Downers Grove: InterVarsity Press, 2001), 215-216을 보라.

23) Udo Schnelle, *Apostle Paul*, 136-37.

믿음만이 유일한 의의 수단으로 주어졌기 때문이다.

2:18-21절의 "나" 단위에서, 바울은 예수 그리스도에 대한 믿음에 기반을 둔 그 자신의 삶에 관하여 말한다. 바울이 베드로와 자신을 포함시키는 복수 일인칭 대명사 "우리"에서 의도적으로 단수 일인칭 대명사 "나"로 전환하고 있는 사실에서, 베드로의 문제가 무엇인가를 암시한다. 즉 베드로는 이신칭의의 복음에 대하여서 바울과 함께 동의하였음에도 불구하고("우리"를 사용하고 있는 이유), 바울과 달리 그 복음의 진리를 따라 바르게 살지 못하였다는 것이다("나"를 사용하는 이유). 이 "나"부분에서 복음의 진리를 따라 살지 않고 오히려 옛 유대적 삶의 스타일로 돌아간 베드로와는 달리, 바울은 자신은 율법에 대하여, 곧 유대교의 이전 삶에 대하여 죽었으며, 그 결과 하나님에 대하여 살 수 밖에 없다는 사실을 재확인한다.[25] 바울은 계속해서 자신은 그리스도와 함께 십자가에 못 박혔기 때문에, 더 이상 자신이 살지 않고, 예수 그리스도께서 자신 안에 살고 있음을 주장한다. "그리스도께서 내 안에 사신다"는 구절은 "그리스도께서 그의 성령에 의해 내 안에 사신다"는 말의 단축어이다.[26]

안디옥 사건의 개요에 이어 나오는 바울의 스피치 문단의 가장 중요한 두 주제는 말할 필요 없이 "우리" 스피치 문단에서 말하고 있는 그리스도에 대한 믿음을 통한 "새로운 신분"과, "나" 스피치 문단에서 말하고 있는 성령에 의한 "새로운 삶"으로 요약할 수 있다. 안디옥 사건은 결국 이 두 주제를 설명하기 위한 것이다.[27] 왜냐

---

24) 비록 "율법의 행위"라는 말 그 자체가 율법주의를 뜻한다고 말할 수는 없지만, 바울이 의가 율법의 행위에 의해 주어지지 않는다고 말할 때, 그는 사실상 율법의 행위를 통하여 의를 추구하는 율법주의를 반대하고 있는 것으로 보아야 한다. Thomas R. Schreiner, *The Law and Fulfillment: A Pauline Theology of Law* (Grand Rapids: Eerdmans, 1993), 94; Winger, *By What Law?*, 130.

25) Barclay, *Obeying the Truth,* 80: "율법에 대하여 죽은 자들에게 있어서는, 유대적 삶의 방식으로부터 나오는 그 어떤 도덕적 요구 사항도 의롭고 불의한 행동을 구분하는 참된 기준이 될 수 없다."

26) Gordon D. Fee, *God's Empowering Presence: The Holy Spirit in the Letters of Paul* (Peabody: Hendrickson, 1994), 374. 역시 Matera, "Walking by the Spirit. The Letter to the Galatians," in *New Testament Ethics: The Legacies of Jesus and Paul* (Louisville: Westminster John Knox, 1996), 166.

27) Cf. Jan Lambrecht, "Paul's Reasoning in Galatians 2:11-21," in *Paul and the Mosaic Law*, 58-66.

하면 스피치 문단에 따르면, 베드로는 사실상 유대교적 삶의 방식에 돌아감으로써, 그는 그 자신도 모르게 율법의 행위에 근거하는 옛 신분과 옛 삶으로 되돌아간 반면에, 바울은 변함없이 예수 그리스도 안에서 주어진 새로운 신분과 성령 안에서 주어진 새로운 삶을 유지하였기 때문이다.[28] 안디옥 사건에 나타나고 있는 베드로의 근본 문제는 바울이 주장한 복음의 진리, 곧 이신칭의의 복음 그 자체를 거부하는 배교자의 입장에 섰다는 것이 아니다. 바울이 복음의 진리 그 자체를 말할 때는 의도적으로 베드로를 포함시키는 "우리"를 계속해서 사용함으로써, 복음의 진리에서는 바울과 베드로 사이에 서로 합의가 되었음을 강조한다. 즉 예수 그리스도에 대한 믿음으로 유대인과 이방인이 동등하게 하나님의 백성이 된다는 신분의 문제에 있어서는 바울과 베드로 사이에 서로 합의가 있었다는 것이다. 그러나 베드로는 이 복음의 진리를 마땅히 그의 전 삶을 통하여 구현시켜는 문제에 있어서, 즉 그리스도 안에서 주어진 그 자신의 새로운 신분을 성령을 통하여 새로운 삶으로 계속 나타내는 부분에 있어서 그는 실패하였다. 이것이 바로 베드로의 근본 문제이다.

Ⅳ. 안디옥 사건과 갈라디아교회

바울이 왜 안디옥 사건을 갈라디아교회에 보내는 편지에 수록하였는가? 그는 안디옥 사건을 통해서 갈라디아교인들에게 무슨 메시지를 전하려고 하는가? 바울이 일종의 영웅심에서, 자신이 선배 사도 베드로를 책망한 사건을 자랑하기 위해서, 자신이 베드로와 동급 혹은 그 이상의 사도임을 알리기 위해서 안디옥사건을 갈라디아서에 수록하였다고 보기는 어렵다. 오히려 우리는 안디옥 사건이 갈라디아교회의 문제와 밀접한 관계가 있기 때문에, 바울이 의도적으로 안디옥 사건을 갈라디아서에 수록하였다고 보아야 할 것이다.[29] 사실상 바울은 갈라디아 교인들이 이 안디옥 사건을 거울삼아 자신들 교회의 문제를 보도록 하고 있다. 이런 점에서 적지

---

28) Hansen, "A Paradigm of the Apocalypse," 200-201.

29) F. J. Matera, *Galatians* (Collegeville: The Liturgical Press, 1992), 88; Uno Schnelle, *Apostle Paul*, 135-36.

않은 신약학자들이 안디옥 사건을 갈라디아교회의 문제를 이해하는 열쇠로 간주하고 있다.[30] 이것은 결국 안디옥 사건과 갈라디아교회의 문제는 불가분리의 관계에 있다는 것을 암시한다.[31]

바울이 볼 때, 갈라디아교회에 찾아온 바울의 반대자들은, 마치 야고보의 사람들이 예루살렘으로부터 안디옥에 찾아와 베드로에게 유대적 삶의 방식을 따를 것을 요구한 것처럼, 갈라디아 교인들에게 유대적 삶의 방식, 율법의 행위를 따를 것을 요구하였다. 그러므로 안디옥 사건의 위기와 갈라디아교회 위기 사이에는 매우 밀접한 관계가 있다. 안디옥 사건은 갈라디아 교인들에게 일종의 거울이 되어 베드로의 행동을 통해서 자신들의 문제를 보게 한다. 그러므로 안디옥에서 바울이 베드로와 안디옥 교인들에게 한 스피치는 동시에, 갈라디아 교인들에게 주는 권면의 역할을 한다.[32] 이런 이유 때문에, 주석가 Betz는 2:15-21절을 서신 전체의 논제 부분(*propositio*)으로 본다.[33] 홍인규도, 그의 갈라디아서 연구에서, 2:14b-21b을 3:1-4:31절의 논증 부분과 5:1-6:10절의 권면 부분에 대한 서론적인 요약으로 본다. 심지어 그는 "우리" 스피치 부분(2:14b-17b)과 "나" 스피치 부분(2:18-21b)의 두 주제가 그 다음 장에서 계속해서 등장하여 서신 전체를 형성해 간다고 본다.[34]

---

30) B. W. Longenecker, "Defining the Faithful Character of the Covenant Community: Galatians 2.15-21 and Beyond," in *Paul and the Mosaic Law*, ed. James D. G. Dunn (Tübingen: Mohr, 1996), 75-97; InGyu Hong, *The Law in Galatians*, JSNTS 81 (Sheffield: JSOT Press, 1993), 71; G. W. Hansen, *Galatians* (Downers Grove: IVP, 1994), 72.

31) 최갑종, "안디옥 사건," [바울연구 2], 277-283.

32) Williams, *Galatians*, 61-81.

33) Betz, *Galatians*, 114: "갈라디아서 2:15-21절은 형식과, 기능과 그리고 요구에 있어서 논제에 해당한다. 내러티브(narratio)의 마지막 부분에 배치됨으로써(2:11-14), 그것은 내러티브의 내용을 요약하고 있다. 그러나 그것은 내러티브의 부분은 아니다. 오히려 그것은 논증(probatio)부분(3-4장)에서 논의될 논증을 예시하고 있다."그렇지만 갈라디아서 2:15-21절을 논제로 보는 Betz의 주장은 두가지 점에서 문제를 지니고 있다. 첫째, 논제를 여는 구절인 "우리는 출생적으로 유대인이지 이방인 죄인들이 아니오"는 이방인인 갈라디아 신자들에게 직접 주는 메시지로 보기는 어렵다. 오히려 바울이 베드로에게 계속해서 말한 것으로 보는 것이 훨씬 더 자연스럽다. 둘째, 논제의 시작 절인 15절을 Betz의 주장처럼 새로운 수사학적 구절이 시작되는 것으로 보기는 어렵다. 참조, J. Fairweather, "The Epistle to the Galatians andf Classical Rhetoric," *Tyndale Bulletin* 45 (1994), 14-15.

34) 홍인규, *The Law in Galatians,* 71: "게바에게 대한 바울의 스피치(2:14b-21)

A) 2:14b-17b: 이신칭의

B) 2:18-21b: 하나님에 대한 새로운 삶

이처럼 안디옥 사건은 바울이 갈라디아 교인들에게 전달하려는 메시지를 준비하는 수사학적 목적을 지니고 있다. 만일 안디옥 사건이 갈라디아 교인들로 하여금 자신들의 문제를 보게 하는 거울의 역할을 하고 있다고 한다면, 안디옥 사건 자체에 뒤따라 나오는 바울의 스피치 부분은 갈라디아 교인들이 어떻게 응답하여야 할 것을 가르쳐주는 권면적 역할을 한다고 볼 수 있다.[35] 이것이 바울이 스피치 부분을 의도적으로 "우리"부분과 "나"부분으로 나누고 있는 이유이기도 하다. 그리고 "우리"부분의 주제인 이신칭의의 복음에 근거를 둔 신분의 문제와 "나"부분의 주제인 이신칭의의 복음에 근거를 둔 삶의 문제가 그 뒤에 뒤 따라 나오는 갈라디아서 3-6장을 통해 반복되고 있는 이유이기도 하다. 안디옥 사건에서 바울이 거듭 거듭 강조하고 있는 것은, 신분과 삶은 서로 나누어질 수 없다는 것이다. 베드로의 실패는 그 자신의 행동이 그리스도에 대한 그 자신의 믿음과 불가분의 관계를 가지고 있다는 사실을 깊이 인식하지 못한 점이다.[36] 바울은 이 안디옥사건을 통해서 갈라디아 교인들에게 그들이 베드로의 행동을 따를 것인지, 자신의 행동을 따를 것인지 결단을 요청하고 있다.[37]

논증 부분(3:1-4:31)

A') 3:1-14: 이신칭의

B') 3:23-4:7; 4:21-31: 그리스도 안에서 양자됨

권면 부분(5:1-6:10)

A") 5:1-12: 할례는 칭의와 무관하다

B") 5:13-6:10: 성령에 의한 삶

35) Hansen, Galatians, 72.

36) Nanos, "Peter's Hypocrisy in the Light of Paul's Anxiety," 355는 이점과 관련하여 이렇게 말한다: "바울은 베드로의 배교가 아닌, 그의 위선에 대하여 비난하고 있다. 복음의 진리 문제에 있어서 베드로와 바울 사이에 논쟁이 있던 것은 아니다. 베드로 역시 바울처럼 유대인과 이방인이 똑같이 예수 그리스도에 대한 믿음을 통해서 의롭게 된다는 복음의 진리를 가르치고 있다. 그럼에도 불구하고 그는 유대인이 되지 않고 있는 이방인들에 대하여 그리스도 안에서 주어진 이 동등성을 부인하는 삶의 방식을 채택하였다. 그가 유대인과 어울리기 위하여 이방인들과의 식탁교제에서 물러났을 때, 그는 그가 가르친, 바로 그 복음의 진리를 부인하였다. 베드로는 이방인들이 동등하다고 가르치기는 하였지만, 그의 실제 삶에 있어서는 전혀 동등하지 않은 것처럼 살았다."

37) Hansen, "A Paradigm of the Apocalypse," 120.

V. 안디옥 사건이 주는 메시지

종교 개혁자 마틴 루터(M. Luther) 이후 지금까지 수많은 신학자, 주석가들은 갈라디아서를 바울의 사도직과 복음의 신적 기원을 강조하는 1-2장을 바울의 자서전적인 장으로, 3-4장을 바울의 이신칭의의 복음을 다루는 교리/신학장으로, 그리고 5-6장을 신자들의 교회 생활을 다루는 실천/윤리장으로 3등분하고, 이 중에 가운데 있는 3-4장의 교리장을 갈라디아서의 중심장으로 간주하여왔다.[38] 이들은 갈라디아서의 중심 주제는 3-4장에서 강조하는 이신칭의, 곧 사람이 율법의 행위로 구원받는 것이 아니라, 예수 그리스도를 믿음으로 구원받는 것이라고 보았다.[39] 갈라디아서에 대한 이와 같은 3등분의 구분은 이신칭의의 복음을 강조하는 장점이 있긴 하지만, 갈라디아서의 중심 주제를 잘못 보게 할 뿐만 아니라, 신학과 교회, 신앙과 삶/행위를 양분하는 위험이 있다. 즉 중요한 것은 신학이며, 교회는 신학에 종속하는 부수적인 것이라는 생각을 갖게 한다.[40] 갈라디아서의 구조면에서 볼 때, 1-2장의 결론인 동시에, 새로운 문단으로 넘어가는 교두보 역할을 하고 있는 2:11-21절의 안디옥사건은 이와 같은 전통적인 갈라디아서 이해에 새로운 도전을 준다.

앞에서 확인하였지만, 안디옥 사건의 핵심을 단순히 신학 그 자체의 문제로 보기는 어렵다. 갈라디아서 2:1-10절에서 볼 수 있는 것처럼, 안디옥 사건이 있기 전에 바울과 베드로는 예루살렘에서 신학적인 문제, 곧 이신칭의의 복음에 대한 합의가 있었다. 문제는 사도 베드로가 안디옥교회에 와서, 야고보로부터 온 사람들의 등장으로 인해, 예루살렘에서 합의된 그 신학을 교회 현장의 삶과 서로 분리시킨 점에 있다. 안디옥교회에서 이신칭의의 복음에 따라 유대인 신자들과 이방인 신자들 사이에 차별을 두지 않아야 함에도 불구하고, 마치 신학은 신학이고, 교회는 신학과는

38) 예를 들면, Donald Guthrie, *Galatians* (Grand Rapids: Eerdmans, 1973), 46-50; H. Ridderbos, *Galatians* (Grnad Rapids: Eerdmans, 1953), 19-20; T. George, *Galatians* (Clinton: Broadman, 1994), 63-66; H. Boers, "A Macro-Structure for Galatians," in *The Justification of the Gentiles. Paul's Letters to the Galatians and Romans* (Peabody: Hendrickson, 1994), 71-5.

39) F. F. Bruce, *Galatains, 55;* R.N. Longenecker, *Galatians* (Dallas: Word, 1990), 84-6; H. Betz, *Galatians* (Philadelphia: Fortress, 1979), 116.

40) John Barclay, *Obeying the Truth*, 9-26.

전혀 별개의 현장인 것처럼 생각하고, 그 자신이 믿고 합의한 신학에 따라 행동하지 않은 점에 있다.[41] 고기가 물을 떠나면 고기 그 자체도 살 수 없음에도 불구하고, 베드로는 고기가 물을 떠나서 살 수 있는 것처럼, 신학과 교회를, 신앙과 삶을 서로 분리시켜 버린 것이다. 그 결과 베드로는 안디옥교회에 극심한 혼란은 야기시킴은 물론, 예수 그리스도의 십자가에 의해 세워진 이신칭의의 신학 그 자체까지 훼손시키는 잘못을 범했다. 이처럼 안디옥 사건의 출발은 신학 그 자체의 문제에서 출발하였다기보다는 신학을 교회에 올바르게 적용시키지 못한 생활에서 출발하였다.

신학과 교회, 신앙과 삶, 복음의 진리와 행함은 서로 불가분의 관계를 가지고 있기 때문에, 하나가 무너지면 다른 하나도 무너질 수 있다. 신학은 교회를 통하여 적용되어야하고, 교회는 올바른 신학에 뿌리를 두고 있어야한다. 그렇지 못할 경우 교회와 신학이 다 같이 혼란 가운데 빠질 수 있다. 신앙과 삶은 마치 나무와 열매처럼 서로 불가분리의 관계를 가지고 있기 때문에, 열매가 없는 그 나무는 무익한 나무가 되는 것처럼, 삶이 없는 신앙은 무익하고 죽은 신앙이 된다. 안디옥 사건에서 바울과 베드로 사이의 갈등의 원인은 바울과 베드로가 다른 신학을 가지고 있었기 때문이 아니다. 서로 합의하고, 고백하였던 그 신학을 교회 현장에서, 삶의 현장에서 베드로가 실천하지 못했기 때문이다. 바울이 베드로를 책망한 주 내용도 베드로가 거짓된 이단이나 잘못된 신학을 주장했기 때문이 아니라, 그가 고백하고, 가르쳤던 그 복음의 진리, 신학을 따라 생활하지 못했기 때문이다. 그래서 결국 바울이 신학의 문제, 복음의 진리를 재천명하게 되었다.

적지 않은 사람들이 여전히 갈라디아서 3-4장에 근거하여, 갈라디아교회의 근본 문제를 신학적인 문제로 보고 있지만,[42] 이것은 3-4장과 5-6장을 나누어 갈라디아서의 중심주제를 잘못 판단하게 할 수 있다. 필자는 갈라디아서의 성령론 문제를 취급하는 학위 논문에서 갈라디아서를 1-2장, 3-4장, 5-6장으로 3등분하여 이해하는

---

41) 그래서 바울은 베드로와 그를 따르는 유대인 신자들의 행동을 가리켜 "위선"으로 규정하고 있다(갈 2:13). 여기에 "위선"을 가리키는 헬라말 τῇ ὑποκρίσει는 믿는 것과 행동하는 것이 일치하지 않는 것을 가리킨다.

42) 예를 들면 이한수, "안디옥 사건과 이신칭의의 복음," 41-98.

것은 신학과 교회, 신앙과 삶을 나누게 되는 잘못된 근거가 될 수 있음을 지적하였다. 그 대신에 갈라디아서를 1-2장의 "I" 부분(바울)과 3-6장의 "You" 부분(갈라디아교회)으로 나누는 2등분이 되어야 함을 주장하였다.[43] 그리고 갈라디아서의 중심 주제도 이신칭의의 신학문제가 아니라, 오히려 이신칭의의 신학을 적용하여야하는 교회의 문제이며, 성령에 의한 삶의 문제임을 주장하였다.

거듭 말하지만, 안디옥 사건에서 베드로는 바울과 전혀 다른 복음, 다른 신학을 주장하지는 않았다. 베드로의 문제는 이단이나 배교의 문제가 아니고, 다만 그자신이 믿고 고백한 이신칭의의 신학을 그 자신의 교회 생활을 통해서 구현하지 못한 데 있다. 그는 신학과 교회, 믿음과 삶을 분리시키고, 그 결과 교회와 신학, 신앙과 삶의 양쪽을 다 훼손시켰다. 반면에 바울은 안디옥교회에서, 베드로와 유대인신자들은 물론, 같은 동역자 바나바와도 다르게, 심지어 베드로를 책망하면서라도, 신학과 교회, 신앙과 삶의 일치를 고수하려고 하였다.[44] 그는 안디옥 사건의 결론 부분인 2:20절에서 이렇게 말하고 있다: "내가 그리스도와 함께 십자가에 못박혔나니 그런즉 이제는 내가 산 것이 아니요, 오직 내 안에 그리스도께서 사신 것이라. 이제 내가 육체 가운데 사는 것은 나를 사랑하사 나를 위하여 자기 몸을 버리신 하나님의 아들을 믿는 믿음 안에서 사는 것이라." 이 구절에서 바울은 이신칭의의 믿음과 삶, 신학과 교회를 분리시키지 않고 있다. 오히려 "나를 위하여 자기 몸을 버리신 하나님의 아들을 믿는 믿음 안에서 사는 것이라"는 고백을 통해서, 자신의 삶의 근거가 바로 이신칭의의 믿음임을 강조하고 있다.[45]

갈라디아교인들의 근본 문제도, 안디옥 사건의 베드로처럼, 이신칭의의 신학과 자신들의 교회 생활을 서로 분리시킨 점에 있다.[46] 그들은 본래 바울 사도를 통해서 이신칭의의 복음을 바르게 받았다(갈 1:8-9). 그들은 그 복음을 통해서 성령 체험까지 하였다(갈 3:2). 갈라디아교회가 바울의 복음을 받은 이상, 그들이 복음을 통해

43) Gab Jong Choi, "A Study of the Role of the Spirit in Paul's Letter to the Galatians," Ph. D. Diss., The University of Denver & the Iliff School of Theology, 1998, 23-63.

44) J. Lambrecht, "Paul's Reasoning in Galatians 2:11-21," in *Paul and the Mosaic Law*, 58-66.

45) J. Lambrecht, "Transgressor by Nullifying God's Grace. A Study of Gal. 2.18-21," *Biblica* 72 (1991), 217-236.

46) Gab Jong Choi, "A Study of the Role of the Spirit in Paul's Letter to the Galatians," 65-105.

성령을 받고, 성령의 체험을 하고, 성령을 통해 하나님의 백성이라는 신분과 정체성의 이해를 갖게 된 이상, 마치 갈라디아 교인들이 잘못된 복음을 받은 것처럼, 마치 아직도 그들이 성령체험을 못하고, 아직도 하나님의 백성의 자리에 도달하지 못한 신자인 것처럼 생각해서는 안된다. 그래서 바울이 불완전한 자리에 있는 갈라디아 교인들과 그들을 미혹하고 있는 유대주의자들에게 이신칭의의 복음을 재천명하고 있는 것처럼 생각해서는 안된다.

갈라디아서의 중심 주제는, 설사 오랜 기간 동안 수많은 신학자, 주석가, 목회자들이 그렇게 믿고 주장해 왔다고 하더라도, 이신칭의의 신학 그 자체는 아니다. 갈라디아서의 중심 주제를 단순히 신학 문제로 규정하는 것은, 바울이 처음부터 갈라디아교회에 잘못된 복음, 잘못된 신학을 가르쳐주었다는 논리에 빠질 수 있다. 갈라디아교회의 근본 문제는 그들이 잘못된 복음, 잘못된 신학을 받았다는데 있는 것이 아니라, 그들이 바울로부터 바른 신학, 바른 복음을 받았음에도 불구하고, 마치 안디옥교회에서 베드로의 경우에서처럼, 그 복음, 그 신학에 일치하는 교회 생활을 하지 못한 점에 있다. 바른 신학, 바른 복음으로 출발하였으면, 당연히 바른 신학에 의한 삶을 살아야함에도 불구하고, 그들은 그렇게 하지 못하여 결과적으로 신학과 교회, 믿음과 생활을 서로 분리시킨 점에 있다.[47] 그들은 이신칭의의 신학에 의한 삶을 살려고 하기보다, 오히려 유대주의자들의 유혹을 받아 율법주의적 삶을 살려고 시도함으로써, 바울이 전파한 이신칭의의 복음 그 자체까지 훼손하는 위험을 초래하였다. 그들이 복음을 통해 성령을 받았으면, 그 성령을 따라 바르게 살아야 함에도 불구하고, 그들은 성령보다 오히려 육에 따른 삶을 추구하였다. 그래서 바울은 갈라디아서 3:2절에서 갈라디아 교인들을 향해 "너희가 이같이 어리석으냐? 성령으로 시작하였다가 이제는 육체로 마치려하느냐?"라고 책망하고 있다. 성령, 곧 성령을 받게 한 이신칭의의 복음으로 시작하였다가, 이제는 이신칭의의 복음과 정반대되는 율법주의에 의한 삶을 살려고 하느냐하는 것이다.

오늘 한국교회, 특히 개신교회의 지도자들과 신자들의 비윤리화 문제는 한국교회의 장래 존폐를 위협할 만큼 심각하다.[48] 이 문제는 근본적으로 신학과 교회, 신

47) 이 때문에 바울은 갈라디아서의 결론 부분인 5:25절에서 갈라디아 교인들을 향해, "만일 우리가 성령에 의해 살고 있다면, 또한 성령으로 행하여야 할 것이라"고 말하고 있다.

앙과 삶을 서로 분리시킨 잘못에 깊이 연유하고 있다. 이러한 분리는 신약성경이 보여주는 예수의 가르침은 물론, 바울 사도의 가르침과도 일치하지 않는 잘못된 것이다. 우리는 이제 한국교회의 침체현상과 관련하여 오늘 우리 교회가 안고 있는 근본 문제를 해결하기 위해, 우리 모두 우리자신의 신앙과 삶을 전반적으로 재검토해 보아야 할 것이다. 그래서 성경의 올바른 가르침을 새롭게 회복하여야 한다. 예수와 사도 바울의 바른 가르침에 돌아가야 할 것이다. 거듭 말하지만, 금일의 한국교회의 문제는 행위를 믿음으로부터 분리시킨 신학적 오류에 기인하고 있다. 따라서 오늘 우리 교회의 강단과 신학교 강단에서 목회자들과 교수들이 그동안 가져왔었던 잘못된 이원론적인 신앙과 신학을 겸허하게 비판하고 반성하면서, 신앙과 행위, 신분과 삶, 나무와 열매, 은사와 윤리가 결코 분리되지 않는 하나님의 말씀을 바르게 선포하고, 바른 신앙과 신학을 정립하고 가르쳐야 한다. 그래서 그동안 잘못 생각해왔던 목회자들과 교인들의 의식을 근본적으로 바꾸어야 한다. 그리하여 우리 교회 안에 제 2의 종교개혁운동이 일어나도록 해야 한다. 이런 운동이 일어나면, 비로소 한국교회와 신자들은 각성하게 되고 변화될 것이다. 우리 교회가 변화되고 기독교 신자의 삶이 새로워질 때, 마침내 병든 한국사회도 치유되고 새롭게 변화될 것이다.[49] 이것이 바로 갈라디아서 2장에 있는 안디옥 사건으로부터 21세기 한국교회가 배워야할 주된 메시지가 아니겠는가!

---

48) 참조, 손봉호, "신자의 도덕성 결여는 한국교회의 올바른 성장을 방해한다," [월간고신] (8/1992), 29.

49) 최갑종, "바울과 교회," [사도 바울: 그의 삶, 편지, 그리고 신학] (서울: 기독교연합신문사, 2001), 552-556.

참고문헌

김병국, “바울서신에 나타난 πίστις ’Iησοῦ Xριστου의 해석,” [기독신학저널] 12 [2007]

손봉호, “신자의 도덕성 결여는 한국교회의 올바른 성장을 방해한다,” [월간고신] (8/1992)

이한수, “안디옥 사건과 바울의 이신칭의의 복음,” [바울신학 연구], 서울: 총신대학교 출판부, 1993.

최갑종, “바울과 베드로 그리고 안디옥교회,” [바울 연구 1], 서울: 기독교 문서 선교회, 1992.

최갑종, “안디옥 사건 (갈 2:11-14),” [바울 연구 2), 서울: 기독교 문서 선교회, 1997.

최갑종, “바울과 교회,” [사도 바울: 그의 삶, 편지, 그리고 신학], 서울: 기독교연합신문사, 2001.

Abegg, M., "Paul, 'Works of the Law' and MMT," *BARev* 20, 1994.

Agourides, Sabbas, "Peter and Paul in Antioch (Galatians 2,11-21)," in *The Truth of the Gospel (Galatians 1:1-4:11).* Rome: Benedictina, 1993.

Bachmann, M., *Sünder order Übertreter. Studien zur Argumentation in Gal 2.15ff.* WUNT 59, Tübingen, 1992,

Barclay, John M. G., "The Antioch Episode and Justification of Faith," in *Obeying the Truth.* Edinburgh: T. & T. Clark, 1988.

Boers, H., "A Macro-Structure for Galatians," in *The Justification of the Gentiles. Paul's Letters to the Galatians and Romans.* Peabody: Hendrickson, 1994.

Böttger, P. C., "Paulus und Petrus in Antiochien: Zum Verständnis von Galater 2.11-21," *NTS* 37, 1991.

Bruce, F. F., *The Epistle of Paul to the Galatians.* Grand Rapids: Eerdmans, 1982.

Burton, E. De Witt, *A Critical and Exegetical Commentary on the Epistle to the Galatians.* Edinburgh: T. & T. Clark, 1921.

Debbie, "ΡΙΣΤΙΣ ΧΡΙΣΤΟΥ in Galatians 2:16," *Tyndale Bulletin* 57.1, 2006.

Dunn, James D. G., "The Incident at Antioch (Gal. 2:11-18)," in *Jesus, Paul and the Law.* Louisville: Westminster, 1990.

Dunn, James D. G., "Yet Once More-'The Works of the Law'," JSNT 46, 1992.

Dunn, James D. G., "Once More ΡΙΣΤΙΣ ΧΡΙΣΤΟΥ," in *Society for Biblical Literature 1991 Seminar Paper*, ed. K .H. Richards, Atlanta: Scholars, 1991.

Fairweather, J., "The Epistle to the Galatians and Classical Rhetoric," *Tyndale Bulletin* 45, 1994.

Fee, Gordon D., *God's Empowering Presence: The Holy Spirit in the Letters of Paul.* Peabody: Hendrickson, 1994.

Fitzmyer, J. A., "Paul's Jewish Background and the Debate of the Law," in *According to Paul: Studies in the Theology of the Apostle.* New York: Paulist, 1993.

Garland, David E., "Paul's Defense of the Truth of the Gospel Regarding Gentiles (Galatians 2:15-3:22)," *RevExp* 91, 1994.

George, T., *Galatians.* Clinton: Broadman, 1994.

Guthrie, Donald, *Galatians.* Grand Rapids: Eerdmans, 1973.

Hansen, G. W., *Galatians.* Downers Grove: IVP, 1994.

Hays, R. B., *The Faith of Jesus Christ. An Investigation of the Narrative Structure of Galatians iii.1-iv.2.* Chico: Scholars, 1983.

Hill, C. C., *Hellenists and Hebrews: Reappraising Division within the Earliest Church.* Minneapolis: Fortress, 1992.

Hong, InGyu, *The Law in Galatians*, JSNTS 81, Sheffield: JSOT Press, 1993.

Hooker, M. D., "ΡΙΣΤΙΣ ΧΡΙΣΤΟΥ," *NTS* 35, 1989.

Jervis, L. Ann, "Peter in the Middle: Galatians 2:11-21," in *Text and Artifact in the Religions of Mediterranean Antiquity: Essays in Honor of Peter Richardson.* Ed. Michel R. Desjardins and S. G. Wilson, Waterloo: Wilfrid Laurier University, 2000.

Jewett, R., "Gospel and Commensality: Social and Theological Implications of Galatians 2.14," in *Gospel in Paul. Studies on Corinthians, Galatians and Romans for Richard N. Longenecker.* Eds., L. A. Jervis and P. Richardson, JSNTS 108; Sheffield: Sheffield Academic Press, 1994.

Koptak, Paul E., "Rhetorical Identification in Paul's Autobiographical Narrative. Galatians 1.13-2.14," *JSNT* 40, 1990.

Lambrecht, J., "Transgressor by Nullifying God's Grace. A Study of Gal. 2.18-21," *Biblica* 72, 1991.

Lambrecht, J., "University and Diversity in Galatians 1-2," in *Pauline Studies.* Leuven: Leuven University Press, 1994.

Lightfoot, J. B., *Saint Paul's Epistle to the Galatians.* London: Macmillian, 1896.

Longenecker, R. N., *Galatians.* Dallas: Word, 1990.

Longenecker, B. W., "Defining the Faithful Character of the Covenant Community: Galatians 2.15-21 and Beyond," in *Paul and the Mosaic Law.* Ed. James D. G. Dunn, Tübingen: Mohr, 1996.

Matera, F. J., "Walking by the Spirit. The Letter to the Galatians," in *New Testament Ethics: The Legacies of Jesus and Paul.* Louisville: Westminster John Knox, 1996.

Matera, F. J., *Galatians.* Collegeville: The Liturgical Press, 1992).

Nanos, Mark D., "Peter's Hypocrisy in the Light of Paul's Anxiety," in *The Mystery of Romans,* Minneapolis: Fortress, 1996.

Ridderbos, H., *Galatians*. Grnad Rapids: Eerdmans, 1953.

Sanders, E. P., *Judaism: Practice & Belief: 63 BCE-66CE*. London: SCM, 1992.

Schnelle, Udo, Trans. M. Eugene Boring, *Apostle Paul: His Life and Theology*. Grand Rapids: Baker Academy, 2005.

Schreiner, Thomas R., "'Works of Law' in Paul," *NovT* 33, 1991.

Schreiner, Thomas R., *Paul: Apostle of God's Glory in Christ*. Downers Grove: InterVarsity Press, 2001.

Schreiner, Thomas R., *The Law and Fulfillment: A Pauline Theology of Law*. Grand Rapids: Eerdmans, 1993.

Tarazi, P. N., *Galatians*. Crestwood: St. Vladmir's Seminary Press, 1994.

Tomson, Peter J., "The Antioch Incident," in *Paul and the Jewish Law*. Minneapolis: Fortress, 1990.

Witherington Ⅲ, Ben, *Grace in Galatia. A Commentary on Paul's Letter to the Galatians*. Grand Rapids: Eerdmans, 1998.

율법과 복음

-갈라디아서와 로마서를 중심으로 한 주석적 연구-

오 성 종
(칼빈대학교, 신약학)

Ⅰ. 문제제기와 방법론

본 논문에서는 '율법과 복음'의 관계에 대하여 갈라디아서와 로마서에서 바울이 증거하고 있는 교훈을 다루려고 한다. 여기서 언급하는 '율법'은 '복음과 율법', '은혜와 율법', '믿음과 율법', '그리스도와 율법', '성령과 율법' 등에서와 같은 신학적인 의미를 가진 '대조적' 표현들에서처럼, 구원사적으로 특정의 시대에 주어진 '모세의 시내산 율법', 곧 아브라함 언약이 있은 지 "430년 후에" 모세를 통하여 주어졌는데 "약속하신 자손이 오시기까지 있을"(갈 3:17-19), 바울신학적 '전문용어'(*terminus technicus*)로서의 '율법'을 말한다.[1)]

'율법과 복음'은 교파와 신학적 전통을 따라 다양하며, 부분적으로는 첨예한 대립

---

1) 그러므로 마 5:17에서 예수께서 하신 말씀("내가 율법이나 선지자나 폐하러 온 줄로 생각지 말라. 폐하러 온 것이 아니요 완전케 하려 함이로라")을 내세우면서 갈라디아서의 율법에 관한 교훈을 해석하되 "율법의 완성 운운"하는 것은 주석적 및 신약신학적 혼동을 하고 있는 것이다. 예: Robertson, 『계약신학과 그리스도』, 203. (본 논문의 각주에선 참고문헌을 간략하게 표시한다. 완전하게 표시된 참고문헌의 목록은 논문 끝에 있다.) 왜냐하면 바울이 사용한 단어 '율법'은 마 5:17의 "율법이나 선지자"에서의 단어 '율법'과 개념상 같은 것이 아니기 때문이다. 마태의 본문에서는 예수께서 '율법과 선지자' 곧 '(구약) 성경'을 성취하기 위해 오신 메시아라는 사실을 강조하고 있는 것이다. 다음의 바른 해석 참조: Carson, 『산상설교』, 49-57; cf. Guelich, *The Sermon on the Mount*, 136-43, 162-64.

이 있는, 취급하기 어렵고 복잡한 주제에 속한다. 많은 이들은 신약학에서보다는 오히려 조직신학과 교리사에서 다루기에 적절한 신학적 주제로 여길 것이다. 그러나 갈라디아서와 로마서(이하에서 '두 서신'으로 부르기도 함!)에서 '율법' 내지는 '율법과 복음'은 분명히 중심주제로서 다뤄지고 있다. 사도 바울이 두 서신에서 진술한 '복음과 율법' 그리고 '오직 믿음/오직 은혜를 통해 칭의(稱義) 받음'에 대한 바른 이해는 어거스틴의 '은총론'의 기초가 되었고 루터의 종교개혁의 강력한 무기와 견고한 성(城)이 되었다. 칭의관에 대한 대립적 견해로 분열된 지 다섯 세기가 된 가톨릭교회와 루터교회는 아이러니컬하게도, 1980년대부터 시작된 칭의론에 대한 집중적인 공동연구와 토론을 통해, 서로에 대한 오해에 근거하여 과거에 서로를 정죄했던 잘못을 인정하게 되었고, 이제는 칭의관의 차이로 교회를 분열할 근거는 없다고 공식적으로 선언하는 데까지 가게 되었다.[2]

루터와 루터교회 및 독일신학의 영향과 도전을 항시 받고 있는 유럽에서는 바울신학이나 바울서신을 연구할 때 율법문제는 끊임없이 토론이 되고 있는 신학적인 핵심 이슈에 속한다. 바울신학의 본질과 핵심에 율법과 칭의의 주제를 집어넣지 않는 것이 옳다고 보는 비판이 나타나기도 하였으나(cf. A. Schweitzer, K. Stendahl 등!), 종교개혁 이후 지금까지 유럽에서는 조직신학이나 신약학에서의 율법문제 내지는 율법과 복음의 문제는 끊임없이 뜨거운 관심과 쟁점의 대상으로 되어왔다. 한편 (제자도와 윤리에 대한 관심이 없으면서) 일방적으로 그리고 지나치게 "오직 믿음," "오직 은혜"를 강조하다보니, 본회퍼가 말한 것처럼,[3] 유럽의 개신교회는 (그리고 어떤 부분에서는 우리 한국교회도) 복음을 "값싼 은혜"로 전락시키는 부정적 현실을 결과시켰다는 사실을 또 다른 문제점으로 지적해야 되겠지만 말이다.[4]

---

2) 루터교세계연맹과 바티칸일치평의회는 1999년 10월31일에 칭의관에 대한 일치선언을 했으며, 세계감리교협의회와 바티칸교회일치평의회 대표들이 2006년 7월에 서울 금란감리교회에서 칭의교리에 대한 공동선언에 조인을 하였다. 1985년에 나온 미국의 루터교회와 가톨릭교회의 대화위원회에서 공동으로 칭의론과 관련하여 이렇게 선언하였다: "그리스도와 그의 복음은 교회와 세상에서의 개인과 공동체의 신앙생활의 원천이요 중심이며 규범이다. 그리스도인들은 예수 그리스도 안에서 성령으로 함께 주어진, 하나님의 거저주시는 선물로서의 영생과 궁극적인 구원에의 소망이 기초가 되며 다른 것은 없다." Lehmann-Pannenberg (ed.), *Lehrverurteilungen,* 43.

3) Cf. D. Bonhoeffer, 『나를 따르라』, 24-38.

4) 루터는 갈 5:6의 주석에서, 사랑이나 인간의 행위와 상관없이 오직 믿음만이 칭의를 가져다

반면에 미국과 한국의 신학계나 교계의 분위기는 사뭇 다른 것 같다. 율법문제에 대한 진지한 숙고와 토론이 없이, 한편으로는 구약적 내지는 율법주의적 근본주의 신앙으로 하나님의 이름으로 전쟁을 정당화하기도 하며 사랑 없는 율법주의적 태도로 정죄와 독선과 분리주의의 모습을 보이는 경향이 있기도 하다. 다른 편으로는 인본주의적 및 사회주의적 죄관(罪觀)에 근거한, 그리스도와 십자가 없는 인간구원과 사회구원을 말하는 '神學' 아닌 '新(神)學'이 나타나기도 하였다. 그러다가 특히 1977년에 초기유대교의 율법관에 대한 혁명적인 사고전환을 강요하는 샌더스(E. P. Sanders)의 역작 '*Paul and Palestine Judaism*'이 나온데 이어, 유럽의 던(J. D. G. Dunn)과 레이제넨(H. Räisänen), 휩너(H. Hübner) 등이 바울의 율법관에 대한 도전적인 새로운 해석들을 내놓기 시작하자[5] 이에 자극을 받은 미국의 신약학계에도 바울의 율법관에 대한 활발한 연구가 이어지게 되었다. 오늘날 세계의 신약학 전문잡지들에 바울의 율법관에 관련된 논문들은 어쩌면 홍수처럼 계속 쏟아져 나오고 있다고 말해야 옳을 정도다. 바울의 율법관을 주제로 한 학문적 깊이와 균형감각을 갖춘 단행본들[6]과 함께 갈라디아서와 로마서에 대한 훌륭한 주석들[7]도 최근에 많이 나왔다.

그러나 이러한 연구의 홍수 속에서 우리는 오히려 '율법과 복음'이라는 근본적인 주제에 대한 깊은 이해를 얻는데 별 도움을 받지 못하는 것 같다. 바울의 율법관에 관한 정교한 수많은 연구들을 통하여 율법에 대한 보다 깊고 정확한 이해를 얻게는 되었지만 말이다. 왜 그럴까? 바울은 두 서신에서 율법 자체를 설명하려는데 궁극적인 목적이 있었다기보다 독자들로 하여금 '복음진리'에 대한 바른 이해를 가지도록 하려고 율법문제를 다뤘음이 분명하다. 그런데 최근의 바울연구가들은 "바울과

준다고 강조하면서 동시에 "참된 믿음은 의롭게 한 후 하는 일 없이 쿨쿨 잠을 자는 것이 아니라 사랑을 통하여 활동한다"고 바로 설명해주고 있다. Luther, *Der Galaterbrief*, 291-93.

5) 다음의 연구사적인 개관을 참조 바람: Moo, "Paul and the Law in the Last Ten Years," 287-307; Barclay, "바울과 율법: 최근의 논쟁들", 150-87; T. R. Schreiner, 『바울과 율법』, 23-45.

6) 대표적인 것으로 다음의 연구서를 예거할 수 있겠다: T. R. Schreiner, 『바울과 율법』; Thielman, *Paul and the Law: A Contextual Approach*.

7) 90년대 이후의 저자들만 예거하자면: Longenecker, Fitzmyer, Moo, Byrne, Schreiner, Martyn 등.

율법"이라는 큰 주제에 속하는 작은 주제들과 관련구절들에 대한 집중적인, 그러나 결과적으로 다양하고 복잡한 연구성과들을 내놓았던 것이다. 우리는 무성한 나무들에 관심을 집중하다보니 나무 하나 하나는 잘 알게 되었으나 정작 숲을 바로 보는데 도움을 얻지 못하였다.

그래서 우리는 본 논문에서, 말하자면, 나무를 보되 숲을 보기 위한 예비적 단계로, 즉 그 나무들을 종류와 위치와 상호 관계성을 조경설계자의 의중과 계획을 이해하려는 목적을 가지고 알아보고, 숲에 대한, 보기 쉽고 유용한 종합적인 안내도를 만들어보고자 한다.

우리가 '율법과 복음' 문제에 대하여 집중적으로 다루고 있는 두 서신을 함께 다루려 할 때 취급범위가 한 논문에서 다루기에 벅차도록 크고 다룰 기초적인 면들이 많음을 인정해야 한다. 우리의 주제와 관련된 그 기초적인 문제들을 (선입견 없이) 공평하게 접근하여 모두 다루고 그 결과들을 함께 모아서 전체적인 교훈의 그림을 완성하는 방법이 필요하다고 본다. 이를 위해 아래와 같은 문제들에 대한 정확하고 깊은 이해를 예비적으로 갖추는 것이 필요하다고 본다.

우리의 두 서신에서 바울은 "율법의 행위로 의롭다 하심을 받지 못한다"와 "(오직) 예수 그리스도를 믿음으로 말미암아 의롭다 하심을 받는다"의 두 대립적 명제를 핵심 모티프로 제시하고 있는데, 바울은 두 서신의 각기의 독자들에게 왜 그러한 메시지를 말하게 되었는지, 독자들의 상황이 어떠했기에 그런 메시지가 필요했는지, 바울의 메시지의 논증과 서술이 양 서신에서 다른 점이 있는지, 있다면 왜 다른지, 또는 어떤 '발전'이 있었는지를 알아볼 필요가 있다. 그러나 그보다도 더 기초적이고 예비적인 성격의 기초적 문제가 있다. 왜 율법의 행위로 의롭다 하심을 받지 못한다고 말하는가? 율법(의 행위)은 그리스도를 믿는 유대인과 이방인에게는 어떤 관계에 있는지? (다르게 표현하여) 불신 유대인들의 율법관과 메시아관, 구원관과 바울의 그것들과는 어떤 차이가 있는지? 그리스도가 오신 후에는 율법은 폐기되었는지? 폐기되었다면 어떤 의미에서 그렇다는 것인지? 아니면, 율법의 기능이 신자에게 여전히 유효하며 지키고 완성해야하는 규범인지? 바울은 양자를 다 말하였는지? 그리고 더 거슬러 올라가 우리가 가장 기본적인 문제로서 다뤄야 것으로서, 율법에 열심을 내었던 바리새인인 바울이 어떻게 율법과 상관없이 의롭게 되는 그리스도의 은혜의 복음을 깨닫고 복음전도자가 되었는지? 이 모든 사항들을 다룬 후 얻게 된 대답들을 종합했을 때 비로소 우리는 바울에게 있어서의 율법과 복음의 문제에 대한 적절한 대답을 제시할 수 있을 것이다.

우리는 이외에 다음과 같은 몇 가지 사항을 추가로 고려할 필요가 있다고 본다: 로마서에 앞서 먼저 갈라디아서를 다루는 것이 적절하다. (그 이유는 아래에서 밝혀질 것이다.) 바울이 로마서를 쓰게 된 계기와 당시 로마교회의 형편과 문제 그리고 저작 목적에 대하여 여전히 분분한 견해들이 대립하고 있지만, 우리의 주제에 좀 더 효과적으로 접근할 수 있도록 하기 위하여 주석가들이 어느 정도 합의하고 있는 범위 안에서, 그 서론적인 문제를 논의하고 안전한 출발지점을 마련할 필요가 있다. 그리고 우리는, 바울이 항상 논리적이고 체계적인 내용전개를 하고 있는 것은 아니지만, 그의 기본적이고 본질적인 사상에 있어서 일관성이 있었으며 환경과 상황과 "혈육"에 따라 영향 받아 행동하는 인물은 아니었다[8]는 사실을 항상 진지하게 고려해야 할 것이다. 무엇보다도 바울 자신의 은혜로 받은 사도직과 계시를 통해 받은 복음의 신적 기원성에 대한 확신 역시 그의 신학의 확실한 출발점이요 견고한 터로서 흔들리거나 수정될 수 없는 것이었다는 사실을 잊으면 안 될 것이다. 바로 이 문제를 우리의 논문에서 짧지만 진지하게 다룰 것이다. 한편 그의 언어사용과 논리전개에 있어서의 복잡성과 독특성, 그리고 그의 편지의 독자들의 역사적 형편과 상황에 따른 편지 내용의 변화성과 융통성도 인정해야 할 것이다. 특히 로마서에서 율법문제를 다루면서 바울은 "율법/법"을 가리키는 단어 νόμος를 사용할 때 일종의 언어의 유희를 수사학의 수단으로 사용하고 있다는 점을 간파하는 눈이 필요할 것이다.

Ⅱ. 율법 이해와 복음 이해의 관계

우리는 '시내산 율법'과 상관하여 내지는 대조하여 복음, 은혜, 칭의, 그리스도,

8) 갈 1:10,16, 2:5,11-14, 5:11, 살전 2:1-12, 고후 1:12,17-19, 2:17, 4:2, 6:3-10, 5:11-21, 10:1-6, 12:7-10, 빌 1:12-26; cf. 고전 9:19-23.

믿음, 십자가, 아브라함의 약속, 하나님의 아들, 성령, 그리고 자유에 대하여 다루고 있다. 바로 바울은 갈라디아서[9]와 로마서[10]에서 이 복합적인 주제들을 율법을 중심주제로 삼아 교훈하면서 함께 다루고 있는 것이다. 다르게 표현한다면, 이 두 서신에서 율법은 기독론적 · 구원론적 · 교회론적 · 성령론적 · 구원사적 · 윤리적 관련성 속에서 다뤄지고 있다.[11] 이런 의미에서 율법은 신약신학의 기본주제가 되어야 할 것이다.[12] 부정적으로 표현하여 이렇게 말할 수 있겠다. 바울이 두 서신에서 가르치고 있는 율법의 교훈에 관한 바르고 깊은 이해를 가지지 못한다면, 그리스도와 십자가에 대한 깊은 깨달음을 가지는데 한계가 있으며 복음과 은혜를 충분히 이해하고 누리게 되지 못하며 믿음과 성령으로 자유와 성화의 삶을 온전히 살게 되기 어렵고 오히려 죄와 율법에 매이는 삶을 살게 되기 쉽다고 말이다.[13] 루터에 따르

---

9) 갈 1:6-8, 11-14, 23; 2:16-21; 3:1, 2-5, 6-13, 1415-22, 23-25; 4:1-7, 4:21-5:1, 2-4, 18; 6:12-16.

10) 롬 1:16-17; 3:19-31; 4:1-12, 13-22; 5:12-21; 6:14-15; 7:1-6; 8:1-4; 9:30-10:17; 14:1-2,22-23.

11) 히브리서에서도 율법에 관하여 기독론적·구원론적·구원사적 의미에서 다루고 있으나 갈라디아서와 로마서에서처럼 포괄적이고 근본적인 논의는 하지 않고 있다.

12) 또 어떤 의미에서는 율법은 더 나아가 "성경신학의 기본주제"에 속한다고 말할 수 있을 것이다. Cf. H. Hübner, "Das Gesetz als elementares Thema einer Biblischen Theologie?" 250-76; P. Stuhlmacher, "Das Gesetz als Thema Biblischer Theologie," 136-65.

13) 그렇다고 신약에서 그리스도의 복음과 그리스도인의 삶에 대하여 항상 율법과 상관하여 교훈하고 있다고 말한다면 지나친 생각이겠다. 위에서 지적한 것처럼, 바울 자신도 갈라디아서와 로마서 외에 그의 다른 서신 들 중에서 결코 율법을 자주 언급하고 있지 않고 있다. 바울이 그 두 서신에서 율법을 집중적으로 언급하며 주제적으로 다루고 있는 것은 독자들에게 심각한 현안문제로 되어 있는 율법에 대한 바른 이해를 가지도록 할 필요가 있었기 때문이라고 보아야 할 것이다. 그러나 특히 대부분의 독일의 신약학자들은 바울의 독특한 율법신학과 다른 율법이해를 말하고 있다고 하여 마태와 야고보는 믿음과 칭의에 대한 이해에 있어서 바울의 그것에 대하여 이질적이라고 보며 누가복음과 사도행전의 저자가 바울의 동역자 누가일 수 없다고 보는 결정적 이유를 칭의론이나 십자가신학과 같은 바울 특유의 신학이 그 두 책에서 두드러지게 나타나지 않기 때문이라고 본다. Cf. Stuhlmacher, "Das Gesetz," 162-164; Conzelmann & Lindemann, *Arbeitsbuch zum NT,* 271-272, 276. Bornkamm, "Wandlungen im alt- und neutestamentlichen Gesetzveständnis," 73-80)은 마태복음의 저자가 '율법의 성취'를 말하며(5:17) 철저한 율법준수(5:18-19)와 천국에 들어가는 조건으로 '더 나은 의를 행함'을 강조하고(5:20) 율법 행치 않음을 정죄하는(7:23) 유대인 기독교인으로서, 바울의 율법폐기신학(롬 10:4)에 영향 받은, 이방인 교회 출신의 열광적 은사주의 거짓교사들과 논쟁하고 있는 정황 속에서 복음서를 쓴 것으로 이해한다. Bornkamm은 마태가 5:17과 7:12 및 22:40에서 "율법과 선지자"라고 쓴 어구는 구약성경을 가리키는 표현이 아니고 시내

면, 신학의 주요임무는 "율법과 복음 이 둘의 본질과 의미를 정확하게 정의하며 그 둘을 엄격하게 구별하며 각각에 대한 바른 관계를 정확하게 아는 것이다."[14]

바울은 근본적으로 인간의 실존을 규정할 때 (하나님의 뜻의 계시로서의) 율법을 따라 행하여야 하고 그가 행한 율법의 행위에 따라 심판받게 되는 자로, 그래서 율법 아래에 있는 존재로 묘사하며, 율법이 없는 이방인은 양심이 율법의 기능을 하는 것으로 설명한다(롬 2:6-16). 그러나 유대인이나 이방인이나 율법이 요구하는 것을 다 행할 수 없으므로 "율법 아래 있는 자들"은 하나님의 심판 아래 있게 되고 율법으로 죄를 깨닫게 된다(3:9-20)고 바울은 밝혀주고 있다. 그러므로 율법의 기능과 한계를 동시에 바로 아는 것이 중요하다. 바울은 또한 율법은 "몽학선생"으로서의 기능을 하되 "그리스도(께서 오실) 때까지"로 한정이 되어 있고(갈 3:24-25)[15] 그리스도께서 오심으로써 율법에서 해방되고(4:4, 5:1) 믿음으로 하나님의 아들의 신분을 얻게 되며(3:26, 4:5), 그리스도와 연합된 자는 더 이상 "의문(儀文)의 묵은 것" 즉 율법으로 살지 않고 성령의 인도를 받아 삶으로써 율법과 죄로부터의 자유를 누릴 수 있다(5:16-18, 롬 7:6, 8:2-4, 14-15)고 가르친다. 그러므로 율법을 바로 아는 것과 복음의 진리를 바로 알아 믿음과 성령으로 사는 것과는 불가불리의 관계에 있는 것이다.

같은 종교개혁자들인 루터와 칼빈은 복음을 설명하는 과정에서 '율법의 삼중적 용도(triplex usus legis)'를 말하였다.[16] 그러나 루터는 율법과 복음이 다 같이 하나님의 말씀이면서도 서로 대립적 관계에 있으며 그래서 기독교의 복음을 선포하는 일이란 바로 율법과 복음을 구별하는 일이라고 보았고, "복음을 율법으로부터 구별할 줄 아는 자라야 자신을 신학도라고 감히 말할 수 있는 자이다"고 말하기까지

산 율법을 가리킨다고 본다(위의 책, 75 각주 7). 여기서 우리는 범율법신학적 관점의 전형적인 한 예를 본다.

14) Althaus, *Die Theology Martin Luthers,* 218.

15) 오늘날 대부분의 갈라디아서 주석가들의 해석과 NRSV 등을 따라 갈 3:24에서 παιδαγωγὸς (ἡμῶν)를, 헬라어단어의 본래의 용례와 3:23과의 문맥을 고려하여, "(그리스도께서 오실) 때까지 우리의 (한시적인) 훈육자"를 뜻하는 것으로 이해해야 할 것이며, 한글개역개정판이나 NIV처럼 εἰς Χριστόν과 연결시켜 "우리를 그리스도께로 인도하는 몽학선생"이라고 번역해서는 안 될 것이다. 바른 해석의 예: Oepke, *Galater,* 120-23; Bruce, *Galatians,* ; Mußner, *Galaterbrief,* 256-59; 홍인규, 『바울의 율법과 복음』, 192-95 등.

16) Cf. Althaus, 위의 책, 220-25; Weber, *Grundlagen der Dogmatik,* 2. Band, 427-47.

하였다.[17] 반면에 칼빈은 구약시대에도 "율법과 선지자"를 통하여 그리스도와 복음은 약속되고 증거되었음(cf. 눅 16:16, 롬 3:21)을 강조하고, 단지 신약시대의 복음을 통하여 명백하게 나타나게 되었다는 차이점이 있는 것이라고 설명하면서, 율법과 복음의 대립을 지나치게 강조하는 것을 부당하게 보았다.[18] 바르트도 비슷하게, 율법의 돌판이 언약궤 안에 있는 것처럼, 율법은 복음 안에 있고 율법을 나타내는데 필요한 형식이라는 관계에 있으며, 그래서 율법은 폐하여질 것이 아니라 오히려 세워져야 될 성격의 것이라고 보았다.[19] 그리스도의 은혜의 복음에 대한 이해에 있어서는 본질적으로 같으면서도 율법 내지는 율법과 복음에 대한 이해의 차이가 현격하게 다를 수 있으며, 다 나아가 바로 이러한 사실에 상응하여 각기의 신학적 사고에 있어서 결과적으로 큰 차이를 나타내고 있음을 보게 된다. 바울에게 있어서의 '율법'에 대한 정확한 이해를 위하여 무엇보다 선입견 없는 주석적 연구의 태도가 요구되는 지점이기도 하다.

Ⅲ. 통 계

바울은 "율법"을 다룰 때 원어로 νόμος[20]를 일률적으로 사용하였다. 우선 신약에서 쓰인 nomos를 단순하게 단어색인상(上)의 통계를 따라 사용빈도를 분류하면 아래와 같다:[21]

---

17) Ebeling, *Luther,* 120-36.

18) Calvin, *Inst.* Ⅱ. 9.1-5; 11.10.

19) Barth, "Evangelium und Gesetz," 9-10.

20) 이하에서 이 헬라어 단어를 편의상 'nomos'라고 표기하도록 한다.

21) K. Aland가 펴낸 성구색인표(*Vollständige Konkordanz zum Griechischne NT,* Bd. Ⅱ)에는 요한복음과 사도행전에 nomos가 각기 15회와 18회 나오는 것으로 되어 있는데, 요 8:5는 확실히 원본에 본래 없는 구절이며, 행 24:6의 본문에 nomos 단어가 나오는 사본은 후대에 속한 것이 분명하므로, 통계에 넣지 않는 것이 옳을 것이다.

공관복음		요한복음	사도행전	바울서신							히브리서	야고보서	신약총계
마태복음	누가복음			로마서	고린도전서	갈라디아서	에베소서	빌립보서	디모데전서	바울서신 계			
8	9	14	17	**74**	9	**32**	1	3	2	**121**	14	10	193

신약에서 총 193회 쓰인 nomos는 바울서신에 121회 등장하는데, 기타 신약문서에는 모두 합하여 72회 나올 뿐이다. 그런데 바울은 우리의 헬라어 단어를 로마서에서만 74회, 그리고 갈라디아서에서 32회 사용하고 있다. 고린도전서에서 9회 쓰인 nomos는 실은 4회는 '(구약)성경'의 의미로 쓰인 경우이며,[22] 9:20에서 4회 쓰였으나 "율법 아래 있는 자"라는 관용구로 쓰인 경우다. 그러므로 고린도전서에서 바울의 율법신학의 의미에서 사용된 경우는 15:56("죄의 권능은 율법이라")의 경우뿐이다. 에베소서에서 유일하게 nomos 단어가 2:15("의문에 속한 계명의 율법을 폐하셨으니")에 나오며, 같은 단어가 빌립보서 3:5,6,9에서 유대주의 대적자들을 공격하면서 자서전적 변증을 논쟁적 표현을 통해 말하고 있는데, 이 두 서신에서 nomos가 언급되는 구절들은 바울의 율법신학이 특징적으로 드러나고 있는 경우에 속한다. nomos가 두 번 나오는 디모데전서 1:8-9의 경우 율법의 '정치적 용도(politicus usus legis)'와 관련하여 중요하게 취급되어온 구절이다. 이상의 우리의 관찰은 바울서신 중에서 (그리고 더 나아가서 신약 중에서) 율법을 복음과 대조되는 의미로 집중적으로 다루고 있는 곳은 갈라디아서와 로마서뿐이라는 사실을 알게 해준다.

다음으로 공관복음의 경우를 보자. 마가복음에는 nomos 단어가 전혀 나타나지 않는다. 마태복음에 nomos가 8회 나오나 그 중 4회[23]는 "율법과 선지자"의 관용구를 만들어 주고 있고, 나머지 경우[24]도 '(구약)성경'의 의미에서 nomos[25]를 사용하고 있는 것으로 보인다. 누가복음의 9회의 nomos의 전거(典據) 중 16:16, 24:44는

22) 9:8,9, 14:21,34.

23) 5:17, 7:12, 11:13, 22:40.

24) 5:18, 12:5, 22:36, 23:23.

25) 구약 중의 예언서와 성문서 중의 어느 한 책 또는 구약성경 전체를 nomos라고 부르는 것은 초기유대교의 언어습관에 속한다. Cf. Billerbeck, *Kommentar zum NT*, Ⅱ, 542-43; Ⅲ, 159, 462-63. 그래서 다음과 같이 표현하는 데 거리낌이 없었다: "율법은 세 부분으로 구성되어 있다: 율법과 예언서와 성문서." Cf. *ibid.*, Ⅲ, 159.

"율법과 선지자"의 관용구로 나타나며, 2장 중 5회[26]에 걸쳐 예수의 탄생기사 속에서 "모세의/주의 율법" 등의 표현 속에서 쓰인 nomos 역시, 특히 2:23의 "주의 율법에 기록된 대로"라고 말한 표현에서 보여주는 것처럼, 모세오경을 가리키는 것으로 보인다. 10:26과 16:17에서의 nomos는 구약성경을 가리키는 것으로 보는 것이 옳을 것 같다. 이러한 사실은 공관복음에는 바울신학적 의미에서의 '율법' 개념이 다뤄지고 있지 않다는 결론을 말해준다.

요한복음에는 nomos가 14회 나오는데, 5회[27]는 모세오경 또는 구약성경을 가리켰으며, 18:31과 19:7(2회)에서 일반적 의미의 '법'을 뜻하는 말로 쓰였고, 나머지 여섯 곳의 전거[28]에서 모세의 시내산 율법을 가리켰다. 사도행전의 총 17회의 nomos의 전거 중 3곳은 "율법과 선지자"의 관용구가 나타나며, 2회[29]는 nomos가 일반적인 '법'을 뜻한다. 나머지는 모세의 시내산 율법을 가리키고 있는데, 스데반과 관계하여 2회,[30] 그리고 바울과 관계된 기사에서 10회[31] 사용되었다. 요한복음과 사도행전에서 시내산 율법에 관한 언급이 비교적 여러 번 나오기는 하나, 대부분 내러티브의 보도들 속에서 쓰인 경우들이다. 다만 사도행전에서 율법문제를 신학적 의미 속에서 다루고 있지는 않다.[32] 특기할 만한 것은 바울의 1차 선교여행 중 비시디아 안디옥 회당에서의 설교 보도 중에 나오는 '율법으로 의롭다함을 얻지 못함'(13:39)이라는 표현이다.

히브리서 7-10장에서 시내산 율법에 대하여 14회나 집중적으로 언급하고 있는데, 율법에 따른 제사제도의 한시성 및 모형론적 의미를 신약시대의 그리스도의 희생의 완전성와 대조시키며 논하고 있다. 그러나 '율법과 복음'이라는 주제와는 내용적으로 직접적인 연관성은 찾기 어렵다. 야고보서에 nomos 단어가 10회[33] 출현하나, 말에서 그치지 말고 실천, 특히 사랑의 계명[34]의 실천을 강조하는 문맥에서 나오고

26) 2:22,23,24,27,39.
27) 1:45, 8:17, 10:34, 12:34, 15:25.
28) 1:17, 7:19(2회),23,49,51
29) 18:15, 23:29.
30) 6:13, 7:53.
31) 13:39, 15:5, 18:13, 21:20,24,28, 22:3,12, 23:3, 25:8.
32) 단지 요 1:17과 행 13:39, 21:24, 22:3이 예외가 될 것이다.
33) 1:25, 2:8,9,10,11,12, 4:11(4회).

있다. '믿음과 행함'의 주제를 논하고 있는 2:14-26에서는 nomos 단어는 전혀 나타나지 않는다. 야고보서에서는 비록 바울이 사용하고 있는 "행함"과 "칭의"를 말하는 단어들이 사용되고 있기는 하나 개념상으로 다르며 '율법과 복음'의 주제가 다뤄지고 있지 않다.[35]

고린도후서 3:1-4:6에 잠간 발걸음을 머무는 것이 의미 있겠다. 이 부분에 nomos 단어가 전혀 나오고 있지는 않으나, 분명히 시내산 율법을 가리키는 것으로 보이는 "의문(儀文)"(6-7절, 3회), "옛 언약"(3:14), "돌에 쓴 것"(3:3,7)이라는 표현이 나온다. 이곳에서 "새 언약의 일군"(3:6)으로서의 복음전도자와 "영의 직분"(3:8)과 "의의 직분"(3:9)으로서의 복음전도자의 직분에 관하여 논하고 있다. 문맥상 바울이 자신의 사도직 내지는 전도자로서 부름 받음에 대한 경험을 암시하면서 유대주의적인 거짓 교사들과 대조하여 변증적으로 논하고 있는 것으로 보인다.[36] 그러므로 고린도후서 3:1-4:6은 갈라디아서와 로마서와 함께 바울의 율법관 내지는 '율법과 복음'의 주제를 다룰 때 중요하게 참고해야 할 자료가 된다고 하겠다. (그러나 우리의 논문의 범위를 확대하지 않기 위해 자제력을 발휘해야 할 것이다.)

Ⅳ. 갈라디아서와 로마서에서의 nomos의 의미와 바울의 언어사용

위에서 살펴본 우리의 통계를 통한 예비적 지식을 좀 더 유용한 것으로 삼기 위해서 우리는 바울이 그의 두 서신에서 집중적으로 사용하고 있는 nomos의 단어적 의미에 대하여 분석해보도록 하자. 왜냐하면 헬라어 nomos는 실제로 문맥에 따라 의미가 매우 다양하게 쓰일 수 있는 단어이기 때문이다.[37] 이 사실에 충분히 유의

---

34) 다음의 표현들 참조: "완전한 법"(1:25), "최고의 법"(2:8), "자유의 법"(2:12).

35) Jeremias, "Paul and James," 368-71; Goppelt, L. *Theologie des NT,* 538-42.

36) Cf. Seyoon Kim, *The Origin of Paul's Gospel,* 5-13.

37) 본래 헬라어 nomos는 '법(law)'의 뜻만을 가지고 있지 않았고 또 그 의미가 기본적이지 않다. Liddell-Scott -Jones의 *A Greek-English Lexicon* (1180)에는 nomos의 의미를 다음과 같이 나열한다: usage, costom, law, the law of God (신구약 성경에서), statute, ordinance (made by

하지 못할 때 심각한 혼란과 자의적(恣意的)인 해석을 통하여 바울의 율법에 관한 진술들을 억지로 조화시키려고 하게 되는 경향을 드러낼 수 있는 것이다.

먼저 갈라디아서의 경우를 살펴보자. 이 편지에서는 nomos가 4:21에서 '(구약)성경' 내지는 '모세오경'의 의미로 쓰였고 6:2에서 '그리스도의 nomos'를 말하고 있는데, 이 두 경우를 제외하고는 바울은 갈라디아서에서 우리의 헬라어 명사를 일률적으로 모세의 '시내산 율법'을 가리키는 말로 사용하였다. 반면에 로마서의 경우는 사정이 매우 다르고 그래서 복잡하고 부분적으로는 난삽한 면이 있다. 바로 이 점 때문에 우리는 바울의 율법문제를 논의할 때 로마서보다는 갈라디아서를 우선적으로 다루는 것이 바람직하다고 판단한다.

로마서에서도 전체적으로는 율법문제를 다룰 때 모세의 시내산 율법을 가리킨다. 그러나 바울의 nomos 사용이 로마서에서는 다음과 같이 다양하고 복잡한 면이 있다. 3:19의 첫 번에 나오는 nomos는 '(구약)성경'을 가리키며 3:21의 두 번째에 나오는 nomos는 '모세오경'을 가리키고 있음을 주석가들은 일반적으로 인정하고 있다. 그런데 3:31에 두 번 나오는 nomos는 '(구약)성경'을 뜻하는지 모세의 시내산 율법을 뜻하는지 주석가들에 따라 해석이 나뉜다.[38] 3:27에서의 두 번의 nomos는 모세의 시내산 율법을 가리킨다고 보기 어렵다. '원리,' '질서,' 또는 '법'을 뜻한다고 보아야 할 것이다. 7:1-3에서 4회 사용된 nomos는 '법' 또는 '관습'을 뜻하며, 7:21-8:2에 8회 쓰인 같은 헬라어 단어 역시 '법' 또는 '원리'의 의미로 쓰인 것으로 보는 것이 가장 합당할 것이다. 이러한 우리의 해석은 바울이 nomos 단어를 사용할 때 언어의 유희를 감행하고 있음을 인정하는 셈이다.[39]

이러한 바울의 언어유희의 예를 우리는 특히 로마서 3:19,21에서 분명하게 확인할 수 있다. "무릇 율법이 말하는 바는 율법 아래 있는 자들에게 말하는 것이

---

authority), action, melody 등. Bauer의 *Griechisch-deutsches Wörterbuch* (1072-75)에서는 nomos의 의미로 다음의 카테고리를 제시한다: (일반적인) 법, 규범, 질서, 규칙, (모세의) 율법, 모세오경, (구약)성경, (기독교에서 전의[轉意]된 의미로) "새로운 법." 자세한 논의와 세속헬라어의 용례들에 대해서는 다음의 철저한 연구논문을 참조 바람: Kleinknecht-Gutbrod, *ThWNT* IV, 1016-84; Räisänen, "Paul's Word-Play on νόμος: A Linguistic Study," 69-94; idem, "The 'Law' of Faith and the Spirit," 48-68.

38) 지금 결정하는 것을 유보하고 잠시 후 상세히 논의하겠다.

39) Räisänen ("Paul's Word-Play on νόμος," 69-94)의 설득력 있는 관찰과 결론 참조.

니"(3:19)에서 바울은 앞의 nomos로 구약성경을, 뒤의 nomos로는 모세의 시내산 율법을 가리킨다. 또 "이제는 율법 외에 하나님의 한 의가 나타났으니 율법과 선지자들에게 증거를 받은 것이라"(3:21)에서 바울은 첫째 nomos는 모세의 시내산 율법을, 둘째 nomos는 모세오경을 가리킨다. 이런 경우는 갈라디아서 4:21에 또 나타난다: "율법 아래 있고자 하는 자들아, 율법을 듣지 못하였느냐?" 로마서 3:27-28과 8:2,4의 경우도, 대부분의 주석가들의 해석처럼, 앞 절의 nomos는 '법' 또는 '원리'로, 다음에 이어서 나오는 nomos는 모세의 시내산 율법으로 해석할 때, 우리는 로마서에서 바울의 과감하고 자유스러운 언어의 유희를 자주 대하게 되는 셈이다.

이러한 바울의 언어사용의 관습을 감안할 때, 논쟁이 끊임없는 로마서 3:31의 경우도 두 번의 nomos가 모두 (모세의 시내산 율법을 가리키는 것이 아니라) 3:19에서와 같이 구약성경을 가리키는 것으로 보는 것이 옳다고 본다.[40] 3:31에서 바울은 믿음으로 말미암아 하나님의 불변한 뜻의 계시 즉 (구약)성경으로서의 nomos를 폐하지 않고 도리어 굳게 세운다는 말이다. 즉 바울이 3:21-31까지의 내용전개에 있어서 처음 21-22절에서 시내산 율법과 상관없이 예수 그리스도를 믿음으로써 칭의를 얻게 되는 길이 '율법과 선지자들'에게서 증거를 받은 것처럼, 30-31절에서 할례자나 무할례자나 믿음으로 칭의를 얻게 된다는 사실이 (구약)성경을 폐하는 것이 아니라 도리어 굳게 세운다고 강조하고 있다는 말이다. 수사학적으로 inclusio(포섭)를 이루는 구조를 사용한 셈이다. 실제로 4장에서 바울은 "우리 조상 아브라함"이 은혜로 칭의를 얻게 된 역사적 사실의 경우를 예를 들어 3장의 진술들을 확증하고 있다.[41] 아

40) 다음의 주석가들과 함께: Sanday & Headlam, Litzmann, Barth, Michel, Schmidt, Dodd, Barrett, Bruce, Käsemann, Stuhlmacher, Ziesler, Billerbeck 등의 로마서 주석; Friedrich, "Das Gesetz des Glaubens, Röm 3,27," 415-16; Rhyne, *Faith Establishes the Law*, 71-93; Hofius, "Das Gesetz des Mose und das Gesetz Christi," 278-80; Hübner, *Law in Paul's Thought.* 137-44; Räisänen, *Paul and the Law,* 69-73.

41) 3:31이 4:1과 연결되는 문장구조가 아니라고 이의를 제기하는 학자들(Moo, *Romans*, 253; Schreiner, *Romans,* 207 등)도 있다. 디아트리베(diatribe) 질문에 이어 강하게 부정하는 대답 "그럴 수 없느니라"(μὴ γένοιτο)라고 대답하고 바로 이어서 흔히 이유접속사 γάρ로 시작하는 문장을 이어서 말하는(롬 9:15, 11:1, 갈 2:17, 3:21) 바울의 습관에 반한다는 이유에서다. 그러나 설득력이 없는 반대다. 바울은 μὴ γένοιτο라고 말한 후, 꼭 γάρ로 시작하는 문장만을 이어서 말하지 않는다. 이어서 접속사 δέ로 시작하는 명령문을 사용하기도 하고(3:4) 의문문을 사용하거나(롬 6:2,15, 고전 6:15) (부정하는 앞의 진술에 반대되는 진술을 이끌 때 사용하는 부사적) 접속사 ἀλλά("오히려")로 시작하는 문장을 써서 강한 반대적 진술을 표현하기도

브라함도 행함이 없이 믿음으로(4:2-4,9-12; cf. "율법 외에," 3:21; "행위로냐? 아니라. 오직 믿음의 법으로니라," 3:27) 칭의를 얻었으며 그래서 하나님 앞에서 자랑할 데가 없는 것이다(4:2; cf. "그런즉 자랑할 데가 어디 있느뇨?" 3:27). 아브라함이 믿음으로 칭의를 얻었는데 무할례 때에, 즉 이방인으로 있을 때 은혜로 받은 것이다(4:9-12; cf. 3:29-30). 바울은 3:21-31에서 이신칭의를 진술하고 이어서 4장에서 아브라함의 경우를 예를 들어 성경을 통해 논증의 뒷받침을 한다. 4:3에서 바울은 "성경(ἡ γραφή)이 무엇을 말하느뇨?"로 시작하면서 논증을 계속하고 있다. 마치 갈라디아서에서 율법의 행위가 아니라 믿음으로 칭의를 얻게 됨을 아브라함의 경우와 "성경(ἡ γραφή)"을 통해 입증하고 있다(갈 3:6-9). 또 바울은 같은 편지 속에서 조금 더 뒤에 가서(4:21-31) 한 번 더 아브라함의 가족의 이야기를 들어 모형론적으로 설명하면서 "율법[42]을 듣지 못하였느냐?"(4:21)라는 말로 성경적 논증을 시작하고는 동일하게 "성경(ἡ γραφή)이 무엇을 말하느뇨?"(4:30)라는 말과 함께 적용을 말하고 있는 것처럼 말이다.

반면에 로마서 3:31의 두 번의 nomos를 모세의 시내산 율법으로 볼 때, 바로 앞에서 칭의는 "율법의 행위에 있지 않고 믿음으로 된다"(27절)고 했고 더 앞에서 "율법과 상관없이" 칭의를 얻음(21절)에 대하여 말했으므로, 분명히 모순된 진술을 한 것이 된다. 그러나 바울이 이 진술에서 밝히고자 하는 것은, 하나님의 뜻의 계시로서의 시내산 율법의 요구를 믿음으로 폐하는 것이 아니라 도리어 성취한다는 것이라고 보는 해석이 있다.[43] 이 해석은 특히 로마서 8:2-4과 13:8-10, 그리고 갈라디아서 5:13-14를 근거로 제시하면서, 바울은 3:31에서 율법 특히 도덕적 규범의

한다(롬 3:31, 7:7, 11:11). 3:31은 마지막 경우에 해당한다. 오히려 전략적 수사학으로서 디아트리베의 질문과 대답을 말하면서 제기한 문제를 계속하여 다루지 않고 3:31에서 멈춰버렸다고 보는 것은 전혀 바울의 언어습관이 아니다.

42) 여기서의 nomos는 '시내산 율법'이 아니라 '성경'을 가리킨다. 바울은 고전 9:8에서도 "율법(= '성경'으로서의 nomos!)도 이것을 말하지 아니하느냐?"라는 말로 시작하여 성경적 논증을 전개하고 있다.

43) Calvin, Kuss, Murray, Cranfield, Wilckens, Zeller, Dunn, Moo, Stott, Fitzmyer, Schreiner 등이 주석 속에서 해석하는 것처럼. Wilckens ("Zur Entwicklung des paulinischen Gesetzes Verständnisses," 180, 184-85)는 투쟁적인 분위기에서 쓴 갈라디아서에서 율법에 대하여 강하게 부정적으로 규정을 내렸던 바울이 로마서에서는 3:31에서와 같이 믿음으로 오히려 율법을 세운다고 말한 것은 자신의 입장을 교정한 것이라고 보았다.

성취를 말하고 있는 것이라고 본다. 즉 (그리스도에 대한 믿음으로 말미암아 율법이 성취된다는 것을 말하는 것이 아니라) 그리스도에 대한 믿음을 가진 자들이 율법을 (성령의 능력으로, 그리고 사랑을 실천함으로써) 성취할 것이라는 말이다. 그러나 이 해석은 문맥을 떠나, 바울이 의도하지 않은 것을 너무 많이, 너무 앞서서 말하고 있는 것이다. 왜냐하면 바울은 디아트리베 형식으로 "그런즉 우리가 믿음으로 말미암아 율법을 폐하느뇨?" 라고 묻고는 "그럴 수 없느니라"고 강하게 부정하는 대답을 말할 때, 자신의 지금까지의 율법과 상관없는 이신칭의의 길을 주장한 것에 대하여, 가상적인 반대자가 질문할 것을 예상하여 스스로 질문을 던지고 부정으로 대답한 것이었다. 그런데 반대자가 "율법과 상관없이 믿음으로 칭의를 얻는다면, 율법의 도덕적인 규범을 행치 않음으로 율법을 폐하는 것이 되지 않겠소?"라고, 다시 교리적으로 표현해서, "은혜의 교리는 결국 무율법주의가 되는 것 아니겠소?"라고 비판할 것을 바울이 미리 예상하여 31절처럼 말한 것이라고 한다면, 문맥에 맞지 않는 디아트리베의 질문과 대답, 즉 동문서답(東問西答!)이 되고 말 것이다. 또 신자가 사랑을 행함으로써 율법을 완성하게 되는 것(13:8-10, 갈 5:13-14)은, '믿음'으로 하는 것이 아니요 '성령으로' 그리고 (사랑을) '행함으로' 이루는 것이다. 믿음은 어디까지나 그리스도를 향하는 인격적 관계와 복음에 대한 신뢰를 가리키며, 이 점에서 '오직 믿음'이어야 한다. 율법이 아니고 은혜로! 행함이 아니고 믿음으로! 바로 이것을 바울은 3:21이하에서 강조하였던 것이다. 믿음으로 칭의를 얻은 신자가 도덕적 규범의 계명들을 폐기하지 않고 정말로 행할 것이냐, 그래서 율법을 이룰 것이냐의 갑작스런 문제를 바울이 제시하면서 디아트리베식의 질문과 대답을 해놓고, 한참 후, 8장과 13장에 가서야 잠간 다루고 지나갔다는 것은 아무래도 어색하다. 은혜로 칭의를 얻은 그리스도인이 의를 행하며 거룩한 삶을 사는 문제는 오히려 6:1에 가서 새롭게 디아트리베식 질문과 강한 부정의 대답을 말하면서 집중적으로 다루기 시작하는 것으로 되어 있다. 그리고 6-8장에서 바울은 그리스도의 죽으심과 부활과의 연합과 하나님께의 헌신과 성령으로 사는 삶을 통하여 죄를 극복하고 의와 사랑을 실천할 수 있게 된다고 가르치고 있다. 이 때 바울은 (3장과 4장에서 16회나 사용하였던) "믿음(πίστις)"이라는 단어를 단 한 번도 언급하지 않는다!

3:31에서 nomos가 (28절에서처럼) 시내산 율법을 뜻하는 경우로 보고 또 31절의

"nomos를 굳게 세운다"는 바울의 말을, 4장과 연결시키기보다 3:21-31의 문단 안에서 의미 있는 진술로 설명하려 할 때, 다음의 두 가지의 해석의 가능성이 있다, 하나는 율법의 죄를 드러내며 정죄하는 기능(3:19-20)을 통해 율법의 길을 포기하고 그리스도를 믿는 길을 택한 신자에게 율법은 폐하여 진 것이 아니라 굳게 세워지게 된 것이라고 보는 견해다.[44] 이 해석을 따르면, 31절의 바울의 진술은 (2:1-3:20의 결론이라면 몰라도) 문맥상 아무런 적극적 의미를 가지게 되지 못하는 약점이 있다. 또 다른 해석의 가능성은 31절을 율법의 진정한 목표가 되는 그리스도의 대속의 사역을 통해 율법이 성취된 것이라는 의미로 이해하는 길이다.[45] 그러나 바울이 그러한 율법관 내지는 성경관을 가진 것이 사실이지만, 문맥상에서 그러한 해석은 너무 주관적인 것이며 바울의 (설명이 없는) 단순한 선언 속에 너무 많은 의미를 집어넣어 해석한 경우가 될 것이다.

V. 갈라디아서의 저작시기와 바울율법관의 발전가설

갈라디아서에 나타난 율법에 대한 바울의 부정적인 신학사상은 갈라디아 교회들에 들어온 그의 유대주의적인 적대자들과의 논쟁 상황이 계기가 되어 결정적으로 형성되게 되었다고 보는 견해[46]는 20세기 초 브레데의 주장[47] 이후 비판신학자들 사이에 일반적으로 받아들여지고 있는 가설이다. 초기서신인 데살로니가전서(와 후서)에는 갈라디아서에 등장하고 있는, 율법. 십자가, 칭의, 성령과 같은 전형적인 바

---

44) 예: Hendriksen; Grundmann, ἵστημι, 648.

45) 예: Calvin, Morris 등

46) Räisänen, *Paul and the Law,* 258-60; Wilckens, "Statements on the development of Paul's view of the Law," 19: "바울 교회들이 *토라*에 신경 쓰지 않으면서 신자들의 공동체로서 함께 생활한 이후로 율법은 갈라디아서 이전에는 바울서신들에서 이슈가 되지 않았다. 이와같이 로마서와 갈라디아서에서는 중심적인 주제로 되어 있는 이신칭의의 주제는 초기서신들에서는 빠져 있다."
Kümmel, *Die Theologie des Neuen Testaments,* 123: "바울의 신학적 사고는 그의 교회들과의 그리고 다른 견해들과의 논쟁에 의하여 결정된 것이다."

47) W. Wrede, "Paulus," 67-75.

울신학적인 주제가 전혀 나타나고 있지 않는데 반하여 로마서에는 바로 이 동일한 주제들이 분명하게 반복되고 있는데, 이는 갈라디아서가 초기에 쓰여진 서신이 아니라 로마서와 시기적으로 가까운 시점에, 즉 54~56년에 쓰여졌기 때문이라는 것이다.[48] 이 가설은 소위 '북갈라디아설'에 전적으로 근거하고 있다. 이 가설에 따르면, 갈라디아서는 바울이 2차 선교여행 중에(행 16:6; cf. 18:23) 지금의 터키의 앙카라 부근에 있던 '갈라디아 지방(die Landschaft Galatien)'의 Ancyra와 Pessinus, Tavium와 같은 도시들에서 전도하고 세운 교회들에게 3차 선교여행 중에 써보낸 편지가 된다.

그러나 지리적으로 그리고 바울의 선교전략상의 이유에서 볼 때, 당시 로마로 향하는 큰 '공로(公路)'가 없는 산간지대인 '갈라디아 지방'에서 선교사역을 했을 가능성은 낮아 보인다.[49] 또 사도행전 내에서 바울이 그곳 도시들과 거기에서의 교회설립에 대하여 전적으로 침묵하고 있는[50] 사실과 특히 율법주의적 거짓 교사들의 주장을 일거(一擧)에 논박할 수 있었을, "예루살렘 총회"의 결정(행 15:23; cf. 16:1-5)[51]을 바울이 갈라디아서에서 전혀 언급하고 있지 않은 사실은 북갈라디아설의 치

---

48) Kümmel, *Einleitung in das Neue Testament,* 258-66.

49) Cf. Ramsay, *Paul the Travellor and Roman Citizen,* 10-11; idem, *A Historical Commentary on St. Paul's Epistle to the Galatians,* 1-234. 본래 북갈라디아설자 옹호자였던 Ramsay는 직접 현지를 답사하면서 고고학적 연구를 한 후 북갈라디아설이 역사적 사실성에 근거한 것이 아님을 밝히는데 앞장서는 자가 되었다.

50) 16:6의 "(브루기아와 갈라디아 땅으로) "다녀갔다"(διῆλθον)는 표현은 오래 머물면서 선교하며 교회를 세우고 목회했다는 뜻이 아니라 통과하여 지나가면서 심방 등의 일을 하였다는 뜻이다. 18:23의 경우도 마찬가지다. 만일 바울이 2차 선교여행 때 북쪽에 있는 '갈라디아 지방'의 도시들에서 선교하여 교회를 세운 것이 사실이라면 어째서 사도행전에 전혀 그 도시들에 대한 언급과 함께 교회 세운 일에 대하여 기록하지 않았는지 미스테리가 아닐 수 없다. 그래서 바울이 실제로 "갈라디아 지방"에서 오래 선교했다고 보는 북갈라디아설을 따르는 Conzelmann (*Apostelgeschichte*, 97)은 16:6의 누가의 간단한 기록을 "매우 진기한 일"이라고 느끼면서, 누가가 갈라디아 주의 남부 도시들에 대해서는 잘 알았으나 북쪽에 있는 갈라디아 지방에 대해서는 알고 있는 것이 부족하여 그렇게 짧게 기록하고 넘어갔다고 강변한다.

51) 그런데 많은 비판적 주석가들은 행 15:23-29에 나오는 예루살렘교회의 총회적 결정은 실제 있었던 것이 아니라고 보며, 그 이유는 갈 2:1-10의 묘사와 일치하지 않기 때문이라는 것이다. 모든 교회에게 권위와 구속력을 가진 '총회적' 결정이 있었다면 왜 바울이 갈라디아서에서 전혀 언급하지 않고 지나갈 수 있었겠는가 라고 반문한다. (북갈라디아설을 따르는 그들이기에!) 예: Dibelius, "Das Apostelkonzil," 84-90; Conzelmann & Lindemann, *Arbeitsbuch,* 425-26; Bornkamm, *Paulus,* 52-63. Bornkamm은 전통적인 명칭 "예루살렘총회" 또는 "사도

명적 약점이다.

반면에 '남갈라디아설'은 훨씬 설득력을 가진다. 남갈라디아설에 따르면, 갈라디아서는 바울이 1차 선교 여행시(행 13:13-14:28) 오늘날 터키 남부 곧 '갈라디아 주(die Provinz Galata)' 남쪽에 있는 도시들인 버가, 비시디아 안디옥, 루스드라, 이고니온, 더베 등에 세운 교회들에게 예루살렘 총회 직전인 주후 48~49년 사이에 써보낸 편지가 된다. 1차 선교여행 중 갈라디아 주의 남부의 여러 도시들에서 전도하여 교회들을 세운 사실이 사도행전에 분명하게 기록되어 있는 점과 예루살렘 총회와 거기서의 결정사항에 대한 언급이 갈라디아서에 전혀 나타나지 않는다는 사실은 남갈라디아설을 강하게 뒷받침해준다. 또 갈라디아서 2장에서 바울이 '자서전적 변증'을 말하는 내러티브 중에 1차 선교 여행시 함께 동역하였던 바나바의 이름을 세 번에 걸쳐 언급하고 있는 것도 남갈라디아설의 방증이 된다. (만일 북갈라디아 지역의 독자들에게 쓴 편지에서라면 그들에게 생면부지의 이름을 거명한 것이 되어 변증적 효과는 반감될 것이다.) 무엇보다도 1차 선교 여행 후 안디옥에 돌아와 유대주의적인 거짓교사들과의 논쟁이 벌어지게 된, 그러나 예루살렘 총회가 있기 전에 일어난 상황이었기에, 바울은 이방인 그리스도인이 할례 등 율법의 멍에에서 자유함을 강조하여 말하면서 예루살렘 총회의 결의를 전혀 언급하지 않게 된 것이라고 볼 때 훨씬 합리적으로 이해될 수 있다.[52]

들의 공의회(Apostelkonzil)"를 "Apostelkonvent(사도회의)"라고 바꿔 부른다(같은 책, 56). 오늘날 독일신약학계에서 사도행전 연구에 막대한 영향을 끼친 이들은 M. Dibelius와 (Bultmann 학파에 속하는) P. Vielhauer와 E. Haenchen, H. Conzelmann 등인데, 이들에게 있어서 사도행전의 저자는 일차적으로 '경건문학작가(Erbauungsschriftsteller)'이며 신학자다. Cf. Haenchen, *Apostelgeschichte*, 81-103; Gasque, *A History of the Criticism of the Acts of the Apostles,* 283-295.

52) 두 가지 추가적 반증: ① 행 16:6과 18:23에 바울이 여행한 지역에 대한 표현들(τὴν Φρυγίαν καὶ Γαλατικὴν χώραν̂τὴν Γαλατικὴν χώραν καὶ Φρυγίαν)이 나오는데, 북갈라디아설을 지지하는 이들은 그 표현들이 "브루기아와 (북부) 갈라디아"의 두 개의 별도 지역을 가리킨다고 보고 이 사실이 남갈라디아설의 결정적 약점 중 하나라고 지적해왔다. 그들은 Φρυγία는 형용사 여성형으로 쓰인 적이 없고 그래서 지역명을 가리키는 여성명사로 보아야 한다는 사실을 내세웠던 것이다(Haenchen, *Apostelgeschichte,* 423-24 각주 1과 2). 그러나 당시 Φρυγίος는 3개의 어미를 가진 형용사로 쓰였고 위의 두 구절의 헬라어 표현들은 오히려 갈라디아주의 서부 지방을 뜻하는 "브루기오-갈라디아 지역" (Phrygia Galatica, the Phrygio-Galatic country)을 가리킨다는 사실이 최근에 밝혀졌다. Cf. Hemer, *The Book of Acts,* 277-307. ② 갈 3:1에서 바울이 "갈라디아 사람들아"라고 부르면서 책망하고 있는데 이 호칭

우리가 남갈라디아설[53]을 받아들인다면, 갈라디아서를 48-49년 사이, 예루살렘 총회 직전에 쓰여진, 최초의 바울서신으로 받아들이게 되는 것이며, 동시에 바울이 56-57년경 쓴 로마서에서 보여주는 '바울신학'이 이미 훨씬 이전에 형성되었었다는 사실을 인정하는 것이 된다. 우리의 이러한 결론은 바울이 율법을 주제로 삼아 구원사적인 논증을 제시하고 있는 그의 두 서신, 갈라디아서와 로마서 중 갈라디아서를 먼저 다루고 거기서 얻은 기본 이해를 기초로 하여 로마서를 연구하는 것이 해석학적으로 올바르고 최선의 순서가 될 것이다. 그 이유는 이중적이다. 즉 갈라디아서와 로마서는 (율법의 주제와 관련하여) 내용적으로 그리고 논의의 방법에 있어서 다음과 같은 상호 유사성을 지니고 있기 때문이다:

① 복음과 율법과의 관계에 대한 바른 이해를 가지도록 하려는 것이 중심 주제임.
② 율법의 행위가 아닌, 예수 그리스도를 믿음으로 말미암아 의롭다 함을 받음을 강조.
③ 이신칭의에 대한 성경적 논거로서의 창세기 15:6의 아브라함의 이신칭의를 다룸.
④ 율법의 목적, 기능, 시한과 중생한 신자와 율법과의 관계를 다룸.
⑤ 육신의 정욕을 극복하는 길로서의 성령의 인도를 받음에 대하여 논함.
⑥ 그리스도의 십자가에서의 죽으심과 부활하심이 신자가 그와의 연합의 근거가 되며 육신 내지는 옛 사람의 처리의 근거가 됨에 대하여 말함.

은 본래 켈트족인 '갈라디아 지방' 사람들에게 대해서만 가능하고 같은 갈라디아 주의 남부에 살고 있으면서 민족적으로 켈트족이 아닌 루가오니아나 비시디아인들까지도 포함시키는 것은 불가능하다는 지적은 반대의 자료(Tacitus, Annalen XV, 6)가 나타났으므로 교정이 필요하다. Cf. Mußner, *Galaterbrief*, 8 각주 38a.

53) 오늘날 영미 신약학계의 대부분이 이 입장을 따르는 경향이다: Bruce, "Galatian Problems. 2. North or South Galatians?" 243-66; idem, "Galatian Problems. 4. The Date of the Epistle," 250-267; idem, *the Galatians,* 3-18; Guthrie, *Galatians,* 27-37; Hemer, "Acts and Galatians Reconsidered," 81-88; Martin, *NT Foundation* 2, 145-52; Fung, *Galatians,* 1-3, 9-28; Longenecker, *Galatians,* lxi-lxxxviii; Carson et al., 『신약개론』, 326-332; Witherington Ⅲ, *Galatians,* 1-20; DeSilva, *An Introduction to the NT,* 493-96. 독일 신약학계에서는 대부분 북갈라디아설을 선호하는 경향인데, Stuhlmacher (*Biblische Theologie,* 226)는 예외적이다.

또한 갈라디아서는 로마서에 비해 다음과 같은 차이와 특징들을 가지고 있기 때문에 로마서보다 먼저 취급되는 것이 방법론적으로 바람직하다:

① 분량에 있어서 훨씬 짧다.

② 독자의 상황과 서신의 저작 목적을 비교적 분명하게 알 수 있다.

③ 전체적으로 내용 전개가 비교적 명확하다.[54)]

④ 율법에 관해 모순된 듯이 보이는 진술들이 훨씬 적게 나타난다.

⑤ 헬라어 단어 nomos가 거의 항상 "율법"을 가리키는 말로 쓰였다.[55)]

⑥ 먼저 쓰였다(8년 정도 먼저, 그리고 최초의 바울서신으로).

갈라디아서 초기 저작설은, 갈라디아서를 율법에 대하여 과격하게 부정적인 관점에서 황급히 써 보낸 후, (얼마 있지 않아) 로마서를 쓸 때에는 (예루살렘교회의 심한 반발을 고려하여 갈라디아서에서 피력하였던) 자신의 견해를 급진적으로 재조정하여 율법에 관한 훨씬 긍정적인 해석을 제시하게 되었다는 휩너의 발전가설[56)]을 근거가 약한 것으로 판정하게 해준다. 또한 레이제넨은 바울이 특히 로마서에서 많은 모순된 진술들을 통하여 혼동을 주고 있다고 지적하면서,[57)] 그것은 바울 자신의 본래적인 내면적인 문제에 기인한 것으로, 즉 율법에 대하여 말할 때 논리적 일관성 없이 논

54) 세부적으로는 주석가에 따라 갈라디아서의 내용분해가 다양하게 제시되고 있는 것이 사실이나, 다음과 같이 개요를 말하는데 이의가 별로 없을 것이다: 1-2장은 서론부분으로서 바울 자신의 자서전적인 변증을 쓰고 있고, 3-5:1(또는 3:1-5:12)의 본론 부분에서 논증을 전개하며, 5:2-6:10(또는 5:13-6:10)의 적용 부분에서 그리스도인의 삶의 원리에 대하여 교훈한 후, 6:11-18에서 결론과 축원으로 마치고 있다. Cf. Fung, *Galatians,* v-viii; Dunn, *Galatians,* 21-22.

55) 위에서 밝힌 바와 같이, nomos가 "율법" 외에 다른 뜻으로 쓰인 경우는 갈라디아서에서는 4:21과 6:2의 두 경우 뿐이나, 로마서에서는 3:19,21,27,31, 7:1-3(4회), 7:21-8:2(8회)의 16회나 된다.

56) Hübner, *Law in Paul's Thought.* 갈라디아서와 로마서 중의 바울의 율법에 대한 논의에서, Hübner처럼 본질적인 발전과 부조화를 말하기보다, 저자와 독자와의 관계 및 독자의 상황의 차이, 그리고 다루는 주체취급의 철저성 여하에 따라 차이와 변화가 있게 되었다고 말하는 것이 적절한 관찰이 될 것이다. Cf. Sanders, *Paul, the Law, and the Jewish People*, 148-49.

57) 그가 지적하는 모순된 바울의 진술들 중 대표적인 것이 롬 3:31에 나오는 것이다. 3:21 이하에서, 특히 3:27-28에서, 율법 내지는 율법행위와 상관없고 (오직) 믿음으로 의롭게 됨을 말함으로써 결국 율법의 폐기를 말해놓고 "믿음으로 율법을 굳게 세운다"고 강조하고 있으니, 모순된 논의를 전개하고 있음이 분명하다는 것이다. Räisänen, *Paul and the Law,* 69-72. 다음의 적절한 비평 참조: Barclay, "바울과 율법: 최근의 논쟁들", 177-79.

의를 전개함으로 모순들과 긴장들을 조성하는 특징이 있다고 인정하고서 바울의 율법 논의를 다뤄야 한다고 주장하는데, 우리는 그에게 갈라디아서의 초기 저작설을 인정할 때 바울의 율법관에 대하여 훨씬 신중한 결론을 내릴 수 있을 것이라는 조언을 할 수 있을 것이다. 짧은 기간 내에 급조된 신학사상은 외적인 상황과 내면의 생각의 변화에 따라 본질적인 내용적 변화도 일어날 수 있고 모순된 부분도 나타나기 쉬울 것이다. 그러나 적어도 8년 전에, 또는 그보다 훨씬 이전에 (바울의 경우 그의 회심[58] 경험 때에) 형성되고 정리된 신학사상은 세월과 환경의 변화가 있어도 본질적인 변동이나 발전은 일어나기 어려운 법이다.

Ⅵ. 로마서 저술의 계기와 목적

오늘날 학자들 중에 로마서는 바울이 한 번도 방문한 적이 없는 (그리고 독자들의 사정을 잘 알지 못한 상태에서) 평소에 어느 곳에서나 전하던 복음을 로마교회에게 그대로 체계적으로 진술하여 보낸 편지로 보는 식의 나이브한 해석을 받아들이는 사람은 없다. 로마서도 신약의 다른 서신들처럼 구체적인 역사적 상황 속에서 쓰인 편지(Gelegenheitsbrief)로 보아야 할 것이다. 그런데 신약의 다른 어떤 서신보다 로마서의 경우 편지를 쓰게 된 계기와 저작목적에 대한 문제에 대해 학자들은 매우 다양하고 복잡하게 대답을 제시하고 있다.[59] 그러므로 이 자리에서 이 문제를 장황하게 다룰 수 없다. 그러나 오늘날 학계에서 상당한 설득력을 가지고 제시되고 있는 결론을 적극적으로 참고할 필요가 있으며, 제한적이지만 이 인식 위에서 우리의 주제에 대한 연구에 의미 있는 도움을 받을 수 있다고 본다.

바울이 로마서를 쓰게 된 계기와 목적을 이해하려 할 때 학자들은 흔히 두 가지 측면을 고려하면서 접근한다. 하나는 바울의 선교적 또는 변증적 상황이고 또 하나

58) 바울의 "회심(conversion)"을 말하는 것은 부적절하지 않다고 본다. 이에 대하여는 Taylor, *Paul, Anticoh and Jerusalem*, 63-64를 참조 바람.

59) Cf. Donfried (ed.), *The Romans Debate.* 이 논문집에는 로마서의 목적과 역사적 배경, 수사학, 해석학에 관련된 23개의 중요한 논문들이 수록되어 있다.

는 로마교회의 역사적 공동체적 상황이다.[60]

바울은 이방인의 사도요 선교사다. 그는 직접 로마서 15:22-24에서 밝히고 있는 것처럼, 그 자신의 선교계획 실행에 관심을 가지고 있었다. 즉 그는 소아시아와 그리스 지역에서의 선교를 마쳤기 때문에 아직 복음이 전파되지 않은 곳인 (당시 사람들에게 있어서 이해되기로는) 서쪽 끝인 스페인으로 가서 선교하려는 "여러 해 전부터"의 계획을 이제 실천에 옮기고자 하려 하였다. 이를 위해 먼저 로마교회에 들려 그들과 얼마간의 교제를 가진 후 그들의 파송을 받아 스페인으로 떠나고자 한다는 계획을 알릴 필요가 있었다. 그래서 이 계획을 로마교회에 미리 알려주는 말을 편지에 쓰게 된 것이다. 그러나 로마서는 바울의 선교계획을 알리면서 문안하는 내용이 편지의 중심이 아닌 것은 분명하다. 그것이 편지를 쓴 분명한 계기 중 하나가 되겠으나, 실은 중요한 많은 내용을 논증적인 방식으로 써서 보낸 것이다. 편지의 본론으로 쓴 신학적이고 교리적인 교훈의 부분이 편지를 쓰게 된 실질적인 계기와 목적을 보여준다고 볼 수도 있다. 무슨 깊은 이유와 목적이 있었을까?

많은 비판적 주석가들은 바울의 선교적 상황과 변증적 상황과를 묶어 이해하려고 한다. 그들은 율법에서의 자유를 가르친 바울이 유대주의적 기독교인들로부터 평소에 비방과 공격을 많이 받아온 사실과 '안디옥의 다툼' 사건을 계기로 보수적인 예루살렘의 유대인교회 지도자들과 투쟁 내지는 긴장관계를 가지고 있었던 상황이 로마서를 쓰도록 한 실제 이유가 되었다고 추정한다. 바울에 대한 부정적인 소문과 오해가 로마교회에 어느 정도 퍼져 있다는 사실을 들었을 바울이 자신이 로마교회에 가게 되었을 때 의심과 공격을 받을 수 있고 그러면 스페인에로 떠나는 자신의 선교여행을 로마교회가 하나가 되어 적극 후원하기를 기대했던 계획이 수포가 될 수도 있을 것이다. 그래서 이방인교회들로부터 모금한 구제헌금을 예루살렘교회에 전달하면서 로마에 가서 자신이 전할 복음을 쓴 편지를 예루살렘교회 지도자들에게 제시하여 의심과 오해가 풀리도록 하려 했다는 것이다.

그러한 추정을 하는 대표적인 학자는 보른캄이다.[61] 그는 바울이 로마서의 나가

60) Dunn, *Romans 1-8,* xxxix-lxiii; Moo, *Romans,* 16-22,

61) G. Bornkamm, "The Letter to the Romans as Paul's Last Will and Testament," 16-28; idem, *Paulus,* 103-11.

는 말 부분 끝 부분인 15:31a에서 불신 유대인들의 위협에서 보호해주시기를 하나님께 도고해달라는 부탁한 후, 15:31b에서 "예루살렘에 대한 나의 섬기는 일을 성도들이 받음직 하도록" 위해 기도해 달라고 부탁하고 있는데, 후자의 부탁의 말이 바울의 변증적 상황을 암시해주고 있다고 관찰한다. 곧 15:31b에서 바울이 그러한 기도부탁을 한 것은, 자신이 안디옥에서의 '투쟁'사건도 있었고 예루살렘 교회의 지도자들과 갈등 관계 가운데 있어왔는데, 그동안 이방인 교회들로부터 모금한 구제헌금을 예루살렘 교회에 전달하여 이방인교회와 유대인교회간에 하나 됨을 회복하고 그래서 앞으로 감행할 스페인 선교 계획이 차질 없이 수행될 수 있도록 하려는 간절한 염원을 나타낸 것이며, 바로 이 심정을 가지고 얼마 안 있어 예루살렘교회에 도착하여 가지게 될, 보수적 성향의 야고보 등 교회지도자들과의 논쟁에서 제시할, 자신의 신학사상의 중요한 핵심 내용을 로마서에서 피력한 것이라는 해석이다.[62] 이러한 해석은 역사적 사실을 배경으로 한 것일까? 그렇지 않은 것 같다. 바울의 복음에 대해서는 야고보 등 예루살렘의 사도들이 이미 공식적으로 인정한 바 있다(갈 2:9). 이방인교회들로부터 모금한 헌금은 교회의 일치를 위한 수단으로 쓰고자 한 것이 아니라 예루살렘교회의 가난한 성도들을 구제하려는 것이 목적이었고(롬 15:25-28, 고후 8-9장) 예루살렘교회에서 오히려 부탁한 것이기도 했다(갈 2:10). 보른캄은 로마서 중 단지 반(半)구절을 가지고 그것을 사변적으로 해석하고 거기에 과도한 의미를 실어 서신 전체의 해석을 위한 출발점으로 삼은 것이다.

그럼 로마교회에 어떤 특별한 문제가 있어서 이방인의 사도로서 목회적 권면을 하기 위하여 편지를 쓴 것으로 보아야 할까? 그리고 편지의 본문을 분석하여 로마교회의 특별한 사정을 알아 낼 수 있다는 말인가? 과거에는 흔히 바울이 한 번도

62) 비슷하게 예루살렘교회 방문을 눈앞에 둔 바울의 변증적 상황과 이방인교회의 대표로서의 바울의 교회론적 상황에서 로마서의 내용이 쓰여졌다고 보는 J. Jervell ("The Letter to Jerusalem," 53-64)과 바울이 유대주의 기독교인들로부터 오해를 받고 있는 상황에서 로마교회에 자신의 신학을 변증적으로 제시하면서 스스로를 소개하고 있는 서신으로 본 Kümmel (*Einleitung in das NT,* 273-74)도 참조 바람. 로마서에 자주 등장하는 diatribe의 공격적 질문과 단호한 논박성 대답 형식들은 실제적으로 비판적인 입장의 대상이 있음을 전제하는 것이 아니며, 오히려 교육적 수사학적 목적으로 사용된 방법으로 보는 것이 옳을 것이다. 다음의 유용한 연구서들을 참조 바람: Stowers, *The Diatribe and Paul's Letter to the Romans*; Elliot, *The Rhetoric of Romans.*

방문한 적이 없는, 먼 곳에 있는 로마교회의 사정을 잘 알 수 없었을 것이라고 생각했다. 그러나 오늘날 학자들은 바울이 유대인추방령 이후 만나 교제 나누며 동역의 경험을 가진 바 있는 로마교회 출신의 많은 지인들로부터 로마교회의 사정을 이미 구체적으로 상당한 수준까지 알고 있었을 것이라고 바르게 이해한다.[63)]

로마서 중 한 두 구절이나 지극히 일부분에서 어떤 특징을 찾아내서 거기에 해석의 지렛대를 대고서 로마서 저작목적을 발견해보려는 시도는 마땅히 경계해야 될 것이다.[64)] 그러나 편지 중 로마교회의 특별한 사정이 무엇인지, 즉 바울이 목회적 관심과 사도적 권위를 가지고 교훈하며 권면할 필요가 있었던 교회적인 특별한 문제가 무엇인지 어느 정도 확실하게 알게 해 주는 좀 더 개관적이고 비교적 많은 수의 근거들을 제시할 수 있다면, 우리는 중요하게 참고할 필요가 있다고 본다.

최근에 많은 학자들은 12-13장까지의 일반적인 그리고 다양한 실천적 문제들에 대한 교훈을 말하고 난 후 14:1-15:13에서 바울은 아주 특별한 문제에 대한 자세한 취급과 집중적인 권면을 하는데 많은 분량을 할애하고 있는 사실에 유의하게 되었다. 어느 교회에서나 일어날 수 있는 일반적인 문제를 다룬 것이 아니기 때문이다. 물론 고린도전서 8-10장과의 내용적 및 표현상의 유비를 지적하면서 로마서의 경우를 특별하게 "약한 자들"을 유대인신자들로, "강한 자들"을 이방인신자들로 볼 필요가 없다고 주장하는 연구가들도 있다.[65)] 양 본문에서 현저한 유비적 요소들이 있음을 부인할 수는 없을 것이다. 그러나 무시될 수 없는 차이점도 분명하게 존재한다. 로마서에서 "믿음이 연약한 자들"이 고기를 먹지 않고 채식을 하는 것(14:2), 특정한

63) 바울은 16장에서 30명 가까운 로마교회 내의 (브리스길라 부부처럼 대부분 한 때 그의 동역자들이었던) 지인들의 이름을 일일이 거명하면서 문안하고 있다.

64) 예를 들어, Klein ("Paul's Purpose in Writing the Epistle to the Romans," 29-43)은 바울이 로마교회에 문안의 말을 쓰는 가운데 다른 서신에서 일반적으로 쓰곤 하였던 "ἐκκλησία"라는 단어가 빠져 있는 사실에 착안하여, 바울이 로마에 있는 그리스도인 공동체로 하여금 그들에게 사도적인 복음을 전하여 사도적인 기초 위에 세워진 교회가 되도록 하기 위하여 편지를 쓴 것으로 본다. 그러나 문안하는 말에서 "교회"라는 단어 대신 "성도들"이라고 쓴 것에 그처럼 큰 의미를 부여하여 읽을 수 있는지 의문이다. 바울은 "그리스도의 은혜"에서 떠나 "다른 복음을 좇아가는" 위험 속에 있었던 갈라디아 성도들이나 분쟁 등 많은 문제들을 안고 있었던 고린도 성도들에게도 "교회"라는 명칭을 붙이기를 주저하지 않았던 것이다(cf. 갈 1:2, 고전 1:2). 바울은 로마의 한 가정에서 모이는 그리스도인 공동체를 "교회"라고 부르는데 (16:5) 거리낌을 느끼지 않았다.

65) 예: Karris, "Romans 14:1-15:13 and the Occasion of Romans," 65-84.

날을 지키는 문제(14:5-6), 믿음으로 행하는 것과 믿음이 없어 자책감을 가지고 행하는 것(14:22-23), 그리스도께서 할례자들의 수종자가 되신 것(15:8), 이방인들이 하나님의 선민과 하나가 되어 함께 찬송하게 될 것에 대한 예언들(15:9-12)-이 모든 것이 유대인신자들과 이방인신자들이 율법준수 문제 때문에 가지게 된 긴장과 갈등의 현실을 암시해주는 것들인데-이 언급되고 있는데, 고린도전서의 본문에서는 유비를 찾아볼 수 없는 특수한 상황이다.

14:1-15:13의 본문에서 로마교회는 율법준수 문제의 이해 차이로 두 그룹의 상반된 입장에 서 있는 성도들 간에 대립하고 있는 상황을 인정할 수밖에 없다. 율법에 매여서 고기를 안 먹고 채소만 먹으며 특정의 거룩한 날을 지키려고 하는 "믿음이 연약한 자들"과 가리지 않고 아무 음식이나 잘 먹고 특정의 거룩한 날을 지키는 관습에 매이지 않는 "강한 사람들"로 나눠져 있는데(14:1-5, 15:1),[66] 그들은 서로를 비판하고 업신여기면서 불화와 반목 가운데 있다(14:1-4,10-16). 전자는 율법과 유대교적 전통에 매여 있는 유대인신자들을 가리키며 후자는 율법에서 자유하고 율법과 종교적 인습에 매인 그들을 비판하고 있는 이방인신자들을 가리키는 것이 확실하다.[67] 왜냐하면 15:7-8에서 바울은 "그리스도께서 할례자들의 수종자가 되셨다"는 사실을 상기시키면서 그리스도께서 하신 것처럼 서로 받으라고 권면하면서(15:5-8), 이방인들이 하나님의 선민과 하나 되어 함께 하나님을 찬양하게 될 것을 예언하고 있는 4곳의 구약 성구를 인용하고서(15:9-12) 전체 권면 부분을 마무리 하고 있다. 케제만은 믿음이 강한 자들과 약한 자들의 특징을 표현해주는 말들은 있으나 서로 대립하고 있는 그룹을 형성하고 있지 않고 있으며, 채식을 하며 포도주를 먹지 않는 자들을 유대교적 배경보다는 일반적 금욕주의를 따르는 자들이라고 주석한다.[68] 그러나 그의 관찰은 정확하지 못한 것 같다. 왜냐하면 서로 판단하지 말고 한 마음 한 뜻으로 서로 받으며 화평을 이루라는 권면이 계속하여 반복적으로 나타나고 있고 15:8-12에서 "할례자들"/"주의 백성"과 "이방인들"이라는 대조적 표

---

66) 바울은 15:1에서 "우리 강한 자"라는 표현을 써서 자신을 율법에 매이지 않는 사람들의 그룹 편에 있음을 암시해준다.

67) Wilckens, *Römer (Röm 12-16)*, 79-115; Dunn, *Romans 9-16,* 795-802; Moo, *Romans,* 18-21; Schreiner, *Romans,* 18-23, 703-10.

68) Käsemann, *An die Römer,* 353-58.

현과 이들 두 그룹의 하나 됨에 대하여 강조하고 있기 때문이다.

위의 우리의 관찰의 결론은 로마서 서신 전체에서도 여러 면에서 확증될 수 있다. "서신의 주제"를 진술하고 있는 구절 중에 "첫째는 유대인에게요 또한 헬라인에게로다"라는 특이하고도 많은 신학적 의미가 담긴 표현을 쓰고 있고(1:16) '유대인과 이방인'이라는 짝을 이루는 표현을 그밖에도 서신 중 여러 곳에서 자주 말하고 있다.[69] 또 로마교회 내에 분파적 갈등을 암시하는 표현들과 함께 화목과 서로 받아주기를 촉구하는 권면이 자주 나오고 있다.[70] 무엇보다도 서신 전체에서 끊임없이[71] '율법'과 또 율법에 상응하는 다른 용어들("법조문," "계명" 등)에 대하여 언급하고 율법을 주제로 하여 집중적으로 다루면서 교훈함으로써 (여전히 율법에 매인 채 신앙생활 하는 유대인 신자들을 의식하여) 은혜와 자유의 복음을 깨닫도록 하려는 바울의 목회자적 열심을 보게 된다.

49년에 내린 클라우디우스(Claudius) 황제의 유대인 추방령이 그의 죽음으로 무효화되어 다시 로마로 돌아온 유대인신자들[72]은 로마교회의 소수파가 되고 다수파는 이방인신자들[73]이 차지하고 있었을 것이다. 그러나 소수파이지만 유대인신자들이[74] 율법과 유대교 전통에 매여 있고 오히려 율법에서 자유한 신앙생활을 하고 있는 이방인신자들을 비판하고 있으며 그래서 교회의 화평을 이루는데 방해역할을 하고 있었기 때문에 바울은 그들을 의식하여 율법문제를 다루며 교훈을 한 것으로 보는 것이 옳을 것이다. 그들의 존재와 문제성을 전제하지 않는다면, 율법과 유대교를 배경으로 하고 있는 가상적인 반대질문자를 고려한 디아트리베(diatribe)식 질문들[75]과 9-11장에 걸쳐 길게 다루고 있는 선민 이스라엘의 구원문제의 논의는 의

---

69) 2:9,10, 3:9; 4:11,12, 11:11,17,24,25,15:8-12.

70) 12:4-6,10, 14:1,2,10,13,19,21, 15:1,7.

71) 로마서 16개의 장 중 율법문제에 대한 언급이 나타나지 않는 곳은 1장, 11장, 15장 및 16장 뿐이다.

72) 본래 Pompeius 때부터 로마에 거주하기 시작한 디아스포라 유대인들은 자신들의 독특한 종교적 관습을 인해 특정 지역에 집단거주하며 회당들을 중심으로 종교적 전통을 고수하고 있었다. Wiefel, "Jewish Community in Ancient Rome and the Origins of Roman Christianity,"87-92.

73) 1:5-6, 11:13, 15:16. Cf. Wiefel의 위의 논문, 93 각주 87.

74) 로마에서 추방되었다가 돌아온 유대인신자들 중 바울과 교제가지며 그의 영향을 받은 바 있는 일부의 사람들은 예외가 되었겠지만. Cf. 롬 16:3-5,7,11.

미를 잃어버릴 것이다. 또 반대로 다수의 이방인신자들이 소수의 유대인신자들에 대하여 교만하고 자긍한 것을 깨우치며 선민 이스라엘에 대한 하나님의 섭리를 알려주기 위하여 디아트리베식 질문을 던지며 권면을 하고 있는 말들에 대해서도 같은 말을 할 수 있을 것이다.[76]

그런데 교회론적 및 사회학적 설명으로 로마서의 목적 문제를 다 설명한 것으로 볼 수 없다. 왜냐하면 바울은 죄의 문제와 세례의 의미, 성화생활에 대하여 진지하게 그리고 길게 설명하고 있기 때문이다. 로마교회 교인간의 분파와 갈등은 유대인신자들의 율법에 대한 충분치 못한 이해가 원인이 되었고 율법에 대한 바른 지식의 결여는 복음에 대한 이해의 부족에서 온 것으로 판단한 바울은 복음의 핵심을 논증적으로 제시하여 두 그룹이 진리와 서로 받아들임 속에서 하나되도록 하기 위하여 편지를 쓴 것으로 보는 것이 가장 적절한 이해라고 보고 싶다.[77] 실질적인 의미에서 로마서야말로 '복음과 율법'이 핵심주제라고 할 수 있겠다. 바울이 로마서 1장의 서론부분에서 '복음/복음을 전하다'는 단어를 3회나, 그것도 결정적인 의미가 있는 중요한 부분에서 쓰고 있고, 또 (긴 본론의 부분을 쓰기를 마친 후) 나가는 말 부분에서 자기가 편지를 쓰게 된 이유를 "하나님의 복음의 제사장 직무를 다하기 위한" 것이었다고 분명하게 밝히고 있는 데, 이 모든 것이 결코 우연이라고 볼 수 없을 것이다.

바울은 1:1에서 예수 그리스도의 종이며 사도인 그의 소명을 "하나님의 복음"(을 전파함)에 있다고 말하면서 이어서 1:2-4에서 그 복음의 내용을 "하나님의 아들에 관한," 즉 인간 되시고 죽은 자 가운데서 부활하신 하나님의 아들, "우리 주 예수 그리스도"에 관한 것임을 밝혀주고 있다. 또 1:9에서 바울은 자신이 섬기는 하나님을 "그의 아들의 복음 안에서" 섬기는 하나님으로 부르고 있다. 1:1-4에서의 자신의 복음에 대한 정의를 압축하여 표현한 것이 바로 "그의 아들의 복음"이라고 하겠다. 또 바울은 들어가는 말 부분 끝에서 "로마에 있는 너희에게도 복음 전하기를 원한

---

75) 2:1-10,17-25, 6:1,15, 7:7,

76) 3:1-8,9,9:14-18,19-24, 11:1,13-24,25-30.

77) Schreiner (*Romans*, 19 각주 42)는 이 견해를 "대다수"의 학자들이 따르고 있다고 지적하면서 이 입장을 따르는 주석가들의 이름(Käsemann, Dunn, Bruce, Wedderburn, Stuhlmacher, Wiefel, Donfried 등)을 나열하고 있다.

다"(1:15)고 말하고 있는데, 그가 로마에 가서 전하기 원하는 복음의 내용은 1:1-4와 1:9에서 명시적으로 밝힌 복음의 내용과 다른 것일 수 없다.

"서신의 주제"로 알려진 1:16-17에서 바울은 복음을 로마교회의 상황을 의식하면서 새롭게 정의 내리면서 "(복음은) 모든 믿는 자에게 구원을 주시는 하나님의 능력"(1:16a)이라고 말한 후 이어서 "첫째는 유대인에게요 또한 헬라인에게로다"(1:16b)라는 표현을 덧붙이고 있다. 즉 바울이 여기서 율법에 대한 구원사적인 이해의 부족으로 믿음보다는 율법을 의지하는 유대인신자들과 아울러 그들을 비판하며 무시하는 이방인신자들의 자만을 염두에 두고 유대인신자들의 우선성을 동시에 고려하여 그렇게 쓴 것으로 보는 것이 가장 적합한 이해라고 보겠다.

바울은 '하나님의 아들 우리 주 예수 그리스도에 관한 복음'을 로마서에서 길게 그리고 매우 체계적으로 서술하고 있는데, 양면적 이유에서, 즉 율법문제와 이에 관련되어 생긴 유대인-이방인 교인간의 문제가 있는 교회에 쓰는 편지이기 때문에 그리고 또한 바울이 이전에 방문한 적도, 설교한 적도 없는 교회에 쓰는 편지이기 때문에, 로마서에서 바울은 율법관, 칭의론, 그리고 이스라엘 선민에 대한 하나님의 구원사적 계획에 대하여 쓴 외에, 또한 복음의 본령(本領)에 속하는 죄문제와 성화문제를 함께 논하고 있는 부분이 서신의 본론 중 중요한 부분을 차지하고 있는 것이다.[78]

Ⅶ. 시내산 율법에서 시온산 율법에로의 전승사적 발전을 말할 수 있는가?

19세기 초부터 구약학과 신약학 사이에 학자들의 연구 분야가 형식적으로만 나눠진 것이 아니라 (특히 불트만 학파의 부정적 영향 때문이기도 했으나) 지나친 단절과 거

78) 이런 의미에서 로마서의 내용분해를 다루면서 "하나님의 의"를 서신 전체의 내용을 포괄하는 주제로 삼아 (소)제목을 붙이는 것은 적절하지 못하다고 판단된다. 예: Käsemann, Stuhlmacher, Dunn, Wilckens, Schreiner 등의 주석들. 적절한 내용분해를 제시하고 있는 다른 주석가들의 예: Michel, Bruce, Ziesler, Moo, Morris, Stott 등.

리감이 있었던 것을 반성하고 구약과 신약 사이의 상관성과 연속성과 통일성을 강조하는 '성서신학(Biblische Theologie)'이 20세기 중반부터 로마 가톨릭과 개신교의 신구약학자들과 조직신학자들에 의하여 적극적으로 요구되고 토론되기 시작하였다.[79] 특히 튀빙엔(Tübingen)의 게제(H. Gese)와 스툴마허(P. Stuhlmacher) 등에 의하여 초기유대교 연구 성과를 '전승사적 방법론'으로 적극적으로 사용하는 '성서신학'이 추구되었다. 일부 반대자들로부터의 적극적인 비판도 있었으나, 나름대로의 기여를 한 면들도 많다고 본다. 신약의 저자들은 '(메시아에 의한) 율법과 선지자의 (폐지가 아닌) 완성'(마 5:17)과 '(구약) 성경의 메시아 증거'(요 5:39), '(이신칭의) 복음에 대한 선지자들 내지는 율법과 선지자의 증거'(롬 1:2, 3:21)를 말한다. 이런 점에서 구약과 신약의 통일성과 연속성을 전제하며 통합적 이해의 필요성을 강조하는 것은 아무리 강조해도 지나치지 않을 것이다.

그런데 위에서 언급한 튀빙엔 학자들은 '성서신학의 테마'로서 율법을 다루면서 전승사적 발전과 연속성을 주장하였다. 즉 이사야 2:2-3과 예레미야 31:31-34; 에스겔 36:23-28 등에 근거하여 구약 자체 내에서의 계시사적 발전 과정에서 시내산 율법은 종말론적 구원시대에 만민에게 전해질 기쁜 소식으로서의 '시온의 율법'으로 발전하게 될 것이 구약에서 이미 예언되었다고 본 것이다.[80] 그러나, 이미 많은 이들에 의해서 지적된 적절한 비판처럼, 이사야서에서 종말론적 구원시대에 많은 민족들이 '토라'를 듣기 위해서 '시온'으로 몰려올 것이라고 예언했을 때, 그 '토라'가 모세의 '(시내산) 토라'의 갱신 내지는 발전으로서의 '(새) 토라'를 말하고 있는 것으로 볼 근거는 없다. 단지 분명히 말할 수 있는 것은, 모세의 시내산 토라(의 준수)에 대한 언급 없이, 시온 즉 예루살렘으로부터 '토라' 즉 '야훼의 말씀'[81]이 전해질 것이라는 예언으로 보아야 할 것이다. 모세의 시내산 토라가 아닌, 새로운, 즉 종말론적인 하나님의 말씀으로서의 (종말론적인 우주적 구원이 내용으로 되어 있는[cf. 2:4]) 토라

---

79) '성서신학'의 개념과 역사에 대하여는 다음의 연구서를 참조 바람: Kraus, *Die Biblische Theologie.*

80) Stuhlmacher (*Biblische Theologie des NT,* Band Ⅰ, 257)에 의하면 "'시온의 토라'는… 내용적으로 시내산 율법과 일치한다."

81) 선지자에 의하여 선포되는 '야훼의 말씀'을 '야훼의 토라'로 표현하고 있는 많은 선지서의 구절들 참조: 사 1:10, 2:3, 5:24, 8:16,20, 30:9, 렘 6:19, 8:8, 단 9:10(복수!); cf. 왕하 17:13.

가 선포될 것이라는 뜻으로 보아야 할 것이다.[82)]

예레미야가 예루살렘 멸망 직전에 받은 예레미야 31장의 예언 역시 시내산 토라와 연속성 있는, 갱신된 토라를, 즉 '(시내산) 토라'의 발전을 말하고 있지 않다. 분명한 것은 이스라엘 백성이 야훼께서 "애굽 땅에서 인도하여 내던 날에 세웠던," 즉 야훼의 (시내산) "언약을 파하였다"는 것과 '야훼의 토라'를 "마음속에 기록하시며" 죄악을 사하실 것이라는 사실이다. 이스라엘 백성은 그들의 역사 속에서 끊임없이 시내산 토라에 불순종하였다. 아니 그들은 교만하고 마음이 강퍅하고 부패하여 순종할 수 없는 자들이 되어버렸다(13:9-10,23, 17:9). 야훼께서 시내산에서 '언약'을 세우셨는데, 야훼께서 "(이스라엘이) 나의 언약을 어겼다"고 말씀하셨다. 여기서의 '언약'은 분명히 '시내산 토라'를 가리킨다. 예레미야서에서의 용어사용의 예들은 분명히 그렇게 보는 관찰을 정당화시킨다.[83)] 그런데 문제는 야훼께서 이스라엘에게 장래에 세우겠다고 하신 "새 언약"(31절)과 이스라엘의 마음을 새롭게 하시고 그들의 마음에 두겠다고 하신 그 '나의 토라'(33절)는 각기 무엇을 가리키는가? 야훼께서는 이스라엘의 마음을 새롭게 하시어 옛 (시내산) 토라를 지킬 수 있게 하신다는 뜻인가? 그런 의미에서의 토라(준수)의 갱신을 말씀하신 것인가? 적어도 그런 의미는 본문과 문맥에 분명하게 나타나지 않고 있다. "새 언약"이라는 표현이 바로 그러한 해석을 거부하는 것 같다. 단지 강조되고 있는 것은 선민 이스라엘에게 향하신 야훼의 선취적인 구원약속으로서 마음의 갱신과 사죄의 은혜를 예언하고 있다는 점이다.[84)] 이스라엘의 결정적인 회복과 "영영한 언약"을 약속하고 있는 비슷한 예언이 나오는 예레미야 32:36-44에서도 역시 마음이 새로워진 이스라엘이 시내산 토라를 지켜 행할 것에 대하여는 전혀 언급하고 있지 않다. 또한 그밖에 예레미야서 전체에서 장래에 이스라엘이 포로에서 돌아오며 모든 죄악의 사함을 받게 되어 하나님

---

82) Delitzch, *Jesaja,* 37-38. 모세의 시내산 토라와 연결시키는 Kaiser의 해석(*Das Buch des Propheten Jesaja Kapitel 1-12*, 65)은 설득력이 없다.

83) 11:1,3,4,6,8,10, 34:13; cf. 출 19:5, 24:3-8, 신 4:13. 그런 의미에서 구약에서 '언약궤'는 곧 '언약궤'였으며 "언약을 어김"은 곧 "율법을 어김"이었다: 레 26:15, 요 23:16, 삿 2:20, 왕상 8:21, 11:11, 왕하 17:15,38, 18:12, 시 78:10, 호 8:1; cf. 왕하 23:2,3,21,

84) Keil, *Jeremiah,* 38-40; Carroll, *Jeremiah 26-52,* 614. *Contra* von Rad, *Theologie des Alten Testaments*, Band Ⅱ, 220-222.

의 백성이 되고 다윗의 자손을 통하여 완전한 공평과 평화의 시대를 살게 될 것을 말하는 수많은 예언들[85]에서도 마찬가지 사실을 보게 된다.

에스겔 36:23-28의 예언에, 예레미야서 31장의 예언과 비슷하게, 야훼께서 포로에서 돌아온 이스라엘의 마음을 정결하게 하시고 새 마음을 주실 것이며 그래서 야훼의 '율례(חק)'와 '규례(משפט)'를 지켜 행하게 하실 것이며 하나님과의 관계를 회복시켜주실 것이라는 약속이 나와 있다. 에스겔서의 예언에서 새롭게 덧붙여진 것은 '야훼의 영'을 그들의 속에 두실 것이라는 약속이다. 여기서 문제는 야훼의 영이 속에 임재 하시게 된 이스라엘의 새로워진 마음에 두실 야훼의 '규례'와 '율례'를 행함에 대하여 예언한 것은 옛 시내산 토라를 행하는 것을 말하는가 하는 것이다. '나의 유례'와 '나의 규례'라는 표현이 그러한 의미로 쓰여진 것이 아닌가라는 생각을 가질 수 있겠으나, 이 표현들이 구약에서 반드시 시내산 토라를 가리키는 것은 아니다. 그러므로 예레미야 31장의 경우와 마찬가지로 해석하는 것이 안전하고 적절한 것으로 보인다.[86]

결론적으로 우리는 구약의 종말론적 구원시대에 관한 예언들에서 시내산 토라의 갱신이나 발전 개념보다는 시내산 토라(준수) 내지는 시내산 (율법)언약과 상관없는, 야훼의 선취적 은혜에 근거한 새로운 구원의 길을 말하고 있다고 보는 것이 옳다고 본다. 사실 바울은 하나님의 뜻의 계시로서의 '율법'은 성령으로 그리고 사랑으로 완성됨[87]에 대하여 말하면서도, 구원사적으로는 부정적인 의미로서 "의문(儀文)의 묵은 것"(롬 7:6), "몽학선생"(갈 3:24-25)과 "옛 언약"(고후 3:14)으로서의 율법, "율법으로부터의 속량"과 "자유"(갈 4:4, 5:1) 등에 대하여 말하고 있는 것을 보게 된다.

Ⅷ. 초기유대교의 메시아관, 율법관 및 구원관

바울은 갈라디아서 3:19에서 시내산 율법은 "약속의 자손" 곧 메시아가 오시기까

85) 렘 24:4-7, 29:10-14, 30:3,8-11,18-22, 31:8-9, 33:1-9,14-18, 50:20.

86) Eichrodt, *Der Prophet Hesekiel, Kap. 19-48*, 351.

87) 갈 5:13-14, 롬 8:4, 13:10-12.

지 한시적으로 주어진 것이라고 말한 바 있다. 그런데 로마서 9:30-10:4에서는 그리스도를 믿는 자가 "하나님의 의"를 얻게 되어 있는데 이스라엘은 이 지식을 모르고 율법의 행위를 의지하다가 구원을 얻지 못하고 있다고 안타까움을 표하고 있다.

그러면 초기유대교인들도 종말론적 구원시대 내지는 메시아시대가 도래하면 율법의 구원사적 기능은 끝나게 되며 율법과 상관없이 메시아를 통해 구원이 이뤄진다는 율법관, 메시아관, 구원관을 가지고 있었는가?

한 마디로 대답한다면, 초기유대교의 모든 종파들에서 시내산 토라(준수) 외의 다른 구원의 길을 말한다거나 그것을 대체하는 다른 구원자로서의 메시야의 역할을 기대한 예가 없었다. 유대교에서는 끊임없이 하나님께서 이스라엘 민족에게 종말론적인 구원과 승리를 주실 것이라는 소망을 가지고 있었고 그 소망의 실현의 방편으로서 메시아적 인물을 간혹 언급하기는 해도, 단지 하나님의 구원과 해방 활동을 대행하는 자라는 의미 이상의 메시아의 역할에 대하여 말하지 않았다.[88]

1. 초기유대교의 메시아관과 구원관

핫시딤 운동 초기의 유대인의 경건을 표현해주고 있는 문서로 여겨지며 가장 오래된(주전 180년경!) 구약 외경문서이기도 한 벤 시라(Ben Sira)의 지혜(= 집회서)에서도 이스라엘의 영광스런 미래를 위한 기도를 말하면서도 메시아 또는 메시아의 대망에 관하여는 관심이 없다(cf. 36:11-17).[89] 저자에게 있어서의 중심사상과 관심사는 바로 다음의 진술들 속에 표현되어 있다: "지혜의 모든 것은 하나님을 경외하는 것이다. 완전한 지혜는 율법의 성취다"(19:20); "율법에 신뢰를 두는 자는 생명을 보존한다"(35:24). 그래서 유대인들에게 율법은 "존재의 기쁨과 면류관"이며 "삶의 실체"였다.[90] 다른 외경문학에서도 모든 이스라엘 민족이 고국에로 돌아와 예루살렘

88) De Jonge, "Messiah," 777: "구약에서 '기름부음 받은 자'라는 용어는 미래의 구주/구속자에 대하여 쓰여진 일이 전혀 없으며, 후대의, 주전 200년부터 주후 100년 사이 기간의 유대교 문헌들에서 그 용어는 미래에 이뤄질 하나님의 해방하시는 일을 대행할 자들과 관련하여 단지 드물게 사용되었을 뿐이다."

89) Schürer, *The History of the Jewish People,* 498-99.

90) Bousset, *Die Religion des Judentums,* 119.

을 중심으로 영광을 누리게 될 것에 대한 종말론적인 소망을 자주 말하면서도 메시아에 대한 언급은 나타나지 않는다.[91] 요세푸스는 주후 94년 경 유대인 역사에 대해 쓴 책(*Antiquities*)에서, 헬라어로 '메시아'를 뜻하는 단어 χριστός를 두 번(*Ant.* 18.3.3[63-64]; 20.9.1[200]) 썼는데, 모두 나사렛 예수와 관련해서였을 뿐이다.[92]

핫시딤과 바리새파 전통을 잇고 있는 랍비문헌들에서도 이러한 이해는 변함없다. 랍비들의 주된 관심은 어디까지나 율법연구와 율법준수에 집중해 있었고 종말론적 구세주로서의 메시아에 대한 기대나 구원을 위한 메시아의 역할에 대하여는 방계적인 관심사에 속하는 것이었다.[93] 주후 70년 이전에 죽은 랍비들에 관한 기록 중 메시아에 대한 언급은 전무하며, 미쉬나에서 메시아에 대한 언급은 단 두 곳(m. Ber. 1:5, m. Sota 9:15)에 나오는데, "메시아의 시대"에 대하여 말하거나 메시아 시대의 퇴보에 대하여 말하고 있을 뿐이다.[94] 이러한 메시아관은 유대교의 역사 속에서 변함없이 계속되어 그들의 메시아시대 또는 종말론적 "끝날"에 대하여 가지는 기대의 내용은 흩어진 자들을 모음, 다윗왕국의 회복, 성전재건, 심판의 날, 죽은 자의 부활에 대한 것이 전부였다.[95] 탈무드에서 몇 곳[96]에서 "다윗의 자손" 또는 "메시아"에 대한 언급이 나오는 것이 사실이나, 역시 관심의 초점은 메시아 자신이 아니라, "다윗의 자손/메시아의 시대"가 언제 올 것인지, 그 때가 올 때 그 시대는 어떤 특징이 있을 것인지에 대한 것뿐이다. 랍비들의 가르침 속에서 메시아는 구원자도 심판자도 아니다.[97]

쿰란공동체의 경우도 다르지 않았다. 철저하게 종말론적 소망과 새 언약 시대에 살고 있다는 의식 속에서 "의의 교사"의 지도와 이사야 40:3의 예언(1QS 8:13-14)을

---

91) 예: Tob. 13:11-18, 14:6-7, Jdt. 16:4, 2 Mac. 2:18, Bar. 2:27-35, 4:36-37, 5:5-9. Schürer, 위의 책, 500 참조.

92) Brown, *An Introduction to NT Christology,* 159 각주 219.

93) 유대인학자 S. Sandmel (*Judaism and Christian Beginnings,* 206)의 다음 말 참조: "… the doctrine of the Messiah becomes almost peripheral in the Rabbinic literature."

94) De Jonge, "Messiah," 787-86.

95) Werblosky-Wigoder, "Messiah," 459.

96) Sanhedrin 93b, 97a, 97b, 98a, 98b, 99a, Ketubbot 112b, Schabbat 151b. Cf. *Der Talmud,* 624-639.

97) 심지어는 다음과 같은 랍비의 가르침이 나온다: "우리는 왜 기다려야 하는가? 보상을 받기 위하여" (Sanhedrin 97b).

따라 유대광야로 나가 공동생활을 하였던 그들은 두 명의 "기름부음 받은 자들"을 기다렸다. 타락한 예루살렘 성전의 제사장그룹과 제사의 갱신을 위한 (멜기세덱의 반차를 좇는, 11QMelch 18) "아론의 메시아"와 악한 자들과의 전쟁에서 이기고 제사장을 돕는 역할을 할 "다윗의 가지"(4QFlor 11-12)로 나타날 "이스라엘의 메시아"를 동시에 기다렸다.[98] 그런데 이들 "기름부음 받은 자들"은 기존의 율법준수나 제사제도를 대체하는 새로운 구속과 구원의 길을 의미하는 자들은 전혀 아니었다. 그들은 단지 (종말론적 선지자와 함께) 새 언약 시대의 구속받은 백성(= 쿰란 공동체)을 위한 이상적인 지도자일 뿐이다. 제사장 출신 "의의 교사"에 의해 세워지고 지도받았던 쿰란공동체의 관심은 세속화되고 부패한 예수살렘의 기성종교를 혁신시키고 모세의 율법에로 돌아가는 것이었고 그래서 그들은 성경의 사본을 만들고 성경연구(및 주석)와 정결의식 수행에 온 힘을 기울였던 것이다. 그러나 세례 요한의 회개 메시지와 메시아로 오신 갈릴리의 예수의 하나님의 왕국의 메시지는 철저히 예수 자신의 메시아적 인격과 말씀과 대속의 사역이 중심이 되었다. 쿰란 문서들에 나타난 사상에 의하면 인간의 죄인 됨과 부패성을 인정하고 하나님의 은혜를 의지하되 하나님의 은혜로 철저하게 율법을 지키는 길을 추구하였던 것이다. 말하자면 *sola gratia*(오직 은혜로!)는 *sola lege*(오직 율법으로!)와 합치하는 것이었다. 반면에 그리스도는 "율법의 telos" 되심(롬 10:4)과 율법에서의 구속자 되심(갈 4:4-5)을 가르친 바울의 칭의관 내지는 구원관에 있어서 *sola gratia*(오직 은혜로!)는 *sola fide*(오직 믿음으로!) 외에 다른 의미가 아니었다.[99]

우리가 알고 있는 모든 구약외경 문헌들에서 보게 되는 특징 역시 당시 유대인들이 고대하였던 것은 구원자로서의 메시아보다는, (대부분 메시아 개념이 배제된 채 이뤄지는) 종말론적 구원시대와 악한 자들에 대한 궁극적 심판의 도래라는 사실이다.[100]

---

98) CD 2:12, 6:1, 12:23-13:1, 14:19, 19:10-11, 20:1, 1QM 11:7-8, 1QS 9:11, 1QSa 2:11-22, 1QSb 5:20-23, 4Qpatr 3-4. Cf. de Jonge, "Messiah," 783. 구약과 초기유대교 문헌에서의 두 명 또는 세 명의 메시아적 인물에 대한 관념에 대하여 다음 연구를 참조 바람: Burrows, *Mehr Klarheit über die Schriftrollen*, 257-269.

99) Lohse, *Die Texte aus Qumran*, XIII-XX.

100) 구약외경이 보여주는 이스라엘의 종말론적 소망에 대해 언급하고 있는 곳들: Wis Sol 2:23, 3:1-10, 4:20, 5:16-24, Tob 13:10-11,16, 14:5-7, 2Macc 2:17-18, 6:26, 7:9-39, 12:42-45, 14:15, Bar 2:34, 4:36-37, 5:5-9, 14:46, Sir 37:25, 44:13, Cf. Rawlinson, *The NT Doctrine*

주전 2~1세기 또는 주후 1세기 중반까지의 묵시문학에서는 특성상 종말에 인간세계에 임할 재난과 하나님의 심판과 의인들의 영원한 축복의 상태에 대한 묵시문학적 예언들이 비교적 자주 언급되고 있는 편이지만,[101] 역시 메시아적 인물에 대한 언급은, 신약의 복음서의 기록의 증거와 비교해볼 때, 놀랍게도 희소하게 나타나고 있을 뿐이다.

예외적으로 위경 중 매우 두르러지게 메시아적 인물이 등장되고 있는 부분이 1 Enoch 37-71 (즉 제2권 '비유의 책')이다.[102] 이 부분에 나오는 '인자' 메시아의 신분과 사역과 마지막 심판 때에 이뤄질 일들에 관한 자세한 묘사가 신약의 메시아관 및 종말론적 구원관과 어떤 관계가 있고 어떤 영향을 끼쳤는지에 대한, 의미 있는 논의들이 학자들 간에 많이 있어왔다.[103] 기본적으로 양자 사이에 평행적인 표현들과 사상들이 적지 않음을 인정해야 할 것이다. 특히 초자연적인 신분의 '인자'의 독특한 칭호와 심판자로서의 권위와 역할에 대해서 그렇다. 역사적 예수의 '인자' 칭호의 자칭호로서의 사용과 연관시켜 볼 때 중요한 시사를 줄 수 있겠다. 그런데 제1에녹서의 '인자' 메시아와 역할에 대한 묘사가 구약의 선지서들[104]에서 영향을 받은 것이 분명하며, 복음서에서의 경우 역시 제1에녹서보다는 구약의 선지서들과 특히 다니엘서의 평행구절[105]을 직접적인 배경으로 하고 있는 것 같다. 더더구나 제1에녹서의 제2권인 '비유의 책'의 저작시기를 최근 대부분의 학자들은, 종전의 주전 1세기전반부설에서 크게 후퇴하여, 주후 1세기후반으로 늦춰잡고 있기[106] 때문에, 특히 역사적 예수의 '인자' 칭호 사용과의 관계는 확실하게 말하기 어렵다고 보아야 할 것이다. 또한 4복음서에서 인자의 '하나님의 아들' 되심과 '고난받는 야훼의 종'

---

of the Christ, 5-25: Hühn, *Die messianischen Weissagungen des israelitisch-jüdischen Volkes*, 81-83.

101) Sibylline Oracles 702-709, 743-754, 787-794, 755-760, 766, 771-772; 1 Enoch 90:20-32. Cf. Hühn, *Die messianischen Weissagungen,* 84-85.

102) 38:2, 40:5, 45:3-5, 46:1-4,12, 47:3, 48:2-10, 49:2-3, 50:1-5, 52:4, 55:4, 61:5; 62:1-14, 69:29. Cf. Hühn, 위의 책, 88-91.

103) Beer, *Das Buch Henoch,* 217-35, 258-78; Isaac, 1 Enoch, 6-10, 29-50.

104) 사 11:2-3, 42:1, 단 7:9-14 등.

105) 단 7:10,13-14, cf. 막 13:26 par., 14:62 par., 마 16:27-28, 계 14:14, 20:12.

106) Isaac, 1 Enoch, 10; de Jonge, "Messiah," 785.

으로서의 대속의 구주 사상은 '비유의 책' 중의 인자관과는 거리가 멀다. 에녹서에서는 인자가 심판자와 권세자로서 묘사되고 있으나 구원자로서 어떤 역할을 하는지에 대해서는 거의 언급이 없는 데, 역시 큰 거리감을 느낄 수밖에 없다. 에녹서[107) 에서는 단지 악인들은 자기들의 죄로 말미암아 심판받고 멸망받게 될 것이며, 거룩한 자들과 의인들, 선택받은 자들은 구원받아 부활하고 영생을 얻게 될 것이라고 반복하여 강조할 뿐이다.

에녹서 외에 초기유대교 문헌 중 신약의 메시아니즘의 용어 및 개념성과 관계가 깊은 용례가 확실하게 나타난 경우가 주전 1세기 중엽에 쓰인 솔로몬의 시편이다. 저자들은 마지막 부분(17-18장)에서 야훼의 '메시아'(17:32, 18:5,7)' '다윗의 자손(17:21)'을 '이스라엘 왕(17:42)'으로 일으켜주시어 그로 하여금 예루살렘에서 모든 불의한 이방인 통치자들을 몰아내주고(17:22) 이스라엘을 정결하고 거룩한 백성이 되도록 하여달라(17:26,41, 18:5)고 기도한다. 그 왕은 의롭고(17:32) 죄가 없으며(17:36) 말과 활을 의지하지 않고(17:33) 성령의 능력을 받고 지혜와 공의로 통치할 자이다(17:29,35,37). 여기서 특기할 점은 이상적인 이스라엘의 왕을 구약 선지서들의 전통을 따라[108) "다윗의 자손"이라고 부른데서 더 나아가 "(야훼의) 메시아"(= "기름부음받은 자")라는 초기유대교와 예수와 초대교회의 전문용어 '메시아'와 연결시켜 사용한 사실에 대한 최초의 문헌상의 증거라는 점이다.[109) 솔로몬의 시편에 나타난 메시아상은 구약의 메시아적 인물인 '다윗의 자손'의 그것과 잘 통한다고 볼 수 있다. 선지서들에 이스라엘 민족을 다스리는 이상적인 왕으로서 성령의 능력을 힘입고 지혜와 의로 통치할 자로 묘사되어 있다. 종말론적인 심판과 부활과 영생에 대하여 집중적인 묘사를 쓰고 있는 묵시문학에서도 초자연적인 신분의 메시아의 출현과 그의 왕국과 권세를 말하면서도, 역시 그의 구원자로서의 특별한 역할에 대하여는 침묵하며 선택된 "의인들"이 영생을 얻게 될 것이라고 말하고 있을 뿐이다.[110) 메시아의 대망은 이스라엘 민족의 회복에 대한 언약의 하나님의 약속을 성취시킬 자이기

---

107) 38:1-4, 48:7-8, 50:1-2, 51:1-2, 58:1-6 등.

108) 사 11:1,10, 16:5, 55:3-5, 렘 23:5, 30:8-9, 33:15, 겔 34:23-24, 37:24-25, 호 3:15, 암 9:11-12,

109) Cf. de Jonge, "Messiah," 783.

110) Isaac, "1 (Ethiopic Apocalypse of) Enoch," 9.

때문에 의미를 가질 뿐이다. 그러면 신약에서 예수 '그리스도' 메시아관과는 어떤가? 에녹서의 경우처럼, 역시 현저한 차이를 보여준다. 복음서의 예수 '메시아'와 달리, 솔로몬의 시편에서는 메시아가 어디까지나 이스라엘 민족의 해방자요 의로운 통치자요 성결운동 내지는 종교운동의 지도자다. 또 예수 메시아처럼 '하나님의 아들'로서 신성과 초자연성의 신분을 가진 자도 아니고 대속의 고난을 받고 구원의 은혜를 베풀어준 구원자도 아니며 새로운 시대의 새로운 하나님의 뜻을 가르친(cf. 마 5-7장) 계시자-교사도 또는 종말론적 심판자도 아니다.

이사야서 53장의 "고난받는 야훼의 종"(cf. 막 8:31, 10:45)이나 스가랴 9:9-10의 '겸손하고 온유한 구속자'(cf. 마 21:1-7, 11:28-30; 빌 2:5-11)와 같은 메시아의 대망에 대해서는 초기유대교 작가들은 생소할 뿐이다.[111] 무엇보다도 초기유대교의 어느 종파에서도 삼위일체론적인 의미에서의 '하나님의 아들' 또는 '하나님의 아들(이 인간되어 나타나신) 그리스도'의 관념은 낯선 것이었다.

2. 초기유대교의 율법관과 구원관

여기서 메시아관의 문제와 연관시키지 않으면서 초기유대교에서의 율법관과 구원관에 대하여 종합적으로 잠간 다루도록 하자. 초기유대교의 종파들에 따라 종말관과 메시아관과 소속단체의 규례들에 있어서 다양한 특징들을 보여주고 있지만, 한 가지 공통적인 특징은 율법이 그들이 속해 있는 언약의 백성으로서의 선민 이스라엘의 삶과 생존의 근거라는 사실이다. 그러므로 율법은 유대인에게 있어서 (현대인의 눈으로 보기에) 복잡한 규율과 무거운 멍에이기 전에 언약과 선택과 은혜가 먼저 있었기에 율법을 지키는 것은 언약의 관계 속에 충실히 머물기 위해 하나님의 요구들에 감사하는 마음으로 응답하는 표시였던 것이다. 율법중심의 초기유대교를 사랑과 긍휼이 결여된 '율법주의(legalism)'요 외식과 형식을 추구하는 공로주의 종교로 폄하해왔던 루터교적 전통의 학자들을 통하여 전해진 종전의 일반적 인식을 교정해주고, 그들의 율법적 종교생활을 "언약에 기초한 율법준수(covenantal nomism)"의 의미로 이해하도록 획기적인 전기를 마련해준 것은 기념비적인 역작 *Paul and*

---

111) Bright, *A History of Israel,* 441-42; Schürer, *The Historz of the Jewish People*, 547-49.

Palestinian Judaism(1977)을 쓴 샌더스(E. P. Sanders)의 영향이다. 이전에도 샌더스와 같은 시각에서 초기유대교에 대한 부정적인 인식을 시정할 것을 호소한 유대교 학자들[112]도 있었으나 샌더스의 연구서가 효과적이고 강력한 설득력을 나타냈다.

그러나 샌더스가 사용한 기본자료들이 바울 당대의 (팔레스타인) 유대교 일반의 경건과 신앙을 객관적으로 어느 정도 반영한 것으로 보장할 수 있을 지 의문시 되는 면이 적지 않은 것이 사실이다. 왜냐하면 현존하는 유대교문서들 속에 나타나 있는 유대인들의 신앙과 경건은 (그들의 대표성과 영향력을 인정한다 하더라도) 당시의 현실의 일부의 것들이었기 때문이다. 필로(Philo)와 요세푸스(Josephus)에 의하면, 1세기 때에 바리새인 공동체는 6천여 명의 회원이 있었고 엣센파에 속한 사람들은 4천 명 정도가 있었다고 한다.[113] 바리새파 사람들은 율법을 철저히 지키는 것을 보장 받기 위하여 "울타리"를 치는 의미에서 구전율법을 만들어 지켰으며, 일반인과 차별화시켜 부가적 선행과 의를 행하였고, "땅의 백성"이요 "율법을 알지 못하는 자들"(cf. 요 7:49)이라 부른 자들로부터 자신들을 구별하였고 그들과의 교제도 피했다(cf. 막 2:14-17).[114] 엣센파 사람들은 본래 제사장 중심의 예루살렘 성전제사제도의 개혁을 추구하다가 밀려난 자들을 중심으로 구성되었고, 성전 예배를 드릴 수도, 희생 제물을 봉헌할 수도 없었기에 유대광야의 쿰란 근처에서 공동생활을 하면서 합법적인 예배의 회복을 갈망하였던 소수자들이었다. 당시 예루살렘 성전예배와 공회는 교권주의자들과 세속주의자들이 다수를 점유하고 있었던 것이 현실이었던 것이다.

특히 바리새 및 랍비전통에서는 이미 (구약)성경에서 선지서와 성문서(聖文書)에 대하여 모세5경의 실제적 우위성이 확고하게 되었고, 따라서 율법연구와 율법준수에 대한 노력이 곧 경건을 의미하는 것이 되었다. 그래서 자연히 종말론적 구원과 메시아의 나타남에 대한 소망이 상대적으로 약화되는 결과를 초래하게 되었다.[115] 또 예레미야 31:31-34의 "새 언약"의 약속도 옛 언약 즉 시내산 언약을 대체하는 것을 의미하는 것으로 보지 않고 율법의 영적 갱신의 약속으로 보았으며, 아브라함

112) C. G. Montefiore, G. F. Moore, S. Sandmel 등.

113) Lohse, 『신약성서배경사』, 90, 97.

114) 위의 책, 87-94.

115) Cf. Luz-Smend, *Gesetz*, 48-53.

의 언약이 시내산에서, 시내산 언약은 다시 에스라에게서 갱신된 것으로 보았는데,[116] 이 점이 바울의 율법관과 근본적인 차이점이 되는 것이다. 그래서 궁극적인 구원을 담보해주는 것은 오직 하나님과 율법과 선행뿐이었다.[117] 경건한 유대인들은 "어느 날 '내세에' 동참할 수 있기 위해서 토라에 열심을 내었다."[118] 쿰란 공동체는 자기들이 "새 언약" 시대에 살고 있는 선택된 무리들이라는 자의식을 가지고 있으면서 동시에 악한 시대에 모세 토라에 대한 더 철저한 순종을 추구해야 할 것으로 알았다.[119] 희년서 23:23-31에서는 새로운 세상에서 회개한 의인들은 사탄과 악이 없고 기쁨과 평화가 무궁한 세상에서 살게 될 것인데, 그들은 새롭게 율법에 열심내는 삶을 추구할 것이라고 예언하고 있다.

그렇다면 바울에게 있어서의 '십자가에 못 박히신 (하나님의 아들) 그리스도'의 관념과 '그리스도가 율법의 마침'이 되시며 (율법과 상관없이) 믿음으로 칭의를 얻고 구원받는다는 율법관과 구원관은 언제, 어디서, 누구를 통해 나온 것인가? 종교사학파 전통과 불트만 학파에서는 바울과 요한의 기독론과 구원론이 당시의 이집트와 그리스 신비종교와 영주주의의 영향을 받아 생성된 것으로 본다. 그러나 신비종교들은 근본적으로 비역사적이요 조잡한 다신론이다.[120] 그리고 그노시스는 이원론적일뿐만 아니라 증거자료로 제시되었던 문헌들이 모두 신약문서들보다 후대의 것임이 드러났다.

116) Werblowsky-Wigoder, "Covenant," 178-79.

117) *2 Baruch*는 메시아의 출현에 대하여 여러 곳에서 언급한다: 29:3, 30:1, 39:7, 40:1, 70:9, 72:2. 그러나 부활에 참여하고 영생을 얻는 것은 오직 율법에 따라 살았고 선행을 쌓은 자에게 해당되는 것이다. Cf. Klijn, "2 (Syriac Apocalypse of) Baruch," 618-619.

118) Schürer, *The Historz of the Jewish People,* 492.

119) Bright, 위의 책, 441-42.

120) Cf. Rawlinson, *The NT Doctrine of the Secret, 270-84.*

Ⅸ. 갈라디아서와 로마서 서론에서의 바울의 복음 및 율법관의 기원 문제

우리는 위에서 바울이 예수 그리스도에 대한 믿음을 가지기 이전에 속해 있었던 초기유대교의 메시아관과 율법관과 구원관을 살펴보았다. 그리고 바울이 동시대의, 믿기 이전의 바리새파 동료들을 비롯한 모든 경건한 유대교 작가들이 보여주고 있는 율법관과 메시아관과 구원관에서 현격한 차이를 보이고 있는 것을 확인하였다. 저명한 유대교 학자이면서 동시에 기독교에 대해서도 열린 마음을 가지고 학문적인 교류를 많이 하고 있는 샌드멜은 이렇게 말한 적이 있다: "바울의 율법에 대한 태도는 다른 모든 현존하는 유대교 문헌들에 나타나는 견해들과 정확하게 정반대이다. 우리는 바울이 왜 그리고 어떻게 이러한 반대의 태도에 이르게 되었는지 정확하게 알지 못한다."[121] 유대인을 대표하여 샌드멜은 "우리는" 모른다고 했는데, 과연 그리스도인인 우리도 모르는가? 바울은 그의 서신들에서 자신의 율법과 메시아와 구원(의 복음)에 대하여 어떻게 (전혀) 새로운 깨달음을 얻게 되었는지 원인과 경위에 대하여 분명히 밝혀주고 있는가?

바울이 스스로 자서전적 고백을 하고 있는 여러 증언들이 그의 서신중에 나오고 있다.[122] 특히 갈라디아서 1:11-16에서 바울은 "나에 의해서 전해진 복음"은, 사람에게서 배우거나 전승된 것이 아니라, "그리스도의 계시로 말미암았다"고 말하고 하나님께서 "그의 아들을 이방에 전하기 위하여 그 아들을 내 속에 계시하시기를(ἀποκαλύψαι) 기뻐하셨다"고 간증한다. 여기서 바울은 중요한 두 가지 사실을 강조하고 있다: 하나는 바울이 그 복음을 깨닫게 된 독특한 방식과 경로, 즉 바울복음의 신적 기원성이요, 다른 하나는 바울 자신이 전하는 (독특한) 복음의 내용이 무엇인가 하는 것, 즉 '바울복음'의 내용은 '하나님의 아들 예수 그리스도'라는 것이다. 이 두 가지 사실의 강조는 갈라디아교회들에 들어온 바울의 대적자들이요 거짓교사들의 바울에 대한 공격을 의식하면서 변증적으로 답변하고 있는 것(*ad hominem*)을 뜻한다.

---

121) Sandmel, *Judaism and Christian Beginnings,* 320.

122) 고전 9:1, 15:8-10, 갈 1:13-17, 빌 3:4-11, 고후 3:4-4:6, 5:16-21. Cf. Seyoon Kim, *The Origin of Paul's Gospel,* 3-31.

1. 바울복음의 신적 기원성: "계시를 통하여"

갈라디아서 1:11-16에서 바울이 변증하고 있는 첫째 사실은 바울복음의 계시의 존성 곧 신적 기원성이다. 이것은 1:1에서 자신의 사도직의 신적 기원성을 말할 때 이미 간접적으로 증거한 사실인데, 이제 본격적으로 그리고 명시적으로 확증하고 있는 것이다. 바울의 사도직의 신적 기원성과 바울복음의 신적 기원성의 문제는 바울이 대적자들을 의식하여 (3장과 4장의 본론적인 교훈[probatio!]에 들어가기 전에 먼저) 변증하지 않으면 안 될 현안문제다. 그래서 이례적으로 바울은 긴 서론을 자서전적 변증으로 채우고 있는 것이다.[123] 바울이 복음을 계시를 통해서 깨닫게 되었다는 사실을 말할 때 바울 자신과 대적자들을 향하여 양면적인 진리를 담아서 말하고 있다. 하나는 소극적인 면으로 바울은 복음의 깨달음에 있어서 예루살렘교회의 사도들에게 대하여 의존적이지 않았다는 점과 적극적으로는 복음진리에 대하여 "계시를 통해 (δι' ἀποκαλύψεως)", 즉 신적 초자연적인 가르침을 받아 깨닫게 되었으므로 깨달은 진리에 있어서 절대적 확신과 권위가 있다는 점이었다.[124]

그래서 먼저 바울은 사람들에게서, 즉 구체적으로 사도들에게서 전해 받거나 배우거나 한 것이 아니었다는 사실에 대한 객관적인 증거를 위하여 자기의 지나온 과거의 행적을 소개한다: 자신의 복음은 "사람에게서 받은 것도 아니요 배운 것도 아니었다"(1:12). 하나님의 계시를 받은 후 "혈육과 의논하지 않았다"(16절). 도움받기 위해 자신보다 "먼저 사도된 자들"을 만나려고 예루살렘으로 갈 필요가 없었고 (17절), 3년만에야 예루살렘에로 올라갔는데, 그것도 베드로와의 교제 목적으로[125] 간 것이어서 15일 밖에 체류하지 않았다(18절). 또 (예루살렘의 사도들의 도움 없이 사역하다가) 14년 만에 다시 예루살렘에, 그것도 "계시에 따라서," 올라갔는데(2:1-2), 이

---

123) H. D. Betz의 갈라디아서의 변증서신 장르론에 대하여 논란이 있지만, 1:12-2:14의 'narratio'에서 바울이 3-4장에서 독자들에게 제시할 복음에 대한 논증(probatio)의 설득력을 위해 일련의 사건들을 예거하는 자서전적 변증의 내러티브를 쓰고 있음은 사실이다. Cf. Betz, *Galatians,* 58-62.

124) 신약에서 (십자가에 못 박히신) 하나님의 아들 예수 그리스도와 하나님에 관계된 비밀은 계시를 통해 알려지며 이 때 "계시"의 주체는 항상 하나님, 그리스도 또는 성령이신 것으로 이해되고 있다: 마 11:25,27, 16:17, 고전 1:10, 엡 1:17, 3:3, 벧전 1:12, 계 1:1.

125) Hofius, "Gal 1:18," *ZNW* 75 (1984), 73-85.

유는 바울이 전하는 "자유"의 복음에 대하여 "거짓 형제들"의 시비가 있어서였고 그래서 (바울에 비하여) "유명한 자들"이었던 사도들에게 자기가 전하는 복음을 제시하였고 서로의 복음에 대하여 인정하고 교제의 악수를 하였다(2:2-7). 바울은 이 모든 가기의 과거 행적을 말하다가 "저 유명한 이들은 내게 더하여 준 것이 없다"는 강한 표현을 덧붙이기까지 하였다.

바울은 자기가 계시를 통해 깨달은 복음의 진리에 대한 확신이 있음과 이 면에서 사람들과 타협할 수 없음을 객관적으로 확증하기 위하여, 안디옥에서 베드로를 면책한 사건을 소개한다. 바울이 이 사건을 갈라디아 교회의 독자들에게 이야기한 이유는, (예루살렘 유대인교회의 대표인 베드로와 이방인교회의 대표인 바울 자신 사이에 복음 내지는 율법에 관한 이해에 있어서 어떤 본질적인 차이가 있음을 말하고자 함이 아니라) 예루살렘교회의 사도라 할지라도 "복음의 진리를 따라 바로 행하지 않는" 것은 잘못임을 지적하고자 함이며 또한 이로써 바울 자신이 복음 진리에 대한 확고한 확신을 가지고 있고 이에 대하여 타협이 있을 수 없음을 과시하고자 함이었다. 여기서 바울이 확고하게 지키고자 하는 복음의 진리는, 2:3-5을 참고할 때, 그리스도인이 율법에서 자유하다는 것이었음이 분명하다. 또 2:14에서 바울이 베드로를 면책한 이유를 말할 때 "저희가 복음의 진리를 따라 바로 행하지 않음"이라고 적시하고 있는데, 문맥상에서 (이방인 그리스도인들과 식사교제를 함께 함으로써) 율법에서 자유한 그리스도인으로서 행동하다가 "야고보에게서 온 어떤 이들"이 안디옥에 왔을 때 "할례자들을 두려워하여 떠나 물러가" 외식한 행동을 가리키고 있음이 분명하다. 바울이 지적하고 있는 문제는 복음의 진리에 이해 여하가 아니라, (그 문제에 있어서는 식사교제에 참석한 베드로와 바나바와 다른 유대인신자들 모두가 일치하게 바른 이해를 가지고 있었는데) 그 복음의 진리에 따라 바로 행하지 않은 것은 외식과 타협을 하는 것이므로 책망할 일이었다는 것이다.[126] 그리고 바울은 이방인의 사도로서 당시 책망하는 말을 한 것이 당연

126) 그러나 역사비평방법에 치중하는 많은 주석가들(예: Bornkamm, *Paulus,* 66-68; Köster, *Einführung*, 539-541; Betz, *Galatians,* 103-04; Taylor, *Paul, Antioch and Jerusalem,* 138-39, 222-26)은 안디옥에서의 면책사건을 "논쟁, 갈등, 투쟁(struggle, conflict; Auseinandersetzung, Kampf)" 등의 표현을 사용하여 사도시대 교회의 역사에서의 대투쟁의 사건으로 침소봉대(針小棒大)하는 경향이 있다. 그들의 견해에 따르면, 안디옥 사건에서 바울은 율법에서의 자유를 주장했고 "야고보에게서 온 할례자들"은 율법적 보수파로서 갈 2:4의 "거짓 형제들"이고 베드로와 바나바는 중립적이었고 야고보는 본래 중립적이었다가 보수파에로 기우는 경향에 있

한 것이었음을 2:15-21에서 부연설명하고 있다. 이 부분에서도 바울의 복음이 율법 내지는 율법의 행위로부터의 자유를 본질적 구성요소로 하는 것임을 나타내고 있다. 바울은 안디옥에서의 베드로를 면책하면서 말한 내용을 그대로 갈라디아 교인들에게 전해준다. 율법의 행위로 의롭게 되는 것이 아니고 그리스도 예수를 믿음으로 의롭게 되는 것이며, 또 그 이유는 하나님의 아들 그리스도의 십자가에서의 죽으심으로 율법에서 자유케 되었는데, 그러므로 그리스도인이 율법의 행위를 의지하는 것은 그리스도께서 헛되이 죽으신 것으로 만드는 결과가 되기 때문이라고. 그리고 이 내용은 바로 3-4장에 이어질 복음진리에 대한 논증을 위한 주제의 제시(*propositio*)로 기능하게 된다.

2. 바울복음의 내용: '십자가에 못 박히신 하나님의 아들 예수 그리스도'

바울이 갈라디아서 1:11에서 쓴 "나에 의해서 전해진 복음"[127]이란 말은 의도적으로 선택된 표현이다. "나에 의하여 전해진 복음," 즉 '바울의 복음'의 기원이 인간에게, 즉 어떤 개인 전도자나 교회나 어떤 사도에게 있지 않고, 오직 하나님의 계시에 있다고 힘주어 말한다. 여기서 바울이 말하는 복음은 단순히 당시 기독교 전도자들이 일반적으로 전하는 공동의 복음의 전승을 말하는 것은 아니다. 그런 전승된 복음에 대해서 바울은 자기도 사도들과 교회가 전해준 것을 받아 전했다고 말할 수 있을 것이다. 이를 테면, 고린도전서 15:3-4의 경우에서다.[128] 바울이 갈라디아

었는데, 대격돌 후 바울은 베드로와 예루살렘 유대인교회와 등지게 되고 바나바와 안디옥교회와도 완전히 갈라져 따로 사역을 하게 되었다는 것이다. 그러나 그러한 관찰은 갈라디아서 1-2장이 보여주는 사실과 다르다. 1:18-19와 2:1-10은 복음 진리에 있어서의 일치와 교제를 분명히 말하고 있다. 2:4의 "거짓 형제들"은 예루살렘교회의 지도자들의 인정을 못 받은 자들인데 베드로와 바나바가 그들을 두려워했다는 것은 이해하기 어렵다. 바나바는 바울과 10여년을 동역한 사이인데 과연 안디옥에서의 면책사건이 두 사람 간의 결별의 계기가 되었을까? 또 만일 바울이 예루살렘교회의 사도들과 신학이 이질적이었고 적대적인 관계 가운데 있었다면 바울의 이후의 선교사역은 현실적으로 계속될 수 없었을 것이다. 바울은 오히려 유대인교회와 좋은 관계에 있었음을 말한다: 갈 1:22, 고전 16:1-2, 고후 8:1-15, 롬 15:25-27, 살전 2:14. Cf. Bruce, 『바울신학』, 183-86; Mußner, *Galaterbrief*, 165-67.

127) 다른 곳에서 바울이 스스로 흔히 사용한 표현들: "나의 복음"(롬 2:16, 16:25), "우리의(=나의) 복음"(살전 1:5), "내가 이방인 가운데 전하는 복음"(갈 2:2).

128) 이 구절에 대한 주석들을 참조 바람.

서 서론에서 말하고 있는 복음은 바울이 독자적으로 하나님께로부터 직접 계시를 통하여 깨달아 전한 복음을 말하는 것이다. 다른 그리스도인들이 전하는 복음의 내용에 비하여 본질적으로 독특한 내용이 담겨 있는, 바로 이 사실 때문에 대적자들로부터 공격과 비난을 받고 있는, 그 내용의 복음을 말하는 것이다. 갈라디아서 2:2에서 바울은 "내가 이방인 중에 전하는 복음"을 (거짓 형제들의 비판과 중상을 효과적으로 처리하고, 그리고 있을 수 있는 예루살렘 교회의 오해를 미연에 불식하기 위하여) 예루살렘 교회의 사도들에게 제시하였다고 말하였고 2:7-9에서 이방인교회의 대표와 유대인교회의 대표들 서로 간에 (복음 이해에 대한 일치가 있음을) 인정하고 교제의 악수를 하였다고 말한 것이다. 만일 공동으로 전승된 복음을 전하는 것에 대한 것이었다면, 구태어 별도로 만나서 복음을 제시하고 의논하고 인정해주고 하는 행위는 의미가 없는 일이 될 것이다.

1) '하나님의 아들 메시아'

그럼 바울이 계시를 통해서 특별하게 그리고 독자적으로 받은 복음의 내용은 무엇이라는 말인가? 한 마디로, 1:12에서 말한 것처럼, (계시된) "예수 그리스도"다. 또 한 마디로, 1:16a에서 말한 것처럼, (계시된) "하나님의 아들"이다. 다시 말해서 바울이 받은 계시의 내용은 "하나님의 아들 예수 그리스도의 복음"이다. 그러나 여기서 멈추고 말아버리면 우리는 아무런 연구의 소득을 얻지 못하고 말 것이다. 그 정도의 지식은 특별히 '바울의 복음'이라고 말할 필요도 없고 다른 누가 문제 삼을 건수가 되지 못할 것이기 때문이다. 여기서 우리는 갈라디아서 서론 중의 가깝고 먼 문맥을 통하여 '바울의 복음'의 본질적 특징이 무엇인가를 찾아볼 수 있다고 믿는다.

바울은 1:11-12과 1:15-16 중간, 즉 1:13-14에서 그가 "유대교에 있을 때 행한 일", 즉 회심 전에 "하나님의 교회를 심히 박해하고 멸하려고 하였고"[129] "조상의 유전[130]에 대하여 열심 내었던" 과거의 삶에 대하여 말한다. 자기의 믿기 이전의

129) ἐπόρθουν: πορθέω의 imperfect conative!

130) 바리새전통에서는 '조상의 유전' 곧 '구전율법'과 '성문율법'의 구별이 없다. Cf. Danby, *The Mishnah,* 446 각주 2.

행실에 대하여 말한 목적은 문맥상 분명하다. 즉 유대교를 지나치게 열심히 믿고 교회를 심히 박해하였던 그가 극적으로 회심하여 그리스도의 복음을 전하는 자가 된 것은 사람들의 전도나 가르침을 받아 된 것이 결코 아니었다는 사실을 객관적으로 입증하기 위함이었다.[131] 여기서 다시 깊이 문맥을 통해 유추해서 대답해야할 문제가 있다. 바울은 왜 교회를 박해하고 멸하려 하였는가? 하나님의 아들 그리스도에 대한 무슨 계시를 통해서 그는 교회의 박해자에서 전격적으로 회심하여 그리스도의 복음을 전하는 전도자가 되었을까? 이 질문들에 대한 대답은 결코 어렵지 않고 복잡하지도 않다. 바울은 유대교를 열심히 믿고 조상의 유전에 대하여 열심이 특심하였기 때문에, 한마디로 기독교인들이 율법을 파괴한다고 생각하여 교회를 박해하였던 것이다. 그러면 바울은 기독교인들이 믿는 또는 전파하는 무엇이 율법을 파괴한다고 생각했었을까? 가까운 문맥은 한 마디로 대답할 수 있도록 돕는다: (인간일 뿐인) 나사렛 예수를 '하나님의 아들'이라고 믿고 전했기 때문에! 단순히 메시아를 믿고 따르는 집단이 아니라, '하나님의 아들 메시아'를 믿고 따르는 집단이기에!

우리는 위에서 초기유대교 문헌들에서 종말론적 구원시대에 나타날 메시아적 인물에 대한 소망은 드물게 나타났으며 대부분 하나님의 통치와 심판을 대행하는 자로서의 메시야 이상을 기대하지 않았다는 사실을 확인했었다. 신약의 모든 책에서 일관성 있게 두드러지게 증거하고 있는 "하나님의 아들 메시아"와 같은 고양된 의미의 메시아관은 초기유대교에서는 생소한 것이었다.[132] 예수의 공생애 시대와 바울의 동시대 유대인들에게 있어서, 만일 어떤 사람이 하나님을 "아버지"라고 부르는 개인적인 특별한 관계에 있는 "하나님의 아들"임을 자처한다면, 그 사람은 참람한 죄를 지었으므로 율법(레 24:16)을 따라 죽음의 형벌을 받아야 한다고 느꼈을 것이다.[133] 그런데 회심 전에 바울은 누구보다도 율법에 열심히 특심하고 유일신사상에

131) 1:13 문장의 맨 앞에 있는, 설명문을 이끄는 접속사 γάρ에 유의. Betz, Longenecker 등의 바른 주석 참조.

132) 신약성경이 기록되기 이전의 초기유대교 문헌 중 유일하게 1Enoch 105:2에 메시아적 인물에 대하여 "나(= 하나님)의 아들"이라고 지칭한 예가 있으나 구약에서 이스라엘의 왕을 "하나님의 아들"이라고 부른 차원 이상은 아니다. 제4에스라서에도 메시아적 인물을 "하나님의 아들"로 부른 곳들이 있다: 7:28-29, 13:32,37,52, 14:9, 그러나 "나의 아들 메시아는 (400년 후에) 죽게 될 것이다"(7:28-29)는 예언도 나온다. 제4에스라서는 1세기 말에 기록된 묵시문학서이므로 신약의 기독론 형성에 영향을 줄 수 있는 관계에 있지 않았다.

충실하였을 바리새인으로서 기독교인이 예수를 '하나님의 아들 그리스도'로 고백하는 것을 보았을 때 그들에 대한 믿음을 박해하고 멸하기로 결심하게 된 첫 번째 이유가 되었을 것이다.[134] 그런데 바로 그러한 유일신론적 신관을 가지고 기독교인들의 "믿음을 멸하려 했던"(갈 1:23) 바리새인 바울에게 하나님께서는 주권적 의지로 "모태에서부터 택정하시고 은혜로 불러[135] 그의 아들을 이방인 중에 전하도록 계시해"주신 것이다(1:15-16).[136] 바울이 체험한 하나님의 계시는 구약의 선지자들이 체험한 것(렘 1:5, 암 7:14-15)과 유비되는 그런 성격의 것이었다. 분명히 '하나님의 아들'을 특별한 방식으로 보았으며(고전 9:1, 15:8), '하나님의 형상'이신 그리스도를 보는 눈이 열렸던 것이다(고후 4:3-5).[137] 바울의 이 (다메섹의) 체험은 자기의 사고와 행동이 잘못된 것이었고 도리어 하나님의 아들 그리스도 예수를 바로 믿고 있는 "하나님의 교회"를 박해한 자신의 죄가 얼마가 큰 것인가를 깨닫고[138] 철저한 회개와 동시에 이제는 "하나님의 아들 그리스도 예수의 복음"의 전파자가 되어(롬 1:1-6,9) 일생을 헌신하게 된 것이다.[139] 바울은 유대에 있는 교회들은 "우리를 박해

---

133) 예수께서 하나님을 개인적으로 "아버지"라고 호칭하신 것을 유대인 종교지도자들은 죽을 죄에 해당하는 참람한 행위로 보았으며 결국 이 죄목으로 공회에서 정죄를 받았던 것이다(요 19:7; 막 14:61-65; cf. 5:16-18, 10:30-39). 아람어를 일상어로 사용하신 예수께서, 가정에서 자녀가 자기 아버지를 부를 때처럼, 하나님을 "아바(ἀββᾶ = אַבָּא)"라고 부르셨음을 요한복음(11:41; 12:27-28; 17:1, 5, 11, 21, 24, 25)과 공관복음(막 14:36; cf. 갈 4:6; 롬 8:15)에서 보도하고 있는데, 구약에서나 당시 유대교에서 하나님을 그렇게 부른 예는 전무하였다. Jeremias, *ABBA*, 15-67.

134) 누가의 기록을 따르면, 사실 기독교 역사상 첫 순교자가 된 스데반도 예수를 하나님의 아들이라고 공개적으로 말한 일이 직접적인 원인이 되었다. 그가 영안이 열려서 예수께서 "하나님 우편에 서신 것을 보노라"고 증거하였을 때, 유대인들은 귀를 막았고 (믿기 이전의 바울의 지휘 가운데) 참람죄를 지은 스데반에게 돌을 던져 죽게 하였던 것이다(행 7:55-59). Bornkamm (*Paulus,* 38)은 갈 1:22을 근거로 제시하면서 바울이 예루살렘에서 스데반을 죽이는데 주도적인 역할을 하지 않았었다고 주장하는데, 바울이 한 말을 정확하게 읽지 못한데서 연유한 주장이다. 바울은 유대에 있는 교회들이 "전에 *우리*를 핍박하던 자가 이제 운운"이라는 소문을 듣고(1:23) 자기로 인하여 하나님께 영광을 돌렸다(1:24)고 말하고 있기 때문이다.

135) 바울은 자신을 사도와 복음전도자로 불러주신 하나님의 부르심을 언급할 때엔 항상 "하나님의 은혜"라는 표현을 연결시켜 말하곤 하였다. 롬 1:5-6, 15:15, 고전 15:8-10, 엡 3:7-8, 딤전 1:12-14.

136) Cf. 렘 1:5, 암 7:14-15.

137) Dietzfelbinger, *Die Berufung des Paulus als Ursprung seiner Theologie*, 62-64.

138) 고전 15:9, 딤전 1:12-15; cf. 행 9:1-9.

139) 누가는 회심한 바울이 아나니아의 안수로 성령충만을 받은 후 곧 회당에서 예수 "그는

하던 자가 전에 멸하려던 그 믿음을 지금 전한다" 함을 듣고 자기를 인하여 영광을 하나님께 돌렸다고 간증하고 있다.(1:24)

2) "하나님의 아들/그리스도의 복음"

바울이 계시를 통하여 깨닫게 된 복음의 성격과 내용을 압축시켜 표현할 때 "그리스도의 복음" 또는 하나님의 아들의 복음"[140]이라고 할 수 있음을 위에서 살펴보았다. 그런데 바울은 그러한 표현을 매우 정형화된 하나의 '전문용어'(*terminus technicus*)로서 자주 사용했음을 찾아볼 수 있다. 즉 신약 전체에서 그러한 용어를 사용한 예가 모두 13회 나타나는데, 바울은 그 중에서 12회를 그의 여러 서신에서 사용하고 있다.[141] 이러한 바울의 용어사용은 바울의 복음 이해에 있어서 뚜렷한 특징을 보여준다고 할 수 있다. 바울의 하나님의 아들 그리스도를 근서의 인사말(1:1-7)과 들어가는 말 부분(1:8-15)을 구성하는 서론 부분(*prooemium*)에서 잘 드러나고 있다.

바울은 로마서 1:1-6에서 (그가 방문한 적이 없는, 그래서 자신을 직접적으로 잘 알지 못하고 자신의 복음을 들어보지 못한) 로마교회 교인들에게 (이례적으로 긴) 인사말을 하면서 자신을 소개하고 있다. 바울은 먼저 자신은 예수 그리스도의 종으로서 "하나님의 복음[142]을 위하여" 부르심을 받은 사도라고 말한(1절) 후, 이 "하나님의 복음"은 구체적으로 그리고 명백하게 정의를 내리는데, "하나님의 아들 우리 주 예수 그리스도에 관한 복음"이라고 부르고 있다(3-4절). 관계대명사 ὅ로 시작되는 2절의 문장("[하나님께서] 그의 선지자들을 통하여 성경에 미리 약속하신")은 선행사인, 1절 끝에 있는 "하나님의 복음"을 설명해주고 있고 괄호 속에 넣고 이해하면 좋을 부분이다.[143]

하나님의 아들이시다"고 기록하고 있는데, 누가의 짤막한 이 보도는 바로 다메섹 계시 후에 변화된 바울이 최초로 선포한 전도내용의 함축적인 요약이라고 말할 수 있겠다. Cf. Kim Seyoon, *The Origin of Paul's Gospel*, 136: "그래서 다메섹 도상에서 바울에게 계시되신 하나님의 아들은 그의 복음의 내용이다"; Bruce, *Galatians,* 93.

140) 두 표현 모두에서 복음의 내용을 뜻하는 소유격, 즉 "그리스도/하나님의 아들에 대한 복음"을 뜻하는 genitivus objectivus로서 쓰인 경우로 보아야 할 것이다.

141) 롬 1:1,9, 15:19, 고전 9:12, 고후 2:12, 4:4, 9:13, 10:14, 갈 1:7, 빌 1:27, 살전 3:2, 살후 1:8; cf. 막 1:1. 롬 1:1의 경우 예외적으로 전치사 가 소유격 "예수 그리스도" 앞에 덧붙여서 쓰였다. 그러나 의미는 같기 때문에 함께 분류하였다.

142) "하나님의 복음"은 복음의 성격, 즉 복음의 기원과 근원(genitivus auctoris!)과 함께 구원사적 주체로서의 하나님을 가리킨다고 할 수 있다.

가깝게는 3-4절에 나오는, 신앙고백적인 형식으로 표현된 내용을 구약의 예언(삼하 7:12-14, 시 110:1)의 성취라는 뜻을 담고 있고,[144] 멀리로는 3장부터 시작되는 복음에 대한 성경적 · 구원사적 논증을 미리 암시하는 구실을 하는 것으로 보인다. 3-4절 중에 나오는 수식구 (τοῦ γενομένου ... ἐξ ἀναστάσεως νεκρῶν: "육체로는 다윗의 혈통에서 나셨고 거룩의 영으로는 죽은 자들 가운데서 부활하심으로써 능력 중에 계시는 하나님의 아들로 선포되신")는 3절 맨 앞에 나오는 "그의 아들"을 수식하는 역할을 한다.[145] 이 수식구를 다시 괄호 속에 넣고 읽게 되면, 1-4에서 바울은 "하나님의 복음"을 구체적으로 "하나님의 아들 우리 주 예수 그리스도에 대한 복음"으로 정의를 내리면서 로마교회에게 바울복음의 본질과 핵심을 밝히고 있는 셈이다.[146] 다시 5-6에서 바울은 자신의 사도직의 임무 내지는 복음전도의 목적에 대하여 언급하고 있는데, 이방인들이 (그리스도에 대한) 믿음을 가지고 그리스도의 이름을 위하여 그리고 그리스도께 속한 자로서 살아가도록 하기 위함이라고 말하고 있다. 이 부분에서 말하고자 하는 것은 1:16-5:21까지 에서의 그리스도에 대한 믿음으로 칭의를 얻게 됨에 대한 서술과 6-8장에서의 그리스도인의 그리스도와의 연합과 헌신의 삶에 대한 서술을 압축하여 표현한 것으로 보인다. 그리스도인의 삶에 대한 그리스도의 주 되심(Lordship)에 대한 교훈(cf. 14:7-9)은, (위에서 밝힌 대로) 로마교회의 근본적인 현안문제인 분파적 갈등과 불화의 문제해결의 열쇠로 기능하기를 원하면서 인사말 중에서 제시하고 있는 것이라 생각된다.

바울은 다시 들어가는 말, 즉 감사의 말과 함께 로마교회에 오래 전부터 가고자

---

143) NIV는 2절 앞에 "—" 표시를 하였다. 반면에 NRSV는 3절 첫 부분에 (원문에는 없는, 그러나 1절에 나오는) "the gospel"을 반복해주고 있다.

144) Michel, *Der Brief an die Römer*, 70.

145) 그 수식구는, 하나님의 아들이 인간이 되시고 약속을 따라 다윗의 씨에서 나심과 하나님의 능력으로 높임 받으심을 내용으로 하는 전형적인 초대교회의, 아마도 유대인교회에서(cf. '성령'에 대한 히브리적 표현인 πνεμα ἁγιωσύνης) 기원된, 그리스도 찬송시였던 것을 바울이 인용한 경우로 보인다. 아마도 로마에 있는 유대인신자들을 의식하여 첨가한 것으로 여겨진다. Cf. Michel, *Der Brief an die Römer*, 72-75; Stuhlmacher, 『로마서주석』, 47-49.

146) 바울의 의도를 비교적 잘 나타내고 있는, 1:3-4에 대한 NRSV의 번역은 다음과 같다: "The gospel concerning his Son, who was descended from David according to the flesh and was declared to be Son of God with power according to the spirit of holiness by resurrection from the dead, Jesus Christ our Lord."

했던 소원의 이유 내지는 지금 이 편지를 쓰게 된 사유를 피력하고 있는 부분 (1:8-15)의 처음부분에서 다시 한 번 "하나님의 아들의 복음"이라는 표현을 반복하고 있다. 이것은 우연이 아니고, 바울이 로마교회에 자신의 사도직과 복음전도자로서 어떠한 복음이해를 가지고 있고 또 앞으로 어떠한 성격의 복음을 서술하려고 하는 지를 암시적으로 보여주려는 의도가 있는 것 같다. 바울은 (16장에 열거된 로마교회의 지인(知人)들을 통해 알게 된 로마교회의 사정과 문제들을 의식하면서) 로마교회 성도들을 칭찬하는 말을 하면서 동시에 (이 부분에서 외교적 표현을 동원하여 완곡하게 표현하고 있는데) 그들에게 바울복음을 전해줌으로써 부족한 것이 채워지고 온전케 될 수 있을 것으로 기대하는 말을 하고 있다. 그리고는 로마교회의 성도들에게 "여러분에게도 (편지로) 복음을 전하겠다"(1:15)고 하면서 1:16이하에서 복음에 대한 서술을 하기 시작한다.

3) "십자가에 못 박히신 그리스도"

바울이 기독교인들의 믿음과 전도행위에 대하여 극도의 거부감을 가지고 그들을 박해하게 된 또 하나의 이유를 우리는 어느 정도의 확신을 가지고 추정할 수 있다. 그것은 바로 "십자가에 못 박힌 자"를 메시아로 또는 하나님의 아들로 믿고 전하는 그리스도인들의 믿음에 관계된 것이었다. 당시 율법을 아는 유대인에게는 십자가에 못 박혀 죽은 자는 (우상숭배자나 신성모독자 같은) 죽을죄를 지어 극도의 잔인한 형벌(*crudelissimum supplicium*)을 받아 부끄럽게(cf. 히 12:2, 빌 2:8) 죽은 자요[147] 하나님께 저주받은 자로 생각되었다. 그래서 십자가는 "유대인에게는 거리끼는 것(scandal)"(고전 1:23, 갈 5:11)이요 "헬라인에게는 어리석은 것"이었다. 그런데 하나님께 저주받은 자를 부활했다고 믿고 메시아로 또는 하나님의 아들로 높이며 예배의 대상으로 삼는다는 것은 바울에게 있어서 율법에 대한 모독이었던 것이다.[148]

바울이 회심 전 즉 "그리스도의 계시"가 있기 이전에 바로 그러한 부정적인 십자

---

147) 대량의 또는 소수의 범죄자들에 대한 '십자가 처형'은 페르시아 이후 헬라 및 로마제국 내에서, 팔레스타인을 포함하여, 광범위하게 시행되었던 처형방법이었다. Cf. O'Collins, "Crucifixtion," 1207-08.

148) 신 21:22-23, cf. 막 14:64-65. Cf. Dietzfelbinger, *Die Berufung des Paulus,* 33-36.

가 관념을 가지고 있었다는 사실을 갈라디아서 3:13에서 바울 자신이 그리스도의 십자가상의 죽으심에 대한 설명 속에서 간접적으로 확인할 수 있다. 그리스도께서 실은 "우리를 위하여 저주를 받은바 되사 율법의 저주에서 우리를 속량하시려고" 십자가에서 죽으신 사실을 몰랐던 바울이었기에, 십자가에서 죽은 죄인이요 저주받은 자를 부활한 메시아라고 고백하고, 게다가 바로 그러한 자를 하나님의 아들이라고 믿으며 경배하는 것을 볼 때, 율법으로 흠이 없이 산다고 자부하던 바리새인[149]으로서 할 일은 무엇이어야 했나? 그는 율법에 대한 "열심"[150]을 보이기 위하여 교회를 박해하지 않으면 안 될 이유를 찾게 된 것이다(빌 3:5-6). 과연 바울은 알지 못하고 교회를 박해했었고 훼방자와 폭행자로 살았었고 그래서 "죄인의 괴수"가 되었던 것이다.[151]

그런데 자기의 죄 때문에 형벌을 받고 자주를 받아 죽은 자인 줄 알았던 그 예수가 계시를 통해서 깨닫고 보니, 그가 곧 죄가 없으셨으나 도리어 우리의 죄를 위하여 대신 대속의 제물로 죽으신[152] 하나님의 아들 그리스도였던 것이다. 그래서 다메섹의 계시사건 후 바울은 근본적인 변화를 경험하게 되었다. 그는 그리스도인으로서의 새로워진 실존적 삶을 이렇게 표현하였다: "내가 그리스도와 함께 십자가에 못 박혔나니, 그런즉 이제는 내가 사는 것이 아니요 오직 내 안에 그리스도께서 ;사시는 것이라. 이제 내가 육체 가운데 사는 것은 나를 사랑하사 나를 위하여 자기를 버리신 하나님의 아들을 믿는 믿음 안에서 사는 것이니라"(갈 2:20); "그리스도의 사랑이 우리를 강권하시는도다. 우리가 생각건대 한 사람이 모든 사람을 대신하여 죽었은즉 모든 사람이 죽은 것이라"(고후 5:14).

바울이 갈라디아서의 서론부분 끝에서 본론으로 들어가기 직전 2:20에서 "하나

149) 바리새파 전통의 랍비들은 메시아 시대의 도래에 대비하여 반드시 필요한 구비조건이 열심히 율법을 준수하는 것이라고 가르쳤다: b. Sanh. 97b-98a, b. B. Bat. 10a, b. Yoma 86b. Cf. Longenecker, *Galatians,* 28; Fung, *Galatians,* 58-62.

150) 구약에서부터 초기유대교에 이르기까지 율법을 어기는 자들에 대하여 특별한 열심을 가지고 징계하는 일에 앞장 서는 일은 특별한 의로 여겨지는 전통이 있어왔다: 민 25:1-13; 왕상 18:39-40, 19:10-14, 1Macc 2:23-28,42-48, 2Macc 6:13, 1QS 9:22, 1QM 7:5, 10:2-5. Cf. Longenecker, *Galatians*, 28-29.

151) 갈 1:13-14, 고전 15:9, 빌 3:6, 행 8:3, 22:4,19-20, 26:9-12, 딤전 1:12-15.

152) 고전 15:3-4, 고후 5:14-15,21, 롬 3:24-26, 5:6-8, 8:3. Cf. Seyoon Kim, *The Origin of Paul's Gospel*, 275-77.

님의 아들"의 십자가에서 죽으심을 언급한 후, 이어서 본론에 들어가면서 3:1에서 갈라디아 교인들에게 "십자가에 못 박히신(ἐσταυρωμένος) 그리스도"를 "눈앞에 밝히 보이도록" 가르쳤다고 상기시키고 있다.[153] 그리고 또 다시 나가는 말 부분에서 다시 한 번 "우리 주 예수 그리스도의 십자가"를 언급하면서 그 십자가만을 자랑하겠다는 고백하는 말을 하고 있는데, 우리는 여기서 갈라디아서에서 '바울의 복음'의 내용이 구체적으로 무엇인지를 알게 되는 것 같다. 즉 바울의 복음은 다름 아니라 '십자가에 못 박히신 하나님의 아들 예수 그리스도의 복음'이라는 사실이다. 바울이 단순한 표현으로 "그리스도의 복음"이라고 말할 때에도 의미내용은 같다고 볼 것이다.

바울의 복음이 바로 '십자가의 복음' 내지는 '십자가의 신학(*theologia crucis*)'이라는 이해를 잘 밝혀주는 또 한 곳은 고린도전서 1-2장이다. 바울은 1:1724에서 자기가 전하는 복음을 "십자가의 말씀(ὁ λόγος ὁ τοῦ σταυροῦ)"이라고 표현하고 "십자가에 못 박히신(ἐσταυρωμένος) 그리스도"께서 "하나님의 능력이요 하나님의 지혜"라고 강조하고 있다. 2:1-12에서 바울은 자기가 고린도교회에서 성령의 능력을 의지하여 "하나님의 비밀"을 전하였음을 상기시키면서 동일한 표현을 다시 사용하면서 "십자가에 못 박히신(ἐσταυρωμένος) 그리스도"를 언급하고 있다. 바울은 갈라디아서 3:1에서 갈라디아 교인들을 책망하면서, 바울이 그들에게 전도했을 때 (**동일한 표현을 쓰면서**) 바로 이 "십자가에 못 박히신 그리스도"를 "눈앞에 밝히 보이도록" 증거하였음을 상기시키고 있다.

4) '하나님의 아들 그리스도의 계시' 후의 바울의 변화된 율법관

바울의 다메섹의 계시사건 이전에 가졌던 율법관은 근본적인 변화를 가져오게 되었다. 왜냐하면 십자가에 못 박히신 하나님의 아들 그리스도 예수의 계시를 통해 복음을 깨닫게 되었다는 것은 바로 하나님의 아들 그리스도께서 죄의 용서와 율법

---

153) 현재완료 수동태 분사로 표현한 것을 의미가 깊다. 단순히 과거의 한 사건으로서의 십자가에서의 죽으심이 아니라, 과거에 이뤄진 일이지만, 지금도 그 효과와 영향을 미치고 있다는 사실을 강조하기 위하여 의도적으로 그러한 시제를 선택한 것으로 보아야 하기 때문이다. 그러한 신약 중의 비슷한 의미의 용례들 참조: 고전 1:2, 엡 2:8, 히 10:10, 벧전 1:23 등. Cf. Bruce, *Galatians*, 148; Longenecker, *Galatians,* 101-02.

의 멍에와 저주에서부터의 해방과 자유를 위하여 십자가에서 대신 죽으신 것을 깨닫게 된 것을 의미하는 것이기 때문이다. 회심 이전, 곧 십자가에 못 박히신 하나님의 아들 그리스도 예수의 계시를 받기 이전에 바울은 유대교인으로서, 즉 철저하게 율법과 유대인의 전통을 따라서 살았으며(갈 1:13-14, cf. 2:14), 당시에 "율법의 의로는 흠이 없는" 삶을 자신 있게 살았다(빌 3:4-6). 즉 (동시대의 경건한 유대인들과 같이) 율법을 다 지킬 수 있고 율법의 행위로 의롭다 함을 받을 수 있다고 확신했다. 율법은 영원토록 지속되고 당연히 폐하여지지 않을 것이라고 여겼을 것이다. 또 장차 이스라엘 민족의 영광스러운 구원시대가 열리게 될 것을 소망했을 것이며, (동시대의 경건한 유대인들에게서처럼) 그러나 종말론적 구원자 메시아에 대한 대망은 아마도 없었을 것이다.

여기서 혼동을 미연에 방지하고 이해를 명료하게 하기 위해서 구별할 필요가 있는 몇 가지 관점에 대하여 언급하고 넘어가는 것이 좋을 것 같다.

(1) 먼저 바울은 율법준수의 무거운 멍에 때문에 번민하다가 깨닫고 그리스도의 복음을 받아들이게 되었다는 식으로 해석한다면, 이는 전혀 역사적 근거도 없고 바울신학적이지도 않은 심리적 해석일 뿐이다.[154] 바울은 바리새인으로 있을 때 전혀 율법을 무거운 짐으로 느끼거나 장래의 구원의 불확실에 대한 염려를 가졌다거나 하지 않았다. 조상의 유전의 '울타리' 안에 안전하게 거하고 있었다.[155] 로마서 7장은 바울이 회심 전 고민하던 모습을 묘사한 것이 아니다. 또 바울은 율법연구를 통하여 또는 율법준수의 불완전성에 대한 깨달음을 통하여 그리스도의 복음에로 회심한 것이 아니다. 율법에 대한 열심이 특심했던 바리새인은 오히려 교회를 "심히 박해하던"(갈 1:13-14) 중 그리스도를 만났고 계시를 통해 복음을 깨닫게 되었던 것이다.

(2) 바울이 회심 후 율법에 대하여 부정적인 평가를 내리고 그리스도인은 더 이상 율법행위를 의지해서는 안 된다고 판단하게 된 것이, 유대교의 율법이 계율적이며 본래의 사랑의 정신을 잃어버린, 문자주의와 의식 중심의 (기독교의 고차적인 사랑

---

154) Cf. Dietzfelbinger, *Die Berufung des Paulus,* 82-83.

155) Cf. 눅 18:11-12, 빌 3:5-6. 미쉬나 *Pirke Aboth* ('*Chapter of the Fathers*') 1:1에 따르면, 구전율법을 가르치는 것은 "율법에 울타리를 치는" 것이다.

의 윤리에 비하여) 저급한 윤리이기 때문이었다[156]는 식의 해석 역시 사실에 근거한 것도 아니고 바울신학적으로도 맞지 않는 해석이다. 1세기 때에 바리새인들과 서기관들과 사두개인들 중에 외식하며 (문자와 전통에 매이는) 율법주의적이고 교권주의적인 유대교인들도 적지 않았겠으나(cf. 마 23장), 한편 (외경, 묵시문학, 쿰란문서, 랍비문학들을 통해서 접하게 되는 것처럼) 율법에 열심 있으면서도 하나님을 경외하며 이웃을 사랑하는 경건한 유대인들도 많이 있었던 것도 사실이다.[157]

(3) 바울이 율법준수 문제를 진지하게 생각하게 되고 "율법의 행위로는 의롭다 하심을 얻지 못한다"는 율법관을 확립하게 된 것은 "안디옥에서의 논쟁(또는 투쟁)"이 계기가 되었다고 보는 비판 신학자들의 견해가 있다.[158] 그러나 갈라디아서 1-2장에서의 바울의 자서전적 변증 기록을 편견 없이 읽을 때, 바울의 율법신학은 교회의 박해자로 있다가 그리스도의 계시로 회심하고 전도자로 소명을 받았을 때 이미 기본적으로 확립되었던 것임을 확인할 수 있다.

바울은 십자가에 못 박히신 하나님의 아들 그리스도 예수의 계시로 말미암아 그리스도에 대한 믿음을 가지게 되었을 때 종전에 율법에 대하여 가졌던 관점은 획기적인 변화가 오게 되었다. 바울은 율법에 관계된 교훈을, 바로 율법에 대한 오해와 불충분한 이해로 문제가 생긴 교회들에게 보낸 편지들인 갈라디아서와 로마서에서 집중적으로 그리고 논증적으로 서술하고 있다. 그 모든 내용을 이곳에서 하나하나 다룰 수 없다. 우리는 계시를 통하여 깨닫고 서신들에서 교훈하고 있는 바울의 율법에 관한 새로운 판단과 이해를 다음과 같이 정리해볼 수 있을 것이다:[159]

(1) "율법의 행위로 의롭다 함을 얻을 육체가 없다"(갈 2:16,21).

---

156) Bultmann (*Das Urchristentum im Rahmen der antiken Religionen*, 63-75)의 유대교 율법관에 대한 부정적 시각 일변도의 소개를 참조 바람. Cf. Billerbeck, *Kommentar zum NT*, Ⅳ. 1, 13-19; 15: "율법은 도덕적 목적에 부응하는 것을 멈춘다. 율법의 문자를 성취하는 것이 자체의 목적이 되어버렸다."

157) Cf. 행 5:33-39, 23:1, 딤후 1:3. 특히 Sanders의 *Paul and Palestinian Judaism*, 419-30 을 참조 바람.

158) 예: Köster, *Einführung in das NT,* 539-41.

159) Cf. Dietzfelbinger, *Die Berufung des Paulus,* 101.

(2) 율법의 행위로 성령을 받을 수 없다(3:2).
(3) 율법의 행위에 속한 자는 저주 아래 있다(갈 3:10).
(4) 율법은 "범법함을 인하여 더 하여진" 것이다(3:19).
(5) "믿음이 오기 전에 우리가 율법 아래 매인바 되었었다(3:23).
(6) "율법은 그리스도께서 오실 때까지 우리의 몽학선생이었다"(3:24).
(7) "믿음이 온 후로는 우리가 몽학선생 아래 있지 않다"(3:25).
(8) "때가 차매 하나님이 그 아들을 보내신 것은… 율법 아래 있는 자들을 속량하려 하심이었고(4:4-5), 그래서 그리스도는 우리를 율법에서부터 자유케 하셨다(5:1,13).
(9) "율법 안에서 의롭다 함을 얻으려 하는" 자는 "그리스도에게서 끊어지고 은혜에서 떨어진 자다"(5:4).
(10) "만일 성령의 인도하시는 바가 되면 율법 아래 있지 않을 것이다"(5:18).
(11) "의문(儀文, 즉 율법)은 죽이는 것이다"(고후 3:6).
(12) 율법의 직임은 사망과 정죄의 직임이다(고후 3:7-11).
(13) "율법으로 죄를 깨닫는다"(롬 3:20).
(14) 율법은 진노를 이루게 한다"(4:15).
(15) "율법이 들어 온 것은 범죄를 더하게 하려 함이다"(5:20).
(16) 신자는 "율법 아래 있지 않고 은혜 아래 있다"(6:15).
(17) 신자는 "그리스도의 몸으로 말미암아 율법에 대하여 죽임을 당하였다(7:4).
(18) 신자는 "얽매였던 것에 대하여 죽었으므로 율법에서 벗어났다(7:6).
(19) 신자는 "영의 새로움으로 섬길 것이요 의문의 묵은 것으로 아니할 것이다"(7:6).
(20) "율법이 육신으로 말미암아 연약하여 (죄를 극복하게) 할 수 없다(8:3).
(21) "그리스도는 모든 믿는 자에게 의를 이루기 위하여 율법의 마침이 되신다"(10:4).
(22) 하나님께서 "우리를 거스르고 대적하는 의문에 쓴 증서를 도말하고 제하여 버리사 십자가에 못 박으셨다"(골 2:14).
(23) 그리스도께서 "그의 육체로 계명의 율법을 폐하셨다"(엡 2:15).

바울이 율법에 대한 이상과 같은 새로운 깨달음을 가지게 된 것은 꼭 한 시점에 한 장소에서 한 계시사건을 통하여 이뤄졌다고 말할 필요는 없겠지만, 그렇다고 수십 년에 걸쳐서 차츰차츰 그리고 수정과 변화와 발전을 거쳐서 이뤄졌다고 봐야 할 이유는 더더구나 없다. 사실 이상의 율법에 관계된 언사들은 믿기 이전, 곧 '십자가에 못 박히신 하나님의 아들 예수 그리스도의 계시'가 있기 이전에는 결코 상상을 할 수 없는 것들이었다. 그러나 그리스도의 계시가 있었을 때 율법에 대한 근본적인 관점과 평가가 달라지게 되었던 것이다. 아니 달라지지 않을 수 없었다. 갈라디아서 서론부분에서 바울은 갈라디아 교회들에서 전하였던 복음(1:8,11)은 한 마디로 "그리스도의 은혜"의 복음이었음을 상기시면서(1:5,7), 그 '바울복음'을 "하나님의 교회를 심히 박해하고 멸하려 할" 때에 '예수 그리스도의 계시' 내지는 하나님의 아들에 대한 계시를 통하여 깨닫게 되었다(1:12,16)고 말하고 있다. 즉 '바울복음'의 기원은 어느 사람에게서 배우고 영향받는 과정이나 상당한 기간 동안, 예를 들면, "안디옥 논쟁"이나 "갈라디아교회들에 들어온 거짓교사들과의 투쟁"[160] 등의 경과 속에서의 숙고의 시간들을 거쳐서 완성되고 확립된 것이 아니라, '다메섹사건'이라고 부를 수 있는 계시사건을 통하여 근본적인 새로운 율법이해가 이뤄지게 되었다는 말이다.[161]

바울은 고린도교회에 들어온 거짓교사들을 염두에 두고 그들의"마음이 완고하여 오늘까지도 구약(= 율법)을 읽을 때에 그 수건이 오히려 벗어지지 않고 있다"(고후 3:14)고 지적하였다. 율법의 의미와 목적과 기능과 연약성과 시효 등 율법에 대한 근본적인 깨달음은 오직 그리스도 안에서 벗어지게 된다는 것이다. 물론 그리스도인들에게 있어서 구체적인 문제들과 더욱 깊은 깨달음을 배우는 과정과 단계들이 필요함을 인정해야 할 것이다. 그러나 바울에게 있어서 자신이 계시를 통하여 깨닫

160) 바울은 그러한 사건들 훨씬 이전에 이미 유대주의자들과 기독교의 거짓교사들을 통하여 무수한 공격과 박해와 시험을 받은 경험들이 있었던 것이다. Cf. 고후 6:3-10, 11:22-28.

161) 바울은 다메섹 계시사건 이후 전도와 목회 사역 중 유대주의자들과 교회 내에 침투해들어온 거짓교사들과의 일련의 다양한 그리고 끊임없는 공방과 논쟁과 개인적인 체험들과 성경연구를 통하여 더욱 깊고 넓고 완숙한 율법관을 가지게 되었다는 사실을 우리는 인정해야 할 것이다. 바울은 다메섹에서의 "예수 그리스도의 계시"의 체험이 있었지만, 여전히 더욱 그리스도를 알기를 원하여 힘쓴다(빌 3:10)고 말한 바 있는 것처럼, 율법에 대해서도 비슷한 고백을 할 수 있었을 것이다.

게 된 그 '바울복음'은 본질적으로 율법에 대한 근본적인 깨달음이 핵심내용을 구성하고 있었을 것이다. 위에서 우리가 확인한 대로, 갈라디아서의 초기 저작설을 받아들일 때, 율법관을 주요내용으로 하는 바울복음의 기원에 대한 우리의 이해는 정당성을 더욱 얻게 된다고 생각한다.

X. 율법(행위)과 믿음·그리스도·복음

바울은 왜 "율법의 행위로는 의롭다 하심을 받지 못한다"(갈 2:16)고 강조하였으며 왜 "율법 행위에 속한 자들은 저주 아래 있다"(3:9)고 경고하였나? 바울이 율법의 행위를 추구한 이스라엘은 "하나님께 열심히 있으나 지식을 좇은 것이 아니었고, 하나님의 의를 모르고 자기 의를 세우려고 힘써 하나님의 의를 복종치 아니하였다"(롬 9:31–10:3)고 판정하였을 때, 율법의 행위를 추구하는 것 자체가 "자기의 의를 세우는 것"이라고 보았는가?

오늘날 바울연구가들은 바울이 당시의 유대교의 율법준수의 경건을 추구하는 삶 자체를 과거처럼 '율법주의(legalism)요 공로주의 구원관으로 경멸적으로 매도하지 않는다. 루터에게서 바로 그러한 해석의 예를 찾아보게 된다. 루터는 로마서 3:27을 주석하면서 이러한 율법이해를 보여주고 있다: "행위의 율법은 필연적으로 우쭐대게 만들고 자랑하도록 일깨워준다. 왜냐하면 의로워서 율법을 성취한 자는 의심할 여지없이 자랑하고 뽐낼 어떤 것을 가지는 자다."[162] 루터는 갈라디아서 2:16을 주석하면서 이렇게 말했다: "교황과 그의 주교들, 신학교수들, 수도사들 등등은 율법에 대해서 행한, 단지 외적인 행위에 관계된 것으로 죽음의 죄를 지니고 있다."[163]

불트만은 좀 더 예리한 관찰 위에서 바울의 율법신학에 대한 문제에 접근하려 한다: "그(= 바울)는 유대인들이 계명을 겉으로만 지키고 실은 그들의 마음이 하나님께로부터 멀게 떨어져 있다고 해서 그들을 비난하고 있는 것은 아니다. 그는 유대인들에게 있어서 율법준수가 그들의 마음 중심의 관심사로 되어 있는 유대인의 경

162) Luther, *Römerbriefvorlesung,* 153.

163) Luther, *Der Galaterbrief: Vorlesung von 1531,* 86.

건 바로 그것을 건드리는 것이다. 그들은 하나님께 열심을 내고 있으나 헛된 일(롬 10:2)에 사로잡혀 있는 것이다. 왜 그럴까?… 그는 율법 준수가 구원의 길이라는 것을 논박하고 있는 것이다."[164] 그러나 불트만은 전형적인 (초기) 루터적 내지는 실존주의적 칭의관의 관점에서 논의를 계속 진전시킨다: "이로써 바울이 율법을 대하여 싸우는 근거가 드러난다. 그는 율법의 내용 때문에 율법과 싸우는 것이 아니다. 정반대로 율법의 내용은 하나님의 거룩하고 거스를 수 없는 요구들이다. 유대인에게 율법의 도움으로 가치 있음을 인정받으려는 욕구를 만족시키는데, 하나님 앞에서 영예를 얻으려는데, 업적을 통해 '의'를 얻으려는데, 율법이 도움이 되기 때문에 그리고 바로 그 조건 안에서 바울은 율법을 대항하여 싸우고 있는 것이다."[165] 그리고는 불트만은 로마서 3:27과 2:17,23 및 고린도전서 1:29, 빌립보서 3:7-9, 갈라디아서 6:14를 인용하여 "바울에게 있어서 그리스도에 대한 믿음에로 돌이킨다는 것은 바로 이것을 의미한다: *모든 자기 자랑을 포기하는 것*"[166]이라고 정의하고, 다시 "인간의 실존은 은혜 위에 서는 것이요 업적 위에 서는 것이 아니다"[167]고 지적한다. 불트만은 또 다른 논문에서 똑같은 논리로 바울의 율법관과 신앙관과 칭의론을 해석하면서, 이렇게 말한다: "*믿음으로!* 란 무엇을 뜻하는가? 다음과 같이 명쾌하게 밝힐 수 있다. 믿음이란 가치 있음에 대한 욕망에 거스르는 태도, 자기자랑과 자신의 힘과 공적으로 인정받으려는 의지를 철저하게 포기하는 것이다."[168] 결국 믿음을 의지하지 않고 율법의 행위를 추구한 유대인들은 자기를 자랑하고 공로주의에 빠져 있고 은혜 위에 서 있지 않다는 결론을 말하고 있는 것이다. 루터 이후의 독일의 율법관과 이신칭의론의 전형을 보게 되는 것 같다.

그동안 바울이 유대교를 율법주의와 공로주의라고 공격한 것은 유대교를 잘못 알았기 때문이라고 유대교학자들이 직접 바울을 공격하거나 바울이 그렇게 생각하지 않았는데 개신교의 신학자들이 그렇게 편파적으로 부정확한 유대교 이해를 통해 바울이 그러한 이해의 소유자라고 해석한 것을 비판하기도 하였다. 특히 샌더스의

164) Bultmann, "Christus des Gesetzes Ende," 37.
165) Bultmann, 위의 논문, 40.
166) 위의 논문, 40.
167) 위의 논문, 41.
168) Bultmann, "Gnade und Freiheit," 152.

연구와 그의 도전을 통한 많은 초기유대교 연구가 이뤄져 유대교의 율법에 대하여 이제는 더 이상 무조건적인 부정적인 평가를 말하는 이들은 별로 없게 되었다. 바울의 율법관과 관계하여 샌더스가 끼친 공헌은, 바울이 유대교에서의 율법이해가 너무 계율적 · 공로주의적 · 위선적인 것이라고 보았기 때문이 아니라는 지적에 있다. 즉 바울은 율법(의 행위)이 아니라 그리스도에 대한 믿음과 은혜의 복음을 내세운 것은, 이제 구원은 오직 그리스도를 통해서 은혜로 주어지는 때가 되었기 때문에 율법이 아니라고 말한 것이라고 바로 본 점이다. 그러나 샌더스가 초기유대교의 율법관을 'covenantal nomism'(언약중심의 율법준수사상)이라고 입증한 것은 바울의 율법관을 이해하는데 생산적인 많은 의미가 있는 것 같지 않다. 왜냐하면 바울이 다루고 있는 율법은 유대교에서 가지고 있는 율법관과 관계하고 있는 것도, 바울 자신의 개인적인 율법관도 아니다. '십자가에 못 박히신 하나님의 아들 그리스도의 계시'를 통하여 전혀 새롭게 본 율법이다.

바울이 율법의 목적과 기능과 역할과 능력과 시효에 대하여 부정적으로 말한 것은 율법 자체에 대하여 평가하고자 함이 아니다. 그리스도께서 오셨기 때문에 율법은 그리스도께서 오신 때문에 얻게 되는 모든 은혜와 대조할 때 더 이상 의지할 것이 못 된다는 의미에서다. "믿음이 오기 전에" 곧 "그리스도께서 오실 때까지"는 율법은 "훈육자(παιδαγωγός)"로서 기능을 해왔었다(갈 3:23-24). 율법을 '주인의 아이를 성년이 될 때까지 학교에 데리고 다니며 감독하는 역할을 수행한 노예 신분의 "훈육자"에 율법을 비유한 것은, 율법 자체가 인간으로 하여금 자랑이나 하게 만들고 계율적이고 자유 없는 삶을 살게 만드는, 마땅히 경시되어야 할 어떤 것이라고 평가하는 것은 비유의 비교점을 부적절하게 확대하는 오류를 범하는 것이다. 바울은 아브라함의 약속이 율법과는 상관이 없고, 대신에 그리스도께서 오시고 믿음의 때가 시작되는 은혜의 시대(고후 6:2)에 "그리스도를 믿음으로 말미암아 (아브라함의) 약속을 믿는 자들에게 주게" 되어 있으며(갈 3:22), "믿음이 온 후로" "믿음으로 말미암아 그리스도 예수 안에서 하나님의 아들이 되는"(3:25-26) 것이므로 그렇게 말한 것이다. 또 바울이 율법을 "후견인"에 비유한 것도, 율법자체를 평가절하하려는 의도가 있는 것이 아니라, "유업을 이을 자가 모든 것의 주인이나 어렸을 동안에는 종과 다름이 없어서 그 아버지의 정한 때까지 후견인과 청지기 아래서" 기다려야 하는 것처럼, 율법시대에는 아브라함의 축복의 약속인, 하나님의 아들의 명분을 아직 얻게 되지 못하고 성령의 선물을 받게 되지 못하게 되다가, 그리스도께서 오신 때에 그 약속의 축복들을 누리게 되었다는 사실을 강조하고자 한 것이었다(4:1-7).

또 바울이 "율법의 행위로서는 의롭다 함을 얻을 수 없다"(2:16,21, 롬 3:20,28)고 강조한 것은 "율법의 행위" 자체가 인간을 하나님 앞에서 또는 도덕적으로 나쁘게 만들고 범죄하게 만드는 역할을 한다는 뜻이 아니다. 그리스도께서 오셨고 "그리스도를 믿음으로 말미암아 의롭다 함을 받게 되기" 때문이라는 말이다(2:16, 빌 3:9, 롬 3:21). "때가 차서 하나님께서 그 아들을 보내셨는데"(갈 4:4) 그리스도께서 오셨는데도 불구하고 "율법으로 말미암아 의롭다 함을 받는" 길이 또 있다고 한다면 "그리스도께서 헛되이 죽으신"(2:21) 것이 된다는 말이다.

바울이 '이신칭의(以信稱義)'를 강조하고 "사람이 의롭게 되는 것은 율법의 행위에 있지 않다"고 강조한 것은, 율법의 행위가 (이를테면 사람으로 하여금 자랑하게 만들어 주기 때문에) 무슨 부정적인 문제를 발생시키는 것이 되기 때문이 아니라, 오직 "믿음으로" 칭의를 얻게 되므로(롬 3:28) 그렇게 율법(의 행위)에 대하여 부정적으로 말한 것이다. 바울이 로마서 5-8장에서 율법에 대하여 부정적으로 말한 경우들도 마찬가지로 이해하는 것이 옳다고 본다. 바울이 "율법이 들어온 것은 범죄를 더하게 하려 함이라"(5:20)고 말한 것은, 율법이 죄의 왕 노릇하는 권세를 억제하는 능력이 없고 오직 은혜와 "의(= '칭의' 의 의미!)의 선물"로 말미암아 의롭다 하심을 받게 된다는 사실을 강조하기 위함이었다. 또 신자가 "율법 아래 있지 않고 은혜 아래 있다"(6:15)고 한 말 역시, 왕 노릇하는 죄의 권세를, 율법으로는 극복할 수 없으나, 오직 그리스도의 죽으심과 살아나심과 연합하여 그리스도 안에서 은혜로 극복할 수 있다는 의미에서 그렇게 말한 것이다(6:1-14). 7-8장에서 "율법에서 벗어났음"과 "율법조문의 묵은 것으로" 섬기면 되지 않음(7:6)을 말한 것은, "율법은 거룩하며 의로우며 선하나"(7:12)) 죄의 법을 섬기는 육신을 다스리는 능력이 없기 때문에(7:14-25, 8:3), 그리고 반면에 "그리스도 안에서 성령의 생명의 법이 죄와 사망의 법에서" 신자를 해방시킬 수 있고 성령으로 죄의 법을 섬기는 육신(7:23-25)을 제어할 수 있기 때문에(8:1-9), 그렇게 말한 것이다.

로마서 9:30-10:4에서 바울이 이스라엘이 율법을 좇아갔으나 실패했으며 그들이 하나님의 의를 모르고 자기의 의를 세우려고 힘썼다고 말한 후, "그리스도는 … 율법의 τέλος가 되신다"(10:4)고 선언하고 있는데, 바울의 의도는 그리스도는 율법의 "성취(fulfillment)" , "완성(consummation)" 또는 "목표(goal)"라는 것이냐 아니면 율법의 "마침(= 종료, termination)"이라는 것이냐 아니면 "마침과 목표"의 두 의미가 함께 있는 것이냐 학자들 간에 의견이 분분하다.[169] 각 견해에 대한 자세한 비판적 논의와 주석적 설명은 이곳에서 적합하지 못하겠다. 9:30-33의 "(이스라엘이 의의 율법을) 좇아감(διώκειν)"이라는 표현에서 "경주(racing)" 모티프를 찾고 이스라엘은 자기 열심으로 달려갔으나 율법의 진정한 목표가 되시는 그리스도에 이르지 못했다는 뜻으로 해석하여, *τέλος*를 "목표"로 번역하기를 택하는 이들이 많이 있는데, 그러나 그들은 문맥에 대한 관찰이 정확하지 못하며 바울의 의도도 놓치고 바울의 율법신학도 바로 이해하지 못한 것으로 보인다. 10:31-32에 나오는 동사 "좇아감"은 이스라엘이 율법의 의를 추구한 것을 말하는데, '경주' 모티프를 찾는다든가 '목표'의의미를 드러내려 한다든가 하는 것은 정확한 관찰이 못되는 것 같으며, 더더구나 10:1-4의 문맥에서는 "좇아감"이나 '경주' 모티프를 적용하기 어렵다. 또 신약(과 LXX)에서 *τέλος*가 "목표"의 의미로 쓰인 경우는 매우 희소하고, 대부분 "끝, 끝나는 지점, 종료, 결과"의 의미로 쓰였다는 사실을 무시하면 안 될 것이다. 율법을 추구한 이스라엘이 율법의 "목표"인 그리스도를 추구하지는 못했다는 말이 무엇을 의미하는가? 9:30-10:4의 앞과 뒤의 문맥에도 맞지 않는다. 앞과 뒤의 문맥에서 분명히 선민 이스라엘은 그리스도를 믿는 믿음을 선택하지 않고 율법의 의를 추구하다가 실패하였으며, 오히려 이방인들은 복음을 듣고 그리스도를 믿어 구원을 얻게 되었다고 말하고 있다. 지금은 "마음으로 믿고 의에 이르고 입으로 시인하여 구원에 이르는" 복음 시대이기 때문에 율법의 행위를 추구하는 것은 하나님의 구원계획에서 실패하는 자가 된다는 것이 문맥의 요지다. 바울은 문맥에서 이사야 28:16("누구든지 저를 믿는 자는 부끄러움을 당하지 아니하리라")을 두 번(9:33, 10:11)이나 인용하여 사용하

169) 자세한 논의는 로마서 주석들을 참조 바람. 적절한 주석적 설명과 각 견해들에 대한 비판적 논의와 각 견해를 대표하는 학자들에 대한 상세한 소개를 제공해주는 다음의 연구를 참조 바람: Moo, *Romans,* 616-643; Schreiner, *Romans,* 534-549. 헬라어 τέλος에 대한 철저한 단어 연구에 대하여는 다음 연구를 참조 바람: Badenas, *Christ, the End of the Law. Romans 10.4 in Pauline Perspective.*

고 있고, 또 이어서 요엘 2:32("누구든지 주의 이름을 부르는 자는 구원을 얻으리라")을 인용하고 난 후, 여기다가 다시 "복음을 전하다"라는 단어가 나오는 이사야 52:7("아름답도다. 좋은 소식을 전하는 자들의 발이여")과 "(전한 것을) 믿다"는 표현이 나오는 이사야 53:1("주여, 우리의 전하는 바를 누가 믿었나이까!)을 인용하여 연결시킴으로써, 구약성경 중에서 '율법의 행위로 말미암지 않고 믿음으로 의롭다 함을 받는다'는 '이신칭의'의 복음이 예언되어 있음을 증거하고 있는 것이다.[170)]

그런데 우리는 10:4에서 지나치게 단순화되고 신학적으로 채색된 표현인 "그리스도는 율법의 마침"을 바울의 율법신학으로 강조하다보면, 진정한 바울의 율법에 관한 교훈을 오도할 수 있음을 경고하고 싶다. 또 실제로 특히 독일의 신약학자들에게서 그러한 경향을 볼 수 있음[171)]을 지적하고 싶다. 바울은 "그리스도는 모든 믿는 자에게 의를 이루기 위하여 율법의 마침이 되시니라"고 말했다. 믿음/그리스도와 율법을 대조하고 있는 것이다. 이를테면 불트만이 믿음을 실존론적으로 이해하여 '[하나님 앞에서의] 순종의 태도'로 이해하나, 바울에게 있어서 믿음은 항상 그 대상인 주/예수/그리스도에 대한 믿음을 가리킨다: 9:33(= 10:11, 사 8:16, "저를 믿는 자는…"); 10:13(= 욜 2:32, "누구든지 주의 이름을 부르는 자…"), 10:9("네가 만일 네 입으로 예수를 주로 시인하며…"), 10:17("믿음은 들음에서 나며 들음은 그리스도의 말씀으로 말미암았느니라.")

이 사실은 로마서 3:21이하의 이신칭의론에서도 마찬가지다. "이제 율법 외에" 나타난 "하나님의 의"(3:21)는 곧 "예수 그리스도를 믿음으로 말미암아 모든 믿는 자에게 미치는 하나님의 의"(3:22)인 것이다. 이에 대한 부연설명이 3:24-26에 나온다. 갈라디아서(2:16-21, 3-4장, 5:4-5)에 나타난 바울의 이신칭의론 역시 같은 신학적 의미를 가지고 있다. 의롭다 함을 받는 길로서의 믿음은, 율법과 관계없이, 십자가에 못 박히신 하나님의 아들 예수 그리스도를 믿는 믿음인 것이다.

---

170) Cf. 롬 1:2,17, 3:21, 4:1-25, 갈 3:11-12, 4:21-31.

171) 예를 들면, G. Bornkamm은 그의 바울신학 연구논문집의 제목을 *Das Ende des Gesetzes: Paulusstudien* 이라 하여 내었는데, 바울신학을 압축시켜 "율법의 마침"이라고 표현할 수 있는지는 매우 의심스럽다. 독일의 비판적 신학자들은 그래서 사도행전에서 율법비판적인 신학이 많이 나타나지 않는 것을 발견하고 사도행전 저자가 바울의 동역자도 아니었고 그의 서신을 읽어본 적도 없는 사람이라고 판단하곤 하는 것이다.

여기서 최근 몇 년 사이에 가톨릭교회와 개신교단 사이에 칭의론에 있어서 신학적 일치를 선언하는 일련의 획기적 사건들이 있었다. 그러나 가톨릭의 "믿음"개념이 과연 신약적인지, 특히 바울신학적으로 받아들일 수 있는 것인지 신중하게 검토해볼 필요가 있다. 구체적으로 예를 들면, 1985년 독일루터교회와 가톨릭교회의 공동에큐메니칼 위원회에서 일치한다고 의견교환을 한 내용 중 갈라디아서 5:6("그리스도 안에서는 할례나 무할례가 효력이 없되 사랑으로써 역사하는 믿음뿐이니라")의 공통된 이해를 말하면서, 루터의 "믿음" 개념은 가톨릭교회에서 "은혜" 또는 "사랑"이라고 표현하는 것과 다르지 않다고 하였다.[172] 여기서 우리는 매우 위험한 "값싼 거래(bargain)"를 하는 결과를 가져올 수 있는 모험을 하고 있는 것을 느낀다. 믿음과 사랑은, 분리 되어서는 안 되겠으나, 분명히 구별되어야 하는 관계에 있다. 루터에게서 믿음은 십자가에 못 박히신 그리스도에 대한 믿음이다. 사랑은 뿌리가 되는 믿음의 열매이기는 하지만, 같은 개념일 수는 없다.

결론적으로 말하여, 바울은 "율법의 행위로 의롭다 하심을 받지 못한다" 등으로 율법에 대하여 부정적, 한시적인 의미의 평가를 내릴 때, 율법은 구원사적으로 '그리스도의 (은혜의) 복음'과 관계가 없기 때문이다. 곧 그리스도께서 오심으로써 율법의 '몽학선생'으로서의 기능을 끝난 것이다. 그리스도인은 더 이상 "율법 아래 있지 않고 은혜 아래 있다"(롬 6:15). 또 "성령으로 인도받는 하나님의 자녀는" "율법 아래 있지 않다"(롬 8:14, 갈 5:18). 그리스도인은 그리스도와 함께 십자가에 못 박힌 자요 그리스도 안에서 하나님께 대하여 새 사람이 되었는데(롬 6:3-11), 이 사실을 율법과 관계하여 다시 표현한다면, 그리스도인은 옛 사람의 삶의 원리로서의 율법에 대하여 죽은 자이므로, 율법이 아니라, 하나님의 자녀의 새로운 삶의 원리인 성령의 인도를 따라 살아야 한다(갈 5:16-18,24, 7:6, 8:2-4,14). 이런 의미에서 그리스도께서 오심으로써 "율법에서 속량 받은"(갈 4:5) 그리스도인이 "율법 안에서 의롭다 함을 얻으려하게" 될 때, "그리스도에게서 끊어지고 은혜에서 떨어지는" 자가 되는 것이다(5:4). 그러므로 '율법과 복음'은 분명하게 구별해야 하며 혼동하거나 타협해서는 안 되는 그런 관계 가운데 있다. 그래서 바울은 자신이 전한 "그리스도의 (은혜의)

---

172) Lehmann & Pannenberg (ed.), *Lehrverurteilungen - Kirchentrennend?* 58-59.

복음" 외에 "다른 복음을 전하면 저주를 받으리라"(1:6-9)고 이례적으로 강력한 경고의 말을 하고 있는 것이다.

여기서 잠간 (후대에 그리고 오늘에 이르기까지 크고 작은 영향을 미쳐온) 루터와 칼빈의 '율법과 복음'의 주제에 대한 견해 차이에 대하여 언급하고 지나가는 것이 유익하겠다. 루터는 율법과 복음을 설명할 때 양면성을 인정하였다. 그는 하나님의 뜻의 표현으로서의 율법이 모세를 통해 십계명이 주어지기 이전에 하나님을 경외하며 이웃을 사랑하라는 중심내용으로 인간의 마음속에 알려졌다고 보았다(cf. 롬 2:14, 7:10). 인간은 완전한 기쁨과 헌신 속에서 그 사랑의 율법을 실천할 수 있었으나, 범죄와 타락으로 말미암아 인간은 율법을 통하여 죄인으로 드러나게 되었고 율법은 인간에게 하나님의 진노의 도구가 되었다. 율법은 계명을 행하라고 요구하며 인간에게 자신의 죄와 무력함을 깨닫고 회개하도록 하고 결국 그리스도께로 몰아가는 역할을 한다. 루터에게 있어서 복음은 죄 용서에 대한 약속이며 "살아있는 말씀"이며 위로와 평화의 말씀이며, 반면에 율법은 진노와 고통의 말씀이며 심판자의 목소리다. 율법의 세력은 복음에서 끝난다. 그러나 복음은 율법과 율법의 선포를 전제하며, 그래서 복음에로 나오기 위한 준비로서 율법이 필요하다.[173] 루터는 제자들에게 다음의 사실을 마음 판에 새기도록 지도하였다: "복음을 율법으로부터 바로 구별할 줄 아는 자는 (그는 하나님께 감사하라!) 자신이 신학도임을 감히 알 수 있다"(*WA* 40/1,207,17f).

반면에 칼빈은 (루터에게 있어서 핵심적인 질문이 되는) 율법과 복음의 구별은 별도의 주제가 되지 않았다. 칼빈은 율법을 하나님의 은혜언약 안에 속한 것으로 이해한다. 그에게 있어서 모세의 율법은 하나님의 백성에 대한 하나님 자신의 은혜와 성실을 증거해준다. 칼빈은 율법의 삼중의 용도(*triplex usus legis*), 즉 인간 자신의 연약성과 죄인 됨을 깨우치는 역할(*usus legis elenchticus/theologicus*), 공동체 생활에서 불의를 공공의 권력과 형벌로써 억제하는 역할(*usus legis politicus*), 그리고 거듭난 자들로 하

---

173) 그래서 루터가 1929년에 직접 저술한 '소교리문답(Der Kleine Katechismus)'와 '대교리문답(Der Große Katechismus)'에는 십계명이 먼저 다뤄지고 있다. Cf. Pöhlmann (ed.), *Unser Glaube*, 531-770.

여금 하나님의 의와 성화에 대한 자발적인 열심을 가지도록 격려하는 역할(*usus legis in renatis*)을 가르쳤다. 그리고 이 "율법의 세 번째 용도"(*tertius usus legis*)가 율법의 "가장 중요하고도 본래적인" 목적이라고 하였다(*Insti.*, Ⅱ. 6-12). 칼빈은 바울이 '의식법'을 가리키는 율법의 폐기를 명백하게 가르쳤으나 '도덕법'에 대해서는 아니며 오히려 도덕법은 (마태복음 5:17에 근거하여) 신자가 지켜야 할 율법에 속하며, 또 더 나아가 의식법도, 비록 그리스도께서 오심으로 그 기능이 멈추었으나, 실제에 있어서 그리스도 안에서 완성되고 확증되었다고 강조하였다.[174)]

칼빈 이후의 개혁주의 정통주의 시대에는 율법과 복음이 하나 됨에 대한 관심이 높아져 하나님의 구원경륜이 이중적 언약 곧 행위언약(*foedus operum*)과 은혜언약(*foedus gratiae*) 속에서 전개되었다고 보는 언약신학을 발전시켰다. 따라서 율법과 복음의 차이보다는 연속성과 일체성, 그리고 윤리적 실천 개념이 강조되는 결과가 나타났다.[175)] 그러나 루터와 칼빈의 율법관, 특히 율법의 제3용도에 대한 견해 차이가 과장되어선 안 될 것이다. 두 개혁자 모두 그리스도인의 삶의 규범과 원리를 단순히 모세의 율법, 특히 십계명을 뛰어넘어, 그리스도 중심적이요[176)] 성령을 의지하여 살아가는 새로운 삶에 대하여 강조하였기 때문이다. 즉 루터는 성령의 감동으로 살아가는 그리스도인은 십계명이 아니라 예수와 사도들이 가르친 "새 십계명" 내지는 "(새) 계명"을 실천하여 선물로 받은 의와 성령의 열매를 맺는 삶을 살아가는 자라고 보았다. 칼빈 역시 그리스도는 율법의 "참된 영혼"과 생명이요 목표이기 때문에 "율법의 모든 교훈, 모든 계명, 모든 약속은 항상 그리스도를 가리키고 있다"[177)]고 본다. 칼빈은 "그리스도인의 삶을 논하면서, 하나님께서 우리도 본받기를 원하는 형상과 모범으로써 율법보다는 그리스도를 더 즐겨 언급하고" 있는 것이다.[178)]

---

174) Calvin, *Inst.* Ⅱ. 14-17; idem, 『깔뱅의 요리문답』; idem, *Romans,* 151-52

175) Graf, "Gesetz Ⅵ. Neuzeit," *TRE* 101,

176) 칭의론을 최고의 중요한 신앙고백의 조항으로 강조하였던 루터(cf. *Die Schmalkaldischen Artkeln* von 1537; *Galaterbrif*의 서문)에 대한 K. Barth(*KD* Ⅳ/1, 588)의 다음의 비평도 참조 바람: "교회의 존망이 달려 있는 신앙고백의 조항(*articulus stantis et cadentis ecclesiae*)은 칭의론 자체가 아니라 그것의 근거요 맨 꼭대기가 되는 것인 예수 그리스도에 대한 신앙고백이다. '그리스도 안에 모든 지혜와 지식의 보화가 감춰 있다'(골 2:3). 곧 우리를 위한, 우리에게 대한, 그리고 우리와 함께 계신 그의 존재와 그의 행하심에 대한 지식이. 아마도 바로 이것이 루터도 함께 가졌던 생각이었을 것이다."

177) Calvin, *Romans,* 221-222.

XI. 요약과 결론

(1) 바울이 '율법과 복음'을 갈라디아서와 로마서에서 다룰 때, '율법'은 모세를 통해 "약속의 자손이 오실 때까지" "훈육자"로 기능하도록 한시적으로 주신 것으로 이해해야 할 것이다. 그래서 계시사적으로 볼 때 하나님의 뜻의 계시로서 영속적으로 유효한 성격을 가진, (구약)성경 또는 모세오경을 뜻하는 또 다른 개념을 나타내는 "율법"을 말하고 있는 구절들인 로마서 3:31이나 마태복음 5:17의 언사를 따라 '율법과 복음'의 관계를 설명하려 한다면, 해석학적 오류를 범하는 것이며 결과적으로 (신약)신학적인 혼란과 모순을 초래하게 될 것이다. 실질적으로 '율법과 복음'의 주제는 성경 중에서 오직 바울이, 특히 율법문제 때문에 저술하게 된 갈라디아서와 로마서에서 집중적으로 교훈하고 있는데, 방법론적으로 전자의 서신을 먼저 다루는 것이 바람직하다.

(2) 하나님의 구원사적 계획에 따라 그리스도께서 오신 후에는, 그리스도인은 (더 이상 "훈육자"인 율법 아래 있지 않으며) 오직 믿음과 그리스도를 통하여 아브라함의 자손에게 약속된 축복인 칭의와 하나님의 아들 됨과 성령 받음, 그리고 그리스도의 죽으심과 부활하심과 연합하여 새 사람이 되고 죄(의 왕노릇 하는 권세)에서 해방됨, 성령의 인도를 받아 죄를 이기는 삶을 살게 됨, 내세의 하나님의 영광을 바라고 즐거워 함 등의 종말론적 구원의 축복들을 받아 누리게 되었다. 그러므로 복음은 한마디로 '그리스도의 은혜의 복음' 또는 '하나님의 아들 우리 주 예수 그리스도에 관한 복음'이며, 이런 의미에서 그리스도인이 여전히 율법(의 행위)을 의지하는 것은 "그리스도에게서 끊어지고 은혜에서 떨어지는"(갈 5:4) 일이다.

(3) 바울의 이러한 '하나님의 아들/그리스도의 은혜'의 복음과 율법에 대한 (당시 유대교에 있어서) 혁명적인 새로운 이해는 하나님의 계시를 통해서 주어졌고, 그래서 본질적인 새로운 깨달음은 다메섹 회심 때에 이미 이뤄진 것으로 보아야 하며, 갈라디아교회 문제나 '안디옥 사건'을 계기로 율법에 대한 본질적인 새로운 인식이 있게 된 것으로 볼 것이 아니다. 또 갈라디아서를 쓰고 나서 (8년 쯤) 후에 쓴 로마서

178) Hesselink, "그리스도, 율법, 기독교," 216.

에서 율법에 대한 해석에 있어서 본질적인 발전과 변화를 보여주고 있는 것으로 보는 것도 올바른 관찰이 아니다.

(4) 바울에게 있어서의 믿음은 "나를 사랑하사 나를 위하여 자기 몸을 버리신 하나님의 아들을 믿는 믿음"(갈 2:20)을 뜻하며, 그에게 있어서 신앙생활이란 바로 대속의 주님 그리스도 예수에 대한 뜨거운, 인격적인 신뢰와 연합과 교제의 삶과 동시에 하나님의 아들의 영이신 성령의 인도를 따라 사는 삶을 말한다. 그러므로 율법적 계율이나 교회와 교파의 전통을 따라 살아가기를 강요하기보다, 십자가에 못 박히신 그리스도와의 인격적인 교제와 성령과 사랑을 추구하는 삶을 강조하는 것이 '복음의 진리'에 합당하게 살아가도록 돕는 일이 될 것이다.

참고문헌

Aland, K. (ed.). *Vollständige Konkordanz zum Griechischne NT.* Bd. Ⅱ: Spezialüber sichten. Berlin: Walter de Gruyter, 1978.

Althaus, P. *Die Theologie Martin Luthers*. Gütersloh: Gerd Mohn, 1983.

Badenas, R. *Christ, the End of the Law. Romans 10.4 in Pauline Perspective.* JSNTSS 10. Sheffield: JSOT Press, 1985.

Barclay, J. M. G. "바울과 율법: 최근의 논쟁들". 이한수. 『바울신학연구』. 서울: 총신대학출판부, 1993, 150-87.

Barth, K. "Evangelium und Gesetz." In E. Kinder & K. Haendler. *Gesetz und Evangelium: Beiträge zur gegenwärtigen theologischen Diskussion.* Darmstadt: Wissenschaftliche Buchgesellschaft, 1968, 1-29.

Barth, K. *Der Römerbrief.* Zürich: Theologischer Verlag, 1978.

Bauer, W. *Griechisch-deutsches Wörterbuch zu den Schriften des NT und der übrigen urchristlichen Literatur* (Walter de Gruyter, 1971).

Beer, G. "Das Buch Henoch." In E. Kautzsch (ed.). Die Apokryphen und Psudepigraphen des Alten Testamens. 2. Band. Tübingen: Mohr, 1900, 217-310.

Betz, H. D. *Galatians: A Commentary on Paul's Letter to the Churches in Galatia.* Philadelphia: Fortress, 1979.

Billerbeck, P. (& Strack, H. L.) *Kommentar zum Neuen Testament aus Talmud und Midrasch.*

4 Bde. München: C. H. Beck, 1978.

Bonhoeffer, D. 『나를 따르라』. 허혁 역. 서울: 대한기독교서회, 1973.

Bornkamm, G. "The Letter to the Romans as Paul's Last Will and Testament," in: K. P. Donfried (ed.). *The Romans Debate*. Peabody: Hendrickson, 16-28.

Bornkamm, G. "Wandlungen im alt- und neutestamentlichen Gesetzveständnis." In idem, *Geschichte und Glaube 2*. München: Kaiser, 1971, 73-80.

Bornkamm, G. *Das Ende des Gesetzes: Paulusstudien*. München: Kaiser, 1952,

Bornkamm, G. *Paulus*. Stuttgart: Kohlhammer, 1983.

Borrows, M. *Mehr Klarheit über die Schriftrollen*. München: Beck, 1958.

Bousset, W. *Die Religion des Judentums im späthellenistischen Zeitalter*. Tübingen: Mohr, 1966.

Bright, J. *A History of Israel,* Old Testament Library. London: SCM, 1967.

Brown, R. E. *An Introduction to New Testament Christology*. London: Geoffrey Chapman, 1994.

Bruce, F. F. "Galatian Problems. 2. North of South Galatians?" *BJRL* 52 (1969-70), 243-66.

Bruce, F. F. "Galatian Problems. 4. The Date of the Epistle" *BJRL* 54 (1971-72), 250-267.

Bruce, F. F. *The Epistle to the Galatians*. Exeter: Paternoster, 1982.

Bruce, F. F. *The Letter of Paul to the Romans*. TNTC. Grand Rapids: Eerdmans, 1990.

Bruce, F. F. 『바울신학』, 정원태 역. 서울: 기독교문서선교회, 1992.

Bultmann, R. "Christus des Gesetzes Ende." In *Glauben und Verstehen: Gesammelte Aufsätze*. Band 2. Tübingen: Mohr, 1961, 32-58.

Bultmann, R. "Gnade und Freiheit." In: *Glauben und Verstehen: Gesammelte Aufsätze*. Band 2. Tübingen: Mohr, 1961, 149-161.

Bultmann, R. *Das Urchristentum im Rahmen der antiken Religionen*. Stuttgart: Artemis-Verlag, 1954,

Byrne, B. *Romans*. SP. Collegeville: Liturgical Press, 1996.

Calvin, 『깔뱅의 요리문답』, 한인수 역. 서울: 경건, 1995.

Calvin, *Institutio Christianae Religionis = Unterricht in der christlichen Religion*. Übers. und bearb. von O. Weber. Neukirchen-Vluyn: Neukirchener, 1984.

Calvin, J. *The Epistles of Paul the Apostle to the Romans and to the Thessalonians*. Grand Rapids: Eerdmans, 1960.

Carroll, R. P. *Jeremiah 26-52,* Old Testament Library. London: SCM, 1986.

Carson, A., Moo, D. J. & Morris, L. 『신약개론』, 노진준 역. 서울: 은성, 1993.

Carson, D. A. 『산상설교』. 정광욱 역. 서울: 기독지혜사, 1992.

Conzelmann, H. & Lindemann, A. *Arbeitsbuch zum Neuen Testament*. Tübingen: Mohr, 19805.

Conzelmann, H. *Die Apostelgeschichte*. HNT 2. Tübingen: Mohr, 1972.

Cranfield, *The Epistles to the Romans*. 2 vols. Edinburgh: Clark, 1975-1979.

de Jonge, M. "Messiah." In *ABD* 4, 777-788.

Delitzsch, F. *Jesaja*. Giessen: Brunnen, 1984.

DeSilva, D. A. *An Introduction to the New Testament*. Downers Grove: IVP, 2004.

Dibelius, M. In "Das Apostelkonzil." *Aufsätze zur Apostelgeschichte*. Berlin: Evangelische Verlagsanstalt, 1953, 84-90.

Dietzfelbinger, C. *Die Berufung des Paulus als Ursprung seiner Theologie*. Neukirchener-Vluyn, Nerkirchener Verlag, 1985.

Donfried, K. P. (ed.), *The Romans Debate,* rev. & expanded ed. Peabody: Hendrickson, 1991.

Dunn, J. D. G. *Romans 1-8*. WBC 38A; *Romans 9-16*. WBC 38B. Dallas: Word, 1988.

Dunn, J. D. G. *The Epistle to the Galatians,* BNTC. Peabody: Hendrickson, 1993.

Ebeling, G. *Luther: Einführung in sein Denken*. Tübingen: J. C. B. Mohr, 1981.

Eichrodt, W. *Der Prophet Hesekiel, Kap. 19-48*, ATD 22/2. Göttingen: Vandenhoeck & Ruprecht, 1966.

Elliot, N. *The Rhetoric of Romans: Argumentative Contraint and Strategy and Paul's Dialogue with Judaism*. JSNTSS 45. Sheffield: JSOT Press, 1990.

Fitzmyer, J. A. *Romans*. AB 33. N.Y.: Doubleday, 1993.

Friedrich, "Das Gesetz des Glaubens, Röm 3,27" *ThZ* 10 (1954), 401-17.

Fung, R. Y. K. *Die Epistle to the Galatians*. Grand Rapids: Eerdmans, 1987.

Gasque, W. *A History of the Criticism of the Acts of the Apostles*. 17. Tübingen: Mohr, 1975

Goppelt, L. *Theologie des Neuen Testaments*. 2 Bde. Göttingen: Vandenhoeck & Ruprecht, 1981.

Graf, F. W. "Gesetz Ⅵ. Neuzeit," *TRE* 13, 90-82.

Graf, F. W. "Gesetz Ⅵ. Neuzeit," *TRE* 13. Berlin: Walter de Gruyter, 1984, 90-126.

Grundmann, W. ἵστημι. *ThWNT* 7, 637-52.

Guelich, R. A. *The Sermon on the Mount: A Foundation for Understanding*. Waco: Word, 1982.

Guthrie, D. *Galatians,* NCBC. London: Marshall, Morgan & Scott, 1974

Haenchen, E. *Die Apostelgeschichte*. KEK Ⅲ. Göttingen: Vandenhoeck & Ruprecht, 1965.

Hemer, C. J. *The Book of Acts in the Setting of Hellenistic History*, ed. by C. H. Gempf. Tübingen: J. C. B. Mohr, 1989

Hemer, J. C. "Acts and Galatians Reconsidered," *Themelios* NS 2 (1976-77), 81-88.

Hendriksen, W. *Exposition of Paul's Epistle to the Romans*. Grand Rapids: Baker, 1981.

Hesselink, I. J. "그리스도, 율법, 기독교 - 칼빈 신학에 있어서 율법의 제3용법." In D. E. McKim et al. (ed.), 『칼빈에 관한 신학논문』. 한국칼빈주의연구원 편역. 서울: 기독교문화협회, 1992, 203-218.

Hofius, O. "Gal 1:18: ἱστορῆσαι Κηφᾶν." *ZNW* 75 (1984), 73-85.

Hübner, H. "Das Gesetz als elementares Thema einer Biblischen Theologie?" *KuD* 22. 1976, 250-76.

Hübner, H. *Law in Paul's Thought.* Edingurgh: T. & T. Clark, 1984.

Hühn, *Die messianischen Weissagungen des israelitisch-jüdischen Volkes bis zum Targumim.* Tübingen: Mohr, 1899.

Isaac, E. "1 (Ethiopic Apocalypse of) Enoch," In J. H. Charlesworth. ed., *The Old Testament Pseudepigrapha*, Vol. 1. N.Y.: Doubleday, 1983, 5-90.

Jeremias, J. "Paul and James." *ExpT* 66 (1954-55), 368-71.

Jeremias, J. *ABBA: Studien zur neutestamentlichen Theologie und Zeitgeschichte.* Göttingen: Vandenhoek & Ruprecht, 1966, 15-67.

Jervell, J. "The Letter to Jerusalem." in: K. P. Donfried (ed.). *The Romans Debate.* Peabody: Hendrickson, 53-64.

Kaiser, O. *Das Buch des Propheten Jesaja Kapitel 1-12*, ATD 17. Göttingen: Vandenhoeck & Ruprecht, 1981.

Karris, R. J. "Romans 14:1-15:13 and the Occasion of Romans." in K. P. Donfried (ed.). *The Romans Debate.* Peabody: Hendrickson, 65-84.

Käsemann, E. *An die Römer.* HNT 8a. Tübingen: Mohr, 1980.

Keil, C. F. *Jeremiah, Lamentations*, Vol. Ⅱ. Grand Rapids: Eerdmans, 1982.

Kim, Seyoon, *The Origin of Paul's Gospel.* Grand Rapids: Eerdmans, 1981.

Klein, G. "Paul's Purpose in Writing the Epistle to the Romans," in K. P. Donfried (ed.). *The Romans Debate.* Peabody: Hendrickson, 29-43.

Kleinknecht, H. - Gutbrod, W. νόμος κτλ. *ThWNT* Ⅳ, 1016-84.

Klijn, A. F. J. "2 (Syriac Apocalypse of) Baruch," in J. H. Charlesworth. ed., *The Old Testament Pseudepigrapha*, Vol. 1. N.Y.: Doubleday, 1983, 618-619.

Köster, H. *Einführung in das Neue Testament im Rahmen der Religionsgeschichte und Kulturgeschichte der hellenistischen und römischen Zeit.*. Berllin: Walter de Gruyter, 1980.

Kraus, H.-J. *Die Biblische Theologie: Geschichte und Problematik.* Berlin: Evangelische Verlagsanstalt, 1973.

Kümmel, W. G. *Die Theologie des Neuen Testaments nach seinen Hauptzeugen.* Göttingen:

Vandenhoeck & Ruprecht, 1980.

Kümmel, W. G. *Einleitung in das Neue Testament.* Heildelberg: Quelle + Meyer, 1983.

Lehmann, K. - Pannenberg, W. (ed.). *Lehrverurteilungen - Kirchentrennend? I: Rechtfertigung, Sakrament und Amt im Zeitalter der Reformation und heute.* Göttingen: Vandenhoek & Ruprecht, 1986.

Liddell, H. G., Scott, R. & Jones, H. S. *A Greek-English Lexicon.* New ed. (Oxford: At the Clarendon, 1983).

Lohse, E. 『신약성서배경사』. 박창건 역. 서울: 대한기독교출판사, 1999.

Lohse, E. *Die Texte aus Qumran: Hebräisch und Deutsch.* Darmstadt: Wissenschaftliche Buchgesell schaft, 1981.

Longenecker, R. N. *Galatians,* WBC 41. Dallas: Word, 1990

Luther, M. *Der Galaterbrief: Vorsesung von 1531.* Göttingen: Vandenhoeck & Ruprecht, 1987.

Luther, M. *Vorlesung über den Römerbrief 1515/1516.* München: Chr. Kaiser, 1927.

Martin, R. P. *New Testament Foundations 2: The Acts, the Letters, the Apocalypse.* Grand Rapids: Eerdmans, 1994.

Martyn, J. L. *Galaians,* AB 33A. N.Y.: Doubleday, 1997.

Mau, R. "Gesetz V. Reformationszeit," *Theologische Realenzyklopädie* 13. Berlin: Walter de Gruyter, 1984, 82-90.

Michel, O. *Der Brief an die Römer.* KEK 4, Göttingen: Vandenhoeck & Ruprecht, 1978.

Mishnah, The. Tr. by H. Danby. Oxford: Oxford Univ. Press, 1983.

Moo, D. J. "Paul and the Law in the Last Ten Years." *SJT* 40 (1987), 287-307.

Moo, D. J. *The Epistle to the Romans.* Grand Rapids: Eerdmans, 1996.

Morris, L. *The Epistle to the Romans.* Grand Rapids: Eerdmans, 1988.

Mußner, F. *Der Galaterbrief,* HThKNT 9. Freiburg: Herder, 1977.

O'Collins, G. G. "Crucifixtion." *ABD* 1. 1207-1211.

Pöhlmann H. G. (ed.), *Unser Glaube: Die Bekenntnisschriften der evangelisch-lutherischen Kirche.* Gütersloh: Gerd Mohn, 1987.

Räisänen, H. "Paul's Word-Play on νόμος: A Linguistic Study." In *Jesus, Paul and Torah: Collected Essays.* JSNTSS 43. Sheffield: Sheffield Academic Press, 1992, 69-94.

Räisänen, H. "The 'Law' of Faith and the Spirit." In *Jesus, Paul and Torah: Collected Essays.* JSNTSS 43. Sheffield: Sheffield Academic Press, 1992, 48-68.

Räisänen, H. *Paul and the Law.* Philadelphia: Fortress, 1986.

Ramsay, W. M. *A Historical Commentary on St. Paul's Epistle to the Galatians.* London:

Hodder & Stoughton, 1899.

Ramsay, W. M. *Paul the Travellor and Roman Citizen.* New York: Putnam, 1904.

Rawlinson, A. E. J. *The New Testament Doctrine the Christ*. London: Longmans, 1926.

Robertson, O. Palmer. 「계약신학과 그리스도」. 김의원 역. 기독교문서선교회, 2002.

Sanday, W. & Headlam. A. C. *The Epistle to the Romans.* ICC. Edinburgh: Clark, 1895.

Sanders, E. P. *Paul, the Law, and the Jewish People*. London: SCM, 1985.

Sandmel, S. *Judaism and Christian Beginnings.* N.Y.: Oxford Univ. Press, 1978.

Schreiner, T. R. 『바울과 율법』. 배용덕 역. 서울: 기독교문서선교회, 1997, 23-45.

Schreiner, T. R. *Romans.* BECNT. Grand Rapids: Baker, 1988.

Schürer, E. *The Historz of the Jewish People in the Age of Jesus Christ (175 B.C.-A.D. 135),* Rev. & ed. by G. Vermes etc. Vol. Ⅱ. Edinburgh: T. & T. Clark, 1991.

Stott, J. R. W. *Romans: God's Good News for the World.* Downers Grove: IVP, 1994.

Stowers, S. K. *The Diatribe and Paul's Letter to the Romans.* SBLDS 57. Chico: Scholars Press, 1981.

Stuhlmacher, P. "Das Gesetz als Thema Biblischer Theologie." In *Versöhnung, Gesetz und Gerechtigkeit*. Göttingen: Vandenhoek & Ruprecht, 1981, 136-65.

Stuhlmacher, P. 『페터 슈틀마허의 로마서 주석』. 서울: 장로회신학대학교출판부, 1998.

Stuhlmacher, P. *Biblische Theologie des Neuen Testaments,* Band I. Grundlegung: Von Jesus zu Paulus. Göttingen: Vandenhoeck & Ruprecht, 1992.

Talmud, Der. Tr. by R. Mayer, München: Goldmann Verlag, 1980.

Taylor, N. *Paul, Anticoh and Jerusalem: A study in Relationships and Authority in Earliest Christianity.* JSNTSS 66. Sheffiel: JSOT Press, 1992.

Thielman, F. *Paul and the Law: A Contextual Approach.* Downers Grove: IVP, 1994.

von Rad, G. *Theologie des Alten Testaments.* Band Ⅱ: Die Theologie der prophetischen Überlieferungen Israels. München: Chr. Kaiser, 1960.

Weber, O. *Grundlagen der Dogmatik.* 2 Bde. Neukirchen-Vluyn: Neukirchener, 1983.

Werblowsky, R. J. Z & Wigoder, J. "Covenant." *Die Oxford Dictionary of the Jewish Religion.* Oxford: Oxford Univ. Press, 1997, 178-79.

Werblowsky, R. J. Z & Wigoder, J. "Messiah." *Die Oxford Dictionary of the Jewish Religion.* Oxford: Oxford Univ. Press, 1997,458-60.

Wiefel, W. "Jewish Community in Ancient Rome and the Origins of Roman Christianity." In K. P. Donfried (ed.). *The Romans Debate.* Peabody: Hendrickson, 85-101.

Wilckens, "Zur Entwicklung des paulinischen Gesetzes Verständnisses." *NTS* 28 (82), 154-90.

Wilckens, U. "Statements on the development of Paul's view of the Law." In M. D. Hooker &

G. Wilson (ed.). *Paul and Paulinism. FS C. K. Barrett.* London: SPCK, 1982, 17-26.

Wilckens, U. *Der Brief an die Römer*, EKK 6/1: *Röm 1-5;* EKK 6/2: *Röm 6-11;* EKK 6/3: *Röm 12-16.* Zürich: Benziger, 1978-1982.

Winger, M. *By What Law? The Meaning of Νόμος in the Letters of Paul.* Atlanta: Scholars Press, 1990.

Witherington III, B. *Grace in Galatia: A Commentary on St Paul's Letter to the Galatians.* Grand Rapids: Eerdmans, 1998.

Wrede, W. "Paulus." In K. H. Rengstorpf (ed.). *Das Paulusbild in der neueren deutschen Forschung.* Darmstadt: Wissenschaftliche Buchgesellschaft, 1982, 1-97.

홍인규. 『바울의 율법과 복음』. 서울: 생명의 말씀사, 1996.

빌 1:15의 '투기와 분쟁으로' 그리스도를 전파하는 자들에 대한 재고

이 진 섭
(에스라성경대학원대학교, 신약학)

Ⅰ. 들어가는 말

빌립보서 1:15에서 '투기와 분쟁으로' 그리스도를 전파하는 자들이 누구인가 하는 점은 많은 논의를 불러 일으켰고 다양한 견해를 만들어 냈다.[1] 그렇지만 그 다양한 견해는 크게 두 가지 입장으로 압축될 수 있다. 한 가지 입장은 잘못된 동기를 가지고 바울에게 어려움을 주려는 그리스도인이라고 보는 것이고, 다른 입장은 믿지 않는 유대인(또는 유대주의자, 믿지 않는 사람들)이라고 보는 것이다. 현대 해석자들은 이 두 가지 입장 중에 주로 전자의 입장을 지지하는 분위기이다. 본 소고는 현대의 다수 해석자들이 지지하는 견해의 어려움을 지적하고, 후자의 입장으로 해석 방향이 전환되어야 하는 이유를 설명하고자 한다. 결국 본고를 통해 '투기와 분쟁으로' 그리스도를 전파하는 자의 실체에 대해 새로운 논의가 필요하다는 점을 제안하고자 한다.

---

1) 참조, K. P. Martin, 「빌립보서」, p.78. 다양한 견해에 대한 간략한 요약을 보려면, Collange, *Philippians*, p.56와 P. O'Brien, *Philippians*, pp.102-105를 참조하라.

Ⅱ. 현대 다수 해석자들의 입장: 동기가 다른 그리스도인

1. 입 장

현대의 해석자들은 빌립보서 1:15에서 '투기와 분쟁으로' 그리스도를 전파하는 사람들이 그리스도인이라고 주로 생각한다. 잘못된 동기나 이유를 갖고 있었지만 복음을 바르게 이해하고 전파했다는 것이다. 따라서 이 전파자들의 동기가 잘못되었을지라도 그들 자신은 그리스도인임을 부인할 수 없다고 일반적으로 생각한다 (*Martin, Bruce* [*inter alios*]).[2] 마틴은 그 전파자들이 바울을 괴롭힘으로써 만족감을 가졌던 그리스도인이 틀림없다고 말한다.[3] 유사하게 부르스도, 바울과 함께 있었던 (로마) 교회 공동체 구성원이 다양했을 것이라고 보긴 하지만, 바울이 빌립보서 1:15에서 거론한 사람들은 (그들의 동기가 무엇이건 상관없이) 복음을 진정으로 이해한 사람들이었을 것이라고 생각한다.[4]

이들이 구체적으로 어떤 사람들이었는가에 대해서는 다양한 견해가 제기되었다. 핸드릭슨은 그들이 바울이 오기 전에 지도력을 갖고 있었던 교회의 지도자들이라고 생각하고,[5] 오브라이언은 그들이 '그리스도인 설교가들'(Christian Preachers)이라고 말한다.[6] 실바는 그들이 교리에 있어서는 바울과 일치하지만 개인적으로 경쟁 관계에 있는 교회 지도자들이라고 보며,[7] 빈센트는 유대주의자들이 개별적으로 그들 중에 포함 될 수는 있지만 유대주의자들 자체는 아닐 것이고 오히려 사도 바울의 영향력을 받으면서도 개인적으로 사도 바울을 시기하는 그리스도인들 그룹('Pauline Christians')이라고 판단한다.[8]

이들의 동기에 대해서도 여러 견해가 제기되었다. 바울의 사역을 개인적으로 시

---

2) Martin, 「빌립보서」, pp.78-82; F. F. Bruce, *Philippians*, pp.43-44.

3) K. P. Martin, 「빌립보서」, p.79.

4) F. F. Bruce, *Philippians,* p.43.

5) W. Hendriksen, 「빌립보서」, p.97. 김연태(「빌립보서」, p.114)도 유사하게 '그들이 적극적으로 그리스도를 전파하는 것으로 봐서 [교회의] 지도자임에 틀림이 없다'고 판단한다.

6) O'Brien, *Philippians*, pp.96-99.

7) M. Silva, *Philippians*, p.64.

8) M. R. Vincent, *Philippians*, p.19.

기했거나 바울과 경쟁관계에 있었다는 점이 그 일반적 동기로 제시된다(Vincent, Hawthorne, Silva [*inter alios*]).[9] 하지만 그 동기를 구체적으로 설명하는 사람들도 있다. 포울은 오브라이언을 따라 그들의 목표가 바울을 육체적으로 어렵게 하려는 것이라기 보다는 바울을 내적으로 화나게 하려는 것('inward annoyance')이라고 추측한다.[10] 반면 꼴랑지는 그들의 행동은 바울에 대한 실망 때문이었음을 시사한다. 즉, 바울이 자신의 출옥을 위해 조치한 어떤 행동에 대해 실망한 사람들이 있었는데, 그들이 바울을 고난 끝까지 나아가도록 하기 위해 (그래서 결국 십자가의 죽음과 부활을 경험한 주님에 더 가까이 이르게 하도록 하기 위해) 그리스도를 전파했다는 것이다.[11] 쥬 은 그 반대 방향으로 생각한다. 선교 전략에 있어 바울과 경쟁관계에 있는 어떤 사람들이 감옥을 쉽게 벗어나지 못하는 바울을 비판하면서 자신들의 입장을 강화하기 위해 그리스도를 전파했다고 생각하는 것이다.[12] 더 나아가 어떤 학자들은 반대하는 대상을 바울이 아니라고 보기도 한다. 호쏜은 아예 그들의 투기와 분쟁 대상이 바울이 아니라 로마 권세자들이라고 본다. 세상의 종말과 그리스도의 재림을 오게 할 목적으로 전도를 통해 권세자들과 분쟁을 일으키고자 했다는 것이다.[13] 반면 신게는 그들의 분쟁 대상이 유대인이었다고 생각한다. 바울을 투옥시킨 유대인들에 대한 투기와 분쟁으로 인해 그리스도를 더욱 전파했다는 것이다.[14]

하지만 이들 모두가 공통적으로 인식하고 있는 것은 바울의 상대편에 있는 사람들은 그리스도인들이며 다만 그들의 복음 전파 동기가 바울과 차이가 있다는 점이다.

2. 근 거

현대 해석자들이 주로 이런 입장을 견지하는 주요한 이유는 세 가지로 압축하여

9) M. R. Vincent, *Philippians*, p.19; Hawthorne, 「빌립보서」, p.121, 123; Silva, *Philippians*, p.64.

10) S. E. Fowl, *Philippians*, p.41; O'Brien, *Philippians*, p.102.

11) J. Collange, *Philippians*, pp.56-58.

12) R. Jewett, "Conflicting Movements", pp.362-390. Jewett은 이들이 고린도후서에 나타난 사람들과 유사하게 '神人 신학(divine-man theology)'을 가진 자들이라고 추측한다.

13) T. Hawthorn, "Philippians i:12-19", pp.316-317.

14) Synge, *Philippians*, p.25.

설명할 수 있다.

첫째, '문제의 사람들'이 그리스도를 전하고 있다는 사실을 주목한다는 점이다. 여러 학자들은 '문제의 사람들'이 신학적으로 틀린 거짓 교리나 거짓 복음을 전파하고 있지 않다는 점을 주목하거나(so Hendriksen, Craddock, Hooker, Peterlin, 김세윤)[15] 그리스도의 복음을 바르게 전달하고 있다는 점을 주목한다(마찬가지로, Bruce, Marshall, Fee, Bockmuehl, 김연태).[16] 또한 뮬러는 바울의 메시지와 그들의 메시지 사이에 내용상의 대조가 발견되지 않는다는 점을 중요하게 생각하고,[17] 꼴랑지는 '그리스도를 전파한다'는 말이 바울에게는 그리스도의 죽음과 부활을 전파하는 뜻이라는 점을 신중히 생각해야 한다고 말한다(마찬가지로, O' Brien).[18] 이와 같이, '문제의 사람들'이 전한 내용이 그리스도였다는 사실이 그들을 그리스도인들로 보게 하는 것이다.

둘째, 그래서 그들의 문제는 메시지 자체가 아니라 전파의 동기일 뿐이라고 생각한다는 점이다. 그들의 동기가 불순할 수는 있지만, 그 사실이 그리스도인의 정체성 자체를 완전히 무너뜨리지 않는다는 것이다. 호쏜은 그리스도인들이 시기와 야망에 이끌려 행동하는 것이 바람직하지는 않지만 기독교 역사 속에 그 같은 모순이 드물지 않게 있다는 사실을 분명하게 알 수 있다고 말한다.[19] 또한 김세윤은 이들이 '그리스도인들이었지만 바울과 인간적으로 적대 관계에 있는 사람들'이었다고 판단하면서 그들이 '로마 관원들을 더욱 자극해서 감옥에 갇힌 바울에게 정치적 핍박을 더 가중시키려고 한 것'이었다고 생각한다.[20] 결국 문제는 그들의 동기였지, 그

15) Hendriksen, 「빌립보서」, p.97; Craddock, 「빌립보서」, p.66; Hooker, "Philippians", p.488; Peterlin, *Philippians*, p.36; 김세윤, 「빌립보서」, p.54.

16) Bruce, *Philippians*, p.43; Marshall, *Philippians*, p.22; Fee, *Philippians*, p.120; Bockmuehl, *Philippians*, p.77. 김연태(「빌립보서」, p.114 n. 25)는 khru,ssw('케루쏘', '전파한다') 동사가 '항상 복음을 전제로 하고 있다'고 주장한다.

17) J. J. Müller, *Philippians*, p.53.

18) Collange, *Philippians*, p.56; O'Brien, *Philippians*, p.98. O'Brien은 1:15, 16, 18에서 그리스도를 전파한다는 말이 1:14의 '하나님의 말씀을 말한다(to.n lo,gon tou/ qeou/ lalei/n)'라는 표현과 동의어라고 아무런 의심 없이 단정한다.

19) Hawthorne, 「빌립보서」, p.121. Hawthorne은 웨슬리(Wesley)가 설교자들에게 '기도와 훈계와 모든 가능한 수단을 동원해서 파벌 정신을 몰아내라' 라고 촉구한 말을 그 예로 제시한다.

20) 김세윤, 「빌립보서」, p.54.

들의 메시지나 그들의 정체성 자체는 아니었다는 것이다.

셋째, 1:15-17을 1:14의 확대 설명이라고 보는 점이다. 1:14과 1:15-17의 연결은 자연히 1:15에 있는 두 그룹의 사람들이 1:14에 등장한 '형제 중 다수'와 어떻게 관련되는지를 궁금하게 한다. 마이클은 이에 보통 두 가지 입장이 있을 수 있다고 말한다. 한 가지 입장은 1:15에 등장하는 두 그룹이 1:14의 '형제 중 다수'와 거기서 언급되지 않은 소수를 의미한다고 보는 것이고, 또 하나의 입장은 1:14의 '형제 중 다수'가 1:15에서 두 그룹으로 나뉘어 설명된다고 보는 것이다.[21] 마이클은 1:15-18에 대한 모펫의 번역을 따르면서 1:15에 등장한 '어떤 이들'이란 표현이 후자의 견해를 명백히 지지하는 것이라고 판단한다.[22] 마틴도 마이클의 이런 입장을 지지하면서 1:15의 '투기와 분쟁으로' 그리스도를 전하는 사람들은 '되찾은 열심을 가지고 말씀을 전하고 있는 많은 사람들'(1:14) 중에 잘못된 의도를 가진 사람들이라고 보고 있다.[23] 호쏜도 "15-18절에 나오는 바울의 말은 이미 14절에서 언급했던 형제들 중 일부를 마음에 두고 있다는 사실을 시사해 준다"고 판단한다. 만일 "그렇지 않았다면, 바울은 자신의 의도를 보다 분명히 밝혔을 것이다"라고 호쏜은 지적한다.[24] 이처럼 1:15에 '투기와 분쟁으로' 그리스도를 전파하는 이들이 결국 1:14에 하나님의 말씀을 담대히 말하는 자들 중 일부라고 보는 것이다.

3. 문제점

하지만 이런 주장을 그대로 받아들이기가 쉽지 않다. 앞에 제시된 근거에 어려움이 함께 발견되기 때문이다.

1) 빌 1:15-17이 1:14의 확대 설명인가?

첫 번째 어려움은 1:15-17과 1:14의 연결 문제에 있다. 이미 오래 전에 몇 학자들은 1:15-17이 1:14과 직접적으로 연결되지 않음을 지적했다. 예를 들면, 바르트는

21) Michael, *Philippians*, p.36. 참조, O'Brien, *Philippians*, p.98.
22) Michael, *Philippians*, pp.36-37.
23) Martin, 「빌립보서」, p.79.
24) Hawthorne, 「빌립보서」, p.121.

디벨리우스를 따라 1:15-18a이 1:14과 직접 관련 없는 보주(補註, *excursus*)라고 이해한다.[25] 또한 빈센트는 1:15이 앞의 절과 상관 없이 로마의 복음 전파 상황에 대해 서술하는 삽입 문단이라고 본다.[26] 하지만 현대의 여러 학자들은 이런 주장을 일축하면서 15절이 14절과 직접 연결되는 것이 훨씬 자연스럽다고 판단한다(예컨대, Martin, Hawthorne, [*inter alios*]).[27] 그런데 이런 판단은 하나의 가정일 뿐임을 기억해야 한다. 15절 이후 내용을 보주나 삽입 문단으로 보는 것이 적절치 않다고 해도, 그 사실이 곧 15절을 14절과 직접 연결해야 하는 것을 의미하는 것은 아니기 때문이다.

특별히 이런 평가는 15절과 14절에 등장하는 사람들에 대한 바울의 묘사가 서로 자연스럽게 연결되지 않는다는 사실에서 더욱 지지를 받게 된다. 14절에서 바울은 '형제 중 다수가' '주 안에서 신뢰'하는 모습이었다고 말한다. 그래서 또한 '하나님의 말씀을 더욱 담대히' 말하고 있다고 증언한다. 하지만 15절 상반부에서는 바울이 '투기와 분쟁으로' 그리스도를 전파하는 자들에 대해 말한다. 어떻게 이 두 모습을 공존시킬 수 있는가? 주 안에서 신뢰하는 모습이 어떻게 '투기와 분쟁으로' 행하는 모습과 곧 이어 연결될 수 있을까? 14절에서 바울은 그냥 과장해서 말한 것에 불과한가? 아니면 바울이 사람들의 내면의 문제를 심각하게 생각하지 않은 것인가?

이런 의문은 바울이 사용한 '투기'('프쏘노스', φθόνος)와 '분쟁'('에리스', ἔρις)이란 단어의 용례를 생각하면 더욱 증폭된다. 이 두 단어는 바울전서에서 시종일관 신자와 대비되는 삶을 묘사할 때 등장하기 때문이다. 바울은 로마서 1:29에서 하나님을 마음에 두기 싫어하는 사람들의 모습을 설명할 때 이 단어들을 쓰며, 갈라디아서 5:20-21에서는 성령을 좇는 삶과 대비되는 육체의 열매를 생각할 때 사용한다. 또한 디모데전서 6:4에서는 교회에서 문제를 일으키고 경건의 교훈을 착념하지 않는 문제의 그룹들을 묘사할 때 이 두 단어가 사용된다. 또한 디도서 3:3에서는 구원받기 전의 죄인의 모습을 묘사할 때 '투기'란 단어가 나타나며, 3:9에서는 입을 막아야

25) Dibelius, *Philipper*, p.65; Barth, *Philippians*, p.29. 참조, Schmithals, *Paul,* 75; Gnilka, 「필립비서」, p.117.

26) Vincent, *Philippians*, p.18.

27) Martin, 「빌립보서」, p.79; Hawthorne, *Philippians*, p.120.

할 문제의 그룹을 묘사할 때 '분쟁'이란 단어가 사용된다. (이들은 자칫하면 교회가 출교의 입장까지도 취해야 하는 그룹이었다 [참조, 딛 3:10].)[28] 바울 서신의 이런 용례를 생각한다면, 빌립보서 1:15의 '투기와 분쟁으로' 행동하는 사람들을 1:14의 '주 안에서 신뢰'하여 하나님의 말씀을 담대히 말하는 자들과 동일시하는 것이 어렵다는 사실은 인정되어야 할 것이다.

결국 이런 어려움은 결국 1:15-17이 1:14의 확대 설명이라고 보는 견해에 적지 않은 문제가 있음을 드러내 주는 것이다.

2) 이들의 동기가 정체성에 문제를 일으키지 않는가?

두 번째 어려움은 '투기와 분쟁으로' 행동하는 그들의 모습이 진정한 그리스도인의 정체성에 문제를 일으킨다는데 있다. 이미 앞 문단에서 살펴 본 것처럼, '투기'와 '분쟁'의 모습은 진정한 그리스도인의 정체성과 잘 어울리지 못한다. 그런데 더 큰 문제는 그들이 '투기와 분쟁으로' 행동한 것이 어떤 결과를 내다보고 있느냐 하는 점이다. 바울이 지금 당면한 상황에서 그들의 행동 동기는 결국 바울을 죽음으로 내모는 것과 관련되어 있다. 그들의 동기가 결국 사도 바울의 죽음을 어느 정도 겨냥한 것일 수 있다는 점이다.[29] 그렇다면 이방인 사도의 죽음을 겨냥한 그들의 '투기와 분쟁'의 모습을 과연 그리스도인에게 용납될 수 있는 작은 실수나 잘못된 판단 정도로 볼 수 있느냐는 것이다. 하나님을 믿는다던 유대의 대제사장과 장로들은 '투기'('프쏘노스', φθόνος)로 예수를 죽이는데 넘겨주었다(참조, 마 27:18).[30] 더구나 바울은 갈라디아서 5:20-21에서 (이 '투기'와 '분쟁'을 포함한) 육체의 행위를 나타내는 사람들은 '하나님의 나라를 유업으로 받지' 못한다고 분명히 제시하고 있다. 따라서

28) 여러 학자들도 이런 문제점을 인식하지만 (예컨데, Gnilka, 「필립비서」, p.118; Fee, *Philippians,* p.119 [inter alia]), 그것이 그리스도인으로의 정체성을 무너뜨린다고는 보지 않는다.

29) 빌 1:17에서 바울은 그들의 행동이 바울에게 '괴로움을 더하게' 하는 것이라고 표현함으로써 온건하게 쓰고 있다 (특별히 개역한글판 번역은 θλῖψις['쓸맆시스', '고난']를 '괴로움'이라고 번역함으로 그 온건함을 더 드러냈다). 하지만 사실 이들의 행동이 바울을 죽음에 까지 이를 수 있게 할 수 있었다는 점은 빌 1:20-23을 통해 추측할 수 있다. 바울은 이번 일로 죽음에 까지 이를 수도 있었지만, 이번 재판에서 목숨을 보존하게 될 것을 예상하고 있다.

30) 개역한글판에서는 '시기'로 번역하고 있다.

'투기와 분쟁으로' 인해 바울을 죽음으로 까지 내몰려고 하는 사람들을 그리스도인이라고 보는 것에는 쉽게 납득하기 어려운 문제가 있다.[31)]

3) 그들이 바울의 메시지에 동의했는가?

세 번째 어려움은 그들이 진정으로 그리스도의 복음을 받아들였는가 하는 의문에 있다. 여러 학자들은 '어떤 이들이 투기와 분쟁으로 그리스도를 전파 한다'는 바울의 말로 인해 이 전파자들을 그리스도인으로 보고 있다. 즉, '문제의 사람들'이 그리스도의 복음을 수긍하고 잘 받아들일 뿐 아니라 그래서 그리스도를 전파하고 있다고 가정하는 것이다. 하지만 이런 가정의 근거는 그렇게 명확하지 않다. 1:15-18에는 그들이 그리스도를 받아들이고 있다거나 바울의 복음을 인정하고 있다는 말은 등장하지 않는다.[32)] 오히려 이 본문은 그들이 그리스도의 복음을 전파하는 바울과 부딪히고 있다는 점을 분명히 드러내고 있다. 사실상 이 본문에 명확히 나타나 있는 것은 '문제의 사람들'의 행동에 대한 바울의 해석뿐이다. 즉, 바울은 그들의 잘못 의도된 행동을 통해서도 그리스도가 전파되고 있다고 해석하고 있을 뿐이다.

바울은 1:12-18에서 시종일관 자신의 상황에 대해 해석하고 있다. 현재 자신의 처지와 상황이 어렵고 복음 전파에 방해가 되는 것처럼 보여도, 결국 '복음의 진보'가 된다고 해석한다. 이 말은 지금의 처지가 어렵지 않다는 뜻도 아니고, 복음 전파에 방해가 없다는 뜻도 아니다. 여러 가지로 상황은 어렵고 안 좋지만, 바울이 바라보는 특별한 시각으로 인하여 결국은 긍정적으로 바라 볼 수 있다는 뜻이다. 상황에 대한 객관적 설명이 아니라, 특별한 시각으로 그 상황을 다르게 바라볼 수 있다는 주관적 해석을 말하는 것이다. 바울이 갇힌 것은 복음에 장애가 되는 사건이지만, 그것이 사람들에게 오히려 복음을 드러내는 일이라고 바울은 해석한다(참조, 빌 1:12-13). 또한 자신이 매인 것은 복음 전파에 장애가 되는 것이지만, 그 매임으로 인해 다른 형제들이 담대하게 바울과 함께 하나님의 말씀을 증거하게 되었다고 판

---

31) 바로 이런 어려움으로 인해 이들의 동기가 악질적인 것이 아닌 쪽으로 해석하려는 경향이 여러 학자들에게 있다. 본고의 1.1.을 참조하라.

32) 참조, Bengel, 「벵겔 신약주석: 에베소서~빌레몬서」, p.161.

단한다(참조, 빌 1:14). 더 나아가 (이렇게 바르게 그리스도를 전파하는 어떤 사람들과 대조 되게) 문제의 어떤 사람들이 바울을 괴롭게 하기 위해 투기와 분쟁으로 어떤 행동을 하지만, 바울은 그것도 결국 그리스도가 전파되는 것으로 해석한다('전파되는 것은 그리스도니' 라는 1:18의 표현은 바울이 지금 어떤 사건을 해석하고 있다는 점을 시사한다). '투기와 분쟁으로' '그리스도가 전파된다'는 것은 '문제의 사람들'의 행위에 대한 객관적 설명이 아니라 그들의 행동으로 전개 된 상황에 대한 바울의 주관적 해석임을 주목해야 한다.

따라서 1:15의 "어떤 이들이 투기와 분쟁으로 그리스도를 전파한다"는 말을 가지고, 쉽게 그들이 그리스도인이었을 것이라고 단정하는 것은 곤란하다. 바울은 지금 어려운 상황을 거꾸로 뒤집어서 긍정적으로 해석하고 있는 중이기 때문이다. 더구나 '투기와 분쟁으로' 라는 표현이 그리스도인의 정체성과 첨예하게 대립되어 있다는 점을 감안하면 이런 의혹은 증폭될 수밖에 없다.

4. 정 리

이와 같이, 이 '어떤 이들'을 그리스도인으로 보게 하는 세 가지 주요 근거들에는 간단히 해결하기 힘든 어려운 난제들이 함께 있음을 알 수 있다. 따라서 이 문제들이 적절하게 해결되지 않는 한, 이들을 그리스도인으로 판단하는 것은 보류할 필요가 있다.

Ⅲ. 복음을 받아들이지 않는 열성적 유대인들

우리는 이 '어떤 이들'의 실체가 그리스도인이 아니라 복음을 받아들이지 않는 유대인들(또는 유대주의자, 믿지 않는 사람들)이라고 보고자 한다. 왜냐하면 이런 시각이 문제를 좀더 최소화하고 빌립보서 전체를 해석하는데 유리하다고 판단하기 때문이다.

1. 입 장

빈센트는 이런 시각이 교회 역사 속에서 이미 교부(敎父)들 중 몇 사람에게 (Chrysostom, Oekumenius, Theophylact) 있었다고 지적한다.[33] 이들은 '어떤 이들'의 실체가 바울의 대적자(즉, 로마 제국)의 증오심을 유발시키기 위해 기독교를 전파하지만 정작 자신들은 믿지 않는 사람들이라고 생각한다. 이들 중에 크리소스톰의 견해는 괄목할 만하다. 그는 빌립보서 1:15을 설교하면서 이렇게 말한다.

> 어떤 사람들은 투기와 분쟁으로 그리스도를 전파하고, 어떤 사람들은 착한 뜻으로 한다 이것이 무슨 뜻인가는 물어볼 가치가 있다. 바울이 구금되어 있었기 때문에, [로마] 황제로부터 박해가 더 심하게 일기를 바라는 많은 불신자들은 그들 자신이 또한 그리스도를 전파했다. 이는 복음이 전파됨으로 인해 황제의 진노가 더 커지게 하고 결국 황제의 진노가 바울의 머리에 떨어지게 하기 위해서이었다. 그래서 나[바울]의 매임으로 인해 두 종류의 반응이 일었다. 한 그룹은 거기서 담대함을 얻었고, 다른 한 그룹은 나의 멸망을 보려고 그들 스스로 그리스도를 전파했다.[34] (사역[私譯], 밑줄은 필자의 것)

칼빈도 기본적으로 이런 입장을 지지하는 듯 보인다.[35] 다만 차이점이 있다면 칼빈은 이들의 신분이 유대인이었을 가능성을 염두에 둔 듯 보이는 것이다.[36]

> 여기서 [1:16에서] 우리는 바울이 앞에서 [1:15에서] 언급 것에 대해 자세히 설명하는 것을 보게 된다. 그리스도를 전파하다가 갇힌 바울 때문에 어떤 행동을 하게 된 두 종류의 사람들을 반복하여 말하기 때문이다. 한 종류 사람들은 타툼, 즉 타락한 마음에 영향을 받은 사람들이고, 또 한 종류의 사람들은 끝까지 바울과

---

33) Vincent, *Philippians*, p.18. 참조, Silva, *Philippians*, p.64 n. 1; Gnilka,「필립비서」, p.116 n. 1.

34) Cited in Chrysostom, Homily II, Philippians i. 8-11[sic] [8-17] (http://www.ccel.org/ccel/schaff/npnf113.iv.iii.iii.html, 2007.5.12).

35) Silva(*Philippians*, p.64 n.1)도 Calvin의 입장이 Chrysostom과 유사했을 것이라고 판단한다.

36) Vincent(*Philippians*, p.18)에 따르면, H. Grotius도 이 '문제의 사람들'을 유대인으로 보았다고 한다.

> 함께 복음을 옹호하고자 하는 열심을 가진 자들이다. 전자의 사람들에게는 바른 열심이 없었으므로 바울은 그들을 *그리스도를 순수하게 전파하지* 않은 자들이라고 말한다. 따라서 거짓 형제들이 선하고 경건한 목회자들을 괴롭히기 위해 복음의 무기를 빼앗는 것은 결코 놀라운 일이 아니다. 분명히 바울은 스스로 경험한 것에 대해서 말하고 있다. 왜냐하면 바로 그 당시에는 경건한 목회자들을 핍박하여 악한 자신들의 분노를 채우려는 목적만 가지고 복음을 전달하는 자들이 있었기 때문이다. 바울의 대적자와 관련하여는 중요하게 관찰할 것이 있다. 만일 그들이 유대인이라면, 그들의 증오심은, 자신들이 바울을 미워하는 근본 이유조차도 잊어버릴 정도로, 미칠 듯이 흥분된 것이었다. 왜냐하면, 그들은 바울을 죽이고자 목적하면서도, 바울을 증오했던 원인인 복음 자체를 그들 스스로 전달하고 있었기 때문이다. 의심의 여지없이 그들은 한 사람으로[바울로] 인해 그리스도를 주장하는 것이 흥하거나 망할 것으로 생각했던 것 같다.[37] (사역[私譯], 밑줄은 필자의 것)

벵겔은 이 '문제의 사람들'을 진정으로 믿지 않는 유대주의자로 보았고,[38] 이런 시각은 벵겔 이후 여러 학자들에게 받아들여졌다.[39] 이들 견해의 주요 논점은 1:15의 '문제의 사람들'을 3:2이하에 언급된 바울의 대적자와 동일시하는 것에 있었다.[40] 대표적으로 라이트푸트는 이렇게 주장한다.

> 이 대적자들은 유대주의자 그룹 외의 어떤 사람들일 수 없다. 그들은 이 편지의 뒷부분에서 (3:2이하) 사도의 책망을 듣는 사람들이었다. 그리고 이런 반대는 로마로부터 온 [바울의] 다른 편지에 (골 4:11) 간접적으로 반영되었다. 그들은 사실

37) Calvin, *Philippians*, pp.36-38. 칼빈은 (1:17이 아닌) 1:16을 해석하며 이런 내용을 말한다. 다수 사본(majority manuscripts)과 Textus Receptus는 현재 UBS 4판과는 다르게 1:16과 1:17을 바꾸어 기록하고 있다.

38) J. A. Bengel, 「벵겔 신약주석: 에베소서~빌레몬서」, p.161.

39) J. B. Lightfoot, *Philippians*, pp.88-89. 벵겔을 따라 유대주의자로 보는 학자들을 Vincent(*Philippians*, p.19)는 다음과 같이 거론한다: Lipsius, Dwight, Meyer, Beet, Ellicott, Lumby, Neander, Weizsäcker.

40) 하지만 현대 학자들은 이런 동일시가 적절치 않다고 판단한다. 1:15의 문제 그룹이 갈라디아서나 고린도서에 등장하는 바울의 반대자와는 사뭇 다르다고 생각하기 때문이다 (참조, Hawthorne, 「빌립보서」, p.121; Fee, *Philippians*, pp.122-123).

> 그리스도를 전파했지만, 동기는 하나가 아니었다. 그들의 진정한 목표는 율법을 추종하는 자를 얻기 위해서였다.[41] (사역[私譯])

이런 세 가지 견해들은 세부적인 면에서는 그 논점에 차이가 있지만, 근본적인 면에서는 동일한 요소를 가지고 있다. 크리소스톰은 '문제의 사람들'이 로마제국의 힘을 빌려 핍박하려는 불신자라는 점을 강조하였고, 칼빈은 그들이 타락하여 복음을 무너뜨리려는 유대인들이라는 측면을 상정(想定)하였으며, 또한 라이트푸트는 그들이 복음보다는 율법을 추종케 하려는 유대주의자라는 점을 부각하였다. 하지만 이 견해들의 공통점은 '문제의 사람들'이 근본적으로는 복음을 받아들이지 않고 있다는 점이다.

우리는 이 공통점을 토대로 해서 세 견해를 통합하는 것에 해결책이 있다고 판단한다. 바울을 해롭게 하려는 사람들은 '복음을 받아들이지 않았기에 로마제국의 힘을 빌어 교회를 핍박하려던 유대인들'이라는 것이다. 이들의 특징은 크게 세 가지로 압축할 수 있다. 첫째, 그들은 복음을 받아들이지 않았고 그래서 로마제국의 힘을 빌어 바울과 교회를 핍박하려고 했던 사람들이었다. 둘째, 이들은 유대인들이었을 것이다. 바울을 투기와 분쟁으로 고난에 넘기려는 자들은 보통 유대인들이었다. 이들이 로마 제국의 힘을 빌려야 하는 이유는 그들이 이방 세계에서 교회를 직접 핍박할 수 없는 신분의 사람들, 즉 유대인들이었기 때문이었다. 셋째, 그들은 유대교의 주장을 열렬히 신봉하는 유대주의자들이었다. 그들은 바울의 사역을 투기하고, 바울과 싸우고자 했으며, 그래서 결국 바울을 죽음으로까지 몰아가고자 했다. 그것을 위해 바울의 주장(즉, 복음)이 무엇인지 로마제국에 공개적으로 알리는 극단적인 방법까지 사용했다.

결국, 이들의 모습을 한 마디로 압축하자면 '복음을 받아들이지 않는 열성적인 유대인들'이라고 할 수 있다.

---

41) Lightfoot, *Philippians,* p.88.

2. 근 거

이제 우리 가설의 타당성을 크게 네 가지 입장에서 살펴 보고자 한다. 첫째는 1세기 중반까지 교회를 주로 핍박하던 세력의 실체와 그들의 핍박 방법을 생각하는 것이고, 둘째는 우리의 논지가 본고의 쟁점과 관련된 여러 문제들을 해결한다는 것이며, 셋째는 우리의 주장을 통해 빌립보서 1:12-30이 더 잘 이해된다는 점이고, 넷째는 빌립보서에 나타난 유대인 대적자 주제의 일관성을 고찰해 보는 것이다.

1) 교회를 핍박했던 세력의 실체와 그들의 핍박 방법

첫째로 생각할 수 있는 것은 당시 교회를 핍박했던 세력과 그들이 사용했던 핍박의 방법이다.

1세기 중반 전까지 교회를 향한 핍박의 주체는 로마 제국에 있지 않고 유대인들에게 있었다. 예를 들어, 고린도 지역의 유대인들은 고린도 교회를 핍박했지만, 아가야 지역 갈리오 총독은 유대인들의 고소에 중도적 입장을 취했다(참조, 행 18:12-17). 또한 유대인으로 인해 바울은 가이사랴에 구금되었는데, 유대인들은 바울을 죽이려고 송사했으나 총독 벨릭스와 베스도는 중도적 행동을 취했다(참조, 행 23:12-26:32). 로마 제국으로부터의 직접적 핍박은 네로 황제 때에 가서야 일어난 것처럼 보인다. 빌립보서는 네로 황제의 핍박 이전에 기록된 것으로 보이기 때문에(Hawthorne, Martin [*inter alios*]),[42] 만일 바울이 빌립보서 1:12-26에서 자신을 죽음으로 몰고 가려는 어떤 반대자들을 생각했다면 그들은 유대인들이었을 가능성이 높다.

여기서 중요하게 생각할 점은 당시 유대인들이 예수와 교회를 핍박할 때 사용하던 방법이다. 유대인들은 교회를 핍박할 때 종종 로마 권세자의 힘을 이용했다. 유대인들은 직접 교회를 핍박하기도 했지만(참조, 행 5:17-42; 7:54-8:3), 로마 제국을 등에 업고 핍박해야 할 경우가 종종 있었다. 로마제국의 통치를 받고 있는 유대인으로서는 어쩔 수 없는 선택이었는지 모른다.[43] 그런데 여기서 주목할 점은 이런

42) 참조, Hawthorne, 「빌립보서」, pp.44-54; Martin, 「빌립보서」, pp.20-40.

43) 팔레스틴 유대인은 좀더 직접적으로 교회를 핍박할 수 있었을 것이지만, 디아스포라 유대인

경우 유대인들이 교회의 메시지를 로마제국에게 간접적으로 전달하는 역할을 했다는 사실이다. 유대인들은 가능하면 교회의 주장이 로마 제국에 해가 된다는 사실을 부각시키려고 노력 했다. 이런 목적 때문에 유대인들은 복음 전파자의 메시지 중 로마 제국과 갈등이 될 수 있는 어떤 정보들을 로마제국에 제공했다. 그런데 오히려 이런 과정을 통해서 교회의 메시지가 로마제국 속으로 간접적으로 전파되는 기회가 마련된다.

신약 성경은 이런 모습의 몇 가지 예를 분명히 제공한다. 유대의 대제사장들과 장로들은 예수를 죽이려 할 때 예수의 메시지가 로마 제국의 주장과 상치된다는 점을 부각시키려고 했는데, 악의를 가진 그들의 노력을 통해서도 예수의 메시지는 오히려 (로마 제국 사람들에게까지도) 전파되었다. 대제사장들과 장로들과 어떤 유대인들은 예수의 주장이 로마 제국 황제의 통치에 배치되는 것임을 빌라도에게 고발하였다(참조, 마 27:11-12; 막 15:1-2, 9; 눅 23:1-5; 요 19:12). 이럼으로써 그들은 예수가 왕이며 하나님의 아들이라는 것을 간접적이지만 공적으로 사람들에게 알리는 역할을 한 것이었다. 대제사장과 장로들은 '투기'('프쏘노스', φθόνος)로 (마 27:18) 예수를 죽이는 자리에 보내었지만, 오히려 그것을 통해 예수가 '왕'이고(마 27:37; 막 15:26; 눅 23:38; 요 19:19-22),[44] '그리스도'이며(참조, 막 15:32), '하나님의 아들'(참조, 마 27:43; 막 15:39[45])이라는 사실은 전파되고 있었다.

바울의 경우에도 마찬가지였다. 바울을 죽이려던 열성적인 유대주의자들은 바울이 (정치적으로) '소요케 하는 자'이며 예수를 전하는 자라고 몰아쳤지만(참조, 행 24:5;

은 교회를 직접 핍박하는 것이 어려웠을 수 있다. 이런 상황에서 로마 제국을 등 뒤에 두고 핍박하는 것은 자연스런 방법이었을 것이다.

44) 예수를 매단 십자가의 팻말은 히브리어, 라틴어, 헬라 말로 '유대인의 왕'이라 기록하였지만 (참조, 요 19:19-20), 예수는 빌라도에게 자신의 나라가 이 세상에 속한 것이 아니며 자신이 진정한 왕임을 분명히 하셨다 (참조, 요 18:36-37). 이처럼 유대인이 예수를 고소한 것으로 인해 예수의 메시지는 빌라도에게도 분명히 전파되었다.

45) 예수의 십자가 앞에 있던 로마 백부장이 예수를 '하나님의 아들' 이라고 고백한 것이 그리스도에 대한 진정한 신앙 고백인지 (참조, Kim, "Anarthrous υἱὸς θεοῦ", pp.221-241) 아니면 마가복음 저자의 신앙 고백에 근거한 신학적 해석인지는 (참조, Johnson, "Mark 15:39", pp.3-22; "Roman Centurion", pp.406-413) 논란이 있을 수 있다. 하지만 이런 고백이 마가복음에 기록된 것으로 보아 예수의 십자가 사건으로 그리스도의 메시지가 간접적으로 전파되었다는 점은 부인하기 힘들 것이다.

25:7), 이런 송사를 통해서 오히려 총독 벨릭스와 베스도에게 복음이 증거되는 기회가 되었다. 바울은 이런 기회를 통해서도 총독과 아그립바 왕에게까지 복음이 전파되도록 노력하였다(참조, 행 26:24-29). 유대인들이 바울을 핍박하려고 바울의 메시지를 지적한 것이 오히려 그리스도가 전파되는 기회가 되었던 것이다. 보다 결정적인 예는 데살로니가 교회를 핍박하던 유대인들의 모습과 행동에 있다. 그들은 바울과 교회를 핍박하려고 몇 명의 그리스도인을 시 권세자들에게 끌고 가서 이렇게 말하였다.

> '이 사람들이 모두 시저의 명을 거역하면서 예수라는 다른 왕이 있다고 주장합니다' (행 17:7, 사역[私譯]).

그런데 이 말은 우리의 논지에 매우 중요하다. 바울은 예수 그리스도, 하나님의 아들의 복음을 전하고 있었는데(참조, 롬 1:2-4), 이것은 사실 당시 로마 제국의 정치적, 종교적 주장과 어떤 면에서 대립되는 것이었다.[46] 로마 제국은 황제의 등극이나 로마의 군사적 승리를 '복음'이라는 말로 이해하고 있었고,[47] 또한 황제인 시저는 하나님의 아들이라고 인정되고 있었다.[48] 이런 상황에서 예수가 '하나님의 아들'이란 복음을 전파한 것은 로마 제국의 정치적 종교적 주장과 대립되는 것이었다. 바울은 자신의 메시지를 당시 로마 제국에 잘 전파될 수 있게 하기 위하여 상황화(contextualisation)한 것이다. 하지만 이것은 자칫하면 로마 제국을 정치적으로 반대하는 것처럼 보일 위험이 있었다. 바울은 그런 정치적 오해는 피할 것을 제안하지만(참조, 롬 13:1-7),[49] 바울의 대적자인 유대인들은 로마제국이 교회를 핍박하도록

---

46) 참조, Georgi, "God Turned Upside Down", pp.148-157.

47) Friedrich, "εὐαγγέλιον", pp.722-725.

48) 참조, Wright, *Paul: Fresh Perspectives*, 60, 64-65. Wright(p.65)는 로마제국에서 황제의 신성이 인정될 뿐 아니라 당연시되고 있다고 말한다. 이렇듯 로마제국은 시저를 신으로 숭배하는 제국 종교를 전파하고 있었다. 이런 점을 알 수 있는 중요한 예 중 하나는 로마 제국의 화폐 중 하나인 데나리온 은화였다(참조, 마 22:19-22). 이 동전에는 '시저 티베리우스, 신 아우구스투스의 아들, 아우구스투스'라고 기록되어 있다(참조, Thompson, *The Bible and Archaeology*, 324; Banks, *Coins of Bible Days*; Wright, *Paul: Fresh Perspectives*, 64).

49) 참조, Wright, "Paul's Gospel", p.172.

하기 위해 바울의 메시지 중 예민한 어떤 부분을 부각시켰다. 특별히 '시저'와 '예수'를 대립시키는 것은 그들의 중요한 방법이었다. 예수를 죽였던 유대인들이 그랬던 것처럼 데살로니가 유대인들도 이 점을 부각시켰다. 그런데, 역설적으로 보면, 유대인들의 이런 행동은 바울의 메시지를 대신 드러내고 그리스도를 간접적으로 전파하는 것이었다. 그들은 바울을 해하기 위해 투기와 분쟁으로 '예수가 왕이다'라는 점을 말하고 있지만, 그것은 다른 각도에서 보면 그리스도가 전파되고 있는 것이다. 이처럼 데살로니가 유대인들의 행동은 빌립보서 1:15에 등장하는 '문제의 사람들' 모습을 잘 설명해 주는 것처럼 보인다.

이와 같이, 교회를 핍박하려는 유대인들의 행동은 역설적으로 보면 그리스도를 전파하는 것으로 생각할 수 있다. 바울이 빌립보서 1:15-18에서 투기와 분쟁의 행동을 통해 그리스도가 전파된다고 말한 것은 이러한 간접적 복음 전파를 지적한 것인 듯 보인다. 바울은 자신이 갇혀있다고 해서 복음 증거가 정지되었다고 생각하지 않는다. 오히려 여러 모로 복음이 전파되고 있다고 해석한다. 바울과 함께 담대하게 복음을 증거 하는 자리로 나아 온 자도 있고, 또한 바울을 죽이려고 바울의 메시지를 로마 제국에 전달하는 자도 있었다. 주를 신뢰하는 형제들을 통해 그리스도가 적극적으로 전파될 뿐 아니라, 바울을 죽이려는 자들을 통해서도 소극적으로 그리스도가 전파되고 있다고 바울은 해석한 것이다.

2) 세 가지 문제 해결

둘째로 앞에서 거론했던 여러 가지 어려움을 우리의 가설이 해결한다는 사실을 생각해 볼 수 있다.

우리는 앞에서 '문제의 사람들'이 과연 바울의 메시지를 적극적으로 동의했는가에 의심이 있다고 지적하였다. 빌립보서 1:15-18에는 그들의 신앙 여부가 분명히 거론되지 않고 오히려 그들의 행동에 대한 바울의 시각과 해석만이 등장한다고 말하였다. 또한 어려운 상황에 대한 바울의 색다른 해석이 빌립보서 1:12-18에 지속적으로 강조되고 있다고 지적하였다. 그런데 이러한 지적들은 우리의 논지 속에서 잘 설명된다. '문제의 사람들'은 바울의 메시지를 적극적으로 동의하지 않았다. 오히려 그들은 교회를 핍박하던 유대인들이었다. 그들은 교회를 핍박하기 위해서 전파자의 메시지를 로마 제국 권세자들에게 대신 전달했고, 그럼으로써 간접적으로 그리스도를 전파하고 있는 셈이었다. 바울은 지금 감옥에 갇혀 있는 자신의 처지를 비관하지 않고, 오히려 반대자들을 통해서도 그리스도가 전파되고 있다고 역설적으로 해석하고 있는 것이다.

또한 우리는 '투기와 분쟁으로' 바울을 해하려는 그들의 동기가 그리스도인의 정체성과는 충돌을 일으킨다고 지적하였었다. 이와 관련하여 바울이 다른 서신에서 쓴 '투기'와 '분쟁'이란 단어가 복음을 온전히 받아들이는 신자와 관련하여 사용되지 않았음을 말하였다. 하지만 그들이 복음을 진정으로 받아들이지 않는 유대인들이라고 보면 이런 문제는 말끔하게 사라진다. '투기'로 예수를 죽이려던 대제사장들과 장로들은 그리스도인이 아니었다. 이처럼 바울을 '투기와 분쟁으로' 해하려던 어떤 사람들도 그리스도인이 아니었다. 그들은 예수의 복음을 반대했기에 '투기와 분쟁'으로 바울을 해하려 했다.[50] 그들은 바울의 메시지 중 로마제국에 대립되는 예민한 부분을 말함으로 바울을 해하고자 했다. 그들이 '투기와 분쟁으로' 있었던 이유는 그들이 그리스도인이 아니었기 때문이었다. 따라서 정체성의 문제는 일어나지 않는다.

1:15-17를 1:14과 직접적으로 연결하는 것에 어려움이 있다는 문제도 제기 되었었다. '투기와 분쟁으로'(참조, 1:15) '다툼으로'(참조, 1:17) 그리스도를 전파하는 어떤 사람들은 '주 안에서 신뢰하므로 겁 없이 하나님의 말씀을 더욱 담대히'(참조, 1:14) 말하는 형제들로 보기 어렵다고 했다. 하지만 이런 어려움도 우리의 논지로 해결된다. 1:15-17에 나타난 '문제의 사람들'은 교회를 핍박하는 유대인이기 때문에 1:14의 형제들과 구별되는 것이 당연하다. 따라서 자연히 1:15-17을 1:14의 확대 설명으로 볼 수 없게 된다. 1:15-17의 내용이 1:14과 어떤 점에서 관련이 있을 수는 있지만, 14절의 확대 설명은 아니다. 그렇다면 남은 최종 문제는 바울이 왜 1:15-17을 기록했는가 하는 점이다. 또한 이 문단이 어떻게 1:14의 내용과 조화를 이루는가 하는 것이다. 이 의문은 빌립보 1:27-30에 나타난 바울 권면의 두 가지 초점과 깊은 관련

50) 혹 그들이 교회에 발을 들여 놓은 사람이라고 할지라도 그들을 진정한 그리스도인이라 볼 수 없다. 그들이 바울을 해하려고 한 것은 바울의 복음을 진정으로 받아들이지 않았기 때문이다.

이 있다. 이에 대한 다음의 논의는 우리의 주장을 더욱 확고히 할 것이다.

3) 바울 권면의 두 가지 초점

(1) 바울 자신의 이야기를 기록한 이유

이 의문을 풀기 위해 우리는 빌립보서 앞부분에 바울 자신 이야기가 왜 길게 언급되고 있는지에 대해 관심을 가질 필요가 있다.[51] 보통 바울전서에는 바울 자신의 현재 어려움에 대한 이야기가 길게 언급되지 않으며,[52] 더구나 서신의 앞부분에 등장하는 경우는 드물다.[53] 따라서 바울 자신의 이야기가 빌립보서 1:12-26에서 길게 설명 된 이유를 찾는 것은 1:15-17을 기록한 의도를 찾는데 매우 중요한 단서가 된다.

그 이유의 실마리는 1:30에서 발견된다. 바울은 자신과 빌립보 교회가 같은 싸움을 하고 있는데, 그 싸움을 이전에 보았고 또한 지금도 바울을 통해 듣고 있다고 말한다. 바울의 처지는 지금 빌립보 교회의 처지와 유사하고, 바울 주위에서 일어나는 일은 빌립보 교회 주위에서도 일어날 수 있는 일이다. 또한 바울과 함께한 형제들이 취하고 있는 태도도 동일하게 빌립보 교회가 취해야 하는 모습이다. 바로 이런 유사성 때문에 바울은 길게 자신의 이야기를 하고 있다. 빌립보 교회에게 주고자 하는 권면의 내용 때문에 바울 자신의 상황 이야기를 하며 바울 자신의 태도와 또한 바울과 함께 한 형제들의 태도를 말하는 것이다. 다시 말하면, 1:12-26에 등장한 바울 이야기는 1:27-30에 나타난 빌립보 교회를 향한 권면을 염두에 둔 것이다. 서신의 이런 수사적 구조에 대해, 위더링톤은 1:27-30이 논제를 제시하는 '프로포지티오'(*propositio*)에 해당하고 1:12-26은 그런 논제를 발전시키는데 필요한 '나레이토'(*narration*)에 해당한다고 말한다.[54] 결국 바울 이야기

---

51) 참조, Fowl, *Philippians*, p.43.

52) 만일 바울 자신과 관련된 이야기가 등장한다고 할지라도 논쟁의 이슈와 직접 관련된 자신의 경험담에 대한 것이거나(참조, 갈 1:12-24), 편지를 받는 교회에 직접 관련된 것이지(참조, 롬 1:8-15 [바울 자신의 로마 교회 방문 건]), 바울 자신의 어려운 상황에 대한 설명은 아니다.

53) 디모데후서에는 편지의 말미에(참조, 딤후 4:6-18) 바울의 어려운 상황에 대한 설명이 등장한다.

54) B. Witherington Ⅲ, *Philippians*, pp.42-50.

는 빌립보 교회를 향한 권면을 위한 것이고, 그 바울 이야기에 등장하는 1:15-17은 빌립보 교회를 향한 권면에 중요한 기초를 쌓기 위한 것이다.[55]

(2) 빌립보 교회를 향한 권면의 초점 두 가지

빌립보 교회에 주는 권면의 초점은 1:27-30에, 특별히 1:27b-28a에, 두 가지로 명확히 나타나 있다. 첫째는 빌립보 교회가 일치단결하여 복음의 신앙을 위하여 연합하라는 것이며(참조, 1:27b), 둘째는 "아무 일에든지 대적하는 자를 인하여 두려워하지 말라"(1:28a)는 것이다.[56] 바울은 이것을 한 마디로 압축하여 "그리스도의 복음에 합당하게 생활하라"(1:27a)고 제시하며, 바울이 지금 잘 싸우고 있는 것처럼 빌립보 교회도 잘 싸워가라고 권면한다(1:29-30).

그런데 이런 권면은 결국 1:12-26에 있는 바울 이야기에서 발전된 것임을 기억해야 한다. 다시 말하면, 빌립보 교회에 준 두 가지 권면의 토대가 이미 바울 자신의 이야기에서 발견된다는 사실이다. 바울은 1:12-18에서 현재 자신이 당면한 싸움을 말하며, 자신의 상황이 어려워 보이지만 승리하고 있다고 역설적으로 말한다. 자신이 갇혀 있지만, 오히려 복음의 진보가 이루어지고 있다는 것이다. 그런 상황에서 바울은 자신과 주변의 형제들이 어떻게 이 상황을 대처하고 있는지를 1:14-17에서 구체적으로 설명한다. 첫째, 1:14에서 바울은 자신이 갇혔지만 그 일로 인해 오히려 여러 형제들이 함께 연합되었다는 점을 부각한다. 바울의 매임을 인하여 형제 중 다수가 하나님의 말씀을 더욱 담대히 말하고 있다는 것이다. 1:14에 언급된 바울 주변의 형제들의 모습은 1:27b에서 빌립보 교회에 줄 권면을 내다 본 것이다. 바울 주변의 형제들처럼 빌립보 교회 형제들은 흔들리지 말고 '복음의 신앙'을 위해 한 뜻으로 든든하게 연합해야 한다. 둘째, 1:15-17에서 바울은 (더 나아가 함께한 형제들은) 이런 연합 속에서 대적하는 자들을 두려워하지 않았음을 분명히 밝힌다. 형제들이 바울과 연합하여 사랑으로 그리스도를 전파할 때, 대적자들은 투기와 분쟁으로 바울을 궁지에 몰아넣으려 했지만 바울은 위축되지 않았다. 두려워하기보다 오히려 그들의 악의적 행동이 그리스도를 전파하는데 사용되었다고 역설적으로 표현한

55) 참조, Fowl, *Philippians*, pp.43-45.

56) 참조, Hawthorne, 「빌립보서」, p.160.

다.[57] 이렇게 말함으로 바울은 빌립보 교회도 대적자들의 행동을 두려워하지 말고 오히려 당당히 맞설 것을 요청하고 있는 것이다(참조, 1:28a). 바울이 대적자들의 위협을 받고 있는 것처럼, 빌립보 교회도 대적자들과 부딪히고 있는 상황이었기 때문이다.

이처럼 1:14과 1:15-17에 나타난 바울의 상황과 태도는 1:27b-28a에서 빌립보 교회를 향한 권면의 두 가지 초점을 염두에 둔 것이다. 그렇다면 1:15-17은 1:14의 확대 설명도 아니고 보충 설명도 아니다. 오히려 바울이 앞에 내다보고 있는 권면의 기초를 마련하기 위해 자신의 시각을 두 가지 면에서 따로(참조, 1:14, 15-17) 설명한 것이다. 빌립보 교회가 연합해야 할 뿐 아니라(참조, 1:27b), 대적하는 자들조차도 두려워해서는 안 된다는 것이다(참조, 1:28a).

이러한 결론은 우리의 가설이 1:12-26과 1:27-30을 보다 잘 연결시켜 준다는 사실을 보여준다. 역으로 말하면, 1:12-26과 1:27-30을 함께 읽는 것은 1:15-17에 나타난 '문제의 사람들'을 '그리스도인'이 아닌 '믿지 않는 유대인'으로 보게 한다는 것이다. 하지만 이런 판단에 두 가지 점이 더 보충될 필요가 있다. 첫째, '문제의 사람들'이 바울과 대립된 그리스도인들이라면 1:27b에서 바울이 한 뜻으로 서로 연합하라고 했던 권면은 (즉, 첫 번째 권면은) 어색한 것이 되고 만다는 점이다. 왜냐하면 정작 바울 자신은 자기 상황에서 다른 사람들과 한 뜻으로 연합하지 못하면서 빌립보 교회에게는 연합하라고 말하는 셈이 되기 때문이다.[58] 하지만 그들을 '유대인'으로

---

57) 혹자는 그렇다면 바울이 '두려워하지 않다'라는 말을 왜 하지 않았느냐고 질문할 수 있다. 그 이유는 아마도 바울이 강한 역설을 통해 빌립보 교회 성도들을 권면하려고 했기 때문이었을 것이다. 두려워하지 않는 정도가 아니라 오히려 바울은 기뻐한다고 표현한다(참조, 1:18). 그들의 악한 행동이 이득이 되고 있다고 말하고 있다. 이 역설을 통해 빌립보 교회 독자들은 자신들의 상황에 두려워하지 않아야 함을 더욱 강하게 교훈 받을 수 있었을 것이다. (빌립보서에서는 강한 역설이 매우 중요한 설득의 도구로 등장하고 있다. 바울은 감옥에 갇혀 고난을 당하고 있지만 오히려 기뻐하고 있다고 강하게 말한다 [참조, 1:4, 18; 2:17-18; 4:10 etc]. 유대인들은 이방인을 '개'들이라고 말했지만, 바울은 오히려 그런 유대주의자들을 '개'라고 표현한다[참조, 3:2].)

58) Fowl(*Philippians*, p.41)은 1:16-17의 '사랑'과 '다툼'의 이야기가 2:2-3에 다시 등장하는 것을 지적하며 (바울이 있는) 로마 교회의 상황을 통해 빌립보 교회의 상황에 권면을 주고 있다고 생각한다. 혹자는 바울이 분열의 상황에서 하나가 되려고 스스로 노력하는 것처럼 빌립보 교회도 그렇게 연합을 위해 노력하라는 뜻으로 이해할지도 모른다(참조, Peterlin, *Philippians*, pp.35-40). 하지만 이런 생각에는 두 가지 문제가 있다. 첫째, 바울은 이 두 그룹의 연합을

보면 바울의 권면은 적절한 것이 된다. 바울 주변의 그리스도인들은 사랑으로 하나가 되었기 때문이다. 둘째, '문제의 사람들'을 그리스도인으로 보는 시각은 바울이 빌립보 교회에게 준 '대적자를 두려워하지 말라'는 권면도 (즉, 두 번째 권면도) 어색하게 만든다는 점이다. '투기와 분쟁으로' 있는 자들이 그리스도인이라면 바울의 진정한 대적자는 1:12-18에서 분명히 부각되지 않는다. 1:12-18에서는 '투기와 분쟁으로' 있는 그리스도인만이 '문제의 사람들'로 부각되기 때문이다(1:28b의 '대적자' 를 동기만 다른 그리스도인 정도로 볼 수는 없다). 하지만 '문제의 사람들'을 유대인으로 보면 이 두 번째 권면도 적절한 것이 된다. 바울은 자신의 상황 속에서 대적자의 존재를 분명히 지적하였고 그들의 계략을 두려워하지 않았다. 그래서 빌립보 교회에게도 대적자를 두려워하지 말하고 권면하는 것이다.[59] (여기서 우리는 1:28b의 '대적자' 가 유대인임을 암시하였다. 이에 대한 자세한 설명은 2.2.4.에서 논의 될 것이다)

이와 같이 1:27b-28a에 나타난 빌립보 교회를 향한 두 가지 권면은 1:15-17의 문제 그룹을 (그리스도인으로 보는 시각 보다) 믿지 않는 유대인 그룹으로 보는 시각과 잘 어울린다.[60] 우리의 가설은 1:27-30의 이해에 아주 적절하며 필요한 것이다.

4) 빌립보서와 유대인 대적자

마지막으로 생각해 볼 수 있는 것은 빌립보서 전체에 흐르는 대적자로서의 유대인 주제에 대한 것이다. 빌립보서 전체에 유대인 대적자 주제가 지속적으로 흐른다는 사실은 우리의 논지를 더욱 확고히 해줄 것이기 때문이다.

빌립보서 3장은 학자들 사이에 많은 논의를 불러 일으켰다. 3장의 표현과 내용이

위해 결정적인 태도를 취하고 있지 못한다는 점이다(바울은 단순히 자기 내면적으로 이 어려운 상황을 극복하고 있을 뿐이고, 갈라진 두 그룹은 기정사실화 되고 있다). 사실 바울은 1:15-17에서 완전히 갈라진 두 그룹의 사람들에 대한 상황만을 말하지 이 두 그룹의 연합의 필요성을 역설하고 있지는 않다. 둘째, 2:1-4에서 바울이 연합을 위해 자세히 말한 원리가 (예컨대, '다툼이나 허영으로 하지 말고', '각각 다른 사람들의 일을 돌아보아' 등) 바울의 상황에서 구체적으로 실현되고 있지 않다는 점이다.

59) 빌립보 교회의 대적자에 대한 다양한 입장을 요약적으로 보려면, Bloomquist, *The Function of Suffering in Philippians*, pp.198-201을 참조하라.

60) 사실 1:27b-28a에 등장한 두 가지 권면은 빌립보서 전체에 시종일관 흐르고 있고, 이런 사실은 우리 논지를 더욱 더 지지하는 것이 된다. 하지만 이것 모두를 설명하는 일은 본고의 규모를 넘어서는 것이다.

서신의 나머지 부분과 잘 연결되는 것 같지 않다는 이유 때문이다.[61] 3장에서 바울은 교회의 어떤 대적자 그룹을 염두에 두며 논점을 펼치고 있고, 전통적으로는 그 그룹을 유대인(또는 유대주의자)으로 본다.[62] 하지만 문제는 이런 내용이 3장에 가서 급작스럽게 등장하며 또한 그와 관련된 표현을 서신의 나머지 부분에서 찾아보기 어렵다는 것이다. 따라서 이런 어려움은 이 대적자들을 유대인이 아닌 그룹으로 보게 하거나,[63] 3장 본문을 편집된 것으로 보도록 돕기도 했다.[64] 하지만 그 대적자를 유대인 그룹으로 보는 것이 더 자연스러우며(so Hawthorne, 김세윤 [*inter alios*]),[65] 또한 3장을 원래 서신의 한 부분으로 보는 것이 더 나아 보인다(마찬가지로, Jewett, O' Brien [*inter alios*]).[66] 만일 그렇다면 서신 전체에서 대적자로서의 유대인 주제는 어떻게 찾을 수 있을까? 이런 면에 우리의 논지는 적절한 답변을 제공할 수 있다.

첫째, 바울은 서신의 첫 부분에서부터 대적자 유대인 이야기를 했다. 우리 가설에 의하면, 이미 1:12-26에서 바울은 자신이 유대인들의 핍박에 부딪혀 있지만 그들을 두려워하지 않고 있다고 말하고 있다. 유대인들은 바울의 메시지를 로마제국에 전달함으로 바울을 더욱 핍박하려고 했지만, 바울은 그런 유대인으로부터 오는 핍박을 두려워하지 않는다고 말한다. 바울은 처음부터 자신이 대적자 유대인들과 부딪히고 있음을 드러낸다.

둘째, 그래서 바울은 이어서 빌립보 교회도 대적자인 유대인들을 두려워하지 말라고 1:27-30에서 (특별히 1:28a에서) 권면한다.[67] 어떤 사람들은 이 대적자가 이방

---

61) 이와 관련된 서신의 편집과 단일성 논의에 대해서는 Collange, *Philippians*, pp.4-15, 122-123; Jewett, "Integrity of Philippians", pp.40-53; Hawthoren, 「빌립보서」, pp.32-37, 254; O'Brien, *Philippians*, pp.10-18, pp.336-345등을 참조하라.

62) Hawthorne, 「빌립보서」, pp.57, 153-154, 254; O'Brien, *Philippians*, pp.33-35, 345-346 (*inter alia*).

63) 예를 들어, Schmithals (*Paul and the Gnostics*, pp.99-104)은 3:12-16을 주목하여 이 대적자들이 영지주의자라고 생각한다.

64) 참조, Gnilka(「필립비서」, pp.41-50, 291)는 3:1b-21, 4:1, 8-9을 그 나머지 본문과 다른 서신으로 판단한다. 물론 해석자들이 편집설을 취하는 이유가 대적자의 정체성 때문만은 아니지만, 대적자의 정체성 문제가 편집설을 생각하는데 적지 않은 영향을 주는 것은 사실이다.

65) Hawthorne, 「빌립보서」, p.254; 김세윤, 「빌립보서」, pp.117-134.

66) Jewett, "Integrity of Philippians", pp.40-53; O'Brien, *Philippians*, pp.10-18, p.345.

67) Houlden, *Paul's Letters*, pp.34-65; Hawthorne, 「빌립보서」, pp.153-154. Collange (*Philippians*, pp.71-72)는 유대 그리스도인 중 거짓교사 라고 생각한다.

권세자들일 것이라고 추측하지만,[68] 이는 적절치 않아 보인다. 아직 로마 제국은 교회를 적극적으로 핍박하지 않았기 때문이다. 오히려 유대인들이 로마 제국을 등에 업고 핍박하는 것으로 보는 것이 낫다. 그 대적자는 일차적으로 유대인들이고, 이차적으로 로마 제국이다. 핍박이 로마 제국의 손을 통해 실행될 수 있지만, 핍박의 시작은 유대인들에게 있기 때문이다. 바울이 빌립보 교회에게 '같은 싸움이 있다'고 말한 것은(참조, 1:30) 이런 유사성과 관련된 것인 듯 보인다. 바울이 로마제국을 등에 업고 공격하는 유대인과 싸우고 있는 것처럼, 빌립보 교회도 로마제국의 주장과 힘을 내세우며 공격하는 유대인과 부딪히고 있는 것이다.[69]

셋째, 로마제국을 등에 업고 교회를 공격하는 유대인들의 핍박 방식 때문에 바울은 2:5-11을 기록했을 것이라는 점이다.[70] 데살로니가의 유대인들은 왕권과 관련하여 예수와 시저를 대비시켜 교회를 공격했다. 누가 로마제국의 통치자인가를 부각시켜 교회를 핍박하려는 것이다. 교회는 시저를 '주'라 부르게 하고 그에게 무릎 꿇게 하려는 로마제국의 이데올로기와 대면해야 했다. 유대인들은 이 이데올로기를 무기로 교회를 곤궁에 빠뜨리고자 한 것이다. '너희가 예수를 "주"라고 시인하면 로마제국의 핍박을 받게 된다. 그러니 예수를 버리라'는 것이다. 이런 상황에서 바울은 빌립보 교회에게 두려워하지 말라고 권면한다. 이런 유대인들의 술수에 빠져들지 않게 하기 위해, 바울은 특별히 2:5-11에서 중요한 점을 상기시킨다. 참된 통치권은 시저에게 있는 것이 아니라 예수에게 있다. (시저가 신이 아니라) 원래부터 예수가 하나님(θεός)의 본체시고(참조, 2:6-8), 예수를 높이셔서(참조, 2:9) (시저에게 무릎 꿇도록 하신 것이 아니라) 예수에게 무릎 꿇도록 하셨다(참조, 2:10). (시저를 '주'라고 고백하게 하신 것이 아니라) 예수가 '주'라고 고백하도록 하셨다(참조, 2:11). "너희는 이것을 생각하라"(τοῦτο φρονεῖτε, 2:5a).[71] 그러므로 "로마제국을 업고 핍박하는 유대인의

68) 참조, Bruce, *Philippians*, p.57; Bockmuehl, *Philippians*, pp.100-101; Peterlin, *Philippians*, p.54.

69) 이런 점은 빌립보가 로마 제국의 주요 도시로서 로마의 축소판이었다는 점을 기억한다면 더욱 잘 이해될 것이다. 참조, Gnilka, 「필립비서」, pp.35-36; Hawthorne, 「빌립보서」, pp.38-39.

70) 연합의 주제(2:1-4) 이후에 대적자들을 두려워하지 않는 주제(2:5-11)가 나온 것을 주목하라. 이 순서는 1:27b-28a에 먼저 분명히 표현되었다.

71) 빌 2:5-11을 이렇게 읽는 것에 대한 자세한 논증은 많은 분량을 필요로 하기에 여기서 자세

협박에 넘어가지 말라"고 바울은 권면하는 것이다.[72)]

넷째, 바울은 이렇게 앞에서 권면해 왔던 유대인과의 대결 문제를 3장에 와서 보다 구체적으로 설명한다.[73)] 여기서 두 가지 점이 함께 부각되는 것을 관찰할 필요가 있다. 첫째는 대적자들의 실체와 신학적 주장이 드러난다는 점이고, 둘째는 그들이 로마제국을 배경으로 핍박을 유도한다는 사실이 반영되어 있다는 점이다. 그 대적자들이 유대인이며 그리스도의 복음이 아닌 율법을 주장하고 있다는 점은 3장 여러 곳에 반영되어 있다. '개'(3:2), '손할례당'(3:2), '할례당'(3:3), '육체'(3:3)란 단어들은 대적자들이 유대인 그룹임을 암시한다.[74)] 또한 바울이 자신의 민족적 신분을 강하게 제시한 것도 그렇다(참조, 3:4-6). 더구나 바울이 그리스도와 율법 사이의 첨예한 대립을 설명한 것도(참조, 3:7-11) 대적자들이 유대주의자임을 강하게 암시한다. 하지만 이런 유대인 그룹의 모습과 주장 말고도 로마제국과 관련된 암시가 빌립보서 3장 여러 곳에 발견된다.[75)] 3장의 서두에서 바울이 "안전하다"('아스팔레스', ἀσφαλής)라고 언급한 것은 평화(안전)를 모토로 세운 로마제국의 구호(*Pax*

히 다루지 않는다. 다만 간략하게 세 가지 점을 지적하고자 한다. 첫째, 2:6-11의 찬송시는 겸손과 자기 낮춤에 (참조, 2:5-8, 특별히2:8a에) 초점을 둔 것이 아니라, 예수의 높으심과 주되심(참조, 2:9-11)을 강조하고 있다. 둘째, 그래서 곧 이어지는 2:6-11의 서두에 '항상 복종하여 두렵고 떨림으로 너희 구원을 이루라' 라는 언급이 있는 것이다. 셋째, 2:5의 τοῦτο('투토', '이것')는 '마음'을 가리키는 것 같지 않다. 이것을 마음으로 읽는 시각은 2:3의 '겸손한 마음'을 염두에 두고 읽는 것일 뿐이다. 오히려, 2:5은 다음과 같이 번역되어야 한다. '여러분들 안에 이것을 생각하십시오. 그것은 그리스도 예수 안에 있는 것입니다(τοῦτο φρονεῖτε ἐν ὑμῖν ὃ καὶ ἐν Χριστῷ Ἰησοῦ)'.

72) Wright("Paul's Gospel", p.174)는 바울이 빌 2:5-11에서 예수와 시저의 대비를 의도하고 있다고 주장한다.

73) 2:19-30에서 또 한번 연합의 주제를 말한 후에 곧 이어 3장에서 유대인 대적자의 주제를 설명한 것을 주목하라(참조, n. 69).

74) 참조, Hawthorne, 「빌립보서」, pp.56-57.

75) Wright("Paul's Gospel", pp.173-181)는 바울이 빌립보서 3장에서 복음의 메시지와 로마제국의 주장을 대비하고 있다는 점을 주장한다. 그에 의하면, 3:2-6은 일차적으로 (유대주의 그리스도인을 염두에 둔 것이 아니라) 유대인을 염두에 둔 것이며, 바울은 그 유대인을 일종의 이방주의 형태로 ('a form of paganism') 묘사했다는 것이다. 유대인들의 주장은 잘못되었고 진정한 주(主)는 그리스도이다. 마찬가지로 로마제국의 주장(즉, 시저가 주[主]라는 것)은 잘못되었고 진정한 주(主)는 그리스도라는 것이다. Wright는 빌립보서 3장에서 로마제국의 주장과 교회의 주장이 대비된 점을 잘 보았지만, 유대인들이 로마제국을 등에 업고 교회를 핍박하고 있다는 점을 간과했다. 따라서 그의 생각은 우리와는 다르게 그 대적 세력이 유대인이라고 판단하기 보다는 로마제국 권세자들이라는 결론으로 기울어진다.

Romana)를 염두에 둔 것처럼 보인다.[76] 아마 바울은 로마제국의 이데올로기를 무기로 위협하는 유대인들에게 넘어가 *Pax Romana*에 머무는 것이 안전한 것인지, 아니면 바울의 복음에 머무르는 것이 안전한 것인지를 말한 듯하다. 또한 3:20에서 바울이 로마 시민권을 언급한 것도 이런 배경에서 나온 것 같아 보인다. 로마를 등에 업고 예수 버릴 것을 협박하는 유대인의 공격에 맞서 바울은 로마제국의 시민권보다 예수 백성 되는 것이 낫다고 지적한다. 시저와 예수의 대비를 통한 공격에 반응한 것이다.[77] 더 나아가 바울은 앞에서 유대인의 위협과 관련하여 언급했던 2:5-11의 내용을 다시 다른 각도로 3:21에서 내 비춘다.[78] 만물이 복종하면서 '주'라고 고백하는 그 예수가(참조, 2:9-11) 만물을 자기에게 복종하게 하실 수 있고(참조, 3:21a), 하나님의 본체이지만 낮아지신 그분이(참조, 2:6-10) "우리의 낮은 몸을 자기 영광의 몸의 형체와 같이 변하게 하실 것이다"(3:21b).

결국 이러한 점들은 빌립보 교회 대적자들이 로마제국을 등에 업고 교회를 핍박하려는 유대인들이라는 점을 강하게 암시하고 있다.

우리의 주장이 사실이라면, 마지막으로 남은 문제를 해결해야 한다. 그것은 유대인이 빌립보 교회를 핍박했다는 역사적 증거에 대한 것이다. 이와 관련하여 바울 사역 당시 빌립보에 거주한 유대인의 존재와 규모에 대한 판단이 필요하다. 빌립보의 유대인 존재에 대한 부정적 견해가 있는 것은 사실이다.[79] 하지만 여기서 두 가지 점을 고려할 필요가 있다. 첫째는 사도행전 16:13의 '기도처'('프로슈케', proseuch)에 대한 언급이 곧 빌립보 지역의 유대인 존재를 완전히 부인하는 것은 아니라는 점이다.[80] 오히려 그 숫자는 적었을지라도, 유대인의 존재를 암시하는 것으로

76) 참조, Wright, "Paul's Gospel", p.175.

77) 참조, Wright, "Paul's Gospel", p.173.

78) 참조, Wright, "Paul's Gospel", p.174; *idem*, "Jesus' Faithfulness", p.12.

79) 참조, Oakes, *Philippians*, p.87.

80) 안식일에 '기도처'를 찾은 것이 당시 빌립보에 회당이 존재하지 않음을 암시할 수 있다. 하지만 유대인의 존재를 완전히 부인하는 분명한 증거가 되기는 어렵다. 기도처가 강가에 있는 것은 아마도 유대인의 제의 예식과 관련된 듯 보이기 때문에(참조, Marshall, *Acts*, p.267), 소수라고 할지라도 빌립보에 유대인이 살았다는 점을 완전히 부인하기는 힘들 것이다(참조, Bruce, *Acts*, pp.310-311; Fitzmyer, *Acts*, p.585). 또한 'προσευχή'('프로슈케')란 단어가 회당을 의미할 가능성이 전혀 없는 것도 아니다(참조, Barrett, *Acts*, p.781).

볼 수 있다. '하나님을 공경하는' 루디아가 빌립보에 있었던 것은(참조, 행 16:14) 그곳 유대인의 존재에 대한 간접적 증거일 수도 있다. 둘째는 빌립보 교회를 핍박하는데 주변 지역의 유대인들이 적극적으로 참여할 수 있다는 점이다. 빌립보 교회는 다른 어느 지역의 교회보다 잘 성장했고 안정되어 간 듯 보인다.[81] 바로 이런 점이 다른 지역의 유대인들에게 시기를 받는 동기가 되었을 수도 있다. 특별히 데살로니가의 유대인들은 이런 일에 적극 가담했을지 모른다(마찬가지로, Hawthorne).[82] 이들은 이미 베뢰아 지역의 교회를 핍박한 경험도 있었기 때문이다(참조, 행 17:13). 빌립보가 베뢰아보다 좀 더 멀기는 하지만, 비아 에그나시아(Via Egnatia) 도로를 통해 데살로니가와의 왕래가 용이했다는 점을 신중하게 생각해야 할 것이다. 어쩌면 빌립보의 소수 유대인들과 데살로니가 유대인들이 협력하여 빌립보 교회를 공격했을 수도 있다. 사도 바울 일행을 쫓아낸 경험이 있는 데살로니가 유대인의 명성이 다른 지역 유대인들에게 알려졌을 수도 있기 때문이다. 만일 데살로니가 유대인이 직간접적으로 빌립보 교회를 핍박하는데 관여했다면, 우리의 논지는 더욱 설득력을 얻게 된다.[83] 그들이 데살로니가 교회를 핍박할 때 사용한 방법이 바로 빌립보 교회를 공격하는 방법이었을 것이기 때문이다.

---

81) 바울이 편지를 보낸 교회 중에서 가장 많은 칭찬을 받은 교회가 빌립보 교회임을 기억해야 할 것이다. 또한 교회의 직제가(참조, 빌 1:1에 나타난 '감독'과 '집사') 이른 시기에 정리된 것도 참고해야 할 것이다.

82) Hawthorne(「빌립보서」, p.57, pp.153-154, p.254)는 Richardson(*Israel*, p.113)과 Klijn(*Introduction*, pp.109-110)의 생각을 따라 빌립보 교회를 위협하는 가장 큰 세력이 아마도 데살로니가에서 온 유대인이었을 것이라고 추측한다. 따라서 그는 1:28b의 '대적하는 자'와 빌립보서 3장의 대적자들이 동일 인물이며 주로 데살로니가에서 온 유대인들이었을 것으로 추측한다. Oakes(*Philippians*, pp.87-88, 89-102)는 당시에 유대인 선교사 그룹이 없었다는 Goodman(*Mission and Conversion*)의 주장을 근거로 Hawthorne의 생각이 적절치 않다고 비판하고, 빌립보 교회의 진정한 고난의 문제는 경제적 어려움으로 인한 교회의 분열이라고 판단한다. 하지만 Oakes의 주장은 두 가지 점에서 재고되어야 한다. 첫째, 데살로니가 유대인들의 행동은 선교라기보다 율법에 대한 열심으로 말미암은 핍박이었다. 율법에 대한 열심으로 인해 유대인들은 그 반대 세력을 종종 핍박했다(예를 들어, 안디옥과 이고니온의 유대인들은 루스드라까지 와서 바울을 돌로 쳐 죽이려고 했다 [참조, 행 14:19]). 둘째, 경제적 문제가 교회 안에 있었다고 해도 빌립보 교회의 고난 문제를 경제적인 것으로만 보는 것은 지나친 것이다.

83) 어쩌면 '너희가 내 안에서 본 바요'(1:30) 라고 한 바울의 언급은 특별히 데살로니가 유대인의 핍박과 관련된 것인지 모른다.

이처럼 우리의 가설은 빌립보서 전체에 등장하는 유대인 대적자를 이해하는데 중요한 실마리를 제공할 수 있을 뿐 아니라 특별히 3장의 대적자와 관련된 논의의 어려움을 해결하는데 매우 유용하다. 바꿔 말하면, 빌립보서 전체에 나타난 유대인 대적자 주제는 우리 논지의 타당성을 지지한다는 것이다. 우리의 가설은 빌립보서 전체 속에서 적절하다.

3. 유익점

이런 우리의 주장은 세 가지 면에서 실제적인 유익이 있다.

첫째는, 우리의 논지가 바울의 생각과 태도에 일관성을 더욱 부여해 준다는 점이다. 1:15-17의 문제 사람들을 '그리스도인'으로 보는 견해는 바울의 생각과 태도의 일관성 문제를 제기한다. 바울이 '투기'와 '분쟁'으로 사는 사람에 대해 매우 부정적 시각을 갖고 있음에도(참조, 롬 1:29; 갈 5:20-21; 딤전 6:4; 딛 3:3, 9), 빌립보 1:15-17에서는 그런 사람을 그냥 그리스도인으로 인정하는 것처럼 보이기 때문이다. 바울은 종종 잘못된 동기를 가진 사람을 분명히 지적하면서도(참조, 롬 16:17-18; 빌 3:19; 딤전 6:4-5), 빌립보서1:15-17에서는 그런 사람들의 문제를 그냥 덮어 두는 것 같기 때문이다. 하지만 우리의 논지는 이런 문제를 해결하고 바울의 생각과 태도에 일관성을 부여하게 한다.

둘째는, 우리의 가설을 통해 빌립보서는 형식과 주제 면에서 더욱 일관성을 갖게 된다는 점이다. 우리 가설은 빌립보서 3장이 서신 전체의 한 부분이라는 사실을 지지할 뿐 아니라, 바울이 빌립보서 전체에서 유대인 대적자를 염두에 두고 있다는 사실도 잘 깨닫게 한다(참조, 1:12-26, 27-30, 2:5-11, 3:1-21). 결국 빌립보서의 일관성과 관련하여 해석하기 모호하던 구절과 문단이 우리의 논지를 통해 빌립보서 전체 속에서 적절히 이해될 수 있게 된다.

셋째는, 우리의 주장이 교회의 윤리적 순수성을 더욱 강조할 수 있게 해 준다는 점이다. 1:15-17은 자칫하면 교회의 윤리적 순수성을 저해하는 쪽으로 사용될 수 있다. 교회 안에 있는 잘못된 분쟁과 부도덕이 이 본문을 통해 간접적으로 인정되거나 정당화되는데 사용될 수 있기 때문이다. 하지만 이런 인정이나 정당화는 적절하지 않다. 바울 서신은 교회의 거룩함에 대해 더 많이 언급하며 '투기'과 '분쟁'의 정당성을 말하지 않는다(참조, 특히 고전 1:10-4:21). 우리의 논지는 이런 점을 더욱 확고하게 해주어 교회의 윤리적 순수성을 보존하는데 더욱 기여할 수 있다.

Ⅳ. 맺음말

우리는 빌립보서 1:15-17에 나타난 '문제의 사람들'을 '그리스도인'이라고 보는 시각의 문제점을 지적했다. 현대 많은 해석자들은 1:15에 '투기와 분쟁으로' 그리스도를 전파하는 사람들을 그리스도인으로 보면서 그들의 실체와 잘못된 동기를 다양하게 설명하려고 한다(참조, 본고 1.1). 바울은 그들을 통해 그리스도가 전파된다고 보았기에, 그들이 혹 잘못된 동기와 태도를 가졌을 지라도 결국 그들을 1:14에 나타난 '형제들'로 보아야 한다는 것이었다(참조, 1.2). 하지만 이런 시각은 1:14과 1:15-17의 연결 관계를 잘 설명하지 못할 뿐 아니라, '그리스도인'의 바른 정체성 문제에 오해를 일으키며, 더 나아가 1:12-18에 나타난 바울 표현의 진정한 의도를 잘 판단하지 못하게 한다(참조, 1.3).

그래서 우리는 그 '문제의 사람들'에 대한 시각이 전환되어야 함을 밝혔다. 그들을 동기가 잘못된 그리스도인으로 볼 것이 아니라, 복음을 진정으로 받아들이지 않는 열성적인 유대인들로 보아야 한다는 것이다. 우리는 이점과 관련하여 교회 역사 속에서 이런 방향으로 해석한 몇 사람을 (특별히 크리소스톰과 칼빈과 라이트푸트를) 지적하면서 보다 통합적인 새로운 해석이 등장해야 함을 피력했다. '문제의 사람들'은 유대주의에 심취하여 로마제국을 등에 업고 교회를 핍박하고자 했던 유대인들이었을 것이다. 그들은 로마제국이 바울을 핍박하도록 하기 위해 바울 메시지 중 로마제국의 주장과 첨예하게 대립되는 부분을 로마제국에게 전달하였다. 하지만 바울은 그들의 그런 행동을 두려워하지 않고 오히려 그리스도가 전파되는 것이라고 역설적으로 해석한다(참조, 1:15, 17). 이러한 우리의 주장은 초대 교회에 유대인들이 교회를 핍박하던 방식과 잘 어울릴 뿐 아니라, 1:15-17을 해석할 때 부딪히던 여러 문제를 잘 해결한다. 또한 1:12-26과 1:27-30을 잘 연결시켜 이해하게 해 주며, 더 나아가 빌립보서 전체 속에 유대인 대적자 주제가 존재함을 밝힘으로써 빌립보서 3장을 해석할 때 당면하던 문제를 극복하게 해준다. 게다가 우리의 논지는 바울의 생각과 태도뿐 아니라 빌립보서의 형식과 주제라는 면에서 일관성이 있다는 점을 더욱 잘 알게 하고, 교회의 윤리적 순수성을 보존케 하는데 기여할 수 있어 보인다.

본고를 통해 1:15-17의 문제 그룹에 대한 해석에 새로운 논의가 재개 될 뿐 아니라, 빌립보서를 이해하는데 조그마한 도움이 있기를 바란다.

참고문헌

김연태, 「빌립보서」 대한기독교서회 창립 100주년 기념 성서주석. 서울: 대한기독교서회, 1994.

김세윤, 「빌립보서 강해」서울: 두란노, 2004.

Banks, F. A., *Coins of Bible Days*, New York: Macmillan, 1955.

Barth, K. *The Epistle to the Philippians*, tr. J. W. Leitch, London: SCM, 1962.

Barrett, C. K, *A Critical and Exegetical Commentary on the Acts of the Apostles*, II, 2 vols; ICC. New York: T&T Clark, 1988.

Bengel, J. A., 「벵겔 신약주석: 에베소서-빌레몬서」오태용 역, 서울: 로고스, 1992.

Bloomquist, L G., *The Function of Suffering in Philippians*, JSNTSS 78; Sheffield, JSOT Press, 1993.

Bockmuehl, M., *A Commentary on the Epistle to the Philippians*, 4th ed.; London: Black, 1997.

Bruce, F. F., *Philippians*, NIBC. Peabody: Hendrickson, 1989.

__________, *The Book of Acts*, NICNT. Grand Rapids: Eerdmans, 1988.

Calvin, J., *Commentaries on the Epistles of Paul the Apostle to the Philippians, Colossians, and Thessalonians*, tr. & ed. J. Pringle. Grand Rapids: Baker, 1996.

Chrysostom, J. *Homily II, Philippians* (http://www.ccel.org/ccel/schaff/npnf113.html, 2007.5.12)

Collange, J., *The Epistle of Saint Paul to the Philippians*. tr. A. W. Heathcote. London: Epworth Press, 1979.

Craddock, F. B., 「빌립보서」(*Philippians*), Interpretation; 김도일 역. 서울: 한국장로교출판사, 2001.

Dibelius, M., *An die Philipper*, in Lietzmann, *Handbuch zum NT*, 1913.

Fee, G. D. *Paul's Letter to the Philippians*, NICNT. Grand Rapids: Eerdmans, 1995.

Fitzmyer, J. A. *The Acts of the Apostles*, AB. New York: Doubleday, 1998.

Fowl, S. E., *Philippians*, THNTC. Grand Rapids: Eerdmans, 2005.

Friedrich, H., "εὐαγγέλιον", in *TDNT* 2, pp.721-763.

Georgi, D., "God Turned Upside Down", in *Paul and Empire: Religion and Power in Roman Imperial Society*. ed. R. A. Horsley; Harrisburg: TPI, 1997, pp.148-157.

Gnilka, J., 「필립비서」(*Der Philipperbrief*), 김경희 역, 서울: 한국신학연구소, 1988.

Goodman, M., *Mission and Conversion: Proselytizing in the Religious History of the Roman Empire*. Oxford: Clarendon Press, 1994.

Hawthorn, T., "Philippians i:12-19, with Special Reference to vv.15,16,17", *ExpTim* 62 (1950-51), pp.316-317.

Hawthorne, G. F., 「빌립보서」(*Philippians*), WBC 43; 채천석 역, 서울: 솔로몬, 1999.

Hendriksen, W., 「빌립보서」(*Philippians*), 서춘웅 역, 서울: 아가페출판사, 1983.

Hooker, M. D., "The Letter to the Philippians", in *New Interpreter's Bible, Volume XI*, ed. L. E. Keck; Nashville: Abingdon Press, 2000, pp.467-549.

Houlden, J. L., *Paul's Letters from Prison: Philippians, Colossians, Philemon and Ephesians*, Harmondsworth: Penguin, 1970.

Jewett, R., "Conflicting Movements in the Early Church as Reflected in Philippians", *NovT* 12 (1970), pp.362-390.

______, "The Epistolary Thanksgiving and the Integrity of Philippians", *NovT* 12 (1970), pp.40-53.

Johnson, E. S., "Mark 15,39 and the So-Called Confession of the Roman Centurion", *Biblica* 81 (2000), pp.406-413.

______, "Is Mark 15:39 the Key to Mark's Christology?", *JSNT* 31 (1987), pp.3-22.

Kim, T. H., "The Anarthrous υἱὸς θεοῦ in Mark 15.39 and the Roman Imperial Cult", *Biblica* 79 (1998), pp.221-241.

Klijn, A. F. J., An *Introduction to the New Testament*, tr. M. van der Vathorst-Smit. Leiden: Brill, 1967.

Lightfoot, J. B., *St Paul's Epistle to the Philippians: A Revised Text with Introduction, Notes and Dissertations*, 4th ed. Peabody: Hendrickson, 1999.

Marshall, I. H., *The Acts of the Apostles*, TNTC. Grand Rapids: Eerdmans, 1980.

__________, *The Epistle to the Philippians*, London: Epworth, 1992.

Martin, K. P., 「빌립보서」(*The Epistle of Paul to the Philippians*), TNTC. 김효성 역, 서울: 기독교문서선교회, 1980.

Michael, J. H., *The Epistle of Paul to the Philippians.* MNTC. London: Hodder and Stoughton, 1928.

Müller, J. J., *The Epistles of Paul to the Philippians and to Philemon.* Grand Rapids: Eerdmans, 1955.

Oakes, P., *Philippians: From People to Letter.* Cambridge: CUP, 2001.

O'Brien, P.T., *The Epistle to the Philippians.* Grand Rapids: Eerdmans, 1991.

Peterlin, D., *Paul's Letter to the Philippians in the Light of Disunity in the Church*, SNT 79. Leiden: Brill, 1995.

Richardson, P., *Israel in the Apostolic Church*, STNSMS 10. London: CUP, 1969.

Schmithals, W., *Paul and the Gnostics* (*Paulus und die Gnostiker*), tr. J. E. Steely, Nashville: Abingon Press, 1972.

Silva, M., *Philippians*, BECNT. 2nd ed. Grand Rapids: Baker Academic, 2005.

Synge, F. C., *Philippians and Colossians.* London: SCM Press, 1951.

Thompson, J. A., *The Bible and Archaeology*, 3rd ed. Grand Rapids: Eerdmans, 1982.

Vincent, M. R., *A Critical and Exegetical Commentary on the Epistles to the Philippians and to Philemon.* Edinburgh: T. & T. Clark, 1897.

Witherington III, B., *Friendship and Finances in Philippi: The Letter of Paul to the Philippians.* Valley Forge, Pa: Trinity Press, 1994.

Wright, N. T., *Paul: Fresh Perspectives.* London: SPCK, 2005.

__________, "Jesus' Faithfulness in Pauline Exegetical Contexts: A Contribution to Debate", a paper presented at the British New Testament Conference; 2000, pp.1-12.

__________, "Paul's Gospel and Caesar's Empire", in *Paul and Politics: Ekklesia, Israel, Imperium, Interpretation, Essays in Honor of Krister Stendahl*, ed. R. A. Horsley, Harrisburg: Trinity, 2000, pp.160-183.

데살로니가후서에 나타난 바울 종말론의 기원

이 기 흔
(백석문화대학, 신약학)

Ⅰ. 서론

예수님의 오심이 '종말론적 사건'[1]이라는 안목은 성경에 나타난 종말론을 해석함에 있어서 대단히 중요한 것이다. 바울의 종말론을 연구하는 학자들도 예수님의 오심과 사역, 특히 그의 죽으심과 부활하심이 바울 종말론의 핵심이라고 주장하는 학자들이 점점 늘어간다.[2]

난항을 거듭했던 바울 종말론 연구에 있어서 중요한 공헌을 한 학자가 있다. 그가 바로 게르할더스 보스이다.[3] 보스는 1930년에 출판한 그의 저서 『바울과 종말론』에서 '이 세대'와 '장차 올 세대'라는 것이 연대기적 연속점으로 이해되어서는 안된다고 말한다. 그는 이것이 구약의 저자들이 예언했던 메시아가 실제적으로 나타나게 되었을 때, 종말론적 과정은 원리상 시작되었다고 보며, 따라서 이 세대(세상)와 장차 올 세대(세상)간의 단순한 연대기적 구조는 더 이상 적합하지 않다고 말한

---

1) 황창기, 『예수님, 교회 그리고 나』 (서울: 성광문화사, 1998), p.24, p.102, p.155, p.169, p.216, p.242, p.269, p.274, p.276. 저자는 여기서 예수님의 오심은 우주적 대변혁이며, 가장 위대한 종말론적 사건임을 밝힌다. 예수님은 성경의 여러 부분에서 예수님의 오심으로 이미 심판이 시작되었음을 말하고 있다. 마 10:23, 16:27, 20:28, 24:27, 24:33, 24:37, 24:39, 24:44, 25:31, 26:64. 등

2) H. 리델보스, G. 보른캄, F. F. 부르스와 D. E. H. Whiteley 등. L. J. Kreitzer, "Eschatology" in *Dictionary of Paul His Letters,* ed. Gerald F. Hawthorne, R. P. Martin, D. G. Reied, (Downers Grove, IL : Inter-Varsity Press, 1993), p.253.

3) 안토니 A. 후크마, 『개혁주의 종말론』 류호준 역 (서울: 기독교문서선교회, 1995), pp.400-401.

다. 메시야의 출현은 이제 두 개의 연속적 시기가 공존하는 것이다고 한다.[4] 그러나 여기에서 더 나아가 우리는 예수님의 오심이 두 세계의 분명한 단절을 말하고 있음을 알아야 한다. 예수님의 오심으로 이미 새로운 세상은 시작되었다(고후 5:17). 예수님의 오심으로 이전 것은 지나가고 모든 것이 새롭게 시작되었다. 이러한 관점으로 본 종말론이 예수님의 오심에 비추어 본 세상의 종말이다. 그러나 이러한 단순한 안목으로서 데살로니가후서에 나타난 바울 종말론의 갈등 문제를 완전하게 해결하기는 어렵다. 그것은 바울이 비록 우리의 종말을 예수님의 죽으심, 부활 그리고 승천과 동시에 발생한(엡 2:5-6) 실현된 종말로 말하고 있지만, 여전히 파루시아의 지연 문제를 다루고 있기 때문이다.

이러한 바울의 종말론적 갈등을 해결하기 위하여 베커는 '우연성'을 강조하며 비평가들은 바울의 이 종말론적 갈등이 그의 한계라고 말한다. 그러나 바울의 종말론의 갈등을 해결하는 열쇠는 우연성의 문제라기보다는 바울의 종말론이 철저하게 예수님의 종말론에 근거하기 때문임을 밝히고자 한다. 다만 바울 종말론의 방대함으로 인하여 재림의 지연을 강조하는 대표적인 바울의 서신인 데살로니가후서를 통하여 바울 종말론의 갈등의 문제를 해결하면서 바울 종말론의 기원에 관한 문제를 해결하고자 한다. 우선 본문을 다루기에 앞서 바울 종말론의 특징 및 갈등의 문제를 서술하고 이 문제를 해결하고자 했던 대표적인 이론의 허구를 지적하며, 바울의 종말론이 예수님의 오심[5]과 예수님의 종말론 강화[6]와 어떤 연관성이 있는지 살펴보고자 한다.

Ⅱ. 바울 종말론의 갈등

L.J. Kreitzer는 종말론은 예수님의 재림을 다가 올 하나님의 왕국, 천국과 지옥

---

4) 상게서, p.402.

5) C. 반더발, 『성경언약 연구』 명종남 역 (서울: 나침반사, 1995), pp.11-15.
David Chilton, *The Days of Vengeance* (Ft. Worth: Dominion Press, 1990), pp.13-20. 여기서 반더발과 칠톤은 예수님의 오심을 언약적 심판의 구도로 설명한다.

6) 특히 마 24장을 중심하여 살펴보고자 한다.

그리고 우주의 변혁 등 '마지막 일들'에 관한 것으로 이해되어 왔다고 하면서도 이 종말이 연대기적 관점에서 역사적인 종말인가?하는 문제가 학자들간의 논쟁점이 되어왔다고 서술한다[7]. G. B. Caird는 바울의 종말론에 '은유적 의미'를 부여했으며, 특별히 묵시 문학에서는 '일시적인 마지막 일들'과 종말론적 문학이 동등한 형태로 서술되고 있다고 지적한다. 이에 L. Keck는 묵시 문학과 종말의 차이를 지적하며, 묵시(계시)는 단순한 종말의 한 유형에 속한 것이 아니라 보다 더 방대한 신학적인 유형이라고 말한다. 이에 J. C. Beker는 바울 신학에 있어서 종말론의 중요성을 지적하고 어떻게 하면 우리가 바울의 종말론을 정확하게 이해할 수 있는가?라는 문제를 제기한다.

H. 리델보스, G. 보른캄, F. F. 부르스와 D. E. H. Whiteley는 바울 신학의 핵심은 종말론이라고 한다. 바울은 이 종말론에 기초하여 다른 신학을 전개해 나가고 있다.[8] 물론 이러한 전제는 보다 많은 비평과 논란의 요소가 있음을 인정한다. 그럼에도 불구하고 바울 신학에 있어서 종말론이 차지하는 위치는 결코 다른 주제보다 그 중요성이 덜하지는 않을 것이다. 그러므로 바울의 종말론을 제대로 이해한다는 것은 매우 중요한 것이다. 특히 바울의 종말론 이해에서 '바울의 종말론이 결코 연대기적 연장선 상에 있는 것이 아니라, 예수 그리스도의 오심과 죽으심, 그리고 부활이 바울 종말론의 핵심이라는 사실을 결코 간과해서는 안 된다.[9] 바울의 종말론은 시간적인 개념으로만 이해할 때, 바울이 말한 실현된 종말과 임박한 종말의 긴장을 이해하기 어렵다. 바울은 이 세상과 오는 세상을 말하고 있는데, 이것은 시간의 나눔이 아니라 그리스도의 오심으로 나누어지는 대변혁이다.[10] 그러므로 크라이쩌는 바울에게 있어서 종말론의 기본적인 구도는 예수님의 오심이 종말의 핵심이 된다는 것이다. 그러나 바울은 예수님의 오심이 종말임을 말하고 있으나, 또 그에게는 임박한 종말의 시간적인 시점과 그 종말이 임박한 역사 속에 이루어 질 것을 말하고 있다.[11] 이것에 대하여 크라이쩌는 모든 것을 미래에 이루어질 종말이라

7) Kreitzer, "Eschatology," p.253.
8) 크라이쩌("Eschatology," p.253)는 바울의 종말론이 다른 중요한 주제의 배경을 제공한다고 본다.
9) Kreitzer, "Eschatology," p.268.
10) Kreitzer, "Eschatology," p.264. 여기에서 크라이쩌는 윤리적 변혁과 우주의 변혁을 말한다.

는 집합적으로 이해하고 있으나 바울의 이러한 임박한 종말은 역사의 마지막에 오실 주님의 마지막 오심에 발생할 종말론적 사건과 징조들[12]과는 구분되어 설명되어야 한다고 본다. 이러한 안목 없이 바울의 임박한 종말론을 이해할 때, 우리는 바울의 종말론을 이해함에 있어서 F. C. 바우어 학파가 주장하는 A.D. 70년 이후에 '후대의 편집설'[13]과 '바울이 종말론 개념에 있어서 후대에 사상의 변천을 가져왔다'는 발전설[14] 등에 대한 학자들의 비평을 피할 길이 없다.

Ⅲ. 유대 묵시문학

바울 종말론에 있어어 이러한 갈등의 문제를 해결하기 위하여 학자들은 바울 종말론의 기원에 관하여 심도 깊은 연구를 하였다. 이에 케제만은 '묵시가 모든 기독교 신학의 모태'라고 한다. 베커 또한 케제만의 견해에 전적으로 동의하면서 한 걸음 더 나아가 '묵시가 바울 사상의 출발일 뿐 아니라 그리스도의 사역에 대한 이해의 실마리'라고 한다.

바울의 종말론적 배경과 상황을 이해하기 위하여 1세기 유대 묵시 문학에 대한 연구가 필요하다는 크라이쩌의 주장은 일리는 있지만, 바울이 결코 유대주의자가 아니며, 이것은 성경이 유대교적 사고에 의해 기록된다는 전제를 가질 수 있으므로 경계해야 한다. 또 바울의 종말론의 긴장의 문제를 해결하기 위하여, 베커는 바울 신학의 우연성과 일관성을 주장하지만 역시 이러한 견해에도 전적으로 동의 할 수 없다.

바울 종말론의 문제의 해결점으로 바울의 종말론적 배경이 유대 묵시문학이라고 결론내리는 대표적인 학자는 M. C. de Boer이다. 그는 유대인의 묵시가 두 가지 형태를 가진다고 본다. 하나는 우주적 묵시 종말론이고 다른 하나는 법정적 묵시

11) 그 대표적인 예가 살후 2장에 나타난 종말이다.

12) 그 대표적인 징조가 세상 질서의 궁극적인 변화와 성도의 마지막 구속, 그리고 몸의 부활이다. Kreitzer, "Eschatology," p.257.

13) Kreitzer, "Eschatology," p.263.

14) Kreitzer, "Eschatology," p.260.

종말론인데, 바울은 이것을 특히 예수님의 부활을 초점으로 이해한 세계관에서 온 것이다(Baird)고 한다.

'묵시'라는 용어는 '베일을 벗기다', 또는 '계시'라는 말을 의미하는 헬라어 용어 'αποχαλψπσϵ'에서 온 것이다.[15] 이 묵시는 현 세대의 임박한 종말에 대한 사건을 폭로하는 것으로, 계시록 1장 1절에서는 '속히 일어날 것을 보여준다'고 표현한다.[16] 이 단어는 특히 하나님과 그의 거룩한 계획에 관련된 감추인 진리를 밝힘을 의미한다. 이 감추인 진리는 중간기 시대 동안 팔레스타인에 남아있는 사람들은 물론 흩어져 살았던 유대인들과 관련된 것이다. 유대 백성들은 절망 속에서 살면서 소망의 환상을 가르치는 묵시문학자들을 바라 보았다. 외스터리(W. O. E. Oesterley)는 '이 절망의 세계에서 소망이야말로 묵시문학을 쓴 저자들의 생각을 자극한 기조가 되는 동인이었다'고 쓴다.[17] 이러한 관찰은 상당히 긍정적인 것이어서 프로스트(S .B. Frost)는 '묵시문학에는 아주 구체적인 삶의 정황[18] 잘 들어 있다'고 지적하였다.[19] 앤은 묵시문학은 '압제받고 있는 사람을 위로하고 세상의 세력이 새롭게 되며, 영광스러운 새 시대의 도래와 함께 이 악한 세대는 즉시 분쇄되며, 모든 불의와 부정한 것들이 사라지게 된다는 사상들로 이루어져 있다'고 잘 지적한다.[20]

앤의 주장처럼 묵시문학의 구조와 바울의 종말론의 구조가 많은 유사점을 내포한 것은 사실이다. 그러므로 레온 모리스도 묵시문학의 위험성을 '신학자들이 묵시문학을 신약 성경의 모든 비밀을 푸는 열쇠로 주저 없이 받아들인다는 인상을 갖는 것은 금물이다[21]'라고 강조한다. 그러나 예수님을 주와 메시야로 인정하지 않는 유

15) D. E. Aune, "apocalypse," in *Dictionary of Paul His Letters*, ed. Gerald F. Hawthorne, R. P. Martin, D. G. Reied, (Downers Grove, IL : Inter Varsity Press, 1993), p.25. 레온 모리스, 『묵시문학』 김점옥 역 (서울: 은성출판사, 1996), p.24. 윌리암 데니슨, 『바울의 두세대 구조와 변증학』 오광만 역 (서울: 웨스트민스터 출판부, 1995), p.30.

16) Aune, "apocalypse," p.25.

17) 데니슨, p.30에서 재인용. 윌리암 데니슨은 현재 미국 Covenant 신학교의 교수로서 보스, 리델보스, 개핀에 의존하여 이 글을 적었다고 설명한다.

18) Aune, "apocalypse," p.26.

19) Aune, "apocalypse," p.26.

20) Aune, "apocalypse," pp.25-28.

21) 모리스, 『묵시문학』 pp.10-11. W. G. 롤린스가 케제만의 견해를 반대한다. 롤린스는 초대 교회가 어떤 면에서 묵시문학의 유입을 반대한다고 지적하며, 많은 신학적 개념들이 묵시문

대교의 묵시문학 형태가 예수님을 주와 그리스도로 고백하는 바울과 동일한 사상을 가졌다고 이해하기는 어렵다. 물론 바울과 묵시문학에 나타난 용어의 유사성 문제에 대한 앤의 지적처럼 이들 사이의 비슷한 용어의 상당수가 구약 정경에 없는 것[22]은 사실이다. 그렇다고 해서 이 말이 바울이 사용한 용어의 신학적인 본질까지 묵시문학의 본질적 의미와 유사하다는 것은 결코 아니다.[23] 또한 이 말은 바울의 종말론적인 용어가 구약 신학의 종말론적인 체계와 모순된다거나 상충된다는 의미는 아니다. 사실 바울과 묵시문학의 유사성은 묵시문학과 구약의 연속성을 인정한다면 잘 이해할 수 있다. 묵시문학이 구약적 삶의 정황을 묘사하듯이 바울 또한 철저하게 자신의 종말론을 구약에 의존한다(고전 1:19, 2:16).[24] 그리고 바울의 그리스도에 관한 설교의 본질적인 성격은 그리스도 안에 있는 하나님의 계시와 구약을 줄곧 서로 관련시키고 있다.[25] 묵시문학과 바울의 종말론이 동일하게 구약적 연속성을 가지고 있지만 분명한 차이점이 드러난다. 그러한 차이 가운데 대표적인 것은 메시아 왕국으로서 하나님 나라에 대한 바울의 종말론적인 이해가 묵신문학에서 발견되는 정치적, 민족적, 지상적, 국부적인 나라가 아니라는 사실이다. 그것은 묵시문학이 구약을 오해했으며, 그로 인하여 그들은 자신들과 사상을 달리하는 예수님을 주와 그리스도로 인정할 수 없었다. 바울에게 있어서 예수 그리스도의 죽으심과 부활이야말로 역사적, 윤리적, 종교적인 나라의 핵심이며, 종말이다. 그러나 묵시문학은 하나님의 이러한 점진적인 구속사적 계획에 대한 조망을 결여하고 있기 때문에 묵시문학에는 종말론적 조망의 성취가 없는 것이다. 이에 대하여 롤린스도 '교회는 예수님을 뒤 바라보고 있고 묵시문학은 여전히 종말을 기대하고 있다'고 한다. 묵시문학가들에게 전역사는 종말을 가리키고 있으며, 또한 그들은 자신들의 시선을 종말에 집중시킨다. 그러나 바울은 종말을 하나님께서 이미 자신의 아들을 보냄으

학이 성경 속에 들어오기 이전에 이미 존재하였다고 주장한다.

22) 모리스, 『묵시문학』 p.73. 모리스는 "묵시문학가들의 언어는 기독교인들의 언어에 영향을 주었다. 복음서의 특징적인 표현은 종종구약성경에서 보다 묵시문학에 더 많은 강조를 받았다"고 말한다. 그러나 모리스는 언어의 신학적인 본질에 관해서는 동일하지 않다는 것을 인정한다.

23) 데니슨, 『바울의 두세대 구조와 변증학』 p.27.

24) 헤르만 리델보스, 『바울과 예수』 이한수 역 (서울: 한국로고스 연구원, 1984), pp.99-100.

25) 헤르만 리델보스, 『바울과 예수』 pp.99-100.

로써 시작하신 역사의 성취로 이해한다.

또 다른 차이점은 묵시문학이 종말론적인 일관성이 없는 반면, 바울에게는 분명한 종말론적인 일관성이 드러난다는 것이다. 바울의 글들은 창조, 타락, 구속의 패턴으로 펼쳐진 하나님의 주권적인 구속사적 계획에 철저하게 습복되어 있음을 보여준다. 하나님의 구속 행위의 통일성이라는 치솟는 물줄기가 바울의 역사관의 출발이며, 바울의 성경 주석의 원리이다. 바울은 그의 종말론에 있어서 구약적 언약의 배경에서 그리스도로 말미암은 성취(고전 10:4)를 설명하며, 구약에 나타난 하나님의 은혜의 행위들과 사랑은 바울에게 있어서 그리스도를 떠나서는 생각할 수조차 없는 것이다(롬 4:6). 그러므로 바울의 종말론은 예수 그리스도의 오심과 죽으심, 그리고 부활하심이 이미 종말임을 선포한다(엡 2:5-6). 바울의 이러한 관점은 묵시문학에서는 전혀 찾아볼 수 없는 것이다. 그리고 예수님의 오심이 바울에게 있어서 종말이라는 것과는 대조적으로 묵시문학의 종말은 여전히 미래적이다.

묵시문학에 나타난 삶의 정황은 현재 고통 당하고 있는 의인들에게 영원한 소망을 주며, 악한 자들을 영원히 심판한다는 소망을 담고 있다. 물론 이러한 사상은 바울의 종말론에서도 나타난다. 그러나 그 차이점은 바울의 종말론의 시점은 실현된 종말인 것에 비해 묵시문학의 종말은 절대적으로 미래에 관심을 두고 있는 것이다. 그러므로 묵시문학에는 바울 사상의 근본을 이루고 있는 '이미와 아직'의 구도가 없다. 그들에게 있어서 종말은 언제나 미래이며, 이 소망이 예루살렘의 멸망과 유대 전쟁으로 무너지자 그들의 묵시문학도 사라지게 된 것이다. 이에 대하여 찰스도 묵시문학이 일관성이 없으며, 상호 모순을 나타내고 있는 이유를 '묵시문학은 전통적인 구약 사상과 개념에 젖어 있으면서, 동시에 다른 한편 당대의 시대 정신이 가져 온 새로운 개념을 흡수하는데 있다'고 지적한다.

바울과 묵시문학이 동시에 유사한 용어와 사상을 지닌 것은 이 둘이 구약적 사상과 연관성을 지니고 있기 때문이다. 그러나 묵시문학은 지나치게 시대의 정신에 영향을 받아 구약의 언약적 사상이 결여됨으로 바울에게 나타난 예수 그리스도의 오심이 종말이라는 것을 놓쳐버린 것이다. 그러므로 묵시문학의 사상은 비논리적이며 통일성이 결여된다.

Ⅳ. 데살로니가후서와 예수님의 종말론

데살로니가전후서에는 바울의 실현된 종말과 미래적 종말을 말하고 있다. 실현된 종말론과 미래적 종말론의 긴장은 비단 데살로니가전후서의 문제만은 아니다. 바울의 실현된 종말과 미래적 종말의 긴장이 드러나는 대표적인 성경이 에베소서라고 말하는 최갑종[26]은 에베소서에 나타난 실현된 종말의 결론을 '당시 로마 제국의 권세자들이나 제식의 영들로부터 오는 핍박의 위험 아래있는 기독교들을 격려하기 위한 것'이라고 한다.[27] 그는 실현된 종말은 에베소 교인들이 처해있던 역사적 정황과 불가분의 관계가 있음을 지적하고 베커의 글을 인용하며, 에베소서가 조직적인 신학 책이 아니라, 역사적 우연성을 지닌 상황적 서신[28]이라고 평가한다.

바울이 에베소서를 기록할 때 에베소 교인을 위로하고 격려하는 목적이 있다는 사실은 매우 중요하다. 그러나 에베소의 실현된 종말이 상황적 대처에 의한 바울의 우연성이라는 베커의 주장은 무리가 있다. 바울은 에베소서의 실현된 종말을 통하여 예수 그리스도의 오심과 죽으심 그리고 부활하심이 우리의 종말(엡 2:5-6)이라는 것을 드러내는 것이다. 이러한 관점에서 바울은 데살로니가전서를 통하여 교인들에게 파루시아의 임박성을 강조한다. 그러나 바울이 파루시아의 임박을 오해한 데살로니가 교인들은 방탕한 생활을 하였다. 이에 바울은 데살로니가후서를 통하여 파루시아에 대하여 다시 권면한다. 그러나 결코 바울은 데살로니가 후서를 통하여 파루시아가 먼 미래에 있을 것이라고 말하지는 않는다. 바울은 데살로니가전서 2:7을 통하여 불법의 비밀이 이미 활동하고 있으며, 갈라디아서 1장을 통하여서는 배도의 사건이 이미 발생하였음을 지적한다.

이에 대하여 크라이쩌도 데살로니가후서의 불법의 사람이 성전과 관련이 있으며, 복음서(막 13:14)의 종말과 관련이 있음을 지적한다.[29] 이 불법의 사람에 대한 규명에 있어서 어떤 사람도 명확한 답을 제시하진 못한다.[30] 그러나 분명한 것은 바울

---

26) 최갑종, 『바울 연구1』 (서울: 기독교 문서선교회, 1992), p.203.

27) 최갑종, 『바울 연구1』 p.232.

28) 최갑종, 『바울 연구1』 p.232

29) Kreitzer, "Eschatology," p.262

30) 크라이쩌도 이에 대한 자세한 언급은 회피하며, 보스도 이에 대한 결론을 정확히 내리지

의 종말은 복음서의 종말 강화와 밀접한 관련이 있으며, 이것이 예루살렘 성전과 관계된다는 것이다. 이미 불법의 사람이 그 당시에 활동하고 있으며, A.D. 70년의 예루살렘 성전의 멸망을 기점으로 유대인의 종말이 이루어진다면 바울의 임박한 종말은 결코 미래적 종말이라고 말할 수 없다. 그러므로 앞에서 살펴본 학자들의 바울이 종말론의 긴장 문제는 발전론이나 편집설로 해결되는 것이 아니라 바울이 A.D. 70년에 있었던 예루살렘 멸망의 사건을 종말로 보았느냐 ? 아니냐 ? 가 바울 종말론의 긴장을 해결하는 열쇠이다.

1. 종말론적 유사성

베드로는 베드로후서의 종말론 강화에서 자신의 종말론이 '구주께서 너희 사도들로 말미암아 명하신 것을 기억나게 한다(벧후 3:2)'고 밝히고 있다. 베드로후서에 따르면 구주께서 사도들에게 명하신 종말론이 무엇인지 분명하게 말하고 있지 않으나, 바울도 베드로와 마찬가지로 이러한 종말론적 교훈을 썼다고 밝힌다(벧후 3:15). 베드로가 말하고 있는 구주께서 언급하신 종말론의 내용이 구체적으로 무엇인지에 대하여 정확하게 알 수 없지만, 바울도 베드로가 이해하며, 알고 있는 동일한 종말론에 대하여 성도들에게 가르침을 주었다는 것은 명백하게 알 수 있다.

복음서에는 종말론에 관한 말씀이 더러 있다. 그 중에 대표적인 것이 마 24장을 중심으로 한 감람산 강화이다. 예수님의 종말론의 가르침이 일관성을 가진다면, 예수님께서 사도들에게 말씀하신 마 24장의 종말론은 베드로가 3:2에서 의미하는 종말론과 어떤 의미로든 관계가 있을 것이며, 또한 데살로니가후서에 나타난 종말론과도 어떤 의미로던 연관이 있다고 볼 수 있다.

(1) 천사들과 함께 나타나심(살전 1:7)

바울은 데살로니가후서를 통하여 예수님의 파루시아가 천사들과 함께 하늘로부터 불꽃 중에 나타나신다고 언급한다. 마 24장에서 예수님께서는 파루시아 때, 인자가 구름을 타고(30절)오시며, 큰 나팔소리와 함께 천사들을 보내신다고 한다. 여

않는다.

기서 한 차이점은 나타난다. 바울은 예수님께서 불꽃 가운데 오심을 말하고 있으나, 예수님은 구름을 타고 오신다고 말씀하신다. 그리고 바울은 나팔소리에 대한 언급이 없다.

(2) 악한 자에 대한 심판

이 심판은 악한 자에 대한 심판이다. 그러므로 바울은 '하나님을 모르는 자들과 우리 주 예수님의 복음에 복종치 않는 자들에게 형벌을 주신다(1:8)'고 말한다. 마 24장에서도 이 심판은 악한 자의 심판임을 24:48절 이하에서 악한 종에 대한 심판으로 묘사하고 있으며, 25장에서는 미련한 처녀의 비유를 말씀하시고, 이어서 달란트 비유에 대하여 언급하신다.

(3) 배도하는 일

바울은 살후 2:3에서 말세의 징조로서 미혹에 관하여 말하면서 배도에 관하여 말한다. 이것은 마 24:4절에서 예수님께서 미혹에 관하여 말씀하시는 부분에서 그 유사성을 찾을 수 있다. 종말에 많은 사람이 그리스도라 외치며(마 24:5), 할 수만 있으면 택하신 자들을 미혹하려고 할 것이다. 바울이 말한 배도의 사건은 예수님께서 언급한 말세의 미혹에 관한 여러부분의 말씀과 분명한 유사성이 있다.

(4) 불법의 사람

바울이 말한 불법의 사람 곧 멸망의 아들은 마 24:15에서 멸망의 가증한 것과 거짓 선지자와 유사성이 있다.

2. 파루시아

카버는 바울의 종말론에 나타나는 특징 가운데 한 가지는 파루시아는 예수님의 재림을 가리킨다고 본다. 카버의 주장은 객관적인 증거를 제시하지 못한 지극히 주관적인 해석이다. 그는 "바울은 여기서 주님의 오심을 언급하면서 '파루시아'라는 단어를 사용하는데, 이 단어가 구속사의 완성의 때를 의미하는 것이라는 사실은 이미 입증한 바 있다"[31]라고 말한다.

역사적으로 파루시아[32]에 대한 견해는 다양하다. 특히 마태복음 24장에서 학자들은 파루시아라는 용어 해석에서 다양한 의견을 제시하였다. 이에 대한 몇 가지 해석을 살펴보면 ① 인자의 오심은 12제자를 파송한 후 주님께서 그들을 뒤따라가서 그들과 함께 합류하게 된다는 의미이다(J. Dupont). ② 이는 예수님의 부활이나 또는 예수님께서 메시야로 널리 인정될 때를 가리킨다(Sabourin). ③ 인자의 오심은 곧 성령의 오심을 가리킨다(Chrysostom, Calvin). ④ 이는 그리스도의 재림을 가리킨다(Agathangelus). ⑤ 예수께서 지상에 있을 때에 종말이 임한다고 착각하여 잘못 내 은 말이다(A. Schweitzer). ⑥ 이는 제자들의 복음 사역을 뜻하는 말이 아니라 말세에 일어날 일을 말한다(Walvoord). ⑦ 인자의 오심은 유대인에게 심판을 가리킨다(R. T. France) 등.

인자의 오심이 예수님의 재림에 관한 것이라는 Agathangelus의 견해는 캠밸 몰간의 신랄한 비판을 받는다. 몰간의 그의 주석에서 '인자의 오심'을 재림으로 이해하는 것은 재림에 관한 신약의 가르침을 다 이해하지 못한 것이라고 평한다.[33] 그는 계속해서 말하기를 '인자는 전에도 자주 오셨으며, 아브라함과도 말씀하셨고, 인자는 전에도 여호와의 사자로서 임하여 사람들과 자주 말씀을 나누셨다'[34]고 한다. 파루시아를 마지막 예수님의 재림의 사건에 국한시켜서는 안된다고 주장하는 몰간은 인자의 오심은 심판의 관점에서가 아니면 설명할 수 없는 것을 확신하였기에 마 24장을 예루살렘의 멸망과 관계있는 것으로 이해하면서 예루살렘 멸망 시 예수께서 오셨다는 말은 이스라엘의 모든 도시의 최후를 의미하고 있다고 결론내린다. 프란스도 몰간의 의견에 동의한다. 그는 마태복음 주석에서 다니엘서 7:13절을 언급하면서 인자의 임함이 심판의 측면에서 이해해야 한다고 말한다. 그는 이 구절의 인자의 임함은 기간이나 시점의 문제가 아니라 사역적인 측면에서 이해해야 함을

31) 에버렛 카버, 『종말론 대백과』 채수범 역 (서울: 나침반사, 1992), p.492. 그러나 카버의 주장은 킥(J. Marcellus. Kik의 주장을 증명없이 그대로 인용한 것에 불과하다. J. Marcellus. Kik, *An Eschatology of Victory* (New Jersey: Presbyterian and Reformed Publishing, 1971), pp.59-66.

32) 마태복음 24:3절의 파루시아는 마태복음에서 인자의 오심과 동의어이다.

33) 캠밸 몰간, 『마태복음 강해』 원광연 역 (서울: 아가페, 1992), p.240.

34) 캠밸 몰간, 『마태복음 강해』 p.240.

강조한다.[35] 결국 파루시아는 예수님의 마지막 재림을 포함한 하나님의 심판을 나타내는 용어인 것이다.

카버가 파루시아를 재림으로 보는 결정적 증거로 그는 예수님의 오심이 반드시 인격적, 육체적, 가시적으로 오심이기 때문이라고 한다. 그러나, 이에 대하여 반더발[36]은 예수님의 임하심이 반드시 인격적, 육체적, 가시적일 수 없다고 반박한다. 요한계시록 1장 7절에서도 예수님께서 구름을 타고 오실 때 그를 찌른 자들이 볼 것이라고 했지만, 그들은 결코 육체적, 가시적으로 예수님을 보지 못하였다. '주의 강림'은 꼭 가시적인 것만은 아니며, 언약적 심판을 위하여 하나님께서 강림하실 때, 이 용어가 사용되는 것이 가능하다. 성경 전체를 통하여 살펴볼 때도 역시 파루시아는 옛 시대를 청산하고 새로운 시대로 접어드는 전환기에 항상 있어왔다. 하나님께서 아담과 맺은 언약을 맺은 후 아담이 범죄했을 때, 아담과 하와와 뱀을 심판하시기 위하여 임하셨다(창 3:8). 그리고 하나님께서는 여인의 후손과 뱀의 후손과의 전쟁을 선포하심으로 회복(EXODUS)의 길을 여셨다. 그러나 하나님의 아들들이 다시 타락했을 때, 하나님께서는 그들과 옛 세상을 홍수로 심판하시고(벧후 2:5), 노아의 가족들에게는 출애굽을 허락하셨다. 이 때 하나님께서 임재하시어 방주의 문을 직접 닫으셨다(창 7:16). 노아 언약 이후에도 백성들은 바벨의 성과 대를 쌓음으로써, 하나님께 반역하였다. 인간들이 또 다시 배도하였다. 이 때에도 하나님은 역시 강림하시어(창 11:5), 그들을 지면에 흩어셨다. 이러한 심판과 함께 하나님께서는 아브라함(데라의 가족들)을 그 곳에서 나오게 하셨다(출애굽). 그리고 이스라엘이 가나안의 문화와 그 양식을 의존할 때(창 38장; 레 18:3; 시 105:16), 그들의 배교의 위험으로 인하여 요셉을 부르심으로 애굽으로 이주(출애굽)하게 하여, 때가 찰 때까지 애굽의 품 속에서 보호받게 하셨다. 애굽이 다시 이스라엘을 핍박하자 하나님은 친히 임재하시어(출 3:16, 2:24-25) 애굽을 심판하시고, 애굽의 모든 사악함으로부터(레 18:3) 그들을 탈출(출애굽) 시키셨다.

하나님께는 자신의 백성이 어려움에 처하거나 결정적인 배교의 순간에 직접 오셔서, 반역하는 무리들을 심판하시고, 남은 신실한 백성들에게 회복과 탈출(출애굽)

35) R. T. Feance, *Matthew* (Grand Rapids: Eerdmans, 1994), pp.184-185.
36) C. 반더발, 『반더발성경연구 3』 명종남 역 (서울: 줄과 추, 1997), p.92. p.421.

의 길을 여신다. 이 모든 것은 창 3:15에 나타난 하나님의 언약의 성취이다. 성경의 노아 언약, 아브라함 언약, 다윗 언약 그리고 새 언약(렘 31장)은 다른 원리로서 이루어진 언약이 아니라 모두 여인의 후손과 뱀의 후손에 대한 심판과 남은 자들에 대한 탈출을 말하는 것이다. 이 때 하나님은 하나님을 대적하는 악한 자들을 심판하시고 하나님의 백성을 보호하시며, 출애굽을 여시기 위하여 임재하신다. 데살로니가후서의 파루시아, 즉 하나님이신 예수님의 임재도 이 언약적 관점에서 보아야 한다. 그러므로 먼저 예수님께서 오시기 전에 배교가 있으며, 불법한 자가 나타나는 것이다.

(1) 주의 날

데살로니가후서에서 '주의 날'은 그리스도의 재림, 총괄적인 부활, 최후의 심판, 상급과 형벌의 시행, 영원한 세계의 시작을 의미하는 날이라는 것은 반박의 여지가 없다고 본다.[37] 그러나 '주의 날'이 반드시 역사적으로 단회적인 사건만을 가리키느냐? 하는 것은 의문을 제기할 필요가 있다. '주의 날'이 심판의 날임에는 분명하나, 이것이 반드시 먼 미래의 세상의 마지막에 발생할 사건만은 아니다.

카버는 '주의 날이 밤에 도적같이'(살전 5:2)이를 것이라는 구절을 통하여, 주의 재림이 갑자기, 아무런 경고 없이 오실 것임을 주장한다.[38] 이 구절에 대하여도 카버는 스코필드와 세대주의들이 '주의 날'에 대한 7가지 지표가 있다는 견해에 강력하게 비판한다. 그리고 주의 날은 '저희가 안전하다 평안하다'할 때에 '여자에게 해산 고통이 이름과 같이 홀연히 저희에게 이르리니 결단코 피하지 못하리라'(살전 5:3)는 구절을 대며, 주의 날이 경고 없이 임할 것을 말한다. 그러나 이것은 지나치게 일방적인 견해이다. 카버는 마태복음 24장에서 예수님께서 이 구절에 대한 자세한 해석을 설명하고 있음에도 불구하고 그 해석을 무시하였다. 마태복음 24장에서 주의 날은 노아의 홍수 때와 같다고 한다(37-44절). 노아의 홍수는 홀연히 임하였다. 그러나 노아의 홍수는 하나님의 경고가 있었으며, 120년이라는 유예기간이 있었다(창 6:3). 노아의 홍수에서 하나님의 택한 사람 노아는 그 날과 그 시간은 몰랐지만,

---

37) 카버, 『종말론 대백과』 p.499.
38) 카버, 『종말론 대백과』 p.500.

홍수에 대한 대비를 충분히 할 수 있었다. 노아가 방주를 만들고 있다는 것은 하나님의 심판의 준비에 대한 결정적 증거가 된다. 노아가 심판 날에 대한 유예기간을 알고 있었던 것은, 노아에게 하나님의 경고가 있었기 때문이다. 예수님께서도 마태복음 24장에서 데살로니가후서에 나타난 동일한 경고를 하신다. 이 경고의 목적은 심판 날에 대한 준비(마 24:44)를 하라고 하는 것이 분명하다.

데살로니가 교인들은 주의 날에 대한 경고를 분명히 인식하였다. 카버는 데살로니가 교인의 임박한 종말에 대한 인식이 잘못이라고 지적하나 그것을 옳지 않다. 데살로니가 교인들에게 문제가 되는 것은 종말을 맞이하는 그들의 태도이다. 바울은 데살로니가 교인의 종말에 대한 임박성에 대하여 경고하는 것이 아니라 그들의 문란한 생활을 책망하는 것이다. 그러므로 바울은 '이미 불법의 비밀이 활동하고 있음을 강조'(살후 2:7)하는 것이다. 이것은 2절에서도 나타난다. 바울은 '주의 날이 이르렀다'고 말한다. '이르렀다'를 나타내는 동사 "엔히스티미"(enhistimi)는 '주의 날이 임했다' 혹은 '지금이 주의 날이다'라는 뜻을 나타낸다.

카버의 주장대로 '주의 날'은 심판의 날임을 부인할 수는 없다. 그러나 이것을 주님의 재림의 날로 보는 것은 카버가 예수님의 오심으로 이미 이루어진 종말론적 심판을 이해하지 못하였기 때문이다(요 3:17, 18). 예수님의 오심은 우주의 종말이요 대변혁이다. 우리는 예수님의 오심이 언약적 관점에서 심판과 회복(출애굽)을 나타내는 종말론적 심판임을 먼저 숙지할 때, 데살로니가후서의 종말에 대한 바른 이해를 가질 수 있다. 참 성전(요 2:21)이신 예수님께서 오셨기 때문에 더 이상 그림자인 예루살렘 성전은 존재할 필요가 없다(요 2:19).[39]

(2) 배 도

배도는 언약적 심판에 대한 결정적인 증거이다. 역사적으로 하나님께서 임재하시어 이 세상을 심판하실 때, 세상은 배도의 사건을 가졌다. 카버는 배도하는 일이 미래의 사건이라고 주장하는 학자들의 견해를 받아들일 수 없다고 한다. 그러면서 그는 이 배도하는 일이 역사적으로 발생한 적이 있는가를 묻는다. 그는 단언하기를

39) 마 24:2에서 예수님께서 성전의 향하여, "돌 하나도 돌 위에 남지 않고 무너뜨리우리라"고 예언 하셨다.

역사상에 있어서 암흑의 시기라고 불리는 중세를 배도의 시기라고 말한다. 그러나 카버는 이에 대하여 자신있게 말하진 못한다. 다만 추측할 뿐이라고 한다. 중세를 기독교 역사상 어떤 배도의 시기라 인정한다 하더라도 배도와 불법의 비밀은 그 당시에 이미 활동하였다는 사실을 간과해서는 안 된다. 예수님께서 이 땅에 오셨을 때, 자기 백성이 왕되신 예수님을 영접하기를 거부하였다고 하신다.[40] 또 바울은 갈라디아서에서 갈라디아 교인들이 주의 복음을 속히 떠나, 다른 복음을 좇는 것을 이상히 여긴다고 고백한다(갈 1:6). 히브리서 기자는 6장 4절 이하에서 배도한 자들이 다시 새롭게 되어 회개할 수 없음을 선포한다.[41] 물론 성경이 배도한 자들에 대한 구원의 문제에 대해서는 자세하게 언급을 하지 않기 때문에 그들의 구원에 관한 문제에 대해서는 언급할 수 없다. 또 배도한 자의 구원의 문제가 본문의 관심이 아니라, 배도의 시기가 본문에서 문제점이기에 그들의 구원 문제에 대해서는 자세한 언급하는 것은 이 글의 논점에서 벗어나는 것이다. 문제는 배도의 시점이 바울 시대나 혹은 A.D. 70년의 예루살렘 성전의 멸망 전, 충분히 있었을 가능성이 있다는 것이다.

그 첫 번째 이유가 본문에 나타나는 문법적 증거 때문이다. 2장 3절에서 배도하는 일이 있다는 동사는 가정법 단순과거 형태인 ἐλθῃ로 나타난다. 가정법 단순과거 동사는 현재형이던 과거형이던 시간적인 차이를 나타내는 것이 아니라, 동작의 종류 혹은 양식을 나타낸다. 여기서 단순과거 가정법은 계속하거나 반복하지 않는 동작, 즉 단순히 일회적으로 혹은 점적으로 발생하는 동작을 나타내다.[42] 또 배도를 나타내는 희랍어 *αποστασια*는 관사(ἡ)를 가진다. 이것은 배도의 사건이 어느 한 특정한 사건을 가리키는 것이다. 물론 우리는 그 사건이 정확하게 무엇을 가리킨다고 말할 순 없다. 왜냐하면 성경이 배도의 사건이 무엇이라고 정확하게 말하지 않기 때문이다. 물론 이에 대하여 카버는 바울이 관사를 가진 동사를 특정한 것으로 사용하지 않고 일반적인 경향으로 사용하는 부분도 있다고 해명하였

40) "자기 땅에 오매 자기 백성이 영접하지 아니하였으나" (요 1:11).

41) "한 번 비침을 얻고 하늘의 은사를 맛보고 성령에 참여한 바 되고, 하나님의 선한 말씀과 내세의 능력을 맛보고, 타락한 자들은 다시 새롭게 하여 회개케 할 수 없나니, 이는 자기가 하나님의 아들을 다시 십자가에 못 박아 현저히 욕을 보임이라"(히브리서 6:4-6).

42) 박창완, 『희랍어 교본』 (서울: 대한기독교서회, 1988), p.123.

다. 그러나 이것을 이유로 배도의 사건이 역사적으로 점진적으로 발생하는 사건임을 말할 수 없다. 로마 가톨릭 천년 이상 존재해오고 있다. 바울은 배도의 사건을 이렇게 길게 늘여서 보진 않았다. 바울은 본문에서 임박한 종말을 선포하는 것으로 보아 바울이 언급한 배도의 사건은 당대의 사건이다(살후 2:2,7).

(3) 천사의 심판

데살로니가후서에 나타난 심판이 새 세상의 기간에 있을 심판이 아니라, 옛 세상에 대한 심판이라는 결정적인 증거 가운데 하나가 이 심판이 천사가 동원되는 심판이라는 것이다. 천사가 불꽃 가운데 나타나는 것은 심판을 의미한다(살후 1:7). 특히 데살로니가전서는 전형적인 심판의 특징을 나타낸다(살전 4:16).[43] 바울은 고린도전서 6:3에서 우리가 '천사를 판단한다'[44]고 말한다. 이것은 재창조된 새 세상의 특징이다. 천사는 우리를 섬기기 위하여 지어졌다(히 1:14). 그러나 우리의 범죄함으로 인하여, 우리는 천사의 지배를 받는다. 그러나 옛 세상이 끝나고 나면, 도리어 우리가 천사를 판단할 것이다.[45]

데살로니가전후서에 나타난 심판은 천사의 심판이다(살전 4:16; 살후 1:7).[46] 바울에 따르면, 천사의 심판은 지나간 세대에 이루어 질 심판이다.[47] 구약성경에서 심판이 임할 때, 천사가 나타남을 우리는 알고 있다. 아담이 범죄했을 때, 하나님은 화염검을 든 천사로 하여금 동산을 지키게 하셨고(창 3:24), 소돔과 고모라 성이 타락했을 때도 역시 하나님은 천사를 보내시어 유황불로 그들을 심판하셨다(창 19:1). 이스라엘 백성이 애굽에서 고통당할 때, 이스라엘 백성이 하나님께 부르짖었더니

---

43) 요한계시록에 나오는 천사가 동원되는 심판의 특징과 데살로니가전후서에 나타난 심판의 특징은 일치점이 있다. 요한계시록 7:2, 8:6, 14:7, 15:8, 16:1, 20:1 등.

44) 원어의 의미는 '심판하다'이다. 한글 번역에 있어서도 심판이라는 표현이 더 적절하다.

45) 조르단은 옛 세상의 심판의 특징을 천사의 심판으로 본다. James. B. Jordan, "A Brief Reader's Guide to the Book of Revelation(Part 1)," 1. 그러므로 그는 계시록의 심판도 천사의 심판이며, 이것은 A.D. 70년 예루살렘 성의 멸망으로 이루어 졌다고 본다. 특히 계시록 4:10에서 천사들이 면류관을 던지는 사건을 옛 세상의 심판에 대한 천사의 임무가 끝난 것으로 선포한다. 상게서, Part 2, 4.

46) 하나님께서 세상을 심판하실 때, 천사와 함께 오며, 나팔 소리 그리고 불꽃 중에 나타나신다는 것은 언약적 심판의 특징이다(마 24:31). 특히 계시록은 천사의 심판으로 구성된다.

47) 로마서 8:38에서도 결코 천사들이 우리를 심판할 수 없음을 나타낸다.

하나님께서는 천사들을 보내어 그들을 심판하시고, 이스라엘 백성을 애굽에서 인도해 내셨다(민 20:16). 또 다윗이 하나님께 범죄했을 때, 하나님은 천사를 보내어 심판하신다(삼하 24:17). 예수님께서도 세상 끝[48]에 심판이 있을 것인데, 그 심판자가 천사라고 말씀하신다(마 13:39).

V. 결론

먼저 우리는 예수님의 오심이 종말론적 대심판이라는 것을 이해하기 위하여 예수님께서 온 교회와 동일시되는 우주적 인격의 독특성을 이해해야 한다. 예수님은 온 교회를 나타내는 집단적 인격이시다.[49] 이 말은 예수님의 인격이 개인의 차원과 시대와 장소를 넘어 온 교회에 속한 모든 사람과 동일시된다는 것이다(롬 5:12-21, 6:6; 고전 15:22; 고후 5:14-21). 이것은 구약의 이스라엘의 출애굽이 예수님의 출애굽을 예표하며, 또 예수님의 출애굽은 오늘 이 시간의 나의 출애굽이라는 것이다. 구약의 모세와 요셉이 예수님을 예표하며, 구약의 많은 선지자와 사건들이 예수님을 예표한다. 그리고 예수님께서 요단강에서 세례 받으심은 나의 세례가 되며, 예수님의 십자가는 시, 공간을 넘어 각 시대의 나[50]의 십자가가 된다는 것이다. 그러므로 구약은 모든 사람에서 한 사람으로 계시 역사의 초점이 맞추어지고 신약은 한 사람에서 여럿으로 발전한다.[51] 따라서 예수 그리스도께서 세례를 받으신 것과 십자가 사건 등은 예수님 한 분에 국한된 것이 아니라 온 우주적인 사건으로 모든 교회와 집단적인 연관이 있다.

우리가 예수님의 인격이 온 우주적 인격임을 제대로 이해할 때, 예수님의 오심의 사건이 단순한 사건이 아님을 알 수 있다. 예수님은 단순하게 하나님의 아들로 이 땅에 오셔서 3년의 공생애를 마치고 정해진 대로 우리 죄를 대속하기 위하여 십자

---

48) 여기에 나타나는 세상 끝도 고린도전서 10:11의 옛 세상의 끝이다.

49) 황창기, 『예수님, 교회 그리고 나』 pp.18-19.

50) 여기서 '나'는 과거와 현재를 포함하여 이 땅에 존재했던 모든 성도를 포함하여 앞으로 태어날 모든 성도를 가리킨다.

51) 황창기, 『예수님, 교회 그리고 나』 p.19.

가의 형벌을 받으신 분만은 아니다. 우리에게는 예수님의 오심의 바른 이해가 필요하다.

쿨만(O. Cullmann)은[52] 예수님의 오심을 시간의 나눔이라고 설명한다. 그러나 쿨만의 이 광오한 주장도 예수님의 오심의 진정한 의미를 축소시킨 것에 불과하다. 예수님의 오심은 우주적인 대변혁이며, 역사의 재창조적인 사건이다. 예수님의 오심이 우주적인 대변혁이며 역사적인 재창조라는 것은 마태복음 1:1이 증거한다.[53] 마태복음 1:1은 마태복음이 예수 그리스도 재창조의 책임을 분명히 드러낸다. 이어서 마태복음 3장에서 예수님께서 세례를 받으시고 올라오실 때 하늘이 열리고 성령이 비둘기처럼 임하는 사건은 예수님의 사역이 재창조를 의미함을 나타낸다. 물론 여기서 말하는 예수님의 의한 재창조라는 것은 지금까지의 역사의 존재를 부인하는 것은 아니다. 예수님께서 오시기 전의 창조의 역사도 하나님의 역사이다. 그러나 예수님의 오심으로 이전의 역사는 종말을 고한다. 역사는 재창조되며, 이 재창조의 역사는 예수님으로 말미암아 시작된다. 다시 말하면 예수님에 의한 재창조의 역사는 심판과 구원의 역사다. 예수님이 오심으로 세상은 심판되었고 구원받았다. 이것이 예수님의 인격에 비춰 본 새로운 역사관이다(요 3:17-18).

예수님의 오심으로 역사는 대변혁을 가진다. 먼저 하늘의 변혁이다. 사탄이 하늘에서 쫓겨난다(눅 1-:18). 둘째는 성소의 변혁이다. 예수님께서 죽으실 때 성전 휘장이 찢어진 것은 하늘의 성소가 열렸음을 증거한다. 세 번째 변혁은 땅 위의 변혁이다. 땅 위의 변혁은 하나님의 통치가 이 땅 위에서 이루어 진 것이다.

우리는 예수님의 우주적 인격적 측면에서 예수님의 사역을 바라보아야 한다. 이것은 종말론에 있어서도 동일하다. 예수님의 오심으로 이미 심판은 시작되었고 종말은 시작되었다. 그러므로 요한복음 3장 18절은 예수님의 오심으로 이미 심판이 이루어 졌음을 말한다. 물론 심판의 미래적 측면을 무시하는 것은 아니다. 필자는 학자들의 일반적인 종말론의 견해인 '이미 그러나 아직'이라는 종말론적 구도에 동

52) 황창기, 『예수님, 교회 그리고 나』 p.228에서 재인용.

53) 황창기, 『예수님, 교회 그리고 나』 pp.269-271. 여기서 '세계(βιβλος γενεσεως: 비블로스 게네세오스)'라는 말은 책이라는 말과 게네세오스 즉 시작, 또는 출저, 출생이라는 말을 나타내는 게네시스의 속격이다. 게네시스는 창세기에서는 족보를 나타내는 '톨레도트'로 표현되는 일종의 전문용어이다. 아니 이것은 단순한 족보의 차원을 넘어 어떤 시작을 나타낸다.

의한다. 종말론적 구도에 있어서 현재적이며 미래적인 종말론이 있다. 그러나 우리는 더 나아가 미래의 심판이 이미 이루어졌음을 알아야 한다. 그러므로 바울은 에베소서 2장을 통하여 '허물로 죽은 우리를 그리스도와 함께 살리셨고, 또 함께 일으키사 그리스도 예수 안에 함께 하늘에 앉히시니(엡 2:5-6)'라고 선포하는 것이다.

바울의 종말론은 예수 그리스도의 오심과 죽으심, 부활이 종말임을 시사하면서, 이것이 역사적인 관점에서는 'A.D. 70년의 예루살렘 성전의 멸망을 임박한 종말론의 한 대표적인 사건으로 묘사하고 있다'.[54] 바울 종말론을 이해함에 있어서 예수님의 오심의 종말론적인 의미와 A.D. 70년에 발생한 예루살렘 성전의 파괴의 종말론적 의미를 이해한다면 바울의 종말론이 결코 일관성 없는 발전물이라고 말하지는 못할 것이다. 물론 먼 미래에 있을 역사의 최종적인 종말을 부인하는 것은 아니다. 바울 또한 역사의 마지막에 오실 예수님의 임하심을 기대한다. 그러나 언약적인 관점에서 이루어질 하나님의 심판이 예루살렘 성전의 멸망으로 상징되는 임박한 유대인의 종말을 바울은 분명히 강조하고 있다. 그러므로 바울은 고전 10:11에서 고린도 교인을 향하여 '말세'[55]를 만났다고 말한다. 이와 마찬가지로 데살로니가전후서에서 강조되는 것은 말세를 만난 성도들에게 경고하는 종말에 대한 임박성이다. 바울이 데살로니가전서에서는 종말의 임박성을 강조하였으나 후서에서는 다시 종말의 지연을 말하는 것이 아니다. 바울의 첫 편지를 받은 데살로니가 교인들이 임박한 종말에 대한 경계심보다는 비관적이고 나태한 삶으로 행동하였기에 후서에서는 그것을 경계하는 것이다.

만일 카버가 예수님의 오심이 종말이며, 대심판이라는 것을 이해했다면, 카버가 본문에 나타난 종말을 먼 미래적 사건으로 보지 않았을 것이다. 지금은 새 시대가 분명하다. 그래서 바울은 고린도교인을 향하여, 말세를 만났다(고전 10:11)고 말하며[56], 고린도 교회의 성도를 향하여 새로운 피조물이라고 하는 것이다(고후 5:17).

---

54) R .C. Sproul, *The Last Days According to Jesus* (Grand Rapids: Baker Books, 1998), p.71. pp.89-90.

55) NIV는 "세상의 두 끝을 만났다"고 번역한다.

56) 이 구절이 옛 세상의 마지막 심판에 대한 결정적인 증거이다. 바울은 말세를 말할 때 복수 형태를 사용하여, 고린도교인들이 옛 세상과 재창조된 새로운 세상의 양 끝에 살고 있음을 말한다.

결론적으로 데살로니가후서 2장에 나타난 종말이 임박한 종말이며, 또 그것이 예수님의 임박한 종말론 강화에 기초하고 있다는 것을 정리하면 다음과 같다.

1) 데살로니가후서에 나타난 심판은 천사에 의한 심판이다.

2) 언약적 구도에서 배도는 심판에 대한 증거이다.

3) 배도와 불법한 자의 출현은 문법적으로 심판 전 한 시적으로 나타날, 단회성을 지닌 사건이다.

4) 바울이 성전을 언급한 것은 이 성전이 어떠한 의미로던 예루살렘 성전과 관계가 있음을 나타낸다. 그러므로 예루살렘 성의 멸망과 관계있다고 본다.

5) 데살로니가 교인들은 의심 없이 임박한 종말적 신앙을 지니고 있다.

6) 파루시아는 재림을 나타내는 용어가 아니라 심판을 나타내는 용어이다. 그리고 역사적 대종말의 심판은 언약적 구도의 심판으로서 예루살렘 성의 멸망이다.

어떤 학자들은 데살로니가전서가 재림을 나타내기 때문에 데살로니가후서도 미래적 재림을 나타낸다고 주장한다. 그러나 필자는 조심스럽게 데살로니가전서가 미래의 재림을 말하기 때문에 데살로니가후서를 미래의 재림으로 본다는 견해를 반박하면서, 데살로니가후서가 A.D. 70년의 예루살렘 성전의 멸망을 의미한다면, 데살로니가전서도 A.D. 70년의 예루살렘 멸망을 말하는 것이 아닌가하는 가능성을 열어두어야 한다고 본다.

참고문헌

데니슨, W. 『바울의 두세대 구조와 변증학』 오광만 역. 서울: 웨스트민스터 출판부, 1995.

리델보스, H. 『바울과 예수』 이한수 역. 서울: 한국로고스 연구원, 1984.

모리스, L. 『묵시문학』 김점옥 역. 서울: 은성출판사, 1996.

몰간, K. 『마태복음 강해』 원광연 역. 서울: 아가페, 1992.

반더발, C. 『성경언약 연구』 명종남 역. 서울: 나침반사, 1995.

최갑종, 『바울 연구 1』 서울: 기독교 문서선교회, 1992.

황창기, 『예수님, 교회 그리고 나』 서울: 성광문화사, 1998.

후크마, 안토니 A. 개혁주의 종말론』 류호준 역. 서울: 기독교문서선교회, 1995.

카버, E. 『종말론 대백과』 채수범 역. 서울: 나침반사, 1992.

Aune, D. E. "Apocalypse" in *Dictionary of Paul His Letters*. ed. Gerald F. Hawthorne, R. P. Martin, D. G. Reied, Downers Grove, IL: Inter-Varsity Press, 1993.

Chilton, D. *The Days of Vengeance*. Ft. Worth, Texas: Dominion Press, 1990.

Feance, R. T. *N. T. Commebtaries, Mattew,* Grand Rapids: Eerdmans, 1994.

Kik, J. Marcellus. *An Eschatology of Victory*. New Jersey: Presbyterian and Reformed Publishing, 1971.

Kreitzer, L. J. “Eschatology" in *Dictionary of Paul His Letters*, ed. Gerald F. Hawthorne, R. P. Martin, D. G. Reied. Downers Grove, IL: Inter-Varsity Press, 1993.

Sproul, R .C. *The Last Days According to Jesus*. Grand Rapids: Baker Books, 1998.

이사야서와 계시록 12장의 간본문성

송 영 목
(고신대학교회 담임목사, 신약학)

Ⅰ. 들어가면서

신약의 구약 사용은 '성경이 성경을 해석한다'(*Sacra Scriptura sui ipsius interpres*)는 성경해석의 기본 원칙에 입각해 볼 때 아무리 강조해도 지나치지 않은 연구 분야이다. 하지만 때로는 지나치게 모든 것을 인용(quotation), 암시(allusion), 혹은 반향(echo)으로 간주함으로써 '의미의 비결정성'을 초래하여, 신약의 구약 사용을 밝히는데 혼동을 초래하기도 한다. 여기서는 계시록의 핵심장이라 할 수 있는 요한계시록 12장에 나타난 이사야서를 간본문의 관점(intertextual perspective)에서 살펴보고자 한다.[1]

---

1) 간본문성(상호 텍스트성)은 도스토예프스키의 시를 1920년대 연구한 러시아의 미카엘 M. 바흐찐이 '대화주의'(dialogism)의 개념에서 간파한 대로, 한 본문의 의미는 다른 여러 텍스트들과의 상호 대화적 관계 속에서만 제대로 파악할 수 있다는 전제에 기초한다. 이 대화는 서로의 입장을 견지하면서 진행되기에 서로를 더욱 풍성하게 만들며, 기록된 텍스트를 넘어 인생 자체도 묻고, 주의를 기울이고, 대답하고, 동의하는 방식 등으로 대화에 참여하는 것이다(보라. 이득재, 2003:157; Claassens, 2003:129). '텍스트'라는 말은 원래 올실로 짠 직조물 즉 그물의 개념을 가지고 있다. 간본문성에서 텍스트라는 말은 기록 된 글을 포함한 이해의 모든 대상을 가리킨다. 따라서 간본문적 해석의 범위는 매우 넓고 복잡하고 다양하며 풍성하다. 성경해석에서 간본문성이 적용될 때 한 가지 주의할 것이 있다. 그것은 텍스트의 상호 작용과 대화는 무한하다고 보아서 자칫 저자라는 중심축이 해체되어 '저자의 죽음'으로 치닫게 된다는 점이다. 이렇게 되면 성경 본문의 의미는 궁극적인 하나의 의미를 상실한 채 포스트모더니즘의 전형적인 양태인 해체주의 혹은 후기 구조주의의 비결정적 의미만 가지게 된다(참고. 자크 데리다, 1996:126-127; 'différance' [차연]). 이 글에서 본인은 이것에 동의하지

Ⅱ. 요한계시록 12장 개괄적으로 둘러보기

1. 계시록 12장의 해석 이슈

계 12장의 해석은 늘 계시록 전체 해석의 열쇠 역할을 해왔다. 지금까지 계 12장의 배경과 목적을 밝히기 위해서, 이 장에 대한 신학적, 해방신학적,[2] 역사적, 신화적,[3] 구조적, 그리고 언어적인 탐구는 안 된 영역이 없을 정도로 많이 수행되어왔다. 계 12장의 연구에 있어서 학자들 간에 가장 큰 이견을 보이는 부분 중 하나는, 요한이 어떤 자료를 사용했으며 어느 정도까지 자신의 목적을 위해 변경했는가의 문제이다.[4] 단순화시켜서 말하면 이 이슈는 두 가지 입장으로 요약될 수 있다:

않는다. 이 글에서는 텍스트를 기록 된 본문에만 제한하여 살펴볼 것이다(참고. 이상섭, 2003:160-162). 참고로 2002년에 영국 Chichester대학교의 Steve Moyise와 남아공 개혁교단 포쳅스트룸대학교의 Fika Van Rensburg(2002:275)는 벧전에 나타난 이사야서를 간본문적 해석으로 공동으로 연구한 바 있다. 이것은 전통적인 신약의 구약 인용 연구에 통제된 포스트모던적인 간본문적 해석이 결합된 결실 있는 연구로 평가된다.

2) 예를 들어, 이정희(1992:728, 749-750)는 계시록을 편집자의 손에 의해 제단 된 역사화 된 신화로 보면서, 해방신학-민중신학적 이데올로기로 접근한다: "죽임 당하는 자, 유배된 자, 억압/수탈/소외당하고 있는 자의 시각에서, 저자/편자/전승자는 요한묵시록이라는 '神-칼'을 악의 심장에 쑤셔대고 있을 뿐이다. 이것은 (민중)종교문학을 넘어 (민중)역사문학으로 읽어야 함은 바로 이 텍스트의 본성 때문이다. 그런 의미에서 민중사회전기이다."

3) 특히 넓게는 로마제국 좁게는 소아시아에 알려진 '전투 신화' (combat myth)와의 간본문적 해석을 가리킨다. A.Y. Collins의 1976년 하버드대학교 종교학부 박사학위 논문 시리즈 제 9번 (The combat myth in the book of Revelation)에 의해 주도적으로 수행된 이 연구는 실제로 성령의 영감성을 무시한 종교사학파적 해석의 한 부류로 평가할 수 있다. Collins의 오래전 선구자들은 Dieterich (1891), Gunkel (1895), 그리고 Bousset (1906) 등이다. Collins의 책에 기초하여, Chevalier (1997:330-331)는 계 12장의 '용-신화' (the dragon-myth)에 점성술적 신화, 수메르의 Kur, 가나안의 Yamm-Nahar-Lotan-Tannin, 바벨론의 Tiamat, 그리스의 Typhon, 포에니시안의 Ophion, 애굽의 Seth-Apophis, 페르시아의 Azhi Dahak, 인도의 Viritra, 그리고 힛타이트의 Puruli 신화 등이 복합적으로 영향을 미쳤다고 주장한다. 따라서 Chevalier에게 있어서 계시록은 고대 신화적 문서 그 이상도 그 이하도 아니다. 하지만 Minear(1991:75)는 넓게는 계시록 전체, 좁게는 계 12장의 전투를 성경신학적으로 접근하여 여러 가지 창세기 주제의 빛 속에서 이해한다: 옛 뱀의 역할, 뱀과 여인의 싸움, 뱀과 땅 짐승의 연결, 여인의 후손과 뱀의 후손 사이의 전쟁, 여인의 후손에 의해 상처 입은 뱀, 출산의 행위와 그것이 동반하는 고통의 강조, '형제'와 '피'라는 용어의 전략적 사용, 땅의 입의 두드러진 역할. 정경론적 접근으로 보면 성경의 결론인 계시록은 성경의 서론 격인 창세기와 inclusio를 이루어, 창조와 재창조의 완성이라는 주제를 66권 성경 전체에 관통시킨다.

① 요한의 주 자료는 그 당시 고대 근동에 알려진 '이방 전투 신화'라는 가설이며, ② 요한이 주로 '구약'을 의존했기 때문에 계 12장에는 통일성이 강하게 나타난다.[5] 계시록 해석에 있어 종종 그러한 것처럼, 이 두 입장은 각각의 증거로부터 나름대로 지지를 받고 있다. 수정된 제 3의 입장은 요한이 이미 메시아 예언과 성경적 용어를 포함하고 있던 전투 신화의 초기 유대적인 개작 자료를 사용했을 것이라는 '가설'이다. 안전한 결론은 요한의 주요 자료는 구약이되 특별히 이방인 출신 성도들이 잘 알고 있었던 신화적 틀도 사용했을 가능성이 있으며, 이것이 옳다면 그는 메시아 예언이 유일한 구주 그리스도 안에서 성취되었음을 독자들에게 의도적으로 가르치기 원했을 것이라는 주장이다. 계 12장에는 이사야는 물론 다른 구약 본문도 등장 한다: ① 계 12:3절 후반부/단 7:7, 24, ② 계 12:4절 전반부/단 8:10, ③ 계 12:5/시 2:9, ④ 계 12:14절 전반부/출 19:4, ⑤ 계 12:14절 후반부/단 7:25, ⑥ 계 12:9, 17/창 3. 여기서는 이사야서의 간본문 연구로만 제한한다.[6]

2. 계시록 12장의 문맥

성경의 결론으로 불리는 요한계시록 내의 간본문성 연구(intratextuality)에 의하면, 계 12장은 계시록 전체 22장의 중심부분으로 예수님의 성육신을 다루면서 시작한다. 주님의 승천이 5절에 등장하며, 뒷부분에서는 승천 후의 초대 교회의 시련과 승리도 다룬다. 계 12장은 초대교회가 시련 속에서도 승리한다는 사실을 다루는 계 1-11장 보다 연대적으로는 오히려 조금 후대에 속하는 것을 다루고 있지만, 성경

4) 사족을 달면, 사도 요한이 밧모섬에서 본 환상이 계시록 기록의 일차 주요 자료이다. 그러나 그가 성령의 감동 하에 보았던 환상을 구약의 빛 속에서 기록했을 것으로 추정되기에, 구약도 주요 자료라 부를 수 있다. 역으로 그가 본 승귀하신 그리스도가 중심인 환상의 빛 속에서 구약을 '그리스도 완결적'으로 해석하여 기록했을 가능성도 있기에 다른 신약 성경도 주요 자료가 된다. '자료'라는 말이 어색하면, 본 연구의 취지인 이사야서가 계 12장에서 어떻게 성취되었는가를 연구하는 것으로 파악하라.

5) 계 12-13장이 핵심으로 자리 잡고 있음을 밝히는 계시록 전체의 교차대칭 구조(chiastic structure)는 이미 여러 학자들에 의해 밝혀진바 있다(Jordan, 1999:17). 혹자는 이렇게 중요한 계시록의 중심 장에서 요한이 자신의 중요 자료인 구약을 포기했을 것이라는 가정은 신빙성 없어 보인다고 말한다.

6) 이 글의 몸통 부분은 Moyise (2005)의 글을 basis text로 삼았다.

전체의 복음의 핵심을 다루고 있기에 계시록과 성경 전체 이해에도 중요하다. 계 13-22장에서는 계 12장의 그리스도 사건이 초대교회와 그리스도의 최종 파루시아까지 어떤 효력을 미치는 가를 보여준다.

3. 계시록 12장의 사회-역사적 배경

계시록이 기록된 AD 66년경의 상황은 어떠했는가? 그 무렵 유대-로마 전쟁의 와중에 처한 팔레스틴의 초대 교회와 지리적으로는 떨어져 있었지만 네로의 학정을 받고 있었던 소아시아 7교회가 모두 박해를 경험했다. 따라서 요한은 그리스도 사건을 통해서 이미 성취된 종말론적인 승리에 대한 확신과 위로를 소아시아 7교회에 전해 주고자 한다. 7교회는 요한이 제시하는 환상을 듣고는 비록 그들의 상황에 즉각적인 변화가 없었을지라도 '믿음의 상징 세계'(symbolic world of the faith)를 그려보면서 용기와 위로를 받았을 것이다. 주님은 계시록 서론과 결론 부분을 감싸는 포괄식 구조(*inclusio*)를 통해서 그들의 고난에 대해 속히 신원하여 주시고(계 1:1,3,7; 22:6), 교회의 양대 대적인 불신 유대인과 이방 로마 제국은 조속한 시간 안에 심판을 받을 것이라고 친히 말씀하신다.

Ⅲ. 요한계시록 12장과 이사야서의 간본문적 석의

1. 계시록 12:1-6/이사야 7:14; 26:17-27; 66:7-8

1) 계 12:1-2, 5 사 7:14[7)]

7) "그러므로 주께서 친히 징조로 너희에게 주실 것이라. 보라. 처녀(the virgin, NIV)가 잉태하여 아들을 낳을 것이요, 그 이름을 임마누엘이라 하리라"(한글 개역).

UBS	MT	LXX
σημεῖον μέγα ὤφθη[8]...	יִתֵּן אֲדֹנָי הוּא לָכֶם אוֹת	δώσει κύριο" αυςτὄ" υJμἶν σημεἶον
γυνὴ` ἐν γαστρὶ ἔχουσα	הִנֵּה הָעַלְמָה הָרָה	ιςδοὒ ης **παρθένο"**[9] εςν γαστρἴ ἐξει
καὶ ἔτεκεν υἱὸν ἄρσεν	וְיֹלֶדֶת בֵּן	καἴ τέξεται υιJὸν

언뜻 보아도 이 두 구절 간의 간본문성은 강하기에, 많은 주석가들은 이 둘을 의도적으로 연결시킨다. 요한은 '여자'(γυνή)를 위해서 MT의 'עַ:לְמָה'(young woman 혹은 virgin)를 사용하지만, 왜 헬라어 'παρθένο"'(처녀, virgin)를 사용하지 않았는가?[10] 이 문제를 자세히 연구해 보면 사실 더 많은 어려움에 봉착하게 된다. 하지만 여러 가능성과 설명을 살펴보자:

(1) 요한이 사용한 하늘의[11] σημεῖον(이적)은 해(τὸν ἥλιον)를 입은 '여자'에게만 제한되지 않고, 용(계 12:3)과 7대접에도 적용된다(계 15:1).[12] 이 단어(σημεῖον)는 이 단어에 있는 묵시적인 풍미(apocalyptic flavour) 그 이상의 무엇을 가지고 있으며, 신약 간본문인 감람산강화(마 24:24, 30; 눅 21:11)와 같은 묵시적인 구절들과 함께 이해하면 의미가 더 분명해진다.

(2) 계 12장의 '여자'(γυνή)는 주로 집합적인 이미지(corporate image)로 역할하는 것처럼 보인다. 이 사실은 사 7장의 개인적인 출산 약속(individual birth

---

8) 원형 ὁράω의 신적수동태.

9) '그'(η)라는 정관사로 인해 이 처녀는 이사야와 아하스 왕 당시에 잘 알려진 '처녀'임이 분명하다. 아마 그녀는 왕가의 일원이었을 것이다. 왜냐하면 다윗 왕가는 사 7장에서 논의되고 있는 중심주제이기 때문이다. 그녀는 지금 잉태한 상태가 아니라 곧 결혼할 것이며, 잉태하여 아들을 낳을 것이다. 대체로 '처녀'로 번역되는 두 번째이자 더 일반적인 명사는 '알고 있는' 즉 성 관계를 가진 약혼이나 혼인관계에 있는 젊은 여인을 지칭할 수 있다(참고. 반 그로닝겐, 1997:619).

10) 히브리어 'עַלְמָה'는 처녀성(virginity)의 함의와 함께 결혼 적령기의 처녀(marriageable maiden)를 가리킨다(참고. 창 24:43). 구약에서 이 단어는 7번 등장하는데, 그 중에서 '처녀성'을 잃어버렸다고 명백하게 언급하는 경우는 없다. 마 1:23절의 경우와 마찬가지로 사 7:14절 LXX도 '처녀'(virgin)로 번역하기를 강하게 지지한다(보라. Pratt, 2003:1086).

11) 참고로, '하늘'(οὐρανός)이 계시록에서 52회 사용되는데, 오직 복수형(οὐρανοὶ)은 계 12:12절 뿐인데, 사 44:23절과 49:13절을 연상시킨다(Fekkes, 1994:189).

12) 점성술적 신화와 관련짓는 종교사학파적 해석자와는 달리, Lupieri(2006:189)는 계 12장의 해를 입은 여인의 모습을 창 37장의 요셉의 꿈과 연관 지어 그녀를 '이스라엘 전체'로 본다.

promise)과는 대조되는, 고통 중에 있는 여자/어머니로 '시온'을 묘사하는 구약의 구절들과 병행을 이루도록 한다(예. 사 66:8).

(3) 요한이 설명하고 있는 출생 장면의 다른 통합적인 특징은 '어머니의 고통과 괴로움'이다. 이것은 임마누엘 예언에서는 완전히 빠져있는 것이다. 그러나 시온/여자 주제가 산고의 주제를 강조할 뿐 아니라, 이 주제는 출산과 관련된 관습적인 언어를 밝힌다: εςν γαστρί̈ ἐξειν 그리고 ἔτεκεν υἱὸν, ἄρσεὺ.

(4) 몇몇 학자들은 사 7:14절을 암시한다고 여전히 주장하는데, 이유는 단순히 이사야의 출생 본문만이 계 12:5의 '아들'(υἱὸ")이란 단어의 사용을 설명할 수 있다고 보기 때문이다. 하지만 이 단어의 더 가능성 있는 근원은 시 2:7절인데, 하나님께서 다음과 같이 선언하신다: "너는 나의 *아*들이다. 오늘 내가 너를 낳았다." 계 12:5에는 시 2:9에 관한 분명한 암시가 아들의 출생으로부터 직접적으로 계속 나타나고 있다. 아래에서 이것이 좀 더 설명된다.[13)]

(5) 사 7장의 임마누엘 예언이 메시아에 대한 증거로서 초대교회 권에서 넓게 사용되었을 것이라는 가정에 대해서는 의외로 증거가 그리 많지 않다. 이것이 임마누엘 예수님을 예언하는 증거라고 밝히는 마 1:23을 제외한다면(그리고 눅 1:31절), 이 임마누엘 예언은 사도적 교부들을 포함하는 초대기독교 문헌에 거의 나타나지 않는다. 단지 AD 2세기 변증가들의 책에만 나타난다. 이런 현상에 대한 개연성 있는 하나의 설명은, 유대인들 세계에서는 사 7장이 메시아적으로 이해되지 않았다는 사실이다. 몇몇 증거는 초기 유대해석자들은 임마누엘 예언이 히스기야 왕에게 성취된 것으로 여겼다고 밝힌다. 하지만 복음서가 예수님의 성육신을 사 7장의 임마누엘 예언의 메시아적 성취라고 간주하기에 사 7:14은 원근투시법/이중 예언법에 따라 메시아 출생을 예언하는 것으로 보아야 하며, 비록 수적으로는 성경적 진술이 열세이더라도 정경 외적인 자료보다 더 중요하다.

사 7:16과 8:4 등의 증거로 볼 때, 일차적으로 이사야는 먼 미래에 처녀의 몸에서 태어나실 예수님의 초자연적인 출생을 예언하는 것 같지 않다. 아마도 이사야는 그

---

13) 이 연관성은 요한이 시 2편을 두아디라 교회에게 보내는 편지에서(계 2:18-29) 사용한 것에 의해 확증되는 것 같다. 계 2:18-29은 '하나님의 아들'(ὁ υἱὸς τοῦ θεοῦ, 시 2:7)이라는 호칭으로 시작되고 열방 위에 임할 권세의 약속으로 끝을 맺는다(δώσω αὐτῷ ἐξουσίαν ἐπὶ τῶν ἐθνῶν, 시 2:8-9).

의 첫 부인이 죽은 관계로, '임마누엘'을 자기가 맞이할 (처녀) 부인의 몸에서 곧 태어날 아들 '마헬살랄하스바스'를 염두에 두었을 것이다. 이런 의미에서 이사야 당시의 처녀와 아이는 예수님의 동정녀의 몸에서 출생하실 것의 그림자가 된다(사 7:15-16; 8:3-4; Pratt, 2003:1086). 아하스 왕 당시의 절망적 상황과 예수님 당시의 유사한 상황 속에서 무력이 아니라 겸손과 대속적 희생으로 세상을 구원하는 방식은 이사야와 복음서와 계시록 전반에 걸쳐서 나타난다. 이방 시리아의 제국 세력이 북 이스라엘과 손을 잡고 남 유다와 임마누엘이라 상징적으로 불릴 아이를 이사야 당시에 대항한 것은 이방 로마의 제국 세력과 배교한 유대인들이 소아시아의 7교회와 남자 아이(예수님)를 복음서 기자와 요한 당시에 거역한 것으로 모형론적인 방식을 따라 연결된다. 사 7:14이 적어도 '암시적/부분적으로' 메사아적 본문이라면, 요한은 마 1:23을 통하여 '명백하고도 전적으로' 메시아적 본문으로 이해한 것으로 볼 수 있다. 첨언하면, 계 12:1,2,5의 간본문적 해석을 위해서 사 7:14의 영향을 배제할 수 없지만, 요한이 설명하는 예수님의 출생 기사의 언어와 사상을 다른 구약 본문들을 통해서 파악하는 것도 가능하다.

(2) 계 12:2, 4b 사 26:17[14)]

UBS	MT	LXX
(γυνὴ) ἐν γαστρὶ ἔχουσα	הָרָה תַּקְרִיב לָלֶדֶת	ἡ ὠδίνουσα ἐγγίζει
καὶ κράζει	תָּחִיל תִּזְעַק בַּחֲבָלֶיהָ	τεκεῖν καὶ ἐπὶ τῇ ὠδῖνι
καὶ βασανιζομένη τεκεῖν`		αὐτῆς ἐκέκραξεν
τῆς μελλούσης τεκεῖν		

휘황찬란한 면류관을 쓴 하늘의 여왕으로서의 여자의 묘사(계 12:1)를 뒤 따라(비교. 계 17:1-6; 18:7), 요한은 계 12:2에서 계속해서 여자는 임신 중이며 출산이 가까웠다고 밝힌다. 계 12:4b에서 출산의 임박함이 좀 더 분명한 표현으로 나타난다: "여자는 막 해산하려고 한다"(The woman was about to give birth; τῆς μελλούσης

14) " 여인이 산기가 임박하여 구로하며 부르짖음같이 우리가 주의 앞에 이러하니이다" (한글 개역).

τεκεῖν). 이 여자의 상태를 묘사하는데 사용된 대부분의 단어와 구들은 출생 기사에서 발견할 수 있는 전형적인 어휘의 한 부분이다. 이 표현 중 하나 혹은 몇 개가 많은 성경 구절 안에서 발견되지만, 요한에 의해 선택된 사상의 특정한 결합은 놀랍게도 사 26:17에서 나타난 출생 은유와 가깝다. MT와 비교해 볼 때, 계 12:2의 다양한 요소들은 다음의 병행을 증명한다:

(1) ἐν γαστρὶ ἔχειν은 히브리어 הָרָה를 쉽게 풀어 쓴 것이다.
(2) κράζω는 대개 זָעַק의 번역이다.
(3) ὠδίνω는 대개 חוּל의 표준적인 동의어이지만, 여기서는 명사 חֵבֶל (고통)의 동사적 번역으로도 볼 수 있다.
(4) τεκεῖν은 부정사 לָלֶדֶת의 표준적인 번역이다.
(5) 계 12:4절 후반부에 부정사 τεκεῖν과 더불어 사용된 μέλλω는 풀어 쓴 형태인 תַּקְרִיב לָלֶדֶת의 동의어로 볼 수 있다.[15)]
(6) 비록 폭넓은 의미를 가지고 있는 חוּל의 번역으로 볼 수 없지는 않지만, 나머지 용어 즉 βασανίζω (고통)의 경우는 불분명하다. 이 관련성은 위의 3번에서 언급한 ὠδίνω를 더 확실하게 חֵבֶל과 연결시킨다.

따라서 이 두 구절 사이에서 모든 말의 단위 차원에서 가능한 병행을 볼 수 있다. 물론 문맥 안에서 유사점들이 더 추가될 수 있다. 비록 한 가지 큰 차이점에도 불구하고, 계 12장이 사 26장과 공유하는 가장 중요한 측면은 출생 은유를 모든 선택 받은 사람들에게 '집합적'으로 적용한다는 점이다. 이사야서에서 출생 언어는 하나님을 향해서 말해진 것으로서, 이사야의 공동체(이스라엘)에 의해 경험되는 좌절과 미성취의 직유(simile)로서 기능한다. 이스라엘은 목표를 제대로 인식함 없이 새로운 탄생을 위해서 고통만 겪어 왔다. 환언하면 자신을 위한 구원의 기대감(사 26:18)과 대적에게 임할 심판의 기대감(사 26:21)은 좌절된 채로 남아 있어 마치 바람(רוּחַ)만 남긴 것과 같았다. 그러나 계시록에서는 목적은 성취되고 긴장은 해소되

15) 예를 들어, 창 12:11절에서 부정사가 뒤 따르는 קָרִיב의 *hifil*형은 RSV가 번역하듯이 '막 - 하려하다' (be about to)는 의미이다.

었다. 왜냐하면 소아시아의 7교회는 하나님의 구원과 심판의 대리자인 메시아의 탄생으로 구원의 소망을 보상으로 받았기 때문이다.

계 12장과는 대조적으로, 적어도 일차적으로 사 26장은 육체적인 출생 혹은 메시아적 구원자의 출현을 예상하지 않는다는 점을 우리가 인식하는 것은 중요하다.[16] 대신 하나님의 직접적인 개입을 바라본다. 우리가 그 가능성이 아주 강함에 동의하듯이, 만약 요한이 사 26장을 사용했다면, 사 26장은 요한에게 여인의 임신한 상태, 그 여자의 고통의 격심함, 그리고 출산의 임박함에 대한 언어와 문맥을 제공했다. 그리스도 완결적(Christotelic) 입장에서 요한은 사 26장을 고통과 기대감 속에 있던 자신의 공동체의 상황을 설명하기 위해서 사용했던 것으로 보인다. 그 다음 요한은 출생 은유의 결정을 위해서 다른 본문을 의존했을 것이다.[17]

(3) 계시록 12:5-6/사 66:7-8[18]

UBS	MT	LXX
καὶ ἔτεκεν υἱὸν ἄρσεν	וְהִמְלִיטָה זָכָר	ἐξέφυγεν καὶ ἔτεκεν ἄρσεν
καὶ ἡ γυνὴ ἔφυγεν εἰς τὴν ἔρημον		

사 26:17과 사 66:7-8의 대조는 그리 크지 않다. 전자는 시온이 출산함 없이 고통을 참고 있다고 밝히지만, 후자는 심지어 고통을 겪기도 전에 출산하고 있다고 밝힌다. 계 12:5-6에 나타난 사 66:7-8의 영향은 다음의 주장에 기초한 많은 학자들에

16) 비메시아적 본문을 계시록과 유사한 문맥과 주제적 연관성을 근거로 하여, 요한이 메시아적이며 종말론적으로 해석하고 있다. 이러한 그리스도 완결적 해석을 통한 인용/암시는 AD 1세기 사도들의 해석의 특징이다. 구약의 원 저자이신 성령은 동시에 사도로 하여금 구약에 그리스도 완결적 의미를 부여하실 수 있으신 해석자이시다.

17) 계 12장과 사 26:17-27의 다른 간본문성은 다음과 같다: 짧은 기간 동안 메시아 공동체가 숨는 것(사 26:20; 계 12:6,14), 하나님이 용/뱀을 죽임/패배시키는 것(사 27:1; 계 12:8).

18) "시온은 구로하기 전에 생산하며 고통을 당하기 전에 남자를 낳았으니, 이러한 일을 들은 자가 누구이며 이러한 일을 본 자가 누구이뇨 나라가 어찌 하루에 생기겠으며, 민족이 어찌 순식간에 나겠느냐. 그러나 시온은 구로하는 즉시에 그 자민을 순산하였도다"(한글 개역성경).

의해 인정받아 왔다:

(1) 주제적 유사성들: 집합적인 어머니(시온)를 포함하는 출생 은유 등.
(2) 용어적 병행: καὶ ἔτεκεν ··· ἄρσεν 그리고 φεύγὼ.

두 번째 것을 먼저 고려해 본다면, 주 관심사는 이중 표현인 υἱὸν ἄρσεν이다. 문법학자들은 이 결합이 요한이 의도적으로 사용한 문법 위반(solecism)의 다른 예인지 아닌지에 대해 의견의 통일을 보지 못한다. 하지만 그것이 문법 위반으로 외형적으로 보인다 할지라도, 그 안에 요한의 의도가 있음을 놓치지 말아야 한다. ἄρσεν을 남성 명사를 수식하는 중성 형용사(male)로 보는 대신, 몇몇 사람들은 υἱὸν과 동의어로서 제 2의 (부차적인) 수식적 명사(male child)로 취급한다: 즉 "여자가 한 아들 곧 남자 아이(ἄρσεν)를 낳았다."

이 결론은 남성 ἄρσενα가 독립적으로 사용된 계 12:13에 의해 정당성을 입증 받는다. 여하튼 이중 목적어의 어색함은 아마 ἄρσεν이 아니라 υἱὸν에 의해서 유발된 것 같다. 독자는 계 12:2에서 시작된 출생 기사의 결론으로서 출생 선언을 기대하게끔 인도된다. 일반적으로 흔히 기대되는 표현은 전혀 불가능한 것은 아니지만 ἔτεκεν υἱὸν ἄρσενα 혹은 ἔτεκεν ἄρσεν이 아니라 ἔτεκεν υἱὸν이다. ἄρσεν보다 υἱὸν을 부차적인 첨가라고 보는 것이 더 용이하다. 위에서 논의된 것처럼, 여기에서 υἱὸς의 사용은 아마 즉각적으로 뒤따르는 시 2:9을 인용함으로써 야기된 것 같다(참고. Acts of John 73; Acts of Peter 17).

계 12:5은 주제의 두 층을 종합한 성격을 띠는 것 같다. 상술하면, 주요 자료는 단지 출생을 알리는 표현이고, 2차적인 자료는 시 2:7-9에 기초하여 그 출생에다가 메시아적 중요성을 부여한 것으로 보인다.

(1) καὶ ἔτεκεν ··· ἄρσεν` (사 66:7)
(2) υἱός μου` ποιμανεῖς αὐτοὺς ἐν ῥάβδῳ σιδηρᾷ (시 2:7, 9).

계 12:5의 υἱὸν과 시 2:9로부터 온 구 사이의 관련성은 남성 관계 대명사ה에 의해 증명된다. 그리고 '아들'이라는 단어의 이전 배치(previous collocation)와 두아디라 교회에게 보내는 편지 안에 사용된 시 2:8-9에 의해 더욱 지지를 받는다. 출생을 나타내는 표현인 καὶ ἔτεκεν ἄρσεν의 기원에 관해서는, 사 66:7을 의존했다는 사실을 확증하는 지배적인 요소는 없다. 그러나 여러 가지 축적된 증거는 그런 연결을 선호하도록 만든다.[19)]

출산하는 여인인 시온의 집합적 이미지가 계 12장에 등장하는 여인의 집합적인 성격에 적합할 뿐 아니라, 사 66:7-8에 나타난 은유의 모호성은 이 둘 모두에게 개별적인 출산(메시아)과 집합적인 출산(구원 받는 공동체)을 모두 허용한다.[20)]

그녀는 한 아들을 낳았다 (사 66:7b)
그녀는 한 아들 즉 남자 아이를 낳았다 (계 12:5)

그녀는 그녀의 아들들을 낳았다 (사 66:8b)
그 여자 (그리고) …… 그녀의 자손의 나머지 (계 12:17)

그리고 이 두 구절에서 출산은 (대적/열국을 향한) 심판과 (박해 받고 있는 공동체를 위한) 구원의 종말론적인 개시를 가리키는 지시(reference)로서의 역할을 한다(사 66:5, 10-14b/계 12:6, 10-11, 14-17; 사 66:6, 14b-18/계 12:5, 7-9).[21)]

---

19) Aus(1976:254-255)는 주장하기를 요한은 예수님의 출생을 묘사하기 위해서 사 7:14과 더불어서 사 66:7을 사용하는데, 특별히 계 12:6과 사 66:7의 φεύγω의 사용은 계 12:5 안에 사 66:7이 사용되었음을 더 분명하게 만든다고 생각한다. 이것은 과연 어느 정도 설득력 있는 주장인가? 요한이 사용한 φεύγω와 사 66:7의 LXX의 ἐκφεύγω는 조금 차이가 난다. 그리고 이 두 구절의 다음과 같은 근본적인 차이점을 기억하자: 사 66:7의 LXX에는 여인이 먼저 도망을 가고 나중에 출산하지만, 계 12장에서는 여인이 출산을 하고 (5절) 그 다음에 도망을 간다(6절). 종말론적인 도망의 주제(the eschatological motif of escape)는 슥 14:5과 9절에도 잘 나타나 있는데, 교회의 도망은 하나님의 피난처로의 도망인데 우주적인 의미의 임마누엘을 성취하기 위해서 이다.

20) 사 66:7절의 '개인적인 (individual) 메시아적 해석'은 유대교와 기독교의 자료에 모두 나타난다(예. 이사야 탈굼 66:7; 그리고 아마 1 QH 39 등).

2. 계시록 12:9/이사야 14:12-15

계시록	이사야
그리고 큰 용이 던져졌다 …… 그는 땅으로 던져졌고, 그의 천사들도 그와 함께 던져졌다(12:9).	너 아침의 아들 계명성이여 어찌 그리 하늘에서 떨어졌으며 너 열국을 엎은 자여 어찌 그리 땅에 찍혔는고 …
나는 하늘에서 땅으로 떨어지는 한 별을 보았다(9:1).	그러나 이제 네가 음부 곧 구덩이의 맨 밑에 빠치우리로다.
한 큰 별이 하늘에서 떨어졌다(8:10).	

사 14:5-20은 사 13:1-14:23의 바벨론 신탁을 구성하는 한 부분으로서, 바벨론 왕을 향한 유명한 조롱의 노래를 담고 있다. 사 14:12-15에서, 이사야는 바벨론 왕을 헛되며 나중에는 파멸할 별에 비유한다. 일부 주석가들은 계 12:7-9에 나타난 미가엘과 용 사이의 천상의 전쟁(heavenly war)은 사 14:12의 부분적 혹은 전체적인

21) 사 66장은 종말론적인 심판(eschatological judgment)을 나타내는 거의 표준적인 증거본문(a standard proof text)이 되어왔고, 기독교 해석자에 의해 이른 시기에 취해져서 그리스도의 최종 파루시아와 심판에 적용되었다. 하지만 사 66장을 그리스도의 재림이 아니라 초림으로 펼쳐질 새 세상을 지시하는 것으로 보는 것이 더 낫다. 다음을 비교해 보라: 살후 1/사 66:4-5, 15; 막 9:48/사 66:24. 요한 역시 사 66:5을 계 16:1과 17절의 대접 심판과 관련하여 암시하고 있는 것 같다. 아래에서 Darr(1994:83-86, 122-123)가 주목한 계 12장의 아이/여인과 이사야서의 간본문성에 주목해 보라: (1) limited knowledge and competence (Isa. 3:12), (2) weakness and vulnerability (Isa. 3:16; 11:8), (3) lovableness (Isa. 49:14-18), (4) familial longevity (Isa. 48:18-19), (5) disrespectful behaviours (Isa. 3:5), and (6) rebelliousness (Isa. 1:2-3; 30:1) are associated with the children imagery in Isaiah. These metaphors function strategically to persuade readers to a perspectival realignment, an assent to the depiction of reality that the text presents: God's relationship with Israel is as enduring, as complex and as powerful as the familial blood bond binding parents and children across generations. Isaiah's vision also abounds with references to women. Isaiah shows numerous and complex associations with women: (1) subordination and dependence, (2) vulnerability (Isa. 13:16), (3) haughtiness (Isa. 2:11-17), (4) submissiveness (Isa. 4-5), (5) limited knowledge and competence (Isa. 27:10-11), (6) familial love (Isa. 49:22), (7) maternal devotion (Isa. 49:15) and (8) compassion (Isa. 66:13). Isaiah employs these female images to convey a sense of the love, passion, jealousy, shame and pride believed to be integral to the relations binding God and Israel.

해석에 기초한다고 본다(예. Kraft, 1976:261; 참고. 눅 10:18; 요 12:31). 하지만 대부분의 주석가는 단 12:1(······ ἐκείνη ἡ ἡμέρα θλίψεως οἵα οὐκ ἐγενήθη ἀφ' οὗ ἐγενήθησαν ἕως τῆς ἡμέρας ἐκείνης καὶ ἐν ἐκείνῃ τῇ ἡμέρᾳ ὑψωθήσεται πᾶς ὁ λαός ὃς ἂν εὑρεθῇ ἐγγεγραμμένος ἐν τῷ βιβλίῳ)과의 간본문성을 찾는다(보라. Du Rand, 1999:1790). 중요한 요소는 계 12장에 나타난 용의 상황과 목적을 살펴보는 것이다. 사 14:12을 사탄의 타락을 언급하는 것으로 보면서 영적으로 해석한 경우는 오리겐에게서 그 첫 번째 예를 볼 수 있다. 제 2에녹서 29:3-5과 '아담과 이브' 15-16장에도 이런 영해가 포함되어 있지만, 이 두 책은 요한계시록과는 비교적 시간적인 간격이 있는 것으로서, AD 100년 이전의 작품으로 인정받지 못하고 있다. 확실히, 초기 유대주의 해석과 사 14장의 재적용이 여러 곳에서 발견되지만, 이것은 결코 사탄을 가리키지 않는다. 적어도 AD 80년경에 죽은 요하난 벤 자카이 시대로부터 랍비문헌은 이 구절을 공통적으로 느부갓네살 왕에게 적용했다.

묵시문학과 위경 안에 이것의 재적용의 더 이른 예들은 사 14:12-15의 역사적인 이해를 견지하고 있음을 증명한다. 그리고 이것을 자기 당대의 일반적으로 악한 사람 혹은 거만한 왕에게 적용함으로써 현대화시켰다.[22] 이것을 고려해 본다면 아마 요한은 이것을 (영적으로) 사탄이 아니라 (요한 당시의) 짐승(교회의 대적)에게 적용했을 가능성이 없는 것은 아니다. 하지만 눅 10:18과 요 12:31을 간본문으로 삼아, 그리스도 사건 특히 승천으로 말미암아 사단의 세력이 결정적으로 패배했음을 의미하는 것으로 보는 것이 자연스럽다(Clark, 1989:84). 이것도 사도 요한이 그리스도 사건을 출발점으로 하여 이사야서를 해석하여 암시하는 그리스도 완결적(Christotelic) 해석의 예이다.

계 12장의 문맥을 고려해보자. 물론 요한은 계시록 어디에서도 이 떨어짐이 천사의 '잘못된 야망'에 의한 것이라고 직접적으로 말하지 않는다. 그 대신 천상의 대적이요 참소자인 사탄의 전형적인 역할은 법정적인 배경 안에서 묘사된다.[23] 더욱

22) 단 8:9-12과 11:36 그리고 제 2마카비서 9:1-12에서는 '안티오커스 에피파네스'에게 적용되는 것으로 볼 수 있다. 에녹 1서 46:5-7에는 보다 일반적인 '악한 왕들'에게 적용된다.

이 하늘의 전쟁과 사탄의 떨어짐은 먼 과거의 관점에서 설명되지 않고, 메시아의 출현과 사역의 결과로 묘사된다.[24] 계 12장에서는 사 14장의 경우처럼 사탄이 구덩이에 떨어지지 않고(참고. 계 20:1-3), 단순히 땅으로 쫓겨난다. 그가 이전에 하늘 보좌로 나아갈 수 있도록 하나님으로부터 얻었던 면회의 특권은 이제 끝나버렸다. 따라서 이 사탄의 떨어짐은 사탄의 활동의 장의 변화를 의미한다. 따라서 "하늘에서 한 별이 떨어졌다"라는 표현을 계시록의 모든 부분에서(계 8:10과 9:1을 포함) 사 14장의 영향으로 볼 이유는 없다. 대신 이 표현은 고대 우주론적이고 묵시적인 이미지와 은유적인 말에 등장하는 흔한 표현이기는 하지만, 사단을 이기신 그리스도 사건으로 보는 것이 마땅하다(보라. 송영목, 2007:197).

3. 계시록 12:12절 초반부/이사야 44:23; 49:13

사 44:23과 49:13은 계 12:12절 초반부의 요한의 기쁨의 초청(εὐφραίνεσθε)의 병행 구절로서 종종 인용된다. 하지만 소수의 사람들만 직접적인 스타일적 영향을 지지한다. 비교를 위한 기초가 두 단어에만 한정되어 있다는 사실을 제쳐두고라도, 명령형으로 나타난 찬송에로의 참여의 호소를 담고 있는 유사한 찬송적인 형식은 다른 구약과 초기 유대문헌에서도 발견된다(예. 시 96:11 LXX [한글 개역성경, 시 95:11]: εὐφραινέσθωσαν οἱ οὐρανοί καὶ ἀγαλλιάσθω ἡ γῆ σαλευθήτω ἡ θάλασσα καὶ τὸ πλήρωμα αὐτῆς; 대상 16:31 εὐφρανθήτω ὁ οὐρανός καὶ ἀγαλλιάσθω ἡ γῆ καὶ εἰπάτωσαν ἐν τοῖς ἔθνεσιν κύριος βασιλεύων).

계 12장 안에 있는 이사야서의 영향을 다룰 때 위에서 언급되지 않은 다른 구절이 거론되지만, 단지 병행의 차원 이상으로는 대두되지 않는다: 사 40:13/계 12:14.

23) 계 2:9과 3:9은 '사단의 회'(συναγωγὴ τοῦ Σατανᾶ)라는 말을 통해서 소아시아라는 '지상'의 사단의 활동을 언급한다. 사단은 계 12장에서는 하늘에서 '땅'으로 쫓겨나고, 19장에서는 땅으로부터 '무저갱'으로 던져지고, 20장에서는 영구한 최후의 심판 장소인 '불 못'에 빠진다. 이것은 그리스도께서 사단을 정복하신 3단계를 보여주지만, 땅과 무저갱에서 역사하는 사단의 활동은 중첩되기에 분명하게 구분할 수 없다. 사단이 땅으로 떨어진 것은 그가 장차 궁극적으로 패망할 것의 전조이다(Clark, 1989:84).

24) 여기서 '부분적 과거론'의 정당성이 입증된다.

계 12:14의 '큰 독수리의 두 날개'(αἱ δύο πτέρυγες τοῦ ἀετοῦ τοῦ μεγάλου)는 출 19:4에 더 가깝다. 이 출애굽 주제를 염두에 둔다면, 요한의 독자인 소아시아의 7교회는 예수님 안에서 새로운 출애굽을 경험한 하나님의 백성들로 나타난다.[25)]

Ⅳ. 나오면서

먼저 방법론과 관련하여 결론을 맺어보자. 이상에서 살핀 계 12장과 이사야서의 간본문적 해석이 보여주듯이, 성경신학을 위한 간본문적 해석의 대화적 모델은 여러 가지 장점을 약속한다: ① 다양하고 종종 대조적으로 들리는 성경 본문의 음성을 함께 가져와서 고려하도록 하는 유익이 있다. ② 신구약의 연속성과 다양성을 고려해야 한다고 원리적이고 이론적으로 주장하는 목소리는 예전부터 있어 왔지만, 이 성경신학적 대화 모델을 통하여 여전히 존재하는 구약과 신약 사이의 큰 분리를 연결하여 가로지를 수 있다. ③ 이 해석은 기독교의 성경해석과 유대적 성경 해석의

25) 예수님의 승천 이후에 사단이 바다 모래 위에 서서 (로마 제국 전역에 흩어진 성도로 볼 수 있는) '그 여자의 남은 자손'과 싸우려는 것을 언급하는 계시록 12:17절과 하나님의 백성을 괴롭힌 이방 세력 두로가 패망할 것이라는 이사야 23:17-18절 사이의 간본문성도 주목할 만하다. 이를 위해서 Leiden대학교의 Van der Kooij (1998:74-75, 86)의 설명을 들어보자: "According to Isa. 23:17, after a period of 70 years Tyre (the harlot) will do her best to try to draw the attention of the nations again, as in the past. However, as is clearly implied in Isa. 23:18, this new situation will not be to the benefit of Tyre herself, but actually to the benefit of the temple of the Lord and to the people who live on the temple mount of Jerusalem (presumably priests and Levites). The gain and profit will be 'a sacred gift' to be put in the treasuries of the temple of God, because it is regarded to be 'a tax and as such a memorial before the Lord.' The ending of LXX Isa. 23:18 (for a contribution, a memorial before the Lord) reflects an interpretation based on Nu. 31:25ff. Just as part of the war booty of the Midianites is considered a tribute or tax to the Lord, so part of the commercial richness of Tyre is seen that way in Isa. 23:18. The people of the Lord (on the temple mount) will have a good life: they will eat, drink and be filled (with the booty). LXX verses 17-18 clearly reflect a great interest in the important role of the temple of Jerusalem in a world-wide setting." 이 간본문성은 계시록이 불신 유대인과 이방 로마 제국에 대한 2중적인 심판을 다룬다는 전환적 부분적 과거론과 연관된다. 요한은 사단의 파멸과 관련지어 (계 12:7) 그의 독자들에게 하나님은 로마 (사 23장에서는 '두로')를 곧 심판하실 것이며, 그 결과 전 세계의 디아스포라 안에 있는 (새 이스라엘의 성령의 전이요 영적 제사장인) 하나님의 백성들을 섬길 것이라는 사실을 상기시킨다.

풍요로움을 창조적으로 도입하는 하나의 수단을 제공한다. ④ 언약과 구속사 혹은 하나님 나라와 같은 성경의 거대 담론을 관통하는 성경 신학적 주제들을 포기하지 않고서라도, 얼마든지 이 성경신학적 대화는 주석가의 선입견과 같은 여러 요인에 의해서 소외되기 쉬운 본문들을 배려하면서 세부적인 주석을 풍요롭게 한다. ⑤ 본문이 서로 대화하도록 하여 의미를 발견하려고 하기에, 주석가의 선입견과 전제가 본문 위에 군림하지 못하도록 통제하는 효과도 있다(참고. Claassens, 2003:142-144).

지금까지 계시록의 다니엘서와 에스겔서의 인용/암시는 이사야의 인용/암시보다 주목을 더 받아왔다. 그 이유 중 하나는 이사야서를 인용/암시할 때 종종 다른 구약 본문들과 혼합되었기 때문으로 추정된다.[26] 요한은 계시록을 기록할 때 이사야서를 잘 알고 있었으며, 그것을 사용할 때는 자신의 그리스도 완결적인 신학적 의도를 위해서 때로는 변경하면서 사용했다. 여기서 주의할 것은 요한의 일차적인 주 자료는 성령의 감동으로 그가 직접 본 환상이었다는 점을 부정하면 안 된다는 점이다. 구약 특히 이사야서의 빛 속에서 요한은 자신이 본 환상을 해석했을 것이다. 하지만 더 중요한 것은 요한이 이사야서를 향해서 가한 그리스도 완결적 해석이다. 간본문적 해석을 위해서는 더 철저히 이사야 본문이 처한 역사적 그리고 문맥적인 상황을 고려한 후 계시록과의 연속성과 불연속성을 살펴야 할 것이다. 이 글에서 이것을 더 연구할 과제로 남긴다. 이런 노력이 있어야만 간본문적 해석의 '사회-문

26) 이사야서 자체가 성경의 다른 본문들과 단어, 주제, 상징, 구조 등에 있어서 간본문성을 가지고 있다. 이사야서의 창조 주제(creation motif)를 예로 들어보면, 창 1:1은 사 45:18의 간본문이며, '하늘과 땅'은 창 1장의 주요 주제인데, 사 1:2절에서 이사야는 '하늘과 땅'에게 선포한다. '빛과 어둠'도 창 1장의 주요 주제인데, 사 2:5에서 야곱 족속에게 여호와께서 주시는 구원과 생명의 빛 가운데로 행하라고 한다(참고. 사 9:1; 42:6; 45:7; 49:6; 60:1-2). 사 32장은 창조 세계가 왜곡되고 마귀적으로 타락한 것을 다루는데, 마치 창 1장의 창조 전에 땅이 혼돈하고 공허한 모습과 유사하다(contra 아름다운 에덴동산, 사 58:11). 사 1:16-17은 선악을 알게 하는 나무를 연상시킨다. 사 1:18은 범죄 전의 에덴의 풍요로운 모습이다. 사 34:4에서 무화과나무 잎이 마르는데, 이것은 아담과 하와가 걸친 무화과나무를 연상시킨다(창 3:7). 사 44:2의 이스라엘의 조성자는 아담의 창조자이시다. 새 창조를 예언하는 사 65:17과 66:22은 창세기 1장의 성취적 간본문이다. 이사야는 창 1장을 비롯한 창세기의 표현과 사상과 주제를 단순하게 번역하는 것이 아니라, BC 8세기 후반의 상황 속에서 나름대로 '회복된 예루살렘과 메시아를 통한 새 창조'를 다루면서 '새 책'을 기록하고 있다(보라. Miscall, 1992:48-51). 이사야서의 창조주제는 계 12장에도 등장한다: '하늘과 땅, 아이와 용/사단을 통한 빛과 어둠의 주제, 그리스도의 승천을 통한 하늘 성소의 변혁/새 창조.'

화적 간본문성'(socio-cultural intertextuality)이 확보된다. 전반적으로 다니엘서와의 간본문성에 못지않게, 메시야의 출생과 사역의 맥락과 관련하여서 만큼은 이사야서가 계 12장의 가장 중요한 간본문 중 하나임을 부인할 수 없다.

계 12장과 이사야서의 간본문성 연구는 현대 설교자들이 구약 선지서에 나타난 메시아 본문의 경우에는 그 예언을 종말론적으로 확대/상승하여 성취하시는 예수 그리스도를 중심적으로 해석해야 하며, 동시에 비메시아 본문 가운데서라도 그리스도 완결적 해석이 가능한 경우는 그 완결적 해석의 장점과 유익도 살려야 함을 교훈한다.[27] 바로 그 때 성경 계시의 그리스도 중심적 성취의 풍성함이 확보된다(보

27) 주해는 항상 성경 저자의 특정 상황에 적합한 것과 영구적인 의의(abiding significance)를 구분하는 것이었다. 예를 들어, 갈 5:6절에서 바울은 율법의 영구적인 가르침을 지지하면서, 동시에 자신의 시대에는 더 이상 그리스도 안에서 할례나 무할례가 효력이 없다고 말한다. 여기서 AD 1세기(혹은 제 2성전 시기)의 유대주의 해석을 살펴보자: (1) 모형론 (예. 아담 모형론, 롬 5:14; 기독교 성찬의 모형으로서의 출애굽한 이스라엘이 광야에서 먹고 마신 것, 고전 10; 예수님의 십자가-승귀의 모형으로서의 광야에서 놋 뱀이 들린 것, 요 3; 기독교 세례의 모형인 노아 홍수 때의 물, 벧전 3), (2) (더 일상적인 의미에다가 숨어 있는 특별한 상징적인 의미로서의) 알레고리적 해석 (예. 씨 뿌리는 자의 비유와 그 해석, 막 4:3-9, 14-20; 사라와 하갈은 두 언약임, 갈 4; 계시록의 7별은 7교회의 사자이며 7촛대는 7교회, 계 1:20), (3) (비슷한 주제나 심지어 하나의 단어를 포함하고 있는 성경의 다른 구절을 언급하는) 표어 연결(catch-word links, 예. 롬 4:1-12절에서 바울은 창 15:6절의 의미를 시 32:1-2절을 언급하면서 찾아서, 창 15장에 언급 안 된 의로운 아브라함이 죄를 용서 받았다는 결론에 이르게 함; 갈 3장에 율법을 순종하지 않을 때 당하는 저주[신 27:26]는 바울로 하여금 다른 저주 본문인 신 21:23절로 인도하여 십자가에서 죽은 예수님이 율법의 저주를 받아서 율법을 어긴 우리가 저주를 받지 않게 되었다고 주장함), (4) 설교적 논증의 구조적 형태(예. *yelammedenu* 라고 불린 전통적인 논증은 먼저 질문으로 시작하여, 적절한 본문을 율법으로부터 인용하고, 주요 단어의 의미를 이야기로 설명하고, 주요 본문 중 하나를 다시 언급함으로 논증을 맺는 방식을 선한 사마리아인의 비유에서 볼 수 있음; 바울의 논증은 주로 율법서로 시작하여 그 다음 선지서 (가끔 지혜서)를 언급한 후, 마지막으로 그 본문의 자기 당시의 적용을 위한 *pesher*해석을 가하는 것임), (5) *haggada* 전설의 사용 (예. 고전 10:4절에서 광야에서 물을 낸 반석은 여정 내내 동행하신 예수 그리스도라고 말하는데, 유대 문헌 *Sukkah* 3:11절과 유사함; 모세가 율법을 천사를 통해서 받은 것 [행 7:53; 갈 3:19]은 유대고대사, 15:136절과 유사함; 유다서와 벧후는 제 1 에녹서 6-19장과 '모세의 승천기'를 사용함), (6) 본문 안의 모호성을 이용함 (예. 마 21:5절과 요 19:24절에서 인용된 히브리어 본문들 [슥 9:9; 시 22:18]의 평행은 의도적으로 무시되고 다른 두 행동을 가리키는 인상을 줌), (7) 다양한 본문들로부터 인용함 (예. MT에서 구약을 인용하는 랍비와 쿰란공동체와는 달리 신약 저자는 주로 LXX에서 구약을 인용하는데, 행 15:16-17절에 '에돔' 대신에 '아담/인류의 회복'을 언급하는 암 9:12절을 인용한다. 그러나 MT는 '에돔'의 회복을 언급함; 히 10:5-7절은 시 40:6절을 인용하는데 '귀'라는 부분으로 '몸'이라는 전체를 가리키는 것[*totum pro parte*]인지 모호하며, 그

리스도 이전의 독자가 시 40:6절을 그리스도의 성육신의 예언으로 읽었을지는 의문임), (8) 인용된 본문을 변경시킴 (예. 마 2:6절에서 미 5:2절을 인용하는데, 의미를 효과적으로 바꾸는 *oudamōs*['결코 아니다']를 첨가함으로써 마태는 예수님이 태어나신 베들레헴은 더 이상 중요하지 않은 도시가 아님을 설명함). 그렇다면 "문법-역사적 해석에 기초하여 가능한 객관적인 주석을 하려는 현대의 합리적인 사고를 가진 주석가들은 이상에서 언급된 1세기의 다소 이상하게 보이는 해석을 수용하여 현대에도 계속 발전시킬 수 있는가?" 아니면 "우리는 이러한 사도적 해석을 한 쪽으로 치워버려야 하는가?" 라는 질문이 제기된다. R. N. Longenecker 같은 이는 우리는 사도들이 구약을 문법-역사적 주해와 일치하는 방식으로 다룰 때에만 사도를 따라야 하며, 신적 영감으로 신약에 나타난 이러한 사도적 해석만을 수용해야지, 우리도 별난 주석 방식들(bizarre types of exegesis)을 흉내 낼 수 없다고 못 박으며, 문법적-역사적-언어적 분석을 객관적으로 행하는 것이 더 안전하다고 본다. 하지만 이런 입장은 문법-역사적 해석으로 사도들의 해석 전체를 재단해 버린다는 인상을 주며, 신약 성경이 1세기의 특별한 문제 해결에만 도움이 되는 고대 문서이며, 그 이후의 그리스도인에게도 말씀하는 '살아 있는 본문' (living text)이 아님을 의미하는 것으로 보인다. 하지만 최근에 "사도는 사도이다"라는 뉘앙스를 풍기는 Longenecker와는 다른 목소리가 자주 들린다. 즉 사도라는 권위에 근거하여 구약을 이상하게 해석한 것이 아니라, 그 당시의 해석의 경향을 도입한 결과가 아닌가? (참고. 피터 엔즈, 2006:224). 초대 교회가 '원칙'으로서의 그리스도가 아니라 '십자가에서 죽고 부활하신 그리스도'라는 렌즈를 통해서 구약을 이해했고 (눅 24:27), 우리도 그와 같은 방식으로 주석할 수 있다고 D. Juel이 주장한다(참고. 'Messianic interpretation', 1988). 또한 공동체를 변혁시킬 수 있다면 우리가 본받을 수 있는 바울의 해석은 그리스도 중심적 (christocentric/christological)이라기보다는 '교회중심적'(ecclesiocentric)이라고 주장하는 R. Hays의 주장도 중요하다 (참고. 'Echoes of Scripture in the letters of Paul', 1989). 마지막으로 지금도 적실하다고 믿으며 '원래 의미, 확장된 의미, 그리고 생산적 의미'를 통합시키는 해석인 '삼위일체적'(trinitarian)해석을 주장하는 K. Vanhoozer의 주장도 주목할 만하다(참고. 'Is there a meaning in this text?' 1998). 이 세 명 사이의 큰 공통점은 주석이란 기술(technique) 아니라, 살아 계신 하나님의 현존이라고 본다는 점이다. 이와 관련하여 S. Moyise의 입장은 두 가지로 요약된다: (1) 현대의 역사비평적이거나 문법적 분석의 관점에서 납득될 만한 해석 방식들만 허용되어야 한다는 주장은 무리가 있다. 왜 우리는 19세기의 이성주의적 해석이 사도 저술들을 판단하는 위치에 서는 것을 허용해야 하는가? 1세기의 유대적 테크닉인 '표어 연결'과 이야기들을 제시하여 설명하는 방식을 대체한 포스트모던의 문학적 해석방식에 기초한 간본문적 해석과 같은 신학적 해석은 1세기 사도들이 수행한 여러 설득의 방식들을 사용할 수 있게 한다. 또한 어떤 교부들에 의해 수행된 알레고리의 오용이 우리가 수행할 수 있는 더 낫고 진정한 양식의 알레고리를 거부하도록 해서는 안 된다. 알레고리를 반대하는 도그마(anti-allegorical dogma)가 예수님의 비유 해석을 얼마나 빈약하게 만들어 버렸는가를 아는가? '왕, 목자, 사랑하는 아들'과 같은 비유의 등장인물, 그리고 '씨, 포도원, 누룩'과 같은 대상들은 자연스럽게 상징적인 해석을 유발하지 않는가? 1세기 사도적 해석 방식 가운데서 공동체의 변혁을 위한 귀한 '열매'(이것을 해석의 'key criterion'으로 볼 수 있다면)를 낼 수 있는 것은 그 변혁을 위한 도구로 사용될 만하다. (2) 설득의 고대 양식이 아니라 현대적 양식을 사용하는 성육신적 해석(incarnational hermeneutic)이 적합하다. 예를 들어, '삼위일체적 해석'은 자연스럽게 성육신적 해석이 되며, 따라서 특정 시대와 문화 속에서 작용하는 설득과 논증의 형식들을 채택한다. 바울의 주된 사역이 유대인의 성경으로 이방인이 다수였던 공동체에게 설명하는 것이었듯이, 우리의 사역은 계몽주의 이후 시대를 살면서 과학적 증거와

라. 황창기, 2007:81).

역사적 객관성 그리고 합리적 논증을 중시하는 현대인들에게 구약과 신약을 해석하는 것이다. 그런데 현대 그리스도인들도 예수님이 동정녀 마리아의 몸으로부터 성육하신 하나님이라는 초이성적인 사실을 믿는다. 하지만 합리주의에 근거한 역사비평적으로 볼 때, 관련 구절들인 사 7:14절과 시 40:6절은 그리스도의 성육신을 말하지 않는다. 합리주의의 한계는 더 확실한 역사적 증거나 덜 편향된 적용이 등장하면 기존의 합리적 해석은 대체되어야 한다는데 있다. 우리가 비평 이전의 해석으로 돌아갈 수 없는 것은 바울이 바리새적 해석을 할 수 없는 것과 마찬가지이다. 삼위일체적 해석은 과거를 포기하지 않지만 그렇다고 과거에만 머무르지도 않는다. 결론적으로, 성령의 영감을 입은 사도들이 그렇게 해석했기에 우리도 그대로 따라야 한다는 극단과 사도적 해석은 1세기의 것이기에 우리와 무관하다는 극단을 버려야 한다. 그리스도의 죽음과 부활을 밝혀서 교회를 변혁시키려는 사도들의 해석의 목적은 우리의 목적이 되어야 한다. 그리고 성경을 해석 할 때 사도들이 자신의 역사적 문맥을 고려했듯이, 우리도 현대의 문맥을 고려해야 한다. 우리는 석의의 한 측면인 객관적인 주해 방법을 사용하되, 그것을 초월하여 창조성, 직관, 대담성, 해석 작업에 대한 겸허한 사명감 등이 상호작용하도록 해야 현대인에게 더 잘 들리는 성육신적 메시지가 될 것이다 (보라. Moyise, 2002:657-659; 피터 엔즈, 2006:223-231).

참고문헌

Aus, R. D. 1976. "The Relevance of Isaiah 66:7 to Revelation 12 and 2 Thessalonians 1." *ZNW* 67:252-268.

Chevalier, J. M. 1997. The Sun-robed Woman. *A Postmodern Revelation: Signs of Astrology and the Apocalypse*. Toronto: Toronto University Press.

Clark, D. S. 1989. *The Message from Patmos: A Postmillennial Commentary on the Book of Revelation.* Grand Rapids: Baker.

Claassens, L. J. M. 2003. "Biblical Theology as Dialogue: Continuing the Conversation on Mikhail Bakhtin and Biblical Theology." *JBL* 122:127-144.

Collins, A. Y. 1976. *The Combat Myth in the Book of Revelation*. Missoula: Scholars Press.

Darr, K. P. 1994. *Isaiah's Vision and the Family of God.* Louisville: Westminster / John Knox Press.

Du Rand, J. A. 1999. "Openbaring." In *Die Bybellennium: die Bybel uitgelê vir eietydese toepassing*. W. Vosloo & F. J. Van Rensburg (eds.). Vereeniging: CUM. pp.1768-1807.

Fekkes, J. 1994. *Isaiah and Prophetic Traditions in the Book of Revelation: Visionary Antecedents and Their Development.* Sheffield: Sheffield Academic Press.

Jordan, J. B. 1999. *A Brief Reader's Guide to Revelation*. Niceville: ConfigurationPress.

Kraft, H. 1974. *Die Offenbarung des Johannes*. Tübingen: Mohr-Siebeck.

Lupieri, E. F. 2006. *A Commentary on the Apocalypse of John*. Grand Rapids: Eerdmans.

Minear, P. S. 1991. "Far As the Curse is Found: The Point of Revelation 12:15-16." *Novum Testamentum* 33:71-77.

Miscall, P. D. 1992. "Isaiah: New Heavens, New Earth, New Book." In D. N. Fewell, ed., *Reading Between Texts: Intertextuality and the Hebrew Bible.* pp.41-56.

Moyise, S. 2005. "Isaiah in Revelation." In S. Moyise & M. J. J. Menken (eds.), *Isaiah in the New Testament*. Edinburgh: T. & T. Clark.

Moyise, S. 2002. "Can we use the New Testament in the way which the New Testament authors use the Old Testament?" In *die Skriflig* 36(4):643-660.

Paul, I. 2000. "The Use of the Old Testament in Revelation 12." In *The Old Testament in the New Testament: Essays in Honour of J. L. North.* S. Moyise (ed.). JSNTS 189. Sheffield: Sheffield Academic Press. pp.256-276.

Pratt Jr., R. L. (ed). 2003. *Spirit of the Reformation Study Bible.* Grand Rapids : Zondervan.

Van der Kooij. A. 1998. *The Oracle of Tyre: the Septuagint of Isaiah XXIII as Version and*

Vision. Leiden: Brill.

Van Rensburg, F. & Moyise, S. 2002. "Isaiah in 1 Peter 3:13-17: Applying Intertextuality to the Study of the Old Testament in the New." *Scriptura* 80:275-286.

게라르드 반 그로닝겐. 1997. 『구약의 메시야 사상』 서울: 기독교문서선교회.

송영목. 2007. 『요한계시록은 어떤 책인가?』 서울: 쿰란출판사.

이득재. 2003. 『바흐찐 읽기: 바흐찐의 사상, 언어, 문학』 서울: 문화과학사.

이상섭. 2003. 『문학비평 용어사전』 서울: 민음사.

이정희. 1992. "요한묵시록記." In 황성규(편), 『예수, 민중, 민족: 안병무 박사 고희 기념 논문집』 한국신학연구소. pp.723-750.

자크 데리다. 1996. 『해체』 서울: 문예출판사.

피터 엔즈. 2006. 『성육신의 관점에서 본 성경영감설』 서울: CLC.

황창기. 2007. "에베소서 4:7-10의 그리스도 완결적 해석." 『한국 성경신학회 제 20차 논문 발표회 자료』 pp.81-94.

아마겟돈 전쟁, 과연 제 3차 세계 대전인가?*

- 계 16:12-16을 중심으로 한 고찰 -

이 필 찬
(웨스트민스터신학대학원대학교, 신약학)

I. 들어가는 말

계 16:12-16에서 언급하고 있는 아마겟돈 전쟁은 오랜 전부터 인류의 종말을 촉발시키는 미래의 세계 전쟁으로서 인식되어 왔다. 이러한 인식은 요즘과 같이 전쟁과 자연 재앙이 세계화된 미디어의 전파를 타고 신속하게 안방까지 전달되는 정황에서 더욱 그 긴장을 고조시키고 있다. 더 나아가서 요즘 '아마겟돈'이라는 단어를 영문이나 한글로 인터넷의 검색 사이트에 쳐서 확인해 보면 이 주제와 관련된 엄청난 양의 사이트가 떠오르고 그 자료는 홍수와 같이 밀려들어 온다. 그렇다면 왜 이러한 해석이 주어지고 있는가? 그것은 한마디로 요한 계시록을 미래적 사건을 예시하는 것으로 이해하려고 하기 때문이다.[1] 이러한 해석의 사조를 미래주의적 해석(Futurist)이라고 하는데 이러한 미래주의적 해석은 16-17세기에 개신교 신학자들 사이에서 교황을 적그리스도로 간주하는 역사주의적 해석(Historicist; 혹은 historicizing interpretation)에 대응하여 가톨릭 중심의 신학자들이 내놓은 해석으로서 곧 적그리스도는 교황이 아니라 미래적으로 존재하게 될 제 삼의 인물이라고 주장하는

1) 이 글은 웨스트민스터 신학대학원의 개혁신학 2005(18권)에 실린 것을 다소 변경해 작성하였다. 이에 대해서는『개혁신학』2005 (봄호)의 "요한 계시록의 네 가지 주요한 해석 비판: 계 1:1-3에 대한 주해를 중심으로"를 참조하라. 여기에서 계시록의 말씀은 단순히 미래적 사건을 미리 예시하는 것이 아니라 구약적 경륜의 성취를 다루고 있는 것에 대해 논하고 있다.

데서 그 뿌리를 발견한다.[2)]

그리고 이러한 미래주의적 해석은 근세기에 들어와 A. C. Gaebelein에 의해 계승된다. 그는 계 16:12-16에 대해 다음과 같이 해석하고 있다.[3)]

> 동과 서를 나누는 일종의 장애물이다. 유브라데 강으로 상징되는 이 장애물은 이제 완전히 제거되었다. 따라서 해 뜨는 곳의 왕들이 이 땅을 침공할 것이다. … "해 뜨는 곳의 왕들"은 극동 지역의 나라들, 중국이나 일본을 가리킬지도 모른다. … 유브라데 강의 말랐다는 것은 장애물이 걷혔다는 것을 의미하고, 예상했던 대로 나라들이 모여드는 일들이 발생할 것이다(요엘 3:2). … 앞으로 일어날 전쟁을 위해 나라들이 모여드는 것이다.

---

2) 특별히 1598-1691에 생존했던 영국 개신교 신학자인 Hanserd Knollys는 계 13:5의 짐승의 탄생을 로마 교황이 이교도 제국이었던 로마제국의 잿더미로부터 탄생했던 AD 428으로 간주하고 1260일을 년수로 계산하여 428+1260=1688이라는 계산으로 그 짐승의 존재는 1688년에 끝이 난다고 해석하였다. 왜 AD 428이 출발점인지는 분명하게 밝히지 않았으나 로마 감독의 영향력을 북 아프리카와 동 아프리카로 확장하려던 것으로 알려진 셀레스틴 1세(Celestine I)의 즉위 시점에 맞추어진 것으로 짐작할 수 있다. *An Exposition of the Whole Book of the Revelation*(1689)(K. G. C. Newport, *Apocalypse & Millennium* [Cambridge: CPU, 2000] 27-29에서 재인용). 이 시대의 대 부분의 청교도 신학자들과 침례교 신학자들은 그들을 핍박했던 교황을 짐승 곧 적그리스도로서 간주하고 그 교황의 종말을 세상의 종말로 소망하였다. 이에 대해 C. Rowland도 다음과 같이 서술한다: 루터는 교황을 적그리스도라고 하였으며 이런 견해는 칼빈도 견지했다. 초기 칼빈주의자들의 전통은 계시록 해석을 아주 흥미있게 했는데, 제네바 성경을 보면 잘 드러난다. 이 성경은 계시록을 역사화 시켜 해석해주는 전형적인 모델이다. "The Apocalypse in History: The Place of the Book of Revelation in Christian Theology and Life" in C. Rowland and J. Barton (ed.), *Apocalyptic in History and Tradition*, JSPSS 43 (Sheffield: Sheffield Academic Press, 2002), 161. 여기에서 Rowland는 K. Firth, *The Apocalypse Tradition in Reformation Britian 1530-1645* (Oxford: Oxford University Press, 1979); C. Hill, *The Antichrist in Seventeenth-Century England* (London: Verso, rev. edn, 1990); R. Bauckham, *Tudor Apocalypse* (Sultan Courtenay: Appleford, 1978); I, Backus, *Reformation Readings of the Apocalypse: Geneva, Zurich and Wittenburg* (Oxford: Oxford University Press, 2000)와 같은 자료들을 참조하고 있다. 여기에서 칼빈주의자들에 의해 형성된 "역사화 해석방법론"은 일종의 시한부 종말론의 원형이라고 할 수 있다. 오늘날 개신교 교회가 그토록 혐오하는 시한부 종말론의 출발이 바로 종교 개혁시대의 칼빈주의자들을 비롯한 개신교 신학자들에게서 출발했다는 것은 아이로니가 아닐 수 없다.

3) A. C. Gaebelein, *The Revelation: An Analysis and Exposition of the Last Book of the Bible* (New York: Our Hope, 1915), 95-96.

위의 글에서 Gaebelein은 아마겟돈 전쟁을 미래의 전쟁으로 간주한다. 곧 유브라데 강을 서부와 동부를 가르는 장벽으로 이해하고 그 전쟁을 일으키는 한쪽 당사자로서 '동방에서 오는 왕들'(Kings of the sunrise)을 구체적으로 중국이나 일본과 같은 극동의 국가들을 지목한다.[4] 그리고 유브라데 강이 마르게 되는 것을 전쟁의 발생을 용이하게 하는 실제적인 정황으로 몰고 간다.

이러한 Gaebelein의 이론을 좀 더 체계적으로 정립한 사람이 바로 Walvoord이다.[5] 그는 이러한 미래주의적이며 세대주의적 입장에서 요한 계시록에 대한 주석을 1966년에 저술하였다.[6] 그에 의하면 "오늘날 우리 시대에 동방의 떠오르는 세력들로 중국, 일본, 인도와 같은 나라들을 들수 있는데 그런 나라들이 침공할 것이라고 예측하는 것은 과히 틀리지는 않을 것이다"라고 하여 앞에서 언급한 Gaebelein의 입장을 대변하고 있다. 그리고 1990년에는 *Armageddon, Oil, and the Middle East Crisis: What the Bible Says About the Future of the Middle East and the End of Western Civilization* (Grand Rapids: Zondervan, 1990)라는 제목의 단행본을 출간하였다. 그리고 Walvoord에 의한 이 두 저술의 사이인 1973년에 Hal Lindsey에 의한 *There's a New World Coming* (Santa Ana: Vision House, 1973, 2nd ed.)이 출간되었는데 이 책은 2년 사이에 50만 권이나 판매될 정도로 선풍적인 인기를 끈 바 있다. 이러한 일련의 저술들에 의해 소위 아마겟돈 전쟁은 역사적으로 실제적으로 일어나는 물리적 전쟁으로 사람들의 마음속에 각인되게 되었다.

오늘날 이러한 미래주의적 해석과 역사주의적 해석은 문자적 해석을 추구하는 세대주의적 해석에 의해 혼합되어 상당히 복잡하고 왜곡된 해석의 결과를 가져오게 되었다. 그러므로 이에 대한 자세한 비판이 주어져야 한다. 이러한 해석에 대한 비

---

4) 위의 인용문에는 언급하지 않았지만 그 또 다른 당사자는 이스라엘과 유럽 공동체와의 연합군이라는 것은 널리 알려져 있다.

5) 그 이전에 20세기 초에 미국이 일차 세계 대전에 개입하였을 때 미국의 그리스도인들은 바로 아마겟돈 전쟁의 열기Armageddon fever에 휩싸이게 되었다. 그들은 일차 세계 대전이 아마겟돈 전쟁일 수 있다는 확신을 가지게 된 바 있었다. Dwight Wilson, *Armageddon Now! The Premillenarian Response to Russia and Israel Since 1917* (Grand Rapids: Baker, 1977). 이것은 Stanley N. Gundry, *Three Views on the Rapture* (Grand Rapids: Zondervan, 1990), 29에서 재인용.

6) J. F. Walvoord, *The Revelation of Jesus Christ* (Chicago: Moody Press, 1966).

판으로서 이 논문에서는 오늘날 가장 많이 회자되는 주제 중의 하나인 아마겟돈 전쟁이라는 주제에 한정하여 논하고자 한다. 이 주제는 계 16:12-16의 여섯 번째 대접 심판의 내용이다. 그러므로 이에 대한 본문은 16:12-16로 삼고 이 본문에 대한 문맥으로 다섯 번째 대접 심판(16:10-11)과 일곱 번째 대접 심판(16:17-21)이 다루어지게 될 것이다.

Ⅱ. 문맥 관찰

문맥 관찰로서 주어진 것은 본문(12-16절)의 전후에 놓여 있는 다섯 번째 대접 심판(10-11절)과 일곱 번째 대접 심판(17-21절)이 그것이다.

1. 다섯 번째 대접 심판(10-11절)

10-11절은 다섯 번째 대접 심판을 기록하고 있다. 먼저 10a에 의하면 다섯 째 천사는 그 대접을 '짐승의 보좌'에 쏟는다. 여기에서 짐승의 '보좌'란 13:2을 배경으로 한다(참조 2:13). 이 구절에 의하면 "내가 본 짐승은 표범과 비슷하고 그 발은 곰의 발 같고 그 입은 사자의 입 같은데 용이 자기의 능력과 보좌와 큰 권세를 그에게 주었더라"고 한다. 여기에서 짐승의 보좌는 용이 허락한 것이다. 그러므로 짐승은 용의 통치를 대행한다. 따라서 짐승의 보좌를 향하여 대접을 쏟았다는 것은 곧 사단에 대한 심판을 직접 감행하였다는 것을 의미한다. 이제 그야말로 하나님의 구속 역사의 완성이 다가 오고 있는 듯하다. 10b는 짐승의 보좌에 대접을 쏟은 결과를 설명한다. 첫째로, 짐승의 나라가 어두워졌다고 표현한다.[7] 이러한 '어두워짐'은

---

7) 여기에서 문법적인 문제를 언급하면 '어두워지다'(ἐγένετο ἡ βασιλεία αὐτοῦ ἐσκοτωμένη)에서 '어두워지다'(ἐσκοτωμένη>σκοτόω)라는 동사가 완료 분사 형태를 취하고 있고 이것이 'ἐγένετο>γίνομαι'와 결합하는데 이 경우에 완료형 분사는 후자의 동사와 함께 형용사적 용법으로 사용된다(D. B. Wallace, *Greek Grammar beyond the Basics: An Exegetical Syntax of the New Testament* [Grand Rapids: Zondervan, 1996], 649; G. R. Osborne, *Revelation* [Grand Rapids: Baker Academic, 2002], 587 n 15에서 재인용)

출 10:21-29의 열 가지 재앙 중 아홉 번째의 경우를 연상케 한다. 이 재앙에서 어두움이 삼일 동안 너무 심해 서로를 볼 수 없게 되었다(출 10:23). 그러나 흥미롭게도 이스라엘 백성이 살고 있었던 곳에서는 빛이 유지되었다. 더 나아가서 구약에서 '어둠'은 하나님의 심판의 중요한 현상 중에 하나였다(암 5:20; 삼상 2:9; 사 8:22; 욜 2:2,10,31). 이러한 심판의 손길이 짐승의 보좌를 향하고 있는 것이다. 마치 애굽이 어두워져 흑암 속에 있을 수밖에 없었던 것처럼 짐승의 나라가 어두워지게 된다(10b). 짐승의 나라가 철저하게 하나님의 통제 속에 있음을 보여 주고 있는 장면이다.

10c에서는 사람들이 아파서 자기 혀를 깨문다. 여기에서 짐승의 나라가 어두워지는 것과 사람들이 '아파서'(ἐκ τοῦ πόνου" 고통 때문에) 혀를 깨무는 것과 무관한 것처럼 보인다. 사람들은 무엇 때문에 아프고 혀를 깨무는가? 다섯 번째 대접 심판으로 말미암아 일어난 심판의 현상으로서 '어두움'은 하나님과 완전히 분리된 영원한 지옥의 고통을 유발한다. 이러한 지옥의 고통으로서 마 8:12에 의하면 "나라의 본 자손들은 바깥 <u>어두운데</u> 쫓겨나 거기서 <u>울며 이를 갊이</u> 있으리라"고 한 바 있다. 여기에서 어두운데서 '울며 이를 갊'은 '아파서 혀를 깨묾'과 실제적으로 '강렬한 고통에 대한 고뇌'를 표현하는 점에서 서로 동의어라고 간주될 수 있다.[8] 그렇다면 사람들이 어두움으로 인하여 고통을 느끼고 혀를 깨무는 것은 지옥의 고통에 대한 느낌을 표출하고 있음을 보여 준다. 흥미로운 것은 『지혜서』 17:2, 21에서 출 10:23의 아홉 번째 재앙으로서 '어두움'의 상태를 해석하기를 하나님과의 철저한 분리 일 뿐만 아니라 애굽 사람들을 기다리고 있는 지옥의 영원한 상태라고 한다.[9] 그러므로 다섯 번째 대접 심판으로 인하여 짐승의 나라에 속한 자들은 바로 영원한 지옥의 고통을 체험하고 있는 것이다. 결국 10c에서 어두움으로 인한 지옥의 고통으로 혀를 깨물었던 사람들은 회개하는 것이 아니라, 11a에 의하면 하늘의 하나님에 대해 모독하는 행위를 보인다. 곧 11c에서 "저희 행위를 회개치 아니하더라"는 것은 11a에서 "하나님을 훼방하다"라는 행위에 대한 다른 표현으로 볼 수 있다.[10]

---

8) J. P. Louw, and E. A. Nida, eds. *Greek English Lexicon of the New Testament Based on Semantic Domain.* 2 vols. (New York: United Bible Societies, 1988), 1:25

9) G. K. Beale, *The Book of Revelation*, NIGTC (Grand Rapids: Eerdmans, 1999), 82

2. 일곱 번째 대접 심판(17-20절)

16:12-16의 또 다른 문맥으로서 17-20절의 마지막 일곱 번째 대접 심판을 기록한 내용이 존재한다. 이러한 일곱 번째 대접 심판은 최종적 심판이라는 것이 이 본문의 곳곳에서 드러난다. 먼저 17절에 의하면 일곱 째 천사가 대접을 '공기' 가운데 쏟는다. 여기에서 '공기'(ἀέρα>ἀήρ)라는 것은 '공중'이라고 이해하는 것이 합당하다. 이에 대해서는 두 가지의 설명이 가능하다. 첫째로, 이것은 단순한 대기 중의 공간을 지칭하는 것이라기보다는 좀 더 악의 세력의 핵심적 영역과 관련된다고 볼 수 있다. 이러한 맥락에서 이것은 14:6의 천사가 영원한 복음 가지고 날아가는 '공중'(ἐν μεσουρανήματι)과 동일한 대상이라고 할 수 있다. 14:6의 '공중'은 중간 하늘(midheaven)이라는 의미로서 사단이 땅으로 쫓겨난 이후 저항 받지 않는 하나님의 통치의 영역으로서의 하늘과 짐승과 사단이 통치하는 영역으로서의 땅 사이의 공간이다(참조 엡 2:2).[11] 이러한 의미에 있어서 14:6b에서 천사가 공중을 날며 영원한 복음을 전하려고 하는 것은 용이 쫓겨난 하늘에서 확보된 하나님의 통치의 확대를 도모하려는 목적을 갖는다고 볼 수 있다. 그런데 일곱 번째 대접 심판에서 이 공중을 향하여 영원한 복음 대신 대접을 쏟음으로써 최종적 심판을 이루어내고 있는 것이다. 영원한 복음을 가지고 공중을 날던 천사의 사역이 끝나고 이제는 일곱 번째 대접을 쏟는 천사의 사역이 시작된 것이다.

18-21절은 일곱 번째 대접 심판의 구체적인 현상들을 소개하고 있다. 18-21절의 구조는 A(18절)-B(19-20절)-A′(21절)의 구조를 가진다. A와 A′는 일곱 번째 인 심판(뇌성과 음성과 번개와 지진)(8:5)과 일곱 번째 나팔 심판(번개와 음성들과 뇌성과 지진과 큰 우박)(11:19)에서 보여주는 패턴을 유지하고 있다. 여기에서 일곱 번째 나팔 심판은 일곱 번째 인 심판 보다 '큰 우박'이 더 첨가된다. 일곱 번째 대접 심판의 경우에 A(18절)에서는 '번개와 음성들과 뇌성과 큰 지진'을 언급하고 A′(21절)에서는 '한 달란트나 되는 큰 우박'이 하늘로부터 내려오는 장면을 소개한다. 결국 일곱 번째 대접 심판은 A(18절)와 A′(21절)이 합해져서 '번개/음성/뇌성/큰 지진/큰 우박'의 요소들이

---

10) 이것은 또한 9c에서영광을 주께 돌리지 않는 것과도 동일한 의미로 사용된다.

11) R. Bauckham, *The Climax of Prophecy* (Edinburgh: T&T Clark, 1993), 286.

형성되고 일곱 번째 나팔 심판과 동일한 패턴을 유지하되 더욱 확대하는 내용을 가진다. 이러한 확대는 먼저 A(18절)의 18b에서 두드러지게 나타난다. 곧 여기에서 '큰 지진'을 언급하면서 이 큰 지진이 얼마나 큰가를 강조하여 말하기를 "사람이 땅에 있어 옴으로 이 같이 큰 지진이 없었더라"고 한다. 이것은 일곱 번째 나팔 심판에서 단순히 '큰 지진'이라고 한 것과는 큰 차이를 보인다. B(19-20절)는 바벨론의 멸망을 언급하고 있다. A와 A′에서 최종적 심판의 현상을 언급하고 있는 것과 그 중간에 바벨론의 멸망을 더불어 언급하고 있는 것은 치밀한 조화를 이루고 있다(참조 14:8-10).

19a에서 '큰 성'은 14:8의 '큰 성 바벨론'이라는 문구와 연결하여 생각할 때 '바벨론'을 가리키고 있으며 바벨론은 또한 당시 로마 제국을 의미한다. 로마 제국은 당시 교회 공동체와 본질적으로 적대적 관계를 가지고 있으므로 종말적 심판의 대상으로 설정되고 있다. 그리고 19a의 후반부에는 "만국의 성들도 무너진다"고 하여 바벨론과 함께 바벨론을 추종하던 만국들도 역시 바벨론과 함께 멸망의 길로 접어들게 됨을 보여 준다. 이는 여섯 번째 대접 심판에서 용/짐승/거짓 선지자로부터 보냄 받은 귀신의 영들에 의해 모여진 '온 천하 임금들'과 그 나라들의 운명이 곧 심판으로 귀결된다는 사실과 매우 유사한 내용이다.

19b에서 바벨론이 "하나님 앞에 기억하신 바 되었다"고 하는 것은 하나님께서 바벨론의 죄악들을 기억하셨다는 것을 표현하는 유대적 표현 방법이다(참조, 행 10:31).[12] 바벨론의 죄는 무엇인가? 바로 하나님을 대적하고 그의 백성을 핍박한 죄이다. 이 죄에 대해서는 17-18장에서 좀 더 자세하게 소개한다. 17:6에 의하면 바벨론은 성도들의 피를 흘리게 하였다고 하고 18:24에서는 "선지자들과 성도들과 및 땅 위에서 죽임을 당한 모든 자의 피가 이 성 중에서 보였느니라"고 기록하고 있다. 이러한 죄가 바로 바벨론이 최종적 심판의 대상이 되는 이유이다. 그러므로 19c에서 바벨론이 하나님의 맹렬한 진노의 포도주 잔을 받는다. '포도' 모티브는 14:18-20에서 심판을 의미하는 것으로 사용된 바 있다.

20절은 심판의 현상을 19ab와는 좀 다른 각도에서 접근하여 설명한다. 후자의

---

12) G. R. Osborne, *Revelation*, 599

경우는 교회 공동체를 핍박했던 당사자들에 대한 심판의 내용을 소개하고 있다면 전자의 경우는 일반적 자연계의 현상을 소개한다. 특히 구약이나 묵시 문헌에서 섬들이나 산들 그리고 하늘의 사라짐은 '주의 날'과 관련하여 주어지는 종말적 묵시적 주제이다(시 97:5; 사 2:12-18; 40:4; 45:2; 에녹 1서 1:6-7; 에스라 4서 15:42; 모세의 언약 10:4; 시빌의 신탁 8:232-38).[13] 그렇다면 20절에서 "각 섬이 없어지고 산악도 간데 없다"고 한 것은 이러한 종말적 묵시적 주제를 최종적 심판에 적용하고 있다고 할 수 있다.

이상의 두 개의 문맥 관찰을 통해 알 수 있는 것은 이 글에서 연구하고자 하는 본문(16:12-16)이 놓여진 문맥의 흐름이 예수님의 재림을 배경으로 하는 악의 세력에 대한 최후의 종말적 심판을 소개하는 점과 이러한 본문을 영적 차원에서 이해해야 한다는 점에 있어서 공통적이라는 것이다. 그러므로 여기에서 다루고자 하는 본문이 예수님의 재림 때에 일어나는 사건이라는 점에서 의심의 여지가 없다.

Ⅲ. 본문 연구

이상에서 본문이 놓여진 전후 문맥은 최후의 심판을 주제로 주어지고 있다. 그렇다면 본문도 역시 최후의 심판이라는 문맥 속에서 이해하여야 할 것이다. 그런데 그러한 최후의 심판으로서 아마겟돈 전쟁이 어떠한 형태로 이루어질 것인가를 살펴보는 것이 본문 관찰의 중요한 관건이라고 할 수 있다.

다음 12-16절에서는 여섯 번째 대접 심판을 소개하고 있다. 여기에서는 심판의 어떤 현상이 소개되기 보다는 전쟁의 정황으로 이끌고 간다. 이것이 어떻게 심판의 역할을 하는지 관심 있게 살펴보는 것이 필요하다. 12-16절은 A(12-14절)-B(15절)-A′(16절)의 구조를 가진다. 곧 A(12-14절)와 A′(16절)는 각각 전쟁에 대한 언급이고 B(15절)는 "깨어 있으라"는 권면을 담고 있다. 먼저 12절은 여섯 째 천사가 대접을 유브라데 강에 쏟는 것으로 시작한다.

---

13) G. R. Osborne, *Revelation*, 599

12a) 또 여섯째가 그 대접을 큰 강 유브라데에 쏟으매

12b) 강물이 말라서 동방에서 오는 왕들의 길이 예비되더라

12a) Καὶ ὁ ἕκτος ἐξέχεεν τὴν φιάλην αὐτοῦ ἐπὶ τὸν ποταμὸν τὸν μέγαν τὸν Εὐφράτην,

12b) καὶ ἐξηράνθη τὸ ὕδωρ αὐτοῦ, ἵνα ἑτοιμασθῇ ἡ ὁδὸς τῶν βασιλέων τῶν ἀπὸ ἀνατολῆς ἡλίου.

여섯 번째 대접 심판에서 천사는 대접을 큰 강 유브라데에 쏟는다. 천사가 이 강에 대접을 쏟는 것은 예사롭지 않다. 왜냐하면 이 강은 이 당시 로마 제국과 파르티아 제국 사이에 놓여져 하나의 전선을 형성하는 역할을 하고 있기 때문이다. 여섯 번째 나팔 심판에서 이 강은 전쟁을 통한 심판의 방편으로 사용된다. 여섯 번째 대접 심판에서도 이러한 개념은 살아있다. 그러므로 12b에 의하면 "강물이 말라서 동방에서 오는 왕들의 길이 예비되었다"고 한다. 여기에서 Walvoord는 이 '동방에서 오는 왕들'을 현재의 일본이나 중국 혹은 인도로 간주한다.[14] Lindsey는 이를 공산 국가였던 중국을 가리키는 것으로 간주한다.[15] 그러나 공교롭게도 이 중국은 현재 과거의 죽의 장막으로 폐쇄된 나라가 아니라 2008년에는 올림픽을 치루기 위해 매우 개방적인 국가로 향하고 있다. Lindsey에 의하면 12b의 강물이 마르게 되는 현상을 공산 국가였던 구소련이 지역에 댐을 건설하는 것과 관련시키고 있다.[16] 더 나아가서 Lindsey는 중국으로부터 캐쉬미르의 히말라야를 통해 파키스탄까지 도로를 건설하는 것은 바로 이러한 침공의 길을 닦고 있는 것으로 이해하고 있다. 그래서 그는 다음과 같이 서술한다.[17]

인도가 유엔에 항의하면서 말하기를 이것은 "아시아의 평화를 위협하는 것"이

---

14) J. F. Walvoord, *Revelation*, 236.

15) H. Lindsey, *There is a New World Coming*, 221.

16) Ibid. 그의 책이 저술되었던 시기에는 아직 소련의 공산 정권이 무너지기 전이었다. 그리고 이제는 유브라테스 강 주변이 러시아의 영토가 아니며 우즈베키스탄과 카자스탄과 우크라이나 등으로 분리 독립한 상태이다. 그러므로 Lindsey의 이러한 해석은 이미 오래전에 오류인 것으로 판명이 났다. 그럼에도 불구하고 이러한 책이 아직도 판매되고 있는 것을 보면 실소를 금할 수 없다.

17) H. Lindsey, *There is A New World Coming*, 221. 이에 대한 좀 더 자세한 소개는 H. Lindsey의 *The Late Great Planet Earth* (Grand Rapids: Zondervan, 1970, 1977) 135-157을 참조.

라고 하였다. 내가 볼 때 이 문제가 장차 엄청난 위협이 될 것이라는 사실을 이도 나 그 어떤 나라도 잘 인식하지 못하는 것 같다.

이러한 이해는 12절의 말씀은 문자 그대로 이루어 질 것을 믿으며 그 성취의 흔적들을 현대적 사건들에서 찾으려고 하는데서 출발한다.

그러나 최근의 주석들에 의하면 이러한 이해들을 거부한다. 12절의 말씀은 이러한 현대적 성취를 내다보고 기록되는 것이 아니다. 그것은 요한이 이 글을 기록했던 당시의 역사적 배경에서 출발하고 있는 것이다. 곧 로마 제국과 죽은 네로가 귀환하여 지휘하는 파르티아 제국을 중심으로 하는 연합국 사이의 전쟁을 배경으로 한다. 이 두 제국 사이의 전쟁은 상상하고 싶지 않은 끔찍한 양상들이 벌어지고 만다는 것을 모두 알고 있었으므로 매우 두려워했다. 위에서 '동방에서 오는 왕들'이 구체적으로 어떤 나라들을 가리키는가는 중요하지 않다. 다만 전쟁의 모티브를 로마 제국과 파르티아 제국 사이의 긴장 관계를 배경으로 실감 있게 효과적으로 극화시키고 있는 것이다. 여기에 네로의 귀환까지 삽입시켜 이러한 극적인 효과는 극대화된다.[18]

그러나 여섯 번째 대접 심판에서는 단순한 전쟁을 심판의 방편으로 말하는 여섯 번째 나팔 심판의 경우와는 조금 다른 양상이 펼쳐진다. 그것은 곧 13절에 보여지고 있다.

a) 또 내가 보매
c) 개구리 같은 세 더러운 영이
b) 용의 입과 짐승의 입과 거짓 선지자의 입에서 나오니

a) Καὶ εἶδον
b) ἐκ τοῦ στόματος τοῦ δράκοντος
καὶ ἐκ τοῦ στόματος τοῦ θηρίου

---

18) M. G. Reddish, *Revelation*, Smyth & Helwys Bible Commentary (Macon, Georgia: Smyth & Helwys Pub., 2001), 308; R. Bauckham, *The Climax of Prophecy*, 429; R. H. Mounce, *The Book of Revelation*, NICNT (Grand Rapids: Eerdmans, 1977), 298; D. Aune, *Revelation 6-1*, WBC (Nashville: Thomas Nelson, 1998), 891.

καὶ ἐκ τοῦ στόματος τοῦ ψευδοπροφήτου

c) πνεύματα τρία ἀκάθαρτα ὡς βάτραχοι·

13c에 의하면 요한은 '개구리 같은 세 더러운 영'을 본다. 13b에서 이 세 더러운 영은 '용의 입과 짐승의 입과 거짓 선지자의 입'으로부터 나온다. 먼저 "개구리 같다"는 것은 레 11:10-11에서 더러운 생물로서 규정된다. 그러므로 '개구리 같이 더러운'(ἀκάθαρτα ὡς βάτραχοι)은 서로 잘 조화되는 문구의 조합이다. 더 나아가서 '더러운 영'(πνεύματα ἀκάθαρτα)이란 성경 특히 복음서에서 '귀신'의 불결함을 위해 사용되는 공통된 표현이다(막 1:23,26-27; 3:11,30; 5:2,8,13). 그러므로 14절에서 이 더러운 영을 '귀신의 영'이라고 칭하고 있다. 더 나아가서 출애굽의 열 재앙에서 두 번째가 개구리 재앙인데(출 8:1-15) 이것을 배경으로 본다면 개구리 같은 세 더러운 영의 출현은 곧 이 땅에 재앙을 초래하기 위한 심판의 일환으로 발생하고 있다고도 볼 수 있다.[19] 그리고 이 세 더러운 영이 용의 입과 짐승의 입과 거짓 선지자의 입으로부터 나오는 것은 바로 용/짐승/거짓 선지자의 메신저로서 세상을 미혹할 목적으로 파송을 받고 있다(참조 왕상 22:19-23; 겔 14:9). 곧 이 세 더러운 영들의 사역의 배후에는 바로 용/짐승/거짓 선지자가 있다는 것이다.[20] 그러므로 "그들은 13절에서 나오는 불결한 삼위일체의 대사들이다. 즉 용과 짐승과 거짓 선지자로 그것들은 참 삼위일체 하나님의 위조품이다"이라고 말한 Walvoord의 언급은 정확하다고 볼 수 있다.[21]

그러나 Walvoord의 이러한 언급은 여전히 이 전쟁이 물리적 전쟁이라는 전제하에서 주어지고 있는 것이다. 그러므로 그는 이 문맥에서 다음과 같은 문제를 제기한다. 즉 사탄과 짐승 아래 있는 세계적 정권이 있는데 어떻게 전쟁이 가능할 것인가 하는 것이 중요한 난관이다. 이러한 문제 제기에 대해 그는 다음과 같이 답변한다.[22]

---

19) G. R. Osborne, *Revelation*, 591

20) 여기에서 거짓 선지자는 13장에서 둘째 짐승에 대한 별칭이다

21) J. F. Walvoord, *The Revelation of Jesus Christ*, 237.특별히 용/짐승/거짓 선지자의 입으로부터 세 더러운 영이 나오는 것은 그리스도의 입으로부터 좌우에 날선 검이 나오는 이미지(1:16; 19:15)와 대조적이면서 유사한 점이 있다

> 어떤 이들은 이것을 그리스도의 재림을 예기하게 하는, 군대들과 나라들의 모임으로 해석한다. 그러나 아마도 너무 급작스럽게 이룬 세계적 제국이 붕괴되기 시작하면서 큰 환란이 도래하게 되고 마침내 나라들 사이에 갈등과 분쟁이 나타나는 것을 가리키고 있는 것으로 보인다. 그리스도의 재림에 임박할 즈음 전투에서 서로 승리와 명예를 자기 것으로 따지려드는 세상의 군대들이 갑자기 태도를 바꾸어 그리스도께서 그의 하늘 군대를 데리고 하늘에서 영광스럽게 나타날 때 그리스도를 대항하여 전쟁에 돌입하게 될 것이다. 이것이 하나님의 주권과 능력에 대한 최후의 도전이다. 이 세상은 군사력과 힘을 총동원하여 그리스도가 귀환하시는 그 날에 그리스도에 대항하여 전쟁을 치룰 것이다(참조, 슥 14:1-3).

위의 글에서 Walvoord는 사탄의 영향력 아래 있는 나라들이 서로 분쟁을 일으킬 수 있는가에 대한 이유를 세계 제국이 급속도로 분화되어 가는 과정에서 나라들 사이에서 일어나는 갈등의 표출로서 제시한다. 이것은 아마도 구소련이 붕괴할 때 그들에게 귀속되어 있던 공화국들이 각각 독립을 선포하는 경우에서 그 힌트를 얻을 수 있다. 그런데 Walvoord는 어떤 주해적 근거 없이 그러한 분화된 나라들이 갑자기 돌이켜 그들의 힘을 합쳐 그리스도의 재림의 때에 그리스도와 그의 하늘의 군사들을 대적하는 방향으로 선회한다고 지적한다. 이 본문과 다른 본문의 어느 부분에서 그렇게 분화되었다가 다시 그들이 힘을 합쳐 그리스도를 대적한다는 논리적 근거를 제시하고 있는가? 이러한 논리적 귀결은 먼저 12절에서의 분쟁을 이 세상 나라들 사이에서 일어나는 분쟁으로 간주하는데서 그 출발점이 있고 또한 바로 13절에서 악의 세력의 삼위 일체적 존재의 입에서 나오는 악한 영들에 의해 군대들이 소집되는 것을 그리스도에 대한 대적으로 간주하기 때문에 발생한다. 결국 이러한 Walvoord의 논리에 의하면 12-14절에서 두 종류의 전쟁의 발생이 언급되고 있다는 것이다. 하나는 사단의 영향력 아래 있는 나라들 사이의 국지적 분쟁이고(12절) 다른 하나는 그러한 나라들이 다시 힘을 합쳐 그리스도와 그의 군대에 대항하는 전쟁이다(13-14절).[23)]

그렇다면 여기에서 왜 이러한 두 종류의 전쟁을 말할 수밖에 없는가? 그것은 바로 12절을 물리적 전쟁으로 전제하여 해석하기 때문이다. 그러나 이러한 해석은 12

---

22) J. F. Walvoord, *The Revelation of Jesus Christ*, 237.

23) J. F. Walvoord, *The Revelation of Jesus Christ*, 237.

-14절의 매우 일관성 있는 흐름을 단절시킨다. 결국 이 본문에서 두 종류의 전쟁을 말하고 있는 것이 아니라 하나의 전쟁을 말하고 있다고 보는 것이 정확하다.[24] 왜냐하면 12절에서 전쟁의 발생에 대한 언급이 독립적으로 주어지고 있지 않기 때문이다. 다만 이 둘 사이에 어떤 구별이 주어지고 있는 것은 사실이다. 12절에서는 '동방에서 오는 왕들'이라고 하고 14b에서는 '온 천하 임금들'이라고 한다. 이러한 차이로 인하여 Aune은 후자를 후기의 삽입으로 간주하기도 한다.[25] 그러나 이러한 차이를 후기의 삽입이나 두 개의 다른 종류의 전쟁으로 보는 것은 저자 요한의 저술 방법에 대한 무지를 드러내고 있는 것이다. 저자 요한은 자신에게 보여진 하나님의 환상적 계시를 문학적 차원에 표현하기 위한 자신의 목적을 달성하기 위해 여러 다양한 배경적 요소들을 동원한다. 하나의 문맥 속에서 구약적이거나 시대적 배경 혹은 이미지를 거침없이 사용한다. 예를 들면 13장에서 짐승에 대한 표현은 '네로' 황제와 같은 동시대적 인물이 모델로 사용 되고 있을 뿐만 아니라 다니엘 7, 12장과 같은 구약의 선지서들이 그 이미지의 배경을 이루고 있다. 문제는 이러한 배경적 요소들을 따로 분리해서 다룰 것이 아니라 본문에서 전달하고자 하는 내용을 형성하기 위해 서로 조화되어 의미 전달의 극대화를 꾀하는 방향으로 나아가야 할 것이다. 그러므로 Reddish의 말처럼 저자 요한이 두 개의 다른 전승을 조화시키고 있는 것으로 이해해야 할 것이다.[26] 그러한 조화를 통해 어떠한 목적을

24) G. E. Ladd에 의하면 이 두 본문을 하나의 문맥으로 간주하여 "전능자 하나님의 큰 날에 벌어지는 종말론적 전쟁"(14절)으로 간주한다. *A Commentary on the Revelation of John* (Grand Rapids: Eerdmans, 1972), 213.

25) D. A. Aune, *Revelation 6-1*, 893. Aune은 다음과 같이 서술하고 있다: 전 세계의 왕들이라는 문구는 12cd에 언급된 동방의 왕들과 긴장을 이룬다. 이유는 왜 왕의 그룹들이 있어야하는지 분명치 않기 때문이다. 또한 두 왕들의 그룹 사이의 관계 역시 분명치 않기 때문이다. 그렇다면 이것은 13-14절이 하나님과 그이 백성들에 대항하는 왕들을 주제로 삼은 후대의 삽입이라고 보는 수밖에 다른 길이 없다는 것을 뜻한다. R. H. Mounce(*The Book of Revelation*, 298.)도 이러한 입장을 취한다.

26) M. G. Reddish, *Revelation*, 311. 물론 Reddish도 이러한 두 개의 다른 자료의 조화가 문제를 내포하고 있음을 인식하지만 이를 두 개의 다른 전쟁이나 후기의 삽입으로 간주하지 않고 건전하게 해결하려고 노력한다. 그의 이러한 입장은 R. H. Charles의 입장을 따른 것이다: "로마에 대항하여 동방으로부터 왕들이 봉기할 것이라는 사실은 17:12-17에서 보는 것처럼, 그들이 마침내 어린 양과도 각을 세워 대결하게 된다는 전조일 뿐이다. 여기서 16:12에서처럼 동방의 왕들과 17:14의 온 땅의 왕들이 연합하여 어린 양께 대적하게 된다." R. H. Charles, *A Critical and Exegetical Commentary on the Revelation on the Revelation of St. John*,

이루려는 것일까? 그것은 바로 13-14절에서 소개되는 종말적 전쟁의 극렬함을 12절에서 유브라데 강을 사이로 두고 전선을 형성하는 로마 제국과 파르티아 제국 사이의 전쟁의 양상을 통해 효과적으로 보여 주려는 목적을 갖는다.

다음 14절은 13절에서 소개된 용/짐승/거짓 선지자들로부터 보냄 받은 '세 더러운 영'의 사역을 소개한다.

14a) 저희는 귀신의 영이라 이적을 행하여
14b) 온 천하 임금들에게 가서
14c) 하나님 곧 전능하신 이의 큰 날에 전쟁을 위하여
14b) 그들을 모으더라.
14a) εἰσὶν γὰρ πνεύματα δαιμονίων ποιοῦντα σημεῖα,
14b) ἃ ἐκπορεύεται ἐπὶ τοὺς βασιλεῖς τῆς οἰκουμένης ὅλης συναγαγεῖν αὐτοὺς
14c) εἰς τὸν πόλεμον τῆς ἡμέρας τῆς μεγάλης τοῦ θεοῦ τοῦ παντοκράτορος.

14a에서 '저희'는 13c의 '세 더러운 영'을 이어 받는다. 곧 세 더러운 영은 바로 귀신의 영이라는 것이다. 이 귀신의 영들이 이적을 행한다. 여기에서 이적(σημεῖα)이란 요한 계시록 내에서 하나님에 의해 구속의 계시를 드러내기 위해 시행되는 것이 있는 반면(12:1,3) 사단이나 짐승에 의해 부정적 의미로 사용되는 경우가 있다(13:13-15; 19:20). 이 본문에서는 물론 후자의 경우이다. 14b는 이러한 귀신의 영들이 온 천하의 왕들에게 보냄을 받는다(**우리말 개역 성경에는 14b과 14c에 의해 둘로 나누어져 있다**). 그 목적은 14cd에서 말하고 있는 것처럼 '하나님 곧 전능하신 이의 큰 날의 전쟁을 위하여'(εἰς τὸν πόλεμον τῆς ἡμέρας τῆς μεγάλης τοῦ θεοῦ τοῦ παντοκράτορος)이다. 곧 더러운 귀신의 영들은 용/짐승/거짓 선지자로부터 온 천하의 왕들에게 전쟁을 위해 보냄을 받는다. 그렇다면 이 전쟁을 주도하는 주체는 온 천하의 왕들이라기보다는 '용/짐승/거짓 선지자들'과 같은 영적 존재들인 것이다. 여기에서 이 전쟁은 영적 전쟁의 성격을 가지고 있음을 알 수 있다.

위에서 우리는 몇 가지 사실을 정리해 볼 수 있다. 첫째로, 이 전쟁은 마지막

ICC, 2vols(Edinburgh: T & T Clark, 1920), 2:47.

때 곧 예수님의 재림의 때에 일어날 것이다. 그것은 '하나님 곧 전능하신 이의 큰 날'(τῆς ἡμέρας τῆς μεγάλης τοῦ θεοῦ τοῦ παντοκράτορος)이라는 문구에 의해 분명하다. 이것은 구약에서 종말적 시점을 가리켜 사용되는 문구이다. 특별히 이 문구는 욜 2:11과 습 1:14 등에서 종말적 심판의 날을 가리키기 위해 사용되고 있다.[27] 이러한 구약적 배경을 가지는 문구가 여기에서 사용되고 있는 것은 이 전쟁을 종말적 전쟁으로 간주하고 있음을 말해 준다. 이러한 종말적 전쟁은 이 본문이 놓여진 문맥의 두 본문에 대한 관찰에서도 확인된 바 있다. 두 번째로, 이 전쟁은 물리적 전쟁이 아니라 영적 전쟁을 의미하는 것으로 이해하여야 할 것이다. 이것을 영적 전쟁으로 이해하여야 하는 것은 그 전쟁의 대상이 나라와 나라 사이가 아니라 사탄의 진영과 교회 공동체와의 전쟁이기 때문이다. 이러한 영적 전쟁의 구도를 더욱 확증해 주는 것은 두 가지 이유가 있다. 하나는 다음 15절에서 교회 공동체에게 영적 각성을 촉구하는 내용이 주어지기 때문이요, 다른 하나는 영적 전쟁의 내용을 다루는 19:19과 20:8 말씀과 위의 14bc와의 병행적 관계 때문이다. 이 세 본문을 다음과 같이 비교할 수 있다.

16:14	19:19	20:8
온 천하 임금들에게 가서 하나님 곧 전능하신 이의 큰 날에 전쟁을 위하여 그들을 모으더라	또 내가 보매 그 짐승과 땅의 임금들과 그 군대들이 모여 그 말 탄 자와 그의 군대로 더불어 전쟁을 일으키다가	나와서 땅의 사방 백성 곧 곡과 마곡을 미혹하고 모아 싸움을 붙이리니 그 수가 바다 모래 같으리라
ἃ ἐκπορεύεται ἐπὶ τοὺς βασιλεῖς τῆς οἰκουμένης ὅλης συναγαγεῖν αὐτοὺς εἰς τὸν πόλεμον τῆς ἡμέρας τῆς μεγάλης τοῦ θεοῦ τοῦ παντοκράτορος.	Καὶ εἶδον τὸ θηρίον καὶ τοὺς βασιλεῖς τῆς γῆς καὶ τὰ στρατεύματα αὐτῶν συνηγμένα ποιῆσαι τὸν πόλεμον μετὰ τοῦ καθημένου ἐπὶ τοῦ ἵππου καὶ μετὰ τοῦ στρατεύματος αὐτοῦ.	καὶ ἐξελεύσεται πλανῆσαι τὰ ἔθνη τὰ ἐν ταῖς τέσσαρσιν γωνίαις τῆς γῆς, τὸν Γὼγ καὶ Μαγώγ, συναγαγεῖν αὐτοὺς εἰς τὸν πόλεμον, ὧν ὁ ἀριθμὸς αὐτῶν ὡς ἡ ἄμμος τῆς θαλάσσης.

27) G. K. Beale, *Revelation*, 835. Becking은 구약에 종말적 개념이 없으며 단지 신적으로 영감된 인간의 소망으로 충만하다고 주장한다. B. Becking, "Expectations about the End of Time in the Hebrew Bible: Do They Exist?" in C. Rowland and J. Barton ed., *Apocalyptic in History and Tradition*, JSPSS 43(Sheffield: Sheffield Academic Press, 2002), 44-59.

위의 세 본문에서 '온 천하 임금들'(16:14)과 '땅의 임금들과 그 군대들'(19:19) 그리고 '땅의 사방 백성 곧 곡과 마곡'(20:8)이 서로 동일한 대상을 지시하고 있고 그리고 '전쟁'(πόλεμος)이라는 단어가 세 본문에 공통적으로 사용되며(20:8에서는 '싸움' 이라고 번역됨) 그리고 '모으다'(συναγαγεῖν [16:14]; συνηγμένα [19:19]; συναγαγεῖν [20:8]>이 동사들의 원형은 동일하게 'συνάγω' 이다)라는 동사가 공통적으로 사용된다. 흥미로운 것은 19:19과 20:8에서 천하 임금들을 모아 전쟁을 일으키는 주체는 바로 짐승과 용(사단)이며 그 대상은 19:19에서는 '말탄 자' 곧 그리스도와 '그의 군대' 곧 그리스도를 따르는 성도들이며 20:8에서는 '성도들의 진과 사랑하시는 성'(20:9) 곧 교회 공동체이다. 여기에서 이 전쟁은 영적 전쟁인 것이 분명하다. 이것은 세 본문의 병행적 관계에 의해 16:14에도 적용될 수 있다. 다시 말해서 16:14에서 전쟁의 당사자는 사탄의 진영과 교회 공동체를 포함하는 그리스도의 진영과의 전쟁이다.

이러한 내용의 본문들은 구약 슥 12-14장을 배경으로 주어지고 있다.[28] 특별히 슥 12:3, 8-9에는 다음과 같은 내용이 소개된다.

> 3) 그 날에는 내가 예루살렘으로 모든 국민에게 무거운 돌이 되게 하리니 무릇 그것을 드는 자는 크게 상할 것이라 천하 만국이 그것을 치려고 모이리라 …
> 8) 그 날에 여호와가 예루살렘 거민을 보호하리니 그 중에 약한 자가 그 날에는 다윗 같겠고 다윗의 족속은 하나님 같고 무리 앞에 있는 여호와의 사자 같을 것이라
> 9) 예루살렘을 치러 오는 열국을 그 날에 내가 멸하기를 힘쓰리라(슥 12:3, 8-9)

위 본문에 의하면 만국이 이스라엘을 치러 올라오는 것은 종말적 전쟁으로서 묘사되고 있다. 요한 계시록의 저자인 요한은 이러한 구약의 종말적 전쟁을 예수님의 재림 때에 있게 될 치열한 영적 전쟁의 정황에 적용하고 있는 것이다. 특별히 14b에서 '온 천하 임금'들의 개입은 위의 슥 12:3에서 '만국'에 대한 언급에서 그 배경을 발견할 수 있다.

다음 15절은 예수님의 말씀을 소개하면서 바로 이러한 영적 전투의 정황 속에서

---

28) G. K. Beale, *The Book of Revelation*, 835

하나님의 백성들이 어떠한 자세를 가져야 하는가를 권면한다.

15a) 보라 내가 도적 같이 오리니
15c) 누구든지 깨어 자기 옷을 지켜
15b) 벌거벗고 다니지 아니하며 자기의 부끄러움을 보이지 아니하는 자가 복이 있도다.

15a) Ἰδοὺ ἔρχομαι ὡς κλέπτης.
15b) μακάριος ὁ γρηγορῶν καὶ τηρῶν τὰ ἱμάτια αὐτοῦ,
15c) ἵνα μὴ γυμνὸς περιπατῇ καὶ βλέπωσιν τὴν ἀσχημοσύνην αὐτοῦ.

15a의 '보라 내가 도적 같이 오리니'라는 문구에서 14절과의 관계에서 예수님의 오심은 용/짐승/거짓 선지자가 만국을 미혹하여 일으키는 전쟁과 함께 맞물려서 일어나는 사건임을 알 수 있다. 왜냐하면 15a와 같은 문구는 복음서에서 예수님께서 자신의 재림을 묘사할 때 주로 사용했던 것이기 때문이다. 이러한 예수님의 오심은 12-14절에서 전쟁을 도발하는 사단의 세력을 멸하시기 위해 재림하여 오시는 예수님의 모습을 암시한다.[29] 이러한 암시는 또한 사단의 세력이 이 전쟁에서 파멸할 것을 예상케 한다.

이러한 문구를 사용하고 다른 신약 성경 본문은 마 24:42-44(눅 12:39-40; 참조 25:13)와 살전 5:2 그리고 벧후 3:4, 10이다.

42) 그러므로 깨어 있으라 어느 날에 너희 주가 임할는지, 43) 너희가 알지 못함이니라 너희도 아는 바니 만일 집 주인이 도적이 어느 경점에 올 줄을 알았더면 깨어 있어 그 집을 뚫지 못하게 하였으리라. 44) 이러므로 너희도 예비하고 있으라 생각지 않은 때에 인자가 오리라(마 24:42 44).

주의 날이 밤에 도적 같이 이를 줄을 너희 자신이 자세히 앎이라(살전 5:2).

그러나 주의 날이 도적같이 오리니 그 날에는 하늘이 큰 소리로 떠나 가고 체질이 뜨거운 불에 풀어지고 땅과 그 중에 있는 모든 일이 드러나리로다(벧후 3:10).

---

29) Ben Witherington Ⅲ, *Revelation*, NCBC(Cambridge: CPU, 2003), 242.

위의 마태복음 본문은 도적의 침입을 비유로 예수님의 갑작스런 오심의 성격을 설명하며(43절) 예비하고 깨어 있을 것을 말씀하신다(44절). 요한은 이를 15a에서는 "내가 도적 같이 오리니"라고 표현하고 있다. 살전 5:2에서는 '밤에'라는 시점을 명시하지만 다른 본문에서는 이를 생략한다. 그리고 살전 5:2이나 벧후 3:10은 '주의 날'이라고 명시하여 예수님의 재림의 때를 가리키고 있고 이것은 요한 계시록의 14c에서 '하나님의 곧 전능하신 이의 큰 날'과 병행적 관계를 가진다.

위의 신약의 세 본문에서 '도적' 모티브를 사용함에 있어서 가장 초점을 맞추고 있는 것은 갑작스런 주님의 오심에 대해 성도들을 대비하고 깨어 있어야 한다는 점이다. 바로 요한 계시록에서도 이러한 '도적 모티브'를 사용할 때 그 목적이 동일하다. 15bc가 이러한 점을 드러내 주고 있다. 먼저 15b와 15c의 구문적 관계로서 전자는 주절을 형성하고 후자는 히나(ἵνα)-목적절을 형성한다. 먼저 주절인 15b에서는 '깨어서 자기의 옷을 지키는 자'가 복이 있다고 기록한다. 여기에서 '깨어 있다'는 것과 '자기의 옷을 지키는 것'은 서로 밀접한 관계를 가진다. 문법적으로 이 두 동사는 분사의 명사적 용법으로서 하나의 정관사를 가지고 사용되고 있어(ὁ γρηγορῶν καὶ τηρῶν) 이 두 동사의 밀접한 관계는 그 의미의 밀접한 연관성으로 발전한다. 곧 깨어 있지 못하고 잠자는 자는 자신의 옷을 지키지 못한다. 그러나 깨어 있는 자는 자신의 옷을 항상 입고 있으므로 그 옷을 지킬 수 있는 것이다. 그러므로 15b는 일종의 비유라고 할 수 있다.

15c는 목적절로서 15b의 자기의 옷을 지키는 것에 대한 목적을 표현하고 있다. 곧 '벌거벗고 다니지 아니하며 자기의 부끄러움을 보이지 않도록' 깨어 있어 자신의 옷을 지키라는 것이다. 이러한 말씀은 15a에서 언급되는 '도적' 모티브와 밀접하게 관련된다. 예수님께서 도적 같이 오시므로 잠자는 상태로 있다가 벌거벗은 채로 주님을 맞이하다가는 부끄러움을 당할 수 있다는 것이다. 그러한 부끄러움을 당하지 않기 위해서는 바로 깨어 있어 옷을 입고 있어야 한다는 것이다. 바로 그러한 자는 복이 있는 것이다. 다시 말해서 짐승에게 속하므로 하나님의 심판을 당하지 않으며 구원을 체험하게 될 것을 복이라고 말하고 있다. 요한 계시록에서 '복'에 대해 언급하는 본문은 모두 일곱 개이다(1:3; 14:13; 16:15; 19:9; 20:6; 22:7, 14).

15c의 "벌거벗고 다니지 아니하며 자기의 부끄러움을 보이지 않는다"라는 문구

는 비유적 표현 일뿐만 아니라 또한 구약적 배경을 가지고 사용되는 것이기도 하다. "벌거벗은 수치를 보이다"는 우상 숭배에 동참한 이스라엘과 다른 이방 나라들에 대한 하나님의 정죄에서 사용된 용어이다(사 43:3; 겔 16:36; 23:29; 나훔 3:5; 사 20:4; 출 20:26). 그렇다면 반대로 "옷을 입다"는 하나님을 경배하는 하나님의 백성으로서의 마땅한 모습을 가지고 그 고상한 품성을 유지하는 것을 의미한다. 15bc에 대한 이러한 구약적 배경을 이 문맥에 적용한다면 독자들로 하여금 짐승을 숭배하라는 압력에 굴복하여 우상을 숭배하는 일로 말미암아 하나님의 심판을 자초하는 일이 없도록 하라는 것이다. 특별히 '옷을 지키라'는 권면은 바로 성도로서의 신분을 지키라는 것으로 이해할 수 있다. 이러한 권면은 영적 전투의 현장에서 매우 구체적인 적용이 아닐 수 없다. 이 영적 전투가 용/짐승/거짓 선지자에 의해 일으켜진 것이라면 그 전쟁의 목적은 분명 짐승의 우상을 숭배하게 하는 형태로 나타나게 될 것이기 때문이다. 실제로 요한 계시록의 일차 독자들인 일곱 교회 공동체는 이러한 압력을 받았으며 그리고 우주적 교회 공동체는 마침내 누구를 숭배하게 될 것인가라는 도전을 예수님의 재림 때에 즈음하여 가장 강렬하게 받게 될 것이다.

특별히 이 문구가 3:18에서 사용되었을 때는 라오디게아 교회의 우상숭배에 의한 죄를 밝히 드러내려는 목적을 갖는다.[30] 반대로 라오디게아 성도들에게 "옷을 사라"는 것은 그러한 죄로부터 회개할 것을 권면하는 것이다. 여기에서 흥미로운 것은 3:18에서는 "흰 옷을 사서 입어 벌거벗은 수치를 보이지 않게 하라"고 되어 있고 16:15에서는 "벌거벗고 다니지 아니하며 자기의 부끄러움을 보이지 않도록 하기 위해 깨어 있어 자기 옷을 지키는 자가 되라"고 표현한다. 이 두 문구의 차이는 전자에서는 "흰 옷을 사라"고 하고 후자에서는 "자기 옷을 지키라"고 한다. 그리고 전자에서는 "벌거벗은 수치를 보이지 않게 하라"고 하고 후자에서는 "부끄러움을 보이지 않게 하기 위해"라고 한다. 이러한 차이는 곧 전자의 경우에 이미 벌거벗어 부끄러움을 보이고 있는 상태이고 후자의 경우는 그러한 수치를 보이고 있지는 않지만 미리 예방할 것을 말하고 있는 것이다.

---

30) G. K. Beale, *The Book of Revelation*, 306

끝으로 16절에서 요한은 12-14절에서 언급한 전쟁에 대한 이야기를 매듭지으려고 한다. 이 두 문구는 15절을 가운데 두고 A(12-14절)-B(15절)-A′(16절)의 구조의 형태를 가지고 존재한다.

16) 세 영이 히브리 음으로 아마겟돈(Ἁρμαγεδών)이라 하는 곳으로 왕들을 모으더라.

먼저 '세 영'이란 용/짐승/거짓 선지자의 입으로부터 나온 세 더러운 영을 가리킨다. 곧 용/짐승/거짓 선지자의 의도를 충실히 반영하는 역할을 감당한다. 이 세 더러운 영은 바로 '아마겟돈'이라는 곳으로 천하 왕들을 모으고 있다. 여기에서 '아마겟돈'이라는 곳은 어디인가? 또 무엇을 의미하고 있는가? 먼저 아마겟돈이란 Walvoord가 말하고 있는 것처럼 역사적으로 일어나게 될 전쟁의 실제적인 지역을 가리키고 있다고 보는 것은 옳지 않다. 왜냐하면 이 문맥에서 이미 이 전쟁을 영적인 차원의 문제로 규정했으므로 상징적 성격을 찾으려고 해야 할 것이다.

먼저 '아마겟돈'(Ἁρμαγεδών 이 단어는 '하(르)마겟돈' 이라고 읽어야 할 것이다)이라는 단어는 히브리어를 음역한 것이므로 그 어원적 배경을 구약에서 찾아 볼 수 있을 것이다. 그것은 하르+므기도(+ㄴ)의 합성어로서 이를 번역하면 '므깃도의 산'('하르'는 히브리어로 '산'을 의미한다) 혹은 이르+므깃도+ㄴ)의 합성어로서 '므깃도의 도시'라고 번역할 수 있다('이르'는 히브리어로 '도시' 를 의미한다).[31] 그러나 전자의 경우에 므깃도에는 산이 존재하지 않으므로 후자의 경우가 적절하다고 보지만 또한 전자는 '하르'가 '이르'로 변경되어야 하는 어려움이 있다. 그러나 전자의 경우에 '산'(하르)이라는 단어가 '므깃도'와 함께 사용된 것은 역시 종말적 전쟁을 언급하는 것으로서 계 19:17-21과 20:7-10에서 사용하고 있는 겔 38:8과 39:2,4,17의 영향 때문이라는 견해가 있다.[32] 이러한 에스겔의 본문에서 종말적 전쟁의 장소로서 '이스라엘 산'이라는 문구가 사용되고 있다. 그러므로 '하(르)마겟돈'이라는 용어는 바로 구약(특별히

---

31) G. K. Beale, *Revelation*, 838-39 슥 12:11을 보라.

32) J. Day, "Origin of Armageddon: Revelation 16:16 as an Interpretation of Zechariah 12:11," *Crossing the Boundaries: Essays in Biblical Interpretation in Honour of Michael D. Goulde*, ed. S. E. Porter, P. Joyce, and D. D. Orton lLeiden: Brill, 1994), 315-26

슥 12:11)의 '므깃도'와 에스겔 본문들의 '산'이 결합되었을 가능성도 있다. 그러나 중요한 것은 이러한 추적이 '하(ㄹ)마겟돈'이라는 용어가 구약의 '므깃도'라는 도시를 배경으로 사용되었다는 사실을 확증해 주며 그리고 이러한 확증은 이 본문을 정확하게 이해하는데 결정적인 단서를 제공한다는 것이다.

이 도시는 구약에서 전쟁이나 심판과 관련하여 주로 사용되는데 특히 삿 5:19-21에서는 하나님의 백성을 압박하는 왕들의 패배를 언급하고(참조 삿 4:7) 왕상 18:40에서는 거짓 선지자들이 패망하는 장면을 소개하며 왕하 23:29-30과 대하 35:20-25에서는 하나님의 백성을 잘못 이끌었던 왕들의 죽음의 장소로서 언급하고 슥 12:11-14에서는 하나님을 배역했던 이스라엘 백성들의 애통하는 모습을 므깃도 골짜기에 있던 애통에 비교한다. 이러한 본문들의 공통점들은 하나님을 대적하는 자들에 대한 심판의 장소로서 '므깃도'가 사용되고 있다는 점이다.[33] 요한 계시록 본문에서 바로 이러한 배경의 므깃도를 어근으로 하는 '아마겟돈'이라는 용어를 사용하는 것은 만국을 이끌어 영적 전쟁을 일으키려는 바로 용/짐승/거짓 선지자에 대한 심판의 장소로서 제시하려는 목적을 나타내고 있는 것이다.[34] 이러한 사실은 이 전쟁이 영적 전쟁이며 그 결과는 용/짐승/거짓 선지자의 결정적 패배로 끝날 것임을 분명하게 말해 주고 있다. 이러한 결과는 14절 말씀과 병행적 관계를 가지므로 함께 비교했던 19:19과 20:8의 말씀에서도 명확하게 그러한 사탄 진영의 패배로 전쟁이 끝날 것을 기록하고 있다. 이러한 점에서 여섯 번째 대접 심판은 그야말로 '심판'의 성격을 가장 잘 나타내 주고 있다.

Walvoord도 역시 아마겟돈이 구약의 므깃도와 관련되고 있다는 점에 있어서는 동의하고 있다. 그러나 문제는 이러한 관련성에 근거하여 그가 물리적 전쟁으로 간

---

33) J. Day에 의하면 슥 12:11이 계 16:16의 아마겟에 대한 직접적인 배경으로서 사용되었다고 한다. 그렇게 주장하는 이유는 다음과 같다: 1) 슥 12:11은 하나님을 대적하는 백성들이 당하게 되는 종말적 슬픔과 애통을 묵시적 문맥에서 다루는 구약 본문으로서 계 16:16이전에 존재하는 가장 유일한 본문이다; 2) 구약 본문 중에서 므깃를 하르+마겟돈에서 마겟에 가까운 므깃이라고 표기하는 유일한 본문이다; 3) 슥 12:10-11은 계 1:7에서 인용되고 있고 다른 스가랴의 본문들도 계시록에 그 배경으로서 자주 사용된다(계 6:2-8에서 슥 1, 6장 그리고 계 11:4에서 슥 4장 그리고 계 21:25에서 슥 14:7-8 등). J. Day, "Origin of Armageddon," 315-26.

34) M. G. Reddish, *Revelation,* 374; G. K. Beale, *Revelation,* 840.

주했던 아마겟돈에서의 전쟁을 문자 그대로 므깃도에서 일어나는 것으로 해석한다는 점이다.35)

> 이 본문이 말하고자하는 바는 이 장소가 앞으로 일어날 군사적 충돌의 중심부라는 것입니다. 실제로 군대들이 이 중앙지역을 중심으로 위 아래로 약 200마일 정도에 걸쳐 투입된다(참조, 14:20). 재림의 때에 심지어 어떤 군대들은 예루살렘 안에 있게 될 것이다(슥 14:1-3).

그러나 요한은 늘 그러하듯이 구약적 배경을 사용할 때는 그것을 상징화 하고 있다는 것을 기억하는 것이 필요하다.

10-21절은 다섯 번째 대접 심판에서 일곱 번째 대접 심판을 기록하고 있다. 이 세 개의 심판은 특별히 17-20장과 관련하여 매우 중요한 의미를 가진다. 10-21절에서 소개된 세 개의 대접 심판에서 용/짐승/거짓 선지자 그리고 바벨론의 심판을 결정 짓는다. 여기에서 용/짐승/거짓 선지자와 바벨론의 심판에 대한 기록의 순서는 다시 17-20장에서 바벨론과 짐승/거짓 선지자/용의 순서로 그 심판의 내용이 소개되고 있다. 이러한 관계는 17-20장은 바로 16:10-21에서 소개된 악의 세력에 대한 심판의 자세한 설명을 소개하고 있으며 따라서 전자는 후자에 대한 해석적 원리를 제공해 주고 있는 것이다. 그것은 무엇인가? 그것은 바로 16:10-21의 경우처럼 17-20장이 예수님의 재림 때에 일순간에 일어날 종말적 심판을 기록하고 있다는 것이다. 이러한 관점에서 16:10-21처럼 17-20장의 내용도 역시 시간적 시차의 존재를 두고 읽는 것이 아니라 동시에 일어날 것으로 읽어야 할 것이다.

---

35) Walvoord, *The Revelation of Jesus Christ*, 239. 흥미롭게도 미래주의자인 Walvoord는 의해 세계 1차 세계 대전을 아마겟돈 전쟁으로 간주했던 역사주의적 해석자로 알려진 Alexander Hardie의 말을 인용하면서("1914-1918년에 터져 인류를 불행하게 했던 세계 대 전쟁은 틀림없이 예보된 아마겟돈이었다, *A Study of the Book of Revelation* [Los Angeles: Times-Mirror Press, 1945], p.v) 이런 역사를 볼 때 역사학파가 주장하는 수많은 이론들이 결국 틀렸다는 것이 증명되었다라고 비판한다. 그러나 결국 미래주의자들도 역시 역사적 사건을 용인하지 않을 수 없으므로 여전히 아마겟돈 전쟁을 역사적으로 물리적 전쟁으로 간주하는 한에 있어서는 이러한 Alexander Hardie의 오류를 반복하지 않을 수 없다.

Ⅳ. 결 론

소위 아마겟돈 전쟁에 대한 올바른 이해를 가지고 있는 것은 너무 중요하다. 먼저 위의 본문에 대한 고찰을 통해 아마겟돈 전쟁이란 물리적으로 일어나 세계의 종말을 가져올 세계 3차 세계대전이 아니라 악의 세력에 대한 최종적 심판의 의미를 가지고 있다는 사실을 확인하였다. 이러한 사실에 대한 외면한 채 그것을 하나의 물리적 전쟁으로 이해할 대 그것은 엄청난 결과를 가져오게 될 수 있다. 가장 현실적인 문제로서 현재 미국의 네오콘(신보수주의자)들의 정치적 결정 과정에서 아마겟돈 전쟁을 실제적인 물리적 전쟁으로 간주하는 소위 기독교 근본주의자들의 입김이 상당 부분 반영되고 있다는 사실이다.[36] 월간 중앙 2004년 10월호에 정우량이라는 국제 평론가는 다음과 같이 기록하고 있다.[37]

> 기독교 근본주의는 부시 행정부에 막강한 영향력을 행사하고 있다. 부시 스스로 기독교 근본주의 종교관을 가지고 있을 뿐 아니라 백악관 참모진과 정부 내에도 기독교 근본주의자들이 대거 포진하고 있다. 그들은 기독교 근본주의 이념을 실제 정책에 반영하고 있다'라고 기록하고 있다… 그리고 무엇보다 중요한 것은 대외정책이다. 기독교 근본주의 세력은 네오콘(신보수주의) 세력과 함께 일방주의 대외정책을 강력히 추진하고 있다.

정우량은 위와 같은 지적과 함께 다음과 같이 말을 이어가고 있다.

> 그런 의미에서 이번 미국 대통령 선거는 기독교 근본주의와 반기독교 근본주의 간 일종의 종교전쟁이 되리라는 미국 정치 분석가들의 지적은 매우 적절하다. 우리 입장에서도 비상한 관심을 가져야 한다. 부시가 재선(再選)에 성공하면 '기독교 성전(聖戰)'에 박차를 가할 것이며, '악의 축(軸)'의 하나인 북한의 핵 문제 해

---

36) 여기에서 미국의 기독교 근본주의자들은 앞에서 비판의 대상으로 삼은 Gaebelein, Walvoord 그리고 Lindsey의 성경해석의 전통을 철저하게 추종하는 자들이다.

37) 이 글은 지금 현재의 미국 정부를 장악하는 네오콘의 역사적 배경과 종교적 신학적 입장을 매우 자세하세 서술하고 있다.

결에도 더욱 공격적으로 나설 가능성이 크기 때문이다.

이상에서 볼 때 아마겟돈 전쟁을 실제적으로 일어날 물리적 전쟁으로 이해하므로 초래하게 될 부작용은 심히 크다는 것을 알 수 있다.[38] 이미 지난 내용이라 현실성이 떨어지긴 하지만 실제로 부시는 그의 재선 초기에 엄청난 기세를 가지고 이라크 전쟁을 이끌었으며 이를 놓고 사람들은 문명 재 충돌과 같은 우려를 가지게 된 바 있다. 미래주의적이며 세대주의적 성경해석을 따르는 미국의 근본주의적 기독교인들이 이 아마겟돈 전쟁을 문자 그대로 일어날 물리적 전쟁으로서 이해하여 이러한 전쟁을 일으키는 악의 세력으로서 기독교를 반대하는 회교 국가들 중 일부를 지목하고 이라크 전쟁과 같은 전쟁을 부추기는 시도를 했었다는 것은 널리 알려져 있는 사실이다. 부시가 '악의 축'이라는 발언도 이와 무관한 것 같지 않다. 이 악의 축의 하나가 '이란'과 같은 회교 국가인 것을 주목해야 하고 그 중의 하나가 '북한'인 것도 주목해야 할 것이다. 전통적으로 근본주의적 기독교인들은 회교도와 공산주의를 굉장히 적대시 해 오고 있다. 물론 회교도에 대한 그 증오의 역사는 더 길지만 그러나 공산주의는 현대에 와서 굉장한 대립의 관계를 가져왔는데 온 세계의 모든 공산국가가 붕괴되었음에도 오직 북한만이 생존해 있는 것은 미국의 기독교 근본주의자들에게는 눈에 가시처럼 보일 수 있다. 부시 대통령이 지금 이러한 근본주의적 기독교인들의 성경 해석의 사주를 받고 있다는 현실은 우리를 긴장하게 한다. 이라크와 이란을 비롯해서 북한을 악의 축으로 규정하고 아마겟돈 전쟁의 이름으로 제거하려는 마음을 가지고 있기 때문이다. 이라크에 대해서는 이미 시도를 한 바 있고 북한에 대해서는 6자 회담이 진행되고 북한이 핵에 대한 전향적 자세로 나오기 때문에 다행스럽게도 이러한 제거의 시도는 아직 수면 위로 올라오지 않지만 언제 이러한 시도가 불거져 나올지 불안하기만 하다.

어찌 되었든지 이러한 엉뚱한 생각이나 행동들을 유발케 하는 성경 해석은 굉장히 위험한 해석이고 발상이다. 이것은 중세기에 일어났던 십자군 운동과 동일한 동기라고 할 수 있다. 우리 민족의 운명을 가를 수도 있는 상황이 이러한 엉뚱한 성경

---

38) 미국의 대통령 선거가 작년에 끝나고 부시가 재선된 상태에서 이러한 우려는 아직 진행형인 가운데 있다. 그러나 이러한 우려가 기우로 끝나기를 바랄 뿐이다.

해석의 영향을 받고 있다면 요한 계시록의 해석을 얼마나 신중하게 해야 하는가에 대한 도전을 받지 않을 수 없다. 다시 한 번 강조하지만 아마겟돈 전쟁은 물리적 전쟁이 아니라 그리스도인들이 예수님의 재림을 대비하면서 사탄과 치루어야 하는 영적 전쟁인 것이다. 그리고 그 결과는 심판으로서 사탄의 종말로 끝나게 될 소망스런 메시지이다. 이러한 사실을 인식하고 그리스도인들은 눈에 보이는 대상을 물리적 전투의 대상으로 삼는 것이 아니라 눈에 보이지 않는 사탄과 같은 영적 세력을 전투의 대상으로 삼고 효과적인 영적 전쟁을 치루어 나가야 할 것이다.

참고문헌

Aune, D., *Revelation 6-1*, WBC. Nashville: Thomas Nelson, 1998.

Bauckham, R., *The Climax of Prophecy*. Edinburgh: T&T Clark, 1993.

Beale, G. K., *The Book of Revelation*. NIGTC. Grand Rapids: Eerdmans, 1999.

Charles, R. H., *A Critical and Exegetical Commentary on the Revelation on the Revelation of St. John*. ICC. 2 vols. Edinburgh: T & T Clark, 1920.

Gaebelein, A. C., *The Revelation: An Analysis and Exposition of the Last Book of the Bible*. New York: Our Hope, 1915.

Lindsey, H., *The Late Great Planet Earth*. Grand Rapids: Zondervan, 1970, 1977.

Louw, J. P., and Nida E. A., eds. *Greek-English Lexicon of the New Testament Based on Semantic Domain*. 2 vols. New York: United Bible Societies, 1988.

Mounce, R. H., *The Book of Revelation*. NICNT. Grand Rapids: Eerdmans, 1977.

Reddish, M. G., *Revelation*, Smyth & Helwys Bible Commentary. Macon, Georgia: Smyth & Helwys Pub., 2001.

Walvoord, J. F., *The Revelation of Jesus Christ*. Chicago: Moody Press, 1966.

Witherington III, Ben, *Revelation*. NCBC. Cambridge: CPU, 2003.

창조 그리고 혼돈과의 전쟁

최 종 태
(한빛교회 담임목사, 구약학)

I. 문제제기

구약에 대한 파괴적 비평의 대명사로 간주되는 벨하우젠의 「이스라엘 역사 서설」이[1] 처음 발표된 1878년 바로 2년 전에 영국에서는 조지 스미스가 「갈대아 창세기」를 출간했다.[2] 조지 스미스의 책이 출간되고 나서 약 19년 만에, 궁켈은 「태초와 종말시의 창조와 혼돈: 창 1장과 계 12장의 종교사적 연구」란 책에서[3] 그 "갈대아

---

1) 원래는 "이스라엘 역사" (*Geschichte Israels*)로 출간되었다.

2) George Smith, *The Chaldean Account of Genesis. Containing The Description of The Creation, The Fall of Man, The Deluge, The Tower of Babel, The Times of The Patriarchs, And Babylonian Fables, And Legends of The Gods From The Cuneiform Inscriptions* (London: Sampson Low, 1876).

3) H. Gunkel, *Schoepfung und Chaos in Urzeit und Endzeit: Eine religionsgeschichtlichen Untersuchung ueber Gen. 1 und Ap. Joh. 12* (Goettingen: Vandenhoeck & Ruprecht, 1895); 영역본 *Creation and Chaos in the Primeval Era and the Eschaton: Religio-Historical Study of Genesis 1 and Revelation 12*. Translated by K. William Whitney Jr. (Grand Rapids: Eerdmans, 2006). 궁켈은 아마 자기보다 2년 전에, 같은 주제를 다뤘던 미국인 학자 바톤의 "티아맛"에서 (G. A. Barton, "Tiamat," *JAOS* 15 [1893], 1-27) 힌트를 얻어 좀 더 세밀하게 연구하였는지 모른다. 사실 궁켈은 자기 책에서 바톤의 글을 인용하고 있다(*Schoepfung*, 4, n4, 25, n2 등; W. G. Lambert, "A New Look at the Babylonian Background of Genesis," *JTS* 16 [1965], 288 참조). 바톤에게는 안 되었지만, 이 분야의 연구 선구자로서의 영예는 궁켈에게 돌아갔다. 궁켈 이후로 유사한 주제를 다룬 책들로는 O. Kaiser, *Die mythische Bedeutung des Meeres in Agypten, Ugarit und Israel,* (Berlin: A. Toepelmann, 1959); W. G. Lambert, "A New Look at the Babylonian Background of Genesis." *Journal of Theological Studies* 16 (1965), 287-300; W. H. Schmidt, *Koenigtum Gottes in Ugarit und in Israel* (Berlin: de Gruyter, 1966); Cyrus

창세기"가 구약 창조사고의 출처라는 주장을 하게 된다. 당시 그 책이 비평적 영향력 면에서 벨하우젠의 대작과 견줄만한 작품이 되리라고 예상했던 사람은 아마 없었으리라.

오늘날 비평가들은 궁켈이 "창조와 혼돈"에서 제시하는 주장, 곧 성경의 창조사고는 결국 바벨론 창조 신화에 근거한다는 주장에 하나같이 동의하는 상황이다. 보다 최근에는 구약의 창조 사고는 가나안 바알 신화에 의존한다는 주장이 더욱 비평가들의 마음을 사로잡고 있다.[4] 한 때는 바벨론 의존설이, 근년에는 우가릿 의존설이 대세를 잡는가 하더니, 이제 대개 비평가들은 바빌로니아와 우가릿을 적당히 조합하여 구약 창조 사상이 이런 이교 신화들에 의존한다거나 적어도 성경 기자들은 창조를 혼돈과의 전쟁으로 묘사한다고 주장한다. 이에 대하여, 복음주의 신학자들은 처음에는 의심의 눈초리로 반신반의하며 주목하다가,[5] 점차 문제가 단순치 않다

H. Gordon, "Leviathan: Symbol of Evil," in *Biblical Motifs: Origins and Transformations,* ed. Alexander Altmann (Cambridge: Harvard University Press, 1966); Bernhard Anderson, *Creation Versus Chaos* (New York: Association Press, 1967); M. Wakeman, *God's Battle with the Monster: A Study in Biblical Imagery* (Leiden: Brill, 1973); B. Otzen, H. Gottlieb and K. Jeppesen, *Myths in the Old Testament,* (London: SCM, 1980); A. W. Sjoeberg, "Eve and the Chameleon." In *The Shelter of Elyon: Essays on Ancient Palestinian Life and Literature in Honor of G. W. Ahlstroem.* (Sheffield: JSOT Press. 1984) 등.

4) 우가릿 의존설은 John Day, *God's Conflict with The Dragon and The Sea: Echoes of a Canaanite Myth in the Old Testament*, (London: Cambridge Univ. Press, 1985)에서 전형적으로 제시되었다; John Day는 *Anchor Bible Dictionary*에 "Dragon and Sea, God's Conflict with," "Leviathan" 등의 항목을 기고하였다.

5) 1876년에 발표된 George Smith의 『창세기의 갈대아 판』이란 책에 대한 초기 반응의 한 예로는 1880년에 출간된 R. Buddensieg의 책 『앗시리아 발굴물과 구약』이란 책에서 볼 수 있다: 얼마나 깊은 하나님에 관한 사고가 성경의 첫 페이지에 제시되고 있는지! 이교도 기사들에 비할 때, 얼마나 순결하고, 확실한 하나님에 관한 관점이 제시되고 있는지! 성경의 창조 기사는 장대한 위엄과 매혹적인 단순성으로 우리 앞에 나타나고 있다. 다른 어떤 구절도 이같은 한 야웨 하나님의 비교할 수 없이 탁월한 창조 행위들을 앗시리아 신들의 혼잡스럽고 모호한 창조 노고들 위에 높이 드러내주지 못한다. … 우리는 여기 하나님의 계시 시초에서, 어떤 신화론적 사고에서 자유로운 창조 전승을 보는 것이다. … 바벨론 창조 기사에서는 하나님과 신적 존재들에 관한 여러 사고들이 유치한 수준으로 나타나고 있는 것이다(R. Buddensieg, *Die Assyrischen Ausgrabungen u. das Alte Testament* [1880], 32, 33); 1874년에 출간된 G. F. Oehler의 (1812-1872) 『구약 신학』은 (*Die Theologie des Alten Testaments*) 18822, 18913 등으로 그 아들 Theodor Oehler(1850-1915)에 의해 개정되었고, 영국역 *Theology of the Old Testament*(Edinburgh, 1874/1875)에 비해, 미국역(New York, 1883)은 이 개정판에 근거한다. 붓덴지그의 인용문은 Oehler, 『구약신학』의 미국역본 50페이지에서 인용했음.

는 점을 인식하고 관심을 기울이는데, 비평가들과 입장을 같이 하는 이들도 있고, 전통적 창조 사상을 변호하려는 열정으로, 궁켈의 주장을 논박하는 경우도 있으며,[6] 성경 기자들이 이방 신화의 표상을 차용했다는 것은 의심할 여지가 없지만, 이교도 신학 사상은 배격했다고 주장하기도 한다.[7]

궁켈이 제기한 창조기사의 바벨론 의존설과 관련하여, 오늘날 제기되는 핵심 이슈는 창세기의 창조기사만 아니라, 여타 창조 관련 구절들이 과연 창조가 혼돈과의 전쟁의 결과라고 묘사하고 있는가? 하는 것이다.[8] 삭스(H. W. F. Saggs)는 창조와 바다와의 전쟁 사고를 나란히 배치한 본문들이 몇 개 있기는 하지만 (예컨대, 시 74:12-17, 89:9-14, 욥 26:10-13 등), 그렇다고, 이 두 사고가 반드시 인과관계로 연결된 것은 아니라고 주장한 바 있다.[9]

필자는 시 74편이나 시 89편에서 바다와의 전쟁 모티프가 "창조"보다는 "홍해 사건"을 노래한다는 점을 입증하고자 한다. 결국 유일하게 창조와 혼돈의 물과의 전쟁 사고가 인과 관계로 연결될 수 있는 곳은 욥 26:10-13 뿐인데, 여기서도 창조 전에 일어난 혼돈과의 전쟁보다는, 창조 3일에 있었던 뭍과 바다의 분리 사건을 시적으로 노래한다고 본다.

방법론적으로는, 우리의 방법론은 모세 오경의 모세 저작설을 부인하고 문서설을 따르는 자들의 접근법과 달라야 할 것이다. 창 1장이 연대기적으로나 정경적 순

---

6) Alexander Heidel, *The Babylonian Genesis of Our Time* (Chicago: The University of Chicago Press, 1942, 1951)의 책이 가장 표준적 저술이라 여겨지는데, 이는 한글로 번역된 바 있다: 알렉산더 하이델, 『고대 근동의 창조설화, 홍수설화와 구약 성경의 비교』 윤영탁 역, (서울: 엠마오, 1990). 번역자 윤영탁 교수는 "역자 서문"에서 번역에 도움을 준 이들로 김정우 교수, 조병수 목사, 임건택 전도사 등을 언급한다. 어떤 의미인지는 확실치 않으나, 홍미롭게도 김정우 교수는 웨스트민스터 석사 논문으로 "Leviathan Image in the Old Testament"를 제출했고, 이는 『구약성경에 나타난 리워야단의 영상』이란 제하에 새롭게 다듬어 한역 출간되었다 (서울: 총신대학 출판부, 1994).

7) John L. McKenzie, S. J., "A Note on Psalm 73 (74): 13-15," *Theological Studies* 2 (1950); Bruce K. Waltke, *Creation and Chaos* (Portland, OR.: Western Conservative Baptist Seminary, 1974); idem., "The Creation Account in Genesis 1:1-3," *Bibliotheca Sacra* 132 (1975), 327-42.

8) 예컨대, 김정우, "구약에 나타난 리워야단의 이미지," 『신학지남』 231 (1992), 6-34; 233 (1992), 213-248; 234 (1992), 107-130; 김정우, 『구약성경에 나타난 리워야단의 영상』

9) 참조, H. W. F. Saggs, *The Encounter with the Divine in Mesopotamia and Israel,* (London: Athlone, 1978), 54-56; L. Vosberg, "Studien zum Reden von Schöpfung in den Psalmen," *ThLZ* 103 (1978), 645-647.

서에서 가장 우선되는 최초의 "기본" 창조기사이고, 선지자들이나 잠언, 시가들의 창조 사고는 모두 창 1장에 의존하는 "시적" (파생적) 진술로 보아야 한다. 이런 전제하에서 구약의 창조 사고를 고대 근동의 이교 신화들과 비교하며 연구해야 한다. 오경의 근본적 토대를 부인하는 구약 연구라면, 그것이 어떤 유능한 학자의 글이라 할지라도, 사상누각(砂上樓閣)에 불과하다. 비평가들은 창 1장의 창조기사를 추방 이후의 산물로 보고(P 문서라 한다), 시편이나 잠언, 욥기서 등에 나타나는 창조 사고를 창 1장의 그것보다 우선시하는데, 그럴 경우, 산문체인 창 1장과 시가체인 기타 창조 진술들의 관계가 거꾸로 연결되어, 결국 창조 사고의 참 실상을 제대로 파악할 수 없게 되는 것이다. 가령, 시가체의 창조 진술이 우선한다면(사실 비평가들은 구약의 창조 사상이 시대마다 장소마다 달랐으며 서로 간 모순되기도 하고, 일치된 창조 사고가 존재했다는 사실을 부인한다),[10] 시가체가 제시하는 사고 곧 창조는 혼돈과의 전쟁의 결과이다라는, 창조론의 근본인 창 1장의 사고와 동떨어진 엉뚱한 결론이 도출될 수 있기 때문이다.

Ⅱ. 태고적 혼돈의 물을 의인화시켜 하나님께서 책망하시고 명령하시는 시들

혼돈의 괴물과의 전쟁을 언급하는 시편들을 고려하기 전에 우리가 먼저 고려해야 할 구절들이 있다. 그것은 신화적 요소는 갖지 않으면서도, 태고적 혼돈의 물에[11] 대한 하나님의 명령을 노래하는 그런 시들이다. 구약에는 창조 사고의 파편

10) T. H. Gaster, "Cosmogony," *IDB*, vol. 1, 702-709는 구약에 적어도 네 개의 각기 다른 창조 사고들이 있다고 본다(창세기 1장과 [P 문서] 2장 [J 문서], 잠 8장, 그리고 시편, 욥기, 이사야서 등 이른바 파편 창조 관련 구절들 등); Nahum M. Sarna, *Understanding Genesis: The World of the Bible in the Light of History* (New York: Schocken Books, 1966), 1쪽에도 "성경은 하나의 사상적 돌기둥이 아니라" 고대 이스라엘인들의 다양한 창조 사상들을 담고 있다고 주장한다.

11) 태고적 혼돈의 물이란 하나님의 창조 활동이 (창 1:3 이하) 있기 전에 존재했던 그 "깊음"의 (*테홈*) 물을 (창 1:2) 지시한다. 창 1:1-3의 구문에 대한 필자의 견해는 최종태, "창1, 2장의 창조론," 『ACTS 신학과 선교』2 (1998), 173~220 참조. 필자는 그 글에서 전통적인 문법서들 곧 문장 단위의 히브리어 문법으로는 창 1:1-3의 구문을 바로 이해할 수가 없고, 근년에 대두

들, 특히 혼돈의 물과 연관된 사고를 담은 시들이 여기 저기 발견되는데, 그 중에서도 혼돈의 물과의 전쟁 사고나 신화적 괴물을 언급하지 아니하는 시들로는 시 104:5-9, 시 65:6-7, 시 93편, 잠 8:28-29, 욥 38:8-11 등이다. 본 글에서는 지면 관계상 이런 구절들을 하나하나 모두 살피기 어려우므로, 시 104:5-9를 대표적으로 고찰하고, 혼돈의 물과의 전쟁 사고를 담고 있는 구절들을 다루고자 한다.

> 시 104:5 그가 땅을 그 토대 위에 두사 영원히 요동치 않게 하셨도다
> 6 당신께서 옷으로 덮음 같이 땅을 깊음으로 덮으시매 물이 산들 위에 섰더니
> 7 당신의 견책을 인하여 그것들이 도망하며 당신의 우레 소리를 인하여 빨리 가서
> 8 산 위에 오르고 골짜기로 내려가서, 당신께서 그것들을 위하여 정하신 곳으로 (갔나이다)
> 9 당신께서 물의 경계를 정하여 넘치지 못하게 하시며 다시 돌아와 땅을 덮지 못하게 하셨나이다

제한된 작은 지면에 하나의 서정시로 하늘과 땅, 온 우주를 자유자재로 스케치하고 있는 시 104편은 창조와 하나님의 섭리를 주제로 노래하는 드물게 나타나는 찬양시이다.[12] 마치 창조 당시의 장면들이나 그 이후의 하나님의 섭리 사역들이 활동사진처럼 우리 눈앞에 스치고 지나가게 하듯 묘사하는 시인의 솜씨는 놀랍기만 하다. 특히 5-9절은 창조 당시 있었던 혼돈의 물이 하나님의 명령으로 어떻게 제 자리를 잡게 되었는지, 마치 이 원시 혼돈의 물이 하나의 인격체인양 하나님의 견책에 도망하듯 자기 처소로 갔다고 묘사한다. 8절에서 우리는 주어가 6, 7, 9절의 주어인 "물"이라고 보고 번역했다(LXX, KJV, NIV, NRSV). 반면 다른 현대 역본들은 주어를 산들과 골짜기로 본다(TNK, NLT, NASB):

된 텍스트-언어학 혹은 텍스트-문법의 견지에서 조망해야 한다는 점을 강조한 바 있다.

12) 시 104편은 창조만 아니라 하나님의 섭리도 노래하는데, 창조의 일주일을 기본 구조틀로 제시하는 듯하다 하다. 예컨대, 2-5절에서 첫째와 둘째, 6-18절에서 셋째, 19-23절에서 넷째, 24-26절에서 다섯째, 31절에서는 안식하신 7일째 등으로 대략 구분 가능할 것이다.

산들은 올라갔고, 골짜기들은 내려가,
당신께서 그것들을 위해 정하신 처소들로 (갔나이다.)

한역은 두 개를 혼합하여 이상하게 번역해 놓았다. 어느 번역이건 가능할 것이지만, 중요한 것은 5-9절이 창조 셋째 날의 대 역사(役事)를 노래하고 있다는 점이다. 곧 물이 한 곳으로 모여 뭍이 드러나고 바다가 형성된 바로 그 날의 창조 활동이 이 구절들의 주제이다(창 1:9-10). 창세기 1장의 창조기사에서는 과장이나 신화적 색깔을 입히지 않고 산문체로 기술했다면, 시 104:5-9는 똑 같은 사건을 시적으로 노래하고 있다. 창 1:9-10과 시 104:6-9는 동일한 사건을 묘사하지만, 그 제시하는 방식은 상당히 차이를 지닌다. 시 104:6-9는 모세의 창조 기사에 근거하여 창조와 섭리를 노래하되, 자연을 인격체인양 제시하고, 하나님께서 자연 곧 그 혼돈의 물에게 책망하시고 명령하신 양 노래한다. 누구도 이런 "시적" 진술을 역사적 사실에 대한 묘사라고 간주하지 않는다. 물이 하나님의 "견책을 인하여 도망" 한 것이 아니라, 순종했을 뿐이었다. 그러나 시인은 시적으로 꾸지람을 인하여 도망했다고 제시했다. 실체는 있으되, 그것은 시가 제시하는 바와 똑 같은 것은 아니다.

창조 사역을 저 먼 태고적 과거지사의 일로 묘사하는 창 1장과는 달리, 시인은 이 시에서 그 원시적 창조의 날들을 현재적 사건으로 멋지게 살아나게 만들고 있다. 이는 머나먼 과거의 일에 대한 단순한 회고가 아니라, 그 태초의 일을 오늘의 삶에서 생생하게 체험하듯 영감 넘치는 시인의 찬양이며 경배하는 마음의 발로이다. 창조로 나타난 우주만물의 아름다움과 질서, 약동치는 생명을 인하여 여호와 하나님에 대한 경배와 찬양은 실로 구체적이 되고, 인격적이 되며, 지적인 동의만 아니라 심장의 박동을 재촉하는 살아있는 그 무엇이 된다. 시인은 창 1장이 제시하는 창조의 위대한 일들을 시적 상상력과 언어 물감통의 다양한 색깔을 동원하여 완전히 리모델링하여 이전의 모습을 훌훌 벗어던지고 완전히 새 옷으로 단장한 아름다운 건축물로 바꾸어 놓았다.

이런 창 1장의 창조기사와 시 104편의 관계는 산문체인 출 14장의 홍해 사건 묘사와 시적 진술들인 출 15장과 시 114편 사이의 관계와 유사하다. 시 114편은 홍해 사건을 이렇게 노래하고 있다.

3 바다는 이를 보고 도망하며/ 요단은 물러갔으며
4 산들은 수양 같이 뛰놀며/ 작은 산들은 어린 양 같이 뛰었도다
5 바다야 네가 도망함은 어찜이며/ 요단아 네가 물러감은 어찜인고
6 너희 산들아 수양 같이 뛰놀며/ 작은 산들아 어린 양 같이 뛰놂은 어찜인고

시 114편은 시 104:6-9이나 우리가 지금 고려하고 있는 창조 파편 구절들을 이해하는데 결정적으로 중요하다. 시 114편 기자는 홍해 바다와 요단강이라는 자연력을 의인화시켰고, 마치 하나님께서 분노하여 이 자연력들에 대하여 포효하는(게아라, rebuke, roaring) 양 노래하고 있다. 우리는 출애굽 사건에 대한 역사 기술을 통해(출 14:21-29, 수 3:15-17), 실제로 하나님께서 분노하시고 꾸짖으셨다 거나, 바다가 놀라서 도망가고, 산들이 양같이 뛰놀지 않았다는 것을 알고 있다. 출애굽 당시에 자연력들이 그렇게 사람인 양 행동하지 않았다는 것은 너무나 자명하다. 그럼에도 시인은 바다나 강이나 산들이 하나님의 진노의 포효에 놀라 어쩔 줄 몰라 하며 도망가고, 물러가며, 뛰놀았던 것처럼 노래하고 있는 것이다. 이는 순전히 시적인 창작일 뿐 실제적 사건이 아니었다. 물론 바다와 강이 갈라진 것은 사실이었다. 그리고 아마 산들이 뛰놀았다는 것은 출 19장에 기술된 그 신현 현상 시에 시내산의 진동(온 산이 크게 진동하고[지진?], 출 19:18) 현상을 지시하는지도 모른다. 시인은 어쩌면 홍해 도하(渡河)나 시내산 신현, 그리고 요단강 도하를 시간적 순서와 관계없이 한꺼번에 모아서 입체적으로 노래하고 있는지도 모른다.

하나님은 어찌하여 산문체로 된 역사 기술로 만족치 않으시고, 시(詩)로도 자신의 행하신 일을 후대에 전하게 하셨던가? 그것은 인간의 본질 곧 지적인 이해만 아니라, 정적인 감동을 위함이 아니겠는가? 우리의 예배가 단지 지적인 이해를 요청하는 것이라면 그것은 너무나 싱겁고 따분할 것이다. 그러나 우리의 예배 시간에 찬양과 말씀을 통해, 기도를 통해 심정이 뜨거워지고(눅 24:32),[13] 감동, 흥분되어 홍해 바닷가에서처럼[14] 소고 치며 춤을 추어 하나님을 찬양함은 결국 역사 기술을

13) 길에서 우리에게 말씀하시고 우리에게 성경을 풀어 주실 때에 우리 속에서 마음이 뜨겁지 아니하더냐?

14) 2005년도 여름 한국 성경공회 번역위원들이 (황창기 박사님은 그 당시 불참) 홍해 변에서 밝은 태양 볕 아래서 그 감청색 홍해수(紅海水)에 발을 담갔던 기억이 새롭다. 그곳에는 수에

시적인 찬양으로 바꾸는 사건이며, 지적(知的)인 앎을 정적(情的)인 움직임으로 변환시키는 시간인 것이다. 이 둘이 나타날 때 주님을 향한 우리의 헌신은 의지적 결단으로 나아갈 수 있게 된다. 일주일마다 반복되는 이런 주기적인 우리 인격 전체의 활동을 통해서 우리는 이 땅에서 주님과 기쁨으로 동행할 수 있고, 주님 앞에 서는 그 날에는 우리의 지상 예배 활동이 더욱 온전하게 되어 영원토록 천상의 충만한 예배에서 그를 섬기게 될 것이다.

이처럼 하나님의 행하신 위대한 일을 시(詩)로 우리에게 주신 섭리는 우리의 체질을 아시는 하나님께서 우리가 이 땅에서 사는 동안 그분을 전 인격으로 예배할 수 있도록 좋은 수단을 마련해 주신 은혜로운 처사인 것이다. 이런 관계를 파악한다면, 창조 활동이나 출애굽의 기적 혹은 종말에 일어나리라 예고된 그 대 승리를 노래하는 시들은 그분을 예배하고 찬양하는 구속받은 백성들을 위한 은혜의 방편이 아니겠는가? 이런 영적인 통찰력이 없이 창조 사건이나 구속 사건을 노래하는 시들에 등장하는 신화적 괴물이나 자연력의 의인화를 이해하려 든다면 모두가 오류에 빠져서 헤어 나올 수가 없게 될 것이다. 홍해 변에서 소고 치며 찬양한 그 노래는 (출 15장) 자발적 예배요소였다면, 시편이나 욥기서에서 창조나 구속을 시로 노래하는 구절들은 모두가 하나같이 예배와 연관된다는 점도 주목해야 한다. 시편은 제2성전의 찬양시들이었다면, 욥기서는 아마도 유한한 인생들이 무한하신 하나님의 세계와 그분의 섭리 앞에서 겸손해 지도록 만들어 주는 교훈서로서 특별히 고난당하는 자들이 침상에서 묵상하고 그분을 경배해야 할 은혜의 방편일 것이다.

요컨대, 역사 내러티브와 시가 같은 사건을 각기 다른 방식으로 묘사하되, 시가 묘사하는 창조 사역은 사실에 근거하긴 해도, 시의 성격상 자연을 의인화시키고, 하나님을 포효하는 양 그린다는 점에서 사실과 좀 동떨어진 상상력의 색깔로 칠하고 있다.

즈 운하 지하터널(Ahmed Hamdi 터널)을 지나 시내반도 남동으로 해변을 끼고 내리달아 약 110 킬로 지점인 소위 Hammam Faraun Malun(저주 받은 바로의 욕조)이라 불리는 지역으로, 모래로부터 솟아나는 뜨거운 샘들에서 홍해로 직접 흘러내리는 뜨거운 유황수가 있었다.

Ⅲ. 태고적 혼돈의 물과의 전쟁은 언제 있었던가?

방금 우리가 고려한 바에 의하면, 시인들이 태고적 물을 제압한 것으로 묘사하는 사건은 창조 제2일이나 (창 1:6–8) 제3일의 사건이다(창 1:9–13). 비평가들이 궁켈 이래로 바벨론의 마르둑 신화에 근거하여, 창 1:2에서 언급된 그 혼돈의 물에서 바다물 티아맛의 흔적을 찾고자 하는데, 창 1:2의 "테홈"(깊음의 물)은 마르둑에 대항하는 티아맛과 달리, 하나님의 명령에 순응하는 비-인격체인 창조의 원질에 불과하다. 즉, 창 1:2에서는 신화적 요소가 전혀 없다. 그럼에도 논의를 위하여, 창 1:2에 이방 신화가 묘사하는 그런 혼돈의 물과의 전쟁이 암시되었다고 가정한다면, 태고적 혼돈의 물과의 전쟁은 대부분의 비평가들이 가정하듯,[15] 창조 이전에 일어난 것일 수 없다는 점은 방금 앞에서 우리가 고려한 여러 구절들로 분명해 졌다.

그런데 제5일에 바다의 큰 괴물(탄닌)도 만드셨다면, 이 괴물이 바다와 동일시 될 수는 없을 것이다. 2, 3일에 원시적 그 혼돈의 물은 다 제압(?)되었으니까, 제5일에 바다에 큰 괴물 고기까지 만드신 것은 그 원시 바다를 제압한 사건일 수 없다. 그러므로 후대 시가들에서 나타나는 혼돈의 물과의 싸움은 물을 궁창 위의 물과 아래 물로 나눈 사건이나 궁창 아래의 물이 한 곳으로 모여서 뭍이 드러나게 한 사건에 대한 묘사라 이해할 수밖에 없다.

그런데도 비평가들은 대개 괴물과 하나님 사이의 전쟁은 창조 행위 이전에 일어난 것으로 이해한다. 그렇게 보는 근거는 시 74:12-17, 89:8-11 등에서 괴물과의 싸움을 먼저 기록하고(시 74:13–14, 89:9–10) 다음에 창조를(시 74:[15], 16–17, 시 89:11–12) 노래한다는 사실 때문이다. 그렇지만, 하이델이 잘 지적해 준대로,[16] 시 74편이나 89편에서 괴물과의 전쟁 이후에 창조 행위가 일어났다고 노래한다고 보기 어렵다. 예컨대, 시 74편의 경우에, 시인은 "이 땅 가운데서" 구원을 행하셨다고 (포엘 예수오트 베케레브 하아레츠) 노래하고, 14절 하반에서는 그것을 사막에 거하는 자에게 식물로 주셨다고 노래한다. 다시 말하여, 시 74편에서 괴물과의 싸움은 땅

15) H. Gunkel, *Schoepfung,* 29 이하; R. W. Rogers, *The Religion of Babylonia and Assyria* (New York: Eaton & Mains, 1908), 133.

16) 하이델, *The Babylonian Genesis,* 50 참조.

과 사막이 지어진 이후에 일어난 것으로 묘사된다. 더구나 시 74편에서 바다를 가르는 작업은(13a), 용들의 머리들을 박살내는 사건(13b)이나 리워야단의 머리를 파쇄 하는 사건(14a) 보다 먼저 기록되고 있다. 만약 사건들이 일어났던 순서대로 기록한다는 가정을 주장하려 한다면, 13절의 전후반절의 순서조차 사건들의 전후 관계로 보아야 할 것이지만, 여기서 보듯, 사건들의 순서라기보다, 병행적 사고를 제시하고 있을 뿐이다. 에누마 엘시쉬에서는 염수인 티아맛을 죽인 이후에, 그 시체로 하늘과 땅을 만들지 않는가? 또한 시 89편의 경우, 사건의 순서대로라면 먼저 흉용한 바다를 잠잠케 하시고(9절) 다음에 라합을 파쇄하시는 것이다(10절). 이사야 51:9-10에서는 라합과 용을 파쇄하신 것과(9절) 바다를 말리시고 구속받은 자로 건너게 하신 일을(10절) 병행으로 노래하고 있다. 만약 사 51:9-10을 9절은 창조 이전의 혼돈과의 전쟁을, 10절은 홍해를 가르신 사건을 가리킨다고 각기 9, 10절에서 창조와 구속을 보려 한다면, 10절에서 "넓고 깊은 물"(테홈 랍바)을 염수인 티아맛과 연관시키지 아니하는 이유가 무엇인가? EE에서는 바다인 티아맛을 죽인 이후에 그것의 배를 갈라서 (바다를 갈라서?) 하늘과 땅을 만들었다면, 시 74, 89 등은 괴물을 파쇄하신 다음에 창조를 하셨다고 보기가 어렵다. 바다(괴물 티아맛에 해당)를 가른 후에 괴물을 죽였다면, EE와는 정 반대의 순서가 되기 때문이다.

그러나 우리가 앞에서 본대로, 시편들이 노래하는 바다에 대한 제압은 창조 제3일의 사건을 시적으로 노래하는 것이다. 그리고 다음에서 고찰하겠지만, 신화적 괴물을 언급하는 세 군데 본문 중 두 곳은 출애굽 사건을 지시하고, 오직 욥 26:10-13만이 창조 당대의 사건을 노래하는데, 이 본문의 10절과 욥 38:8-11을 고찰하면, 욥 26:10-13도 결국 창조의 제3일의 사건을 시적으로 노래한다는 것이 분명해진다.

Ⅳ. 신화적 괴물의 제압을 노래하는 시들

1. 시 74:13-17

12 하나님은 옛적 왕이시라 (엘로힘 말케-m 케뎀)[17]

인간에 구원을 베푸셨나이다.[18]

13 주께서 주의 능력으로 바다를 나누시고

물 가운데 용의[19] 머리들을[20] 깨뜨리셨으며

14 악어의 머리를 파쇄하시고

그것을 사막에 거하는 자에게 식물로 주셨으며

15 샘들과 큰물을 (땅을 쪼개어) 내시며[21]

길이 흐르는 강들을 말리우셨나이다.

16 낮도 주의 것이요 밤도 주의 것이라

주께서 빛과 해를 예비하셨으며

17 땅의 경계를 정하시며

여름과 겨울을 이루셨나이다.

이 시는 1절이 제시하듯, 믿음의 공동체가 민족적 비극을 당하여 여호와께 구원을 부르짖는 공동체 탄식시의 유형에 해당된다(1-11, 18-23 부분). 그런데 우리의 관심 대상이 12-17절 부분은 이 공동체 탄식시의 틀 안에서, 옛적에 하나님께서 행하신 위대한 일들을(magnalia dei) 묘사함으로 그분을 찬양하고, 현재에도 그처럼 크신 구원을 베풀어 주시라고 간구하는 간구의 근거를 구성한다.

그런데, 고려중인 본문의 이슈는 13-15절이 과연 출애굽에 관한 언급인지, 아니면 16-17절과 함께 창조를 노래하는 것인지 하는 문제이다. 다수의 학자들은 13-15절은 창조 이전에 일어난 혼돈과의 전쟁을 노래하는 것이라 이해한다.[22] 그러나 우

17) Bruce K. Waltke & M. O'Connor, *An Introduction to Biblical Hebrew Syntax* (Winona Lake, IN.: Eisenbrauns, 1990), 160 참조.

18) 문자적으로, "땅 가운데서 구원을 행하시나이다" (NASB, KJV, LXX 등).

19) 한역의 "용들"(*타니님*)은 "탄닌"의 복수형이지만, 장엄 복수형으로 취하여 "거대한 용"이란 의미로 단수로 취급한다.

20) 사도 요한은 용의 머리는 일곱이요 뿔이 열이라 했다 (계 12:3). 또 바다에서 나온 짐승 역시 머리가 일곱이었다 (계 13:1). 마르둑 신화에 등장하는 티아맛이 용(龍)이며, 이 용의 머리가 일곱이라고 비평가들은 생각한다. 따라서 계시록에 등장하는 용은 결국 티아맛과 같은 신화적 괴물이다.

21) Thou didst break open springs and torrents (NASB).

22) H. Gunkel, *Schoepfung*, 42-45; A. Lelièvre, "YHWH et la mer dans les psaumes," *Revue d'Histoire et de Philosophie Religieuses* 56 (1976), 256-63.

리가 보기에, 13-15절은 여러 증거들에 비추어 볼 때에 출애굽 당시 홍해를 가르신 사건을 노래한다.

우선, 이 시에서 특히 주목할 것은 이스라엘을 지칭하면서 출애굽의 사건을 암시하는 표현을 사용하고 있다는 사실이다: "옛적부터 얻으시고 구속하사 주의 기업의 지파로 삼으신 주의 회중"(2절). "얻다"(카나) 혹은 "획득하다"/ "사다" 란 말은 출 15:16, "구속하다"(가알)란 말은 출 15:13, "기업"(나할라)은 출 15:17을 각기 상기시킨다.

시인은 홍해에서 행하신 그 기적을 염두에 두고서, 현재 당하는 민족적 국난에서 이스라엘을 구원해 주시길 기도하고 있는 것이다. 저들이 처한 정황이 국난(國難)이었다는 사실은 여호와께서 거하시는 시온산에 세워진 성소를 대적이 파괴시켰다는 점에서(3, 7절) 결정적으로 드러나고 있다. 성소의 파괴는 곧 이스라엘의 핵심 곧, 신정국 이스라엘 전체의 파멸을 상징적으로 보여주는 가장 비극적인 사건이기 때문이다. 그러한 때에, 시인은 "하나님이여 대적이 언제까지 훼방하겠으며 원수가 주의 이름을 영원히 능욕하리이까?"(10절) 라고 부르짖는다. 하나님은 마치 방관자처럼 이스라엘을 돕지 않고 계시다는 것이 시인의 안타까움 중의 안타까움이다(11절).

이 시점에서 시인은 "하나님은 옛적 왕이시라"고 고백한다. 시리아어역은 "나의 왕"대신에 "예로부터의 왕"이라 번역했다. 또한 앞의 번역에서 제시한대로 우리는 "하나님이 옛적 왕이시라"고 했다. 이런 번역은 "나의 왕"(말키)에서 모음을 약간 바꾸고, "예로부터"(믹케뎀)에서 멤을 전접어(enclitic)으로 이해하면 가능하다. 그런데 출애굽 사건을 노래하면서, 시 44:1은 "당신께서 열조의 날, 곧 옛날에 행하신 일"이라(포알 파알타 비메헴 비메 케뎀) 언급한다. 즉, "옛날"은 출애굽 당대를 지시할 수 있다. 여기 시편에서 하나님을 "옛날 왕"이라(the Ancient King) 칭하는 것은 출애굽의 구원 사건을 통하여 (출 15:18) 이스라엘의 왕으로 통치해 오셨다는 고백이다. 이 왕이 "땅에서 구원을 행하시는 이"시라고 칭송되는 이유도 백성에게 구원을 베푸셨기 때문이다(출 15:18). 즉 왕이 어떤 백성을 통치하는 근거는 백성에게 베푼 구원이다. 시인이 하나님을 "예로부터 나의 왕"이시라 혹은 시리아어역처럼 "예로부터의 왕이시라" 라고 고백하는 것은 그가 이스라엘을 위하여 행하신 큰 구원 역사를 기억할 때에 가능한 것이다.

이스라엘에게 행하신 크신 구원 중에서도, 여러 가지 이적과 기사로 (열 가지 재앙, 홍해를 가르시고 이스라엘로 마른땅처럼 건너게 하셨던 그 홍해의 기적, 광야에서의 돌보심, 요단강의 기적, 여리고 성의 기적 등) 이스라엘을 애굽에서 구원해 내신 그 구원이 최고의 것이다. 특히 홍해의 기적은 그 구원 역사의 절정이었다(신 11:4, 수 2:10, 4:23, 24:6-7, 사 23:11, 43:16, 51:10, 63:11, 느 9:9, 11, 시 66:6, 77:19, 78:13, 53, 106:9, 22, 114:3, 5, 136:13-15 등 참조).

동시에, "예로부터의 왕이시라"라고 할 때에, 그것은 그분의 창조에 근거한 고백일 수도 있다. 야웨의 왕권은 비단 "구원"만 아니라, "창조"에 근거하기도 한 때문이다. 창조주는 당연히 피조물에 대하여 왕권을 행사한다. 인간은 원래 에덴동산에서 하나님을 섬기고 그분의 말씀을 준수하도록 세움을 입은 제사장적 존재였다(창 2:15 아바드, 솨마르).[23)]

다음으로, 한역이 "바다를 나누다"라고(포라르타 브아브카 얌) 번역한 부분에(13절 전반절) 사용된 동사 파라르(포엘형)는 출애굽 사건을 지지해 준다. BDB, THAT, KB3 등은 이 동사를 각기 다른 의미를 지닌 두 동음이의어로 나눈다.

prr I. 히필형: (언약을) 깨뜨리다, 파괴하다, 좌절시키다; 호팔형: 깨뜨려진, 무효케 된, 좌절된;

prr II. 칼형, 히트포엘형: 앞뒤로 심하게 요동케 하다; 포엘: 격동시키다; 필펠형: 요동시키다 등.

히필형만 나타나는 pwr는 prr I의 변형태로 간주된다. 이렇게 사전들이 한 단어를 두 동음이의어(同音異議語)로 나누는 관례에 대하여, L. Ruppert는 악카드어 pararu의 용례에 근거하여 항의를 제기한다.[24)] 악카드어 pararu의 용례는 기본적으로, 두 개의 독자적 어근을 가정하는 것을 지지하지 않는다는 것이다. 두 어근들의(prr I과 prr II) 공통지반은 "분리하다"를 의미하는 pr이란 두 글자 어근이다. parar에는 공통지반의 부분적 중복이 있다면, pirper/ parpar에는 완전 중복이 있다. Ruppert

---

23) 여기에 대하여는 최종태, 『예언자에게 물어라』 (서울: 기독교 문서 선교회, 2003), 제1장 "인간이란 무엇인가?" 참조.

24) L. Ruppert, "parar" in the *Theologisches Woerterbuch zum Alten Testament,* VI: 773-780. Ruppert는 W. Gesenius, *Hebrew-Chaldee Lexicon*, (1847), 692; J. Levy, *Neuhebraesches und chaldaesches Woerterbuch ueber die Talmudim und Midraschim,* (1876-89), 4:131-32, 140 등은 이런 관례에 예외적이었다고 지적한다. Tyler F. Williams, "parar," in the *NIDOTTE*도 참조.

가 제안하는 바에 의하면, 고려중인 동사는, ① 기본형에서 (사람과 동물로 부터) 도망하다 (유가릿 KTU 1.19, Ⅲ, 14.28; UT 2120), (사물이), 떨어지다 (악카드어); ② 사역형에서 (히필), 몰아내다, 공포 중에 비틀거리다 (시리아어), (언약을) 폐기하다 (히 prr I, 쿰란, mhebr, jued.-aram); ③ 작위동사 (factitive; 포엘, 히트포엘, 필펠)에서, 분리시키다, 흩뜨리다, 깨뜨리다 등이다.

그렇다면, 시 74:13a에서 사용된 prr의 포엘형 곧 작위동사는 후반절에서 사용된 병행 동사 "박살내다"(솨바르)와 함께 고려할 때, 깨뜨리다, 분리시키다 등의 의미로 이해하여, (바다를) "나누다"(NIV, NLT, NASB, NRSV, ELB)로 번역하거나, "(바다를) 몰아내다"(drove back [the sea], TNK [출 14:21도 참조])로 번역할 수 있다. NAB, ELB, KB3 등은 "(앞뒤로 흔들어) 분기시키다"(stir, rouse)로 이해하는데, 이는 여기 문맥에 합당하지 않아 보인다.

여기서 이사야 선지자의 간구의 외침을 고려해 본다면, 고려중인 시편의 이해에 도움이 될 것이다.

> 여호와의 팔이여 깨소서! 깨소서! 능력을 베푸소서!
> 옛날 옛 시대에 깨신 것 같이 하소서!
> 라합을 저미시고 용을 찌르신 이가 어찌 주가 아니시며
> 바다를, 넓고 깊은 물을 말리시고 바다 깊은 곳에 길을 내어
> 구속 얻은 자들로 건너게 하신 이가 어찌 주가 아니시니이까? (사 51:9-10)

여기서 9절과 10절은 모두 홍해의 기적을 묘사한다고 볼 수 있다. 존 데이는 여기 사 51:9도 창조시의 혼돈과의 전쟁 모티프의 반영으로 보는데,[25] 그렇게 보는 근거로는 사 51:13, 16 등에서 창조에 대한 언급이 나타나고, 사 51:9은 창조를 노래하는 문맥에 위치한 시 89:9-10에 의존하기 때문이라 했다. 그렇지만, 여기 언급된 "라합"은 이사야서에서 두 번 나타나는데, 다른 예인 사 30:7에서 "라합"은 "애굽"을 지시하고 있다(시 87:4에서도; [겔 29:3, 32:2에서 애굽을 "탄닌"이라 지칭하는 것도 참조]). 그렇다면 여기서도 "라합"이 애굽을 지시한다고 봄이 훨씬 개연성이 있어 보

---

25) John Day, *God's Conflict*, 92-93.

인다. 즉, 이사야 선지자는 여기서 출애굽시의 그 홍해 사건을 근거하여, 현재 당면한 국난에서의 구원을 호소하고 있다. 더구나 바로 다음 절인 사 51:10에서는 분명하게 출애굽시의 그 홍해 사건을 언급하고 있지 아니한가?[26] 이사야 후반부에서 바벨론 추방에서의 귀환을 제2의 출애굽으로 묘사한다는 것은 주지의 사실이다.

그런데 이사야 선지자가 야웨의 "팔"에 대하여 깰 것을 호소한다는 것은 의인법을 하나님께 적용하는 통상적 방식과 약간 다른 특이한 의인법이다. 왜냐하면, "팔"은 어떤 사람의 힘의 상징이지만, 하나님을 의인화시켜 팔에 힘이 있는 양 묘사하면서도 팔 자체를 마치 인격체처럼 호소하기 때문이다. 주목할 사실은 바로 출애굽의 구속을 이룬 방편으로 자주 자주 여호와의 "편 팔"과 "강한 손"이 언급된다는 점이다(출 6:6, 15:16, 신 4:34, 5:15, 7:19, 9:29, 11:2, 26:8, 시 77:15, 89:10, 136:12, 사 63:12 등). 특히 홍해의 기적을 노래하면서 모세는 주의 "오른손"의 표상을 반복해서 사용하고 있다(출 15:6 [bis], 12). 반면, 창조에 대하여는, 시인이 하늘을 "당신의 손가락들의 작품"이라(마아세 에츠브오테카, 시 8:3), 궁창을 "손의 작품"이라(마아세 야다브, 시 19:1), "하늘"을 "주의 손의 작품"이라(마아세 야데카, 시 102:25) 칭하는데서 창조와 야웨의 "손" 사이의 관계를 볼 수 있다. 특히 이사야 선지자는 "친수로 하늘을 펴"셨다고 했고(야다이, 사 45:12), "내 손"이(야디) 땅의 기초를 정하였고, "내 오른손"이(예미니) 하늘을 폈"다고도 했다(사 48:13).

그렇다면, 사 51:9에서 선지자가 깰 것을 호소하는 야웨의 "팔"(즈로아)은 과연 창조의 일을 이루신 팔인가? 아니면 출애굽시 홍해의 기적을 이루신 그 팔인가? 방금 언급한 구절들을 살핀다면, 흥미롭게도 모두가 의인법적 표현이겠지만, 하나님의 손이나 오른손은 창조나 홍해 기적에 모두 사용되고 있지만, "팔"의 경우에는 오로지 홍해 기적에만 적용되고 있다. 예컨대, 출 6:6, 15:15, 사 63:12을 보라. 이것은 적어도 우리에게는 아주 놀라운 구분이다. 이사야 선지자도 창조를 노래하면서 하나님의 손, 오른손 표상을 사용했지만, 팔의 표상은 홍해를 가르신 사건을 묘사할 때만 사용했다는(사 63:12) 사실을 음미해 보라. 왜 그랬을까? 아마도, 창조는 예술

26) J. Fischer, "Das Problem des neuen Exodus in Isaias c. 40-55," *Theologische Quartalschrift* 110 (1929), 116; A. Heidel, *The Babylonian Genesis,* 109-110; W. Schmidt, *Koenigtum Gottes in Ugarit und Israel*, 48도 홍해 사건으로 본다.

작품을 만들듯, 손놀림의 기이함에 돌리고, 출애굽의 그 기적은 팔의 강력한 힘에 돌린 듯 하다. 이는 어디까지나 의인법적 표현이겠으나, 상당히 분별력 있는 용례라 아니할 수 없다. 그렇다면, 존 데이가 사 51:9이 애굽에서의 구출을 지시한다고 보는 견해가 오늘날에는 일반적으로 기각되었다고 주장하는 것은[27] 근거 없는 일일 것이다.

이제 다시 시 74편으로 돌아가서, 시 74:13-15을 홍해를 가르신 사건으로 보아야 할 다른 중요한 근거는 14절에서 "리워야단"(한역, 악어)의 머리를 파쇄하시고 그것을 사막에 거하는 자들에게 식물로 주셨다고 한다는 진술이다. 이는 궁켈이나 그의 제자들이 주장하듯 "창조 전에" 일어난 어떤 사건에 대한 언급일 수가 없다. 왜냐하면, 리워야단의 파쇄는 이미 "사막에 거하는 자들"이[28] 존재하는 상황에 일어났기 때문이다.

그런데 존 데이는 이 14절이 자신의 이해에 방해를 준다고 간주하기 때문인지 14절의 (야수들에게 리워야단을 식물로 준다는) "모호하고 불확실한 언급"이 시 74:13-15을 창조 시의 혼돈의 바다와의 전쟁을 지시한다고 보는 이해를 무너뜨리는 정당한 근거가 될 수 없다고 주장한다.[29] 그렇지만, 다른 성경 구절들을 다룰 때는 성경본문 그대로 이해할 것을 거듭 주장하면서 하필 여기서는 14절이 "애매하고 불확실한 언급"이라 할 것인가? 사막의 짐승들이란 의미가 애매하고 불확실하다는 것이라 해도, 먹이라는 말은 확실하지 아니한가? 그것이 어떤 짐승인지 몰라도, 리워야단을 그 짐승의 먹이로 주셨다는 것이다. 그렇다면 이미 창조 질서를 가정하고 있는 것이다. 그러므로 존 데이의 주장이야말로 본문을 무시하는 "애매하고 불확실한" 주장으로 들릴 뿐이다.

마지막으로, 시 74:15a(한역, 바위를 쪼개사 큰물을 내시며)도 창조 사고보다는 출애굽의 사고를 지지해 준다. 원문에는 "바위를"이란 말이 없고, "당신이 샘과 급류를 여

---

27) John Day, *God's Conflict*, 93.

28) 히브리어, *레암 레치임*(사막에 거하는 자들에게)의 의미는 확실치 않다. LXX역은 "에디오피아인들"(아이티옵스)이라 했지만, 대개 현대역본들은 "사막의 짐승들"로 이해했다(NIV, NRSV, NLT, NASB, TNK 등). KJV나 LSG 등은 "사막의 백성들" 혹은 "사막의 거주자들"이라 번역했다. ELB는 "바다의 상어들"이라고 의역하고 있다.

29) John Day, *God's Conflict*, 23.

셨다"(Thou didst break open springs and torrents, NASB)라 한다. 여기 사용된 동사(바카아)는 나무(전 10:9), 반석(사 48:11), 바다(14:16, 78:13), 물(사 63:12), 샘(시 74:15) 등을 쪼개거나 쪼개어 여는 것을 지시한다. 여기서는 샘이 터지게 하신 것을 말한다. 그렇다면, "급류"란 무엇인가? 이는 시내 혹은 겨울철에만 흐르거나 항상 흐르는 물을 지닌 와디(wadi)를 지시한다. 이는 창조시의 사건인가? 아니면 출애굽 시의 사건인가? 창조와 섭리를 노래하는 시 104:10-13과 광야와 황량한 땅에 강을 흐르게 하시고, 광야로 시내와 샘이 되게 하리라는 장래의 비전을 선포하는 이사야 후반부와 비교하면 해답이 나올지 모른다. 시 104:10에서는 하나님께서 샘물로 골짜기에 흐르게 하시고 11절에서는 들짐승 곧 들 나귀로 해갈케 하신다고 했다. 이는 창조시의 사건이라기보다는 창조를 통해 생물들을 살피시는 하나님의 은총을 노래한다. 반면 사 35:6, 40:18 등은 광야에서 물이 솟구치고, 사막에서 샘이 흐르리라고 비전을 선포한다. 특히 사 41:18에서는 황량한 땅에 강이 흐르게 하시고, 골짜기에 샘이 흘러나게 하시며, 사막을 못이 되게 하시고, 마른 땅을 샘이 되게 하신다고 선포한다. 이는 추방당한 이스라엘의 비참한 처지를 광야의 생활로 비유하고, 야웨의 나타나심으로 (사 40:3-5) 광야가 낙원으로 변하리라는 이스라엘의 구원과 축복에 대한 비전이다. 이런 장래의 소망은 과거 출애굽 당시 광야에서 물이 없어 갈할 때 (출 17:2) 반석을 터치시고 물을 주셨던 상황을 염두에 둔 예언이다. 시 114:8은 구체적으로 출애굽 당시의 사건을 언급하면서 반석을 변하여 못이 되게 하시고, 차돌로 샘물이 되게 하셨다고 했다. 따라서, 우리는 시 74:15에서도 출애굽 사건을 묘사한다고 결론지을 수 있을 것이다.

한편, 13-15절을 창조시의 그 혼돈의 물과의 "전쟁" 모티프로 조명하고자 한다면, 14절의 문제가 아니라 하더라도, 우리는 창조 사역이 시작되기 전에 혹은 창조 제2일이나, 제3일에 어떤 구체적인 악의 세력이 하나님의 창조 사역을 방해했다고 가정해야 할 것이다(계 12장이나 13장이 묘사하는 그런 영적 전쟁). 만약 창조 때의 사탄의 방해를 가정한다면, 그 성경적 근거로는 욥 25:2-3, 26:13을 들 수 있을 것이다. 특히 욥 25:2에서 빌닷이 "하나님은 권능과 위엄을 가지셨고 지극히 높은 곳에서 화평을 베푸시느니라"고 했을 때, 그의 사고는 하늘에서의 전쟁을 가정한다. 왜냐하면 원문에서 사용된 표현은 "자신의 높은 곳들에서 화평을 만드신다"(오셰 살롬 비므로마

아브)로, "그의 하늘에서 평화를 세우신다"(NASB) 혹은 "평화를 부과하신다" (TNK, NLT) 혹은 "질서를 세우신다"(NIV) 등과 같이 어떤 반란 세력의 준동과 이를 제압하신 일을 묘사하기 때문이다. 만약 빌닷의 신학이 바른 것이라 받아들인다면, 그의 사고와 겔 28:13-15,(사 14:12-14) 등을 함께 고려하여 사탄의 반역을 창조와 연관하여 가정할 수 있을 것이다. 에스겔이나 이사야의 문맥은 물론 역사적인 특정 왕들에 대한 것들임이 분명하지만, 두 선지자가 사용하는 그 모티프들은 사탄의 타락을 암시하는 듯한 인상을 강하게 주기 때문이다. 그러나 지금까지 이런 방면으로의 어떤 성경-신학적 연구도 없었던 것으로 알고 있다.

여기서 우리는 한 가지 질문을 던져야 한다: 이 시인은 어찌하여 출애굽의 구속 사건만 아니라(시 74:13-15), 창조 사건까지(시 74:16-17) 언급하는 것인가? 여기 시에서 언급된 창조 사역은 발광체들을 만드시고 주야(晝夜), 사시(四時), 일자(日字)를 구분하신 창조 제4일의 사역(창 1:14-19, 시 74:16, 17b), 뭍과 바다의 경계를 그으신 창조 제3일의 사역(창 1:9-10, 시 74:17a) 등이다. 곧, 창조 제3일과 4일의 사역이다.

현재 이스라엘이 처한 그 국난에서의 구원을 간구하면서, 왜 시인은 홍해 사건만 아니라, 구태여 저 태고적 그 창조 사건까지 언급하는 것일까? 특히 시인은 17절에서 "땅의 경계를 정하시며" 라고 하였다. 우리의 질문에 대한 해답을 얻기 위해 다시 이사야서에 신세를 져야 한다. 특히 이사야 후반부에서 출애굽 당시의 홍해 사건과 (사 43:16-18, 45:27, 48:2, 51:10-11, 52:12, 63:11-14 등) 창조 모티프가 (사 40:22, 26, 28, 42:5, 43:1, 7, 44:24, 45:12, 18) 자주 등장하며, 추방당한 이스라엘에게 하나님께서 행하실 새 일 곧 제2의 출애굽 해방 사건은 옛적 일 곧 출애굽 사건과 대조를 이루고 있다(사 41:22, 23, 42:9, 43:9, 48:6 등). 이 두 주제, 곧 창조와 구속은 (출애굽) 이스라엘의 존재 지반이지만, 동시에 창조를 언급함으로, 선지자는 예고된 제2의 출애굽은 우주만물을 창조하신 창조주에게 조금도 문제될 것이 없다는 확신을 포로로 이방 땅에서 사는 자들에게 전달하길 원한다. 즉 창조의 사고를 도입하여, 선지자는 추방당한 이스라엘이 그분이 행하실 새 출애굽의 위대한 일을 의심치 말아야 할 근거를 제시하고 있다. 출애굽의 사건과 같이 위대한 일을 과거에 행하신 그분께서 장차도 이스라엘을 위하여 새 큰일을 행하실 것이다(사 43:16-21). 그분은 알지도, 말하지도 못하는 우상들과 달리 (사 41:22, 23, 43:9), 과거사를 말씀하시고, 장래사를 알게 하시는 이시다(사 42:9, 46:10). 태초로부터 그분은 역사의 주인이신 것이다(사 46:10).

특별히 이사야서 후반부에서 "창조" 모티프는 장차 임할 구원의 확실성의 근거로 기능하고 있다. 하늘을 휘장같이 펼치신 이, 만물을 창조하신 이, 만상을 하나씩 이끌어내시고 각기 그 이름을 부르시는 이는 (사 40:22, 26) 추방 중에 지친 자들에게 새 힘을 약속하신다. 하늘을 창조하신 이, 땅을 창조하신 이가 야웨의 종의 손을 잡고 백성의 언약이 되게 하며, 열방의 빛이 되게 하시고, 소경의 눈을 열게 하시며, 포로를 감옥에서 이끌어내게 하실 것이다(사 42:5-6). 이스라엘을 창조하시고 조성하신 이가 이스라엘을 향하여 "두려워 말라"고 명하신다(사 43:1). 저들이 두려워 말아야 할 것은 그 창조주께서 저들이 물불과 같은 시련을 통과할 때도, 저들과 함께 하실 것이기 때문이다(사 43:2). 땅을 만드시고, 인간을 지으신 이가 고레스를 불러서 황폐케 된 예루살렘을 재건케 하실 것이며, 포로된 자들을 자유케 하실 것이다(사 45:12-13). 창조주에게 무엇이 문제되겠는가? 그러므로 이스라엘은 온전히 야웨 하나님을 신뢰하고 철저하게 회개할 일이었다. 이렇게 창조 사고는 장차 이루실 구원의 위대한 일의 확실성을 보장하는 근거가 된다.

이제 시 74편으로 돌아가서, 시인은 출애굽의 홍해 사건과 창조 사고를 병렬 배치하여 현재의 국난에 야웨 하나님의 크신 일을 다시 행하실 것을 간구하는 근거로 삼고 있다. 즉 이전에 그처럼 위대한 기사들을 행하신 하나님! 이제도 그 일을 재현하시어 우리를 이 국난에서 건져내어 주옵소서! 이런 방식의 간구는 시 68편이나 (28절, NIV, NAB, NRSV, ELB, LXX: 명령형 기도 참조) 하박국 3장의 (2절의 명령형 기도) 기도들에서도 나타나고 있다.

이사야 선지자나 여기 시인이나 과거에 하나님께서 행하신 위대한 일들은 (창조와 출애굽) 이루어질 장래의 새로운 출애굽을 의심 말고 믿어야 할 확실성의 근거로 혹은 국난에서의 구원을 간구하는 근거로 사용하였다.

이렇게 여러 가지 증거들은 시 74:13-15이 창조가 아니라 출애굽을 노래한다는 점을 확신케 해준다.

2. 시 89:5-13

5 여호와여 주의 기사를 하늘이 찬양할 것이요
　주의 성실도 거룩한 자의 회중에서 찬양하리이다.
6 대저 궁창에서 능히 여호와와 비교할 자 누구며
　권능 있는 자 중에 여호와와 같은 자 누구리이까?
7 하나님은 거룩한 자의 회중에서 심히 엄위하시오며
　둘러 있는 모든 자 위에 더욱 두려워할 자시니이다.
8 여호와 만군의 하나님이여 주와 같이 능한 자 누구리이까?
　여호와여 주의 성실하심이 주를 둘렀나이다.
9 주께서 바다의 흉용함을 다스리시며
　그 파도가 일어날 때에 평정케 하시나이다.
10 주께서 라합을 살륙 당한 자 같이 파쇄하시고
　주의 원수를 주의 능력의 팔로 흩으셨나이다.
11 하늘이 주의 것이요 땅도 주의 것이라
　세계와 그 중에 충만한 것을 주께서 건설하셨나이다.
12 남북을 주께서 창조하셨으니
　다볼과 헤르몬이 주의 이름을 인하여 즐거워하나이다.
13 주의 팔에 능력이 있사오며
　주의 손은 강하고 주의 오른손은 높으시니이다.

먼저 언급할 것은, 시 74:13-15과 연관하여 우리가 지적했던 야웨의 "팔"과 출애굽 홍해 기적 사건의 연관성은 시 89:10에도 그대로 적용된다는 점이다. 주의 원수를 "주의 능력의 팔로(비제로아 웃제카) 흩으셨"다고 노래할 때 (시 89:10b) 시인은 홍해 사건을 생각하고 있었을 것이다(사 51:9; 63:12 참조). "라합"은 더구나 시 87:4에서(비록 시 89편과 동일 저자의 작품은 아니라 해도; 표제에 의하면, 시 87편은 고라 자손의 시, 시 89편은 에스라인 에단의 작품), 애굽을 "라합"으로 지칭하고 있는 것이다.

또 시 89:9-10을 출애굽 사건 곧 홍해 사건으로 보게 하는 개연성 있는 근거로는 시 74편에서 언급한 바와 같은 것인데, 여기서도 민족적 국난을 맞아 시인이 과거에 야웨께서 행하신 그 위대한 일들을 현재도 행하시어 구원하여 주시라는 간구의 근거로 과거의 기사들을 언급한다는 점이다. 이 시는 왕의 시의 유형에 속한다고 분류되는데, 시 74편과 동일하게 국난을 당하여 하나님의 개입을 호소하는 공동체 탄식시의 부류에 속한다. 그러므로 시 89:9-10은 시 74:13-15과 동일하게 출애굽 때에 행하신 그 위대한 일들을 근거로 하나님의 현재적 개입과 기적의 구원을 호소한다고 볼 수 있다.[30)]

시 89:9-10을 출애굽 당시의 홍해 기적에 대한 언급이라고 보는 것을 지지해 주는 또 다른 근거로는 8절에서 시인이 "여호와 만군의 하나님이여 주와 같이 능한 자 누구리이까?" 라고 야웨의 무비성(無比性, incompatibility)을 노래할 때, 그는 아마 출 15장의 홍해변의 노래를 생각하고 있었던 것은 아닐까? 왜냐하면 출 15:11에서도 홍해 기적을 행하신 야웨를 모든 신들에 비할 수 없는 무비(無比)의 하나님으로 찬양하고 있기 때문이다.

또한 시 89:10에서 언급된 "주의 원수들"(오예베카)은 복수로 홍해에 수장된 애굽 군대와 병마들로 볼 것이다. 여기서 주의 원수들을 흩으셨다고 하여 홍해에 몽땅 수장된 것과 어울리지 않는다고 볼 것도 아니다. 왜냐하면, 전반절의 병행절은 라합 곧 애굽왕 바로나 그 군대를 "살륙 당한 자 같이 파쇄하셨다"고 노래하기 때문이다. 즉 죽이지 않고 살아 도망가도록 흩어셨다고만 생각할 일이 아니라, 병행절이 노래하듯, 완전히 저들을 뼈다귀들처럼(시 53:5; 141:7) 시체로 흩어버리셨다고 생각할 수도 있는 것이다.

그런데 이 부분을 홍해 사건으로 보는데 걸림돌이 되는 듯한 구절도 있다. 이는 바다의 흉용함을 다스리신다는 9절의 진술이다. 이는 출애굽 당시의 홍해 사건에서 바다는 하나님이 제압하신 대적이 아니라, 하나님이 역사적 대적인 바로를 파멸시킨 방편이요 병기(兵器)였을 뿐이기 때문이다. 그렇지만, 9절은 10절의 사고와 대동소이하다고 볼 수도 있다. 9절의 "바다의 흉용"과(게우트 하얌) 10절의 "라합"의 교만한 동작은 동일한 실체를 지시한다고 보는 것이다. 이런 이해가 개연성이 있는 이

---

30) 이 부분을 홍해 사건으로 보는 이들로는 E. Koenig, *Die Psalmen* (Guetersloh: Bertelsmann, 1927), 485; E. J. Kissane, *The Book of Psalms* 2 (Dublin: Browne & Nolan, 1954), 89; S. I. L. Norin, *Er spaltete das Meer,* (Lund: Gleerup, 1977), 115. 물론 궁켈, *Schoepfung,* 34-35은 혼돈과의 전쟁 모티프를 여기서도 본다. H.-J. Kraus, *Psalmen* 2 (Neukirchen: Neukirchen Verlag, 1978), 681; A. Weiser, *The Psalms,* (London: SCM Press, 1962), 592 등도 그러하다.

유는 시 65:7에서 "바다의 흉용과(쉐온 얌밈) 물결의 요동과(쉐온 갈레헴) 만민의 훤화까지(하몬 레움밈) 진정하시나이다(솨바흐)" 라고 한 것처럼, 자연 세력인 "바다의 흉용"은 "만민의 훤화"라는 역사적 실체를 지시할 수 있기 때문이다. 더구나 시 65:7에서 사용된 동사 "진정하다"(솨바흐)가 바로 여기 시 89:9b에서 나타난다는 사실은 우리의 해석의 정당함을 지지해 준다.

그렇다면, 여기 9절의 바다의 흉용은 10절의 라합의 교만한 활동과 동일시되고, 이는 다시 출애굽 당시 바로 왕의 그 교만한 행동을(출 18:11; 느 9:10) 지시한다고 볼 수 있을 것이다. 그러니까 시인은 여기서 출애굽 당시의 그 홍해 바다를 가르신 사건을 상기하면서도, 바다는 그 갈라진 홍해라기보다 하나님의 백성을 삼키려고 추격한 바로와 그 군대를 지시하는 이미지로 사용했다고 할 수 있다.

비록 6-15절 부분의 주제가 "야웨의 우주적 주권"이라 해도, 9, 10절의 사고를 자연력의 대 쟁투(爭鬪)의 신화화에 불과하다 보이는, 바알 신화나 (폭풍신과 바다 신 혹은 사망 신의 쟁투) 마르둑 신화에(바다 신 티아맛과 태양신 마르둑의 쟁투) 비추어 이해하는 것은 적절치 않아 보인다. "라합"이란 말은 후기 유대인 아람어에(라하바, "교만") 유추하여 교만한 자란 의미로 취해지고 있다(KB3). 아직까지 "라합"은 어떤 성경 외 문헌에서도 확인된 바가 없으며, 성경이 애굽 왕 바로에 대한 지칭으로 사용하는 용례가 있음에도, 마르둑이나 바알을 끌어들여 설명 할 필요가 있을까? 10절 상반절의 라합과 후반절의 "당신의 원수들"은 (오예베카) 욥 9:13에서 "라합의 조력자들"처럼 (오즈레 라합) 마르둑이 제압해야 했던 티아맛과 그의 남편이자 참모장 킹구를 비롯한 조력자들을 지시한다거나, 혹은 얌을 제압한 바알과 그의 조력자들을 지시한다고 비평가들이 이해하는 경향인데,[31] 이스라엘의 존재 자체를 누란(累卵)의 위기로 몰아넣은 그 바로와 그의 장관들이라고 (출 15:4) 봄이 훨씬 타당하지 않을까?

우리가 앞에서 고찰했듯이, 혼돈의 물과의 "전쟁"이란 신화적 사고보다 물들에 대한 하나님의 "책망"을 노래하는 시들은 하나같이 창조 3일이나 2일의 일을 시적으로 노래할 뿐, 거기에는 하나님의 우주적 왕권에 도전하는 그런 사고는 없었다. 창 1장의 사고에서도 그런 사고는 이질적이다. 그렇다면, 왜 야웨의 우주적 왕권이

31) Marvin Tate, *The Psalms 51-100*, WBC (Dallas: Word, 1990)은 바알 신화에 비추어 이해한다.

란 주제를 굳이 그 이교적 신화의 견지에서만 이해하려고 할 것인가? 비록 “라합”이란 출처 불명의 괴물 이름이 등장하긴 해도, 야웨의 우주적 왕권에 대한 도전은 그것이 사 14장이나 겔 29장이 암시한다고 여겨지는 그런 사탄의 반란/ 타락을 창조와 연관시켜 가정하지 않는 이상, 출애굽 당시의 바로의 교만 이상으로 더 확실하게 역사적인 것은 없는 것이다. 더구나 바로의 의도는 이스라엘의 존재 자체를 멸하는 것이었다면, 이는 하나님의 주권에 대한 정면 도전이었던 것이다. 바로의 그 교만한 행동을, 신화적 표상을 차용하여 야웨의 “우주적 왕권”을 노래하는 부분에서 언급하는 것은, 근거가 확실치 아니한 어떤 창조 당시의 혼돈의 물과의 전쟁이란 신화를 역사적 실체로 노래한다고 봄보다 훨씬 개연성이 있어 보인다. 왜냐하면 시적인 묘사라 해도, 실체가 있고 나서 시적인 묘사가 가능한 법이고, 창조 당시 실제로 어떤 전쟁이 없었는데도, 그것을 신화적 표상을 빌어 실제 있었던 양 묘사하면서 그런 과거의 위대한 일을 오늘 다시 재현시켜 달라고 시적으로, 신화적으로 노래한다는 것은 국난을 당하여 다급한 처지에서 부르짖는 시인의 입장에서는 있을 수 없는 일이기 때문이다.[32)]

이 시점에서 왜 시인들이(시 74편과 시 89편의) 하필이면 신화적 괴물인 라합을 사용하여 애굽 왕 바로를 묘사했을까? 하는 질문을 언급해 보자. 엘리아데는 그의 책 “우주와 역사”에서 역사의 신화(神話)화 경향에 대하여 언급한 바 있다.[33)] 예컨대, 인드라, 헤라클레스, 마르둑 같은 신화가 살아 있던 곳에서는 왕들이 자기 스스로를 그 태고적 영웅의 모방자로 묘사하곤 했다. 실례를 들자면, 다리우스 왕은 머리가 셋 달린 괴물을 살해했다고 하는 신화적 영웅인 트레타오나(Thraetaona)와 자기를 일치시켜 자기를 새 트레타오나라고 선언했다. 또한 애굽의 바로의 경우, 자신이 용의 정복자인 태양신 레라고 묘사했다. 엘리아데는 또한 이방의 왕들을 용으로 묘사하는 사독 문서를(Zadokite Fragments, Ⅸ:19-20) 언급하기도 한다. 사실 멀리 갈 것도 없이, 성경 자체에서도 애굽왕 바로를 라합이라 지칭하거나 (시 87:4; 사 30:7)

---

32) Michael Fishbane, *Biblical Myth and Rabbinic Mythmaking* (Oxford: Oxford Unvi. Press, 2003), 37. 피쉬베인은 시 74편이나 89편 등에 언급된 태초의 혼돈과의 전쟁 묘사는 실제적 상황에 대한 회상이라 본다. 반면 우리는 그런 묘사가 출애굽에 대한 시적 묘사라고 보는 것이다.

33) M. Eliade, *Cosmos and History,* 37 이하 참조.

용으로 (겔 29:3; 32:2) 묘사한다. 이렇게 역사를 신화화시키는 이유는 당대의 굴욕적 패배나 승리를 과장(誇張)하거나 미화(美化)하여 그 충격이나 혹은 영광을 극소화 혹은 극대화시키려는 의도였을 것이다. 히브리인들은 애굽왕 바로를 신화적 괴물 라합으로 묘사하거나, 아니면 시 74, 89편이 그러하듯, 자기 당대의 원수들을 신화적 괴물로 묘사함으로, 그 원수들은 인간이라기보다, 질서를 파괴하고 교란시키는 그 신화적 혼돈의 괴물에 다름 아니라고 단언하는 것이다. 더구나 시인들은 그런 신화적 괴물들은 인간으로서는 도무지 제압할 수가 없으므로, 여호와께서 제압해 주시길 간구하는 심정을 표현하였으리라. 그러니까 출애굽 사건 때에 그 괴물같은 애굽왕을 홍해에 수장시켰던 그 야웨께서 이제도 괴물 같은 원수를 제압해 주시라는 기도의 소원이 신화적 표상을 차용한 이유의 일부였을 것이다.

3. 욥 26:9-14

5 음령들이 떨고 큰물과 그곳 거주자들이 두려움에 잡히나니[34]
6 하나님 앞에는 음부도 드러나며
멸망의 웅덩이도[35] 가리움이 없음이니라
7 그는 챠폰을 허공에 펴시며[36] 땅을 공간에 다시며

---

34) A. C. M. Blommerde, *Northwest Semitic Grammar and Job*, (Rome: Pontifical Biblical Institute, 1969), 103은 맛소라 본문의 *예홀랄루 밋타하트 마임* 부분을 *예홀랄루-m 테하트 마임*으로 읽기를 제안한다. 즉, 전치사 "밋타하트"에서 "멤"을 전접어로 보고, 떼어내어 앞 동사에 붙이고, 나머지 세 자음의 모음을 변조하여 *ḥtt* 동사의 니팔형으로 읽는다. *테하트* (3fs) + 복수 집합 명사 주어 (물들과 그것들에 거하는 자들). Marvin H. Pope, *Job,* Anchor (New York: Doubleday & Company, Inc., 1982), 180, 183도 이 제안을 따르지만, Blommerde의 "테하트" 동사의 의미를 "부서진다" (crushed) 대신 "두려움에 사로잡히다" 로 (terrified)로 읽을 것을 제안한다. 이렇게 하면 "음령들이 떨고/ 물과 그 거주자들이 두려움에 사로잡힌다" 라는 아주 근사한 병행법이 성립한다.

35) "아바돈"은 전반절의 "음부" (스올, 욥 26:5), "무덤" (*케베르*, 시 88:12), "사망"과 (*마벳*, 욥 28:22) 병행어로 나타나며, 그곳은 지하세계로 (잠 15:11, 27:20) 흑암이 주장하는 파멸의 처소이다. 이 히브리어와 연관되는 단어가 계 9:11에서 아폴루온 (멸망시키는 자)으로 나타난다. 이는 지옥의 사자로, 황충의 재앙을 야기 시키는 악령이다.

36) "챠폰"을 단순히 "북방"이라 번역한다면(LXX, 한역, KJV, NIV, NLT, NASB, LSG), 의미가 퇴색되고 만다. 이 말은 유가릿 신화에서 등장하는 *ṣpn*에 상응하는 신들이 거한다는 북방의 산인지 모른다(사 14:13, 시 48:3). 물론 성경기자는 그런 신화적 표상을 사용할 뿐, 그런 신들의 거처를 말하는 것은 아니다.

8 물을 빽빽한 구름에 싸시나
그 밑의 구름이 찢어지지 아니하느니라
9 그는 자기의 보좌 앞을 가리우시고
자기 구름으로 그 위에 펴시며
10 수면에 경계를 그으셨으되
빛과 어두움의 지경까지 한정을 세우셨느니라
11 그가 꾸짖으신즉 하늘 기둥이 떨며 놀라느니라
12 그는 권능으로 바다를 흉용케 하시며
지혜로 라합을 쳐서 파하시며
13 그 신으로 하늘을 단장하시고37)
손으로 날랜 뱀을 찌르시나니
14 이런 것은 그 행사의 시작점이요
우리가 그에게 대하여 들은 것도 심히 세미한 소리뿐이니라
그 큰 능력의 우뢰야 누가 능히 측량하랴

우리가 초점을 맞추는 구절들 곧 신화적 괴물을 제압하신 사실을 노래하는 12, 13절이지만, 그 구절이 위치한 주변 구절들도 고려해야 할 것이다. 이 구절들은 하나님께서 행하시는 크신 일들 혹은 그분의 권능을 노래한다. 그분의 권능은 스올에까지 미치며(5-6절), 창조에서 드러났고(10,12,13절), 확고한 우주의 질서에서(7-9,11절) 나타나고 있다. 그분의 권능과 행하신 놀라운 일이란 주제는 욥이(9:5-13; 12:7-25), 엘리바스가(5:9-10; 22:12), 소발이(11:7-9), 빌닷이(25:2,3) 언급하였고, 또한 하나님 자신이 폭풍 가운데 나타나시어 욥에게 도전하신 주제이기도 하였다. 빌닷이 하나님의 위대하심이란 주제를 언급하므로(25:2-3), 욥은 '그 점에 대하여는 자네보다 내가 더 잘 아네!' 혹은 '그 점에 대하여는 자네가 말할 필요가 없네!' 라는

37) N. H. Tur-Sinai, *The Book of Job: A New Commentary* (Jerusalem: Kiryath Sepher, 1957)는 "솨마임" (하늘들)이란 단어를 둘로 쪼개어 śm (두다)와 ym (바다)로 나누고, "아름다움" (*쉬프라*)이란 단어는 악카드어 "그물" (*사파루*)로 이해하여 "그가 바다를 그물에 두었다"라고 마르둑 신화의 반영으로 이해한다. 마르둑 신화에서 마르둑은 바다 괴물 티아맛과 대결할 때, 큰 폭풍을 불어 티아맛의 배를 불리고, 그 사이에 활을 쏘아 창자를 찔러 죽인다. 또한 티아맛을 잡기 위해 "그물"도 사용했다(EE 94-100 참조).

식으로, 동일 주제를 반복하는(26:5-14) 것 같다. 왜냐하면 3절에서 욥은 "지혜 없는 자를 참 잘 가르쳤구나, 큰 지식을 참 잘 나타내었구나!" 라고 빌닷을 조소하듯 말하기 때문이다.

따라서 하나님의 위대하심이란 주제에 대한 욥의 사고는 25장에서 제시된 빌닷의 사고와 연관시켜 이해하여야 한다. 좀 더 시야를 넓혀 보자면, 25, 26장은 욥기서에 등장하는 욥과 세 친구들 사이에 주고받는 논쟁의 세 사이클에서 (3-11, 12-20, 21-31장) 마지막 사이클의 (21-31장) 결론부인 욥 21-31장의 일부를 구성한다. 이 세 번째 사이클이 앞의 두 번의 그것과 다른 점은 이 마지막 사이클에서는 세 친구 중에서 마지막으로 등장하곤 했던 그 소발이 (11:1-20; 20:1-29) 여기서는 빠지고, 대신 욥이 혼자 계속 자기주장을 하다가 (26:1-31:40) 끝난다는 점이다. 그래서 비평가들은 25-27장에서 본문이 훼손되어 전달되었다고 추정한다.[38] 이 세 사이클이 끝나면, 32-37장에서는 엘리후의 주장이, 38:1-42:6에서는 야웨 하나님과 욥 사이의 대화가 제시된다.

이제 26:5-6을 보면(시 88:3-12과 비교), 욥은 하늘이 하나님에 의해 지배되고, 하늘 영역에 하나님의 질서가 부과되었듯이(25:2-3), 지하세계도 그분의 두려움을 자아내는 임재로 압도당한다고 지적한다. 빌닷은(욥 25:2-3) "권능과 위엄이 그의 것이며"(Dominion and dread are His, TNK)을 가지셨고, "자신의 높은 곳에 질서를 세우신다"(He imposes peace in His heights, TNK)라고 말할 때, 아마 하늘에서의 반란을 하나님께서 진압하신 사실을 암시하는지 모른다. 이 사고를 받아서 욥은 하늘에서만 하나님께서 절대 주권을 행사하시지 않고, 지하세계에서도 그렇다고 응수한다

---

38) Samuel R. Driver and G. Buchanan Gray, *A Critical and Exegetical Commentary on the Book on the Book of Job*, ICC (New York: Charles Scribners Sons, 1921), Ixxxviii 이하; Marvin H. Pope, *Job,* xx은 주장하길, 욥 24-27장은 완전히 본문이 헝클어진 상태라고 한다. 빌닷의 주장 (25장은) 앞의 두 번에 비해서 너무나도 짧고, 27:8-23에 제시된 욥의 주장은 이제까지 욥이 부정하고 논박했던 친구들의 견해를 제시하며, 소발은 세 번째 사이클에서는 아예 나타나지도 아니한다는 점 등을 그 근거로 제시한다. 그래서 Pope은 본문의 재배열을 제안하는데, 25장의 빌닷의 주장은 26:5-14에서 계속된다고 보며(욥의 주장이 아니라), 사라진 소발의 주장은 욥의 주장에서 (27:8-23, 29:18-20, 22-25) 찾아내야 한다고 한다. 그리고 지혜장인 욥 28장은 거의 모든 비평가들이 하나같이 욥의 말이 아니라 그냥 후대의 첨가물 정도로 간주한다. Norman C. Habel, *Job,* 364이하, 383 이하도 Pope의 주장에 동의하고, 25장과 26:5-14을 빌닷의 주장으로 처리한다.

(욥 26:5-6). 음영들은(르파임) 음부에 (스올) 거하는 유령들이다(사 26:14; 시 88:10 등에서 "죽은 자들"[메팀]과 병행어; 잠 2:18에서는 "사망"[마벳]과 병행어). 음부는 깊은 물이며(삼하 22:5-6; 시 88:3-12), 그곳 거주자들은 음영들이다. 이렇게 음부를 말하지만, 자연계의 각 영역을 통치하는 신이 있어 서로 간 충돌한다는(예컨대, 바알과 얌, 바알과 사망 신 모트) 바알 신화 같은 사고는 욥기서에 없다. 즉, 신화적 표상이 나타나지만, 신화적 신학은 없는 것이다. 오로지 하나님의 절대 주권이 온 우주를 지배할 뿐이다.

사르나는 한 논문에서 욥기서의 산문체에서 나타나는 문체의 시적 특징들, 반복, 문체 구조에서의 대칭, 신화적 요소들을 주목하고, 욥기서는 결국 어떤 고대 서사시에 토대한다고 주장한 바 있다.[39] 그런데 사르나가 욥기서의 산문체에서 보인다고 지적한 그 서사시적 특징들은 욥기서의 시가 부분에서의 특징이기도 하다. 즉 욥기서는 산문체 (서론부나 후기) 부분이나 시가 부분이 하나같이 동일한 특징들을 나타내는 하나의 통일체이다. 여기서 우리가 지적하고 싶은 것은 이 욥기서라는 한 작품에서 자주 나타나고 있는 신화적 이미저리의 용례이다. 노만 하벨은 그의 욥기서 주석에서 욥기서의 표상(imagery) 사용에 대하여 다음과 같이 말하고 있다:

"욥은 또한 신화적 영역에서도 이미저리를 끌어온다. 리워야단은 욥의 출생을 무효로 돌리기 위한해 파괴력으로서, 그 태고적 시간으로부터 소환을 받는다(3:8). 나중에 리워야단은 하나님께서 혼돈에서 질서를 세우기 위해 이전에 하셨던 것처럼, 이제도 욥이 제압해 보라고 도전을 받는 불을 뿜어내는 혼돈의 용으로 나타난다.(40:25이하 [한역 41:1 이하]). 연관된 혼돈의 상징을 아주 용이하게 사용하면서, 욥기서 저자는, 그가 바다나(얌), 용(탄닌)과 같은 가공스런 위협을 가하는지 욥에게 묻게 한다. 욥에 의하면, 하나님은 욥이 자신을 부당하게 취급하신다는 말을 발설하지 못하도록 아주 강력하게 입에 자갈을 물리시려 하신다(7:12). 바다가 하나님의 원수들이나 이스라엘에 파괴의 상징임을 익히 아는 욥기서 저자는 바다의 이미지를

39) N. M. Sarna, "Epic Substratum in the Prose of Job," *JBL* 76(1957), 13-25; Idem., "The Mythological Background of Job 18," *JBL* 82(1963), 315-318 참조; L. W. Michel, "The Ugaritic Texts and the Mythological Expressions in the Book of Job, Including a New Translation of and Philological Notes on the Book", (Ph. D. Dissertation, University of Wisconsin, 1970)도 참조.

하나의 인격체를 지닌 상징으로 변화시켜, 질그릇 조각을 몸을 긁고 앉아 있는 쇠약해진 인생에게 적용시킨다. 상징들이나 이미지들은 그 기원이 어찌되었건 간에, 욥기서에서 전용(轉用 appropriation)되고, 해석되며, 변용 (transformation) 된다".[40]

하벨이 제시하듯, 신화적 표상들을 욥기서 저자는 아주 자유롭게 자기 의도대로 사용하고 있지만, 그럼에도 이방인들이 생각하는 그런 신화적 사고는 찾기 어렵고 이교도들의 신화적 세계가 오로지 창조주 하나님의 절대 주권 하에 완전히 융해되어 그분이 통치하는 우주적 질서를 묘사하는 것이다. 하벨이 지적하지는 아니했지만, 스올에 대한 하나님의 절대 통치권과 욥이 간구하는 그 하늘의 변호인에 관한 사고는 신화적 사고와는 거리가 멀다. 이방인들이 신들 중에 변호인이 있다고 생각한 그런 신화적 사고가 제시하는 방식과 달리, 욥의 변호인은 폭풍 가운데 친히 나타나시어 (신현에 동반되는 폭풍과 같은 우주적 대격변은 출 19장 참조) 우주의 현상과 창조의 웅대함으로 욥에게 도전하시는 우주 만물의 대 주재이신 하나님 자신이다. 또한 욥은 31:26-28에서 이방인들이 섬기던 하늘의 천체들에 대한 숭배를 단호하게 배격하고 있다.

> 언제 태양의 빛남과 달의 명랑하게 운행되는 것을 보고
> 내 마음이 가만히 유혹되어 손에 입맞추었던가?
> 이 역시 재판장에게 벌 받을 죄악이니
> 내가 그리하였으면 위에 계신 하나님을 배반한 것이니라.

여기에는 하늘의 천체들을 신들로 인정하는 그런 신화적 사고가 없다. 오히려 우리는 욥 9:9, 38:31 등에서 하늘의 별들이 하나님의 창조물이라는 올바른 신학을 듣는다. 그리고 욥 3:8에서 리워야단을 격동시켜 태양을 집어 삼키게 했었더라면 이라고 무당 굿하듯 저주 굿을 하던 자를 언급하지만, 욥은 리워야단 곧 용이 태양을 집어 삼키므로 일식(日蝕)이 생긴다고 믿었던 것은[41] 아니라는 점이 욥 9:7에서

40) Norman Habel, *Job*, 57-58 "Imagery and Analogy" 참조.

41) Theodor H. Gaster, *Myth, Legend, and Custom in the Old Testament* (New York: Harper & Row, 1969). 878-88; ibid., *Thespis: Ritual, Myth and Drama in the Ancient Near East* (New York: Harper Torch Books, 1966), 228-229는 이런 고대인들의 사고를 고증하고 있다.

"그가 해를 명하여 뜨지 못하게 하시며" 라고 할 때 분명해 진다. 요컨대, 우리가 욥기서에 등장하는 신화적 표상들을 대할 때, 신화적 신학을 욥기서에서 찾으려 한다면 욥기서 전체에 흐르는 신학사상을 제대로 파악하지 못한 소치일 것이다.

다시 본문으로 돌아가서, 10절에서 하나님께서 세상을 창조 하실 때 셋째 날에 하신 대사(大事), 곧 뭍과 바다를 구분하신 일이 묘사되고 있다. 그리고 8절에서 하나님께서 자기 구름들로 물을 싸매시나 그것들이 터지지 않는다고 할 때, 이 구절은 아마 궁창 위의 물과 아랫물로 나눈 그 창조 제2일의 사건을 암시하는 듯 보인다.[42]

11절에서는 창조 당시에 마치 하늘을 떠받치고 있던 기둥이 그분의 책망에 떨며 놀라는 양 묘사된다. "하늘의 기둥들"이란 마치 하늘 궁창이 이 기둥들로 떠받쳐지고 있는 양 말하는 시적 표현이다. 이런 표현은 삼하 22:8에서도 나타나는데, 병행 되는 시 18:7에서는 "산들의 기둥들"로 지칭되고 있다. 이는 하늘의 기둥들이 결국 먼 지평선상에 보이는 산들이라고 간주했다는 것인가? 그러니까 하나님의 책망에 부들부들 떠는 하늘 기둥들 곧 높은 산들은 시 104:6-9에 비추어 볼 때에, 하나님께서 창조시에 혼돈의 물에게 내리신 그 책망조의 명령을 (게아라, 시 104:7) 발하시어 생겨난 그 산들을 지시할 것이다. 그런데, 시 104:8에서 "산은 오르고 골짜기는 내려갔나이다" 라고 하는 한역은 TNK, KJV, NLT, NASB 등이 지지하지만, NIV, NRSV, LXX 등은 주어를 6, 7절의 주어인 그 혼돈의 물로 본다. 만약 이 8절의 주어가 산들이 아니라면, 시 104:6-9과 연관시켜 욥 26:11을 이해하기 곤란하다.

9절에서 "그는 자기의 보좌 앞을 가리우시고"란 번역은(KJV, NLT, TNK, 한역, ELB, LSG) "그가 보름달의 얼굴을 가리시되, 자기 구름들로 그것에 펼치시는구나!"로도 번역된다(NIV, NASB, NRSV). 후자는 MT가 "킷세"로(보좌) 제시한 것을, "보름달"을 의미하는 "케세"로 읽은 추정적 번역이다. 고려중인 단어를 "보름달"로 이해한다면, 후반절에서 구름을 그 위에 펼친다는 사고나, 전반절에서 보름달을 덮는다(메아헤즈)는 사고가 아주 안성맞춤으로 유사하게 된다. 더구나, 25장에 제시된 빌닷의 주장에서 "달"에 관한 주장이 나타난다(25:3,5). 그렇지만, 문제는 고대 역본들은(LXX,

---

42) N. H. Tur-Sinai, *The Book of Job*, 381. 역시 그렇게 이해한다.

VUL) 등은 모두 "보좌"로 읽고 있으며, 사본상의 증거도 없다는 점이다. 그래서 우리는 맛소라 본문대로 자기 보좌 앞을 가리우신다 라고 이해한다. 그 의미는 아마 욥 23:8-9에서 묘사되었듯이 은밀하게 행하시는 하나님, 곧 자신을 숨기시는 불가견의 하나님의 사고를 제시하는지 모른다. 범죄한 백성에게 자기 얼굴을 숨기시는 그런 사고가 아니라(신 31:18; 시 13:1; 27:9; 69:17; 88:14; 102:2; 143:7), 우주 만물의 절대 주권자이시면서도 스스로를 드러내지 아니하시고 은밀하게 행하시는 그분을 생각해 보라.

10절에서 "수면 위에 경계를 긋다"란(호크-하그) 수면 위에 동그랗게 지평선을 긋다(inscribed a circle, NASB)를 의미한다. "후그" 동사는 "원을 그리다"란 의미이기 때문이다. 바로 그 지평선상이 빛과 어둠이 교차하는 "끝"(타클릿)이다.

그런데 12절에서 "바다를 흉용케 하"신다는(12a) 사고(한역, NIV, ELB, LSG)와 정반대의 번역도 있다("잠잠케 하신다," LXX, NASB, NLT, NRSV, TNK 등). 이렇게 정반대의 번역이 나오는 이유는 사용된 동사(라가-)가 구약의 각기 다른 문맥들에서 서로 대조적인 의미들로 사용되었고, 셈족 대응어들도 두 다른 대조적 의미들로 나타나기 때문이다. 예컨대, 에디오피아어는 "조용하게 만들다"라면, 아랍어는 "분기시키다"이다. 그래서 어떤 이들은 두 개의 동음이의어를 상정하기도 하고, BDB는 세 개의 동음이의어를 제시했다(욥 26:12는 "분기시키다" 로 정의). 반면 KB3는 하나의 단어로 제시하면서도, BDB처럼 욥 26:12에서의 용례를 "분기시키다"로 이해했다.

12b, 13b은 사고가 서로 유사하므로, 12, 13절은 함께 고려해야 한다. 12a는 바다를, 13a는 하늘을 각기 묘사하고, 12b와 13b는 각기 그 신화적 괴물인 "라합"과 "날랜 뱀"(나하쉬 바리아흐)을 언급한다.

> 12 그는 권능으로 바다를 흉용케 하시며/ 지혜로 라합을 쳐서 파하시며
> 13 그 신으로 하늘을 단장하시고/ 손으로 날랜 뱀을 찌르시나니

하나님께서 바다를 흉용케 하신 것인가? 아니면 잠잠케 하신 것인가? 우리는 앞에서 욥 38:8-11에서 교만한 태고적 그 혼돈의 물을 하나님께서 경계를 정하시고, 문과 빗장으로 제압하신 일에 대하여 들은 바 있다. 여기서도 후반절에 비추어 본다면 바다를 잠잠케 하신다는 의미여야 한다. 그렇지만, 이 동사가 "바다"(하얌)와

같이 사용된 두 구절들(사 51:15; 렘 31:35)에서는 문맥상 의심할 여지가 없이 "격동시키다"란 의미로 나타난다. 이렇게 여기서와 사 51:15 =렘 31:35은 서로 문맥이 다르다. 문맥이 다르면, 같은 동사 같아 보이지만, 동음이의어로 구분하여 이해해야 한다. 그러므로 우리는 여기서는 "바다를 잠잠케 하다"란 의미로 이해한다.[43] 유사한 사고가 시 89:9에서 나타난다: "당신께서 바다의 파고를 다스리시고/ 그 파도가 일어날 때, 그것들을 잠잠케 하시나이다." 여기서 사용된 두 동사는 "다스리다"(마솰베-, rule over)와 "잠잠케 하다"(솨바흐의 피엘형, calm)이다.

12절 후반절에서 하나님은 "지혜로" 라합을 쳐서 파하셨다고 한다.[44] 혼돈의 용 라합을 정복하기 위해 치명적 무기가 아닌 총명(테부나)을 사용하셨다는 것이다. 이런 정복 수단은 아마 마르둑이 무시무시한 티아맛의 힘을 제압하기 위해 여러 책략들을 사용한 그 "꾀"를 연상시킨다. 그러나 지혜 문헌의 맥락에서, "테부나"(총명)는 그 동의어 "비나"(지각)처럼 지혜(호크마)와 병행되는 표현으로 사용되었을 것이다(12:12,13에서 처럼). 렘 10:12에서, 권능(코아흐)과 총명(테부나)은 세상을 건설하는 하나님의 수단으로 연결되고 있다(잠 3:19도 참조). 하나님의 지혜의 디자인이 천상 물이나(38:24-27) 혼돈의 물을(38:8-11) 질서로 세우는 일의 배후에 놓인다.

13 상반절 부분을 직역하자면, "그의 바람으로 (혹은 영으로) 하늘이 아름답다(혹은 맑다)"(베루호 솨마임 쉬프라). 폭풍이 지난 후에 하늘이 맑게 개인 것을 지시하는가? 후반절은 용 곧 날랜 뱀이 태양을 삼켜 버림으로 일식(日蝕)이 야기되었다가 용을 찌르심으로 태양이 드러났다는 의미인가? 폭풍은 용의 장난과 연관되고, 용을 찌르

---

43) Marvin H. Pope, *Job*, 185는 주장하길, 사 51:15, 렘 31:35에서 "라가" 동사가 얼핏 보기에 바다를 "격동시키다"란 의미를 지닌 것처럼 보이지만, 문맥을 보면, 야웨의 창조하신 그 능력과 요동치던 바다를 패배시키고 제압하신 사실에 근거하여 이스라엘에 위로를 전하는 메시지라고 한다. 사 51:15, 렘 31:35은 모두 같은 문장인데(바다를 격동시켜 그 파도로 소리치게 하나니 내 이름은 만군의 여호와니라; *로가- 하얌 바에헤무 갈라브 야웨 체바옷 쉐모*), "바다를 잠잠케 하여 그 파도로 소리치게 하나니"라고 번역한다면 의미가 통하지 아니한다. 그 반대의 의미만 여기서는 성립한다. 그래서 여기서는 욥 26:12에서 "바다를 잠잠케 하다"라고 번역한 TNK, NRSV, NLT, NASB, LXX 등도 하나같이 "격동시키다"로 번역하고 있다. 라틴 벌게잇역은 욥 26:12에서는 "모으다"의 수동태를 사용했고, 사 51:15에서는 "격동시키다"(conturbare), 렘 31:35에서는 "교란시키다"(turbare)란 동사를 사용했다.

44) "지혜로 라합을 쳐서 파하시며(마하츠)"; "그 손으로 날랜 뱀을 찌르시나니(할랄)" (욥 26:12b, 13b); "라합을 살륙 당한 자 같이 파쇄하시고(다카)/ 주의 원수를 주의 능력의 팔로 흩으셨나이다(파자르)" (시 89:10)

신 일은 태양이 밝게 드러나는 자연 현상과 연관된다면, 자연계의 일기 변화를 신화적으로 채색한 것인가? 13a절에 묘사된 하나님의 행동은 마르둑이 바람으로 티아맛의 거대한 배를 부풀리는 모습을 연상시킨다. 그 후에 마르둑은 화살로 그의 심장을 쏜다. 그리고 북풍을 이용하여 티아맛의 시체의 부분들을 날려 보낸다(ANET, 67; EE 95-101, 131-132). 혼돈의 뱀을 찌르는 일도 마르둑과 티아맛이 전투를 연상시킨다. 티아맛은 조개처럼 두 조각으로 갈라졌고, 그 시체는 우주의 부분들로 사용되었다. 이렇게 아래서 혼돈과 악을 제압하고 질서를 세우는 일은 25:2b-3에서 지시된 하늘에서 평화를 세우고 악을 제압하는 일에 상응한다.

정리하자면, 우리가 비교적 자세하게 고찰한 욥 26:5-14의 사고는 하나님의 권능과 그분의 위대하심의 주제이다. 욥의 사고에서 언급된 창조 시의 혼돈과의 전쟁 모티프는 야웨께서 폭풍 가운데 나타나시어 욥에게 자신의 권능과 지혜를 말씀하실 때에도 나타나는데(욥 38:3-11), 하나님의 말씀에서는 신화적 표상이 없다. 거기서는 창조의 제 삼일에 있었던 뭍과 바다의 분리라는 대 역사를 노래함이 분명하다. 그렇다면, 욥 26:12-13에서도 비록 신화적 괴물들의 표상을 차용하긴 했어도, 창조 제 삼일의 사건을 노래했다고 할 것이다. 욥기 저자는 아마 이교도들의 사고를 논박하고, 바알이나 마르둑이 아니라 하나님께서 창조주이시며, 흉흉한 바다를 제압하신 이라고 변증적 목적에서 이런 신화적 표상을 차용하고 있는지 모른다. 이런 추정이 가능한 것은 욥 26장의 사고가 하나님의 위대하심을 드높이는 주제를 다룬다는 점이다.

이제 문제는 과연 욥기서 기자나 욥 혹은 그의 세 친구들이 창조 당시에 혼돈의 괴물과의 전쟁이 실제로 있었다고 믿었는가? 하는 여부를 따지는 일이다. 우리는 앞에서 언급하길, 욥기서 기자나 욥 혹은 세 친구들의 사고에서 신화적 신학을 믿었다는 증거가 없다고 했지만, 아직 신화적 표상이 들어있는 구절들을 다 고려하지는 아니했다. 그래서 이제 해야 할 일은 신화적 표상들이 등장하는 다른 욥기서 구절들을 살피는 일이다. 그러나 지면상 우리는 리워야단이나 용 혹은 라합과 같은 신화적 괴물을 언급하는 욥 3:8, 7:12, 9:13 등과 그 문맥들을 고찰하기 어렵다. 요약하여 말하자면, 욥 3장의 경우,[45] 욥이 고통이 극심한 중에 자기 생일을 저주하는데, 마술에 능한 자가 리워야단을 격동시켜서 태양 혹은 달을 삼켜 버림으로 비록 현실적으로 불가능한 일이지만, 애당초 자기 생일을 아예 제하여 버렸으면 좋겠다는 불신앙적 불평을 토로한다. 이 경우에, "날의 저주하는 자 곧 리워야단을 격동시키기에 익숙한 자가 그 밤을 저주하였더라면" 이라는 기원은 대개 두 방식으로 설명된다. 1) 마술사들이 어떤 날을 저주하면 그 날에 일식(日蝕)이 발생함으로 불운한 날이 된다는 이교적 사상이 여기 암시되어 있다. 일식이 일어나면, 많은 이교도 세계에서는 리워야단이 격동하여 태양을 삼켜 버렸다고 생각했다.[46] 아니면 리워야단이 태양을 그 사리로 둘러 감아 버렸다고 생각했다. 그러니까 마술사가 주술의 힘으로 저 신화적 괴물인 리워야단을 격동시켜 그 놈이 태양이나 달을 삼켜 버리게 했으면 좋겠다! 라는 사고이다. 그리함으로 자기의 태어난 그 생일날을 아예 지워 버렸더라면 좋았을 것이라는 것이다. 2) 태초에 존재했던 그 흑암이 덮인 혼돈의 바다(창 1;2)를 마르둑 신화에 등장하는 그 티아맛과 동일시하여, 혼돈의 바다 혹은 괴물인 티아맛을 격동시켜 창조를 무로 돌려 버렸으면 좋겠다는 것이다. 즉 아예 창조를 태고적 혼돈으로 되돌려서 생일이 없어져 버렸으면 좋겠다는 기원이다.[47]

궁켈 이래로[48] 비평가들은 욥 3:8에서 "날"(욤) 대신에 "바다"(얌)으로 읽곤 한다. 그러나 "날"을 "바다"로 고쳐 바다와 리워야단을 병행되게 하는 것이 그럴싸하게 보이지만, 실상은 그렇지 않다. 왜냐하면, 바다로 바꾼다면, "바다를 저주하는 자, 리워야단을 격동시키기에 익숙한 자"가 되는데, 이 경우 사고는 병행이 되지 아니하기 때문이다. 리워야단을 격동시키면, 어둠의 세계로 세상이 돌변하므로 욥이 바라는 대로 되지만, 바다를 저주한다면, 요동치는 바다가 잠잠해 지고 말 것이니, 욥의 소원과 반대로 되고 만다.

어느 설명을 택하건 간에, 문제는 과연 욥이 그런 신화적 사고를 진실로 믿었던

---

45) 많은 이들은 욥 3장과 예레미야 20:14-18 사이의 주제상의 연관에 대하여 주목한 바 있다. 생일을 저주하는 모티프(렘 20:14a), 남아를 출생했다고 알리는 모티프(렘 20:15), 태를 닫는 모티프(렘 20:17), 고통을 보는 모티프('āmāl, 렘 20:18) 등이 욥기서의 그것과 동일하다. 그러나 자기 저주들을 역사적 사건들과 연관시키는 예레미야와 달리, 욥은 우주 기원론적 사고로 말하고 있다.

46) T. H. Gaster, *Thespis,* 228-229 참조.

47) T. H. Gaster *Myth,* 788; M. Fishbane, "Jeremiah IV 23-26 and Job III 3-13: a Recovered Use of the Creation Pattern," *VT* 21(1971), 159.

48) H. Gunkel, *Schoepfung und Chaos*, 59.

가? 하는 것이다. 욥 7:12로 넘어가면 욥은 "내가 바다니이까? 용이니이까? 주께서 어찌하여 나를 지키시나이까?" 라고 항변한다. 욥은 여기서 가나안의 신화에서 등장하는 바다 신 얌과 용을 자기 개인에게 적용시키는 대범함을 보이고 있다. 하나님을 대적한 것으로 다른 시들에서 등장하는 그 얌과 용이 여기 욥에게 적용되어, 하나님께서 욥을 마치 얌과 용처럼 지키신다고 항변한다. 이는 "에누마 엘리쉬"에서 마르둑이 티아맛을 죽이고 그 일당을 감금하고 지키는 장면을 연상시킨다(EE IV:110ff.). 존 데이는 유가릿의 바알 신화에서도 유사한 사고가 나타난다고 지적한다.[49] 거기서는 "얌 왕이 우리의 포로이며, 강 재판관이 우리의 포로이다"라고 한다. 물론 이는 영구적 상태가 아니다. 왜냐하면 바다 신인 얌이 곧장 죽임을 당하기 때문이다. 우리는 앞에서 창조의 제 삼일에 있었던 뭍과 바다의 분리를 시적으로 노래하는 구절들 혹은 욥 38:8-11 부분을 고찰한 바 있지만, 욥 7:12에서도 욥은 하나님께서 태초의 그 혼돈의 물을 제압하시고 문과 빗장으로 가두시듯, 자기를 감시하신다고 빗대어 말하고 있다.

이제 욥 9:13로 넘어가자. 여기서 욥은 하나님의 위대하심과 권능을 높이면서 "하나님이 진노를 돌이키지 아니하시나니 라합을 돕는 자들이 그 아래 굴복하겠거든 하물며 내가 감히 대답하겠으며 무슨 말을 택하여 더불어 변론하랴!" 고 외친다. 이 욥의 말을 욥 9:8, 9에서 나타나는 창조 사역에 대한 묘사와 연관시켜 이해한다면, 여기서도 욥은 혼돈의 바다와 전쟁 모티프를 사용하고 있는지 모른다. 8절에서 욥은 하나님께서 하늘을 홀로 펼치신 분(궁창을 만드신 일, 창조 제2일의 작업), 바다의 파도를 짓밟으신 분(아마 창조 제3일의 뭍과 바다의 분리사건)으로 묘사한다. 바다를 신격화시켰던 바알 신화적 사고는 여기서 전연 없지만, 마르둑이 티아맛이 시체로 하늘을 펼쳤다는 신화적 사고와 연관시켜 생각할 수도 있을 것이다. 그리고 9절에서는 하늘의 별들, 곧 북두성, 삼성, 묘성, 남방의 밀실들을 만드신 이로 묘사하는데, 이는 별들을 신격화시켰던 이교적 사고와 현격한 차이를 드러낸다.

라합의 돕는 자들이 그 앞에서 절한다는 욥 9:13의 사고는 에누마 엘리쉬 IV:107에서 티아맛 편에 섰던 신들이 마르둑에 제압당하는 것과 비교되곤 한다. 데이는

49) John Day, *God's Conflict*, 43-44.

여기서도 바알 신화와 연관시키고자 하는데, 바알 신화에서는 리워야단의 일당을 지시한다.[50] 어쨌거나 욥의 논지는 저 강력한 바다 괴물과 그 일당들도 하나님께 패배하고 굴복 당했다면, 나 같은 가련한 존재가 어떻게 하나님과 쟁변할 수 있을 것인가? 라는 것이다.

욥기서 전체에서 나타나는 신화적 표상들은 욥이나 그 세 친구들이 신화적 신학을 믿었다는 증거는 못 된다는 것이 분명해졌다.[51] 욥의 신앙은 유일신론적 신앙이었다(욥 31:26-28). 그는 하나님의 우주에 대한 절대 주권을 누누이 고백하고 있다. 그러므로 욥이 욥 26:12-14에서 신화적 혼돈의 전쟁의 모티프를 창조와 연관시켜 사용하긴 했어도, 창조시에 실제로 라합이라는 신화적 괴물이 창조를 방해했고 그 괴물을 하나님께서 쳐서 죽였다고 말하는 것은 아니다. 이는 10절에서 "바다의 경계를 정하셨다"고 하고, 욥 38:8-11에서 다시 보다 상세하게 이런 사고를 재 진술하면서 신화적 표상은 사용치 않았다는 점에서 확실하게 드러난다. 즉 욥은 창조 제3일의 사건을 시적으로 생생하게 묘사하기 위하여 이방의 신화적 표상을 차용해서 하나님의 권능을 노래했을 뿐, 신화적 신학까지 수용한 것은 아니었다. 따라서 욥기서에서도 창조시에 실제로 혼돈의 물과의 전쟁이 있었다는 사고는 찾을 수가 없다고 결론지을 수 있다.

V. 결 론

1. 창세기 1장의 창조기사는 산문체의 가장 근본적 창조 진술이라면, 여타 시가들의 창조 사고는 창 1장에 근거한 시적, 신화적 색깔로 그려지고 있다. 이는 홍해의 기적을 산문체로 묘사하고(출 14장), 다시 시적으로, 신화적으로 노래한 (출 15장) 사례에서 그 병행을 발견할 수 있는데, 특히 시가체는 예배 시에 경배자들의 심령에 생동감을 불러일으키고, 감정을 자극하여 주 앞에서 춤추며 찬양하면서 그분의

50) John Day, *God's Conflict,* 41.

51) Elmer Smick. "Another Look at the Mythological Elements in the Book. of Job," *WTJ* 40.2 (Spring, 1978), 213-28 참조.

위대하심을 앙모하도록 했던 방편이었다. 홍해 변에서 엄숙하게 산문체로 야웨의 행하신 위대한 일을 낭독한 것이 아니라, 시적인 노래로 춤추며 소고 치며 찬양하였던 것이다.

2. 혼돈의 물들에 대한 제압을 노래하는 시편들은 창조 이전에 존재한 그 혼돈의 물을 재료로 뭍과 바다를 나누신 사건 혹은 궁창 위의 물과 아랫물로 나누신 사건을 (창 1:3이하에서 묘사된 창조 둘째 날과 셋째 날의 사역) 노래한다. 이런 구절들은 창조 활동 시에 혼돈의 물을 나누는 작업시의 정황을 시적으로 묘사하되, 마치 하나님께서 그 거친 혼돈의 물을 책망하고 꾸짖는 양 노래한다. 여기에는 "전쟁"이란 사고는 없다.

3. 이런 의인법-시편들과 달리, 신화적 괴물들과의 전쟁 사고를 묘사하는 신화-시편들은 (시 74:13-15, 시 89:9-10) 모두 국난(國難)에 처한 정황에서 과거에 행하신 하나님의 위대한 일들을 근거로 현재 다시 그런 위대한 일을 통해 구원을 호소하는 공동체 탄식시들이다. 이 시들에서 관련 구절들은 창조시에 있었다고 가정된 혼돈의 물과의 전쟁 사고가 아니라, 오히려 홍해를 가르신 사건에 대한 시적 묘사이다. 즉, 창조와 혼돈과의 전쟁 모티프가 병렬 배치된 세 곳 본문은 욥 26:10-13을 제하면, 모두 출애굽 당시의 홍해 사건을 노래한다. 욥 26:10-13의 경우는 창조 제3일에 일어난 일을 시적으로 노래하여 하나님의 권능을 찬양하고 있을 뿐, 창조와 혼돈의 물과의 전쟁과의 관계를 실제 일어난 사건으로 제시하는 것은 아니다. 이는 욥 38:8-11과 욥 26:10-13을 비교하면 분명해 진다.

4. 구약 기자들은 창세기 1장의 창조 기사에 근거하여 창조 제3일에 있었던 뭍과 바다를 나눈 사건을 시적으로, 신화적으로 묘사할 때, 이교도들의 신화적 표상을 사용하였으나 그 신화적 사고는 수용하지 아니했다. 즉 저들은 이방인들처럼 창조시에 어떤 혼돈의 물 혹은 괴물과의 실제 전쟁을 믿지 아니했다.

5. 여기까지는 확실하지만, 한 가지 걸리는 문제는 사 27:1이나 계시록 12, 13장이 묘사하듯 종말에 있을 그 신화적 괴물들과의 전쟁은 분명히 "영적인 실체"를 전제하는 듯 보인다는 점이다. 왜냐하면 계시록에서 뱀이나 용 혹은 땅에서 나온 짐승 등은 사탄이나 그 하수인들로 분명하게 확인되고 있기 때문이다(계 12:9, 20:2).

6. 성경 기자들은 이방 신화적 표상들을 자유롭게 차용하여 자기들의 목적에 부

합되도록 활용했다. 선교적 차원에서 오늘날 우리가 이 점을 신중히 고려해 볼 가치가 있을 것이다. 밀턴이 실낙원에서 여러 가지 이교적 신화적 표상들을 사용했던 일이나, 신앙심 좋기로 알려진 존 밀턴이 실낙원에서,[52] 그리고 역시 신앙심이 좋다고 알려진[53] C. S. 루이스가 (1898-1963) 1억부 이상이 팔렸다는 자기의 회심작 "나르니아의 연대기"에서 (The Chronicles of Narnia) 성경적 표상만 아니라, 여러 이교도 신화 표상들을 사용했다는 것은 주지의 사실이다.

52) Jonathan H. Collett, "Milton's Use of Classical Mythology in 'Paradise Lost'," *Transactions and Proceedings of the Modern Language Association of America* 85/1 (1970), 88-96. 그런데 밀턴의 신앙관을 본다면, 그는 삼위일체설, 예수 그리스도의 신성 등을 부인하고, 영혼이 육신과 함께 죽는다고 믿었으며, 일부다처제를 주장하기도 했다.

53) J. I. Packer가 "그리스도 중심적, 주류 큰 전통의 기독인"이라 불렀고 ("Still Surprised by Lewis," *Christianity Today*, Sept. 7, 1998) 오늘날 복음주의의 아퀴나스, 어거스틴, 이솝이라 칭했으며, 위대한 평신도 복음 변증가로 인정받는 현실이지만, 루이스는 죽기 전에 가톨릭이라고 공언하고 종부성사를 받은 일, 죽은 자를 위해 기도하는 일이나 연옥 사고를 믿은 일, 육체의 실제 부활이나 지옥의 실체를 부인하고, 성경 오류설, 성경 무-영감설 등을 주장한 것, 학생들과 어울려 자주 술집에 드나들고, 담배를 즐기며, 음담패설을 거리낌 없이 말하며, 25세 연상의 이혼녀와 30년 관계를 맺고, 58세에는 한 결혼한 여자와 관계를 가지는 등 무질서한 생활 등에 비추어 볼 때, 그의 신앙관이 의심스럽다.

참고문헌

알렉산더 하이델, 『고대 근동의 창조설화, 홍수설화와 구약 성경의 비교』 윤영탁 역, 서울: 엠마오, 1990.

최종태, 『예언자에게 물어라』 서울: 기독교 문서 선교회, 2003.

Blommerde A. C. M., *Northwest Semitic Grammar and Job*, Rome: Pontifical Biblical Institute, 1969.

Day John, *God's Conflict with the Dragon and the Sea: Echoes of a Canaanite Myth in the Old Testament*, London: Cambridge Univ. Press, 1985.

Driver Samuel R. and Gray G. Buchanan, *A Critical and Exegetical Commentary on the Book of Job*, ICC, New York: Charles Scribners Sons, 1921.

Fishbane Michael, *Biblical Myth and Rabbinic Mythmaking*, Oxford: Oxford Unvi. Press, 2003.

Gaster Theodor H., *Myth, Legend, and Custom in the Old Testament,* New York: Harper & Row, 1969.

Gunkel H., *Schoepfung und Chaos in Urzeit und Endzeit: Eine religionsgeschichtlichen Untersuchung ueber Gen. 1 und Ap. Joh. 12*, Goettingen: Vandenhoeck & Ruprecht, 1895.

Heidel Alexander, *The Babylonian Genesis of Our Time*, Chicago: The University of Chicago Press, 1942, 1951.

Koenig E., *Die Psalmen,* Guetersloh: Bertelsmann, 1927.

Kissane E. J., *The Book of Psalms* 2, Dublin: Browne & Nolan, 1954.

Rogers R. W., *The Religion of Babylonia and Assyria,* New York: Eaton & Mains, 1908.

Smith George, *The Chaldean Account of Genesis. Containing the Description of the Creation, the Fall of Man, the Deluge, the Tower of Babel, the Times of the Patriarchs, and Babylonian Fables, and Legends of the Gods from the Cuneiform Inscriptions*, London: Sampson Low, 1876.

Saggs H. W. F., *The Encounter with the Divine in Mesopotamia and Israel,* London: Athlone, 1978.

Sarna Nahum M., *Understanding Genesis: The World of the Bible in the Light of History,* New York: Schocken Books Inc., 1966.

Tate Marvin, *The Psalms 51-100*, WBC 20, Dallas: Word, 1990.

Tur-Sinai N. H., *The Book of Job: A New Commentary,* Jerusalem: Kiryath Sepher, 1957.

Waltke Bruce K., *Creation and Chaos,* Portland, OR.: Western Conservative Baptist Seminary, 1974.

노아 홍수 이야기의 신학적 의미

- 창세기 6:5-9:17을 중심으로 -

류 호 준
(백석대학교, 구약학)

I. 들어가는 말

노아 홍수 내러티브는 성경의 이야기들 중에 가장 잘 알려진 이야기들 중의 하나다. 어려서부터 교회에서 신앙생활을 한 사람들이라면 고대성을 갖고 있으면서 동화적이고 신화적인 색체가 짙게 깔린 재미있는 이야기 가운데 하나가 노아 대홍수 이야기라는 것을 직감적으로 안다. 이야기 자체는 설명이 필요 없을 만큼 자명한 듯 보인다. 땅에 사는 사람들의 사악함이 도를 넘고 그 마음에 생각들과 사고의 경향들이 항상 악할 뿐이라는 사실을 알게 되자 야웨는 자신이 사람을 지으신 것을 후회하시고 가슴 아파하셨다. 그는 자신이 창조한 인류를 비롯하여 모든 피조물을 지면에서 싹 쓸어버릴 것을 결심하게 된다. 그리고는 저 유명한 "대홍수"가 땅에 임하게 된다. 40일 동안 밤낮을 가리지 않고 내린 비는 땅속의 수원(水源)의 급작스런 터져 오름과 합작하여 온 땅을 덮는다. 세상의 가장 높은 산봉우리들을 덮을 정도로 "온" 땅과 그에 속한 모든 생물들은 다 죽는다. 그 가운데서 야웨의 눈에 호의(好意)를 입은 노아('안식'이라는 뜻을 가짐)라 불리는 사람과 그의 가족 7명만이 살아남게 된다는 이야기다. 그리고 다시는 인류를 물로 진멸하지 않겠다고 결심하신 야웨는 창공에 무지개를 언약의 증표로 삼는다.

Ⅱ. 문예·신학적으로 읽는 본문

창세기에 기록된 노아홍수 이야기를 어떻게 이해하고 다루어야할까? 홍수 이야기는 어떤 종류의 문헌인가? 비교종교학적으로 이해할 문헌인가? 과학적 잣대로 분석될 수 있는 기록인가?[1] 순수한 역사인가? 해석된 역사인가? 역사에 바탕을 둔 이야기인가? 역사적으로 검증될 수 있는 역사 기록인가? 아니면 문학적 상상력에 바탕을 둔 픽션인가? 또한 고대 근동에 널리 퍼져있는 다양한 홍수이야기 전통들과 어떤 관계가 있는가?[2] 이상과 같은 질문들은 각각 독자적 연구를 필요로 하는 분야이다. 다시 말해 우리 앞에 놓인 노아홍수 본문을 어떻게 바라보는가에 따라 홍수 이야기의 접근 방식도 달라질 것이다. 현금 기독교계에서나 신학계에서 홍수 내러티브를 다루는 방식은 자못 다양하다 못해 혼란스럽기까지 하다. 한국의 기독교계에 국한하여 살펴볼 때, 평신도들이나 목회자들은 한결같이 노아홍수의 과학적 신빙성에 관한 이야기를 듣고 싶어 한다. 즉 과학적으로 혹은 역사적으로 홍수 이야기가 "증명"되기를 간절히 바라는 순진무구한 마음에서 그렇다고 할 수 있다.

---

1) 과학(예, 지질학이나 고고학적 발굴과 탐사)과 노아 홍수에 관련성 전반에 관한 논의로는, 저명한 보수주의 구약학자인 에드워드 영(E. J. Young)의 아들이며 개혁주의 신학적 전통의 신자로서 지질학 교수인 데이비스 영(Davis A. Young)이 저술한 책을 추천한다. Davis A. Young, *The Biblical Flood: A Case Study of the Church's Response to Extrabiblical Evidence* (Grand Rapids: Eerdmans, 1995).

2) 노아 홍수 이야기는 고대 메소포타미아에서 발굴된 또 다른 두 개의 서사시와 내용상 깊은 관련이 있다. 하나는 길가메쉬 서사시(Gilgamesh Epic)와 아트라하시스 서사시(Atrahasis Epic)다. 이 서사시들의 번역본들은 다음과 같은 서적에서 찾아볼 수 있다. J. B. Pritchard (ed.), *Ancient Near Eastern Texts Relating to the Old Testament,* 3rd ed. (Princeton: Princeton University Press, 1969); W. Beyerlin (ed.), *Near Eastern Texts Relating to the Old Testament* (Philadelphia: Westminster Press, 1978); John Walton, *Ancient Israelite Literature in Its Cultural Context: A Survey of Parallels Between Biblical and Ancient Near Eastern Texts* (Grand Rapids: Zondervan, 1990); Victor H. Matthews and D. C. Benjamin, *Old Testament Parallels: Laws and Stories from the Ancient Near East* (New York: Paulist Press, 1997); W. W. Hallo and K. Lawson Younger (eds.), *The Context of Scripture: Mounumental Inscriptions from the Biblical World.* 3 vols. (Leiden: Brill, 1997-2002); B. T. Arnold and B. E. Beyer, *Readings from the Ancient Near East: Primary Sources for Old Testament Study* (Grand Rapids: Baker, 2001).

전 세계적으로 볼 때, 신학적으로 양 날개를 형성하는 보수주의 진영의 학자들과 진보주의적 진영의 학자들 모두 최근까지 "역사실증주의"에 사로잡혀 한쪽에서는 홍수의 "역사성"에 관해, 또 다른 한쪽에서는 홍수의 "신화성"에 무게를 두고 노아 홍수설화(내러티브)를 이해하려고 하였다. 또한 홍수의 역사성에 무게를 두는 보수주의적 복음주의자들은 또 다시 홍수가 지역적(local flood)이었다고 주장하는 측과 전(全)세계적(global flood) 홍수라고 주장하는 측으로 갈린다. 한편 홍수 이야기는 일종의 신화적 허구라고 주장하는 사람들은 홍수의 역사적 측면에 관해서는 전혀 관심을 두지 않는다. 그들의 관심은 신화적 이야기 속에 담긴 그 당시 사람들의 세계관을 살펴보는 것 정도로 만족하곤 한다. 이렇든 저렇든 홍수이야기는 철저하게 역사적 측면에서 그 사실 진위를 판단 받는 시험대 위에 있어왔다. 한편 이와 관련하여 한국에 널리 알려진 대중적 견해는 주로 홍수의 문자적 역사성과 전 세계적 홍수설이다. 이런 견해는 주로 창조과학회의 견해와 밀접한 관련을 맺고 있다.[3)]

본 본문에서는 나는 노아 홍수내러티브를 "문예-신학적" 관점에서 읽고 이해해야 한다고 주장한다. 먼저 "문예-신학적" 이란 용어에 대해 간단하게 정의하고 앞으로 나가려 한다. "문예적"이라 함은 본문이 언어라는 매개체를 사용하여 의사를 전달하기 때문에 본문의 "언어적 현상"에 주의를 기울이는 일이다. 언어적 현상에는 다양한 요소들이 포함된다. 유사음의 사용, 단어 유희, 특정한 단어의 반복적 사용, 반복되는 문구의 등장, 본문의 형태와 구조(예, 양괄식 구조, 동심원적 구조, 교차대구적 구조 등) 등을 들 수 있다. 그러나 이러한 언어적 요소들을 사용하는 목적은 그런 형태와 형식과 구조를 통하여 본문이 말하고자 하는 목적을 이루기 위함이다. 다시 말해 본문의 저자는 언어학적 정교함을 통하여 본문의 의미를 고도의 문예적 차원으로 승화시키려는 노력을 하고 있다는 것을 의미한다. 그러므로 독자들은 언어적 구성물로서 본문을 자세히 살핌으로써 본문의 커다란 윤곽(구조)을 파악해내고 그러한 윤곽이나 구조를 통해 본문이 전달하려고 하는 고양된 의미를 들어야 한다. 독

3) 막강한 영향력을 끼친 책으로는 John C. Whitcomb and Henry M. Morris, *The Genesis Flood: The Biblical Record and Its Scientific Implications* (Philadelphia, Presbyterian and Reformed Pub. Co., 1961).

자가 의미를 생성해내는 것이 아니라 본문이 스스로 말하는 것을 들으려는 태도이다. 한편 본문을 신학적으로 읽어야한다는 뜻은, 성서는 근본적으로 하나님께서 말씀하시는 "성경"이다. 따라서 그분이 특정한 본문을 통하여 그의 언약 파트너인 옛 언약 백성인 이스라엘백성들과 그리스도 안에서 새로운 언약백성들이 된 교회에게 말씀하시려는 것이 정확하게 무엇인지를 파악하는 일이 성서를 "신학적"으로 읽는다는 의미이다. 여기서도 역시 신학적 의미는 독자가 본문의 의미를 생성해내는 것이 아니라 본문의 스스로 말하려는 하나님의 뜻이 드러나도록 물꼬를 터주는 것이다.

이런 방법론을 사용하여 노아 홍수 이야기를 읽고 그 구조를 파악하고 신학적 의미를 밝혀내는 것이 본 논문의 목적이다. 먼저 홍수이야기의 단락과 구조를 밝히는 일이다. 이미 수많은 학자들이 홍수이야기에 관하여 많은 연구논문들을 쏟아냈다. 특별히 자료비평가들은 소위 문서가설 위에서 현재 우리 앞에 있는 노아홍수이야기는 원래 서로 다른 두 개의 홍수 이야기가 합성된 것이라고 주장해왔다. 일명 제사장문서(P)와 야웨문서(J)의 합성이라는 것이다. 이러한 주장을 하는 이유는 현재 본문 안에 상호충돌이나 불일치, 모순점들이 있기 때문이라는 것이다. 예를 들어 방주에 들어간 동물들의 숫자로 제사장 문서에 속한다는 6:19-20; 7:9,15에 따르면 수컷과 암컷 두 마리씩이다. 그러나 야웨 문서로 분류되는 7:2에는 정결한 동물들은 일곱 쌍씩, 부정한 동물은 수컷과 암컷 각각 한 쌍씩 취해 방주에 태웠다고 기록하고 있다. 또한 본문 안에는 상반되는 홍수 기간이 언급되고 있다. 야웨 문서에 해당되는 7:4,12,17; 8:6에는 홍수기간이 40일로 나와 있지만 제사장 문서에는 홍수가 150일 동안 계속되었다고 보고하고 있다는 것이다. 또한 홍수는 하늘에서 내린 비 때문이라고 말하는 문구와(7:4,12, 야웨문서) 땅 속에서 터져 나온 지하수 때문이라고 말하는 문구(7:11, 제사장문서)가 서로 대조적으로 서 있다고 주장한다. 그 외에도 문서가설의 입장에서 노아홍수이야기는 두 개의 홍수 이야기를 합성해 놓은 작품이라는 주장은 서로 다른 하나님의 이름(엘로힘과 야웨)의 사용이 이를 뒷받침한다는 것이다. 또한 문서가설에 따르면 홍수에 대한 결론부분이 두 문서 사이에 상이하다는 것이다. 야웨문서는 8:20-22에서 홍수가 끝난 후에 노아가 야웨께 제사를 드리자 야웨께서 그 제사향내를 맡으시고 땅 위에 임할 저주를 제거하게 되었다고 결론짓는 반면에 제사장 문서는 9:1-18에서 하나님(엘로힘)께서 노아에게 복을 주시고 노아와 더불어 계약을 맺으셨다고 결론짓고 있다는 것이다. 그뿐 아니라 문서가설의 전통적인 설명인 두 하나님(엘로힘과 야웨)의 모습이 대조적이라는 주장이다. 한 하나님은 초월적이고 초자연적인 힘을 가지시고 세상을 지배하시는 전능하신 하나님이신 반면에 또 다른 하나님은 매우 인간적이고 내재적 성향의 하나님으로 후회하시고 슬퍼하시고 제사의 냄새를 맡으시고 내릴 결정을 다시금 생각하시는 하나님이라는 것이다.[4] 그리고 이 두 가지 문서 전승을 후에 어떤 편집자들이 하나로 묶어낸 것이 현재의 본문이라는 것이다.

그러나 내가 볼 때 이러한 모순과 불일치들을 그대로 "방치해"놓은 것을 보니 문서가설을 주장하는 사람들이 말하고 있는 최종편집자들은 작가로서 매우 무책임하거나 불성실한 작업을 한 것 같다. 그들은 가위와 풀을 가지고 이 전승에서 한 곳, 저 전승에서 한 곳을 잘라 서로 비슷한 것들을 옆에 붙이는 어린이들의 가위-풀놀이 밖에는 별로 한 것이 없어 보이기 때문이다. 본문의 이러한 이질성을 말하는 것은 문제의 해결이기보다는 문제 자체를 일으킨다. 그래서 "어떻게 하겠는가?" 하는 질문에 대해서는 별로 설득력이 있는 대답을 제시하지 못한다. 기껏해야 "서로 다른 전승들이 있었다!"는 것이 전부이다.[5] 그러나 그러한 설명은 고대 근동 사람들의 문학적 관습을 현대적 정밀성으로 가지고 평가하는 우(愚)를 범하는 일이다. 고대문헌, 특별히 이야기체 문헌은 과학적 데이터나 수학적 숫자의 엄정성에 의해 평가되는 것이 아니다. 이야기는 둥글게 한다. 모나지 않으면서도 하고 싶은 말을 다 하는 것이 이야기의 힘이요 특색이다. 이런 의미에서 고대 히브리 설화자들은 이야기꾼들이었다. 그들은 글을 통하여 이야기를 할 줄 아는 탁월한 작가들이었다.

---

4) 독자의 이해를 위해서, 야웨문서 저자들은 주전 10세기나 9세기의 초에 속한 작가들이며 제사장문서의 저자들은 바벨론 포로기에 활동했던 작가들로(주전 550-450년경) 이스라엘의 제의와 관련을 맺는 사람들이라는 것이다.

5) 방대한 창세기 주석으로 유명한 독일의 클라우스 베스터만도, 서로 다른 하나님의 이름(神名)을 사용한다는 점, 똑 같은 구절이 반복해서 나온다는 점, 내용과 형식상의 차이들 있다는 점 등을 기준으로 삼아 본문의 원 출처가 다르다고 말하는 것은 무리라고 주장한다. Clause Westermann, *Genesis 1-11* (Minneapolis: Augsburg Press, 1984).

그들은 그들의 이야기를 통해 하나님의 말씀을 유감없이 대변할 줄 아는 사람들이다. 따라서 우리가 본문을 접하면서 갖는 입장은 현재의 본문을 생산해 낸 최종적 작가는 그가 갖고 있었던 다양한 자료와 전승을 창조적으로 사용하여 일관된 작품 세계를 독자들에게 제시한다는 것이다. 이 세계는 하나님께서 그의 언약 백성들에게 보여주시고 그리로 초청하여 그 세계가 어떤 나라인지 어떻게 운영되는 나라인지를 배우도록 하실 뿐 아니라 그 나라의 국민으로서 살도록 요구하시는 세계이다. 이것이 본문이 보여주려는 세상이다. 그리고 여기서 말하는 독자는 일차적으로 구약의 이스라엘이라 불리는 하나님의 언약 백성들이고, 이 언약 백성들은 하나님의 구원역사의 전개와 함께 신약에 와서는 교회공동체로 변화된다. 따라서 신앙공동체로서 교회는 구약성경(노아홍수이야기를 포함하여)을 그들에게 주시는 하나님의 말씀으로 받아들여야 한다. 이것이 본문을 문예-신학적으로 읽는다는 뜻이다.

Ⅲ. 노아 홍수 내러티브의 구조

일차적으로 노아 홍수 이야기는 노아 이야기 안에 위치한다. 노아 이야기 단락은 창세기의 전체적 구조를 설정하는 중요한 시그널인 "엘레 톨레돗"과 연관을 맺는다. 한글 역에서는 "대략" "계보" "사적" "후예" "약전"등으로 번역되는 히브리어 "톨레돗"은 창세기에 모두 11번 등장하는데, 전문적 용어인 이 단어는 창세기를 커다란 단락으로 나누어 구역화 하는 문학적 지표다.[6] 이에 따르면 노아 이야기는 6:9-9:29까지에 해당한다. 다시 말해 노아의 톨레돗은 또 다른 톨레돗 내러티브가 시작되는 10장 1절 앞에서 끝을 맺기 때문이다.

---

6) 창세기를 톨레돗 구분에 따라 읽는 방식에 대한 간략한 설명으로는 류호준, 『등불들고 이스라엘을 찾으시는 하나님』(솔로몬, 2007), pp.17-27("창세기를 읽는 방식: 톨레돗 구분에 의한 거시구조")를 참조하라. 이에 따른 창세기 주석서나 해설서로는 정석규, 『구조로 읽는 창세기』(서울: 프리칭 아카데미, 2006); 김의원, 『하늘과 땅 그리고 족장들의 톨레돗』(서울: 총신대학교 출판사, 2004); Bruce K. Waltke, *Genesis: A Commentary* (Grand Rapids: Zondervan, 2001).

노아 이야기가 6:9-9:29까지라면 그 안에는 어떤 구조를 띠고 있는 것일까? 이 질문에 대해 학자들은 상당한 의견의 일치를 보고 있다. 대표적인 구조분석으로는 같은 해에 발표된 고든 웬함[7]과 버나드 앤더슨[8]의 연구들이 있는데, 이제는 이 분야에 고전적 작품이 되었다. 그 중 먼저 앤더슨의 것을 보면 다음과 같다.

* 전환적 도입부 (6:9-10)
a. 하나님의 창조 세계 안에 있는 폭력과 불의 (6:11-12)
  b. 하나님의 첫 번째 말씀: 멸망시키겠다고 결심하심 (6:13-22)
    c. 하나님의 두 번째 말씀: 방주 안으로 들어가라는 명령 (7:1-10)
      d. 홍수의 시작 (7:11-24)
        e. 불어나는 홍수 (7:17-24)
          f. 하나님께서 노아를 "기억"하심 (8:1a)
        e' 줄어드는 홍수 (8:1b-5)
      d' 땅이 마르다 (8:6-14)
    c' 하나님의 세 번째 말씀: 방주에서 내리라는 명령 (8:15-19)
  b' 질서를 회복하시겠다는 하나님의 결심 (8:20-22)
a' 하나님의 네 번째 말씀: 복의 선언과 언약체결 (9:1-17)
* 전환적 종결부 (9:18-19)

물론 앤더슨이 이상과 같은 구조를 제시했을 때 그의 목적은 노아 홍수 이야기가 처음부터 독립으로 통일된 단락으로 전승되어 왔다는 것을 논증하는 것은 아니었다. 그는 서로 다른 독립적인 전승들이 있었다는 것을 의문시 하는 것이 아니라, 그러한 상이한 전승들에도 불구하고 우리 앞에 전수되어 놓여있는 본문은 매우 의도적이고 정밀한 짜임새를 보여주고 있다는 것을 말하려는 것이었다.

웬함의 경우는 좀 더 세부적이다. 그러나 그의 목적은 앤더슨과는 달리 적극적이

---

7) G. J. Wenham, "The Coherence of the Flood Narrative," *VT* 28 (1978), pp.336-348.
8) B. W. Anderson, "From Analysis to Synthesis: The Interpretation of Gen 1-11," *JBL* 97 (1978), pp.23-39.

다. 그는 홍수 내러티브가 원통형의 대칭 형태를 이루고 있다는 점에서는 대체적으로 동의한다. 그러난 그는 이런 구조는 노아 홍수 이야기가 일관성과 통일성을 이루는 작품이라는 것이다. 그의 구조를 보자면 다음과 같다.

A 노아 (6:10a)
B 셈, 함, 야벳 (10b)
C 방주를 건립 (14-16)
D 홍수 선언 (17)
E 노아와 언약 (18-20)
F 방주안의 양식 (21)
G 방주에 승선하라는 명령 (7:1-3)
H 홍수를 7일간 기다림 (4-5)
I 홍수를 7일간 기다림 (7-10)
J 방주에 들어감 (11-15)
K 야웨가 노아를 방주에 집어넣음 (16)
L 40일간 홍수 (17a)
M 물이 불어남 (17b-18)
N 산들이 덮임 (9-20)
O 150일 동안 물이 있음 (21-24)
P 하나님이 노아를 기억하심 (8:1)
O' 150일 동안 물이 줄어들다 (3)
N' 산꼭대기가 보이기 시작함 (4-5)
M' 물이 줄어듬 (5)
L' 40일간 마침 (6a)
K' 노아가 방주 창문을 열다 (6b)
J' 까마귀와 비둘기가 방주를 떠남 (7-9)
I' 물이 줄어들기를 7일간 기다림 (10-11)
H' 물이 줄어들기를 7일간 기다림 (12-13)
G' 방주에서 하선하라는 명령 (15-17 [22])
F' 방주 바깥에서의 양식 (9:1-4)

E' 모든 육체와 언약을 맺다 (8-10)

D' 미래에는 홍수가 없다 (11-17)

C' 방주 (18a)

B' 셈 함 야벳 919b)

A' 노아 (19)

거시적으로 봐서 앤더슨이나 웬함의 구조는 설득력이 있어 보인다. 몇 가지 특색을 지적하자면, 중앙 부분에서 방주에 들어가라는 명령과 방주에서 나오라는 명령은 원통형적 구조에 잘 맞는 것 같다. 그리고 처음 장면에서 보이는 셈, 함, 야벳, 방주, 홍수, 언약, 양식과 같은 용어가 역순으로 후반부에서 반사되어 나온다. 또한 일정한 기간을 나타내는 언급은 의도적으로 대칭형을 이루기 위함처럼 보인다. 예를 들어, 방주에 승선한 사람들은 배가 떠나기 전에 들어갔지만, 칠일이라는 기간이 두 번이나 언급된 것은 홍수가 끝날 무렵 방주에서 두 주간을 기다리는 기간과 문학적인 균형을 맞추기 위한 것으로 보인다는 것이다. 그리고 또 다른 특색으로는 150일 동안 물이 창궐하고 있을 때의 한 부분인 40일 동안의 홍수는 창 8:6의 40일에 대한 언급과 균형을 이룬다는 것이다. 즉 웬함에 따르면 홍수 이야기에서 시간에 대한 언급은 단순히 연대기적인 기능뿐 아니라 문학적 기능을 한다는 것이다. 여기에서 눈에 띄는 특징은 시간과 기간에 대한 언급이 신학적 이유를 담고 있다는 점이다. 창세기 1장에서 창조의 사역과 홍수이야기에서의 "창조를 없는 것으로 하는 일"이 모두 일요일에 시작하여 금요일에 끝난다는 사실이다. 이것은 "홍수이야기의 연대는 신학적 개념들을 표현하는 도구가 된다"는 것이다. 웬함은 홍수이야기의 통일성과 일관성을 제시하면서 제사장 문서와 야웨 문서를 융합하였던 탁월하고도 천재적인 편집자가 있었다고 주장하는 것보다는 원래 하나로 된 서사시적 자료를 후기에 어떤 제사장적 전통의 한 편집자가 작업을 하여 현재에 이르게 되었다는 좀 더 경제적인 가설을 내놓는다.[9)]

---

9) 웬함의 구조에 대한 반박은 Lloyd Bailey, *Noah: The Person and the Story in History and Tradition* (Columbia, S.C.: University of South Carolina Press, 1989); J. A. Emerton, "An Examination of Some Attempts to Defend the Unity of the Flood Narrative in Genesis," *VT* 37 (1987), pp.401-420.

후에 웬함은 그의 창세기 주석에서 이상의 구조를 "장면 형태"(type scene)로 나누어서 10개의 장면으로 나눈다.[10)]

1 노아와 인간의 행위에 대한 하나님의 독백 (6:9b-21)
2 이야기: 주역은 노아 (6:22)
3 노아에 대한 하나님의 독백 (7:1-4)
4 이야기: 주역은 노아, 조역은 하나님 (7:5-16)
5 홍수가 넘치는 이야기 (7:17-24)
6 홍수가 줄어드는 이야기: 조역은 하나님 (8:1-5)
7 이야기: 주역은 노아와 새들 (8:6-14)
8 노아에 대한 하나님의 독백 (8:15-17)
9 이야기: 주역은 노아 (8:18-19)
10 노아와 인간의 행위에 대한 하나님의 독백 (8:20-9:17)

대칭구조가 자명하기 때문에 별도의 설명이 필요하지 않지만, 5번과 6번 장면이 노아홍수 이야기의 중심부이며 "홍수"와 "방주"가 주된 소재임이 분명하다. 즉 죽음과 구원이라는 대칭 개념이 드러난다는 뜻이다. 그리고 그 한 가운데 하나님께서 노아를 기억하심이 극적인 반전을 가능하게 하는 결정적인 동인이라는 것이 드러난다.

구조에 관한 논의에 있어서, 앤더슨과 웬함이 제시한 구조는 모두 홍수이야기에만 국한되었고 그 다음에 나오는 홍수 후의 이야기는(9:20-29) 취급하지 않았다. 홍수 후의 이야기는 술에 취해 벌거벗은 노아 이야기(20-27절)와 노아의 죽음에 대한 보고(28-29절)로 다시 세분된다.

내가 볼 때, 현재의 본문 형태를 만들어 낸 작가는 분명히 그 앞에 다양한 자료와 전승들을 가지고 있었을 것으로 생각된다. 그러나 그는 그것들을 아무런 생각 없이 짜깁기하는 방식으로 섞어놓은 것이 아니라, 그것들을 재료로 삼아서 하나의

10) G. J. Wenham, *Genesis 1-15,* Word Biblical Commentary (Waco, TX.: Word Books, 1987), pp.157-158

멋진 직조물을 생산해 냈다고 보는 편이 훨씬 나을 것이다. 텍스트(text)를 직조물(textile)에, 텍스트의 틀(frame)과 구조와 그 안에 있는 다양한 특징들을 직조물의 문양(紋樣)에 비견하면 이해가 쉬울 것 같다.

Ⅳ. 노아 홍수 이야기의 신학

위의 구조에서 살펴본 바처럼 본문은 홍수이야기를 극적으로 그려내고 있는 여러 가지 장면 묘사와 특징적인 서술방식을 통해 언약 공동체에 있는 독자들과 청중들에게 그들이 들어야할 것을 "선포"한다. 우리가 본문을 통해서 만나게 되는 것은 "선포"(proclamation)이다. 그렇다면 무엇을 선포하는가? 고대의 유사한 신화들과는 달리, 노아 홍수이야기는 깨어지고 위협받고 있는 우주와 세상에 관한 보편적 진리를 진술하는 이야기가 아니다. 홍수이야기는 매우 구체적으로 언약 공동체인 이스라엘에게 일탈하고 죄악으로 관영한 세상에 대해 하나님께서 무엇을 어떻게 하셨는지를 선언하는 본문이다. 자신이 창조하시고 지속적으로 깊은 관심을 보인 창조세계가 일그러질 때, 하나님께서 어떻게 반응하시고 그 문제를 풀어 가시는 가에 관한 이야기다. 부르그만이 잘 지적하듯이, "우리는 본문이 역사적으로 얼마나 독특한 사건인지, 혹은 문헌적으로 고대근동의 다른 문헌과 얼마나 유사한지를 비교하는 일에 주위를 기울일 필요가 없다. 우리의 초점은 본문 안에 하나님이 어떻게 드러나고 있는가에 있어야한다. 그리고 이러한 하나님의 드러나심을 통해 이 세상이 다시 자신의 성격을 부여받게 될 것이고, 이러한 성격을 다시 받게 되는 방식들에 우리의 초점을 두어야 한다."[11] 다시 말하자면, 언제 어느 시기에 홍수가 발생하였는지를 알아보려는 역사적 노력이나, 아니면 노아홍수이야기를 고대근동의 유사한 홍수이야기들과 비교 연구하려는 노력들은 정경 안에 실린 노아홍수 이야기를 정당하게 다루는 방식이 아니라는 것이다. 노아홍수 이야기를 포함하여 성경 본문을 올바르게 다루는 일은 본문을 "신학적"으로 이해해야한다는 것이다. 즉 본문은 하나님

11) Walter Brueggemann, *Genesis*, Interpretation (Atlanta: John Knox Press, 1982), p.75.

을 어떻게 드러내고 이해하는가? 그분은 세상과 사람과 어떻게 관련을 맺으면서 자신을 나타나는가에 초점을 맞추는 것이 본문을 정당하게 다루는 방식이라는 것이다. 내가 볼 때 이것이 "신-중심적"(theocentric) 성경읽기다.

이제 우리는 본문이 내러티브로 되어 있다는 사실에 유념하여, 먼저 내레이터(說話者, narrator)가 인도하는 대로 "이야기 줄거리"(storyline, plot-line)를 따라가면서 본문을 살피는 것이 가장 좋은 방식일 것이다. 무엇이 내러티브의 갈등인가? 어디에서 어떻게 시작하는가? 갈등이 어떻게 전개되는가? 그리고 어떻게 그 갈등이 해소되는가? 어디가 내러티브의 절정인가? 어떻게 결말이 나는가?

V. 이야기 줄거리

1. 갈등의 시작

창세기 6:9는 3번째 새로운 "톨레돗"으로 시작한다(2:4; 5:1). "이것이 노아의 족보(톨레돗)니라." 이렇게 새로운 단락을 시작하면서 내레이터는 바로 등장인물을 묘사하는데 이 문장은 아주 독특하고 희귀하지만 중요한 의미를 담고 있다. "노아는 의인이요 당대에 완전한 자라. 그는 하나님과 동행하였더라." 노아를 점차적으로 상승하는 순서로 묘사하고 있다는 점에 주의를 기울여야할 것이다. 먼저 그는 "의로운"(짜딕) 사람이었다. 하나님과 이웃과 하나님의 모든 피조물들과 올바른 관계를 갖고 살았던 사람이라는 것이다. 두 번째로, 노아는 "흠이 없는" 사람, "온전한" 사람이었다(참조, 17:1). 마음의 순결성을 가지고 삶을 살았던 인물이었고, 마지막으로 그는 하나님과 동행하였다. 하나님과 함께 길을 걸었다는 이 표현은 이전에 에녹에게만 적용된 특성이었다(5:22,24). 창세기의 두 번째 톨레돗(5:1)에는 열 명으로 대표되는 인류전체의 삶을 족보 형태로 나타내는데, 변수(變數)와 불변수(不變數)의 날줄과 씨줄로 구성된 족보다. 성경의 족보는 단순히 족보기록에 머무르지 않고 신학적 메시지를 갖는다. 성경 최초의 족보를 통하여 하나님의 메시지가 선포된다. 족보의 불변수는 "낳고-살고-죽다"는 반복되는 삼각 사이클 속에서 발견된다. 물론 반복되는 사이클 안에는 다양한 변수들이 들어 있다. 첫 자녀를 낳은 나이가 다르고, 살아있던 기간이 다르고, 죽은 나이가 다르다. 핵심적인 메시지는 타락한 아담의 자손들은 모두 "낳고-살고-죽다"는 틀 안에 종속된다. 그리고 이 반복되는 사이클은 언제나 죽음으로 마친다는 사실이다. 죽음이 마지막 말이라는 것이다. 그렇다면 족보는 독자들에게 "죽음이 인간 삶의 종착역인가?" "죽음은 언제나 최종적 권위를 갖는가?"하는 질문을 갖게 한다. 그러나 아담의 족보(톨레돗)는 위에서 말한 일정한 패턴에 갑작스런 변화가 있음을 알린다. 에녹의 족보를 묘사하는 지점에서다. "에녹이 하나님과 동행하더니 하나님이 그를 데려가시므로 세상에 있지 아니하였더라."(5:24) "하나님과 동행하는 것" 이것이야말로 죽음너머의 세계로 들어가는 길이다. 바로 이러한 신앙적 삶의 특성을 지닌 인물이 노아였다고 내레이터는 말하고 있다.

내레이터는 노아와 그 당대의 사람들을 극명하게 대비한다. 이점에 있어서 그는 매우 렘브란트적이다. "그 때에 온 땅이 하나님 앞에 부패하여 포악함이 땅에 가득한지라. 하나님이 보신즉 땅이 부패하였으니 이는 땅에서 모든 혈육 있는 자의 행위가 부패함이었더라."(6:12,13)

여기서 "하나님이 보셨다"는 문장에 주위를 기울이자. 이 문구는 태초에 하나님이 자신의 왕국을 이 땅에 창조하셨을 때 "하나님이 지으신 그 모든 것을 보시니 보시기에 심히 좋았더라"(1:31)는 문구의 분명한 반향(反響)이다. 그러나 이제 "하나님께서 보시니 땅이 부패하였다"는 것이다. 마치 토기장이의 도자기가 망가진 것 같은 모습이다(렘 18:4). 포악으로 가득한 땅은 사회가 질서 있게 발전할 수 없게 만든다. 마치 라멕의 거만스럽게 떠벌리는 무시무시한 노래 소리를 연상케 하는 대목이다(4:23-24).

2. 갈등의 전개

내러티브의 갈등은 하나님께서 노아에게 말씀하심으로써 시작된다. "모든 혈육 있는 자의 포악함이 땅에 가득하므로 그 끝 날이 내 앞에 이르렀으니 내가 그들을 땅과 함께 멸하리라"(6:13). 천상의 재판장은 악마적인 죄악들이 있음을 보시고 판결을 내리신다. 그러나 하나님의 심판은 구속하시는 은혜와 함께 온다. 하나님께서 남은 자를 구속하시기로 결심하신다. 노아와 그의 가족, 선택된 동물들. 구속의 은혜는 방주를 지으라는 명령과 함께 온다. 학자들의 추측으로는 방주의 길이는 135미터정도, 넓이는 22미터, 깊이는 13미터정도였다. 노아는 대꾸하지 않고 하나님께 순종하였다(6:22).

하나님께서 다시 말씀하신다. "내가 홍수를 일으켜 무릇 생명의 기운이 있는 모든 육체를 천하에서 멸절하리니 땅에 있는 것들이 다 죽으리라"(6:17). 홍수는 결코 우연이 아니었다. 심사숙고하신 하나님의 행동이었다. 그러나 다시금 하나님의 심판 행위는 구원의 은총으로 수놓아진다. 하나님께서 노아에게 말씀하시기를, "그러나 너와는 내가 내 언약을 세우리니…"(6:18). 성경에 "언약"(베리트)이라는 전문 용어가 처음 사용된 순간이었다. 이 언약은 단순히 노아와 맺은 언약은 아니었다. 노아홍수내러티브의 마지막 부분에서는 다시금 이 언약을 재천명하면서 "내가 내 언약을 너희와 너희 후손과 너희와 함께 한 모든 생물 곧 너희와 함께 한 새와 가축과 땅의 모든 생물에게 세우리니 방주에서 나온 모든 것 곧 땅의 모든 짐승에게니라"(9:9-10). 그리고 방주에 들어 갈 생물들에 대한 자세한 내역을 주신다. (6:18-20). 방주는 인간과 태초에 하나님께서 창조하신 피조물들 중 온갖 새들과 땅의 짐승들 가운데 각각 대표적인 생물들을(창 1:21-25) 살리는 구조선의 역할을 하였다. 방주가 살아남을 수 있다면 하나님의 왕국을 위한 "새로운 시작"이 가능하다. 그러나 이것이 가능할 것인가? 여기에서 내러티브의 갈등은 깊어진다.

갈등국면이 좀 더 심화된 것은 하나님께서 노아와 그의 가족들과 모든 짐승들을 방주 안으로 들어가라고 명령하셨을 때이다. "내가 40주야를 땅에 비를 내려 내가 지은 모든 생물들을 지면에서 쓸어버리리라"(7:4). 40주야는 일반적으로 충만한 기간을 가리킨다(7:12; 8:6; 출 24:18; 34:28; 마 4;2). 충만한 기간 동안 부패한 땅은 하나님의 심판을 경험하게 될 것이다. 하나님의 심판은 매우 혹독하고 완전한 심판이 될 것이다.

3. 갈등의 절정

갈등은 7:17-24에서 절정에 이른다. "홍수가 땅에 사십 일 동안 계속된지라. 물이 많아져 방주가 땅에서 떠올랐다."(17절). 마침내 물은 불어서 산들이 잠기게 되었고, 더욱 불어서 천하의 높은 산들을 다 덮었다. 호흡이 있는 모든 생물들이 다 죽었다. 내레이터는 "모든"이라는 불변사를 수없이 반복해서 사용함으로써 심판의 철저성과 완전성을 드러낸다. "지면의 모든 생물을 쓸어버리시니 곧 사람과 가축과 기는 것과 공중의 새까지라 이들은 땅에서 쓸어버림을 당하였으되 오직 노아와 그와 함께 방주에 있던 자들만 남았더라. 물이 백오십 일을 당에 넘쳤더라"(7:23-24). 여기서 다시 내레이터는 독자들에게 방주에 살아남은 자들이 "새로운 시작"을 할 수 있겠는가 하는 질문을 던지게 한다.

4. 갈등의 해소

노아홍수이야기는 바로 위에서 내레이터가 제기한 질문에 대한 내레이터 자신의 대답에서 전환적 절정에 이른다. "그러나 하나님이 노아와 그와 함께 방주에 있는 모든 들짐승과 가축을 기억하사…" "하나님의 기억"이야말로 내러티브의 획기적 전환점이다. 하나님께서 지금까지 노아를 잊어버렸다는 것이 아니다. 하나님께서 누군가를 "기억"하신다는 것은 그를 "구원"하시겠다는 뜻이다(참조, 19:29; 30:22). 하나님께서 기억하신 것은 노아뿐 아니라 방주에 노아와 함께 있었던 모든 가축과 들짐승이었다. 기억하신 후에 "바람"(루아흐, 참조, 창 1:2)을 땅위에 불었더니 물이 줄어들기 시작하였다"(8:1). 마치 창세기 1장에서처럼(1:6-9) 하나님께서 "깊음의 물 근원과 하늘의 창문들을 닫으심으로써" 파괴적인 물들을 통제하시고 어거하시고 계신다

(8:2. 참조 7:11).

갈등이 온전하게 해소되는 것은 마른 땅들이 나타났을 때이다(8:13-14, 3번씩이나 반복된다). 하나님께서 노아에게 방주에서 하선하라고 하신다. "너는 네 아내와 네 아들들과 네 자부들로 더불어 방주에서 나오고 너와 함께한 모든 혈육 있는 생물 곧 새와 육축과 땅에 기는 모든 것을 다 이끌어 내라. 이것들이 땅에서 생육하고 땅에서 번성하리라"(8:16-17). 노아는 새로워진 창조세계에서 "새로운 아담"인 것이다. 첫 번째 아담에게 주셨던 창조의 축복이 선언("이것들이 땅에서 생육하고 땅에서 번성하리라")되고 있는 것이다.

내러티브는 노아가 야웨를 위하여 제단을 건립하여 정결하게 청소된 땅을 하나님께 헌납하는 예식과 그에 대한 응답으로서 하나님의 약속을 보고함으로써 결론에 이른다. "내가 다시는 사람으로 인하여 땅을 저주하지 아니하리니 이는 사람의 마음의 계획하는 바가 어려서부터 악함이라. 내가 전에 행한 것 같이 모든 생물을 멸하지 아니하리니

땅이 있을 동안에는
심음과 거둠과 추위와 더위와
여름과 겨울과 낮고 밤이
쉬지 아니하리라" (8:20-22)

갈등이 온전하게 해소되었다. 즉 하나님께서 부패한 세상을 심판하시고 깨끗하게 청소하셨지만 그 가운데서도 은혜를 베풀어 노아라는 인물, 즉 새로운 아담과 그의 후손들(9장)을 통하여 이 땅위에 당신의 왕국을 세우실 것이다.

그러므로 이 내러티브는 새로운 시작, 즉 새로운 창조와 밀접한 관련을 맺는다. 9장 1절을 1장 28절을 비교해보면 이 사실이 분명해진다.

· 하나님이 그들(아담과 해와)에게 복을 주시며 그들에게 이르시되,

"생육하고 번성하여 땅에 충만하라!" (1:28)

· 하나님이 노아와 그 아들들에게 복을 주시며 그들에게 이르시되, "생육하고 번성하여 땅에 충만하라!" (9:1)

VI. 내러티브를 듣는 신앙 공동체

노아홍수이야기를 들었던 옛 언약 공동체를 상상해보라. "새로운 시작들"에 관한 이 이야기는 그들에게 무엇을 말하고 있었으며 그들이 어떻게 응답하기를 바랐겠는가? 물론 오경의 일부분으로서 이 이야기의 최초의 독자들이 누구인지 학자들마다 다양하게 주장할 수 있을 것이다. 예를 들어, 약속의 땅에서 번영과 평화를 누리며 살고 있었던 이스라엘 백성들이 최초의 독자(청중)들이었더라면 그들은 이 노아홍수 이야기를 어떻게 들었을까? 토라("가르침")로서 이 홍수이야기는 하나님께서 이 땅에서 일어나는 일들을 "보고 계시다"는 사실을 가르칠 것이고, 부패와 폭력에 대해 이스라엘에게 경고하고 있는 말씀일 것이다. 약속의 땅은 하나님의 왕국의 정의와 평화를 보여주는 진열장이어야 하기 때문이다. 이스라엘이 하나님의 기대에 따라 살지 아니하면 하나님의 무서운 심판의 손에 빠져들 것이라는 사실이다.

아니면 이 홍수이야기를 바벨론 포로기에서 하나님의 심판을 경험하고 있었던 사람들이 듣고 있었다면, 이 이야기는 이 땅에 자신의 왕국을 세우시려는 하나님의 언약에의 신실하심에 대해 가르치고 있는 이야기일 것이다. 다시 말해 하나님께서는 인간의 죄악과 부패와 반역에도 불구하고 남은 자들을 통하여 자신의 목적들을 완수하실 수 있다는 가르침을 배우게 될 것이고 이 사실은 포로기의 절망 중에 있는 그들에게 커다란 위로의 말씀이 되었을 것이다. 즉 하나님의 구원하시는 은혜와 긍휼에 기대고 의지하도록 용기를 북돋아 주었을 것이다.

Ⅶ. 신학적 단상(斷想)들

1. 홍수이야기는 하나님의 선한 창조와 그 질서에 대해 도전하고 거부하는 모든 세력들에 대한 하나님의 단호한 의지의 표현이다. 이런 의미에서 불법과 불의는 창조 세계의 근간을 이루는 "정의"(正義, 체타카)[12]를 전복하려는 악마적 시도들이다. 창조질서로서 정의가 도전받고 거부될 때 그것은 곧 창조주 하나님에 대한 도전이다. 따라서 하나님은 모든 수단을 다 동원하여 그런 시도를 막을 것이다. 선한 창조가 우주적이라면 죄로 인한 타락 역시 우주적이고 따라서 하나님의 심판 역시 우주적이다. 이런 의미에서 노아 홍수 역시 우주적(온 세계적) 차원을 갖는다. 여기서는 노아의 홍수가 물리적으로 전 세계적인 홍수인가 혹은 지역적 홍수였는가를 말하는 것이 아니다. 히브리 설화자의 의도는 노아의 홍수가 "온 땅"에 가득 하였다고 말함으로써 인간의 죄악이 온 땅에 가득 하였고 하나님의 심판 역시 철저하였다는 것을 드러내는데 주안점이 있었다. 이것은 창세기에 등장하는 두 번의 대 재앙(노아의 홍수이야기와 요셉의 기근이야기)이 모두 "온 땅"(콜 하아렛쯔)에 임하였다고 말함으로써 창세기 안에 커다란 인클루지오(*Inclusio*)를 형성하고, 이 두 가지 재앙 이야기를 통하여 인류는 하나님의 은혜를 입은 자 "노아에게 속하여", "요셉에게 속하여" 구원을 얻게 된다는 것을 가르친다.[13] 이것은 성경신학적으로 세례전적(baptismal) 모형이다. 예수 그리스도에게 속한 자들만이 죽음에서 구출되어 산다는 것과 같은 신앙적 원리를 보여준다.

2. "하나님의 기억"은 노아홍수내러티브 안에서 결정적 전환점을 가져온다. 노아홍수내러티브는 8:1의 "하나님의 기억"을 축으로 회전한다. 8:1은 이런 점에서 회전축 역할을 한다. 그 이전까지는 죄로 인한 죽음이 단계적으로 차오르는 내러티브였으나 그 구절을 정점으로 죄의 죽음을 넘어서는 하나님의 은혜가 궁극적 회복의

---

12) 예, H. H. Schmid, Gerechtigkeit als Weltordnung, Beiträge zur historischen Theologie 40 (Tübingen: Mohr [Paul Siebeck], 1968); idem, "Creation, Righteousness, and Salvation," in *Creation in the Old Testament,* ed. B. W. Anderson, Issues in Religion & Theology 6 (Philadelphia: Fortress, 1984), pp.102-117.

13) 존 스택, 『구약신학: 본문과 해석』 류호준 편역 (서울: 솔로몬, 2000), 제 4장을 참조하시오.

구원을 가져온다. 하나님의 은혜로우신 기억은 이스라엘에게 새로운 시작을 가능하게 하는 유일한 원동력이 된다. 그리고 양편으로 동일한 하나님의 은혜에 대해 말하고 있다. 6:5-8에서 사람의 죄악이 세상에 가득차고 사람의 마음의 생각의 모든 계획은 항상 악할 뿐이어서 하나님은 자기가 사람을 지으신 것을 한탄하시고 후회하셨다고 기록한다. 그러나 노아만은 "하나님의 은혜"를 입었다고 보고한다. 이와 유사하게 8:20-22에서 홍수 후에 노아가 하나님께 제사를 드렸을 때에 그 번제를 흠향하시고 마음에 이르시기를 사람이 그 마음에 계획하는 바가 어려서부터 악하지만 다시는 홍수로 인류를 멸하지 않겠다는 "은혜로운 결심"을 하신다. 그렇다면 인간의 사악함은 홍수전이나 홍수 후에도 마찬가지라는 것이며 그럼에도 불구하고 인류가 생존하게 되는 것은 전적으로 "하나님의 은혜" 덕분이라는 것이다. 그리고 이 하나님의 은혜는 하나님의 기억하심에서 기인한다. 하나님의 기억하심은 새로운 창조를 가능하게 한다. 하나님께서 아브라함을 기억하시고 롯을 구원해 주신 것이나(창 19:29), 하나님께서 라헬을 기억하시고 그녀에게 자식을 주신 것이나(창 30:22), 하나님께서 족장들과 맺은 자기의 언약을 기억하시고 출애굽의 구원을 일으키신 것을 기억하자(출 2:24-25; 6:5; 참조, 레 26:44-45). 그리고 하나님의 기억하심(자카르)은 하나님의 방문(파카드)을 기대하게 한다.(참조 시 8:4). 하나님은 이스라엘의 족장 아브라함과 맺은 400년 전의 약속을 기억해 내실 수 있는 "능력의 회상자"(powerful rememberer)이다. 그리고 반드시 찾아오신다. 하나님의 부재는 하나님의 임재로 대치된다.

3. 노아 방주에 관한 이야기는 신앙공동체에 관한 이야기다. 그러기에 잊을 수 없는 이야기며 우리 자녀들에게도 전해주어야 할 이야기다. 절망과 패괴와 강포와 같은 혼돈과 혼란의 물들은 항상 이 땅을 늘 홍수처럼 덮어왔다. 파멸과 죽음은 매우 태고(太古)적이며 예부터 인간의 원수요 적수였다. 그러나 우리는 항상 그것들이 절반정도는 우리의 친구나 된 것처럼 무기력하게 친숙하게 여기며 가깝게 여기고 살아왔다. 그러나 본문은 홍수가 아니라 노아의 "방주"에 관해 말하고 있다. 폭풍과 풍랑과 죽음 속에서도 살아남는 방주다. 이 방주는 신앙공동체의 모습에 대한 태고적 모형이다.

방주 - 온갖 장애와 차이에도 불구하고 인간들이 함께 인간으로서 서로 모인 곳이다. 피부색, 인종, 성별, 계급, 신분, 빈부귀천이라는 차이에도 불구하고 하나님의 은혜를 입은 자들로서 한 배에 승선한 곳이 신앙공동체의 모습이다.

방주 - 서로 얼굴을 보면서, 서로 차이가 있음에도 불구하고, 그들은 알려지지 않는 곳을 향한 항해로 함께 결속되어 있는 곳이다. 그들은 나침판도 항해도도 없이 배를 띄웠다. 하나님의 신실하심의 손길에 그들의 미래를 맡기고 항해를 한 것이다. 신실하신 선장의 손에 모든 것을 걸고 그 안에서 안식할 수 있었다. 마치 노아의 위대한 후손인 아브라함이 지도도 없이 길을 떠난 것과 유사하다.

방주 - 그 안에서 그들은 서로가 모두 창조주 하나님의 "피조물"임을 기억하면서 공존하고 있었다. 사자와 소가, 늑대와 양이, 송아지와 곰이 함께 마치 에덴동산을 연상케 하는 장소였다. 그들을 하나로 묶는 것은 심판 중에서라도 자신의 창조세계를 보존하시겠다는 하나님의 은혜로우신 돌보심 때문이었다.

방주 - 피조물들은 서로의 상이성과 차이점에도 불구하고 한배를 탄 공동체이며, 그들을 하나로 묶어주는 연대성은 "피조됨"이었다. 선택을 받아 배를 탄 것(은혜)과 그 안에서 피조성의 확인을 통해서 자신들의 정체성을 확인한다.

방주 - 폭풍우가 치고 바람이 세차게 불기 때문에 한 배에 탄 것이다. 그리고 모든 항해에는 바다에 수장시키는 거센 풍랑이 있기에 우리는 함께 모인 것이다. 수많은 차이에도 불구하고 사랑을 나누는 곳이다.

4. 지금까지 내러티브가 진행되어 오면서 아슬아슬하게 잡혀있었던 심판과 은혜의 균형은 마침내 은혜 쪽으로 기울게 된다. 다시 말해서 홍수로 대표되는 심판과 죽음이 최종적 권위를 갖는 것은 아니라는 사실이다. 홍수와 무지개는 각각 심판과 은혜를 증거 한다. 그리고 언제나 하나님의 은혜는 승리한다. 아니 은혜는 죄로 인한 죽음을 압도하고 넘어선다. 8:21-22의 말씀("내가 전에 행한 것 같이 모든 생물을 멸하

지 아니하리니 땅 있는 동안에는 심음과 거둠과 추위와 더위와 여름과 겨울과 낮과 밤이 쉬지 아니하리라")은 하나님의 은혜의 언약이 홍수의 심판을 압도하고 있음을 말한다. 이처럼 홍수의 심판을 넘어서는 하나님의 실실하심과 인자하심은 노아와 맺은 "언약"으로 절정을 이룬다. 은혜의 언약의 효시(嚆矢)로서 노아의 언약[14]에 대해서는 이사야서에서도 잘 표현하고 있다. "이는 노아의 홍수에 비하리로다. 내가 다시는 노아의 홍수로 땅 위에 범람치 않게 하리라 맹세한 것같이 내가 다시는 너를 노하지 아니하며 다시는 너를 책망하지 아니하기로 맹세하였나니 산들은 떠나며 작은 산들은 옮길지라도 나의 인자는 네게서 떠나지 아니하며 화평케 하는 나의 언약은 옮기지 아니하리라. 너를 긍휼이 여기는 야웨의 말이니라" (사 54:9-10)

5. 무지개는 홍수가 마친 후에 하나님께서 노아와 노아로부터 시작된 새 인류에게 자신의 약속을 보증하기 위한 증표로 삼으신 천체현상이다. 다시는 물로 인류를 심판하시지 않으시겠다는 하나님의 약속의 증표로 만인의 눈앞에 두신 것이 무지개다. 히브리어로 무지개(케쉐트)는 전쟁의 무기인 "활"을 가리킨다.[15] 무지개는 공중에 걸려있는 활의 모습이다. 동시에 활의 걸려있는 방향은 천체의 중앙인 하늘 끝을 향하고 있다. 인간과의 전쟁을 치른 무서운 "전사-하나님"(divine warrior)께서 전쟁을 마치시고 활을 공중에 걸어놓은 모습니다. 더 이상 인간과 전쟁을 하지 않겠다는 영원한 화해의 표지다. 또한 전쟁을 마치시고 안식하시는 하나님의 상징이다.

그러나 한 걸음 더 나아가 공중에 걸어놓은 활이 하늘 끝(zenith)을 향하고 있다는 사실에 주목하자. 고대인들은 신들은 천상의 극(極)에 주거한다고 믿고 있었다. 바로 그런 신의 거주지를 향해 화살이 당겨져 있는 활의 모습이 무지개다. 이러한 무지개(활)의 모습은 인간의 반역과 배반에도 불구하고 하나님께서는 그 책임을 스스로 짊어지시겠다는 것, 즉 자신의 죽음으로서라도 인간의 죄를 담당하시겠다는

14) 존 스택, 『구약신학: 본문과 해석』 류호준 편역 (서울: 솔로몬, 2000), 제 3장을 참고하시오.
15) 고대근동 신화에서의 "활" 모티브에 관해서는 Nahum M. Sarna, *Understanding Genesis: The Heritage of Biblical Israel* (New York: Schocken Books, 1966), pp.58-59.

극한 은혜의 표현이다. 후에 우리는 하나님께서 노아와 맺은 언약이 "하나님이 부담을 많이 갖는 언약", "일방적 언약", "약속의 언약", "땅 하사 조약"과 같은 용어와 상통한다는 사실을 안다.[16] 다시 말해, 무지개(활)는 하나님의 자기저주(自己詛呪, self-malediction)를 가리키는 "은총의 표현"이다. 그리고 하나님의 자기 저주형태는 십자가에 달리는 예수 그리스도 사건에서 절정의 완성을 이룬다.

6. 영국의 계관 시인 윌리엄 워드워즈(William Wordsworth, 1770-1850)의 한 시는 어리아이의 심정으로 하늘의 무지개를 바라보면서 우리에게 진정한 경건을 배우도록 권고한다.

My heart leaps up when I behold
A rainbow in the sky
So was it when my life began,
So is it now I am a man
So be it when I shall grow old,
Or let me die!
The Child is father of the Man
And I could wish my days to be
Bound each to each by natural piety.

하늘의 무지개를 바라볼 때면
내 가슴 설레고 뛥니다.
내 어린 시절에도 그러했고
나 어른이 된 지금도 그러하거니와
나 늙어서도 그러하리라.
그렇지 않다면 차라리 죽는 편이 나을 것입니다.
아이는 어른의 아버지.

16) 하나님께서 다시는 홍수로 심판하지 않겠다는 약속본문 가운데는 "언약"(베리트)란 용어가 7회나 사용된다(9:9,11,12,13,15,16,17; 참조 6:18). 노아와 맺은 하나님의 언약을 반복해서 강조하고 있다.

바라기는 내 사는 날들이 날마다
자연에 대한 경건함으로 이어져 가기를.

Ⅷ. 결 론

노아홍수이야기(창 6:5-9:17)는 과학적으로 입증될 수 있는 과학적 기록(scientific record)이나 혹은 연대기적 역사기술(historiography)로 읽혀지기를 거부한다. 이 말은 노아홍수의 역사성을 부인하려는 것이 아니다. 그것을 입증할 목적으로 노아홍수이야기가 쓰여진 것이 아니라는 것을 말하려는 것뿐이다. 오히려 이 이야기는 선포된 케리그마(proclamation)를 담고 있다. 이 이야기는 일차적으로 이스라엘 신앙공동체에게 "토라"(가르침)의 일부분으로 주어졌다. 그리고 이 이야기는 최초의 독자들과 그 이후 계속되는 신앙공동체의 독자들을 하나로 묶어주는 "이야기"이다. 그들은 이 이야기 속에서 인간 죄의 근원적 사악함, 그리고 그에 대한 하나님의 심판, 그리고 그러한 심판 결정이 결코 임의적인 결정이 아니라 하나님의 오래 참으심의 결과라는 사실, 그리고 그 하나님은 진노 중에서라도 긍휼을 잊지 않으시는 하나님, 인간의 반역과 배도에고 불구하고 스스로 책임을 떠맡아가면서 인간을 끝까지 사랑하시겠다는 신실하신 하나님이시라는 사실을 배우고 알도록 초청된다. 노아홍수이야기는 이런 것들에 대해 말하는 위대한 신앙적 이야기다. 그리고 이 이야기는 우리 자손 대대로 기억되고 전수되어야할 비유요 비밀이기도 하다(참조, 시 78:1-4).

참고문헌

김의원, 『하늘과 땅 그리고 족장들의 톨레돗』, 서울: 총신대학교 출판사, 2004.
류호준, 『등불들고 이스라엘을 찾으시는 하나님』, 서울: 솔로몬, 2007.
정석규, 『구조로 읽는 창세기』, 서울: 프리칭 아카데미, 2006.
존 스텍, 『구약신학: 본문과 해석』, 류호준 편역, 서울: 솔로몬, 2000.
Anderson B. W., "From Analysis to Synthesis: The Interpretation of Gen 1-11," *JBL* 97(1978).

Arnold B. T. and Beyer B. E., *Readings from the Ancient Near East: Primary Sources for Old Testament Study,* Grand Rapids: Baker, 2001.

Bailey Lloyd, *Noah: The Person and the Story in History and Tradition,* Columbia, S.C.: University of South Carolina Press, 1989.

Beyerlin W.(ed.), *Near Eastern Texts Relating to the Old Testament,* Philadelphia: Westminster Press, 1978.

Brueggemann Walter, *Genesis*, Interpretation, Atlanta: John Knox Press, 1982.

Emerton J. A., "An Examination of Some Attempts to Defend the Unity of the Flood Narrative in Genesis," *VT* 37(1987).

Hallo W. W. and Younger K. Lawson(eds.), *The Context of Scripture: Mounumental Inscriptions from the Biblical World.* 3 vols., Leiden: Brill, 1997-2002.

idem, "Creation, Righteousness, and Salvation," in *Creation in the Old Testament,* ed. B. W. Anderson, Issues in Religion & Theology 6 (Philadelphia: Fortress, 1984)

Matthews Victor H. and Benjamin D. C., *Old Testament Parallels: Laws and Stories from the Ancient Near East,* New York: Paulist Press, 1997.

Pritchard J. B.(ed.), *Ancient Near Eastern Texts Relating to the Old Testament,* 3rd ed., Princeton: Princeton University Press, 1969.

Sarna Nahum M., *Understanding Genesis: The Heritage of Biblical Israel,* New York: Schocken Books, 1966.

Schmid H. H., *Gerechtigkeit als Weltordnung,* Beiträge zur historischen Theologie 40, Tübingen: Mohr [Paul Siebeck], 1968.

Waltke Bruce K., *Genesis: A Commentary,* Grand Rapids: Zondervan, 2001.

Walton John, *Ancient Israelite Literature in Its Cultural Context: A Survey of Parallels Between Biblical and Ancient Near Eastern Texts,* Grand Rapids: Zondervan, 1990.

Wenham G. J., "The Coherence of the Flood Narrative," *VT* 28(1978).

________, *Genesis 1-15,* Word Biblical Commentary, Waco, TX.: Word Books, 1987.

Westermann Clause, *Genesis 1-11,* Minneapolis: Augsburg Press, 1984.

Whitcomb John C. and Morris Henry M., *The Genesis Flood: The Biblical Record and Its Scientific Implications,* Philadelphia, Presbyterian and Reformed Pub. Co., 1961.

Young Davis A., *The Biblical Flood: A Case Study of the Church's Response to Extrabiblical Evidence,* Grand Rapids: Eerdmans, 1995.

'보응신학'의 지평을 넘어서*

-신명기를 중심으로-

성 주 진
(합동신학대학원대학교, 구약학)

Ⅰ. 들어가는 말

이 땅에 그리스도의 복음이 들어온 지 100여년, 보응사상에 대한 오해가 복음에 합당한 삶을 살려고 노력하는 한국 그리스도인의 심성과 생활에 여전히 큰 영향을 끼치고 있는 것이 사실이다. 보응의 신학을 어떻게 이해하느냐에 따라 한 사람의 신앙생활의 양태와 속성이 달라지는 것을 찾아볼 수 있다. 한편으로, 어떤 이들은 보응사상을 기복적으로 이해하고 물질적 번역으로 인도하는 수단으로 받아들인다. 이들에게 신앙생활은 현세적 안녕과 부요와 성공(health, wealth and prosperity)을 확보하려는 종교적 노력이다. 혹 다른 이들은 율법주의적 사고에 얽매어 스스로 복음의 진리 안에서 참된 자유를 누리지 못할 뿐만 아니라 다른 사람의 연약한 모습을 견디지 못하고 쉽게 정죄하는 태도를 가질 수 있다. 다른 한편으로, 어떤 이들은 경직된 율법주의에 대한 반발로 순종의 중요성과 하나님의 상 주심을 경시함으로써 반율법주의(antinominianism)라는 거짓 자유의 함정에 빠지기도 한다. 혹은, 보응사상을 저급한 신학으로 치부하거나, 보응의 원칙을 인정하면서도 천국만 가면 된다는 태도로 살아갈 수 있다.

---

* 이 글의 초기형태는 군포제일교회가 주최한 신학강좌(2007.10.11.)를 위하여 작성된 원고임을 밝힌다.

보응사상의 논의에서는 흔히 신명기, 특히 신명기 28장에 기록된 저주와 축복이 잘못된 보응사상의 신학적 근거로 제시된다. 신명기가 잠언과 더불어 도식적인 보응사상의 보루라고 생각하기 때문이다. 과연 신명기가 경직된 보응사상을 가르치는 교과서인가? 본고는 이러한 문제점을 염두에 두고 신명기에 나타나는 보응사상의 성격을 탐구하고자 한다. 필자의 주장을 요약하면 이렇다. 신명기에는 분명히 보응사상이 강조된다. 그 신학적 중요성 또한 지대하다. 허지만, 신명기의 보응사상은 기계적이고 율법주의적인 보응의 이념(ideology)과는 거리가 멀다. 오히려 협소한 보응사상의 지평을 넘어 하나님의 주권과 사랑에 기초한 보응사상의 열린 지평을 보여준다. 이러한 보응사상의 역동성은 언약적 구조 안에서 신학적으로 수렴될 수 있다. 그럴 때에만 보응사상의 진리를 성도의 삶 가운데 적용할 수 있을 것이다. 그러면, 먼저 신명기에 나타난 보응사상의 윤곽을 살펴보기로 한다.

1. 신명기에 나타난 보응사상

신명기에는 하나님의 보응을 의미하는 다양한 표현들이 나타난다. 여러 단어들('갚다,' '상,' '벌,' '복,' '저주' 등), 어구들('그와 같이 행하다' 등), 표현법들(동태복수법, 평행법, 어희(word-play) 등), 개념들(축복과 저주, 하나님의 심판 등)은 보응의 사상과 원리가 신명기의 주요 부분, 즉 언약의 모든 구성요소(구속역사, 언약규정, 축복과 저주 등)에 널리 펴져있음을 보여준다. 또한 보응사상이 신명기에 뿌리 깊게 자리 잡고 있음을 보여준다.

1) 보응사상의 정의

먼저 보응신학 또는 보응사상에서 '보응(retribution)'이 무엇을 가리키는지, 그 의미를 규명하는 것이 필요하다. 코흐(Koch)처럼 보응사상을 자연법칙에 준하는 기계적 작용으로 이해하는 것은 충분치 못하다.[1] 신명기의 보응사상은 분명히 신적

---

1) K. Koch, "Gift es ein Vergeltunsdogma im Alten Testament?", *ZTK* 52(1955): 1-42.

(divine) 보응의 원리로써, 하나님이 각 사람이 행한 대로 갚으시는(repay, 즉 retribute) 행위를 지칭한다. 본고는 가미(Gammie)의 제안을 따라 보응을 "인간의 선행을 보상하고 악행을 처벌하는 하나님의 행위"로 정의하고자 한다.[2] 이 간명하지만 포괄적인 정의는 몇 가지 중요한 요점을 내포한다. 먼저, 보응은 자연적인 법칙이나 기계적인 원리가 아니라, 인간행위에 대응하는 하나님의 인격적인 행동, 즉 여호와의 의로운 판단과 시행이다. 이 정의는 또한 인간행동이 하나님 앞에서 가지는 중요성을 보여준다. 인간행동은 크게 하나님께 대한 순종(선행)과 불순종(악행)으로 나누어진다. 나아가서, 위의 정의는 선과 악을 판단하는 기준을 전제한다. 넓게는 하나님의 모든 말씀, 좁게는 모세를 통해 주신 율법이 판단의 기준이 된다. 이렇게 정의된 보응사상은 신명기가 보응사상을 독립된 이념이 아니라, 언약신학의 한 축으로 삼고 있음을 보여준다. 먼저, 이러한 보응사상이 구체적으로 신명기의 각 부분에 어떻게 나타나는지 살펴보기로 하자.

2) 보응사상은 역사진행의 원리

먼저, 신명기 1-3(4)장은 소위 언약구조에서 '역사적 서언(historical prologue)'에 해당하는 부분이다. 신명기 초두의 역사기록에서 보응사상은 이스라엘의 과거 역사를 해석하는 원리이다. 1-3장은 40년에 걸친 광야생활과 가나안 동편 나라들에 대한 정복활동을 보응의 원리를 통하여 보여주고 있다. 광야에서 경험하는 여러 사건들이 불순종과 처벌의 인과관계를 통하여 이해되고 기술되고 있다. '이 악한 세대', 즉 출애굽 세대는 신실한 정탐꾼들의 보고를 듣지 아니하고 불순종하였기 때문에 광야에서 멸망함으로써 약속 받은 '좋은 땅'을 보지 못할 것이다(1:35). 여호와의 종 모세조차도 백성들이 지은 죄 때문에 그리로 들어가지 못하게 되었다(1:36; 3:23-27. 4:20 참조). 이스라엘 군인들도 여호와가 맹세하신대로 광야에서 멸망하였다(2:14-15). 이렇게 이스라엘은 불순종에 대한 처벌로 광야에서 방황과 패배와 죽음을 경험하였다(1:43-46). 이스라엘에게 광야는 가나안으로 인도하는 '첩경'이 아니

2) J. G. Gammie, "The Theology of the Retribution in the Book of Deuteronomy," *CBQ* 32 (1970): 1-12.

라, 불순종의 죄를 처벌하는 보응의 장이 되어버렸다.

그러나 다행스럽게도 광야의 여정은 순종과 축복이라는 또 다른 인과관계를 포함하고 있다. 하나님의 말씀에 순종한 갈렙과 여호수아는 가나안의 좋은 땅에 들어갈 것이다(1:37). 땅의 약속과 정복의 명령을 믿고 순종한 '새 세대'도 약속의 땅 가나안을 기업으로 받을 것이다. 요단 동편에서 하나님의 말씀에 순종한 백성들 또한 헤스본 왕 시혼과 바산 왕 옥의 땅을 정복한다(2:26-3:11). 하나님의 백성 이스라엘을 대적한 이 두 나라는 그 벌로 패배를 당하여 하나님이 순종한 자기 백성에게 덤으로 주시는 보너스가 된다. 이렇게 이스라엘 역사에 적용된 보응사상은 하나님의 의로우심과 신실하심을 가르치고, 이스라엘은 순종에는 상급이 있음을 배우게 된다.[3] 이스라엘 역사가 하나님의 백성이 보응의 진리를 배우고 체득하는 학습현장이 된 것이다. 이와 같이 신명기 1-3(4)장은 보응사상을 통하여 역사의 주인이신 하나님이 자기 백성 이스라엘과 이방의 역사를 어떻게 운행해 나가시는가를 심도 있게 기술하고 있다.

3) 권유(설교)에 나타난 보응사상

권면체(parenesis)로 쓰여진 5-11장의 '설교'는 언약구조상 '일반적인 언약규정(general stipulations)'에 해당한다. 여기에서 모세는, 이스라엘에게 전심으로 여호와만을 사랑하고, 사랑함으로써 순종할 것을 거듭거듭 권면한다. 따라서 언약적 충성을 가리키는 용어들, 즉, '사랑하라,' '청종하라,' '섬겨라,' '지켜라,' '행하라,' '기억하라'('잊지 말라'), '따르라,' '배우라,' '가르치라' 등의 단어가 반복적으로 나타나는 것은 이상한 일이 아니다. 물론, 여기서 강조되는 순종은 율법주의적인 맹종이 아니라, 이스라엘을 먼저 사랑하신 하나님께 대한 사랑의 반응이다. 이스라엘이 자기 하나님을 전심으로 사랑하고 순종하면, 가나안 땅을 정복하고 생명을 누리며 장수할 뿐만 아니라 하나님의 온전한 백성이 될 것이다.

---

3) 이후에 펼쳐지는 역사('전선지서'=여호수아, 사사기, 사무엘서, 열왕기)도 하나님을 배반한 이스라엘이 당하게 되는 멸망을 증언한다.

언약적 사랑을 강조하는 신명기 7:9-10의 수사법도 보응의 원칙을 분명히 밝힌다. '그를 사랑(아하브)하고 그의 계명을 지키는(샤마르) 자에게는 천대까지 그의 언약을 이행하시며(샤마르) 인애(헤세드)를 베푸'신다. 반면, '그를 미워하는(싸나) 자에게는 당장에 보응하여(쉴렘) 멸하시나니 여호와는 자기를 미워하는(싸나) 자에게 지체하지 아니하시고 당장에 보응(쉴렘)'하신다(10절). 본문에는 언약의 언어(사랑, 계명준수, 언약이행, 인애, 미움)와 보응의 언어(쉴렘)가 두드러지게 나타난다. 이 언어들이 치밀한 대조적 평행법(샤마르-샤마르; 싸나-싸나; 아하브-헤세드(아하브와 동의어))을 이루어서 신적 보응의 인격성과 개별성, 그리고 확실성과 즉시성을 강조한다.

뿐만 아니라, 모세는 이 권면 부분(5-11장)에서 순종하는 자에게 하나님의 복을 약속한다.[4] 순종하는 자에게는 생명과 복과 장수(5:32-33; 11장)을 제시한다.[5] 약속의 땅에서 누릴 복은 삶의 모든 영역으로 확산된다. 농사, 축산, 후손, 전쟁 등 하나님이 복을 주시면 이 복이 미치지 않는 부분이 없다. 물론, 순종만이 약속된 복을 누리는 길이다(7:13-16). 이러한 사실은 널리 알려야 하기 때문에 이스라엘 백성은 에발 산에서 저주를 선포할 뿐만 아니라 그리심 산에서 복을 선포해야 한다(11:29; 27:12-13). 반면, 하나님의 계명을 어기고 불순종하면 처벌이 뒤따를 것이다. 특히 이스라엘 백성이 다른 신들을 섬기면 그들에게 하나님의 진노가 임하여 저주를 받고(11:28), 그 땅에서 속히 망할 것이다(6:15, 19). 이렇게 모세의 설교에서 복과 저주는 흔히 대조적으로 함께 나타나는데, 이 대조적 표현은 이스라엘에게 순종을 요청하는 모세의 수사법이다.

동기절(motive clauses)도 순종의 상급을 약속하거나 불순종의 처벌을 경고함으로써 백성들에게 순종의 동기를 부여한다. 대표적인 경우는 신명기 5:33이다. "...... 그리하면(히. 레마안) 너희가 살 것이요 복이 너희에게 있을 것이며 너희가 차지한

---

4) 참고로, 신명기 외에서 축복과 저주가 선포되는 통상적인 자리는 주로 제의(예배)이다. 제의는 하나님의 복이 제사장을 통하여 백성에게 주어지는 것을 의미한다. 대표적인 제의적 축복으로는 민수기 6:24-27에 소개된 제사장의 축원기도가 있다.

5) 율법 부분(12-26장)에서도 번영(13-14장), 건강(15장)과 군사적 성공(16장)을 축복으로 제시한다.

땅에서 너희의 날이 길리라." 순종하는 자는 그 상급으로 생명(삶), 행복(복)과 장수를 누릴 것이다. 이 외에 동기절에서 순종의 동기를 강화하기 위하여 주어지는 보상의 약속은 다양하다. 하나님의 축복(14:28-29), 장수(6:2; 11:18-21; 22:6-7; 25:15), 형통(5:29; 6:3,18; 12:25,28; 22:6-7), 땅의 소유(6:18; 8:1; 11:8. 16:20 참조), 왕의 오랜 통치(17:18-20), 자손번영(6:3; 8:1; 11:18-21) 등이다.[6] 동기절의 목적절(개역에 '그리하면'으로 시작되는 절)은 사실상 복을 약속함으로써 백성에게 순종을 격려한다. 이렇듯 신명기의 동기절은 보응신학을 효과적인 권면의 근거로 사용한다.

4) 보응사상은 율법의 근본정신

신명기 12-26장에 수록된 율법은 언약구조상 '구체적인 언약조항'에 해당한다. 여기에서 하나님은 이스라엘이 율법의 가이드라인에 따라 하나님과 이웃에 대한 사랑을 구체적으로 실천할 것을 요구하신다. 율법의 근저에 흐르는 보응의 원리를 선명하게 보여주는 대표적인 예는 신명기 19:21에 사용된 동태복수법(*lex talionis*)이다.

> "네 눈이 긍휼히 여기지 말라. 생명에는 생명으로, 눈에는 눈으로, 이에는 이로, 손에는 손으로, 발은 발로이니라."

이 조항은 이스라엘의 형법이 보응사상을 근본원칙으로 삼고 있음을 드러내고 있다: 생명-생명, 눈-눈, 이-이, 손-손, 발-발. 본문에서 무려 다섯 번이나 반복 사용된 엄격한 동태복수의 공식(talion formulations)은 "X에는 X"이다. 이는 보다 규범적인 "X 대신 X"의 변형으로써,[7] 율법의 공의로움을 나타내는 전형적인 표현이다. 나아가서 이 공의로운 율법은 이를 제정해주신 하나님의 의로우심도 함의하고 있다.

---

6) J. M. Hamilton, *Social Justice in Deuteronomy: The Case of Deuteronomy 15*, SBL Dissertation Series 136, pp.85ff. 해밀턴은 '언약의 책(The Book of Covenant)'의 동기절(motive clause)에서 법을 지켜야 할 이유(rationale) 넷을 든다: 경제적 이유, 도덕적 이유, 신분적 이유, 역사적 이유.

7) P. D. Miller, *Sin and Judgment in the Prophets* (Scholars Press: Chico, 1982), p.106

동태복수법은 정형에서 벗어나 보다 자유롭게 활용되기도 한다. 신명기 15:7-11에 적용된 동태복수법은 보응의 원리를 기반으로 이스라엘 백성에게 사랑의 실천을 권면한다. "네 마음을 완악하게 하지 말며 네 손을 움켜쥐지 말고 반드시 네 손을 그에게 펴서… 너는 마음에 악한 생각을 품지 말라… 네 궁핍한 형제를 악한 눈으로 바라보며… 아끼는 마음을 품지 말지니라… 이로 말미암아 네 하나님 여호와께서 네가 하는 모든 일과 네 손이 닿는 모든 일에 네게 복을 주시리라… 너는 반드시 네 손을 펼지니라." 이 법은 몸의 언어인 손, 눈, 심장(마음)을 사용하여 하나님과 이웃을 사랑하는 원리와 구체적인 방법을 제시한다.[8] 특히 가난한 자에게 손을 펴서 주는 사람에게 그가 손으로 하는 모든 일에 하나님이 복을 주신다는, '손-손'의 대응관계는 보상의 법칙을 강조한다.

특이하게도 하나님의 자비가 명령복종에 대한 보상으로 주어지는 경우가 있다. 이 표현을 이해하기 위해서는 특별한 주의가 요청된다.

> "…… 그리하면 여호와께서 그의 진노를 그치시고 너를 긍휼히 여기시고 자비를 더하사 네 조상들에게 맹세하심 같이 너를 번성하게 하실 것이라."(13:17)

어떤 경우에도 언약 백성을 버리지 않으시는 하나님의 자비(4:31)가 이제 와서는 이스라엘의 순종 여부에 달려있는 것처럼 표현된다. 그러나 이러한 '은혜의 조건화'는 이전에는 주어지지 않았던 하나님의 자비가 이스라엘의 순종을 인하여 비로소 베풀어질 것이라는 의미가 아니다. 과거에 이미 원칙적으로 약속되고 지금 현재 누리고 있는 자비가 현재의 순종을 통하여 미래에 보다 풍성하게 누리게 될 것을 약속하는 것이다. 이렇게 신명기의 율법은 보응사상을 기초로 하여 이스라엘에게 구체적인 믿음과 순종의 삶을 요청하고 있다.

---

8) J. M. Hamilton, ibid, pp.15, 31-34. 여기에서도 관계의 언어가 두드러진다: 형제, 이웃, 친족. 세 용어 중에서 형제가 선호되는 것은 이스라엘이 하나님의 권속이기 때문이다.

5) 축복과 저주에 나타난 보응사상

주지하는 바와 같이 신명기 28장의 '축복과 저주'는 보응사상에 기초하여 순종을 호소하는 대표적인 경우로써, 보응사상의 언약적 쓰임의 절정이라고 볼 수 있다. 순종과 불순종에 따르는 일련의 축복과 저주는 보응신학의 논리구조와 실제 작용을 잘 보여준다(특히 1, 2절). 특히, 죄와 벌의 밀접한 상관관계가 같은 단어를 통하여 강조되는 경우가 있다. 같은 동사를 반복 사용하여 보응을 강조하는 대표적인 경우를 들어본다.

"네 하나님 여호와를 <u>섬기지</u> 아니함으로 말미암아… 너를 치게 하실 적군을 <u>섬기게</u> 될 것이니…"(28:47-48)

이스라엘이 여호와만을 섬기는 것은 언약조항의 근본적인 요청이다. 위의 구절은 여호와를 '섬기지' 않는 것과 적군을 '섬기는' 것을 같은 '아바드' 동사를 사용하여 대응시킴으로써, 한편으로는 배반의 심각성을 지적하고, 다른 한편으로는 보응의 정당성과 공평성을 드러낸다. 이스라엘은 후에 가나안 땅에서 풍족한 삶을 누릴 때에도 이 엄연한 보응의 진리를 마음속 깊이 새기고 살아야 한다. 이스라엘이 다른 신과 우상을 섬기는 일 자체가 하나님이 우상을 숭배하는 이스라엘에게 내리는 벌이라는 지적(27:15; 28:36, 64)도 불순종과 처벌 사이의 놀라운 대응관계를 보여준다. 이러한 대응관계는 한편으로는 이스라엘의 불행이 스스로 자초한 일이라는 점과, 다른 한편으로는 하나님의 공의로운 "시적 정의"(poetic justice)를 보여준다. 이스라엘은 신학적 동태복수법(*lex talionis*)을 경험함으로써 자신들의 죄를 뼈저리게 깨닫게 될 것이다.

순종과 축복, 불순종과 저주의 인과관계는 조건절(protasis)과 귀결절(apodosis)의 병치를 통하여 표현되는 것이 보통이다. 그러나 일련의 축복과 저주가 각각 밀집되어 나타나는 28장의 경우에는 인과관계가 전체적인 구조를 통하여 나타나기도 한다. 1-14절의 축복 부분에서 복의 내용(2-13절)은 복의 조건인 순종(1, 14절)에 의해 샌드위치처럼 둘러 싸여 있다: "네가 네 하나님의 말씀을 삼가 듣고 내가 오늘 네게 명령하는 그의 모든 명령을 지켜 행하면(1절)"; "내가 오늘 너희에게 명령하는 그 말씀을 떠나 좌로나 우로나 치우치지 아니하고 다른 신을 따라 섬기지 아니하면…" 15-68절의 저주 부분 역시 포괄적인 조건문으로 시작한다. "네가 만일 네 하나님 여호와의 말씀을 순종하지 아니하여 내가 오늘 네게 명령하는 그의 모든 명령과 규례를 지켜 행하지 아니하면…(15절)" 저자는 계속해서 불순종의 내용을 상기시킨다. 불순종은 악을 행하여 여호와를 잊는 것이요(20절), 여호와의 말씀을 청종하지 아니하고 그의 명령과 규례를 지키지 아니하는 것이며(45절), 율법의 모든 말씀을 지켜 행하지 아니하고 여호와의 영화롭고 두려운 이름을 경외하지 아니하는 것이다(58절). 이렇게 28장의 전체구조는 보응신학을 근간으로 한다.

28장에서 순종을 조건으로(1, 2, 13-14절) 주어지는 복(1-14절)은 다양한 내용을 가지고 있다. 다른 민족 위에 뛰어난 지위(1절), 포괄적인 번영(3-6절), 승리와 평화(7절), 지속적인 복의 공급(8-13절) 등이다. 이러한 축복은 망라적인 것이 아니라 예시적인 것으로, 복의 내용을 제한하는 것이 아니라 모든 복을 포괄하는 표현으로 읽어야 한다. 참고로, 신명기 28장의 복을 비롯한 구약의 복은 다분히 물질적이고 가시적이며 현세적이다. 그러나 이는 구약에 나타난 하나님 나라의 사회적, 영적인 성격에 의해 균형을 잡아야 한다(4:6-8). 즉, 물질적인 축복은 언약적, 역사적 맥락에서 이해되어야 한다. 이스라엘은 가나안 땅에서 국가를 이루며 살아가는 당시의 하나님 백성이었다.

정반대의 내용을 담고 있는 저주는 축복보다 더 길고 다양한 목록을 가진다(15-68절). 길이로 보면 거의 4배가 많다(축복 14절, 저주 54절). 물론 저주가 많이 나오는 것은 그렇게 되기를 원해서가 아니다. 그렇게 되지 않기를 바라기 때문에 경고하는 것이다. 그 내용은 일상생활의 저주(16-19절)로 시작하여, 흉작으로 인한 경제적인 붕괴(22-24절), 패전으로 인한 포로 또는 땅의 상실(25-26절)로 이어진다. 각종 질병에 걸리고(27절), 눈이 멀고(28-29절), 약혼녀를 원수들에게 강탈당하고(28:30a), 집과 자녀뿐만 아니라(28:30b) 곡식을 빼앗기는(28:33) 저주가 이어진다.

이스라엘은 적군을 통해서 하나님의 징계를 받고 삶의 모든 영역에서 저주를 경험할 것이다. 이와 같이 28장의 저주는 이스라엘의 불순종 때문에 하나님의 복이 꽃피어야 할 모든 영역에 저주가 침투하여 백성들이 복 대신 저주를 받게 될 것을 보여준다. 이렇게 28장의 보응사상은 하나님 백성의 모든 삶의 영역을 포괄하는 원리로 나타난다.

불행하게도 이스라엘이 계속해서 불순종을 고집할 때, 저주의 경고는 저주의 선언이 된다. 저주단락(15-48절)의 앞부분(15-44절)에서 저주는 불순종할 경우에 임하는 조건적 저주이다: "네가 만일 순종하지 아니하면"(15절). 그러나 뒷부분(45-48절)에서 저주는 선언적 저주가 된다: "네가… 순종하지 아니하고… 지키지 아니하므로"(45절). 조건적으로 주어진 저주의 가능성이 불순종 때문에 저주의 확실성으로 바뀐 것이다. 복을 누리기 위해 수여받은 율법이 이스라엘의 불순종 때문에 심판과 저주를 불러오는 계기가 되고 있다. 이렇게 불순종은 구원의 축복을 빼앗고 해체한다. 이스라엘의 불순종은 가나안 정복을 수포로 만들고 이스라엘을 애굽의 노예로 되돌리는 것이다: "여호와께서… 네가 다시는 그 길을 보지 아니하리라 하시던 그 길로 너를 애굽으로 끌어가실 것이라. 거기서 너희가 너희 몸을 적군에게 종으로 팔려 하나 너희를 살 자가 없으리라."(28:68) 불순종한 이스라엘이 구원의 은총을 누리지 못하고 사실상 구원 이전의 상황으로 되돌아 갈 것을 선언하는 표현이다.[9] 이렇게 신명기 28장은 축복의 약속과 저주의 위협을 다양하게 제시함으로써 보응사상을 포괄적으로 표현한다.

6) 기타 보응사상의 예

신명기의 다른 부분에서도 죄와 벌의 인과관계가 나타난다. 31:16-18은 좋은 예이다: "… (그들은) 나를 버리고… 내가 그들에게 진노하여 그들을 버리며… 허다한 재앙… 임할 때에 그들이 말하기를 이 재앙(라아)이 우리에게 내림은… 다른 신들을

---

9) D. T. Olson, *Deuteronomy and the Death of Moses: A Theological Reading* (Minneapolis: Fortress, 1994), pp.120-123.

따르는 그 모든 악행(라아)으로 말미암아 내가… 내 얼굴을 숨기리라." 본문은 동일한 동사의 반복, 즉 "버리다-버리다"와, 동음이의어의 반복, 즉 "라아(재앙)-라아(악행)"의 대응을 통하여 보응사상을 표현한다. 이렇게 연결된 죄와 벌의 상관관계는 보응의 원리를 또 다시 강조한다.

'모세의 노래'(32:1-43) 역시 원인과 결과의 밀접한 상응관계를 통하여 죄와 벌의 상관성을 밝히고 보응 원리의 부정적인 측면을 확인한다. 그야말로 완벽한 '시적 정의(poetic justice)'를 보여준다.

> "그들이 하나님 아닌 것으로 *내 질투를 일으키며* 허무한 것으로 *내 질투를 일으켰으니* 나도 백성이 아닌 자로 *그들에게 시기가 나게 하며* 어리석은 민족으로 *그들의 분노를 일으키리로다.*"(32:21)

이 절은 죄에 대한 심판의 선언으로써,[10] 죄의 고소와 심판의 선언에서 같은 동사를 사용한다. 다섯 부문에서 죄와 벌의 대응관계 찾아 볼 수 있다.

(a) 행위자: 죄인("그들이") // 심판자("나도"),
(b) 죄된 행동("내 질투를 일으킴") // 심판의 행동("그들로 시기나게 함"),
(c) 죄의 도구("하나님이 아닌 것"), 심판의 도구("백성이 아닌 자"),
(d) 죄된 행동("내 질투를 일으킴"); 심판의 행동("그들의 분노를 일으킴"),
(e) 죄의 도구("허무한 것으로"); 심판의 도구("어리석은 민족으로").[11]

위에서 제시된 21a절(죄)과 21b절(심판) 사이의 정확한 대응은 위의 예가 변형된 동태복수법(*lex talionis*)임을 보여준다. 여기서 보응사상은 이스라엘이 지은 죄의 성격과 여호와가 경고한 처벌의 성격 사이의 상관성으로 나타난다. 메시지는 분명하

---

10) P. D. Miller, ibid. 이 절은 기능상 선지자의 고소형태(rib pattern 또는 lawsuit)와 유사하다.
11) 히브리어는 대응관계를 더욱 분명하게 드러낸다. 즉, (b)는 같은 히브리 동사 '카나'를, (d)는 같은 히브리 동사 '카아스'를 사용한다. 또 (c)와 (e)는 다 같이 도구를 나타내는 전치사 '베'를 사용한다.

다: '하나님을 사랑하고 율법에 순종하여 내가 주는 복을 받으라. 그렇지 아니하면 내가 너희에게 저주를 내릴 것이다.'

2. 보응사상의 기능

이상에서 살펴본 바와 같이 신명기는 보응사상을 다양한 방법으로 드러내고 다양한 측면에서 조명한다. 이것은 무슨 의미가 있는가? 신명기가 전면에 내세우고 있는 보응사상이 담당하는 기능을 무엇인가? 보응사상이 이스라엘의 실제 역사와 하나님의 경륜에서 차지하고 있는 비중을 생각할 때 보응사상의 기능은 참으로 중요하다. 보응사상의 기능 및 역할에 대해 연구한 학자들로는 W. Crump[12], J. M. Miller[13], 그리고 D. Kidner[14] 등을 들 수 있다. 이들의 제안을 참조하여 앞서의 논의를 발전시키면 신명기의 보응사상은 다음과 같은 기능을 가진다.[15]

1) 신명기의 보응사상은 하나님의 의로우신 성품과 통치원리를 드러낸다.

보응신학은 하나님의 의로운 성품을 계시하고, 의로우신 하나님이 세상과 자기 백성을 다스리시는 원리를 제시한다(32:4). 이에 따라 이스라엘은 하나님의 백성으

---

12) W. Crump, "Dtn 7: A Covenant Sermon," *Restoration Quarterly* 17(1974), pp.222-235, 특히 p.224. 그는 신명기 7장의 내용을 격려(encouragement), 경고(warning), 약속(promise), 기억(remember), 훈계(admonition)로 규정한다.

13) P. D. Miller, ibid, p.121ff. 하나님의 심판은 1) 죄와 벌을 연결시키는 신학적 원리; 2) 운명을 산출하는 행위; 3) 하나님의 보응; 4) 정화, 교정, 갱신으로서의 벌; 5) 역사과정에서의 벌이라는 의미를 가진다.

14) D. Kidner, "Retribution and Punishment in the Old Testament, in the Light of the New Testament," *SBET* (1983): 3-9. 특히 p.6. 그는 행형(行刑)의 입장에서 처벌의 기능을 다음과 같이 기술한다. (1) 재발방지. 예로는 13:11이 있다: "그리하면 온 이스라엘이 듣고 두려워하여 이 같은 악을 다시는 너희 중에서 행하지 못하리라." (2) 처벌을 강조함으로 사회를 보호하고 백성들이 하나님과의 관계에 주력하도록 한다(13:5 등). (3) 범죄자의 개혁. 보응은 징계의 기초이다. 예, 25:3: "사십까지는 때리려니와 그것을 넘기지는 못할지니 만일 그것을 넘겨 매를 지나치게 때리면 네가 네 형제를 경히 여기는 것이 될까 하노라." (4) 보응의 원리. 보응은 인간본성에 내재된 정의의 요구이다.

15) 성주진, 『사랑의 마그나카르타』(수원: 합신대학원출판부, 2005), pp.225-230.

로서 순종과 복을 통하여 하나님의 하나님 되심을 삶의 모든 영역에서 드러내라는 요청을 받는다. 성경의 보응사상은 하나님의 은혜와 어울리지 않는다는 이유로 기독교 일각에서 배척을 해온 것이 사실이다. 그러나 보응사상이 기초한 하나님의 의는 은혜를 더욱 은혜 되게 한다. 반면에 보응사상의 배경이 없는 은혜는 값싼 은혜로 흐를 뿐이다. 나아가서 보응사상은 역사기술의 원리이자, 선지적 판단의 기준이다. 신명기에 종합적으로 제시된 보응의 신학이 없었더라면 성경의 역사가들, 특히 전선지서(여호수아-열왕기) 저자들은 역사 가운데서 일하시는 하나님을 역사의 의로운 심판자로 기술하는 일에 중요한 도구를 잃었을 것이다. 하나님의 의로운 통치를 상실한 역사기록은 무의미한 사건의 축적에 불과하다. 신명기의 응보사상은 인과응보의 원칙을 통하여 이스라엘 역사에 대한 도덕적, 영적 판단을 명확하게 제시한다. 역사에 나타난 하나님의 뜻에 기초하여 그에 대한 믿음의 순종을 요구하는 것이다. 이렇게 보응사상은 하나님의 성품과 사역을 계시하고 이해하는, 기본적인 인식구조를 제공한다.

2) 보응사상은 신명기 케리그마의 신학적 기초이다.

신명기의 보응사상은 모세의 '설교'에서 목회적 격려와 경고를 뒷받침하는 논리적, 신학적 근거이다. 신명기에서 순종과 불순종에 따른 보상과 처벌의 대조적 제시는 이스라엘의 순종을 격려하고, 불순종을 예방하기 위함이다. 신명기의 보응사상은 하나님 백성의 의로운 삶을 위하여 교육적, 목회적 목적을 가지는데, 이러한 보응사상의 기능은 삶의 열매에 비추어 하나님과의 관계를 가름해 보고 혹은 감사하거나 혹은 재헌신을 다짐하게 한다. 신명기에 나타난 여러 법들도 예외가 아니다. 보응의 원리를 함축하는 동기절도 상급과 처벌, 또는 축복과 저주를 통하여 교육적, 목회적 목적을 달성하고자 한다. 이스라엘 백성은 보응사상에 입각하여 일관되게 생명과 (행)복을 택하고 사망과 악을 물리쳐야만 한다(30:15-20). 이렇게 보응사상은 순종을 격려하고 불순종을 저지하려는 모세의 '목회전략'의 주된 신학적 근거이다.[16]

3) 보응사상은 약속된 축복을 누리는 방법을 제시한다.

순종은 하나님의 선물을 누리는 삶의 방식이요, 불순종은 이것을 거부하는 삶의 태도이다. 신명기에 강조된 보응의 원칙은 행복과 축복의 길을 제시한다는 점에서 하나님이 자기 백성에게 주시는 신실한 사랑의 표현이기도 하다. '약속의 땅'과 관련해서 나타난 보응의 원칙이 언약적 신실함을 나타내는 대표적인 경우이다.[17] 가나안 땅은 여호와의 땅으로써, 언약의 하나님 여호와가 그 백성 이스라엘에게 주시는 은혜의 선물이다: "내가 너희의 조상 아브라함과 이삭과 야곱에게 맹세하여 그들과 그들의 후손에게 주리라 한 땅이 너희 앞에 있으니."(신 1:8a) 그러나 이 선물을 '소유'하려면 실제로 정복하여야 한다[18]: "들어가서 그 땅을 차지할지니라."(1:8b)[19] 언뜻 보면 이것은 논리적 모순이다. 그러나 신명기에 나타난 약속과 명령의 관계는 언약관계의 역동성을 보여준다. 하나님의 약속 안에는 백성의 응답을 요청하는 구원의 목적이 내포되어 있다. 이런 의미에서 보응사상은 하나님의 백성을 자의적인 속박의 틀에 옭아 넣으려는 율법주의적 올무가 아니라 약속의 땅에서의 충만한 삶을 누리게 하기 위해서 주어진 축복의 도약판이다.[20]

4) 보응사상은 죄에 대한 처벌을 경고하고 실행함으로써 회개를 촉구한다.

보응의 공적인 시행은 '온 백성이 듣고 두려워하여 다시는 무법하게 행하지' 않게

---

16) M. Weinfeld, *Deuteronomy and the Deuteronomic School* (Oxford: Clarendon, 1972), 307ff.

17) C. J. H. Wright, *Living as the People of God* (Leicester: IVP, 1983), pp.59-62. 약속의 땅은 이스라엘에게 신앙적 과제를 안겨다 준다. 약속의 땅은 이스라엘의 영적 온도계로써, 땅의 형편이 이스라엘의 신앙적 온도로 나타난다고 볼 수 있다.

18) 약속의 땅을 정복하는 방법은 여호와의 전쟁이다. 하나님은 땅을 약속하고 정복하라고 명령하실 뿐만 아니라 이스라엘 앞서 나가셔서 그들을 위해 싸우신다. 이스라엘 역시 하나님이 그들 가운데 임재하시도록 진을 성결케 하여야 한다. 이러한 약속과 순종의 뒤얽힌 관계는 신명기가 취하고 있는 미묘한 신학적 균형의 한 측면이다.

19) 선물로서의 땅과 정복할 대상으로서의 땅이 병행적으로 나오는 구절은 3:19; 5:31; 12:1; 15:4; 19:2,14; 25:19 등이다.

20) G. J. Wenham, "Grace and Law in the Old Testament" in *Law, Morality and the Bible*, ed. G. J. Wenham and B. Kaye (Leicester: IVP, 1978), pp.3-23.

하려는 것이다(13:11; 17:13; 19:20; 21:21). 하나님은 이스라엘이 언약관계 속에서 자기 백성답게 살기를 원하신다. 이에 따라 보응사상은 이스라엘이 하나님의 말씀에 따라 살게 하기 위하여 순종하지 않는 사람에게 임할 심판을 경고한다. 따라서 하나님의 백성은 보응의 원리를 기억하면서 넓은 길을 버리고 좁은 길을 택하여야 한다.[21] 이것이 회개요, 재헌신의 결단이다. 약속의 땅에 들어간 후에라도 (30:15-20; 12:1-14) 이스라엘 백성이 하나님에 대한 사랑과 신뢰를 잃어버리고 불순종한다면 그들은 가나안 땅을 상실할 것이다. 젖과 꿀이 흐르는 약속의 땅이 또다시 광야와도 같은 시험의 장소가 될 수 있다. 이렇듯 신명기에서 보응 사상은 복의 상실에 대한 경고로 기능한다(4:25-26; 6:18; 8:1; 11:80 이하, 18-21). 참고로, 후대에 유다 왕 요시야가 종교개혁에 더욱 매진하게 된 것도 언약저주를 인과응보의 경고를 받아 들였기 때문이다(왕하 22:8-20). 이렇게 은혜를 은혜 되게 만드는 배경에는 의로운 보응의 원리가 자리하고 있다.

5) 보응사상은 논변(polemic)의 기능을 가진다.

신명기의 보응사상은 비인격적, 자연적 법칙이 아니라, 의로우신 하나님의 인격적 행동을 개념적으로 표현한 말이다. 나아가서 신명기의 보응사상은 이방신숭배에 대한 논변도 담고 있다. 축복의 약속에 담긴 보응사상은 이스라엘에게 복을 주시는 분은 이방신이 아니라 그들의 하나님 여호와라는 사실을, 즉 축복은 다름 아닌 언약의 하나님 여호와의 은혜로써 그분에 대한 순종의 결과로만 주어진다는 사실을 보여준다. 가나안 족속이 농사의 신 바알의 축복이라고 잘못 생각한 풍족한 추수는 사실 하나님이 주시는 것이다(신 28:2-6). 비가 오지 않아서 농사가 잘 되지 않는 것은 바알이 노해서가 아니라 하나님이 언약의 저주에 따라 벌을 내리신 결과이다(28: 16-19, 23-24). 풍작의 복을 허락하시는 분은 하나님뿐이시다. 따라서 이스라엘은 풍작을 위해 이방신 앞에 엎드려서는 안 된다. 나아가서 인과응보의 주요기관인 율법의 중심에 언약의 하나님 여호와가 자리하고 있다는 사실도 이방과 이방신에

---

21) E. Achtemeier, "Plumbing the Riches: Deuteronomy for the Preacher," *Interpretation* 41(1987): 276-7.

대한 논변을 담고 있다. 이스라엘의 하나님 여호와는 이방신과 비교가 안 된다. "너희는 지켜 행하라. 이것이 여러 민족 앞에서 너희의 지혜요 너희의 지식이라… 우리 하나님 여호와께서 우리가 그에게 기도할 때마다 우리에게 가까이 하심과 같이 그 신의 가까이 하심을 얻은 큰 나라가 어디 있느냐… 이 율법과 같이 그 규례와 법도가 공의로운 큰 나라가 어디 있느냐"(4:6-8). 이와 관련하여 신명기의 보응사상은 이스라엘의 구원역사를 거스르는 이방에 대한 의로운 심판을 분명히 함으로써(2:26-3:11, 7:1-5 참조) 이스라엘 구속사의 이면을 보여준다.

3. 보응사상의 지평의 확대

위에서 살펴본 바와 같이 보응사상은 신명기에서 중추적인 신학적 기능을 감당한다. 그러나 신명기가 염려하고, 후에 이스라엘 역사가 보여주는 대로, 하나님의 백성이 보응사상을 잘못 이해하고 적용할 위험성이 상존한다. 왜곡된 보응사상의 폐해는 결코 작지 않다. 욥의 세 친구가 대표적인 경우이다. 욥기는 이러한 보응사상의 잘못된 적용을 지적하고 교정한다. 통상적인 보응사상만 가지고는 하나님과의 관계뿐만 아니라 하나님의 성품과 사역을 다 설명할 수 없다. 이러한 사실을 감안할 때 보응사상의 지평이 확대되어야 한다는 것은 필연적인 요청이다. 닫힌(closed) 보응사상으로는 인간과 하나님과의 관계를 충분히 묘사할 수 없을 뿐만 아니라, 하나님의 주권과 인격, 그리고 사역을 다 담을 수 없기 때문이다. 신명기에는 놀랍게도 잠언적인 인과응보뿐만 아니라 욥기적인 교정이 함께 나타난다. 사실 신명기에는 보응사상의 제한된 전망을 뛰어넘는, 보응사상의 새로운 지평이 제시되고 있다. 보응사상의 지평 확대는 보응사상의 부정이나 해체(dissolution)를 의미하는 것이 아니다.[22] 이 지평의 확대는 신명기가 보응사상을 언약의 구성요소로 포섭하기 때문에 가능한 일이다. 즉, 신명기는 보응사상의 렌즈를 통하여 언약을 바라보는 것이 아니라, 언약관계의 렌즈를 통하여 보응사상을 바라본다. 이렇게 신명기의 보응사상은 하나님의 주권적 은혜와 언약에 대하여 열려 있는(open) 보응사상이 된다.

---

22) J. G. Gammie, "The Theology of the Retribution in the Book of Deuteronomy," *CBQ* 32(1970): 1-12.

1) 하나님 중심적 성격

순종과 불순종은 인간의 행사이고, 그 결과인 복과 화도 인간에게 돌아가는 것이기 때문에, 보응사상은 인간중심적인 것 같이 보인다. 그러나 신명기에 나타난 보응사상은 하나님 중심적인 측면을 기본으로 삼기 때문에 신적요인과 인간적 요인 사이에 균형을 이룬다. 먼저, 신명기의 보응사상에서 순종자와 순종치 않는 자에게 복과 화를 내리시는 분은 언약의 하나님이시다. 여호와는 언약관계의 주도적 파트너로서 보응의 시행자가 되신다. 따라서 보응신학의 신학적 근거는 인간이 아닌 하나님이요, 이스라엘이 아닌 여호와이시다. 또한, 복과 저주를 불러오는 순종과 불순종의 판단 기준인 율법도 이스라엘이 스스로 만든 것이 아니다. 이 율법은 하나님이 제정하여 주신, 거룩하신 하나님의 뜻이다. 이 거룩하신 하나님의 눈을 가리는 인간행동은 없다. 인간의 모든 행동은 하나님의 말씀(율법)에 대한 순종 또는 불순종으로 판단된다. 이렇게 신명기는 보다 적극적으로 하나님 중심적인 보응의 개념을 보여준다. 이 보응개념은 하나님의 행동에 의해 발생하고 유지되는, 언약관계를 주도하시는 하나님의 행동에 초점을 두고 있다. 다음의 예들은 신명기의 보응사상이 하나님 중심적인 관점에서 조명되어야 함을 보여준다.

(1) 선택과 구원

하나님이 이스라엘을 선택하신 일은 이스라엘의 의로운 행위나 공로를 원인으로 하지 않는다. 하나님이 이스라엘을 자기 백성으로 선택한 것은 오직 하나님의 주권적 사랑에 기인한 것이다. 신명기 7장 6-8절이 이 사실을 선명하게 보여준다.

> '너는 여호와 네 하나님의 성민이라. 네 하나님 여호와께서 지상 만민 중에서 너를 자기 기업의 백성으로 택하셨나니 여호와께서 너희를 기뻐하시고 너희를 택하심은 너희가 다른 민족보다 수효가 많기 때문이 아니니라. 너희는 오히려 모든 민족 중에 가장 적으니라. 여호와께서 다만 너희를 사랑하심으로 말미암아, 또는 너희의 조상들에게 하신 맹세를 지키려 하심으로 말미암아 자기의 권능의 손으로 너희를 인도하여 내시되 너희를 그 종 되었던 집에서 애굽과 바로의 손에서 속량하셨나니.'(신 7:6-8; 4:37-38 참고)

본문에 거듭 나타나는 선택의 용어들은 이스라엘이 성민이 된 사실과, 이는 이스라엘의 행위가 아닌 하나님의 선택 행위에 기원하고 있음을 보여준다. 선택의 궁극적인 원인은 오직 하나님의 사랑에 있다. 그러면 왜 사랑하셨는가? 신적 사랑의 원인을 추적할 수가 없다. 따라서 통상적인 보응사상으로는 이러한 주권적 사랑과 선택을 설명할 수가 없다. 하나님의 선택은 보응사상의 결과가 아니라, 전제이자 배경이기 때문이다. 선택의 원인을 선행의 결과로 설명할 때 보응사상은 왜곡되고, 여기에서 율법주의와 공로주의가 생겨난다. 그러나 신명기는 보응사상을 선택과 구원의 기초 위에 둠으로써 보응사상의 열린 지평을 제시한다.

(2) **자비와 용서**

보응사상의 의로운 목적을 가로막는 최대의 걸림돌은 인간의 뿌리 깊은 죄악성이다. 그러나 감사하게도 인간의 악행이 초래하는 하나님의 진노는 최후적인 것이 아니다. 하나님의 처벌이 인간의 악행에 대한 보응인 것은 사실이지만, 돌이킬 수 없이 결정적인 것은 아니다. 하나님의 행동은 기계적으로 또는 무조건적으로 사람의 행위에 달려 있는 것이 아니기 때문이다. 이스라엘의 하나님은 인격적인 하나님으로써, 구속의 목적과 언약의 관계 안에서 이스라엘의 죄악을 다루시기 때문이다. 신명기 9장 8절이 좋은 예이다.

> "호렙 산에서 너희가 여호와를 격노하게 하였으므로 여호와께서 진노하사 너희를 멸하려 하셨느니라."

본문에서 '멸하려 하셨느니라'는 구절은 이스라엘이 죄 때문에 벌을 받아 마땅하다는 사실과, 그럼에도 불구하고 그들이 벌을 받지 아니하였다는 두 가지 사실을 보여준다. 보응사상에 의하면 반드시 멸망당해야 할 그들을 벌하지 아니하신 것은 무엇 때문인가? 그것은 모세의 중보기도 때문이다(9:25-29). 모세는 아브라함과 맺은 언약과 하나님의 명예를 근거로 백성의 완악함과 죄악을 보지 마시고 용서하시기를 간구한다. 아론도 금송아지 사건으로 하나님을 노하시게 하였으나, 하나님은 모세의 중보기도를 들으시고 아론과 이스라엘을 용서하시고 살리신다(9:19-20). 이는 이스라엘의 죄가 아무리 크고 보응의 요구가 아무리 정당하다 할지라도, 죄를 용서하시는 하나님의 자비가 좌절될 수 없다는 사실을 보여준다. 아니, 죄의 처벌이라는 보응의 원칙은 오히려 하나님의 자비를 요청하게 만든다고 볼 수 있다. 이렇게 신명기의 보응사상은 하나님의 자비와 죄의 용서를 배제하는 것이 아니라 '필요'로 한다. 보응의 하나님은 또한 자비로우신 하나님이시기 때문이다.[23)]

3) '새 언약'의 은혜

죄로 말미암아 심판이 불가피한 경우에도 통상적인 보응사상이 생각할 수 없는 놀라운 은혜가 하나님의 백성의 미래를 기다리고 있다. 이스라엘의 고질적인 완악함도 하나님과의 언약관계를 영원히 단절시킬 수 없다. 하나님은 인간의 연약함 때문에 옛 언약이 무너진 바로 그 자리에서 '새 언약'의 은혜를 준비하고 계셨다. 즉, 하나님은 이스라엘에게 '마음의 할례'를 베푸시기로 작정하셨다. 원래 마음의 할례는 이스라엘에게 '요청'된 일이었다.

> "그러므로 너희는 마음에 할례를 행하고 다시는 목을 곧게 하지 말라."(신 10:16)

본문에서 마음의 할례는 백성의 의무이다. 그래서 명령으로 주어졌다: "마음에 할례를 행하라." 하나님이 실패만 거듭하는 이스라엘에게 내적 변화의 필요성을 지적하신 것이다. 그러나 이스라엘이 과연 자기 힘으로 자기 마음에 근본적인 변화를 일으킬 수 있을까? 신명기는 이스라엘 백성의 고질적인 완악함과 영적 무능력 때문에 이 명령이 실패로 끝날 것을 아시고 하나님이 친히 마음에 할례를 베푸실 것이라고 선언하신다.

---

23) 이스라엘의 하나님 여호와는 노하기를 더디 하시는 자비로우신 분이라는 것이 오경의 일관된 진술이다(출 34:6, 민14:18). 신명기에서는 순종자에게 주어지는 하나님의 자비가, 불순종자에게 내리는 삼사대의 처벌과 비교되는, 천대의 축복으로 대표된다(5:9-10).

"네 하나님 여호와께서 네 마음과 네 자손의 마음에 할례를 베푸사 너로 마음을 다하며 뜻을 다하여 네 하나님 여호와를 사랑하게 하사 너로 생명을 얻게 하실 것이며"(신 30:6)

여기에서 마음의 할례, 곧 진정한 내적변화는 인간의 일이 아니라, 하나님의 일이다: "여호와께서 할례를 베푸실 것이다." 영광스러운 '복음'이 맹아의 형태로 제시되고 있다. 모세는 이스라엘의 무능력으로 초래된 복의 상실을 새 언약의 약속을 통하여 해결한 것이다.[24] 뿐만 아니라 자비로우신 하나님은 이스라엘을 처벌하신 이후라도 아브라함과 맺은 언약을 잊지 않으시고 그들을 만나주실 것이다. 이렇게 보응사상에 입각한 처벌이 하나님의 마지막 말씀이 아니다. 주권적인 회복의 약속이 하나님의 궁극적인 뜻이다.

"그러나 네가 거기서 네 하나님 여호와를 찾게 되리니 만일 마음을 다하고 뜻을 다하여 그를 찾으면 만나리라. 이 모든 일이 네게 임하여 환난을 당하다가 끝날에 네가 네 하나님 여호와께로 돌아와서 그의 말씀을 청종하리니, 네 하나님 여호와는 자비하신 하나님이심이라. 그가 너를 버리지 아니하시며 너를 멸하지 아니하시며 네 조상들에게 맹세하신 언약을 잊지 아니하시리라."(4:29-31)

이렇게 신명기는 이스라엘에게 새로운 가능성을 제시함으로써 이스라엘의 구원역사에 혁명적인 전환점을 기록한다. 이러한 문맥에서 볼 때 신 28장의 저주는 이스라엘의 미래에 대한 하나님의 최후선언이 아니라, 새로운 전환을 위한 아픔의 정점일 뿐이다. 28장에 강조된 저주는 '새 언약'의 관점에서 볼 때 새로운 이스라엘의 탄생을 위한 고통이 된다. 이렇게 신명기는 저주의 시행으로 구원역사의 막을 내리지 아니하실 뿐만 아니라, '새 언약'의 약속을 통하여 자기 백성의 불순종이 초래한 구원역사의 정체와 후퇴를 극복하신다. 28장에서 확정된 미래의 저주마저도 신명기를 보응사상의 도그마에 가두지 않는 것이다. 이렇게 신명기에 제시된 '새 언약'의 약속은, 통상적인 보응의 지평을 넘어서 하나님의 주권적인 은혜의 경륜을 보여준다.

---

24) B. K. Waltke, "The Phenomenon of Conditionality within Unconditional Covenants," *Apostacy and Restoration,* ed. Gileadi (Grand Rapids: Baker, 1988), pp.135-136.

4) 고난과 보응사상

보응사상의 렌즈를 통해서 볼 때 고난은 의로우신 하나님이 인간의 죄를 처벌하신 결과이다. 작은 고난은 작은 죄에 대한 벌로, 큰 고난은 큰 죄에 대한 벌로 해석된다. 그러나 고난의 목적은 죄를 벌하는 것만이 아니다. 신명기는 고난을 협소한 보응사상으로 해석하는 잘못을 일깨우는 내용을 담고 있다(8:2-10). 가미에 의하면 이 부분의 내용은 다음 부분(8:11-9:6)의 내용과 함께 보응사상의 '용해(dissolution)'를 보여준다.[25]

(1) **고난은 하나님의 시험**(probation)**이다**

이스라엘이 광야에서 고생한 것은 본래 죄와 관련된 것이다(민 14:34-45 참조). 이것은 보응사상의 통상적인 전망이다. 그러나 신명기에서 모세는 광야의 고난을 이스라엘을 겸비케 하고 시험하시려는 하나님의 뜻으로 이해한다: "네 하나님 여호와께서 이 사십 년 동안에 네게 광야 길을 걷게 하신 것을 기억하라 이는 너를 낮추시며 너를 시험하사 네 마음이 어떠한지 그 명령을 지키는지 지키지 않는지 알려 하심이라"(신8:2). 고난의 목적이 죄의 처벌이라기보다 하나님의 '시험'임을 강조한 것이다. 이렇게 신명기의 보응사상은 고난을 죄에 대한 벌로만 국한하지 아니하고 하나님의 목적을 바라보는 보다 넓은 지평을 가진다.

(2) **고난은 하나님의 훈육**(pedagogy)**이다**

통상적인 보응사상은 이스라엘이 광야에서 굶주린 것을 하나님의 처벌이라고 해석할 것이다. 그리고 그것은 사실이다. 그러나 신명기는 이러한 전망을 뛰어넘는다. 오히려 광야에서의 굶주림은 은혜의 만나를 주심으로 사람이 하나님의 말씀으로 살아야 함을 가르치는 기회이라고 본다: "너를 낮추시며 너를 주리게 하시며 또 너도 알지 못하며 네 조상들도 알지 못하던 만나를 네게 먹이신 것은 사람이 떡으로만 사는 것이 아니요 여호와의 입에서 나오는 모든 말씀으로 사는 줄을 네가 알게 하려 하심이니라"(8:3; 비교 9:16). 광야에서 굶주린 것은 심지어 아버지가 사랑하는 자

---

25) Gammie, ibid.

식을 훈계하는 훈육활동의 일환이다: "너는 사람이 그 아들을 징계함 같이 네 하나님 여호와께서 너를 징계하시는 줄 마음에 생각하고"(8:5. 비교 1:31). 그렇다면 광야에서의 40년은 무의미한 처벌기간이 아니라, 하나님을 아버지로 만나는 은혜로운 훈육기간이다. 이렇게 신명기는 모든 고난을 협소한 보응사상으로 풀어내는 신앙적 축소주의와는 거리가 멀다.

5) 형통과 보응사상

나아가서 신명기는 보응사상을 잘못 적용하여 헛된 자기만족에 빠진 이스라엘을 경계하는 내용을 담고 있다(8:11-9:6). 이번에 취급하는 주제는 물질적 부요와 땅의 정복이다.

(1) 물질적 부요와 보응사상

이스라엘의 잘못된 보응사상에 의하면 물질적 부요는 인간의 성취로 해석된다: "네가 마음에 이르기를 '내 능력과 내 손의 힘으로 내가 이 재물을 얻었다' 말할 것이라"(8:17). 그러나 이스라엘이 경험할 부요는 그들의 능력이나 선행 때문이 아니다. 하나님이 힘과 지혜를 주셨기 때문이다: "네 하나님 여호와를 기억하라 그가 네게 재물 얻을 능력을 주셨음이라."(8:18a) 이러한 능력을 주신 것도 이스라엘의 공로 때문이 아니다. 오직 하나님의 언약적 신실성 때문이다: "이같이 하심은 네 조상들에게 맹세하신 언약을 오늘과 같이 이루려 하심이니라"(8:18b). 이런 맥락에서 순종은 인간의 공로가 아니라, 하나님의 은혜가 된다. 이렇게 하나님은 이스라엘 백성이 누리는 복의 근원이 자신임을 밝힘으로써 그들이 자기 의를 주장할만한 근거를 없이한다. 이렇게 신명기의 보응사상은 이스라엘의 물질적 부요를 그들의 공로로 돌리기를 거부한다.

(2) 가나안 땅의 정복과 보응사상

기계적인 보응사상에 의하면 이스라엘이 다른 민족을 쫓아낸 것은 그들이 순종하였기 때문이다. 따라서 이스라엘은 가나안 땅을 당연한 권리로 주장하였다: "내

공의로움으로 말미암아 여호와께서 나를 이 땅으로 인도하여 들여서 그것을 차지하게 하셨다"(9:4). 그러나 모세는 그들이 의롭기 때문이 아니라고 거듭 강조한다. 오히려, 가나안 족속의 악함에 대한 심판 때문이고, 이스라엘의 열조에게 맹세한 약속 때문이다: "네 공의로 말미암음도 아니며 네 마음이 정직함으로 말미암음도 아니요 이 민족들이 악함으로 말미암아 네 하나님 여호와께서 그들을 네 앞에서 쫓아내심이라 여호와께서 이같이 하심은 네 조상 아브라함과 이삭과 야곱에게 하신 맹세를 이루려 하심이니라"(9:4-6). 이렇게 신명기는 자기 의와 자기공로를 주장하는 어떤 보응사상도 단호하게 거부한다. 신명기의 보응사상은 가나안 정복을 순종의 공로로 돌리는 근거로 사용될 수 없다.

6) 회개와 보응사상

신명기가 곳곳에서 위협하는 언약 저주의 궁극적 목적은 언약관계의 회복에 있다. 이스라엘은 언약저주를 경험하는 현장에서도 하나님의 징계를 잊지 말아야 한다. 그리고 언약의 저주와 회복 사이를 이어주는 주관적 연결고리는 이스라엘의 회개이다. 포로로 잡혀간 이스라엘은 하나님의 언약을 어김으로 언약의 저주가 임했다는 사실을 기억할 것이다(30:1). 이스라엘이 자신의 멸망한 이유가 하나님의 저주 때문이라는 사실을 알게 되면 회개가 뒤따를 것이다(30:2a). 이 때 사용된 동사 '돌이킴(히. 슈브)'은 결정적인 방향전환을 나타내는 용어이다. 이스라엘에게 임한 저주가 이스라엘의 돌이킴(회개)과 하나님의 돌이킴(용서)을 통하여 제거될 것이다. 여기서 '돌이킴'과 '돌이킴'의 대응관계는 관계의 상호성과 용서의 확실성을 보장한다. 이렇게 이스라엘의 회개는 하나님과 바른 관계를 가능하게 한다(30:7). 그렇다면 저주의 목적은 징계의 위협과 실현을 계기로 돌이킴을 유발하여 언약관계를 회복하고 새로운 삶을 살게 하려는 것이다. 이렇게 신명기의 보응사상은 비인격적인 법칙이 아니라 인격적인 언약관계를 지향한다. 보응사상의 지평이 언약의 지평에 포섭되었다고 하겠다.

Ⅱ. 맺는 말: 보응사상의 지평과 적용

하나님이 신명기를 비롯하여 성경 전체에 보응의 원칙을 풍부하게 드러내신 것은 보응사상이 구원의 경륜에서 얼마나 중요한 위치를 차지하는가를 보여준다. 보응사상이 제 자리를 찾고 삶의 모든 영역에 바로 적용된다면, 그리스도인의 삶을 보다 의롭고 풍요롭게 만들 것이다.

1) 그리스도인의 열심

신명기의 보응사상은 구약의 성도들로 하여금 하나님의 보응, 곧 복의 약속과 징계의 경고를 마음에 새기고 하나님을 사랑하는 일과 하나님 나라의 일에 대하여 더욱 열심을 내게 한다. 그러나 보응사상은 구약의 전유물이 아니다. 신약에서도 그리스도인들의 수고와 열심을 격려할 때 자주 사용된다. 보응사상은 예수님이 제자들에게 하나님 나라의 비유를 베푸실 때에도 전제된다. 대표적으로 '달란트의 비유'(마 25:14-30)를 들 수 있다. 착하고 충성된 종들은 "네가 작은 일에 충성하였으매 내가 많은 것을 네게 맡기리니 네 주인의 즐거움에 참여할지어다"는 칭찬과 초청을 받는다. 바울의 권면에도 자주 나타난다. "그러므로 내 사랑하는 형제들아 견실하며 흔들리지 말고 항상 주의 일에 더욱 힘쓰는 자들이 되라. 이는 저희 수고가 주 안에서 헛되지 않은 줄 앎이라"(고전15:58). 그리스도의 부활로 인해 그리스도와 복음을 위한 모든 수고가 결실을 맺고, 주님이 다시 오실 때 상을 받을 것이다. 히브리서 기자는 보다 직접적으로 하나님을 기쁘시게 하는 믿음은 "상을 주시는 하나님"을 믿는 믿음이라고 단언한다(히 11:16). 이러한 상급과 보응에 대한 믿음은 환난을 당할 때에 절망을 이기고 열심을 품고 더욱 주를 섬기는 원동력이 된다.

2) 곁길의 유혹과 위험성

성경의 다른 중요한 가르침과 마찬가지로 보응사상도 잘못하면 곁길로 치우칠 위험성이 있다. 성경적 보응사상이 정도를 걸으려면 우로는 율법주의, 공로주의나 번영신앙에 빠지지 말고, 좌로는 반율법주의적인 불신앙과 방임에 빠지지 말아야 한다. 진지한 그리스도인들은 특히 전자를 조심해야 한다.

(1) 율법주의

현대 그리스도인의 주된 불안 원인은 구원의 확신 문제와 결부되어 있다. 율법주의는 '율법'의 외형적인 준수를 통하여 구원의 확신을 얻으려 한다. 그러나 이러한 율법주의적 노력은 원하는 자유와 확신을 가져다주지 못하고 오히려 더 큰 속박과 좌절에 빠뜨릴 뿐이다. 율법주의를 극복하는 길은 오히려 믿음과 사랑이다. 믿음으로 순종하는 자에게 보응신학은 축복을 가져다주지만, 믿음 없이 율법을 지키려는 자에게 보응사상은 메마른 율법주의를 불러들일 뿐이다. 하나님과 사람에 대한 사랑으로 율법(토라)을 지키는 자에게 보응사상은 풍성한 사랑의 도구가 되지만, 사랑 없는 율법준수는 남을 정죄하기에 빠른 율법주의를 양산할 뿐이다. 이렇게 믿음과 사랑의 동력을 상실한 보응사상은 율법주의로 인도하는 첩경이다. 그리스도인은 믿고 순종함으로 약속된 하나님의 복을 누려야 한다.

(2) 공로주의

복 받는 이유를 하나님이 아닌 자기에게 돌리는 것이 공로주의다. 앞서 살펴본 대로 신명기의 보응사상은 인간의 공로가 차지할 자리가 없다. 언약적 축복은 거래의 결과가 아니라, 하나님의 상급일 뿐이다. 즉, 축복은, 순종이라는 인간의 공로에 기초하여 주어지는 상응한 대가가 아니라, 순종하는 자에게 주어지는 은혜로운 상급이다. 순종하는 것이 마땅한 일임에도 불구하고 하나님이 순종하는 자에게 복을 베푸시는 것은 이스라엘을 기뻐하셔서 선택하신 주권적 사랑 때문이다. 이렇게 바른 보응사상은 구약의 성도들을 하나님만 전적으로 의지하고 순종하는 자리로 인도한다. 더욱이 신약의 그리스도인들도 주님의 가르침을 따라 충성을 다한 후에 '우리는 무익한 종이라 우리의 하여야 할 일을 한 것뿐'이라고 고백하여야 한다.(눅 17:10)

(3) 번영신학

번영신학은 보응사상의 약속을 세속적으로 확대한 것이다. 자신을 하나님의 뜻에 맡기는 것이 아니라 자기의 목적을 이루기 위하여 하나님을 이용하려는 숨겨진 동기를 가지고 있다. 분명히 보응사상에 나타난 축복과 저주는 성도의 순종을 장려하기 위해 주어진 '인센티브'이다. 그러나 잊지 말아야 할 것은 보응사상은 언약에 기초한 사랑의 관계와 상호헌신을 기초로 한다는 사실이다.[26] 언약 관계는 서로 원하는 것을 얻으려는 두 당사자 사이의 흥정이나 계약이 아니다. 사실 보응사상은 신적 의무가 아닌 신적 관대함에 기초하기 때문에, 누구도 하나님을 빚쟁이로 만들 수 없다. 신명기의 보응사상에 나타난 순종과 축복은 자신의 의제(agenda)를 관철하는 면허(licence)가 아니라, 하나님이 기뻐하시는 뜻을 분별하고 이루라는 초청이다. 특히 신약의 그리스도인은 보응사상의 초청을 재물의 형통을 위한 것이 아니라 영적 부요를 핵심으로 하는 총체적 복지를 위한 것으로 이해하여야 한다. 어리석은 부자의 비유(눅 12:13-21)는 이 사실을 극적으로 보여준다.

3) 축소주의(reductionism)의 극복

보응사상에 적용된 축소주의는, 모든 번영은 순종의 결과요, 모든 고난과 재난은 죄와 불순종의 결과로 해석한다.[27] 욥의 세 친구들이 바로 이 축소주의의 울타리에 갇힌 대표적인 경우이다. 사실 보응사상은 하나님의 통치 원리 중 하나이다. 그러나 보응사상만으로는 인간 삶의 모든 진실(reality)을 다 담아낼 수 없다. 그런데도 축소주의는 보응사상을 우리의 삶과 믿음의 총체적 현실을 규정하는 유일한 신학, 절대적인 패러다임으로 받아들이는 우를 범한다. 진리의 한 자락이 전체 진리를 대변할 때 그 진리는 더 이상 진리가 아니라 하나의 이념(ideology)이 되어버린다. 그 결과 자신과 다른 사람들이 처한 형편을 일방적으로 재단하고 판단하는 우를 범하기 쉽다. 고난의 원인을 예로 들어보더라도 카이저는 보응의 원리 외에도 일곱 가

26) Waltke, ibid., 135

27) 우리에게 닥치는 어려운 일들이 적지 아니 우리의 어리석음과 불순종 때문에 일어나는 것이 사실이다. 이러한 상관관계를 영적인 판단력과 선지자적 통찰력으로 분별하고, 회개와 기도와 사랑이 넘치는 충고로 대응하는 것이야말로 보응사상의 중요한 기능 가운데 하나일 것이다. 그럼에도 불구하고 우리가 여기에서 경계하고자 하는 것은 판단의 무분별성과 적용의 경직성과 안목의 협소함과 사랑의 결핍이다.

지나 되는 고난의 원인을 말한다.[28] 이렇게 보응사상은 언약관계의 일부일 뿐, 언약관계 전체를 대변하거나 대체할 수 없다. 보응사상은 결국 언약관계의 누림과 증진을 위한 것이다.

4) 언약과 구속의 지평

보응사상은 언약의 구조 안에서, 구속의 관점으로 보아야 한다. 하나님의 약속과 인간의 순종은 단순한 보응의 논리를 뛰어넘어 상호보완적인 기능을 담당한다. 둘 사이에 느껴지는 표면적인 역설과 긴장은 언약관계 속에서 극복될 수 있다. 언약은 주권적 은혜의 시여성과 인간의 순종의 필요성을 함께 설명하기 때문이다. 하나님의 언약적 신실성이 궁극적으로 인간의 연약성을 극복하는 방식으로 보응사상의 지평이 언약의 지평에 수렴하게 된다. 보응사상이 은혜의 변혁(transformation)을 통하여 언약과 지평융합(fusion of horizon)을 이루는 것이다. 뿐만 아니라, 보응사상은 구속적 목적에 봉사한다. 신명기를 비롯한 성경 전체에서 역사는 구속의 역사이다. 보응사상은 이러한 역사의 구속적 목적과 상관없이 작동하는 독립된 자연의 원리가 아니라, 이스라엘과 '모든' 인류의 구속과 축복이라는 궁극적 목적에 봉사한다. 이에 따라, 신명기에 나오는 축복은 협소한 보응사상을 붙잡아매는 지주가 아니라, 언약적 또는 구속적인 성취를 돕는 도우미이다. 이러한 전망을 가지고 보응사상을 신앙생활에 바로 적용할 때 그리스도인은 억압이 아닌 자유를 경험하게 될 것이다.

---

28) W. C. Kaiser, "Reductionist Justice-Where Job's friends went wrong about suffering," in 인터넷판 *Christianity Today* (posted 2007.8.22). 카이저는 보응적 고난 외에 일곱 가지의 고난을 열거한다. 1) 교육적 또는 징계적 고난. 잠 3:11이나 히 12:5-6가 여기에 해당한다. 2) 대속적 고난. 예수님이 십자가 고난이 여기에 해당한다. 3) 공감적 고난. 사 63:9와 같이 한 사람의 고난이 많은 이들을 슬프게 하는 경우이다. 4) 증거 또는 증언을 위한 고난. 욥 1-2장에 언급된 고난이 이에 해당한다. 5) 하나님의 영광을 위한 송영적 고난. 요 9장에 소개되는 나면서부터 소경된 자가 당한 고난이 좋은 예이다. 6) 계시적 고난. 아내에게 버림 받은 호세아가 당한 고난이 그 예이다. 7) 묵시적 또는 종말론적 고난. 마지막 때에 닥칠 고난을 가리킨다.

5) 성화의 동반자

보응사상은 순종하는 백성을 위하여 삶의 새로운 방향설정을 제시한다. 보응사상은 언약에 합당한 삶을 살아가는 성도에게 경건의 은혜로운 도구가 된다. 나아가서 보응사상은 경건에 열심을 내게 한다. 보응신학, 즉 순종자와 불순종자에게 축복과 저주의 형태로 내리는 상급과 처벌은 이스라엘이 헌신의 약속을 어기지 아니하고 영적 진보를 이룰 수 있도록 격려한다. 보응사상은 믿음의 순종을 목적으로 하기 때문에 죄와 불순종을 심각하게 여긴다. 이렇게 보응사상은 성도가 성장하는 성화의 과정에 간여한다. 이를 위하여 보응사상은 경건의 기본 개념(concept)과 실제적인 훈련 프로그램을 제시한다. 나아가서, 보응사상은 구체적인 실천을 강조한다. 하나님의 계시인 율법은 사랑의 실천을 지도하는 삶의 가이드라인이다. 보응신학이 포함된 하나님의 말씀을 따라 순종하는 삶을 살 때 그리스도인은 성경적 가치관과 세계관을 가지고 자기 십자가를 지고 사랑을 실천하는 의인, 믿음으로 하나님의 나라를 건설하는 역군이 될 것이다.

참고문헌

성주진, 『사랑의 마그나카르타』 수원: 합신대학원출판부, 2005,

Achtemeier, E. "Plumbing the Riches: Deuteronomy for the Preacher." *Interpretation* 41(1987).

Crump, W. "Dtn 7: A Covenant Sermon," *Restoration Quarterly* 17(1974), pp.222-235,

Gammie, J. G. "The Theology of the Retribution in the Book of Deuteronomy," *CBQ* 32(1970): 1-12.

Hamilton, J. M. *Social Justice in Deuteronomy: The Case of Deuteronomy 15*, SBL Dissertation Series 136.

Kaiser, W. C. "Reductionist Justice-Where Job's friends went wrong about suffering." in 인터넷판 *Christianity Today* (posted 2007.8.22).

Kidner, D. "Retribution and Punishment in the Old Testament, in the Light of the New Testament." *SBET* (1983).

Koch, K. "Gift es ein Vergeltunsdogma im Alten Testament?" *ZTK* 52(1955): 1-42.

Miller, P. D. *Sin and Judgment in the Prophets.* Scholars Press: Chico, 1982.

Olson, D. T. *Deuteronomy and the Death of Moses: A Theological Reading.* Minneapolis: Fortress, 1994.

Waltke, B. K. "The Phenomenon of Conditionality within Unconditional Covenants," *Apostacy and Restoration.* Ed. Gileadi. Grand Rapids: Baker, 1988.

Weinfeld, M. *Deuteronomy and the Deuteronomic School.* Oxford: Clarendon, 1972.

Wenham, G. J. "Grace and Law in the Old Testament" in *Law, Morality and the Bible.* Ed. G. J. Wenham and B. Kaye. Leicester: IVP, 1978, pp.3-23.

Wright, C. J. H. *Living as the People of God.* Leicester: IVP, 1983.

기도의 매뉴얼로서 시편 1권에 나타난 개인적 부흥의 신학적 접근

이 학 재
(개혁신학대학원대학교, 구약학)

I. 들어가는 말

1907년의 부흥[1] 이후로 한국교회는 이제 부흥 100년을 맞이하게 되었다. 신학적으로도 이러한 역사적인 사건과 의미를 조명해볼 필요성을 가지게 되어, 복음주의 신학회에서도 "교회부흥의 과거, 현재, 미래"라는 주제로 논문을 발표 하게 되었다.

교회의 부흥은 인간의 편에서 말씀과 기도를 통하여 일어나왔고, 또한 교회사적으로 볼 때 하나님의 주권 가운데 시대 시대마다 일어났다고 할 수 있다. 그러나 이러한 단체적인 부흥 역시 개인적인 하나님과의 관계성 회복과 무관하지 않다. 구약의 회개와 부흥이라고 볼 수 있는 야곱의 엘벧엘(창 35장), 모세의 회개 촉구(출 32-33장), 사무엘의 미스바 운동(삼상 7장), 엘리야(왕상 18장), 아사 왕(대하 14-16장), 여호사밧(대하 20장), 히스기야(대하 30장), 요시야(대하 34-35장), 스룹바벨(학개 1장), 느헤미야의 수문광장(느 8장)의 사건들을 살펴보면, 회개와 부흥, 언약에 대한 말씀

---

1) 하박국 3:2 "여호와는 주는 주의 일을 이 수년 내에 부흥케 하옵소서"라는 구절에서 "부흥"이라는 단어에 대한 번역에 대하여 비판적 시각이 있기도 하다. "하야"(있다) 동사를 "부흥하다"라고 해석하는 것이 적합하지 않다는 것이다. 하지만 대부분 영어성경은 "revive"(부흥하다, 소생하다, 재개하다)라고 번역하고 있다. 따라서 "부흥"이라는 의미는 히브리어와 영어번역에서도 생명의 회복, 어떠한 상태가 새롭게 활기롭게 되는 것과 관련이 없다고 말할 수 없다. 개인적 부흥 역시 회복, 치유, 소생함과 변화를 포함하는 의미로 사용한다.

으로 돌아가는 운동과 아울러 기도는 중요한 요소가 되었다(예, 느 9장).[2] 구약뿐 아니라 성경에서 개인과 단체를 위해서, 시편은 대단한 기도의 매뉴얼이라고 할 수 있다. 하나님의 말씀일 뿐 아니라, 하나님의 백성들의 삶 속에서 일어난 기도의 다양한 형태를 통하여 어떻게 개인이 회복하며, 부흥 할 수 있는 지를 보여준다. 아쉽게도 지금까지의 시편에 대한 연구는 지나지게 시적인 그리고 양식의 형태를 분석을 해온 것이 사실이다.[3] 그러나 최근의 연구에서는 완성된 시편전체를 한권의 책으로 시도하려는 운동도 있었다. 예를 들어, Norman Whybray의 책, "한권의 책으로 시편읽기"라는 연구이다.[4] 이 책을 통하여 시편이라는 책이 하나님의 신학적인 메시지를 가지고 있는 내용이 서로 연관된 책이라는 것이다. Whybray는 그의 연구를 통하여 시편에 대한 동감할 수 있는 결론들을 제안하면서, 말하기를, "시편의 내용 대부분은 기도의 표현으로 신학적인 고려를 돕거나 지시하는 근거로서 고려되어 왔다"라고 지적한다.[5] 이러한 관심은 시편이 형식이나, 형태로만 분석하는 방법에서 한권의 책과 메시지로 통합해서 해석해야 하는 필요성을 제시한 것에서 많은 도움을 주었다고 평가한다. 일반적인 성경해석법에서는 저자-본문-신학이라는 3가지 면을 통합적으로 보아 분석하는 것이 최근 통합적인 해석 경향으로 받아들여진다.[6] 역사 비평적으로 지나치게 본문의 형성에만 관심을 두는 것도 한 가지 면만 부각하는 것이며, 본문에 대한 구문적인 분석과 문학적인 특징만 찾는 것 역시, 말씀이 가지고 있는 적용성과 신학적 의미를 지나치게 제한 할 수 있다. 따라서 시편도 이제 교회 공동체가 기도의 매뉴얼로서 각 시편이 가지고 있는 분석뿐만 아니라,

2) Walter C Kaiser, Jr., *Quest for Renewal* (Chicago: Moody Press, 1986).

3) Hermann Gunkel(trs. Nogalski, James D), *Introduction to Psalms: The Genres of the Religious Lyric of Israel* (Macon: Mercer University Press, 1998). 시편의 장르로 찬양(Hymns), 여호와 왕위 즉위 노래(Songs about YHWH' Enthronement), 공동체 탄식(Communal Complaint Songs), 왕의 시(Royal Psalms), 개인적인 탄식노래(Individual Complaint Songs), 개인적 감사노래(Individual Thanksgiving Songs), 그리고 작은 장르로 1) 축복과 저주 2) 순례자 노래 3) 승리의 노래 4) 이스라엘의 감사노래 4)전설, 5) 토라 등으로 제안하며, 선지자적인 요소, 지혜시, 제의시 등을 제시하고 있다.

4) Norman Whybray, *Reading the Psalms as a Book* (Sheffield: Sheffield Academic Press, 1996).

5) Whybray, *Reading the Psalms as a Book*. 31.

6) W. Randolph Tate, *Biblical Interpretation: An Intergrated Apporoach* (Peabody: Hendrickson Publishers, 2000). 이 책에서 Tate는 The World behind the text, the world within the text, 그리고 The world in front of the text로 통합적인 성경해석을 제안한다.

통합하는 해석을 통하여 기도의 신학적인 의미를 추구하는데 큰 의미가 있다고 볼 수 있다.

특히 시편에서는 장르를 통한 분석과 각 장의 사용한 때나, 저자의 배경만 연구하다가 보면, 실제적으로 시편이 오늘날 성도들에게 주어진 기도의 교과서라는 사실을 망각할 수 있다. 거시적 관점에서 시편의 목적은 개인과 공동체, 특히 교회 공동체 속에서 하나님의 백성의 기도라는 큰 틀을 통해서 전체적인 메시지를 신학적으로 이해하는 것 역시 중요하다고 볼 수 있다. 물론 시편은 하나님의 백성의 기도뿐 아니라, 찬양이라는 의미도 있다. 시편의 히브리어 이름이, "테힐림"이기 때문이다. 그러나 찬양 역시 기도의 한 영역인 하나님을 보는 면으로 포함시켜서 이해하고자 한다.

Ⅱ. 기도의 매뉴얼로서의 시편 1권(1-41편)

시편은 기도, 찬양, 예식, 소망, 믿음, 개인과 공동체, 정경적 관계를 가지고 있는 책이라고 Willem VanGemeren은 정의한다.[7] 이러한 개념들은 거의 다 기도와 밀접하게 연관되어 있으며, 시편은 다른 성경의 관계 속에서 기도의 매뉴얼로 나타나 있다.

1. 시편 1권(1-41편)에 나타난 시의 특징

시편 1권이(1-41편) 다른 4권의 시편들-2권(42-72편), 3권(73-89편), 4권(90-106편), 5권(107-150편)과 뚜렷하게 다른 특징이 있다면 이것은 바로 다윗의 시편(3-41편)이 대부분을 차지한다는 것이다. 물론 2권 중에서도 41-72편, 5권 중에서 108-110; 138-145편이 다윗의 시가 있기는 하지만 1권에서는 거의 대부분이 다윗의 삶과 기도에 연관된다는 것이다.[8]

---

7) Willem A. VanGemeren, "Psalms," in The Expositor's Bible Commentary Vol 5, Frank E Gaebelein (ed), (Grand Rapids: Zondervan, 1991), 5-8.

다음으로 살펴보아야 할 것은 1권의 시편이 어떠한 유형을 가지고 있느냐? 하는 것인데, 다른 시편의 책들과 마찬가지로 즉위시(Enthronement Psalms)를 제외하고 거의 모든 형태가 다 나타난다.

공동체 탄식- 12, 36
개인적 탄식- 3-7, 13, 17, 22, 25-28, 35, 38-40.
찬양과 탄식의 중간의 형태- 6, 13, 22, 28, 30, 31, 41
찬송시(Hymns)- 8, 19, 29, 33
회개시- 6, 32, 38
지혜시- 1
메시아적 통치- 2, 18, 20, 21
메시아적 삶- 8, 16, 22
저주시- 35
즉위시- 해당시 없음[9)]

여기서 발견되는 것은 9-11편, 14-15편, 23-24편, 34, 37편 등은 유형들을 정해지지 않았으며, 어떤 시편들은 두 가지 이상의 유형들에 속하는 것들도 발견된다(6, 8, 22, 28, 38편). 따라서 1권은 공동체와 개인의 찬양과 탄식, 회개, 그리고 메시아에 대한 예언적 시편 등으로 결론지을 수 있다. 또한 1권에서 알파벳 시(Acrostic Psalms)들은 9-10편, 25편, 34편 37편으로 대략 5편으로 여겨지는데, 다른 5권에 포함된 111, 112, 119, 145를 제외하면 모두 1권에 포함되어 있다는 것 역시 색다른 특징이라고 볼 수 있다.[10)]

또한 한국 학자들 중에 시편 연구의 한 예로, 김정우 교수의 『시편 강해』를 참고

---

8) 이태훈, 『시편 어떻게 읽을 것인가』 (서울: 성서유니온선교회, 2006), 19. 이 책에서도 1권에 해당되는 시편들을 소개하고 있다. 이 책을 통해 분류해보면, 1) 개인 탄식시(4, 6, 13, 26편), 2) 개인 감사시(30, 31, 32, 40편), 3) 이스라엘 탄식시(해당사항 없음), 4) 이스라엘 감사시(해당사항 없음), 5) 찬양시(8, 29편), 6) 이스라엘의 제왕시(2, 20, 21편) 등으로 크게 6가지 유형으로 구분하고 있다.

9) 임용석 역(C. 헤스벨럭), 『시가서 개론』 (서울: 은성출판사, 1999), 196-222.

10) Peter C. Craigie, *Psalms 1-50,* WBC (Waco: Word Books, 1983), 128.

해 보면 1권에서, 율법찬가, 메시아찬가, 다윗 언약의 헌장을 나누어 제시하고, 2권에서는 찬양, 감사, 애가로 나누어 제시하였으며, 3권에서는 시온의 노래, 순례의 노래, 신뢰의 노래, 가정의 노래, 역사의 노래 등으로 주로 노래라고 명명하고 있다.[11] 이 분류를 따라서 1권을 다시 주제와 제목별로 나누면 다음과 같다.

율법찬가
1편- 여호와의 율법을 즐거워하는 자
15편- 여호와의 장막에 유할 자 누구인가?
19편- 자연과 율법에 나타난 주의 영광
24편- 영광스러운 왕의 입성예식

메시아 찬가
2편- 내가 나의 왕을 내 거룩한 산 시온에 세웠다
18편- 왕의 승전 감사시

다윗의 언약의 헌장
해당시 없음

찬양시
8편-주의 이름이 온 땅에 어찌 그리 아름다운지요
29편-여호와의 소리가 힘 있음이여
33편-여호와의 도모는 영영히 서리라

감사시
30편-주께서 나를 심연에서 건졌나이다

애가

---

11) 김정우, 『시편강해 I-율법찬가와 메시아찬가』 (서울: 도서출판 엠마오, 1998), 김정우, 『시편강해 II-찬양과 감사와 애가』 (서울: 도서출판 엠마오, 1995), 김정우, 『시편강해 III-시온, 순례, 신뢰, 가정, 역사의 노래』 (서울: 도서출판 엠마오, 1998). 이 세 권에서 제시하고 있는 주제별로 1권의 내용을 재구성해 보았다.

3편-나의 대적이 어찌 그리 많은지요
6편-병상에서 드리는 기도
7편-피고소인의 기도
22편-엘리 엘리 라마 사박다니

시온의 노래
해당시 없음

순례의 노래
27편-주님의 아름다움을 앙망하며

신뢰의노래
11편-터가 무너지면 의인이 무엇을 할꼬
23편-내 잔이 넘치나이다

가정의 노래
해당시 없음

역사의 노래
40편-내가 왔나이다.

이 구분 역시 시편 1권은 말씀과 메시아와 창조주 하나님을 찬양하며, 그 분의 구원에 감사드리며 시편기자의 간절한 상황을 기도하고, 그 분에 대해서 신뢰를 드리는 내용이 전체적으로 구성하고 있음을 재확인하고 있다.

2. 기도의 포괄적 형태로서 1권

시편 1권(1-41편)뿐만 아니라, 모든 시편들이 다양한 형태를 가지고 있지만, 기도하는 사람과 기도의 대상인 하나님과의 만남(Looking at God), 그리고 자신의 변화를 위한 기도(Looking at oneself)와 그리고 다른 사람들을 위한 간구(Looking at others)라는 기도의 일반적인 특징 안에 다 포함될 수 있다.12) 이러한 형태는 매일의 생활에서 오늘날 그리스도인이 하는 기도의 형태와는 상이한 점이 발견된다. 사실 대부분의 그리스도인들이 기도할 때 하는 기도의 내용은 다른 사람을 위해서 간구하거나, 자신의 소원등을 간구하는 것이 주 내용인데, 이 시편에 나타난 기도는 오히려 하나님과의 만남과 그 하나님을 바라보고 묵상하며 그 하나님의 통하여 자신의 상황을 변화시키는 내용이 상당하게 차지한다는데 있다.

이것은 단어가 가진 뜻에서도 상당한 오해를 가지기 쉽다. 예를 들어, 시편에서 나타나는 "기도"(시 4:2; 17:1; 39:13)로 사용된 "테필라"라는 단어의 용례를 BDB 사전에서 일반적으로 조사해보면, "누구를 위하여 중재하다"(단 9:21), 어떤 사람들을 위하여 "기도하다"(사 37:4)라는 의미로 사용되었다. 이 단어는 실제로 "팔랄"로 "중재, 개입하다"라는 단어에서 나온 것이다.13) 이러한 어원적인 의미에서 기도는 남을 위해서 하나님께 구하는 것으로 선입관을 가지기 쉽다. 그리고 기도를 가르칠 때 교회나, 주위 사람 다른 사람들을 위해서 반복적으로 기도하다 보면 기도에 식상하기 쉽고 기도생활에 전혀 재미를 느끼지 못할 때가 많다. 따라서 실제 신앙생활에서는 성경은 읽지만 기도에 많은 시간을 할애하지 않고, 또한 기도하지 않음으로 말씀은 머리로 믿지만, 삶으로 그 말씀을 체험하고 누리는 경험이 약화된 것이 사실이다. 그리고 기도를 하지 않음으로 생활의 변화가 없고, 개인적 변화가 없음으로 인하여 한국교회적으로도 말씀을 알지만 행함이 없는 교인들이 많이 생겨남으로써 그에 대한 신학적 가르침에 대한 책임을 가지게 되었다. 따라서 바른 기도관을 기도의 매뉴얼 시편을 통해서 제시할 필요성이 있다. 개혁주의 신학에서도 이신칭의와 성화의 삶은 같이 가야 하는 것이며, 또한 성경말씀과 기도가 그리스도인의 삶에 성화

---

12) Richard L Pratt, *Pray With Your Eyes Open* (Phillipsburg: Presbyterian and Reformed Publishing Company, 1987) Richard Pratt 교수는 이 책에서 기도의 특징을 1) 하나님을 응시(Looking at God), 2) 우리 자신을 응시(Looking at ourselves) 3) 우리의 대화를 응시(Looking at our communication) 라는 3부로 나누어 제시하였다. 기도를 하나님과 자신을 바라보는 것으로 제시하고 있는 것은 상당히 고무적이다. 비록 필자와는 구분의 영역이 다르기는 하지만 기도의 내용으로 하나님을 응시하는 것을 강조하는 것은 구약의 기도의 특성을 제시한 것이라고 볼 수 있다.

13) Francis Brown, *The Brown-Driver-Briggs Hebrew and English Lexicon* (Peabody: Hendrickson Publishers, 2003), 813.

를 주는 요소이라는 것이 아무리 강조해도 지나치지 않기 때문에 우리는 기도의 바른 원리를 시편을 통해서 제시할 필요성을 느낀다(딤전 4:5).

Ⅲ. 시편1권(1-41편)에 나타난 기도의 3가지 영역들

여기서 기도를 내용상 그리고 신학적으로 3가지 영역에서 나누어 생각해 보고자 한다. "하나님과의 만남", 그리고 "자신의 변화를 위한 기도"와 그리고 "다른 사람들을 위한 간구"라는 이 세 가지 영역에서 시편 1권의 기도가 다 포함될 수 있다고 제시한다. 1권에 나타난 기도의 표현으로 "부르다"(קָרָא 4:1), "부르짖다"(צעק 34:18), "도움을 위해 부르짖다"(שָׁוַע 5:3; 18:7, 42; 22:25; 28:2; 30:3; 31:23), "외치다"(זָעַק 22:6), "찾는다"(דָּרַשׁ 14:2; 22:27; 34:5), "구한다"(שָׁאַל 2:8), "기다린다"(קָוָה 25:5, 21; 27:14; 37:9, 34; 39:7; 40:2), "기다리다"(חָכָה 33:20), "소망하다"(יָחַל 38:16), "간절히 기다리다"(חול 37:7). 이러한 간절한 표현은 하나님을 찾고 만나는 단어들이 중점적으로 사용되었다는 것이다. 흥미로운 것은 다른 성경에서 나타나는 "간청하다"(עָתַר 창 25:21; 욥 22:27)라고 사용된 단어는 1번도 나타나지 않는다. 이것은 아마도 기도라는 것은 다른 사람을 위해서 기도하는 것보다도, 기도하는 사람이 하나님 그 분을 찾는 것이 시편 1권의 중요한 관심이기 때문일 것이다.

다음으로 생각해 보아야 할 것이 바로 시편 1권(1-41편)에서 나타난 전체적인 주제와 신학적 내용을 통한 분류이다. 사실 한가지의 시편이 여러 가지 특징을 가지고 있는 것이 사실이다. 그러나 여기서 제시하고자 하는 것은 신학적 의미를 큰 영역에서 같이 통합하여 보고자 하는 것이다. 예를 들어 하나님을 묵상하고 그 분을 찬양하는 영역은 "하나님을 바라보기"(Looking at God), 자신을 발견하고, 돌아보고 회개하고 자신의 구원을 간구하는 시편들은 "자신을 바라보기"(Looking at one-self), 그리고 다른 사람들과의 관계성에서 고민하면서, 악인들에 대한 태도나 그들을 위해 간구하는 내용들은 "다른 사람들을 바라보기"(Looking at others)라는 부류로 구분하고자 한다. 물론 여기에 전제된 것은 시편 1권이 기도의 매뉴얼이라는 사실과 비록 장르가 다르다 할지라도 한 권의 시편이 권별로 우리에게 주는 의미적 접근의 중요성을 부각시킨 접근이라고 볼 수 있다.

1. 하나님을 바라보기(Looking at God) 시편들

1, 2, 8, 9, 11, 12, 16-19, 23-25, 27-34, 40편 등 총 22개

(1) 말씀과 그리스도(1-2편)

여기서 우리는 흔히 토라시인 1편과 메시아적 시편인 2편을 하나로 구성해서 합하여 이해해 보고자 한다. 실제로 시편 1-2편을 한 시편으로 이해하는 학자들도 있다. 그 이유 중의 하나를 예를 들면, 1-2편은 복 있는 사람(1:1; 2:12)이 누구인가? 라는 질문을 통하여 1편에서는 하나님의 말씀대로 살고자 하는 자이며, 2편에서는 이러한 "여호와를 의지하는 자"가 복이 있다고 지적하고 있다. 본문에서도 "아세레"(blessed)라는 단어를 공통적으로 사용함으로써,[14] 즉 1-2편 모두 다 가 하나님의 말씀(1편), 오실 메시아(2편)와 관련을 가진다고 가르친다. 장르별로는 비록 지혜의 시(1편)와 메시아 시(2편)로 다르지만, 말씀과 말씀의 실체이신 그리스도와 관련을 가지는 것이 바로 기도하는 자의 가장 기본적인 자세라고 볼 수 있다. 기도하는 사람만이 그 분의 주권을 인정하며(2편), 그를 의지하며(2:12) 그 분의 말씀대로 살도록 노력하기 때문이다(1:1-2).

(2) 창조주 하나님과 그 분의 통치와 크심을 찬양(8, 9, 19편)

8편은 하나님의 위대하심을 찬양하는 시로써, 창조주 하나님에 대한 찬양 중에 하나님을 찬양하는 가장 위대한 시편 중의 하나라고 볼 수 있다. 2, 10절은 "여호와 우리 주여 주의 이름이 온 땅에 어찌 그리 아름다운지요"(개역 1, 9절)라고 *inclusio* (수미쌍관법)를 통하여 하나님의 위대하심을 찬양하고 있다. 개역은 "아름답다"(아디르, majestic 개역 1,9절)라고 해석했지만, 더 적절한 표현은 하나님은 천지를 만드시고 우리를 만드셨기 때문에 "위대하다"라고 번역하는 것이 더 적절한 것으로 본다. 다윗은 또한 하나님의 창조의 아름다움을 찬양하여 그 분의 이름을 찬양하는 것이

---

14) Michael Wilcock, *The Message of Psalms 1-72* (Leicester: Inter-Varsity Press, 2001). 23.

다. 기도는 "하나님이 누구신가?"를 인지하고 그 분의 이름을 찬양하며 나아가는 것이다. 9편은 하나님의 크심을 찬양하는 시편인데, 구조적으로 볼 때 많은 학자들은 9-10편을 하나의 이름으로 연결된 시편으로 이해하고 있다.[15] 그럼에도 불구하고 내용상으로 보면, 9편은 하나님께 드리는 감사이며, 10편은 신정론적인 시편이기 때문에 10편은 다른 종류로 구분한다. VanGemeren 역시 시편 9편을 "열방에 대한 하나님의 공의로우신 통치에 대한 기도와 찬양"으로 명명한다.[16] 비록 악한 자들에 대한 내용이 나타나기는 하지만(9:3-6, 15-18), 전체적인 내용은 여호와의 통치를 찬양하는 내용이다. 하나님의 통치는 "의로우심"(체벡 9:5)과 심판(솨타트 9:5, 9, 20)이라는 반복을 통하여 심판자이신 하나님이 그 분의 의로우심으로 모든 자들을 판단하시는 분으로 시편기자는 강조하고 있다. 19편은 자연과(19:2-7) 말씀 속에서 나타나신 하나님(19:8-15)을 찬양하고 있다.[17] 하나님의 일반계시로 세상에서, 그리고 특별계시인 하나님의 말씀을 통하여 자신을 나타내셨으므로 기도하는 자는 세상 속에서 뿐 아니라, 우리가 가지고 있는 그 말씀 앞에 자신을 돌아보는 모습을 가지는 것이 기도하는 자가 가져야 할 태도임을 보여준다.

(3) 하나님의 성품 앞에 서기

기도의 매뉴얼로서 이 시편들은 우리에게 기도하는 사람이 어떤 하나님 앞에 서야 하는 지를 우리에게 가르쳐 주는 말씀이다.

• 우리의 피난처(11편, 16편)

시편 11편은 "피난처이신 의로운 왕"이 전체적인 주제이다.[18] 물론 다윗이 체험한 심각한 시험 속에서 오는 결과적 내용기도 하지만,[19] 본문 자체가 말씀하는 것은 하나님은 하늘에 보좌를 삼으시고 온 세상을 성전으로 삼아계신 분이시다(11:4).

---

15) Wilcock, *The Message of Psalms 1-72,* 40.

16) VanGemenren, "Psalms," 114.

17) Peter C. Craigie, *Psalms 1-50: Word Biblical Commentary vol 19.* (Waco: Word Books, 1983), 180

18) VanGemenren, *Psalms*, 130.

19) 존 칼빈, 『구약성경주해 7권: 여호수아, 시편』 (서울: 성서교재간행사, 1980), 324.

이 분이 인생을 내려다보시기 때문에 인생에게 하시는 일을 의로우시다(11:7). 다윗은 자신의 영혼에게 산이나 세상의 어떤 곳에 피할 것이 아니라 그 분에게 피하라(חָסָה 11:1)고 함으로 하나님만이 참 피난처이심을 말하고 있다. 사실 인생이 기도할 수밖에 없는 것은 하나님만이 우리의 참 피난처이시고 그 분께 피할 수 없다는 철저한 고백이 바로 우리를 하나님 앞에 서게 한다.

또한 16편은 "다윗의 믹담"이라고 하는 제목으로 하나님의 보호하심에 대한 내용을 간구하고 있다. 다윗의 삶의 사건들과 관련된 시들(56, 57, 59, 50편)이라고 여겨지는 시편들은 정확은 배경은 없지만, "피한다"(חָסָה 16:1)는 단어가 보여주듯, 여호와가 피난처 되심을 보여주는 시편으로 여겨진다.[20] 이렇게 성도가 경험한 피난처 되신 하나님에 대한 확신은 죽음가운데서도 생명으로 지켜주시는 확실한 반석이라고 하셨는데(16:8-11) 이 말씀은 신약에서 성부께서 성자를 죽음에서도 지켜주시고 부활하게 하시는 분(행전 2:25-28; 13:35)으로 성취되었다고 말씀하신다. 다윗 역시 개인적인 어려움과 고통 중에서 하나님의 보호를 경험하게 되었다. 이러한 경험들로 인하여 기도하는 사람은 하나님 앞에 서는 것이 바로 피난처임을 확신하고 나아가는 것이다.

• 죄를 용서해 주시는 분(32편)

다윗은 복 받은 자라는 단어를 1편과 마찬가지로 앞에서 강조하여, "아세레"(blessed)라는 자는 허물과 죄의 용서와 정죄를 해결 받은 사람이라고 한다(31:1-2). 시편 기자는 죄에 대한 문제를 해결해 줄 수 있는 분은 바로 하나님 밖에 없다고 고백한다. 그리고 죄를 깨닫는 것만이 어거스틴이 고백한 대로, "지식은 시작은 네 자신이 죄인이라는 사실은 아는 것이다."(*Intelligentia prima est ut te noris peccatorem*).[21] 죄 용서야 말로 기도할 이유라고 말씀한다(32:6). 인간은 죄 때문에 고민하지만(32:3-4), 이 문제는 오직 하나님만이 해결하실 수 있는 문제이다. 기도를 통하여 죄 용서의 확신을 가지게 된다. 죄악을 회개하고 내 놓을 때 이 죄에 대한

---

20) VanGemenren, *Psalms*, 153. VanGemeren은 이 시편의 제목을 Refuge in the Lord로 짓고 있다.

21) Wilcock, *The Message of Psalms 1-72,* 109에서 재인용.

분명한 용서를 경험하게 된다.

• 기도를 들으시는 분(17편)

기도를 들으실 수 있도록 자세를 가지고 자신을 돌아보고 회개를 하였다(17:1-6). 다음으로 하나님의 구원과(17:3,4) 임재를 통하여 만족할 수 있는 기도를 드렸다. 하나님 앞에 인간은 기도하는 자로서 그 분이 들으실 수 있도록 자신을 돌아보는 자세를 가지게 된다(17:4-7). 바로 이것 때문에 인간은 변화를 가져오고, 기도를 통하여 다윗은 "하나님의 얼굴"을 본다고 정의한다(17:15). 바른 기도는 바로 이렇게 하나님의 얼굴을 만나는 만남이라고 정의할 수 있다.

• 사랑의 대상이신 하나님(18편)

시편 18편은 시편 기자의 사랑의 대상이 바로 하나님임을 찬양하고 있다. 기도하는 자는 바로 하나님에 대한 사모함과 사무침을 고백한다. 개인적으로 하나님이 자신을 구원하시며, 개인적인 삶 속에서 그 구원의 하나님을 경험한 것을 찬양하고 사랑의 고백을 하는 것이다. 이 시편이 왕적인 감사(Royal Thanksgiving)로 제목이 지어졌고, 실제로 이 시편은 사무엘하 22장과 거의 병행하지만, 2절에 나타난 사랑의 고백(개역은 1절), "나의 힘이 되신 여호와여 내가 주를 사랑하나이다."라는 표현은 18편에만 나타난다. 이것은 바로 시편기자의 하나님과의 친밀한 교제를 보여준다.[22] 기도는 구원에 대한 사실과 지적인 인정만을 가지고 하나님 앞에 서는 것이 아니다. 개인적인 이러한 사실에 근거한 친밀함과 감정, 사랑이 동반되는 것이다. 구원자 하나님에 대한 사랑의 고백으로 나아가는 것이 바로 기도의 중요한 요소라는 것을 보여준다.

• 창조주를 간절히 기다림(33편)

Peter C. Craigie는 이 시편은 하나님이 찬양 받으셔야 할 이유에 대하여 그 분의 말씀과(33:4-9), 그 분의 계획과(33:10-12), 그 분이 보시는 눈(33:13-15), 그 분의 능

22) VanGemenren, "Psalms," 168-9.

력(33:16-19)이라고 내용으로 분석하고 있다.[23] 기도는 이 하나님을 찬양하며(33:1-3), 이 하나님을 우리 영혼이 그 분을 "바라는 것"(חָכָה 33:20)이다.[24]

• 경외해야 할 분(34편)

이 시편은 구문적으로 1권에서 다른 9-10편, 25편, 37편과 함께 다섯 편의 알파벳으로 기록되어 있으며, 내용상으로 여호와를 경외하는 것이야말로 "모든 삶의 경험 가운데서 기쁨과 성취를 제공해 준다"는 사실을 강조한다(34:12). 실제로 이 시편에서 "경외하다"라는 "야레"(יָרֵא)라는 어근이 4번 이상 강조되어 있다(8, 10절 2번, 12절).[25] 전체적인 시의 내용도 하나님의 선하심과 의로우심에 대한 감사(34:1-7)와 지혜의 찬양(34:8-22)로 구성되어 있다. 34편의 제목이 배경을 말해 주듯, 시편기자, 다윗은 아비멜렉 앞에서 미친체하다가 쫓겨나서 지은 시라고 하는데 이 배경은 아마도 삼상 21:10-15라고 여겨진다.[26] 하나님의 백성은 실제적인 구원의 경험을 통하여 그 분을 경외함을 실제적인 삶으로 나아가는 것이 바로 기도인 것이다. 내 생활 속에서 경험되어진 말씀을 확신한 자 만이 기도로 나아갈 수 있다는 것을 보여준다.

• 하나님의 말씀을 신실성(12편)

12편은 세상 속에서 하나님의 말씀에 소망을 가지는 시편이다. 하나님의 신실함은 그 분의 성품뿐만 아니라, 그 분의 말씀 가운데 있다. 말씀은 하나님의 신실성과 불변성을 보여주신다.[27] 하나님의 말씀은 사람들의 말과는 전혀 다른 특징을 가지고 있다. 악인들은 세상에서 자신의 혀로 거짓말을 하면서 살아가지만(12:1-4), 하나님의 말씀은 진리의 말씀으로 변함이 없으신 분이시다(12:5-8).[28] 비록 제목이 말

23) Craigie, *Psalms 1-50,* 271.

24) 개역성경은 "바란다"라고 번역했지만, "하카"는 "기다리다"(חָכָה 33:20)는 의미가 있다. 따라서 하나님을 성품을 묵상하고 간절히 기다리는 것이 바로 33편의 기도이다.

25) Craigie, *Psalms 1-50,* 277.

26) Wilcock, *The Message of Psalms 1-72,* 115.

27) 존 칼빈, 『구약성경주해 7권: 여호수아, 시편』 (서울: 성서교재간행사, 1980), 336.

28) Wilcock, *The Message of Psalms 1-72,* 48-50.

하듯이 기도문은 노래로 사용되었다고 할찌라도(영장으로 스미닛에 맞춘 노래), 우리는 하나님께 나아갈 때 신실하신 하나님과 그 분의 말씀을 믿음으로 나아가는 것이다.

• 하나님 앞에 바로 서기(24편)

하나님은 창조주 하나님이시며(24:1-2), 거룩한 분이시며(24:3-6), 영광스러운 왕이시다(24:7-10). 기도하는 자는 하나님 앞에 어떻게 서야 하는가? 즉 예배자로서 기도자가 하나님 앞에 서야 할 자세를 돌아보고 있다(24:3-6). 기도하는 자는 하나님 앞에 설 때 하나님의 거룩 앞에 자신을 돌아보게 된다. 비록 24편이 여러 가지 절기에 드려지고 읽혀진다. 기독교 전통에서는 승천일(Ascension Day)에 불려지고, 유대인들에게는 한해의 첫 날(*로시 하샤나*)의 주일에 읽혀지는 본문으로 각각 다르게 사용된다 할 찌라도 본문은 이 하나님이 어떤 분이시며, 그 산에 오를 자(24:3) 즉 예배하고 기도하는 자가 어떻게 서야 할 것을 우리에게 보여준다.[29)]

• 개인적으로 친밀하신 분(25편)

기도는 기도하는 사람의 영혼이 하나님께 들어서 그 분을 바라보는 것이며, 그 분을 전적으로 의지하는 태도이다(25:1-2). 기도하는 자는 하나님께 대한 전적 신뢰함을 나타내는 행동을 하게 된다. 따라서 "신뢰하다"(25:2)라는 행동은 기도하는 자가 자신의 모든 것을 내어 놓고 하나님의 친밀함(25:14, 하나님의 비밀스러운 계획이나 친밀한 대화)을 경험하게 된다. 이렇게 개인적인 친밀함으로 하나님의 구원과 지키심을 간구하게 되는 것이다.

• 확신을 주시는 분(27편)

기도하는 사람은 하나님이 어떤 분이신지? 대한 정확한 이해를 하게 된다. 즉 여호와는 기도자의 빛이고 구원이시므로 사람에 대한 두려움을 완전히 해결 받게

---

29) Keil & Delitzsch, *Psalms* (Peabody: Hendrickson, 1989), 332-335. Frank E Gaebelein (ed), "Psalms-Song of Songs," in *The Expositor's Bible Commentary* (Grand Rapids: Zondervan, 1991), 220.

된다(1절). 또한 27편은 예배드리는 하나님의 전에 대한 사모함의 내용으로 인하여 이 시편을 "순례의 노래"에 포함시키기도 한다.[30] 기도하는 자는 이러한 하나님의 임재에 대한 확신으로 그 임재의 장소를 사모하며, 다른 사람에게도 이러한 간전함을 가지도록 권유하게 만든다(27:13-14).

• 응답을 주시는 분(28편)

하나님께 간구하는 자는 하나님의 분명한 응답을 사모하게 된다(28:1-2). 하나님이 기도를 듣지 않는다는 것은 죽음으로 향하는 자와 다를 바 없다고 고백한다(28:1). 이 시편은 "간구의 예식"(A liturgy of supplication)으로 불리우는데,[31] 그 이유는 아마도 "간구"라는 단어가 사용되었기 때문이다. 이 단어는 "타하난"(28:2, 6; 31:23)으로 어근이 "하난"(자비)인데, 하나님의 도우심을 간절히 사모하는 표현으로 사용되었다.[32] 시편에서는 8번 정도 사용되었는데, 1권에서는 3번 사용되어, 주로 "탄원, 애원, 간청, 기원"(supplication)이라는 의미로 사용되었다. 즉 이것은 하나님의 자비를 간절히 사모하는 인간의 간절함을 보여준다고 할 수 있다. 하나님께 나아가는 자는 그 분의 자비와 긍휼을 간절히 바라는 갈급한 마음으로 서야 한다.

• 여호와는 승리하시는 분(29편)

"이 시는 우리를 제왕신인 여호와의 하늘 궁전으로 인도하며, 그 궁전의 천사들에게 여호와께 경배하며 복종할 것을 요구한다"(29:1-2).[33] 하나님의 하늘에 앉아 계시고(29:1-2; 9-10), 여호와의 음성의 능력은 온 세상에 위엄차다(29:4). 이러한 하나님께 영광을 돌리고 경배를 드리는 자세를 기도하는 자는 가져야 한다.

30) 김정우, 『시편강해 III-시온, 순례, 신뢰, 가정, 역사의 노래』 (서울: 도서출판 엠마오, 1998), 181-194.

31) Craigie, *Psalms 1-50,* 235.

32) R. Laird Harris, Gleason L. Archer, Jr. and Bruce K. Waltke, *Theological Wordbook of the Old Testament.* Vol. 1 (Chicago: Moody Press, 1980). 302-304.

33) 이태훈, 『시편 어떻게 읽을 것인가』 (서울: 성서유니온선교회, 2006), 276.

• **찬양받으실 하나님**(30편)

구원받은 자가 하나님 앞에 서서 할 것은 바로 찬양이다. 그래서 기도의 매뉴얼 시편의 다른 이름이 찬양이다. 기도의 요소로 하나님의 하나님 되심을 찬양하는 것은 이 시편에서도 핵심적인 주제이다. 본권에서도 "찬양"(יָדָה)이라는 단어가 3번이나, 반복되어 나타난다(30:5, 10, 13). 이런 면들을 Ridderbos 같은 경우에도 시편의 핵심적인 단어는 또한 마지막 절에서도 다시 강조되었다고 지적한다.[34)]

• **내가 신뢰할 분**(31편)

심각한 문제를 가지고 하나님께 나아가는 자는 피난처 되시는 하나님에 대한 신뢰감을 가지게 된다. 이런 면에서 Peter C Craigie는 고백하기를, "이 시편에서 전체로 흐르는 주제는 신뢰이며, 이 신뢰의 성취이다"라고 지적한다.[35)] 다윗은 자신의 문제를 가지고 하나님 앞에 서지만, 그러나 기도를 통해서 철저하게 하나님을 신뢰할 분으로 깨닫게 된다. 기도는 신뢰할 하나님으로 인하여 우리의 모든 문제를 초월하게 되며(31:11-12), 그 분께 맡기게 되는 원리를 제공해 준다(31:16).

• **구원자 하나님**(40편)

인간이 하나님 앞에 기도하는 가장 큰 이유는 그 분의 구원하심을 바라기 때문이다. 이 시편은 간절한 기도를 통하여 하나님만이 우리를 구원해 주시는 분으로 묘사하고 있다. 하나님은 "건지시는 분"(40:18)으로 기도에 반드시 응답해 주신다(40:2). 따라서 그 분 앞에 나오는 자는 그 분께 간절한 "구원하심"(40:14)을 소망한다. 또한 하나님께 나아오는 자는 그 분에 대하여 "기다린다"(카바, 40:2)고 고백하며, 하나님만을 소망할 수밖에 없다. "카바"라는 단어는 사실상, "기다린다, 바라본다, 소망한다"는 뜻이 같이 들어있는데, 하나님께 나아오는 자가 하나님께 대해 가질 자세이다. 그리고 이러한 소망은 구원자 하나님을 향해 인간이 가져야 할 바라봄의 태도이다(25:5, 21; 27:14).

---

34) Craigie, *Psalms 1-50,* 252에서 재인용.

35) Craigie, *Psalms 1-50,* 262.

2. 자기 자신을 바라보기(Looking at oneself) 시편들

3-7, 10, 13, 22, 26, 37-39, 41편 등 13편

(1) 다양한 인간의 삶 속에서

인간은 삶 속에서 다양한 경험을 한다. 희로애락과 신정론적인 경험과 수많은 사람들과의 다양한 갈등 같은 참으로 기도하지 않으면 이길 수 없는 상황들을 시시때때로 직면하게 된다. 기도하는 사람은 이러한 상황을 직시하며, 자신의 약함을 경험하며, 자신의 부족을 깨닫게 되며 하나님의 인도를 바라 볼 수밖에 없음을 깨닫는다. 이 영역의 시편들은 바로 인간이 어떤 존재인가? 자신을 깨닫는 표현들을 나타나는 시편이다. 그리고 고난을 통하여 철저하게 하나님만을 의지할 수밖에 없는 인간을 적나라하게 묘사하는 시편들을 주로 구분한다. 물론 첫 번째 영역, 하나님 바라보기의 시편과 이 부분을 정확하게 구분하는 법은 쉽지 않다. 그러나 비슷한 내용들이 함께 있을 때 이 영역에서는 주로 하나님 보다는 자신의 고통과 상황을 더 부각시키며, 인생이 경험하는 지적, 감성적, 의지적인 모든 문제들이 더욱 강조되어 있는 것을 구분하고자 한다.[36)]

(2) 인간의 삶의 인도함 속에서(5, 4, 23편)

인간이 기도하는 가장 큰 이유는 하나님의 인도 가운데 자신의 삶을 바르게 살고자 하는 것이다. 5편은 흔히 아침의 기도라고 불려지며, 4편은 저녁의 기도로 명명된다. 이것은 인간이 일어나서부터 잘 때 까지 하나님 앞에서 자신의 삶을 인도해 달라는 간절한 소원을 간구하는 존재라는 것을 보여주며 매일의 삶을 인도해 달라는 소원을 포함하고 있다. 다윗은 아침에도 간절히 하나님께 기도하며(5:3) 저녁에 평안히 자게 되는 것을 확신한다(4:9).[37)] 또한 시편 23편은 "목자의 시"[38)]로 목자 되신 주님께서 삶을 예배해 주시고 보호해주신다는 것을 자신의 경험을 통하여 노

36) Tremper Longman Ⅲ, *How to Read the Psalms* (Downers Grove: InterVarsity Press, 1988), 76-85.

37) VanGemenren, "Psalms," 80-86.

38) Craigie, *Psalms 1-50,* 203.

래하고 있다.

(3) **사람들과의 갈등에서**(3, 7편)

시편 3편은 대적이 "많다"(3:2-3)는 말을 통해서 보여주듯 인간이 경험하는 대적들에 대한 구원의 간구를 요청하고 있다.[39] 7편 역시 다윗의 대적인 "구시"라는 인물이 다윗을 욕을 하고 다녔고, 그 문제로 상당한 어려움을 가지고 있었다. 그리고 억울한 상황에 대해서 다윗은 자신의 정당함을 통하여 그러한 고통에서 건져내 줄 것을 간구하고 있다. 인생은 삶 속에서 많은 갈등과 오해와 심지어 대적들을 만난다. 이러한 고통은 말씀을 신뢰할 뿐만 아니라, 하나님 앞에 이런 문제를 내어 놓고 간절히 기도할 수밖에 없다. 의의 고난이든 죄의 고난이든 감사한 것은 바로 이러한 경험을 통하여 우리는 자신을 돌아본다는 것이다. 자신을 돌아보게 하는 것이 바로 이 기도의 목적이기도 하다(7편) 특히 사람들과의 갈등을 통하여 자신을 객관적으로 보게 되고 하나님 앞에 자신을 돌아보게 된다(7:4-6, 12).

(4) **자신을 돌아보기**(6, 26편)

7대 회개시(6, 32, 38, 51, 102, 130, 143)라고 불리는 시편 6편은 하나님의 진노 가운데 하나님의 구원을 간구하고 있다(6:5). 하나님 앞에 자신을 철저하게 돌아보며, 눈물을 흘리는 고통을 경험한다.[40] 심지어 하나님께로부터 "견책과 징계"를 받는 것을 고백한다. 비록 기도하는 사람은 하나님의 노를 경험하기도 하지만(6:2), 하나님의 응답을 경험한다(6:9-10). 6편에서 다윗은 하나님께 견책 받는 것과는 다르게 때때로 당당하게 자신을 평가한다. 26편이 바로 이러한 시편이다. 다윗은 자신은 완전함에 행하였고, 또 완전함으로 행할 것이라고 큰 소리를 치고 있다(26:1, 11). 따라서 하나님의 심판과(26:1) 시험에서도 당당한 자세를 가진다(26:2-5). 15편과 유사성을 지적하면서 26편과 15편 모두 성전에 들어가기 위한 준비로 학자들을 주제를 분석하기도 한다.[41] 그러나 당당함과 자격을 요구함에서는 비슷하고, 15편은 "주의 성산"(15:1), 26편은 비록 "주의 계신 집"(26:8)이라는 내용이 나타나

39) VanGemenren, "Psalms," 74.

40) Craigie, *Psalms 1-50,* 99.

41) Craigie, *Psalms 1-50,* 222-224.

지만, 26편은 15편과 같이 "누구인가"가 아니라, "내가 행하였다"(26:1)라고 하여 자신의 삶을 하나님 앞에 고백하고 돌아보는 내용으로 보아야한다.

(5) 인생의 병중에서 드리는 기도(38, 41편)

인간은 생로병사를 경험하는 연약한 존재이다. 따라서 인간이 약해질 때 그는 기도의 모습을 가지게 되고 진실한 모습으로 하나님 앞에 나아올 수밖에 없다. 38편에서는 다윗은 자신의 병이 자신의 죄로 인하여 생겼다고 고백한다(38:4-5). 병은 고통을 주었고, 그 고통 때문에 자신을 돌아보고 자신의 죄악까지 깨닫고 결국 자신의 우매함을 고백한다(38:6). 또한 41편은 "병자의 기도문"이라는 제목을 가지고 있다. 이 시편 전반에서 병자가 병을 고침 받기 위한 기도(41:5, 11)를 하나님께 드리며 그 병에 대한 애통을 하고 있음을 보여준다(41:6-10).[42] 인간은 이와 같이 병과 고통 중에서 기도로 하나님께 나아갈 수 밖에 없다.

(6) 인생 무상함(39편)

다윗은 눈물을 흘리는 슬픔 속에서 자신이 이 세상 속에서 사는 객과 거류자라고 고백한다(39:13). 그리고 인생이 얼마나 연약하며 인생의 세월이 얼마나 한계가 있으며, 인간이 하는 모든 것이 허망한 것뿐이라는 것을 철저하게 고백하고 있다(39:2-6). 기도하는 자는 이와 같이 하나님 앞에서 인간의 연약함과 인생무상 함을 철저하게 깨닫는다. 개역은 13절(히 14절)에서 "나의 건강을 회복시켜 달라"고 기도하지만, 이 말씀은 "발라그"(בלג)라는 단어는 "be cheerful, happy"라는 의미가 더 적절하여 "that I may smile again,"(NAS)라는 의미로 인생 무상함에서도 의미를 찾고 마음을 새롭게 해달라는 간구로 보아야 할 것이다. 기도는 이렇게 절망적인 상황 속에서도 마음을 새롭게 해 주시는 것을 간구하고 현재적으로 이러한 회복을 경험하는 것이다.[43]

42) Craigie, *Psalms 1-50,* 319.

43) VanGemenren, "Psalms," 317

(7) **극한 고통 속에서**(10, 22, 13편)

인간은 때때로 인생을 살면서 하나님이 멀리 계신 것 같은 경험과 숨으신 것 같은 상황을 경험한다. 그리고 그런 고통 속에서도 기도를 통하여 하나님의 공의는 반드시 이루실 것을 바라본다(10:18). 이러한 고통에 대해서 칼빈은, "불경건한 자들과 악인들이 자신들의 만사형통에 도취된 나머지 하나님에 대한 모든 두려움을 떨쳐버리고 그들이 무엇이든 벌 받지 않고 해낼 수 있는 것으로 생각하기 때문이라는 점이라"라고 이 시편의 특징에 대해서 설명한다.[44] 시편 22편은 예수 그리스도의 고난을 예표하는 시편이다. 그러나 이러한 고통의 시편이 우리 삶 속에서 주는 교훈은 바로 예수 그리스도를 닮아가는 사람들에게는 이러한 고통이 비슷하게 경험되어질 수 있다는 사실이다.[45] 십자가 위에서 "엘리 엘리 라마 아잡타니"(22:2)로 예수님께서 고백한 이러한 고통은 십자가를 따라는 우리에게도 이 시편의 경험이 삶 속에서 경험되어지는 것이다. 13편은 인내의 한계를 보여주는 시편이다. "언제까지"라는 구절이 4번이나 반복됨으로써 기도자의 인내의 한계와 고통이 극한 것을 강조하고 있다.[46] 그러나 마지막은 확신은 구원의 기쁨과 확신으로 성화된다.

(8) **신앙인의 확고한 철학**(37편)

믿는 자는 세상을 살다보면, 부조리한 상황을 통해 불평스러운 상황을 경험할 수 있다. 그러나 이러한 세상에서도 확고한 하나님께 대한 철학을 가지고 기도하면서 모든 문제를 극복해야 한다. 37편은 알파벳 시(Acrostic Psalms, 9-10편, 25편, 34편)로서 완벽한 운율을 보여주고 지혜의 시로 규정되지만,[47] 내용상으로는 기도하는 자의 확실한 신앙자세를 보여준다. 세상의 많은 물질보다도 의인의 바른 삶이 낫고(37:16), 의인은 베풀어 주는 삶을 산다(37:21). 이것은 말씀의 지혜이기도 하지만, 기도하는 사람이 말씀의 경험을 통하여 개인적으로 고백하는 철학이다. 기도는

---

44) 존 칼빈, 『구약성경주해 7권: 여호수아, 시편』(서울: 성서교재 간행사, 1980), 300.

45) Michael Wilcock, *The Message of Psalms 1-72,* 78-85. 이런 면에서 윌콕은 시편 22편은 예언으로, 기도문으로, 시로, 경험으로, 예수 그리스도의 고난으로 그리고 우리가 따라가야 할 삶으로 나누어 주석하고 있다.

46) Craigie, *Psalms 1-50,* 142-3.

47) Craigie, *Psalms 1-50,* 296

하나님을 철저하게 의뢰하는 표현이기 때문이다(37:3).

자신을 바라보는 기도는 자신을 돌아보고 자신의 연약함과 질병 속에서 위기를 극복하게 해 주며, 인생의 무상함 같은 감정적인 문제들도 극복하게 해주는 힘이라는 것을 보여준다. 인간이 경험하는 수많은 사람들과의 갈등들 이것 역시 기도를 통해서 극복하게 된다(3, 7편). 그리고 인간의 감성으로 경험되는 각가지의 느낌들, 상실감, 부조리함, 억울함, 무상함들 모든 감정적인 문제들도 기도로 하나님께 나아가면 이러한 마음을 극복하게 해 주시며, 자신 속에서 실제적인 변화를 경험할 수 있다는 것이다. 기도는 하나님을 만나는 것뿐만 아니라, 이 하나님을 통해서 기도하는 자가 자기변화를 경험한다는 것이다. 감정적인 변화와 의지적인 생각의 변화를 통하여 개인이 거룩함으로 나아갈 수 있는 도구가 되는 것이다.

3. 다른 사람들을 바라보기(Looking at others) 시편들

14, 15, 20, 21, 35 총 5편

시편기자는 하나님을 바라보고, 자신을 돌아보는 기도 다음으로 세상과 사람들에게로 그의 관심은 나아간다. 사실 우리가 경험하는 기도는 이 영역이 대부분이다. 나의 소원간구와 다른 사람들의 모든 문제들을 위해서 간구하는 내용이 사실상 우리가 경험하는 기도의 주 내용이다.

(1) 내 백성을 먹는 죄인들(14편)

시편기자는 어리석은 자들의 행동에 대한 묘사를 한다(14:1-3). 그러나 문제는 "내 백성"(14:4)에 대한 관심을 가지며, 하나님이 그 백성을 회복할 것과 또한 백성이 그것을 기뻐할 것을 언급하고 있다(14:7). 이러한 시온의 회복은 다른 성경에도 언급되고 있다(사 59:20; 롬 11:26).[48] 우리가 이 시편의 간구를 확대해서 해석할 경우에, 이 시편은 하나님의 백성과 나라의 회복과 하나님의 구원하심을 위해서 간구

48) VanGemenren, "Psalms," 147.

하며, 오늘날 하나님의 나라인 교회의 부흥과 나라의 확장을 소원하는 선교를 위한 기도로 적용해 볼 수 있다.

(2) **의인의 자격**(15**편**)

"지혜의 시"라고 불리는 이 시편은 하나님의 존전 앞에 설 수 있는 자격의 요건을 설명하고 있다.[49] 하나님의 임재 앞에 설 수 있는 인간에 대한 기도이기 때문에, 자신을 보기 보다는 세상의 있는 사람들을 향한 기도라고 볼 수 있다. 칼빈은 이 시편은 "하나님께서 어떤 조건으로 유대인들을 자신의 백성으로 선택하시고 자신의 성전을 그들 가운데 두셨는가? 하는 점을 가르쳐 준다"라고 이 시편의 특징을 설명한다.[50] 또한 3인칭 단수 형태로 기도하는 것은, 개인이 하나님이 어떻게 서는가라는 문제가 아니라, 하나님의 백성이 하나님 앞에 설 수 있는 자격자를 간구하며, 이러한 자는 요동치 않는 것을 확신한다(15:5).

(3) **축복의 시**(20, 21**편**)

왕적인 시로서 시편 20편은 "왕이 전쟁에 나가는 시"로 분류된다.[51] 내용 역시 제목(20:1)과, 중보적기도(20:2-6)에 이어서 마무리 짓는 찬양(20:8-10)으로 끝난다. 당시 왕은 전쟁과 예배의 대표자로서 중요한 역할을 감당하였고, 이러한 왕을 축복하는 시이다.[52] 그러나 이 시를 적용함에 있어서 우리는 다른 사람들을 이렇게 축복하는 기도를 드릴 수 있다. 전투의 삶을 사는 형제, 자매들에게 승리의 개가와 기도의 응답(20:6)을 구하며 축복하는 것은 자연스러운 우리의 간구가 된다. 다음 시편인 21편 역시 왕적인 시이나, 20편과 다르게 많은 요소들을 가지고 있다. 감사의 내용(21:2-7), 확신의 내용(21:9-13), 그리고 공동체적인 반응(21:14)으로 결론을 맺는다.[53] 또한 메시아적 통치의 내용으로 분류되는 것과 마찬가지로[54], 이 시편은

49) VanGemenren, "Psalms," 148-9.

50) 존 칼빈, 『구약성경주해 7권: 여호수아, 시편』 (서울: 성서교재 간행사, 1980), 369.

51) Craigie, *Psalms 1-50,* 184.

52) Craigie, *Psalms 1-50,* 187.

53) Craigie, *Psalms 1-50,* 189.

54) C. 헤스벌럭, 『시가서 개론』 (서울: 은성출판사, 1999), 196-222.

왕을 축복하는 내용으로 가득하다. 하나님께서 왕에게 베푸실 선하심을 간구하는 것이다. 왕 같은 제사장인 모든 성도들을 위해서 이러한 축복과 기도를 드리는 것은 오늘날 우리가 경험하는 것과 다르지 않다(벧전 2:9).

(4) 악인에 대한 저주

"저주의 시"라고 불리는 시편 35편(다른 6개의 시는 6, 58, 69, 83, 109, 137편)은 축복의 시와는 다르게 하나님의 백성이 자신을 대적하는 악인들에 대한 심판을 요청한다.[55] 그들에게 멸망이 졸지에 임하고, 멸망에 떨어지게 해 달라고 다윗은 간구한다(35:8). 또한 자신에게 해를 주는 자들에게 낭패와 수치를 당하게 해 달라고 간구한다(35:26). 하나님께 기도하는 자가 어떻게 이렇게 저주를 간구하는가? 라는 문제가 있지만, 나름대로 기도하는 자는 원수의 병들었음에도 오히려 기도해 주었다고 고백한다(35:13). 이와 유사하게 다른 사람들을 저주하는 시편들이 성경에 나타나지만(58:10; 68:23), 이러한 내용은 때로 잔인하게 보여진다. 예를 들어, "의인은 악인의 보복 당함을 보고 기뻐함이여 그 발을 악인의 피에 씻으리로다."(58:10)라고 하는 말씀도 기도자가 하나님께 나아가서 종국적으로 악인들에 대하여 승리할 것을 약속해 주는 확신으로 보아야 할 것이다(58:10).

다른 사람들을 바라보기(Looking at others)의 기도는 하나님 나라의 회복을 위해서 기도하며, 그러한 백성이 되도록 간구하는 기도의 관심이나, 그들을 축복하는 내용들이다. 우리는 일상생활에서 우리 주위에 있는 많은 사람들을 위해서 기도하는데, 이러한 내용들은 기도의 3번째 영역인 다른 사람들을 위하여 간구하는 중요한 기도의 요소라고 할 수 있다.

4. 복합적인 시의 한 가지 형태(36편)

시편 36편은 3가지 형태가 다소 복합적이다. 이 시편이 보여주는 것은 시편 1권(1-41편)이 확실하게 각각 다른 특징을 보여주는 것이 아니라, 시편들이 서로 하

---

55) Craigie, *Psalms 1-50,* 119.

나님 바라보기, 자신을 바라보기, 그리고 다른 사람들을 바라보기의 내용이 복합적으로 섞여 있다는 것을 보여준다. 기도는 하나님이 누구신가? 그 분에 대한 신앙을 주관적으로 경험하며, 자신의 변화를 경험하며, 다른 모든 사람들을 위해서 기도하는 내용들이다. 이 시편의 구조는 다음과 같이 병행 대구법적인 형태를 가지고 있다:

A. 악인의 본질(1-4절)
  B. 하나님의 지혜(5-6절)
  B' 지혜의 기쁨(7-9절)
A' 악에서 보호해 줄 것에 대한 기도(10-12절)[56]

이 내용이 보여주듯이 악인 즉 다른 사람이 나타나고(1–4절), 여호와의 특징(5–7절), 그리고 하나님의 백성이 누리는 축복(8–10절), 그리고 악에서 구원해 달라는 간구(11–12절) 내용으로 기도의 요소들이 복합적으로 섞여있다. Gunkel 역시 시편 36편을 평가하기를 "그래서, 혼합된 시인 시편 36편은 중심과 핵심적인 요소는 찬송(36:6–10)이지만, 신적인 은혜를 결론 부분에서 간구함(36:11이하)을 포함하고 있다"[57]고 말한다. 즉 하나님을 찬송(Looking at God), 자신의 구원을 간구하며(Looking at oneself), 악인에 대한 묘사도(Looking at others) 나타나 있다. 이와 같이 시편은 Gunkel이 한 개의 시편조차도 낱낱이 장르별로 해체한 연구를 통하여 우리에게 시편 장르를 제시해 주었고, 그 다음의 연구를 통하여 시편의 역사적 배경과 용도 등을 통하여 시편을 읽을 때 각 시편의 해석의 도움을 준 것 역시 사실이다. 그러나 시편은 기도하는 사람의 영적인 상태를 통하여 하나님께 나아가서 여러 가지 문제들을 간구하기 때문에 하나님에 대한 서술과 자신의 문제 그리고 다른 사람들의 상황과 간구 등의 복합적인 요소를 배제할 수 없다. 그럼에도 불구하고 나름대로 크게 흐르는 주제는 나름대로 파악할 수 있다고 말할 수 있다.

---

56) VanGemenren, "Psalms," 292.

57) Hermann Gunkel, *Introduction to Psalms: The Genres of the Religious Lyric of Israel,* 40.

Ⅳ. 나가는 글

앞에서 나름대로 시편 1권(1-41편)의 기도를 분석적이기 보다는 종합을 통한 방법으로 신학적의 의미로 통합하여 우리의 현실에서 큰 영역에서 이해해 보려고 하였다. 이 글을 통하여 나름대로 얻은 것은 시편이 우리의 기도 생활의 중요한 매뉴얼이라는 것과 기도 교과서인 시편이 우리에게 가르쳐 주는 것은 기도의 목적과 동기가 무엇이며, 그리고 기도의 핵심적 요소는 3가지 영역에서 생각해 보아야 한다고 제언하였다. 즉 "하나님을 바라보기", "자신을 바라보기", 그리고 "세상과 다른 사람을 바라보기"이다. 기도는 흔히 중보나, 다른 사람을 위해서만 간구하는 것으로 오해하고 있는 것이 사실이다. 만약에 기도나 간구가 기도자의 "소원수리"하는 신앙행위로만 평가절하 한다면 실제로 성경의 기도는 무속적인 행위와 다르지 않을 것이다. 그리고 마태복음 6:8 "구하기 전에 너희에게 있어야 할 것을 하나님 너희 아버지께서 아시느니라"라는 말씀에 대해서 기도할 이유에 대한 답도 제공할 수 없을 것이다.

기도는 간구 그 이상이다. 기도의 대상이신 하나님 그 분을 만나고 그 분의 성품과 그 분의 약속에 근거하여, 주관적으로 자신의 상황을 인식하고 그 상황을 극복하는 단계로 나아가는 실제적인 단계이다. 그리고 자신의 모습을 하나님의 시각에서 발견하고 세상과 다른 사람들에 대한 태도를 통하여, 하나님의 나라와 교회를 위해서 하나님께 간구하는 것이다.

물론 이 연구는 1편에 관한 내용을 1년의 임상적인 현장과 신학적인 접근을 통해서 살펴본 한 가지 접근에 불과하다. 아직도 시편의 방대한 기도의 내용인, 시편 2-5권(42-150편)이 우리에게 주어져 있으며, 이 시편의 특징들을 분석해 보고 또한 각 권들의 특징과 유사점과 다른 점들을 비교해서 분석하고 난 다음, 시편 전체가 말씀하고 있는 기도의 특징들의 원리를 발견해야 할 과제가 남아 있다. 그리고 나아가서 구약에서 말씀하고 있는 기도의 모델들의 원리를 종합해서 구약성경이 기도의 어떠한 매뉴얼인지 발견하고 오늘날 현장에서 기도를 가르치는 교과서로써 성도들에게 기도생활을 바르게 가르쳐야 할 사명이 우리들의 신학적인 연구에도 나타나야 한다고 생각한다.

개인적 부흥은 기도를 통해서 일어나고 시편 1권에서의 기도의 무게는 "하나님을 바라보기"에 주어진다고 필자는 결론짓는다. 하나님을 바라보고 그 분을 만나는 것이 기도의 핵심이고, 이러한 작업을 통하여 기도자가 변화하고 실제적인 주관적인 변화와 부흥을 경험하게 되는 것이다. 그리고 이 부흥을 가져오도록 소망하고 다른 모든 사람들을 위해서 기도하게 되는 것이다. 오늘날 현장에서 우리는 대부분의 기도는 "주시옵소서." 그리고 다른 사람들을 위해 제목별로 기도해주는 내용이 거의 기도 대부분을 차지하다 보니, 기도에 재미를 느끼지도 못하고 기도의 기쁨을 체험하지도 못하며 깊이 있는 기도를 하지 못하고 대부분 짧은 기도로 매일 하루를 보내게 된다. 그러나 시편 1편의 기도가 보여주는 것은, 기도자가 하나님을 인하여 감격하며(8편), 그 하나님의 임재를 철저하게 느끼고 그분과 교제하며 모든 상황에서도 그 분만의 개입과 변화를 체험하는 중요한 통로라는 사실을 보여준다는 것이다.[58] 한국 교회의 단체적 부흥뿐만 아니라, 개인적인 부흥을 위해서는 하나님을 만나게 하는 기도의 훈련이 요구된다고 하겠다.

> "주여 내가 무엇을 바라리요 나의 소망은 주께 있나이다."(시 39:7)
> "주를 향하여 손을 펴고 내 영혼이 마른 땅 같이 주를 사모하나이다.(시 143:6)

참고문헌

김정우, 『시편강해 I-율법찬가와 메시아찬가』 서울: 도서출판 엠마오, 1998.

김정우, 『시편강해 II-찬양과 감사와 애가』 서울: 도서출판 엠마오, 1995.

김정우, 『시편강해 III-시온, 순례, 신뢰, 가정, 역사의 노래』 서울: 도서출판 엠마오, 1998.

류호준, 『우리의 기도가 천상의 노래가 되어: 시편 사색 I』 서울: 이레서원, 2006.

존 칼빈, 『구약성경주해 7권: 여호수아, 시편』, 서울: 성서교재 간행사, 1980.

존 칼빈, 『구약성경주해 8권: 시편』, 서울: 성서교재 간행사, 1980.

Craigie, Peter C., *Psalms 1-50.* WBC. Waco: Word Books, 1983.

Gaebelein, Frank E (ed), "Psalms-Song of Songs." in *The Expositor's Bible Commentary* Grand

58) 류호준, 『우리의 기도가 천상의 노래가 되어: 시편 사색 I』 (서울: 이레서원, 2006), 157-173. 여기에서 "기도는 우리가 하나님과 교통하는 것이다."라고 설명한다.

Rapids: Zondervan, 1991.

Gunkel, Hermann, *Introduction to Psalms: The Genres of the Religious Lyric of Israel.* James D Nogalsk (tr.). Macon: Mercer University Press, 1998.

Harris, R. Laird, Archer, Jr. Gleason L., and Waltke, Bruce K. , *Theological Wordbook of the Old Testament.* Vol. 1, Chicago: Moody Press, 1980.

Keil & Delitzsch, "Psalm." *Commentary on the Old Testament.* Peabody: Hendrickson Publsihers, 1989.

Longman Ⅲ, Tremper, *How to Read the Psalms.* Downers Grove: InterVarsity Press, 1988.

Whybray, Norman, *Reading the Psalms as a Book.* Sheffield: Sheffield Academic Press, 1996.

Wilcock, Michael, *The Message of Psalms 1-72.* Leicester: InterVarsity Press, 2001.

동학의 후천개벽사상과 아모스의 종말론 비교 연구

김 남 일
(백석대학교, 구약학)

I. 들어가는 글

시대가 어려우면 어려울수록 민중들은 도탄에 빠지게 되고 가진 자들은 더욱 많은 것들을 가지게 되는 것은 비단 자본주의의 병폐만은 아닐 것이다. 어느 사회를 막론하고 권력과 돈은 함께 가는 것이고 그러한 특혜는 항상 소수의 사람들에게만 주어져왔다. 더군다나 민중들의 삶을 보살피고 보듬어야 할 권력이 가진 자의 편에서서 그들을 위한 정책만을 펼 때 민중들은 상대적으로 더 많은 박탈감을 느껴야 했다. 이러한 암흑기에 그들의 마음을 위로할 수 있는 것은 권력자들이나 지도층이 아니라 민중들과 함께 해 온 종교였다.[1] 종교는 삶이라는 이름과 생활이라는 친근감으로 우리 곁에 언제나 존재하기도 하지만 극단적인 절망의 상황이 닥치면 그 상황에서 벗어나기 위한 무극(無極)의 힘을 제공해주기도 한다. 종교가 가지고 있는 내세성이나 종말론적인 경향이 이를 더욱 더 심화시키기도 한다. 그러나 어려운 시대에는 반드시 종교의 내세성이나 종말론적인 경향이 아니라고 해도 종교가 유일한 희망이 되기도 한다.

동학은 조선 후기에 나타난 유교적 정신의 부패와 경제적인 상황의 변화, 그리고 지배계급의 타락으로 인한 사회적 변화에 의해서 요청된 종교이자 정치적인 운동이다. 단순한 종말론자들의 운동이 아니라 후천개벽을 통해서 세상이 뒤집어지기를

1) 김지하, 『동학이야기』 (서울: 솔출판사, 1999), 11, 12.

바랐던 진보적인 정치운동이기도 하다. 그리고 아모스는 주전 8세기에 유다와 이스라엘을 향해서 야웨의 심판을 예언했던 예언자이다. 이 두 예언자들이 살았던 조선 후기와 주전 8세기는 많은 면에 있어서 서로 유사한 상황이었다. 동학이 유교적 개념의 붕괴에 의한 것이었다면 아모스는 다윗언약에 대한 맹신으로 말미암아 발생한 도덕적, 종교적 해이에서 발생한 것이다. 수운(水雲)이 한울님을 내 마음에 모셔야만(侍天主) 양심이 회복될 수 있다는 사실을 강조[2]했다면 아모스는 야웨의 말씀대로 살아야만 심판을 받지 않을 것이라는 메시지를 주고 있다. 그리고 수운이 사회적인 부조리 그 자체보다는 사람의 내면적인 윤리의 회복이 근원적인 것으로 보았다면 아모스도 공의로운 마음과 삶의 태도가 야웨와의 관계를 유지하는 길임을 강조하고 있다. 수운이 후천개벽의 날에 한울님과 인간이 하나 되는 인내천(人乃天)을 강조[3]했다면 아모스는 야웨의 날에 메시야가 와서 악인을 심판하고 그 백성들을 "위로"할 것이라는 메시지를 주고 있다.

이와 같은 유사성은 그 시대적인 상황을 잘 파악함으로 발견할 수 있는 것인데 수운의 시대와 아모스의 시대가 사회 경제적인 측면에서 아주 비슷한 상황이었다. 결국 이러한 운동은 수운이 죽고 그 후대의 사람까지 40만 명의 삶이 순도(殉道)함으로 끝을 맺게 되었고, 아모스의 경우도 결국 이스라엘이 아시리아에게, 유다가 바빌론에게 포로로 잡혀감으로 그 시대에는 비극적인 결말을 맺고 말았다. 그 뒤에 이 예언자들의 메시지가 어떻게 성취가 되었는가 하는 것은 나의 관심사가 아니다. 다만 수운과 아모스가 가지고 있었던 종말론적 역사인식의 문제가 나의 관심사이다. 그러므로 이 글은 수운과 아모스 시대의 상황에 초점을 맞추고 동학이나 메시아운동이 일어날 수밖에 없었던 사회적인 당위성을 비교 연구함으로 글을 전개할 것이다.

2) 이 말은 우선 사람, 중생이 끊임없이 활동하는 일체의 생명이 제 안에 한울님, 즉 끊임없이 활동하는 범생명의 활동을 모신다는 것이다. 이것은 한울님이 사람과 중생 모두 안에 살아계신다는 것이다(김지하, 17).

3) 의암 손병희는 성령출세설(性靈出世說)에서 수운의 시(侍) 곧 모심의 세 가지 뜻이야말로 인내천의 정의라고 보았다. 첫째, 안에 신기로운 영이 있고(內有神靈) 둘째, 밖에 기운화 함이 있으며(外有氣化) 셋째, 온 세상 사람이 각각 옮기지 못하는 사람임을 깨닫는다(一世之人 各知不移者也).

Ⅱ. 동학의 후천개벽사상

1. 동학 창도의 시대적 요인

(1) 외세의 침입에 의한 유교적 가르침의 붕괴

무엇보다도 수운이 가장 심혈을 기울여서 경계한 것은 바로 서양의 침범이었다. 그는 사학과 유학 대 불도의 대결은 후자(後者)의 패배로 끝났다고 보았다. 그는 용담유사에서 다음과 같이 자기의 심정을 표현하고 있다.[4)]

> 유도 불도 누천년에 운이 역시 다했던가?(『용담유사』「교훈가」)

그래서 그는 사필귀정(事必歸正)한다는 천리(天理)를 믿고 지성감천(至誠感天)한다는 천심(天心)을 믿음으로서 순전히 동양적인 종교체험을 하게 된다. 결국 이러한 그의 종교체험은 서양에 대한 극단적인 배척이 나타나는데 이는 서양의 세력이 동양적인 유학의 가르침을 근본적으로 흔들어놓고 있다고 보았음을 의미한다.

조선후기의 사회는 부정과 부패, 외세의 위협으로 인한 사회적 정치적 혼란이 심화되고 확산되던 시기였다. 이조(李朝) 500년 동안의 정신적 지주였던 유학의 지배체제가 붕괴하고 민생의 삶이 어려워짐에 따라 도처에 민란이 일어나고 외세는 더욱 더 강하게 압박을 해오기 시작했다. 이러한 때 유교의 가르침에서 발견되는 모순을 제거하고 외세의 침입을 막아내기 위한 필연적인 요청에 의해서 동학이 발생하게 되었다.[5)]

임형진은 그의 책 "동학의 정치사상"에서 동학은 민족주의와 결합한 종교로서 서양의 음을 동양의 양으로 제압하려는 수운 최제우의 사고와, 학정과 사회적 구조적 부패에서 벗어나려는 민중의 열망이 결합하여 생긴 새로운 사상이라고 부른다.[6)]

---

4) 용담선원, 『동학. 천도교 略史』 (보성사, 1990), 173

5) 윤석산, 『동학교조 수운 최제우』 (서울: 모시는 사람들, 2004), 14.

6) 임형진, 『동학의 정치사상』 (서울: 모시는 사람들, 2004), 85.

이 시대를 군불군(君不君), 신불신(臣不臣), 부불부(父不父), 자부자(子不子)의 시대라고 할 수 있다. 이 말은 유교적인 기본 윤리의 붕괴를 의미하는 것으로서 사실상 조선의 정신적 근간(根幹)이 무너졌음을 의미한다. 이것은 결국 유교적 정신의 붕괴와 외세의 침략이라는 내. 외부적인 문제점들로 인해서 동학이 새로운 시대적 대안으로 떠오를 수 있는 적기였다는 것을 의미한다.

> 평생에 하는 근심 효박한 이 세상에
> 군불군(君不君), 신불신(臣不臣), 부불부(父不父), 자부자(子不子)를
> 주소간(晝宵間) 탄식하니 울울한 그 회포는
> 흉중에 가득하되 아는 사람 전혀 없어(몽중노소문답가)

그러나 수운은 이러한 사회적으로 드러나는 외형적인 문제를 그 원인으로 보지 않고 보다 인간의 내면적인 문제가 더 근원적인 것으로 보았다. 즉 인간의 내면적인 문제인 윤리와 도덕의 타락이 사회적인 부패의 원인이 되었음으로 인간을 내면적인 타락으로부터 회복하는 것이야말로 한울님의 도움이 없으면 안 되는 것이라고 보았다.[7)]

그 당시 사회가 얼마나 부패하였는가를 보여주는 일화가 있다. 이 일화는 수운이 창도하던 1860년대를 전후한 사회상이 얼마나 부패했는가를 보여준다. 비록 충청도 작은 시골마을에서 일어난 일에 대한 기록이지만 얼마만큼 강상(綱常)이 무너졌는가를 보여주는 좋은 예가 된다.[8)]

> 죽동 득순의 아들 선달 병오가 달산에 여러 날 머물며 선달, 한량, 무뢰배들을 모으고, 창부로 하여금 창가를 하게하고, 날마다 술을 내어 성대한 연회를 하고, 남포 경내의 모든 잡류는 투전의 짝이 되며, 삼계에 사는 상놈도 몇이나 되는지 알 수 없다고 하니, 그것을 누가 금지하겠느냐? 그 밖에도 평민을 잡아와서 겁탈할 계획을 하니, 위장(衛將)은 막지 아니할 뿐 아니라 도리어 나쁜 짓을 교사하니, 백성오

---

7) 윤석산, 『동학교조 수운 최제우』 17.

8) 하영곤, 『한 유학자의 서간을 통한 19세기 호서 사회사 연구』 (서울: 서강대학교 대학원 박사학위논문), 53에서 재인용.

도 그 중에 뛰어든 지 오래 되었다. 임사윤도 제 집에 가다가 위장에게 붙잡혀 며칠 머물며 노름을 하고 술을 먹었다고 한다.

이 서간은 편지를 쓴 사람의 집안 서동생 조병오 등이 주축이 되어서 선달, 한량, 무뢰배 등과 어울려 연회, 투전, 겁탈을 일삼는 모습을 서간의 주인인 조병덕이라는 사람이 한탄하는 내용이다. 백주에 겁탈할 계획을 세우고, 노름이나 하고 술이나 먹으며 지내는 당시의 타락상이 잘 나타난다. 특히 이들은 모두가 서자나 한량, 무뢰배 등으로 그 신분상 중인(中人) 또는 그 이하의 사람들인데 이들이 이런 일을 대낮에 할 정도로 매우 타락한 사회상을 알 수 있다.

(2) 지배계층의 부패

동학창도의 또 다른 중요한 동인은 지배계층의 부패에 따른 민생의 피폐를 들고 있다. 즉 삼정(三政)의 문란으로 인하여 민생은 극도로 어려워지고, 왕실 외척에 의한 세도 정치가 판을 부림으로 인해서 대부분의 양반들의 입신출세의 길이 막히게 되었다. 반면 공명첩의 발행이나 과거 제도의 문란으로 매관매직(賣官賣職)이 일상처럼 행해지던 시대였다.[9] 차함(借啣)이라는 벼슬이 특수하게 시행되고 있었는데 고종시대에는 더욱 유행하게 되었다. 그보다 앞선 철종 말년에는 관직의 매매가 더욱 만연되었다.[10] 이러한 현실에 대항하여 정감록이 유행하고 홍경래의 난과 같은 잦은 민란이 일어났었다. 결국 이러한 현상들은 유교적 지배체제를 파탄으로 몰아가고 그에 대한 반향(反響)으로 동학이 창도되게 하였다는 것이다.

수운은 부패한 봉건사회가 지니고 있는 시대상이나 모순에 대하여 "효박(淆薄)한 세상사람" 혹은 "금수(禽獸)같은 세상사람"으로 묘사하고 있는데 이에 대하여 윤석산은 전자(前者)는 사회적 모순에 대한 비판적 인식이라고 한다면, 후자는 인간 본성에 대한 윤리성. 도덕성 차원에 대한 인식이라고 보았다.[11]

---

9) 당시의 사회상을 기록한 황현의 『매천야록』에 의하면 "10만 냥이 있어야 과거 급제하고 감사 자리 하나에도 2만 냥이 있어야 하는데 그나마 안동 김씨만 가능하다"고 적고 있다. 황현, 『매천야록』 영인본, 국사편찬위원회, 1971.

10) 신일철, "수운의 개벽사상 연구," 『동학사상과 동학혁명』 (서울: 청아출판사, 1992), 45, 46.

사실 조선후기는 앞에서 이미 언급한 바와 같이 안동 김씨의 세도로 인해서 왕권이 실추되고 임금은 그 권력을 휘두르지 못할 때였다. 그러므로 신하들이 왕을 업신여기듯이 자식들이 아비를 업신여기고 아비는 아비대로 제 도리를 못하는 것에 대하여 비난하고 있는 것이다. 결국 이것은 유교적인 덕목이 파괴됨에 나타나는 연속적인 결과로서 왕권의 실추는 곧 부권(父權)의 실추를 가져올 뿐만 아니라 전체 사회적인 문제의 원인이 되었다는 것을 의미한다.

> 칠 팔세에 글을 배워 심장적구(尋章摘句)하여 내어 청운교(青雲橋) 낙수교(洛水橋)에 입신양명할 마음은 사람마다 있지마는 깊고 깊은 저 웅덩에 진심갈력(盡心竭力) 지은 글을 넣고 나니 허무하다. 천수(天數)만 바라다가 많고 많은 그 사람에 몇몇이 참예해서 장악원(掌樂院) 대풍류(大風流)로 삼일유가(三日遊街) 기장하다 이일 저일 볼작시면 허무하기 다시없어 아니 가자 맹세해도 내 운수 내가 몰라 종종이 다니다가 이내 마음 마칠진대 그 아니 운수런가(흥비가)

이러한 정치적인 타락과 지배계층의 부패를 일소하기 위해서 암행어사를 보내고 부패를 없애려고 했으나 이미 깊이 뿌린 부패의 사슬을 끊기에는 역부족이었다. 이러한 정부 부재의 현실에 빠진 민중들은 새로운 질서와 권위의 필요성을 느꼈고 그 결과 동학이 창도될 수밖에 없었던 것으로 보인다.

(3) 경제적 상황 변화

또한 동학창도에 있어서 경제적인 상황요인도 중요한 동기부여가 되었다고 할 수 있다. 17, 18세기 화폐 경제의 발달로 인해서 양반 사대부들이 부의 축적에 눈을 뜨게 되었고 이들이 자신의 지위나 권력을 이용해서 도매 난전이나 소난전을 직접 운영하면서 사회적 지위와 경제적 우위를 모두 쥐게 되었다. 그 결과 흉년과 고리대금으로 어려운 삶을 살았던 당시의 민중들의 삶은 더욱 옥죄어졌고 부익부(富益富) 빈익빈(貧益貧)의 경제적 차별이 심화되기 시작했다.[12]

11) 윤석산, 『동학교조 수운 최제우』 63.

12) 윤석산, 『동학교조 수운 최제우』 20-22.

양반들의 첫째 축재(蓄財) 수단은 악랄하기 그지없는 고리대금(高利貸金)이었다. 그 당시 채권에 관한 소송이 양민 사이에 성행했던 이유도 고리대에 의한 백성들 사이의 피해가 심각했음을 보여주는 것이다. 지역적으로는 호남 곡창이 가장 심했는데 철종 때 좌의정을 지낸 박해수(朴晦壽)의 상소를 보면 "민생이 도탄에서 허덕이기에 비록 어떤 좋은 계책이 있어도 수습할 수 없다"는 표현이 나타는 것으로 보아서 이미 양반들에 의한 축재와 그 여파가 매우 심각했음을 알 수 있다.[13)]

수운은 10년간의 주유팔로(周遊八路)를 통해서 체험한 이런 현실을 보면서 동학을 창도하려는 결심을 하게 된 것이다. 그는 사회 제도나 정치 체제에 대한 현실적인 혁신을 꾀할 수 있는 혁세가(革世家)의 길을 가지 않고 사람들의 내면에 윤리성을 회복할 수 있는 길인 구도(求道)의 길을 택한 것이다.

2. 수운 최제우

수운(水雲) 최제우(崔濟遇)의 본관은 경주(慶州)이고 태어난 곳은 경주시 현곡면 가정1리이다. 아버지는 최옥이며 어머니는 韓氏 부인으로만 알려져 있다. 아버지 최옥은 최지원의 후손이었지만 벼슬을 지내지 못한 가문이었으며 영남학파(嶺南學派)의 계맥을 이은 사람이었다. 그러나 그는 매우 가난한 선비였으며 두 번이나 상처를 하는 등 어려운 살림이었다. 더군다나 아홉 번이나 과거에 떨어진 50이 지난 후부터는 과거를 아예 포기하고 용담정(龍潭亭)에서 산림처사(山林處士)로 자칭하면서 한가로운 일생을 살아갔다.

수운은 아버지가 60이 넘었을 때 세 번째 부인인 한씨 부인과의 사이에서 태어났다. 그러나 그가 열한 살이 되던 해에 한씨 부인이 죽고 수운은 열세 살이 되어서 박씨 부인과 결혼을 했다. 그 후 4년이 지나고 그의 아버지가 죽자 생활능력이 없었던 수운은 가계를 꾸리기 위해서 한 때 장사도 해보고 농사도 지어보았으나 별 재미를 보지 못했다.

그러다가 20세가 되던 해 세상을 한탄하며 지내던 수운은 주유팔로(周遊八路)를 떠나게 된다. 이때가 수운이 21살이 되던 1844년의 일이다. 장사를 한다는 명목으

13) 신일철, "수운의 개벽사상 연구," 47.

로 출발하기는 했으나 그는 이 기간 동안에 조선 팔도를 다니면서 도탄에 빠진 민중들의 아픔을 깊이 목도하고 그 어떤 가르침도 이들을 구원할 수 없음을 깨달았다. 용담유사의 「몽중노소문답가」에 이런 구절이 있다.[14)]

> 아서라 이 세상은 요순지치(堯舜之治)라도 부족시(不足施)요
> 공맹지덕(孔孟之德)이라도 부족언(不足言)이라.

유교적 이념을 추구하던 가장 이상적인 시대였던 요임금과 순임금과 같은 훌륭한 임금도 결코 조선후기의 사회상을 해결할 수 없음을 한탄하는 것이다. 그는 심지어 공자와 맹자라고 할지라도 그 덕을 올바르게 펼칠 수 없는 시대라고까지 말했다.[15)] 그러므로 이제는 유교적인 이념이나 가르침으로는 이와 같은 난세를 도저히 극복할 수 없음을 선언하기도 했다. 그는 "유도(儒道) 불도(佛道) 누천년(累千年)에 운이 역시 다했던가?" 라고 한탄하기도 했다.[16)]

그리고 그는 서학에 대한 비판을 하기도 했으며 무속의 고사제도에 대해서도 비판을 했다. 특히 서양의 문물이 밀려오고 그 문물을 무분별하게 받아들이는 양태에 대해서는 매우 신랄하게 비판을 했는데 이는 인접국인 중국이나 일본, 또는 새로운 세력이 밀려옴으로서 유교적인 훈도와 가르침이 퇴색된다고 보았음이다.[17)]

이와 같은 주유팔로를 마감하고 고향인 용담으로 돌아온 수운은 을묘년(乙卯年, 1855)에 울산으로 이주를 하여 살던 도중에 소위 을묘천서(乙卯天書)를 경험하게 된다. 꿈에 나타난 한 노인이 그에게 책을 주는 것에 관한 것인데 그 책이 무엇인가에 대한 논의는 중요한 것이 아니고 그 꿈을 꾸었다는 것 자체가 신비한 종교체험을 한 것임을 말해주는 것이다.[18)]

이 사건 이후로 수운은 거의 모든 시간을 울산, 양산 천정산, 적멸굴 그리고 용

---

14) 윤석산, 『동학교조 수운 최제우』, 61.

15) Ibid.

16) 『용담유사』「教訓歌」

17) 윤석산, "용담유사에 나타난 대외의식" 『한양어문연구』(1985), 3를 참조하라.

18) 김용옥은 이 책이 "천주실의"라고 주장하기는 하나 그 사실을 받아들이기는 어렵다. 왜냐하면 수운은 이미 서양과 천주교에 대한 배척을 시작했었고 서양세력의 침입은 곧 유교적 가르침의 퇴색이라는 의식을 가지고 있었기 때문이다.

담 등지에서 수도(修道)에만 전념했다. 그러다가 경신년(庚申年)이 되어서 수운이 수련에 더욱 더 박차를 가할 즈음에 조선의 국내정세는 점입가경(漸入佳境)에 이르게 되었다. 안동 김씨의 세도는 갈수록 기승을 부렸으며 이와 비례하여 국왕의 권위는 완전히 땅에 떨어졌고, 백성들의 삶은 더욱 더 도탄에 빠지기 시작했다. 그래서 백성들은 살아남기 위하여 도적이 되어 산간에 숨거나 민란을 일으키기도 했다.[19] 그런가 하면 외세의 침략은 더욱 노골화되어서 중국을 마음대로 침공하는가 하면[20] 무력으로 개방을 강요하는 일이 비일비재하게 일어났기 때문이다.[21] 이 해 음력 4월 5일에 수운은 장조카 맹륜(盟倫)의 생일잔치에 참석했다가 득도(得道)의 체험을 하게 된다. 이날의 사실에 대해서 동경대전(東經大全)에서는 다음과 같이 기록하고 있다.

> 뜻하지 않게 어느 4월에 마음이 춥고 몸이 떨리어 무슨 병인지 그 증상을 알 수 없고 말로 형상하기 어려울 즈음에 어느 신선의 말이 있어 문득 귀로 들어오는지라.

수운은 이날의 체험으로 한울님을 직접 몸으로 체험하고 그 가르침을 받게 된다. 그가 가장 먼저 받은 가르침은 오심즉여심(吾心卽汝心)으로서 "내 마음이 곧 네 마음이다"는 의미이다. 그의 이러한 체험은 무속에서 신령을 처음 맞이하는 무녀의 체험과 유사한 것으로서[22] 차이점이 있다면 무속에서는 접신을 할 때 탈자아(脫自我)의 상태에 빠지는 반면 수운은 자의식을 가지고 상제(上帝)라는 존재와 대화를 나눈다는 점이다. 이날 수운은 다음과 같이 자기의 신비한 체험에 대하여 기록하고 있다.

---

19) 한명기, 『사회세력의 위상과 저항 (상)』 (서울: 청년사, 1990), 55

20) 이것은 조선에게는 상당한 충격이었다. 왜냐하면 유학의 본산지인 중국을 사대(事大)하고 있던 조선은 그 사상적인 모체인 중국이 외세에 의해서 침략당한다고 하는 사실을 곧 조선의 사상적 근저(根柢)가 사라진다고 하는 입장에서 받아들였기 때문이다.

21) 신복룡, 『동학사상과 갑오농민혁명』 (서울: 평민사, 1985), 45-76.

22) 최준식, 『한국의 종교, 문화로 읽는다』 (서울: 사계절, 2000), 66

> 천은(天恩)이 망극하여 경신 사월 초오일에 글로 어찌 기록하며 말로 어찌 성은 할까. 만고 없는 무극대도 여몽여각(如夢如覺) 득도로다. 기장하다 기장하다 이내 운수 기장하다(용담가).

이날부터 수운은 치병(治病)을 하며 기적(奇蹟)을 일으키면서 포덕(布德)을 하기 시작했다. 그는 제일 먼저 그의 아내인 박씨를 포덕하기 위하여 하루에도 수십 번씩 아내에게 절을 하여 포덕하고 난 후 조카를 포덕했다. 그리고 그는 집에서 부리던 하녀들 중 하나를 수양딸로 삼고 다른 하나는 며느리로 삼았다. 이 부분은 수운에 대한 글마다 거의 나타나는 덕담(德談)으로서 수운이 무극대도(無極大道)를 향한 첫 발을 내딛는 시점에 일어난 일이라는데 더 큰 의미가 있다. 이때의 포덕을 신유포덕(辛酉布德)이라고 부른다. 그해 6월에 시작한 신유포덕은 충청도, 강원도, 전라도를 거쳐 조선 온 땅으로 퍼져나가기 시작했다.

그의 이러한 급격한 포덕은 먼저 문중의 반발을 가져왔고 관(官)에서는 서학의 잔당으로 취급하기 시작했다. 그리고 계해년(1863년) 12월 10일에 경주 용담에서 여러 제자들과 함께 체포되고 만다. 대구 관아의 감사 서현문에 의해서 심문을 받은 수운은 혹세무민(惑世誣民)했다는 것과 서도(西道)의 무리라고 하는 두 가지의 이유뿐만 아니라 난을 일으키려 했다는 죄목으로 이듬해 1월과 2월에 고초를 심하게 당하고 3월 10일에 41세의 나이로 참형을 당하고 말았다.

3. 시천주(侍天主) 사상

시천주(侍天主) 사상은 "모든 존재는 천주(한울님)를 시(侍)하고 있는 존재다"는 것으로서 내유신령(內有神靈)과 외유기화(外有氣化)을 알고 섬기는 것이 한울님을 모시는 것이다. 내유신령은 사람이 태어날 때 비로소 발하는 마음이요 이 마음이 바로 한울님의 마음이다. 외유기화는 사람이 어머니의 뱃속에 포태할 때부터 우주에 꽉차 있는 한울님의 기운, 즉 '지기(知己)'의 조화로 모태는 그 바탕에 응하여 이치와 기운이 엉기어 사람의 몸을 이루게 됨을 말한다.[23] 즉 사람이 한울님을 모시는 때는

23) 임형진, 『동학의 정치사상』 93.

바로 모태에 포태되었을 때부터라는 말이다. 그리고 우리가 태어났을 때 한울님이 마음으로 그 안에 들어오는 "내유신령"을 함으로써 사람이 되는 것이다.

이 사상은 신과 인간이 동일한 존재라는 점을 밝히고 있는 것으로서 "네 몸에 모셨으니 사근취원하단 말가"라는 표현을 통해서 천부를 밖에서 찾지 말고 바로 안에서 찾으라고 한다. 즉 시천주사상은 인간이 한울님을 모시고 인간 속에 신이 내재한다는 것으로 한울님과 인간은 동체(同體)라는 의미이다. 수운의 이러한 사상은 초월적 신의 존재를 찾고 피안의 세계를 그리던 다른 종교들과는 반대되는 것으로서 초감성계와 감성계라고 하는 이중적인 담을 허물어버린 것이다.

그리고 시천주 사상은 역사의 주체가 인간이라는 것을 확인시켜준다. 비록 한울님은 시간과 공간을 넘어서는 분이지만 그런 신을 내가 모신다는 것은 인간관, 역사관, 사회관을 재창조하는 주도권이 바로 인간에게 있다는 것을 의미한다.

4. 지기(至氣) 철학

수운은 우주의 본체를 지기의 산물로 보았다. 동경대전 논학문 편에서 그는 다음과 같이 설명하고 있다.

> 지(至)라는 것은 지극한 것이요 기(氣)라는 것은 허령(虛靈)이 창창하여 모든 일에 간섭하지 아니함이 없고 모든 일에 명령하지 아니함이 없으며, 모양이 있는 것 같으나 형상하기 어렵고, 들리는 듯하나 보기는 어려우니 이것은 또한 혼원(渾圓)한 한 기운이라.[24)]

동학의 이 지기는 단순한 물질적 본체로서의 기운이 아니고 정신을 내포하고 있는 우주의 궁극적인 본질을 의미하는 것이다. 우주 만물은 모든 공통의 원리를 갖는 하나의 영체(靈體)이자 하나의 생명이라는 의미의 지기인 것이다. 수운은 지기는 천주이고 천주는 곧 인간이라는 주장을 했다.[25)] 인간이야말로 가장 영특한 존재로

---

24) 용담연원, 『동학 천도교 略史』 168.

25) 노태구, "동학사상의 연구" 『행정론집 9집』 (경기대 행정학회, 1987), 32-33.

서 한울님을 통해서 인간도 무궁한 존재가 될 수 있다고 보았다.

5. 후천개벽사상

이러한 조선 말기의 사회적 혼란은 필연적으로 새로운 질서와 세대를 갈구하는 사상을 낳게 되었다. 수운은 구도 단계에서 "한계에 이른 현 문화 체제를 다시 개벽하자"는 것이 구도의 과제임을 밝히고 있다. 그는 10년 동안의 주유팔로를 하면서 그 당시의 백성들이 현 문화 체제가 병들어 있다는 사실조차 모르고 있는 현실을 개탄했다. 후천개벽이란 "문화의 틀을 다시 열자"는 뜻이다. 그의 표현대로 "개벽 후 오 만 년"과 "십이 제국 괴질 운수 다시 개벽 아닐런가" 라는 구절은 개벽했던 것을 다시 개벽한다는 의미이다. 그가 "다시 개벽"하기 위한 신념체계의 핵심은 바로 시천주였다.[26] 임형진은 후천개벽의 이런 시천주는 인내천을 바탕으로 한 이상사회를 향한 과정으로 규정짓고 있다.[27] 그러나 김진혁은 인내천 사상과 시천주 사상과의 관련성을 부인하면서 오히려 시천주 사상을 일본이 인내천 사상으로 바꾸어 놓았다고 지적한다.[28] 그럼에도 불구하고 인내천 사상을 완성시킨 사람이 손병희임을 감안할 때 인내천 사상과 시천주 사상과의 단절을 주장하는 것은 부자연스러운 것으로 보인다.

동학에 있어서 개혁은 한울님을 만나기 전에 모든 질병으로부터 "다시 태어나는 삶". "군자 사람"의 삶을 살아가는 것을 의미한다. 군자 사람의 삶이란 한울님의 가르침을 받아 가면서 한울님의 은혜로 살아가는 것을 의미한다. 수운은 이것 무위이화(無爲而化)라고 했는데 무위이화의 삶에서 그 주체는 인간이다. 시천주 신앙으로 개벽된 인간들이 모여서 이룩하는 지상천국의 이상사회가 바로 수운의 최대 목표였던 것이다. 수운은 이 사회를 "춘삼월 호시절"이라고 하여 주로 봄으로 표현했다.

> 하루에 한 송이 꽃이 피고, 이틀에 두 송이 꽃이 피네. 삼백 예순 날이 되면 삼

---

26) 『동경대전』, 「논학문」.

27) 임형진, 『동학의 정치사상』 248.

28) 김진혁, 『후천문명의 패러다임』 (서울: 명선미디어, 2001), 181.

> 백 예순 송이가 피네. 한 몸이 모두 꽃이요, 온 세상이 봄일세.[29)]

그러나 수운이 제시한 후천개벽을 실제로 온 몸으로 실천해서 세상에 개벽의 희망을 제시한 인물은 해월 최시형이었다. 그는 동학의 현실화를 꾀한 사람으로서 수운이 제시한 이상적인 사회를 이 역사적 현실 안에서 이루려고 했던 사람이었다.[30)] 현실세계의 궁핍은 필연적으로 풍요로운 내세에 대한 기대를 가지게 했으며 동학은 이러한 민중들의 염원을 숙명적인 과제로 안게 되었다. 즉 비타협적인 현실 부정과 강렬한 현세적 열망이 동학사상이 당대의 민중적 변혁을 실천적 힘으로 전환될 수 있는 계기로 작용한 것이다. 이것이 동학의 개벽사상이다.

이 사상에 대하여 조민은 '지상천국'의 개념과 '후천개벽'의 이념으로 근접하여 이해할 수 있다고 보았다.[31)] 그에 의하면 지상천국은 현실적 고뇌가 온전히 해소되고 인간 상호간의 계급주의가 타파되는 이상적인 세상을 말한다. 이 세상의 구현이 동학의 가장 중대한 목표가 된다. 동학은 내세보다는 현세를 더 중시하며 사후의 천당이나 극락을 바라는 것이 아니라 지상에 천국을 만드는 것이 그 궁극적인 목표임으로 세상에서 일어나는 일들에 대한 적극적인 관심과 관찰을 요구한다.[32)] 그러기에 '후천(後天)'은 죽은 다음에 가는 사후의 세계가 결코 아니다.

> 입도한 세상사람 그날부터 군자 되어 무위이화(無爲而化)될 것이니 지상신선 네 아니냐(『용담유사』「교훈가」)

이러한 지상천국의 개념은 당시에 도탄에 빠진 많은 민중들이 동학에 입도하게 만드는 계기가 되었다. 수탈과 기근에 시달린 민중들이 바라는 세상은 그들이 이 땅에서 그토록 가지고 싶어 하는 욕망이 성취되는 세상이다. 그런데 후천사상은 그러한 욕망이 이 현실적인 세상에서 이루어질 수 있다고 보았음으로 민중들 사이에서 후천개벽사상이 짧은 시간에 널리 확산될 수 있었던 것으로 보인다.

---

29) 『동경대전』「시문」
30) 오문환, 『해월 최시형의 생활정치연구』 연세대정치학과 박사학위논문, 1995.
31) 조민, 『한국근대변혁운동의 정치사상』(고려대정치외교학과 박사학위논문, 1991), 118-127.
32) 임형진, 『동학의 정치사상』 251.

수운은 용담유사 교훈가에서 "부하고 귀한 사람 이전 시절 빈천이요 빈하고 천한 사람 오는 시절 부귀로세"라고 말하고 있는데 이것은 후천개벽이 되는 세상에서는 민중들이 오히려 지금의 현실과는 다른 완전히 역전된 삶을 살 수 있다는 것으로서 이것 역시 많은 민중들이 동학에 입도하게 된 중요한 동인이 되기도 한다. 그 동안 이조(李朝) 500년을 지배해왔던 논리인 반상의 차별이 없어진다. 이것 얼마나 통쾌하고 신나는 일인가? 임형진은 이것을 혁명의 논리라고 부른다.[33] 그렇다 이것은 완전히 혁명의 논리다.

이렇게 동학이 추구하는 지상천국은 바로 인간에 의해서 이루어지는 것이다.[34] 선천개벽이 천지가 열리는 우주의 탄생이라면 후천개벽은 인간의 노력에 의해서 오는 것이다. 여기서 주인공은 인간이다. 그렇기에 후천개벽의 인간의 노력에 의해서 확립되는 인위적인 질서이다. 동학에서는 미래사회를 여는 주인공인 인간을 신인간(新人間)이라고 부른다.

개벽이 민중들의 입장에서 보면 인생역전이지만 지배계층들에게는 도덕적 강성을 요구하는 것이다. 지배계층들도 그들의 도덕적 각성의 단계를 거치면 그들 역시 입도할 수 있다. 그러므로 후천개벽사상이 가지고 있는 또 다른 요소는 바로 도덕적 각성이다.

수운의 이러한 개벽은 엄격하게 말하면 매우 보수적인 입장을 띄고 있다. 왕조의 교체를 필수적인 것으로 말하면서도 보국안민(輔國安民)을 말하고 있다.

> 아국의 악질이 만세하여 民無四時之安 하니 是亦傷害之數也라 (포덕문)

여기서의 악질은 사회적인 질병으로서 관의 가렴주구(苛斂誅求)와 지배층의 부패요 유교적 사대부들의 불로자득, 그리고 서양의 침략을 의미한다. 이런 사회에서 그래도 보국안민을 강조했으며 광제창생(廣濟蒼生)을 추구했다. 결국 그는 이 두 가

33) 임형진, 『동학의 정치사상』 253.

34) 물론 수운의 글에서는 지상천국이라는 개념은 발견되지 않는다. "지상천국의 의의"라는 절은 있으나 이 교리 해설서에서 이돈화는 지상천국의 교리적 근거로서 「수덕문」의 口誦長生之呪와 地上神仙를, 그리고 「동귀일체」를 들고 있다. 따라서 지상천국이라는 개념이 정확한 용어로 사용되지는 않았다.

지의 목표가 이질적인 서양세력의 침입을 막아내고 유교적 도덕성의 확립을 통해서만 가능하다는 입장을 가지고 있었다.[35]

이상과 같은 수운의 후천개벽사상은 당대의 도탄에 빠진 민중들이 추구하고 있던 새로운 세계의 질서에 대한 열망을 충족시켜줄 수 있는 가장 적절한 후천개벽사상을 제시함으로서 짧은 시간에 그토록 많은 사람들이 입도할 수 있게 되었다. 한마디로 말하면 동학은 그 시대적인 요구에 대한 적절한 해답을 제시함으로서 크게 부흥할 수 있었던 것이다. 이러한 사상은 수운이 순도하고 난 후의 사회도 별반 달라진 것이 없으므로 그 후로 30년간 해월을 비롯한 많은 동학의 스승들에 의해서 그 위세가 확장되었다.

Ⅲ. 아모스의 종말론

1. 아모스 시대적 배경

주전 8세기에 유다에서 활동했던 아모스의 책에서는 '그 날'이라는 단어가 다섯 번 나타난다(2:16, 8:3, 9, 13, 9:11). 본서의 저자로 여겨지는 아모스(עמוס)는 '짐을 진 자' 혹은 '짐꾼'이라는 의미의 이름을 가진 드고아(Tekoa)출신의 예언자로서[36] 유다와 이스라엘을 포함해서 열방(列邦)인 아람, 팔레스타인, 두로, 에돔, 암몬, 모압을 향한 하나님의 심판의 메시지를 전한 예언자이다. 그의 출생지인 드고아는 예루살렘에서 남쪽으로 17km, 베들레헴에서 북쪽으로 10km 떨어진 곳에 위치한 작은 도시로서 유다에 속한 위성도시이다. 이곳은 다윗이 사울 왕의 위협을 피하여 숨어있던 엔게디 평원이었을 것으로 보이며(삼상 23:26) 유다 왕 여호사밧이 아모리 사람을 대항하기 위하여 백성들을 모으고 하나님께로 돌아가 하나님을 의지하고 단결하여 적을 쳐서 승리할 것을 권고한 곳이기도 하다(대하 20:20). 아모스는 그곳에서 목자

35) 신일철, 『최수운의 역사의식』 38.

36) "עמס" *The New Brown-Driver-Briggs-Gesenius Hebrew-English Lexicon* (Peabody: Hendrickson Publish, 1979), 770. עמוס는 '짐'(load)을 의미하는 명사 עמס에서 파생되어진 말로서 동사로서 쓰일 때는 주로 칼(Qal)형으로 사용되었다. 이때는 미완료 남성 3인칭 단수형으로 사용되었는데 '짐을 지다' 혹은 '일을 수행하다'라는 의미로 주로 사용되었다.

로서[37] 비교적 자유로운 생활을 했는데 야웨께서 이스라엘과 열방을 향한 메시지를 전달하라고 하는 사명을 주심으로 예언자가 된 사람이다.[38]

아모스는 아시리아가 아람을 제압하고 북 왕국 이스라엘에게 영토 확장의 여력을 제공했던 여로보암 2세 시대인 주전 783-743년도 사이에 북 왕국 이스라엘에서 활동했던 선지자이다(1:1).[39] 주전 784년 아시리아의 아닷니라리 3세가 죽자 아시리아는 급격하게 쇠퇴하고 살만에셀 4세, 아수르단 3세, 아수르니라리 5세 등 무능한 왕들이 계속해서 아시리아를 통치하게 됨에 따라서 팔레스타인 지역은 주전 745년 티글랏필레셀 3세가 즉위할 때까지 약 40년간은 전에 없었던 평화의 시기가 계속되었다. 이 기간에 북 이스라엘의 왕 여로보암 2세는 국력을 강화하고 영토를 확장하여 상업로(商業路)를 지배함으로서 국가적인 부를 축적했으며, 귀족들과 일부 부유층들은 이러한 정치적인 부흥을 계기로 페니키아 등과 무역을 왕성하게 행함으로서 많은 부를 축적하게 되었다.[40] 그러나 그들은 은을 받고 의인을 팔며 신 한 켤레의 값을 받고 궁핍한 자를 팔았고(2:6), 심지어는 가난한 자의 머리에 있는 티끌도 탐을 내었으며(2:7), 우상숭배를 하면서 고리 대금업도 함께 행했다(2:8). 그들의 이러한 사회적인 악(惡)은 필연적으로 종교적인 악으로 나타났는데 특히 이방 종교의 풍습으로 인해서 야웨종교가 큰 손실을 입게 되었다. 대제사장인 아마샤의 권위도 약

---

37) R. K. Harrison, *Introduction to the Old Testament* (Grand Rapid: Eerdmans, 1969), 883-884에서 해리슨은 그의 신분에 관한 여러 가지 주장이 있기는 하지만 1절의 목자로 번역된 히브리어 נקד가 '양 사육자, 양의 관리자, 목자'라는 의미를 가지고 있고, 7:14의 בוקר도 '황소, 소떼'를 의미하는 히브리어 בקר에서 파생된 것으로 볼 때, 그의 직업을 소나 양을 돌보던 목자로 보는데 이견이 없을 것으로 보인다. 한편 이에 대해서 해리슨은 아모스는 무화과 열매가 익기 전에 열매에 칼집을 내어 열매가 잘 익도록 하는 일을 했을 것이라는 주장을 하기도 했다.

38) Hans Walter Wolff, *Prophetische Alternativen: Entdeckungen des Neuen im Alten Testament* (Munchen: Chr. Kaiser Verlag, 1982). 이 책은 차준희 역, 『예언과의 만남』 (서울: 대한기독교서회, 1999)으로 번역되어있다.

39) 최종태, 『예언자에게 물어라』 (서울: 기독교문서선교회, 1999), 344-45.

40) A. G. Auld, *Amos, Old Testament Guides* (Sheffield: JSOT Press, 1986), 6 에서 올드(Auld)는 이 시기의 풍요로움에 대해서 고고학적인 측면에서 전혀 새로운 학설을 주장하고 있다. 즉 10세기말과 9세기에 신흥 왕조의 군주들이 건축공사를 많이 벌여 9세기에 절정을 이루었다고 한다. 이 때 거두어들인 경비가 8세기에 수도에 풀어짐에 따라서 경제적으로 일시적인 호황을 누리게 되었다는 것이다. 장일선, 『히브리예언서 연구』 (서울: 대한기독교서회, 1990), 254-55을 참조하라.

화되었고 예언자들을 핍박하는 사태에까지 이르게 되었다(6:10-11; 7:10 이하). 부자들은 호화로운 집에 살면서 상아 침대에서 포도주 잔을 기울이고 어떻게 즐길 것인가를 고민했으며(6:4-6), 아버지와 아들이 같은 여자와 음행(淫行)을 했으며(2:7), 가난한 자의 양식인 곡식과 밀까지 거짓 저울을 달아 세금과 빚으로 빼앗았으며(5:11), 거짓 재판을 통해서 가난하고 힘없는 자들을 괴롭혔다(8:6). 뿐만 아니라 가난한 자들에게서 빼앗은 희생 제물로 벧엘과 실로의 성전에서 제사를 드리기도 했으며(5:21-23), 성전에서 범죄 하는 백성들과 독단적인 제사장들이 야웨의 이름을 더럽히는 일까지 일어나게 되었다(4:4-5). 이러한 상황에서 아모스는 다음과 같이 야웨의 심정을 대언 하고 있다.

> "내가 너희 절기를 미워하여 멸시하며 너희 성회들을 기뻐하지 아니하나니 너희가 내게 번제나 소제를 드릴지라도 내가 받지 아니할 것이요, 너희 살진 희생의 화목제도 내가 돌아보지 아니하리라. 네 노래 소리를 내 앞에서 그칠지어다. 네 비파소리도 내가 듣지 아니하리라" (5:21-23).

대신 그는 다음과 같이 외치고 있다.

> "오직 공법을 물같이 정의를 하수같이 흘러보내라"(5:24).

아모스는 풍요와 여유로운 생활 속에서 오히려 야웨를 배신하고 그릇된 우상숭배에 빠진 이스라엘의 죄악을 꾸짖고 그들을 향한 야웨의 심판의 메시지를 전달하고 있는 것이다. 아모스의 시대는 한 마디로 풍요로움 가운데 벌어지는 악한 행동에 대한 야웨의 심판이 선포되던 시대였다.[41] 로빈슨(Robinson)에 의하면 아모스의 메시지는 엄격하며, 두려움이 없고, 자아를 억제하고, 화강암 같이 단단하고, 유력하게 결착(結着)된 마음을 가지고서 활발한 상상력을 가진 '정의의 예언자'라고 부른다.[42] 7:10에서는 아마샤가 아모스의 예언을 듣고 "그 모든 말을 이 땅이 견딜 수

41) 강사문, 강성렬, 허성군, 최인기 (공저)『구약성서개론』(서울: 한국장로교출판사, 2000), 719-20. 이하 '강사문 외'로 표시함.

42) 원용국, 『구약예언서』(서울: 지혜문화사, 1984), 277. 그러나 7:14에서는 아모스가 아마샤

없나이다"라고 한 것으로 보아 강력하고 단호했을 것으로 보인다. 특히 그가 다섯 차례에 걸쳐서(2:16, 8:3, 9, 13, 9:11) 선포한 '야웨의 날'에 대한 메시지는 북 왕국 이스라엘의 범죄에 대한 야웨의 직접적인 심판이 임하는 날로서 강력한 종말론적 의미를 함께 가지고 있는 것이다.

아모스에서는 '야웨의 날'은 5:18-20절에서만 발견되고 나머지 미래적 혹은 우주적 사건을 의미하는 단어는 '그 날'(יום ההוא)이라는 용어로 나타난다. '그 날'에 관한 아모스의 언급은 특히 8장 이후에 많이 나타나는데(8:3, 9, 13, 9:11) 여기에는 삼키는 메뚜기의 환상(7:1–3), 불의 환상(7:4–6), 다림줄 환상(7:7–9), 그리고 과일 광주리의 환상(8:1–14)과 함께 야웨의 심판에 관하여 집중적으로 언급하고 있는 부분이기도 하다. 이러한 서술적 기술을 통해서 우리가 알 수 있는 것은 아모스가 '그 날' 개념을 종말론적 심판의 개념으로 사용하고 있다는 것이다. 그러므로 아모스에 나타난 '그 날'을 해석할 수 있는 열쇠는 그의 종말론적 환상(幻像)과 결부시켜볼 때 쉽게 해결 할 수 있음을 알 수 있다. 아모스는 5장을 통해서 "심판의 선언"-"자비를 얻으라"-"이스라엘의 죄"-"선을 구하라"-"심판의 결과"라는 도식을 사용해서 하나님의 심판의 행위 사이사이에 이스라엘이 야웨의 도우심과 구원을 얻기 위한 행위를 할 것을 강조하고 있다.[43]

2. 시대적 상황에 대한 예언자의 메시지

구약성서의 예언자들의 메시지는 주로 심판과 회복이라는 도식을 가지고 있다. 아모스서 역시 야웨의 날은 이스라엘이 변호 받는 날, 용사이신 하나님(God as a

---

에게 "나는 선지자가 아니다, 나는 선지자의 아들도 아니다"는 표현이 나타난다. 이 말은 로빈슨의 주장과는 상치되는 것인데 그 의미를 아는 것이 매우 중요하다고 본다. 본문은 동사가 없는데 문맥을 중심으로 해석해볼 때, 그 당시에 선지자를 길러내는 '학교'출신이 아니며, 선지자가 아니었는데 지금 야웨께서 나에게 북 왕국을 향해서 예언하게 하셨다는 의미일 것으로 보인다. 즉 그 전에는 선지자가 아니었으며 선지자 학교 출신도 아니지만 지금은 야웨의 말씀을 대언 하는 선지자가 되었다는 의미로 보다 더 자세한 정보는 H. H. Rowley, The Nature of the Old Testament Prophecy (London: SPCK, 1967), 120을 참고하면 도움이 된다. 또한 W. LaSor, Old Testament Survey (Grand Rapid: Eerdmans, 1982), 479-60을 참조하라.

43) E. B. 류폴드, "아모스 오바댜," 『반즈주석』 송동섭 역 (서울: 크리스찬서적, 1991), 140.

Warrior)이 이스라엘의 적들에게 심판을 행하시는 날로 보았다. 당시 이스라엘은 하나님의 선택받은 백성임으로 하나님이 그들을 축복하시리라고 믿었다. 그러나 아모스는 이 개념을 뒤집어서 야웨께서 직접 임재하셔서 원수를 쳐부수는 것이 아니라 이스라엘을 쳐부술 것이라는 메시지를 전했다.[44] 이 야웨의 날은 이스라엘의 축복의 날이 아니라 심판의 날이다. 마치 열방이 심판을 받듯이 이스라엘도 심판의 대상이다. 그러므로 아모스의 이러한 메시지는 종전에 이스라엘이 가지고 있던 심판의 개념을 완전히 바꾸어 놓은 것이다.

그러나 아모스의 종말론에 대해서 '야웨의 날'에 대한 아모스의 메시지는 종말론이 아니라고 보았으며 어떤 이들은 아모스가 그 당시의 대중적인 종말론에 대한 반기를 든 것이라고도 하였으며, 전혀 새로운 종말론을 만들어낸 것이라고 주장한 사람들도 있었다.[45] 그러나 이 종말이 역사의 종말일 뿐 아니라 하나님의 개입으로 인해서 일어날 세계적인 종말이라고 하는 관점에서 본다면 아모스의 메시지는 먼 미래에 일어날 종말에 대한 것으로 보는데 문제가 없을 것이다.[46] 이에 대해서 리건(George A. Riggan)은 "아모스에 나오는 열방에 대한 심판 및 이스라엘에 대한 심판 선언은 오직 야웨만이 참 메시아이심을 나타내기 위함이다"고 함으로써 아모스의 메시지는 결국 메시아이신 예수 그리스도의 우주적 심판과 상관이 있음을 강조하고 있다.[47]

(1) **유다에 대한 심판**(1:2, 6:1, 7:12, 9:11)

본문에서는 유다에 대한 심판과 이스라엘에 대한 심판으로 나누어져서 서술되고

---

44) 장일선, 『구약신학의 주제』 (서울: 대한기독교출판사, 1982), 264.

45) 반 게메런, 『예언서 연구』 이명철, 김의원 공역 (서울: 엠마오, 1990), 216f에 의하면 아모스의 예언은 하나님과 관련된 정의(צדק)를 외친 도구였다고 한다. 이것은 의도적으로 메시지를 왜곡하거나 이스라엘의 대중적 종말론을 거부하려고 한 것이 아니라 그릇된 신앙에 대한 경고를 하려는데 있다.

46) 레이몬드 딜러드, 트럼프 롱맨 III, 『최신구약개론』 박철현 역 (서울: 크리스찬다이제스트, 1997), 587.

47) George A. Riggan, *Messianic Theology and Christian Faith* (Philadelphia: Westminster Press), 48, 49

있다. 유다에 대한 본서의 언급은 본문 외에도 4번 정도 나타나지만(1:2, 6:1, 7:12, 9:11)유다의 심판에 대한 강력한 메시지는 본문에서만 나타난다.[48] 유다를 향한 심판에 관한 메시지는 본문에서 비교적 짧고 간결하게 나타난다.[49] 이것은 유다의 죄가 작고 경미해서가 아니라 아모스의 심판 메시지는 주로 이스라엘을 향해서 선포되었기 때문이다. 그러나 유다에 대한 신탁은 이스라엘을 향한 신탁을 선포하기 위한 과정으로 이해하는 것이 더 적합할 것으로 보인다.[50]

아모스가 언급한 유다의 죄악은 다음의 몇 가지가 있다. 먼저 '야웨의 율법(תורה)을 멸시하고(מאסם), 그 율례(הקיו)를 지키지 아니했다(אל שמרו)[51]는 것이다. תורה는 '던지다, 쏘다, 물을 뿌리다'라는 의미를 가진 ירה에서 파생된 말로 '지시, 교훈, 법령, 태도, 관습, 계명'이라는 복합적인 의미로 해석되는 것인데[52] 이 토라는 야웨께서 모세에게 직접 말씀하신 것이고 이스라엘 공동체의 삶의 지침서였

48) D. Stuart, Amos, 315에서 스튜어트(Stuart)는 보통 이방 예언은 자기 나라를 심판의 신탁에 포함하지 않지만 이스라엘의 관점에서 볼 때 유다가 이방국이었음으로 심판을 선언하고 있다는 지적을 하고 있다. 그러나 하나님의 선민인 유다 역시 하나님의 언약 관계 안에 있는 백성임으로 이들을 향한 하나님의 심판은 언약관계 안에서 이루어지는 당연한 심판이라고 보는 것이 적합할 것으로 보인다.

49) Hughell E. W. Fosbroke, "Amos," IB, vol. 6 (Nashville: Abingdon, 1978), 784, 785에서 포스브로크는 사실 열방에 대한 예언은 이스라엘을 향한 신탁을 전하기 위한 도입구(導入句)에 불과한 것으로 여긴다. 그런데 본문이 여기에 들어있는 것은 매우 적절하지 못하다고 지적하면서 본문은 이스라엘과 유다가 같은 민족이기 때문에 후대의 편집자가 삽입(insert)한 것이라고 보았다. 이에 대해서 메이스(J. L. Mays)는 위의 견해에 대해서 유다에 대한 신탁이 원래 이 본문 안에 들어있지 않다는 비평적인 입장에는 동의를 하지만 이 신탁이 본문과 전혀 다른 시간이나 상황에서 나온 것이라고 보기는 어렵다고 한다. 그는 아모스가 이스라엘만을 위한 신탁의 사명을 받았다기보다는 유다도 포함된다고 보는 견해를 가지고 있는데 그것은 어디까지나 상대적이라는 것이다(*Amos*, OTL, London: SCM. Press, 40-41).

50) 카일-델리취(Keil-Delitzsch)도 이와 같은 주장을 하고 있다. "*Amos prepares the way for passing on to Israel the principal object of his prophecies." Commentary on Minor Prophets* (Grand Rapid: Eerdmans, 1982), 251.

51) 메이스는 תורה나 האים와 같은 종류의 언어 형태는 신명기사가의 전형적인 어투(語套)로서 본서가 신명기사가에 의해서 기록된 것임을 알 수 있는 증거가 된다고 보았다(Mays, 41). 결국 이것은 후대의 사가에 의한 작품으로서 그 역사성을 인정하지 않겠다는 것이라고 본다.

52) W. R. Harper, *Amos and Hosea*, ICC, 45에서 하퍼(Harper)는 תורה의 종류는 다음의 네 가지로 구분했다. 첫째, 다른 기술적인 의미가 없는 단순한 지시나 명령 둘째, 기념할만한 특별한 사건에 대해서 제사장에 의해서 주어지는 특별한 지시 셋째, 이스라엘이 지켜야할 일반적인 의무 규정들(신 1:5, 왕상 2:3, 왕하 10:31) 넷째, 오경에 포함된 명령(느 8:1, 13, 10:34, 38)이다.

다.[53] 그런데 이와 같이 중요한 말씀을 그들이 멸시했다(מאסם). 이에 대해서 스미스(B. K. Smith)는 유다의 백성들이 이방인들에 의해서나 저질러질 수 있는 포악한 죄를 지었다고 보았다.[54]

다음은 그 열조가 따라 가던 거짓 것들(כזביהם)에 미혹(יתעום)되었다는 것이다. 이러한 죄는 비교적 야웨와의 종교적인 관계에 대한 죄들로서 본문에 나타나는 '거짓 것들'은 '속인다'라는 어근인 כזב 로부터 나온 것인데 '사기, 궤휼, 거짓 것'이라는 의미를 가지고 있다. 이것은 문자적으로 '그들의 거짓말'로 볼 수 있는데[55] 이것은 '그들이 조상들을 따랐다'는 의미와 '조상들이 따랐던 거짓말' 이 두 가지의 의미로 생각해볼 수 있는데 후자의 것이 훨씬 더 본래의 의미에 가까운 것으로 보인다. 즉 그들의 조상들이 따랐던 거짓말(우상숭배)을 그들도 따르게 되었다는 의미이다.[56] תעה는 '길을 잘못 들다, 정도(正道)에서 벗어나다'라는 의미를 가지고 있는데 문법적으로는 수동태임으로 '~에 의해서 길을 잘못 들게 되다'라는 의미이다.[57] 그렇게 본다면 유다가 야웨의 말씀을 벗어나서 우상 숭배에 빠지게 된 원인을 제공한 주체(主體)가 있다는 말이다. 본문에서 아모스는 이 주체가 열방(列邦)일 가능성이 매우 높다고 본다. 결국 열방들은 유다에게 우상 숭배를 하게 한 죄로 심판을 받게 되고, 유다는 우상 숭배를 그치지 않음으로 심판을 받게 되었다는 것이다. 이 열방에 대한 심판의 의지로써 아모스는 '그 벌을 돌이키지 아니하리니'라는 표현을 사용하고 있다. 이 표현은 야웨께서 열방을 심판하심을 선언하시면서 항상 서두 부분에 언급되어 있는 전형적인 말로서(1:3, 6, 11, 13, 2:1) 이 말이 삽입되어 있는 이유는 야웨의 심판의 당위성과 확고함을 나타내는 것으로 보인다.[58] 스튜어트(Stuart),[59] 포스브로크(Fosbroke)는 이 구어체(口語體)의 형태가 종말의 날에 나타날 야웨의 심

53) 카일 델리취(Keil-Delitzsch)도 십계명에는 기념할만한 명령도 있지만 더욱 더 중요한 것은 도덕적인 요소를 포함하고 있다는 것을 지적하고 있다(Keil-Delitzch, *Minor Prophet*, 251).

54) B. K. Smith, *Amos*, NAC (Nashville: Broad & Holman Publish, 1995), 59.

55) Ibid.

56) Stuart, *Amos*, 316.

57) Elmer A. Martens, "תעה," in *NIDOTTE* (Grand Rapid: Zondervan, 1997), 319-20.

58) 하퍼(Harper)는 이러한 표현이 야웨께서 이미 심판을 준비하셨음으로 그 심판을 취소하거나 연기할 수 없다는 것을 나타내기 위해서 사용되었다고 한다(Harper, *Amos and Hosea,* 16-18).

59) Stuart, *Hosea-Jonah*, 310.

판의 확고함을 나타내는 전형적인 관용법(寬容法)으로서 야웨는 느부갓네살 왕에 의해서 일어날 현실적인 유다의 심판을 말씀하시지만 그 심판은 종말의 시대에 일어날 것과 같은 어법이 사용된 것은 매우 의미심장한 일이라고 보았다.[60] 이와 같은 심각한 상황에서 야웨는 유다에 불을 보내어 예루살렘의 궁궐들을 불사를 것이라고 선언했다. 물론 이 상황은 주전 586년 바빌론의 느부갓네살 왕의 침략에 의해서 예루살렘 성이 불탐으로 성취되었다.[61]

(2) **이스라엘에 대한 심판**(2:6-16; 5:1-27)

아모스는 이스라엘의 죄에 대한 야웨의 심판에 관한 기록을 유다에 관한 기록보다 훨씬 많이 할애해서 언급하고 있다. 매이스(Mays)는 이스라엘에게 심판을 선언한다는 것은 야웨의 날이 그들의 적들에게만 있을 것이라는 이스라엘 백성들의 신학적 오류(誤謬)로 인한 재앙을 방지하려는 아모스의 신학적 의도일 것이라는 지적이 있다.[62] 뿐만 아니라 일반적으로 심판선언은 심판의 이유(a) 다음에 곧바로 심판의 선언(b)이 나오는데 본문에서는 그러한 일정한 규칙을 따르지 않고 심판의 이유(a)-야웨의 긍휼(b)-심판의 선언(c)의 형식을 따르고 있다.[63] 그러다가 13절에서 비로소 הנה(behold)로 시작하면서 심판을 선언하고 있다.

이스라엘이 심판을 받는 이유는 매우 다양하게 나타나지만 크게 사회적, 종교적 죄악으로 나눌 수 있다. 먼저 사회적 죄악으로서 '은을 받고 의인을 팔았고, 신 한 켤레의 값을 받고 궁핍한 자를 팔았으며, 가난한 자의 머리에 있는 티끌도 탐내었으며, 겸손한 자의 길을 굽게 했다'는 것이다. 그리고 종교적 죄악으로는 '매음을

---

60) E. W. Fosbroke Hughell, "Amos," IB (Nashville: Abingdon, 1978), 785.

61) G. J. Botterweck, "אכל," TDOT, vol. 1, 236-238. 이집트어 동사 *wnm*은 동물이나 사람 모두에게 사용되던 단어인데 "마시다, …을 사용할 권한을 가지다" 의 의미를 가지고 있는데 아카드어에서는 적이나, 검, 불에 의해서 "파괴당하다"라는 의미를 가지고 있다. 이렇게 본다면 본문의 단어는 아카드어의 의미에 더 가깝다고 볼 수 있는데 히브리어 אכל은 파괴를 강조하거나 적의(敵意)를 가지고 있는 행동을 강조해서 표현할 때 사용하는 단어로 볼 수 있다.

62) Mays, *Amos*, 43.

63) Ibid., 44.

함으로 야웨의 이름을 더럽혔고, 우상 숭배를 하면서 불의를 행했다'는 것이다. 5장에서는 '공법'을 멸시하였다(7)는 표현을 사용하고 있다. 공의를 땅에 '던졌다'고 했는데 여기서 '던지다'는 표현은נוח로서 내던지다 (민 19:9), 내팽개치다(사 28:2)라는 의미로 일반적으로 사용되지만 가장 단순한 의미로는 '두다, 땅에 놀리다'라는 의미로 사용된다.[64] 즉 이 말은 정의가 없는 상태를 말하는 것이 아니라 야웨의 정의가 있음에도 불구하고 그 정의를 놀리고 있다는 것을 말한다.[65] 그리고 '정직히 말하는 자를 싫어한다'고 했는데 여기서 정직이라는 말은 '온전한'이라는 의미로 해석할 수 있다. 즉 온전하게 말해야 하는 것은 예언자들의 사명이다. 그런데 이 말을 싫어한다는 것은 예언자의 말을 듣지 않으려는 백성들의 강포한 마음을 나타낸다고 할 수 있다. 이에 대해서 류폴드는 "이것은 용서받을 수 없는 죄로서 강력하고 권세가 있는 죄이다. 이 죄는 무지와 연약함에서 비롯된 것이 아니고 교만(驕慢)하고 완악한 마음으로 자기 죄를 변명한데서 비롯되며 자기를 책망하는 자를 미워하고 자기에 대해서 온전하게 말하는 자, 즉 자기를 기쁘게 하는 내용이 아니고 자기의 죄를 지적하는 내용으로 말하는 자를 싫어하는 것이다"고 강력하게 비난하고 있다.[66] 그리고 가난한 자를 밟고 가난한 자에게서 밀의 부당한 세(稅)를 취하였다고 고발하고 있다. 본문의 히브리 원문은 명사문인데[67] '너희의 밟는 행위가 가난한 자 위에 있다'라는 의미이다. 이 말은 부자들이 가난한 자들을 짓밟는 것이 의례적인 행동이었고 자연스럽게 그렇게 받아들이고 있다는 것을 의미한다.[68]

(3) 신학적 메시지

아모스에 나타나는 '야웨의 날'은 미래에 나타날 우주적이고도 전면적인 사건에

64) Louis Jonker, "הנח", in *NIDOTTE*, 192-96.

65) E. B. 류폴트, "아모스 오바댜." 「반즈주석」 송동섭 역 (서울: 크리스찬 서적, 1991), 203.

66) Ibid,, 211, 212.

67) "밟다"는 동사는 בושסכם 에서 온 בושם동사인데 명사형으로 읽으면 '너희의 짓밟음'으로 읽을 수 있다.

68) E. B. 류폴트, 211.

대한 언급이다. 물론 이 예언은 주전 722년 사마리아가 아시리아의 침략에 의해서 멸망당함으로 성취되었다. 그러므로 아모스 5장에 나타나는 '야웨의 날'에 대한 신학적 메시지는 다음과 같다. 첫째, 본문의 야웨의 날은 야웨가 지나감으로써 초래되는 죽음과 재앙의 날을 의미한다. 이는 지금까지 통념화 되어 있던 이스라엘 백성들의 일반적인 사상과는 완전히 다른 것으로서 야웨의 심판의 날이 더 이상 이방인에게만 국한 된 것은 아님을 보여주는 것이다. 둘째, 이 야웨의 날은 본문에서는 암흑과 어두움으로 대변되고 있으며 사자, 곰, 뱀의 위협으로 표현되고 있다. 이스라엘은 이 날에 피할 수 없는 파멸을 경험하게 될 것이다. 셋째, 아모스는 상당히 문학적인 방법으로 본서 안에 야웨의 날의 성격을 기술하고 있다. 그는 수준 높은 문학적인 기교를 동원해서 불, 유배, 자연재해, 비탄, 그리고 완전한 파괴라는 5가지의 심판 양태를 제시하고 있다. 이러한 아모스의 신탁은 아시리아의 침략으로 성취되기도 하였으며 아모스 시대에서 볼 때는 분명히 미래의 사건에 대한 예언이었다.

Ⅳ. 수운과 아모스의 메시지 비교 연구

수운과 아모스의 메시지는 시대적 상황이나 새로운 시대의 도래에 대한 희망을 선포하는 등 많은 부분에서 유사성을 발견할 수 있다. 또한 동시에 아모스가 추구하고 있는 야웨의 날과 수운이 추구하고 있는 후천개벽사상은 부분적으로는 유사하지만 궁극적으로는 목표가 다른 것을 알 수 있다. 먼저 유사성에 대하여 살펴보자.

1. 유사성

(1) 사회 경제적 상황

수운과 아모스의 유사성은 우선 시대적인 상황의 유사성을 들 수 있다. 수운의 시대가 유학의 근본 가르침이 퇴색되고 서양의 침략이 노골화된 시기였다면[69] 아모스의 사회는 아시리아가 팔레스타인의 패권을 잡고 이스라엘은 남북으로 나뉘어졌으며 북 왕국 이스라엘의 왕인 여로보암 2세가 대외무역을 활발히 함에 따라 외국의 자본과 문물이 많이 유입된 상태였다. 그래서 물질적으로 풍부해진 이스라엘의 지배계층들은 그 풍요로움을 유지하고 더 풍요로운 생활을 위해서 민중들을 짓밟고 그들의 것을 토색(土色)하기 시작했다. 수운의 시대에 양반들이 고리대금업을 통해서 민중들의 가진 것을 수탈했다면 아모스의 시대에도 은을 받고 의인을 팔며 신 한 켤레의 값을 받고 궁핍한 자를 팔았고(2:6), 심지어는 가난한 자의 머리에 있는 티끌도 탐을 내었으며(2:7), 우상숭배를 하면서 고리 대금업도 함께 행하는 등(2:8) 인면수심(人面獸心)의 일들을 서슴지 않고 자행했다. 뿐만 아니라 부자들은 호화로운 집에 살면서 상아 침대에서 포도주 잔을 기울이고 어떻게 즐길 것인가를 고민했으며(6:4-6), 아버지와 아들이 같은 여자와 음행(淫行)을 했으며(2:7), 가난한 자의 양식인 곡식과 밀까지 거짓 저울을 달아 세금과 빚으로 빼앗았으며(5:11), 거짓 재판을 통해서 가난하고 힘없는 자들을 괴롭혔다(8:6).

수운의 시대에 일어났던 삼정의 문란은 그 당시의 조세제도였던 양전(量田)제도는 철종의 시대에 130년간이나 중단되었으며 결국 전지(田地)의 경계마저도 무너지기 직전의 상황으로 갔다.[70] 이것은 매우 중대한 것으로서 양전제도가 올바르게 시행되면 조세정의가 확립될 수 있었지만 양전제도의 시행이 130년간이나 중단됨에 따라서 공정한 조세정책이 실시되지 않았음을 의미하며 이것은 결국 가난한 민중들에 대한 착취가 공공연하게 이루어지고 있었음을 말한다. 이것은 아모스가 표현한 대로 신 한 켤레의 값을 받고 궁핍한 자를 팔았고(2:6), 심지어는 가난한 자의 머리에 있는 티끌도 탐을 내었다는 것과 다를 바가 어디 있겠는가?

69) 이현희는 동학 창도의 역사적 배경을 아래의 네 가지 이유로 말하고 있다. 첫째, 18세기 이후 변질된 조선왕조 양반사회의 봉건적 정치상황의 모순. 둘째, 국가의 남세제도인 삼정의 문란. 셋째, 전통적인 유교 불교 도교 등의 종교와 오래사상의 여러 가지 폐단에 따른 지도이념의 난맥. 그리고 넷째, 실학사상의 현실비판과 개혁사상 및 변혁사상에 연향을 받은 민중들의 의식 향상을 들고 있다. 이현희, "수운의 개벽사상 연구" 『동학사상과 동학혁명』 43.

70) 신일철, 『수운의 개벽사상 연구』 47.

(2) 종교적 상황

종교적으로도 수운의 시대가 유학의 가르침이 퇴색된 시기였다면[71] 아모스의 시대에도 야웨의 말씀을 가르치던 예언자들의 정신이 사라진 시대였다. 특히 바알과 아세라를 숭배하는 이방 종교의 풍습으로 인해서 야웨종교가 큰 손실을 입게 되었다. 바알과 아세라는 가나안의 숭배대상으로서 농경의 신과 그의 아내였다.[72] 이러한 종교적 타락은 사회적인 악과 맞물려서 나타났는데 가난한 자들에게서 빼앗은 희생 제물로 벧엘과 실로의 성전에서 제사를 드리기도 했으며(5:21-23), 성전에서 범죄 하는 백성들과 독단적인 제사장들이 야웨의 이름을 더럽히는 일까지 일어나게 되었다(4:4-5). 사실 아모스의 관심은 종교적-사회적 문제의 관련성이었다. 그는 사회개혁은 곧 종교개혁이라는 도식을 가지고 있던 예언자였기 때문이다.

야웨와 이스라엘의 관계는 언약의 관계이다. 아브라함과 야웨와의 사이에 맺은 이 언약(창 12, 13, 15 17장)은 그의 후손이 이삭과 야곱, 요셉 등과 같은 족장(族長)들을 통해서 이어져오고 그 내용은 모세로부터 성문화되기 시작했다. 이러한 야웨와의 언약적 관계를 잘 유지하는 것이 야웨종교의 핵심적인 의무이다. 그런데 이스라엘은 이방신앙의 도입으로 인하여 야웨와의 관계를 깨뜨리고 의(義)와 인(仁)과 신(信)을 버리는 배은망덕(背恩忘德)을 행했다.

(3) 정치적 상황

조선은 성리학, 특히 주자학을 이념화한 문치국가(文治國家)다. 주자학은 성명론(性命論)과 의리론(義理論) 이 두 이론을 갖춘 학문으로서 성명론을 중심으로 주자학이 지닌 철학적 근거를 밝히고, 의리론으로 실천적 행동 양식을 규범화하고 해명한다.

---

71) 조선왕조는 종전의 이상적인 미래를 말하던 종교 사상이었던 불교나 도교와는 달리 유교의 성리학을 그 근본으로 하고 있음으로 그 사상이 현실적으로 잘 적용이 되면 이상적인 현실사회가 이루어질 수 있었으나 지배계층의 타락과 외세의 침략으로 인해서 그 목적을 달성하지 못했다고 본다. 이현희 , 48-50을 참조하라.

72) 여기에 대한 정확한 정보를 얻으려면 필자가 저술한 『야웨와 바알』 (서울: 살림출판사, 2003)을 참고하라. 바알과 야웨가 혼재하여 숭배될 수밖에 없었던 문화적인 상황을 알 수 있을 것이다.

그런데 17세기에 이르러서는 의리론이 예학(禮學)으로 변질하게 되고 실천적인 학문이 아닌 이론적인 학문으로 전락함에 따라서 격렬한 이념논쟁과 함께 당파싸움을 불러왔다. 이러한 이념적 싸움은 19세기에 이르러서는 더욱 더 심해졌는데 임금에게 후사가 없는 틈을 타서 권신(權臣)들이 대거 타락하고 무능한 종친 중에서 국왕을 자의로 선택하고, 이들 통해서 자기들의 권력을 유지하려는 안동 김씨의 세도가 무법천지였던 시대였다. 이때 즈음에는 주자학이 완전히 의리론에 입각한 가치규범이 공리공론(空理空論)에 빠지게 된다. 더군다나 수운이 살았던 19세기 말은 외세의 노골적인 침략으로 인한 수탈과 개방의 압력이 거세어지고 있을 때였다. 이러한 때 동학은 민족주의를 가지고 시작된 운동이었다.[73] 그는 외세인 일본에 의해서 자행된 임진왜란과 병자호란의 위기를 상기하면서 외세에 의존하지 말아야 할 것을 누차 강조했으며 대신 절대적인 신인 한울님에게 의지해야 할 것을 강조했다.[74]

아모스의 시대는 주전 784년 아시리아의 아닷니라리 3세가 죽자 아시리아는 급격하게 쇠퇴하고 살만에셀 4세, 아수르단 3세, 아수르니라리 5세 등 무능한 왕들이 계속해서 아시리아를 통치하게 됨에 따라서 팔레스타인 지역은 주전 745년 티글랏 필레셀 3세가 즉위할 때까지 약 40년간은 전에 없었던 평화의 시기가 계속되었다. 이 기간에 북 이스라엘의 왕 여로보암 2세는 국력을 강화하고 영토를 확장하여 상업로(商業路)를 지배함으로서 국가적인 부를 축적했으며, 귀족들과 일부 부유층들은 이러한 정치적인 부흥을 계기로 페니키아 등과 무역을 왕성하게 행함으로서 많은 부를 축적하게 되었다. 어부지리(漁父之利)로 얻은 이 평화의 시기에 이스라엘은 정치적. 도덕적으로 타락하기 시작했다.

두 시대 모두 외국과의 교역과정에서 발생한 마찰로 인해서 정치적 타락이 가속화됨을 알 수 있다. 물론 외세(外勢)가 정치적 타락의 직접적인 원인(原因)은 아니었다고 해도 정치적 타락을 가속화하는 기능을 했다는 사실을 알 수 있다. 아시리아나 서양의 침략과 개방 압력은 기존의 사회질서를 혼란하게 만드는 역할을 했고 그 결과 사회적 문제와 종교적 문제가 결합되어 혼란은 더욱 가중되는 경향을 띄고 있다.

---

73) 임형진, 『동학의 정치사상』, 85.

74) 최동희, "수운의 기본사상과 그 상황," 『동학사상과 동학혁명』 111.

2. 차이점

수운과 아모스의 메시지에 나타난 종말론의 차이점은 여러 가지가 있다. 일단 수운의 후천개벽이 후천이라는 개념을 찾을 수 없을 만큼 현실적인 변화와 이상을 추구하는 것이라면 아모스의 야웨의 날은 역사적이면서도 궁극적인 종말론이라는 사실이다. 수운은 지상천국은 현실적 고뇌가 온전히 해소되고 인간 상호간의 계급주의가 타파되는 이상적인 세상을 말한다. 이 세상의 구현이 동학의 가장 중대한 목표가 된다. 동학은 내세보다는 현세를 더 중시하며 사후의 천당이나 극락을 바라는 것이 아니라 지상에 천국을 만드는 것이 그 궁극적인 목표임으로 세상에서 일어나는 일들에 대한 적극적인 관심과 관찰을 요구한다.[75] 그러기에 '후천(後天)'은 죽은 다음에 가는 사후의 세계가 결코 아니다.

그러나 아모스에 나타나는 야웨의 날은 역사적으로는 근접한 미래에 나타난 주전 722년의 예루살렘 멸망 사건을 가리키는 것이요, 궁극적으로는 메시아의 날에 나타날 이상적인 통치의 나라를 가리킨다. 이것은 성서가 지적하고 있는 "이미, 그러나 아직"(already but not yet) 의 개념으로 이해되는 것인데 성서의 종말론은 이 일반적으로 두 가지의 공식을 가지고 있다.[76] 이 메시아의 날은 신약성서의 예수 그리스도를 통해서 완성되어질 날로서 그 최종적인 확증은 대 심판 때에 일어난다고 보는 것이 일반적인 견해이다.[77] 그런 면에서 볼 때 근접한 역사 안에서 일어난 사건이라는 측면에서는 유사성을 가지지만, 구약의 종말론이 궁극적으로 주고자 하는 메시지는 메시아의 날임으로 이것은 수운의 사상과는 다른 면이라고 할 수 있겠다.

그리고 수운은 후천개벽의 주인공은 사람, 즉 신인간이라고 하지만 아모스는 야웨가 그 주체라고 한다. 구약성서의 종말론의 주인공은 야웨다.[78] 인간은 매우 수

---

75) 임형진, 251.

76) 김남일, 『스가랴서의 야웨의 날과 다윗언약과의 상관성에 관한 연구』, 아세아연합신학대학교 박사학위논문, 2003. 이 논문은 필자의 학위논문으로서 예언서에 나타난 일반적인 종말의 의미에 대하여 자세하게 소개해 놓았다.

77) R. L. Golden, 『구약예언서 신학』 차준희 역(서울: 대한기독교서회, 2003), 78-80.

78) 강사문 외, 『구약성서개론』 (서울: 한국장로교출판사, 2000), 250.

동적인 자세를 취한다. 이것은 구약성서의 역사관이 역사는 야웨에 의해서 통치된다고 하는 사상을 가지고 있었기 때문이다. 수운이 이 땅 현세에서 그토록 추구하고자 했던 세계를 성서에서는 메시야에 의해서 궁극적으로 이루어질 나라로 보고 있다. 그것은 이 땅이라는 개념보다는 초월적인 영적인 땅을 의미하는 말이다. 물론 아모스도 그가 추구했던 정의가 강물같이 흐르는 세상은 그 시대에 이루지기를 희망했다. 그러나 북 왕국 이스라엘이 멸망함에 따라서 그 바람도 역시 사라져버렸고 궁극적인 메시아의 날로 그 의미가 집약되어 버렸다. 성서의 종말론에 있어서 사람이 할 수 있는 일이란 없다고 볼 수 있다.

후천개벽에 있어서 그 내용 역시 제도나 정치적인 모순을 극복하고 이룩하는 낙원이 나닌 인격의 향상을 통해서 이룩되는, 보다 인간의 품성이 강조되는 낙원이라는 것이 특징이다.[79] 한울님의 도와 덕을 체득하여 인격적인 완성을 하고, 나아가 모든 사람이 여천지합기덕(與天地合基德)하는 지상신선이 되어 이들의 손에 의해서 살기 좋은 세상인 낙원을 건설한다는 것으로서 보다 더 개인의 인성이나 인격에 중점을 둔 낙원이라 하겠다. 따라서 동학이 제시하는 개벽사상은 인간의 성품의 개벽을 의미하며 곧 이렇게 개벽된 인간들이 지상신선이 되어 동귀일체(同歸一體)의 지상천국을 이루기 위한 것이다.

V. 결론

본고에서 제시하고 있는 수운의 동학이나 아모스의 야웨의 날은 그 당시 탄압받던 민중들에게는 희망이요 절대적 소망이었음이 분명하다. 그 결과 동학을 위해서 순도한 사람이 40만 명이 넘고 동학은 조선후기부터 대한민국 건국초기까지 많은 영향을 미친 종교가 되었다. 역사가 암울하면 할수록 새로운 희망과 나라를 향한 민중들의 욕구와 소망은 커질 수밖에 없다. 주전 8세기의 팔레스타인의 상황과 1860년대의 조선후기의 사회는 많은 면에서 유사성을 가지고 있다. 그래서 동학이

79) 윤석산, "용담유사에 나타난 낙원사상 연구" 『한국학 논문집』 9집, 한양대 한국학연구소, 1985, 220.

조선후기의 새로운 대안으로 떠올라 짧은 시간에 많은 민중들을 입도시킨 것과 같이 아모스의 메시지 역시 주전 8세기 이스라엘 민중들에게 많은 영향을 미쳤다.

다원화된 현대를 사는 우리는 인간성과 도덕성이 쉽게 사라지는 현실을 볼 수 있다. 산업의 발달과 정보통신의 발달로 인한 도덕성과 인간성의 상실은 필연적으로 동학이나 아모스의 야웨의 날과 같은 종말론적 대안을 요청하기 마련이다. 그러므로 다원화된 세상에 사는 다문화된 사람들에게 필요한 것은 인간성과 도덕성의 회복, 그리고 인간 상호간에 존중해 주는 인간 사랑이 절실한 때이다. 이러한 때 아모스와 수운의 메시지가 당대의 사람들에게 희망을 주었듯이 오늘을 사는 우리에게도 희망이 되기를 바란다.

참고문헌

강사문, 강성렬, 허성군, 최인기, 『구약성서개론』 서울: 한국장로교출판사, 2000.
김지하, 『동학이야기』 서울: 솔출판사, 1999.
김진혁, 『후천문명의 패러다임』 서울: 명선미디어, 2001.
노태구, "동학사상의 연구" 『행정론집 9집』 경기대 행정학회, 1987.
신복룡, 『동학사상과 갑오농민혁명』 서울: 평민사, 1985.
신일철, "수운의 개벽사상 연구" 『동학사상과 동학혁명』 서울: 청아출판사, 1992.
오문환, 『해월 최시형의 생활정치연구』 연세대정치학과 박사학위논문, 1995
용담선원, 『동학. 천도교 略史』 보성사, 1990.
윤석산, "용담유사에 나타난 대외의식" 『한양어문연구』3, 한양대학교 1985.
윤석산, 『동학교조 수운 최제우』 서울: 모시는 사람들, 2004.
윤석산, "용담유사에 나타난 낙원사상 연구" 『한국학 논문집』 9집, 한양대 한국학연구소, 1985
원용국, 『구약예언서』 서울: 지혜문화사, 1984.
임형진, 『동학의 정치사상』 서울: 모시는 사람들, 2004.
장일선, 『히브리예언서 연구』 서울: 대한기독교서회, 1990.
장일선, 『구약신학의 주제』 서울: 대한기독교출판사, 1982.
조민, 『한국근대변혁운동의 정치사상』 고려대정치외교학과 박사학위논문, 1991.
최종태, 『예언자에게 물어라』 서울: 기독교문서선교회, 1999.
최준식, 『한국의 종교, 문화로 읽는다』 서울: 사계절, 2000.
하영곤, 『한 유학자의 서간을 통한 19세기 호서 사회사 연구』 서강대학교 대학원 박사 학위논문.
한명기, 『사회세력의 위상과 저항 (상)』 서울: 청년사, 1990.

황현, 『매천야록』 영인본, 국사편찬위원회, 1971.
반 게메런, 『예언서 연구』 이명철, 김의원 공역, 서울: 엠마오, 1990.
고웬 D. E. 『구약예언서 신학』 차준희 역, 서울: 대한기독교서회, 2003.
레이몬드 딜러드, 트럼프 롱맨 Ⅲ, 『최신구약개론』 박철현 역. 서울: 크리스찬다이제스트, 1997.
류폴트 E. B., "아모스. 오바댜." 『반즈주석』 송동섭 역. 서울: 크리스찬서적, 1991.

Auld, A. G. Amos. Old Testament Guides. Sheffield: JSOT Press, 1986.
Fosbroke, Hughell. "Amos" IB. Nashville: Abingdon, 1978.
Harrison, R. K. *Introduction to the Old Testament*, Grand Rapids: Eerdmans, 1969.
LaSor, W. Old *Testament Survey*, Grand Rapids: Eerdmans, 1982.
Martens, Elmer A. "תעה," *NIDOTTE*. Grand Rapids: Zondervan, 1997.
Keil-Delitzsch. *Commentary on Minor Prophets*. Grand Rapids: Eerdmans, 1982.
Riggan, George A. *Messianic Theology and Christian Faith*. Philadelphia: Westminster Press, 1986.
Rowley, H. H. *The Nature of the Old Testament Prophecy*, London: SPCK, 1967.
Smith, B. K. Amos. NAC. Nashville: Broad & Holman, 1995.
Wolff, Hans Walter. *Prophetische Alternativen: Entdeckungen des Neuen im Alten Testament*, Munchen: Kaiser Verlag, 1982.

하 나 님 나 라 를 위 한
성 경 신 학

김근수

유영기

이성구

김성봉

허 주

이승구

김은홍

강영안

한국교회와 성경영감과 무오

김 근 수
(칼빈대학교, 신약학)

I. 서론

18세기 이후 신학계에서는 성경 영감과 무오를 완전 부정하거나 왜곡하기 시작했다. 계시보다 이성을 우위에 두는 합리주의 신학[1]이 성행하면서 성경의 초자연적 사건은 모두 배제되었다. 성경의 완전 무오성은 비이성적인 소산으로 간주되었으며, 웨스트민스터 대요리문답 3문 "신 · 구약 성경은 하나님의 말씀으로 신앙과 행위의 유일한 법칙이다"[2]란 선언은 무시됐다. 성경의 부조화, 비과학성, 비역사성이 강조됐고, 근동 아시아의 역사와 비교하여 이스라엘의 신앙은 고대 종교의 하나로 규정지어졌다. 성경은 다양한 문서의 짜깁기로 이루어졌고, 시대의 아픔을 해결하기 위해 쓴 소설로 간주됐다. 벨하우젠[3]은 문서설을 주장하며 모세 오경이 전승 혹은 여러 자료들의 혼합물이라고 주장했다. 슈바이처[4]는 그의 저서 『역사적 예수

---

1) 계몽사상의 기반으로 "이성이 표준이 된다"고 한 르네상스의 산물이다; W. G. Kuemmel, *The NT: The History of the Investigation of its Problems* (Nashville Abingdon Press, 1972), pp.51-72를 보라.

2) 김의환 편역, 『개혁주의 신앙고백』 (서울: 대한예수교장로회총회, 2003), p.44.

3) 벨하우젠(J. Wellhausen, 1844-1918)을 축으로 헤겔-다윈의 인과론적, 진화론적 역사철학의 원리를 따른 역사주의적 자료 비평학이 발전했다. 이 학파는 "역사주의적" 자료 비평학을 오경에 적용하여 문서자료를 분류해 내고, 그 문서자료들을 진화론적 역사주의 해석원리에 따라 분석 검토했다. 롤란드 해리슨, 『구약 서론 (상)』 류호준. 박철현 역 (서울: 크리스찬다이제스트, 1993)의 제 1부 "구약연구의 발전"을 보라.

4) 역사 비평주의 방법으로 예수의 생애를 탐구한 Albert Schweitzer, *The Quest of the Historical*

탐구』에서 신약 성경의 모든 이적을 부정했고, 윤리적 책으로 간주했다.

또 다른 운동이 세계대전 발발 이후 발생했다. 합리주의 신학에서 희망을 찾지 못한 신학계는 다시 성경으로 돌아가자고 외쳤다. 이 운동은 칼 바르트가 이끄는 신정통주의 신학이었다. 바르트는 그리스도 중심의 신학을 지향했고, 성경의 무오성[5]을 자기의 방식으로 이해했다. 하지만, 그의 신학은 여전히 합리주의와 실존주의 그늘 아래 놓여 있었기에 성경의 역사성을 의미사로 해석하고, 적용하는 것으로 왜곡했다. 바르트의 영향 하에 있던 맥커리는 "성경자체는 계시가 아니다. 하지만, 그것은 신앙 공동체가 그 공동체의 토대가 되었던 원초 계시에 접근하기 위해 열어 놓은 하나의 중요한 길이다"[6]라고 필역했다. 그는 성경이 계시의 불오한(infallibility) 기록이 아니고, 주관주의적인 입장에서 이해되어야 한다고 주장했다.

성경이 일점일획도 오류가 없이 완전하다는 신앙이 사라지면서 성경을 기반으로 세워졌던 모든 교회의 존립 자체가 위협을 받기 시작했다. 구라파의 수많은 교회가 몰락하고, 교회 건물은 레스토랑이나 카페, 백화점으로 바뀌고 말았다. 이러한 위기를 극복하기 위해 세계 복음주의 학자들은 지난 1978년에 "성경 무오성 국제 협의회(Intenational Council on Biblcal Inerrancy)"[7]로 모여 성경의 영감과 완전 무오성을 주장하기에 이르렀다. 이 심의회는 지난 1974년 스위스 로잔에서 개최된 "세계 전도회의 (The International Congress on World Evangelization)"와 동일 선상에서 이해

Jesus: A Critical Study of Its Progress from Reimarus to Wrede, tr., W. Mongomery (London: A & C. Black, 1910)를 보라.

5) 칼 바르트는 1918년 출판된 그의 로마서 주석 서문에서 다음과 같이 언급했다. "성경 연구에 있어서의 역사 비평법은 그 나름의 타당성을 가지고 있다. 그것은 결코 피상적이 아니며 이해를 위한 준비 작업을 해준다. 그러나 만일 내가 그것과 종전의 영감교리 중에 어느 것을 선택해야 한다면, 나는 후자를 결정적으로 붙잡을 것이다. 그것은 더 위대하고, 더 깊고, 더 중요한 타당성을 가지고 있다. 왜냐하면 그것은 그것 없이는 모든 준비가 무가치한 이해 작업을 지시하기 때문이다. 내가 양자택일을 하지 않아도 된다는 것이 다행이다. 그러나 역사적인 것을 통해서 성경의 영, 즉 영원한 영의 속을 들여다보는데 나의 모든 관심의 방향이 있다." K. Barth, *The Epistle to Romans* (London, 1933); 게하르드 하젤 『신약신학: 현대논쟁의 기본 이슈들』 권성수 역 (서울: 엠마오, 1994), p.57 재인용.

6) John Macquarrie, *Principles of Christian Theology* (New York: Scribner's, 1977). p.9.

7) 본 협의회에서는 신정통주의의 성경관에 대해 비판하고, '시카고 선언'을 작성하였다. Jay Grimstead, "How the International Council on Biblical Inerrancy Began", *Crosswinds* volume 2 (1994), p.2.

될 수 있다. 이 두 협의회에서는 신구약 성경 전체가 기록된 유일한 하나님의 말씀임을 믿으며 신적 영감과 진실성 및 권위와 성경 자체가 단언하는 모든 것에서 오류가 없고, 신앙과 행위의 유일한 정확무오한 법칙임을 믿는다고 선언했다.[8)]

성경 완전 무오를 지키기 위한 노력은 비단 국외적인 활동에서만 찾을 수 있는 것이 아니다. 우리나라 역시 지난 1930년대 이후 지속적으로 성경 부분 무오설 혹은 문서설에 대해 박형룡 박사[9)]을 축으로 꾸준히 비판해 왔다.[10)]

그러나 성경 완전 무오를 부정하는 자들이 아직도 확산되고 있으며, 설교에까지 합리주의 혹은 신정통주의 사상이 침투하고 있다는 점에서 위기의식을 갖게 된다. 그러므로, 우리는 개혁주의 신학과 신앙의 기반이 되는 성경의 절대 권위를 수호하고 적극적인 연구를 시행해야 한다. 성경의 영감과 완전 무오는 인간이 무엇이라고 하든 성경이 자증하고 있는 바이다. 이를 밝히 드러내는 일이 우리의 과업이다.

필자는 한국 교회사의 성경 완전 무오 부정에 대한 견해를 살피고, 그들의 사상적 배경을 살필 것이다. 이는 성경 불(不) 무오론자들의 모순을 발견할 수 있는 기회를 갖게 할 것이다. 또한, 성경의 자증을 통한 근거와 성경이 하나님의 말씀으로 믿는 자들이 어떻게 신앙적 결단을 했는가 살펴볼 것이다. 본 연구를 통해 우리는 성경 영감과 완전 무오성이 우리의 신앙을 지키고, 교회를 세워 예수 그리스도의 뜻을 온전히 성취할 수 있는 유일한 방도임을 인지하게 될 것이다.

---

8) 김의환, "복음주의 신학과 한국교회의 신앙", 『김의환 전집 3권』 (서울: 총신대학교 출판부, 2000), pp.423-424.

9) 다음은 『신학지남』에 실린 박형룡의 성령 무오론 변론 혹은 자유주의 비판의 글들이다. "성경영감의 목회적 교리"(1963, 12월호), "한국교회에 있어서의 자유주의"(1964, 9월호), "자유주의 신학" (1968년, 겨울호) 등을 참조하라

10) 『신학지남』에 실린 박윤선의 논문들인 "빨트 계시관에 대한 비평"(19권 5호), "우리의 성경"(1967년 여름호), "성경의 권위" (1971, 봄호), "웨스트민스터 신앙고백서와 위기신학" (1980, 여름호)를 참조하라. 기장측의 주장을 반박하는 박아론의 글 "밖에서 본 한국 기독교 장로회", 『신학지남』 여름호(1993)를 보라. 성경 무오에 관한 7 대 오해를 변증해 주고 있는 권성수의 『성경 해석학』 (총신대학출판부, 1991)를 보라. 성경 무오론을 소고한 배종수의 논문 "성경무오론에 관한 소고", 『신학논문총서 조직신학 1』 (서울: 학술정보자료사, 2004)를 보라.

Ⅱ. 한국교회 초기 장로교 선교사들의 성경관

한국 초창기 타교단과 달리[11] 장로교 선교사들의 사상은 청교도적이고, 복음주의적이며, 보수적인 성향 때문에 성경의 초자연적 계시와 성경의 절대적 권위를 존중한 것은 당연한 일이었다. 1901년 평양신학교를 세우고 가르친 마포 삼열 선교사는 선교회와 교회가 성경을 하나님의 말씀이라고 믿고, 예수 그리스도를 통하여 죄로부터 구원받는 복음을 믿는 철저한 믿음과 열정적인 복음주의 정신을 지녔다라고 증언하고 있다.[12] 1934년 한국 선교 희년 기념식에서 찰스 알렌 클라크(Charles Allen Clark)는 처음부터 한국에서 성경은 복음화의 가장 지대한 요인이었고, 독보적인 위치를 차지했다고 말했다.[13] 한국에 파송된 선교사들의 신앙은 "성경이 하나님의 직접적인 계시, 신적인 책, 그리고 권위 있는 책"이라는 구 프린스톤의 성경관이었다.[14]

이와 같은 성경관은 독노회가 결성되면서 소위 12신조로 알려진 장로교 신앙 신앙고백에 영향을 미쳤다. 성경이 신앙과 행위에 대한 정확무오한 법칙이라고 명문화 시키고 있다. 물론 이에 대해 다르게 해석하는 견해[15]도 있으나, 12신조의 제정 당시 한국 사회는 영감론에 대한 논쟁이 일지 않는 상황이었기 때문에 성경 무오란 표현을 기입하지 않은 것이다. 오히려 우리는 당시 프린스톤 신학자들을 예로 들지 않는다고 하더라도, 미국 장로교회가 성경관을 정의할 때 "하나님의 영감으로 기록

---

11) 장로회신학대학 교수 이정호는 그의 논문 "한국교회의 성서 이해"에서 한국교회 초창기부터 감리교는 모세 오경의 모세 자작권을 의심했다라고 기술하고 있다. 이정호, "한국교회의 성서 이해", 『기독교 사상』 7월호(1970), p.105.

12) 박영규, 『한국기독교교회사』 (서울: 한국교회사연구소, 2002), p.241.

13) Ibid., p.241.

14) 간하배, 『한국장로교신학사상』 (서울: 실로암, 1991), p.1.

15) 장로회 신학대학 교수 박창환은 다음과 같이 주장 한다. "이 조문에서 밝히 볼 수 있는 바와 같이 신구약 성경이 글자 하나하나까지 정확무오하다는 것을 주장하려는 것이 아니라 인간의 신앙과 본분에 대하여 그러하다는 것을 말하려고 한다. 성경이 하나님의 말씀인 것이 틀림없으나, 그것이 어떤 면으로든지, 반드시 정확무오하다는 말이 아니라 오직 우리가 어떻게 믿고 어떻게 행동할 것인가에 대해서 정확하게, 그리고 틀림없이 그 법칙을 가리켜 주는 유일한 책이라고 말한다"; 박창환, "성경무오설에 관하여," 『교회와 신학』 (서울: 장로회신학대학, 1970), p.83.

된 정확무오한 말씀"이라는 사실을 분명히 천명하고 있음을 주목해야 한다. 따라서 12신조 제 1조에서 성경의 영감은 부분적인 영감이 아니라 성경 전체가 영감으로 기록되었다는 의미에서 완전 영감 또는 축자영감 사상을 함축하고 있다.[16)]

Ⅲ. 한국 교회사에 나타난 성경 무오 부인(否認)및 논쟁의 연대기적 고찰(考察)

1. 1930년대 이전 성경 무오 부인(否認)

1897년 10월 14일 북장로교 선교사로 내한한 윌리암 헌트(William Hunt, 1869-1953)는 그가 내한하던 해에 한국 장로교 선교회 안에는 성경의 무오성을 믿지 않는 선교사가 적어도 한명 있었다고 증언하고 있다.[17)] 그러나, 이 문제는 1930년까지 표면화 되지 않고, 소수의 사람들에 의해 주장 되었다. 특히, 이들 중 뉴욕 유니온 신학교 출신 선교사로 공위량(William Kerr)을 들 수 있는데, 그는 1918년 평양신학교를 졸업한 이후 전통적인 한국 장로교 신학에 반기를 든 김장호의 신학에 결정적인 영향을 미쳤다. 공위량은 1923년 미국 북장로교 총회가 1910년과 1916년에 이미 천명했던 성경의 무오성, 동정녀 탄생, 대속의 죽음, 육체적 부활, 기적의 역사성 등 다섯 개의 근본진리를 재천명하자 미국 북 장로교 내 진보적인 지도자들이 1924년 발표한 '어번 선언'[18)]을 발표할 때 서명했던 1293명 중 한명이었다.[19)] 그는 유니온 신학교의 교수였던, 브릭스(Briggs)에 의해 영향을 받았다. 1891년 뉴욕의

16) 박용규, 『한국기독교교회사』 p.491.

17) Ibid., p.608.

18) 어번 선언문은 1924년에 총회에서 헨리 슬로언 코핀(Henry S. Coffin)과 그의 동료들이 제출한 것이다. 코핀은 성경이 오류가 없는 하나님의 말씀이 아니라 히브리 백성들의 진화하는 종교적 경험의 제한된 기록이기 때문에 성경의 덜 발전된 부분들은 "예수의 신앙"의 절정의 견지에서 해석되어야만 한다고 주장했다. 브래들리 J. 롱필드, 『미국장로교회 논쟁』 이은선 역 (서울: 아가페문화사, 1992), p.146; Henry S. Coffin, *Some Christian Convictions* (New Haven: Hodder & Stoughton, 1915), pp.49-51를 참조하라.

19) 박용규, 『한국기독교교회사』 p.610.

유니온(Union) 신학교 구약교수 취임사에서 브릭스(Briggs)는 프린스톤 영감교리를 완전 거부했다. 그는 성경의 오류로 미신, 축자영감, 서역의 진정성, 무오, 기적, 예언이라고 규정했다. 이 연설은 모든 고등비평주의자들을 선동하여 정통 교리를 대항하는 선전포고 역할을 했다. 브릭스(Briggs)는 1881-1893년까지 12년간 워필드(Warfield)와 격렬한 논쟁을 했다.[20] 워필드는 1915년 "성경은 완전히 하나님의 책이며, 하나님의 능력에 의해 만들어졌고, 성경의 모든 부분에서 하나님의 권위로 독자의 마음에 직접적으로 말씀하신다"고 말함으로써 그의 일생의 과업을 요약한 바 있다.[21] 어쨌든, 공위량과 더불어 유니온 신학교 출신의 선교사들은 지속적으로 진보적인 입장을 대변했다. 이는 몇몇 목사들에게 가입함으로써 성경 유오론이 가시화 될 조짐을 보이기 시작했다.

이뿐 아니라 학생들 중에서도 성경의 유오론을 주장하는 경우가 있었는데, 1931년에 기록된 "Korea: Land of Dawn"에서 의료 선교사 밴 부스컬크(James Dale Van Buskirk)는 1920년대에 세브란스 의과 대학의 교수로 있을 때 학생들과 토론하며 다음과 같은 고백을 하고 있다.

> "물질주의 옹호론자들이 그들의 정력의 대부분을 기독교를 공격하는데, 심지어 공개적인 반 기독교 운동을 벌이는데 소모해 왔다. 과학과 종교의 충돌이 그것을 확산시켰다. 성경은 특별한 공격 목표였다. 그것은 세계에서 놀랍게 성장한 종교 서적, 부도덕으로 가득찬, 그 자체와도 불일치하며 과학의 계시와도 조화될 수 없는 서적일 뿐이라고 말한다. 성경을 계시라고 주장하는 것은 물론 우스운 일이다. 진화론이 우주와 인간을 포함한 우주 내의 모든 것을 밝혀주는 만족할 만한 설명이라고 한다."[22]

밴 부스컬크는 당시 진화론과 과학에 심취한 학생들이 성경의 무오를 비판하였

20) 박희석, "프리스톤 신학이 후대에 끼친 영향", 『100년 총신신학의 회고와 전망』 (서울: 총신대학교출판부, 2001), p.145.

21) 마크 놀, "프린스톤 신학", 데이빗 F. 웰스 편, 『프린스톤 신학』 박용규 역 (서울: 엠마오, 1994), p.40.

22) 박용규, 『한국장로교사상사』 (서울: 총신대학교출판부, 1992), p.169.

다고 회상했다. 1930년대 이전의 한국 교회는 전반적으로 성경의 영감과 완전 무오를 수용했지만, 일부에서[23] 전통적인 신학과 신앙을 배격하고, 현대 사조를 좇아 자유주의 사상을 키워나가고 있었다.

2. 1930년대 이후 성경관 대립

1920년대 3.1운동 이후 일본의 문화정치(文化政治) 하에 한국의 젊은이들이 일본과 미국으로 유학 가는 일이 장려 됐다. 외국에서 신학 교육을 받은 대표적인 인물로 장로교의 남궁혁, 백낙준, 박형룡, 이성휘, 송창근, 채필근, 김재준, 윤인구와 감리교의 변홍규, 정경옥, 유형기, 갈홍기를 들 수 있다.[24] 이들의 입국 이후 한국 교회에서 성경관의 대립이 표면화되기 시작했다. 특히, 이들의 신학 사상의 갈등이 표출된 신학지가 바로 『神學指南』이였다. 신학지남은 1918년에 창간된 장로교의 평양신학교에서 발행하는 신학잡지로, 1916년에 창간된 감리교의 『神學世界』, 1922년에 출간된 성결교의 『活泉』과 더불어 한국교회의 신학을 대변하는 신학 잡지였다. 그런데, 이 신학지남의 편집을 1928년 정월부터 한국인 남궁혁 목사가 맡으면서 큰 변화가 생겼다. 그는 프리스톤 신학교와 버지니아 리치몬드의 유니온 신학교를 졸업하고 한국인으로는 처음으로 그 학교에서 신학박사 학위를 받은 촉망받는 젊은 신학자였다. 그가 특별기고자로 김재준, 채필근, 송창근을 끌어드림으로서 논쟁이 시작되었다.[25] 특별히, 김재준이 그의 신정통주의적 사상[26] 때문에 1935년 5월부터 '신학지남'에서 기고권이 박탈[27]되면서, 갈등이 고조되기 시작했다. 그리고 1950년대 이르러 조선신학교 학생들의 진정서에 따라 총회가 '김재준 진술서' 검토를 박형룡에게 위임하면서 갈등은 절정에 달했다.[28] 김재준은 성경의 영감에 관하여 다

---

23) 감리교에 커다란 영향력을 행사하였던 정경옥은 자유주의자라는 정체성을 가지고 사회적, 문화적인 문제에 민감하게 대처하였다. 김철손, "한국교회와 자유주의(정경옥교수 연구): 정경옥과 성서연구", 『신학과 세계』 제 5권(1979), pp.22-47를 보라.

24) Ibid., p.607.

25) Ibid., p.619.

26) 박아론, "밖에서 본 한국 기독교장로회", 『신학지남』 여름호(1993), p.9.

27) 김재준이 기고권을 박탈당한 이유는 한국 교회를 편협하게 비판한 것과 바르트 신학 사상 문제 때문이었다.

음과 같이 주장했다.

"영감을 통하여 하나님이 계시하신 주요 내용은 두 가지다. 즉 하나님이 어떤 하나님이며 그가 사람을 향하여 무엇을 하시려는 것인가 하는 그것이다. 우리가 받은 대로를 요약한다면 계시된 하나님은 거룩하시고 인자하신 하나님이시며 그가 사람을 향하여 무엇을 하시려는 것인가하는 그것이다. … 그는 결코 단순한 지적 호기심을 만족시키기 위하여 계시하는 것이 아니었다. 그러므로, 그는 성경에서 역사나 과학이나 연대표 등에 절대 무오를 기하지 않으셨다. 그런 것은 그 시대 사람들의 지식 정도에 맡겨 두신 것이다. 그런 것은 그 시대 사람들의 지식 정도에 맡겨 두신 것이다. 그리고 그는 성경의 문자적 무오를 기대하지도 않으셨다. 그것은 다소의 문자적 오류나 역사 과학 등 지식 부분의 불완전 때문에 구속의 결론이 좌우되는 것이 아니기 때문이다."[29]

김재준은 성경이 구원에 관하여 무오하나 역사와 과학에 있어서는 오류가 있다고 주장한다. 한걸음 나아가 그는 성경의 절대 무오를 주장하는 것이 오히려 "경건한 기만"이라고 꼬집고 있다.

"내가 성서 문자무오설을 배격하는 것은 성경의 권위를 파괴하려는 것이 아니라 그 권위를 정당한 기초 위에 수립하려는 것인 까닭이다. 성경 자체의 사실이 문자적 무오를 입증해 주지 않는데 불구하고 구차스럽게 그 학설을 고집한다는 것은 "경건한 기만"이다. 그러므로 스티언스박사(Dr. Stearns)는 이렇게 말하였다. '성경이 절대 무오하다는 것을 주장하는 것은 심히 선하고 경건한 것 같이 보인다. 그러나 사실을 왜곡시킨 것으로써 선한 것도 없으며 경건한 것도 없는 것이다.' 또는 성경의 역사적 과학적 또는 문장적 오류가 다소 있다고 말한데서 무슨 큰 일이나 난 것 같이 야단 법석하는 것은 가소로운 일이다."[30]

---

28) 최성수, "김재준과 박형룡의 논쟁에서 나타난 신학적 배타성과 한국신학의 과제로서 비판신학", 『기독교사상』 6월호(2001), p.203.

29) 김재준, "축자영감설과 성서무오설에 대하여", 『십자군』 6월호(1950), p.18.

30) Ibid., p.18.

김재준은 성경의 목적이 영생을 얻게 하려고 예수를 증거하는 측면(요 5:39)에서 무오하다고 보았다. 성경은 과학을 가르치기 위한 교과서도 아니고, 철학을 가르치기 위한 철학 개론도 아니다. 오히려 성경은 구원을 위함이지 다른 온갖 학문에 적용되지 않는다는 것이 그의 주장이었다.

이와 같은 가르침에 반대하여 1947년 51명의 조선신학교의 학생들은 제 33회 장로회 총회에 "호소"형식으로 진성서를 제출하게 되었다. 학생들은 그의 교육 내용이 "유시로부터 믿어오던 신앙과 성경관이 근본적으로 뒤집어지는 것을 느꼈다"[31] 라고 보고하고 있다. 또한 1948년 총회가 김재준의 진술서를 검토할 것을 요청 받은 박형룡은 그의 사상을 다음과 같이 평하고 있다.

> "비록 진술서 안에는 성서의 권위를 인정한다고 언급되어 있지만 성경의 오류를 인정하고 있어 결국 성경의 권위를 파괴하는 고등비판을 옹호하는 것과 마찬가지일 뿐만 아니라 모세가 5경의 저자라고 말하고 있는 성경의 저자인 '선지자 그리스도 사도들의 교훈과 기록에 불신임을 선언하여 성경 전부의 권위를 의문케'하는 것이고, 성경의 오류를 말하는 것은 '성경의 절대 무오설을 믿어온 대한 예수교 장로회'를 능욕하는 것이다."[32]

위의 박형룡의 비평은 성경이 하나님의 권위가 아닌 하나님의 계시로 쓰여진 것으로 보았기 때문이다. 즉, 성경은 문자적인 완전 영감으로 기록된 것이고, 성령의 조명을 통해서 비로소 이해되어야 한다는 점이다. 그러나, 김재준은 축자영감설에 대해 인간이 단지 기계적인 반응을 보인 것이기에 "살아 계신 하나님을 떠나 지식 자체를 우상화한 결과"에 버금가는 현상이라고 평하였다. 이것은 "교리적 노예"라고 불려질 만하고 또 "어떤 이념이 표현하려는 현실에 충실하려는 것보다도 그 이념 자체에 충성하려는 것이다"[33]라고 했다. 그는 실존적인 해석학과 성경적인 근거자료들을 기반으로 성경을 보았다.

성경 무오 사상에 반대하여 김재준이 한 작업은 아빙돈 단권 주석 번역이다. 유

31) 김양선, 『한국기독교해방십년사』 (서울: 대한예수교장로회총회교육부, 1956), p.216.
32) 최성수, 『기독교사상』 p.206.
33) Ibid., p.211.

형기 목사가 전체적인 책임을 지고 감리교의 양주삼, 정경옥, 김창준, 전영태, 변홍규가 주축이 되어 진행되었다. 장로교에서도 유형기 목사의 부탁을 받고 김재준, 송찬근, 채필근, 한경직 목사 등이 참여했다. 이 주석이 성경 무오를 배척한다는 것은 단권성경주석의 기고문을 통해 잘 알 수 있다.

> "성경은 교회의 산물이다. 그러므로 성경에도 인간적 오류가 다소(多少) 섞이어 있다. 비록 불완전한 교회나마 신(神)의 구원적 활력의 기관임같이 다소의 오류가 섞이어 있는 성경도 신의 성지(聖志)를 인생에게 보여주는 영감 깊은 성록(聖錄)이다. … 성경 말씀이 종교적 견지에서 진리라 하여 반듯이 자연고학, 역사, 고고학에 있어서도 절대 무오 하다고는 단언할 수 없다. 또한 그러케 주장할 필요도 없다. 성경에 기록된 과학설은 성경이 씌여질 적에 유행되는 것이오, 성경에 있는 종교적 진리와 같이 영원성을 가진 것은 아니었다."[34]

위의 주장은 김재준을 비롯한 성경 유오론 자들의 입장을 대변한다. 이에 맞서 장로교 총회에서는 "표준성경주석"을 발간하기로 결정하고, 박형룡 박사에게 그 책임을 맡겼다.[35] "아빙돈 단권주석"의 출간과 거의 때를 같이하여 서울 남대문교회를 담임목사인 김영주가 창세기 저작문제를 거론했다. 그는 캐나다 선교사 윌리암 스캇의 영향을 받아 모세 저작권을 부인하는 내용을 만국 주일학교 공과에 실었다. 이로 인해 총회에서는 이 문제를 연구하기 위해 연구위원회가 결정되기도 했다.[36] 그들은 1935년 24차 총회에서 다음과 같이 보고하였다.

> "창세기가 모세의 저작이 아니라고 하는 반대론은 근대의 파괴적 성경비평가들의 주장하는 이론인 바 그들은 과연 창세기의 모세저작을 부인하는데 멎지 않고, 오경 전부를 모세의 저작이 아니라고 주장하며 모세시대로부터 여러 세기 후대 어떤 인물들이 기록한 위조문서로 돌립니다. 또 그들은 오경뿐 아니라 구약 다른 여러 책과 신약 여러 책을 후대인의 위조문서로 인정하며 그 기록의 내용에 신화

34) 유형기편, 『단권성경주석』 (서울: 신생사, 1935), p.24.
35) 박용규, 『한국장로교사상사』 p.636.
36) Ibid., p.637.

와 고담과 허설과 각종 오류가 있다고 지적하여 냄으로 성경 대부분의 파괴를 도모하는 것이웨다. … 그러나 파괴적 성경비평가들이 제출한 모든 비평적 이론이 모두 정통 성경학자들의 변해에 의하여 일일이 반박되었고 성경이 참되다는 증거는 여전히 확립하여 있나이다. 그중에 창세기를 포함하는 오경이 모세의 저작이라는 사실은 무엇보다도 오경 자체의 증거와 신약 다른 책들의 증거에 의하여 명확히 드러나나이다."[37]

이처럼 1930년대 이후 성경 무오를 부인하는 학자들이 늘어나면서 신학 논쟁은 계속적으로 커져갔다. 그리고 박형룡 박사를 비롯한 총회는 그들의 주장에 반박[38]하고, 성경의 영감과 무오를 변호하였다. 성경 무오 논쟁에 있어서 서로의 이견일치를 볼 수 없었기에 급기야 분열을 낳게 됐다. 1940년 김재준, 채필근, 송창근 등이 주축이 되어 평양 신학교와 신학적 단절을 선언하고, 성경 무오를 거부하는 조선 신학교를 설립했다. 그들은 1945년부터 정통신학과 성경 무오 및 축자영감을 더욱 반대하기 시작했다.

이와 같은 움직임에 반하여 1947년 박윤선 목사를 비롯한 53인이 평양 신학교의 역사적, 신학적 계승을 잇기 위해 고려 신학교를 설립하였다. 여기에는 화란의 전통과 프린스톤 구학파의 전통을 접목시키려는 박윤선 풍의 개혁주의가 상당히 반영되었다.[39] 이 두 학교를 1949년 총회에서 서로 통합할 것으로 결정하였으나, 결국 1952년 4월 제 37차 총회[40] 이후 경기노회를 중심으로 조선신학교 측이 분리해 나가면서 교단적 분열이 발생했다. 교단 분열 원인을 김정준은 "한국 장로교회는 성서 비평학 문제를 중심하여 1953년 예장과 가장이란 두 개의 장로교회로 갈라지게

37) 김양선, 『한국기독교 해방 십년사』 pp.179-180.

38) 1935년 제 24 총회는 김영주의 자유주의 입장에 철퇴를 가하고 단죄 처리하였다.; 김의환, "복음주의 신학과 한국교회의 신앙", p.241.

39) 박용규, 『한국장로교사상사』 p.808.

40) 1952년 4월 제 37회 총회는 성경의 유오설을 주장한 김재준 교수의 면직 문제를 경기노회에 일임하였고, 노회가 처단하지 않으면 총회에서 처리한다는 결의에 의하여 총회 당석에서 즉결하기로 하였다. 즉결 결과 회장이 목사 김재준씨는 제 36회 총회 결의 위반급 성경 유오설을 주장하였음으로 권징조례 제 6장 42조에 의하여 예수의 이름과 그 직권으로 목사직을 파면하고 또 그 직분행함을 금하노라 선언하고 김윤찬 목사로 기도케 했다. 제 38회 총회록, p.136.

되었다"[41]라고 주장했다.

성경무오에 관한 사상적 이견은 서로 양보할 수 없는 문제였다. 특히, 성경 무오를 주장하는 것은 개혁주의 신학과 신앙의 기초라고 주장하는 박윤선 박사는 개혁주의 성경관에 대해 다음과 같이 소개하고 있다.

> "칼빈주의는 성경의 체계를 올바로 본 신학이다. 칼빈주의는 하나님을 절대적 주권자인 인격적 신으로 믿으며, 계시 의존 사색을 가진다. 칼빈주의가 가지는 성경관은 역시 인격 본위에서 생각할 수 있는 유기적 영감설이다. 유기적 영감설은 체계적으로 모두다 하나님의 진리를 나타내는 것으로 보는 것이다. … 이렇게 개혁파 신학은 유기적 영감설을 가지는 동시에, 선지적 사도적 직접 영감으로 된 성경의 기록은 그 전체에 있어서나 부분에 있어서나 문자에 있어서 유기적 연락을 가지고 하나님의 말씀을 나타낸다고 믿는다."[42]

위의 진술대로 성경 무오는 성경을 하나님의 말씀으로 받아드리기에 김재준의 주장을 용납할 수 없었다.

3. 1960년대 이후 성경 무오 부인(否認)

분열 이후 김재준는 한국신학대학을 중심으로 그의 신학을 발전시켰다. 그의 글 "한국 신학대학의 역사적 위치(位置)"에서 성경 무오를 주장하는 측을 향하여 '정통적 이단'[43]이란 표현을 썼다. 이 표현은 성경이 축자영감설로 일점일획(一點一劃)도 틀리지 않다는 주장을 문자주의라고 비꼬는 용어였다. 그는 미국 남북 장로교 소속의 선교사들이 한국에 들어와서 철의 장막을 세워 한국 장로교회를 설립하고, 정통주의왕국을 세웠다고 주장한다. 그는 이것이 정통주의 사상의 주입과 성경 연구의 비판을 없애는 비인격적인 요소로 간주했다. 김재준은 또 다른 글에서 "우리는 한국장로교회의 신학교육이 몹시 근시안적이었다는 것을 개탄한다"[44]고 기술했다. 그

41) 김정준, "한국교회와 성서해석 동 문제", 『기독교사상』 2월호(1967), p.322.
42) 박윤선, "우리의 성경", 『신학지남』 여름호(1967), p.13.
43) 김재준, "한국신학대학의 역사적 위치", 『신학연구』 제 3집, 7월호(1957), p.6.

는 한국신학대학을 자발적이며, 능동적인 신학을 하는 곳으로 규정짓고 있다. 이것은 스스로 독창적인 신학을 하는 곳으로 자유, 자주, 비판, 진보적 독립적 활동을 하기에 역사를 창출하는 곳이라는 의미이다.[45] 한신대학은 이후로 보다 진보적인 입지를 굳히고, 성경 영감과 무오를 비판[46]했다.

이와 비슷하게 WCC 문제[47]로 분열된 장로교 통합 측의 장로회신학대학 박창환 교수 역시 성경의 부분 영감설을 주장했다. 그는 "성경무오설에 관하여"란 논문에서 자신의 입장을 충분히 보여주고 있다. 그의 책 서론에서 '성경이 일점일획도 틀림없는 책'이라고 믿는 사람이 많은데 이것은 "어린이스럽고 단순할 수밖에 없다"[48] 고 한다. 그리고, 이제는 자주적 인식을 가지고 접근해야한다는 의견을 제시한다. 그는 김재준과 동일하게 "성경이 무오하다는 생각은 교회가 교리화한 사상이다"[49] 라고 주장한다. 성경이 하나님의 글이긴 하지만 사람의 글이므로 제한성을 갖기 마련이고, 상대적으로 오류를 가질 수밖에 없다고 주장했다.[50] 이는 인간이 본질상 제한적이며, 상대적인 존재이기에 무슨 일이든지 완전하게 할 수 없고, 하나님 역시 이것을 아시고 그에 걸맞게 자신의 뜻을 전달하셨다는 사상에 기초한 다. 박창환은 성경의 원본 역시 인간의 실수와 부주의와 그릇된 판단 등의 제한성 때문에 다소의 오류를 포함한다고 주장했다.[51] 하지만, 성경을 기록한 인간 저자들의 과학적 무지

44) 김재준, "한국교회의 신학운동", 『기독교사상』 1월호(1960), p.2.

45) 김재준, "한국신학대학의 역사적 위치", p.7.

46) 한신대 교수 김경재는 "박형룡, 박윤선으로 대표되는 한국 근본주의적 보수 신학은 좋게 말해서 17세기 장로교 칼빈주의와 청교도적 경건주의가 19세기부터 20세기 초까지 불어 닥친 서구 계몽정신의 격류를 헤쳐 나오는 동안 경직화된 기독교의 자기 방어적 보수정통신학이다. 비판적 성경연구 태도나, 역사주의 및 진화론으로 대표되는 자연과학의 연구결과에 문호를 열기만 하면, 기독교 진리는 그 뿌리부터 붕괴되고 말 것이라는 위기의식 가운데 형성되어 온 신학사적 배경을 갖고 있다"라고 주장한다. 김경재, "한국신학의 태동과 흐름", 『기독교사상』 2월호(2002), pp.131-132.

47) 이점에 대해 김의환 박사는 "1959년 대한 예수교 장로회 총회에서 WCC 문제 등으로 승동 측과 연동 측이 다시 분열되자 신학과 신앙 노선이 같은 승동 측과 고신 측은 합동을 추진하기 위해 활발한 움직임을 가졌다"라고 쓰고 있다. 김의환, "복음주의 신학과 한국교회의 신앙", p.222.

48) 박창환, "성경무오설에 관하여", p.82.

49) Ibid., p.83.

50) Ibid., p.86.

51) Ibid., p.89.

와 제한성에도 불구하고, 하나님은 그것들을 통하여 말씀하시기에 성경의 가치와 권위가 떨어지거나 파괴되지 않는다고 강조했다.

전 계명대학교 교수였던 이호형은 "성서의 절대화는 개신교를 새로운 영지주의로 변질시켰다"란 논문에서 성경을 절대화하는 것은 기독교 신앙의 변질이라고 말했다. 또한, 그는 사건과 그것에 대한 증거가 서로 다른 것이기에 성경 66권속에 포함된 모든 말씀을 하나님의 말씀으로 중요시하고 또 그 모든 말씀 자체를 절대시하면서 믿고 받아드리는 것을 "자연적인 오류"[52]라고 칭한다.

이처럼 성경의 완전 무오를 부정하고 축자영감이 교리적 배경의 산물이며, 주입식 교육의 결과라는 것이 이들의 공통적인 주장이다. 이들은 성경이 하나님의 구원사역에 있어서 진리이나 인간의 작품이기에 과학적, 역사적 오류를 필수적으로 포함한다고 강조한다. 결국, 한국교회에서 자유주의 한 주류로 정착한 성경관은 부분영감설이라 할 수 있겠다.

Ⅳ. 성경무오 부인의 사상적 배경 고찰(考察)

김재준 목사는 성경 영감과 무오를 가르치는 것이 교리적이며, 서양 선교사들의 일방적인 주입식이라고 단정 지었다. 그리고, 그는 한국식의 독창적이며, 인격적인 신학을 펼쳐야한다고 주장했다. 하지만, 김재준과 그와 같은 견해를 가진 인물들의 사상은 한국의 독특한 성경관이 아니다. 오히려, 합리주의와 신정통주의의 영향을 받은 것이다. 이 두 사상적 배경은 김재준 이후의 성경의 무오를 부정하는 신학자들의 기본 전제로 이용되고 있다.

1. '신학 함'의 자율성

김재준은 1920년대 일본에서 유학을 했다. 그가 교육 받을 때는 일본 기독교에

52) 이호형, "성서의 절대화는 개신교를 새로운 영지주의로 변질시켰다", 『기독교사상』 9월호 (2004), p.252, 253.

신신학의 영향이 강하게 미치던 시기였다. 특히, 칼 바르트의 로마서 주석이 1919년과 1922년에 출간된 이후 일본에서는 바르트 신학 사상[53]이 직접적으로 흡수되기 시작했다. 이러한 시점에 김재준은 유학 전부터 일본서 출판된 기독교 서적에 심취했고, 이후 1925년부터 4년 동안 일본의 청산학원에서 신학을 공부했다. 그는 이곳에서 사상과 학문적 자유를 느꼈다고 고백하는데, 그를 감화 시킨 사람은 비옥근안정(比屋根安定)선생, 별소매지조옹(別所梅之助翁)이라고 회상했다. 그는 청산학원을 "래디컬한 자유주의였고, 뉴욕 유니온의 출장소(出張所)격이었다"[54]고 말했다. 때문에 자신은 자신 있게 자유주의 신학에 대해 어느 정도 분별할 지식을 습득했다고 주장 한다. 김재준은 일본 유학을 마치고, 미국으로 넘어가 프리스톤에서 메이첸에게 교육을 받았다. 그곳에서 근본주의란 무엇인지 자신의 실존으로 느끼고 배웠다고 고백한다. 그는 나름대로 자신 만의 신학으로서 자유주의와 근본주의를 절충하여 근본적인 것은 갖되 자유롭게 복음을 천명하는 것으로 길을 설정했다. 이는 곧 그로 하여금 학(學)이나 기록(記錄)보다 상상(想像)과 인간(人間) 자체의 신비한 세계를 추구하게 했다. 그의 신학 함에 있어 인간의 자율적 사고는 정통주의를 고수하는 한국 장로교회가 "통조림"[55]처럼 꽉 막힌 곳이었다. 이런 연고로 새로운 사상을 펼치기 위해 "십자군(十字軍)"이란 잡지를 내었다고 한다. 우리가 이미 살폈듯이 이 잡지를 통해 그는 성경 절대 무오설에 대해 반박하기 시작했다. 이 사상은 개혁주의 신학과 신앙을 믿는 학자들과 학생들의 반격에도 불구하고, 조선신학교를 이어 한국신학대학에 전수되었고, 장로회신학대학과 타 교단에 영향을 미쳤다.

어쨌든, 김재준이나 그의 신학에 영향을 받은 이들의 기본 전제는 "인간 이성의 자율성"이다. 즉, 합리주의[56]에 기초하고 있다. 합리주의는 14-16세기에 발흥한 르

---

53) David Wells 교수는 신정통주의의 특징으로 다음 세 가지 요소를 지적했다. "(1) 성경의 중요성을 인식한 것은 사실이나 모든 신정통주의 학자들이 성경 내용을 분석하는데 비판적 전제들을 받아였다. (2) 또한 모든 계시는 이성과 배치되며 하나님은 본질적으로 이성이 도달할 수 있는 영역 저편에 있다는 칸트의 전제를 공유했다. (3) 모두 성경 말씀을 가지고서나, 성경 말씀 없이 성령께서 주시는 지각과 통찰로써 신학 내용을 정립한다는 신학 방법론을 공유했다."; 로저 니콜, "신정통주의 축소 성경관", 노르만 L. 가이슬러외, 『성경무오 도전과 응전』 권성수 역 (서울: 엠마오, 1997), pp.151-152 재인용.

54) 김재준, "내가 영향받은 신학자와 그 저서", 『기독교사상』 7월호(1964), p.24, 25.

55) Ibid., p.25.

56) 김재준은 예레미야 당시에 법전(法典)에 대해 다음과 같이 기술하고 있다. "당시에 기록된

네상스 인문주의의 계몽사상에서 그 뿌리를 찾아 볼 수 있다. 특히, 계몽 신학자들에게 가장 큰 영향을 미쳤던 데카르트를 통해 이를 잘 이해할 수 있을 것이다. 그는 중세 사상의 권위주의를 거부하고 철학과 과학의 기초로 체계적 회의 방법을 소개했다. 이것은 인간의 자연적 능력을 높이 평가하고, 동시에 연역적 이성의 우산 밑에 모든 자기주장을 끌어넣는 작업이었다.[57] 인간의 이성을 신앙 위에 두게 된 계몽사상은 아담의 타락과 인류의 부패라는 전통적인 기독교 신앙을 부인하게 했다. 결과적으로, '자유 사고의 시대'는 인간 속에 자연적으로 숨겨진 지적, 도덕적 잠재능력을 강조했고, 후에 바르트가 말한 '절대 인간' 사상을 승인하게 했다. 계몽사상의 핵심인 인간 두뇌의 합리적 작용이 만물 척도의 표준으로 여기는 것이기에,[58] 이성에 부합하지 않는 것은 진리로서 자격을 상실했다. 대표적인 예가 삼위일체나, 속죄, 부활, 기적을 미신 시대의 잔재로 간주해 버렸다. 이와 같은 흐름 속에서 존 로크(John Locke)는 '영감'은 이성에 맞지 않는 교리들을 받아들이는 근거가 될 수 없다고 했고, 존 톨란드(John Tolland)는 이성이 종교 진리의 주요 원천이라고 주장했다.[59] 로크의 말처럼 이성에 기초한 신학 함은 영감이 자연 질서를 위배하는 것이었기에 수용될 수 없는 교리가 되고 말았다.

합리주의의 기반이 되는 이성의 우월성과 자율성은 결국, 독일의 비글(Beggle)로 하여금 "성경이 처음부터 끝까지 영감 되었으되 인간의 오류가 있다"라고 결론짓게 했다. 이는 개혁주의 신학자 베르카우어(G. C. Berkouwer)가 그의 저서 『성경론』에서 부분 영감설, 즉 영감은 성경 저자의 목적에 국한 되는 것이지 그 저자의 모든 사소한 기록 전체를 포함하는 것은 아니라고 주장[60] 한 것과 일치한다.

그러므로 우리는 한국 교회에서 인간의 자율적 사고를 근거로 성경의 무오를 부정하고, 부분 영감을 주장하는 이들의 기본 사상이 합리주의에 근거하고 있다고 결

여호와의 전(典)이라면 신명기 밖에 없었을 것이며……." 이 표현은 합리주의 신학의 대표적 인물인 벨하우젠의 모세오경의 견해를 좇은 것이다. 김재준, "전기적으로 본 예레미야의 내면생활", 『신학지남』 15권 5호, 9월호(1933), p.47.

57) 부루스 데마레스트, "계몽시대의 성경", 노르만 L. 가이슬러 외, 『성경무오 도전과 응전』 권성수 역 (서울: 엠마오, 1988), p.13.

58) Ibid., p.15, 16.

59) Ibid., p.20, 21.

60) Ibid., p.43.

론짓게 된다.

2. 바르트의 신정통주의 영향

김재준과 성경 완전 무오를 부정하는 이들의 또 다른 사상적 배경은 바르트주의(신정통주의)에서 찾아 볼 수 있다.[61] 물론 김재준은 "바르트와 부루너에게서 감화를 받기는 하였으나 사사(師事) 하지는 않았다"[62]고 주장한다. 하지만, 그가 한국에 입국하여 쓴 글들을 살펴보면 신정통주의 사상이 밑에 깔려 있음을 인지한다. 이를테면, 그의 논문 "한국교회의 신학운동"에서 성경관이 "그리스도 중심"에 놓음으로써 바르트의 영향 하에 있음을 증거하고 있다. 그는 살아계신 그리스도를 우리 맘에 모시고 사는 신앙생활을 그 핵심으로 삼고, 그리스도 중심적인 성경 비평을 이루어야한다고 주장한다.[63] 특히, 이 전제가 정통주의자의 성경에 대한 축자적인 광신을 피함과 동시에 자유주의자의 희박하고 방자한 막연성을 막을 수 있다고 확언했다. 그에게 있어서 성경의 객관성과 우리의 주관이 만날 수 있고, 사도적 신앙 고백이 나의 것이 되기 위해서는 그리스도 안에서 그리스도의 빛과 심정으로 음미할 때 가능하다고 본다.[64]

이와 같은 견해는 바르트의 "하나님의 말씀"과 일맥상통하다. 바르트는 하나님의 말씀의 구성이 하나님의 아들, 예수 그리스도라고 진술했다. 그는 그것이 하나님의 말씀의 인격이며, 하나님의 주관성이기 때문에 교의와 동일화 할 수 없고, 어떤 체계로 조직화 할 수 없다고 했다.[65] 또한, 그는 "하나님께서 성령으로 성경을 통해 말씀하실 때에만 한 개인이 하나님의 말씀을 듣게 된다"[66]고 언급했다. 성경을 하

---

61) 한철하, "김재준의 성경과과 신정통주의신학", 신학사상, 제 50집(1985), p.512.

62) 김재준, "내가 영향받은 신학자와 그 저서", p.42. 윤성범 교수는 김재준이 바르트 주의자라고 간주했다. "한국의 바르트 신학자들로 경남 노회의 윤인구, 연세 대학교의 갈홍기 교수, 이화 여자 대학교의 김영의 교수, 훗날 조선 신학교 교장을 지낸 송창근 목사, 그리고 김재준 교수가 있다." 윤성범, 『기독교와 한국 사상』(서울: 대한기독교서회, 1964), p.133.

63) 김재준, "한국교회의 신학운동", 『기독교 사상』 1월호(1960), p.17.

64) Ibid., p.16, 17.

65) 박봉랑, "칼 바르트의 하나님의 말씀의 개념", 『신학연구』 제 6집, 5월호(1960), p.52.

66) Karl Barth, *The Doctrine of the Word of God: Church Dogmatics* I, G. W. Bromiley and T. R. Torrance trans. (Edinburgh: T.&T. Clark, 1975), p.458.

나님께서 자신의 말씀이 되게(becoming)[67] 하셔야만 하나님의 말씀으로 받을 수 있다는 의미이다.[68] 이 전제 하에 바르트는 성경 언어가 인간 언어로서 그 언어학적, 역사적 및 신학적 성격에 있어서 무오함을 의미하지 않는다고 주장한다. 나아가 성경이 인간적 유오성을 포함하고 있음에도 불구하고 받아 들여야한다[69]고 강조하는데, 이는 김재준이 성경에 과학적, 역사적 오류가 있다하더라도 성경의 권위는 상실하지 않는다라는 것과 일치한다.

1930년대 이후 김재준을 비롯한 바르트주의자들[70]에 의한 신정통주의 사상 유입은 바르트 식[71] 성경 해석, 적용을 낳았다. 예를 들면, 바르트는 성경의 역사성에 있어서 실제 역사(Historie)와 의미사(Geschichte)로 구분시키고 있다. 이 구분은 성경의 역사가 실제와 다를지라도 그것을 신앙[72]으로 받아 드리면 하나님의 말씀이 된다는 것인데, 이 영향이 설교에 미치고 있다. 대표적인 경우로 소망 교회를 담임했던 곽선희 목사는 "나는 그 부활이다"란 제목 하에 다음과 같은 설교를 했다.

"본문에 예수께서, '네 오라비가 다시 살리라'고 했을 때 누이동생인 마르다는 유대인의 전통적인 부활 개념을 가지고, '마지막 날에 오라비가 다시 부활할 줄을

---

67) Ibid., p.530.

68) 박윤선 박사는 바르트가 "성경은 하나님께서 그것을 가지시고 말씀해야 그것이 하나님의 말씀이 된다"라고 한 점에 대해 다음과 같이 논평하고 있다. "이것은 전통적으로 내려오는 개혁파 교회의 성경 교리를 내어던지는 말이다. 개혁파 교회는 성경의 독자적 신임성(Autopistia)을 믿는 것이다. 독자적 신임성이란 것은 인간이 성경을 이해하든지 못하든지 하나님의 말씀의 권위를 보유하고 있다는 것이다. 바빙크는 말하기를 성경은 스스로의 권위를 그것 자체에 가지고 있으니 그것이 독자적 신임성이다라고 하였다." 박윤선, "웨스트민스터 신앙고백서와 위기신학", 『신학지남』 여름호(1980), p.96.

69) Ibid., p.532.

70) 지동식은 한국교회의 신정통주의 신학운동은 지동식, 전경연, 박봉랑, 박순경, 이종성에 의해 장신, 한신 등 장로교의 주류적 조직신학 이론으로 자리잡혔다고 보고했다. 지동식, "내가 영향받은 신학자와 그의 저서", 『기독교사상』 8,9월호 합본(1963), pp.19-21; 이종성, "한국교회의 성서이해", 『기독교사상』 7월호(1970)를 보라.

71) 총신대학교 및 웨스트민스터 신학교의 교수였던 간하배는 김재준의 육체적 부활관에 대해 다음과 같이 논평했다. "그는 보수주의가 즐겨 쓰는 방법대로 그리스도의 부활이 육체적 부활임을 매우 강력하게 변증하고 있는 것처럼 보인다. 그러나 거기엔 거의 다 자신의 사상이 아니면서 마지못해 꾸며낸 것이며……." 간하배, 『한국 장로교 신학사상』 p.65.

72) 한종희, "칼 바르트의 성경관비판", 『신학지남』 (1985), p.183.

내가 아나이다'라고 답했습니다. 이 세상 끝 날에 선한 자나 악한 자나 의로운 자나 불의한 자나 다 부활해서 하나님의 심판대에 서야 한다라는 일반적인 유대인의 개념에서 마르다가 이야기한 것입니다. 우리는 이와 같은 부활이라면 역시 흥미가 없습니다. … 예수 그리스도의 부활사건이 있었기에 정의가 영원하고 사랑의 영원함이 나타난 것입니다. … 단순히 예수가 죽었다가 다시 살았으니 우리도 오래 산다라는 뜻으로 부활을 생각하는 것이 아닙니다."[73)]

여기에서 설교자는 몸의 부활에 대해 흥미가 없는 것으로 간주하고 있다. 그는 단순히 예수의 부활 사건이 정의와 사랑을 나타내는 것으로 이해한다. 이는 신정통주의의 의미적 해석에 기초한 것으로 부활의 실재성보다 그것을 받아드리는 신앙적 의미를 강조하고 있다.

결과적으로, 김재준과 현대 신학계와 교회에 이르기까지 성경의 완전 무오를 부인하는 것은 그들의 주장처럼 한국의 독자적인 신학함의 결과라 볼 수 없다. 오히려 이성의 자율성에 전제하고 있으며, 신정통주의에 깊은 영향을 받아 생성되었음을 인식하게 된다. 이성의 잣대로 하나님의 전지. 전능하시는 행위를 규제하고, 판단하는 것 자체가 모순이다. 오히려, 타락 이후 이성에 문제가 있으므로 신앙의 도움을 받아야 할 대상임을 겸허히 인정하는 것이 신학함의 전제가 되어야 할 것이다. 김재준이나 여타 학자들이 성경 완전 무오를 받아 드리는 것은 답답한 행위라고 주장하지만, 그것은 일방적인 수용이 아니라 신학과 신앙의 출발점임을 인정해야 한다.

V. 성경 영감과 완전 무오의 성경적, 신앙적 근거

1. 성경 완전 무오의 자증

성경 완전 무오는 성경의 영감과 밀접한 관련을 맺고 있다. 신 복음주의자인 헤

73) 곽선희 설교집 제 5권, p.149.

르만 리더보스(Herman Ridderbos)는 하나님의 말씀이 성경 모두라고 말할 수 없으며, 성령의 영감 되어 글을 쓰고 있는 동안의 사도들과 선지자들과 동일시 할 수 없다고 주장한다. 그는 하나님의 말씀은 영원하며 완전하나 성경은 영원하지도 완전하지도 않다고 했다.[74] 즉, 사도나 선지자들이 성경을 기록할 때 그들의 인간적 제한성을 가지고 기록하였으므로 부분적인 오류가 있을 수 있다는 의미이다. 이것은 우리가 지금까지 살펴 본 것처럼 한국 교회의 한 부분을 차지하고 있는 '부분 영감론'이다. 하지만, 성령의 영감이 그저 일부에만(구원에 관하여) 국한되어 있고, 여타(餘他) 지식과 정보에 있어서는 사람의 무지에 맡겨졌다는 것이 타당한가?

이 점을 해결하기 위해서 우리는 성경 영감이 무엇인지부터 이해해야 한다. "성경이 영감 되었다"는 말은 "하나님의 감동으로" 성경이 기록되었다는 의미이다. "하나님의 감동으로 된"이라는 표현은 디모데후서 3:16 '*θεόπνευστος*'란 단어이다. 이 용어를 NASB에서는 "inspired by God"라고 번역했고, NIV에서는 "God-breathed"라고 번역했다. 그런데, 이 '*θεόπνευστος*'는 수동형으로 하나님께서 불어 넣으심(in-breathing)을 가리키는 것(저자에게 불어 넣든 성경 본문에 불어 넣든)이 아니라, 성경 저자가 기록한 작품이 '하나님의 내쉬신'(God-breathed) 것[75], 즉 '하나님의 창조적 생기(the creative breath)'의 작품이다. 이 말은 바울이 성경의 신적 기원을 주장했다는 것을 강력히 시사하고 있다. T. A. Thomas도 '*θεόπνευστος*'를 사용한 바울의 의도가 모든 성경은 인간의 마음에서 기원한 사상물이 아니라 하나님의 마음과 지성에 그 기원을 갖는다고 함에 있다고 말했다.[76]

윌리암 J. 아브라함(William J. Abraham)은 이 단어를 성경 자체가 아니라 성경 저자들에게 해당되는 것으로 오해했다.[77] 물론, 신 복음주의자들이나 한국 교회에서 부분 영감설을 주장하는 자들 역시 성경 저자에게 감동이 불어넣으심을 받은 것으

74) 헤르만 리더보스, 『성경의 권위』 김정훈 역 (서울: 한국기독교교육연구원, 1982), p.44.

75) Sinclair B. Ferguson, "성경의 자증", 간하배 편, 『성경무오와 해석학』 정광옥 역 (서울: 엠마오, 1988), p.77, 79.

76) T. A. Thomas, *The Doctrine of the Word of God* (Philipsburg: Presbyterian and Reformed Publishing Co., 1972), p.6; 배종수, "성경영감론에 관한 소고", 『신학논문 총서 조직신학 1』 (서울: 학술정보자료사, 2004), p.95 재인용.

77) 권성수, 『성경 해석학』 (서울: 총신대학출판부, 1991), p.80.

로 이해하기에 기계적이지 아닌 이상 인간적 한계성을 뛰어 넘지 못한다고 주장하는 것이다.

하지만, 성령의 영감이 경이로운 이유는 성경의 신적 기원으로 말미암아 전달되는 신적 진리와 각 저자의 독특한 인간성이 더불어 보존됨이 확실하게 되었기 때문이다. 다르게 표현하면, 성령께서 저자들의 인간적 특성을 유린함이 없이도 그들이 거짓이나 틀린 것을 가르치지 않도록 보호하셨다는 것이다. 이점에 있어서 베드로후서 1장 20, 21절을 보면 성경의 영감 방식이 두 가지의 요소로 특징지어진다. 첫째는 성경 저자들의 삶, 경험, 환경에 대한 하나님의 일반 섭리적 감독이다. 둘째, 성경은 신적 능력이 성령을 통하여 활동한 결과이다. 성령은 저자들의 삶 가운데에서도 특히 성경의 제작에 역사하셨다. 그는 저자들을 감동시켜서 그 저작물이 하나님 자신의 말로서 보존되도록 하셨다.[78] 인간의 언어가 신의 언어를 담지 못하기에 제한된다고 하는 일부의 주장은 오해이다. 왜냐하면, 하나님께서는 자신의 뜻을 충분히 사람의 언어로 옮길 수 있을 뿐 아니라 언어마저도 하나님의 창조품이기 때문이다. 이를 프레임(John Frame)은 잘 지지해 주고 있다. "인간의 언어는 정확 무오한 하나님의 말씀을 옮길 수 있도록 허용되었다. 왜냐하면, 하나님은 인간 언어에 있어서도 주인이시기 때문이다."[79]

그러므로 성경의 영감과 완전 무오를 주장하는 것은 하나님께서 말씀을 일방적으로 사람에게 주입하셨다는 것도 아니며, 인간의 제한성을 간과하셨다는 것도 아니다. 하나님께서는 저자의 특성이나 성품, 기질, 교육, 교양, 심지어 문체까지도 사용하셔서 성경을 기록하신 유기적 영감을 하셨다. 이런 면에서 워필드는 영감이란 단순한 영향력이 아니라 "영감의 본질은 감독이었다"라고 말할 수 있었고, "성경의 발생은 인간들의 작인과 하나님의 작인이 여러 가지로 상호 협력한 결과"라고 주장할 수 있었다.[80] 성경의 어떤 사상 또는 특정한 윤리적인 주제만 영감된 것이 아니라, 단어 하나하나 모두가 영감 되었다는 축자 영감을 하셨고, 그것은 어느 한

78) Sinclair B. Ferguson, "성경의 자증", p.80.

79) 간하배, "개론적 역사 성경 무오, 해석학, 그리고 웨스트민스터", 간하배 편, 『성경무오와 해석학』 정광옥 역 (서울: 엠마오, 1988), p.22.

80) 정규철, 『성경 무오 역사적 증명』 (서울: 그리심, 2002), p.272.

부분도 빠짐없이 모든 성경에 완전하게[81] 하셨다(완전 영감).[82]

2. 성경 영감의 범위

성경은 영감이 어느 한부분에 국한 된 것이 아니라 전체에 적용되고 있음을 보여주고 있다. 대표적인 구절은 마태복음 5:18로서 예수님께서 "진실로 너희에게 이르노니 천지가 없어지기 전에는 율법의 일점일획이라도 반드시 없어지지 아니하고 다 이루리라"하셨는데, 여기 율법은 분명 모세오경만이 아니라 구약 성경 전체를 가리킨다. 어떤 이들은 영감이 제한적으로 이루어졌다고 거론하지만, 디모데후서 3:16에서 "모든 성경"[83], 곧 성경의 모든 각 부분이 빠짐없이[84] 영감 되었음을 보여주고 있으며, 누가복음 24:25-27에서 "선지자들의 말한 모든 것"이란 표현을 통해 지지 해주고 있다.[85] 뿐만 아니라 예수님께서 "성경은 폐하지 못한다"(요 10:35)라고 말씀하심으로 구약 성경이 영감된 말씀으로 무오함을 확실히 보여주고 계시며, 베드로후서 3:15-16에서는 바울 서신을 구약과 동등한 위치에 두고 있다. 즉 바울사도가 쓴 서신을 '다른 성경'과 동등한 위치에 둠으로 사도들의 서신이 성령의 영감

---

81) 워필드의 다음과 같은 성경의 완전 영감론의 정의했다. "성경의 완전 영감의 교회적 교리는 성경이 그것의 모든 요소들이, 신비로써 또는 이성으로써 발견할 수 있는 사물들, 신앙과 실행과 함께 역사와 과학의 사건들, 사상과 함께 단어들이 다 같이 부분적으로 아니고 완전히 영감 되었다." B. B. Warfield, *The Inspiration and Authority of the Bible* (Philadelphia: Presbyterian and Reformed Publishing Co., 1948), p.113.

82) 정창욱, "성경의 영감성과 무오성: 그 성경적 근거", 『신학지남』 가을호(2003), p.280, 281, 282.

83) 이 표현을 번역함에 있어 일부에서는 "모든 성경은 하나님의 영감으로 주어졌고 유익하며"로 하나, 다른 학자들은 "하나님의 영감으로 주어진 모든 성경은 역시 유익하며"로 번역한다. 그러나 이 둘의 차이점은 심각한 문제를 유발하지 않는다. 왜냐하면, 두 번역 모두가 구약 성경이 영감되었음을 암시하고 있기 때문이다.; 루이 벌코프, 『성경 해석학』 윤종호 · 송종섭 역 (서울: 개혁주의 신행협회, 1999), pp.46-47를 보라.

84) "모든 성경"의 다른 견해로 장로회신학대학 교수 변조은은 디모데후서 3:16을 다음과 같이 해석한다. "이 말의 핵심은 모든 성경은 하나님의 영감으로 된 것이니 구원의 길을 가르칠 수 있으며 교훈과 권면과 의에의 훈련에 유익하다는 데 있습니다. 구원과 행실을 가르치는데 유익하다는 것을 가르쳐야 할 것인데 그저 모든 성경이 무오하다고 오석을 하는 것 같습니다." 변조은, "한국교회의 성서해석사", 문희석 편, 『구약성서해석학』 (서울: 대한기독교서회, 1996), p.323.

85) B. B. Warfield, *The Inspiration and Authority of the Bible*, p.285, 286.

의 산물임을 보여주고 있다. 바울 사도 역시 데살로니가전서 2:13에서 데살로니가 교회 성도들에게 자신의 글이 하나님의 말씀으로 받는다고 이야기 하고 있다. 예수님과 사도들의 교회가 구약 성서의 영감과 무오를 인정했다면, 사도적 전통 속에 있으며 예수 그리스도에게 복종한다고 주장하는 것은 옳다. 혹자는 이것 역시 바르트주의자처럼 고대의 일방적인 신앙 고백 수용 문화 하(下)[86]에서 이루어진 것이라고 추측한다. 그러나, 성경의 영감성과 무오성을 믿는 근거는 우리의 믿음의 대상이신 예수 그리스도에 의해 증거 되고 있다. 만일 예수님이나 그의 제자들이 당시 문화에 종속된 상태를 벗어나지 못했다면, 더 이상 그리스도는 우리의 믿음의 대상이 될 수 없다. 이러므로 성경은 예수그리스도와 그의 가르침을 받은 사도들의 증거가 가장 중요시 되어야 한다. 나아가, 예수님과 사도의 글을 담은 성경 자체가 신적 권위를 증거한다면, 그것을 우리는 신앙으로 받아야 마땅하다.

3. 성경 무오 신앙과 신사참배

성경 영감과 완전무오를 믿는 것은 신앙에 깊이 영향을 미쳤다. 우선, 일제시대 신사참배를 통해서 잘 드러나고 있다. 1935년부터 1945년까지 신사 참배 논쟁은 한국교회에 큰 이슈(issue)였다. 김양선은 신사참배를 "신앙의 자유를 박탈당하고 신앙양심을 유린당하는 본격적인 종교 박해였고, 교회 전체가 당한 대박해였다"[87]고 기록하고 있다. 왜냐하면, 신사참배는 신앙의 본질의 문제와 연결되는 것이었기 때문이다. 이는 신사 참배를 반대하다가 1936년 3월 21일에 미국으로 강제 퇴거를 당한 매큔의 경우를 통해서 잘 나타난다. 매큔(**평양 숭실전문학교 교장 윤산온**)은 1935년에 신사 참배를 할 것을 강요받았을 때 단호히 거절했다. 그는 성경을 온전히 하나님의 말씀으로 믿고 가르치던 평양신학교의 박형룡 박사와 산정현 교회 주기철

---

86) 비트겐슈타인은 다음과 같이 주장한다. "그들은 이런 태도를 자신들이 무비판적으로 받아들인 문화적 전제로서 물려받았다는 것이다. 헬레니즘 세계는 신적인 영감을 받은 글이라는 관념에 익숙해 있었고, 유대교에 있어 구약성서는 절대적 권위를 지니고 있었다고 주장할 수(도) 있다." Anthony C. 씨슬튼, 『두 지평』 권성수 외 역 (서울: 총신대학출판부, 1990), p.663.

87) 김양선, 『한국기독교와 신사참배 문제』 (서울: 한국기독교역사연구소, 1991), p.19.

목사의 조언을 따라 신사참배가 우상 숭배임을 알았기 때문이다.[88] 뿐만 아니라 평양의 세 개의 미션 학교가 신사참배를 강요받았지만 폐교를 각오하고 신앙 양심을 좇아 이를 거절했다.

반면에, 한국 천주교회는 1936년 5월 25일 신사참배는 종교적 행사가 아니고 애국적 행사이므로 그 참배를 허용한다고 발표했고, 감리교회 역시 동일한 이유로 공식 신사참배를 공식화했다.[89] 특히, 감리교 지도자 7명은 1945년 5월, 현인신인 천황을 하나님과 그리스도 아래 놓는다는 것이 천황에 대한 불경이라든가, 부활 신앙이 미신이기 때문에 신앙문답에서 삭제하자는 주장을 하던 일본 교회와 화합하기로 결정했다. 또한 캐나다 선교회 서고도 선교사(William Scott)는 참배를 거부함으로써 학교를 폐쇄하고 교육 사업 전체를 정부에 맡기게 하는 것은 그리스도의 뜻에 맞지 않는다[90]는 입장을 밝혔다. 1938년 채필근은 한 잡지를 통해 "국민정신 총동원이 필요한 이때에 종교인도 국가에 충성하지 않으면 안 된다. 이런 것을 이단이라고 말하는 자야말로 오히려 이단이다"[91]라고 주장했다. 그는 1939년 3월에 송찬근, 김재준과 함께 평양신학교의 폐교와 함께 그들의 신학과 정통성은 단절하고 주체적인 신학교육을 모토로 한 "조선신학교"를 설립했다. 이런 사실은 채필근이 학교 설립 목적을 대변한 글을 통해 잘 알 수 있다.

> "선교사 우월권, 선교사 주권을 유지하려면 조선 교역자의 질을 선교사 이하의 선에 정지시켜야 될 것이며 그렇게 하려면 신학교육을 완전히 선교사가 독점하는 방법을 취할 밖에 다른 길이 없었기 때문이다."[92]

하지만, 그들은 일본인을 이사장으로 세우고, 조선교회와 일본 교회의 단일화를 추구했다.[93] 반면에 시대의 상황에 따라 성경을 해석, 적용하였던 이들과 달리 성

---

88) 박용규, 『한국장로교사상사』 p.716 재인용.
89) 박용규, 『한국장로교사상사』 p.721.
90) Ibid., p.747.
91) 『청년』 4월호(1938), p.6; 박용규, 『한국장로교사상사』 p.742 재인용.
92) 김양선, 『한국기독교 해방 십년사』 p.195.
93) 박용규, 『한국장로교사상사』 p.750.

경 완전 무오를 믿던 장로교도 인들은 1938년 일본의 노골적인 협박과 술책[94]으로 제 27회 총회 때 신사참배를 가결하기까지 반대했다. 결국, 일본의 무력 앞에 상당수 지도자들이 굴복하고 말았지만, 총회에서 신사참배가 가결된 후 주기철, 주남선, 한상동, 손양원, 한부선 목사를 중심으로 신사참배 반대 운동을 벌였다. 이일에 평양신학교도 동참하다가, 김인준, 박형룡 교수가 불구속 입건되었고, 학교는 1938년에 폐교되었다. 더욱이 1940년에는 보수주의의 맥을 이어온 신학교 기관지 신학지남도 폐간되었다. 또한, 순교자들도 발생했다. 대표적으로 신사참배 강요의 부당성을 담은 진성서를 통해 하나님을 거역하는 죄라고 선언한 박관준 장로는 1939년 가을에 옥중 순교했고, 산정현 교회 주기철 목사는 "일사각오"의 정신으로 말씀의 신앙을 지키다 1944년 4월 21일에 순교했다. 이뿐 아니라 수많은 선교사들이 신사참배를 반대하며, 핍박을 받다가 태평양 전쟁이 발발하면서 한국을 떠나야만 했다.[95] 이는 철저하게 성경을 정확무오한 하나님의 말씀으로 믿고 여호와 하나님만을 섬겨야 한다는 유일신 신앙과 우상에게 절하지 말라는 말씀에 순종해야한다는 정신 때문이었다.

VI. 결 론

지금까지 우리는 한국 교회에서 나타난 성경 영감과 완전 무오를 논의했다. 성경 영감과 완전 무오는 성경이 자증[96]하고 있으며, 우리는 그것을 믿음으로 받아드린

94) 김양선은 다음과 같이 당시의 상황을 기술하고 있다. "교회 장 내외에는 수백 명의 사복경관으로 완전 포위되었고, 강대 아래 전면에는 평남 경찰부장을 위시하여 고위경관 수십 명이 긴 검을 번쩍이면서 기라성 같이 자리를 잡고 앉았고 총대들의 좌우에는 그 지방 경찰관 2명씩이 끼어 앉았고, … 주기철 목사, 이기선 목사, 김선두 목사등 신차참배를 적극 반대하는 유력한 교회 지도자들은 사전에 모두 구금되었고…". 김양선, "신사참배 강요와 박해", p.32.

95) 박용규, 『한국장로교사상사』 p.728, 730, 734.

96) 그로쉐이드는 "성경 자체가 그 신적인 성격을 드러내며, 그 신적인 성경은 성경 자체 속에서 흘러나온다"라는 의미로 성경 자증을 사용한다. F. W. Grosheide, *Algemeene Canonic van het Nieuwe Testament* (Amsterdam, 1935), p.136. A. B. 듀토잇, 『신약정경론』 권성수 역 (서울: 엠마오, 1994), p.137 재인용.

다 했다. 성경은 하나님과 인간의 공동작업[97]이기에 하나님께서 친히 성경 기자를 지도하셨고, 그의 계시를 온전히 전달할 수 있도록 인간 저자의 경험과 소양과 지식을 활용함으로써 완성된 작품이다. 하나님께서 인간 저자를 사용함에 있어 조금도 부족함이 없으셨으며, 인간 언어의 창조주로서 전달코자하는 바를 완벽히 담으셨다. 성경은 하나님의 구원하시는 목적뿐 아니라 하나님의 섭리 가운데 역사의 진행과 그 속에서 사는 그의 백성들의 삶의 방향과 목적을 보여준다. 그러므로 우리는 성경을 하나님의 영감 되어 완전 무오한 책으로 받는 것이 마땅한 일이요, 계시의 조명 아래 인간의 이성을 사용하여 그의 뜻을 밝히 드러내는 일에 힘써야 한다.

합리주의의 영향으로 인간 중심적인 신학함은 곧 하나님의 계시를 부인하는 것이 될 것이며, 교회의 존재는 사라지고 말 것이다. 인간의 이성으로 용납하지 못할 부분은 제거할 것이 아니요, 계시의존 사색을 통해 수납해야 한다. 과학이나 고고학은 끊임없이 발전되는 것이며, 그것이 진리의 기준이 될 수 없다. 성경을 자유롭게 사색하는 것이 신앙적, 인격적인 면을 드러낼 수 있다는 것은 오산이다. 오히려, 성경의 문자 하나 하나를 무오하다고 믿고, 깊이 연구하고, 그것을 순종하면 할수록 참된 그리스도의 형상에 이르게 된다. 옳은 사회는 물리적, 의협적인 행위로 변혁되는 것이 아니라 변화된 사람이 만들어내는 결과이다.

---

97) 워필드는 공동작업이라는 의미의 'concursive'를 사용하고 있다. 자세한 내용은 B. B. Warfield, *The Inspiration and Authority of the Bible,* p.25와 J. I. Packer, *Fundamentalism and the Word of God* (London: IVF, 1958), p.79를 보라.

참고문헌

Albert Schweitzer. *The Quest of the Historical Jesus: A Critical Study of Its Progress from Reimarus to Wrede*, W. Mongomery trans. London:A &C. Black. 1910.

B. B. Warfield. *The Inspiration and Authority of the Bible.* Philadelphia:Presbyterian and Reformed Publishing co.. 1948.

Henry S. Coffin. *Some Christian Convictions.* New Haven:Hodder & Stoughton. 1915.

Jay Grimstead. "*How the Intenational Council on Biblical Inerrancy Began*". Crosswinds volume Ⅱ. number 2. 1994.

J. I. Packer. *Fundamentalism and the Word of God.* London: IVF. 1958.

John Macquarrie. *Principles of Christian Theology.* New York:Scribner's, 1977.

Karl Barth. *The Doctrine of the Word of God Church Dogmatics Ⅰ*, G. W. Bromiley and T. R. Torrance trans. Edinburgh:T.&T. Clark. 1975.

W. G. Kuemmel. *The NT: The History of the Investigation of its Problems.* (Nashville. 1972.

간하배. 『한국장로교신학사상』 서울: 실로암. 1991.

______. "개론적 역사 성경 무오, 해석학, 그리고 웨스트민스터". 간하배 편. 『성경무오와 해석학』 정광옥 역. 서울: 엠마오. 1988.

권성수. 『성경 해석학』 서울: 총신대학출판부. 1991.

김의환 편역. 『개혁주의 신앙고백』 서울: 대한예수교장로회총회. 2003.

______. "복음주의 신학과 한국교회의 신앙". 『김의환 전집 3권』 서울: 총신대학교 출판부. 2000.

김양선. 『한국기독교해방십년사』 서울: 대한예수교장로회총회교육부. 1956.

______. 『한국기독교와 신사참배 문제』 서울: 한국기독교 역사연구소. 1991.

게하르드 하젤. 『신약신학: 현대논쟁의 기본 이슈들』 권성수 역. 서울: 엠마오. 1994.

A. B. 듀토잇. 『신약정경론』 권성수 역. 서울: 엠마오. 1994.

로저 니콜. "신정통주의 축소 성경관". 노르만 L. 가이슬러 외. 『성경무오 도전과 응전』 권성수 역. 서울: 엠마오, 1997.

루이 벌코프. 『성경 해석학』 윤종호·송종섭 역. 서울: 개혁주의 신행협회. 1999.

롤란드 해리슨. 『구약 서론 (상)』 류호준. 박철현 역. 서울: 크리스찬다이제스트. 1993.

마크 놀. "프린스톤 신학". 데이빗 F. 웰스 편. 『프린스톤 신학』 박용규 역. 서울: 엠마오. 1994.

박용규. 『한국기독교교회사』 서울: 한국교회사연구소.

______. 『한국장로교사상사』 서울: 총신대학교출판부. 1992.

박창환, "성경무오설에 관하여". 『교회와 신학』 서울: 장로회신학대학. 1970.

변조은. "한국교회의 성서해석사". 문희석 편. 『구약성서해석학』 서울: 대한기독교서회. 1996.

브래들리 J. 롱필드. 『미국장로교회 논쟁』 이은선 역. 서울: 아가페문화사. 1992.

부루스 데마레스트. "계몽시대의 성경". 노르만 L. 가이슬러 외. 『성경무오 도전과 응전』 권성수 역. 서울: 엠마오. 1988.

Sinclair B. Ferguson. "성경의 자증". 간하배 편. 『성경무오와 해석학』 정광욱 역 . 서울:엠마오. 1988.

Anthony C. 씨슬튼. 『두 지평』 권성수 외 역. 서울: 총신대학출판부. 1990.

유형기편. 『단권성경주석』 서울: 신생사. 1935.

윤성범. 『기독교와 한국 사상』 서울: 대한기독교서회. 1964.

정규철. 『성경 무오 역사적 증명』 서울: 그리심. 2002.

헤르만 리더보스. 『성경의 권위』 김정훈 역. 서울: 한국기독교교육연구원. 1982.

곽선희 『설교집』 제 5권.

김경재. "한국신학의 태동과 흐름". 『기독교 사상』 2월호. 2002.

김정준. "한국교회와 성서해석 동 문제". 『기독교사상』 2월호. 1967.

김재준. "축자영감설과 성서무오설에 대하여". 『십자군』 6월호. 1950.

______. "한국신학대학의 역사적 위치". 『신학연구』 제 3집. 7월호. 1957.

______. "한국교회의 신학운동". 『기독교사상』 1월호. 1960.

______. "전기적으로 본 예레미야의 내면생활". 『신학지남』 15권 5호. 9월호. 1933.

______. "한국교회의 신학운동". 『기독교 사상』 1월호. 1960.

김철손. "한국교회와 자유주의(정경옥 교수 연구): 정경옥과 성서연구". 『신학과 세계』 제 5권. 1979.

박봉랑. "칼바르트의 하나님의 말씀의 개념". 『신학연구』 제 6집. 5월호. 1960.

박아론. "밖에서 본 한국 기독교장로회". 『신학지남』 여름호. 1993.

박윤선. "우리의 성경". 『신학지남』 여름호. 1967.

______. "웨스트민스터 신앙고백서와 위기신학". 『신학지남』 여름호. 1980.

박희석. "프리스톤 신학이 후대에 끼친 영향". 『100년 총신신학의 회고와 전망』 서울: 총신대학교 출판부. 2001.

배종수. "성경영감론에 관한 소고". 『신학논문 총서 조직신학 1』 서울: 학술정보자료사. 2004.

이정호. "한국교회의 성서 이해". 『기독교 사상』 7월호. 1970.

이호형. "성서의 절대화는 개신교를 새로운 영지주의로 변질시켰다". 『기독교 사상』 9월호. 2004.

정창욱. "성경의 영감성과 무오성: 그 성경적 근거". 『신학지남』 가을호. 2003.

지동식. "내가 영향받은 신학자와 그의 저서". 『기독교사상』 8,9월호합본. 1963.

최성수. "김재준과 박형룡의 논쟁에서 나타난 신학적 배타성과 한국신학의 과제로서 비판신학". 『기독교사상』 6월호. 2001.

한종희. "칼바르트의 성경관비판". 『신학지남』 1985.

한철하. "김재준의 성경과과 신정통주의신학". 『신학사상』 제 50집. 1985.

제 38회 총회록.

정암 박윤선의 계시의존사색에 대한 고찰

유 영 기
(합동신학대학원대학교, 신약학)

Ⅰ. 들어가는 말

오랜 세월 친구이자 신앙의 동지인 황창기 박사께서 은혜 중에 교수사역에 전심하시다가 이제 정하신 때가 되어 은퇴하게 되심을 축하드린다. 아울러 황 박사의 은퇴기념 논문집에 기고할 수 있는 특권을 누리게 됨을 감사드린다. 황 박사와의 교제는 1977년 웨스트민스터 신학교 유학시절부터 시작되었다. 논자가 그곳에 도착하였을 때 황 박사는 이미 가족과 함께 필라델피아에 거주하면서 웨스트민스터에서 수학하고 계셨다. 홀로 유학길에 오른 논자로서는 황 박사님과 사모님께서 베풀어 준 사랑을 잊을 수 없다.

동시에 그 시절 황 박사과 교제하면서 나누었던 대화들을 회상해 본다. 그 중에도 정암 박윤선의 학문과 경건은 우리의 공통 관심사였고 또한 우리의 사모함이었다. 황 박사는 정암이 필라델피아 중앙장로교회를 잠시 동안 섬기실 때 전도사로 사역하면서 정암의 영적인 감화와 지도를 받았다. 논자는 정암이 동산교회를 섬기실 때 고등학생으로 그 교회를 출석하였고 총신 연구원 시절에 정암의 가르침을 받았다. 우리는 정암이 웨스트민스터 개교 50 주년에 그 학교 개교 이래 처음으로 명예박사학위를 수여할 때 정암이 명예박사학위를 받는 자리에 참석하는 영광을 누렸다. 그 때에 우리는 정암처럼 살기를 소원하며 다짐하기도 하였다. 우리의 스승이신 정암이 그러했듯이 당시 우리는 웨스트민스터 교수님들의 지도를 받는 학생들이었다. 우리는 그곳 교수님들 밑에서 무엇을 배워 앞으로 미력하나마 한국 교회를 어떻게 섬겨야 할 것인가를 생각하면서 우리의 선배 되신 정암이 웨스트민스터에서 메이첸 교수와 밴틸 교수의 지도와 그 분들의 영향에 대하여 많은 대화를 나누었다. 본 논문에서 정암 박윤선의 신학에 웨스트민스터에서의 수학이 어떤 영향을 미쳤는가를 살피는 일환으로 정암 신학의 정수라고 할 수 있는 계시의존사색에 대한 반틸의 영향을 고찰하려 한다.[1)]

Ⅱ. 정암 박윤선과 하나님의 섭리

정암 박윤선은 하나님의 영원한 작정과 섭리 가운데 1905년 12월 11일 한국 땅에 태어났다. 그가 83년 동안 이 땅에 살면서 선한 싸움을 다 싸우고 달려갈 길을 마치고 1988년 6월 28일 주님의 품에 안기셨다. 정암의 경건한 삶과 그가 가르친 신학이 한국 교회에 미친 영향은 실로 방대하다 하겠다. 일반적으로 정암 박윤선의 전 생애를 크게 구분하여 말한다면 신학교에서는 교수하셨던 신학자이시면서, 교회에서는 설교자이셨으며 또한 신구약 성경을 모두 주석한 주경신학자이셨다.[2)] 정암에게 있어 특이한 점은 위의 세 가지 구분이 따로따로 떨어져 있는 분야가 아니라 서로가 뗄 수 없는 긴밀한 삼중적 관계를 맺고 있는 사실이다.

정암은 성경을 주석한 것을 가르치고 또한 그 주석에 근거하여 설교하였다. 반대로 정암은 설교를 통하여 깨달은 것을 주석에 기록하기도 하였다. 정암의 신학은 이미 언급한 대로 어떤 신학적 사상체계가 아니라 성경에 근거한 성경의 내용을 그대로 소개하는 성경신학이었다. 그뿐 아니라 그의 신학은 사람들의 지적 만족이

---

1) 본 논문은 논자가 17회 정암 신학강좌: 죽산 박형룡과 정암 박윤선 (합동신학대학원대학교, 2005년 11월)에서 발표한 "박윤선의 신학"에서 발췌 보완한 글임을 밝히는 바이다.

2) 논자는 정암의 교수사역과 신학자로서의 사역은 구분할 수 있으나 정암이 자신의 신학을 주로 가르침을 통하여 개진하였기에 한데 묶어서 고찰하려고 한다. 물론 정암은 자신의 신학을 파수군, 신학지남과 신학정론을 통하여도 발표하였다. 그러나 신학잡지에 발표된 신학사상 역시 신학생들에 이미 가르쳤거나 아니면 발표 후에 신학생들에게 가르쳤다. 따라서 논자는 정암의 교수사역과 신학자로서의 사역은 불가분리의 관계를 맺고 있다고 생각한다. 정암의 목회사역과 설교사역 역시 동일한 관점에서 구분하지 않았다.

나 지적 동의만을 구하는 신학이 아니라 영원한 생명과 관계된 신학이기 때문에 신학교에서 가르치는 것으로 끝나는 신학이 될 수 없었다.

그의 신학은 평양 장로회신학교와 웨스트민스터신학교에서 배움이 밑바탕이 된 것은 의심할 여지가 없다. 정암은 웨스트민스터 신학교의 첫 학기 때에 교장인 메이첸(Machen) 박사의 영향을 받았다. 정암은 메이첸 교수를 "하나님의 말씀대로 사는 진실한 신앙가였다."고 말하면서 그 교수는 "평생 결혼하지 않고 독신으로 지내면서 불철주야 하나님의 말씀을 연구하는 성경학자였으며, 모든 신학생들을 자기 자식처럼 사랑하면서 신앙적으로 지도해 주었다."고 술회한다.[3] 정암이 일차 미국 유학을 마치고 귀국하여 표준성경주석과 성경원어 강의로 약 2 년간 한국 교회와 신학교를 위하여 사역하다가 1938년에 2차 미국 유학을 하였습니다. 정암이 다시 웨스트민스터에 갔을 때 그가 그렇게 존경했던 메이첸은 주님 품에 안긴 뒤였다(1937년 소천).[4] 만일 정암이 다시 웨스트민스터에 갔을 때 메이첸이 생존했었다면 신약을 전공하는 정암은 메이첸 밑에서 수학하였을 가능성이 컸을 것이다. 그러나 정암이 다시 웨스트민스터에 갔을 때에 메이첸은 주님의 품에 안긴 뒤였기 때문에 취사선택의 어려움이 없이 밴틸 밑에서 수학하게 되었다는 것이다. 정암이 메이첸에게 성경을 해석할 수 있는 해석방법론과 원어를 배웠다면 밴틸(Van Til)에게서는 변증학을 배웠다. 정암은 밴틸에게 습득한 성경의 계시를 해석하는 원리체계가 종국적으로 하나님께 영광을 돌리는 방편이라고 확신하게 되었다. 달리 말한다면 인간의 이성으로 성경을 해석할 수 없다는 확신을 정암은 갖게 되었다. 정암은 2차 유학의 결과로 성경은 계시의존사색에 근거하여 해석되어야 할 하나님의 말씀임을 주창하게 되었다.

논자는 정암이 계시의존사색의 신학을 구체적으로 고찰하기 전에 정암의 계시의존사색의 신학에 있어서 하나님의 특별하신 섭리가 있었다는 점을 간과할 수 없는 사건을 하나 소개하려 한다. 그 일은 정암이 1924년에 평안북도 선천에 있는 5년제

3) 서영일, 『박윤선의 개혁신학 연구』(한국기독교연구소, 2000년), 72.

4) 서영일은 메이첸이 1937년 1월 1일 북다코다주에서 연설 도중 소천하였다고 밝히면서 공식적인 사망원인은 폐렴이었지만, 사실은 "그의 일생 마지막의 몇 달 동안 밤낮으로 닥쳐오는 걱정거리와 일거리의 짐 때문에 부스러졌다고 말하는 것이 옳다고 쓴 웨스트민스터신학교 신약학 교수인 스톤하우스의 글을 인용하여 소개하고 있다(서영일, 상게서, 141).

신성중학교에 입학한 후에 체험한 사건이다. 정암은 회고하기를 "그 시절에 성경에 대한 나의 이해는 책들의 계열 중에 성경을 놓고, 그 중에 제일 나은 책이라는 정도의 인식을 받은 그대로였고 '성경은 하나님의 말씀이다.'라는 확실한 증거는 그 누구에게서도 들어본 기억이 없다."라고 한다.[5] 정암이 학교에서 수학하는 중 어느 날 갑자기 하나님의 존재 유무에 대하여 생각하게 되었다. 그런데 놀랍게도 즉시로 하나님을 확신하게 되었고 의심은 깨끗하게 사라졌다고 한다. 정암은 잊을 수 없는 그때의 체험을 다음과 같이 소개한다.

> "신성학교 재학 시절에 잊지 못할 한 가지 일은 가까이 흐르고 있는 시냇가로 걸어가면서 하나님께 대한 의심이 생기게 되었다. '어떻게 보이지 않는 하나님을 믿을 수 있겠는가' 하는 것이었다. 그러나 그 즉시로 나의 마음 깊이에서 솟아오르는 생각은 '네 손에 들고 있는 성경이 하나님이 계신 증거니라' 하는 것이었다. 나는 그때에 놀랄 정도로 하나님을 확신하게 되었고 의심은 사라졌다. 그 후 나는 하나님을 의심한 적이 전혀 없었고 성경을 견고히 붙잡고 살아가는 신앙생활에 만족했다. 하나님은 성경이 말해 주는 하나님이라는 것이 칼빈주의 신앙이라는 사실, 이것은 후에 신학을 배운 후에 더욱 절실히 느끼게 된 것이다. 하나님은 자연을 창조하신 하나님이시니 자연계의 하나님이라고도 할 수 있겠지만, 그보다도 특별계시, 곧 성경이 말해 주는 하나님'이라고 할 때 누구에게나 흔들림이 없는 신앙이 생겨야 한다고 나는 주장한다.[6]

정암은 시냇가 체험을 통하여 첫째, 성경말씀이 정확무오한 하나님의 말씀이라는 흔들림이 없는 믿음과 확신을 갖게 되었다. 하나님께서 한국 교회 특히 장로교회의 학문적 토대를 놓는 일을 감당할 자에게 먼저 학문적 연구를 통하여 성경말씀이 하나님의 말씀이라는 믿음과 확신을 심어준 것이 아니라 삶의 현장에서 성령의 능력으로 이 진리가 믿어지도록 섭리하셨다. 둘째, 정암은 이 체험 바로 직전까지 하나님에 대한 의심이 있었으나 이 체험 이후에는 하나님을 의심한 적이 한 번도

---

5) 박윤선, 『성경과 나의 생애』 (영음사, 1992), 43-44.

6) 박윤선 "나의 생애와 신학(3) - 크리스챤 신문에 1980년 5월 24일자부터 기고 『성경과 나의 생애』 44 참조.

없었다고 하였다. 논자는 정암의 위의 체험은 그의 성경관 뿐만 아니라 정암이 그렇게도 강조한 계시의존사색의 기초가 되었다고 생각된다.

정암에 대한 하나님의 섭리는 시냇가의 체험으로 끝난 것이 아니다. 하나님께서 정암이 성경과 하나님에 대한 믿음과 확신을 다른 사람들에게 전할 수 있도록 미국과 화란 유학을 통하여 학문적인 체계를 세우도록 하셨음에 놀라지 않을 수 없다.

Ⅲ. 정암의 계시의존사색

정승원 교수는 정암의 변증학에서 가장 핵심 되는 용어는 '계시의존사색'이라고 하면서 이 문구는 밴틸 교수가 자주 사용한 'Thinking God's thoughts after Him'(하나님을 따라서 하나님의 사고를 사색하는 것)을 변역하여 사용하였을 것이라고 말한다. 정승원은 "여기 '사색이라는 말은 밴틸의 문구에 있어서 'Thinking'을 의미하고 또 'after Him'을 정암은 '의존'이라는 말로 번역하였고 또 'God's thoughts'을 '계시'로 변역한 것 같다."고 한다.[7] 박윤선의 성경신학 주요 원리는 계시의존사색이다. 그는 그의 저서 『성경신학』에서 성경신학의 기본원리로서 '계시의존사색'을 주창한다.[8] 그는 이 원리가 인간이 자기의 지혜로는 하나님을 알 수 없고 오직 하나님의 계시에 의해서만 알게 된다는 점을 강조하는 밴틸(Van Til)에 근거하였다고 하였다.

1. 계시의존사색의 절대 필요성

밴틸이 그러하듯이 정암은 첫째로 인간은 자력과 자율로서는 하나님을 아는 데 있어서 절대적으로 불가능하다고 전제한다. 이와 같은 전제는 하나님은 창조주이시요 인간은 피조물이라는 사실에 근거한다. 밴틸이나 정암은 자율주의가 창조주와 피조물의 구분(creator/creature distinction)을 무시하는 것으로 이 주의는 곧 인간이

7) 정승원, "박윤선 박사의 변증적 고찰", 제 16회 정암신학강좌 (합동신학대학원대학교, 2004), 52.

8) 박윤선, 『성경신학』 (영음사, 1971)

하나님을 떠나 자기를 하나님의 권위와 동렬에 놓는 것으로 간주하였다. 이것은 하나님을 대적한 마귀의 마음이며 하나님을 반역하여 타락하는 출발점이라고 강조하였다. 정암은 "자율주의는 하나님을 절대의 주님으로 알지 않는 동시에 하나님을 무시하고 나가는 사색이다. 따라서 이 사색은 그 첫걸음부터 하나님을 무시하고 떠났으니 그런 사색의 행진은 영원히 하나님을 만나지 못한다."고 지적한다.[9)]

정암은 자율주의자들이 때때로 주장하는 중립적 혹은 편견 없는 연구는 있을 수 없다고 말한다. 그것은 스스로 속은 생각이라고 단언한다. 그 이유는 "유신론이 참된 한, 하나님(창조주)은 절대적인 신이시므로 인간(피조물)은 첫걸음부터 하나님의 절대적인 주권 아래 있으므로 하나님께 대한 지식은 하나님을 제외하고는 성립할 수 없다. 창조주 하나님에 대한 지식을 제외한 인간의 지능의 작용은 참된 지식을 얻지 못할 뿐 아니라 그 행동이 벌써 하나님의 절대적 권위를 무시하고 나타난 것이니 만큼 갈수록 하나님과 멀어질 뿐이다." 그러므로 "하나님의 절대적 주권을 벗어나서 자기의 자율주의를 성공적으로 성립시킬 수 있는 줄 안다면 그것은 진리에 대한 반역"이라고 정암은 강조하였다.[10)] 이 점이 바로 부정적인 면에서 계시의존사색이 절대적으로 필요한 이유임을 밝힌다.

그러기에 정암은 자율주의를 반대하면서 인간이 하나님 아버지를 알 수 있는 유일한 길은 오직 하나님께로부터 주어진 계시를 의존하여 사색할 때에만 가능하다고 강조하였다. 이 계시의존사색은 자율주의 사상을 버리고 어린아이처럼 겸손하여 하나님께서 주신 계시(성경 말씀)를 받아야 하나님을 알 수 있다는 절대적인 믿음을 가지고 사색(인식행위)하는 것을 의미한다. 이 점이 바로 긍정적인 면에서 계시의존사색이 절대적으로 필요한 이유임을 밝힌다.

2. 계시의존사색과 구원

정암은 계시의존사색으로 말미암아서만 인간이 구원을 받는다고 단언한다. 그는 이 단언을 에덴동산의 사건을 예로 하여 좀더 구체적으로 설명한다. 아담과 하와가

---

9) 박윤선, 상게서, 13.
10) 상게서, 14.

범죄 한 뒤 그들과 하나님의 교제는 단절되었다. 그러나 하나님께서는 영원히 그들과 그들의 자손을 버리시기를 원하지 않으셨다. 그러므로 아담과 하와의 범죄로 하나님과 그들 사이에 교제가 단절되었음에도 불구하고 하나님께서는 초자연적 간섭을 통하여 구원하실 것을 그들에게 계시하셨다. 정암은 이"구원은 하나님께서 인간에게 자기를 (구원의 하나님으로) 나타내심으로 인간이 (구원의) 하나님을 알게 되어 이루어진다."고 한다.[11] 그는 하나님께서 인간에게 이렇게 나타내심을 계시라고 말한다. 또한 그는 이 계시는 성경을 통하여 여러 모양으로 나타났음을 지적하면서 '하나님의 나타나심'(Theophanie), 곧 예언과 이적은 계시일 뿐 아니라 그의 백성을 구원하심과 관계되어 있음을 말한다. 그런데 이 하나님의 나타나심은 예수 그리스도의 성육신으로 최고 정점에 이르게 되었다. 이 모든 계시의 사실들은 온 인류를 위하여 마침내 기록된 말씀, 곧 성경으로 전승된다. 정암은 하나님께서 인류를 구원하시기 위하여 계시를 주셨음을 강조하면서 이에 근거하여 인간은 계시의존사색을 통하여서만 구원을 받을 수 있음을 설명한다.[12]

3. 정암과 밴틸의 계시의존사색

정승원의 말대로 정암은 자신이 강조하는 계시의존사색은 밴틸이 자주 썼던 "Thinking God's thoughts after Him"에 근거함을 말함을 이미 위에서 밝혔다. 정승원은 정암이 밴틸의 사상을 이어 받았으나 정암이 일반계시의 영역에 대한 밴틸의 견해를 완전히 파악하지 못한 것이 아닌가 하는 의문을 제기한다. 정승원의 설명은 다음과 같다.

> 일반계시에 대한 밴틸과 박윤선 박사의 입장은 둘 다 특별계시(성경)의 우선성과 절대성을 강조했다는 차원에서 보면 그렇게 크게 다르지 않다고 말할 수 있다. 두 사람에게 특별계시(성경)는 궁극적 지식의 참조점(reference-point)이다. …… 박윤선 박사와 밴틸은 성경만이 모든 것을 바로 아는 유일한 길이라고 강조하였다.

---

11) 상게서, 17.
12) 상게서, 16-17.

> 이것이 계시의존사색의 핵심이다. 그러나 박 박사는 성경을 모르는 불신자들이 자연과 자기 자신을 포함한 모든 사실들을 바로 해석할 수 없다는 사실에 강조점을 둔 나머지 일반계시의 중요성을 간과하였다. 박 박사의 계시의존사색은 바로 밴틸의 변증학의 핵심을 이해하고 다룬 것이며 성경적 가르침이지만 그 계시의 범위에 일반계시를 제외시킨 것이 아쉬운 부분으로 남는다."13)

정암과 밴틸의 계시의존사색에 대한 정승원의 위의 지적은 적절하다 하겠다. 그러나 여기에서 논자가 제기하고 싶은 것은 정암이 일반계시에 대한 밴틸의 견해를 바로 이해하지 못하고 "계시의 범위에(서) 일반계시를 제외시켰느냐"는 점이다. 정암은 논자가 수강한 강의 시간에 애국가 가사에 있는"하나님이 보우하사"라는 구절을 지적하면서 "대부분의 한국 사람들이 '하나님이 보우하사'를 부른다고 할지라도 그들이 부르는 하나님은 성경이 말하는 하나님은 아니다. 왜냐하면 그들은 하나님이 예수 그리스도의 아버지이심을 알고 애국가를 부르는 것이 아니기 때문이다. 그러므로 우리는'하나님이 보우하사'라고 부를 것이 아니라 '예수님이 보우하사'로 불러야 진정한 의미에서 '하나님이 보우하사'가 된다."고 강조하였다.

정암은 불신자가 일반계시를 통하여 하나님을 알 수 없다고 강조하였다. 불신자가 일반계시를 통하여서는 혹시 이 세상을 창조한 창조주를 인정할지는 모른다고 하였다. 그러나 그들은 일반계시를 통하여서는 우리 죄를 위하여 십자가에 죽으신 예수 그리스도의 아버지 되시는 하나님을 절대로 알 수 없다고 정암은 단언한다. 정암은 일반계시는 불신자에게 창조주 하나님을 알도록 하기 위한 목적으로 주신 것이 아니라 특별계시(성경)를 믿는 자들이 일반계시를 통하여 하나님의 권능과 사랑과 위대하심을 찬양하도록 하기 위하여 주신 것이라고 강조하였다. 그러기에 정암은 특별계시를 믿는 자만이 일반계시의 진정한 의미를 알 수 있다고 주장하였다.

일반계시에 대한 정암과 밴틸의 관점이 서로 다른 면이 있음과 관련하여 논자는 두 가지 점을 말하고 싶다. 첫째는 밴틸이 정암처럼 동양에서 태어난 학자라면 일반계시에 대하여 어떻게 주장하였을까 하는 점이다. 밴틸은 기독교의 영향 하에 있는 세상에서 태어나서 그 세상에서만 살았던 학자였다. 서양 사람들이 창조주를 인

---

13) 정승원, 상게서, 80.

정하게 된다면 그 창조주는 거의 틀림없이 성경에서 말하는 하나님을 의미할 것이다. 그러나 동양 사람의 경우 그 창조주는 '옥황상제' 혹은 막연히 하늘에 존재하는 '하느님' 또는 많은 신들 중에 최고의 신을 의미할 것이다. 그들의 경우 그 창조주는 거의 틀림없이 성경에서 말하는 하나님을 의미하지는 않을 것이다. 만일 논자의 이러한 주장이 받아들여진다면, 다음과 같은 주장도 가능하다고 생각된다. 만일 밴틸이 동양에서 살았다면, 어쩌면 그는 일반계시에 대하여 정암과 같은 주장을 하였을 것이다. 반면에 만일 정암이 밴틸과 같은 기독교적 토양에서 살았다면, 어쩌면 정암은 밴틸의 주장을 옹호하였을 것이라고 생각된다.

Ⅳ. 맺는 말

논자는 지금까지 정암의 계시의존사색은 밴틸의 가르침을 제대로 이해하고 수용하였다는 것을 지적하였다. 논자가 고찰한 것이 정당한 것이라면 그럼에도 불구하고 왜 정암이 밴틸의 견해를 전적으로 따르지 않았느냐는 질문이 제기된다. 그 이유는 이미 위에서 지적한 대로 정암은 자신이 미국에서 교육받은 신학을 무조건 답습하지 않았다는 점이다.

정암의 이러한 이해는 계시의존사색을 더욱 풍성케 이해하는 역할을 하였다고 사료된다. 복음이 한 정신 문화권에서 다른 정신 문화권으로 확장되어 나갈 때 크게 두 가지 면을 생각할 수 있다. 부정적인 면은 복음의 본질이 퇴색되어 다른 종교와 혼합되어 바울이 지적한 대로 복음이 아닌 다른 복음으로 변질되는 경우가 있다. 반면에 기독교의 확장의 역사가 보여 주는 바와 같이 다른 정신 문화권으로 복음이 확장되어 가면 복음에 대한 새로운 이해로 복음을 이해하는 차원이 확장되어지는 것을 볼 수 있다.[14] 한마디로 말한다면 복음을 퇴색시키는 것이 아니라 복음을 더욱 풍성하게 드러내게 한다는 것이다.

이 점은 정암이 자신의 신학에 대한 정의에 잘 나타나 있다. 정암은 겸손하게

14) 이문장, 『한국인을 위한 성경연구, 원리편』 (서울, 이레서원, 2003), 50-54.

자신의 신학이란 자신이 만들어낸 독창적인 신학이 아니라 "재래의 신학을 체험적으로 깨닫고 내 것이 된 것을 의미한다."고 하였다. 정암은 자신이 창조해 낸 독창적인 신학은 없다고 단언하면서도 자신이 속한 정신문화권 안에서 체험적인 깨달아 자신이 것이 된 신학을 신학교 강단과 교회 강단 그리고 주석을 통하여 후학들과 성도들에게 전수하셨다. 논자는 바로 이 점이 우리 후학들이 정암에게서 본받아야 할 점이라고 생각한다.

참고문헌

박윤선, 『성경과 나의 생애』 영음사, 1992.
박윤선, 『성경신학』 영음사, 1971.
서영일, 『박윤선의 개혁신학 연구』 서울: 한국기독교연구소, 2000년.
이문장, 『한국인을 위한 성경연구: 원리편』 서울: 이레서원, 2003.
정승원, "박윤선 박사의 변증적 고찰", 제 16회 정암신학강좌, 합동신학대학원대학교, 2004.

그리스도는 지옥에 내려가셨는가?

-'지옥강하' 고백의 성경적 배경에 관한 소고-

이 성 구
(고려신학대학원, 구약학)

Ⅰ. 논란의 핵심

2004년부터 사도신경과 주기도문 번역의 개정에 대한 논의가 활발히 전개되었다. 예장 통합교단에서 시작된 개정작업은 한기총, NCC의 합의를 거쳐 2005년 각 교단 총회에는 신앙고백과 기도문에 대한 개정안이 상정되었고 2007년 9월에 열린 예장 통합 총회는 지난 해 주기도문을 개정한 이후 사도신경 개정안을 승인하였다[1]. 일각에서는 통합 측과 일개인의 작업이라고 비난성 발언을 하기도 하고, 또는 주기도문을 번역하면서 영어표현으로 'your'라고 한 것을 '아버지의'라고 번역한 것

---

1) 예장 통합 총회가 받아들인 새로운 사도신경의 전문은 다음과 같다.
나는 전능하신 하나님, 천지의 창조주를 믿습니다.
나는 그의 유일하신 아들,
우리 주 예수 그리스도를 믿습니다.
그는 성령으로 잉태되어 동정녀 마리아에게 나시고,
본디오 빌라도에게 고난을 받아 십자가에 못 박혀 죽으시고,
장사된 지 사흘 만에 죽은 자 가운데서 다시 살아나셨으며,
하늘에 오르시어
전능하신 아버지 하나님 우편에 앉아 계시다가,
거기로부터 살아 있는 자와 죽은 자를 심판하러 오십니다.
나는 성령을 믿으며,
거룩한 공교회와 성도의 교제와 죄를 용서받는 것과
몸의 부활과 영생을 믿습니다. 아멘.

에 여성신학자들이 강하게 이의를 제기하며 시대에 뒤떨어진 남성적 표현을 바꾸어야 한다고 주장하여 파문이 일기도 하였지만 언어의 변화를 생각할 때 새로운 번역 작업은 조속히 이루어야 할 과제이므로 더 이상 늦추지 말아야 할 것이다. 주기도문의 '대개'라는 의미 없는 말이나 사도신경의 '저리로서'라는 문법에 맞지 않는 표현 등은 조속히 현실에 맞게 개정해야 할 필요가 절실하다[2]. 이런 상황에서 필자는 고신 교단이 새 번역을 위하여 대표를 파송한 것으로 알려져 있으나 번역에 대한 구체적인 논의에 전체적으로 참여하지 못하였음을 아쉽게 생각하지만 지금까지 합의되어가는 주기도문과 사도신경에 대하여 특별히 다른 이견(異見)을 제시할 생각은 없다. 다만 필자는 이런 기회에 사도신경 가운데서 항상 논란거리로 남아있는 부분에 대한 성경적 근거를 살피고 그에 관한 해석을 새롭게 조명할 필요를 느끼게 된다.

사도신경 가운데 영어 번역에는 포함되어 있지만 우리말에는 빠져있는 '지옥에 내려가신' 예수님에 관한 고백의 문제는 복음주의 학자들이 좀처럼 언급하지 않았던 것이 사실이다. 그런데 영어번역이나, 최근 영어번역문을 근거로 우리말 번역에도 삽입해야 한다고 주장하는 국내 학자들이 내 놓은 번역은 예수님이 '십자가에 못 박혀 죽으시고 장사되시고' 라는 구절 다음에 'he descended into hell, 그가 지옥에 내려가시고'라는 구절을 유지하거나 삽입하고 있다. 반면에 지금까지 합의에 이른 개정안은 '지옥에 내려가시고'를 각주(脚註)에 설명하는 것으로 하고, 현행처럼 본문에는 넣지 않는 쪽으로 가닥을 잡았다.

여기서 우리는 개혁주의 교회에서 단지 로마교회와 관련이 있는 것으로 터부시할 뿐[3] 제대로 설명을 들을 수 없었던 '예수 그리스도께서 지옥에 내려가신 고백'과

---

2) 통합 교단은 2006년에 이미 새로운 주기도문을 채택한 바 있다.

3) 2004년 9월 고신 총회는 '사도신경을 고백하는 교회는 서로 연합할 수 있다'는 필자의 주장을 두고 자유주의적 사상이라고 결정한 바 있다. 사도신경을 로마교회가 사용한다는 이유 때문이었다. 사도신경은 R(Roman)본문이든 T(Textus Receptus, 현재의 본문)본문이든 12개 항목으로 분류하고 있는데, 이것은 12사도가 오순절 성령강림 후 전도하기 시작하면서 가르칠 주요 교훈을 한 항목씩 제안하여 만든 것이라고 주장할 만큼 그 기원을 이른 시기에 두고 있다. 그러나 실제로 현재의 확정된 사도신경은 주후 8세기나 그 직전의 것으로 보이고, 그 실제적 기원은 주후 1세기 교회 때까지 거슬러 올라갈 수 있는 것으로 확인되고 있다. 신앙고백은 삼위 하나님과 교회에 대한 고백을 담은 부분과 그리스도의 탄생, 십자가, 죽음, 부활, 승천, 하나님의 우편에 앉으심에 대한 고백이 합쳐진 것이라는 견해가 설득력을 얻고 있다.

관련하여 몇 가지 해결해야 할 문제를 발견 한다[4]. 본래의 고백 문에서 예수 그리스도를 믿는 것에 포함하고 있는 '지옥에 내려가신 예수 그리스도'는 신앙고백에 포함되어야 할 성격의 내용인가, 삭제해도 될 만큼 예사로운 고백인가? 그렇다면 그 내용은 구체적으로 어떤 의미를 갖는가? 예수님이 실제로 지옥의 갇혀 있는 영들에게 복음을 전파하셨다는 것인가? 예수님이 지옥이나 혹은 일부 학자들의 주장대로 지옥과는 뉘앙스가 약간 다른 음부에 실제로 '내려가신' 것인가? 내려가셨다는 말은 문자 그대로 이 세상 밑에 있는 저 아래 세상이라는 '지리적 의미'를 염두에 두고 하는 말인가? 일부 학자들은 음부(陰府)라는 표현을 사용하는 데 그렇게 하면 지리적인 문제에 대한 논란을 피할 수 있는가? 만약 그렇다면 음부는 구체적으로 무엇을 가리키는가? 장소에 관한 문제가 아니라면 '지옥에 내려가셨다'는 말은 무슨 의미를 담고 있는가? 지옥이 가장 처참한 자리라는 상징적 의미로 사용된 것인가? 이 고백의 근거가 된 성경 본문은 정확하게 무엇을 말하고 있는가?

개혁교회의 신학적 원리를 제공한 칼빈은 이미 그의 기독교강요에서 구속의 역사와 관련하여 이 고백을 결코 빠뜨려서는 안 될 요소로 간주하고 있다. 칼빈은 '지옥에의 고백'이 고대 교회에서도 처음에는 많이 사용되지 않았으나 논란을 거치면서 점진적으로 고백에 포함된 것으로 파악하고 있다. 칼빈은 고대교부들이 해석은 각각 달리했지만 한결같이 예수님이 지옥에 내려가신 것을 언급하고 있음에 근거하여 이 고백 속에 우리의 믿음이 요약되어 있다고 보고 '이 고백이 빠지면 그리스도께서 죽으심으로 얻게 되는 많은 유익함을 잃어버리게 될 것'이라고 경고하기

이 고백이 개신교회와 성공회에서 대부분 매주일, 혹은 심지어 매일의 예배에서 사용되고 있으나, 로마교회에서는 세례식에 국한되어 있는 상황이다. 동방교회(정교회)와 로마교회는 공히 사도신경과 같은 맥락이지만 조금 더 세밀하게 작성된, '니케아 신경' (325년의 니케아 공의회에서 제정되었으나 그리스도의 본질에 관한 논란이 계속된 끝에 마침내 381년의 콘스탄티노플 공의회에 의해 재확인된 니케아-콘스탄티노플 신조를 통칭하여 니케아 신경이라 부른다)을 예배의 고백문으로 사용하고 있다. 니케아 신경이 사도신경과 다른 점 중 하나는 우리가 다루고자 하는 '지옥에로의 고백'이 오히려 빠져있다는 점이다. 사도신경을 현재 로마교회와 연결시키는 것은 전혀 역사적 사실과 일치하지 않는다. Kelly, J.N.D 이후 가장 상세하게 사도신경의 기원과 변화의 역사에 관한 연구가 Liuwe H. Westra에 의하여 이루어졌다. *The Apostles' Creed: Origin, History, and Some Early Commentaries* (Brepols: Belgium, 2002), 특히 21-72참조.

4) Kay, James F., "He descends into Hell", *Exploring and Proclaiming the Apostles' Creed*, ed. Roger E. van Harn, (Grand Rapids: Eerdmans, 2004), 117-129.

까지 한다.[5)]

사도신경의 작성과정이나, 우리말 번역의 과정, 그 가운데서도 누가 무슨 이유로 '지옥으로'의 구절을 우리말 번역에서 제외시켰는지에 관하여서는, 자세히 연구해 볼 입장도 아니었고 기회도 갖지 못한 필자가 대답하기 어려운 일이다.[6)] 켈리에

---

5) McNeill John T.(ed.), *Calvin: Institutes of the Christian Religion* (Philadelphia: Westminster Press, 1977), 513.

6) 사도신경의 기원에 역사에 대한 대표적인 연구는 주후 404년경에 사도신경 해석서를 쓴 루피누스와 켈리로 이어지고 있음을 모든 학자들이 인정하고 있다. Rufinus, *A Commentary on the Apostles' Creed,* trans. and ed. J. N. D. Kelly (Newman Press, 1978); Kelly, *Early Christian Creeds* (New York, 1972). '사도신경'(라틴어로는 *symbolum apostolorum*) 이라는 타이틀은 390년의 '밀란 회의'(Synod of Milan)가 Siricicus 교황에게 보낸 편지에 처음으로 나타나는데 아마도 교부 암부로스(St. Ambrose)에 의해 작성되었을 것으로 여겨지고 있다. St. Ambrose, *Ep.* 42,5 (J. P. Migne's *Patrologia, Series Latina* 16, 1174, Kelly, 1, 재인용). 사도신경의 작성 경위에 대한 이야기는 루피누스의 설명이 지배적인 논리로 제시되어 왔다. 루피누스는 사도들이 오순절 성령 충만을 받고 다른 방언으로 말할 수 있는 능력을 부여받았고 동시에 주께서부터 세계로 다니면서 하나님의 말씀을 선포하라는 지시를 받게 되었는데 그 때 받은 말씀의 내용이 바로 사도신경이라고 설명하고 있다. 루피누스의 설명은 물론 자신이 지어낸 이야기가 아니라 오래된 전통을 말해주고 있음이 분명하다. Kelly, *Early Christian Creed,* 1f. 여기서 루피누스는 다음과 같이 사도신경의 기원을 설명하고 있다: "As they were therefore on the point of taking leave of each other, they first settled an agreed norm for their future preaching, so that they might not find themselves, widely separated as they would be, giving out different doctrines to the people they invited to believe in Christ. So they met together in one spot and, being filled with the Holy Spirit, compiled this brief token, as I have said, of their future preaching, each making the contribution he thought fit; and they decreed that it should be handed out as standard to believers." 사도들이 세웠던 초대교회가 정해진 형태의 신앙고백 소유여부를 묻는 다면 부정적인 대답을 할 수밖에 없을 것이다. 그러나 사도신경이 주후 4세기 이후 로마의 교회에서 세례를 위하여 사용되면서 오늘날의 형태로 확정되어간 이론을 따른다고 하더라도 켈리의 표현대로(p.7) 초대교회는 '믿음을 전제로 고백하고 선포한 교회'였다는 사실을 신약에서 얼마든지 찾아볼 수 있다. 또한 세례는 교회의 시작부터 시행되었을 것이고, 따라서 어떤 형태이든 고백은 이루어졌을 것을 것으로 보는 것에는 무리가 없어 보인다. 실제로 신약성경이 '권위 있는 교리의 전수'(transmission of authoritative doctrine)에 대하여 강조하고 있음을 간과할 수 없다. '성도들에게 단번에 전달된 믿음'(유 3), '내게 들은 바른 말'(딤후 1:13), '진리', 혹은 '미쁜 말씀'(the healthy doctrine, 딤후 4:3, 딛 1:9), '부탁한 것'(the deposit, τηv παραθηκήν, 딤전 6:20), '부탁한 아름다운 것'(딤후 1:14), '그 믿음'(딤전 6:20, 딛 1:13), '선한 교훈'(딤전 4:6), 히브리서 기자가 자주 언급하는 '그 고백'(τηϛ ὁμολογίας, 히 3:1; 4:14; 10:23), '가르침을 받은 遺傳'(τὰς παραδόσεις, 살후 2:15), '너희에게 전해 준바 교훈의 본(τύπον διδακηϛ, 롬 6:17)' 등의 표현은 초대교회가 이미 어느 정도 형태를 갖춘 교리의 틀을 갖고 있었음을 암시하고 있다. 이 구절이 우리말 번역에서 제외된 과정에 대해서는 전혀 정보를 갖고 있지 못한 형편이다.

따르면 '지옥에로(*descendit ad inferna*)'의 구절은, 니케아 회의(325년) 이후에도 끝나지 않고 엎치락 뒤치락을 계속한 아리우스와 아타나시우스 사이의 논쟁으로 잘 알려진 '하나님과 아들 그리스도의 본질의 동질성'에 관한 논의를 중재하기 위한 노력의 일환으로, 처음 바질(Basil of Ancyra)에 의해 제안되었다가 아노모이안(Anomoeans)파에[7] 의해 구체화되어 콘스탄티우스에 의해 소집된 두 개의 회의에서 다룰 의제의 초안에서 처음으로 언급된 것으로 말해지고 있다.[8] 서방교회의 회의는 북이탈리아의 해변에 있는 리미니(Rimini)에서, 동방교회 주교들의 모임은 시실리아에 있는 셀루시아(Seleucia)에서 열기로 결정한 후 359년 5월 시르미움(Sirmium)에서 황제가 참석한 가운데 열린 작은 위원회에서 양(兩) 회의에서 토론할 수 있도록 제출할 기본안을 만들었다. 양 회의가 그 초안에 동의해 줄 것을 기대하고 있었음은 물론이다. 이 초안 속에 '그가 지옥에 내려가셨다'는 문구를 포함시켰던 것이다.

'지옥에로'의 문구가 처음으로 구체적으로 사도신경에 포함되어 나타난 것은 아퀼레이아의 루피누스가 해설서를 낸 '아퀼레이안 신경(Aquileian Creed)'으로 알려져 있다. 루피누스에 따르면 로마의 신경이나, 동방교회의 고백에는 '지옥으로'의 구절이 나타나지 않으며, 이 구절은 몇몇 6세기의 스페인 신경들과 6세기 알레의 케사리우스 (St. Caesarius of Arles)의 신경에서 시작하여 7,8세기의 프랑스 신경(Gallican Creed)의 특색이었다.[9]

'지옥에 내려간 예수 그리스도'에 대한 고백을 사도신경에 포함하는 것과는 상관없이 이 표현이 문자 그대로 성경에 근거한 것이라면 사람이 죽은 다음에도 구원을 받을 수 있는 가능성을 열어놓은 것으로 이해될 수 있기 때문에, 구원문제를 진지하게 생각해 본 사람이라면 누구나 관심을 가지고 논란을 벌일 수밖에 없는 사안임이 분명하다. 구원 여부를 말할 때 '이신칭의(以信稱義)'의 교리를 가장 중요하게 생각하는 개혁교회로서는 '지옥으로'의 고백이 우려할 만한 요소를 담고 있음을 부정

---

7) Anomoean은 ἀνόμοιος(=unlike)에서 유래한 용어로 예수 그리스도는 본질상 아버지와 동일하지 않다는 입장을 취하는 아리우스의 견해를 따르는 사람들을 지칭하는 말로 사용되었다. 반면에 동일하다는 아타나시우스의 입장을 지지하는 사람들은 Homoousion(ὁμοιουσιος)로 불렸다.

8) Kelly, *op.cit.*,

9) *Ibid*, 378.

할 수 없다. 그렇다면 개혁신학의 근간을 이루는 칼빈은 로마교회의 폐해를 잘 알고 있으면서도 무슨 연유로 이 고백을 제외해서는 안 된다는 입장을 강력하게 주장했으며, 칼빈의 이러한 주장에도 불구하고 칼빈주의를 자처하는 개혁주의자들이 다수인 한국교회는 왜 이 고백을 사도신경에 포함시키는 일을 꺼려하는 것인가?

여기서 필자는 이 고백의 성경적 근거를 다시 점검해 볼 필요를 느낀다. 일찍부터 '지옥으로'의 고백이 기초로 하고 있는 것으로 짐작되어 온 베드로전서 3장 19절을 중심하여 '옥에 있는 영들'의 문제, 옥에 있는 영들에 대한 예수님의 선포사역의 의미 등을 살펴보고자 한다.[10] 이러한 과정을 통하여 '옥으로 가신 예수'의 문제가 신약의 문제만이 아님이 드러나게 될 것이고 자연히 이와 관련된 구약 본문의 해석에도 관심을 기울 수밖에 없게 될 것이다. '옥으로 가신 예수'에 대한 고백을 다루면서 '그리스도의 사역'에 대한 더욱 올바른 이해를 도모할 수 있기를 기대한다.

Ⅱ. 지옥으로 가신 예수?

우선 이 사도신경의 고백(이하 고백)에 대한 칼빈의 해석을 자세히 살펴보자. 칼빈은 당시에 누가 언제 이 고백을 사도신경에 삽입했느냐는 논란이 있음을 지적하고, 그런 논란은 전혀 의미가 없음을 밝히면서 이렇게 말하고 있다. '우리가 이 사도신경에서 주목할 것은 그 고백 속에 우리 믿음에 대한 모든 상세한 내용이 충분하고 완전하게 요약되어 있다는 것이며 순수한 하나님의 말씀을 근거로 한 것 외에는 아무 것도 포함하고 있지 않다는 사실이다.'[11]

---

10) '지옥으로'의 고백을 제일 먼저 언급한 '아퀼리안 신경'을 해석한 루피누스 자신은 처음에 '지옥으로'를 '묻히시고'와 동일한 의미를 가진 것으로 파악했으나 뒤이어 이 문구가 베드로전서 3장 19절과 연결하고 이것을 '그리스도께서 지하세계(underworld)에서 이루신 일'로 간주하였다. 현재까지 학자들은 '지옥으로'의 고백과 벧전 본문의 관련성을 의심하지 않는다. 우리는 이 논문의 끝에서 '지옥으로'의 고백과 벧전 3:19의 관련성 여부를 다시 살펴볼 것이다.

11) Ibid. '지옥에 내려가심'에 대한 칼빈의 견해는 강요 2권 16장 8-12절에 걸쳐 밝혀져 있다. 강요 전체가 그러한 것처럼 여기에는 1536년부터 59년까지 계속 그의 견해를 다듬어 왔음을 알 수 있다. 1536, 39, 칼빈은 '지옥으로' 고백의 중요성을 강조하면서 라틴어 마지막 판인 59년판에 '이 조항이 우리의 구원의 대의에 얼마나 중요한지금방 확연해 질 것이다'는 말

칼빈은 당시에 '지옥으로'에 대한 고백을 두고 제기된 다른 이론들에 대한 이의를 제기하는 방법으로 자기의 해석을 펼쳐나갔다. 개혁자 부써(Bucer)와 베자(Beza)등 일부에서는 지옥이 때로 성경에서 무덤과 동의어로 사용된다는 이유로 '지옥으로'에 대한 고백은 새로운 내용을 담고 있는 것이 아니라 앞 문장의 '묻히신' 것에 대한 고백을 반복하는 것으로 보았다. 칼빈은 두 가지 이유로 이런 주장을 거부한다. 첫째 같은 내용을 반복할 때는 뒤의 문장이 앞 문장을 더 쉽게 설명해야 하는 법인데, 예수께서 묻히셨다는 쉽고 단순한 문장을 지옥으로 내려가셨다는 훨씬 어려운 말로 설명하는 것은 논리적으로 맞지 않다는 것이다. 둘째는 우리의 신앙을 적절하게 최소한의 언어로 요약하고 있는 신앙고백에 이처럼 별 유익이 없는 반복되는 문장을 포함시킬 수 없다는 것이다.

칼빈 당시에 이 '지옥으로'의 고백을 설명하는 또 다른 해석방법이 있었다. 그리스도께서 율법아래서 죽음을 맛본 열조들의 영혼에게로 내려가셔서 구속사역이 완성되었음을 선포하고 그들이 갇혀 있던 옥(獄)으로부터 그들을 풀어주셨다는 주장이다.[12] 이들은 시107:16절과 스가랴 9:11절을 근거 구절로 내세웠다.

> "저가 놋 문을 깨뜨리시며 쇠 빗장을 꺾으셨음이로다."
>
> "또 너로 말할진대 네 언약의 피를 인하여 내가 너의 갇힌 자들을 물 없는 구덩이에서 놓았나니"

그러나 '놋 문과 쇠 빗장을 꺾으셨다'는 시편이나 '너희 갇힌 자들을 물 없는 구덩이에서 구원하실 것이라'는 스가랴의 예언은 이스라엘을 포로에서 해방시키실 계획을 언급하는 내용이며, 스가랴는 바벨론 포로의 재앙을 깊은 물 없는 구덩이, 심연(深淵)에 빠진 것에 비교하고 있고, 나아가 전 교회의 구원을 지옥에서 풀려나는

앞에다 '누구든지 이 조항을 신앙고백에 삽입하는 것을 망설인다면(have scruples)'이라는 표현을 첨가하며 강조하고 있다. 갈수록 반드시 이 항목이 포함되어야 한다는 확신이 더해져간 것으로 보인다. McNeil, 513.

12) 존 맥닐이 후일 재편집한 위의 책 속에 Ford Lewis Battles가 만든 각주는 Aquinas가 *Summa Theol*. Ⅲ. 52.5에서 "그리스도께서 지옥에 내려가셨을 때 그가 당하신 수난의 능력에 의해 형벌에 의하여 영광의 삶에서 제외된 성도들을 구원하셨다"고 기록하고 있음을 지적한다. McNeill, *op.cit*., 514. n19.

것으로 가르치고 있다. 칼빈은 그의 강요에서 이러한 해석은 결국 세월이 지나면서 후세대들이 스가랴의 예언을 땅 아래의 한 장소로 생각하고 마침내 '림보 Limbo[13]' 라는 새로운 영역을 만든 것으로 간주하며, 그와 같은 해석이 신학자들에 의해 지지를 받게 되었고 칼빈 당시에도 이것을 주장하는 사람들이 있었음을 밝히고 있다.[14] 칼빈은 이런 주장을 단지 하나의 이야기 일뿐이며 죽은 자의 영혼을 가둔다는 것은 어린아이와 같은 소리라며 단호히 거부한다.

그렇다면 그리스도의 영이 왜 거기로 내려갔다는 것인가? 칼빈은 '그리스도께서 그의 영의 능력으로 그들(죽은 자들) 위에 비춰 그들로 하여금 소망 가운데 맛보았던 구원이 세상에 나타났음을 깨닫게 하기 위한 조치'로 보고자 한다. 이런 방법으로 칼빈은 베드로전서 3장 19절의 본문을 설명할 수 있을 것으로 여긴다. 베드로는 그리스도의 죽음의 능력이 죽은 자에게까지도 미치게 됨을 찬양하고 있다는 것이다. 경건한 영혼들은 그들이 갈구하던 그리스도의 나타나심을 즐거워하는 반면 악한 자들은 더욱 분명하게 자신들이 모든 구원으로부터 제외되었음을 깨닫게 된다.[15] 칼빈은 옥이라 번역된 헬라어 φυλακη를 'prison 감옥'이라는 의미보다는 헬라의 저자들처럼 'watchtower 망루'를 가리키는 것으로 해석하기를 원한다. 구약시대 의롭게 죽은 영들이 그들에게 약속된 구원을 소망 가운데 바라보고 있음을 표현하는 데 이보다 더 적합한 표현이 없다는 것이다. 그는 구약의 열조들이 살아있을 때 뿐 아니라 죽은 후에도 그들의 생각을 이 목적(구원의 완성)에 두고 있었을 것은 의심할 여지가 없다는 입장이다.[16]

---

13) 로마 천주교에서 고성소(古聖所)로 부르는 천국과 지옥 사이에 존재하는 곳으로 구약 시대의 조상들이 예수가 강생하여 세상을 구할 때까지 기다리는 곳인 동시에 세례 받지 못하고 죽은 유아의 경우처럼, 원죄 상태로 죽었으나 죄를 지은 적이 없는 사람들이 머무르는 곳을 가리킨다. Battles에 따르면 Aquinas가 *Summa Theol.* Ⅲ. Supplementum lxix. 4-7에서 *Limbus patrum*과 *Limbus puerorum*으로 구분하여 이 문제를 다루었음을 보여주고 있다. 열조들은 그리스도에 의해 구원될 때까지 소망과 안식의 상태에서 Limbo에 머물러 있었으나, 림보에 있는 어린아이들은 '축복된 삶에 대한 희망'를 갖지 못한다고 보았다.

14) 기독교 강요 2권 14장 9절. Battles는 Irenaeus의 *Against Heresies* IV.2; V.31. Servetus의 *Christianismi restitutio*, p.621f. (세르비투스가 칼빈에게 보낸 최초의 편지); Peter Martyr Vermigli, *Loci Communes* Ⅲ. xvi.8을 참조할 것을 권한다.

15) John McNeil, *Institute*, 515.

16) J. Owen (trans. & ed.), *Calvin's Commentaries: Catholic Epistles*, 114.

'지옥으로'의 구절을 해석하는 데 있어서 해석자들이 겪는 어려움 중의 하나는 구약과 신약에 나타나는 스올, 게헨나와 같은 용어를 번역하는 데 사용된 지옥(hell)이라는 단어가 갖는 다양한 의미 때문이다. 영어의 지옥이라는 말은 고대영어의 helan (=to conceal, 감추다)에서 나온 것으로 뿌리 자체가 여러 가지 의미를 나타내게 한다. 'Hell'이란 용어는 1125년경의 고대 영어 번역본에서 8세기에 확정된 사도신경의 표준 본문 가운데 *descendit ad inferna*[17] 라는 구절을 번역하는데 사용되었다. 그런데 다른 고대 신경들과 1273년 아퀴나스(Thomas Aquinas)가 해석한 사도신경, 칼빈이 사용한 사도신경, 1935년 칼 바르트가 인용한 사도신경에서는 *ad inferno*(*inferus*에서 나온 것으로 'of the lower world'의 뜻)가 대신 사용되기도 하였다.

칼빈은 옥(獄)이라는 표현을 그대로 사용해도 무리가 없다는 견해도 함께 취한다. 바울이 갈3:23에서 보는 대로 열조들이 살았을 때는 율법이 하나의 옥이었고, 따라서 죽은 후에도 자유하게 하는 영이 완전히 주어지지 않았으므로 그리스도의 구원을 기대하는 욕망이 있었을 것이 분명하였을 것으로 믿는다. 때문에 그 기대에 대한 열망이 그들에게는 일종의 감옥이었다고 할 수 있다는 것이다.

칼빈은 옥(獄)이 장사됨과 동일하다든지, 림보를 가리킨다는 해석을 배격하면서 결국 그리스도의 죽음의 능력(the power of Christ's death)이 죽은 자들에게까지 영향을 끼치는 것으로 보았다. 그리스도께서 죽으심이 단순히 육체적 죽음을 말한다면 헛된 일이었을 것이다. 육체적으로 죽으심과 동시에 하나님의 극심한 진노를 직접 경험하고 그의 노여움을 풀며, 그의 의로운 심판을 만족시키는 것이 가장 마땅한 일이었다. 이런 이유 때문에 그리스도께서는 지옥에 있는 수많은 사람들과 손에 손을 맞잡고 영원한 죽음의 두려움을 해결하여 하셔야 했다.[18] 칼빈은 이사야가 말하고 있는 '그가 징계를 받음으로 우리가 평화를 누린다', '그가 상함은 우리의 죄악을 인함이라', '그가 찔림은 우리의 허물을 인함이라'는 구절들은 그리스도께서 악인

---

17) *inferna*는 *infernus*에서 온 것으로 '아래에 있는 것'을 의미한다.

18) 칼빈의 이런 입장은 처음 Psychopannychia(1534, published 1542; Calvin, *Tracts* III. 628)에서 표명되었는데 완전히 독창적인 것이 아니라 Aquinas의 입장을 주로 취하고 있다고 본다. *Summa Theol.* III. lii. 2,4-6,8. 루터는 그리스도께서 하나님과 사람으로서 문자적으로 지옥에 들어가셨다는 견해를 취한다. 트렌트 회의의 신조는 아퀴나스의 입장을 따라 그리스도께서 림보에 갇혀있는 (구약의) 열조들과 다른 경건한 사람들을 해방시키는 것으로 기술하고 있다.

들을 대신하여 담보와 보증이 되셔서 악인들이 받아야 할 모든 징벌을 지고 고난을 당하시도록 자신을 내어주신 상황을 그리고 있는 것으로 보고 있다. 사도행전 2:24에서 죽음의 고통에 매여 있을 수는 없으셨다는 점에만 유의한다면 그리스도께서 지옥에 내려가셔서 하나님께서 그의 진노 가운데 악인들에게 가한 죽음의 고통을 당하신 것은 결코 이상한 일이 아니다.

이러한 칼빈의 견해에 대하여 카스텔리오는 반대하였다. 우선 순서가 맞지 않다는 것이다. 죽음의 고통을 당하려 지옥에 가신 것은 묻히기 전에 일어난 일이어야 하는데 묻힌 다음에 지옥에 내려갔다고 하는 것은 앞뒤 맞지 않는 것이라는 주장이다. 칼빈은 이런 반대에 대하여 인간의 눈으로 보기에는 죽음의 고통을 겪으신 주님이지만 하나님의 눈에는 보이지 않는 이해할 수 없는 방법으로 징벌을 받으신 것을 말한다는 주장이다.

Ⅲ. 벧전3:19와 옥에 가신 그리스도

사도신경이 포함하고 있는 '지옥에 내려가신 예수 그리스도'에 관한 고백은 앞서 칼빈이 언급하고 있는 대로 베드로전서 3장 18-20절, 정확하게 19절과 가장 깊은 상관관계가 있음은 부정하기 어려운 것이 사실이다.

> 그리스도께서도 한 번 죄를 위하여 죽으사 의인으로서 불의한 자를 대신하셨으니 이는 우리를 하나님 앞으로 인도하려 하심이라 육체로는 죽임을 당하시고 영으로는 살리심을 받으셨으니 저가 또한 영으로 옥에 있는 영들에게 전파하시니라 그들은 전에 노아의 날 방주 예비할 동안 하나님이 오래 참고 기다리실 때에 순종치 아니하던 자들이라 방주에서 물로 말미암아 구원을 얻은 자가 몇 명뿐이니 겨우 여덟 명이라.

이 본문은 예수께서 십자가에 죽으신 다음 육체는 여전히 죽음에 갇혀 있었으나 영으로 살아나시어 옥(獄)에 있는 영들에게로 가서 (RSV, in which he went and preached to the spirits in prison) 전파하셨음을(εκηρυξεν) 분명히 하고 있다. 여기서 문제가 되는 것은 '옥에 있는 영들(the spirits in prison)'이 구체적으로 누구를 가리키며 무엇을 전파하셨는가 하는 점이다. 이에 관하여 19절은 그들을 '노아시대에 순종하지 않던 자들'이라고 말하고 있을 뿐 전파의 내용은 언급하지 않는다. 그렇다면 우선 '옥에 있는 영들'이란 노아의 가족을 제외한, 노아시대에 살던 인류 전체의 영들을 가리키는가 아니면 특별한 종류의 영들인가? 영으로 옥에 존재하는 이들의 구체적인 정체는 과연 무엇인가?

이 본문은 사도신경의 근거를 제공 하였을 뿐 아니라 다양한 '2번째 구원의 기회'에 대한 신학적 이론(second chance theologies)을 낳게 만들었다. 로마교회의 연옥교리 역시 여기서부터 출발한다고 할 수 있다. 주님이 옥에 있는 영들에게 복음을 전파하셨다면 지금도 구원받지 못하고 죽은 사람이 두 번째 기회를 얻을 수 있다는 추론을 얼마든지 가능하게 한다. 그 때문에 이 본문은 지금까지 많은 논란을 불러일으켜 왔고 많은 해석들을 가능하게 만들었다. 본고에서는 이러한 역사적 논란을 다룰 수 있는 여유가 없으므로 우선 이 본문에 대한 다양한 해석을 살펴보고 이 영들의 정체를 파악해 보고자 한다.

최근 쉬라이너(Thomas R. Schreiner)는 그의 주석에서[19] 본문에 관한 루터의 말을 인용하면서 그동안 행해진 이 본문에 대한 해석을 다음의 몇 가지로 정리했다. "이 본문은 대단히 놀라운 내용을 담고 있지만 신약의 어떤 본문보다 애매한 내용이어서 베드로가 과연 무엇을 말하고 있는지 확실히 알 수가 없다."[20] 루터가 해석이 불가능하다고 볼 만큼 이해가 쉽지 않은 이 본문에 대하여 지금까지 제기된 견해들은 상당한 차이를 드러내고 있다.

첫째, 어거스틴과 이후의 많은 주석가들은 이 본문을 노아가 방주를 짓고 있을 때 살고 있던 사람들에게 노아를 통하여 그리스도께서 설교하신 것을 가리키는 것이라는 해석을 내 놓았다.[21] 이 견해에 따르면 그리스도께서 직접 영들에게 가서

19) Schreiner, Thomas R., *!,2 Peter, Jude*, New American Commentary (Broadman & Holman Publishers, 2003).

20) Luther, *Commentary on Peter & Jude*, 166.

21) Augustin, *Letter*, 164; J. S. Feinberg, "1 Peter 3:18-20, Ancient Mythology, and the Intermediate State," *WTJ* 48 (1986): 303-36; J. H. Skilton, "A Glance at Some Old Problems

말씀하신 것이 아니고 노아를 통하여 성령으로 말씀하신 것이라는 입장이다. 그리스도께서 증거 하신 영들은 따라서 문자적으로 옥에 있는 것이 아니라 노아 시대에 죄에 갇혀 있었던 사람들을 일컫는 것이 된다. 이 견해가 옳다면 그리스도께서 직접 옥에 내려가시는 개념은 배제되어야 한다. 둘째, 칼빈과 또 다른 주석가들은 베드로가 여기서 언급하고 있는 상황은 그리스도의 죽으심과 부활 사이에 죽었다가 해방된 구약시대의 의로운 성도들을 일컫는 것으로 보고 있다.[22] 셋째, 옥에 갇힌 영들은 벧전 4:6에서와 같이 노아 시대에 멸망한 죄악 된 인간들을 언급하는 것이라고 보는 견해가 있다. 그리스도께서 죽으신 다음 부활하시기 전 삼일동안 친히 지옥으로 내려가셔서 그들에게 복음을 선포하심으로 그들에게도 회개하고 구원을 얻을 수 있는 기회를 얻게 하려는 것이라는 설명이다.[23] 이 견해를 지지하는 사람들은 하나님께서 지옥에 있는 자들, 특별히 한 번도 복음을 들을 기회가 없이 죽은 자들에게 두 번째 구원의 기회를 주려는 것이라고 본다. 만약에 노아 시대의 악한 자들에게 두 번째 기회가 주어질 수 있다면 하나님께로부터 멀어진 모든 죄인들에게 적용될 수 있다고 보는 것이다. 넷째 견해는 다수의 학자들이 취하는 견해로써 본문은 악한 영들에게 대한 그리스도의 심판과 승리의 선포를 묘사하는 것이라는 해석이다. 이것은 구약 창 6:1-4과 연결되는 것으로서 이 구절의 핵심은 그리스도께서 지옥에 내려가신 것이 아니라 벧전 3:22에서 보이는 대로 그리스도께서 악한 영들의 세력에 승리하신 것을 묘사하고 있는 것이라고 할 수 있다는 주장이다. 해결이 쉽지 않은 문제임을 알 수 있게 한다.

Ⅳ. 지옥에 있는 영들

그렇다면 이제 우리는 여기서 '옥에 갇힌 영들'의 정체를 다른 성경본문들과 비교하여 살펴보고 영들에게 전파하는 행위는 구체적으로 무엇을 말하는지를 파악해 보

---

in irst Peter," *WTJ* 58 (1966), 1-9.

22) Calvin, *Catholic Epistles, 114; James, 1-2 Peter, 1-3 John, Jude* (IVF, 2000), 107-8.

23) Cranfield, *I& II Peter and Jude*, 104; Goppelt, *I Peter*, 258-260.

아야 한다. 구약에서 유일하게 갇힌 영들에 관련된 듯한 기록이 나타나는 곳은 이사야 24장 21-22절이다.

> 그 날에 여호와께서 높은데서(במרום) 높은 군대(צבא המרום)를 벌하시며 땅에서(על האדמה) 땅 왕들을 벌하시리니 그들이 죄수가 깊은 옥(בור)에 모임같이 모음을 입고 옥(מסגר)에 갇혔다가 여러 날 후에 형벌을 받을 것이라.

우리말로 '높은 군대'(צבא המרום)라 표현된 히브리어는 영어로 'host of heavens'로 번역되고 있다. 여기서 높은 곳(מרום)은 땅(אדמה)과 대비되는 하늘을 가리키는 것으로 보는 것이 자연스럽다. 하늘의 군대는 무엇을 가리키는지 그 정체가 분명하게 드러나 있지는 않지만, 그들과 땅의 왕들이 대비되는 있는 것을 보아 하늘에서 권세를 누리는 반역적인 존재를 염두에 두고 있음을 짐작할 수 있다. 하늘의 군대가 땅의 왕들과 함께 심판을 받는다는 것은 하늘의 군대가 땅의 반역적인 왕들을 통제하고 있음을 의미하는 것으로 보아 무리가 없을 것이다.[24] 여기서 우리의 주목을 끄는 것은 이 권세들이 지구 밖의 감옥과 같은 곳에서 그들이 형벌을 받을 날이 올 때까지 갇혀 있게 될 것을 강조하고 있는 점이다. 이와 관련하여 신약시대와 동일하지 않다면 가까운 시대의 작품인 에녹서의 기록은, 가경이기는 하지만, 아자젤이라는 이름의 마귀적 존재에 대한 '2단계 심판'을 언급하고 있다. 구약의 전통을 이어가는 유대민족은 오랫동안 심판받기 위하여 갇힌 영적 존재에 관한 인식을 갖고 있음을 알 수 있다.

> 주께서 라파엘에게 이르셨다. '아자젤의 손과 발을 묶어 어두움에 던져라!' 그리고 그는 두다엘(Duda'el)에 있는 사막에 구덩이를 만들어 그를 그 곳에 던졌다. 그 위에 울퉁불퉁하고 날카로운 바윗돌을 던졌다. 그는 빛을 보지 않고, 심판 날에 큰 불 속으로 보내지지 않도록 그의 얼굴을 가렸다. (1에녹10:4-6)[25]

---

24) 여기에 관하여서는 R. Bauckham의 논의를 참고하면 좋을 것이다, *The Fate of the Dead: Studies on Jewish and Christian Apocalypses* (Leiden: Brill, 1998), 49-80.

25) 이와 유사한 다른 본문들도 참조할 필요가 있다. 1En. 10:12; 18:14-19; 21:6-10; 90:23-27; Jub. 5:6-10; 10:5-9. 외경의 진실성 여부에 관한 입장의 차이와 상관없이 이스라엘에는 이러

옥에 갇혀 있는 존재의 정체에 관하여서는 신약성경 유다서 6절과 베드로후서 2장 4절이 더 분명한 정보를 제공하고 있다.

> 또 자기 지위를 지키지 아니하고 자기 처소를 떠난 천사들을 큰 날의 심판까지 영원한 결박으로 흑암에 가두셨으며(유1:6)

> 하나님이 범죄한 천사들을 용서치 아니하시고 지옥에 던져 어두운 구덩이에 두어 심판 때까지 지키게 하셨으며(벧후2:4)

보캄(R. J. Bauckham)은 위 두 본문이 문학적으로 연결되어 있음을 입증하고 있다.[26] 유다서 본문은 문맥상 그리스도와 어느 정도 연결이 되고 있다고 할 수 있지만 베드로후서 본문은 그리스도가 아니라 하나님이 불순종한 천사들을 가두어 두는 것으로 말하고 있다. 이사야 24장의 흐름과 일치하고 있음을 알 수 있다. 따라서 우리는 구약과 신약에 걸쳐 타락한 영적 존재에 관한 언급을 발견하게 된다. 하나님의 아들들, 네피림, 용사의 관계 등등.

구덩이, 흑암 등 벧전 3장의 '옥'과는 다른 표현을 사용하고 있지만 특히 위의 두 신약의 기록은 사실상 동일한 사건을 언급하고 있음을 짐작할 수 있다. 유다서와 베드로후서의 기록에서 보는 대로 지금 옥에 있는 영들은 자기 임의로 거기에 있는 영들이 아니라 갇힌 영들이며, 그들은 육신을 가졌던 인간의 영들이 아니라 본래부터 영으로 존재하던 영물 그 자체, 곧 원래 천사였던 존재들을 언급하고 있음을 알 수 있다. 따라서 벧전 3장의 '옥에 있는 영들' 역시 노아시대의 인간 전부를 가리키는 것이 아니라 영물, 곧 자기 지위를 버린 타락한 천사들을 일컫고 있는 것으로 보아야 다른 본문과 균형을 맞출 수 있다. 구약이 천사에 관하여 자세한 정보를 보여주지는 않지만 자기 지위를 벗어난 천사에 관한 신약의 언급은 많은 학자들에 의하여 창 6:1-4에 나타나는 '하나님의 아들들'을 가리키는 것으로 인식되고 있다. 사실상 이 본문 외에는 구약에서 달리 신약이 언급하는 타락한 천사에 관한

한 사상이 지속되어 왔음을 보여주는 것으로 의미가 있다고 하겠다.

26) R. J. Bauckham, *Jude and 2 Peter* (Waco: Word, 1983).

기록을 찾아볼 곳이 없다.

V. 창세기 6:1-4에 나타난 하나님의 아들들

(1) 사람(האדם)이 땅(האדמה)위에 번성하기 시작할 때에 그들에게서 딸들이 나니
(2) 하나님의 아들들(בני האלהים)이 사람의 딸들(בנות האדם)의 아름다움을 보고 자기들의 좋아하는 모든 자로 아내를 삼는지라
(3) 여호와께서 가라사대 나의 신(רוחי)이 영원히 사람과 함께(באדם)하지 아니하리니 이는 그들이 육체(בשר)가 됨이라 그러나 그들의 날은 일백 이십 년이 되리라 하시니라
(4) 당시에 땅에 네피림(הנפלים)이 있었고 그 후에도 하나님의 아들들이 사람의 딸들을 취하여 자식을 낳았으니 그들이 용사(הגברים)라 고대에 유명한 사람이었더라 (창6:1-4)

창세기 6장은 해석상 많은 논쟁을 불러일으키는 본문이다. 앞선 5장과 연결점을 갖지 않은 채 시작되는 이 본문은 구조상으로 6:1-2, 3, 4a, 4b 등 네 부분이 제대로 연결되지 않는다. 특히 2절과 완전히 단절되어 있는 3절은 설명이 불가능한 것으로 인식되었고, 따라서 후대의 편집자들에 의해 삽입된 것으로 간주되는 경향을 보여왔다.[27] 하나님의 아들들과 사람의 딸들의 정체, 하나님의 신이 인간과 함께 하지 않는다는 말에 함의된 내용(인류전부를 가리키는 말인지, 아니면 특정한 계층의 사람들을 지칭하는지), 육체가 된다는 말의 뜻, 120년의 적용 시기 혹은 범위 문제 등 해결해야 할 문제가 한두 가지 아니다. 우리는 여기서 논문의 주제와 관련하여 '하나님의 아들들'과 '사람의 딸들'의 정체에 대한 논의에 국한하고자 한다.

---

27) Cf. B. S. Childs, *Myth and Reality in the Old Testament* (SCM, 1960), 50. 챠일즈는 창 6:3 해석의 어려움을 들어 완전한 해결이 불가능할 것으로 보고 있다: "This verse bristles with difficulties to such an extent that it is impossible to know if a fully satisfactory solution can ever be obtained." 챠일즈는 1-2절에서 나타나지 않던 יהוה가 갑자기 등장하여 심판을 선언하는 것은 편집이 이루어진 증거라고 주장한다.

정통 보수주의적인 해석자들은 칼빈의 예를 따라 오랫동안 창 6장에 나타나는 '하나님의 아들들'(בני האלהים)은 셋의 후손으로서 경건한 인간을 말하고 있는 것으로 간주해 왔다.[28] 그러나 현재 대부분의 주석가들은 이런 해석을 받아들이지 않는다. 가장 상세한 창세기 주석을 쓴 바 있는 베스트만은 1974년 창 1-11장의 주석을 내면서 **בני האלהים**이 인간을 가리키는가, 아니면 비인간적 존재(non-human beings)를 가리키는가의 논란은 '이미 끝난 것'으로 간주했다.[29] 베스트만에 따르면 '하나님의 아들'이 인간이라는 주장은 사라지고 있는데, 소수의 가톨릭 학자들(G. E. Closen[1937], F. Dexinger[1966])은 '비인간적인 존재는 무조건 배격해야 된다'는 단순한 이유에서 아직도 '하나님의 아들'을 인간으로 보려한다는 설명이다. 그러나 개신교 보수주의 학자들 가운데도 아직 '하나님의 아들들'이 의롭고 경건한 사람, 곧 셋의 후손이라는 주장을 버리지 않고 있으며 그것이 가장 성경적이라는 생각을 굽히지 않는다.[30]

셋의 자손이라는 주장과는 조금 격을 달리하여 '하나님의 아들들'은 인간 가운데

---

28) Calvin, *Commentaries on the Book of Genesis* I, 237ff. 칼빈은 별다른 설명 없이 셋의 후손들이 순수하고 합법적인 하나님께 대한 예배를 소중하게 간직해 왔다고 보고, 그러한 구별된 사람들이 가인의 후손들과 어울리는 것은 참을 수 없는 신성모독(intolerable profanation)이라고 주장한다. 칼빈은 당시에도 제기되었던, 이 본문을 천사와 여성과의 성적관계로 해석하는 것에 대하여 터무니없는 것으로, 일고의 가치도 부여하지 않았고, 귀족과 평민간의 무분별한 결혼으로 해석하는 것에 대해서도 냉담한 반응을 보였다.

29) Westermann, *Genesis 1-11*, 371.

30) J. B. Coffman은 1985년 발간한 그의 주석에서 1) 창 6장에 이르기까지 한 번도 천사에 대한 언급이 없었고 처음으로 천사를 언급하면서 '하나님의 아들'로 표현한다는 것은 지지할 수 없으며, 2) 엘리옷(Ralph H. Elliot, *The Message of Genesis*, 1961, 61)의 주장과는 달리 '하나님의 아들'이 천사를 지칭하는 곳이 신구약 어디에도 없고, 3) 신약에서 하나님의 아들은 하나님의 영에 이끌리는 사람을 가리키고 있으며(요일 3:1; 롬 8:14; 갈 4:6), 4) 천사라면 거룩한 천사와 사탄의 천사 등 두 종류가 있을 뿐인데 거룩한 천사가 인간으로 하여금 죄를 짓게 할 수 없고 타락한 천사라면 하나님의 영에 의해 '하나님의 아들들'이라고 불릴 수 없고, 5) 하나님의 아들들이 사람의 딸들을 아내로 취했다는 것은 결혼을 의미하는바 예수님께서 천사들은 결혼하지 않는다고 했으며 (마 22:30), 천사나 영물이 악을 행하였다면 하나님은 죄인을 벌하시는 분으로서 그들을 벌하셔야 하는데 오히려 사람이 벌을 받게 된 것은 죄를 지은 것이 사람이라는 증거이고, 7) 이미 창 4,5장에서 가인의 후예인 사람의 아들들과 셋의 후예인 하나님의 아들들인 두 종류의 사람을 조심스럽게 보여준 점을 보아서 '하나님의 아들들'은 셋의 후손이라는 절대적인 입장을 견지하고 있다. 이 입장이 전형적인 보수주의 해석을 따르는 것이라고 할 수 있다. James B. Coffman, *Commentary on Genesis*, 1985, 98f.

서도 왕이나 통치자와 같은 '우월한 인간'을 가리키는 것으로 보는 입장 역시 주후 2세기 중엽부터 나타난 것으로 알려져 있다. 천사들이 인간과 성적 교섭에 빠져들 수 없다는 확신과 이들의 정체에 대한 논란을 잠재우기 위한 방편으로 제기된 이 해석은 유대랍비들이 일반적으로 지지하는 견해가 되었고[31], 기독학자들의 지지를 받기도 하였다. 클라인스는 천사와 왕적 존재의 합일로 보려는 경향을 보이기까지 하였다.[32] 시편 82편은 재판관들을 신들과 지존자와 동일하게 보고 있고, 삼하 7:14절이나 시2:7절은 다윗의 대를 잇는 왕이 '하나님의 아들'이라고 불리고 있는 것을 이러한 주장의 근거로 제시한다. 그러나 창세기 6장 본문 전후 그 어디에도 왕이나 왕족의 존재를 언급하지 않는다.

다른 한 편에서는 하나님의 아들들을 비인간적인 존재, 곧 하늘의 '천사'로 해석하는 전통이 오랫동안 자리를 지켜왔다.[33] 에녹서(1 Enoch 6:2ff.), '주빌리'(Jubilees 5:1) 같은 유대인들의 주석뿐 아니라 칠십인역(LXX), 필로[34], 요세푸스와 사해사본, 나아가 초대교부들인 이레니우스, 알렉산더의 클레멘트, 터툴리안, 오리겐과 델리치(F. Delitzsch)나 딜만(A. Dillmann), 부데(K. Budde), 카수토 등 현대의 주석가 대부분은 בני האלהים 을 사람으로 볼 수 없다는 주장을 고수하며 '하나님의 아들들'은 천사라는 입장을 취한다.[35] 사람이 아닌 하나님의 아들들을 천사로 보는 것이 일반적으로 광범위하게 받아들여진 개념이라는 것이다. 웬함(Gordon J. Wenham)은 '천사론'이 제기되는 이유를 구약 다른 곳에서 (시 29:1; 욥 1:6) 하나님의 아들들을 '하늘의, 신과 같은 존재'로 언급하고 있는 점, 창 6:1-4이 '어떤 사람의 아들들'과 '어떤 사람들의 딸들' 등 사람 사이의 비교하고 있는 것이 아니라 '하나님의 아들들'

31) P. S. Alexander, "The Targum and Early Exegesis of 'Sons of God' in Gen 6," *JJS* 23 (1972), 60-71.

32) D. J. A. Clines, "The Significance of the 'Sons of God' Episode (Gen 6:1-4) in the Context of the 'Primeval History' (Gen. 1-11)", *JSOT* 13 (1979), 35(33-46).

33) 지금까지 알려진 가장 창6:1절에 대한 최초의 주석은 בני האלהים을 천사로 해석하였다. 그러니까 '하나님의 아들들'을 천사로 보는 해석전통이 가장 오래되었다는 말이다. BC 2세기 전반부에 기록된 것으로 알려진 에녹1서 6-11장이 그렇게 해석하고 있고, 요세푸스도 같은 전통을 갖고 있다 (*Ant.* 1.78). 이런 해석은 주후 2세기 중엽부터 도전을 받아왔다. Cf. Nahum M. Sarna, *The JPS Torah Commentary: Genesis* (JPS, 1989), chap 6. n2.

34) Philo, *DE Gigant* 2:358.

35) Cf. Westermann, *Genesis 1-11*, 371. G. Wenham, *Genesis* 1-15, WCC, 1987, 138ff.

과 '사람의 딸들'이라는 극단적 대조하고 있는 점, 우가릿 문서도 '하나님의 아들들'을 만신전(divine pantheon)의 멤버로 말하고 있는 것을 보아 창세기도 같은 의미로 사용하고 있을 가능성 등에서 찾고 있음을 지적하고 있다.[36] 이러한 주장은 최근 들어 '하나님의 아들들'을 '천사'라고 표현하기보다는 '신적존재'(divine beings)로 이해하는 경향을 나타내고 있다.

궁켈은 이 표현을 천사로 해석하는 것을 거부한 첫 학자로 꼽힌다. 그와 함께 로즈(A. Lods), 쿡(G. Cook)[37], 챠일즈(B. S. Childs) 등 많은 학자들이 욥1:6절과 2:1, 38:7절(בני האלהים), 비슷한 형태로 나타나는(בני אלהים) 시 29:1과 89:7 등 구약의 다른 본문에서 사용된 **בני האלהים** 이 모두 '신의 그룹에 속한 존재들'을 가리키고 있다는 사실을 근거로 창세기 6장도 동일하게 해석해야 한다는 입장이다. 특히 챠일즈는 **בני האדם**(sons of the man, 삼상 26:19)이 하나님과 대비되는 인간의 계층에 속한 개인을 가리키고, **ני הנביאים**(sons of the prophets, 왕상20:35)이 선지자 계급에 속한 개별 선지자를 지칭하는 것처럼 **בני האלהים** 란 신의 계급(the class 'god')에 속한 개별적 존재들을 가리키는 것으로 본다.[38] 천사와 신적 존재의 구체적인 차이를 누구도 명확하게 규정하지 않지만 천사라는 개념보다는 '신의 영역에 속한 신적 존재'라는 주장이 설득력을 얻고 있는 실정이다. 웬함은 천사라는 표현보다는 '영(spirit)'이라는 용어를 사용하면 용어상의 반대를 줄일 수 있을 것으로 보기도 한다.[39] 그러나 이런 해석은 어떻게 신적 존재들이 인간과 가정을 이루며 자녀를 낳을 수 있느냐라는 질문에 어려움을 겪는 것이 사실이다.[40] 궁켈이나 많은 현대의 해석가들처럼 무조건 신화적이라고 치부해 버릴 수 없

36) G. Wenham, *Genesis 1-15,* 139.

37) G. Cook,"The Sons of (The) God(s)", *ZAW* 76 (1964), 22-47: "'The Sons of (the) God(s)' are Those Who are of the Realm of the Gods, Who partake of Divinity".

38) B. S. Childs, *Myth and Reality in the Old Testament* (SCM, 1960), 49. 챠일즈는 **אלהים** 을 시편의 표현을 고려할 때(בני האלהים) 단수(God)보다는 복수(gods)의 의미로 보아야 한다는 입장이다. 물론 그의 강조점은 하나님의 아들들이 신의 계층에 속한 신적인 존재들이라는 사실에 두고 있다. **אלהים**이라는 명칭이 구약 전체에서 보편적으로 사용된 경우를 염두에 둔다면 굳이 복수로 보아야 할 이유는 없다. 특히 한 분 창조주를 부각시키고 있는 창세기 본문에서는 이론의 여지가 없어 보인다.

39) G. Wenham, *Genesis 1-15,* 140.

40) W. H. Smith, O. Lorets, G. E. Wright, E .A. Speiser, G. von Rad, J. Weingreen, J. Gray,

는 진지함이 본문에 도사리고 있기 때문이다. 브론즈스(H. A. Brongers)나 카수토, 베스트만이 지적하듯 창세기 6:2는 단순히 일어난 사실을 보도하고 있을 뿐, 사건 자체에 대하여서는 전혀 가치판단을 하지 않고 있음에 유의할 필요가 있다. 본문이 이러한 사건이 발생했다는 사실 자체에 관심을 두고 있을 뿐이라는 것은 본문을 그대로 수용할 것을 전제한다고 할 수 있다. 웬함의 평가는 적극적이다 못해 현대인의 불신을 지적하며 사뭇 공격적으로 서술하고 있다.

> 가나안의 신화에서 하늘의 만신전에 속한 신들이 성행위를 즐기는 기록에서 볼 수 있듯, 창세기는 하나님의 아들들이 비슷한 행동을 할 수 있었을 것으로 믿었던 것으로 보인다. 현대 독자들이 이 이야기가 믿을 수 없는 것이라고 생각한다면 그것은 선악간에 영들의 존재를 의심하는 경향을 보이는 물질주의(materialism)를 반영하는 것이다. 그러나 창조주가 처녀의 자궁 속에 있는 인간적 본질에 자신을 결합시킬 수 있었던 것을 믿는 사람들은 이 이야기가 본질적으로 믿을 수 없는 것이라고는 보지 않을 것이다.[41]

지금까지의 논의는 결국 '하나님의 아들들'은 셋의 후손이나 왕과 같은 높은 지위의 사람들이 아니라 영물을 말하고 있는 것으로 결론지을 수 있게 한다.

'하나님의 아들들'이 셋의 후손인가, 아니면 천사나 신적존재인가에 관하여 이견(異見)이 발생하듯 '사람의 딸들'의 정체 역시 논란이 치열했던 것이 사실이다. 칼빈을 비롯하여 많은 주석가들이 오랫동안 사람의 딸들은 가인의 후손이라는 주장을 제기해 왔다. 그러나 사람의 딸들을 두고 '가인의 후손'이라고 단정하는 주장은 본문을 조금만 자세히 읽어도 금방 설 곳을 잃어버린다. 창세기 6장 본문에서 나타나는 '사람의 딸들'이 '가인의 후손'이라는 일반적인 해석이 맞지 않는 이유를 다음 몇

W. Zimmerli 등 대부분의 학자들이 신적존재로 인식을 같이 하면서도 신과 인간의 결혼과 출산에 대한 설명의 어려움을 겪는다. 따라서 Gunkel, Holzinger처럼 신화적으로 보거나 F. Albright처럼 하나님의 아들들을 단순히 가나안의 신들이라고 단정하기도 한다. *From the Stone Age to Christianity: Monotheism and the Historical Process,* 1957, 226. Cf. Westermann, *op. cit.,* 372.

41) G. Wenham, 140.

가지로 간단히 정리해 볼 수 있다.[42]

첫째, 용어 사용의 일관성과 관련한 이유를 들 수 있다. 창 6:1은 '사람'(האדם)이 땅에 번성하기 시작할 때에 그들에게 딸들(בנות)이 났다'고 말한다. 여기서 사람은 창세기 1장 26절에서 처음으로 나오는 인간창조를 언급할 때 사용한 바로 그 용어인 '아담=사람'을 사용하고 있다. '아담'(אדם)이라는 용어가 처음에는 인류전체를 가리키는 데 사용되다가 창세기 4:25-5:5에 이르러서야 인류의 대표인 '아담'을 지칭하는 용어로 바뀌게 된다.[43] 창 6장 1절에서 다시 이 '아담'은 정관사를 가진 האדם으로 표기되어 보통명사의 역할을 하며 보편적인 '사람(men)'을 가리키는 용어로 사용되고 있다. 그런데 이어지는 2절이 '하나님의 아들들이 그 사람의 딸들(בנותהאדם)의 아름다움을 보고 자기들의 좋아하는 모든 자로 아내를 삼았다'고 기록하고 있다. 6:1에 나타나는 번성하는 사람들을 가인의 자손들로 국한

42) 역사비평적 방법을 사용하는 베스트만은 창세기 6장 1-4절의 본문에서 두 가지 다른 내러티브를 발견할 수 있다는 입장을 취한다. 그 결정적인 증거를 그는 6장 4절 후반부에서 발견한다. 네필림(נפלים)의 출생을 언급한 4절의 전반부와 달리 후반부는 다시 하나님의 아들들과 사람의 딸들의 결혼을 언급하며 그들이 자녀를 낳았을 때 그들을 용사(גברים)라 불렀고 고대의 유명한 자라고 지칭하고 있다. 사실상 창6:14절의 주제는 גברים에 관한 것으로서 네필림과는 다른 종류의 용사를 말하는 것으로 받아들일 수 있는 표현이라는 것이다. 네필림을 언급한 부분은 거인에 대한 원인론적 설명으로, 영웅에 관한 기록은 신화적 내러티브(mythical narrative)로 보인다고 주장한다. 네필림과 용사가 다른 이야기를 하는 듯한 느낌이 드는 것은 사실이다. 그러나 성경에서 반복 용법은 매우 흔한 표현법이다. 베스트만의 문서비평에 근거한 구조 분석은 다만 분석의 수순으로 그치고 있고, 오히려 내용 분석에 치중한다. 베스트만은 이 본문을 창 12:10-20에서 아브라함의 아내를 애굽의 바로가 취하려는 이야기와 삼하 11-12장에서 다윗이 우리야의 아내를 취하는 이야기와 같은 맥락에서 해석하려 한다. 즉 아름다움을 향한 욕망은 인간의 일부를 이루고 있고, 강한 자가 여인의 아름다움을 보고 취하려 하는 것이 일반적인 현상인데, 정해진 '경계'를 넘어서는 인간의 행동은 곧 인류 공동체를 위태롭게 한다는 사실을 말하고자 한다는 것이다. 정해진 경계를 넘어설 때 하나님이 개입하심을 보여주는 것이 본문의 의미라는 것이다. 그는 '하나님의 아들들'(בני האלהים)이 천사라기보다는 '신적 존재'(divine beings)라는 주장이다. Westermann, *Genesis: A Practical Commentary*, 1987, 43f. idem, *Genesis 1-11,* 1984, 366f. 이러한 베스트만의 내용 분석 역시 결과적으로 이 본문이 인류 전체에 관한 이야기임을 분명히 하고 있다.

43) 가장 형식일치의 번역에 가깝다는 RSV나 NIV 등 대부분의 영어성경은 창 3:17부터 אדם을 Adam으로 번역하고 있는데 반하여 우리말 개역성경은 창 2:20 이하를 전부 사람이 아닌 '아담'으로 번역하고 있다. 그러나 히브리어 본문은 2:20 이하는 물론이고 3:17 이하에서도 정관사를 붙인 האדם을 사용하고 있고 4:25에 이르러서야 비로소 정관사가 없는 אדם으로 표기하고 있다. 정관사를 가진 אדם은 '사람'으로 번역하는 것이 문법적으로 자연스럽다. Cf. G. Wenham, *Genesis 1-15,* WCC, 1987, 139.

할 수 있는 근거가 전혀 없다. 그렇다면 그들에게 난 딸들도 가인의 후손인 딸들만을 가리킬 수 없다. 그런데 6:2의 '딸들의 아버지'를 나타내는 '사람'(האדם), 곧 보통사람인 인류전체를 두고, 다시 '가인의 후손인 사람'으로 국한하려하는 것은 문맥상 허용되지 않는다. 이런 해석은 지나치게 인위적이어서 설득력이 없다.

둘째, 가인과 그 후손의 역사적 위치를 볼 때 위의 주장은 타당성이 없다. 창세기 4장에서 가인이 범죄 한 이후 그의 가계는 하나님으로부터 멀어져가고 따라서 역사의 전면에서 자취를 감춘다.[44] 물론 가인이 역사의 전면에서 사라졌다는 것이 곧 그의 파멸을 이야기하는 것이라는 말은 아니다. 가인이 상징적 의미를 가진 놋(נוד, 방황) 땅으로 밀려났지만 하나님은 그를 보호해 줄 것을 약속하셨다(4:15). 때문에 가인을 의인 아벨과 대조되는 악인의 개념으로만 이해하는 것은 무리가 있다. 창세기 4장 본문은 죄의 출현과 죄의 확산의 과정을 보여주는 데 역점이 있을 뿐 가인이라는 특정 인물을 일방적으로 정죄하려는 것이 아니다. 여기서 실제로 우리가 주목할 점은 창세기 4장 25절-26절에서 셋의 출생을 기록한 다음, 5장에 들어서면서 기록하고 있는 아담 족보의 모습이다. 우리는 이 본문을 좀 더 자세히 살펴볼 필요가 있다.

5:1 아담 자손의 계보가 이러하니라 하나님이 사람을 창조하실 *때에 하나님의 형상대로 지으시되*
5:2 *남자와 여자를 창조하셨고* 그들이 창조되던 날에 하나님이 그들에게 복을 주시고 그들의 이름을 사람이라 일컬으셨더라.
5:3 아담이 일백 삼십세에 자기 모양 곧 자기 형상과 같은 아들을 낳아 이름을 셋이라 하였고

우선 창 5:1-2는 웬만한 성경독자라면 쉽게 눈치 챌 수 있는 익숙한 표현을 사용하고 있음을 금방 알 수 있다. 사실상 창 1:27을 그대로 옮겨 놓고 있음을 볼 수

44) 가인은 구약의 남은 곳에서는 민 24:21-22의 발람의 노래에서 '가인족속'으로 한 번 거명되고, 수 15:57에서 도시 명으로 나타날 뿐이다. 발람의 노래에서 가인족속은 거처가 견고하여 보금자리가 바위에 있는 것으로 묘사되고 있음을 볼 때 가인이 저주나 멸망의 상징으로 사용된 흔적이 전혀 없다고 할 수 있다.

있다.

> 하나님이 자기 형상 곧 *하나님의 형상대로 사람(אדם)을 창조하시되 남자와 여자를 창조하시고.*

창세기 처음에서 시작한 인간창조의 기사가 다시 시작되는 느낌이다. '아담'과 '사람'으로 다르게 번역된 용어가 실제로 동일한 히브리어 אדם 로 표현되고 있다. 그러니까 셋의 출현은 단순히 아담과 하와가 아들을 하나 더 얻은 정도가 아니라 인류 역사의 새로운 시작을 알리는 셈이다. 따라서 5장 3절부터 6장 직전까지 이어지는 아담의 계보로부터 진정한 의미에서의 인류 역사가 시작되고 있는 것이다. 이러한 새로운 인류사의 한 정점에 노아가 서게 되고, 그 노아시대에 '하나님의 아들들'이 '사람의 딸들'을 취했다는 역사적 사실에 대한 보도는 가인의 후손이 끼어들 틈은 전혀 주지 않는다.

셋째, 창세기 6장 2절에서 '사람의 딸들(בנות האדם)'은 '하나님의 아들들'(בני האלהים)과 정반대의 개념으로 사용되고 있음은 너무나 분명하다. 번성하는 '사람'에게서 난 딸들은 당시에 살고 있던 '모든 사람의 딸들'로 보아야 일관성을 지킬 수 있다. 앞서 이미 언급한대로 창세기 6장이나 다른 어떤 구약의 본문에서도 셋의 후손은 의롭고 가인의 후손은 악하다는 식의 구분을 발견할 수 없으며 인류 전체가 악하여졌다는 것이 창세기 6장의 선언이다. 따라서 여기 '하나님의 아들들'은 사람의 아들들과 다른 천사와 같은 영적 존재를 가리키는 것으로 간주하고, '사람의 딸들'은 아담의 후손 전체를 가리키는 말로 받아들여야 이야기의 흐름이 자연스러워진다. 창 6:3 이하에서 '하나님의 영이 다시는 인간과 함께 하지 않는다'는 표현은 하나님의 영과 인간이 결별한다는 파국의 선언이 아니라[45] 땅에는 하나님

45) 이 부분을 바르게 이해하는 것이 본문 이해의 필수적인 과정이라고 할 수 있다. 이 표현을 하나님의 영이 인간 전체와 함께 하지 않는 것으로 파악한다면 노아 이후 계속되는 구약의 역사는 성령이 함께 하지 않는 역사가 되어버린다. 이 표현은 거인을 신과 인간과의 결합의 산물로 보는 고대의 신화적 사상에 대한 거부로 보아야 할 것이다. 고대인들이 가진 신화적 인식을 그대로 받아들이는 듯 하면서 그런 사상을 근본적으로 부정하는 방법을 통하여 장대한 거인을 포함한 모든 인간은 단지 피조물일 뿐이라는 사실을 말해주고 있다. 마치 아브라함에게 아들을 바치라는 명령이 당시에 널리 퍼져있던 고대의 인간제사 (human sacrifice)를

의 아들들과 사람의 딸들 사이에 난 '신적인 존재'가 거하는 것이 아니라, '신성을 가지지 않은 네피림'이 존재할 뿐이라는 선언이라고 보아야 타당할 것이다. 혹시라도 일어날 수 있는 인간의 본질에 대한 오해를 완전히 제거하려는 의도를 담고 있는 것으로 보인다.

여기서 말하는 네피림은 어떤 존재인가? 민수기 13:13에서 단 한 번 더 나타나는 네피림은 육체적인 거인으로 묘사되고 있다. 창세기 6장 본문에서도 문장 구조상 일반적으로 쉽게 4절 후반부와 연결하여 용사들(גברים), 즉 특별한 존재를 지칭하는 것으로 간주한다. 그러나 앞에서 살펴 본대로 창6:4a는 베스트만이 뒤의 문장과는 다른 종류의 문장이 결합된 것이라고 할 정도로 그 위치와 의미가 매우 모호하다는 사실을 부인하기 어렵다. '당시에 땅에 네피림이 있었고, 그리고 그 후에도'. 이 구절은 바로 앞의 3절과 직접 연결된다고 보기가 쉽지 않고 4절 후반부는 2절과 자연스럽게 연결된다. 네피림을 용사와 직접 연결할 수 있는 정당성이 확보되지 않는다.

창6:4a에서 언급되고 있는 네피림(נפלים)의 어원은 확실하지 않다는 의견이 지배적이긴 하나, 에스겔 32:20-28과 연결 지어 볼 때[46] **נפלנפלים**은 (fall) 동사에 나온 것으로 볼 수 있고 문자적으로 '떨어진 자들'을 일컫는 말이 된다. '하나님의 영이 함께 하지 않는 인간'은[47] 수명이 120년에 그칠 것이고(3절), 그들이 다름 아

수용하는 것 같은 인상을 주다가 이삭에게 손을 대지 못하게 함으로써 그러한 제사를 거부하는 효과를 주는 것과 마찬가지라고 할 수 있다.

46) 겔 32:27에는 '할례 받지 못한 자 중에 이미 엎드러진 용사' (גבורים נפלים) 라는 표현이 나온다. 이 표현은 창 6장 4절의 '네필림'(נפלים)과 '용사'(גברים)의 합성어란 느낌을 준다. 이 에스겔 본문의 용사들이 전장에서 엎드러져 음부(스올)에 내려간 것은 심판을 의미하는 것으로 보여 창세기 본문의 흐름과의 연관성을 생각하게 하는 것이 사실이다. Cf. Wenham, 143.

47) '나의 영(רוחי)이 영원히 사람과 함께 하지 않는다', '그의 날이 120년이 되리라'는 3절의 의미에 대해서도 논란이 많지만, '하나님의 영'은 창 2:7의 '생기'(נשמת חיים), 창 6:17과 7:15의 '생명 있는 기식'(רוח חיים), 겔 37:14의 경우와 같이 '생명을 주시는 하나님의 능력'을 의미하는 것으로 보는 것이 타당할 것이다. 120년은 역시 노아시대 베푼 '하나님이 참으신 은혜의 기간'이 아니라 이후의 인간 수명을 두고 한 말이라는 데 학자들의 의견이 일치되고 있다. 2절 이하에서 하나님의 아들들이 사람의 딸들을 '보고'(ראה) '좋아'(טוב) '삼았다(לקח)라고 하는 것은 창 3장 6절의 하와의 행위와 흡사한 점을 들어 자신의 좋을 대로 행하는 인간의 죄악 됨을 나타내는 것으로 볼 수 있다. 한편으로 구약은 무엇이든지 다른 것을 '섞지 말 것'을 명하고 있는 점이 많음에 주목하여(레19:19; 신22:9-11; 레20:16;

닌 '하나님께로부터 떨어져 나온 존재', 곧 '네피림'을 가리키는 것으로 이해한다면 3절과 4절의 연결이 자연스러워진다. 하나님의 아들들과 사람의 딸들로부터 나타난 존재가 용사요 유명하고 거인이지만 알고 보면 '하나님께로부터 떨어진 네피림' 이상 아무 것도 아니라는 말이다. 고대사회에 널리 퍼져있던 신과 인간 사이에서 난 특별한 존재에 대한 사고를 깨뜨리는 비신화화 작업의 일환으로 볼 수도 있을 것이다.

이상에서 보는 대로 창세기 6장의 하나님의 아들들은 문자 그대로 하나님의 아들들로 불리는 영물들을 가리키는 것으로 보아야 무리가 없다. 이들이 그 본연의 자리를 버리고 (즉, 유다서의 표현대로 '자기의 지위를 지키지 아니하고') 자기 처소를 떠나 인간의 자리에 머물기를 시도함으로, 하나님이 그들을 심판하셨고, 그리하여 하나님의 징벌을 받아 갇힌바 된 것이라고 보는 것이 자의적인 해석을 피하고 '성경으로 성경을 해석하는' 것이라고 할 수 있다. 물론 칼빈은 베드로전서의 이 영들은 구약의 의인들의 영이며 옥이라는 표현은 단순히 그 영들이 구원을 선포할 그리스도를 기다리던 장소라고 주장하였지만, 최근 들어 학자들은 세밀한 부분에서는 다른 견해를 표방한다 할지라도 일단 옥에 있는 영들이란 창세기 6장에 나타난 '하나님의 아들들'과 연결되며 신약의 여러 본문에 등장하는 영물의 하나인 타락한 천사를 가리킨다는 데 대체적으로 의견을 같이하고 있으며 이 해석이 본문의 내용과도 합치하는 것으로 볼 수 있다.

Ⅵ. 그리스도의 오르심

우리는 지금까지 여러 본문을 통하여 '옥에 있는 영들에게 내려가 전파하시는 그리스도'가 대상으로 삼은 존재는 다름 아닌 자기 지위를 떠난 영물 중의 하나인 천사들이라는 사실을 확인하였다. 그런데 우리가 여기서 주목할 것은 베드로전서 본

신7:3) '종류대로' 지으신 하나님의 창조원리를 어긴 범죄 행위로 간주되어 하나님의 영이 떠났다는 의미에서 네필림의 존재를 이해하는 것은 무리가 없어 보인다.

문 어디에도 그가 옥으로 '내려가셨다'고 말하지 않는다는 점이다. 켈리(Kelly)가 지적한대로 정확하게 '내려갔다'고 표현하려면 '가다'라는 일반적인 의미를 가진 포레오마이(*πορεομαι*)보다는 다른 단어(*καταβαινω*)를 사용하는 것이 훨씬 바람직한 것이 사실이다. 그렇다면 예수 그리스도는 어디로 가신 것일까? 문제는 하나님의 징벌을 받은 타락한 천사들이 갇힌 곳이 구체적으로 어디인가 하는 것이다. 베드로전서나 후서, 혹은 유다서 본문에서는 한 번 Tartaros로 표현되었을 뿐 그 장소가 구체적으로 어디인지는 나타나지 않는다. '내려간다'는 표현은 지옥이 막연히 땅 아래 어느 곳에 있을 것이라는 어떤 선입견이 작용된 결과라는 것을 짐작 하게 한다.

그런데 주께서 '옥에 있는 영들에게 전파하시니라'라고 할 때 사용된 '케룻소'(*κηρυσσω*, 전파하다)는 신약에서 하나님의 나라나 복음을 전한다고 할 때 주로 사용했지만 단순히 '선언하다'의 의미로도 쓰였다(눅 12:3; 롬 2:21; 계 5:2 등). 특히 베드로전서에서는 복음 선포를 네 번이나 언급하고 있지만 '케룻소'는 쓰지 않고 모두 '유앙겔리조'라는 다른 동사를 사용하고 있다. 따라서 베드로가 유독 '케룻소'를 사용한 이 구절은 복음전파의 의미보다는 다른 의미를 내포하고 있다고 보아도 전혀 어색함이 없다. 데이비스가 지적하는 대로 신약성경에 '복음을 전파하는 어떤 사람의 영'에 대한 언급은 없으나 영들에 대한 그리스도의 승리를 말하는 곳은 적지 않다(고후 2:14; 골 2:15; 계 12:7-11; 엡 6:11-12 등). 따라서 여기서 말하는 그리스도가 행하신 선포는 흔히 해석하는 대로 옥에 갇힌 악한 자에 대한 '구원의 선포'가 아니라 옥에 갇혀 있는 악한 영들에 대하여 부활하신 주님이 내리시는 '심판의 선언'이라고 해야 전체적인 흐름과 훨씬 가까울 수 있음을 알 수 있다. 그렇다면 그리스도께서 영들의 심판을 선언하신 곳은 어디인가? 타락한 천사들은 어디에 존재하고 있는가?

켈리의 뒤를 이어 최근 위더링톤은 이와 관련하여 주목할 만한 견해를 제기하고 있다. 특히 그는 영들에 대한 선언과 관련하여 디모데전서 3장 16절에 나타나는 초대교회 찬송의 한 부분으로 간주되는 구절이 베드로전서 분문과 신학적 흐름을 같이 하고 있는 것으로 판단한다.[48]

크도다 경건의 비밀이여 그렇지 않다 하는 이 없도다.

48) Ben Witherington III, *Jesus The Seer: The Progress of Prophecy* (Hendrickson, 1999), x-xii.

> 그는 육신으로 나타 난 바 되시고
> 영으로 의롭다 하심을 입으시고
> 천사들에게 보이시고
> 만국에서 전파되시고
> 세상에서 믿은바 되시고
> 영광가운데서 올리우셨음이니라.

흔히 주석가들은 '천사들에게 보이셨다'는 표현이 영으로 의롭다 함을 입었다는 서술 다음에 나오는 점을 잘못된 것으로 생각해 왔다. 천국에 들어가서 천사들을 보는 것이라면 맨 마지막 절 직전이나 직후에 삽입되는 것이 더 합리적이라는 주장이 지배적이다. 그러나 '천사들에게 보이셨다'는 표현이 예수 그리스도께서 Tartaros(ταρταρως)로 가신 것과 상관이 있다면 이 구절의 현재 순서는 충분히 근거가 있는 셈이라는 것이 위더링톤의 견해이고 이 해석은 별 이론의 여지가 없어 보인다. 에베소서 4장은 이와 관련하여 한걸음 더 나아가고 있다.

> 그러므로 이르기를 그가 위로 올라가실 때에 사로잡힌 자를 사로잡고 사람들에게 선물을 주셨다 하였도다 (엡4:8).

바울사도는 시편 68:18을 변용[49], 이를 그리스도의 승천에 적용하면서 그가 올라가실 때에 - 그러니까 지상이 아닌 공중에서 - 사로잡힌 자를 완전히 사로잡으셨다고 선포하고 있다. 여기서 우리는 초대교회 시절 유대인들이 가진 천사나 마귀에 대한 생각들을 알아볼 필요가 있다. 한 가지 쉽게 드러나는 것은 권세(powers)나 정사(principalities)들이나 사탄은 하늘과 땅 사이, 좀 더 정확하게 말하면 둘째 하늘에 존재하는 것으로 여겼다. 따라서 신약에서 사탄은 '공중 권세 잡은 자'로 불린다(엡2:2). 바울은 에베소교회 성도들에게 세상과 싸워 이기도록 전신갑주를 입을 것을 권고하면서 '우리의 씨름은 혈과 육에 대한 것이 아니요 정사와 권세와 이 어두움의 세상 주관자들과 하늘에 있는 악의 영들에게 대함이라'(엡6:12)고 단언한다. 악

---

49) 시 68:18: "주께서 높은 곳으로 오르시며 사로잡은 자를 끌고 선물을 인간에게서 또는 패역자 중에서 받으시니 여호와 하나님이 저희와 함께 거하려 하심이로다"

한 영들의 처소는 하늘에 있는 것으로 파악하고 있는 것이다.

베드로전서 3장에 나타난 '주께서 옥에 있는 영들에게 전파하셨다'는 기록은, 그러므로, 그리스도께서 아래로 내려가신 행위가 아니라, 오히려 그리스도께서 하늘로 오르시는 것과 상관이 있는 것으로써 주께서 승귀(勝歸)하시면서 노아시절 불순종하여 사로잡힌 악한 영들에 그의 승리를 더욱 확실하게 선언하시고 이를 통해 그들의 사로잡힘을 더욱 불변의 것으로 만들어 놓은 사실을 말하고 있는 것으로 해석하는 것이 성경의 전체적 흐름과 일치하는 것이라고 할 수 있다. 이를 통하여 구약에서 하나님께 속한 특성으로 여겨진 악한 영에 대한 조치가 이제 신약에서 그리스도의 특성으로 이어져 구약과 신약이 연속성을 가지게 되는 증거의 하나로 보게 하고 있다.

Ⅶ. 고백되어야 할 옥(獄)에 가신 그리스도

위의 본문 연구를 통해 살펴볼 때 사도신경에 '옥으로 가신다'는 내용과 관련한 표현을 삽입하는 것은 사실상 성경적으로는 문제가 없어 보인다. 앞서 본대로 칼빈은 이 고백을 빠뜨리는 것은 불가하다는 입장을 분명히 밝히고 있다. 그러나 만약 베드로전서 3장의 본문을 근거로 이 고백이 제정되었다면 이 고백문은 다음과 같은 순서로 이루어지는 것이 훨씬 더 타당해 보인다.

> (그가) 십자가에 못 박혀(was crucified), 죽으시고(died), 장사되시고(was buried). 삼 일만에 죽은 자 가운데서 다시 살아나시고(The third day He rose again from the dead) 위로 오르시며 영들을 사로잡으시려 옥에 가시고(He went to prison) 하늘에 오르사 전능하신 하나님 우편에 앉아 계시다가…….

그러나 신약성경이 완성된 이후 50여년 정도의 시간이 흐른 다음부터 사용된 것으로 추정되는 신약교회 최초의 신앙고백서를 지금 우리가 마음대로 고칠 수는 없다. 그렇다면 이 고백은 단지 베드로전서 3장 본문을 근거하여 작성한 것이 아니라는 결론을 얻게 된다. 그렇다면 '지옥강하' 고백을 하게 된 결정적인 성경 본문은 어디서 찾을 수 있는 것인가? 또 다른 연구를 필요로 하는 과제로 남는다.

참고문헌

Alexander P. S., "The Targum and Early Exegesis of 'Sons of God' in Gen 6," *JJS* 23, 1972.

Bauckham R. J., *Jude and 2 Peter,* Waco: Word, 1983.

Calvin, *Catholic Epistles, 114; James, 1-2 Peter, 1-3 John, Jude*, IVF, 2000.

Childs B. S., *Myth and Reality in the Old Testament*, SCM, 1960.

Clines D. J. A., "The Significance of the 'Sons of God' Episode (Gen 6:1-4) in the Context of the 'Primeval History' (Gen1-11)", *JSOT* 13, 1979.

Cook G., "The Sons of (The) God(s)", *ZAW* 76, 1964.

Feinberg J. S., "1 Peter 3:18-20, Ancient Mythology, and the Intermediate State," *WTJ* 48, 1986.

Kay, James F., "He descends into Hell", *Exploring and Proclaiming the Apostles' Creed*, ed. Roger E. van Harn, Grand Rapids: Eerdmans, 2004.

Kelly, *Early Christian Creeds*, New York, 1972.

McNeill John T.(ed.), *Calvin: Institutes of the Christian Religion*, Westminster Press, 1977.

Rufinus, *A Commentary on the Apostles' Creed,* trans. and ed. J. N. D. Kelly, Newman Press, 1978.

Sarna Nahum M., *The JPS Torah Commentary: Genesis*, JPS, 1989.

Schreiner, Thomas R., *!,2 Peter, Jude*, NAC, Broadman & Holman Publishers, 2003.

Skilton J. H., "A Glance at Some Old Problems in irst Peter," *WTJ* 58, 1966.

Wenham G., *Genesis*1-15, WCC, 1987.

Westra Liuwe H., *The Apostles' Creed: Origin, History, and Some Early Commentaries*, Brepols: Belgium, 2002.

Witherington Ⅲ Ben, *Jesus The Seer: The Progress of Prophecy*, Hendrickson, 1999.

불변의 하나님, 변화의 하나님

-성경적 조직신학의 제언-

김 성 봉
(신반포중앙교회 담임목사, 조직신학)

Ⅰ. 여는 말

조직신학 진술의 현 실정은 그 용어들이 지나치게 개념적이거나, 지나치게 철학적이라는 사실이다. 보수신학권에서는 비록 그 용어들이 성경적이긴 하지만 이미 그 용어가 나온 자리와는 별개가 되어버린 채 단지 개념으로만 쓰여지고 있으며, 진보신학권에서는 많은 경우에 철학적 전제와 구조 속에서 그 전제와 구조에 따라서 조직신학의 주제들이 논의되고 있는 형편이다. 이런 형편에서 전자의 경우는 삶의 자리와는 무관하게 되어 건조한 내용이 될 수밖에 없으며, 후자의 경우에는 우리의 신앙적 전제와 거리가 생길 수밖에 없는 처지이다. 이러한 형편과 처지에서 필자가 제안하고자 하는 조직신학의 서술방식은 다양한 조직신학적 주제들을 성경을 근거로 하여 논하되, 그 개념들이 나온 문맥을 충분히 살펴서 귀납적으로 어떤 결론에 이르는 방식이다. 이럴 경우에 종래에 단지 어떤 개념에 대한 증거구절들로서 괄호 안에 갇혀 있던 구절들이 이제부터는 풍성한 내용과 함께 괄호 밖으로 나오게 된다.[1] 아래에 이러한 서술방식의 한 실례로 "불변의 하나님, 변화의 하나님"

---

1) 박형룡의 교의신학 신론에서 이 내용을 다루고 있는 부분 참조(102면). 괄호 속에 갇혀 있는 증거구절들이 괄호를 벗고 나오면서 얼마나 풍성한 내용들을 우리에게 주는지를 실감하게 된다. 안토니 후크마(A. Hoekma)의 저술에서 이러한 식의 서술방식이 이미 사용되어지고 있다. 특별히 그의『개혁주의 인간론』『개혁주의 구원론』『개혁주의 종말론』을 보라.

이란 제목의 내용을 말씀드리고자 한다.

하나님의 속성을 논함에 있어서 보수진영에서는 통상 '하나님의 불변성'을 주장하여 왔다. 그러나 최근 자유진영에서 '하나님의 변화성'을 노골적으로 내세우는 주장들이 있는데,[2] 이에 대하여 우리로서는 성경적 견해를 바로 가져야 하겠다. 보수진영에서 '하나님의 불변성'이라고 주장할 때에, 성경에서 어떤 표현들에 근거하여 그렇게 말하는지, 자유진영에서 '하나님의 변화성'에 대하여 주장할 때에, 성경에서 어떤 표현들에 근거하여 그렇게 말하는지를 자세히 살펴보아야 하겠다. 성경은 우리에게 '불변의 하나님'에 대하여 말하면서, 동시에 '변화의 하나님'에 대하여서도 말하고 있다. 먼저 성경이 말하는 불변의 하나님에 대하여 살펴보도록 하겠다.

Ⅱ. 본 말

1. 불변의 하나님[3]

(다음의 세 경우가 뒤섞여 나타납니다. 존재에 있어서/ 능력에 있어서/ 약속실현과 구원의지에 있어서 - 시작도, 진행도, 마침도)

(1) **삼상** 15:29**과 민** 23:19

우리의 논의를 위해서 먼저 삼상 15장을 살펴보자. 거기 29절에 사무엘이 사울에게 다음과 같이 말하는 내용이 있다. "이스라엘의 지존자는 **거짓이나 변개함이 없으시니**, 그는 사람이 아니시므로 **결코 변개치 않으심이니이다**." 여기서는 하나님

2) 화이트헤드(A. N. Whitehead)와 핫숀(C. Hartshorne)의 과정철학에 의하여 강하게 영향을 받은 죤 캅(J .B. Cobb)과 데이비드 그리핀(D. R. Griffin) 등의 과정신학이 그 대표적인 예이다. 가톨릭에서는 이미 제 2 차 바티칸 공의회(1962-65)에서 '변화'를 신의 속성으로 천명하기 시작하였다. J. C. Livingston, *Modern Christian Thought* (New York, 1971), 497.

3) 전통적인 조직신학에서는 하나님의 불변성은 독립성(자존성), 무한성, 단순성과 함께 하나님의 절대적인 속성에 속한다(벌코프, 『기독교 신학개론』 60). 바빙크도 하나님이 "독립적"이시며, "단순"하시며, "영원"하시며, "편재"하시다고 말하면서, "모든 전환이란 피조물편과 이 피조물이 그분을 대적하는 입장을 취하는 관계에서 해당한다는 의미에서 불변하시고(약 1:7)"라고 하였다(바빙크, 『하나님의 큰 일』 135).

의 역사심판 선언을 확정함에 있어서 하나님의 불변성을 보여 주고 있습(비교. 겔 24:14). 그런데 그 앞쪽 15절이나 뒤의 35절을 읽게 되면 방금 말한 것과는 정반대의 느낌을 갖게 된다. "내가 사울을 세워 왕 삼은 것을 후회하노니, 그가 돌이켜서 나를 좇지 아니하며 내 명령을 이루지 아니하였음이니라"(삼상 15:11. 비교, 15:9 자기 뜻을 따라 취사선택). "사무엘이 죽는 날까지 사울을 다시 가서 보지 아니하였으니, 이는 그가 사울을 위하여 슬퍼함이었고, 여호와께서는 사울로 이스라엘 왕 삼으신 것을 후회하셨더라"(삼상 15:35). 사무엘서를 기록한 선지자는 서로 상반되는 듯이 보이는 하나님의 서로 다른 모습을 이미 알고 있었으며, 또 그렇게 표현한다 해도 전혀 모순을 느끼지 않은 듯이 보인다. 이제 우리는 하나님에 대한 이러한 관점들의 맥락을 성경의 증거 내에서 차례로 살펴보고자 한다. 먼저 "변개치 않으시는" 하나님에 대한 것이다.

성경에서 가장 처음으로 하나님의 이런 속성을 표현한 곳은 민 23:19이다. 그것은 발람의 노래 중에 나오는데, "하나님은 인생이 아니시니 **식언치 않으시고**, 인자가 아니시니 **후회가 없으시도다**. 어찌 그 말씀하신 바를 행치 않으시며, 하신 말씀을 실행치 않으시랴!"고 되어 있다. 여기서는 그 분의 말씀(약속)과 실행(성취)의 성실성을 잘 나타내 주고 있다(참조. 삼상 15:29; 렘 4:28; 롬 11:29; 딛 1:2; 히 6:18). 사무엘이나 사무엘서를 기록한 선지자가 민수기의 이 말씀을 잘 알고 있었으리라는 것은 말할 필요도 없다.

(2) 시가서에서

시가서에서는 이런 표현이 보다 직접적으로 반복해서 나타나고 있는 것을 볼 수 있다(욥 23:13,14; 시 102:26,27; 110:4; 잠 19:21 등).

데만 사람 엘리바스에 대하여 욥이 대답하는 말 가운데 하나님을 가리켜 이렇게 묘사하고 있다. "그는 **뜻이 일정하시니, 누가 능히 돌이킬까?**(비교. 욥 9:12; 12:14) 그 마음에 하고자 하시는 것이면 그것을 행하시나니, 그런즉 내게 작정하신 것을 이루실 것이라"(욥 23:13,14) 이러한 불변성의 근거로 그의 전능성이 전제되고 있다(23:16).

옛 성도는 "천지는 없어지려니와 주는 **영존하시겠고**, 그것들은 다 옷같이 낡으리니, 의복같이 바꾸시면 바뀌려니와, 주는 여상(如常)하시고 주의 연대는 무궁하리이다"라고 노래하였다(시 102:26,27. 비교, 사 41:4; 48:12; 히 13:8). 여기서는 **존재에 있어서의 불변성**을 말하고 있다.[4] 다윗은 예수 그리스도에 대한 계시를 말하면서, "여호와는 맹세하시고 **변치 아니 하시리라**"고 노래하였다(110:4). 그는 여기서 하나님의 약속의 불변성을 말하고 있다. 또한 잠언에서도 "사람의 마음에는 많은 계획이 있어도 오직 여호와의 뜻이 완전히 서리라"고 하여 완전히 서는 여호와의 뜻을 말함으로 여호와의 불변성을 간접적으로 표현하고 있다(잠 19:21, 비교. 사 14:26,27; 46:10).

(3) 선지서에서

선지서 중에서는 이사야서에 이런 표현이 집중적으로 나타나고 있다. 사 14:24, 26, 27에 만군의 여호와의 이름으로 "나의 생각한 것이 **반드시 되며**, 나의 경영한 것이 **반드시 이루리라**"고 하였다. "반드시 되며", "반드시 이루는" 데서 여호와의 불변성을 보게 된다. 본문에서 보이는 여호와의 경륜의 대상은 비단 이스라엘 뿐 만이 아니다. "온 세계를 향하여 정한 경영"이며, "열방을 향하여 편 손"이다. 선지자는 계속하여 "만군의 여호와께서 경영하셨은즉, 누가 능히 그것을 폐하며, 그 손을 펴셨은즉, 누가 능히 그것을 돌이키랴"고 하였다(참조. 대하 20:6; 욥 9:12; 시 33:11; 잠 21:30; 단 4:31,33,35).

이사야 40장 이하에서는 이런 표현들이 더욱 집중적으로 나타난다. 사 41:4에서는 "이 일을 누가 행하였느냐, 누가 이루었느냐? 누가 태초부터 만대를 명정하였느냐? 나 여호와라! 태초에도 나요, 나중 있을 자에게도 내가 곧 그니라"고 말씀하고 있다. 여기서 여호와께서는 선지자의 입을 의탁하시어 그 능력의 지속성, 그 권위

---

4) 하지의 경우에도 하나님의 불변성과 관계하여 다음과 같은 세개의 질문을 던지고 있는데 주로 그 관점이 존재에 있어서의 불변성이다. "하나님의 불변성은 무엇을 의미하는가?", "하나님이 불변하시다는 사실을 성경과 이성에서 입증하라.", "세계창조와 아들의 성육신은 하나님의 불변성과 어떻게 조화될 수 있는가?"(A. 하지, 『하지조직신학 제 1 권: 서론, 신론』 208-210).

의 지속성을 보이시었다(비교. 사 43:10,11; 44:6; 48:12; 계 1:8,17; 22:13). 여기서 말하는 "이 일"이란 그 앞의 2-3절에 나오는 내용들이다. "누가 동방에서 사람을 일으키며, 의로 불러서 자기 발 앞에 이르게 하였는가"라고 자문하고 있는데, 같은 내용을 46:11에서는 "내가 동방에서 독수리를 부르며, 먼 나라에서 나의 모략을 이룰 사람을 부를 것이라"고 말하고 있다. 이는 역사적으로 고레스 왕에 대하여 이루실 하나님의 경륜을 표현한 것이다(45:1 참조).

사 43:10,11에서는 바로 이러한 하나님의 불변성이 구원자 되심의 근거인 듯이 말하고 있다. "나의 전에 지음을 받은 신이 없었느니라. 나의 후에도 없으리라. 나 곧 나는 여호와라. 나 외에 구원자가 없느니라." 사 44:6에도 "이스라엘의 왕"이요, "이스라엘의 구속자"로서의 여호와를 말씀하시며, 그 근거로 "나는 처음이요, 나는 마지막이라"고 말씀하신다(참조. 46:10; 48:12). "처음이요, 마지막" 즉 알파요 오메가란 말이다. 여호와 하나님의 불변성을 가리키는 말이다.

이사야 선지자를 통하여 주신 이런 표현들은 바로 그 당시 망국의 위기 속에서 이스라엘로 하여금 여호와를 바로 알고 여호와께로 돌이키며, 여호와께 소망을 갖도록 하게 하기 위한 말씀들이다. 이제 예루살렘이 무너지게 되면 이 땅에서 여호와를 섬기는 섬김 자체가 중단되어 버리는 그런 위기 속에서 이사야는 '시작하신 하나님', '진행하시는 하나님', '마감하실 하나님'을 소개하고, 그 분께 의지할 것을 요구하고 있다.

> 사 48:12부터도 마찬가지이다. 48:12에 "야곱아, 나의 부른 이스라엘아, 나를 들으라! 나는 그니, 나는 처음이요, 또 마지막이니라." 성도를 부르시는 분, 그 분이 어떤 분인가를 말해주며, 그 분께로 돌이킬 것을 촉구하고 있다. "처음이요, 또 마지막이신 분"인데, 그 분의 음성을 "들을 것"을 촉구하고 있다.

에스겔서로 넘어가자. 에스겔 24:14에 "나 여호와가 말하였은즉, 그 일이 이룰지라. 내가 돌이키지도 아니하고, 아끼지도 아니하며, 뉘우치지도 아니하며 행할지니"라고 했다.

이런 본문들을 읽으면서 우리가 유의하게 되는 것은 이런 표현들과 정면충돌하는 표현들이 성경에 드물지 않게 있다는 사실이다. 어떤 곳은 "내가 돌이키지 아니한다"고 했다가, 또 다른 곳에서는 "내가 돌이키리라"고 하시기도 하신다.

이런 경우에 문자만 따지고 문자끼리 대립시키는 사람은 '저자가 다르다'든지, 혹은 '후대의 삽입'이라든지 하는 식으로 표현한다. 그러나 그렇게 말하는 것으로는 뭔가 석연치 않다. 성경을 전체적으로 통합적으로 보지 않을 때, 자꾸 그렇게 대립시켜 버리게 된다. 성경은 대립적으로가 아니라 전체적으로 보아야 한다. 그러므로 **무엇과 관계해서** "내가 돌이키지 아니한다" 하시는가를 알아야 하는 것이다. 이 경우에는 그 분의 약속의 신실함을 가리킨다. '결국에는 내가 구원하고 만다'는 바로 그런 의미이다.

이제 말라기에 그 유명한 현이 나온다. 문자 그대로 '변치 않는다'는 표현이 나온다(말 3:6). "나 여호와는 **변역지 아니하나니**, 그러므로 야곱의 자손들아, 너희가 소멸되지 아니하느니라." '나 여호와는 변하거나 바뀌지 않는다'는 말이다. "변역(變易)"이란 말은 '절대 바뀜이 없다'는 말이다. "변역지 않는다"는 바로 거기에 근거해서 이스라엘의 존속이 보장되고 있다. 이스라엘이 유지되는 것이다.

(4) 신약 중 복음서에서

구약의 이런 표현들이 신약에 그대로 도입된다. 신약 성경이 결코 구약과 별개의 책이 아니다. 그대로 연속 속에서 보여지는데, 예를 들면, **존재의 면**에 있어서 하나님에 대해 표현되던 "나는 스스로 있는 자니라" 라는 표현들과 유사한 표현들이 예수 그리스도에게 그대로 나타난다. 요한이 우리에게 남겨준 복음서에 보면, 요한복음 8:58에, "나는 아브라함이 있기 전부터 있었다"는 표현이 있다. 또한 "나는 곧 그니라"는 표현도 있다. 요한복음 8:58을 보라. "아브라함이 나기 전부터 내가 있느니라." 8:24에도 "이러므로 내가 너희에게 말하기를 너희가 너희 죄 가운데 죽으리라 하였노라", "너희가 만일 내가 그인 줄 믿지 아니하면", "내가 그니라" 등등. 도대체 그가 누구인가? "당신이 그냐"고 물었는데, "내가 그"라고 대답했었다.

"아브라함이 나기 전부터 내가 있느니라"는 표현에서 항상 계신 그 분인 것을 알 수 있다. 만일 항상 계신 예수 그리스도다 할 때에는 이 표현이 히 13:8과도 연결되어진다. "예수 그리스도는 어제나 오늘이나 영원토록 동일하시니라". 바로 이런 표현이 있는 것이다. 그러니까 종래에 여호와 하나님께 쓰이던 칭호가 그대로 예수 그리스도에게 쓰여지고 있다는 사실에 우리가 마음을 두어야 한다.

(5) **바울서신에서**

롬 11:29에 "하나님의 은사와 부르심에는 **후회하심이 없다**"고 했다.[5] 구원도리에 있어서 하나님의 신실하심이 강조된 것이다. 이와 같은 표현은 고전 1:9에 이어 **바울서신**에 풍성하게 나타난다. 고전 1:9에 "하나님은 미쁘시다"고 했다. 어떤 하나님을 말하는가? "너희를 불러 그의 아들 예수 그리스도 우리 주로 더불어 교제케 하시는 분"이다. 미쁘시다는 표현은 '일관성이 있다', '변치 않는다'는 표현이다. "너희를 불러 우리 주 예수 그리스도로 더불어 교제케 하시는 그 분" 그 하나님은 미쁘시다는 말이다.

다음은 딛 1:2이다. 영생의 소망을 우리에게 주셨는데, 이 영생과 관계하여 "**거짓이 없는 하나님**"을 언급하고 있다. 이 영생은 거짓이 없는 하나님께서 영원 전부터 약속하신 것이라고 말한다. 하나님의 불변과 관계해서 '변치않는다', '거짓이 없다'고 했다. 이런 면에서 보면, 변하는 것은 무능이요, 거짓입니다. 변치 않는 것은 능력이요, 진실이다.

딤후 2:13에서의 표현도 마찬가지이다. "주의 미쁘심"에 대하여 말하는데, "우리는 미쁨이 없을지라도 그는 한가지로 미쁘시다"고 했다. 그 때문에 그는 그 자신을 부인할 수 없으시다고 한다. 이와 유사한 표현으로 히 6:17-18에 "하나님은 **그 뜻이 변치 않으심**을 충분히 나타내신다"고 했다. 하나님은 거짓말을 하실 수 없다는 것이다. 여기서 **불변과 진실성**을 연관시킨다. 불변은 진실이다. 그러니까 불변과 진실, 그것을 받쳐줄 수 있는 것은 그 분의 전능, 능력이다.

---

5) αμεταμελητος(형)[참조. 고후 7:8(동), 고후 7:10(형)]

(6) 계시록에서

앞서 말한 이런 표현들이 구약의 '변치 않으신다'는 표현과 무관하지 않는다. 이제 계시록에 풍성히 나오는 표현인 "처음이요 나중이라"는 표현에 대하여 생각해 보자(계 1:4,8,17, 4:8, 21:6, 22:13). 이 표현은 우리가 이미 이사야서에서 보았던 것이다(사 44:6, 48:12). 여기에서 주의해야 할 것은 같은 표현이 성부 하나님께 쓰일 때가 있고, 성자 예수님께 쓰일 때가 있다는 것이다. 구약에서 성부 하나님께 쓰여지던 칭호가 신약에서 성자 예수님께도 쓰여지는데, 두 경우에 서로 교호적으로 쓰여지고 있다는 사실에 착안해야 한다.

이제 우리가 여기서 결론을 내릴 수 있는 것은 **하나님의 불변성**이다. 어떤 면에 있어 불변성인가? 첫째로, 그 분의 **존재에 있어 불변**이다. 처음과 진행과 마지막이 같은 것이다. 변치 않으시는 것이다. 다음으로 그의 **능력에 있어 불변**이다. 그리고 그의 약속실현과 **구원의지에 있어서의 불변**이다. 시작도, 진행도, 마침도 하나님께서 하시는 구원이다.[6]

이제 약 1:17을 읽고 다음 장으로 넘어가자. 야고보는 욕심으로 말미암아 시험에 들지 말 것을 권하면서, 이 말을 하는 대목에서 하나님에 대해 이같이 말한다. "각양 좋은 은사와 온전한 선물이 다 위로부터 빛들의 아버지께로부터 내려온다"고 말했다. 빛들의 아버지에 대해 그는 다시 "그는 **변함도 없으시고**, 회전하는 그림자도 없으시다"고 했다. 즉 "변함이 없다"는 말이다. 이는 불변성이다. "회전하는 그림자도 없다"고 했다. 즉 그는 형체가 없으시다는 것이다.

2. 변화의 하나님

(인생들, 택한 백성들, 사랑의 대상자에 대한 안타까움에서의 한탄과 후회/ 용서를 위한 돌이키심/ 공의의 실현과 역사심판을 위한 돌이키심 등이 뒤섞여 나타난다.)

이제 두 번째로 **변화의 하나님**이다. 이제까지 다룬 것은 불변의 하나님에 대해서

---

6) 비교 Bavinck, "하나님은 그의 사상과 의지, 그의 모든 목적과 작정에서와 같이 그의 존재와 본체에서 불변적이시다."(박형룡, 『교의신학 신론』 101)

이다.[7)] 이제 우리에게는 좀 낯선 감이 없지 않은 **변화의 하나님**에 대하여 생각해 보고자 한다.[8)]

(1) 인생들, 택한 백성들, 사랑의 대상자에 대한 안타까움에서의 한탄과 후회

성경의 많은 부분들이 하나님의 변화 가능성에 대해 열어 놓고 있다. 이런 면을 우리가 또한 봐야 한다. 다시 삼상 15장으로 가자. 거기 11절과 35절에 하나님의 불변성에 대하여 의심케 하는 구절이 나온다. "내가 사울을 세워 왕삼은 것을 후회하노니, 그가 돌이켜서 나를 좇지 아니하며 내 명령을 이루지 아니하였음이니라"(삼상 15:11, 비교. 15:9 자기 뜻을 따라 취사선택). "사무엘이 죽는 날까지 사울을 다시 가서 보지 아니하였으니, 이는 그가 사울을 위하여 슬퍼함이었고, 여호와께서는 사울로 이스라엘왕 삼으신 것을 후회하셨더라"(삼상 15:35). 앞에서도 말하였듯이 사무엘이나 사무엘서를 기록한 선지자가 그렇게 말하면서도 전혀 모순이나 대립을 느끼지 않았다는 사실이다. 중요한 것은 이러한 표현이 사무엘 특유의 표현이 아니라는 것이다. 선지자 사무엘이 이러한 표현을 누구에게서 배웠겠는가? 모세에게서 이다.

성경에서 제일 처음으로 '하나님이 후회하신다'는 표현이 나오는 곳은 창 6:5-7이다. 거기에 "여호와께서 사람의 죄악이 세상에 관영함과 그 마음의 생각의 모든 계획이 항상 악할 뿐임을 보시고, 땅위에 사람 지으셨음을 **한탄하사**"라고 되어 있다.[9)] 물론 신인동형동성적인 그런 표현들이 있다.[10)] 그러나 하나님이 당신의 마음을 사람의 마음 상태로 유비해서 말했다고 할지라도 여전히 남는 것은 무엇인가?

---

7) 과정신학을 주장하는 존 캅과 데이비드 그리핀은 자기들이 비록 신 또는 하나님이란 용어를 쓰고 있긴 하지만 종래에 통용되어 오던 다음과 같은 실재를 가리키는 것은 아니라고 굳이 밝히고 있다. 1. 우주적 도덕가로서의 신, 2. 불변하며 무감각한 절대자로서의 신, 3. 통제적 힘으로서의 신, 4. 현상의 묵인자로서의 신, 5. 남성으로서의 신(존 캅, 데이비드 그리핀 공저, 『과정신학』 13-15).

8) 과정신학자들이 말하는 것과는 다르다. 그들은 종래에 하나님이라고 불리어왔던 실재와는 "하나의 다른 실재"에 대하여 말하고 있다(같은 책, 13).

9) נחם(niph.) 동사를 쓰고 있다. 구약 전체에서 37회가 나오는데, 그 중 24회는 하나님의 후회하심 또는 용서를 위한 돌이키심 등을 표현하는 데 쓰이고 있다(Lisowsky, *Konkordanz zum Hebraeischen Alten Testament*, S.918). 비교. 느 13:2에서는 "우리 하나님이 그 저주를 돌이켜"라고 말할 때에 נחם 를 쓰고 있다.

10) 박형룡은 "신인동형동성적인 표현"이라고만 말하고 더 이상 그 내용을 살피지 않았다(박형룡, 『교의신학 신론』 103).

하나님의 후회하심이다. 그 분의 탄식이다.[11)]

이런 표현이 여기 한 군데만 나오는가? 아니다. 소돔과 고모라의 심판과 관계해서 또 나온다. 앞에서 본대로 사울 왕과 관계해서도 나온다. 이렇게 볼 때, 우리 하나님은 후회도 하시고, 탄식도 하시고, 근심도 하시는 것을 알 수 있다. 하나님이 신이라 하시더라도, 그 말이 하나님께서는 아무런 후회도 안하시고, 전혀 변화의 가능성도 없으시고, 그저 꽉 짜여 진 대로 척척 진행하시는 분이란 뜻은 아니다.

성경이 우리에게 보여주는 하나님은 참으로 다정다감하신 분이다. 섭섭해도 하시고, 안타까워도 하시고, 마구 화를 내셨다가 참으시기도 하시는 그런 분이다. 그것을 우리가 보아야 한다. 그냥 하나님은 이런 분이라고 상상하지만 말고, 하나님이 과연 어떤 분이신지를 구체적으로 살펴봐야 한다는 말이다. '나는 변치 않는다', '나는 후회치 않는다' 하시고는, 어떤 곳에서는 마구 후회도 하시는 것을 볼 수 있다. 성경에서는 '후회한다'는 표현이 '후회치 않는다'는 표현보다 먼저 나온다. 사무엘상 15장에서 쓰인 동사도 창세기에서와 똑 같은 동사이다.[12)] 사울을 왕 삼으신 것을 처음에는 기뻐하셨을지라도 나중에는 후회한다고 했다(삼상 15:11, 35).

선지자는 하나님의 연약하심을 위와 같이 그려놓고 있으면서도, 하나님의 성품에 대하여 다음과 같이 선언하고 있다. "이스라엘의 지존자는 거짓이나 변개함이 없으시니, 그는 사람이 아니시므로 결코 변개치 않으심이니이다"(삼상 15:29. 참조, 민 23:19. 비교, 겔 24:14).

우리는 여기서 일단 선을 분명히 할 필요가 있다. "후회하셨다"는 표현을 앞뒤로 쓰면서도, 굳이 "거짓이나 변개함이 없으시다"고 하시는 의도가 무엇이냐 하는 것이다. 그의 후회하심, 그의 한탄하심, 그의 연약한 모습은 사랑 때문에 하는 후회, 한탄이라는 것이다. 그러나 그는 결코 자신의 유익이나 불리함 때문에 거짓이나 변개하는 법은 없으시다.

---

11) 박형룡의 조직신학 신론에서도 이런 구절들을 하나님의 불변성에 대하여 "오해를 일으킬 소지가 있는 것"으로 언급하고 있다. 그런데 그가 굳이 "오해를 일으킬 소지가 있다"는 식으로 표현한 것은 성경을 본문 그대로 관찰하지 않고, 신의 불변성이란 전제를 가지고 보기 때문이다(102-103). 바빙크도 이런 구절들을 잘 알고 있었지만 그의 관심이 이미 불변성에 있었기 때문에 "이 모든 것에도 불구하고"라는 정도로 언급하고 지나쳤다(바빙크, 『개혁주의 신론』 213).

12) נחם(niph.)을 쓰고 있다.

위의 두 경우에 공통적으로 하나님의 탄식은 무엇에 대한 것인가? 사람의 죄악에 대한 것이다. 사람의 죄로 말미암아 일그러진 현실에 대한 탄식이다. 인생들, 택한 백성들, 사랑의 대상자에 대한 안타까움에서의 한탄과 후회이다. 이러한 후회와 탄식 때문에 하나님의 연약함이 보이게 된다 하더라도 하나님께서는 탄식하시고 후회하신다.

(2) **용서를 위한 돌이키심**

다음으로 살펴 볼 것은 용서를 위한 하나님의 돌이키심에 대한 것이다. 먼저 출 32:7-14을 보자. 여기서 모세는 이스라엘이 금송아지를 만든 일로 대노하시는 하나님 앞에서 이스라엘을 위한 중보기도를 드리고 있다. 이스라엘의 허물에 대하여 하나님의 진노와 심판이 선언되었을 때에 모세는 "뜻을 돌이키사… 화를 내리지 마시도록" 간구하였고, 하나님께서는 그 뜻을 돌이키사 용서하셨다. 하나님의 진노와 심판이 이미 선언되었으면 그것으로 그만이지 어떻게 달리 왈가왈부할 수 있는 것인가? 그런데도 모세는 어떻게 이런 식으로 하나님께 간구할 수 있었는가? 이런 자세를 누구에게서 배운 것인가? 바로 아브라함에게서 배운 것이다.

창 18:22-33을 보자. 모세가 기록한 창세기를 통해 우리는 아브라함이 이미 이러한 하나님에 대하여 잘 알고 있었다는 것을 볼 수 있다. 만약 그렇지 않다면 이런 기도가 어떻게 가능하겠는가? 하나님의 변화가능성을 알지 못했다면 아브라함에게서 이런 기도는 나올 수 없는 것이다. 한번 선포한 것으로 끝일 터인데 무얼 또 해 보겠다는 것인가? 그런데 아브라함의 이런 태도는 무엇에 근거한 것이냐 하는 것이다. 그는 하나님의 법정에서 이미 선포되었을지라도 하나님이시기 때문에 하나님께만 있을 수 있는 그 여유를 알았던 것이다.

아브라함은 하나님을 친근히 알았다. '하나님의 친구'라고 불릴 정도로 친근히 하나님을 알았다(대하 20:7; 사 41:8; 약 2:23). "주의 벗 아브라함"이라고 했다. 우리가 이런 구절을 읽고도 하나님을 친근하게 알지 못하면 그것은 우리의 책임이다. 이제 본문에 보면 소돔과 고모라에 대한 심판이 선고된다. 이때 아브라함이 하나님 앞에 섭니다. 22절에 "아브라함이 여호와 앞에 그대로 섰다"고 했다. 이제 아브라함의 그 유명한 중보기도가 나온다. 몇 번이나 반복해서 기도하는가? 6번이다.

6회나 반복해서 그 자리에서 수정하고 또 수정한다. 어떻게 그럴 수가 있는가? 아브라함은 이렇게 할 수 있을 정도로 친밀하신 하나님을 알고 있는 것이다. 하나님은 6번이나 변하신 것이다. 처음에는 5명씩 내려오다가 나중에는 10명씩 한꺼번에 내린다.

여기서 우리는 하나님의 관심이 어디 있는가를 봐야 한다. 앞에서 '불변하는 하나님'이다 할 때, 그 강조점이 어디에 있고, 지금 '변하시는 하나님'이라 할 때, 그 강조점이 어디에 있는가를 알아야 한다. 하나님께서도 변하신다니? 무엇을 위해서? 구원을 위해서. 용서를 위해서. 그래서 이처럼 '변화의 하나님'이라고 말할 때에는 '용서하시는 하나님'으로 특징 지워지는 것이다.

이제 이런 관점에서 보면 성경의 많은 부분이 하나님의 이런 모습을 우리에게 알려 주고 있다는 것을 깨닫게 된다. 민 14:20을 보자. 여기서 모세의 경우도 마찬가지이다. 앞에서 아브라함도 그러했듯이. 모세의 경우를 보라. 하나님께서 지금 노발대발하신다. 노발대발해서는 다 죽여 버리겠다고 하신다. 그도 그럴 것이 홍해도 가르고 여러 가지 이적을 통해서 호렙산에서 여기 가데스바네아까지 열하루 만에 딱 맞게 도착시켜 놓으니까, 바로 목적지 입구인 가나안을 치고 들어갈 국경 부근에서 하나님을 불신하였던 것이다. 믿음으로 그냥 전진해 버리면 되는데, 한번 갔다 와야 되겠다고 그러는 것이다. 그래서 허락해 주니까 갔다 와서는 소란을 피운다. 난리가 난 것이다. 홍해를 한번 건너보고 건넜는가? 아니다. 가라면 가면 되는 것이지 무얼 갔다 오는가? 역사적인 이 순간에 서서 일을 신중하게 하기 위해서 한번 갔다 오겠다는 것은 도대체 무엇인가? 온 백성이 감사하고 감격하고 마지막 결전의 때를 위해 성별하고 이제 금식하면서 기다려야 할 중요한 때에, 원망하고 불평하고 탄식하고 모세를 향해 반항할 때에, 하나님께서는 희망 없는 백성이라고 다 쓸어버리겠다고 하신 것이다(11, 12).

이런 상황이면 대개는 말도 못 붙일 터인데, 그냥 눈치만 보고 있어야 할 텐데, 모세는 어떠했는가? 대노하신 하나님께 말을 붙이는 것이다. 그러니까 모세는 알고 있는 것이다. 이렇게 노하시는 중에도 하나님의 마음에는 여유가 있으시다는 것을 아는 것이다. 13절부터 보라. "모세가 여호와께 여짜오되, 애굽인 중에서 주의 능력으로 이 백성을 인도하여 내셨습니다. 이제 만약 하나님께서 이 백성을 쓸어버리시면 하나님 당신의 이름에 해가 되지 않겠습니까?" 이렇게 막 밀고 들어가는 것이다. 요지는 무엇인가? 당신의 이름도 이름이지만 용서해 달라는 것 아닌가? 그렇다. 그러나 명분을 이렇게 세운다.

먼저 서론을 길게 내세우는 것은 하나님께서 굉장히 노하셨기 때문에 곧 바로 말하지 않은 것이다. 서론을 말하고 나서, 17절에 보면 "이미 말씀하신대로 주의 큰 권능을 나타내옵소서." 나타내시는데 죽이는 것으로 나타내지 마시고, 용서하시고 결국에는 당신의 구원의 뜻을 이루는 것으로 나타내시라고 하는 것이다. 이미 하나님께서 말씀하신 계명을 모세는 달리 해석하는 것이다. 그렇다. 죄를 삼사 대까지 벌한다 하셨기 때문에 벌해야 마땅하지만, 은혜를 천대까지 베푼다 하지 않으셨습니까 하는 것이다. 은혜를 말이다. "주의 인자의 광대하심을 따라 이 백성의 죄악을 사하시되." 지금까지도 용서하셨는데 한 번 더 용서해 달라고 하는 것이다. 20절에 하나님께서 뭐라고 하시는가? "내가 네 말대로 사하노라"고 하신다. 사랑하는 관계에서는 자존심이 필요 없는 것이다. 서로 대적하는 관계이면 자존심을 내세우는 것이다. 그러나 사랑하는 관계에서는 금방 용서를 빌고 용서해 주는 것이 이치이다. 하나님의 모습이 그와 같다. 아무런 자존심도 없으시고 용서의 간구를 바로 들어주신다. 민수기에서 보이신 하나님의 모습이다. 과연 모세가 안 하나님은 '사하시는' 하나님이었다.

민 14:20의 사건을 기억해서 시 106:23에는 이런 표현이 나온다. "여호와께서 저희를 멸하려 하셨으나, 그 택하신 모세가 그 결렬된 중에 (즉 다 깨어진 중에) 그 분 앞에 서서, 그 노를 돌이켜 멸하시지 않게 하셨도다"고 했다. 이것은 두고두고 이스라엘에 있어서 노래가 되어 불렸다.

어떻게 보면 하나님의 용서하심 때문에 하나님이 하나님답지 않게 보이고, 모든 일에 대한 계획에 있어서 차질이 나는 듯이 보이기도 한다. 비록 그리하여도 그 분의 관심은 사람에게 있다. 마치 "네게 유익이 된다면 … 일은 엉망이 되어도 좋다"고 하시는 것처럼 보인다.

신 30:2을 보라. 여기에는 성도의 회개와 관계하여 마음을 돌이키시는 하나님의 모습이 기록되어 있다. 1절부터 보면, "내가 네게 진술한 모든 복과 저주가 네게 임하므로"라고 되어 있다. 복도 임하고 저주도 임한다고 했다. 그 위에 하나님이 계신다고 한다. 복은 하나님께서, 저주는 사탄이 준다고 한다면 이원론에 빠지고 말 것이다. 복도 하나님으로부터, 저주도 하나님으로부터 오는 것이다. "네가 네 하나님 여호와께 쫓겨 간 모든 나라 가운데서 이 일이 마음에 기억나거든, 너와 네 자손이 네 하나님 여호와께로 돌아와"라고 말씀하시면서, 그 다음에는 "순종하면…"이라고 했다. "돌아와 순종하면." 3절에 "**네 하나님 여호와께서 마음을 돌이키시고**"라고 했다.

우리 하나님은 마음이 굳은 분이 아니시다. 적어도 당신의 백성과 관계해서는 자존심이 없으시다. 체면도 없으신 분이다. 그 분이 완고하신 것 같은 그 면을 그 분의 사랑이 포용하고 있다.

"마음을 돌이키시고"라고 했다. "너를 긍휼히 여기사" 내가 돌아선다고 했다. "포로 된 자를 돌리시고, 이끄신다"고 하셨다. 막 쫓아냈다가도 되돌리신다. 왜 쫓아내시는가? 그들의 시선과 그들의 마음이 돌아오기를 기다리시고 또 기다리시고, 쫓아내시면서도 또 기다리시는 것이다. 돌아오는가만 열렬히 기다리신다.

시 86:5을 보라. 이 구절은 다윗의 기도이다. 앞에서 아브라함 이야기를 했다. 그 다음 모세였다. 이제 다윗이다. 다윗은 바로 이런 하나님을 알았던 것이다. 여기 1-4절에 나오는 것은 자기의 영적 상태이다. 자신의 현재 처지이다. 곤고하고 궁핍한 자의 모습이다. 오직 하나님의 은혜로만 사는 자이다. 하나님께 의지해서 겨우 겨우 살아가고 있다. 이제 그가 부르짖는다. 5절에 "주는 선하사 **사유하기를 즐기시며**"라고 했다. 사유란 무엇인가? 용서하시는 것이다. 용서하기를 즐긴다는 말이다. 용서하신다는 말은 벌을 내리시다가도 그 벌을 거두시는 것을 말하는 것이다. 하나님께서는 그의 자녀들이 용서를 간구하는 것을 간절히 기다리고 또 기다리고 계신다. 안타까이 자식을 바라보는 부모의 심정과 같이 하나님께서는 우리를 바라보시고 계신다. 그래서 용서하기를 즐겨하시는 것이다. 마치 죽을병에 걸린 자식의 회복을 바라며 병상 곁에서 기다리는 부모처럼 그렇게 하신다. 주께서는 그의 자녀들에게 이같이 관심을 갖고 계신다. 주께서는 사람 그 자체의 회복을 기뻐하신다. "주는 사유하기를 즐기신다"고 했다. 너만 돌아서면 하루에 열두 번이라도 더 변하실 수 있다고 말씀하시는 듯이 보인다. 너와 관계해서는 나는 자존심이 없다고 하신다. 내 백성과 관계해서는 나의 전부를 줄 수 있다는 말씀이다.

이 다윗에게서 하나님을 배운 솔로몬 또한 하나님의 이런 면을 이미 잘 알고 있었다. 성전을 완공하고 나서 그가 드린 기도를 보면 '용서하시는' 주 하나님에 대하여 누차 언급하고 있다(왕상 8:30, 34, 36, 39, 50).

이런 하나님의 모습이 시 78:38과 시 85장에도 나온다. 이것은 고라 자손들이 그 자신들의 체험 속에서 하나님의 용서를 경험하고 그렇게 기도한 것이다. 옛 성도들은 바로 이런 하나님을 알고 있었던 것이다.

이제 선지서로 가서 욜 2:12-14을 보자. 선지자 요엘은 하나님의 연약하신 모습과 그의 성품과의 관계에 대하여 잘 말해 주고 있다. 하나님의 역사심판에 대한 예고가 있고, 12절에 "여호와의 말씀에 너희는 이제라도 금식하고 울며 애통하고 마음을 다하여 네 하나님 여호와께로 돌아오라. 너희는 옷을 찢지 말고 마음을 찢고, 너희 하나님 여호와께로 돌아올찌니라. 그는 은혜로우시며, 자비로우시며, 노하기를 더디하시며, 은혜가 크시사 **뜻을 돌이켜** 재앙을 내리지 아니하시리니"라고 했다. 여기에 "**뜻을 돌이켜**"라고 했다. 뜻을 돌이키시는 하나님이시다. 14절에 "주께서 혹시 마음과 뜻을 돌이키시고"라고 했다. 그 뒤에 번역이 조금 이상한 부분이 나오는데, "그 뒤에 복을 끼치사 너희 하나님 여호와께 번제와 소제와 전제를 드리게 하지 아니하실른지 누가 알겠느냐?" 그렇게 되어 있다. "하지 아니하실른지" 이렇게 번역하니까 좀 이상하다. 쉽게 "드리게 하실른지 누가 알겠느냐?" 하는 것이 더 쉽다. 여하튼 13-14절에 보면, 그 분이 마음과 뜻을 돌이키신다는 표현을 볼 수 있다. 그것이 무슨 뜻인가? **용서와 관계해서** 뜻을 돌이키시는 것이다. 우리는 여기서 요엘 선지자가 하나님의 이러한 성품에 대하여 이미 잘 알고 있었던 것을 분명히 볼 수 있다. 그가 하나님의 이러한 성품을 어디서 알았겠는가? 모세가 기록으로 남겨 준 출 32:7-14이 그 결정적인 역할을 하였을 것이다. 그는 여기서 출 34:6을 정확히 인용하고 있다. 출 34:6은 모세가 두 번째 돌판을 가지고 섰을 때에 하나님께서 자신을 계시하신 부분인데, "여호와로라, 여호와로라! 자비롭고, 은혜롭고, 노하기를 더디하고, 인자와 진실이 많은 하나님"이라고 기록되어 있다. 여기서 우리가 알 수 있는 것도 그 백성을 사랑하시는 사랑 때문에 보이시는 하나님의 연약한 모습이다.

선지자 요나 또한 하나님의 이런 면을 생생히 경험하였다. 니느웨 왕과 백성들이 하나님의 긍휼을 기대하면서 전적으로 회개하자, "하나님이 그들의 행한 것 곧 그 악한 길에서 돌이켜 떠난 것을 감찰하시고, 뜻을 돌이키사 그들에게 내리리라 말씀하신 재앙을 내리지 아니"하셨다고 기록하고 있다(욘 3:10, 참조 3:9, 4:2).

선지자 아모스의 경우에는 이스라엘에 대한 임박한 진노를 환상으로 보이셨지만, 그에 대하여 뜻을 돌이키신 경우를 언급하고 있다(7:3, 6). 그 경우에 있어서도 선지자는 이전에 모세가 그러하였듯이 하나님의 긍휼하심을 간구하였다. "여호와여, 청컨대 사하소서! 야곱이 미약하오니 어떻게 서리이까?"(7:2) "여호와여, 청컨대 그치소서! 야곱이 미약하오니 어떻게 서리이까?"(7:5)

선지자 예레미야도 망국의 위기에 처한 유다 백성들에게 "뜻을 돌이키시는 하나님"에 대하여 말하고 있다. 이사야서에서 하나님의 불변하심이 강조되었던 것에 비하여 예레미야서에서는 하나님의 변하심이 강조되고 있다(15:6; 18:8,10; 26:3; 13,19).[13] 특히 15:6에는 하나님께서 얼마나 많이 그 뜻을 돌이키셨던지 "내가 뜻을 돌이키기에 염증이 났다"고 기록되어 있다. 굳이 "뜻을 돌이킨다"는 표현을 쓰지 않더라도 같은 맥락의 내용은 얼마든지 볼 수 있다(렘 5:1 "내가 이 성을 용서하리라."). 그는 하나님의 이런 면을 잘 아는 선지자였다. 특히 26:19 같은 경우는 이전 히스기야 왕 때에 선지자 미가와 관계하여 있었던 사건을 기억하여 말하고 있다(참조. 대하 32:26). 이러한 표현들은 선지자들이 모세의 율법서를 이미 잘 알고 있었다는 것을 분명히 증거하고 있다.

(3) 공의의 실현과 역사심판을 위한 돌이키심

우리는 여기서 전혀 다른 방향에로의 하나님의 변하심에 대하여서도 말하지 않을 수 없다. 즉 공의를 세우기 위한 하나님의 돌이키심에 대한 것이다. 하나님께서 그 공의를 세우기 위해서, 역사심판을 위해서, 축복을 하셨다가도 뜻을 돌이켜 저주를 쏟아 붓는 그런 경우도 성경은 제외하지 않고 있다. 항상 양쪽을 다 보아야 한다. 복을 내리시고 약속을 하셨다가도 확 변하셔서 화를 퍼 붓는 그런 모습이다. 이런 모습은 왜 그런가 하면 사람의 죄 때문이다. 죄 문제와 관계된 공의를 실현하심에 있어서는 하나님은 급변하신다. 수 24:20을 보자. 여호수아가 이제 그 백성을

13) 18:20에서는 שׁוב 동사의 hiph.형을 쓰고 있다("주의 분노를 그들에게서 돌이키려 하고").

떠나기 전에 그 백성을 향해 하나님 섬기는 법을 가르친다. "만일 너희가 여호와를 버리고 이방신들을 섬기면, 너희에게 복을 내리신 후에라도 돌이켜"[14]라고 말했다. 여기에 "돌이켜"라고 했다. 확 돌아서는 것을 가리킨다. "우리를 멸하신다"고 했다.

이런 표현은 23:15-16에도 나온다. "너희 하나님 여호와께서 너희에게 명하신 이 모든 선한 일이 너희에게 임한 것 같이, 여호와께서 너희에게 말씀하신 모든 불길한 일도 너희에게 임하게 하실 것이라"고 했다. 선한 일도, 불길한 일도. 이것이 무엇을 가리키는가? 변화 가능한 기로이다. 그렇다. 선한 일과 불길한 일 사이의 변화 가능성이다.

Ⅲ. 닫는 말

우리는 하나님의 속성 중 '불변성'에 그 촛점을 맞추어 '불변의 하나님, 변화의 하나님'이란 주제로 생각해 보았다. 우리 하나님은 불변의 하나님이시다. 그 분의 존재에 있어서, 능력에 있어서, 약속실현과 구원의지에 있어서 그러하다. 그러나 우리 하나님은 동시에 변화의 하나님이시다. 인생들, 택한 백성들, 사랑의 대상자들에 대한 안타까움에서 때로 한탄하시고 후회하시는 분이시다. 뿐만 아니라, 용서를 위하여 그 선언하신 뜻을 돌이키기도 하는 분이시며, 때로는 공의와 역사심판을 위하여 전혀 반대의 방향으로 돌이키기도 하는 분이다. 강하신 하나님께서 그 백성에 대한 사랑 때문에 연약한 모습을 보이신다. 사랑 때문에 변하시지만 자신의 이로움이나 불리함 때문에는 그 약속을 어기거나 변치 않으신다. 그 뜻하신 바를 온전히 성취하시는 데서 우리는 하나님의 하나님다우심을 볼 수 있다. 그러면서도 사랑 때문에 그 뜻하신 바를 돌이키시는 데서 우리는 더욱 하나님의 하나님다우심을 보게 된다.

처음에 제기했던 논지로 되돌아가면, 하나님의 속성과 관계하여 '불변'이란 표현,

14) 비교. 욥 30:21과 사 63:10에서는 שׁוב(niph.)을 쓰고 있다. 행 7:42에서 스데반은 구약의 이런 표현들을 받아서 "하나님이 돌이키사 저희를 그 하늘의 군대 섬기는 일에 버려 두셨다"고 했다(στρεφω를 씀).

'변화'라는 표현도 쓸 수 있으나, 만약 누가 하나님의 존재나 그의 능력이나 약속실현과 구원의지와 관계하여 '변화'를 말한다면, 그것은 철학적이며 사색적인 어떤 전제와는 맞을지 모르나 성경과는 맞지 않는 주장이다. 마찬가지로 인생들의 죄, 그들에 대한 용서, 그들 가운데 시행되는 공의와 역사심판과 관계하여 하나님의 '불변'을 말한다면, 그 역시 나름대로의 어떤 신앙적 전제와는 맞을지 모르나 성경과는 맞지 않는 주장이다. 우리로서는 성경에 어떤 표현이 나온다 해서 문맥과 상관없이 그 용어를 고집해서는 안 될 것이다. 성경에 나오는 표현이라 해도 어떤 문맥에서 나오는 표현인지를 잘 살펴서 우리의 신앙지식에 균형을 이루는 것이 참으로 중요하다고 하겠다.

참고문헌

Bavinck, H. *Gereformeerde Dogmatiek*, 1918. 『개혁주의 신론』 이승구 역. 서울: 기독교문서선교회, 1988.

Bavinck, H. *Magnalia Dei: A Survey of Christian Doctrine*, 1907. 『하나님의 큰 일』 김영규역. 서울: 기독교문서선교회, 1984.

Berkhof, L. *Manual of Christian Doctrine: A Compendium of the Author's Systematic Theology*. 『기독교 신학개론』 신복윤 역. 서울: 성광문화사, 1974.

Cobb, John B. Jr., and David Ray Griffin, *Process Theology: An Introductory Exposition.* Philadelphia: Westminster, 1976. 『과정신학』 류기종 역. 서울: 열림, 1993.

Hodge, A.A. *Outlines of Theology*. 『하지조직신학(요약)』 고영민 역. 서울: 기독교문사, 1981.

Lisowsky, *Konkordanz zum Hebraeischen Alten Testament*, Stuttgart, 1957.

Livingston, J.C. Modern, *Christian Thought: From the Enlightenment to Vatican II*. New York: Macmillan, 1971.

박형룡. 『교의신학 신론』 서울: 한국 기독교 교육 연구원, 1983.

조성노 편, 『최근 신학 개관』 서울: 현대신학연구소, 1993.

기도에 대한 에드먼드 클라우니의 성경신학적 이해와 평가

허 주
(아세아연합신학대학교, 신약학)

I. 들어가는 말

이 글은 미국 필라델피아에 소재한 웨스트민스터 신학교에서 32년 동안 실천신학 교수(1952-1984) 및 16년 동안 총장(1966-1982)으로 사역했던 에드먼드 클라우니(Edmund P. Clowney)의 신학을 조명하는데 있어 그가 우리에게 남긴 "기도"에 대한 논문을 소개하고 평가하는데 목적이 있다. 필자가 특히 이 논문을 소개하고자 하는 것은 간접적 이유에서 오늘날 목회자와 성도들의 삶에 있어 필수적이요 특권이라 할 수 있는 "기도/기도생활"의 원리와 실제가 성경적으로 바르게 또는 온전히 적용되지 못하는 안타까움 때문이다. 이 글을 쓰는 좀 더 직접적인 이유는 제17차 한국성경신학회의 주제인 "Edmund P. Clowney 신학과 설교"를 조명하는데 있어 그의 기도에 대한 논문이 매우 적절하고 효과적인 의미가 있다고 생각되었다. 왜냐하면 이 논문에는 클라우니의 신학을 이해하는데 있어 결정적 준거 틀인 개혁파 성경신학적 관점이 "기도"라고 하는 하나의 주제에 어떻게 적용되고 있는지를 분석하고 평가하는데 좋은 자료가 되기 때문이다. 따라서 필자는 이 글을 통해 클라우니가 제시하는 기도에 대한 논의를 소개하고 분석-평가함으로써 기도에 대한 성경신학적 이해에 도움을 주고자 한다. 그리고 그의 글과 생애에 대한 짧은 배경을 토대로 오늘 우리에게 주는 메시지를 단편적이나마 제안해 보고자 한다.

이제 그의 논문을 관찰하기에 앞서 클라우니에 대한 학문-사역적 배경을 먼저 간단히 살펴보자.

Ⅱ. 에드먼드 클라우니(1917-2005)에 대한 짧은 소개[1)]

클라우니는 1917년 7월 30일 필라델피아에서 출생하여, 휘튼 대학(B.A., 1939년)을 졸업하고 웨스트민스터 신학교(Th.B., 1942년)와 예일 대학교 신학부(S.T.M., 1944년)에서 신학을 공부하였으며 정통장로교회(Orthodox Presbyterian Church)에서 목사안수를 받았다. 여러 해 목회사역을 한 후에 1952년에 웨스트민스터 신학교에 부임하여 32년간 실천신학교수와 총장으로 수고하였으며 2005년 3월 20일 그의 나이 87세로 하나님의 부름을 받았다.

클라우니는 열정적인 하나님의 사람으로 예수 그리스도와 그분의 말씀과 그분의 교회의 헌신된 종이었다. 특히 그는 자신의 생애 동안 피스메이커 역할을 잘 감당했으며 비전이 넘치는 지도자로 기억된다. 그는 늘 하나님 나라에 비전속에서 하나님의 기관들이 설립되고 운영되는데 큰 기여를 아끼지 않았다.

그러나 그를 아는 사람들은 무엇보다 클라우니를 떠올릴 때마다 그가 하나님께로부터 위대한 은사를 받은 한 사람의 설교자, 특히 그 세대 가운데 구속사적 설교에 있어 탁월한 실천가였다는 사실을 기억할 것이다. 그는 자신의 설교에 있어 구속사의 흐름을 포착하는데 빼어난 능력을 소유했으며, 이 구속사(救援 啓示 歷史) 안에 나타난 인물들과 사건들이 예수 그리스도 안에서 어떻게 성취되어 하나님의 영광을 드러내고 있는지 하나님의 회중들에게 잘 설명해 주었다. 이로 인해 그의 말씀을 받은 성도들은 더욱 구세주 되신 예수 그리스도를 사랑하고 경배하게 되었다.

이와 같이 클라우니가 남긴 작품은 한결 같이 성경전서에 계시되었을 뿐 아니라 오늘날에도 그 분의 몸 된 교회를 위해 여전히 활동하시는 예수 그리스도의 임재에

---

1) 아래에 대한 소개는 2005년 5월 클라우니의 죽음을 애도하면서 Westminster Theological Seminary의 공식 홈페이지(http://wts.edu)에서 그에 대해 소개한 글에 기초한 것이다.

초점을 맞추고 있다. 그의 단행본 저서는 다음과 같다:

1961 *Preaching and Biblical Theology* (Grand Rapids: Eerdmans)

1964 *Called to the Ministry* (Phillipsburg: Presbyterian and Reformed Publishing Co.)

1969 *Doctrine of the Church* (Philadelphia: Presbyterian and Reformed Publishing Co.)

1979 *Christian Meditation* (Nutley: Craig Press)

1988 *The Unfolding Mystery: Discovering Christ in the Old Testament* (Colorado Springs, NavPress)

1988 *The Message of 1 Peter: The Way of the Cross* (Leicester: IVP)

1995 *The Church* (Downers Grove: IVP)

2003 *Preaching Christ in all of Scripture* (Wheaton: CrosswayBooks)

이중 몇 권은 다른 나라 언어들로 번역되어 하나님의 우주적 교회를 섬기는 역할을 감당하고 있다. 그의 마지막 유작은 그의 죽임 직전 출판사에 원고를 넘긴 『예수와 십계명』(*How Christ Transforms the Ten Commandments*)이 될 전망이다. 단행본과 함께 남긴 학술적 논문들 이외에도 클라우니는 *Christianity Today*와 *Tabletalk*과 같은 기독교 잡지에 고정적 원고를 집필하였으며[2], 북미를 중심으로 많은 신학교와 교회에 초청되어 주옥같은 특강과 설교를 후학들에게 남겼다.[3]

---

2) *Christianity Today*에 기고한 일련의 원고가 *Eutychus and His Pin* (Grand Rapids: Eerdmans, 1960)으로 출간되었다.

3) 클라우니가 1984년 Scotland의 수도 Edinburgh에 소재한 Rutherford House에서 행한 시리즈 강연의 제목을 보더라도 그의 주된 관심이 성경 속에 계시된 그리스도임을 쉽게 알 수 있다: "The Old and New in Christ", "Christ in the Old Testament History of Redemption", "Christ in the Wisdom Literature". 이외에도 그가 행한 강연의 제목들도 참조하라: "Jesus Christ and the Lostness of Man" (1973), "The Body of Christ" (1975), "Unchanging Christ", (1979), "The Church of Christ His Assembly"(1979), "The People of God in the World" (1979), "Biblical Theology and Metaphor in Preaching" (1983), "Preaching the Christ of the Gospels" (1983), "Christ in the Old Testament" (1988). 이 강연들을 포함한 그의 다른 특강/설교들이 Westminster Theological Seminary 도서관에 카세트 테이프로 소장되어 있다.

Ⅲ. 기도에 대한 한편의 "성경신학적 이해" 읽기

클라우니가 발표한 논문 "A Biblical Theology of Prayer"(기도에 대한 성경신학적 이해)는 세계복음주의협의회(World Evangelical Fellowship)의 신학위원회(Theological Commission) 산하 "신앙과 교회 연구분과"(Faith and Church Study Unity)에 의해 공동 연구된 작업들[4] 중 하나로 D. A. Carson이 편집한 *Teach Us To Pray*에 실린 글이다.[5] 이 책은 모두 20편의 논문들이 "기도"라는 주제에 초점을 맞추어 네 가지 영역 아래 편성되어 있다: 제 1부 기도에 대한 성경신학, 제 2부 기도와 영성, 제 3부 세계 교회로부터 얻는 기도에 대한 교훈들, 제 4부 기도에 대한 도전이며 클라우니의 논문은 제 1부에 속한 7편의 글들 중 마지막 논문으로 소개되어 있다.

---

4) 세계복음주의협의회의 신학위원회에서 발표한 연구서 중 대표적인 것은 *Biblical Interpretation and the Church: Text and Context*(Grand Rapids/Exeter: Baker/Paternoster, 1984) *The Church in the Bible and the World: An International Study* (Exeter/Grand Rapids: Paternoster/Baker, 1987) *Right with God: Justification in the Bible and the World* (Carlisle: Paternoster Press, 1992); *Worship: Adoration and Action* (Grand Rapids: Baker, 1993)이다.

5) D. A. Carson, *Teach Us To Pray: Prayer in the Bible and the World*(Grand Rapids: Baker, 1990), 136-173. 클라우니는 국내에서 최근 번역 출간된 『IVP 성경신학사전』 (데스몬드 알렉산더, 브라이언 로즈너 편집 서울: IVP, 2004)의 "기도" 주제의 기고자이기도 한데, 이 글은 1990년 글에 대한 요약임에도 너무 축약된 관계(595-603)로 원래 논지에 대한 이해에 아쉬움을 주고 있다.

1. 기도에 관한 클라우니 논문에 대한 목차 내용

---

1. 인격적 하나님과 대화하는 기도 (136 143)
1.1. 인격적으로 계시된 하나님의 영광
1.1.1. 그분의 일하심 가운데
1.1.2. 그분의 이름 가운데
1.1.3. 그분의 임재 가운데
1.2. 인격적으로 나타나는 기도의 응답
1.2.1. 하나님의 형상을 입은 사람들에 의한 기도
1.2.2. 전인적 인격체에 의한 기도
1.3. 효과적으로 나타나는 기도의 응답

2. 언약적 하나님과 대화하는 기도 (143 155)
2.1. 언약적 유대관계 안에 있는 기도
2.1.1. 하나님의 언약에 기반을 둔기도
2.1.2. 언약관계에 호소하는 기도
2.1.3. 기도와 언약적 예배의 의식
2.1.4. 언약 공동체 안에 있는 기도
2.2. 하나님의 언약적 주권 안에 있는 기도
2.2.1. 참된 예배를 향한 하나님의 열심
2.2.2. 우리 주님을 향한 우리의 열심
2.2.2.1. 하나님 뜻에 따른 순종
2.2.2.2. 용서와 고백
2.2.2.3. 간구
2.2.2.4. 감사, 찬양 그리고 소망
2.3. 갱신된 언약을 통해 회복되는 기도

3. 삼위일체 하나님과 대화하는 기도 (156 173)
3.1. 그리스도 안에서 갱신되고 완성된 기도
3.1.1. 신실하게 남은 자들에 의한 간구의 성취
3.1.2. 그리스도 안의 성취로 새로워진 기도
3.1.2.1. 주 되신 그리스도께서 받으시는 기도
3.1.2.2. 종 되신 그리스도께서 드리시는 기도
3.1.3. 그리스도의 가르침으로 갱신된 기도
3.1.3.1. 아버지께 드리는 기도
3.1.3.2. 신뢰의 기도
3.1.3.3. 예수님의 이름으로 드리는 기도
3.1.4. 중보자 되신 그리스도의 기도
3.1.4.1. 예표된 중보자
3.1.4.2. 그리스도의 중보적 직분

3.1.4.3. 그리스도의 중보적 희생
3.1.4.4. 그리스도의 중보적 사역
3.2. 성령 안에서 드리는 기도
3.2.1. 성령의 임재
3.2.2. 성령의 은사
3.3.3. 성령 안에서 그리스도와의 연합
3.3. 아버지께 드리는 기도
3.3.1. 삼위일체 제 일위(一位)되신 아버지께 드리는 기도
3.3.2. 성령으로 말미암아 아들 안에서 아버지께 드리는 기도

2. 논문에 대한 요약과 분석

클라우니는 논지를 전개하기 전 이 논문의 머리말에서 짧지만 자신의 관점을 핵심적으로 잘 피력해 주고 있다.

> 성경은 하나님의 말씀이다. 말하자면 성경은 반역한 인간들을 하나님 자신께로 다시 이끌어오는 하나님의 일하심에 대한 그분의 이야기이다. 성경은 잃어버린 하나님을 찾고 있는 인간에 대해 말하는 것이 아니다. 오히려 성경은 잃어버린 사람들은 찾고 계신 하나님에 대해 말하고 있다. 성경은 단지 기도의 기술을 제시하는 것이 아니다. 성경은 기도의 하나님, 즉 우리 인간이 [하나님께] 말하기 전에 부르시는 하나님 그리고 우리 인간이 [하나님을] 부르기 전에 말씀하시는 하나님을 제시하고 있다 (사 65:24). 성경 역사 안에서는 기도가 하나의 구별된 영적 훈련으로 소개되는 것이 아니다. 기도는 하나님께서 말씀 하시는 것에 대한 인간의 응답으로서 나타난다. … 기도는 인격적 하나님을 향한 인격적 대화이다. … 기도는 하나님과의 교제를 간구한다. 기도하는 그리스도인이 변화되는 것은 명백한 사실이다.[6]

말하자면 위의 문장들은 클라우니가 역사 가운데 자신을 계시하신 하나님께서 성경전서의 중심임을 잘 드러내고 있다. 그리고 이것은 성경에 나오는 모든 인물, 모든 사건, 모든 주제에 적용될 기초석과 같다. 기도의 주제를 다루는데 있어 클라

6) Clowney, "A Biblical Theology of Prayer", 136.

우니는 이 사실을 분명히 함으로써 자신이 다룰 "기도"에 대한 내용이 단순히 어떤 특정한 인물의 기도나 어떤 특별한 사건의 기도에 함몰되지 않을 것을 함의한다. 오히려 그가 다루고자 하는 기도는 성경 역사의 중심이요 주관자 되신 하나님과의 관계 속에서 철저하게 표현되고 설명될 것을 천명하는 것이다. 바로 이런 점에서 그의 기도에 대한 토론은 "개혁파적 성경신학적 접근"[7]에 의한 것임을 잘 암시해 주고 있다.[8]

따라서 클라우니는 글의 전체적 구조를 "기도하는 사람(들)"보다는 "기도를 받으시는 하나님"께 우선적 초점을 맞추고 있다. 그리고 나서야 하나님과의 교제/사귐 - 즉 기도의 특권을 누리게 되는 하나님의 형상인 인간의 기도를 고려한다. 이는 "기도"에 대해 다루고 있는 대다수의 저자/책들과 큰 차이가 있다고 하지 않을 수 없다. 이런 점에서 클라우니는 기도를 받으시는 하나님, 즉 기도하는 자와 사귐/교제를 갖게 되는 하나님을 크게 세 단락으로 구분하여 이 글의 논지를 이끌어간다: ①"인격적 하나님"(제 1부: 136-143) ②"언약적 하나님"(제 2부: 143-155) ③"삼위일체 하나님"(제 3부: 156-173). 그리고 이와 같은 하나님에 대한 단계적 묘사는 구원 계시 역사의 점진성을 직간접적으로 암시해 주는 것이기도 하다. 다시 말하지만 클라우니는 "기도"에 대한 주제를 다룸에 있어 처음부터 구원 계시 역사를 핵으로 하는 성경신학적 틀이 기저에 깔려있다. 즉, 클라우니는 (기도를 하는 인간보다 비교할 수 없을 만큼 우선성과 우위성을 지니고 계신) "기도를 받으시는 하나님"과 "기도를 행하는 하나님의 형상/인간"과의 필연적 관계 속에 기도의 주제를 서술해 나간다.

---

7) 허주, 『신학의 종을 어떻게 울릴 것인가: 복음과 삶을 위한 성경신학』 (서울: 그리심, 2005), 35-41과 이곳에 언급된 각주 문헌들을 참조하라.

8) 기도에 대한 유사한 전제와 이해는 Calvin에게서도 나타나는 특징이다: J. Calvin, "Prayer, Which Is the Chief Exercise of Faith, and by Which We Daily Receive God's Benefits" (Chapter XX), in J. T. McNeill, *Calvin: Institutes of Christian Religion* vol. 2 (Philadelphia: Westminster Press), 850-920; 허주, "기도에 대한 칼빈의 이해: 『기독교강요』를 중심으로", 언약교회 종교개혁 486주년 미간행 특강 원고, 1-9. 특히, Calvin이 다룬 "바른 기도의 규칙들"(The Rules of Right Prayer: 853-874) 네 가지는 하나님과 기도하는 인간이 누구인지를 관계적으로 설명해 주는 것에 초점이 있으며, "그리스도의 중보"(The Intercession of Christ: 874-878)는 예수 그리스도의 고유한 중보적 기도를 설명할 뿐 아니라 성도가 하나님께 기도하는데 있어 그리스도의 십자가 대속적 죽음과 천상의 중보적 사역이 전제되어 있음을 잘 보여주고 있다.

1. 인격적 하나님과 대화하는 기도
1.1. 인격적으로 계시된 하나님의 영광
1.2. 인격적으로 나타나는 기도의 응답
1.3. 효과적으로 나타나는 기도의 응답

기도에 대한 성경신학적 이해의 첫 시작으로 클라우니는 기도가 성경에 계시된 "인격적" 하나님께 나아가는 것임을 밝힌다. 즉, 하나님 자신의 활동(특히, 창조[시 19:1; 147; 57:5, 18; 욥 40-41]; 역사[시 33:10-11; 왕하 6:17; 출 3:7-9])과 이름(예, "엘 엘리욘" - 창 14:22; "엘 로이" - 창 16:13; "엘 샤다이" - 창 17:1; "엘 홀람" - 창 21:33; "여호와 이레" - 창 22:14; "엘 엘로헤 이스라엘" - 창 33:20; "엘 벧엘" - 창 35:7; "여호와" - 출 3:14; 참조, 시 34:4; 69:30), 그리고 임재(예, 어둠, 구름, 불꽃, 천둥, 빛, 하나님의 천사/여호와의 사자를 통해)를 통해 인격적으로 계시된 하나님께 반응하는 것이 기도이다. 또한 기도를 통해 하나님과 인격적 교제를 나누는데 있어 매우 독특한 피조물은 다름 아닌 하나님의 형상으로 지음 받은 사람뿐이다. 뿐만 아니라 전능하시고 주권적인 하나님께서 인간의 기도를 원하시고 기뻐하시는 것 역시 하나님의 인격성에 기인한다고 말한다. 즉, 하나님께서는 기도의 사귐/교제를 통해 자신이 하나님의 형상으로 지음 받은 사람을 얼마나 사랑하고 또 선을 베풀기 원하시는지를 드러내신다.

> 기도는 모든 예배와 마찬가지로 항상 자기 자신과 자신의 의지를 계시하시는 하나님께 대한 [인간의] 반응이다. 하나님의 이름을 부르기 위해선 사람이 먼저 그분의 이름을 알아야 한다. 그런데 이 하나님은 자신의 이름을 드러내는데 있어 자신이 주도권을 갖고 계신 분이다. 하나님께서는 자신의 활동을 통해 자신을 계시하신다. 또한 하나님께서는 자신의 말씀을 통해 친히 자신의 이름을 드러내신다. 이 양자 모두에 있어 하나님은 인격적으로 계시되어 나타난다.[9]

이 단락에서 강조된 것은 하나님의 우선적(선수적) 계시에 따른 인간의 반응(예, 아브라함의 소명에서부터 아브라함과 사라 부부가 이삭을 얻게 된 동기와 과정과 결과까지[창 12-21장]; 야곱의 벧엘 사건[창 11:4; 28:12]; 출애굽 사건에서 가나안 입성까지[출 3장 이후와 신명

9) Clowney, "A Biblical Theology of Prayer", 136-137.

기])이다. 하나님 백성의 기도는 이와 같은 하나님의 우선적이고 주권적인 인격적 나타남/일하심에 대한 반응이라는 점이다. 즉, 기도는 "하나님과 인격적-긍정적 관계" 속에 들어간 (하나님의 회복된 형상으로서의) 사람만이 하나님과 나눌 수 있는 만남이요 사귐이요 대화이다. 따라서, 성경적 기도는 하나님을 조종하려는 마술적 능력이나 수단을 말하는 것이 아니라 하나님의 인격적 사랑과 은혜에 대한 인간의 인격적 반응이며 고백이다. 따라서 성경적 기도는 하나님을 향한 찬양과 영광이 기도하는 자에게 이미 전제되어 있어야 한다.[10)]

제 1부를 다루는 가운데 클라우니는 "성경신학적 기도"에 대한 이해를 돕기 위해 해당 성경 본문과 관련된 주요 개념이나 인물/사건을 구원사적으로 설명해 주고 있다. (사실 이런 글쓰기는 논문 전체에 걸쳐 주요 단락마다 시도되고 있다). 여기서는 두 경우를 언급하고자 한다: "하나님의 형상과 기도" 및 "야곱의 얍복강과 기도"이다.

"하나님의 형상과 기도" - 하나님의 형상으로 창조된 아담(창 1:26-27)은 하나님의 아들로 간주된다(눅 3:38). 누가의 족보에 따르면 예수님은 두 번째 아담으로서 하나님의 아들이심을 보여준다. 죄로 인해 상처받은 하나님의 형상이 예수님 안에서 회복되고 새로워진 것이다. 그러나 예수께서는 단순한 인간이 아니시다. 그는 성육신 하신 하나님으로 보이지 않는 하나님의 형상인 것이다(골 1:15; 3:10; 고후 3:18). 구원으로 회복된 하나님의 형상은 다름 아닌 주되신 하나님의 아들 예수 그리스도의 형상이다(롬 8:29). 말하자면 하나님 아버지께 속한 예수 그리스도의 영광의 광채이다. 따라서 성도들 역시 예수 그리스도의 형상 안에서 하나님의 영광을 누리게 된다(고후 3:18; 히 1:3). 인간의 인격성은 이와 같이 하나님 형상의 본질적 실재를 떠나서는 결코 이해될 수 없다. 하나님의 형상을 소유한 자로서만이 인간은 삶의 참 자유와 목적을 깨닫게 된다. 기도를 통해 인간은 이 두 가지[자유와 목적]를 얻게 된다. 창조 세계 가운데 인간만이 다른 피조물과 구별되게 하나님과 기도해야 하는 자로 부름을 받은 것이다. 인간은 하나님의 놀라운 창조 솜씨를 찬양할 뿐 아니라 더 나아가 창조 세계에 나타날 하나님의 의지와 계획을 경배해야 한다. 이와 같은 찬양과 경배로서의 기도는 예수 그리스도와 연합된 자[하나님의 형상을 회

10) Clowney, "A Biblical Theology of Prayer", 138.

복한 자만이 하나님 아버지의 뜻을 깨닫고 성취함으로써 가능해진다.[11)]

"야곱의 얍복강과 기도" - 이 사건(창 32:24-32)의 심오한 신비는 예수 그리스도 안에서 이루어진 성취로 말미암아 빛을 보게 된다. 천사로 간주되는 "그 사람"이 야곱의 환도뼈(엉덩이뼈; the socket of Jacob' s hip)를 친 것은 야곱의 후손과 연관되어 보인다. 하나님의 심판과도 같은 "그 사람"의 타격이 야곱의 씨에게도 적용되는 것이다. 말하자면 이것은 하나님으로부터 버림 받고 매맞은 고난의 종 예수 그리스도이다. 그러나 예수 그리스도는 하나님과 겨루어서 승리하신다. … "그 사람"과 다툰 야곱의 모습은 새 언약의 기도 용사들에게 하나의 모델이 될 수 있는가? 만약 이 사건을 구원사의 역사적 문맥과 단절시킬 경우, 그래서 예수 그리스도 안에서 이루어진 성취로부터 단절시킬 경우, 이 사건은 결코 우리들에게 기도의 한 모델이 될 수 없다. 브니엘에서 위협적인 심판으로부터 우리를 건져내신 분은 바로 그리스도[의 기도]이다. 그분의 외침과 눈물이 우리에게 승리를 가져다주었다(히 5:7). 우리를 구원하시기 위해 그분이 겟세마네와 갈보리의 시련을 견뎌냈다. 브니엘에서 보여준 하나님의 계시는 하나님 자신의 계획이 얼마나 은혜로운 것인지를 깨닫게 해주었다. 이것은 약속의 자녀들을 축복하기 위해 하나님께서 그들의 삶에 개입하시는 것을 의미한다. 그렇다고 야곱이 이 같은 구원 역사의 신성한 현장에서 단순히 배우가 된 것은 아니다. 야곱이 "그 사람"을 처절하게 붙잡고 늘어진 것은 그의 단호한 믿음을 보여준다. 이런 점에서 히브리서 11장에 소개된 여러 믿음의 선진들처럼 야곱은 우리에게 귀한 증거를 보여준다. 우리는 "예수 그리스도의 얼굴에 있는 하나님의 영광을 아는 빛"(고후 4:6)을 이미 받았다. 이 빛이야말로 하나님의 은혜를 깨닫는 최고의 축복이다. 믿음의 기도는 하나님의 선물을 끈질기게 붙잡고 하나님

---

11) Clowney, "A Biblical Theology of Prayer", 141-142. 클라우니는 마 22:21("가이사의 것은 가이사에게, 하나님이 것은 하나님께 바치라")의 예수님의 선언과 관련하여서도 "하나님의 형상과 기도"와 연관된 흥미로운 설명을 던져주고 있다. "그 동전은 가이사의 것이다. 왜냐하면 거기에는 가이사의 형상이 찍혀있기 때문이다. 그러나 우리 인간은 하나님의 것이다. 왜냐하면 인간에게는 하나님의 형상이 찍혀있기 때문이다. 우리 안에 하나님의 형상이 있다는 사실은 또한 하나님께서 우리를 향해 요구하실 수 있음을 의미한다. 기도는 하나님께 속한 것을 마땅히 하나님께 드리는 것이다. … 우리 안에 있는 하나님의 형상이 더욱 더 회복될수록 하나님을 향한 우리의 관계가 더욱 더 인격적이 되고, 이로 인해 하나님을 향한 우리의 헌신은 더욱 더 깊어지게 된다"(142).

께 늘 나아가는 것이다(눅 11:8; 18:5).[12]

2. 언약적 하나님과 대화하는 기도
2.1. 언약적 유대관계 안에 있는 기도
2.2. 하나님의 언약적 주권 안에 있는 기도
2.3. 갱신된 언약을 통해 회복되는 기도

클라우니는 제 1부에서 "인격적 하나님"과 인격적 하나님의 형상으로 지음 받은 인간과의 관계를 통해 계시된 하나님의 반응으로서 기도를 다루었다. 제 2부에서 그는 "언약적 하나님"과 필연적 관계를 맺게 되는 하나님 백성의 정체성을 언급함으로써 기도에 대한 또 하나의 성경신학적 의미를 부여해 준다. 기도의 대상이신 하나님의 이미지와 관련하여 전자가 "창조주 하나님"을 전제하고 있다면, 후자는 "구원주 하나님"을 전제하는 것으로 판단된다. 하나님의 두 이미지는 모두 피조물된 인간(하나님의 자녀) 그리고/또한 언약을 맺게 된 하나님의 백성에게 하나님이 얼마나 절대적이요 필연적 "관계성"속에 있는 분인가를 잘 보여준다. 그리고 이 하나님-인간/하나님의 백성과의 관계에 있어 양자 모두 하나님께서 언제나 주도권을 갖고 있는 분이심이 또한 잘 묘사되고 있다. 이런 점에서 인간/하나님의 백성의 기도는 언제나 하나님의 선수적 계시(사랑/보호/약속/성취/축복/희생/진노)에 대한 반응(감사/찬양/회개/간구/결단/원망)이다.

이 단락에서 클라우니는 ① 언약적 유대관계 안에 있는 기도, ② 하나님의 언약적 주권 안에 있는 기도, ③ 갱신된 언약을 통해 회복되는 기도라는 소 제목 아래 "언약적 하나님과 기도"의 주제를 설명한다. 첫 번째 제목에서는 하나님 백성의 기도가 철저하게 하나님과의 언약에 근거하고 있음을, 두 번째 제목에서는 하나님 백성의 기도는 따라서 하나님의 언약을 깨달아 하나님의 뜻에 순종하고 용서를 구하며 간구하고 감사와 소망이 동반되는 것임을, 세 번째 제목에서는 새 언약에 대한 약속으로 말미암아 더욱 온전해질 하나님 백성의 기도를 풀이해 주고 있다. 아래에서 클라우니의 몇 가지 중요한 언급들을 직접적인 표현과 주장으로 확인해 보자.

12) Clowney, "A Biblical Theology of Prayer", 140.

> 하나님께서 아브라함과 맺으신 언약의 핵심은 하나님께서 제정하셨던 관계에 있다. 그분은 아브라함과 관계하는 하나님이 된다. 이와 같은 관계 안에서 하나님은 아브라함에게 요구하시고 또 그에게 약속을 주신다(창 17:7). … 하나님께서 제정하셨던 이 관계로 인해 아브라함은 하나님께 기도할 수 있는 통로를 제공받는다(창 15:2 3). … 하나님과의 이런 관계로 말미암아 아브라함은 또한 다른 사람을 위해 기도하게 된다(창 18:17; 20:7, 17). … 아브라함처럼 모세도 역시 하나님께서 제정하신 언약적 관계에 기반하여 기도하는 것이다.[13)]

여기서 클라우니는 이스라엘 백성을 위한 모세의 중보 기도가 이스라엘 백성이 하나님과 언약 관계를 맺은 이후 그들의 범죄함과 깊은 관련이 있음을 주목하면서 모세의 기도는 처음부터 마지막까지 하나님께서 세우신 언약과 그에 따른 그분의 인애(자비/긍휼/사랑)에 있음을 보여준다.

> 모세가 이스라엘 백성을 위해 하나님께 중보 기도를 올릴 때 그는 하나님께서 아브라함과 이삭과 야곱과 맺은 언약에 탄원한 것이다(출 32:13). 모세는 하나님 이름의 명예에 호소한 것이다 - 만일 하나님 자신이 이집트에서 구원해 낸 백성을 스스로 없애버린다면 이집트 인들과 가나안 인들이 무엇이라 말하겠는가?(출 32:12; 신 9:27 29; 민 14:13 16). 무엇보다도 모세는 하나님께서 소유하고 계신 고유의 자비와 신실한 사랑을 하나님으로 하여금 다시 기억하도록 촉구한다. 하나님은 자신의 속성인 언약적 사랑, 즉 인애(헤세드)에 의한 강한 유대로 인해 자기 자신이 이스라엘 백성에 속박되었다(출 34:6; 민 14:18). 반역한 이스라엘 백성을 위한 모세의 중보는 하나님의 언약에 근거한 요구와 약속에 따른 것이다. … 하나님께서는 모세의 기도를 인정하고 응답해 주셨다. … 중보자 모세의 간청은 여호와를 향한 이스라엘의 헌신이 아닌, 이스라엘을 향한 여호와의 헌신에 기초한 것이다.[14)]

한편, 클라우니는 언약적 예배 의식의 중심인 성막과 성전이 하나님 임재의 처소이자, 제사와 기도의 공간임을 부각시킨 후, 성막과 성전이 모두 예수 그리스도의

13) Clowney, "A Biblical Theology of Prayer", 144

14) Clowney, "A Biblical Theology of Prayer", 145

오심으로 성취된 이미지임을 드러낸다.[15] 이와 같은 성취자로서 예수 그리스도의 이미지는 성경신학적 기도 이해와 관련하여 제 3부에서 더욱 체계적으로 밝혀진다.

이와 더불어 클라우니는 언약 공동체 안에서 성도 개인의 기도와 회중 공동체의 기도가 긴밀하게 연결되어 있음을 주지시킨다. 그는 하나님의 언약 자체가 결코 개인적으로 또는 개인에게만 주어진 것이 아님을 분명히 한다. 여기서 클라우니는 특히 이스라엘 백성을 위한 모세의 제사장적 기도, 시편에 있는 백성을 향한 다윗의 왕적 기도, 백성을 향한 다니엘의 선지자적 기도(단 6:10; 9:3-20)를 상기시켜 준다. 그리고 이것이 어떻게 예수 그리스도께서 가르쳐 주신 주기도문에서 잘 반영되고 있는지 증거한다.

> 물론 예수께서는 홀로 기도하시고 또 개인적 기도의 필요를 가르치신다. … [그러나] 예수께서는 또한 제자들에게 합심하여 기도할 것을 가르친다 - "하늘에 계신 우리 아버지여 …" 옛 언약과 마찬가지로 새 언약에서도 하나님의 백성은 함께 찬양하며 죄를 고백하며 간구하며 감사하게 된다. 그리스도 안에 나타난 하나님의 온전하고 최종적인 구원 계시는 기도의 교제 안에서 성령으로 거듭난 사람들을 하나로 묶어준다. 개인적 기도가 공동체적 기도보다 더욱 영적이고 더욱 심오하고 더욱 하나님을 기쁘시게 하는 것으로 간주되지 않는다.[16]

자신을 스스로 계시하시는 하나님을 출발점으로 삼아 기도를 설명하고 있는 클라우니는 순결한 예배를 찾으시는 하나님의 열정에 대한 반응으로서 성도들의 (하나님의 뜻을 찾고 구하는) 기도 또한 열정적이어야 한다고 주장한다. 이와 같은 열정적 기도는 무엇보다 ① 하나님의 뜻에 따른 순종, ② 죄 용서를 구하는 고백, ③ 간구, 그리고 ④ 감사, 찬양, 소망을 포함하는 기도이다.

"하나님의 뜻에 따른 순종" - "기도를 통해 하나님께 나아가는 것은 우리가 행할 하나님의 뜻을 구한다는 말이다", "하나님의 언약 안에서 교제하는 기도는 하나님의 계시된 뜻을 마지못해 받아들이는 것이 아니다. 오히려 기도는 하나님의 영광과 하

15) Clowney, "A Biblical Theology of Prayer", 146-147
16) Clowney, "A Biblical Theology of Prayer", 148

나님의 목적을 추구하고자 하는 열정적 관심이다"(참고 창 22:5,8; 히 11:19; 마 26:39).[17]

"죄 용서를 구하는 고백" - "죄인에 의해 기도가 행해지기 때문에, 하나님께서는 우리가 하나님의 거룩함을 고백하면서 애통하는 마음으로 우리 죄에 대해 용서를 구해야 할 것을 요구하신다"(참고, 개인적: 사 6:5; 시 32; 51; 6:1-2; 38:1-4; 40:12; 103:12; 130:3, 4; 143:2; 공동체적: 출 34:9; 삿 2; 3:15; 시 106; 단 9:3-19; 느 1:5-11; 9:5-37).[18]

"간구" - "기도와 간구는 동의어와 다름없다. 이는 인간의 연약함과 궁핍함의 심연으로부터 하나님을 향한 기도가 발설되기 되기 때문이다" (참고, 왕하 19:19; 욘 2:9; 시 54:5-7; 58:6-11; 69:22-28; 79:6; 94:1-2; 109:12; 137:7-9).[19]

"감사, 찬양, 소망" - 클라우니는 기도에 있어 "간구"의 중요성을 인지하면서도 기도의 더욱 큰 관심과 목적은 감사, 찬양, 소망이라고 주장한다. "하나님 백성의 가장 위대한 열망은 주위의 적군들로부터 구출되는 것과 일상생활의 필요를 공급 받는 것을 뛰어넘어 하나님께서 약속하신 것들의 성취를 향해 나아가는 것이다. 시편 전반에 걸쳐서 기자가 구하는 지고한 선은 하나님 자신(시 4:7; 16:11; 17:15; 23; 27:4; 36:9; 42:1, 2; 63:1-8; 131)이다. … 여호와를 찾는 참된 예배자는 자신의 기도가 간구로 끝나지 않는다. 자신이 누구에게 간구하는지를 깨닫게 될 때 참된 예배자는 하나님의 임재를 느끼면서 [간구로부터] 자신의 기도가 그분을 찬양하는 것으로 옮기게 된다."[20]

제 1부와 마찬가지로 제 2부의 내용 안에서도 기도에 대한 기독론 중심의 성경신학적 적용이 자주 언급되는 것을 확인하게 된다. 여기서도 클라우니 자신에 의해 짧게 언급되는 두 가지 사례를 소개해 본다: "하나님의 뜻에 순종하는 기도"와 "악인을 향한 적대적 간구".

"하나님의 뜻에 순종하는 기도" - 클라우니는 구약성경에서 나타나는 신실한 기도들이 궁극적으로는 하나님의 뜻을 찾아 그 뜻에 순종하는 삶(예, 아브라함, 모세, 다윗, 이사야, 예레미아 등)으로 나타난 것을 목도하였다. 하지만 이들의 기도는 종국적

17) Clowney, "A Biblical Theology of Prayer", 148-149
18) Clowney, "A Biblical Theology of Prayer", 150
19) Clowney, "A Biblical Theology of Prayer", 151
20) Clowney, "A Biblical Theology of Prayer", 153.

으로 겟세마네 동산에서 행하신 예수님의 기도로 인해 완성되고 성취되는 것임을 주장한다.

> 하나님께서 [자신의 언약 백성을 위해] 자신이 사랑하는 독생자를 어린양으로 준비하셨을 때, 예수께서는 "내 아버지여 만일 할만하시거든 이 잔을 내게서 지나가게 하옵소서 그러나 나의 뜻대로 마옵시고 아버지의 뜻대로 하옵소서"(마 26:39)라고 기도하셨다. 예수님은 자신의 육체를 땅에 내던졌고, 자신의 영혼은 아버지께 드렸다. 우리는 여기서 하나님의 뜻에 순종하는 기도의 가장 심오한 의미를 보게 된다. 겟세마네 동산 기도에서 예수께서는 모리아 산에서 아브라함에게 계시된 하나님의 목적에 대한 신비의 세계에 들어가신 것이다. 하나님의 목적은 바로 갈보리의 십자가 고난에 드리워질 어둠을 예표 하는 것이었다. 하나님께 속한 자녀라면 이제는 그 누구도 하나님의 진노로 인해 버림 받도록 부름 받을 자가 결코 있을 수 없다. 왜냐하면 그것은 오직 하나님의 외아들을 향한 하나님의 뜻이었기 때문이다. 오직 예수께서만 우리를 위해 하나님의 진노를 친히 담당하셨다. 한편, 기도를 할 때 우리도 역시 우리에게 속한 고난의 잔을 옮겨달라고 아버지께 청원할지 모른다. 고난의 잔이 떠나지 않을 경우, 예수께서 친히 우리로 하여금 "내 뜻대로 마시고 하나님의 뜻대로 하옵소서"라고 기도할 수 있도록 힘을 주실 것이다. 그분의 은혜가 넘치기에 우리의 약함 중에 하나님의 능력이 온전하게 나타날 것이다.[21]

"악인을 향한 적대적 간구" – 기도에 있어 간구의 요소를 언급하는 가운데 클라우니는 구약성경, 특히 시편의 소위 "저주시"를 중심으로 자주 등장하는 악인을 향한 적대적 간구(시 3:7; 5:10; 7:6, 12, 15, 16; 54:5, 7; 58:6-11; 69:22-28; 79:6; 94:1, 2; 109:12; 137:7-9)에 대한 성경신학적 풀이를 제공해 준다. 클라우니에 따르면, 예수 그리스도께서는 모든 악인/죄인들이 마땅히 받아야 할 하나님의 진노/저주를 십자가에서 대신 받음으로 인해, 이제 악인을 향한 "저주의 기도"는 오히려 그들을 그리스도의 복음 안에서 용서하고 사랑하는 성도의 기도로 회복되고 갱신되어야 한다고 말한다.

---

21) Clowney, "A Biblical Theology of Prayer," 150.

> 예수께서는 그의 제자들에게 원수를 사랑하라고 가르치신다. 제자들은 자신들을 핍박하는 자들에게 하나님의 진노가 임하도록 기대해서는 안 된다. 제자들은 오히려 그들을 위해 기도해야 될 사람들이다(마 5:43 48). 원수를 향한 하나님 자신의 놀라운 사랑은 십자가 사건에서 나타난다. 우리가 아직 원수/죄인이었을 때, 그리스도께서 우리를 위해 죽으셨다(롬 5:8 10). 그리스도의 가르침은 시편의 저주시와 관련해 볼 때 때때로 전적인 모순을 느끼게 해 준다. 그러나 예수께서는 하나님의 거룩과 죄에 대한 하나님의 진노를 양자 모두 명료하게 가르친다(마 5:22; 25:41; 눅 13:4). … 교회는 자신을 핍박하는 자들에게 저주시와 같이 기도해서는 안 된다. 이제 이와 같은 시편들은 교회를 대항하는 사탄의 무리에게 던져질 슬로건이다. 우리는 복음을 대적하는 인간 원수들을 향해 우리가 기도해야 될 또 다른 승리가 있다. 그것은 바로 하나님께서 그들을 구원함으로 얻게 될 은혜의 승리이다.(고후 2:14 16)[22]

제 2부의 마지막 단락인 "갱신된 언약을 통해 회복되는 기도"는 비록 짧게 묘사되고 있지만 필자는 이 단락을 통해 클라우니가 제 1부 "인격적 하나님과 대화하는 기도" - 구약성경을 중심으로 다룬 기도에 대한 성경신학적 뿌리[23] - 와 제 3부 "삼위일체 하나님과 대화하는 기도" - 신약성경을 중심으로 다룰 기도에 대한 성경신학적 열매[24] - 의 관계를 성경신학적으로 연결하려는 의도를 보게 된다. 기도와

---

22) Clowney, "A Biblical Theology of Prayer," 152.

23) 구약성경 또는 유대적 배경과 기도에 대해서는 S. E. Balentine, *Prayer in the Hebrew Bible: The Drama of Divine-Human Dialogue* (OBT; Minneapolis: Fortress, 1993); J. Charlesworth, "A Prolegomenon to a New Study of the Jewish Background of the Hymns and Prayers in the New Testament", *Journal of Jewish Studies* 33 (1982): 264~285가 유익하다.

24) 신약성경과 기도에 대해서는 R. N. Longenecker, (ed.), *Into God's Presence: Prayer in the New Testament* (Grand Rapids: Eerdmans, 2001); F. L. Fisher, *Prayer in the New Testament* (Philadelphia: Westminster, 1964); O. Cullmann, *Prayer in the New Testament* (London: SCM, 1995); J. Jeremias, *The Prayers of Jesus* (trans., J. Bowden *et al.*; London: SCM, 1967); J. D. G. Dunn, "Prayer", in *Dictionary of Jesus and the Gospels* (eds., J. B. Green, S. McKnight, and I. H. Marshall; Downers Grove: IVP, 1992), 617~625; W. B. Hunter, "Prayer", in *Dictionary of Paul and His Letters* (eds., G. F. Hawthorne, R. P. Martin, and D. G. Reid; Downers Grove: IVP, 1993), 725~734; M. J. Wilkins, "Prayer", in *Dictionary of the Later New Testament and Its Development* (eds., R. P. Martin and P. H. Davids; Downers Grove: IVP, 1997), 941~948이 유익하다.

관련하여 이 부분에서 다루는 내용의 초점은 예언서를 중심으로 나타나는 이스라엘 지도자/백성에 의한 회개의 기도와 회복을 향한 기도이다(사 64:6-9; 58:9; 65:24; 슥 13:9; 사 19:19-25; 습 3:9; 사 58:6-8; 호 14:1-3; 단 9:2, 17-19; 예 3:12; 슥 14:16-17; 12:8; 말 4:2). 물론 이것은 제목이 말해주듯 하나님에 의해 갱신된 언약을 통해 가능한 것이다. 따라서 (과거와 현재 문맥을 뉘우치는) 회개의 기도와 (미래 문맥을 소망하는) 회복을 향한 기도는 하나님의 신실하심과 그분께서 베푸실 장래의 긍휼/자비를 통해 – 즉, 언약을 새롭게 회복하시는 예수 그리스도를 통해 신약성경 시대에 이루어질 것을 분명히 밝힌다.[25]

3. 삼위일체 하나님과 대화하는 기도
3.1. 그리스도 안에서 갱신되고 완성된 기도
3.2. 성령 안에서 드리는 기도
3.3. 아버지께 드리는 기도

지금까지 앞에서 다룬 내용들(제 1부 및 2부)은 사실 여러 면에서 이 논문의 제 3부를 지향하고 있다. 이런 점에서 이 단락은 클라우니 논문의 핵심 부분이 아닐 수 없다. 그는 여기서 세 가지 소제목을 갖고 토론을 이끌어간다: ① 그리스도 안에서 갱신되고 완성된 기도, ② 성령 안에서 드리는 기도, ③ 아버지께 드리는 기도. 특별히 "삼위일체 하나님과 대화하는 기도"라는 제 3부의 전체 주제 아래 "하나님 아버지" 보다는 "예수 그리스도"를 먼저 다루는 것은 매우 의도적인 것으로 사실 이 논문 안에서 일종의 "정경 안에 정경"과 같은 구실을 하고 있다. 따라서 제 3부의 첫째 소제목은 짧게나마 각 단락을 함께 고려해 볼 가치가 있다.

---

25) Clowney, "A Biblical Theology of Prayer," 154-155. "구약성경 안에서 나타나는 기도는 신약성경 안에서 성취될 것을 지향하고 있다. … 하나님께서는 죄악된 이스라엘 백성과 부정한 이방 백성의 입술을 어떤 방법으로 정결케 하실 것인가? 하나님께서는 필히 용사(사 59:16, 17)로서만이 아니라 목자(겔 34:11, 12)로서 이 땅에 오셔야 한다. 그분은 필히 그들의 죄악을 담당하기 위해서 종의 형체로 오셔야 한다. 구약성경의 가장 위대한 기도는 승리를 가져오는 메시아의 기도, 즉 속죄를 간청하는 메시아의 중보기도이다. …하나님 자신께서 이 땅에 임하실 때, 하나님의 성령이 이 땅에 강림하실 때, 의의 태양이 떠올라 치료하시는 광선이 이 땅을 비칠 때, 이 약속들은 마침내 성취될 것이다."

3.1. 그리스도 안에서 갱신되고 완성된 기도

3.1.1. 신실하게 남은 자들에 의한 간구의 성취

여기서 클라우니는 누가복음 1-2장에 묘사된 “기도하는 하나님의 사람들”에 초점을 맞추고 있다.[26] 이것은 특히 구약성경 에스겔서 36장 37절과 스가랴서 10장 6절에 대한 하나님의 메시아적 언약 성취로 해석한다. 말하자면, 아들 요한을 갖게 될 제사장 사가랴의 기도뿐 아니라 아들을 갖게 될 것이라고 약속 받은 마리아의 기도, 그리고 아기 예수를 보고 하나님께 감사 기도한 시므온과 안나는 모두 하나님께서 허락하실 메시아-구원 중심적 기도의 사람들임을 보여줌으로써 구원 계시 역사에 나타나는 기도에 대한 성경신학적 의미와 그에 따른 성취를 드러낸다. 즉, 구약시대 참 이스라엘 지도자와 백성의 (하나님의 뜻에 순종하여 그분의 목적을 성취하기 위한) 간구는 궁극적으로 메시아 예수께서 이 땅에 태어나심으로 성취되었다는 사실이다.[27]

3.1.2. 그리스도 안의 성취로 새로워진 기도

3.1.2.1. 주 되신 그리스도께서 받으시는 기도

예수님의 이 땅에 오심은 하나님 백성의 오랜 간구가 하나님으로부터 언약적으로 성취된 것뿐 아니라, 이제 하나님의 참 백성이 하나님의 영광을 입고 오신 그리스도 예수께 나아가 “새롭게” 하나님께도 나아가고 기도할 수 있음을 계시하는 사건이다(눅 2:10-11, 26; 마 1:23; 요 1:1-4). 이로 인해 예수께서는 실제로 자신의 메시아적 사역 가운데 자신에게 나아오는 자들의 간청과 요구를 들어주신다. 이것은 주로 그들의 질병 치유 또는 기적과 관련되지만 궁극적으로는 죄 용서/사함의 선포를 통해 사탄의 통치로부터 하나님의 통치로 회복되는 구원을 암시한다(눅 7:22; 사 35:4-5;

---

26) 누가-행전의 기도 본문에 대한 전문적 연구를 위해서는 S. F. Plymale, *The Prayer Texts of Luke-Acts* (New York: Peter Lang, 1991)과 K. S. Han, "Theology of Prayer in the Gospels of Luke", *JETS* 43 (2000): 675~693; P. T. O'Brien, Peter T., "Prayer in Luke-Acts", *Tyndale Bulletin* 24 (1973): 111~127이 도움이 된다.

27) Clowney, "A Biblical Theology of Prayer", 156.

마 9:2; 막 2:5, 10; 눅 7:47-50; 마 14:22-33; 시 77:16-19). 물론 이 구원의 선물은 "또 하나의 출애굽(*exodus*)"(눅 9:31)으로 소개되는 예수 그리스도의 십자가 죽음과 부활/승천을 통해 더욱 온전하게 실재화된다.[28)]

3.1.2.2. 종 되신 그리스도께서 감당하시는 기도

예수 그리스도는 "언약의 주"로 오셔서 그의 흩어졌던 양들을 구원의 자리에 초청하고 모으신 것뿐 아니라 "언약의 종"으로 오셔서 그의 온 삶을 통해 구원을 보여주시고 성취하셨다. 이것은 예수께서 하나님의 사람으로 기도하시는 분이었을 뿐 아니라 유일한 하나님의 아들로서 새로운 축복된 기도(하나님과의 교제/대화)의 자리로 하나님의 모든 자녀들을 이끌었음을 의미한다. 이런 점에서 예수께서는 기도의 모범을 보여주신 "하나님의 기도하는 종"임과 동시에 기도에 개혁을 가져오신 분이셨다.[29)]

복음서에서 나타나는 "하나님의 기도하는 종"으로서 예수님의 기도하는 삶과 더불어 예수님의 부활-승천 특히, 오순절 성령 강림 이후 그의 제자들이 새롭게 기도하는 사람으로 묘사되는 구속사적 상황은 클라우니에 의해 잘 묘사되고 있다:

> 예수님의 인성은 그의 기도하는 삶과 관련하여 기막히게 잘 묘사되어 있다. 예수께서는 사역의 중요한 시기마다 기도하셨다. 그는 세례를 받으실 때 기도하였다(눅 3:21). 또한 자신과 함께 사역할 12제자들을 택하시기 전에도 기도하였다(눅 6:12). 오천 명을 먹이신 후, 예수께서는 제자들은 보내시며 무리들은 해산시킨 다음 자신은 기도하기 위해 산에 올라가셨다(막 6:46; 마 14:23). 군중들은 예루살렘에 들어가시는 예수님을 따르면서 그를 정치적 메시아로 환영하였지만 예수께서는 아버지의 뜻을 이루기 위해 예루살렘으로 들어가셨다. 즉, 예수께서 예루살렘에 들어가신 것은 무력을 행사하고 심판하기 위함이 아니라 오히려 폭력을 당하

---

28) Clowney, "A Biblical Theology of Prayer," 157. 예수님의 기도에 대한 신학적 중요성에 대해서는 Crump, David M., *Jesus the Intercessor: Prayer and Christology in Luke-Acts* (Tübingen: Mohr-Siebeck, 1992)을 보라.

29) Clowney, "A Biblical Theology of Prayer", 158.

고 심판을 감당하기 위해서이다. 군중들이 자신을 버리고 떠날 것을 예수께서는 알고 계셨다. 그래서 그는 베드로를 위해 그의 믿음이 떨어지지 않기를 이미 기도하셨다(눅 22:32). 예수께서 베드로의 신앙고백을 이끌어내시기 전에도 그를 위해 기도하셨다(눅 9:18). 예수께서 변화산 상에서 변모하실 때 그는 기도하고 계셨다(눅 9:28). 그는 죽은 자들로부터 나사로를 살리실 때에도 기도하셨다(요 11:41 42). 겟세마네 동산에서 예수께서는 고통스러운 기도를 인내하셨다. 왜냐하면 하나님의 진노를 받기에 마땅한 사람들을 위해 그분이 대신 마셔야 할 징벌의 잔이 있었기 때문이다(사 51:17, 22; 마 26:36 44; 막 14:35, 39; 눅 22:41, 45). 숨을 거두시기 직전 아버지께서 자기에게 맡기신 자[제자]들을 위해 그리고 제자들의 말씀을 통해 믿게 될 다른 사람들을 위해 예수께서는 기도하셨다(요 17장). 십자가 상에서 하나님으로부터 버림 받은 것을 울부짖으면서 예수께서는 자신의 영혼을 아버지께 의탁하셨다(마 27:46; 막 15:34; 눅 23:46). 예수께서는 우리를 형제라 부르는 것에 부끄러워하지 않으셨다. 그는 지상에서 하나님을 경배하는 회중들 가운데 기도하였다. 그리고 천상에 있는 회중들의 모임 가운데 여전히 아버지께 찬양 드리고 있다(히 2:11 12; 12:24). 예수께서 관례를 따라 지상 사역 중 회당 예배에 참석하셨다(눅 4:16). 또한 그는 유대인의 관습대로 하루에 세 시간 기도하였을 것이 당연하다. 예수께서는 열방을 위해 기도해야 될 집인 성전을 청결케 하셨다(막 11:17; 눅 19:46). 기도하는 예수님의 삶이 제자들로 하여금 “주여 우리에게 기도하는 것을 가르쳐 주소서”(눅 11:1)라고 예수께 요청하도록 했다. 그럼에도 제자들은 광야나 산에서 홀로 외롭게 기도하시는 예수님의 기도에 동참하지 못했다(막 1:35; 6:46; 눅 5:16; 6:12; 마 14:23). 예수께서 겟세마네 동산에게 베드로, 야고보, 요한에게 깨어있어 기도하라고 하셨을 때에도 그들은 지쳐 잠자고 있었다. 부활하신 주 예수께서 승천 하신 후 하늘로부터 자신의 영[성령]을 보내신 후에야 그의 제자들은 비로소 그들의 선생 되신 예수님을 따라 열정적으로 기도하기 시작한다.[30]

3.1.3. 그리스도의 가르침으로 갱신된 기도

이 단락은 예수께서 제자들에게 가르쳐 주신 “주기도문”을 중심으로 논의되고 있다. 이중 몇 가지 핵심적 사항을 언급하고자 한다.[31]

---

30) Clowney, "A Biblical Theology of Prayer", 158-159.

3.1.3.1. 아버지께 드리는 기도

하나님께서 "아버지"(Father/*Abba* - 시 89:26; 103:13 참조)로 비유되는 예수님의 기도(주기도문과 겟세마네 기도)를 통해 성도들의 기도에서 드러나야 될 특징과 특권을 소개하고 있다. ① 철저한 하나님 의존(신 32:6; 사 64:8), ② 사모/애정 있는 흠모(마 26:29), ③ 놀라운 친밀감(시 103:13; 눅 15장), ④ 확신(롬 8:15-17). 특히, 기도의 친밀감을 다루는 문맥에서 클라우니는 누가복음 15장에 소개되는 소위 "탕자의 비유"를 통해 이 비유가 어떻게 아버지 되신 하나님과 신실한 첫째 아들로서의 예수님을 잘 드러내고 있는지 짧지만 분명하게 논증하고 있다.[32] 아울러 "왕 같은 하나님"의 다스리심에 대한 이미지에 더하여 "아버지 같은 하나님"께 기도하는 신약성경의 이미지가 하나님에 대한 이해에 있어 구원 계시 역사적으로 더욱 풍요롭고 심오한 것임을 밝히고 있다.[33]

3.1.3.2. 신뢰의 기도

성도의 기도는 하나님 아버지의 영광을 구하고 드러내는 것을 전제하고 또 목적한다. 그런데 성도가 하나님의 영광을 드러낸다는 것은 단순히 우리가 그분의 이름을 영화롭게 한다기 보다는 하나님 자신께서 우리를 통해 자신의 이름을 영화롭게 하는 것을 의미한다. 이런 점에서 성도의 기도는 하나님을 하나님 되게 하기 위한 우리들의 간구이다. 클라우니에 따르면, 이와 같은 기도의 내용과 목적은 예수님을 통해 나타나는 하나님 나라의 임재, 특히 그가 제자들에게 가르쳐 준 "주기도문"에서 잘 드러난다고 주장한다. 따라서 참된 기도의 사람은 기도의 내용이자 목적되신 하나님을 철저하게 신뢰하는 것이요, 동시에 기도하는 인간 자신의 부인(否認)에서 출발해야 되는 것임을 설명한다. 그리고 바로 이런 점에서 구약의 이스라엘 백성들은 하나님을 배반한 반면, 예수 그리스도께서는 하나님을 절대 순종하였다고 말한다.[34]

---

31) "주기도문"과 관련해서는 최갑종, 『예수님의 주신 기도: 주기도문 해설』(서울: 이레서원, 2000)과 이 책에 나오는 문헌이 좋은 자료를 제공해 준다.

32) Clowney, "A Biblical Theology of Prayer," 161.

33) Clowney, "A Biblical Theology of Prayer," 161.

34) Clowney, "A Biblical Theology of Prayer," 161,163.

3.1.3.3. 예수님의 이름으로 드리는 기도

주기도문에는 "예수의 이름"이 구체적으로 명시되어 있지는 않으나, 주기도문은 아버지 되시는 하나님뿐 아니라 하나님의 아들 예수님이 계시되어 있다. 실제로 예수님의 삶과 사역은 하나님과 함께 하는 것과 다름없다. 따라서 오늘날 우리가 예수님의 이름으로 기도하는 것은 단순한 형식적 문구를 암송하는 것이 결코 아니다. 예수님의 이름으로 기도한다는 것은 예수님께서 주 되신 하나님의 아들임과 하나님 아버지께 나아가는 유일한 길임을 고백하는 것이다(요 14:13-14; 15:16; 16:23-24). 말하자면 예수님의 이름으로 드리는 기도(빌 2:9-11; 요 16:26 참조)는 예수님의 인격과 능력을 그분의 이름에 담아 하나님께 나아갈 수 있는 것을 말하며 또한 이를 통해 예수님의 유일한 중보적 사역을 계시하고 고백하는 것을 의미한다.[35]

3.1.4. 중보자 되신 그리스도의 기도

"그리스도 안에서 갱신되고 완성된 기도" 주제 아래 마지막으로 다루고 있는 이 단락에서는 네 개의 소주제를 언급한다: ① 예표된 중보자, ② 그리스도의 중보적 직분, ③ 그리스도의 중보적 희생, ④ 그리스도의 중보적 사역. 이 내용들은 서로 중복적이어서 핵심적 메시지를 함께 요약 서술하고자 한다.

예수께서는 구약성경의 제사장과 선지자, 특히 모세의 중보적 사역에서 예표된 기능(출 4:12-16; 7:1; 19:9; 20:19; 겔 13:5; 22:30; 레 16장; 민 6:22-27; 10:10)을 성취하신 분으로 묘사된다(요 15:15; 17:8; 히 1:1-2; 2:3; 마 8:16-17; 20:28; 사 53:4; 눅 24:50-51). 이것은 구약성경에서 묘사된 이들의 중보적 사역이 미완성적이었다는 사실을 의미하는 것이기도 하다(욥 9:33; 13:3; 16:18; 19:25; 시 2:7; 22:72; 삼하 7:14).

예수 그리스도의 중보적 직분과 사역은 구약성경을 새 언약의 조망 가운데 재해석하고 있는 히브리서에 잘 드러나 있다. 여기서 중보자 되신 예수님은 구약의 중보적 사역을 감당했던 제사장들과 선지자들과 연관하여 연속적이면서도 불연속적 관계임을 고려하게 된다. 연속적 의미는 "약속과 성취"의 관점 안에서 "예수님의 인성적 차원" 아래 이해할 수 있으며, 불연속적 의미는 "예수님의 신성적 차원"과 연

35) Clowney, "A Biblical Theology of Prayer," 165

결된다. 이런 점에서 중보자 예수님은 독특하게도 "하나님"과 동일시되는 동시에 "인간"과도 동일시된다. 전자와 관련하여 멜기세덱의 반차(히 6:17-18)를 좇는 예수님의 제사장적 이미지는 그의 제사장 직능이 종결적이고 영원한 것임을 드러낸다. 반면 후자와 관련하여 예수님은 우리를 위해 기도하실 뿐 아니라 기도하는 우리를 체휼(體恤) 하시는 분이다.[36] 예수님의 중보적 사역에 있어 주목할 사항은 그 자신이 친히 (하나님의 대리인과 하나님 백성을 대신하는) 중보자일 뿐 아니라 중보의 효력을 가져오는 희생 제물의 역할도 기꺼이 감당한다는 점이다.[37] 따라서 구약의 희생 제사를 통해서도 하나님께서는 그리스도의 속죄 제사의 참 의미를 예표하고 있다. 바로 이 점이 우리 성도들의 기도에 성경신학적 의미를 가일층 보여준다: "기도하는데 있어 하나님께 나아가는 우리의 자세는 일차적으로 기도를 하기 위한 우리의 어떤 준비에 달려있는 것이 아니라, 우리를 위해 그리스도께서 이미 예비해 놓으신 은혜의 자리를 먼저 깨달아야 하는 것이다."[38] 이와 같은 기도의 중보적 은혜는 그리스도의 속죄의 (과거) 사건으로 끝난 것이 아니다. 그리스도 예수께서는 지금도 여전히 우리를 위해 하늘 보좌에서 기도하고 계신다(히 2:12; 10:25; 12:22-24; 롬 8:34). 성도가 예수 그리스도를 힘입어 지금도 담대히 하나님께 기도/예배로 나아갈 수 있는 근거가 바로 여기에 있다.

3.2. 성령 안에서 드리는 기도

클라우니는 이 단락에서 세 가지 주제를 다루는 가운데 예수 그리스도께서 부활 승천하신 이후 새로워진 성도의 축복을 성령과 연관하여 설명한다: ① 성령의 임재, ② 성령의 은사들, ③ 성령 안에서 그리스도와의 연합.

성도에게 나타난 성령의 임재는 주 예수께서 천상에서뿐 아니라 지상에서도 성령을 통해 우리 성도 가운데 역사하심을 의미한다. 또한 하나님의 영과 예수의 영이 되시는 성령으로 말미암아 우리는 예수님의 메시아적 중보 사역에 힘입어 예수

36) 클라우니는 예수님의 중보적 직분이 므리바에서 반역한 이스라엘 백성의 울부짖음("여호와께서 우리 중에 계신가 아닌가" - 출 17:7)에 대한 하나님의 은혜롭고도 영원한 응답으로 간주한다. "A Biblical Theology of Prayer", 166.

37) Clowney, "A Biblical Theology of Prayer," 167.

38) Clowney, "A Biblical Theology of Prayer", 167.

께서 누리셨던 하나님의 축복을 받아 누리게 된다. 이때 성도는 성령께서 먼저 "하나님의 선물"로 우리에게 오신 분임을 잊지 말아야 한다. 이것은 또한 성령으로 말미암아 하나님, 특히 주 되신 예수께서 우리 안에 거하시게 된 축복을 의미한다. 성도(개인과 공동체)가 하나님의 성전으로 간주되는 이유가 여기에 있다(엡 2:20; 고전 6:11; 고전 3:16; 6:19). 이제 성도는 성령 안에서 기도하는 사람이며[직설법-신분적 의미], 나아가 성령의 뜻 가운데 기도하는 사람[명령법-신분가치적 의미]이어야 한다. 반면에 성령은 성도의 도우미로서 우리와 함께 기도하며 또한 우리를 위해 기도한다. 이런 점에서 성도는 늘 자기 자신을 거룩하게 하여 자신의 몸과 마음을 하나님께 살아있는 제사로 드려야 한다(롬 12:1-2). 성도의 연합체인 교회는 성도들이 하나님께서 받으실 만한 향기로운 제물이 되기 위해 죄로부터 오염되지 않도록 공동체적으로 기도해야 한다(고전 3:17; 고후 6:16-7:1).

성령은 하나님의 선물이자 하나님의 선물들을 성도에게 공급해 주는 분이기도 하다.[39] 기도와 관련하여 성령은 성도들에게 하나님의 은혜와 사랑을 깨닫게 해 주신다(롬 5:5; 갈 5:22; 벧전 4:7-8). 인내와 믿음은 성도가 낙심하지 않고 기도하도록 힘을 공급한다(살전 5:17; 약 5:13-18). 그리고 다른 사람을 위해 중보 기도할 수 있도록 격려한다. 이와 같은 은사들은 성도들이 기도할 때 더욱 계발되고 발휘된다(엡 6:18-20; 골 4:3; 살전 5:25). 특별히 성령의 은사로서 지혜는 성도들을 기도하도록 인도해 주며, 하나님을 찬양하고 서로서로를 위해 기도하는데 절실한 선물이 아닐 수 없다(골 1:9; 3:16; 약 1:5).

오순절 성령 강림 이후 성도가 "그리스도 안에" 있다는 말은 "성령 안에" 있다는 말과 다르지 않다. 즉, 그리스도께서 우리에게 오시고 우리와 함께 거하시는 것은 바로 성령에 의해서 가능해진다(참조, 요일 4:12-16).[40] 우리는 성령에 참예한 자들이고 또한 그리스도께 참예한 자들이다(참조, 히 6:4; 3:14; 요 20:22-23). 이런 면에서 우리는 그야말로 "신의 성품에 참예한 자"들이다(벧후 1:4). 이제 성령 안에서 그리스도로 옷 입은 성도들(롬 13:14; 엡 5:10-18)은 그리스도 예수와 온전히 연합된 자로서 하나님을 더욱 알아나가고, 하나님을 더욱 사랑하며, 하나님을 더욱 온전히 예배하

39) Clowney, "A Biblical Theology of Prayer," 168.
40) Clowney, "A Biblical Theology of Prayer," 170.

는 자들로 - 즉 삼위 하나님과 끊임없는 교제의 기도를 통해 하나님께 나아가도록 세움 받은 사람들이다(엡 1:17-23; 골 1:9-11; 빌 1:9). 따라서 기도의 최종 목적은 성도의 만족이나 기쁨이 아니라, 그리스도께서 이미 본을 보이셨고, 성령께서 지금도 열망하는 하나님의 영광이다.[41]

3.3. 아버지께 드리는 기도

이 논문의 마지막 단락에서 클라우니는 성도가 드리는 삼위일체의 제 일위(一位)되신 하나님 아버지께 드리는 기도(구약적 기도)가 이제 성령으로 말미암아 아들 안에서 아버지께 드리는 기도(성경신학적 기도)임을 잘 드러내 주고 있다. 이 논지는 실제로 이미 다룬 제 3부 첫 두 단락에 철저히 기초한 것이다. 또한 클라우니는, 틸리히의 주장과 달리,[42] 기도는 하나님 아버지뿐 아니라 성자 예수님과 성령께도 각각 드릴 수 있음을 역설한다. 신약성경에서는 주 되신 예수 그리스도께서 경배와 기도를 받으시는 분으로 묘사된 것을 볼 수 있다(계 5:13; 빌 2:9-10; 행 7:59-60; 벧전 3:15; 참조, 롬 14:11; 행 9:21; 요 14:14, 18). 반면 성령께 기도드리는 것이 구체적으로 언급된 성경 본문은 없는 것이 사실이다. 그러나 성령의 인격과 신성은 매우 구체적으로 확인될 수 있다(요 14:16, 26; 15:26; 16:7; 요일 2:1). 이와 같은 묘사와 기능은 우리가 성령께 기도할 수 있는 분임을 시사해 준다. 따라서 오늘날 성도의 기도는 항상 삼위일체 하나님께 드리는 기도가 된다.[43] 이제 우리 성도는 예수 그리스도에 대한 인정함 없이 하나님 아버지께 기도드릴 수 없다. 혹 이렇게 기도하려는 하는 것은 예수님의 이름으로 기도하는 일에, 더 나아가 하나님께 기도로 나아가는 일에 실패한 것을 드러낼 뿐이다. 또한 우리는 성령께서 성도 안에 내주하시는 실재에 대한 인정함 없이 하나님께 기도드릴 수도 없다.[44]

41) Clowney, "A Biblical Theology of Prayer," 171.

42) Paul Tillich, *Systematic Theology* (Chicago: University of Chicago Press, 1963), 3.289 D. A. Caron, (ed.), *Teach Us To Pray*, 338 각주 39에서 재인용.

43) 물론 성도가 하나님 아버지께 기도드리는 것은 당연하고 또 여전히 유효한 것임을 클라우니는 신약성경에 기초해서 잘 언급하고 있다. "A Biblical Theology of Prayer," 172.

44) Clowney, "A Biblical Theology of Prayer," 172.

Ⅳ. 전체적 평가

논문을 요약할 때 이미 언급하였지만, 클라우니는 “기도”라는 주제를 성경 전반에 흐르는 하나님의 구원 계시 역사의 준거 틀 안에서 다루고 있다. 따라서 클라우니는 처음부터 구원 계시 역사를 계획하시고 계시하시고 이루어나가시는 하나님께 초점을 맞추면서 기도의 주제를 풀어나간다. 이런 점에서 기도는 철저하게 인격-언약적 하나님 계시에 대한 인격-언약적 인간(하나님 형상)의 반응(나아감)이며 이를 통해 누리게 되는 하나님과의 교제/사귐이다.

앞의 분석에서 언급했지만, 이 글의 제 1부에서는 “창조주 하나님”에 대한 이미지가 특별히 깊게 전제되어 있어 보인다. 그리고 창조주 하나님과 피조물(하나님 형상으로 유일하게 지음 받은) 인간과의 필연적 관계를 전제함으로써, “계시 받은 하나님의 형상/인간”이 자신을 “계시해 주신 하나님”께 나아가는 것 - 예배/기도 - 은 사람의 의무요 특권이라는 점이 잘 부각되고 있다. 제 2부에서는 “구원주 하나님”에 대한 이미지가 강조되면서 언약과 기도의 주제가 의미 있게 풀이되고 있다. 이점에서 역시 기도(또는 예배)는 구원주 하나님과 구원 받은 이스라엘(또는 하나님) 백성과의 관계에 필연적인 신학적 주제로서, 기도는 하나님 앞에서 무엇을 간구하는 행위이기 이전에, 하나님 자신을 인정하고 하나님의 자녀/백성 됨을 확인하는 고백이다. 제 3부는 창조주 하나님과 구원주 하나님께서 구원 역사 가운데 언약 갱신을 통해 “삼위일체 하나님”으로 더욱 온전하게 계시된 것을 보여준다. 따라서 이제 하나님 백성의 기도는 성령으로 말미암아 예수 그리스도 안에서 하나님 아버지께 나아가는 “신령하고도 충만한” - 하나님 구원 계시 선물의 충만함에 따른 - 송영(doxology)이 된다. 필자는 이 논문을 요약하는 앞 과정에서 클라우니의 논지를 전폭적으로 찬동하는 어조로 이 글을 분석하였다. 아울러 그의 글을 읽는 가운데 적지 않은 통찰력을 통해 많은 배움을 받았다.

클라우니의 논문에 대한 장점을 한 마디로 요약한다면, 그것은 “기도”의 성경적 본질과 개념이 극명하게 드러나고 있다는 점이다. 즉, “기도에 대한 개혁파적 성경신학적 이해”의 원리와 핵심이 효과적으로 제시된 것이다.[45] 말하자면, 성도가 마땅히 깨달아야 할 “기도의 신학적 의미”를 인격적이고 언약적이신 하나님과의 관계로부터 구원 계시 역사적으로 풀이한 것은 시중의 기도에 대한 책들과 현격한 차이가 있는 출발점이요 중심이 된다. 이것은 그리스도인의 기도/간구가 타 종교 신도들의 기도/간구와 본질적으로 무엇 때문에 그리고 어떻게 다른지를 뚜렷이 보여주는 이유가 된다. 아울러 이 글은 또한 "기도"의 종말론적 해석과 적용을 우리에게 제시해 주었는데, 곧 기도의 "기독론적 중요성"과 "삼위일체론적 의미"이다. 이 마지막 포인트는 우리 그리스도인의 기도가 유대인 또는 이슬람 교도의 기도와 무엇이 다른지를 보여준다. 물론 그리스도인이라 자처하는 성도들은 이 글을 읽고 기독교적으로도 깨달아야 할 바가 적지 않다. 예를 들어, 하나님과 성도 자신과의 인격-언약적 관계에 대한 성경적 이해나 인식이 부족할 경우 성도들은 기도가 하나님과의 교제/사귐으로 나아가는 감사요 특권이라는 의식에 앞서 하나님의 축복을 얻기 위한 자신들의 정성스런 [인간적] 수고와 노력의 행위로 간주될 여지가 높다.[46] 이로 인해 성도의 기도가 마치 자동판매기(**인격적 관계가 아닌 인간과 기계[왜곡된 하나님관] 관계로서**)에서 자신이 원하는 물건을 뽑아내기 위해 아무 생각 없이 지폐/동전 하나를 넣는 행위로 전락될 수 있다. 위에서 언급한 이와 같은 내용들은 기도에 대한 성경적 이해에 매우 귀중한 지식과 깨달음이 아닐 수 없다.

그럼에도 클라우니의 글은 장점만큼이나 뚜렷한 아쉬움도 나타나는 듯하다. ① "기도에 대한 성경신학"(A Biblical Theology of Prayer)이란 제목의 논문임에도 "성경신학"에 대한 클라우니의 정의나 개념이 본문뿐 아니라 각주를 통해서도 아무런 부연 설명이 없는 것은 "개혁파적 성경신학"의 전이해가 낯 설은 독자들에게 큰 걸

---

45) 기도에 대한 개혁파적 성경신학적 접근을 평신도에게 가장 잘 소개하는 책은 최근에 출간된 G. Goldsworthy의 단행본일 것이다. *Prayer and the Knowledge of God* (Leicester: IVP, 2003) =『기도와 하나님을 아는 지식』(정옥배 옮김 서울: IVP, 2005). 이 책의 내용은 마치 클라우니 저자 자신의 "A Biblical Theology of Prayer"를 확대해 놓은 것 같은 느낌이 들 정도이다. 그럼에도 Goldsworthy의 책에는 클라우니의 *Christian Meditation* (1979)만 인용한다.

46) 필자는 여기서 미국과 한국의 기독교 서점에서 기도에 대한 베스트셀러로 큰 성황을 누렸던 Bruce Wilkinson의 *The Prayer of Jabes* (Sisters: Multnomah, 2000) =『야베스의 기도』(마영례 옮김 서울: 디모데, 2002)를 언급하지 않을 수 없다. 이 책은 역대기상 4장 9-10절에 기초해서 오늘의 성도가 야베스적 간구를 통해 하나님의 축복을 받아 누릴 것을 도전하고 있다. 이 책이 낙심과 좌절에 빠져있는 성도들로 하여금 간청하는 기도에 눈을 뜨게 해 주는 긍정적 면이 있는 것은 사실일지라도, "성경적 기도"를 배우고 실천하기에는 그 내용에 "인본주의적 요소"가 적지 않아 결국 "성경적 균형을 잃어버린 기도"라고 평가하지 않을 수 없다. 유사한 평가를 한 G. Goldsworthy, *Prayer and the Knowledge of God*, 244-246을 보라.

림돌이 될 수 있다고 판단된다. 실제로 그의 글이 실린 책 *Teach Us To Pray: Prayer in the Bible and the World* 제 1부의 전체 제목은 "Biblical Theology of Prayer"이다. 그리고 이 제목 아래 클라우니의 글이 제일 마지막에 자리 잡고 있다. 하지만 전체 제목에서 묘사된 "Biblical Theology"와 클라우니 자신의 논문 제목에서 사용된 "Biblical Theology"는 분명 차이가 있는 개념이 아닐 수 없다.[47] ② 하나님 계시에 대한 인간의 반응으로서 기도를 규명하고 분석한 것은 성경적으로 매우 귀중한 공헌임에 분명하다. 하지만 하나님의 형상을 회복한 그리스도인이 하나님께 적극적이고 의지적으로 나아가는 면은 상대적으로 – 분명 언급하고 있음에도 – 약화된 면이 없지 않다. 다윗이나 바울은 성경의 다른 인물들보다 하나님의 은혜를 빼어나게 입은 자들이다. 그리고 이들의 헌신과 하나님과의 남다른 교제/기도 역시 하나님께서 베푸신 은총의 열매이다. 그러나 이 같은 은총의 열매에는 주께 향한 이들의 남다른 열심과 의지적 애씀이 동반된 것임을 잊지 말아야 한다. 하나님 계시의 인격적 일하심 만큼이나 이 계시에 반응하는 성도/공동체의 인격적 일하심도 "균형 있게" 주목할 필요가 있다는 점이다. 전자의 선수적 동인에 따른 후자의 이차적인 반응/결과가 전제될지라도 인격체로서 성도의 의지와 열심은 (특히 이 글의 결론 부분에서) 좀 더 강조될 요소였다고 본다. 이것은 성도가 성령 안에서 그리스도와 누리는 연합에 있어서도 동일하게 적용될 수 있다. ③ 열방을 향한 "종말-선교적 하나님"의 이미지가 구원 계시 역사적으로 – 부활-승천 이후의 예수님의 사역과 오순절 성령 강림 이후의 문맥 속에서 – 의미 있게 설명되지 못한 아쉬움이 있다. 이는 삼위일체 하나님의 이미지가 종말의 하나님 백성과 세상에 계시된 신학적 중요성이 있기 때문이다. 따라서 하나님의 뜻에 순종하고 그 안에서 교제의 기도로 충만하기 원하는 오늘의 성도는 종말-선교적 기도와 삶에 더욱 노출되어야 할 새 언약의 남

47) 개혁파 "성경신학"에 대한 이해를 위해서는 E. P. Clowney, *Preaching and Biblical Theology* (Phillipsburg: Presbyterian and Reformed Publishing, 1961)의 제 1장 "What is Biblical Theology?"(성경신학이란 무엇인가?)와 필자의 『신학의 종을 어떻게 울릴 것인가』 제 1장 "성경신학 이해와 사명", 12-47을 참조하라. 국내 신학교와 교회에 개혁파 성경신학을 의미 있게 소개한 1세대 학자로 박윤선 박사를 꼽을 수 있다면, 2세대 학자로는 한제호 박사와 황창기 박사를 언급할 수 있다. 1998년 1월에 발족된 한국성경신학회에 두 분이 각각 초대회장과 2대 회장을 역임한 것은 결코 우연이 아니다. 황창기, 『성경신학이란 무엇인가?』 (서울: 기독교문서선교회, 1987)을 보라.

은 자들이다. ④마지막으로 언급하고 싶은 것은 (다소 사소할 수도 있겠지만) 야곱의 얍복강 기도 문맥 중 "그 사람"이 야곱의 환도뼈 친 것을 야곱의 자손들에 대한 심판과 나아가 고난 받는 종 예수 그리스도의 수난에까지 확대 해석한 부분이다. 이것은 "예표적"이라기보다는 오히려 "알레고리적" 해석에 더 가깝지 않나 하는 생각이 든다. 구약성경의 어떤 사건이나 인물과 관련하여 기독론적 적용은 매우 필수적인 해석이지만, 이럴 경우 우리는 본문의 근접 문맥이나 성경의 계시 역사의 점진적 흐름 또는 신약저자들의 해석적 적용의 규범 안에서 성경적 근거를 좀 더 명확하게 제시할 필요가 있다.[48]

V. 나가는 말 - 우리에게 주는 메시지

클라우니의 논문은 기도에 있어 하나님 전제적-중심적 기도가 무엇인지를 잘 보여준다. 이 글은 따라서 기도의 형식이나 방법 보다는 기도의 본질과 원리에 대해 우리가 성경적으로 더욱 충실해질 수 있도록 도전하며 격려해 준다. 이런 점에서 기도에 대한 목회자의 가르침이나 성도의 이해는 "지나치게" 우리의 기도가 너무 "기도하는 사람"에게 쏠림으로 인해 "성경적 균형"을 심각하게 잃지 않았나 싶다. 이것은 또한 기도의 한 두 구절에만 관심을 쏟음으로써 기도 본문의 가까운 문맥과 더불어 성경전서의 큰 구원사적 문맥을 올바로 파악하지 못하는 연약함에서 기인한

48) 성경신학적 원리와 적용에 있어 성경의 점진적인 구원 계시 역사의 주요 세대적 구분은 보다 폭넓은 토론이 요구된다. Vos 자신의 구분과 함께 그의 노선을 따르는 Clowney와 W. VanGemeren의 시기 구분을 각각 비교해 보라: (1) 에덴시대 - 창조에서 타락까지, (2) 홍수 이전 시대 - 타락에서 노아 홍수까지, (3) 노아시대 - 노아 홍수에서 아브라함 소명까지, (4) 족장 시대 - 아브라함에서 모세까지, (5) 신정시대 - 모세에서 그리스도까지, (6) 그리스도 시대 I - 탄생에서 승천까지, (7) 그리스도 시대 II - 승천 이후 재림까지. Clowney, *Preaching and Biblical Theology*, 89; VanGemeren은 구속사를 12시기로 구분한다: (1) 조화 가운데 있던 창조, (2) 소외 가운데 있는 창조, (3) 선택과 약속, (4) 거룩한 나라, (5) 다른 나라들과 같은 나라, (6) 왕적인 나라, (7) 분열된 나라, (8) 회복된 나라, (9) 예수님과 그 나라, (10) 사도 시대, (11) 하나님 나라와 교회, (12) 새 예루살렘. VanGemeren, *The Progress of Redemption* (Grand Rapids: Zondervan, 1988). 글레엄 골즈워디, 『성경신학적 설교 어떻게 할 것인가』 (서울: 성서유니온선교회, 2002), 127-132를 함께 보라.

것이라 판단된다. 이런 점에서 우리는 기도의 주제뿐 아니라 다른 주요한 신학적 주제들을 고려하는데 있어 개혁파 성경신학적 안목을 잘 세워나갈 수 있도록, 개혁파 신학교와 교회는 이전보다 더욱 더 말씀 훈련의 강도와 방법에 정례화가 요구된다. 이와 같은 정례화 작업에 있어 구약성경과 신약성경의 통전적 이해와 통찰력은 매우 핵심적인 사안으로 신학 교수-목회자-신학생 모두가 한 평생 동안 끊임없이 하나님 말씀 되신 성경전서 연구에 힘을 쏟아야 될 일이다. 이때 모든 신학도는 주경신학과 성경신학의 유기적 관계를 잊지 말아야 한다. 클라우니의 글에는 역사적 배경과 더불어 주경적 분석이 직접적으로 제시되고 있는 것은 아니지만 그의 성경신학적 글에는 구체적 본문에 대한 역사적 문맥과 주경신학적 지식/이해가 분명히 깔려있음을 보게 된다.[49] 이런 점에서 "성경신학적" 접근 내지 설교가 단지 본문에 대한 기독론적 또는 삼위일체적 하나님께 집중하는 것으로만 오해해서는 안 된다. 오히려 이것은 구체적 성경 본문에 대해 주경/주해를 거친 후, 성경 전체의 구원 계시 역사의 점진성을 고려한 끝에 산출되는 본문의 결과적 메시지가 되어야 한다. 따라서 성경신학적 설교는 이런 주해적 과정을 통과하면서 본문이 우리에게 요구하는 어떤 "윤리적" 메시지가 있을 경우 그것을 당연히 오늘의 말씀으로 선포하는 적용/실천을 결코 도외시 하지 않는다.[50]

1917년 7월 30일에 출생하여 2005년 3월 20일을 끝으로 예수 그리스도의 선한 일꾼으로 이 땅에서 87세의 나그네 삶을 모두 마치고 하나님의 영원한 품에 안긴 클라우니 박사. 우리는 그를 통해 통전적 개혁파 신학자의 한 모범을 보게 된다. 고전어인 히브리어와 그리스어 능통했으며 현대어로서 모국어인 영어 어휘와 문장이 탁월했을 뿐 아니라 독일어와 불어에도 자유로웠던 신학자로서 그는 신약성경

---

49) Clowney, "A Biblical Theology of Prayer", 139, 141, 144-148, 153-155, 165-168을 보라. "Biblical Theology and the Content of Preaching"(성경신학과 설교의 내용), in *Preaching and Biblical Theology*, 89-98도 참조해 보라.

50) 예를 들어, 클라우니는 "성경신학과 설교의 성격"을 다룰 때 야고보서 5장 11, 17절과 고린도전서 10장 11절을 언급하면서 이점을 잘 서술하고 있다. 어떤 이들은 윤리적 설교와 구속사적적 설교 중 하나를 선택해야 하는 것으로 생각한다. 그러나 신약성경은 양자 모두를 인정할 뿐 아니라 이 양자가 서로 상반된 것으로 나타나지 않는다. … 따라서 우리는 구속사적 접근과 소위 우리가 말하는 성경, 특히 역사적 본문들에 대한 윤리적 접근 사이에 설정된 잘못된 반명제를 거부한다. 구속사적 접근에는 하나님의 말씀을 설교하는데 중요한 요소인 윤리적 적용이 반드시 인정된다. *Preaching and Biblical Theology*, 78-80

베드로전서 주석과 교회론에 대한 귀중한 조직신학 서적을 우리에게 남겨주었다. 또한 그는 신학교의 실천신학 교수와 교회의 담임 목회자로 하나님 앞에 충실한 섬김을 감당하면서 목회자와 신학생이 반드시 정리해야 될 주제(예, 성경신학, 설교, 목회소명, 신학교육)에 대해 수많은 강연과 글을 우리들에게 남겨주었다. 이런 점에서 필자는 그를 개혁파 신학 전통을 잘 전수하고 실천함으로써 후학들에게 그 신학적 유산을 잘 물려준, "주님의 몸 된 교회를 진정 사랑한 토탈 성경신학자"라고 평가하고 싶다.

참고문헌

글레엄 골즈워디, 『성경신학적 설교 어떻게 할 것인가』 서울: 성서유니온선교회, 2002.

허주, 『신학의 종을 어떻게 울릴 것인가: 복음과 삶을 위한 성경신학』 서울: 그리심, 2005.

허주, "기도에 대한 칼빈의 이해: 『기독교강요』를 중심으로", 언약교회 종교개혁 486주년 미간행 특강 원고.

최갑종, 『예수님의 주신 기도: 주기도문 해설』 서울: 이레서원, 2000.

클라우니, 『교회』 황영철 옮김. 서울: IVP, 1998.

황창기, 『성경신학이란 무엇인가? 『서울: 기독교문서선교회, 1987.

Balentine S. E., *Prayer in the Hebrew Bible: The Drama of Divine-Human Dialogue.* OBT. Minneapolis: Fortress, 1993.

Calvin J., "Prayer, Which Is the Chief Exercise of Faith, and by Which We Daily Receive God's Benefits" (Chapter XX), in J. T. McNeill, *Calvin: Institutes of Christian Religion.* vol. 2, Philadelphia: Westminster Press,

Carson D. A., *Teach Us To Pray: Prayer in the Bible and the World.* Grand Rapids: Baker, 1990.

Charlesworth J., "A Prolegomenon to a New Study of the Jewish Background of the Hymns and Prayers in the New Testament." *JJS* 33, 1982

Clowney, E. P., *Preaching and Biblical Theology.* Phillipsburg: Presbyterian and Reformed Publishing Co., 1961.

_______, *Biblical Interpretation and the Church: Text and Context.* Grand Rapids/Exeter: Baker/Paternoster, 1984.

_______, *The Church in the Bible and the World: An International Study.* Exeter/Grand

Rapids: Paternoster/Baker, 1987.

_______, *Right with God: Justification in the Bible and the World.* Carlisle: Paternoster Press, 1992.

_______, *Worship: Adoration and Action.* Grand Rapids: Baker, 1993.

Goldsworthy G., *Prayer and the Knowledge of God,* Leicester: IVP, 2003. =『기도와 하나님을 아는 지식, 정옥배 옮김, 서울: IVP, 2005.

Cullmann O., *Prayer in the New Testament.* London: SCM, 1995.

Crump, David M., *Jesus the Intercessor: Prayer and Christology in Luke-Acts.* Tübingen: Mohr-Siebeck, 1992.

Dunn J. D. G., "Prayer", in *Dictionary of Jesus and the Gospels.* Eds., J. B. Green, S. McKnight, and I. H. Marshall. Downers Grove: IVP, 1992.

Fisher F. L., *Prayer in the New Testament.* Philadelphia: Westminster, 1964.

Han K. S., "Theology of Prayer in the Gospels of Luke." *JETS* 43, 2000.

Hunter W. B., "Prayer", in *Dictionary of Paul and His Letters.* Eds., G. F. Hawthorne, R. P. Martin, and D. G. Reid. Downers Grove: IVP, 1993.

Jeremias J., *The Prayers of Jesus.* trans., J. Bowden. London: SCM, 1967.

Longenecker R. N.,(ed.), *Into God's Presence: Prayer in the New Testament.* Grand Rapids: Eerdmans, 2001.

O'Brien, Peter T., "Prayer in Luke-Acts." *Tyndale Bulletin* 24, 1973

Plymale S. F., *The Prayer Texts of Luke-Acts.* New York: Peter Lang, 1991.

Tillich Paul, *Systematic Theology.* Chicago: University of Chicago Press, 1963.

VanGemeren, *The Progress of Redemption.* Grand Rapids: Zondervan, 1988.

Wilkins M. J., "Prayer", in *Dictionary of the Later New Testament and Its Development.* Eds., R. P. Martin and P. H. Davids. Downers Grove: IVP, 1997.

그레엄 골즈워디의 성경신학적 설교에의 요청

이 승 구
(국제신학대학원대학교, 조직신학)

Ⅰ. 서론

나는 우리나라에서 성경신학을 강조하고 그 의미를 보급하는 데 힘쓰신 황창기 교수님의 사역을 기념하는 이 논문집에 헌정하는 이 소논문에서 호주에서 비슷한 사역을 한 분이라고 판단되는 그레엄 골즈워디(Graeme Goldsworthy)의 성경신학적 설교에 대한 요청을 다루고자 한다. 그는 게르할더스 보스적인 의미의 성경 신학에 철저한 성경 신학을 할 것을 제안하고, 또한 보스적 사상에 충실하려고 하는 코넬리우스 반틸의 정신과 사상을 높이 사면서 신학적 작업을 하려고 한 매우 드문 학자들 중의 하나이다.[1] 흥미롭게도 그레엄 골즈워디는 보스나 반틸과 직접 공부한 일이 없다. 골즈워디가 영국 캠브리지에서 공부한 후에 미국에서 박사 학위를 하였으나, 그는 버지니아 주의 유니온 신학교에서 존 브라이트(John Bright)의 지도 아래서 박사 학위를 했기에 보스나 반틸과 직접적인 연관 관계를 가지고 있지 않은 분이다. 그럼에도 불구하고 호주 교회와 신학교에서의 간접적 영향을 받은 것과 순전히 책을 통해 접촉하면서 상당히 보스적이고 반틸적인 입장에 충실하게 작업을 하고 있기에 우리는 여기서 골즈워디를 철저한 개혁신학을 할 것을 주장하는 신학자

---

1) 이런 점에서 우리나라에서 보스적인 성경신학을 잘 제시하시고 오랫동안 한국 성경신학회 회장을 역임하신 황창기 교수님 기념 논문집에 같은 관심을 지닌 골즈워디에 대한 이 작은 글을 싣는 것은 잘 어울리는 일이라고 판단된다. 황창기 교수님의 인품과 사역의 의미를 높이 사면서 이 작은 글을 헌정하는 바이다.

로, 특히 우리의 설교가 개혁파적 성경신학에 충실한 설교가 되어야 한다는 것을 주장하는 분으로 소개하고자 한다.

골즈워디는 『복음과 하나님 나라』,[2] 『복음과 지혜』,[3] 『복음과 요한계시록』을[4] 그의 기본적 3부작으로 내어 놓았으며, 하나님 계시의 진전을 다룬 『계획에 따라,[5] 기도에 대한 성경 전체의 가르침을 정리한 책,[6] 그리고 성경 전체를 기독교 성경으로 설교하는 문제를 다룬 본서,[7] 그리고 최근에 『복음-중심적 해석학』을 내었다.[8] 호주 성공회의 매우 중요한 목회자 양성 기관인 대학원 과정의 무어 칼리지(Moore Theological College)에서 오랫동안 성경신학을 가르치고 성경신학적 정향을 주도하여 그가 은퇴한 지 오래된 (그리하여 가끔 씩만 강의하고 있는) 지금도 그의 영향력이 무어 칼리지에서 느껴질 정도이다. 현재 무어 칼리지 교수로 있는 분들이 그들이 젊은 날에 골즈워디의 성경 신학 강의를 통해 영향을 받았다고 고백하고 있으므로,[9] 골즈워디는 많은 분들이 그런 성경신학적 정향을 가지고 신학과 목회를 하도

---

2) Graeme Goldsworthy, *The Gospel and the Kingdom: A Christian Interpretation of the Old Testament* (Exeter: Paternoster, 1981). 골즈워디는 이 책이 1973-74년에 무어 신학교에서 가르친 성경신학 과정의 토대였으며 이는 구약을 다루는 기독교 설교자와 교사에게 도움을 주기 위해 쓰여 졌다고 밝힌다.

3) Goldsworthy, *Gospel and Wisdom: Israel's Wisdom Literature in the Christian Life* (Exeter: Paternoster, 1987).

4) Goldsworthy, *The Gospel in Revelation* (Exeter: Paternoster, 1984). 이는 미국에서는 *The Lamb and the Lion* (Nashville: Thomas Nelson, 1985)으로 출간되었다.

5) Goldsworthy, *According to the Plan: The Unfolding Revelation of God in the Bible* (Leicester: IVP, 1991; Downers Grove, IL; IVP, 2002). 이를 우리말로 옮긴이는 이 책의 제목을 『복음과 하나님의 계획』이라고 제시하여 골즈워디의 3부작과 어울리게 조절하였다.

6) Goldsworthy, *Prayer and the Knowledge of God: What the Whole Bible Teaches* (Reprint, Downer Grove, IL: IVP, 2005).

7) Goldsworthy, *Preaching the Whole Bible as Christian Scripture* (Grand Rapids: Eerdmans, 2000). 이를 김재영 목사께서 『성경신학적 설교 어떻게 할 것인가』 (서울: 성서 유니온, 2002)로 잘 번역해 내셨다. 이하 이 책으로부터의 인용은 이 번역본에 근거하여 그 면수만을 본문 중 ( ) 안에 제시하기로 한다.

8) Goldsworthy, *Gospel-Centered Hermeneutics: Foundations and Principles of Evangelical Biblical Interpretation* (Leicester: IVP Academics, 2007).

9) 필자가 2005년 여름(호주의 가을 겨울에)에 연구를 위해 호주 무어 칼리지를 방문했을 때 많은 교수들이 이런 반응을 하고 있다는 것을 확인하였다. 심지어 기독교 윤리를 가르치는 교수님조차도 자신의 신학은 골즈워디의 성경신학에 의해 형성되었다고 언급하는 것을 들었다.

록 하는 좋은 토대를 무어 칼리지와 시드니 교구, 그리고 온 세상에[10] 마련해 놓은 성경신학자라고 할 수 있을 것이다.

이 글에서는 먼저 성경 신학적 설교에 대한 골즈워디의 강한 요청을 생각해 보고(I), 그가 말하는 성경신학적 설교는 과연 어떤 특성을 지닌 것이지를 살피고(II), 각 장르에 따라 그 구체적 해석과 설교 방법에 대하여 논의한(III) 후, 이에 대한 우리의 비판적인 성찰을 하여 보기로 하자(IV).

Ⅱ. 골즈워디의 성경신학적 설교에의 요청

골즈워디의 책 가운데서 『성경신학적 설교, 어떻게 할 것인가』라고 흥미롭게 바꾸어 한국에 소개된 번역서의 제목을 따라서 말하자면, 이 책은 우리의 설교가 철저히 성경신학적이어야 할 것을 주장하는 책이다. 우리가 앞서 언급한 그의 다른 책들에서 성경신학이 무엇인지를 대중적으로 제시하는 역할을 잘 감당한 골즈워디는 이 책에서는 목회자들로 하여금 참으로 성경신학적인 설교를 하게끔 하려고 한다. 그러므로 이는 우리의 목회와 설교에서도 개혁파적이어야 한다는 것을 주장하는 이 장의 매우 적절한 논의 대상이 되는 것이다. 이는 에드먼드 클라우니가 오래 전에 『성경신학과 설교』에서 말한 바를 좀 더 폭 넓고도 더 철저하게 논의하고 있다고 골즈워디 자신도 의식하고(26), 그 스스로가 이 일을 아주 잘 감당하고 있다고 여겨진다. 이를 통해서 우리들은 신학적 작업에서 뿐만 아니라 우리들의 설교에서도 철저한 개혁파적이어야 한다는 강한 도전을 받을 수 있었으면 한다.

혹시 왜 성경신학적 설교가 개혁파적인 것인가를 묻는 분들이 있다면, 이곳과 다른 곳에서 골즈워디가 제시하는 성경신학이 리처드 개핀이나[11] 우리가[12] 개혁파

---

10) 캘리포니아에서 목회하고 있는 젊은 미국인 목사 Justin Buzzard가 그레엄 골즈워디에 성경신학의 의미와 중요성에 대해 한 인터뷰를 보면 그의 영향력이 얼마나 전 세계적인지를 알 수 있을 것이다(accessed on April 7, 2007, available at:http://buzzardblog.typepad.com/buzzard_blog/2007/02/graeme_goldswor_1.html).

11) Richard Gaffin, Jr., "Introduction," to Geerhardus Vos, *Redemptive History and Biblical Interpretation,* ed., Richard B. Gaffin, Jr. (Phillipsburg, NJ: Presbyterian and Reformed, 1980),

성경신학이라고 이름한 게할더스 보스적인 접근을 따르고, 그를 더 성경적으로 발전시키는 것이라는 점을 지적하고자 한다. 골즈워디는 성경신학의 정의를 제시할 때 바로 "성경 안에 있는 하나님의 자기 계시의 과정을 다루는 주경신학의 한 분과"라는 보스의 정의를[13] 소개하고 있다(53). 그는 가블러와 그를 따르는 이들의 문제점을 지적하면서 보스와 같이 "성경신학에 대한 정의의 출발점은 성경 자체가 되어야 한다"고 주장한다(57).[14] 그러면서 "성경 신학이 마땅히 시행되려면 성경의 최고 권위에 기꺼이 복종하고 성경의 계시가 우리의 전제들을 형성하게 해야 한다"는 것을 강조한다(57). 따라서 골즈워디는 "성경적이기를 워하는" 모든 설교는 "하나님의 말씀의 권위 아래 서겠다는 설교자의 단호한 결심"을 가지고 있어야 한다고 주장한다(196).

골즈워디는 오늘날 많은 이들이 계몽주의적 전제를 취하는 것을 비판적으로 바라보면서 "현대의 성경신학은 자주 이 길에서 벗어나고 있다," 57), 그런 신학은 "결함이 있는 신학"이라고 아주 강하게 공언한다(45). "일련의 비평적-신학적 주장들은 성경 역사의 본질적 특성을 손상시켰다"는 것을 골즈워디는 분명히 지적한다(125). 예를 들어서 이사야서를 세 부분으로 나누어 각기 다른 연대와 사상을 지닌 것으로 생각하는 것에 대해서 골즈워디는 "복음주의 설교자는 이러한 접근 방법에서 아무 도움도 얻을 수 없다"고 강하게 말한다(282). 더 나아가서 새로운 설교의 유행을 따라 가는 풍조를 비판하면서 골즈워디는 "전통적 설교 양식에 관해 제기된 질문들 몇 가지에서 유익을 얻고자 새로운 설교 철학을[15] 따라갈 필요는 없다"(358)고 단

---

xiv.

12) 특히 한국 성경신학회의 전체적 분위기를 생각해 보라. 이에 대해서 한국 성경신학회의 학술지인 『교회와 문화』를 참조하라. 또한 보스적인 성경신학의 의미에 대해서는 본서의 9장과 이승구, "성경신학과 조직신학", 『21세기 개혁신학의 방향』 (서울: SFC, 2005), 189-221을 보라.

13) Geerhardus Vos, *Biblical Theology* (Grand Rapids: Eerdmans, 1948), 13 = 이승구 역, 『성경신학』 (서울: CLC, 1985), 30.

14) 또한 Goldsworthy, "Is Biblical Theology Viable?," in *Interpreting God's Plan: Biblical Theology and the Pastor,* ed., R. J. Ginson, Explorations 11 (Carlislie: Paternoster, 1997)도 언급한다.

15) 이에 대한 대표적인 에가 Fred B. Craddock의 *As One Without Authority*라는 책과 그에 의해 제시된 신문예주의적 해석과 크래독이 말하는 귀납적 설교나 내러티브 설교에 대한 논의라고 한다. 이에 대해서 골즈워디는 G. R. O"Day and T. G. Long, eds., *Listening to the Word:*

언한다.

골즈워디는 심지어 일각에서 성경신학의 부흥을 일으킨 것으로 언급되는 차일즈의 작업에 대해서도 비판적으로 보면서 "그의 성경신학은 성경 권위의 문제를 제대로 파악하는 데 이르지 못했다"고 하고(55), 그는 "여전히 비성경적인 전제들에 얽매여 비평학의 방법을 사용한다"는 것을 분명히 지적하면서 자신이 보기에 "성경신학에 대한 차일즈의 방대한 저술은[16] 참된 성경신학을 제시하는 데는 성공하지 못했다"고 평가 내린다(55). 또한 조지 라이트 등의 신정통주의적 성경신학에 대해서도[17] 골즈워디는 "성경게시를 다룸에 있어서 무능함을 드러낼 수밖에 없었다"고 공언한다(63). 또한 오늘날 유행하고 있는 "포스트모더니즘은 복음에 대한 도전", 이요 "저자의 의도가 회복 가능함을 받아들이지 않는 문학적 형태의 무신론"이요, 따라서 이는 "기독교 유신론과는 전적으로 상치된다"고 강하게 말한다(121). 왜냐하면 골즈워디에 의하면 "성경의 통일성이란 우선적으로 복음에 게시된 하나님의 자기 계시를 근거로 한 일종의 신학적 확신"이기 때문이다(119). 이와 같이 골즈워디는 "문학적 차원, 역사적 차원, 신학적 차원 모두를 견지해야 한다"고 말한다(283).

또 다른 편에 있는 "세대주의는 해석학적 전제들을 성경에서 도출해 내지 않았기 때문에 흠이 있는 성경신학 체계"라는 것을 잘 지적한다. "모든 예언이 문자 그대로 성취된다는 점을 강조하는" 세대주의는 "신약 성경에 있는 증거를 따르는 것이 아니다"(132).

그러므로 성경에 대한 비판주의를 허용하지도 않고, 문자주의로 나아간 세대주의적 해석도 배격하는 골즈워디는 자신의 입장과 전제가 "개혁주의적이며 복음주의적 입장"이라고 아주 분명히 밝힌다(21). 그는 이런 신학, 즉 "복음주의적 전제들과 일치하는 성경신학"이 ①"훌륭한 주석 능력이 있으며", ②"성경의 통일성을 보존"하며, ③이런 신학이 "성경의 다양성을 인정"한다고 주장한다(45). 그는 자신이 말하는 것이 무어 신학교에서 형성된 것이며, 영국 캠브리지와 미국 버지니아 유니온

Studies in Honour of Fred B. Craddock (Nashville: Abingdon, 1993)을 언급한다(358, n. 8).

16) 이렇게 말할 때 골즈워디는 특히 Brevard Childs, *Biblical Theology of the Old and New Testaments* (London: SCM, 1992)를 염두에 두고서 이렇게 말하는 것이다.

17) Cf. George Ernest Wright, *God who Acts: Biblical Theology as Recital* (London: SCM, 1952).

신학교에서 대학원 과정을 공부하면서 자신의 전제들과 그 전제를 견지하는 이유들을 검토 해 보았지만, 결국 자신이 "더 성숙할 필요는 있었지만 전통적 역사적 기독교의 견해가 가장 일관성 있다고 확신하게 되었다"고 주장한다(21). 더 놀라운 것은 골즈워디가 그것을 코넬리우스가 사용한 용어대로 "기독교 유신론"(Christian Theism)이라고 언급하고 있다는 점이다(21, n. 6). 그는 반틸을 따라서 우리가 하나님께 대한 완전한 지식은 아니지만 참된 지식을 가질 수 있다고 주장한다(40). 또한 반틸과 함께 중생한 지성의 역할을 의식하며 매우 적극적으로 그 점을 강조하면서 논의한다(319). 그리하여 에를 들어서, 시편 19편 같은 것은 자자가 한 사람의 신자로…… 특별 계시 덕분에 자연에 있는 진리를 보고 있는 신자들의 마음의 눈을 통해 말하고 있다"는 것을 매우 강조하면서 논의한다(319). 골즈워디는 또한 반틸을 따라서 "하나님이 우리를 당신님께 의존해야 하는 언약적 존재로 만드셨으므로 오직 두 부류, 즉 언약을 지키는 사람들과 언약을 어기는 사람들이 있을 뿐이다"고 강하게 동의하면 말한다(189f.).[18]

골즈워디는 이렇게 자신이 제시하는 것이 보스적이고 반틸적인 전제에 충실한 것임을 처음부터 분명히 밝히면서 논의하여 가는 것이다. 그러므로 우리는 그를 철저한 **개혁파적 설교를 하여야 한다**는 주장을 하는 대표자로 제시하는 것이다. 그리고 그런 대표적인 개혁파적 성경신학자는 성경신학과 조직신학의 관계를 상호 보완적으로 보는 것이다.[19] 그래서 그는 "교의학자가 되기를 힘쓰지 않는 성경신학자는 성경신학자로서 덜 유능할 것이며, 성경신학자가 되기를 힘쓰지 않는 교의학자는 교의학자로서 덜 유능할 것이다"고 선언한다(104-105). 골즈워디에 의하면 가장 성경적이고, 성경신학적인 설교는 또한 "해당 본문의 성경적 진리들을 드러내준다는 의미에서 언제나 교리적이어야 한다"고 선언하기도 한다(202). 그리고 모세 율법을 설명하면서도 율법의 세 가지 기능에 대한 종교 개혁적 논의를 잘 반영하면서 논의하고 있다(262). 골즈워디는 이만큼 개혁신학의 가르침에 충실한 것이다.

---

18) 이 때 골즈워디는 Cornelius Van Til, *The Reformed Pastor and Modern Thought* (Phillipsburg: Presbyterian and Reformed, 1974)를 언급하는 것이다.

19) 같은 태도로 보스, 개핀, 머레이 등의 입장을 보라. Cf. 이승구, "성경신학과 조직신학", 『21세기 개혁신학의 방향』 (서울: SFC, 2005), 189-221.

또한 그런 개혁 신학의 정신에 매우 충실한 실천적 주장도 골즈워디는 매우 분명히 한다. 예를 들어서, 그는 이전의 청교도들과 같이, 하나님을 형상화하는 모든 시도를 십계명 제2계명에 근거해서 강하게 비판한다(253f.). 또한 골즈워디는 우리는 어디서나 하나님 앞에 있으므로 "오늘날의 '성지 순례'라는 것은 틀린 명칭이다"고 단언한다(276). 같은 정신에서 골즈워디는 "오늘날의 이스라엘이나 팔레스타인 땅은 결코 성지(聖地)가 아니다"고 단언한다(276, n. 11). 더 나아가 "교회 건물들이나 그 건물들의 어떤 부분을 성전 혹은 성소라고 지칭하는 것은 팔레스타인 땅을 성지라고 일컫는 것과 마찬가지로 틀린 호칭이다"고 단언한다(276, n. 11). 우리는 성경신학적 통찰이 담긴 이런 단언들에 매우 주의해야 할 것이다.

이와 같은 성경신학적 설교는 구체적으로 과연 어떤 것일까? 다음 절에서는 그가 말하는 성경신학적 설교의 특성들을 찾아 제시해 보기로 한다.

Ⅲ. 성경신학적 설교란 무엇인가?

골즈워디가 말하는 성경신학적 설교는 기본적으로 **성경 전체를 기독교 성경으로** (*the whole Bible as Christian Scripture*) 설교하는 것을 뜻한다. 다시 말하여, 설교가 "일관성 있는 **그리스도 중심적 접근 방법**"을 가져야 한다(11, 강조점은 필자의 것임)는 것이다. 그는 최근에 설교에 대해서 나온 책들이 "주로 효과적인 전달과 설교 준비 방법들에 치중되어 있다"는 것을 안타깝게 여긴다(32). 즉, 그는 "해석과 적용의 원칙들을 제공해 주는 성경의 본질에 대하 질문들은 그다지 눈에 띄지 않는" 것을 한스러워한다(32) 바로 이 이유 때문에 그는 이 책을 써서 이와 같은 주장을 하는 것이다. 그는 "성경이 메시지를 제시하는 방식이 우리에게 필요한 원칙들을 제공한다"는 것을 주장하는 것이다(32). 왜냐하면 "성경 본문의 내용을 제시하는 방식을 성경 본문 그 자체가 주관하게 하는 것보다 나은 법칙은 없기" 때문이다(202).

그런데 성경에 의하면, "예수라는 인물이 하나님 나라에 대한 하나님의 계시의 최종적이며 충만한 표현이라고 선포되고" 있다(58).[20] 그러므로 예수님이 "구약 전체의 목표와 성취"이고, "하나님의 진리의 구현으로서 예수님은 성경을 해석하는 핵심적 열쇠"라고 한다(58) 그러므로 우리의 성경 해석은 항상 그리스도로부터 시작해야 하고, 따라서 우리의 성경해석은 항상 기독교적일 수밖에 없다는 것을 부끄럼 없이 강조한다. "그리스도에게로 돌이킨 다음에는 성경에 대한 우리의 관점을 비롯하여 모든 것이 바뀐다 …… 이제는 성경을 진리에 대한 하나님의 말씀으로 보게 된다"(58). 그리고 이렇게 볼 때 "복음 가운데 있는 예수 그리스도를 언급하지 않고서도 그 본문의 참된 의미를 드러낼 성경 본문은 없다"(198, cf. 344). 심지어 지혜서를 해석할 때에도 "예수님이 우리의 지혜가 되셨다는 사실 …… 우리가 지혜롭고 의롭게 살아가지 못했지만 예수님이 우리를 의롭게 해 주시기 위해서 죽은 자들 가운데서 살아 나셨다는 사실에 달려 있다는 점을 명확히 짚어주어야" 한다는 것을 강조한다(305).

그러므로 성경신학적 설교는, 첫째로, 구속사의 중심이신 그리스도를 중심으로 하여 해석되고 설교되어야 한다는 점에서 바른 의미에서 그리스도 중심적 해석이다(143, 145f., 164f., 179) (이를 잘못된 의미의 기독론적 집중과 구별하기 위해 **삼위일체론적 그리스도 중심적 설교**라고 할 수 있을 것이다). 왜냐하면 "성경 전체의 모든 본문은 보고 알 수 있는 관계를 그리스도와 맺고 있으며, 주로 그리스도에 대한 증언으로 기록되었기" 때문이다(185). 그러므로 그는 "모든 주제들은 그리스도에게 이른다"고 선언한다(187). 그리고 "그 분을 떠나서는 이 우주 가운데 있는 그 어떤 사실도 그 궁극적 의미를 파악할 수 없을 것이다"(190).[21] 이런 의미에서 골즈워디는 "복음 없는 권면들은 율법주의적"이라고 선언하면서(191, cf. 378), 이런 의미에서 우리 주변에 많이 있는 이런 설교는 사실 "하나님의 은혜를 거부하는 것이며, 사람들을 자력과 자기 수양을 추구하도록 이끄는" 것이고, "솔직히 말해 불경건한 것이다"라고 까지 선언한다(193, 200f.도 참조하라).

그러므로 성경신학적 설교는 그 내용을 중심으로 말하면 신국적인 설교요(148-50), 그 시기적 성격을 중심으로 말하자면 종말론적 설교이다. 왜냐하면 바른

---

20) 골즈워디는 자신의 책 『복음과 하나님의 계획』(*According to the Plan: The Unfolding Revelation of God in the Bible*)이 바로 이점을 상세하게 다룬 책이라고 언급한다.

21) 이는 모든 바른 그리스도인들의 생각이지만 이 점을 가장 잘 표현하고 강조한 이는 역시 Cornelius Van Til임을 생각할 때 반틸이 골즈워디의 생각에 미친 영향은 매우 크다고 하지 않을 수 없다.

설교는 "예수님 안에서, 우리를 위하여, 우리를 대신하여 세상의 끝이 임했다"(156)는 것을[22] 바르고 강하게 선포하는 것이기 때문이다. 하나님 나라는 "구약 성경에서는 실제로 그 말이 언급되지 않았지만, 그 개념은 성경 전체에 나온다"(392). 이는 "하나님이 시공간 안에서 당신님의 백성을 다스리시는 일을 포함하는 중심적 실체"이다(392) 그러므로 골즈워디는 하나님 나라 개념을 "성경신학에서 하나의 중심적이며 통일적인 주제로서 추적할 수 있다"고까지 강ㅎ라게 말한다(392).

그러므로 성경신학은 "하나님의 원대한 계획과 목적에 대한 안목을 제공해" 주고(65), 따라서 "하나님의 전체 경륜을 선포하도록 도와준다"(65). 따라서 "성경신학은 설교자가 무엇을 설교해야 할지를 모르는 답답함에서 벗어나게 할 것이다"(65). 이런 뜻에서 골즈워디는 모든 목회자는 성경신학자여야만 한다는 것을 매우 강하게 말한다(65).[23] 그리고 예수님을 중심으로 하는 성경 신학적 이해에 의하면 "교회는 종말론적 실재"이다(104). 따라서 "열방을 향한 교회의 사역은 우리가 특별한 의미에서 역사의 종말에 다다랐다는 표적이다"(104). 그러므로 우리의 설교도 하나님 나라의 일이며, 사람들을 하나님 나라에로 이끌어 들이고, 이미 하나님 나라 안에 들어 온 사람들은 진정 하나님님 나라의 백성답게 살게 하는 종말론적인 사역이고, 하나님 나라적 사역이다. "하나님 나라가 설교를 통해서 이 세상에 임할" 것이기 때문이다(87). 이런 의식을 가지고 성경이 말하는 하나님 나라의 성격을 드러내며, 그런 성격을 구현하게 하는 것이 성경신학적 설교요, 개혁파적인 설교인 것이다. 골즈워디는 설교에 대한 이런 이해를 "선포된 말씀에 대한 성경신학"이라고 표현하기도 한다(69).

둘째로, 성경신학적 설교는 "**계시의 점진적 성격을 반영해야 한다**"(133, **강조점은 필자의 것임**). 모든 계시는 "점진적"이기 때문이다(290, 127-33). "모든 설교에는 성경신학을 한 결과가 들어 있어야 한다"(383). "다시 말해서, 설교를 들으면서 사람들은 성경을 읽고 이해하는 방법을 배울 수" 있어야만 한다(383). 이 점에서 있어서 언약

22) 이에 대해 Goldsworthy는 특히 자신의 *According to Plan*과 *The Gospel in Revelation,* 그리고 Adrio König, *The Eclipse of Christ in Eschatology* (Grand Rapids: Eerdmans, 1989)를 언급한다 (159, n. 16). 또한 본서의 159, 349, 351, 362f., 368f., 372, 374, 375 등을 보라.

23) Cf. Goldsworthy, "The Pastor as Biblical Theologian," in *Interpreting God's Plan: Biblical Theology and the Pastor,* ed., R. J. Ginson (Carslie: Paternoster, 1997).

은 골즈워디에게도 매우 중요한 것이다. "성경신학은 다양한 언약 사상들을 취하여 그 배후에 있는 다양성과 통일성을 검토하는 데 관심이 있다. 언약의 다양성은 점진적 계시의 기능이다"(392f.).

모형론(typology)은 지나치면 안 되지만 "그 방법 자체는 명백히 성경을 기초로 한 방법이며 무시될 수 없는 방법이다"(133). 왜냐하면 하나님께서는 "근본 진리들을 먼저 그림자. 즉 예표로 계시하셨으며, 그 다음에는 확실한 실체, 즉 원형으로 계시하셨기" 때문이다(393). 골즈워디는 신약성경이 그 모형을 분명히 드러내는 "명백한 모형론"과 신약 성경에서 그런 명백한 언급이 없으나 "그 시기 자체에서 그 사건의 신학적 의미를 파 할 수 있는"(394) 암시적 예표 모두를 긍정적으로 본다(393f.). 그런 의미에서 약속-성취 모델도 계시의 점진적 성격을 잘 보여 주는 방식이다.

그러나 잘못된 모형론에 대해서는 골즈워디가 매우 강하게 비판한다. 예를 들어서 느헤미야가 예루살렘 성문들을 재건하는 일에 대해 설명하면서 양문(羊門)을 재건한 것과 연관하여 "양떼와 선한 목자"에게로 나아가고, "마문(馬門)"을 재건한 것에서 하나님의 군대를 생각하는 것 등이 이와 같은 잘못된 모형론의 대표적인 예로 언급하며 비판한다(180, 181, n. 7).[24] 또한 언약궤의 나무는 그리스도의 인성을 금박은 신성을 나타낸다고 하는 해석이나, 제사장 의복에 있는 석류 문양은 성령의 열매를 뜻한다고 보는 해석들이 그런 해석의 대표적인 예들로 언급된다(181). 그는 이런 해석과 설교는 알레고리요 무모한 예표론이라고 하면서 강하게 비판한다.

바른 예표를 찾는 시금석으로 골즈워디는 다음과 같은 원칙을 제안하는 존 커리드의 말을[25] 동감하면서 인용한다: "첫째, 예표는 역사를 기반으로 해야 한다. 예표와 원형은 모두 반드시 실제 역사 사건이나 사람이나 제도여야 한다는 것이다. 둘째, 예표와 원형 사이에는 역사적 대응성과 신학적 대응성이 반드시 있어야 한다. 셋째, 예표의 원형은 강화된 특성이 있어야 한다. 넷째, 그 예표가 원형을 예시하는

---

24) 사실 이는 Goldsworthy, *Gospel and Kingdom,* 110, 111에서 자신이 이미 비판적으로 언급한 바를 다시 언급하는 것이다.

25) 이는 John Currid, "Recognition and Use of Typology in Preaching," *Reformed Theological Review* 53/3 (1994): 121의 인용이다.

것을 하나님이 정하셨다는 증거가 반드시 제시되어야 한다."(182f.)

셋째로, 성경신학적 설교는 **성경의 구원사적 맥락을 존중하는 설교이다.** 구원사적 맥락을 존중하는 성경 해석과 설교는 "일차적으로 본문의 위치"를 확인하고[구속사에서의 본문의 위치 확인], 그 후에 모든 성경의 정점이신 그리스도와 신학적으로 연결시킨[그리스도와의 관계성 확정] 후에야 신자와 청중에게 연관시키는[신자에게로의 구속사적인 적용] 것이다(167, 190).

그러므로 골즈워디는 "계시가 지닌 구원사적 구조를 무시하고 청중에게 개별적이고 관련 없는 본문을 직접적으로 적용"하는 것을 강하게 비판한다(166). 그런 성경 해석과 설교는 "계시의 구조를 도외시하고"(190), "설교자의 직관과 선택이나 편견"을 반영하는 것일 뿐이라는 것이다(166). 그러나 바른 설교에 대한 전략은 "하나님께서 말씀하신 방식, 성경의 내용, 성령의 영감 아래 성경의 메시지가 취한 형식을 무시할 수 없다"(196).

넷째로, 이런 개혁파적 설교는 **그 모든 내용에 있어서도 성경이 제시하는 근본적 가르침에 충실한 설교이어야 한다.** 예를 들어서, 바른 설교는 "만약 그리스도의 구원 사역이 몸을 포함하여 우리의 완전한 인성이 포함된다면, 몸의 부활은 필수적이다"는 점을 분명히 하는 것이어야 한다(107).[26] 그리고 그것은 몸을 존중하게 하고 몸을 경시하지 않게 하는 것이어야만 한다.

또한 그는 율법이 하나님의 은혜로 형성되어 있다는 것을 아주 분명히 하면서 논의한다(참조. 19, n. 3, 109, 11장). 그리고 구원을 은혜로 얻는 것이 분명하다면 "우리는 모든 윤리적 명령들을 복음과 함께 받은 것이며, 명백히 그와 같은 것으로 여겨야 한다"고 주장한다(108).

이런 설교는 경륜적 삼위일체만이 아니라 존재론적 삼위일체도 인정하는 것이어야 하며(117), 칼세돈 정의에 충실한 것이기도 해야 한다(116). 그런 설교자는 "범신론이나 범재신론에서 발견되는 [실재들의 잘못된 방식의 통합을] 전적으로 반대한다"(118).

또한 이런 설교는 하나님의 영원하신 작정도 매우 중요시하며(225), 또한 성경

---

26) Cf. Goldsworthy, "'With Flesh and Bones': A Biblical Theology of the Bodily Resurrection of Christ," *Reformed Theological Review* 57/3 (1998): 121-35.

역사의 역사적 성격을 매우 존중하는 것이다. 이런 해석과 설교는 예를 들어서, "아담을 인류의 선조로"보며, 창세기 3장이나 로마서 5장과 고린도 전서 15장등을 그가 "자신의 창조주에게 반역한 실제 인간의 대한 언급"으로 보는 것이다(170). 이런 의식에서 골즈워디는 고대 근동의 종주권 언약 체결식과 성경 언약 체결식의 연관 관계를 관찰하면서 "신명기가 모세보다 훨씬 오래된 구조를 가지고 있는 것으로 보인다는 주장"을 한 클라인의 작업은[27] "신학적으로 중요한 기여를" 한 것으로 평가하며 제시하는 것이라고 여겨진다(258).

그런데 오늘날 복음주의 설교에서도 반역사적 영향력이 종종 나타난다는 점을 골즈워디는 우려한다(127).[28] 예를 들어서, '내 마음 속에 계신 예수님' 신학은 신약의 삼위일체적 관점을 왜곡할 뿐 아니라, 중세 가톨릭주의의 내면화된 복음에 가깝다는 점을 지적하는 것이다(127).

다섯째로, 이런 성경신학적 설교는 **그 형식에서는 매우 다양할 수 있다.** "우리가 사용하는 전략은 상황에 따라 매우 다를 수" 있기 때문이다(198). 가정 예배에 적합한 전략이 있을 수 있고, 소그룹 모임에 대한 전략이 있을 수 있고, 교회공동체의 예배에 적합한 전략이 있을 수 있다는 것이다(198-200). 무론 모든 설교는 주해와 해석과 적용의 요소들을 가지고 있지만(206), 그 과정을 통해서 하나님의 말씀이 전달되는 방식은 다양하다는 것이다. 그러므로 "오용되지 않도록 성경 신학이 보호하는 강해 설교는 많은 방향으로 나아 갈 수 있다"(202). 이는 성경신학적 설교란 어떤 고정된 틀을 가지고 그것에 맞추기를 강요하는 것이 아니라는 말이다. 예를 들어서, 골즈워디는 바른 성경신하적 주해에 근거한 설교가 되어진다면 "때로는 한 구절이아 한 단어에 초점을 맞추어 설교하는 것도 가능하고 허용될 수 있는 일이며, 아주 바람직한 일이기도 하다"고 말한다(196). 그 구절이나 단어를 "본래의 문맥에서 지니고 있는 의미에 따라" 다루기만 한다면 말이다. 그래서 골즈워디는 "주해의 기초 작업이 겉으로 드러나지 않으면서도, 다루는 본문을 정확히 주해하는 토대를

---

27) Cf. Meredith G. Kline, *Treaty of the Great King: The Covenant of Deuteronomy* (Grand Rapids: Eerdmans, 1963).

28) 또한 Goldsworthy, "The Gospel and the End of History," in *Explorations* 13, ed. R. J. Gibson (Carlisle: Paternoster)도 보라.

확고하게 제공해 준다면, 하나님의 진리를 청중에게 적용하고자하는 설교의 목적이 여전히 존재하는 것이다"고 말한다(201).

더 나아가서 성경이 증언하는 그리스도의 풍성함 때문에 성경적 설교는 다양할 수밖에 없다. 이런 뜻에서 골즈워디는 다음과 같이 매우 강하게 말하기도 한다:

> 성경의 모든 부분에서 그리스도를 설교한다는 것은 구약 성경의 풍성한 다양성을 '예수님을 피상적으로 대하는 얄팍한 경건'이라는 편협한 틀에 집어넣어 천편일률적으로 짜내는 것과는 거리가 멀다. 성경의 모든 부분에서 그리스도를 설교한다는 것은 이 큰 다양성을 성취자이신 그리스도의 끝없는 풍성함 속으로 확대한다는 의미다. 만약 모든 설교에서 그리스도의 풍성함의 측면을 선포하지 않는다면, 우리는 설교단에 서지 말아야 한다(204).

이와 같이 골즈워디는 성경이 증언하는 그리스도의 풍성함을 잘 의식하며, 우리의 설교가 그 풍성함을 드러내도록 해야 한다는 것을 매우 강조하는 것이다. 그러므로 그는 설교를 준비하면서 "우리는 하나님의 성령이 그 말씀의 풍성함을 우리에게 능동적으로 보이시기를 기도해야 한다"고 말한다(205).

Ⅳ. 성경 신학적 설교의 실제들에 대하여

이제 이와 같은 성경 신학적 설교를 제대로 감당하기 위해 우리는 성경의 다양한 장르에 맞게 해석하고 설교해야 할 것이다. "장르를 잘 의식하며 해당 본문을 다르게 해석하지 않을 수 있게"되기[29] 때문이다. 그러나 "어떠한 문학적 형태나 장르라는 표지를 붙이는 것이 중요하지 않다. 설교자는 구체적 본문이 하나님의 말씀을 위한 도구로서 어떤 역할을 하는지 이해하려고 노력해야 한다. 장르 확인은 이 작업에 도움을 주는 한에서만 중요하다"(284). 왜냐하면 시드니 그레이다너스가 잘 말

29) 이는 골즈워디가 John Barton, *Reading the Old Testament: Method in Biblical Study,* 2nd edition (London: Daton, Longman and Todd, 1996), 16을 인용하여 하는 말이다(218, n. 1).

하고 있는 것처럼, "복음서 장르와 예언서 장로와 히브리 내러티브 장르 사이에 유사성이 존재한다는 사실은 결코 놀랄 일이 아니기"[30] 때문이다.

1. 구약 성경의 역사 서술 본문(narrative text)은 어떻게 설교할 것인가?

다른 본문들과 같이 이런 역사적 기사 본문(narrative text)들도 구원사의 맥락에 따라 해석되어야 한다(224, 233, 234), 이는 아브라함을 부르시는 일과 언약적 약속들을 주시는 일의 예비적 무대를 제공하는 창세기 1-11장으로부터 시작하여, "시내산에서 하나님 백성으로서 나라(a nation)가 세워진" 일을(226) 중시하고, "다윗의 통치에 영광이 있었지만 하나님의 나라는 아직 오지 않았다는 사실을" 분명히 하면서 논의되어야 한다(225). 즉, "역사 내러티브에 대한 설교를 할 때 하나님 나라와 더불어 우주를 바꾸시겠다는 하나님의 게시된 목적을 존중해야 한다"(238f.).

그러므로 "바빌론에서의 귀환이 여호와의 큰 날과 만물의 영광스러운 회복에 대한 서곡"으로 해석되어 설교될 수 있다(235). 물론 그것은 "선지자들이 예언한 [종국적] 하나님 나라가 아님이 명백하다"(236). 이때까지도 "이가봇의 그림자가 그 땅에 드리워져 있었다"(236). 그러므로 후기 선지자들의 메시지는 ①"정차 실현될 진정한 성취의 필요성을 가리키는 동시에", ②"다가 올 하나님 나라에 대한 소망 가운데 당신의 백성을 지키시는 하나님의 신실하심을 보여 주는" 것이다(236).

그러므로 이런 본문을 그저 "처음부터 끝까지 설교 전체를 하나의 플롯을 주제로 엮어 내는 설교"로 보는 기사적 설교도[31] 그 이야기가 "**역사라는 틀에서 벗어나면, 신학은 무기력하게 왜곡된다**"고 말하는 골즈워디의 말은 매우 중요한 것이다(238, 강조점은 필자가 붙인 것임).

---

30) Sidney Greidanus, *The Modern Preacher and the Ancient Text* (Grand Rapids: Eerdmans, 1988), 263.

31) 이는 Calvin Miller, "Narrative Preaching," in *Handbook of Contemporary Preaching,* ed., Michael Dudiut (Nashville: Broadman, 1992)을 인용하여 하는 말이다(237, n. 11).

2. 구약 율법을 어떻게 설교할 것인가?

골즈워디에 의하면 율법도 구원사 안에 그 맥락을 가지고 있다. "율법이 공로와 노력에 의한 구원의, 길을 제공하는 것이 아니었다"(261). 오히려, "율법은 은혜로 택함을 받고 은혜로 먼저 구원함을 받은 백성에게 주어진" 것이다(242). 이런 뜻에서 "율법은 단순히 인간 행위를 위한 지침이 아니다"(247). "우선적으로 율법은 그 율법이 지니고 있는 윤리와 복종이 하나님과 어떤 관계가 있는지 보여 주기 위해 존재한다"(247).

골즈워디는 율법을 시내 산 율법 중심으로 생각한다. 따라서 에덴에서는 하나님과의 언약 관계는 있었으나 아직 율법이 주어지기 전이라고 보아야 한다(242, n. 2)고 계시의 역사를 존중하는 논의를 하는 것이다. 그래서 골즈워디는 에덴에서 첫 부부의 불순종으로 하나님과의 언약 관계가 깨어졌다고 말한다(242, n. 2). 이는 성경 신학자인 골즈워디가 타락 이전의 인간과 하나님의 관계를 언약적으로 보고 그렇게 표현하고 있음을 보여 주는 것이다. **(그러므로 좋은 성경 신학자는 교의학에 적대적이지 않은 것이다.)**

음식법을 포함하여 위생적인 이유가 아닌 신학적으로 규정된 구약의 법들이[32] "복음을 근거로 하여 대체된" 것이다(245, n. 6); "복음은 그러한 구별을 아예 없앤 것으로 보인다"(255). 그러므로 윤리적 행위를 언급하는 구약의 율법들도 그리스도와 연관해서 신약의 그리스도인에게 적용되는 것이니(244f.), 이는 "그리스도인이란 그리스도와의 연합을 통해 규정되는 사람"이기 때문이다(244).

율법 안에 이미 희생 제사라는 인간의 불순종을 다루는 수단이 있는 것이다(246). 즉, 율법 안에 이미 복음이 있는 것이다. 그러나 율법 안에 있는 세세한 부분들의 상징성을 다룰 때 그것들을 알레고리화 하지 않도록 주의해야 한다(248, 254). 골즈워디는 베른 포이뜨리스의 성막에 대한 해석에서 "증거에서 벗어나는" 것들이 상당수 있음을 잘 지적한다(248, n. 8).[33] 성막과 성전, 참 성전이신 그리스도(248,

---

32) 이는 구약에서 부정한 음식이 금해진 것이 "위생적인" 것이 아니라 "신학적인 것이었다"는 고오든 웬함의 이해를 반영하는 말이다(Gordon Wenham, *The Book of Leviticus,* NICNT [Grand Rapids: Eerdmans, 1979], 21).

33) 이는 Vern Poythress, *The Shadow of Christ in the Law of Moses* (Bretwood, Tenn.:

254, 275, 276), 그리고 "복음 전파를 통해 성령께서 창조하신 결과물인 땅위에 있는 새 성전"(255)의 관계를 잘 보아야 한다. 율법과 그리스도의 관계성에 대한 골즈워디의 탁월한 이해는 다음 인용문에서 잘 나타나고 있다:

> 하나님의 아들 이스라엘이 받은 율법이 깨지자, 그 민족은 그 약속의 땅에서 유배의 관야로 쫓겨나게 되었다. 참 순종을 하는, 하나님의 언약 파트너로서 오신 마지막 아담은 자신의 도움이 절대적으로 필요한 백성과 자신을 동일시하셨다. "아 마침내 하나님의 참 아들이 왔구나!"하는 안도의 한숨이 하늘에서 들리는 것 같다……. 그런 다음에 이 참 아담, 이 참 이스라엘이 광야로 나가서 시험을 받고 승리하셨으며, 그리하여 우리가 하나님의 동산으로 되돌아갈 수 있는 길을 여신다(251).

이와 같이 율법도 복음과 밀접히 연관되고, 그리스도에게서 그 목표점을 발견하는 것이다. 그러므로 그리는 그리스도에게서 "율법을 스스로 지켜보려는 왜곡된 노력들을 버리고 우리를 대신하여 율법의 모든 요구들을 다 성취하신 그 분을 신뢰하고 의지함으로써 율법을 세운다"(252). 그러므로 "복음 사건은 율법에 대한 거부가 아니라, 율법의 가장 완벽한 표현이다"(252). 신구약 시대에 "변한 것은 하나님의 계시와 구원 방법의 명확성이다"(252).

그러나 이와 같이 그리스도 관련된 우리들도 "하나님의 성품으로 닮으라는 성경의 가르침의 중요한 측면을 제시하는" 십계명을 존중한다(253). 특히 하나님의 형상화에 반대하는 2계명은 성육신하신 예수님을 시각화하는 데도 그대로 적용된다고 골즈워디는 이전의 패커와 같이 강하게 반대한다(253f.). 안식일 계명은 "안식일에 대한 신약 성경의 이해에 비추어 다루어야 한다"고 주장한다(254).

Wolgemuth and Hyatt, 1991)에 대한 비판적 언급이다. 그러나 골즈워디는 포이뜨리스의 이런 접근이 "이것을 탁월하게 다룸에 있어서 그다지 심각한 실수는 아니다"고 말하면서 매우 균형 잡힌 비판을 하고 있다. 비슷한 비판적 논의로 필자의 "포이뜨리스 교수의 『모세 율법에 나타난 그리스도의 그림자』에 대한 서평", 『월간 목회』 1993년 5월호: 311-18과 1993년 6월호: 404-23=『개혁신학탐구』 (서울: 하나, 1999), 385-405를 보라.

3. 선지서를 어떻게 설교해야 하는가?

“예언과 율법은 함께 간다”(268). 선지자들은 율법에서 벗어 나아갈 때 “바른 길에서 벗어난 백성에게 하나님의 은혜를 보여 주고, 그들로 시내산 언약으로 되돌아가게 해서 은혜로 구속받은 백성들로 살도록 촉구하는” 일을 하도록 하기 위해 파송된 것이다(268). 엘리야와 엘리사가 이 일을 시작하는 것이다. 그러나 “북방 이스라엘 왕국이 거의 무질서한 종국에 다다른 시기”인 “여로보암 2세가 다스리던 비교적 조용한 시기”에 예언한” 호세아도이스라엘의 언약 배반의 심각성을 탄회하며(271f.), 동시에 “하나님의 언약적 사랑의 신실함을” 보여준다(272) 그 “결혼 관계의 완성은 요한계시록 19:7; 21:2, 9에 나오는 것처럼 마지막 날 어린양의 결혼이다”(273). 그러므로 선지서는 이런 구속사적 맥락에 유의해서 설교해야 한다.

이런 뜻에서 골즈워디는 “이스라엘과 유다의 언약 파기에 대한 고발을 시작으로 해서 현대 사회의 병폐를 고발하는 식의 접근은 만족스럽지 않다”고 강조한다(285). 마치 “미국이 새 언약 국가나 되듯이 미국에게 직접 적용하는” 것은 있을 수 없다는 것이다(285).[34] 이는 다른 어떤 나라에 대해서도 마찬가지로 적용된다. 그러므로 골즈워디는 선택한 구절은 “언제나 문학적이며 동시에 구속사적인 특 가운데 놓아야 한다”는 것을 강조한다(286). “만약 좀더 작은 단위를 선택할 경우, 완결된 말씀의 일부분으로서 그 의미를 해석”해야 한다는 것이다(286). 그리고 성취의 사건과 때를 “정확하게 예견하려는 시도는 반드시 피해야 한다”는 것도 매우 강조한다(286).

4. 지혜 문학은 어떻게 설교할 것인가?

이에 대한 골즈워디의 기본적 입장은 이 논의의 처음부터 아주 분명하게 천명되고 있다: “그 백성에게 계시된 하나님의 지혜는 하나님이 인류에게 첫 마디를 하셨을 때 시작한다. 계속되는 계시는 하나님의 지혜의 틀이 된다. 그 틀 안에서 인간의

---

34) 이 때 골즈워디는 Donald E. Gowan, *Reclaiming the Old Testament for the Christian Pulpit* (Atlanta: John Knox, 1976), 126의 지적에 동의하면서 이를 주장하는 것이다.

지혜가 발전될 수 있다. 참된 지혜는 인간 경험을 하나님의 지혜에 비추어 본 반응이다"(287). 하나님께서는 아담과 하와에게 "그들이 마땅히 생각하고 행동해야 할 틀로서 신적인 질서를 계시해 주셨다"(289). 그러므로 "그 시점이후로 우리는 하나님의 계시가 인간의 모든 고유한 사고와 의지의 토대가 된다는 것을 볼 수 있다"고 골즈워디는 강하게 천명한다(289f.). 그리고 지혜는 성경신학적 맥락에서 "하나님 나라 계시의 첫 시기의 끝에서[다윗 솔로몬 시대] 성숙하게 된다"(29). 그러므로 지혜 문학에 대한 골즈워디의 해석은 구속사에 근거한 것이다. 그래서 그는 "설교에서 지혜 문학을 다룰 때 가장 큰 함정은 분량이 적은 본문을 그 부분의 문학적, 정경적 맥락과 구속사의 맥락과 떼어 놓으려는 유혹일 것이다"라고 한다(303).

그리고 이런 지혜가 필요함은 "하나님이 우리를 위해서 우리의 모든 결정을 내려주지" 않으신다는 것과 그럼에도 불구하고 하나님께서 우리를 구체적으로 인도하신다는 것에서[35] 나오는 것이다(288). 이 때에 "사람들로 하여금 세계와 인간 경험을 이해할 수 있게 하는 신적 계시의 틀이 잡힌 것이다. 이 인식 구조와 사유 구조의 틀은 세상에서 우리의 실존을 해석하는 데 지극히 중요하다"(291). 이 문제에 대한 논의에서 골즈워디는 토마스 아퀴나스적 자연 은총의 구조를 지닌 이해를 강하게 비판하면서 "하나님의 은혜의 계시가 모든 사실을 비추어 주고 이해하게 해주는 프리즘이다"고 말하며 강한 개혁파적 입장을 드러낸다(291). 그는 또한 이런 입장은 "포스트모더니즘이 지닌 상대주의와 직접적으로 반대된다"는 것을 분명히 한다(191). 성경의 지혜 문학서들은 "지성과 사고의 기능들을 활용하라고 신자들에게 격려하고 동시에 그 모든 것을 다 안다고 주장하는 사람들의 교만을 책망한다"(292).

지혜 문학서에 대한 골즈워디의 해석은 그 지혜가 창조만이 아니라 구원과도 연결되어 있음을 분명히 천명하다는 점에서도 의미 있다(293). 그는 율법과 잠언적 지혜의 연관성과 차이도 아주 분명히 한다: "시내 산 율법은 하나님의 오류 없는 지혜다. 잠언은 개인의 구체적 체험의 상황을 반영하며 하나님의 영감을 받은 인간

---

35) 이 인도하심 주제에 대해 골즈워디는 다음 두 책을 추천한다. Gary Friesen, *Decision Making and the Will of God* (Portland: Mulnomah, 1980); Philip D. Jensen and Anthony J. Payne, *The Last Word on Guidance* (Homebush West, Sydney: Anzea Press, 1991). 이 주제에 대해서는 이승구, "성령의 인도하심과 성도의 삶", 『개혁신학탐구』 (서울: 하나, 1999), 82-97과 거기 인용된 책들을 참고하라.

의 지혜다"(300). 즉, 하나님께서는 친히 계시하신 법적인 틀 안에서 그의 백성들이 "나름의 사유와 사고 능력을 사용해서 인간다움을 표현할 것을 계시하신다"(300) 또한 선지자들의 종말론에도 구속사적 큰 그림을 "완성하는 데 도움을 줄 만큼은 존재한다"(293)고 말하는 점에서 골즈워디는 온전히 성경 계시의 연관성과 연속성을 잘 드러내며, 그것을 중시하는 모습을 잘 드러내고 있다. 그러므로 그는 "지혜의 종말론은 장차 오실 메시아적 왕의 지혜로운 통치를 가리킨다"(294). 구체적으로 잠언서 8장에 대해서 골즈워디는 "이 단락은 그리스도에 관하여 직접 말하지는 않지만, 창조에서 하나님의 지혜로서 그리스도의 역할(골 1:15-17)을 분명하게 미리 보여준다"고 균형 잡힌 논의를 하고 있다(295f.). 아가서에 대해서도 창조 가운데 있는 남자와 여자의 사랑을 다루고 있음을 분명히 하면서도,[36] "그와 같은 사랑은 당신님의 백성에 대한 하나님의 사랑, 특히 당신님의 교회에 대한 그리스도의 사랑에 그 토대를 두고 있는 것으로도 계시된다"(299)고 말하여 극단적 알레고리적 해석으로 나아가지도 않고 하나님과의 관계성을 전혀 배제하지도 않는 매우 균형 잡힌 해석을 제시한다.[37]

5. 시편을 어떻게 설교할 것인가?

시편에 대한 골즈워디의 이해의 기본은 다음과 같다: "시편 90편은 모세의 작품으로 여겨지고 있다. 초기의 영창시가 그 시가에 등장 할 수도 없었다고 볼 근거가 전혀 없다.[38] 시편 대부분은 다윗부터 포로기에 이르는 시기에 쓰여졌다"(307). 그리고 "시편은 구약의 책들 가운데서 가장 자주 인용되거나 암시되는 책이다."(310) 그는 시편이 "신약 성경에 영향을 가장 많이 준 책"이라고 말하는 헨리 샤이어즈의 말도 인용한다.[39] 예수님도 "시편을 가장 많이 사용하신 것으로 기록되어" 있고

---

36) Cf. Goldsworthy, 303: "아가서는 자유롭게 표현된 사랑의 미스테리들과 사랑의 쾌락들을 찬양하지만, 외설의 기미는 전혀 없다……. 아가서는 고상한척하지 않지만, 그렇다고 해서 정욕적이지도 않다."

37) 이와 연관하여 그는 Barry G. Webb, "The Song of Songs as a Love Poem and as Holy Scripture," *Reformed Theological Review* 49/3 (1990): 91-99도 언급하고 있다.

38) 이와 연관해서 골즈워디는 William J. Dumbrell, *The Faith of Israel* (Grand Rapids: Baker, 1988), 208을 언급한다(308, n. 1).

(311), 시편은 사도적 설교에서도 매우 중요한 역할을 하였다(311f.). 이런 의미에서 골즈워디는 덤브렐의 다음 말들을 매우 긍정적으로 소개한다: "시편은 성경 신학의 개요이다. 그래서 구약 성경의 사상과 삶의 모든 측면들에 대한 논의가 그 안에 담겨 있다";[40] "시편은 창조주이자 구속주이신 하나님이 토라를 통해서, 역사 속에서의 자기 계시를 통하여, 이스라엘에게 새로운 삶의 가능성과 그 삶을 어떻게 살아가야 하는지를 완전히 지시하신다는 것을 선포하는 찬양의 책이다."[41]

일반적으로 시편에 대한 골즈워디의 논의는 매우 포괄적이면서도 균형 잡혀 있고 통찰력이 뛰어나다. 예를 들어서 그는 시편 22편을 해석하면서 다음같이 매우 포괄적이면서도 통찰력 깊은 논의를 제공하고 있다: "이 시편 저자가 찬송하기 전에 먼저 실제로 구원을 받는 경험을 했는지, 아니면 하나님은 신실하시니 앞으로 그 구원이 일어날 것으로 단정하는 것인지는 판단하기 힘들다. 십자가 위에서 예수님이 이 시편을 사용하신 것을 보면, 그 부르짖음이 그 순간의 흑암을 분명히 표현함을 깨닫게 된다 …… 철저히 버림받았음을 느끼신 것이다. 그러나 …… 예수님이 사실은 이 시편 전체를 다 자신에게 이루어지고 있는 것으로 확인하셨을 가능성도 실제로 존재한다 …… 이 패러다임은 현세에서 그리스도인이 받는 고난을 이해하고, 예수님이 받으신 변호와 함께 받을 것을 확신하는 데 있어서 지극히 중요하다. 이것이 바로 로마서 8장에서 바울이 그토록 설득력 있게 진술하는 메시지다"(321).

6. 묵시론적 본문들을 어떻게 설교할 것인가?

묵시론적 본문 해석과 설교에서도 골즈워디는 "성경은 성경으로 해석한다는 원칙", 즉 종교 개혁자들이 "성경의 유비"(*analogia scripturae*)라고 부른 원칙을 중요시해야 한다고 주장한다(343). 이는 매우 중요한 점이라고 판단된다. 이런 원칙에 따라서 묵시론적 이상들(visions)을 해석하는 원리도 골즈워디는 다음과 같이 매우 분명

---

39) Cf. Henry Shires, *Finding the Old Testament in the New* (Philadelphia: Westminster, 1974), 126-27. 그에 의하면 신약에 시편을 명확히 언급하는 인용으로는 70회, 소개 없이 인용한 것이 60회(합 120회), 확인 가능한 인유와 참조가 220회 된다고 한다.

40) Dumbrell, *The Faith of Israel,* 211 (313, n. 9).

41) Dumbrell, *The Faith of Israel,* 212 (313, n. 10).

히 천명하고 있다:

> 비유 하나에 담겨 있는 모든 것을 모두 일일이 해석하지 않아도 되듯이 이상 하나의 있는 모든 세부적인 묘사를 일일이 해석할 이유가 없다. 성경의 유비의 원칙은 이상을 해석할 때는 반드시 인접 문맥이 허용하는 내용만 받아들여야 하며, 복음에서 성취된 것으로 규제 받아야 함을 보여 준다. [그러나] 몇몇 세부 묘사들에 대해서는 주의를 기울여야 하고, 그 본문이 묘사하는 질감을 죽이지 말아야 할 것이다(343).

골즈워디는 다니엘서가 말하는 것을 그대로 받아들이면서 이 책은 이스라엘 백성이 "유배 중이던 주전 6세기에 나왔다"고 한다. 그는 이렇게 말한다: "나는 예언에 대한 …… 회의주의적 태도를 배격하며, 저작 시기를 주전 6세기로 보는 것이 주전 2세기보다 훨씬 더 다니엘서 전체의 분위기를 잘 설명해준다고 본다"(333, n. 1).[42] 그리고 하나님 나라의 종국적 승리를 말하는(333, 344) 이 다니엘서는 "그 문학적 특징이 무엇이든지 간에 후기 선지자들의 종말론과 동일선상에 있다"(333)는 것을 잘 드러내며 강조한다. 그리고 이와 연관해서 다니엘 7장이의 이상이 중심적임을 강조하면서, "이 이상은 예수님이 자신을 인자라고 칭한 사실의 배경임에 틀림이 없다"(334)고 단언한다.

스가랴는 "포로 이후의 재건기"에 속하는 문서로 "우선은 실망스러운 재건기라는 그 자체의 역사적 맥락에 놓은 다음에, 참된 성전의 도래에서 그 실망의 해결이라는 더 넓은 맥락에 놓아야 한다"(334)고 잘 논의한다. 그리하여 골즈워디는 스가랴 4:6을 중심으로 보면서 "다윗 계열의 군주의 의한 그와 같은 초자연적인 건축은 사흗날에 하나님의 성령에 의해 새 성전이 일어난 후에야 완성되었다"(336)고 선언하여 성경신학적 통찰을 잘 드러내면서 스가랴 4:6에 대한 사람들의 피상적 이해를 잘 수정하고 있다.

공관복음서의 소묵시록과 관련해서도 골즈워디는 다음과 같이 매우 건전하며 좋

42) 이 문제에 대한 논의로 그는 다음을 언급한다: Joyce Baldwin, *Daniel,* Tyndale Old Testament Commentaries (Leicester: IVP, 1978); D. W. Gooding, "The Literary Structure of the Book of Daniel and its Implications," *Tyndale Bulletin* 32 (1981).

은 강조를 하고 있다: "이 본문들과 몇몇 다른 묵시문학의 부분을 오용하여 예수님이 재림하실 시기를 예견하려는 시도를 하는 자들이 있다는 것은 불행한 일이다. 마태복음 24:36에 있는 것처럼 예수님은 이러한 연구가 쓸데없다고 말씀하셨는데도 끊임없이 사람들은 현대 역사에서 보이는 시대의 징조들을 기반으로 해서 재림 시기를 예견하려 한다"(334f., cf. 343f.).

요한계시록과 관련해서도 골즈워디는 이것이 본질적으로 복음을 다룬 책이라고 보면서(335, 338f.),[43] 이는 "본질적으로 종말이 복음 사건들과 함께 이미 임하였으며, 지금 교회의 삶 가운데서 임하고 있으며, 그리스도의 재림과 함께 장차 임할 것이라는 뜻이다"(335f.)고 말하여, 신약적 의미의 종말 개념을 아주 분명히 제시하고 있다. 특히 "그리스도의 초림은 반드시 다른 모든 사건들을 좌우하는 그 종말론적 사건으로 이해해야 한다"(336, cf. 337f.)고 말하는 데서 이런 성경이 잘 드러난다. 그리고 계시록은 "분투하던 1세기 그리스도인들을 격려하기 위하여 썼을 가능성이 훨씬 높다"(338)고 하면서도 계시록에 "묘사된 거대한 우주적 싸움은 현재 지교회의 회중이 하고 있는 싸움의 배후에 있는 실재이며, 그것은 그리스도께서 다시 오실 때까지; 계속될 싸움이다"(339)라고 하면서 그 성격을 잘 드러내어 주고 있다.

7. 복음서를 어떻게 설교할 것인가?

복음서에 대한 골즈워디의 기본적인 그러나 매우 통찰력 있고 중요한 생각은 이 부분 논의의 제일 앞에 있는 도표와 그 설명에서 나타나고 있다. 그는 이렇게 말한다: "복음서는 에수 그리스도를 구약 성경의 약속들과 하나님 백성의 장차 있을 구원에 대한 소망들의 성취로 제시함으로써 성경 구원사의 그림을 완성한다. 중간사 시기의 역사적 공백에도 불구하고, 복음서는 구약 성경의 구속사적인 틀에 뿌리박고 있다"(345). 그래서 그는 차조부터 다윗/솔로몬 시기까지는 "역사적 예표에 있는 복음"으로 다윗/솔로몬 시기부터 예수님까지를 "선지적 종말론에서의 복음"으로, 그리고 예수님으로부터 새 창조 때까지를 "원형으로, 또는 [예표들의] 성취로서 복음서 안에 있는 복음"으로 제시하기도 한다(345). 그런 뜻에서 예수님께서는 "지금 우

43) 여기서 그는 자신의 책인 *The Gospel in Revelation*의 제목에로 우리의 관심을 유도시킨다.

리에게 성경에 있는 당신님의 말씀을 통해서 말씀하시며, 당신님의 성령으로 당신님을 나타내신다"(347)는 주장은 매우 중요한 것이다.

"예수님의 초림은 종말의 도래이며, 마지막 날들의 시작이며, 우리들과 함께 하는 새 시대의 시작이다"(349)는 주장은 다른 곳에서 나타나는 같은 강조와 함께 골즈워디의 논의가 얼마나 신약적 종말 개념에 충실한 지를 잘 보여 주는 것이다. 이와 같이 예수님에게서 임하여 온 "하나님 나라의 도래는 예기치 못한 일을 일으키며, 예상되고 평범한 일은 파괴되어야 한다"(352)고 하면서 성전 청결사건과 무화과나무에 대한 저주를 설명하는 것이 매우 좋은 논의로 여겨진다.

8. 사도행전과 서신서를 어떻게 설교할 것인가?

복음사건으로 말미암아 유대인들의 기대가 수정되어 그리스도의 초림으로 새 세상이 왔다는 것을 골즈워디는 분명히 한다(361, 362). 그러므로 "바울과 우리는 똑같이 오순절 이후 시기에 있고"(363), 그러나 "바울은 결코 되풀이 되지 않는 독특한 직무를[즉, 사도직을] 가진 사람들의 일원이었다"(363)는 점에서 우리와는 근본적으로 다르다는 것을 골즈워디는 분명히 천명한다. "지금 우리에게는 그와 같은 사도들은 없지만, 사도들의 증언의 결과인 신약 성경이 있다"(363). 오순절에 오신 성령님은 "구약에서도 활동하셨다"(371).[44]

이를 잘 의식하면 오순절 성령 강림 사건이 우리에게도 발생하느냐를 논쟁하던 1960년대의 혼동을 벗어날 수 있다고 골즈워디는 잘 논의한다. "이러한 혼란 대부분은 그 문제에 …… 성경신학을 잘 적용하지 못했기 때문에 생긴 것이다"(363). 그러나 성경을 제대로 이해하면 이와 같은 변화는 "단 한 차례만 일어 날 수 있으며, 그와 같이 단 한차례만 일어났다"(364). 이런 점에서 오순절 성령 강림은 "결코 반복될 수 없는 측면이 존재한다"(364). 그런 점에서 보면 사도행전 19장의 "세례 요한의 제자들은 단순히 예수 그리스도에 대한 온전한 복음을 들을 필요가 있는 제자

---

44) 구약 신자들 가운데서의 성령의 역할에 대한 논의로 골즈워디는 Glenn Davies, "The Spirit of Regeneration in the Old Testament," in *Spirit of the Living God,* ed., B. G. Webb, Explorations 5 (Homebush West, Sydney: Lancer, 1991)을 언급한다(371, n. 10).

들이었다." 또한 "사도행전 10-11장에 있는 고넬료와 베드로의 기사와 함께 이 사건들은 하나님의 구원 사역에서 유대인에게 집중되던 초점이 이방인들을 포함하는 것으로 바뀌는 장면의 한 부분이다"(365). 그러므로 성령님의 중생의 은혜와 성화 시키는 은혜 가운데 있는 성도들은 "성령으로 또 다시 세례 받을 필요도 없다"(371). 그들은 이미 성령에로의 세례를 받은 이들이기 때문이다. 그러므로 그들에게는 "오직 성령과 더불어서 걸어가는, 성령의 충만함으로 계속되는 삶이 있을 뿐이다(갈 5:25, 엡 5:18)"(371f.).

이와 같은 사도행전의 구속사적 위치에 잘 유의하여 설교할 때만 사도행전을 제대로 선포하는 것이 된다. 이런 이해에서 보면 "하나님 나라는 진실로 이스라엘에게 회복되고 있지만, 그 일은 전 세계에 복음을 전파하는 일을 통해서 실현될 것이다"(368).

그런 이해에서 보면 주일이 "안식일을 대신하게 되었다는 생각을 품고 주일에 [예배하기 위해] 모일 것이다. 매주일이 부활의 날이다"(369). 또한 이런 이해 가운데서 골즈워디는 신약의 성전에 대한 가장 바른 견해를 잘 드러내고 있다: "이제는 예수님이 성전이다. 예수님은 하늘에 있는 성전으로서 하나님 우편에 앉아 계시며, 동시에 땅에 있는 성전으로서 성령과 복음을 통해서 계신다. 이사야가 본 것처럼, 이방인들은 여전히 계속해서 그 성전으로 밀려들어 오고 있다 …… 그 성전은 예수님의 영이 복음 전파를 통해서 당신의 백성들을 불러 모으고 어느 곳에든지 존재하는 성전이다"(373).

"서신서를 설교할 경우 …… 해당 서신서 전체의 메시지가 드러나도록 설교해야 한다. 각 설교는 그 자체가 그리스도에 대한 선포로서 이해되어야 한다"(367). 왜냐하면 "어떠한 본문이나 사건이나 인물이든지 그리스도를 증거하고 있는 통일체의 한 부분"이기 때문이다(380). 그러므로 서신서에 의하면 "경건의 이유와 동기는 율법이 아니라 복음이다"(373). 골즈워디는 이점을 특히 여러 번에 걸쳐서 강조한다: "우리의 모든 윤리적 권고나 성화적 권고들은 복음에서 비롯되어야 하며, 복음에서 비롯되는 것으로 여겨져야 한다"(377). 골즈워디에 의하면, "율법주의를 예방하는 최선의 방법은, 어떠한 설교도 복음을 기반으로 하는 그 서신서 전체 주제와 분리되어서는 안 된다는 조건에 맞는 조직적 강해설교다"(378). 물론 "서신서에 표현되는 모든 진리는 언급된 구체적인 상황과 문제와 관련해서, 그리고 그것을 위해서 표현된 것이다."[45] 그러나 골즈워디가 잘 지적하고 있듯이, "특정한 상황 그 자체가 메시지는 아니다"(376). 그러므로 우리는 그 맥락 전체를 잘 유의하면서 그 말들로부터 "하나님이 오늘날 우리들에게 하시는 말씀"을 찾아야 한다(376).

V. 논의 점들

우리는 이와 같은 논의에 나타난 골즈워디의 구속사적이며 성경신학적 해석의 큰 의미를 발견한다. 그러나 골즈워디의 논의에도 우리가 더 깊이 생각해 보아야 할 점이 없는 것은 아니다.

1. 예를 들어서, 골즈워디는 율법에 대한 해석 부분에서 세일해머의 기사적 모형론(narrative typology)를 긍정적으로 받아들이면서 논의하는데, 과연 다음과 같은 세일해머의 말에 골즈워디가 동감적으로 인용할 필요가 있는지가 좀 의심스럽다: "오경은 시내산 언약의 실패를 회고하면서 그 언약이 성취될 시기를 바라보는 시각(즉 신 30장)을 보여 준다."[46] 우리가 모세 오경을 해석하고 설교할 때 "모세 오경의 전반적 구조에 주의를 기울여야 한다"는 것에 대해서는 기꺼이 동의한다(260). 그러나 세일해머와 같은 식으로 표현하는 것은 모세 오경이 결국 시내 산 언약의 실패라는 맥락 가운데서 주어진 것이라는 것이 되는데, 영 교수나 골즈워디 자신도 인정하고 있듯이 모세의 죽음을 기록하고 있는 신명기 마지막 부분에 그런 시각이 있다는 것 은 인정할 수 있으나(265), 모세 오경 전체를 그런 식으로 보는 것이 과연 주어진 게시를 그대로 받아들이는 것이 될 것인지가 의문시된다. 상당히 조심스럽게 접근하는 골즈워디가 왜 이런 오해를 살만한 구절을 동감적으로 인용하는 지가 의문이다.

---

45) 골즈워디는 이를 Scott Hafemann, "Preaching in the Epistles," in *Handbook of Comtemporary Preaching,* ed., Michael Duduit (Nadhville: Broadmann, 1992)으로부터 인용하고 있다.

46) 이는 John Sailhamer, *The Pentateuch as Narrative: A Biblical-Theological Commentary* (Grand Rapids: Zondervan, 1992), 27을 인용하는 말이다(260, n. 19).

2. 또한 골즈워디는 요한 계시록 21:2, 9을 언급하면서 "시온은 도성일 수도 있고, 그 도시 안에서 하나님의 백성으로 살고 있는 사람들일 수도 있다"고 하는데(273, n.7), 왜 구약과 같이 두 가능성을 다 제시하는 지 의문이 있다. 오히려 이는 종국적으로 나타날 하나님 백성의 온전함을 지시하는 것으로 보는 것이 더 나은 것이 아닐까?

3. 골즈워디는 한 곳에서 신약 성경은 유대인과 이방인들을 계속해서 구별한다고 하면서, 그 둘은 "그리스도 안에서의 새로운 인류로서 하나님께 받아들여지는 하나됨이지만, 그 구별들은 없애지 않는다"고(277, n. 13)[47] 말하는 데, 그렇게 십자가 이후에도 구별을 말하는 이유가 모호하다. 유대인들이 많은 수가 돌아 올 것을 말하는 바울의 의도와 연관하여 생각하는 듯하나 과연 바울이 그런 계속되는 구별을 유지하면서 말하고 있는 것인지가 의심스럽기 때문이다. 오히려 그 둘이 십자가로 하나가 되었으나 이와 같은 식으로 유대인 가운데서도 이방인들과 같은 방식으로 주께 오는 것을 말하는 맥락에서만 바울이 구 둘을 구별하고 있는 것으로 보는 것이 더 좋지 않을까? 골즈워디의 이런 구별이 잘못하면 세대주의자들의 해석과의 연관성을 지닌 것으로 오해될 위험도 있어 보이기 때문에 그것이 아닌 입장에서 굳이 이 구별을 유지해야 한다는 논의를 하는 것이 이상하다.

4. 그리스도가 구약 지혜의 완성이요 성취라고 하는 것을 잘 드러내면서 그것을 강조하기 위해 골즈워디는 그리스도 삼중직에 근거한 "고전적 종교 개혁의 기독론에 우리는 지혜자라는 직분을 하나 더 해야 한다"는 주장을 한다(294). 지혜 개념과 그리스도의 연관성과 그리스도의 성취이심을 강조하는 것은 좋으나 고전적 이해에 이 새로운 직분을 더 하는 식으로가 아니라 그 모든 것의 개념 속에서 구약적 지혜 개념이 성취되는 것으로 말하는 것이 더 나은 것이 아니었을까? 왕도 선지자도 제사장도 모두 모형 역할을 제대로 감당하려면 지혜를 가졌어야 하는데, 그리스도에게서 그것이 온전히 드러나기 때문이다. 그러므로 골즈워디가 제안하는 바와 같이 새로운 직분을 추가하기 보다는 고전적 개념을 유지하면서 그 모든 것을 지혜의

---

47) 이런 계속되는 구병을 잘 연구한 사례로 골즈워디는 Donald W. B. Robinson, *Faith's Framework: The Structure of New Testament Theology* (Sydney/Exeter: Albatross/Paternoster, 1985), 제 4장을 언급한다(277, n. 13).

틀에서 보는 것이 더 나을 것이다.

5. 골즈워디가 시편에 대한 브루스 워키의 복음주의적 정경적 접근을[48] 잘 소개하고(315f.), 그러면서도 그 첫 단계에서 워키가 "모든 시편이 [일차적으로는] 왕의 말이라는 워키의 주장은 불필요하다고 생각한다"(316)고 잘 비판하면서 활용하는 것은 매우 좋은 작업이다. 브루스 워키가 말하는 4가지 단계와 의미는 다음과 같다:

1. 본래의 시편의 의미,
2. 첫 성전과 관련하여 이전의 있었던 시편들의 선집상에서 그 시편의 의미,
3. 제2성전과 관련해서 구약정경이 최종적으로 완성된 상태에서 그 시편의 의미,
4. 신약성경을 포함하여 정경으로서의 성경 전체상에서 그 시편의 의미.

이는 매우 흥미로운 생각이나 둘째 단계에서는 첫째 단계의 왕적인 관심들이 "메시아적 종론적으로 해석되었을 것이다"고 보는 부분(316), 또한 중간기 시대에 "회당에 맞게 다듬어졌다"고 보는 부분에서 좀 더 깊은 논의가 필요할 것이다. "그리스도의 오심과 함께 시편들의 참된 의미가 떠오른다"(316)고 말하는 것이 진정이려면, 첫째 단계에서의 의미와 연관성이이 "더 깊고 충만한 의미"(*the sensus plenior*)의 의미에서라도 생각되어야 할 것이기 때문이다. 그리고 그것이 둘째와 셋째 단계에서 해석되었다는 것이 과연 어느 정도로 이해되고 언급될 것인가 하는 것이 매우 심각한 논의의 문제로 남는 것이다.

6. 계시록이 "1세기 그리스도인들을 격려하기 위하여 썼을 가능성이 훨씬 높다"(338)고 했을 때 골즈워디의 정확한 의미와 그것이 계시록 해석에 미치는 영향은 좀 더 깊이 논의되어야 할 부분이다. 그리고 요한 계시록 7장에 두 부분을 "동일한 실재를 다른 관점에서 본 것"이라고 했던 이전 관점이[49] 좀 더 강조해야 할 것인 아닌가하는 논의도 할 수 있다. 물론 이를 유지하면서 "아브라함의 자손을 통해 모든 민족이 복을 받을 것이다"는 것을 강조하는 것은 옳다. 그러나 "그렇다고 해서 모든 구별이 사라지는 것은 아니다 …… 바로 이스라엘의 구원이 이방인들을 불러

48) Cf. Bruce K. Waltke, " A Canonical Process Approach to the Psalms," in *Tradition and Testament,* ed., J. Feinberg and P. Feinberg (Chicago: Moody, 1981).

49) Goldsworthy, *The Gospel in Revelation,* 42-46.

모으는 일을 하게 될 것이다"(339)는 말의 뜻을 좀더 자세히 논의하는 것이 필요하다고 여겨진다.[50)]

7. 복음서와 사도행전에 있는 구원사를 설명하는 도표(한역으로 347에 있는 도표) 중에서 "승천은 새 창조가 이제 우리를 위해서 하늘에 있음을 의미함"이라고 하였는데, 이는 좀더 심각한 숙고와 논의를 필요로 하는 것이라고 판단된다. 오히려 지금 주께서 계시는 "하늘"과 그리스도의 재림 이후에 드러나게 될 "새 하늘과 새 땅"을 구별하여 언급하는 성경 게시의 구조에 충실한 것이 더 좋다고 생각된다.[51)]

8. 골즈워디가 구체적으로 설명하지는 않아서 모호하기는 하나 아마도 선한 사마리아인 비유에 대한 그의 해석은 가장 독특하고 또 보는 이들에 따라서 이상한 해석이라고 여겨질 수 있을 것이다. "예수님이 하나님 나라가 임하게 하기 위한 죽으심과 부활이라는 특별한 목적으로 예루살렘을 향해 가시는 내러티브 구조 안에 누가가 그 비유를 놓았음"(353)을 유의하면서 이 비유를 해석해야 한다는 것은 매우 중요한 요점이다. 그러나 그 결과 "우리는 다른 이웃들을 사랑할 수 있게 되는 것보다 먼저 사마리아인과 같은 이웃이 되어 우리를 구원하려 오신 그분을 사랑하고 영접해야 한다"(354)는 해석에로 나아 간 것은 상당히 의아한 것이다. 이는 이 비유에 대한 상당한 논란을 일으키는 해석이라고 보아야 할 것이다. 흥미로운 제안 이기는 하나 본문을 짧은 지면은 우리를 설득하기에는 상당히 보족함을 느끼게 된다.

9. 부활 이후에 마리아에게 "나를 만지지 말라"(요 20:11-18)고 하신 말씀에 대한 해석에서 골즈워디는 언급하고 있지는 않지만 보스의 해석을 따르면서, 부활 이후에는 "이제 상황이 달라지며, 예수님과 마리아의 관계는 말씀과 성령에 의한 관계가 될 것이다. 이제 마리아는 이전처럼 육체에 거하시는 예수님과 이야기할 수 없다"(355)고 해석하고 있다(355f. 참조). 그러나 레온 모리스나 카슨 등의 하고 있는 보다 자연스러운 해석을 따르는 것이 더 나은 듯하다. 즉, 예수님은 지금이 나를 볼 수 있는 마지막이 아니라고, 즉 얼마 동안은 너희에게 나타날 것이니 지금 보면 다시 못 볼 것처럼 나를 붙잡지 말라(stop cling to me)고 하시는 것으로 해석하는

---

50) 이 문제와 관련해서는 안토니 후크마의 논의가 그래도 가장 뛰어난 논의라고 할 수 있을 것이다. 후크마, 『개혁주의 종말론』 (서울: 기독교문서선교회, 1986)

51) 이 점에 대해서도 후크마, 『개혁주의 종말론』의 해당부분을 참조하라.

것이다.[52] 많은 논란의 여지가 있으나 일단 자연스럽게 해석하는 것이 좋은 해석으로 여겨진다.

이상과 같은 점들을 골즈워디와 우리가 좀 더 깊이 생각하는 것이 좋겠다고 여겨진다. 그러나 다른 점에서 골즈워디가 제시하는 성경신학적 설교는 우리의 설교와 목회도 철저히 개혁파적이어야 한다는 것을 잘 드러내 준 좋은 예라고 여겨진다. 우리나라에도 이처럼 철저한 개혁파적 설교와 개혁파적 목회에 대한 주장이 더 강하게 나올 수 있기를 바라면서 골즈워디를 더 높이 사게 된다.

참고문헌

Baldwin, Joyce, *Daniel.* TOTC. Leicester: IVP, 1978.

Barton, John, *Reading the Old Testament: Method in Biblical Study.* 2nd edition, London: Daton, Longman and Todd, 1996.

Carson, D. A., *The Gospel According to John.* Grand Rapids: Eerdmans, 1991.

Currid, John, "Recognition and Use of Typology in Preaching," *Reformed Theological Review 53/3* (1994).

Davies, Glenn, "The Spirit of Regeneration in the Old Testament." In *Spirit of the Living God,* ed., B. G. Webb, Explorations 5, Homebush West, Sydney: Lancer, 1991.

Dumbrell, William J., *The Faith of Israel.* Grand Rapids: Baker, 1988.

Friesen, Gary. *Decision Making and the Will of God.* Portland: Mulnomah, 1980.

Gaffin, Jr. Richard. "Introduction," to Geerhardus Vos, *Redemptive History and Biblical Interpretation*, ed., Richard B. Gaffin, Jr., Phillipsburg, NJ: Presbyterian and Reformed, 1980.

Gooding, D. W. "The Literary Structure of the Book of Daniel and its Implications." *Tyndale Bulletin 32* (1981).

Gowan, Donald E. *Reclaiming the Old Testament for the Christian Pulpit.* Atlanta: John Knox Press, 1976.

52) Cf. Leon Morris, *The Gospel According to John,* NICNT (Grand Rapids: Eerdmans, 1971), 840-41; idem, *Expository Reflections on the Gospel of John* (Grand Rapids: Baker, 1988). 702. 또한 D. A. Carson, The Godpeol According to John (Grand Rapids: Eerdmans,, 1991), 644f.

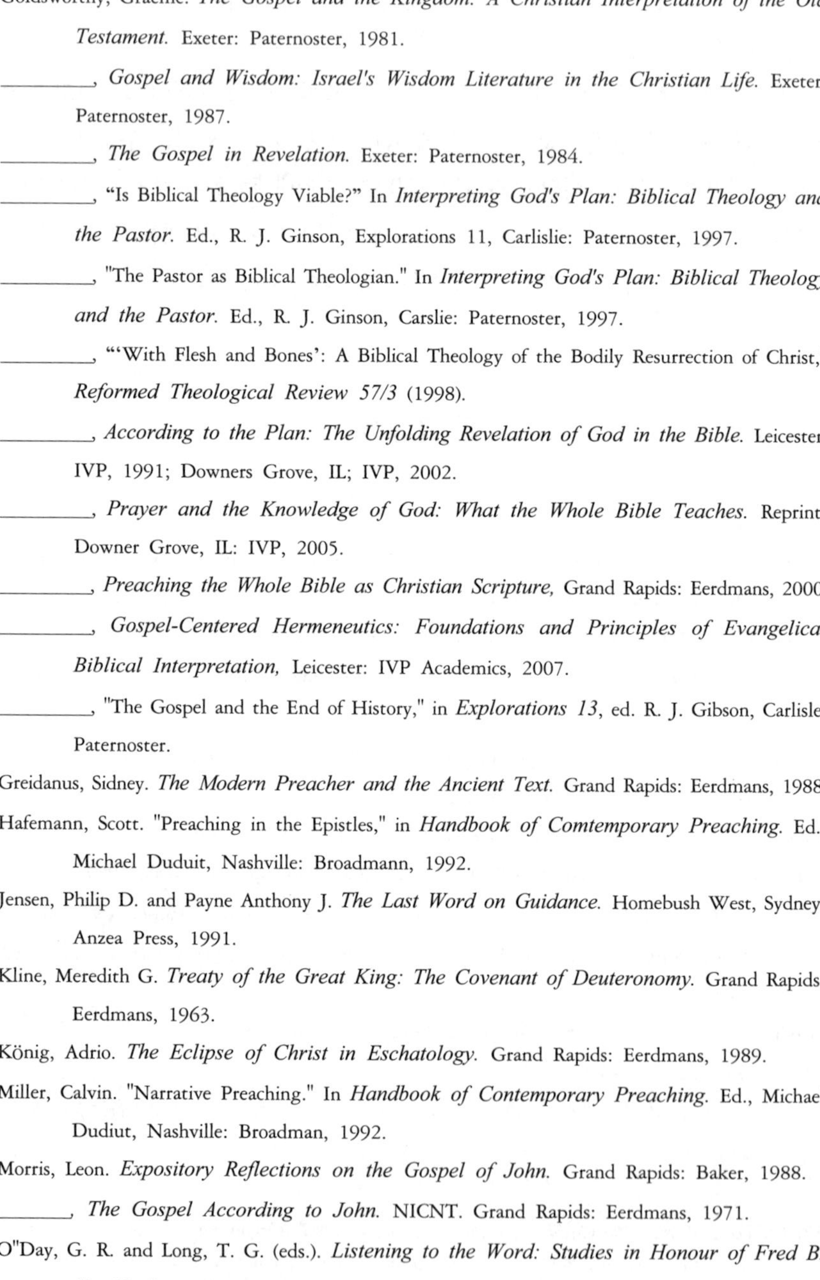

Goldsworthy, Graeme. *The Gospel and the Kingdom: A Christian Interpretation of the Old Testament.* Exeter: Paternoster, 1981.

_________, *Gospel and Wisdom: Israel's Wisdom Literature in the Christian Life.* Exeter: Paternoster, 1987.

_________, *The Gospel in Revelation.* Exeter: Paternoster, 1984.

_________, "Is Biblical Theology Viable?" In *Interpreting God's Plan: Biblical Theology and the Pastor.* Ed., R. J. Ginson, Explorations 11, Carlislie: Paternoster, 1997.

_________, "The Pastor as Biblical Theologian." In *Interpreting God's Plan: Biblical Theology and the Pastor.* Ed., R. J. Ginson, Carslie: Paternoster, 1997.

_________, "'With Flesh and Bones': A Biblical Theology of the Bodily Resurrection of Christ," *Reformed Theological Review 57/3* (1998).

_________, *According to the Plan: The Unfolding Revelation of God in the Bible.* Leicester: IVP, 1991; Downers Grove, IL; IVP, 2002.

_________, *Prayer and the Knowledge of God: What the Whole Bible Teaches.* Reprint, Downer Grove, IL: IVP, 2005.

_________, *Preaching the Whole Bible as Christian Scripture,* Grand Rapids: Eerdmans, 2000.

_________, *Gospel-Centered Hermeneutics: Foundations and Principles of Evangelical Biblical Interpretation,* Leicester: IVP Academics, 2007.

_________, "The Gospel and the End of History," in *Explorations 13*, ed. R. J. Gibson, Carlisle: Paternoster.

Greidanus, Sidney. *The Modern Preacher and the Ancient Text.* Grand Rapids: Eerdmans, 1988.

Hafemann, Scott. "Preaching in the Epistles," in *Handbook of Comtemporary Preaching.* Ed., Michael Duduit, Nashville: Broadmann, 1992.

Jensen, Philip D. and Payne Anthony J. *The Last Word on Guidance.* Homebush West, Sydney: Anzea Press, 1991.

Kline, Meredith G. *Treaty of the Great King: The Covenant of Deuteronomy.* Grand Rapids: Eerdmans, 1963.

König, Adrio. *The Eclipse of Christ in Eschatology.* Grand Rapids: Eerdmans, 1989.

Miller, Calvin. "Narrative Preaching." In *Handbook of Contemporary Preaching.* Ed., Michael Dudiut, Nashville: Broadman, 1992.

Morris, Leon. *Expository Reflections on the Gospel of John.* Grand Rapids: Baker, 1988.

_______, *The Gospel According to John.* NICNT. Grand Rapids: Eerdmans, 1971.

O"Day, G. R. and Long, T. G. (eds.). *Listening to the Word: Studies in Honour of Fred B. Craddock.* Nashville: Abingdon, 1993.

Poythress, Vern. *The Shadow of Christ in the Law of Moses.* Bretwood, Tenn.: Wolgemuth and Hyatt, 1991.

Robinson, Donald W. B. *Faith's Framework: The Structure of New Testament Theology.* Sydney/Exeter: Albatross/Paternoster, 1985.

Sailhamer, John. *The Pentateuch as Narrative: A Biblical-Theological Commentary.*Grand Rapids: Zondervan, 1992.

Shires, Henry. *Finding the Old Testament in the New.* Philadelphia: Westminster, 1974.

Van Til, Cornelius. *The Reformed Pastor and Modern Thought.* Phillipsburg: Presbyterian and Reformed, 1974.

Vos, Geerhardus. *Biblical Theology.* Grand Rapids: Eerdmans, 1948.

Waltke, Bruce K. "A Canonical Process Approach to the Psalms." In *Tradition and Testament.* Ed., J. Feinberg and P. Feinberg, Chicago: Moody, 1981.

Webb, Barry G. "The Song of Songs as a Love Poem and as Holy Scripture," *Reformed Theological Review 49/3* (1990).

Wenham, Gordon. *The Book of Leviticus.* NICNT. Grand Rapids: Eerdmans, 1979.

Wright, George Ernest. *God who Acts: Biblical Theology as Recital.* London: SCM, 1952.

이승구, "성경신학과 조직신학", 『21세기 개혁신학의 방향』, 서울: SFC, 2005.

_____, "성령의 인도하심과 성도의 삶", 『개혁신학탐구』, 서울: 하나, 1999.

_____, "포이뜨리스 교수의 『모세 율법에 나타난 그리스도의 그림자』에 대한 서평", 『월간 목회』 1993년 5월호, 6월호.

선교신학의 유형들과 개혁주의 선교사상

김 은 홍
(백석대학교, 선교학)

I. 서론

근대 이후부터 현대에 이르기 까지 선교 유형은 신학적 유형에 따라 그 강조점과 구조가 다양하다. 데이비드 보쉬의 패러다임 변화에 따른 선교의 유형을 보면 초대교회의 묵시적인 패러다임, 교부시대의 헬레니즘 패러다임, 중세의 로마 가톨릭 패러다임, 개신교의 종교개혁 패러다임, 현대의 계몽주의 패러다임 그리고 부상하는 에큐메니칼 패러다임으로 여섯 개의 주된 패러다임들로 세분화한다. 이 소고에서는 초대교회로부터 종교개혁시대와 경건주의(pietism)를 거쳐 청교도들(puritanism)의 선교는 제외하고 에큐메니칼 패러다임의 범주 안에서 고찰하고자 한다. 그 이유는 근대이후의 선교들은 성경해석에 균형을 잃어 유형별로 나타나는 신학이 강조하는 한 쪽으로 쏠려 있는(lopsideness)것을 발견하게 된다. 근대에 나타나는 제 신학들은 목표로 나타나는 실천적 선교로 더욱 더 심화되었다. 즉 사회복음과 선교사상, 세속화신학과 선교사상, 하나님의 선교(*missio Dei*) 신학, 근본주의 신학과 선교사상, 복음주의 신학과 선교 사상들이 그 유형들이다. 따라서 이러한 신학들의 유형들을 따라 선교사상들을 간략하게 살펴보고 상호균형을 지향하는 개혁주의신학의 관점으로부터의 제 선교사상들을 비교하고자 한다. 이는 성경에서 말하는 하나님의 선교와 교회의 선교활동들(missiones ecclesiarum)의 목적에 대한 성경적 관점을 밝혀볼 생각이다.

일반적으로 근대선교는 윌리암 케리(William Carey)가 인도로 선교여행을 떠난 1792년에 시작된 것으로 본다.[1] 케리는 런던침례교선교회를 통해서 인도에 파송되었는데 그 후에 유럽지역에는 많은 선교회가 탄생하였고 이들 선교회를 통해서 수많은 해외선교사들이 배출되었다. 해외선교사들은 세계 여러 나라로 나가서 많은 선교활동을 함으로써 선교 확장에 많은 기여를 하였다. 그러나 선교가 한편으로는 너무 제국주의와 결탁한 나머지 제국주의적 선교라는 오명을 얻었고,[2] 다른 한편으로는 영혼구원에 치우쳐서 많은 반발을 사기도 하였다.[3] 이하에서는 선교에 대한 대표적인 논란인 선교가 복음전도에 의한 영혼구원이냐 사회복음이냐, 또는 영혼구원만이냐 사회적 책임도 포함하는 것이냐의 문제를 중심으로 간략하게 고찰하고자 한다.

Ⅱ. 사회복음과 선교 사상

보통 사회복음의 시조는 19세기말 자유주의 신학자인 글래든(Washinton Gladden, 1836-1918)으로 보지만[4] 실제 사회복음의 주도적인 역할을 한 사람은 월터 라우센부쉬(Walter Rauschenbusch, 1861-1918)와 해리 에머슨 포스딕(Harry Emerson Fosdick, 1878~1970)이다. 라우센부쉬는 『기독교와 사회위기』, 『사회복음신학』, 『실천적 기독교』(Applied Christianity), 『기독교와 사회주의』(Christianity and Socialism)의 저자로서 그 내용은 진보적 사회사상으로 가득 찼있다. 포스딕은 뉴욕의 강변교회에서 행한 그의 설교들로 깊은 영향력을 끼쳤다. 이들은 독일의 자유주의 신학자인 리츨(Albrecht Ritschl, 1822-1889)의 영향을 받아 죄의 사회성과 신약성경의

---

1) 스티븐 니일, 『기독교선교사』 홍치모 · 오만규(역) (서울: 성광문화사, 2001), 323.
2) Ibid., 565-571.
3) 김광식, 『기독교 사상』 (서울: 종로서적, 1991), 192.
4) 마틴 마티는 사회복음이란 용어를 최초로 사용한 사람은 회중교회 목사인 찰스 브라운(Charles Brown)이라고 주장한다. Martin E. Marty, *Modern American Religion*, Vol. 1, "The Irony of It All, 1893-1919," (Chicago: University of Chicago Press, 1986), 286. 데럴 R. 왓킨스, 『기독교 사회복지』 박종옥(역) (서울: 베드로서원, 2003), 66에서 재인용함.

하나님의 왕국의 중요성을 인식하였다.[5)]

19세기에 동안에 노동문제, 자본주의, 도시화, 실업, 가난 그리고 산업혁명으로 인해 급부상된 계급투쟁의 발생등을 포함한 모든 사회적 병리현상과 문제들로부터 기원된 것이다.[6)] 전통적인 복음주의적 부흥운동이 지나치게 영혼구원에만 치우쳐서 개인적이었고 따라서 사회적인 문제에 무관심했는데 비해 그는 개인적 회심에 대한 배타적 강조로써 기독교의 복음이 사회적이어야 한다고 주장했다. 또한 국내외적으로 교회중심적인 기독교 확장에 대한 강조에 대한 반발로서 그는 죄도 사회적으로 이해해야 하고, 죄의 문제도 사회적으로 해결해야 한다고 하였다.[7)] 단순한 박애사상이나 개인적인 회심만으로는 사회 구조적 악을 해결할 수 없고 적극적으로 사회의 법과 제도를 변경시켜야 된다고 하였다. 또 사회적 손상의 책임이 자본주의와 금전의 힘에 있다고 보고 경제 질서를 개선해야 희망이 있다고 보았다.[8)] 즉 19세기 초기 개신교가 자선이나 도덕적 개혁과 같은 측면에 관심을 표명하였지만 그의 사회복음 운동은 당시 생활에서의 공동체적 측면과 사회정의의 실현에 관심을 집중시킨 것이다. 이러므로 이 땅위에 하나님 나라를 실현시키려 한 것이다.[9)] 이것은 하나님을 "사랑이 많으신 분, 이상적인 인간의 모든 속성들의 구현, 인간의 삶과 도덕성을 위해 존재하는 하나님, 선과 진리와 미의 종합적인 통일성"으로 이해하는데 기인한다.[10)]

---

5) 후스토 L. 곤잘레스, 『기독교사상사(III)』 이형기 · 차종순(역) (대한예수교장로회총회출판국, 1992), p.491. 해밀튼에 의하면 1865-75사이에 생겨난 용어로서 R. Heber Newton에 의해서 첫 번째로 시도되었다. 일반적으로 영국을 대표로하는 유럽에서는 "기독교 사회주의"(Christian Socialism)로 불리던 것을 미국에서 사회복음으로 기원되었다.

6) Bok Soo Lee, The Social Gospel's View of Mission and Its Impact on the Ecumenical Movement and Liberation Theology (Potchefstroom University for Christian Higher Education, Th. D. Thesis, 1994), 11.

7) 메이(Melanie A. May)도 "사회적 죄가 근절되어야 하고 사회적 구원이 성취되어야 한다"고 주장하였다. Melanie A. May, "The Kingdom of God, the Church, and the World: The Social Gospel and the Making of Theology in the Twentieth-Century Ecumenical Movement," in *The Social Gospel Today*, edited by Christopher H. Evans (Louisville, Westminster: John Knox Press, 2001), 38.

8) 김광식, op. cit., 192.

9) 윌리스턴 워커, 『기독교회사(하)』 송인설(역) (서울: 크리스챤 다이제스트, 1993), 734.

10) David Bosch J., *Transforming Mission: Paradigm Shifts in Theology of Misssion* (Maryknoll, N.Y. Orbis Books, 1991) 485.

피셜 후프트(W.A. Visser't Hooft)는 『사회복음의 배경』(The Background of the Social Gospel)은 이 운동의 본질적인 특징들을 잘 해명해 준다. 즉 계몽주의의 영향, 사회 과학의 발전, 부흥주의, 청교도주의, 정착 당시부터 사회적 문제와 씨름하며 소규모 공동체들을 건설하는 문제들에 맞부딪혔던 미국 개척자들의 전통에서 찾고 있다. 반면에 빌 레오나드(Bill Leonard)는 사회복음이 발생한 원인을 구체적으로 다음과 같이 제시했다. 첫째, 산업혁명에 의해 악화되어진 심각한 사회문제들(빈민굴, 노동소요, 도시 황폐화, 가난한 자들의 착취, 사업활동의 불평등 등)을 다루고자 하는 시도였다. 개신교가 이러한 사회문제들을 도외시하였는데 이에 대한 반발로 사회복음 운동이 일어났다는 것이다. 둘째, 가난한 자들에게 제공할 수 있는 여러 가지 것들로부터 부(富)로 축복받은 기독교인들의 하향 침투식 접근(정부자금을 대기업에 유입시키면 중소기업과 소비자들에게까지 미쳐 경기를 자극한다는 경제접근)을 강조하는 기독교의 자본주의적 견해에 대한 반응이었다. 다시 말해서 현 자본주의의 모순, 즉 사회구조적 병폐 때문이었다. 셋째, 종교적 자유주의와 사회적 진보 신학의 수용 때문이었다. 즉 신학적으로 사회참여를 강조하는 사조 때문이었다.[11] 즉 당시에는 산업화로 인해 많은 사회적 문제가 발생하였는데 교회는 이런 제반 사회적 문제에 적극적으로 개입하지 않았고 무관심했으며, 따라서 이런 교회의 모순된 행동에 대한 신학적 반발로 사회복음 운동이 일어났다고 그는 본 것이다.[12]

요컨데 사회복음은 전통적인 기독교가 사회문제를 너무 경시한데 대해 사회구조 자체도 복음화해야 한다는 사상에서 발생한 것이다. 다시 말해 청교도 정신에서 출발한 자본주의가 타락함에 따라 여러 가지 사회적 문제가 발생되었는데도 불구하고[13] 교회는 개인 영혼구원에만 관심을 갖고 이런 사회적 문제나 모순에 무관심한

11) 데럴 R. 왓킨스, op. cit., 67.

12) 또 그린웨이와 몬스마(Roger S. Greenway & Timothy M. Monsma)는 "사회복음의 순수한 시도는 도시화 과정에서 생긴 여러 문제들을 다루고 상처를 치유하고 인간 박해를 제거하려는 것이었다"고 전제하고, 사회복음은 시골에 바탕을 둔 전통적인 교회가 이런 문제들을 도외시한데 대한 일종의 반작용이었다고 했다. 즉 그는 사회복음을 새로운 환경변화에 대한 기존 교회의 부적응에서 온 결과로 본 것이다. Roger S. Greenway & Timothy M. Monsma, *Cities: Mission's New Frontier* (Grand Rapids: Baker Books, 2000), 94-95.

13) 보쉬에 따르면 사회복음지지자들은 "자본주의 제도가 원칙적으로 사회, 경제, 그리고 정치적인 평등주의를 반대하기 때문에 이 초개인적인 악의 세력이 자본주의 제도 속에 내재해 있다고 확신했다." 따라서 자본주의가 타락하자 이 악의 세력에 의해 "고삐풀린 경쟁", "물고

데 대한 반발로 이런 사회복음이 탄생된 것이다.

사회복음이 선교분야에 끼친 영향은 오늘날 까지도 지속되고 있다. 데니스(J.S.Dennis)는 1879년에서 1906년까지 『기독교 선교와 사회진보』(Christian Mission and Social Progress)라는 세 권의 책가운데서 아프리카와 아시아의 여러 층의 다양한 영역들, 예컨대 가족, 부락사회, 국가, 상업 그리고 종교 분야에서 발견되는 일련의 사회악들을 열거하고 최전방에서 싸웠던 선교단체들의 수많은 활약들을 제시하고 있다. 그 중 마지막 권은 바로 이 결과들에 대한 목록이다. 이 책의 내용에 비기독교 사회 속에 만연된 사회악들을 지적해 내고 있으며, 민첩했던 선교사들이 기독교 세계에서 찾아볼 수 있는 사회악들과 부정적인 요소들을 느끼고 민감했었는지 잘 알 수 있다. 따라서 서구사회에 대한 사회복음은 세상을 향한 봉사의 직분(diaconate)의 강조와 부흥을 기대할 수 있게 한 자극이 되었다.

Ⅲ. 세속화신학과 선교 사상

이러한 사회복음 운동과 더불어 다른 한 편으로는 19세기 자유주의적 하나님 나라의 실현에 영향을 받은 세속화 신학이 20세기 중반에 크게 위세를 떨쳤다. 자유주의적 하나님 나라의 실현은 역시 리츨(Albrecht Benjamin Ritschl)의 사상으로부터 기인하는데 리츨은 하나님 나라를 윤리적인 개념으로 이해하고, 역사 발전 과정을 통해 인간의 노력으로 이루어지는 윤리적 종교적 공동체로 보았다.[14] 이것은 하나님 나라를 철저하게 현재적인 것으로만 보고 결국 서구 문화와 문명을 통해 인간이 이 땅위에 유토피아(Utopia)를 건설하려는 시도로 이어진 선교이론이다.

유토피아 시도는 1차 세계대전으로 주춤되었다가 1차 대전 후에 세속화 신학으로 다시 나타났는데 세속화(secularization) 신학[15]은 독일의 신학자인 고가르텐

물리는 법칙"이 복음을 대신하게 되었다는 것이다. Ibid., 488.

14) Claude Welch, *Protestant Thought in the Nineteenth Century,* Vol. 2 (New Haven: Yale University Press, 1985), 10, 18. Hugh R. Mackintosh, *Types of Modern Theology* (London: Nisbet and Co. Ltd., 1952). 158.

15) 김광식은 세속화와 세속주의를 구분했는데 "세속화는 기독교 신앙의 결과이지만 세속화가

(Friedrich Gogarten, 1887-1967)에서 출발한다. 그는 세상의 주인이 인간이라고 하면서 기독교 복음 자체 내에 일종의 어떤 세속화가 내포되어 있지 않은가 물어보고 있다.16) 그러나 본회퍼(Dietrich Bonhoeffer, 1906-1945)는 고가르텐의 입장과는 다른 방향에서 신학적으로 세속화신학의 터를 닦아놓았다. 그는 현대인을 극단적으로 비종교적이라고 보았는데 제2차 세계대전이 현대인의 비종교성의 대표적인 예라고 하였다. 이러한 신학적 변화에 결정적인 역할을 한 사람으로서 본회퍼는 그의 핵심사상이자 혁명적인 개념인 "무종교적 시대"(Religionses Zeit)와 "무종교적 기독교"(ein religionsloses Chritentum) 혹은 "성인된 세계" 와 "성서적 개념의 비종교적 해석"은 기독교 신학계에 충격을 주게 되었다. 특히 하나님 없이 살아가야 한다고 외쳤던 세속화신학자들의 주요한 슬로건이 되었다. 영국에서는 로빈슨(John Robinson)을 중심으로 세속화 신학이 일어났는데 그는 『하나님께 정직하기』(Honest to God, 1963)라는 책에서 본회퍼를 대중적 평이성에 맞추어 해석하였다. 세속화신학은 하비 콕스(Harvey Cox)에 의해 최고도에 이르렀는데 그는 『세속도시』(The Secular City, 1965)에서 세속화를 현대인의 특징으로 보고 성서적 종교의 본질과 이것이 서로 상합된다는 점을 강조하였다.17)

한편 실용주의자인 꽁트(August Comte)는 "대도시 문화 속에서는 실용주의 인간이 출현하여 기술적 도시사회를 건설하여 하나님 없는 도시 속에서 산다"고 하였다. 꽁트의 영향을 받은 판 뷰렌(Paul Van Buren)은 『복음의 세속적 의미』(The Secular Meaning of the Gospel, 1963)에서 기독교의 복음을 논리적 실증주의 입장에서 분석하고자 하였다. 그는 여기서 하나님은 대상으로서 인식할 수 없고 인간의 신앙적 태도에서 감지할 수 있는 정도의 존재로 규정하였다.18)

이루어진 후에는 하나님을 떠난 인간이 스스로 구원의 이념을 만들어내기도 하는데 이것이 세속주의다. 즉 세속화가 기독교 본질로부터 나온 것이라면 세속주의는 세속화의 결과로 인간 이성이 자기를 구원하기 위한 구원의 이념으로 만들어낸 것이다". 김광식, op. cit., p.180; 또 보쉬는 "세속주의는 당시 사람이 배척한 것이고 세속화는 사람이 환영하고 전파한 것"이라고 구분하였다. 데이비드 J. 보쉬, op. cit., p.492; 그 외에 세속화신학에 대한 참고할 만한 서적으로는 Arvind Sharma(ed), *Religion in a Secular City* (Harrisburg: Trinity Press International, 2001)가 있다.

16) 김광식, op. cit., 177.

17) Ibid., 181-184.

18) Ibid., 184.

이러한 학자들의 공통점은 세속화를 강조하여 세속화의 과정을 복음의 합당한 열매로 해석하고 정당화하였으며 또한 기독교를 세속적인 운동으로 인식하도록 촉구했다는 것이다. 따라서 교회는 세속적인 문제에 더욱 관심을 갖고 서구의 형상으로 세계를 재창조하려 한 것이다.[19]

Ⅳ. 하나님의 선교(missio Dei) 신학과 선교사상

1960년대에는 세속화 신학에 영향을 받아 1952년 국제선교협의회(International Missionary Council, IMC) 빌링겐 대회 이후에 IMC와 세계교회협의회(World Council of Church, WCC)의 선교 개념이 된 하나님의 선교(missio Dei) 사상이 새로운 선교 개념으로 등장하였다.

하나님의 선교(missio Dei)라는 말은 원래 빌링겐 대회에서 사용된 것이 아니고 빌링겐 대회를 평가한 하르텐슈타인(Karl Hartenstein)에 의해 최초로 사용된 말이다. 그는 프라이탁(Walter Freytag)이 편집한 "어제와 오늘 사이에 있는 선교"라는 빌링겐(Willingen) 대회에 관한 독일어 보고서 가운데 "신학적 각성"이라는 글을 쓰면서 missio Dei라는 말을 처음 사용하였다.[20] 그에 따르면 "선교란 구원받은 전 피조물 위에 그리스도의 주권을 세우려는 포괄적인 목표를 가지고 아들의 보내심, 즉 하나님의 선교(der missio Dei)에 참여하는 것"이다.

이러한 하르텐슈타인의 사상은 휘체돔(Georg F. Vicedom)이 1958년에 『하나님의 선교(missio Dei)』라는 책을 발간하면서 missio Dei라는 말이 세상에 널리 퍼지게 되었는데,[21] 이 때 비체돔은 하르텐슈타인의 missio Dei 개념을 구속사적 종말론 개념으로 해석하였다. 즉 "선교는 그리스도의 승천과 재림 사이에 있는 높임 받은 주님의 사역이다. 그러므로 교회는 공동체의 회중 속에서 완전하신 분의 선포와 그

19) 데이비드 J. 보쉬, op. cit., 492.

20) 김은수, op. cit., 120.

21) 그는 여기서 "(1952년) 빌링겐 대회는 Missio Dei 개념을 채택하였다"고 하였는데 김은수에 의하면 이로 인해 사람들은 빌링겐 대회에서 Missio Dei 란 말을 처음으로 사용한 것으로 오해하게 되었다고 하였다. Ibid.

의 나라의 알림을 통하여 구원사를 그가 다시 오실 때까지 계속하는 과제를 가졌을 뿐이다"[22]라고 하였다. 여기에는 하르텐슈타인의 구속사적 종말론 신학이 강하게 반영되어 있음을 알 수 있다.[23]

그런데 1960년대 초에 후켄다이크(J. C. Hoekendijk)는 missio Dei라는 말을 사용하면서 선교를 자유주의 신학자들이나 세속화 신학자들처럼 현재적 종말론 시각에서 missio Dei 개념을 변형시켰다. 즉 하르텐슈타인은 이 땅에서 그리스도 통치의 '이미(already)'와 '아직 아니(not yet)'의 철저한 긴장 속에 서려고 했으나 후켄다이크는 하나님의 역사 속에 감추어진 활동과 실제 이 땅위에 펼쳐지고 있는 세계 역사를 직접적인 상관관계에서 파악하여 철저히 현재적 종말론의 시각에서 이해하였던 것이다. 따라서 그에 따르면 격변하는 세계와 역사 속에서 그리스도인의 사회적 책임의식이 강화되었고, 사회, 경제, 정치, 문화 등에서 폭넓은 선교의 영역과 과제를 획득할 수 있게 되었다.[24] 이러한 시각에서 후켄다이크는 교회중심적인 선교 사업을 신랄하게 비판하고, 세상이 선교의 중심이 되어야 한다고 하였으며, 구원은 마침내 세상 역사 자체 안에 나타나는 샬롬(Shalom)이라고 하였다. 여기서 샬롬은 "완전히 회복되고 완치를 받은 인간의 상태"이다. 후켄다이크에 따르면 이 샬롬을 가져오게 하는 것이 곧 선교라는 것이다.[25]

이러한 하나님의 선교 개념에 따르면 하르텐슈타인이 의도한 그리스도 위에 세워진 교회 중심에서 세상 중심으로 선교의 축이 이동하게 되었음을 알 수 있다. 따라서 세상에서 일하시는 하나님이 선교의 주체가 되었고, 교회는 이러한 하나님의 선교에 참여하는 단순한 수단에 불과한 것으로 인식되었다. 결국 전통적으로 인식되어왔던 "하나님-교회-세상"의 선교 개념은 "하나님-세상-교회"의 선교개념으로 바뀌게 되었다.

그러나 WCC가 이런 후켄다이크의 신학을 받아들여 선교개념을 왜곡시켰다는

---

22) Ibid., 122.

23) 현재적 실현된 종말론, 철저한 미래적 종말론, 그리고 현재적이면서도 미래적 종말론으로 나누었다. 방동섭, op. cit., 195-200.

24) 김은수, op. cit.,, 125.

25) 박근원, "하느님의 선교: 에큐메니칼 선교신학,"『현대선교신학』이계준(편) (서울: 전망사, 1992), 262.

데 문제가 있다. 즉 WCC는 1961년 제3차 뉴델리 총회에서 타종교와의 대화(dialogue)를 강조하였다.[26] 이때 IMC는 WCC에 통합되어 세계선교와 복음화 위원회(CWME, Commission on World Mission and Evangelization)라는 WCC의 하부조직으로 변경되어 선교가 크게 위축되었다. 예를 들면 IMC는 통합 후 최초로 1963년에 CWME 멕시코시티 대회를 열었는데 이때의 주제를 "하나님의 선교와 우리의 과제"라고 하였다. 여기서 CWME는 하나님의 선교 입장에서 타종교와의 대화를 중요한 주제로 하였는데 전체적인 분위기는 다른 신앙을 인정하고 다른 종교들 속에 감추어진 가치를 긍정적으로 적용하려 하였다.[27] 또한 세속화(secularization)에 대한 이해가 긍정적으로 평가되어 하나님의 활동 영역은 사회적 구조와 정치적 영역까지 포괄하고 있기 때문에 세속화된 세상 속에서의 그리스도인들의 증언은 개인과 사람과의 관점에서 사회 제도와 조직 전체에서 보려는 시각으로 점차 바뀌었고, 세속 사회 속에 살고 있는 일반 평신도들의 역할이 선교의 핵심 주제로 떠올랐다.

또 1968년 웁살라에서 열린 제4차 WCC총회에서는 "인간화"(humanization)를 선교의 목표로 하였다. 오늘의 근본적인 문제는 인간에 대한 문제이며 모든 비인간화의 현상을 극복하고 인간을 인간답게 하는 것이야말로 선교의 일반적인 과제로 본 것이다.[28] 따라서 예수 그리스도는 인간화의 모델로 제시되었고, 선교의 목표는 예수와 같은 사람을 만드는 것이었다. 그리고 1972/3년도에 열린 CWME 방콕 대회에서는 "오늘의 구원"(Salvation today)이라는 주제로 선교를 "인간의 해방을 위한 활동"으로 보면서 자유주의적 사회복음 개념은 절정에 이르렀다.

결론적으로 말해서 WCC는 후켄다이크의 하나님의 선교 개념을 받아들여 이 땅 위에서의 유토피아를 건설하는 것을 하나님의 선교로 보고, 타종교 교리의 진리성을 인정하는 등 타종교와의 대화를 강조하였으며, 또한 교회가 세속에 적극적인 참여를 통해 샬롬의 표시인 참 인간성을 회복시키고 인간을 해방하는 것을 선교라고

---

26) Timothy Yates, *Christian Mission in the Twentieth Century* (Cambridge: Cambridge University Press, 1994), 133-192에서는 선교와 대화의 문제를 자세하게 다루었음.

27) 김은수, op. cit., 195.

28) Ibid., 225.

한 것이다.

V. 근본주의 신학과 선교사상

사회복음의 정반대 편에는 선교를 복음전도에 의한 영혼구원으로 보고 영혼구원에만 힘쓴 일명 근본주의자들(fundamentalists)들이 있었다. 근본주의(fundamentalism)는 "보수적인 정치적 힘과 동맹하여 국가, 가족, 교회에 대한 자유주의 물결로 간주되는 것에 대한 투쟁을 추구하는 공격적이고 신념에 찬 종교운동을 의미한다."[29] 근본주의라는 용어는 1911년 미국에서 생겨났지만 19세기 말부터 자유주의 신학에 대한 반작용으로 이미 미국을 중심으로 근본주의적 성격의 운동이 있었다.

근본주의는 기독교의 근본신앙을 믿고 영혼구원에 호전성을 나타낸다. 그들은 "성경의 영감과 신적 권위, 그리스도의 신성, 동정녀 탄생, 피의 속죄, 육체부활, 재림, 인류의 타락하고 상실된 상태, 회개와 신앙에 의한 구원, 행위 없는 은총, 개종하지 않은 자들에 대한 영원한 지옥형벌과 구원받은 자들에 대한 하늘의 영원한 축복을 강조한다."[30]

그러므로 이러한 내용만으로 볼 때에 근본주의는 다른 보수주의(conservatism)와 다른 것이 없어 보이지만 이들은 성경의 절대영감설과 절대무오설을 철저히 강조하고 예수님께서 천년왕국 이전에 재림하신다는 전천년왕국설(premillennialism)을 절대 신봉한다는 점에서 다르다. 따라서 이들은 성경을 절대시하고 배타적 성격을 띠어 자기들과 노선을 달리하는 다른 집단과는 비타협적이며, 미래에 도래할 천년왕국을 기다린다. 또한 이들은 문화적 다원주의를 반대하고, 하나님의 섭리주의(dispensationalism)를 철저히 신봉하며, 외부 세상을 위험하고 불쾌한 것으로 본다. 세상과 문화에 대하여는 폐쇄적이고 분리주의적이며 호전적 자세를 취한다. 그러므로 복음전도에 의한 개인의 영혼구원 이외의 사회복음과 세상에 대한 사회봉사에 대하여는 철저히 부정적이다. 따라서 근본주의자들은 성경을 우상으로 하고 성경,

29) 이원규, op. cit., 183.

30) Ibid., 185.

특히 대위임령을 모든 상황에 기계적으로 적용하여 영혼구원에만 힘쓰는 경향이 있다.[31)]

Ⅵ. 복음주의신학과 선교사상

근본주의는 넓게 복음주의(evangelicalism)[32)]의 전통 안에 있는 것으로 볼 수도 있으나 일반적으로 복음주의는 근본주의와 다른 것으로 본다. 복음주의는 "경건주의와 개혁 유산의 결합을 반영하는 연대로서 18, 19세기 영국의 복음주의 운동과 미국의 대각성 운동 이후에 생겨난 보수적인 신앙운동 경향을 말한다."[33)] 복음주의

---

31) 데이비드 J. 보쉬, op. cit., 513.

32) 복음주의자들이 한 완전한 동일체를 구성하지 않는다는 것을 바이엘하우스는 지적했다. 그는 적어도 여섯 그룹으로 복음주의자들을 분류할 수 있다고 믿는다. 첫째로 '신 복음주의자들'(New Evangelicals)인데 이러한 그룹의 대표로는 빌리 그래함(Billy Graham)을 들 수 있다. 이 그룹은 모든 복음주의 인력을 연합하려는 노력을 하고 있다. 두 번째는 이들과 반대위치에 있는 그룹으로서 '분리주의자 근본주의자들'(Separatist Fundamentalists)을 들 수 있다. 이들은 칼 맥킨타이어(Carl McIntire)가 중심이 되어 기독교 교회의 국제 협의회(International Council of Christian Churches)와 같은 기구와 구조적으로 합세한 자들이다. 세 번째 그룹은 '고백적 복음주의자들'(Confessional Evangelicals)이다. 바이엘하우스가 자신은 여기에 속한다고 표명한 바 있다. 네 번째 범주는 성령파 및 은사파 운동(Pentecostal Movement)에서 찾아볼 수 있다. 다섯 번째로 소위 말하는 '급진적인 복음주의자'(Radical Evangelicals)인데, 이들은 특별히 로잔 세계복음화대회(Lausanne Congress on World Evangelization, 1974)때에 창출되었다. 그들 중에는 사무엘 에스코바(Samuel Escobar), 레네 파딜라(Rene Padilla)와 올란도 코스타스(Orlando Costas)가 대표적이며, 역시 북미에서 형성된 몇몇 그룹들 중에서 특별히 메노나이트교파를 들 수 있다.성경적 근거에 따라서 그들이 강조하는 것은 사회 정치적인 관여의 필요성이다. 마지막으로 '에큐메니칼 복음주의자들'이라고 불리는 자들이 있는데 이러한 신랄한 비판에도 불구하고 에큐메니칼 운동에 긍정적인 태도를 가지고 있는 자들이다. 페스토 키방가(Feato Kivengere)인데 그는 로잔 대회의 마지막 폐회 성만찬식에서 설교하기를 복음주의자들이 교회협의회에 친교의 손을 펼치자고 간절히 말한 것이다. 드 그루취(Hohn de Gruchy)도 자신의 논문 "The Great Evangelical Reversal: South African Reflections" (*Journal of Theology for Southern Africa,* no. 24(1978, 9) pp.45-57)에서 복음주의자들의 구분을 바이엘하우스와 일치하고 있다.

33) 데이튼(Dayton)은 복음주의를 다음과 같이 3기간으로 나누어 본다: (1)16세기의 개혁적 복음주의, (2)18, 19세기의 부흥적 복음주의, (3)20세기의 근본주의적 복음주의. Ibid., 188; 본주의는 복음주의적 전통에서 생겨난 것으로 자유주의에 대한 반동으로 더욱 강화된 철저한 복음주의라고도 할 수 있으나 호전적이고 배타적인 성격을 띠고 있어서 일반적인 복음주의와는 다르게 본다.

자들(evangelicals)은 대개 근본주의적 성경주의를 유지한다는 점에서는 근본주의와 유사하고 자유주의를 반대하지만 분리주의를 원치 않고 세상과 문화에 대하여는 다소 수용적인 자세를 취한다는 점에서는 근본주의와 다르다.

복음주의의 선교 개념은 복음주의자라고 불리는 집단이 다양하기 때문에 한마디로 정의하기는 어렵지만 대체로 종교개혁과 독일의 경건주의, 영국의 청교도 및 감리교도들의 복음주의 운동, 그리고 현대선교의 아버지로 불리는 윌리암 케리(William Carey)의 노선을 따르는 자들을 말한다.[34]

단체적으로는 1846년 영국에서 결성된 성공회의 복음주의 연맹(Evangelische Allianz: EA)에 그 기원을 둔다. 존 스토트(John Stott)에 의하면 EA의 신학적 특성은 성서 이해에서 찾고 이들은 성서의 권위를 축자영감설에 기초하고 있다.[35] EA의 신학적 전통은 1917년에 결성된 초교파해외선교협의회(Interdenominational Foreign Missions Associat- ion: IFMA)에 그대로 이어졌지만 IFMA는 EA와는 달리 근본주의적 신학을 바탕으로 복음을 땅끝까지 전하는 것을 사명으로 하였다.

1945년에는 1943년에 탄생된 미국 복음주의협의회(National Association of Evangelicals: NAE)를 중심으로 복음주의해외선교협회(Evangelical Foreign Missions Association: EFMA)를 결성하였는데 이는 1938년 탐바람 IMC 대회가 선교를 교회중심으로 하자 교파지향적인 선교단체를 중심으로 IMC에 대항하여 이루어진 것이다. 그러나 이는 근본주의의 분리정책에 맞서서 다른 신학을 가진 그룹들과도 대화를 하는 등 비교적 온건한 입장을 취하고 있다.[36] EFMA는 보다 포용성을 지니고 있는 오순절 은사주의자들도 받아들였다.

이와 같이 복음주의자들은 신학에 있어서는 서로 차이를 보이면서도 성경을 중

---

34) 윌리암 케리(William Carey)는 1793년부터 40년간 인도에서 선교사 생활을 하면서 선교활동에서 나름대로 다섯 가지 기본 원칙에 따라 사역하였다: 첫째, 정치적 상황이 허락하는 한 많은 지역에 광범위하게 포고하였다. 둘째, 성서를 원주민의 말로 번역하여 선교하였다. 셋째, 교회를 세워 영국 침례교회와 연관을 갖게 하되 거기에 종속시키지는 않게 하고 현지교회와 선교회가 일체가 되어 사역하도록 하였다. 넷째, 기독교 복음만을 구원의 진리로 확신하였으나 선교사가 원주민의 언어 뿐만 아니라 사고방식과 관습도 이해해야 한다고 믿었다. 다섯째, 가능한 한 빨리 현지인을 목회자로 양성하여 그들과 동역하도록 한다. 서정운, "복음주의 선교신학," 『현대선교신학』 이계준(편) (서울: 전망사, 1992), 241.

35) 김은수, op. cit., 217에서 재인용함.

36) Ibid., 219.

심으로 한 개인 영혼구원 및 교회설립을 선교로 보는 면에서는 같은 입장을 취했다. 1951년에는 EFMA가 EA와의 협조 하에 세계복음주의협의회(World Evangelical Fellowship: WEF)를 결성하였다. 그리고 이들은 WCC의 자유주의 신학 노선에 반대 입장을 취하였다.

즉 IMC가 1961년 뉴델리 WCC총회에서 WCC에 통합되면서 WCC가 자유주의적인 하나님의 선교(Missio Dei) 노선을 취하여 타종교와의 대화를 인정하는 등 전통적인 복음주의자들의 선교 개념을 버리자 복음주의자들은 WCC에 조직적으로 반대하였다. 복음주의자들은 이에 대항하는 복음주의 대회를 잇달아 개최하였다. 우선 IFMA와 EFMA가 주동이 되어 1966년 4월 휘튼(Wheaton)에서 세계선교대회를 소집했다. 여기에서 복음주의자들은 "선교는 근본적으로 전도를 의미하며, 교회 개척이 모든 선교 활동의 우선적 과제임"을 확인하였다.[37)]

동년 10월 25일에서 11월 4일까지 베를린에서는 복음주의자들의 대변지인 『Christian Today』의 창간 10주년 기념 행사로 빌리 그래함(Billy Graham)의 주도 하에 복음주의 대회가 개최되었는데 이 대회에서는 "전도가 사람들을 예수 그리스도와 인격적인 관계를 맺도록 하고 사람을 구원하는 일임에도 불구하고 교육이나 사회개혁활동으로 생각하는 사람들이 있다"고 개탄하였다.[38)]

그리고 1970년에는 복음주의자들과 정교회 대표자들이 1968년 제4차 WCC 웁살라 대회에 대항하여 독일의 페터 바이엘하우스(Peter Beyerhaus)를 중심으로 프랑크프루트 선언(Frankfurt Declaration)을 발표하였다. 여기서는 "선교는 예수 그리스도의 이름을 통해 이루어진 구원을 증거하고 제시하는 것"이라고 하였고, "선교적 복음선포는 예수 그리스도의 교회를 설립해야 한다"고 하였다.[39)]

이상에서 살펴보듯이 복음주의자들은 잇단 복음주의 선언을 통해 전통적인 복음주의의 선교 개념을 재천명하는 데 그쳤다. 그렇지만 구원의 열매로서의 사회적 봉사는 정의와 평화를 위한 하나님의 요구라고 하였고, 이웃을 사랑하라는 명령에 대한 적절한 구현이라고 하여 사회봉사가 부수적인 것으로 인식하였다. 또한 타종교

37) 서정운, op. cit., 243.

38) Ibid., 244.

39) 김명혁, 『현대교회의 동향』 (서울: 성광문화사, 1995), 113.

와의 대화는 "선교적 전달을 위한 양호한 접촉점들을 수립할 뿐이라"고 하여 에큐메니칼 진영의 타종교와의 대화를 원칙적으로 부인하고 있다.[40] 즉 복음주의자들은 선교를 복음선포에 의한 영혼구원에 초점을 두었고, 사회 정의 실현 및 사회봉사 등에 대하여도 마음의 문을 열고 있음을 볼 수 있다.

구분	근본주의	복음주의	개혁주의	WCC의 진보주의계열
일반특성	• 성경의 축자영감 • 신적권위 · 섭리주의 • 교회중심 • 철저한 교회생활	• 성경의 영감성 인정 • 성경의 권위 인정 • 경건주의 전통 • 교회중심 • 철저한 교회생활	• 성경의 영감성 인정 • 성경의 권위 인정 • 모이는 교회 / 흩어지는 교회 • 성육신적 삶 추구(세상에 있으나 세상 에 속하지 않음)	• 성경의 영감성과 권위를 어느정도 인정하나 절대적인 것으로 보지 않음 • 세상중심 · 세속적 • 교회생활이 느슨함
종말론	• 전천년왕국설 • 철저한 미래적종말론 • 구속적 종말공동체	• 무천년왕국설 경향 • 현재적이며 미래적 종말론 • 구속적 종말공동체	• 현재적이며 미래적 종말론 • 언약적 공동체 • 선교적 공동체	• 후천년왕국설 • 현재적 종말론 • 윤리적 종교공동체
세상에 대한 인식	• 배타성 · 폐쇄성 • 세상을 죄악시함 • 인간의 전적타락 • 문화적 다원주의 불인정 • 타종교와의 대화 불인정	• 배타적이나 다소개방적 • 세상을 죄악시함 • 인간의 전적 타락 (일반은총 · 선행은총) • 다원주의 불인정 • 복음의 접촉수단으로서 대화 인정	• 일반은총 · 선행은총 인정 (타락한 가운데 하나님의 질서 인정) • 문화 긍정 • 복음의 접촉수단으로서의 대화	• 개방적 • 사회구조 / 제도를 죄악시 함 • 인간의 가능성 인정 • 문화적 다원주의 • 타종교와의 대화
사회참여	• 영혼구원 강조 • 사회복음 배격 • 사회봉사 불인정 • 사회적 행동 불인정 • 환경에 무관심	• 영혼구원 우선 • 사회복음 배격 • 사회봉사 추구 • 사회적 행동 다소 인정 • 환경문제에 다소 관심	• 복음전도와 사회참여를 균형적으로 이해 • 사회봉사 강조 • 사회문제 관여 • 환경문제 관여	• 사회구원 강조 • 인간해방 / 참인간성 추구 • 샬롬 추구 • 정의사회구현 • 철저한 사회참여 • 과격한 사회적 행동 • 환경문제에 민감
변화수용	• 시대적 요구 무시 • 사회변화 무시	• 시대적 요구 다소 수용 • 사회변화 다소 수용	• 시대적 요구 및 시대변화 고려 · 수용	• 시대적 요구에 귀기울임 • 사회적 변화를 적극 수용

40) Ibid., 416-417.

선교는 전통적인 입장을 고수하면서도 성경에 위배되지 않는 범위에서 시대적 요구를 반영할 필요가 있다. 그런 의미에서 존 스토트(John Stott)의 선교이해는 시사하는 바가 크다. 그는 복음전도와 사회 활동 간에는 역학적 관계가 있다고 하였다. 사회복음주의자들처럼 사회 활동을 복음전도의 표현으로 봐도 안 되고, 사회 활동을 전도의 수단으로만 생각해서도 안 되며, 사회 활동은 전도의 동반자여야 한다는 것이다.[41] 이러한 입장은 한국 보수주의 진영에서도 수용되었는데[42] 이들은 선교를 전통적인 영혼구원 차원에서 사회책임을 포함하는 광의의 개념으로 받아들이기 시작한 것이다.

존 마크 테리 등은 사회적 책임과 복음전도의 관계를 하나님의 문화적 명령(창 1:28; 2:15)과 전도적 명령(마 28:18-20)의 관계로 설명했는데[43] 이것은 개혁주의 전통에 따른 것으로 창조, 타락, 구속의 연속선상에서 구원을 하나님, 이웃, 그리고 자연(세상)과의 관계 개념으로 이해하고 선교를 통전적인 개념으로 이해한 것이다. 이런 관점에서 볼 때 선교는하나님의 은혜를 입은 사람들이 세상에 대하여 책임을 가지는 것, 즉 기독교인의 하나님의 선교에 총체적 참여가 된다.[44]

Ⅶ. 개혁주의와 선교사상

선교의 주체는 창조주이신 삼위일체 하나님이시다. 그러므로 선교는 하나님의 선교다. 하나님은 창조주로서 타락한 피조물들에 대한 사랑의 발로에서 선교를 시작하셨다. 선교의 주도자(initiative)이신 하나님은 타락한 세상에 하나님 나라를 실현하시기 원하셨다. 모든 피조물을 회복시키고 치료하길 원하셨다.[45] 그들에게 하

41) 존 스토트, 『현대기독교 선교』 김명혁(역) (서울: 성광문화사, 1995), 29-31.

42) 김명혁, op. cit., 401.

43) John Mark Terry, Ebbie Smith & Justice Anderson(ed), op. cit., 121-124.

44) 김은홍, "선교의 통전적 이해를 위한 해석학적 단서," 『기독신학저널』 제2권 (서울: 천안대학교 기독신학대학원, 2002), 221-242.

45) Darrell L. Guder(ed), *Missional Church: A Vision for the Sending of the Church in the North America* (Grand Rapids: Eerdmans, 1998), p.4.

나님의 통치가 임하고 그들을 통해 하나님의 영광이 드러나길 원하셨다. 그것은 구체적으로 창조질서의 회복과 타락한 인간의 구원으로 표출된다.

하나님은 이러한 원대한 계획을 실현하기 위해 아브라함을 통해 이스라엘을 선택하셨고, 이스라엘은 하나님의 성민으로서의 삶을 살게 하셨으며, 또한 열방에 대한 선교의 수단(instrument, 도구)이 되게 하셨다. 즉 선택은 공동체성과 총체성을 띠었으며(이러한 수단은 본질적으로 공동체 전체가 수단으로서의 역할을 해야 하는 총체성을 띤다) 성민으로서의 삶(예배)과 열방을 위한 증인으로서의 목적이자 수단(선교)이었다.[46]

구약시대에는 이스라엘을 선택하여 성민으로서의 삶을 살게 하셨고(예배), 이런 이스라엘을 통해 열방으로 하여금 하나님을 알고 하나님을 예배하게 하려하였다(선교). 여기서는 구심적 선교가 강조되었다. 이때 상당한 무리들이 이스라엘에 합류하기도 하였다. 그러나 이스라엘을 통한 열방의 구원계획은 구심적 선교의 한계성 및 이스라엘의 불순종과 폐쇄성 때문에 실패하였다. 이스라엘은 열방으로 나가는 것을 꺼려했고, 또한 열방이 자기들에게 나아오는 것도 꺼려했다. 이스라엘은 하나님을 섬기는 성민으로서의 삶(예배)에서도 우상을 섬김으로 실패했으며, 또한 열방에 대한 복음의 선포 및 열방의 개혁(선교)에서도 실패한 것이다.

이러한 이스라엘의 실패 뒤에는 하나님의 또 다른 계획, 즉 예수 그리스도를 통한 새 이스라엘의 건설로 이어졌다. 뉴비긴에 따르면 성령의 인도하에 (새이스라엘인) 교회가 이를 수행해야 한다. 이를 위해 교회의 선택은 불가피하였고 이제 교회는 세상과 관계해야 한다.[47]

초대교회는 새이스라엘 언약공동체로서 예수께서 주신 대위임령을 성실하게, 그리고 열정적으로 행했다. 전 인류를 포함해 땅 끝까지 선교하려고 애썼다. 교회에 모여 예배하며, 말씀을 상고하고, 떡을 떼었고, 사랑의 교제를 나누는데 힘썼다. 또한 구제하고 선한 행위를 하였으며 열방으로 나아가 선교하였다. 나가는 곳마다 교회를 세웠고, 교회를 치리하였으며, 교회가 하나님의 말씀 위에 든든히 서 가게 하였다. 성령의 인도하심에 순종하며 역동적인 모습을 보였다. 그들의 선교는 총체적이었고, 대상에 대한 차별없이 보편적이었으며, 그야말로 구심적이었고 원심적이었

46) Ibid., p.5.

47) Joon-Sik Park, op. cit., pp.340-341.

으며, 통전적이었고 역동적이었다. 그런데 이러한 초대교회는 중세를 거치면서 오늘에 이르는 동안 여러 면에서 변화되었다. 데이비드 보쉬는 시대 및 상황에 따라 선교의 패러다임이 변화했다고 하였다.[48] 그러나 선교의 본질이 변해서는 안 된다는 것이다.

신약 교회는 초대교회와 마찬가지로 구약의 이스라엘을 대신하는 것으로 성민으로서의 삶(예배)을 사는 동시에 창조주 하나님의 창조질서의 회복 및 이를 위한 선교의 수단(도구)으로서의 기능(선교)을 해야 한다. 즉 예배와 거룩한 삶을 통해 모든 피조물에게 보편적으로 하나님의 영광을 나타내고, 또한 그들에게 하나님의 통치가 임하도록 선교해야 한다. 이때 교회는 자체의 선택 목적을 유지하면서 그들에게 나아가고 또한 그들이 교회로 나아오도록 해야 한다. 총체적으로 공동체의 통전적인 삶을 통해서, 그리고 성령에 의한 역동적인 모습을 통해서 하나님을 드러내며, 말씀을 선포하고, 때로는 악의 세력과 능력대결을 벌임으로써 주어진 사명을 성취해야 한다.

물론 개혁신앙을 가지고 있는 사람은 에큐메니즘과의 만남을 피할 수 없다.[49] 많은 이들은 에큐메니즘에 대해서 개혁 신앙이 관심을 가지지 않고 있으며, 개혁신앙을 가진 자는 에큐메니즘에 대하여 성경적으로 무관심하다고 말한다. 개혁주의가 오히려 교회의 일치와 연합에 대해 장애적인 위치에 있다고 보게 된다. 그러나 개혁주의 신앙이 성경을 토대로 한다면 신구약 성경 전체가 펼쳐 보이는 "하나의 백성, 하나의 복음, 하나의 구원과제"를 볼 때 하나님이 사랑하시는 이 세상(요 3:16)은 모두 하나님의 전적인 관심 속에 있으며 모든 인간들은 하나님 안에서 영적인 일치와 연합을 이루어야 하는 "에큐메니즘"의 내용이 된다.

성경은 하나님께서 이스라엘 민족 속의 한 개인 아브라함을 택해서 언약을 맺으시고 그 언약을 이삭, 야곱, 요셉…… 다윗…… 선지자들을 통해 끊임없이 계승하셨다. 그리고 마침내 예수 그리스도를 통해 친히 새 언약(아브라함 언약의 계승)을 주셔서 오늘날 우리 한 사람 한 사람 구원에 이르기까지 변함없이 신실하게 성취시키고

48) David J. Bosch, *Transforming Mission,* pp.15-55.

49) 반틸(Cornelius Van Til), 『에큐메닉스』, "제12장 개혁신앙과 에큐메니즘", 전재옥 옮김, (서울: 성광문화사, 1992), p.446

계신다. 하나님은 역사 속에서 언제나 구체적으로 구원의 은혜를 베풀어 우리를 부르시고 하나님 나라의 백성으로 주시고 구원받기를 원하시고 계신다.

예수님의 제자들은 그리스도와 연합된 사도로서 그리스도의 죽음과 부활을 믿는 신앙을 통해 "죄사함을 얻게 하는 회개"를 "예루살렘으로부터 시작하여 모든 족속에게"가서 전파해야 했던 것이다(눅 24:47). 이 복음을 믿는 모두는 믿음 안에서 영적으로 아브라함의 씨가 되고 구원의 축복이 약속되어 있는 것이다. 그러므로 하나님이 창조하신 온 세상을 향한 성경적 에큐메니즘의 사역은 개혁주의 신앙에서 더욱 강조되어야 한다. 또한 교회의 왕이 되시는 그리스도의 참된 에큐메니칼 사역은 어느 시대, 어느 곳에서든지 멈출 수 없는 것이다. 예수 그리스도는 그 자신이 아브라함의 씨이기 때문이다(갈 3:16). "그는 우리의 화평이신지라 둘로 하나를 만드사 중간에 막힌 담을 허시고"(엡 2:14), "그리스도 밖에 있었고 이스라엘 나라 밖의 사람이라 약속의 언약들에 대하여 외인이요 세상에서 소망이 없고 하나님도 없는 자"(엡 2;12)들을 "그리스도의 피로"(엡 2:13) 가깝게 하신 것이다. 죄 가운데 죽어서 "본질상 진노의 자녀"(엡 2:3)인 자들을 하나님께서 "그리스도와 함께" 살리신 것이다(엡 2:5). 어린 양의 보좌 주위에 허다히 둘러서게 될 무리들은 바로 그리스도의 피로 그리스도와 함께 살리심을 받은 이 사람들이다.

바울은 다음과 같은 말로써 이 사실을 잘 요약해 주고 있다.[50] "우리는 그의 만드신 바라. 그리스도 예수 안에서 선한 일을 위하여 지으심을 받은 자니 이 일은 하나님이 전에 예비하사 우리로 그 가운데서 행하게 하려 하심이니라"(엡 2:10).

성자와 성령을 통해서 하나님께서는 "우리를 흑암의 권세(power of darkness)에서 건져내사 그의 사랑의 아들의 나라(the kingdom of his dear son)로 옮기셨으니 그 아들 안에서 우리가 구속(救贖) 곧 죄사함을 얻었도다 …… 만물이 다 그로 말미암고 그를 위하여 창조되었고 또한 그가 만물보다 먼저 계시고 만물이 그 안에 함께 섰느니라 그는 몸인 교회의 머리라 그가 근본이요 죽은 자들 가운데서 먼저 나신 자니 이는 친히 만물의 으뜸이 되려 하심이요 아버지께서는 모든 충만으로 예수 안에 거하게 하시고 그의 십자가의 피로 화평을 이루사 만물 곧 땅에 있는 것들이

50) Ibid., 451-452

나 하늘에 있는 것들을 그로 말미암아 자기와 화목케 되기를 기뻐하심이라"(골 1:13~20).

그리스도인들은 성경적 에큐메니즘에 순종한다. 그들을 위해서 그리스도께서 죽으시고 구원해 주신 영혼들이 민족과 나라와 모든 족속에게서 나온다. 장차 올 영원한 진노에서 벗어나 그리스도 예수 안에 있는 하나님의 주권적인 은혜로 그리스도와 함께 있으려고 열망하는 이 무리들이 '그리스도의 몸'인 것이다. 바로 이들의 구속을 위해 그리스도께서는 세상 속으로 친히 오셨고, 장차 재림하실 것이다. 계시록7:9-12은 이러한 비전과 환상을 극명하게 보여준다.[51)]

성경적 에큐메니즘의 제자리 찾기를 통한 세계 선교의 올바른 방향과 생명력 있는 선교사역을 위해서 현재의 진보주의의 선교는 복음주의 선교운동과 함께 모두 개혁주의 신학 아래 새로운 모습으로 새롭게 "개혁" 되어야 하며 "통전적 선교"(the wholistic mission)[52)]로 통합되어야 할 것이다. 바로 여기에 개혁주의 신학이 앞으로도 영원한 진리의 복음을 밝히 비추고 나아가야 할 과제가 있는 것이다.

---

51) "이 일 후에 내가 보니 각 나라와 족속과 백성과 방언에서 아무라도 능히 셀 수 없는 큰 무리가 흰 옷을 입고 손에 종려 가지를 들고 보좌 앞과 어린 양 앞에 서서 큰 소리로 외쳐 가로되 구원하심이 보좌에 앉으신 우리 하나님과 어린 양에게 있도다 하니 모든 천사가 보좌와 장로들과 네 생물의 주위에 섰다가 보좌 앞에 엎드려 얼굴을 대고 하나님께 경배하여 가로되 아멘 찬송과 영광과 지혜와 감사와 존귀와 능력과 힘이 우리 하나님께 세세토록 있을찌로다 아멘 하더라" (계 7:9~12)

52) 통전적 선교(統全的 宣敎: the wholistic mission)는 개인의 영혼구원을 위한 복음전도와 사회적 책임과 봉사가 통합적 관계를 이루는 선교이다. WCC 제4차 총회(1975, 나이로비)는 "예수그리스도는 자유롭게 하시고 연합시키신다"는 주제아래 "전체 교회가 전 복음을 온세상의 전인에게 전해야 한다"(The wholistic Church bringing the whole gospel to the whole person)을 강조했다. "전인(全人: the whole person)"은 모든 인간들의 육체와 영혼의 필요를 충족하며, 인격을 존중함을 의미하고, "온세상"은 교회의 관심이 모든 사람들 - 계층, 인종, 지역에 차별없이 -에게 주어져야 한다는 것이다. 통전적 선교는 제1차, 2차 로잔언약을 통해 복음주의 진영에서도 강조하는 것이며, 성경적 에큐메니즘을 의미하는 개혁주의 선교 신학사상이다.

Ⅷ. 결론: 선교 유형들에 대한 비교

보수주의적 경향의 선교사상은 환경에 대한 관심보다는 체계의 자원에 대한 관심이 높고 반대로 자유주의계열의 선교사상은 체계의 자원에 대한 관심보다는 환경에 대한 관심이 높다. 이 둘은 서로 대립관계에 있다. 자유주의적 경향의 사회복음을 주장하는 진보주의는 자유주의의 극단에 있고 사회복음을 철저히 배격하며 복음선포에 의한 영혼구원만을 주장하는 근본주의는 보수주의의 극단에 있다.

그러나 보수주의적 경향이 있는 복음주의는 근본주의적 경향의 장점을 수용하면서도 과격한 면은 피하였고, 자유주의자들이 주장하는 사회적 책임을 다소 수용하고, 환경에 대해서도 다소 개방적이며 사회문제에 관심을 갖는 경향을 보였다. 그러므로 복음주의는 근본주의보다는 환경에 대해 보다 높은 관심을 나타낸다. 뿐만 아니라 복음적 경향이 있는 일부 자유주의자들은 진보주의와는 달리 다소 성경적이며 영혼구원에 대한 관심을 다소 보임으로써 진보주의보다는 다소 사회문제에 관심을 나타내는 상태다. 즉 복음주의자들은 1974년에 스위스 로잔에서 "세계복음화 국제대회"(로잔 대회, LCWE)를 개최했는데, 여기서 그들은 "구원은 예수 그리스도의 피를 통한 죄의 용서와 성령을 통한 거듭남이며, 따라서 영혼 구원이 가장 우선시되며 사회 정의와 억압과 속박으로부터의 해방은 그 이후에 자연적으로 따라와야 한다"[53]고 하여 WCC가 주장한 "사회 정의와 억압과 속박으로부터의 해방"에 마음을 열어놓자 WCC도 1975년 5차 나이로비대회에서 마음을 열고 복음주의자들이 주장한 구원의 개념의 일부를 받아들였기 때문이다. 즉 양진영에 어느 정도 대화의 물고가 트인 것이다.

사이만(W.A. Saayman)에 따르면 에큐메니칼 운동이 처음에는 교회일치를 도모하였으나 1961년 뉴델리대회이후 WCC가 선교의 개념을 자유주의적 경향으로 변화시킴으로써 복음주의자들과 대립하는 양상을 보였는데 1975년 나이로비대회를 기점으로 양진영은 선교사상에 근접한 일치를 보여왔다. 따라서 그는 WCC의 나이로비대회를 에큐메니칼 운동의 "새로운 방향(New direction)"이라 할 정도로 매우 의미

53) 김은수, op. cit., 269.

있는 대회로 평가하였다.[54] 그는 나이로비대회 이전의 에큐메니칼 진영과 복음주의자들의 대립 갈등의 원인을 관심의 차이 때문이라고 하였다. 즉 에큐메니칼 진영의 주 관심은 일치에 있었으나 복음주의자들의 주 관심은 선교와 전도에 있었다. 이것은 일치와 선교의 상호관계에 대한 서로 간의 오해에서 비롯되었는데[55] 나이로비 대회를 기점으로 이런 오해가 조금씩 풀려서 다소 의견일치에 이르게 되었다는 것이다. 그러나 이것은 아직 상호 균형적 상태에 이른 것은 아니다. 양자간의 대립과 갈등에서 대화와 화해, 협력을 추구하려는 노력은 많이 기울였지만 아직 만족스런 일치에 이르렀다고 할 수 없기 때문이다.

개혁주의는 이상적인 상태인데 복음주의는 보다 더 사회적 책임에 관여할 때, 반면 복음적 경향이 있는 자유주의는 더 성경적이며 영혼구원에 관심을 갖는 쪽으로 이동을 할 때 달성될 수 있는 상태다.[56]

근본주의는 영혼구원 목적 외의 외부환경을 거의 차단하여 과도한 여과(filtering)를 한다고 할 수 있다. 따라서 외부환경으로부터 유입은 거의 이루어지지 않는다.

---

54) W.A. Saayman, Unity and Mission (Pretoria: University of South Africa, 1984). 106.

55) 에큐메니칼 진영은 WCC적 친교에 의한 일치를, 복음주의자들은 영적 일치, 진리 안에서의 일치를 말한다. 전재옥외 3, 『에큐메닉스: 선교와 교회일치』 한국복음주의선교학회(편역) (서울: 성광문화사, 1988). 278.

56) 기독교와 사회적 책임내지 사회봉사(복지)에 대해서는 다음과 같은 자료들을 참고하기 바람. 김동춘, “교회의 사회적 책임으로서 디아코니아,” 『기독신학저널』 통권 제3호 (서울: 기독신학대학원, 2002): 99-126; 황홍열, “사회복지, 디아코니아/사회봉사와 선교,” 『선교와 디아코니아』 선교신학5집, 한국선교학회(편) (서울: 한들출판사, 2002), 11-62; 한국복음주의신학회(편), 『성경과 신학: 복음과 사회적 책임』 제33권 (서울: 기독교연합신문사, 2003); 김성철(편), 『교회사회복지실천론』 (서울: 한국강해설교학교 출판부/한국노인복지협의회, 2003); 최성규, 『교회복지 목회론』 (서울: 한국강해설교학교 출판부/한국노인복지협의회, 2003); 박종삼, 『교회사회봉사 이해와 실천』 (서울: 인간과 복지, 2000); 유의웅(편), 『한국교회와 사회선교』 (서울: 예영커뮤니케이션, 1996); 기독교실천운동 사회복지위원회(편), 『교회의 사회복지 참여하고 실천하기』 (서울: 대한기독교서회, 2001); 박영호, 『기독교사회복지』 (서울: 기독교문서선교회, 2001); Stanley W. Carlson-Thies & James W. Skillen (ed), *Welfare in America: Christian Perspectives on a Policy in Crisis* (Grand Rapids: Eerdmans, 1996). 노영상은 로널드 사이더의 『복음주의와 사회적 행동』에 나타난 교회의 사회참여 유형을 개인주의적 복음주의, 재침례파, 주도적 에큐메니칼한 교회 및 세속적인 기독교 모델로 나누어서 그 특성을 설명하였지만 연구자는 나름대로 논리전개를 위해 근본주의, 복음주의, 상호균형주의 및 진보주의로 구분하였다. 노영상, “복음과 사회적 책임: 유형론적 연구를 중심으로,” 『성경과 신학』 한국복음주의신학회 논문집 제33권 (서울: 기독교연합신문사, 2003), pp.17-18.

그러므로 시대가 변해도 과거 전통만을 고수하여 시대적 요구와 사회변화를 철저히 무시한다. 이런 상황에서 전통적 체계 유지는 될지 몰라도 잘못하면 사회로부터 지탄을 받거나 게토화될 우려가 있다.

그러나 복음주의는 다소 과도하긴 하지만 그래도 근본주의보다는 느슨한 여과를 한다고 할 수 있다. 즉 외부환경으로부터 유입이 어느 정도로 이루어진다. 시대적 요구 및 사회변화에 어느 정도 반응하며 받아들일 것은 받아들이려 한다. 그러므로 전통적 체계를 유지하며 필요에 따라 환경으로부터 어느 정도 받아들여 약간의 변화를 꾀한다. 그러나 아직 체제의 유지에 더 비중을 두는 편이다.

반면 진보주의는 환경에 대해 문을 활짝 열어놓아 환경으로부터 유입을 거의 여과하지 않는다. 따라서 시대적 요구에 귀를 기울이며 사회적 변화를 적극 수용한다. 그러므로 시대변화에 민감하게 대응할 수 있다. 그러나 이런 과소한 여과는 자칫 체계의 본질과 정체성을 잃게 할 우려가 있다.

상호균형을 유지하는 개혁주의는 체계의 본질과 정체성을 분명하게 하며 본질과 정체성에 해가 되지 않은 한 시대적 요구 및 시대변화를 고려하고 수용하는 입장이다. 그러므로 외부환경에서 유입을 일정한 기준에 의해 비판적으로 평가한 후 이들을 받아들인다. 즉 균형적 여과를 한다. 그리고 외부환경에도 체계의 목적과 사명에 따라 역동적으로 참여한다. 그러므로 체계의 본질과 정체성을 유지하면서 외부환경과의 역동적인 상호 작용함으로써 체계의 목적과 사명을 효과적이며 효율적으로 성취한다.

개혁주의 정통신학에는 피하고 보완해야할 두 가지 점이 있다. 하나는 보수적 왜곡이며 다른 하나는 진보적 왜곡이다. 보수적 왜곡(conservative distortion)은 "개혁주의 신학을 16, 17 세기 사건, 신조 및 신앙고백과 지나치게 동일시함으로써 이론에서가 아니라 실천에서 전통을 개혁하는 원칙을 잃어버려 형식적인 특성(formal character)을 실천하는 것을 버린 것"이고, 진보적 왜곡(progressive distortion)은 "전통이 그 외형을 잃을 정도로 혁신의 기회와 가능성을 취한 나머지 중요한 관심사(material concerns)를 버린 것"이다. 따라서 "현대 개혁주의 신학은 중요한 외형을 희생하지 않고 전통을 개혁하는 원칙을 확증내지 수용하는 접근법을 개발하여 개혁주의 선교 신학의 실천을 이끌 전제들을 재고하고 개혁하는 것이 필요하다."[57] 이런 관점에서 볼 때 개혁주의 선교 신학과 선교 사상은 상호균형주의적임을 표방할 뿐 아니라 실천을 해야 한다.

참고문헌

김광식, 『기독교 사상』, 서울: 종로서적, 1991.

김명혁, 『현대교회의 동향』, 서울: 성광문화사, 1995.

김은홍, "선교의 통전적 이해를 위한 해석학적 단서," 『기독신학저널』 제2권, 서울: 천안대학교 기독신학대학원, 2002.

데럴 R. 왓킨스, 『기독교 사회복지』, 박종옥 역, 서울: 베드로서원, 2003.

박근원, "하느님의 선교: 에큐메니칼 선교신학," 『현대선교신학』, 이계준 편, 서울: 전망사, 1992.

반틸(Cornelius Van Til), 『에큐메닉스』, "제12장 개혁신앙과 에큐메니즘", 전재옥 옮김, 서울: 성광문화사, 1992.

서정운, "복음주의 선교신학," 『현대선교신학』, 이계준 편, 서울: 전망사, 1992.

스티븐 니일, 『기독교선교사』, 홍치모 · 오만규 역, 서울: 성광문화사, 2001.

윌리스턴 워커, 『기독교회사(하)』, 송인설 역, 서울: 크리스챤 다이제스트, 1993.

존 스토트, 『현대기독교 선교』, 김명혁 역, 서울: 성광문화사, 1995.

후스토 L. 곤잘레스, 『기독교사상사(III)』, 이형기 · 차종순 역, 서울: 대한예수교장로회총회출판국, 1992.

David Bosch J., *Transforming Mission: Paradigm Shifts in Theology of Misssion.* Maryknoll, N.Y. Orbis Books, 1991.

Franke John R., "Reforming Theology: Toward a Postmodern Reformed Dogmatics." *Westminster Theological Journal* 65 (2003).

Greenway Roger S. & Monsma Timothy M., *Cities: Mission's New Frontier.* Grand Rapids: Baker Books, 2000.

Guder Darrell L.(ed), *Missional Church: A Vision for the Sending of the Church in the North America.* Grand Rapids: Eerdmans, 1998.

Lee Bok Soo, *The Social Gospel's View of Mission and Its Impact on the Ecumenical Movement and Liberation Theology.* Potchefstroom University for Christian Higher Education, Th. D. Thesis, 1994.

57) John R. Franke, "Reforming Theology: Toward a Postmodern Reformed Dogmatics," *Westminster Theological Journal,* 65 (2003), pp.1-26.

Mackintosh Hugh R., *Types of Modern Theology*. London: Nisbet and Co. Ltd., 1952.

Marty Martin E., *Modern American Religion, Vol. 1, The Irony of It All, 1893-1919,* Chicago: University of Chicago Press, 1986.

May Melanie A., "The Kingdom of God, the Church, and the World: The Social Gospel and the Making of Theology in the Twentieth-Century Ecumenical Movement." In *The Social Gospel Today*, edited by Christopher H. Evans. Louisville: Westminster John Knox Press, 2001.

Saayman W. A., *Unity and Mission*. Pretoria: University of South Africa, 1984.

Sharma Arvind (ed), *Religion in a Secular City*. Harrisburg: Trinity Press International, 2001.

Welch Claude, *Protestant Thought in the Nineteenth Century*. Vol. 2. New Haven: Yale University Press, 1985.

Yates Timothy, *Christian Mission in the Twentieth Century*. Cambridge: Cambridge University Press, 1994.

한국교회의 목회 윤리

강 영 안
(서강대학교, 철학)

Ⅰ. 무엇이 문제인가?

한국교회는 우리 모두 인정하듯이 70년대 이후 양적으로 크게 성장하였다. 하지만 질적 성장이나 사회적 지도력은 양적 성장에 미치지 못하고 있다는 것이 대부분의 공통된 인식이다. 사회적으로 물의를 일으킨 사건 가운데 교인들이 많이 관여되어 있었던 것은 기독교에 대한 사회 인식을 부정적이게 하는데 일조하였다. 몇 년 전 사회적 문제가 된 고급 옷 뇌물 사건에도 같은 선교모임에서 활동하는 크리스천들이 연루되어 있었다. 어떤 교회 교인들은 방송국에 난입해서 방송중단 소동을 벌이기도 했다. 잘못된 종말론으로 많은 사람들을 미혹하는 사례가 아직도 많이 있다. 전도를 하느라고 복잡한 지하철에서 고함을 지르며 "예수천당, 불신지옥"을 외치는 사람도 가끔 있다. 이웃의 휴식이나 수면은 무시한 채 교회 행사를 치르는 경우도 없지 않다. 이 모든 것이 비난의 대상이 된다. 그래서 예수 믿는 사람들은 '신사적'이라는 말을 듣기보다 오히려 이기적이며 무례하며 상식이 없다는 말을 종종 듣게 된다. 이제는 그야말로 교회가 사회를 걱정하기보다 사회가 교회를 걱정해야하는 상황이 되었다.[1]

1) 최근 한미준과 한국 갤럽의 공동조사 보고서에 따르면 비종교인들은 개신교에 대해서 '지나치게 헌금을 강조하는 경향이 있다'(70.8%), '참 진리를 추구하기보다는 교세를 확장하는데 더 관심이 있다'(76%)고 생각하고 있는 것으로 나타났다. '종교지도자들의 자질이 우수하다'는 것에 대해서는 22.8%만이 그렇다고 답하고 있는 것을 볼 때 개신교 지도자들에 대해

바깥으로 비쳐진 모습 못지않게 교회 안을 들여다보아도 건전한 상식에 어긋나는 일이 한둘이 아니다. 총회장 선거 때 금품이 오고가는 일은 누구나 다 아는 일이 되었다.[2] 모든 교회가 그런 것은 아니지만 장로들이 주인 노릇하면서 목사를 고용인 부리듯이 부리는 교회가 없지 않다.[3] 교회의 역사가 100년이 넘었음에도 목사, 장로, 집사 등의 직분 개념이 제대로 자리 잡지 못하고 있는 것이 현재 한국교회의 실정이다. 스스로 개척한 소위 '오너' 목사는 자신이 마치 교회의 주인이요 머리인 것처럼 행세하는 경우도 없지 않다. 말을 잘 듣지 않거나 목사의 전횡에 비판하는 교인이 있을 때는 순종을 요구하거나 아니면 교회를 떠나지 않고는 배기지 못하도록 만든다. 목사의 '축도권'이니 '저주권'이니 하는 해괴한 말이 가끔 들리기도 한다. 당회장 목사와 '부'목사 사이에는 가톨릭교회의 본당신부와 보좌신부 사이에서 볼 수 있는 신분과 책임의 차이가 한국교회 어느 교회에나 예외 없이 존재한다. 개혁교회 전통에서 볼 수 있는 공동 사역 목사 개념이 없다.[4] 위임받은 목사가 문제를 일으켜 사면을 해야 할 경우 교회 개척 명목으로 상당 액수의 보상금을 받고 물러나는 경우가 이제는 다반사처럼 되었다. 어떤 교회는 십일조는 원래 제사장을 위한 것이었다는 명목으로 목사가 개인적으로 받는 경우가 있다고 한다. 부흥회를 할 때 3, 7제 또는 4, 6제로 부흥강사와 교회가 헌금을 분배하는 사례가 적지 않음은 이제는 잘 알려진 비밀이 되었다. 많은 교회 목사들이 최저 생계비와 자녀 교육비를 마련하지 못해 고통을 겪고 있는데도 그들을 도와줄 체제가 어느 교단에도 존재하지 않거니와 동료 목사들조차도 관심이 없다.

교회 안팎에서 볼 수 있는 이러한 일들은 한국사회의 모습을 그대로 반영한 것이 아닌가 생각한다. 한국사회에는 엄밀한 의미에서 윤리가 없다. 가족 사이, 가까운

대부분 부정적인 인상을 가지고 있는 것으로 나타났다. 『한국 개신교인의 교회활동과 신앙의식 -'98 한미준 -한국 갤럽 조사 보고서』 (한미준/한국갤럽 엮음)(도서출판 두란노, 1999), 117-118면.

2) "나는 고발한다 - 어느 교단 금권선거에 대한 양심선언", 『복음과 상황』 (1998년 9월호), 36-50면 참조.

3) 이 점에서 장로의 직분 남용과 관련해서는 강영안, "장로 임기제와 교회 갱신", 『복음과 상황』, 1998년 11월호 참조. 이 글은 『교회가 바로 서야 나라가 바로 선다』 (앞의 책), 75-88면에 상세한 각주와 함께 수록되어 있다.

4) 허순길, 『개혁교회의 목회와 생활』 (총회출판국, 1998), 41-43면 참조.

친구 사이, 얼굴이 알려진 사람들 사이에는 해야 할 바의 규칙을 지킨다고 해도 이 범위를 넘어서면 규칙은 쉽게 무시된다. 모두가 각자의 생존을 위해서 일한다. 생존을 위한 투쟁에는 윤리가 없다. 혹시 윤리가 있다 해도 대개는 강자가 만든 규칙일 뿐이다. 수단과 방법을 가리지 않고 돈을 모으고 권력을 쟁취하면 결과가 과정을 모두 정당화하는 것이 그간 한국사회의 현실이다. 교회도 그 사이 한국사회의 흐름과 함께 흘러왔고 그 영향을 받고 있다. 교회가 사회를 초월해서 사회를 선도하지 못하고 사회의 흐름의 한 줄기로, 때로는 그 흐름을 정당화하고 뒷받침해주는 기관으로 자리 잡지 않았나 하는 생각이다. 목회도 여느 개인이나 기업과 마찬가지로 무자비한 생존 경쟁의 틈바구니 속에 끼어 있다. 따라서 목회자들도 복음의 사역자로서의 긍지와 자존심을 잃어버리고 사람들로부터 인정받는 성공을 얻기 위해 때로는 교인들에게 아부해야 하고 때로는 교인들에게 억지 권위로 군림해야 하는 매우 슬픈 현실이 빚어졌다. "나는 그리스도를 섬기는가, 아니면 교인을 섬기는가? 나는 교인을 섬기는 것을 통해서 그리스도를 섬기고 있는가, 아니면 그렇지 않은 것인가?"[5] 하나님 앞에서 자신의 소명을 감당해야 한다고 생각하는 목회자라면 누구나 이런 물음에 직면하지 않을 수 없게 된다.

한국교회를 이렇게 만든 것은 무엇보다 교인들에게 책임이 있다. 마치 한국정치를 현재 이 수준으로 만든 데는 국민의 책임이 큰 것과 마찬가지라고 하겠다. 지역연고, 돈 봉투, 향응 등에 연연하지 않고 공정하고 정당하게 투표만 했더라도 오늘의 한국정치는 많이 깨끗해졌을 것이다. 하지만 국민들에게 책임이 크다고 해서 정치인들의 책임이 면제될 수가 없듯이 목회자들도 한국교회의 현재 모습에 대해서 책임을 면제받을 수 없다. 한국교회가 갱신되자면 목회자의 자기 갱신이 선행해야 한다. 목회자가 스스로 "자신을 지켜 정결케"(딤전 5:22) 하지 못한다면 한국교회의 갱신은 불가능하다. 목회자가 하나님 앞에서 바로 선다면 성도들은 목회자를 따를 것이다. 목회자에 대한 사회적 신뢰도는 퍽 낮지만 그러나 교인들은 아직도 목회자를 신뢰하고 있다는 사실을 목회자들은 잊어서는 안 된다. 교회 갱신 운동은 교회의 전임 사역자로 세움 받은 목회자들이 먼저 주도해야 한다. 오늘과 같은 모임은

5) 게이로드 노이스(김종일 옮김), 『목회윤리-전문직으로서 목회자의 역할』 (한국장로교출판사, 1996), 19면 참조.

여느 모임처럼 자료나 모으고 정보나 얻고 기법을 배우는 그런 모임이 되지 않기를 바란다. 한국교회가 사람들의 지탄을 받는 것은 자료가 없어서도 아니고 방법론이 부족해서도 아니다. 우리가 왜 하나님을 믿는가, 왜 교회가 이 땅에 존재하는가, 내가 무엇을 위해서 부름 받았는가, 하는 본질적인 물음이 없기 때문이다. 말하자면 나의 정체성, 그리스도의 몸으로서의 교회의 정체성, 목회자로서의 정체성, 이것이 뒤틀렸기 때문이다. 그러므로 목회 윤리는 이 정체성을 회복하는 일에서부터 시작해야 하지 않을까 생각한다.

Ⅱ. 목회자: 성장주의의 희생자들

목회자는 사람들 눈에 어떻게 비치고 있는가? 아직도 내 기억 속을 떠나지 않고 있는 일이 하나 있다. 1983년 여름이었다. 암스테르담에서 '순회 전도자를 위한 빌리 그래함 전도 대회'가 열리고 있었다. 한국 목사님들이 스물 다섯 분 정도 오셨는데 암스테르담 한인교회는 그 분들과 함께 주일 예배를 드렸다. 박윤선 목사님이 설교를 맡으셨고 예배 후 교인들과 교제할 수 있는 시간이 있었다. 한인교회 교인들 가운데는 국내에서 교회 생활을 한 분도 있었지만 그렇지 않은 분들이 더 많았다. 그러므로 많은 목사님들과 얘기를 나눈다는 것은 그들에게 새로운 일이었다. 스물 다섯 분이나 되는 목사님들을 한꺼번에 '본다'는 것만도 특이한 경험이었다.

목사님들이 떠난 뒤, 몇몇 교인들이 한국에서 오신 목사님들에게서 받은 인상을 말하였다. "목사님처럼 생긴 분은 거의 안 보여. 다 사업가들 같아!" 입바른 소리 잘 하는 어느 부인이 그렇게 말했다. 그랬더니 여기 저기서 "그래, 그래, 그런 것 같아"하는 소리들이 나왔다. 이러한 반응은 나에게는 의외였다. 초신자들인 그들 눈에, 우리에게는 비교적 익숙한 목사님들의 모습이, 목사님들의 옷차림, 어투, 몸짓이 '목사님'처럼 보이기보다 사업가처럼 보이게 했던 모양이다. 그들은 대부분 암스테르담에 파견된 상사 직원이거나 그들의 가족이었기 때문에 사업가의 모습은 그들에게는 너무나 익숙한 것이었다. 좀 진지하고 티없고 어딘가 탈속적인 모습을 기대하였는데 그들이 그날 한꺼번에 집단적으로 본 목사님들의 인상은 그들 주변 사람과 별 다른 차이가 없었던 모양이었다. 어느 일본 사업가가 오스트레일리아에서 온 사람에게 "불교 스님을 만날 때마다 나는 성자를 만납니다. 그러나 기독교 지도자를 만나면 관리자를 만나는 것 같습니다"라고 토로했다고 하는데 암스테르담 한인교회 교인들도 한국 목사님들에게서 그와 비슷한 인상을 받았던 것 같다.[6] 그들은 수도사와 가까운 모습을 목사님들께 기대하고 있었다.

나는 목회자가 수도사처럼 보일 필요는 없다고 생각한다. 예수께서는 그의 제자들에게 그들이 이 세상에 있으나 이 세상에 속하지 않는다고 말씀하셨다(요 17:11, 14). 그러나 그들에게 이 세상과 분리해서 수도 공동체를 만들어 따로 살도록 권하지 않았다. 오히려 예수께서는 "내가 비옵는 것은 저희를 세상에서 데려가시기를 위함이 아니요 오직 악에 빠지지 않게 보전하시기를 위함이니이다 …… 저희를 진리로 거룩하게 하옵소서. 아버지의 말씀은 진리니이다. 아버지께서 나를 세상에 보내신 것같이 나도 저희를 세상에 보내었고 또 저희를 위하여 내가 나를 거룩하게 하오니 이는 저희도 진리로 거룩함을 얻게 하려함이니이다"(요한 17:15-19)라고 기도하셨다. 예수를 따르는 제자들은 세상에 속하지 않지만 세상에 살고 있고, 단지 세상에 살뿐 아니라 사명을 받아 '세상으로 보냄 받은 사람들'이다. 세상은 제자들의 삶의 장소이며 일터이다. 세상에서 부름 받은 것은 세상으로 다시 보냄 받기 위한 것이다. 예수를 따르는 제자들은 그리스도의 이름으로 세상을 섬기도록 부름 받은 사람들이다. 그러므로 주의 제자이면서 동시에 말씀으로 주의 제자를 양육하는 목회자는 세상과 등진 수도사처럼 보일 필요는 없다. 목회자는 세상 안에서, 세상 안에 있는 교회를 섬김으로, 이를 통해 주의 이름으로 세상을 위해 봉사하도록 부름 받았다. 그러므로 목회자가 수도사처럼 탈속적인 모습으로 목회할 수는 없다. 목회자는 하나님 앞에서 두려움과 떨림으로 자신의 구원을 이루어가는 수도자이면서 동시에 관리자여야 한다. 이것도, 저것도 아닌 것이 한국 목회자들의 모습인가?

암스테르담 한인교회 교인들의 인상은 매우 피상적일 수 있다. 하지만 그들의 반응은 한국교회 목회자들의 모습에 대해 우리에게 무엇인가 생각하게 해 주는 점

---

6) Os Guinness, *Dining with the Devil: The Megachurch Movement Flirts with Modernity* (Grand Rapids, Michigan: Baker Book House, 1993), 49면 "When I meet a Buddhist leader I meet a holy man, Whenever I meet a Christian leader, I meet a manager."

이 있다는 것을 부인할 수 없다. 어떤 일에 오랫동안 몰두하면 할수록 그 일은 사람의 외모와 인상을 바꾼다. 산사에서 오랫동안 수련한 스님들은 말할 것 없고 한평생을 한결같이 갓이나 활을 만들어 온 장인(匠人)들의 모습에서 우리는 그와 같은 모습을 발견한다. 반복된 훈련과 집중은 틀이 잡힌 습관을 낳고 습관은 결국 범상치 않은 '뛰어남'을 낳는다. 우리가 보통 '덕'(德)으로 번역하는 헬라어의 아레테(arete)는 습관(hexis, *habitus*)을 통해 형성된 '뛰어남'을 뜻한다. 마치 눈의 뛰어남이 잘 볼 수 있는 데 있고 말의 뛰어남이 잘 달리는 데 있듯이 사람의 뛰어남(사람에게 있는 '덕')은 그의 '헥시스' 즉 습관처럼 몸에 배인 삶의 태도와 성향에 있다는 것이다. 만일 어떤 사람이 지속적으로 선한 결과를 산출할 때 그 사람에게 인간으로서의 뛰어남, 즉 도덕적 덕이 있다고 할 수 있다는 것이다.[7]

그런데 기도와 말씀에 전념한다는 목회자들에게서 그의 눈길과 낯빛과 몸짓에서 그와 같은 변화의 모습이 보이지 않는 이유가 무엇인가? 끊임없는 긴장과 계획과 실행에 사로잡힐 필요 없이, 오직 자기 자신의 몸과 마음을 관찰하며 주어진 삶을 사는 사람만이 지속적으로 누릴 수 있는 한가함과 평안함이 오늘 우리의 목회자들에게 없기 때문이 아닐까 생각해 본다. 일찍이 루터는 기도(*oratio*)와 묵상(*meditatio*)과 추구(*tentatio*), 곧 두렵고 떨림으로 살아가는 금욕적 고난의 자세를 신학방법론으로 말한 적이 있다.[8] 기도를 강조하고 성경 읽기를 강조하고 목회자 스스로도 그와 같은 것을 애써 할지라도 이러한 경건 훈련이 목회자의 습관과 행동방식 그리고 나아가 인격과 성품과 언어를 순화시키지 못한다면 이것은 실로 심각한 일이 아니라 할 수 없다. 여전히 혈기가 있고 여전히 조급하며, 여전히 타인의 말 듣기를 무시하고, 여전히 그 얼굴과 태도에 교만과 독선이 엿보인다면 자기를 쳐서 삼위 하나님께서 다시 새롭게 빚어가도록 자신을 내어놓지 못했기 때문이 아닌가? 나는 이것이 한국 목회자 한 개인의 문제가 아니라 한국교회 목회의 방향과 성격과 관련된 문제라고 생각한다.

한국교회 목회자들은 어느 사이 사업체를 가진 사업가와 마찬가지로 엄청난 경

---

7) Aristoteles, *Ethica Nicomachea*, 1106b 36-07a2 참조.

8) 루터의 세 가지 방법에 관해서는 유해무, 『개혁교의학』(서울: 크리스챤 다이제스트사, 1997), 41-42면 참조.

쟁 가운데서 더 큰 성공과 더 큰 결과를 추구할 수밖에 없는 상황에 놓이게 되었다. 목회자 스스로 성공에 대한 욕망으로 시달리고 있을 뿐 아니라 교회 장로나 지도자들도 은근히 또는 경우에 따라 노골적으로 목회자에게 그와 같은 압력을 행사한다. 목회자든 장로든, 교인이든 오늘 한국교회 목회 현장을 사로잡고 있는 우상은 한마디로 '성장주의'라고 할 수 있다. 인간이 만들어낸 다른 모든 우상과 마찬가지로 성장주의라는 우상도 목적을 위해서 모든 것을 수단화한다. 성장주의의 우상에 사로잡히면 수적 성장이 목적이 되고 그 외 다른 모든 것은 교회 성장을 위한 수단이 된다. 소그룹모임, 제자 훈련, 전도훈련, 그리고 온전한 성장을 위해 필수적이라 할 수 있는 성경공부와 기도도 성장주의의 우상을 섬기기 위한 수단으로 동원된다. 목회자 자신도 성장주의의 우상을 섬기는 수단이 될 수 있다. 교회 성장을 위해 실행하는 프로그램, 주일 예배를 위해 준비하는 설교, 가르치기 위해 하는 성경 연구, 이것들 모두가 자신의 삶과 인격을 변화시키고 키워주며 기쁨과 즐거움을 주는 것이 아니라 오직 '교회성장'이라는 성공을 거두기 위한 수단이 된다. 심지어 하나님도 성장주의의 우상을 섬기는 수단이 될 수 있다. 하나님이 하나님으로서 인정되고 섬김을 받는 것이 아니라 교회 성장을 위한 수단으로, 그리고 그와 같은 교회에 출석하는 교인들에게는 그들의 욕구 충족과 삶의 안전을 보장하는 수단으로 사용될 수 있다. 성장주의의 우상에 사로잡힌 목회자와 교인은 다같이 외적, 수적 성장 그 자체가 목적일 뿐, "그리스도의 장성한 분량이 충만한 데까지 이르는"(엡 4:13) 성숙에는 관심이 없다. 나는 '성장주의'가 현실적으로 기독교 윤리와 목회윤리를 무시했을 뿐 아니라 목회 자체를 왜곡시켰다고 생각한다. 그러므로 바른 목회의 회복, 이것이 목회 윤리의 시작이다.

Ⅲ. 목회: 성도를 구비시키는 일

어떤 이는 당장 목회와 윤리가 무슨 상관이 있는가 물을 것이다. 기독교 신앙은 윤리가 아니라고 주장하는 목회자들이 많은 것을 감안하면 이와 같은 물음은 어쩌면 당연하다고 할 것이다. '목회 윤리' 또는 '목회와 윤리'는 '윤리적 크리스천'들의 관심사는 될지언정 능력 있는 삶을 사는 '영적 크리스천'과 '영력이 뛰어난 하나님의 종'과는 무관하다고 생각하는 사람들이 적지 않다. "목회는 은혜로 하는 거야!" 말하면서 초법적이고 초윤리적인 행위를 실상은 자신의 이익을 위해 하면서도 '하나님의 영광을 위해서' 한다는 목회자들도 없지 않은 듯하다. '윤리'라는 단어 자체를 체질적으로 싫어하는 목회자들이 의외로 많은 듯하다. '기독교윤리실천운동'과 같은 기독교 시민 단체를 목사 비리나 캐는 단체로 오해하는 목회자들이 있다는 것도 그러므로 크게 놀라운 일은 아니다.

목회가 무엇인가? 무엇 때문에 하나님은 교회의 사역자를 세우셨는가? 바울은 에베소교회에게 "그가[그리스도가] 혹은 사도로 혹은 선지자로 혹은 복음 전하는 자로 혹은 목사와 교사로 주셨으니 이는 성도를 온전케 하며 봉사의 일을 하게하며 그리스도의 몸을 세우려 하심이라. 우리가 다 하나님의 아들을 믿는 것과 아는 일에 하나가 되어 온전한 사람을 이루어 그리스도의 장성한 분량이 충만한 데까지 이르리니" 라고 쓰고 있다(엡 4:11-13) 교회 직분은 이 말씀에 따르면 그리스도께서 주신 은사(charismata)인데, 이 은사는 그리스도의 몸인 교회를 세우기 위함(oikodome)이고 교회를 세우기 위해서 필요한 섬김의 일을 맡을 수 있도록 성도들을 온전하게 하는 일이 교회 직분자, 특히 이 가운데서도 목사와 교사로 세움받은 목회자의 일이다. 그리스도의 몸을 세우는 일은 그 자체가 궁극적 목적이 아니라 '온전한 사람'을 이루어 '그리스도의 장성한 분량이 충만한 데까지' 이르게 하기 위한 것이다. 이것도 결국 범사에 그리스도에게까지 자라기 위함이요, 그리스도의 모습을 닮아 하나님의 온전한 형상을 회복함이다. 이러한 관점에서 말하자면 목회란 무엇보다도 '성도들을 온전케 하는 일'이다.

'성도를 온전케 한다'는 것은 무슨 말인가? 여기서 '온전케 한다'는 말로 번역된 카타르티스모스(katartismos, 동사 katartizo)는 '질서를 세우다', '바로 잡다', '준비하다', '모양을 만들다', '완전케 하다', '필요한 무장을 시키다' 등등을 뜻한다. 예수께서 갈릴리 해변가에서 야고보와 요한을 부르실 때 이들이 그물을 '깁고 있는'(katartizontas) 모습을 보셨다(마 4: 21). 고기를 잡은 뒤 그물을 다시 고치고 있었다는 말이다(막 1: 9참조). 히브리서 10장 5절에서는 시편 40편 7편(70인역)을 인용하면서 이 단어를 '예비하다', '준비하다'는 뜻으로 쓰고 있다. 히브리서 11장 3절에서는 "믿음으로 모든 세계가 하나님의 말씀으로 지어진 줄을 우리가 아나니 보이는 것은 나타난 것으로 말미암아 된 것이 아니 니라"고 할 때 '지어진'이 카테르티스타이(katertisthai)의 번역어로 쓰였다. 그러나 "양들의 큰 목자이신 우리 주 예수를 영원한 언약의 피로 죽은 자 가운데서 이끌어 내신 평강의 하나님이 모든 선한 일에 너희를 온전케 하사 자기 뜻을 행하게 하시고"(히 13:21)라고 할 때, 베드로전서 5장 10절 "모든 은혜의 하나님 곧 그리스도 안에서 너희를 부르사 자기의 영원한 영광에 들어가게 하신 이가 잠깐 고난을 받은 너희를 온전케 하시며"라고 할 때, 그리고 에베소서 4장 12절의 경우에는 모두 '온전케 하심'으로 번역되어 있다. '온전케 한다'는 말은 '필요한 장비로 무장시켜(영어로 표현하자면 equipping해서) 목적한 바의 일을 수행케 한다'는 뜻이다.[9] 그러므로 아마도 짧게 줄여 번역한다면 '구비(具備)시킨다' 정도로 할 수 있을 것이다.

목회는 '성도를 구비시키는 일'이다. 그렇다면 당장 물어야 할 것이, 무엇을 위한 구비인가 하는 것이다. 한글 개역판과 최근에 출판된 개역 개정판을 보면 다같이 "성도를 온전케 하며 봉사의 일을 하게 하며 그리스도의 몸을 세우려 하심이라"고 되어 있다. 그러나 원문에는 각각의 은사대로 교회 사역자를 세우신 것은 '성도들을 구비시키기 위한 것'(pros ton katartismon)이고, 무엇을 위한 구비냐 하는 것에 대해서는 봉사의 일, 곧 그리스도의 몸을 세우는 일(eis ergon diakonias, eis oikodomen tou somatos tou Christo)임을 분명히 하고 있다. 섬김의 일을 하도록, 그리하여 그리스도의 몸을 세우도록 성도를 구비시킨다는 것이다. 목회는 따라서 (다른 여러 일도 있겠으나) 무엇보다도, 일차적으로, 가장 중요한 일은 그리스도의 몸을 세우도록 성도들을 각자에게 알맞은 은사에 따라 훈련을 시켜 사역자로 세우는 일이다.

---

9) Walter Bauer, *Woerterbuch zum Neuen Testament* (Berlin/New York: Walter de Gruyter, 1971), 826면; L.Coenen et al(eds.), *Theologische Begriffslexikon zum Neuen Testament* (Wuppertal: R.Brockhaus, 19830, Bd.2, 1048면 참조.

Ⅳ. 목회의 윤리적 함축

성도들을 구비시키는 목적은 섬김의 일을 통해 그리스도의 몸, 곧 하나님의 백성의 공동체를 세워 가는 일이되, 이 때 교회는 그 자체 궁극 목적이 아니라는 것을 무엇보다도 기억할 필요가 있다. 교회는 첫째, 하나의 유기체적 몸으로 세워져 그리스도를 아는 체험적인 지식과 믿음이 개인적으로, 공동체적으로 있어야 하고 이 지식과 믿음 안에서 연합과 일치를 이루어야 한다(엡 4: 13). 그리스도를 아는 지식과 믿음이 있다고 하면서 증오와 분열, 무시와 무관심이 있다면 그러한 교회와 성도는 그리스도의 몸이라는 이름을 갖기에는 부족하다. 한국교회에 만연한 교회 분열과 불일치, 교회 상호간의 무관심, 개교회 중심주의는 교회의 참 모습과는 거리가 너무나 떨어져 있다. "몸이 하나이요 성령이 하나"(엡 4:4)이요, "주도 하나이요 믿음도 하나이요 세례도 하나이요 하나님도 하나"인데 교회는 교회대로, 교인은 교인대로 모두 서로 무관한 것처럼 살고 있다. 그래서 다른 교회에 출석하는 사람 보기를 마치 자기가 늘 가는 가게에 가지 않고 딴 가게에 들리는 사람 보듯 그렇게 쳐다본다. 그리스도 안에서의 연합과 일치의 관점에서 보면 이것은 얼마나 비윤리적인 태도인가! 교회 갱신과 새로운 목회 윤리 회복은 그러므로 이 점에 관심을 두어야 한다고 생각한다.

둘째, 교회는 그리스도의 몸으로서 그 자체 몸뚱이만 유지하기 위해서 존재하는 것이 아니라 새로운 인간성, 새로운 성숙한 인류 공동체를 빚어 만들기 위해 존재한다(엡 4:13). (엡 2:15; 고후 5:17 참조). 예수 그리스도 안에서 바울이 품었던 비전은 바로 이러한 새로운 인류 공동체, 성숙한 인간 공동체였다. 이러한 공동체의 일원이 되도록, 이러한 공동체를 이루기까지(엡 3:13)성도를 훈련시키는 일이 하나님께서 은사를 주셔서 교회에 세우신 직분자들에게 맡기신 일이다. 한국교회는 이 점에서도 실패했다. 하나님의 관심이 그리스도 안에서 성도들을 새로운 공동체를 형성하는 '성숙한 사람으로'(eis andran teleion)(엡4:13) 만들기 위한 것임에도 교회의 일원이 된 것으로 만족하고 그들에게 계속 설교를 했을 뿐 그리스도 안에서 '성숙한 사람'으로 자라가도록 양육하는 일에는 대체로 무관심했다. 지난 몇 십 년 사이 제자 훈련에 관심을 둔 목회자들을 중심으로 양육에 대한 관심이 크게 일어나고 그것이 어느 정도 확산되고 있기는 하지만 아직도 많은 교회는 설교 중심의 목회를 벗어나지 못하고 있고 제자훈련을 하고 있는 교회도 그 훈련을 우리의 일상적 삶 속에서 그리스도인으로 온전히 살아가게 하는 데까지 충분히 이르지 못하고 있다. 월터스토프의 말대로 "설교는 설교를 낳는다".[10] 설교를 들은 사람은 다른 사람에게 다시 설교를 할뿐 그것이 '마음의 태도'를 이루도록 육화 되지 않을뿐더러 대개 실천도 되지 않는다. 이 점에서 목회자들의 의식이 먼저 바뀌어야 한다.

셋째, 그리스도 안에서 성숙하고 새로운 공동체는 무엇보다도 참된 말, 참된 행실이 중요하다. 그러므로 바울은 "이제 우리가 이제부터 어린아이가 되지 아니하여 사람의 궤술과 간사한 유혹에 빠져 모든 교훈의 풍조에 밀려 요동치 않게 하려 함이라. 오직 사랑 안에서 참된 것을 하여 범사에 그에게까지 자랄지라 그는 머리니 곧 그리스도라."(엡 4:14-15)라고 말한다. 하나님의 공동체는 거짓 열정과 감정으로 형성된 모임이 아니라 의로움과 진실함과 참된 평화가 있는 공동체이다(엡 4:23; 5:9; 롬 15:17 참조). 무엇보다도 이 공동체는 "사랑 안에서 스스로 세우는"(엡 4:16) 공동체이다. 그래서 바울은 이렇게 쓰고 있다. "그러므로 내가 이것을 말하며 주 안에서 증거하노니 이제부터는 이방인이 그 마음의 허망한 것으로 행함 같이 너희는 행하지 말라 …… 저희가 감각 없는 자 되어 자신을 방탕에 방임하여 모든 더러운 것을 욕심으로 행하되 …… 너희는 유혹의 욕심을 따라 썩어져 가는 구습을 좇는 옛사람을 벗어버리고 오직 심령으로 새롭게 되어 하나님을 따라 의와 진리의 거룩함으로 지으심을 받은 새 사람을 입어라. 그런즉 거짓을 버리고 각각 그 이웃으로 더불어 참된 것을 말하라 …… 분을 내어도 죄를 짓지 말며 …… 도적질하는 자는 다시 도적질하지 말고 …… 너희는 모든 악독과 노함과 분냄과 떠드는 것과 훼방하는 것을 모든 악의와 함께 버리고 서로 인자하게 하며 불쌍히 여기며 서로 용서하기를 하나님이 그리스도 안에서 너희를 용서하심 같이 하라."(엡 4: 17-32). 한마디로 하나님 앞에서 의롭고, 거룩하고, 사랑 안에서 공동체를 이루어 가라는 것이다. 이것이 그리스도 안에서 성숙한 인간 공동체의 모습이고 이 공동체는 근본적으로 윤리적 성격을 띠고 있다. 그래서 바울은 새롭게 지음 받은 인간으로서 어떻게 행동해야 할

10) Nicholas Wolterstorff, *Educating for Responsible Action* (Grand Rapids, Michigan: Eerdmans, 1980), 57면.

것인가 하는 것을 자세히 말한다.

지금까지의 논의를 바탕으로 우리는 이렇게 말할 수 있다. 목회는 궁극적으로 하나님 안에서 윤리적 공동체를 회복하는 일을 지향한다. 그리스도의 오심과 죽으심과 부활은 그러한 공동체, 즉 '하나님의 나라'의 시작이다. 그리스도인들은 세상으로부터 이 나라로 부름 받았다. 그러므로 이제는 "외인도 아니요 손도 아니요 오직 성도들과 동일한 시민이요 하나님의 권속"이다(엡 2: 16). 그러므로 바울은 "너희가 부르심을 입은 부름에 합당하게 행하여 모든 겸손과 온유로 하고 오래 참으로 사랑 가운데서 용납하고 평안의 매는 줄로 성령의 하나 되게 하신 것을 힘써 지키라"(엡 4: 1-3)고 권한다. 이러한 권유를 바울은 그의 편지를 통해 성도로 부르심을 받은 사람들에게 지치지 않고 끊임없이 하고 있다. 이렇게 끊임없이 바울이 권유하고 있는 이유는 "주께 합당하게"(axios tou kurio)(골 1:10), "복음에 합당하게"(axios tou euageliou)(빌 1:27), 또는 "부르심에 합당하게 행해야"(axios peripatesai tes kleseos)(엡 4:1) 하기 때문이다. 만일 그리스도인의 윤리를 정당화하는 단어가 있다면 그것은 이 '주께, 복음에, 부르심에 합당하게(값을 하게, 그럴만한 가치있게) 행하라'하는 것이 아닐까 생각한다.

여기서 잠깐 괄호 속에 주석을 하나 붙여두자. 기독교 윤리는 예컨대 불교나 유교 또는 철학적 윤리와는 다르다. 기독교 윤리는 그리스도의 구속 활동이 선행된 윤리이다. 불교는 우리의 입과 몸과 마음이 저지를 수 있는 죄를 유추해 낸다. 유교의 경우는 수직적, 수평적 인간관계 속에서 상호간 지켜야 할 덕목을 명시한다. 철학적 윤리는 예컨대 칸트처럼 이성으로부터 정언명법을 추론해낸다. 그러나 우리가 성경에서 볼 수 있는 것은 하나님께서 먼저 죄인들을 건져주시고 그리스도 안에서 의롭다 하시고 의롭다 함을 받은 자들이 그것에 합당하게 살아야 할 규칙으로 윤리적 명령을 하신다는 것이다. 예컨대 십계명의 경우, 계명이 주어지기 전 "나는 너를 애굽 땅, 종 되었던 집에서 인도하여 낸 너의 하나님 여호와로라"(출 20:1)라는 서두가 선행한다. 십계명은 하나님이 이스라엘 백성을 애굽에서 건져내신 다음 자기 백성으로 삼으면서 그 약속으로 주신 것이다.[11] 산상설교의 경우도 예수 그리스도의

---

11) J. Douma, *Verantwoord Handelen* (Kampen: Van den Berg, 1992), 69-70면 참조.

인격과 사역을 통해 하나님 나라가 도래함에 따라 먼저 팔복을 선언하시고(마 5: 3-12), 세상에서의 제자들의 신분을 확인하시고(마 5: 13-16), 그 뒤 비로소 어떻게 살아야 할 것인가 하는 새로운 규범을 예수께서 주셨다. 이 점에서 산상설교는 율법과 구별된다. 복음이 선행하고 그 뒤 어떻게 행해야 할 것인가를 예수께서 가르치셨다.[12] 바울도 언제나 그리스도 안에서의 구원 사건을 먼저 얘기한 다음 그 뒤 비로소 그리스도인에게 합당한 삶이 어떠한 것인지 가르쳤다. 예컨대 로마서 8장 2절을 보면 "이는 그리스도 예수 안에 있는 생명의 성령의 법이 죄와 사망의 법에서 너를 해방하였음이라"라고 서술적으로 말한 뒤 그 뒤 곧장 "그러므로 형제들아 우리가 빚진 자로되 육신에게 져서 육신대로 살 것이 아니니라 너희가 육신대로 살면 반드시 죽을 것이로되 영으로써 몸의 행실을 죽이면 살리니"라고 어떻게 살아야 할 것인가 하는 것을 말하고 있다. 이른바 '명령법'(imperativus)이 '직설법'(indicativus)을 따른다.[13] 이것은 구원의 선행성 뿐만 아니라 구원받은 사람은 반드시 그에 합당한 삶을 살아야 한다는 것을 뜻한다. 다우마의 말처럼 그리스도 안에서 주신 법은 '구원의 길'(heilsweg)이 아니라 '삶의 규범'(levensnorm)이다.[14] 그럼에도 불구하고 그토록 성경을 존중하고 읽어온 한국교회가 신앙과 행위, 믿음과 삶을 분리해서 생각한 것은 그 연유를 상상하기가 쉽지 않다.[15]

V. 한국의 목회 윤리, 무엇이 문제인가

목회 목적이 하나님 나라의 공동체를 지향하는 것이라면 그러한 공동체를 위해 성도들을 준비시키는 과정도 당연히 윤리적으로 인정받을만한 것이어야 할 것이다.

---

12) Joachim Jeremias, "Die Bergpredigt", in: *Abba: Studien zur neutestamentlichen Theologie und Zeitgeschichte* (Goettingen, 1966), 171-190면 참조.

13) 자세한 논의는 예컨대 Herman Ridderbos, *Paulus: Ontwerp van zijn Theologie* (Kampen: Kok, 1978), 279-284면 참조.

14) J. Douma, 앞의 책, 68면.

15) 믿음과 행위의 분리에 대해서, 그리고 한국 기독교의 윤리적 무관심에 대해서 신약학자의 입장에서 깊이있는 연구를 한 글로는 정훈택, 『신학적 도약』 (은혜와 진리/민영사, 1994) 가운데 1장 "행위의 구원론적 의미"(11-106면) 참조.

목회가 윤리를 벗어나 있다거나 윤리 위에 있다거나 할 수 있는 근거는 전혀 없다. 윤리는 결코 모든 것이 될 수 없다. 세상은 넓고 할 일은 많다. 그 모든 일이 윤리에 국한된 것은 아니다. 따라서 크리스천들은 일종의 윤리 환원주의에 빠져서는 안 된다. 그러나 윤리가 모두가 아닌 것은 사실이지만 모든 것에 윤리가 관련되어 있다는 것도 또한 사실이다. 정치, 경제, 예술, 학문, 언론, 이 모든 것에 윤리적인 것이 관련되어 있다. 정치는 윤리와 구별되지만 정당하게 하는가 부당하게 하는가 하는 물음과 관련해서는 윤리가 개입된다. 이 점에서 목회도 마찬가지다. 목회는 윤리가 아니다. 또 단순히 윤리적 교훈을 해서 사람들이 올바르게 살도록 도와주는 일이 목회의 목적이 아니다. 목회는 앞에서 말한 대로 그리스도의 몸을 세우도록 성도들을 각자에게 알맞은 은사에 따라 구비시켜 사역자로 세우는 일이다.

무엇보다도 한국교회의 목회 윤리에서 심각하게 생각되는 것은 목회자의 임무가 '성도를 구비시키는 일'(equipping the saints)이라는 사실을 고려하지 않는다는 것이다. 평신도를 깨워서 그들로 교회 안에서, 그리고 세상 속에서 '하나님의 일'을 할 수 있는 사역자로 키워내기보다 매주 그 때마다 설교를 듣고 즐기며 소비하는 일종의 '소비자'로 붙잡아둔다. 소비자는 욕구에 따라 움직인다. 그러나 성도는 하나님의 새로운 공동체의 비전에 참여하도록 부름 받았다. 욕구에 따라 움직이는 것이 아니라 부름에 따라 움직인다. 하지만 교회에서는 이러한 성도들을 각자 자신의 삶 속에서 주의 주되심을 인정하면서 살 수 있도록 양육해서 하나님의 나라를 위해 함께 동역하는 사역자로 키우지 않고 계속 신앙의 초보 상태에 머물게 놓아둔다. 따라서 나는 이렇게 제안한다. 평신도를 해방시켜라! 세상이 평신도들을 통해서 하나님을 보아야 한다. 평신도들을 교회 안에 가두지 말라!. 평신도의 삶의 장소는 세상이다. 세상에서 말씀과 삶을 통해 그리스도의 주되심을 증거 해야 할 사람들이 이른바 '평신도'들이다.[16] 평신도를 훈련시켜 전문 분야와 관련된 사역자로 함께 동

16) 평신도를 사역자로 훈련시켜야 한다는 관점에서 쓴 책으로는 카나다 리젠트 칼리지의 폴 스티븐스의 『평신도가 사라진 교회?』(IVP, 1995), 『참으로 해방된 평신도』(IVP, 1995), 『현대인을 위한 생활 영성 』(IVP, 1996), 그리고 풀러 신학교의 목회학박사과정 책임자로 있는 그레그 옥덴의 『새로운 교회개혁 이야기』(미션월드 라이브러리, 1998), 그리고 구체적이고 일상적 주제를 다룬 책으로 Robert Banks & R. Paul Stevens, *The Complete Book of Everday Christianity* (Downers Grove, Illinois: IVP, 1997)을 참조할 것. 이 책에는 예컨대 church leadership, equipping, ministry, pastoral care등 우리의 주제와 관련해 흥미있는 논의가 담겨

역하라! 여기에 나는 한국교회의 미래가 달렸다고 생각한다. 목회자는 어차피 삶의 전반적인 문제를 다룰 수밖에 없고 그런 의미에서 삶의 각 분야에 대한 전문적 식견이 결여된 것은 당연하다. 그러나 전문화된 분야와 관련해서 성경적 가르침을 이해하고 구체적으로 적응하며 그와 관련된 영적, 윤리적 문제를 다루기 위해서는 각 전문분야의 평신도들이 사역자로 준비되고 세움을 받아야 할 것이다. 평신도를 사역자로 세우는 일에 무관심한 결과 나타난 현상으로 우리는 예컨대 교회의 권위주의적 의사결정 구조라든지 '흩어지는 교회'로서의 역할을 전혀 감당하지 못한다든지 성도에게 주어진 은사들을 충분히 일깨우지 못하고 잠재움으로서 그리스도의 몸으로서 누릴 수 있는 풍성함을 성도들이 함께 누릴 수 없다든지 하는 것들을 들 수 있다.

둘째, '목회 윤리' 또는 '목회자 윤리'에 대한 의식이 없다는 것 자체가 심각한 문제이다. 목회 윤리에 대한 무관심은 자신의 직무 수행의 정당성과 도덕성에 대해서 반성하고 검토할 수 있는 기회를 박탈한다. 그러므로 한국교회의 목회 윤리는 '목회 윤리' 또는 '목회자윤리'에 대한 관심으로 의식 전환을 하지 않고서는 개선될 수 없다. '목회자도 전문가이다', '전문가가 아니다' 등의 논란이 있지만 마치 교수에게 그의 직무에 상응하는 윤리적 행위를 요구하듯이 목회자에게도 그의 직무에 상응하는 예컨대 지식과 이에 바탕한 능력, 신뢰성, 일관성, 책임성을 나는 요구할 수 있다고 생각한다.[17] 교회가 한 목회자를 담임목사로 청빙할 때 이러한 윤리적 덕목이 전제되어 있다. 그러므로 목회자는 하나님께 대한 윤리적 책임뿐만 아니라 지역 교회에 대해서도 책임을 진다. 그러니까 목사는 하나님과 사람에게 직무수행에 대해서 책임을 진다. 목회자들 가운데 만일 목회 윤리에 대한 의식과 자신의 정체성에 대한 분명한 인식이 있다면 통신이나 우편을 통해서 제공되는 설교문안을 받아보는 일도, 그것을 들고 설교하는 일도 없을 것이다. 설교집을 참고는 하되 그것을 그대로 강단에 들고 가서 읽는 일도 없을 것이다. 교인과의 부당한 성적 접촉도 없을 것이며, 교회 재정 운영을 독단적으로 하지 않을 것이며, 심방할 때, 노회

있다.

17) 목사가 전문가인가 아닌가 하는 논란에 관해서는 게이로드 노이스, 앞의 책, 225-238면 참조.

에 참석할 때 교통비나 사례비를 받는 일은 없을 것이다. 고급승용차를 교회에 요구하거나 고급호텔이나 음식점을 언제나 애용하는 일도 없을 것이다. 윤리의식이 있는 목회자는 말에 조심하며, 검소 절제하며, 가정을 돌보며, 돈에 탐닉하지 않고 자족하며, 경건을 자신의 이익의 재료로 삼지 않고, 말씀과 기도와 성도를 돌보고 세우는 일에 전념하며, 자기를 살펴 언제나 깨어 있을 것이다. 따라서 온전한 목회, 바른 목회를 위해서 한국교회 목회자들은 목회윤리에 관심을 가져야 한다. 목회자가 목회윤리에 관심가질 때 그 때 비로소 목회자는 자신의 목회를 돌아볼 뿐 아니라 성도들의 삶에서 부딪치는 윤리적 문제에 대해서 관심 갖고 조언해 줄 수 있는 위치에 설 수 있다.[18]

셋째, 좀 더 현실적으로 목회자가 윤리적으로 문제를 일으켰을 때 지역교회로서는 문제를 원만하게 해결할 수 없다는 것이 목회윤리와 관련해서 심각한 문제로 등장한다. 교단이 있는 경우, 예컨대 장로교의 경우 노회가 목회자의 윤리와 관련된 문제를 다루도록 되어 있다. 교회가 문제 삼을 경우, 또는 노회가 숙지했을 경우, 노회가 얼마든지 개입할 수 있다. 그러나 대부분의 경우 목사들은 동료 목사를 비호하거나, 설사 면직과 같은 조치를 하더라도 면직 당한 목사는 추종자들을 데리고 교회를 다시 시작하는 경우가 허다하다. 법적 분쟁으로까지 나갈지라도 문제된 사건에 관련해서 법적 제재를 받을 뿐 목사로서 다시 '개업'하는 데는 아무런 지장을 받지 않는다. "우리나라에서는 목사가 되고자 하면 누구나 될 수 있다"는 것이 현실적으로 옳듯이 "한번 목사가 되면 누구도 목사직을 박탈하지 못한다"는 것도 현실적으로 옳다. 따라서 교단에 따라 윤리위원회가 있다 하더라도 크게 효용성을 발휘하고 있지 못한 것이 현실이다. 이러한 현실에 대해서 목회자 스스로 이제 어떤 행동을 취하지 않으면 안 된다.

18) 윤리적 조언자로서의 목회자의 위치에 대해서 강조한 경우를 Velema의 글에서 찾아볼 수 있다. W.H.Velema, 「윤리와 목회」, 『改革敎會의 正路』 (허순길박사 은퇴기념 논문집)(고려신학대학원출판부, 1999), 355-361면 참조.

Ⅵ. 세 가지 제안

지금까지 한 논의를 바탕으로 나는 세 가지 사항을 제안하고자 한다. 이것들의 실현성 여부가 어떨지 나로서는 가늠하기 힘들지만 그럼에도 문제의 심각성을 생각해 볼 때 수수방관할 수 있는 상황은 아니기 때문에 함께 생각해 볼 수 있는 대안들을 제안해 보고자 한다.

첫째, 현 시대에 알맞은 '목회자 윤리강령'이 있어야 한다. 이미 몇몇 교단에서 만든 문안이 있으므로 그것을 토대로 좀 더 포괄적이면서도 구체적인 강령을 마련하고 이것을 토대로 끊임없이 목회자들의 윤리 의식을 일깨우는 일을 해야 할 것이다. 이와 아울러 한국 교회를 대표하는 단체에서 목회자 윤리 위원회를 구성하고, 목회자 윤리와 관련된 실태 조사와 사례 수집 등을 시도해 볼 수 있을 것이다. 목회자 윤리 실태 조사와 사례 수집을 할 수 없을 경우 믿을만한 기독교 시민단체나 『목회와 신학』과 같은 목회 전문잡지가 이 일을 할 수 있을 것이고 이것을 토대로 대책을 세울 뿐만 아니라 목회자 교육을 할 수 있을 것이다.

둘째, 교회 안에서 어떤 방식으로든 피해를 본 사람들을 심리적으로, 목회적으로 치유할 뿐 아니라 법률적 구조를 할 수 있는 위원회를 구성하거나 센터가 있어야 할 것이다. 이 위원회나 센터는 목회자, 심리 상담가, 법률 전문가들이 공동으로 참여해야 할 것이고 가능하면 모든 개신교 교인과 목회자들이 필요한 경우 도움을 받을 수 있는 기관으로 역할을 할 수 있으면 좋을 것이다.

셋째, '목회윤리'를 신학대학원 정규 과목으로 가르쳐야 하고 그 어떤 과목 못지 않게 중요하게 다룰 것으로 제안한다. 과문인지는 몰라도 목회윤리를 목회학과 독립된 과목으로 다루는 신학대학원은 아직 어디에도 없는 것 같다. 한국목회 현장을 바탕으로 목회윤리를 다룬 책을 나는 아직 한 권도 찾지 못했다. 목회윤리에 관한 한 한국은 현실뿐만 아니라 이론 영역도 완전히 불모지라고 하겠다. 목회윤리 교육을 제안하면서도 한 가지 우려가 되는 일이 있다. 흔히 신학대학원 실천신학 시간에 하듯이 목회자의 경험담을 중심으로 도덕적 훈화로 시간을 보내거나 목회윤리에 관한 이론서 몇 권 읽고 시험 치는 것으로 끝낼 수 있다. 그러나 이러한 윤리 교육은 우리가 경험했듯이 현실성이 결여되어 있다. 그러므로 이론적인 논의와 더불어 실제적 사례를 통한 의식 전환 교육이 될 수 있어야 한다. '교회의 교사' 직분을 가진 신학교수들은 신학생 한 사람 사람의 목회자로서 자질 여부를 신중해 검토하고 숙고하는 책임을 맡아야 할 것이다. 신학교수들 못지않게 일선 교회 목회자들도 미래의 목회자를 인격적으로 양육하는 일에 참여해야 한다.

목회 윤리 문제는 결국 목회자 한 사람 사람이 하나님 앞에서 얼마나 두려움과 떨림으로 자신의 사역을 감당하느냐 하는 것에 달려있다. 목회자도 다른 성도들과 마찬가지로 여전히 '의인이면서 동시에 죄인'이기 때문에 죄와의 싸움과 갈등을 하나님 앞에 설 때까지 하지 않을 수 없다. 그러므로 목회자가 되었기 때문에 윤리적으로 아무런 문제없이 살 수 있는 것은 아니다. 오히려 사탄은 성도 천 사람보다 목사 한 사람을 자신의 종으로 삼고자 할지 모른다. 왜냐하면 그렇게 하는 것이 그의 권세를 가장 손쉽게 교회에 펼칠 수 있는 길이 될 수 있기 때문이다. 그러므로 늘도 한국의 목회자들은 바울이 디모데에게 교회의 교사로서, 목자로서 어떻게 해야 할 것인가 권고한 내용을 또다시 읽고 묵상하고 자신의 삶을 돌아보아야 할 것이다.

"네가 이것으로 형제를 깨우치면 그리스도 예수의 선한 일꾼이 되어 믿음의 말씀과 네가 좇은 선한 교훈으로 양육을 받으리라. 망령되고 허탄한 신화를 버리고 오직 경건에 이르기를 연습하라. 육체의 연습은 약간의 유익이 있으나 경건은 범사에 유익하니 금생과 내생에 약속이 있느니라. 미쁘다 이 말이여 모든 사람들이 받을만 하도다. 이를 위하여 우리가 수고하고 진력하는 것은 우리 소망을 살아계신 하나님께 둠이니 곧 모든 사람 특히 믿는 자들의 구주시라. 네가 이것들을 명하고 가르치라. 누구든지 네 연소함을 업신여기지 못하게 하고 오직 말과 행실과 사랑과 믿음과 정절에 대하여 믿는 자에게 본이 되어 내가 이를 때까지 읽는 것과 권하는 것과 가르치는 것에 착념하라. 네 속에 있는 은사, 곧 장로의 회에서 안수 받을 때에 예언으로 말미암아 받은 것을 조심 없이 말며 이 모든 일에 전심전력하여 너의 진보를 모든 사람에게 나타나게 하라. 네가 네 자신과 가르침을 삼가 이 일을 계속하라. 이것을 행함으로 네 자신과 네게 듣는 자를 구원하리라"(딤전 4:6-16).

참고문헌

게이로드 노이스, 『목회윤리-전문직으로서 목회자의 역할』 김종일 역, 서울: 한국장로교출판사, 1996.

Velema W. H., “윤리와 목회” in 『改革教會의 正路』 허순길박사 은퇴기념 논문집, 천안: 고려신학대학원출판부, 1999.

유해무, 『개혁교의학』 서울: 크리스찬 다이제스트사, 1997.

정훈택, 『신학적 도약』 서울: 은혜와 진리/민영사, 1994.

한미준/한국갤럽 엮음, 『한국 개신교인의 교회활동과 신앙의식 - ‘98 한미준 - 한국 갤럽 조사 보고서』 서울: 두란노, 1999.

허순길, 『개혁교회의 목회와 생활』, 서울: 총회출판국, 1998.

Bauer Walter, *Woerterbuch zum Neuen Testament.* Berlin / New York: Walter de Gruyter, 1971.

Coenen L.(eds.), *Theologische Begriffslexikon zum Neuen Testament.* Wuppertal: R. Brockhaus, 1980.

Douma J., *Verantwoord Handelen.* Kampen: Van den Berg, 1992.

Guinness Os, *Dining with the Devil: The Megachurch Movement Flirts with Modernity.* Grand Rapids: Baker Book House, 1993.

Joachim Jeremias, *"Die Bergpredigt"*, in *Abba: Studien zur neutestamentlichen Theologie und Zeitgeschichte.* Goettingen, 1966.

Ridderbos Herman, *Paulus: Ontwerp van zijn Theologie.* Kampen: Kok, 1978.

Wolterstorff Nicholas, *Educating for Responsible Action.* Grand Rapids: Eerdmans, 1980.

::약어표

- ANET Ancient Near Eastern Texts Relating to the Old Testament
- BECNT Baker Exegetical Commentary on the New Testament
- BDAG *A Greek-English Lexicon of the New Testament and Other Early Christian Literature* (W. Bauer, F. W. Danker, *et al.*)
- BIS Biblical Interpretation Series
- ICC International Critical Commentary
- *IDB* Interpreter's Dictionary of the Bible
- *JAOS* *Journal of the American Oriental Society*
- *JBL* *Journal of Biblical Literature*,
- *JETS* *Journal of Evangelical Theological Society*
- *JJS* *Journal of Jewish Studies*
- JPS Jewish Publication Society
- JSNTSup Journal for the Study of the New Testament Supplement
- *JSOT* *Journal for the Study of the Old Testament*
- NAC New American Commentary
- NCBC New Century Bible Commentary
- NICNT New International Commentary on the New Testament
- *NIDOTTE* *New International Dictionary of the Old Testament Theology and Exegesis*
- NovTSup Supplements to *Novum Testamentum*
- NTM New Testament Monographs
- *NTS* *New Testament Studies*
- OBT Overture to Biblical Theology
- SBT Studies in Biblical Theology
- *SJT* *Scottish Journal of Theology*
- SNTSMS Society for New Testament Studies Monograph Series
- *TDNT* *Theological Dictionary of the New Testament*
- *ThLZ* *Theologische Literaturzeitung*
- TNTC Tyndale New Testament Commentaries
- *VT* *Vetus Testamentum*
- WBC Word Biblical Commentary
- WCC Word Biblical Commentary

- *WTJ* *Westminster Theological Journal*
- WUNT Wissenschaftliche Untersuchungen zum Neuen Testament
- *ZNW* *Zeitschrift für die Neutestamentliche Wissenschaft*,